IT EXPERT

IT 전문가의
현장
실무서

아껴둔 마지막 마지막 1% 의

노하우까지 풀어놓습니다.

IT 전문가를 꿈꾸는 사람은 많지만

기업은 진정한 EXPERT에 늘 목마릅니다.

IT EXPERT 시리즈는

국내 유수 프로젝트 개발의 주역들이

현장에서 체득한 특별한 경험과 노하우를 체계화하여

독자와 나누고, 독자가 전문가로 성장할 수 있게

아껴둔 마지막 1% 의 노하우까지 풀어놓습니다.

IT EXPERT 윈도우 시스템 프로그램을 구현하는 기술 :

200개 이상의 함수와 예제로 배우는 윈도우 비동기 프로그래밍 가이드

초판발행 2015년 4월 1일

지은이 이호동 / **펴낸이** 김태헌

펴낸곳 한빛미디어(주) / **주소** 서울시 마포구 양화로 7길 83 한빛미디어(주) IT출판부

전화 02-325-5544 / **팩스** 02-336-7124

등록 1999년 6월 24일 제10-1779호 / **ISBN** 978-89-6848-178-9 93000

총괄부서장 배용석 / **책임편집** 최현우 / **기획** 최현우 / **편집** 김상수

디자인 표지 · 내지 여동일, 조판 이경숙

영업 김형진, 김진불, 조유미 / **마케팅** 박상용, 서은옥 / **제작** 박성우

이 책에 대한 의견이나 오탈자 및 잘못된 내용에 대한 수정 정보는 한빛미디어(주)의 홈페이지나 아래 이메일로
알려주십시오. 잘못된 책은 구입하신 서점에서 교환해드립니다. 책값은 뒤표지에 표시되어 있습니다.

한빛미디어 홈페이지 www.hanbit.co.kr / 이메일 ask@hanbit.co.kr

지금 하지 않으면 할 수 없는 일이 있습니다.
책으로 펴내고 싶은 아이디어나 원고를 메일 (writer@hanbit.co.kr) 로 보내주세요.
한빛미디어(주)는 여러분의 소중한 경험과 지식을 기다리고 있습니다.

IT
EXPERT

IT 전문가의
현장
실무서

윈도우시스템 프로그램을 구현하는 기술

200개 이상의 함수와 예제로 배우는

윈도우 비동기 프로그래밍 가이드

이호동 지음

IB 한빛미디어
Hanbit Media, Inc.

베타리더의 말

이 책은 프로그래밍을 하다 보면 반드시 필요하게 되는 동기화 및 비동기 처리에 대한 내용을 일관된 흐름으로 기술합니다. 이 점이 바로 다른 윈도우 프로그래밍 서적과의 차별화된 장점이라고 생각합니다. 또한 각각의 기술을 단순히 설명만 하는 게 아니라 해당 기술이 왜 필요한지, 어떤 상황에 사용하면 좋은지, 문제점이나 단점은 무엇인지를 알려주고, 예전 기술로 해결하는 방법과 새로운 기술로 해결하는 방법을 단계적으로 설명함으로써 좀 더 깊이 있는 이해를 돕습니다.

내용 구성이나 예제들이 저자의 실무 경험을 바탕으로 한 내용이 많아 실무에서 문제가 될 만한 부분을 적절히 짚고 넘어가며, 좀 더 좋은 프로그래밍을 위한 조언과 방법 등을 제시해주고 있습니다. 또한 이 책의 예제들을 약간만 응용한다면 바로 사용이 가능해 큰 도움이 될 수 있다고 생각합니다.

자칫 어렵다고 느낄 수도 있겠지만, MSDN을 따로 찾아보지 않아도 될 정도로 자세히 설명해줍니다. 그 과정에서 시스템 구조를 제시하고 및 동작 메커니즘을 알려주기 때문에 윈도우 프로그래밍을 접한 지 얼마 되지 않은 사람이라도 충분히 따라갈 수 있을 겁니다. 그러한 차원에 이 책은 프로그래밍을 배우는 학생이든 현업에 종사하는 개발자든 한 권쯤은 소장할 만한 가치가 있습니다. 윈도우 동기화 및 비동기 입출력 프로그래밍의 바이블 같은 이 책이 출간되어 개발자로서 굉장히 반가우며, 약간의 욕심이라면 유닉스와 비교한 내용이 추가되었더라면 하는 아쉬움이 있습니다.

_ 시큐어 플랫폼즈 테크놀로지 연구소 팀장 **강상욱**

프로그램을 개발하다 보면 동기/비동기 문제로 버그나 이상 동작이 발생하는 경우를 흔히 만나게 되는데, 문제 해결을 위해 많은 시간을 들여 파고 또 파서 기여기 구조 자체를 바꾸곤 했습니다. 그럴 때마다 더 체계화된 책이나 자료가 없나 하는 마음에 여기저기 찾아보았지만 아쉽게도 마음에 쏙 드는 체계화된 정보를 찾지 못했습니다. 결국 위와 같은 문제가 반복되었습니다.

이 책은 스레드 간 메시지 및 데이터 동기화를 왜 해야 되는지에 대한 필요성부터 동기화 방법 및 MS 차세대 동기화 수단 수단(One-Time Initialization, Synchronization Barrier, 주소값 변경에 대한 대기) 등을 샘플 코드와 함께 자세하고 체계적으로 설명해 이해를 돕습니다. 아울러 문제 해결을 위한 여러 방법을 함께 제시하고 있어서 이 예제를 확장하여 실제 상황에 적용한다면 상당한 도움이 될 것입니다.

이 책은 IOCP를 이용해 비동기 입출력 흐름 제어를 하는 방법, 비동기 소켓 처리, MS 확장 소켓 사용법, 신구 OS에서 사용되는 스레드 풀(Thread Pool)에 대한 비교 설명을 통해 비동기 입출력 처리 시 흐름 제어 처리에 대한 자세한 설명하고 방안을 함께 제시합니다. 또한 인터넷이나 여타 서적에서 찾아볼 수 없는 원리까지도 정확하고 자세하게 설명해줌으로써 여러분의 궁금증을 속 시원히 해결해줄 겁니다.

_ UBIVELOX 솔루션 개발부 그룹장 **김형민**

한빛미디어를 통해서 필자의 첫 번째 저서 『Windows 실행파일의 구조와 원리』를 출간한 지도 10년이 되었다. 첫 저서를 준비할 당시의 고생 때문에 다시는 책을 쓰지 못할 것이란 생각도 들었지만, 그래도 처음이 힘든 법이지 싶어 일단 한 권만 출간하면 그 다음 저서는 금방 쓸 수 있을 거라 다독이며 그 힘든 과정을 참아냈다. 그리고 첫 저서가 출간되었고 나름 반응도 괜찮았다. 첫 번째 저서를 출간하기 전에 이미 중고급 난이도의 내용으로 저술할 만한 아이템들이 줄줄이 머릿속에 기획되어 있었기에 첫 번째 책만 출간한다면 다음의 저서들은 쉽게 나올 것이라고 생각했었다. 그러나 그런 생각은 생각으로만 그쳤고 넘쳐나는 업무와 여러 가지 생활의 굴곡 때문에 두 번째 저서는 10년이 다 된 이제야 출간하게 되었기에 감개가 무량하기 그지없다.

이 책을 기획한 것은 10년도 더 전인 2003년이었다. 1998년에 제프리 리처의 책 『Advanced Windows NT』라는 영문판으로 된 책을 보게 되면서부터였다. 처음엔 굉장히 어려웠으나 여러 번 꼼꼼히 읽다 보니 윈도우 시스템에 대한 이해도가 높아지는 계기가 되면서 제프리 리처 책의 매력에 푹 빠지게 되었다. 그 이후로도 판본은 제목이 바뀌면서 계속 이어져 내려왔다. 그러다 네 번째 판인 『Programming Applications for Microsoft Windows』에서 스레드 풀 함수가 처음 소개되었는데, 2003년에 필자는 마침 중요한 대형 프로젝트에서 이 책의 힘을 빌려 스레드 풀 함수를 이용함으로써 봉착했던 위기를 극복할 수 있었다. 처음 기획 의도는 제프리의 이 저서와 『윈도우 인터널』 시리즈의 내용을 혼합한, 제프리보단 더 깊이 있는 그리고 인터널보다 더 쉬운 그런 책을 쓰고 싶었지만, 그리고 커널 객체를 통해서 윈도우 시스템 전반을 설명하는 저서를 기획했었지만 제프리보다 더 잘 쓸 자신이 없어 포기하고 말았다. 그러던 중 서버 개발 경험을 통해 스레드 풀을 이용해 문제를 해결하면서 스레드 풀 관련된 깊이 있는 내용을 찾다가 IOCP를 알게 되었다. IOCP에 대한 책 역시 제프리가 쓴, 영문 판으로밖에 구할 수 없었던 『Programming Server-side Application for Windows 2000』이란 책이었다. 이때 이 책에서 설명된 IOCP를 기반 삼아 홀로 IOCP를 더 심도 있게 연구했고, 이것을 쉽게 설명해서 많은 사람들에게 알리고자 하는 마음으로 IOCP에 대한 원고를 쓰기 시작했다. 그렇게 대략 200페이지를 쓰고 난 후 과중한 업무에 쫓기고 이런저런 사정으로 글쓰기는 계속 미루어졌고, 그러다 5년 전 즈음 반갑게도 제프리 시리즈의 새 판본인『Windows VIA C/C++』가 출시되었는데, 그 책을 보다 보니 4판에서는 다루지 않았던『Programming Server-side Application for Windows 2000』에 실려 있던 IOCP 내용이 이번 판에 옮겨서 추가된 것을 알게 되었다. 그제야 그동안 과중한 업무 때문에 마무리하지 못했던 10년 전의 원고를, 비록 다소 시류에 뒤쳐졌지만 마무리해야겠다는 결심을 했다. 그리고 주제를 IOCP에 한정하는 것이 아니라 IOCP를 더 깊이 있게 설명하면서 그 응용까지 고려하여 스레드 풀과 비동기 소켓, 그리고 IPC(Inter-Process Communication)에서의 IOCP의 활용이라는 주제까지 확장해서 비동기 입출력이라는 주제로 몇 년이 지난 작년에 이르러서야 이 책을 쓰게 되었다.

집필을 마치고 나니 아쉬운 점이 한두 가지가 아니다. 이 책은 처음에는 윈도우에 있어서의 비동기 처리의 모든 것을 다루고자 했다. 필자는 2000년도에 DCOM을 이용한 리모트 승인 프로젝트를 개발한 적이 있었는데, 당시 DCOM을 연구하던 중 여기에서도 비동기 메서드 호출을 지원하던 것을 보고 놀란 적이 있었다. 이뿐만 아니라 HTTP나 FTP, ICMP 관련 함수들도 모두 비동기 함수 호출이 가능했으며, 윈도우 시스템 전반에서 비동기 방식을 지원하고 있었다. 또한 .NET 프레임워크는 세 가지의 비동기 패턴을 통해서 광범위한 비동기 활용법을 소개하고 있다. 이런 비동기 구조 전반을 이 책을 통해서 다루고자 했으나 지면과 능력의 한계, 그리고 주제의 분산이 우려가 되어 "비동기 입출력"에 초점을 맞추면서 이미 썼던 내용들을 과감히 도려내기도 했다. 이 책은 필자가 15년 넘게 현업에서 개발에 몸담으며 겪었던 다양한 경험들의 총합이라고 할 수 있다. 프로젝트를 구상하면서 또 실제로 문제에 직면하여 그 문제의 해결을 고심하면서, 그리고 그것의 해결책을 찾으면서 느꼈던 다양한 동기화 방식과 비동기 모델의 응용을 별도로 기록해두었다가 이 책을 통해 소개하게 된 것이다. 여러 동기화 객체들의 활용법과 특히 동기화 요소에서 흔히 간과되는 스레드 메시지와 메시지 큐를 동기화와 연동시키는 방법을 설명할 수 있는 기회가 생긴 것이다. 시중에는 IOCP 자체와 그 활용법에 대한 내용을 상세하게 설명한 책도 없으며, 비동기 소켓에 대한 개략적인 설명 말고는 구체적인 응용 방안까지 설명한 책은 없었다. 그래서 이 책에서는 특히 비동기 소켓 확장에 대해서 심도 있게 설명하고자 했다. 그리고 스레드 풀에 대한 구조나 활용 방안에 대해 자세히 설명한 책들이 없었기에, 이 책을 통해서 가능하면 자세하게 소개하고자 했다. 이 모든 내용들이 필자의 현장 경험과 이론적 연구를 통해 나온 성과라고 과감히 말하고 싶다.

필자는 항상 이론과 경험을 겸비한 개발자이기를 추구했고, 언제나 생각하는 개발자이기를 고민했다. 하지만 요즘 젊은 개발자들을 보면 그렇지만은 않은 듯하다. 첫 번째 저서를 출간한 후 메일을 통해서 오는 질문들 중에는 물론 심도 깊은 질문도 있었지만, 고민 없이 단순하게 답만 요구하는 질문도 적지 않았다. 오래전 필자가 한참 공부하고 연구하던 때와는 달리 요즈음은 웹의 발달로 인해 문제에 봉착하면 검색만 하면 이미 소스로 구현된 답들을 쉽게 구할 수 있다. 웹상에서의 질문을 보면 어떤 문제에 봉착했는데 이런저런 해결 방법을 강구해보았지만 잘 되지 않아서 조언을 구한다는 내용보다는 이런 문제를 해결한 소스를 좀 올려달라는 식의 질문이 대부분이다. 현업에서도 문제를 해결하기 위해서 오픈 소스를 그냥 가져다가 그대로 적용하는 경우를 많이 보았다. 물론 그럴 수도 있다. 그렇다면 그 오픈 소스에서 문제를 어떻게 해결했는지에 대한 분석이 뒤따라야 한다. 하지만 그냥 그 소스를 짜깁기해서 적용하면 그걸로 끝인 경우가 대부분이었다. 생각하는 프로그래머가 되어야 하지만 단순히 카피 앤드 페이스트에 익숙해져버린 개발자들이 많은 것이 속상한 현실이기도 하다. 생각하는 개발자가 되기 위해서는 자신이 담당하는 업무에 대한 이론적인 지식의 연구도 게을리하지 않아야 한다. 그렇게 이론적 기반을 토대로 실무에서 그것을 적용하고 문제가 발생하면 왜라는 질문과 함께 직접 그 원인을 찾고 다른 이론적 내용을 검토해서 문제를 해결했을 때 보람을 느낀다면, 그래서 이론과 경험의 시너지 효과를 이스트를 넣은 빵처럼 크게 만들 수 있다면 개발자로서 그 이상 더 바랄 것이 없다. 이 책을 보는 독자들이 그런 바램을 실현할 수 있는 데 조그마한 도움을 주고자 부끄럽지만 이 졸저를 세상에 내게 되었다.

끝으로 이 책을 탈고하기까지 도움을 주신 분들께 감사를 드려야 할 것 같다. 솔직히 요즘은 스마트 기기가 대세를 이루는 시대라 이 책의 내용들이 시류에 다소 뒤처졌음을 고백하지 않을 수 없다. 그럼에도 불구하고 적지 않은 분량의 이 원고를 책으로 출간하도록 허락한 한빛미디어와 최현우 팀장님께 먼저 감사를 드린다. 그리고 초고를 꼼꼼히 읽고 오타와 잘못된 설명 또는 소스상의 오류까지 체크하며, 오래전 같은 회사 동료라는 이유만으로 바쁜 시간을 내어 이 원고를 퇴고해준, 오랜 시간 필자와 같은 개발자의 길을 걷고 있는 강상욱과 김형민에게 깊은 감사의 마음을 전하는 바이다.

지은이_ **이호동**

지은이 소개 ─────────

이호동 chaoshon@daum.net_ 연세대 전자공학과를 졸업하였지만, 학창시절 C와 어셈블리 언어에 빠진 이후 계속 소프트웨어 개발자의 길을 걸어 왔다. 학창시절 환경이 무르익기 전부터 'IT 월간' 매체에 기사를 연재하면서 정보 공유와 집필 욕구가 싹트기 시작했다. 15년간 직장생활을 통해 경험한 대용량 서버 사이드 개발, 클라이언트 보안 및 디바이스 드라이버 개발 등을 바탕으로 오랜 기간 동안 연구히고 학습하여 고급 개발 영역에서 꼭 필요한 분야를 집필하게 되었다. 주로 어셈블리, C++, COM, C#을 다룬다.

저서 _『Windows 시스템 실행파일의 구조와 원리』

이 책의 대상층

이 책의 윈도우 시스템 개발자를 대상으로 한다. 기본적으로는 동기화의 개념을 조금이라도 알고 있고 윈도우 시스템 개발 경험이 있다면 어렵지 않게 볼 수 있다. 동기화와 윈도우 시스템에 대한 내용을 쉽게 풀어 설명하고 있어서 중고급 개발자는 물론이고 초급 개발자에게도 유익할 것이다.

이 책의 개발 환경

이 책은 다음과 같은 환경을 기반으로 설명했으며, 모든 소스의 구동을 확인했다.

도구	버전
운영체제	윈도우 8.1K(64비트)
개발 툴	Visual Studio 2013
SDK	Windows SDK 8.1

예제 소스

본문 내용 설명을 위해 제공되는 소스는 전체 224개이며 이 책에 실린 소스들은 [장번호-절번호-프로젝트명]으로 그 이름이 구성되어 있다. 따라서 첨부된 비주얼 스튜디오 솔루션 'Async. IO.sln' 내에서 이름에 지정된 번호를 따라가면 쉽게 소스 프로젝트를 찾을 수 있다.

· 한빛미디어 _ www.hanbit.co.kr/exam/2178

이 책의 구성

이 책은 동기 · 비동기 입출력 관점에서 윈도우 시스템 프로그래밍을 하는 방법을 다루고 있다. 이 책은 크게 2부로 나뉘며, 1부는 비동기 입출력을 알아보기 전에 비동기 입출력의 전제가 되는 스레드와 동기화, 동기화의 요소가 되는 윈도우 객체 및 관련 함수, 그리고 스레드 동기화를 구현하는 다양한 방법들에 대해 예제를 통해 상세하게 설명한다. 2부에서는 본격적으로 비동기 입출력 또는 중첩 입출력에 대해 설명한다. 여기에서 OVERLAPPED 구조체를 통해 수행되는 비동기 입출력의 세 가지 패턴을 설명하고 가장 핵심이 되는 입출력 완료 포트(IOCP)에 대해 상세하게 논의한다. 또한, 윈도우에서 확장성과 성능 향상을 위해 제공되는, IOCP를 기반으로 하는 스레드 풀을 설명하고 그 활용법에 대해 상세하게 논의한다. 그리고 비동기 입출력 기술을 활용할 수 있는 가장 대표적인 예가 되는 소켓의 비동기 입출력 활용법과, 프로세스 간 통신(IPC)에 있어서 비동기 입출력의 활용법에 대해 다룬다.

1부 동기화

01장. 스레드와 동기화
스레드 동기화에 필요한 윈도우 시스템 요소와 동기화의 개념 및 그 필요성에 대해 설명한다.

1.1 동기화를 위한 사전 지식
동기화의 요소가 되는 프로세스, 커널 객체, 스레드, 스레드 스케줄링에 대해 간략하게 소개하며, 스레드 프로그래밍 패턴도 함께 소개한다.

1.2 스레드 동기화란?
동기화의 의미와 필요성을 "원자성" 및 "명령어 재배치"라는 관점에서 설명하고, 동기화의 목적과 방법을 앞으로 설명할 다양한 동기화 객체들의 분류를 통해 상세하게 설명한다.

02장. 커널 객체와 동기화
윈도우에서 제공하는 동기화 대기 함수들과 동기화 전용 커널 객체들을 상세하게 설명한다. 또한 흔히 간과하고 있는 스레드 또는 윈도우 메시지에 대해서도 그 유용성과 활용법을 동기화와 연결해 설명한다.

2.1 스레드 동기화 API
동기화를 위하여 스레드를 대기시키는 대기 함수를 설명하고, 대기 함수와 커널 객체의 관계를 파악한다.

2.2 데이터 보호를 위한 동기화 객체
공유자원의 보호라는 관점에서 바라본 동기화 전용 객체인 "뮤텍스"와 "세마포어"에 대해 설명하고, 그 사용법 및 주의 사항을 예제를 통해 살펴본다.

2.3 흐름 제어를 위한 동기화 객체

스레드 간 흐름 제어와 통지를 목적으로 하는 동기화 전용 객체인 "이벤트"와 "대기가능 타이머"에 대해 설명하고, 그 사용법 및 주의사항에 대해 예제를 통해 살펴본다.

2.4 통지를 위한 추가사항 고찰

동기화에 있어서 흔히 간과되는 "스레드 메시지"에 대해 설명하고, 메시지 큐와 동기화의 연동 방법 및 메시지와 콜백 함수의 결합 방법을 설명한다. 그리고 메시지와 콜백 함수를 결합하는 구체적인 예로서 .NET의 BackgroundWorker 클래스를 C++로 구현하는 예를 제시한다.

03장. 유저 모드 동기화

동기화의 또 다른 수단인 유저 모드에서 제공되는 기존의 다양한 동기화 객체들과 상호잠금 함수에 대해 살펴보고,

윈도우 8에서 새롭게 제공되는 "동기화 장벽" 동기화 객체와 "주소값 대기" 동기화 함수에 대해 상세하게 설명한다.

3.1 유저 영역의 동기화 객체

유저 영역에서 제공되는 동기화 객체인 "크리티컬 섹션"과 "SRW-락", 그리고 이 두 객체를 보조하는 "조건 변수" 동기화 객체에 대해 설명한다.

3.2 상호잠금(Interlocked) API

원초적 동기화 수단이라고 할 수 있는 상호잠금 함수의 사용 예를 코드를 통해서 보여주고, 상호잠금 함수를 이용한 스핀락 구현의 예를 보여준다.

3.3 새로운 동기화 수단

윈도우 8에서 제공되는 새로운 동기화 수단인 "동기화 장벽"과 "주소값 대기"에 대해 그 구조와 활용법에 대해 설명한다. 또한 윈도우 7부터 제공되는 유용한 수단이지만 잘 알려지지 않은 "원-타임 초기화" 기술에 대해 설명한다.

2부 비동기 입출력

04장. 파일, 비동기 입출력과 IOCP

비동기 입출력의 기본 대상이 되는 파일의 다양한 의미와 그 동기적 사용법에 대해 설명한다. 그리고 비동기 입출력의 세 가지 패턴인 "파일 핸들 시그널 방식", "APC와 경보가능 대기 방식", 그리고 이 책의 핵심인 "IOCP를 이용하는 방식"에 대해 상세하게 설명한다.

4.1 파일(File) 커널 객체

비동기 입출력의 대상인 파일의 다양한 의미와 파일 생성 및 입출력을 동기적 관점에서 먼저 설명하고, 파일 생성 함수인 CreateFile을 통해 다른 다양한 시스템 장치들을 열

고 작업하는 예를 보여주며, 동기 입출력을 취소하는 방법도 함께 설명한다.

4.2 비동기 입출력의 기본

비동기 입출력을 위한 FILE_FLAG_OVERLAPPED 플래그와 OVERLAPPED 구조체에 대해 상세하게 설명하고, 비동기 입출력 패턴의 가장 기본적인 방식인 "장치 또는 이벤트 시그널링" 방식에 대해 알아본다.

4.3 경보가능 입출력(Alertable I/O)과 APC

비동기 입출력 방식의 두 번째 패턴인 경보가능 입출력과

그 요소인 APC(비동기 프로시저 호출)를 설명하고, 비동기 입출력의 응용 예를 보여준다. 또한 입출력과 상관없는 작업에 APC를 유용하게 사용할 수 있는 방법도 알아본다.

4.4 입출력 완료 포트(IOCP)

이 책의 핵심 주제인 입출력 완료 포트(IOCP)의 내부 구조 및 원리, 그리고 IOCP가 전제하는 스레드 풀과의 관계를 상세하게 설명한다. 또한 IOCP를 이용한 비동기 입출력 사용법뿐만 아니라 입출력과 상관없는 작업에 IOCP를 매우 유용하게 응용할 수 있는 방법도 함께 설명한다.

4.5 비동기 입출력의 취소

비동기 입출력에 있어서 중요한 요소가 되는, 대기 중인 비동기 입출력을 취소하는 원리와 방법에 대해 상세하게 설명한다.

05장. 비동기 소켓

비동기 입출력을 응용할 수 있는 대표적인 커널 객체인 소켓을 비동기 입출력 응용에 초점을 맞춰 설명한다.

5.1 소켓 API 기본

소켓을 비동기 입출력에 응용하기 전에 TCP/IP 기반의 동기 소켓 사용법을 간략하게 설명한다.

5.2 비동기 소켓

비동기 입출력과의 결합 이전에 WinSock에서 자체적으로 제공하는 비동기 소켓의 모델들을 소개한다. 여기에서는 select 함수를 사용하는 고전적 방식과 WSAAsyncSelect 함수를 사용하는 윈도우 메시지 방식, 그리고 WSAEventSelect 함수를 사용하는 이벤트 시그널링 방식 이렇게 세 가지 패턴을 예제와 더불어 상세하게 설명한다.

5.3 비동기 입출력 이용

소켓을 4장에서 다룬 비동기 입출력에 적용하는 방법을 설명한다. 비동기 입출력 세 가지 패턴인 "장치 또는 이벤트 시그널링", "경보가능 입출력 사용" 그리고 "IOCP 사용" 방법을 모두 소켓에 적용하는 예를 자세히 설명한다.

5.4 MS 소켓 확장 API

비동기 입출력을 이용하여 소켓의 기능을 확장시키기 위해 MS가 제공하는 소켓 확장 API를 상세하게 설명하고, 비동기 입출력과 확장 API의 연동 및 그 응용의 예를 자세하게 소개한다. 여기에서는 비동기 입출력 접속, 소켓 풀, 그리고 파일 전송에 대한 내용을 다룬다.

06장. 스레드 풀

윈도우 2000에서 소개된 스레드 풀과 비스타에서 대폭 개선된 새로운 스레드 풀에 대해 상세하게 설명한다. 스레드 풀의 의미와 구조, 사용법 및 다양한 응용 방법을 예제를 통해서 논의한다.

6.1 스레드 풀의 의미와 구현

윈도우 2000 및 비스타에서 제공되는 스레드 풀의 구조를 개괄 설명한다.

6.2 윈도우 2000의 스레드 풀

윈도우 2000에서 제공되는 스레드 풀 함수를 다음과 같은 네 카테고리로 분류하여 자세한 사용법 및 다양한 활용에 대해 예제와 더불어 설명한다.

- 작업(QueueUserWorkItem)
- 대기(RegisterWaitForSingleObject)
- 타이머(CreateTimerQueueTimer)
- 입출력(BindIoCompletionCallback)

6.3 새로운 스레드 풀 I

비스타에서 대폭 개선된 스레드 풀의 요소를 설명하고, 그 사용법 및 활용에 대해 설명한다. 여기에서는 윈도우 2000 스레드 풀의 카테고리에 대응하는 작업(TP_WORK), 대기(TP_WAIT), 타이머(TP_TIMER), 입출력(TP_IO) 객체와 그 사용법을 설명하고, 스레드 풀의 콜백 인스턴스 사용법도 함께 설명한다.

6.4 새로운 스레드 풀 II

윈도우 2000에서는 제공되지 않았던 스레드 풀 자체의 생성이나 환경 설정 그리고 스레드 풀 클린업 기능에 대해 상세하게 설명하고 예제를 통해 그 사용법을 알아본다. 여기에서는 "스레드 풀 객체"와 "콜백 환경 객체" 그리고 "정리 그룹 객체"에 대해 설명한다.

07장. IPC와 비동기 입출력

윈도우에서 프로세스 사이에서 서로 데이터를 교환하기 위한 메커니즘으로 프로세스 간 통신(IPC)에 대해 상세하게 논의하고, IPC와 비동기 입출력의 연동에 대해 설명한다.

7.1 IPC를 위한 준비 작업

IPC 사용을 위하여 알아야 할 기본 요소인 프로세스의 생성과 커널 객체의 공유, 그리고 프로세스 간 데이터 공유에 대해 상세하게 설명한다.

7.2 서비스와 커널 객체 보안

윈도우 서비스와 일반 애플리케이션 사이에서 데이터를 주고받을 때 제약사항이 되는 보안 요소에 대해 설명하고, 그 제약의 극복 방법을 예제를 통해서 보여준다. 여기서는 커널 객체에 보안 기술자를 지정하고 무결성 레벨을 낮추는 방법 및 서비스에서 다른 로그인 세션에 특정 프로그램을 로드하는 방법이 상세하게 설명된다.

7.3 메모리 매핑 파일

IPC의 대표적 수단이 되는 메모리 매핑 파일(MMF) 커널 객체에 대해 설명하고 공유 메모리 설정 및 사용 방법, 그리고 스레드 풀을 이용한 IPC 응용. 서비스에서 MMF를 사용하는 방법까지 예시한다.

7.4 파이프

IPC에서의 데이터 교환의 또 다른 수단이 되는 파이프에 대해 비동기 입출력의 관점에서 상세하게 설명하고, 파이프 자체를 비동기 입출력을 위한 IOCP나 스레드 풀에 등록하여 사용하는 방법을 설명한다. 또한 파이프를 서비스에서 사용하는 방법도 예시한다.

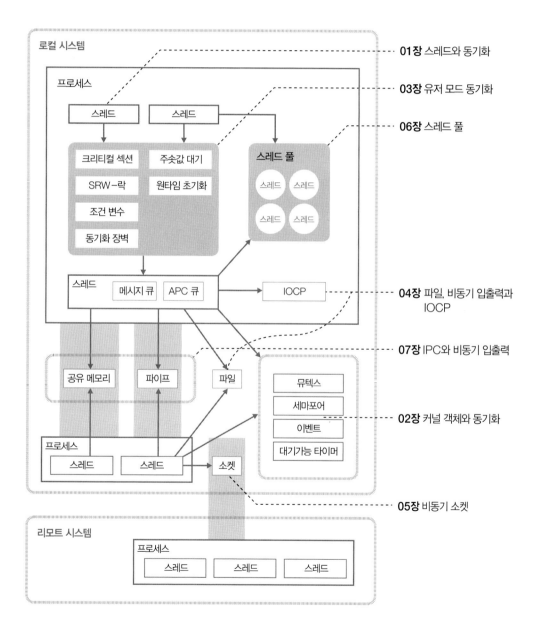

로컬 시스템

프로세스

스레드   스레드

크리티컬 섹션   주솟값 대기

SRW-락   원타임 초기화

조건 변수

동기화 장벽

스레드 풀

스레드   스레드

스레드   스레드

스레드   메시지 큐   APC 큐   IOCP

공유 메모리   파이프   파일

뮤텍스

세마포어

이벤트

대기가능 타이머

프로세스

스레드   스레드   소켓

리모트 시스템

프로세스

스레드   스레드   스레드

01장 스레드와 동기화

03장 유저 모드 동기화

06장 스레드 풀

04장 파일, 비동기 입출력과 IOCP

07장 IPC와 비동기 입출력

02장 커널 객체와 동기화

05장 비동기 소켓

15

CONTENTS

베타리더의 말 ·· 4

지은이의 말 ·· 6

책 소개 ·· 10

이 책의 구성 ·· 11

로드맵 ··· 15

1부 동기화

01장 스레드와 동기화

1.1 동기화를 위한 사전 지식 ················ **22**

   1.1.1 프로세스(Process) ················· **23**

   1.1.2 커널 객체와 핸들 테이블 ········ **27**

   1.1.3 스레드(Thread) ······················ **34**

   1.1.4 스레드 스케줄링(Thread Scheduling) ·· **52**

1.2 스레드 동기화란? ······························· **64**

   1.2.1 동기화의 필요성 ···················· **65**

   1.2.2 동기화의 목적과 방법 ············· **80**

02장 커널 객체와 동기화

2.1 스레드 동기화 API ·························· **94**

   2.1.1 스레드 대기 함수 ··················· **95**

   2.1.2 대기 함수와 커널 객체 ··········· **106**

2.2 데이터 보호를 위한 동기화 객체 ······ **108**

   2.2.1 뮤텍스(Mutex) ······················ **109**

   2.2.2 세마포어(Semaphore) ············ **124**

2.3 흐름 제어를 위한 동기화 객체 ·············· **146**

   2.3.1 이벤트(Event) ······················· **147**

   2.3.2 대기가능 타이머(Waitable Timer) ····· **187**

2.4 통지를 위한 추가사항 고찰 ················ **209**

   2.4.1 스레드 메시지 큐와의 연동 ······ **209**

   2.4.2 콜백 함수와의 결합 ··············· **234**

   2.4.3 .NET BackgroundWorker 클래스의 구현

·· **262**

03장 유저 모드 동기화

3.1 유저 영역의 동기화 객체 ················ **286**

   3.1.1 크리티컬 섹션(Critical Section) ········· **287**

   3.1.2 SRW-락(Slim Reader-Writer Lock) ·· **312**

   3.1.3 조건 변수(Condition Variables) ······· **322**

3.2 상호잠금(Interlocked) API ················ **338**

   3.2.1 상호잠금 함수의 사용 예 ·············· **338**

   3.2.2 상호잠금을 이용한 스핀락 구현 ········· **344**

3.3 새로운 동기화 수단 ···················· **352**

   3.3.1 동기화 장벽(Synchronization Barrier)· **352**

   3.3.2 주솟값에 대한 대기 ···················· **366**

   3.3.3 원-타임 초기화(One-Time Initialization)

   ··· **384**

2부 비동기 입출력

04장 파일, 비동기 입출력과 IOCP

4.1 파일(File) 커널 객체 ·················· **403**

   4.1.1 파일 생성 및 입출력 ·················· **404**

   4.1.2 파일에 대한 작업 ···················· **420**

   4.1.3 CreateFile을 통한 다른 장치 열기 ····· **436**

   4.1.4 동기적 입출력의 취소 ················· **457**

4.2 비동기 입출력의 기본 ·················· **481**

   4.2.1 비동기 입출력을 위한 사전 지식 ········ **482**

   4.2.2 장치 또는 이벤트 시그널링 ············· **492**

4.3 경보가능 입출력(Alertable I/O)과 APC ······ **512**

   4.3.1 비동기 프로시저 호출(APC) ············· **512**

   4.3.2 경보가능 입출력의 사용 ··············· **515**

   4.3.3 입출력과 상관없는 APC의 사용 ········ **537**

4.4 입출력 완료 포트(IOCP) ················ **550**

   4.4.1 IOCP의 생성 ······················· **551**

   4.4.2 스레드 풀 구성하기 ·················· **555**

   4.4.3 입출력과 상관없는 IOCP의 사용 ········ **577**

   4.4.4 IOCP 내부 들여다보기 ················ **586**

   4.4.5 IOCP 확장 함수 ····················· **604**

4.5 비동기 입출력의 취소 ·················· **612**

   4.5.1 핸들 닫기 ··························· **612**

   4.5.2 취소 함수 ··························· **615**

CONTENTS

05장 비동기 소켓

5.1 소켓 API의 기본 ················· **633**

　　5.1.1 동기 모델의 C/S ············· **634**

　　5.1.2 동기 함수의 비동기화 ········· **645**

5.2 비동기 소켓 ···················· **658**

　　5.2.1 고전적 방식(select) ··········· **659**

　　5.2.2 윈도우 메시지(WSAAsyncSelect) ····· **666**

　　5.2.3 이벤트 시그널링(WSAEventSelect) ··· **679**

5.3 비동기 입출력 이용 ·············· **693**

　　5.3.1 장치 또는 이벤트 시그널링 ······· **699**

　　5.3.2 경보가능 입출력의 사용 ········· **715**

　　5.3.3 IOCP의 사용 ··············· **725**

5.4 MS 소켓 확장 API ·············· **745**

　　5.4.1 확장성을 위한 준비 ··········· **745**

　　5.4.2 비동기 입출력 접속 ··········· **748**

　　5.4.3 AcceptEx 함수와 소켓 풀 ······· **767**

　　5.4.4 파일 전송 ················· **797**

06장 스레드 풀

6.1 스레드 풀의 의미와 구현 ·········· **823**

6.2 윈도우 2000의 스레드 풀 ········· **828**

　　6.2.1 작업(QueueUserWorkItem) ········· **830**

　　6.2.2 대기(RegisterWaitForSingleObject) ·· **836**

　　6.2.3 타이머(CreateTimerQueueTimer) ···· **857**

　　6.2.4 입출력(BindIoCompletionCallback) ·· **863**

6.3 새로운 스레드 풀 I ·············· **881**

　　6.3.1 작업 항목 객체와 스레드 풀 ········ **883**

　　6.3.2 작업(TP_WORK) 객체 ··········· **890**

　　6.3.3 대기(TP_WAIT) 객체 ··········· **899**

　　6.3.4 타이머(TP_TIMER) 객체 ········· **918**

　　6.3.5 입출력(TP_IO) 객체 ··········· **925**

　　6.3.6 콜백 인스턴스 사용하기 ········· **949**

6.4 새로운 스레드 풀 II ·············· **968**

　　6.4.1 스레드 풀 객체 ··············· **968**

　　6.4.2 콜백 환경 객체 ··············· **971**

　　6.4.3 정리그룹 객체 ··············· **986**

07 ^장 IPC와 비동기 입출력

7.1 IPC를 위한 준비 작업 ·················· **1008**

    7.1.1 프로세스의 생성 ················ **1009**

    7.1.2 커널 객체의 공유 ·············· **1016**

    7.1.3 프로세스 간 데이터 공유 ·········· **1035**

7.2 서비스와 커널 객체 보안 ············ **1052**

    7.2.1 윈도우 서비스의 기본 ·············· **1053**

    7.2.2 서비스와 접근 제어 ·············· **1061**

    7.2.3 서비스에서의 프로세스 생성 ·········· **1075**

7.3 메모리 매핑 파일 ·················· **1098**

    7.3.1 MMF의 의미와 사용 ············ **1098**

    7.3.2 공유 메모리 ·················· **1108**

    7.3.3 서비스에서의 MMF 사용 ········· **1128**

7.4 파이프 ·························· **1146**

    7.4.1 파이프 소개 ·················· **1146**

    7.4.2 파이프의 사용 ················ **1149**

    7.4.3 서비스에서의 파이프 사용 ········· **1186**

찾아보기 ······································ **1205**

함수 찾아보기 ································ **1215**

1부

동기화

01장 스레드와 동기화

02장 커널 객체와 동기화

03장 유저 모드 동기화

01장

스레드와 동기화

1.1 동기화를 위한 사전 지식

　1.1.1 프로세스(Process)

　1.1.2 커널 객체와 핸들 테이블

　1.1.3 스레드(Thread)

　1.1.4 스레드 스케줄링(Thread Scheduling)

1.2 스레드 동기화란?

　1.2.1 동기화의 필요성

　1.2.2 동기화의 목적과 방법

서두에서 언급한 것처럼 이 책의 주된 주제는 비동기 입출력이다. 하지만 비동기 입출력 역시 그 기본은 동기화에서 출발한다. 동기화(Synchronization)라는 주제는 "운영체제론"이라는 학문의 관점에서뿐만 아니라 실제로 동작하는 다양한 운영체제에 있어서도 주된 이슈가 되는 문제다. 또한 동기화는 요즘같이 스레드가 일반화된 시대에서는 더욱더 중요한 이슈가 된다. 동기화라는 것은 결국 스레드 사이의 동기화를 의미하기에 "스레드와 동기화"라는 관점에서 동기화를 바라볼 필요가 있다. 따라서 이 장에서는 비동기 입출력에 대한 설명에 앞서 알고 있어야 할 기본적인 사항들, 즉 프로세스와 스레드, 커널 객체, 그리고 스레드 간 동기화에 대한 의미를 최대한 간략하게 짚고 넘어가고자 한다. 1.1절에서는 동기화의 대상이 되는 스레드와 커널 객체, 그리고 동기화를 필요하게 만드는 스레드 스케줄링에 대해 언급할 것이며, 1.2절에서는 동기화 자체에 대한 필요성과 목적, 방법에 대해 간략히 설명할 것이다.

1.1 동기화를 위한 사전 지식

윈도우는 선점형 멀티스레딩(Preemptive Multi-Threading) 운영체제다. 선점형 멀티스레딩이란 현재 CPU*를 사용하고 있는 스레드의 실행을 언제라도 멈추게 하고 다른 스레드에게 CPU의 사용권을 넘길 수 있음을 의미한다. 멀티스레딩의 멀티 효과는 시분할 방식을 통해서 여러 스레드가 동시에 돌아가게끔 보이게 하는 것이다. 보이게 한다는 의미는 단일 CPU 시스템에서나 해당되는 내용이고, 요즘 같은 멀티 코어 CPU의 경우에는 실제로 동시에 여러 스레드가 실행된다. 어떤 경우든 스케줄링이라는 작업을 통해 짧은 CPU 시간(이를 타임-슬라이스(Time-Slice) 또는 퀀텀(Quantum)이라 한다)을 스케줄링된 스레드들에게 차례대로 할당함으로써 스레드의 동시 실행을 가능하게 한다. 여기서 스케줄링의 의미를 여러분도 대충은 짐작하고 있을 것이다. 이전의 유닉스나 리눅스 경우의 스케줄링 단위는 프로세스였다. 즉 프로세스 단위로 스케줄링되어 프로세스가 코드를 실행하도록 CPU를 할당하는 것이다. 하지만 MS는 윈도우를 출시하면서 마하 커널을 채택해 스레드 단위의 스케줄링을 기본으로 하는 운영체제를 제공했다.** 그리고 이러한 스레딩 방식의 효율

---

* CPU보다는 프로세서(Processor)라는 표현이 더 맞는 표현이다. 하지만 프로세서는 본서에서 설명할 커널 객체인 프로세스(Process)와 혼동될 수 있기 때문에 프로세서 대신 CPU로 명칭을 쓰기로 한다.

** 마하 커널을 기반으로 최초로 선점형 멀티-태스킹을 구현한 운영체제는 스티브 잡스가 애플에서 해고된 후 주도한 "넥스트 스텝(NextStep)"이란 운영체제였다. 애플은 윈도우 95에 자극을 받아 기존 모토로라 68K 기반의 운영체제를 버리고 새로운 운영체제를 고민하면서 넥스트 스텝을 채택해 다시 잡스의 복귀를 성사시켰고, 그것이 지금의 Mac OS X의 근간을 이루는 계기가 되었다. MS는 윈도우 95

성을 점차 인정받으면서 유닉스나 리눅스도 스레드를 제공하기에 이르렀다.

이렇게 스케줄링의 단위가 바뀐다는 것은 무엇을 의미할까? 스케줄링이란 CPU 시간을 할당하는 순서를 제어하는 것이다. CPU 시간을 할당한다는 것은 해당 CPU를 사용하게끔 한다는 것이므로, CPU를 사용하는 행위의 주체가 이전의 경우에는 프로세스(Process)였으나 이제는 스레드(Thread)가 됨을 의미한다. 이렇게 선점형 멀티스레딩으로 바뀌면서 이제 프로세스의 개념 역시 바뀌었는데, CPU를 사용해 코드를 실행하는 주체에서 이제는 리소스 집합의 경계라는 의미로 개념이 축소되고 있다.

1.1.1 프로세스(Process)

먼저 고전적인 관점에서 프로세스를 살펴보자. 고전적 의미의 프로세스 정의는 다음과 같이 정리할 수 있다.

① 실행 중인 프로그램(A Program in execution)
② 프로그램의 살아 움직이는 혼(The "animated spirit" of a program)
③ 프로서(CPU)에 할당될 수 있고 그 위에서 실행될 수 있는 독립적 개체(That entity that can be assigned to and executed on a processor)

하지만 윈도우에 있어서 위의 의미 중, ②와 ③의 의미는 스레드가 차지하게 된다. 그리고 프로세스의 의미를 윈도우 입장에서 다시 정의하면 다음과 같다.

- 실행 중인 프로그램의 인스턴스(Instance)
- 64비트의 경우 8TB***, 32비트의 경우 4GB의 가상 주소 공간을 지닌 독립체
- 사용하는 자원들이 속하는, 프로그램 사이의 경계를 지워주는 개념적 단위

를 출시하면서 최초로 선점형 멀티 스레딩을 구현했다는 과장 광고를 했지만, 마하 커널을 채택한 윈도우의 진정한 선점형 멀티스레딩의 구현은 NT라고 봐야 하며, 그 뿌리는 사실 지금은 사라진 OS/2에 있다. MS-DOS가 여전히 16비트 시대의 유물로서 운영체제 발전의 발목을 잡고 있는 동안 IBM과 MS는 GUI의 기반의 새로운 32비트 운영체제 개발에 함께 착수했고, 그 산물이 바로 OS/2였다. 그리고 OS/2라는 새로운 GUI 기반 운영체제에 대해 도스 사용자들이 쉽게 적응할 수 있도록 MS가 맛보기로 별도로 출시한, DOS에서 실행되는 프로그램이 바로 윈도우 3.1이었다. 그런데 이 윈도우 3.1이 크게 인기를 얻으면서 MS는 IBM과 결별하고 윈도우 3.1과 호환성을 유지하는 Win32s 계열(후에 윈도우 95로 이어지는)과, 완전히 독자적인 32비트 운영체제인 윈도우 NT 계열(Win32)을 분리시키는 요상한 정책을 취하면서 Windows 시리즈를 별도로 출시하게 된다. 이에 IBM은 OS/2를 계속 독자적으로 밀고 나가서 OS/2 Warp(당시 Warp용 아래 한글도 출시되었으며, 볼랜드 사의 경우 Boland C++ for OS/2도 출시했었다)까지 출시했으나 윈도우에 밀려 역사의 뒤안길로 사라지게 된다.

*** 64비트의 경우 이론적으로는 16엑사 바이트(Exa Bytes)가 되지만, 실제 대부분의 경우 하드웨어적으로 8테라 바이트로 제한하고 있다.

여기서 경계의 의미는 독립적(Independent)이란 개념과 동시에 침범 불가능성, 보호의 의미가 포함된다. 즉 프로세스와 프로세스 사이에는 원칙적으로는 서로 완전히 독립적인 객체며, 서로가 서로를 침범하지도 통신하지도 못한다. 이러한 상호 불가침성의 원리 때문에 프로세스 간 통신(Inter Process Communication, 이하 IPC)이란 수단이 별도로 제공되는 것이다. 이제 윈도우의 프로세스를 구성하는 요소들을 좀 더 자세하게 정리해보자.

① 프로세스 ID
② 유저와 보안 그룹, 그리고 해당 프로세스에 관련된 특권을 식별하는 액세스 토큰이라 불리는 보안 문맥
③ 해당 프로세스에만 속한 가상 주소 공간
④ 해당 프로세스의 가상 주소 공간에 매핑된 코드와 데이터를 정의하는 실행 프로그램 – 프로그램 인스턴스
⑤ 해당 프로세스에 속한 모든 스레드가 접근할 수 있는 다양한 시스템 리소스에 대한 핸들 테이블
⑥ 적어도 존재하는 하나의 실행 스레드

이러한 정의에 따라 아래 그림처럼 다시 정리해보면 프로세스란 집이 있고 그 집에는 가상 주소 공간이라는 커다란 작업대가 있으며, 그 작업대 위에는 리소스라는 다양한 작업 대상들과 도구들이 있다. 그러면 그 작업대 위에서 작업 대상에 해당하는 리소스를 가지고 실제로 작업을 하는 주체는 무엇인가? 그 주체가 바로 스레드인 것이다. 스레드는 자신에게 CPU가 할당되었을 때 비로소 살아 움직이기 시작하며, 리소스를 대상으로 여러분이 정의한 작업을 하는 것이다. 여러분이 정의한 작업이란 바로 작성된 코드를 말하며 CPU에 의해서, CPU를 이용해 그 코드를 실행하는 주체가 바로 스레드인 것이다.

그림 1-1 프로세스의 구성

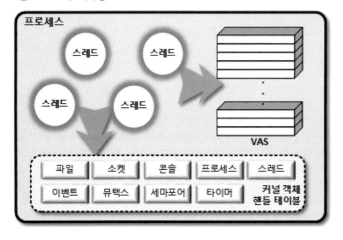

프로세스는 커널 영역에서 커널의 의해 할당되는 커널 객체로서 [그림 1-1]과 같은 요소들을 지닌다. 그러면 각 요소들을 먼저 간단하게 정리해보자.

- **프로세스 ID(Process Identifier)**

  모든 프로세스는 로컬 시스템에서 자신만의 고유한 ID를 지닌다. 프로세스 커널 객체를 참조할 수 있는 프로세스 핸들값 자체는 프로세스에 대해 상대적이기 때문에 프로세스를 넘어서는 것은 의미가 없다. 따라서 프로세스를 식별할 수 있는 고유 수단이 바로 프로세스 ID며, 프로세스가 생성될 때 윈도우에 의해서 그 값이 할당된다.

- **보안 문맥(Security Context)**

  스레드는 보안 객체(커널 객체 중 보안 속성을 지닌 객체)에 접근할 때 거기에 적합한 권한을 가지고 있어야 한다. 프로세스는 로그인된 유저에 대한 계정 ID와 소속 그룹 ID 리스트(이러한 ID를 SID라고 한다), 그리고 여러 특권(Privilege)을 지닌 액세스 토큰(Access Token, 역시 커널 객체다)을 갖고 있으며, 스레드는 자신이 속한 프로세스의 이 액세스 토큰을 통해서 보안 객체에 접근할 때 적법한 권한이 있는지의 여부를 운영체제에게 허가를 받는다. 기본적으로 스레드는 프로세스의 액세스 토큰을 통해서 보안 객체의 접근에 사용되지만 스레드 자신만의 액세스 토큰을 가질 수도 있다.

- **가상 주소 공간(Virtual Address Space)**

그림 1-2 가상 주소 공간

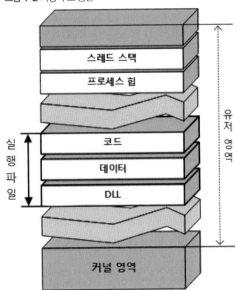

가상 주소 공간은 프로세스마다 할당되는 가상의 선형(Linear) 주소 공간이다. 말 그대로 가상이며, 실제 물리적 메모리와는 페이지 단위로 매핑함으로써 관계를 맺는다. 선형 주소의 의미는 0번지부터 32비트의 경우 (2^{32}~1), 64비트의 경우 (2^{64}~1)번지까지 바이트 단위로 순차적으로 주소를 매길 수 있음을 의미한다. 즉 32비트의 경우 4기가 바이트, 64비트의 경우 이론적으로 16엑사(Exa) 바이트까지* 메모리를 사용할 수 있음을 말한다. 물론 가상이란 점을 기억하

---

* '이론적으로'라는 전제를 달았다. 앞서 언급했다시피 현재의 하드웨어 특성상 8테라 바이트까지 가능하다.

기 바란다. 그것도 각 프로세스별로 말이다. 예를 들어 실제 여러분의 시스템에 장착된 물리적 메모리(RAM)가 32기가 바이트라고 하더라도 모든 프로세스는 저마다 32비트의 경우에는 4기가 바이트까지, 64비트의 경우에는 16엑사 바이트까지 메모리 번지를 지정할 수 있는데, 그것은 바로 가상 주소 공간을 통해 가능하다. 이러한 가상 주소 공간의 접근은 VMM(가상 메모리 관리자)이라는 운영체제상의 컴포넌트가 개입을 해서 실제 물리적 메모리(RAM)와 하드 디스크 상의 페이지 파일을 조합해서 그 접근을 가능하게 해준다. 그래서 개별 프로세스의 입장에서는 실제 물리적 메모리의 한계와는 상관없이 32비트든 64비트든 주소 라인이 지성 가능한 모든 메모리를 사용할 수 있다고 생각하게 된다. 윈도우는 기본적으로 이 가상 주소 공간을 반으로 나누어 상위 영역은 커널 모드에서만 참조 가능한 커널 영역으로, 하위 영역은 유저 모드에서 일반 애플리케이션이 접근 가능한 유저 영역으로 제한한다. 시스템 리소스에 해당하는 커널 객체는 커널에 의해서 가상 주소 공간의 커널 영역에 할당되는 객체다.

- **프로그램 인스턴스(Program Instance)**

프로그램 인스턴스란 프로세스의 근간이 되는 실행파일, 즉 EXE 파일이 가상 주소 공간에 매핑되어 메모리에 로드된 상태를 의미한다. 프로그램 인스턴스의 시작 주소는 WinMain 함수의 hInstance 매개변수로 넘어오거나 GetModuleHandle 함수 호출 시 첫 번째 매개변수를 NULL로 넘겨 호출하면 획득할 수 있는 가상 주소 공간상의 번지값이다. 실행파일을 작성하는 주체는 여러분이며, 다양한 개발 언어로 코드를 작성해 그것을 컴파일 및 빌드한 결과물이 EXE 파일과 DLL 파일, 또는 커널용으로 제작된 SYS 파일이다. 이 결과물들을 통칭하여 실행파일이라고 부르며, 이 실행파일을 윈도우에서는 PE(Portable Executable) 파일이라고 정의한다. EXE 파일을 마우스로 더블클릭하거나 콘솔 상에서 실행하면 운영체제는 실행파일을 위한 프로세스를 할당하고 [그림 1-2]에서처럼 그 프로세스의 가상 주소 공간상의 특정 주소에 실행파일을 로드하여 매핑하게 된다.* 실행파일은 여러 섹션을 갖게 되는데, 대표적인 섹션으로는 ".text"로 표현되는 코드 섹션이 있다. 코드 섹션은 main이나 WinMain을 포함한 여러분이 작성한 코드가 기계어로 번역되어 존재하는 곳이며, 그 코드는 스레드에 의해 가상 주소 공간 위에서 실행된다.

- **핸들 테이블(Handle Table)**

스레드의 작업 도구이자 대상이 되는 리소스는 흔히 커널 객체로 많이 표현된다. 파일이나 콘솔, 할당된 메모리 섹션, 동기화를 위한 여러 수단 등이 커널 객체가 된다. 커널 객체는 가상 주소 공간 설명 시에 언급한 것처럼 커널 모드, 즉 주소 공간의 커널 영역에 존재하는 객체다. 여러분이 작성한 일반 유저 애플리케이션은 커널 주소 공간에 직접 접근할 수 없기 때문에, 커널 모드의 메모리에 할당된 커널 객체의 포인터를 직접 얻을 수가 없다. 따라서 커널 객체에 접근하기 위한 API가 제공되며, 이 API를 통해서 여러분은 커널 객체를 생성하고 참조하고 관리할 수 있는 것이다. 그렇게 생성된 커널 객체는 프로세스의 소유가 아니라 커널에 의해 관리되며, 프로세스는 커널 객체의 포인터를 핸들 테이블에 보관한다. 그 핸들 테이블의 인덱스가 바로 유저 프로그램이 참조할 수 있는 핸들값이 된다.

- **하나의 실행 스레드(Main Thread)**

운영체제는 커널 영역에 이 프로세스를 위한 공간을 만든다. 그러면 그것을 실행하기 위해서는 무엇이 필요할까? 앞서도 언급한 것처럼 코드의 실행 주체는 스레드다. 이 프로세스 내에서 EXE 파일의 WinMain이나 main 함수 내의 코드를 실행할 주체가 있어야 한다. 이에 운영체제는 프로세스 실행을 위한 기본 스레드를 하나 생성하여 코드의 실행을 메인 스레드에게 맡긴다. 따라서 프로세스가 생성되면 최소 하나의 디폴트 스레드인 메인 스레드가 생성되며, 이 메인 스레드의 생존 기간이 곧 프로세스의 존재 기간이 된다. 이 말은 메인 스레드가 종료되면 프로세스도 종료됨을 의미한다.

---

* PE 파일, 즉 EXE나 DLL 등의 실행파일 자체에 대해, 그리고 어떻게 프로세스와 연결되는지에 대해 자세히 알고싶다면 필자의 저서 「Windows 시스템 실행파일의 구조와 원리」(한빛미디어)를 참조하기 바란다.

프로세스의 주요 구성요소에 대해 이와 같이 개략적으로 살펴보았다. 프로세스의 생성 및 그 동기화는 7장 IPC에서 더 상세히 언급할 예정이며, 이제부터는 동기화란 주제와 관련해서 이 구성요소 중 동기화에 필요한 요소에 대해서 좀 더 자세히 살펴보고자 한다. 먼저 이 책의 주제인 동기화와 비동기 입출력의 수단인 "커널 객체", 그리고 프로그램 실행의 주체이자 동기화의 주체인 "스레드", 이와 더불어 동기화를 필요하게 만드는 "스레드 스케줄링"에 대해 알아볼 것이다.

1.1.2 커널 객체와 핸들 테이블

이제 리소스에 대해 한 번 더 살펴보자. 프로세스가 사용하는 리소스는 작업을 위한 대상이기도 하고 도구이기도 하다. 여러분이 MS-WORD를 열어 문서 파일을 작업할 때 파일이라는 리소스가 작업의 대상이 된다. TCP 통신을 위해 소켓을 열면 그 소켓이 리소스가 되는 것이다. 리소스의 종류는 매우 다양하며, 그중 본서에서 관심을 가져야 할 리소스는 바로 커널 객체다. 이제 스레드의 작업 대상이자 수단이 되는 커널 객체부터 먼저 출발해보자. [그림 1-1]에서 커널 객체를 둘러싸고 있는 커널 객체 핸들 테이블의 의미도 함께 알아볼 것이다.

1) 커널 객체(Kernel Object)

"커널 객체"란 프로세스에 의해 할당되고 관리 및 소유되는 것이 아니라 커널에 의해 할당되고 단지 커널만이 제어 가능한, 커널 영역의 메모리 블록이다. 그러므로 유저 모드의 애플리케이션에서는 커널 객체에 직접 접근할 수 없으며, 커널 객체의 사용을 위해서 그 생성 및 제어, 소멸 등을 커널에 위임해야 한다. 그러한 커널 객체의 대표적인 예는 다음과 같다.

- **일반 커널 객체**
  이 장의 주제인 프로세스(Process)와 스레드(Thread)는 대표적인 커널 객체다. 또한 프로세스를 여러 그룹으로 관리하는 잡(Job) 역시 커널 객체다.

- **동기화를 위한 전용 커널 객체**
  뮤텍스(Mutex), 세마포어(Semaphore), 이벤트(Event) 그리고 대기가능 타이머(Waitable Timer)는 동기화를 목적으로 사용하는 동기화 전용 커널 객체며, 2장에서 상세하게 논의할 예정이다.

- **입출력을 위한 커널 객체**
  - **파일(File)** : 파일이나 I/O 디바이스의 열린 인스턴스를 의미하며 파일, 디렉터리, 디스크가 이에 해당된다. 4장에서 상세하게 논의된다.
  - **통신 장치(Communications Device)** : COM 포트나 LPT 포트 등의 통신 장치다.
  - **콘솔(Console)** : 텍스트 기반의 콘솔 역시 커널 객체다.

- 메일슬롯(Mailslot)과 파이프(Pipe) : 프로세스 간 통신을 위한 장치로서 메일슬롯은 브로드 캐스팅을 위해 사용되며, 파이프는 양방향 통신에 적합하다. 7장에서 파이프의 비동기 입출력 적용에 대해 상세하게 다룬다.
- 소켓(Socket) : 네트워크 통신의 대표적인 수단인 소켓 역시 커널 객체며, 5장 소켓의 비동기 입출력 사용에서 상세하게 다룬다.
- 입출력 완료 포트(IO Completion Port) : 입출력 완료 처리를 위한 중요한 수단이며 스레드 풀의 근간이 된다. 4장에서 상세하게 다룬다.
- 파일 매핑(File Mapping) : 프로세스 간 통신을 위한 메모리를 공유할 수 있는 수단을 제공한다. 7장에서 상세하게 다룬다.
- 파일 변경 통지(File Change Notification) : 디렉터리 변경 통지를 위한 커널 객체며. 4장에서 언급할 예정이다.

- **보안을 위한 커널 객체**
  - 액세스 토큰(Access Token) : 프로세스나 스레드의 보안 프로파일(보안 ID, 유저 권한 등)을 의미하며, 7장에서 언급할 예정이다.
  - 윈도우 스테이션(Window Station) : 클립보드, 전역 아톰(Atom) 집합, 데스크톱 객체 그룹을 포함하는 객체다.
  - 데스크톱(Desktop) : 논리 화면 표층을 지니며 윈도우, 메뉴 그리고 훅을 포함하는 객체다.

이외에 힙(Heap), 모듈(Module-DLL), 이벤트 로그(Event log), 레지스트리 키(Registry Key) 역시 커널 객체로서 존재한다.

앞서 커널 객체를 커널 영역에 존재하는 메모리 블록이라고 했다. 이 객체들은 개별적으로 정의된 자신들만의 구조체를 갖고 있으며, 생성되면 커널만이 접근 가능한 가상 주소 공간상의 커널 영역에 할당된다. 따라서, 디바이스 드라이버 등과 같은 커널 모듈이 아니면 그 블록의 포인터를 일반 포인터처럼 유저 영역에서 직접 참조할 수 없다. 커널 객체의 생성을 위해 프로세스가 커널에 그 생성을 위임하면 커널은 해당 커널 객체를 생성하고 그 생성된 포인터를 직접 돌려주는 것이 아니라, 그것을 참조할 수 있도록 프로세스에게 그 포인터와 대응되는 핸들(Handle)값을 돌려준다. 따라서 유저 영역에서는 이 핸들값을 통하여 커널 객체를 참조 및 제어할 수 있다.

그림 1-3 커널 객체 할당

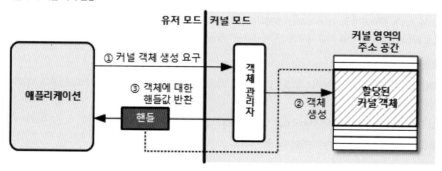

커널 객체들은 공통 헤더와 자신만의 개별적인 본체(Body)로 정의되며, 이 공통 헤더의 요소 중 일부는 다음과 같다.

- **객체 이름(Name)**

  객체 생성 시에 유저는 객체의 이름을 지정할 수 있다. 프로세스 간 커널 객체를 공유하고자 할 때, 이 이름을 통해 미리 생성한 객체를 찾아서 공유할 수 있다.

- **보안 기술자(Security Descriptor)**

  보안 기술자는 커널 객체가 공유 가능하므로 그 객체에 대해 접근 제한을 지정할 수 있는 기능을 제공한다. 보안 기술자는 해당 커널 객체에 대해 행할 수 있는 행위의 종류와 접근 가능한 유저의 정보를 담고 있으며, 앞서 액세스 토큰은 프로세스가 지니고 있다고 했다. 스레드는 이 액세스 토큰을 이용해서 보안 객체 접근에 대한 권한을 허가받게 되는데, 이 때 보안 객체는 커널 객체가 되며, 이 보안 기술자에 정의된 내용과 액세스 토큰에 정의된 내용을 비교해 스레드의 해당 커널 객체에 대한 접근 허용 여부를 판단하게 된다.

- **사용계수(Usage Count)**

  사용계수는 정확히 말하자면 "열린 핸들 카운트"와 "객체 참조 카운트"라는 두 개의 카운트로 나뉘는데, 개념상의 의미를 간략하게 전달하기 위해 "사용계수"라는 단일 표현으로 대체했다. 커널 객체는 여러 프로세스에 의해 공유 가능하다. 따라서 프로세스에 의해 공유될 때마다 그 사용계수를 증가시키고 해당 프로세스가 참조를 끊을 때는 사용계수를 감소시켜, 최종적으로 커널 객체를 해제할 시점을 판단함으로써 커널 객체를 관리한다.

- **동기화 여부**

  동기화 여부 필드는 커널 객체 공통 헤더에 직접 존재하는 것이 아니라 객체 타입이라고 불리는 별도의 객체 멤버 필드로 존재하지만, 설명의 편의성을 위해 하나의 요소로 간주해서 설명하기로 한다. 이 필드는 해당 커널 객체 자체가 동기화에 사용될 수 있는지의 여부를 지정한다. 동기화에 사용될 수 있는 커널 객체는 위에 열거한 객체들 중 동기화 전용 객체인 뮤텍스와 세마포어, 이벤트, 대기가능 타이머는 물론 프로세스, 스레드, 잡(job), 파일, 소켓, 메일슬롯 및 파이프, 통신장치, IOCP 그리고 파일 변경 통지 객체들도 이에 해당된다.

2) 커널 객체 제어를 위한 API

커널 객체는 커널 모드에서만 접근 가능하기 때문에 유저 모드의 프로세스들은 직접 해당 객체를 생성하거나 접근할 수 없다. 따라서 커널 객체 생성 시 생성을 커널에 위임한다고 했다. 즉 커널 객체를 생성, 삭제, 접근하기 위해 커널에 이러한 요청을 할 수 있는, 커널 영역에 존재하는 커널 객체로의 접근을 가능하게 하는 표준 API들이 제공된다.

| 커널 객체의 생성 |

커널 객체의 생성은 일반적으로 CreateXXX 형태로 되어 있다. XXX를 대신해 위에서 열거한 여러 커널 객체들의 명칭이 사용된다. 스레드 커널 객체를 생성하기 위해서는 CreateThread, 프로세스의 경우는 CreateProcess, 파일은 CreateFile, 이벤트는 CreateEvent 등이다. CreateXXX 호출에 의하여 커널 객체의 생성이 성공하면 그 커널 객체의 사용계수는 1로 설정된다.

CreateXXX 함수 군은 대부분 다음과 같이 PSECURITY_ATTRIBUTE와 PCTSTR 타입의 두 개의 공통된 매개변수를 가진다.

```
HANDLE WINAPI CreateXXX
(
    _In_opt_    PSECURITY_ATTRIBUTES pSecAttrs,// 보안 속성 지정
    ...,                                        // 객체별 자체 매개변수들
    _In_opt_    PCTSTR pszObjectName            // 객체 이름 지정
);
```

이는 각각 그 공통요소인 보안 기술자와 객체 이름을 지정하기 위한 것이다. 그 이외에 객체별로 자신의 특성에 맞는 개별 매개변수들이 존재한다. 그리고 리턴값은 HANDLE 타입의 값을 돌려준다. 대부분이란 표현을 썼지만 물론 이름을 갖고 있지 않는 커널 객체도 존재한다. 프로세스와 스레드가 그러한데, 이 두 객체의 경우는 이름 대신 ID로 식별값을 대신하기 때문이다. 따라서 CreateProcess나 CreateThread의 경우에는 PCTSTR에 해당하는 매개변수 대신 ID를 받기 위한 DWORD 포인터 매개변수가 존재한다. 또한 프로세스 간 공유가 되지 않는 커널 객체도 있는데, 대표적인 예로 IOCP가 있다. 이 경우 PSECURITY_ATTRIBUTE와 PCTSTR 타입의 매개변수는 존재하지 않는다.

| 커널 객체 열기 |

이미 생성된 객체들을 열기 위해, 즉 공유하기 위해 OpenXXX 형태의 함수가 제공된다. 이 함수들은 대부분이 접근 권한을 지정하는 매개변수와 생성 시 넘겨줬던 객체 이름을 넘겨줄 수 있는 매개변수가 존재한다. 역시 리턴값은 HANDLE이다. 또한 OpenXXX 호출이 성공할 때마다 해당 객체의 사용계수는 1씩 증가한다.

```
HANDLE WINAPI OpenXXX
(
    _In_ DWORD   dwDesiredAccess,
    _In_ BOOL    bInheritHandle,
    _In_ PCTSTR  pszObjectName
);
```

| 커널 객체 닫기 |

커널 객체를 삭제하기 위해서는 커널 객체를 사용한 후 닫아줘야 한다. 이를 위한 공통된 함수가 바로 CloseHandle이다.

```
BOOL WINAPI CloseHandle(_In_ HANDLE hObject);
```

hObject는 CreateXXX 또는 OpenXXX를 통해 획득한 핸들값을 넘겨준다. CloseHandle 호출 시마다 사용계수는 1씩 감소되고, 그 결과 최종적으로 사용계수가 0이 되면 커널은 마침내 해당 객체를 메모리로부터 해제하게 된다. 생성된 커널 객체에 대하여 CloseHandle을 호출하지 않으면 결국엔 사용계수가 맞지 않아 해당 객체를 커널의 메모리로부터 삭제하지 못하게 됨으로써 메모리 누수가 발생된다. 따라서 가능하면 생성했던 커널 객체는 CloseHandle을 통해 닫아줘야 한다.

생성된 커널 객체는 CloseHandle과 함께 사용계수의 관리를 통해서 그 생존 기간이 결정된다. 다음 그림은 커널 객체의 생성 및 열기 과정을 통해 사용계수가 어떻게 관리되는지의 과정을 보여주고 있다.

그림 1-4 커널 객체의 사용계수

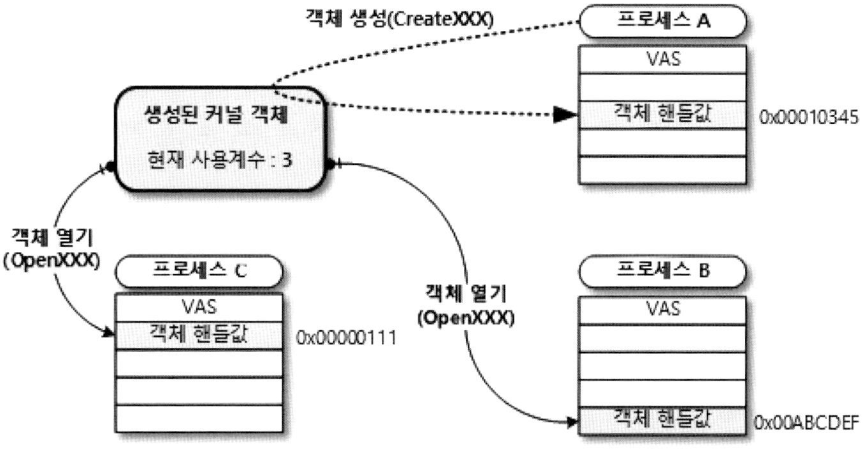

- 프로세스 A가 커널 객체의 생성을 요구(CreateXXX)하면 커널은 객체를 생성한 후 사용계수를 1로 설정한다.
- 다른 프로세스(위 그림에서 B와 C)가 동일한 객체를 생성(CreateXXX)하거나 열면(OpenXXX) 새로 생성하는 것이 아니라, 사용계수만 1씩 증가시킨다. 따라서, 현재 사용계수는 3인 상태다.
- 후에 프로세스가 사용 완료 후에 그 커널 객체를 닫을(CloseHandle) 때마다 사용계수를 1씩 감소시킨다.
- 사용계수가 0이 되면 객체 관리자는 비로소 그 객체에 할당한 메모리 블록을 해제한다.

개별 커널 객체에 접근하여 커널 객체의 상태를 변경시키거나 작업을 수행하고자 할 때는 각각의 객체에 알맞은 개별 전용 API를 갖고 있다. 예를 들어, 스레드의 경우 스레드를 멈추거나 다시 시작하기 위한 Suspend/ResumeThread 함수가 있고, 파일에 대해 읽기/쓰기를 할 때는 ReadFile/WriteFile 함수가 있으며, 이벤트를 시그널 상태로 변경하고자 할 때에는 SetEvent 함수가 있다.

3) 핸들과 핸들 테이블

커널 객체를 생성하는 API인 CreateXXX를 보자. 리턴 타입은 HANDLE이며, 다음과 같이 재정의되어 있다.

```
typedef void* HANDLE;
```

커널 객체를 생성하게 되면 사용자 프로세스에게 생성된 커널 객체의 메모리 상의 포인터값이 아니라 그 객체를 식별할 수 있는 ID, 즉 핸들값을 돌려준다. 이 핸들값은 객체의 포인터값 자체가 아니라 그 포인터와 연결된 식별값이다. 그 식별값은 해당 객체를 생성한 프로세스 내에서만 고유하고 다른 프로세스에서는 의미가 없는 값이다. 다시 말해서, 프로세스 A에서 생성한 커널 객체의 핸들값은 프로세스 B에서 그 객체를 열었을 때 획득하게 되는 핸들값과 다르다는 것이다. 만약 같은 경우가 있다면 그건 단지 우연의 일치일 뿐이다. 즉 동일한 객체를 가리키지만 핸들값 자체는 서로 다르다는 것을 의미한다. 핸들값은 프로세스에 한정적인 값이며, 앞의 [그림 1-4]를 살펴보면 그 의미를 더욱더 명확하게 알 수 있다. 즉, 프로세스 A, B, C는 모두 동일한 커널 객체를 공유하고 있지만 핸들값은 프로세스마다 모두 다른 상황을 보여주고 있다.

이 핸들값의 의미는 프로세스 커널 객체 내에 존재하는 커널 객체 핸들 테이블의 인덱스이다. "핸들 테이블"의 의미를 다음과 같이 예를 들어 설명하면 더 명확히 이해될 것이다. 프로세스 A의 스레드가 다음과 같이 핸들을 4개 생성했다고 하자.

```
HANDLE hEvnet   = CreateEvent(...);
HANDLE hThread  = CreateThread(...);
HANSLE hFile    = CreateFile(...);
HANDLE hProcess = CreateProcess(...);
```

이 모든 호출이 성공적으로 이루어졌을 때 핸들 테이블의 구조와 핸들값은 다음 그림과 같다.

그림 1-5 커널 객체와 핸들 테이블

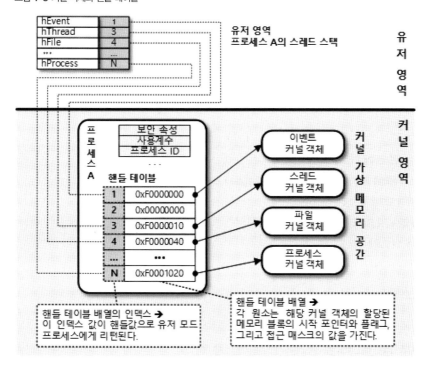

위의 그림은 프로세스 내에 존재하는 핸들 테이블이다. 핸들 테이블의 각 원소는 실제 커널 객체의 메모리 상의 시작 포인터(실제로 포인터와 접근 매스크(Mask), 그리고 여러 플래그로 구성된다)를 담고 있으며, 각 원소의 핸들 테이블 상의 인덱스를 핸들값으로 유저 프로그램에 돌려주면 유저 프로그램은 그 값을 통해서 커널 객체에 접근하게 된다.

이상으로 커널 객체에 대한 개괄적인 설명이었다. 이제 앞으로 다룰 커널 객체는 동기화와 비동기 입출력을 위한 수단이 되는 커널 객체다. 동기화를 요구하는 멀티스레딩의 스레드도 커널 객체며, 동기화를 위한 전용 객체인 이벤트, 뮤텍스, 세마포어 그리고 대기가능 타이머도 커널 객체다. 한편 비동기 입출력의 수단이 되는 파일, 파이프, 소켓, IOCP 등도 커널 객체고, IPC에서의 프로세스 역시 커널 객체다. 본서에서는 이러한 동기화와 비동기 입출력을 위한 커널 객체들을 논의할 것이기 때문에 커널 객체의 기본적인 개괄을 미리 설명해두는 것이다. 마지막으로 커널 객체에 대해 설명하지 않은 한 가지가 있는데 그 주제는 바로 "프로세스 간 커널 객체의 공유"다. [그림 1-4]에서와 같이 커널 객체는 프로세스 사이에서 공유가 가능하며, 이러한 공유는 IPC의 근간이 된다. 이렇게 프로세스 사이에서 커널 객체를 공유하는 방법에 대해선 7장 IPC와 비동기 입출력에서 상세하게 다룰 예정이다.

1.1.3 스레드(Thread)

앞서 프로세스가 생성되면 최소 하나의 스레드인 메인 스레드가 생성된다고 했다. 그리고 우리는 멀티스레딩 프로그램을 위해 별도의 스레드를 생성할 수도 있다. 메인 스레드와 여러분이 직접 생성한 자식 스레드는 차이가 없다. 둘 다 커널 객체로서의 스레드며, 생성된 이 스레드는 커널 영역에서 커널 객체로 존재한다. 그러면 스레드는 어떤 요소들을 가지고 있는지 스레드 관점에서 살펴보자.

① 스레드 ID
② 스레드 자체의 보안 문맥을 가질 수 있다.
③ 해당 프로세스의 상태를 표현하는 CPU 레지스터 집합 요소 – 스레드 문맥
④ 커널 모드와 유저 모드를 위한 두 개의 스레드 스택
⑤ 스레드 지역 저장소(TLS)라고 불리는 사적 저장 영역
⑥ 스레드는 자신만의 고유한 메시지 큐를 갖는다.

1) 스레드의 요소들

스레드 ID 역시 프로세스 ID와 마찬가지로, 로컬 시스템상의 스레드를 식별하는 DWORD 타입의 유일한 값이다. CreateThread 함수 호출 시에 획득할 수 있으며, 현재 실행 중인 스레드가 자신의 ID를 알고 싶다면 GetCurrentThreadId 함수를 호출하면 된다. 스레드의 액세스 토큰은 기본적으로 부모 프로세스의 것을 갖지만, 원한다면 스레드 자신만의 고유한 액세스 토큰을 가질 수도 있다. 이제부터 위의 요소 중에서 설명이 필요한 것들을 간단하게 언급하고자 한다.

| 스레드 문맥(Thread Context) |

윈도우의 기본 스케줄링 단위는 스레드다. 이는 프로세서가 하나의 자원이 되어 스레드에게 할당됨을 의미한다. 따라서 코드 실행의 주체인 스레드는 코드 실행에 필요한 CPU 레지스터 집합을 관리하며, 코드 실행을 위한 IP 레지스터와 스레드 스택 관리를 위한 SP, BP 레지스터는 코드 실행의 핵심적인 요소가 된다. 하지만 스레드가 자신에게 할당된 CPU 퀀텀이 만기되어 다른 스레드에게 CPU를 양도해야 할 경우 자신이 관리하던 레지스터 집합은 어떻게 될 것인가? 추후 그 스레드가 스케줄링에 의해 다시 CPU를 점유하게 되었을 때, 자신이 이전에 실행하던 코드상의 명령어 위치나 관리 중이던 스택의 포인터 위치를 기억하고 있지 않으면 프로그램을 계속 이어서 실행할 수가 없다. 따라서 이러한 상황을 대비해서 스레드는 각각 자신만의 CPU 레지스터 집합을 관리하고 보관 및 복원시켜야 한다. 이러한 레지스터 집합과 추가적인 요소를 포함해 "스레드 문맥"을 구성한

다. 다음은 문서화되지는 않았지만, WinNT.h에 정의되어 있는 CONTEXT 구조체에 대한 정의의 일부를 실었다.

```
typedef struct _CONTEXT
{
  DWORD    ContextFlags;
       ⋮
  DWORD    Edi;
  DWORD    Esi;
  DWORD    Ebx;
       ⋮
  DWORD    Ebp;
  DWORD    Eip;
  DWORD    Esp;
       ⋮
} CONTEXT;
```

직접 찾아보면, CPU 종류별로 각 CONTEXT 구조체가 정의되어 있고 CPU 내에 존재하는 모든 레지스터들을 멤버로 갖고 있는 것을 확인할 수 있다. 그리고 스케줄러에 의해 활성 스레드가 변경되면서 대기 상태로 들어가는 스레드는 이 문맥 구조체에 자신이 사용하던 CPU 레지스터들의 값을 모두 저장해야 하고, 동시에 활성화되는 스레드는 자신이 이전에 저장했던 문맥 구조체로부터 레지스터의 내용을 다시 복원해야만 한다. 이러한 과정을 "스레드 문맥 전환(Thread Context Switching)"이라고 한다.

| 스레드 스택(Thread Stack) |

개별 스레드는 자신만의 스택을 가상 주소 공간 내에 갖게 된다. 스택은 프로그래밍을 어느 정도 하는 독자라면 당연히 그 개념을 알고 있을 것이다. C나 C++의 관점에서 메모리는 코드 영역과 데이터 영역, 그리고 스택과 힙(Heap)으로 나눌 수 있다. 코드는 말 그대로 여러분이 작성하고 스레드가 실행하는 명령어로 구성된 부분이며, 데이터 영역에는 코드 상에서 사용한 상수(문자열 포함)와 전역 변수, 정적 변수가 그 곳에 위치한다. 힙에는 동적으로 할당된 메모리 블록이 위치하며, 스택에는 모든 지역 변수가 위치해 함수로 전달되는 매개변수와 리턴값의 반환에 사용되며, 또한 함수 호출 시에 호출이 완료되었을 때 복귀해서 실행해야 할 코드의 다음 명령어의 위치를 저장하기 위한

IP 레지스터의 정보가 저장된다. 스택의 관리는 전적으로 BP 레지스터와 SP 레지스터에 의해 이루어진다. 이러한 스택이 [그림 1-2]에서처럼 가상 주소 공간에 스레드마다 할당되며, 그 기본 크기는 1MB이다. 스레드 생성 시 스택의 크기는 조절이 가능하다.

| 스레드 지역 저장소(TLS, Thread Local Storage) |

스레드는 스레드 지역 저장소(Thread Local Storage, 이하 TLS)라는, 개별 스레드에게만 고유한 저장 공간을 갖고 있으며, 그 공간에 스레드만의 고유 정보를 저장하고 획득하는 API들을 제공한다. 예를 들어 스레드 개념이 없던 시절엔 프로세스를 포크(Fork)하여 멀티 태스킹을 구현했다. 그러한 레거시 솔루션을 멀티스레딩 구조로 마이그레이션(Migration)할 때 각 프로세스의 전역 변수들을 TLS에 저장하여 스레드별로 개별적으로 귀속시킬 수 있었다. 현재 TLS를 사용하는 대표적인 예가 MFC일 것이다. MFC는 스레드가 생성한 윈도우의 핸들과 그 관련된 여러 정보를 그 스레드의 TLS에 보관한다. 예를 들어 여러분이 HWND 핸들로부터 CWnd* 포인터를 획득하고자 할 때 CWnd::FromHandle(HWND)이란 함수를 사용하게 되는데, 스레드 내에서 생성한 윈도우 핸들과 CWnd*의 맵을 TLS에 보관해두고 나중에 HWND로부터 CWnd*를 획득해주는 것이다. 복잡한 멀티스레딩의 경우에는 이러한 TLS가 유용할 때도 있지만, 추후 논의하게 될 스레드 풀의 사용 등에서 문제가 되기 때문에 TLS의 사용에 있어서 주의를 기울일 필요가 있다.

| 스레드 메시지 큐(Thread Message Queue) |

스레드를 생성하고 사용하면서 가장 언급되지 않는 부분이 스레드 메시지 큐다. 흔히 윈도우 메시지 큐라고 알려진, 우리가 GUI 애플리케이션을 작성하면 그 근간이 되는 메시지 큐가 스레드마다 할당된다. 따라서 이 메시지 큐를 사용하면 순차성 보장과 더불어 지연 처리, 스레드 간 매개변수 전달 등 기존의 동기화 처리에서 사람들을 귀찮게 했던 많은 요소를 해결할 수 있는 수단을 제공한다. 이 부분의 내용은 2장 마지막 절에서 상세하게 논의할 예정이다.

2) 스레드의 생성

멀티스레딩 프로그래밍이라 하면 당연히 여러분의 코드 상에서 스레드를 생성시켜야 하며, 스레드를 생성하기 위한 함수가 바로 CreateThread 함수다.

```
HANDLE WINAPI CreateThread
(
    _In_opt_    LPSECURITY_ATTRIBUTES    lpThreadAttributes,
    _In_        SIZE_T                   dwStackSize,
    _In_        LPTHREAD_START_ROUTINE   lpStartAddress,
    _In_opt_    LPVOID                   lpParameter,
    _In_        DWORD                    dwCreationFlags,
    _Out_opt_   LPDWORD                  lpThreadId
);
```

LPSECURITY_ATTRIBUTES lpThreadAttributes

보안 식별자를 지정한다. 7장 전까지는 NULL을 넘기는 것으로 한다.

SIZE_T dwStackSize

스레드 스택의 크기를 지정한다. 0을 넘기면 디폴트로 1MB가 지정된다.

LPTHREAD_START_ROUTINE lpStartAddress

LPVOID lpParameter

스레드의 개시와 더불어 스레드가 실행할 코드, 즉 여러분이 정의한 스레드 엔트리 함수에 대한 포인터는 lpStartAddress에 지정하고, 그 함수의 매개변수로 넘겨줄 사용자 정의 데이터에 대한 포인터는 lpParameter에 지정한다. lpStartAddress 엔트리 함수는 스레드에 있어서 제일 중요한 부분인 동시에 스레드의 생존 기간과 그동안 해야 할 행위를 정의하는 함수다. 물론 이 함수는 유저가 정의해야 하며, 그 함수의 포인터를 매개변수로 넘겨줘야 한다. 타입은 다음과 같다.

```
DWORD WINAPI ThreadProc(_In_ LPVOID lpParameter);
```

lpParameter 매개변수에는 CreateThread 함수의 lpParameter 값이 전달된다. DWORD 형의 리턴값은 스레드 종료 코드로서 GetExitCodeThread 함수로 그 값을 획득할 수 있다. 주의할 점은 종료 코드로 259 값을 리턴하면 안 된다. 259라는 값은 STILL_ACTIVE로 미리 정의된 매크로의 값이며, STILL_ACTIVE는 현재 스레드가 살아서 활동하고 있음을 의미한다. 따라서 종료 코드로 259를 리턴하게 되면 GetExitCodeThread를 통해서 종료 코드를 획득했을 때 STILL _ACTIVE를 획득하기 때문에 스레드 종료 여부를 판별할 수가 없다. 따라서 0을 리턴하는 것이 일반적이다.

스레드는 이 함수의 호출과 더불어 자신의 삶을 시작해서 이 함수에서 탈출하면서 자신의 삶을 다한다. 그리고 동기화에서 사세이 실명하겠지민, 탈출과 동시에 스레드 커널 객체는 시그널 상태가 된다.

DWORD dwCreationFlags

스레드 생성 옵션을 지정한다. 0이면 lpStartAddress 스레드 엔트리 함수는 바로 시작된다. CREATE_SUSPENDED 플래그를 지정하면 스레드가 생성된 후 비로 시작되지 않고 추후에 여러분이 ResumeThread란 함수를 호출했을 때 비로소 시작하게 된다.

LPDWORD lpThreadId

생성된 스레드의 식별값이 되는 스레드 ID를 넘겨준다.

물론 리턴값은 생성된 스레드 커널 객체에 대한 핸들값이다. 다음 프로젝트에서는 스레드의 생성과 실행의 예를 보여준다. 먼저 메인 함수에서 스레드를 생성하는 예제를 살펴보도록 하자.

프로젝트 1.1.3 CreateThread

```
void _tmain()
{
    cout << "Main thread creating sub thread..." << endl;

    DWORD dwThreadID = 0;
    HANDLE hThread = CreateThread
    (
        NULL,          // 보안 식별자를 NULL로 넘겼다.
        0,             // 0으로 넘겨서 디폴트 스택 크기(1MB)를 지정했다.
        ThreadProc,    // 유저가 정의한 스레드 엔트리 함수에 대한 포인터와
        (PVOID)5000,   // 넘겨줄 매개변수를 지정한다. 매개변수는 5000 값을 주었다.
        0,             // 생성과 동시에 실행되도록 설정한다.
        &dwThreadID    // dwThreadID 변수에 스레드의 ID가 저장되어 반환된다.
    );
```

스레드를 생성한다. 스레드 엔트리 함수는 아래에 정의한다.

```
    if (hThread == NULL)
    {
```

CreateThread 함수 호출 결과가 실패인 경우에는 NULL이며, GetLastError를 통해 에러 코드를 출력한다.

```
        cout << "~~~ CreateThread failed, error code : "
            << GetLastError() << endl;
        return;
    }


    Sleep(10000);
```

스레드가 종료될 때까지 충분히 대기한다. 스레드가 5초 대기하므로 메인 함수에서는 10초를 대기하도록 한다. 2장에서는 실제로 스레드가 종료되는 시점까지 제대로 대기하는 방법에 대해 알아볼 것이다.

```
    DWORD dwExitCode = 0;
    GetExitCodeThread(hThread, &dwExitCode);
```

스레드의 종료 코드, 즉 엔트리 함수의 리턴값을 획득한다.

```
    cout << "Sub thread " << dwThreadID
        << " terminated with ExitCode " << dwExitCode << endl;


    CloseHandle(hThread);
```

스레드 역시 커널 객체이므로, CloseHandle을 호출해 닫아줘야 커널에 의해 삭제가 가능하다.

```
}
```

자, 이제 여러분이 정의할 스레드 엔트리 포인트 함수에 대해서 확인해보자.

```
DWORD WINAPI ThreadProc(PVOID pParam)
{
    DWORD dwDelay = (DWORD)pParam;
```

CreateThread의 매개변수로 넘겨줬던 5000이란 값을 pParam 매개변수로부터 획득한다.

```
    cout << ">>>> Thread " << GetCurrentThreadId() << " enter." << endl;
    Sleep(dwDelay);
    cout << "<<<< Thread " << GetCurrentThreadId() << " leave." << endl;
```

매개변수로 전달받은 값을 지정해 5초 동안 Sleep 처리를 한 후 스레드를 종료한다.

```
    return dwDelay;
```

스레드 종료 코드를 5000으로 돌려준다. 메인 함수에서 확인했던 것처럼, GetExitCodeThread 함수를 통해 이 값을 획득할 수 있다. 사실 대부분의 경우 0을 리턴할 것이다.

```
}
```

3) 스레드의 종료

앞서 반복해서 언급했던 것처럼 스레드는 유저가 직접 정의한 스레드 엔트리 함수를 실행하면서 스케줄링되고 움직이고 활동한다. 그리고 무조건 함수 속에서 실행되며, 이 함수의 실행이 끝나는 순간, 즉 함수 정의의 마지막 종료 브래킷-"}"으로 넘어가면 종료된다. 즉 스레드의 종료라는 것은 스레드 스스로가 자신의 엔트리 함수로부터 코드 상에 정의된 그대로 return 키워드에 의해서 빠져나가는 순간이 되는 것이다. 이렇게 스레드가 종료되는 경우가 제일 정상적이며, 가장 권장할 만한 스레드의 종료 방법이다. 하지만 어떤 상황에서는 강제적으로 스레드를 종료시켜야 할 상황이 있을 수도 있다. 스레드를 강제 종료하는 방법에는 두 가지가 있으며, 다음의 함수를 참조하기 바란다.

스레드 엔트리 함수 내에서 스레드 스스로 종료하고 싶은 경우는 ExitThread 함수를 호출하면 된다.

```
VOID WINAPI ExitThread(_In_ DWORD dwExitCode);
```

매개변수 dwExitCode는 스레드 종료 코드를 의미한다. 이 함수는 C로 된 코드에서는 큰 문제가 없지만, C++의 경우 이 함수를 호출하면 스레드 엔트리 함수 내에서 선언한 지역 변수의 클린업 작업이 수행되지 않는다. 이것은 만약 여러분이 어떤 클래스를 지역 변수로 선언해서 사용했다고 했을 때, ExitThread를 호출하면 이 클래스의 소멸자 함수가 호출되지 않는다는 것을 의미한다. 따라서 가능하면 사용을 피하고 return을 사용해 정상 종료하는 것을 권장한다.

만약 스레드 스스로가 아니라 특정 스레드를 다른 스레드에서 강제 종료시키고자 한다면 그 스레드의 핸들값을 TerminateThread 함수의 매개변수로 넘겨서 호출하면 된다. ExitThread와 마찬가지로 dwExitCode를 통해서 종료 코드를 지정할 수 있다.

```
BOOL WINAPI TerminateThread
(
    _Inout_    HANDLE hThread,
    _In_       DWORD dwExitCode
);
```

MSDN에서도 이 함수의 호출은 위험하다고 경고하고 있다. TerminateThread의 사용은 ExitThread보다 그 폐해가 더 심각한데, TerminateThread를 호출했을 경우 매개변수로 넘겨지는 hThread 스레드는 더 이상 유저 모드상의 코드를 실행할 수 없게 되며, 이 스레드에 연결된 DLL은 스레드 종료 통지를 받지 못하게 된다. 또한 다음과 같은 문제점들이 있다.

- hThread 스레드가 자신의 크리티컬 섹션을 갖고 있다면 크리티컬 섹션은 해제되지 않는다. 크리티컬 섹션은 3장에서 설명한다.
- hThread 스레드가 힙을 할당하고 잠금 후 사용 중이었다면 힙의 락이 해제되지 않는다.
- hThread 스레드가 종료 시에 Kernel32의 함수를 호출 중이었다면 스레드의 프로세스 Kernel32 상태가 일관성을 상실한다.
- hThread 스레드가 공유 DLL의 전역 상태에 대해 작업 중이었다면 그 DLL의 상태는 파괴될 것이고, 다른 유저들에게 좋지 않은 영향을 미친다.

결론은 스레드의 종료는 가능하면 ExitThread나 TerminateThread의 사용은 피하고, 스레드 엔트리 함수로부터의 자연스러운 리턴을 통해서 처리해주는 것이 가장 좋은 방법이다.

4) 처리되지 않은 예외

이러한 종료 외에도 의도하지 않은 종료가 존재한다. 즉 스레드 엔트리 함수 내에서 해제된 메모리로의 접근 등의 버그로 인해 예외가 발생되어 종료되는 경우가 있다. 이것은 우리가 흔히 아는 것처럼, 하나의 스레드만의 종료가 아니라 프로세스 자체가 다운되어 버린다. 메인 스레드뿐만 아니라 여러분이 생성한 모든 스레드는 예외로 인해 스레드 엔트리 함수를 종료하게 될 때 그 예외를 잡지 않는다면 결국 프로세스는 다운될 것이다. 이런 상황을 대비하기 위해 죽지 않는 프로그램을 작성코자 한다면 구조적 예외 처리(Structured Exception Handling, 이하 SEH)*와 C++의 try...catch를 결합하는 옵션을 다음과 같이 설정해야 한다.

---

* 구조적 예외 처리(Structured Exception Handling)는 윈도우에서 제공되는 시스템 레벨의 예외 처리 메커니즘이다. 그리고 여러분이 사용하는 코드에서 이 기능을 사용할 수 있도록 VC++(표준 C++가 아닌)에서는 __try, __except, __leave, __finally라는 별도의 키워드를 제공해준다. 구조적 예외 처리의 상세한 내용은 제프리 리처의 명저 『WINDOWS via C/C++』의 Part 5를 참조하기 바란다.

그림 1-6 SEH 예외 사용 설정

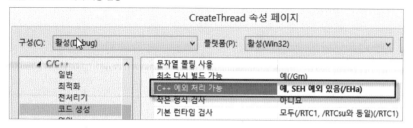

그리고 다음과 같이 모든 스레드 엔트리 함수(메인 함수를 포함해서)의 시작과 끝을 try…catch로 하고, 마지막 부분에는 어떤 타입의 모든 예외를 다 잡겠다는 것을 의미하는 catch(…) 블록을 다음과 같이 설정하면 결코 죽지 않는 프로그램을 만들 수 있다.

```
DWORD WINAPI ThreadProc(PVOID pParam)
{
    try
    {

    스레드 주작업 처리 코드

    }
    catch(...)
    {

    잡히지 않은 예외에 대한 에러 처리 코드

    }
    return 0;
}
```

하지만 이러한 패턴은 급한 데모 상황에서 발생하는 문제를 숨기기 위한 임시 방편이 될 수 있을지는 몰라도 결코 권장할 방법은 못된다. 결코 죽지는 않지만 문제의 원인을 절대 찾을 수 없는 코드가 되기 때문이다.*

---

* 『Debugging Applications for MS .NET and MS Windows』(정보문화사, 서우석 역)의 저자 존 로빈스는 그의 저서에서 자신의 경험을 들어가며 try~catch(…)를 사용하는 이러한 코딩 패턴을 최악으로 간주한다. 또한 그는 한발 더 나아가서 C++에서 try~catch 문의 사용 자체를 권장하지 않고 있다. 물론 일리는 있다. 특히나 최악이라는 그 패턴은 필자도 직접 경험해 봐서 그 폐해는 익히 아는 바다. 하지만 try~catch에 대한 그의 언급은 디버깅 전문가로서 프로그램의 문제 발생 시 해결책을 쉽게 찾을 수 있는 관점에서 바라볼 수밖에 없는 한계에 기인한 것이다. C++에서 try~catch의 지원은 컴파일러마다 구현 레벨이 다르고 천차만별이긴 하지만 그것을 통한 예외 처리 역시 코드를 간결하게 해주며, 또한 문제 발생 시 코드의 디버깅에 매우 효과적이다. 따라서 코드의 간결성과 디버깅을 대비한 전략 사이의 트레이드 오프가 필요할 것이다.

따라서 SEH의 __try~__except 그리고 __finally 구문을 이용해 다운되더라도 최소한의 정보를 남길 수 있도록 처리하는 것이 좋다. __try 블록 내부에서 발생되는 모든 예외는 __except에서 처리될 수 있으며 "예외 필터"라는 것을 지정할 수 있다. 예외 필터는 다음과 같이 세 가지 값을 가질 수 있는 정수다.

- **EXCEPTION_EXECUTE_HANDLER(-1)**

  _except 블록 내부의 코드를 실행할 수 있게 해주고 스레드를 정상적으로 종료하게 해준다. 이 필터는 예외를 유저가 작성한 코드 쪽에서 알아서 처리해주겠다고 시스템에 알려주는 역할을 한다.

- **EXCEPTION_CONTINUE_SEARCH(0)**

  예외를 그 외부의 __try~__except 블록에서 처리하라고 시스템에 알려준다. 따라서 스레드 예외 처리 시 이 필터를 사용하게 되면 예외는 스레드 엔트리 함수로부터 던져질 것이고, 시스템은 최종적인 예외에 대한 처리를 담당해야 하며, 그 처리는 스레드의 비정상 종료와 함께 해당 프로세스를 종료시키는 것이다.

- **EXCEPTION_CONTINUE_EXECUTION(1)**

  예외를 던진 지점의 코드를 다시 실행할 것을 지시한다. SEH의 매력적인 부분이기도 한데, 예외가 발생되면 그 예외의 원인에 대한 대책을 수립한 후 문제가 된 코드를 다시 수행하도록 함으로써 예외를 포기하거나 종결하는 것이 아니라, 예외를 극복하고 스레드의 실행을 정상적으로 수행하게끔 하는 필터다. 이는 쉬운 작업이 아닐 뿐만 아니라 이 책의 범위를 벗어나므로 관련 서적을 참조하기 바란다.

우리의 관심은 EXCEPTION_EXECUTE_HANDLER이고, 이것을 사용한다는 것은 예외를 여러분이 작성한 코드에서 직접 처리하고 스레드를 정상적으로 종료하겠다는 의지의 표명이다. 물론 더 정교한 예외 처리 구조를 설계해 EXCEPTION_CONTINUE_EXECUTION으로 문제를 복구한 후 스레드를 정상 실행시키면 더 좋을 것이다. 하지만 여기서는 EXCEPTION_EXECUTE_HANDLER 필터를 통해서 최소한의 로그를 남기고 스레드를 종료하는 것을 목표로 하고 있다. 따라서 다음과 같이 처리할 수 있다.

```
DWORD WINAPI ThreadProc(PVOID pParam)
{
    __try
{

    스레드 주작업 처리 코드

    }
    __except(EXCEPTION_EXECUTE_HANDLER)
    {

    잡히지 않은 예외에 대한 에러 처리 코드
```

```
    }
    return 0;
}
```

하지만 단순히 위와 같이 처리한다면 try~catch(...) 처리와 별반 다를 바가 없다. 따라서 GetExceptionCode 함수를 통해 예외 코드를 획득하거나 GetExceptionInformation 함수를 통하여 예외에 대한 더 상세한 런타임 정보(물론 우리에게 친숙한 정보가 아니라, 예외를 유발시킨 코드의 메모리 주소 등의 정보다)를 획득하여 최소한의 정보를 남기도록 해야 한다.

이제 예제를 통해 GetExceptionCode나 GetExceptionInformation을 이용해 최소한의 정보를 남기는 방법을 간단하게 살펴볼 것이다. 다음 프로젝트는 __try~__except를 사용해 의도적으로 메모리 접근 위반(Memory Access Violation)을 일으키고, 그 예외를 잡아서 로그를 남기고 스레드에서 할당한 리소스까지 정상적으로 해제한 후, 문제가 된 스레드 역시 정상적으로 종료시키는 예를 보여준다.

먼저 다음 코드는 예외에 대한 정보를 출력하는 ExpFilter 함수를 정의한 것이다.

프로젝트 1.1.3 ThreadExcept

```
LONG ExpFilter(LPEXCEPTION_POINTERS pEx)
{
    PEXCEPTION_RECORD pER = pEx->ExceptionRecord;
    CHAR szOut[512];

    int nLen = sprintf(szOut, "Code = %x, Address = %p ",
        pER->ExceptionCode, pER->ExceptionAddress);

    if (pER->ExceptionCode == EXCEPTION_ACCESS_VIOLATION)
    {
        sprintf(szOut + nLen, "\nAttempt to %s data at address %p ",
            pER->ExceptionInformation[0] ? "write " : "read ",
            pER->ExceptionInformation[1]);
    }
```

예외에 대한 상세 정보를 얻어서 로그로 남긴다. 여기에서는 단순히 콘솔에 출력한다.

```
    cout << szOut << endl;
```

```
    return EXCEPTION_EXECUTE_HANDLER;
```

EXCEPTION_EXECUTE_HANDLER를 리턴해 예외를 직접 처리하겠다는 것을 시스템에 알린다.

```
}
```

다음 코드는 __try~__except를 사용해 예외를 잡고 정상적인 스레드 종료 처리를 수행하는 스레드 엔트리 함수에 대한 정의다. GetExceptionInformation과 GetExceptionCode는 SEH용 내장 함수며, 호출 위치에 제약이 있다. 여기서는 그 사용법만 간단히 보여줄 것이며, 자세한 내용은 앞서 언급한 제프리 리처의 책을 참조하기 바란다.

```
DWORD WINAPI ThreadProc(PVOID pParam)
{
    PCSTR pszTest = (PCSTR)pParam;

    PINT  pnVal = NULL;
```

의도적으로 예외를 발생시키기 위해 NULL로 초기화된 포인터 변수를 선언한다.

```
    PSTR  pBuff = new char[strlen(pszTest) + 1];
    strcpy(pBuff, pszTest);
```

메모리를 할당하고 매개변수를 통해 받은 문자열을 복사한다. 스레드 종료 시에 해제되어야 할 리소스다. 할당된 메모리를 예외 발생 시에도 해제 가능함을 보여주기 위해 추가한 코드다.

```
    __try
    {
        cout << ">>>>> Thread " << GetCurrentThreadId() << endl;
        cout << "  copied data : " << pBuff << endl;

        *pnVal = strlen(pszTest);
```

이 지점에서 의도적으로 예외를 발생시킨다. NULL로 초기화된 포인터 변수에 값을 대입한다.

```
        delete[] pBuff;
    }
    __except (ExpFilter( GetExceptionInformation() ))
```

예외를 잡고 상세 내용을 분석하기 위해 GetExceptionInformation 매크로를 ExpFilter 매개변수로 넘겨준다.

```
    {
        DWORD dwExCode = GetExceptionCode();
        printf("===== Exception occurred in thread %d, code=%08X\n",
            GetCurrentThreadId(), dwExCode);

        delete[] pBuff;
```

할당했던 메모리를 해제한다. 예외 처리가 없을 경우 메모리를 해제할 기회를 갖지 못한다.

```
        return dwExCode;
```

예외 코드를 스레드 종료 코드로 리턴한다.

```
    }
    return 0;
}
```

다음은 메인 함수에 대한 정의로, 예외가 발생했더라도 메인 함수까지 정상적으로 종료되는 것을 확인할 수 있다.

```
void _tmain()
{
    cout << "Main thread creating sub thread..." << endl;

    PCSTR pszTest = "Thread Test...";
    DWORD dwThrID = 0;
    HANDLE hThread = CreateThread(NULL, 0, ThreadProc, (PVOID)pszTest, 0, &dwThrID);

    getchar();
    WaitForSingleObject(hThread, INFINITE);

    DWORD dwExitCode = 0;
    GetExitCodeThread(hThread, &dwExitCode);
    printf("....Sub thread %d terminated with ExitCode 0x%08X\n",
        dwThrID, dwExitCode);
    CloseHandle(hThread);
```

예외가 발생했으나 스레드에서 예외를 처리하고 스레드가 정상적으로 종료되었으며, 종료 코드를 통해 메인 스레드에서 예외의 원인을 식별할 수 있는 예외 코드를 획득할 수 있다. 그리고 메인 함수도 정상적인 종료가 가능하다.

```
}
```

스레드 엔트리 정의에서 SEH 처리 부분을 주석 처리하고 앞의 코드를 수행하면 다음과 같이 예외 발생 메시지 박스가 출력되며 프로그램은 다운되어 버린다.

그림 1-7 프로세스 다운 예

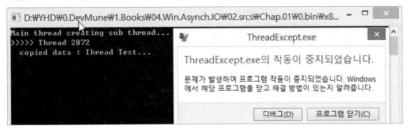

하지만 예외 처리 부분을 다시 살려서 실행하면 다음과 같이 예외에 대한 정보가 출력되는데, 이를 통해 스레드와 프로그램 역시 정상적으로 종료된 것을 확인할 수 있다.

```
Main thread creating sub thread...
>>>>> Thread 992
   copied data : Thread Test...
Code = c0000005, Address = 009F141B
Attempt to write data at address 00000000
===== Exception occurred in thread 992, code=C0000005

....Sub thread 992 terminated with ExitCode 0xC0000005
```

5) 스레드 처리 가이드

먼저 스레드 엔트리 함수와 클래스의 결합의 예를 보여주고자 한다. 여기에서는 CreateThread 호출 시 lpParameter 매개변수의 활용을 강조하고자 한다. 물론 이 책의 예제들은 코드를 직관적으로 이해할 수 있도록 보여주기 위해 일부러 전역 변수를 사용하는 경우가 많지만, 가능하면 전역 변수가 아닌 스레드와 공유할 데이터를 구조체 또는 클래스로 정의해서 스레드 생성 시 매개변수로 그 포인터를 넘겨서 공유할 것을 권장한다. 전역 변수의 사용은 가능하면 자제해야 한다는 것은 익히 알고 있을 것이다. 흔히 지역 변수로 정의해 매개변수로 넘겨 처리할 수 있는 것들도 전역 변수나 클래스 멤버 변수로 정의해 사용하는 경우를 많이 본다. 이런 경우가 스레드에 안전한(Thread-Safe) 코드의 룰을 깨는 안 좋은 습관이며, 이것 자체가 멀티스레딩 프로그래밍을 더욱더 힘들게 하는 요소가 된다. 이 점을 염두에 두고, 스레드와 클래스의 결합 패턴에 대해 다음 코드를 참고하기 바란다.

```
class MyClass
{
    static LONG ExpFilter(LPEXCEPTION_POINTERS pEx);
    static DWORD WINAPI MyThreadProc(PVOID pParam);
    void InnerThreadProc();
```

클래스 내에서 스레드 엔트리 함수를 정적 함수로 선언한다. 그리고 클래스 멤버 변수의 편리한 사용을 위해 스레드 엔트리 함수 내부에서 호출해 엔트리 함수의 역할을 대신할 InnerThreadProc 함수를 선언한다.

```
    HANDLE   m_hThread;
    DWORD    m_dwThreadId;
    bool     m_bExit;
    DWORD    m_dwDelay;

public:
    MyClass() : m_hThread(NULL), m_bExit(false), m_dwDelay(1000)
    {
    }
    ~MyClass()
    {
        if (m_hThread != NULL)
            CloseHandle(m_hThread);
    }

public:
    HRESULT Start(DWORD dwDelay = 1000)
    {
        M_dwDelay = dwDelay;
        m_hThread = CreateThread(NULL, 0, MyThreadProc, this, 0, &m_dwThreadId);
```

스레드를 생성한다. 생성 시 매개변수를 본 클래스의 인스턴스 포인터, 즉 this로 넘겨준다.

```
        if (m_hThread == NULL)
            return HRESULT_FROM_WIN32(GetLastError());
        return S_OK;
    }
    void Stop()
    {
```

```
        m_bExit = true;
```

스레드에게 종료를 통지하는 역할을 한다.

```
        while (m_dwThreadId > 0)
            Sleep(100);
```

스레드가 종료될 때까지 대기하는 코드다. 불완전한 코드지만 스레드가 종료될 때까지 대기하는 처리는 중요하다.

```
    }
};
```

예외 정보 출력 함수 정의 :

```
LONG MyClass::ExpFilter(LPEXCEPTION_POINTERS pEx)
{
    PEXCEPTION_RECORD pER = pEx->ExceptionRecord;
    printf("~~~~ Exception : Code = %x, Address = %p ",
        pER->ExceptionCode, pER->ExceptionAddress);
```

예외 관련 정보를 간단하게 출력한다.

```
    return EXCEPTION_EXECUTE_HANDLER;
}
```

스레드 엔트리 함수 정의 :

```
DWORD WINAPI MyClass::MyThreadProc(PVOID pParam)
{
    MyClass* pThis = (MyClass*)pParam;

    __try
    {
        pThis->InnerThreadProc();
```

스레드 엔트리 함수의 정의다. 매개변수로 전달받은 this 포인터를 타입 변환을 통하여 스레드 수행을 대리하는 멤버 함수 InnerThreadProc을 호출한다.

```
    }
```

```
    __except (ExpFilter(GetExceptionInformation()))
    {
        pThis->m_dwThreadId = 0;
```

SEH를 이용해 예외 발생 시의 처리를 추가했다. 스레드 종료 시에 m_dwThreadId를 이용하기 때문에, 예외 시에도 정상 종료를 위해 예외 처리에서 m_dwThreadId를 0으로 설정해준다.

```
    }
    return 0;
}


void MyClass::InnerThreadProc()
{
    while (!m_bExit)
```

스레드의 종료 통지를 받기 위해 m_bExit를 사용한다. m_bExit가 true면 루프를 탈출한다.

```
    {
        SYSTEMTIME st;
        GetLocalTime(&st);
        printf("Thread %d, delay %d => %5d/%02d/%02d-%02d:%02d:%02d+%03d\n ",
            m_dwThreadId, m_dwDelay, st.wYear, st.wMonth, st.wDay,
            st.wHour, st.wMinute, st.wSecond, st.wMilliseconds);
        Sleep(m_dwDelay);
```

스레드의 작업 처리 부분을 Sleep을 통해 에뮬레이션한다.

```
    }

    m_dwThreadId = 0;
```

스레드가 종료되었음을 알리기 위해 m_dwThreadId를 0으로 설정한다. 불완전한 처리지만 역시 중요한 부분이다.

```
}



```

메인 함수 정의:

```
void _tmain()
{
    cout << "Main thread creating sub thread..." << endl;
    MyClass mc;
    HRESULT hr = mc.Start();
```

```
if (FAILED(hr))
{
   cout << "MyClass start failed, error code is " << hr;
   return;
}


getchar();
mc.Stop();
```

```
   cout << "Main thread creating sub thread..." << endl;
}
```

위의 예에서 필자가 강조하고 싶은 부분을 정리하면 다음과 같다. 스레드를 사용하는 코드를 작성할 때 개발자들이 흔히 간과하는 부분이면서 또한 필자의 실무 경험을 통해서 얻게 된 나름 중요한 요소들에 대한 언급이기도 하다.

| CreateThread의 lpParameter 매개변수를 적극 활용하라 |

전역 변수의 사용은 가급적 피하는 것이 좋다. 그러면 스레드 엔트리 함수에서 전역 변수 없이 메인 스레드와 데이터를 공유할 수 있는 방법은 역시 생성 시에 넘겨줄 수 있는 lpParameter 매개변수를 활용하는 것이다. 스레드 생성 시, 공유할 데이터나 여러 정보를 구조체나 클래스 등으로 정의해 그 포인터를 이 매개변수로 넘겨주어 상호 참조가 가능하도록 코드를 구성하는 습관을 길러야 한다. 위 코드의 예에서는 this를 넘겨서 스레드 엔트리 함수를 마치 멤버 함수를 사용하는 것처럼 처리했으며, 클래스와 스레드의 이러한 결합은 일반화된 코딩 패턴 중의 하나다.

| 프로그램 종료 시 종료를 알리는 수단을 제공해 스레드로 하여금 스스로 정상적으로 종료할 수 있도록 하라 |

가능하면 TerminateThread나 ExitThread의 사용 없이 정상적으로 스레드 엔트리 함수를 탈출하도록 해서 스레드를 종료할 것을 권장한다. 그러면 프로그램이 종료할 시점에서 생성한 스레드가 활동 중이라면 어떻게 해서든 스레드로 하여금 종료 처리를 하도록 알려줘야 한다. 앞의 예에서는 m_bExit 멤버를 통해서 통지하는 처리를 했다. 그리고 사실 이렇게 처리하는 것을 당연하게 여기는 개발자들을 적지 않게 보았다. 물론 스레드가 하나만 돌아갈 때에는 적절한 처리가 가능하겠지만, 뒤에서 살펴볼 여러 복잡한 상황에서는 문제를 유발시키는 원인이 되기도 한다. 앞의 예는 아직 동기화 관련 객체를 논의하지 않았기 때문에 든 예지만, 제대로 된 종료 통지로 동기화 객체, 특히 이벤트를 통한 통지를 사용하는 방안을 권장한다. 이에 대한 내용은 2장에서 상세하게 설명할 예정이다.

| 프로그램을 종료하기 전, 즉 main 함수를 탈출하기 전에 반드시 생성한 스레드들이 모두 종료될 때까지 대기한 후, 스레드의 종료를 확인하고 프로그램을 종료하라 |

앞의 코드에서 스레드 종료 대기에 대한 처리는 Stop 함수 내에 정의되어 있다. 만약 이러한 종료 대기가 없다고 가정하면 어떻게 될까? 즉 Stop에서 단순히 스레드 종료 통지를 위해 m_bExit 변수를 true로 설정하고 종료 대기를 위한 while 문을 삭제하면 어떻게 될까? 스레드는 실행 중이며 여전히 MyClass의 멤버 변수들을 참조하고 있다. 대기 처리가 없다면 메인 스레드는 main 함수를 탈출하게 되고, 지역 변수인 MyClass는 이 순간 해제된다. 하지만 스레드는 여전히 해제된 MyClass 인스턴스의 멤버 변수를 참조할 것이고, 결국 메모리 접근 위반과 함께 프로그램은 정상적인 종료가 아니라 다운되고 말 것이다. 이러한 불상사를 막기 위해서 가능하면 자신이 생성한 모든 스레드가 종료되기를 기다린 후, 모두 종료되면 프로그램을 종료해야 할 것이다.

물론 앞의 예에서 m_dwThreadId와 while 문을 이용한 스레드 종료 대기 역시 불완전해서 권장하지 않는 종료 대기 방법이다. 정확한 해결책은 〈프로젝트 1.1.3 ThreadExcept〉에서 구체적 설명 없이 사용했던 WaitForSingleObject란 함수를 통한 종료 대기를 사용하는 것이다. 이 방법은 메인 함수에서 리턴하기 전까지 스레드의 실행을 보장해주기 때문에 안전하다. 이에 대한 내용 역시 2장에서 자세히 설명할 예정이며, 중요한 점은 프로그램 종료 전에 스레드의 종료를 보장하도록 코드를 작성하는 것이다.

1.1.4 스레드 스케줄링(Thread Scheduling)

운영체제는 일정하게 시간을 쪼개서 스레드들에게 골고루 돌아가며 CPU를 할당한다. 이러한 대표적인 스케줄링 알고리즘을 "라운드 로빈(RoundRobin)" 방식이라고 하며, 주어진 단위 시간(타임 슬라이스 또는 퀀텀이라고 한다)만큼 스레드는 CPU를 점유할 수 있고, 그 시간이 끝나면 CPU의 사용을 다른 스레드에게 넘겨주게 된다. 이러한 관점에서 보면 실제로 CPU가 스레드를 실행하지만 스레드 입장에서는 CPU 역시 하나의 자원이 될 수 있다. CPU를 할당받아야 스레드가 실행되기 때문이다.

그림 1-8 스레드 스케줄링

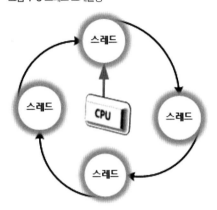

이러한 스케줄링은 스레드를 단위로 하기 때문에 프로세스를 구분하지 않는다. 스레드가 어느 프로세스에 속해 있는지와 상관없이, 즉 프로세스에 무차별적으로 스레드만을 바라보며 CPU 할당이 이뤄지는 것이다. 윈도우는 우선순위에 기반한 선점형 스케줄링을 제공한다. 이는 우선순위가 높은 스레드가 언제라도 낮은 우선순위의 스레드를 선점할 수 있음을 의미한다. 또한 CPU 선호도를 특별히 설정하지 않는다면 스레드는 가능한 어떤 CPU 상에서도 실행이 가능하다. 스케줄링 관련 사건이 발생할 때 스레드의 스케줄링을 처리해주는 루틴을 디스패처(Dispatcher)라고 하며, 다음의 상황에서 디스패처가 작동된다.

- 스레드가 새롭게 생성되거나 대기 상태에서 풀린다면 스레드는 실행 준비 상태가 된다.
- 스레드는 자신의 퀀텀을 모두 소진했을 때, 스레드가 종료될 때, 선점 등에 의해 실행을 양도했을 때, 또는 대기 상태로 들어갈 때 "실행" 상태를 떠나게 된다.
- 시스템 서비스 호출이나 윈도우 자체가 우선순위를 변경함으로써 스레드의 우선순위는 변경된다.
- 스레드의 CPU 선호도*가 변경되면 스레드는 실행되던 CPU에서 더 이상 실행되지 않는다.

이제, 스레드 스케줄링의 중요한 요소인 스레드의 "우선순위"와 "스레드 상태"에 대해 알아보기로 하자.

---

* 다중 프로세서 환경에서 특정 프로세스나 스레드를 특정 CPU에서만 돌아가도록 선호도(Affinity)를 지정할 수도 있다. 선호도 지정에 대해서 여기서는 별도로 언급하지 않겠다.

1) 우선순위(Priority Levels)

윈도우의 스레드 스케줄링은 스레드의 우선순위를 기반으로 이루어지며, 우선순위가 높은 스레드는 낮은 스레드에 우선하여 스케줄링된다. 우선순위는 레벨 0부터 레벨 31까지의 32개의 레벨로 나뉘어져 있으며, 이 값이 클수록 우선순위는 높아진다. 크게 세 개의 부분으로 나눌 수 있다.

- 16 ~ 31까지의 실시간(Real-Time) 레벨
- 1 ~ 15까지의 가변 레벨
- 0 값을 가지는 시스템 레벨, 제로 페이지 스레드를 위해 예약

레벨 0은 제로 페이지 스레드를 위해 예약되어 있으므로 사용할 수 없다. 따라서 1부터 31까지의 우선순위를 사용할 수 있지만, 우선순위의 지정은 1 ~ 31 사이의 값을 단순히 지정하는 방식으로는 사용할 수 없다. MS는 스레드의 우선순위를 직접 지정할 수 없도록 "우선순위 클래스"란 개념을 두어 지정 가능한 우선순위를 그룹으로 나누고, 그 그룹 내에서 우선순위의 변경이 가능하도록 상대적 우선순위를 지정하게끔 유도하고 있다. 이런 식으로 우선순위를 관리하는 이유는 MS의 우선순위 정책이 앞으로도 계속 바뀔 수 있음을 의미하는 것이기도 하다. 스레드는 스레드 기본 우선순위 값을 가지며, 이 값은 다음을 통해서 획득된다.

> **스레드 기본 우선순위** = 우선순위 클래스(Priority Class) + 상대적 우선순위(Relative Priority)

| 우선순위 클래스 |

윈도우는 아래 표와 같이 우선순위의 레벨 범위를 여섯 개의 클래스로 정의한다. 이 클래스를 "우선순위 클래스"라고 한다.

클래스	의미	기본값	레벨 범위
REALTIME_PRIORITY_CLASS	실시간 (Real-Time)	24	16 ~ 31
HIGH_PRIORITY_CLASS	높음 (High)	13	11 ~ 15
ABOVE_NORMAL_PRIORITY_CLASS	조금 높음	10	8 ~ 12
NORMAL_PRIORITY_CLASS	보통 (Normal)	8	6 ~ 10
BELOW_NORMAL_PRIORITY_CLASS	조금 낮음	6	4 ~ 8
IDLE_PRIORITY_CLASS	휴지 (Idle)	4	1 ~ 6

이 우선순위 클래스는 각 기본값을 가지며, 그 값이 기본 우선순위가 된다. 그리고 기본 우선순위를 중심으로 변경 가능한 "레벨 범위"를 앞의 표와 같이 정의하는 것이다. 우선순위 클래스는 프로세스를 기준으로 할당되며, 프로세스의 모든 자식 스레드는 프로세스에 지정된 우선순위 클래스의 기본값에 해당하는 우선순위를 기준으로 자신의 기본 우선순위가 결정된다. 우선순위를 별도로 지정하지 않은 채 프로세스가 생성되면 그 프로세스의 우선순위 클래스는 "NORMAL_PRIORITY_CLASS"에 해당하는 "보통" 클래스가 되고, 따라서 이 프로세스에 속한 모든 스레드는 우선순위 8을 갖게 된다.

| 스레드의 상대적 우선순위 |

우선순위 클래스를 기준으로 해서 각 클래스별 우선순위의 증감을 상대적으로 지정하기 위해 다음과 같이 스레드의 상대적 우선순위가 제공된다.

상대적 우선순위		의미
THREAD_PRIORITY_TIME_CRITICAL	실시간	우선순위 클래스 : 실시간 → 31, 그 외 → 15
THREAD_PRIORITY_HIGHEST	높음	우선순위 클래스 + 2
THREAD_PRIORITY_ABOVE_NORMAL	조금 높음	우선순위 클래스 + 1
THREAD_PRIORITY_NORMAL	보통	우선순위 클래스 + 0 (기본값)
THREAD_PRIORITY_BELOW_NORMAL	조금 낮음	우선순위 클래스 − 1
THREAD_PRIORITY_LOWEST	낮음	우선순위 클래스 − 2
THREAD_PRIORITY_IDLE	휴지	우선순위 클래스 : 실시간 → 16, 그 외 → 1

위 표에서 알 수 있듯이, "실시간"과 "휴지"의 경우를 제외하면 상대적 우선순위의 증감 결과는 우선순위 클래스의 범위와 동일하다. 스레드가 생성되면 이 스레드는 기본적으로 프로세스에 지정된 우선순위 클래스의 기본값을 할당받게 된다. 이 상태에서 스레드의 우선순위의 변경은 위 표의 상대적 우선순위를 지정해서 우선순위 클래스의 기본값과 상대적 우선순위의 결합에 의해 최종적인 스레드 기본 우선순위가 지정되는 것이다.

예를 들면 NORMAL_PRIORITY_CLASS의 프로세스에서 생성된 모든 스레드는 기본적으로 "우선순위 8"이 되고, 이 상태의 스레드 상대적 우선순위는 THREAD_PRIORITY_NORMAL(0)이다. 이 상태에서 특정 스레드의 우선순위를 1 증가시키고자 한다면 THREAD_PRIORITY_ABOVE_NORMAL을 지정하면 최종적으로 그 스레드는 "우선순위 9" 값을 갖게 될 것이며, 만약 THREAD_PRIORITY_IDLE을 지정하면 최종적으로 그 스레드는 "우선순위 1"이 되는 것이다.

이렇게 프로세스 우선순위 클래스와 스레드 상대적 우선순위의 결합 가능한 모든 조합은 다음과 같이 정리할 수 있다.

상대순위 \ 클래스	휴지	조금 낮음	보통	조금 높음	높음	실시간
실시간	15	15	15	15	15	31
높음	6	8	10	12	15	26
조금 높음	5	7	9	11	14	25
보통	4	6	8	10	13	24
조금 낮음	3	5	7	9	12	23
낮음	2	4	6	8	11	22
휴지	1	1	1	1	1	16

스레드의 우선순위는 프로세스에 상대적임을 명심하기 바란다. 따라서 프로세스의 우선순위 클래스를 변경하더라도 스레드 상대적 우선순위는 그대로며, 대신 해당 프로세스에 속한 모든 스레드의 실제 우선순위 레벨은 클래스 변경수준만큼 상승 또는 하강하게 된다.

2) 스레드 상태(Thread State)

스레드는 저마다 자신의 스케줄링 상태를 표시하는 변수를 갖고 있다. 스케줄러는 이 스레드 상태의 참조 및 변경을 통해서 스레드를 CPU에 스케줄링하거나 잠재운다. 스레드는 생성과 더불어 소멸에 이르기까지 스레드 스케줄링에 의한 다양한 상태 천이(遷移)를 겪게 되는데, 이러한 스레드의 상태 천이를 다음 그림과 같이 표현했다.

그림 1-9 스레드 상태 천이도

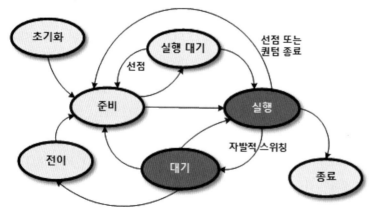

[그림 1-9의] 상태들은 윈도우 XP에 해당되는 경우고, 윈도우 2003이나 비스타 이후에는 "지연 실행 대기(Differed Ready)"나 "게이트 대기(Gate Waiting)" 상태가 추가되어 천이 상태는 조금 다르다. 하지만 동기화라는 주제에 논점을 맞추고자 한다면 이 그림이면 충분하고 더 이해하기도 쉽다.

- **초기화(Initialized)** : 스레드 관련 구조체가 커널에 의해 메모리에 할당되어 초기화된 상태를 의미한다. 스레드를 새롭게 생성하면 먼저 초기화 상태로 진입한다.
- **준비(Ready)** : 실행할 준비가 된 상태를 의미하며, 스케줄러는 우선순위별로 준비 상태에 들어간 스레드들에 대한 별도의 큐를 갖고 있으며, 이 준비 상태의 스레드 중에서 다음에 실행시킬 스레드를 큐의 맨 앞에서 추출하게 된다. CREATE_SUSPENDED 지정 없이 CreateThread를 호출하면 초기화 상태를 거쳐 바로 준비 상태로 전환된다.
- **실행 대기(Standby)** : CPU를 해당 스레드에 할당했지만 아직 실행은 되지 않은 상태를 의미하며, 디스패처에 의해 이미 선택된 상태를 의미한다. 다른 스레드의 문맥 전환 여부에 따라 실행 상태로 바뀔 수 있다. 또한 실행 대기 상태의 스레드는 오직 하나만 존재한다.
- **실행(Running)** : 스레드가 CPU를 할당받아 CPU에 의해 실행 중인 상태, 즉 스레드가 살아 움직이는 상태를 의미한다. 해당 퀀텀의 만기, 스레드 종료, 실행의 양도 그리고 대기 상태로의 진입 시에 스레드는 실행 상태를 떠나 다른 상태로 바뀌게 된다.
- **대기(Waiting)** : 실행 중인 스레드가 Sleep이나 대기 함수를 호출함으로써 커널 동기화 객체의 시그널 상태를 기다리거나 입출력 처리 시에 자동으로 대기 상태로 바뀌게 된다. CREATE_SUSPENDED와 함께 CreateThread를 호출하면 초기화 상태를 거쳐 바로 대기 상태로 바뀐다. 또한 SuspendThread를 호출하면 역시 대기 상태로 전환된다.
- **전이(Transition)** : 스레드 실행에 필요한 커널 메모리가 Non-Paged 메모리가 아닌 경우, 즉 물리적 메모리가 아니라 페이지 파일에 있는 상태여서 스레드를 일시적으로 실행할 수 없는 상태를 의미한다. 페이징된 메모리가 물리적 메모리로 올라오게 되면 실행 대기 상태로 전환된다.
- **종료(Terminated)** : 스레드 엔트리 함수의 실행이 종료되거나 TerminateThread 또는 ExitThread 함수가 호출되면 "실행" 상태의 스레드는 "종료" 상태로 변경되며, 해당 스레드의 핸들 참조가 CloseHandle에 의하여 모두 닫혔다면 이 스레드의 커널 객체는 모두 소멸된다.

[그림 1-9]의 스레드 상태 천이도에서 라운드 로빈 방식에 의한 CPU 할당은 "실행" 상태와 "준비" 상태 사이의 변환이라고 할 수 있다. "실행" 상태의 스레드는 할당된 실행 시간이 끝나면 스케줄된 스레드들이 자신의 순서를 기다리며 대기 중인 준비 큐의 끝에 위치하고 그 큐의 맨 앞에 위치한 스레드가 "실행" 상태로 전환된다. 또한 "실행" 중이라도 우선순위가 높은 스레드의 실행이 요구되는 상황이라면 "실행" 상태의 스레드를 중단하고 높은 우선순위의 스레드를 먼저 실행시킨다. 그리고 동기화라는 관점에서 우리가 관심을 가져야 할 상태 천이는 바로 "실행(Running)" 상태와 "대기(Waiting)" 상태 사이의 변환이다. 앞의 그림에서 실행 → 대기 상태로의 변화를 "자발적 전환(Voluntary Switching)"이라고 하며, 이는 스레드 스스로가 자발적으로 대기 상태로 들어감을 의미한다.

3) 문맥 전환(Context Switching)

스레드의 "실행" 상태로부터 다른 상태로의 전환은 스레드 문맥 전환을 야기한다. 문맥 전환은 앞서 언급했던 것처럼, 해당 스레드의 레지스터 집합과 자신이 사용하던 가상 주소 공간의 포인터(프로세서의 페이지 테이블 디렉터리)를 저장하고, 새로운 실행 상태로 들어서는 스레드는 그것을 복원하는 작업이 이루어진다. 이러한 스레드 문맥 전환을 야기하는 경우, 즉 "실행" 상태에서 다른 상태로의 전환을 유발시키는 경우를 세 가지로 정리할 수 있다. "퀀텀 종료"에 의한 전환과 높은 우선순위의 스레드의 출현에 따른 "선점", 그리고 대기 함수 호출에 의한 "자발적 전환"이 그 경우에 해당된다. 이제 이러한 상태 전환을 요구하는 이 세 가지 경우에 대해 좀 더 살펴보도록 하자.

| 퀀텀 종료(Quantum End) |

실행 중인 스레드가 자신의 CPU 퀀텀을 모두 소비했을 때, 스케줄러는 동일한 우선순위의 준비 큐에 다음 실행을 위한 스레드가 존재한다면 퀀텀을 모두 소비한 스레드를 준비 큐의 끝에 추가해 그 스레드를 "준비" 상태로 만든다. 준비 큐에 스레드가 없다면 퀀텀을 다시 할당하고 계속 실행되도록 한다.

| 선점(Preemption) |

선점이란 높은 우선순위를 가진 스레드가 준비 상태가 되면 낮은 우선순위를 가진 스레드의 실행을 빼앗을 수 있음을 의미한다. 이 순간 우선순위가 낮은 스레드는 선점을 당하게 된다. 이때 실행을 빼앗긴 스레드는 "실행"에서 "준비" 상태로 변경되며, 준비 큐의 끝에 스레드를 위치시키는 퀀텀 종료의 경우와는 다르게 해당 스레드를 준비 큐의 맨 앞에 위치시킨다. 따라서 선점 당한 스레드는 선점을 한 스레드의 실행이 완료되면 바로 "실행" 상태로 전환되어 자신의 남은 퀀텀을 모두 소비할 수 있게 된다. 보통 두 가지 상황에서 선점이 발생할 수 있다.

- 스레드가 자신의 퀀텀 기간 동안 CPU를 사용하고 있는 상태에서 우선순위가 높은 스레드가 대기 상태에서 깨어나게 되면 해당 스레드는 선점된다.
- SetThreadPriority 함수 호출이나 시스템의 동적 스레드 부스팅 등에 의해 스레드의 우선순위가 바뀌게 되면 선점이 발생한다.

| 자발적 전환(Voluntary Switch) |

동기화 관련해서 우리가 주목해서 봐야 할 부분이 자발적 전환이다. 스레드가 어떤 커널 객체에 대해 대기 함수(Wait Functions)를 호출함으로써 대기 상태로 들어가서 자발적으로 프로세서의 사용을 양도할 수가 있다. 이때 그 어떤 커널 객체는 뮤텍스나 이벤트, 세마포어 등의 동기화 전용 객체뿐만 아니라 IOCP, 프로세스, 스레드, 윈도우 메시지 등이 될 수 있다. 이 자발적 전환에서 중요한 점은 스레드 상태 천이도에서 본 것처럼 스레드가 준비 상태가 되는 것이 아니라 대기 상태로 전환된다는 점이다. 이것을 우리는 스레드를 "잠재운다"라고 표현했었다. 이렇게 잠든 스레드는 이 스레드를 깨우는 행위, 즉 어떤 통지가 왔을 때 바로 실행 상태로 전환되거나, 아니면 우선순위가 높은 스레드가 준비 상태에 있을 경우 준비 상태로 전환된다. 여기서 말하는 어떤 통지라는 것은 바로 그 커널 객체가 시그널 상태가 되었을 때를 의미한다.

대기 상태로 전환된 스레드의 남은 퀀텀은 무시되고 새롭게 1퀀텀 단위의 시간을 할당받은 후 대기하게 된다.

4) 스레드의 중지를 통한 상태 전환

대기 상태로의 전환은 자발적 전환이며, 이는 스레드를 중지했을 경우에도 발생한다. 여기서는 이렇게 스레드를 대기 상태로 만드는 스레드 중지 함수들을 소개한다.

| 스레드 중지 |

스레드는 임의로 중지할 수가 있다. 먼저, CreateThread 호출 시 dwCreationFlags에 CREATE_SUSPENDED를 지정하면 생성된 스레드는 자신의 엔트리 함수를 개시하지 않고 정지 상태로 남게 된다. 이 경우 생성된 스레드는 "초기화" 상태를 거쳐 바로 대기 상태로 전환된다.

실행 중인 다른 스레드를 강제로 중지하고자 한다면 다음 함수를 호출한다. 해당 스레드 역시 대기 상태로 전한된다.

```
DWORD WINAPI SuspendThread(_In_ HANDLE hThread);
```

CREATE_SUSPENDED를 이용하거나 SuspendThread를 호출해 중지한 스레드를 다시 실행 상태로 돌리기 위해서는 다음 함수를 호출한다.

```
DWORD WINAPI ResumeThread(_In_ HANDLE hThread);
```

두 함수 모두 리턴값은 이전의 중지 카운트 값을 가지며, 이 값이 0보다 작으면 에러를 의미한다.

ResumeThread 호출 결과 리턴값이 0인 경우는 정지 상태가 아닌 스레드에 대해 이 함수를 호출했다는 의미가 된다. SuspendThread는 애초에 디버깅 프로그램을 위해 제공된 함수지 동기화를 목적으로 사용하는 함수가 아니다. 뮤텍스나 세마포어 등에 대해 대기 중인 스레드에 SuspendThread를 호출하면 데드락(Dead-Lock)을 유발시킬 수 있으며, 여러 문제를 야기시킬 수 있다. 예를 들어 백그라운드로 파일 복사 중 취소 처리를 하게 되면 취소 여부를 질의하는 메시지 박스를 출력하도록 처리할 것이다. 이 경우 메시지 박스가 출력되는 동안 SuspendThread를 이용해 스레드를 정지시키는 개발자를 많이 봤다. 이런 상황이라면 적절한 동기화 객체와 대기 함수를 사용해 스레드 스스로 정지하도록 처리해야 하며, 동기화 처리 시에는 가능하다면 SuspendThread를 사용하지 말 것을 권장한다.

| 자발적 실행 중지 |

스레드 스스로가 실행을 중지하는 경우의 대표적인 예는 대기 함수의 호출이다. 앞으로 이 "대기 함수"는 이 책의 전반을 걸쳐 다뤄질 내용이므로 뒤에서 확인하기로 하고, 먼저 스스로 자신을 잠재우는 Sleep 함수에 대해서 알아보기로 한다.

```
VOID WINAPI Sleep(_In_ DWORD dwMilliseconds);
```

호출 스레드를 잠재우는 역할을 하며, dwMilliseconds에 밀리초 단위의 타임아웃 값을 지정하면 그 시간 동안 호출 스레드는 "대기" 상태로 전환된다. dwMilliseconds 값이 0인 경우는 특별한 의미를 지니는데, 0인 경우와 그렇지 않은 경우의 차이는 다음과 같다.

- **dwMilliseconds == 0**
  호출 스레드와 우선순위가 같거나 높은 다른 스레드가 실행 가능한 상태일 때만 호출 스레드를 대기 상태로 전환한다. 그렇지 않은 경우, 호출 스레드는 바로 Sleep에서 탈출해 자신의 작업을 계속 수행할 수 있다.

- **dwMilliseconds > 0**
  무조건 문맥 전환이 일어나며, 해당 스레드는 대기 상태로 전환된다.

| 실행의 양도 |

SwitchToThread 함수를 호출하면 스레드 스스로가 자신의 퀀텀을 포기하고 다른 스레드에게 실행을 양보하게 할 수 있다.

```
BOOL WINAPI SwitchToThread(void);
```

우선순위에 상관없이 호출 스레드가 실행 중이던 CPU 상에 다른 스레드가 준비 상태에 있으면 1 퀀텀에 해당하는 시간만큼 프로세서를 양보한다. 우선순위에 상관없다는 말에 주목하기 바란다. SwitchToThread를 호출하면 호출 스레드는 자신의 남은 퀀텀을 포기하고 실행 가능한 다른 스레드에게 실행 기회를 주게 되는데, 이것은 이 스레드가 호출 스레드보다 우선순위가 낮아도 실행될 수 있음을 의미한다. 이는 우선순위가 낮은 스레드가 CPU 기아 상태에 빠지지 않도록 하는 역할을 한다. 실행 가능한 스레드가 없다면 호출 스레드는 계속 작업을 수행할 수 있다. 리턴값이 0이면 수행할 스레드가 없음을 의미하며, 0 이외의 값이면 양보했음을 의미한다.

Sleep(0)와 SwitchToThread의 차이에 대해서 혼동하는 독자들이 많은데, 우선 준비 상태의 스레드, 즉 CPU 할당을 기다리며 준비 큐에 존재하는 스레드에 대해 실행을 양보하는 경우에 있어서 이 둘의 차이는 다음과 같다.

	Sleep(0)	SwitchToThread
우선순위	우선순위가 크거나 같은 스레드	우선순위와 무관
CPU	CPU와 무관	동일한 CPU 상의 스레드

5) 우선순위 변경을 통한 선점

여기에서는 스레드가 선점되는 경우, 즉 스레드의 우선순위의 변경에 대해 좀 더 알아보고자 한다. 사용자는 우선순위 변경 함수를 통해 특정 스레드의 우선순위를 직접 변경할 수도 있으며, 시스템이 필요에 따라 특정 스레드의 우선순위를 일시적으로 변경하기도 한다.

| 우선순위 지정 함수 |

여러분이 CreateProcess 함수를 통해서 자식 프로세스를 생성할 때 특별히 우선순위를 지정하지 않게 되면 부모 프로세스가 "휴지" 클래스인 경우만 자식 프로세스가 "휴지" 클래스(IDLE_PRIORITY_CLASS)로 설정되며, 그 이외의 경우는 "보통" 클래스로 설정된다. 이 상태에서 프로세스의 우선순위 클래스를 변경하거나 획득하는 함수는 다음과 같다.

```
BOOL WINAPI SetPriorityClass
(
    _In_  HANDLE  hProcess,
```

```
    _In_ DWORD    dwPriorityClass
);


DWORD WINAPI GetPriorityClass(_In_ HANDLE hProcess);
```

SetPriorityClass 함수는 프로세스의 "우선순위 클래스"를 변경하는 것이지 프로세스의 우선순위를 변경하는 것은 아니다. 스케줄링 단위는 스레드며, 따라서 우선순위도 스레드 단위로 지정된다. 따라서 SetPriorityClass를 이용해, 예를 들어 "보통" 클래스로 설정된 프로세스의 클래스를 "조금 높음" 클래스로 변경하게 되면 그 프로세스 내의 모든 스레드의 우선순위는 레벨이 2만큼 상승되어 ABOVE_NORMAL_PRIORITY_CLASS의 기본값인 10이 된다. 이렇게 프로세스별로 우선순위 클래스를 변경해 그 프로세스에 속한 전체 스레드의 기본 우선순위를 변경할 수도 있지만, 설정된 우선순위 클래스 내에서 상대적인 우선순위를 지정함으로써 특정 스레드의 우선순위를 변경할 수도 있다. 특정 스레드의 상대적 우선순위를 변경하거나 획득하는 함수는 다음과 같다.

```
BOOL WINAPI SetThreadPriority
(
    _In_ HANDLE  hThread,
    _In_ int     nPriority
);


int WINAPI GetThreadPriority(_In_ HANDLE hThread);
```

프로세스 우선순위 클래스가 "보통"인 프로세스에 속한 어떤 스레드의 우선순위를 두 단계 상승시키고자 한다면 nPriority 매개변수를 THREAD_PRIORITY_HIGHEST로 지정해 SetThreadPriority 함수를 호출하면 그 스레드의 우선순위는 8에서 10으로 상승될 것이다.

| 우선순위 부스팅(Priority Boosting) |

시스템이 필요에 따라 처리속도나 반응성, 또는 응답성을 높이기 위해 일시적으로 스레드의 우선순위를 동적으로 올리는 경우가 있다. 이것을 "우선순위 부스팅(Priority Boosting)"이라고 하는데, 기본적으로 다음에 근거하여 수행된다.

- 해당 스레드의 현재 우선순위가 아니라 기본 우선순위에 대해 상대적으로 수행한다.
- 가변 레벨, 즉 1 ~ 15 사이의 우선순위를 가진 스레드에 대해 수행한다.

- 상승된 우선순위는 1퀀텀마다 1씩 감소해 원래 우선순위로 돌아간다.

스레드 기본 우선순위는 앞서 언급된 것처럼, 우선순위 클래스와 상대 우선순위를 통해 결정된다. 그리고 부스팅에 의해 현재 우선순위는 변하게 된다. 예를 들어 기본 우선순위가 8인 스레드에 대해 시스템이 일시적 부스팅을 통해 우선순위를 1만큼 증가시켰을 경우, 해당 스레드의 현재 우선순위는 9가 된다. 이 상태에서 다시 이 스레드에 대해 부스팅이 필요한 상황이 되어 우선순위를 1 증가시키더라도 기본 우선순위 8을 기준으로 수행되기 때문에 이 스레드의 우선순위는 여전히 9가 될 것이다. 이는 일시적 부스팅으로 인해 해당 스레드의 우선순위가 무한정 증가되는 상황을 피할 수 있도록 하기 위한 것이다. 부스팅을 수행하는 경우는 다음과 같다.

- 입출력 작업이 완료되었을 때 우선순위가 1만큼 증가된다.
- 이벤트나 세마포어에 대한 대기에서 깨어나게 되면 우선순위가 1 증가된다.
- GUI를 가진 스레드의 윈도우 메시지 큐에 메시지가 도착해 깨어났을 때, 우선순위를 2 상승시켜 UI에 대한 응답성을 향상시킨다.
- 포그라운드(Foreground) 스레드가 대기에서 깨어났을 때

  이 경우 윈도우는 우선순위를 1 또는 2만큼 상승시킨다. 다른 경우와 다르게 현재 스레드 우선순위를 기준으로 부스팅하게 된다. 따라서 부스팅이 적용 중인 스레드에 추가적으로 우선순위는 증가될 것이다. 이는 이벤트, 세마포어에 대한 대기 탈출이나 GUI를 가진 스레드가 활성화되었을 때의 일시적 부스팅에 더해서 포그라운드 대기에 대해서도 부스팅을 중복으로 적용하기 위함이다.

- 기아(CPU Starvation) 상태의 스레드를 위한 부스팅

  기아 상태의 스레드란 스케줄링이 가능한 상태에서 4초 이상 머문 스레드를 의미하며, 이런 스레드를 위해 윈도우는 해당 스레드의 우선순위와 상관없이 우선순위를 15로 끌어올린다. 이렇게 함으로써 우선순위가 높은 스레드에 의해 실행 기회를 빼앗긴 스레드에게 그 기회를 제공하는 것이다.

다음의 함수를 이용함으로써 일시적 부스팅을 막거나 현재 부스팅의 활성화 여부를 알 수 있다.

```
BOOL WINAPI SetThreadPriorityBoost
(
   _In_ HANDLE   hThread,
   _In_ BOOL     DisablePriorityBoost
);


BOOL WINAPI GetThreadPriorityBoost
(
   _In_ HANDLE   hThread,
   _Out_PBOOL    pDisablePriorityBoost
);
```

1.2 스레드 동기화란?

지금까지 커널 객체와 스레드, 그리고 스레드 스케줄링에 대해서 살펴봤던 것처럼, 윈도우는 스레드가 스케줄링의 단위가 되는 선점형 멀티스레딩 시스템이다. 그러므로 여러 개의 스레드가 동시에 돌아가는 솔루션에서 아무런 대책 없이 스레드 사이에서 데이터를 공유할 경우 문제가 발생할 수밖에 없다는 점은 명백한 사실이다. 따라서 동기화가 필요한데, 이때 동기화(Synchronization)란 의미는 무엇일까? 동기화는 사전적 의미 그대로 보자면, 무언가 서로 어긋나 있는 것들을 맞춰준다는 의미가 강하다. 멀티스레딩 시스템에 있어서의 동기화는 공유자원 접근에 있어서 스레드들이 그 자원에 어긋나게 접근하지 않도록 서로 순서를 세운다든지, 기다리게 함으로써 접근의 어긋남을 맞춰주는 것이다. "어긋남"이란 것의 대표적인 경우가 서로 공유하고 있는 자원에 대해 하나의 스레드가 자원을 읽는 동안 다른 스레드가 자원을 변경 또는 삭제하거나, 또는 반대로 데이터를 쓰고 있는 중간에 다른 스레드가 데이터를 읽거나 쓰는 경우일 것이다. 다음 그림은 스레드 1이 공유자원을 읽는 동안에 스레드 2가 공유자원에 데이터를 쓰는 상황을 나타낸 것이다.

그림 1-10 리소스 상호 경쟁

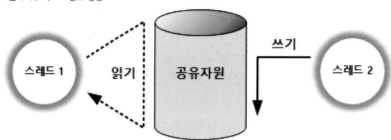

이런 상황에서는 읽는 스레드든 쓰는 스레드든 우선 한쪽이 작업 중이라면 그 작업이 끝날 때까지 다른 쪽은 기다리게끔 해줘야 한다. 기다리게 한다는 것은 두 가지 의미로 파악될 수 있다. 상호 배제(Mutual Exclusive), 즉 자원에 대한 독점적 점유를 목적으로, 하나의 스레드가 해당 자원을 사용하는 동안 다른 스레드들이 접근하지 못하도록 막는다는 측면과 더 일반적인 의미로서 작업의 성격상 각 스레드들의 순차적 실행을 보장해주는 측면이 있다. 어떤 측면이든 동기화에 있어서 중요한 점은 막는다는 것, 즉 "스레드를 기다리도록 만든다"는 점과 그렇게 하기 위한 "수단은 무엇인가"라는 점이다. 이러한 관점을 염두에 두고, 먼저 동기화의 필요성에 대해 좀 더 구체적으로 검토해보고자 한다.

1.2.1 동기화의 필요성

서두에서 동기화의 필요성을 [그림 1-10]을 통해서 간단히 표현했다. 하지만 우리가 [그림 1-10] 에서처럼 막연히 "동시 접근을 막는다"는 두리뭉실한 개념 대신에, 실제로 동기화가 왜, 어떤 단위 까지 필요한가에 대한 좀 더 심도 있는 고찰이 필요하다. 단일 CPU 시대에도 동기화는 아주 중요한 요소였다. 왜냐하면 스레드 스케줄링에 의거해 스레드가 동시에 돌아가는 효과를 만들어주는데, 즉 스케줄링에 의해 실행 중인 상태가 정지되고 다른 스레드가 활동할 수 있게 해주기 때문이다. 더군 다나 요즘 같은 다중 CPU 시대에서는 실제로 동시에 여러 스레드가 실행 상태로 존재하기 때문에 동기화의 요소는 더 중요해졌다. 우선순위 문제만 해도 그렇다. 앞서 살펴본 것처럼 스케줄링은 우 선순위를 기반으로 수행된다. 하지만 스케줄링은 CPU별로 수행되기 때문에 우선순위 역시 CPU별 로 관리된다. 단일 CPU의 경우, 우선순위가 높은 스레드는 자신의 작업이 끝나기 전까지는 우선순 위가 낮은 스레드에게 CPU를 양도하지 않는다. 하지만 다중 CPU의 경우는 우선순위가 다른 두 스 레드가 동시에 돌아갈 수 있다. 이렇게 다중 CPU가 대세가 되면서 그 복잡도와 중요성이 더욱더 증 가하게 된 동기화에 있어서 그 필요성을 검토해보고자 한다.

1) 원자성(Atomicity)의 문제

실제로 멀티스레딩 프로그램을 작성하면서 스레드 간 공유 데이터를 사용할 때 당연히 동기화를 고 려할 것이다. 하지만 너무 단순해서 도저히 동기화란 관점에서 바라볼 필요성을 느끼지 못하는 코드 가 있다. 예를 들어 i++;와 같은 연산이다. 단 한 줄로 표현된 이 코드의 경우 "스레드가 동시에 이 코드를 실행하는 데에 설마 문제가 생길까?"라는 생각은 별로 하지 않을 것이다. "굳이 이런 간단한 코드에까지 동기화란 요소를 검토해야 할까?"라는 의문이 들기도 한다. 너무 단순한 코드여서 굳이 동기화가 필요하지 않을 것 같은데 이런 것까지 신경을 써야 하는지에 대한 의문의 해답을 다음 예 를 통해서 살펴보자.

```
int g_nValue = 0;

DWORD WINAPI ThreadProc(LPVOID)
{
    g_nValue++;
    return 0;
}
```

앞의 스레드 코드는 단순히 전역 변수 g_nValue를 1씩 증가시킨다. 두 개의 스레드를 생성해서 이 코드를 실행시켰을 때 우리가 원하는 결과는 순서야 어찌됐든 스레드 A가 1을 증가시키고 스레드 B 역시 1을 증가시킨다면 g_nValue는 최종적으로 값이 2가 될 것이다. 단 한 줄의 간단한 g_nValue++; 라는 이 코드는 동기화란 말을 떠올릴 필요도 없어 보인다. 하지만 그 결과는 언제나 우리가 원하는 대로 나오지 않는 경우가 많다. 1이 될 수도 있는데, 그 원인은 바로 멀티스레딩에 근거하고 그것을 전문적으로 말하자면 원자성(Atomicity)이란 것이 된다. 먼저 1이 되는 상황을 검토해보자.

위 코드에서 값을 증가시키는 g_nValue++; 라는 단순한 C++ 연산은 기계어로 번역되었을 때엔 다음과 같이 표현된다.

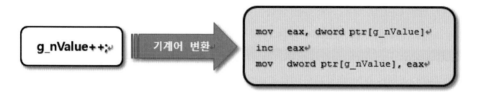

위에서 보는 것처럼 단 한 줄의 간단한 C++ 언어라도 기계어로 번역되면 3개의 명령어로 바뀐다. 그렇다면 비록 C++로는 단 한 줄이지만 스레드는 3개의 명령어를 실행해야 하고, 이 3개의 명령어 실행이 여러 스레드에 의해 이루어진다면 각 스레드별로 순차적으로 실행된다는 보장은 없다. 따라서 2개의 스레드에 의해 다음과 같은 순서로 위의 코드가 실행될 수 있다.

시간	스레드 A	스레드 B	g_nValue
t0	mov ecx, [g_nValue]		0
t1	inc ecx		0
t2		mov ecx, [g_nValue]	0
t3		inc ecx	0
t4		mov [g_nValue], ecx	1
t5	mov [g_nValue], ecx		1

위의 표는 2개의 CPU에서 동시에 실행되는 스레드 A, B의 명령어 실행을 임의의 시간순으로 나열한 것이다. 동시 실행의 상황을 이렇게 논리적인 시간순으로 나타내는 것이 동기화를 이해하는 데 도움이 되기 때문이다. CPU 0에 의해 실행 중인 스레드 A가 메모리 g_nValue의 위치에서 그 값을 가져와 레지스터 ecx에 담은 후, 1을 증가시킨다. 그 결과 ecx는 1이 된다. 그리고 CPU 1에서

실행 중이던 스레드 B 역시 g_nValue의 값을 가져와 ecx에 담을 것이다. 이 시점까지 g_nValue는 아무런 변경이 없었기 때문에 CPU 1의 ecx는 0이 된다. 이제 스레드 B는 ecx를 1 증가시키고 ecx는 1이 된다. 스레드 B는 또한 g_nValue에 ecx의 값을 설정하여 g_nValue를 1로 만든다. 이 시점에서 스레드 A는 남은 자신의 작업인 g_nValue에 ecx를 설정하는 작업을 한다고 하자. 이 시점의 CPU 0의 ecx는 1이며, 이 값을 이미 스레드 B에 의해 1로 설정된 g_nValue에 저장한다면 결국 g_nValue는 1이란 동일한 값을 중복해서 담게 되어 최종적으로 우리가 원하던 값인 2가 아니라 1이 되고 만다. 단일 CPU에서도 스레드 스케줄링에 의해 동일한 상황이 발생할 수 있다. 결국 원하지 않는 상황이 되는데, 이런 상황은 원자성을 보장해주지 않아서 발생된 문제다.

원자성이란 말은 DB에서 많이 들어봤을 것이다. 여러 단계에 걸쳐서 DB를 업데이트한다고 했을 때, 그 중간 과정에서 하나라도 실패가 일어나면 DB의 여러 테이블들이 그 쿼리를 일으키기 전 상태로 남아있어야 한다는 것이다. 그래서 DB의 경우 트랜잭션이라는 과정을 도입해서 성공하면 최종적으로 커밋(Commit)하고, 실패했을 경우는 롤백(Rollback)하여 원자성을 보존해주는 것이다. 물론 개념은 동일하지만 여기서 말하는 원자성은 더 근원적이다. 하나의 연산이 값을 갱신하는 중간에 실패할 수 없으며, 만약 실패 가능성이 있으면 다시 원래 상태로 되돌려야 한다. 원자적 연산은 일련의 단계들을 필요로 하는 연산들이라도 항상 단일 연산인 것처럼 동작하도록 보장하는 것을 말한다. 동기화란 바로 이 원자성을 보장해줘야 한다. 예를 들어 int i = 3; 과 같은 이 연산은 원자적이다. 하지만 g_nValue++; 와 같은 경우는 원자적이지 못하다. 따라서 원자성을 보장해주기 위해 원자적이지 못한 연산에 대해 동기화란 별도의 처리를 통해서 하나의 나눠지지 않는 명령인 것처럼 처리한 후 명령을 완료할 수 있도록 보장해줘야만 한다.

이 원자성은 연산 자체에서만 문제가 되는 것은 아니다. 컴퓨터에서의 연산은 CPU의 레지스터와 메모리 간의 연산이다. CPU가 작업을 하기 위해서는 메모리 상의 데이터를 레지스터로 옮겨와 작업한 후 다시 그 결과를 메모리로 복사해야 끝나게 된다. 결국 이 과정에서 원자성이 확보되어야 한다. 하지만 다음의 경우를 보자. 다음 소스는 서브 스레드에서는 계속 64비트 전역 변수에 값을 설정하고 메인 함수에선 루프를 돌면서 그 전역 변수의 값을 출력하는 코드다.

```
__int64  g_llValue = 0;
```
64비트 전역 변수를 선언한다.

```
DWORD WINAPI ThreadProc(LPVOID)
{
```

```
    for (int i = 0; i < 100; i++)
    {
        if (g_llValue == 0L)
            g_llValue = 0x0123456789abcdefLL;
```

64비트의 값 0x0123456789abcdef를 전역 변수에 대입한다.

```
        else
            g_llValue = 0L;
    }

    return 0;
}

void _tmain(void)
{
    DWORD dwTheaID = 0;
    HANDLE hThread = CreateThread(NULL, 0, ThreadProc, NULL, 0, &dwTheaID);

    for (int i = 0; i < 100; i++)
    {
        cout << "Value : " << g_llValue << endl;
```

64비트 전역 변수의 값을 출력한다.

```
    }
    CloseHandle(hThread);
}
```

위 코드를 32비트로 컴파일해보자. 문제는 다음 코드에 있다.

```
    g_llValue = 0x0123456789abcdefLL;
```

위의 연산은 원자적일 것 같지만 64비트 변수를 32비트 프로그램에서 처리할 때는 한 번에 옮기지 못한다. 위의 코드를 어셈블리 코드로 보면 다음과 같이 두 개의 mov 명령어로 나뉜다.

```
mov    dword ptr ds:[139A0F0h], 89abcdefh
mov    dword ptr ds:[139A0F4h], 01234567h
```

이렇게 연산이 나뉘면 앞서 언급한 과정과 동일한 상황이 발생한다. 두 스레드의 처리 과정이 다음의 순으로 전개될 수 있다.

시간	서브 스레드	메인 스레드	최종 출력
t0	mov [g_llValue], 0x89abcdef		0
t1		mov eax, [g_llValue]	0x89abcdef
t2		mov edx, [g_llValue+4]	0x00000000
t3	mov [g_llValue+4], 0x01234567		0x0000000089abcdef

위 연산의 결과를 보면 의도하지 않은 0x0000000089abcdef 값을 출력하게 될 것이다. 여기서는 메모리 정렬의 문제가 발생한다. CPU는 64비트에 대해서는 64비트 단위의 메모리 읽기/쓰기를, 32비트의 경우에는 32비트 단위의 메모리 읽기/쓰기에 대해 원자성을 보장한다. 따라서 64비트의 값을 32비트 운영체제에서 메모리에 쓸 경우에는 위 예에서 보는 것처럼 이미 기계어가 두 개로 나뉘어서 원자성을 보장할 수 없는 상황이 된다. 이를 위해서 C++로 __aligned라는 키워드를 제공하지만, 컴파일러는 제조사별로 다르기 때문에 이런 키워드에 의존할 수는 없다. 이러한 다양한 원자성에 대한 문제를 앞으로 설명할 동기화 수단들을 통해서 안전하게 보장해줄 수가 있는 것이다.

결국 원자성을 확보한다는 것은 여러 단계로 나뉘진 명령어들의 실행을 한 스레드가 수행하는 동안 다른 스레드가 그 중간에 끼어들지 못하도록 해줘야 한다는 것을 의미한다. 단순히 g_nValue++ 한 라인의 코드뿐만 아니라 여러 라인으로 구성된 코드 구역에 대해 스레드 간 코드 구역의 실행 순차성을 보장해줘야 한다. 다음 코드를 보자.

```
DWORD WINAPI ThreadProc(PVOID pParam)
{
   INT dwCurId = (INT)pParam;


   cout << " ==> Thread " << dwCurId << " Enter : " << g_nValue << endl;
   g_nValue++;
   cout << "  <= Thread " << dwCurId << " Leave : " << g_nValue << endl;


   return 0;
}
```

여러 스레드를 생성하여 위 스레드 함수를 수행토록 한다면 g_nValue 값의 증가는 물론이고 콘솔에 출력되는 문자열들이 모두 깨질 것이다. 앞 코드의 경우, g_nValue라는 전역 변수뿐만 아니라 cout를 통해 출력의 대상이 되는 콘솔 역시 공유자원이 된다. 따라서, 콘솔 출력까지 제대로 출력을 보장해주면서 g_nValue에 대한 동기화를 획득하기 위해서는, 앞의 스레드 코드의 Box 처리된 세 라인의 코드에 대해서 원자성을 보장해줘야 하다는 것을 의미한다. 그러기 위해서는 이 Box 처리된 코드 영역의 앞, 뒤로 원자성 확보를 위한 추가적 조치를 취해주어야 하며, 이 추가적 조치가 필요한 코드 영역을 "임계구역(Critical Section)"이라고 한다.

2) 명령어 재배치(Instruction Reordering)

그렇다면, g_nValue라는 전역 변수에 대해 원자성을 보장해주기 위해 직접 스레드의 동기화 루틴을 작성해보기로 하자. 앞서 언급한 그 추가 조치를 구현하는 것이다. 앞으로 설명될 다양한 동기화 객체들과는 별도로 제일 단순하고도 제대로 작동되지 않을 동기화 수단을 통해서 구현하기로 한다. 다음 프로젝트는 변수 하나를 정의해 루프를 돌면서 해당 변수가 체크되었는지 확인하는 아주 무식한 방법이다.

프로젝트 1.2.1 InterLock

```
#define OFF    0
#define ON     1

void AcquireLock(LONG& lSign)
{
    while (lSign == OFF);
```
lSign이 OFF일 동안 계속 루프를 돌다가 ON이 되는 순간 빠져나와 코드를 실행한다.

```
    lSign = OFF;
```
사용하고 있음을 알리기 위해 OFF 상태로 만든다.

```
}

void ReleaseLock(LONG& lSign)
{
    lSign = ON;
```
lSign을 ON으로 만들어 다른 스레드가 공유 코드를 실행할 수 있도록 한다.

```
}
```

AcquireLock과 ReleaseLock 두 함수를 정의하고 있으며, g_nValue라는 전역 변수를 사용하고 있음을 알리기 위해 lSign이라는 매개변수를 통해 ON/OFF를 설정하고 있다. lSign이 ON이면 g_nValue를 변경하는 스레드가 없음을 의미하고, lSign이 OFF면 어떤 스레드가 g_nValue를 사용 중임을 의미한다.

다음은 스레드 엔트리 함수와 메인 함수에 대한 정의다. 먼저 디버깅 모드에서 빌드하여 실행시켜 보기 바란다.

```
LONG g_lCSSign = ON;
```
ON/OFF 표식으로 사용될 전역 변수다. 최초 ON 상태로 설정하여 공유자원을 누구나 사용할 수 있음을 표시해줘야 한다.

```
int g_nValue = 0;
```
원자성을 확보해줘야 할, 스레드 사이에서 서로 공유되는 전역 변수이다.

```
DWORD WINAPI ThreadProc(PVOID pParam)
{
   INT dwCurId = (INT)pParam;

   AcquireLock(g_lCSSign);  ← 공유자원 사용 여부 체크 및 대기

   cout << " ==> Thread " << dwCurId << " Enter : " << g_nValue << endl;
   g_nValue++;
   cout << " <= Thread " << dwCurId << " Leave : " << g_nValue << endl;

   ReleaseLock(g_lCSSign);  ← 공유자원 사용 완료 통지

   return 0;
}

#define MAX_THR_CNT    4
void _tmain()
{
   HANDLE arhThrs[MAX_THR_CNT];
   for (int i = 0; i < MAX_THR_CNT; i++)
   {
      DWORD dwTheaID = 0;
      arhThrs[i] = CreateThread(NULL, 0, ThreadProc, (PVOID)i, 0, &dwTheaID);
```

```
    }
    getchar();
    for (int i = 0; i < MAX_THR_CNT; i++)
        CloseHandle(arhThrs[i]);
}
```

스레드 엔트리 함수에서는 g_nValue 전역 변수에 접근하기 전에는 AcquireLock을 호출하고, 사용 후에는 ReleaseLock을 호출한다. 이 두 함수의 호출로 g_nValue(와 더불어 콘솔 출력도)의 원자성을 보장해주고자 하는 의도다. 그러나 이 코드를 디버그 모드에서 빌드하여 실행하면 실행은 되지만 원하는 결과는 나오지 않는다. 즉 위와 같은 방법으로는 Acquire/ReleaseLock 사이의 코드에 대한 원자성을 확보할 수 없음을, 즉 동기화를 이루지 못했음을 의미한다. 이제 여기서 원자성의 보장 여부는 신경 쓰지 말고 이 코드 자체에 대해서, 원자성의 문제와는 다른 문제를 검토해볼 것이다.

디버그 모드에서는 원자성 확보의 성공 여부와는 별개로 위의 코드 자체가 실행은 된다. 하지만 릴리즈 모드로 빌드한 후 실행해보면 코드가 진행하지 않고 계속 멈춰 있게 될 것이다. 왜 이런 현상이 발생될까? 문제는 AcquireLock 함수 구현부에 while(lSign == OFF);가 있다. 아래 표는 디버그 모드에서와 릴리즈 모드에서의 while 문에 대한 코드를 역어셈블한 내용을 비교한 것이다.

디버그 모드 *	릴리즈 모드
label1 :	mov eax, dword ptr [lSign]
mov eax, dword ptr [lSign]	label1 :
test eax, 0	test eax, 0
jz label1	jz label1

양쪽 모드의 코드를 비교해보면 왜 위와 같은 상황이 발생하는지 명확해진다. 디버그 모드의 경우 메모리의 lSign 위치의 값을 가져와서 eax 레지스터에 저장한 후 eax 값이 0이면 label1으로 점프하라는 의미가 된다. 하지만 릴리즈 모드에서는 lSign 값을 가져와서 eax에 넣는 명령이 label1보다 앞쪽에 위치해 있다. 따라서 디버그 모드에서는 매번 메모리 상의 lSign 변수로부터 값을 읽어와서 eax에 저장한 후 값을 비교하기 때문에 문제가 없지만, 릴리즈 모드의 경우에는 미리 메모리로

---

* 디버그 모드의 경우 직접 확인해보면 정확한 디스어셈블 코드는 아니지만 위 형식과 비슷하게 구성된다. 최적화 옵션이 없는 경우는 비교할 값을 eax 레지스터에 넣는 것이 아니라 cmp 명령을 이용해 메모리 상의 값과 직접 비교한다. 하지만 의미는 동일하다. 확실한 비교를 위해 디버그 모드에서의 역어셈블 결과를 약간 변경하였으나 설명에는 큰 지장이 없다.

부터 값을 읽어와 eax 레지스터에 저장한 후 이 레지스터와의 비교만을 계속 반복하고 있다. 그 결과 아무리 다른 스레드에서 lSign 값을 변경시켜도 eax의 값은 변경되지 않기 때문에 원하는 결과를 얻지 못하게 된다. 이러한 상황은 컴파일러가 컴파일 시 "최적화"란 작업을 수행하기 때문에 발생된다. 아래 그림처럼 릴리즈 모드에서 프로젝트 속성을 열어 최적화 옵션을 끄고 다시 실행해보면 디버그 모드에서처럼 코드는 실행될 것이다.

그림 1-11 최적화 옵션 설정

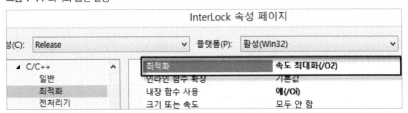

CPU 입장에서는 메모리로부터 값을 읽어오는 과정은 상당히 많은 시간이 걸리는 작업이 된다. 그래서 루프를 도는 동안 계속 메모리로부터 데이터를 읽어오는 것이 아니라, 루프에 진입하기 전에 미리 메모리로부터 데이터를 읽어 eax 레지스터에 보관해두고 그 값을 계속 비교하게 되는 것이다. 다른 스레드에서의 g_lCSSign 변수에 대한 변경은 메모리 상에서의 변경이 이루어지지만, 이미 한 번 g_lCSSign 값을 읽어들여 최초의 값을 가진 eax 레지스터의 값을 변경시키지 못하기 때문에 의미 없이 계속 그 값만으로 비교하게 되며, 결국 무한 루프에서 탈출하지 못하고 코드의 진행을 영원히 막게 되는 것이다. 컴파일러의 이런 최적화 기능을 "명령어 재배치(Operation Reordering)"라고 한다. 여기서의 핵심은 우리가 작성한 코드가 눈에 보이는 그 순서 그대로 기계어로 처리가 되지 않는다는 점이다. 최적화의 예에서는 실제로 코드 재배치가 일어나는 것을 눈으로 직접 확인할 수 있는데, 바로 컴파일러가 최적화를 위해서 임의로 코드를 바꿔버린 것이다. 그러면 최적화 옵션을 꺼버리면 되지 않는가? 이는 별로 권장할 만한 방법이 되지 못한다. 그럼에도 불구하고 과감히 최적화 옵션을 제거해서 코드의 재배치를 막는다 하더라도 재배치는 또 다른 요소에 의해서도 발생하게 된다. 즉 재배치는 컴파일러에 의한 재배치뿐만 아니라 CPU에 의해서도 발생된다. 우리가 작성한 코드는 다음의 과정을 거쳐서 최종 결과를 도출해낸다.

[그림 1-12]에서 보는 것처럼 세 부분의 요소에 의해서 우리가 작성한 순서 그대로 실행될 것을 기대한 그 코드는 재배치의 영향을 받아서 순차적으로 수행되지 않을 수도 있다. 그러한 영향을 주는 세 가지 요소를 검토해보기로 하자.

그림 1-12 코드 생성 과정

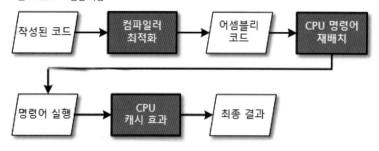

| 컴파일러에 의한 최적화 |

명령어 재배치는 빠른 연산을 위해 일부 연산의 순서를 바꿔 파이프라인을 최대한 활용하는 최적화 기법이다. 이러한 최적화에 의한 코드 재배치의 예를 한 번 더 보도록 하자. 다음 프로젝트에서 코드의 실행 순서가 실제로 바뀌는 더 직관적인 예를 보여준다.

프로젝트 1.2.1 MemBarrier

```
int g_x, g_y;
int g_a, g_b;

DWORD WINAPI TP25(PVOID)
{
   g_x = 25;
   g_a = g_y;
   return 0;
}

DWORD WINAPI TP99(PVOID)
{
   g_y = 99;
   g_b = g_x;
   return 0;
}
```

위 코드를 릴리즈 모드에서 컴파일 후 역어셈블된 TP25 스레드 코드로 보면 다음과 같다.

```
// g_a = g_y;
mov   eax, dword ptr [g_y]
mov   dword ptr [g_a], eax


// 스레드 종료 코드 0을 리턴하기 위해 eax를 0으로 클리어
xor   eax, eax


// g_x = 25;
mov   dword ptr [g_x], 19h
```

최적화 결과 코드는 우리가 작성한 순서대로 명령어 배치가 이루어지지 않는다. C++로 작성한 TP25 엔트리 함수에서는 g_x에 25 값을 대입하는 코드가 먼저 나와 있지만, 역어셈블된 결과는 g_a = g_y; 코드 뒤로 가버렸다. 결국 CPU는 g_a에 g_y 값을 대입하는 코드를 먼저 실행한 후 g_x에 25를 대입하는 코드를 실행하게 될 것이다. 이 예에서 보는 바와 같이 최적화에서는 코드 순서를 뒤바꾸기도 한다. 이러한 명령어 재배치의 원리는 코드와 코드 사이에 서로 읽기/쓰기 의존성이 없다면 바꿀 수 있다고 판단하며, 위 코드의 경우 역시 g_x = 25; 와 g_a = g_y 사이에 서로 의존성이 없기 때문에 이런 결과가 나오게 된다. TP99 스레드 엔트리 함수 역시 동일하게 순서가 바뀌게 된다.

| CPU에 의한 명령어 재배치 |

CPU에서 명령어가 재배치된다는 것은 다소 황당하기도 할 것이다. 하지만 사실이다. 이런 상황은 요즘의 CPU가 명령어를 동시에 여러 개를 실행하기 때문에 발생된다. 지난 10년이 넘는 기간 동안 CPU의 속도는 비약적인 향상을 기져왔다. 이런 CPU의 비약적인 속도 향상의 원인은 첫 번째가 클록 속도의 향상이겠지만, 무시 못할 요소가 "슈퍼스칼라 방식"과 "파이프라인 처리"를 통한 명령어 병렬 처리에도 기인한다. 현대의 CPU 중 상당수는 파이프라인 및 명령어 단위 병렬성 등을 최대한으로 활용하기 위해 명령어 간 의존성을 동적으로 분석해 실행 순서를 임의로 바꾸는 비순차 실행 (Out of Order Execution) 기법을 적극 활용한다. 이로 인해 코드의 순서가 뒤바뀔 수 있다. 즉 여러분이 순차적으로 작성한 코드를 CPU가 번역된 그 기계어로 실행할 때에는 하나씩 순차적으로 실행되는 것이 아니라, 예를 들어 앞의 TP25 코드에서 첫 번째 명령어(g_x ← 25)는 파이프 라인 1에, 두 번째 명령어(g_a ← g_y)는 파이프 라인 2에 할당하는 방식으로 명령어를 동시에 실행하게 된다. 그 결과 첫 번째 코드의 처리가 끝나기도 전에 두 번째 코드의 처리가 먼지 끝나면서 그 결

과가 달라지는 상황도 충분히 발생하게 된다. 즉 처리 순서가 뒤바뀌게 된다.

| CPU 캐시 효과 |

CPU는 메인 메모리(RAM)의 느린 속도를 보정하기 위해 캐시를 사용하는데, 메모리에서 읽어온 결과는 캐시에 저장되고 쓸 때도 캐시에 먼저 그 결과가 저장된다. 또한 지역성(Locality)에 근거한 분기 예측과 같은 추측 가능한 실행 등을 위해서 코드에서 지정된 데이터뿐만 아니라 그 인접 데이터까지 미리 읽어서 캐시에 보관한다. 이러한 상황은 다중 CPU의 경우 동기화 문제를 야기시킨다. 앞서 살펴본 while 문을 통해 lSign 변수값을 비교하는 경우에도 적용된다. 최적화를 통한 명령어 재배치 문제를 막아 주었더라도 CPU 0이 메모리에 위치한 lSign으로부터 읽어온 값 ON은 우선 자신의 캐시에 저장한 후, 다음에 읽을 때에는 메모리가 아니라 캐시로부터 읽기 때문이다. 이러한 경우 최적화를 막더라도 이미 캐시에 저장된 값만을 읽어들여 비교하게 될 것이다. 따라서 다른 CPU에서 돌아가는 스레드가 g_lCSSign의 값을 변경하더라도 그 변경값을 획득할 수가 없게 된다. 물론 다중 CPU에서의 이런 문제 때문에 캐시의 일관성(Coherence)을 제공해 한 CPU의 캐시 값이 변경되면 다른 CPU로 하여금 변경된 부분의 일정 영역을 다시 메모리로부터 읽어오도록 한다. 물론 이런 과정에서 캐시 라인의 문제가 발생하여 멀티스레딩에서의 효율을 떨어뜨리는 결과를 초래하기도 하는데, 이는 본서의 주제가 아니므로 캐시 효과에 의한 명령어 재정렬의 관점에서 캐시의 다른 측면을 살펴보자.

CPU 캐시는 병렬적으로 접근 가능한 뱅크로 분할된다. CPU의 빠른 속도에 캐시가 보조를 맞추지 못하기 때문에 대량의 캐시는 CPU와 더 빨리 보조를 맞출 수 있도록 일반적으로 서로 거의 독립적인 뱅크로 나뉘어 각 뱅크에 병렬적으로 접근 가능하도록 한다. 메모리는 보통 주소를 통해서 캐시 뱅크에 매치된다. 예를 들어 모든 짝수 캐시 라인은 "뱅크 0"에서 처리되고, 홀수 캐시 라인은 "뱅크 1"에서 처리되도록 하는 것이다. 하지만 이러한 하드웨어 병렬성은 메모리 작용의 순서가 뒤바뀔 수 있는 소지를 제공한다. 예를 들어 CPU 0이 짝수 주소에 쓰고 이어서 홀수 번지에 썼다고 하자. 만약 뱅크 0이 바쁜 상태고 뱅크 1이 휴지 상태라면, CPU 1은 뱅크 1의 쓰기 결과를 먼저 인식한 후에야 첫 번째의 쓰기, 즉 뱅크 0의 결과를 볼 수 있다. 다시 말해 CPU 1은 순서가 뒤바뀐 쓰기 결과를 인식하게 된다. 읽기 역시 비슷한 방식으로 순서가 뒤바뀔 수가 있다.

다시 앞의 예제 〈MemBarrier〉로 돌아가 보자. 앞 코드의 실행 결과 최종적으로 g_a와 g_b가 모두 0이 되는 상황이 나올 수 있을까? 명령어 재배치를 야기하는 세 요소에 의해 충분히 최종 결과가 두 변수 모두 0이 나오는 상황이 발생될 수 있다. 다음 표를 보자. TP25와 TP99 둘 다 코드의 순서가 뒤바뀌어 실행될 경우 TP99의 실행 케이스 ①, ②, ③의 결과는 두 변수 모두 0이 된다.

시간	TP25	TP99 ①	TP99 ②	TP99 ③
t0		g_b = g_x;		
t1	g_a = g_y;			
t2		g_y = 99;	g_b = g_x;	
t3			g_y = 99;	g_b = g_x;
t4	g_x = 25;			
t5				g_y = 99;
⇒ 결과		g_a == g_b == 0	g_a == g_b == 0	g_a == g_b == 0

결국 동기화를 성취한다는 것은 원자성의 확보뿐만 아니라 이러한 명령어 재배치에 의한 의도치 않은 결과가 산출되는 것을 막아주며, 다시 말해 임계구역 내의 코드의 원자성뿐만이 그 구역 내의 코드가 여러분이 작성한 순서대로 실행될 것을 보장해준다는 것을 의미한다.

3) 대안 검토

| volatile 키워드의 사용 |

컴파일러 최적화에 대한 해결책을 검토해보자. AcquireLock 코드로 다시 돌아가서 다음과 같이 C++의 volatile 키워드를 사용한다.

```
void AcquireLock(volatile LONG& lSign)
{
   while (lSign == OFF);
   lSign = ON;
}
```

위와 같이 매개변수 선언 시에 volatile 키워드를 추가해주면 제대로 작동할 것이다. volatile 키워드가 지시하는 것은 두 가지다. 위의 예에서처럼 이 변수에 대해 최적화를 수행하지 말 것과 동시에 값을 메모리에서 읽어올 것을 지시한다. 이는 앞서 언급한 캐시의 일관성 문제를 미리 예방하기 위해 캐시를 거치지 않고 무조건 메모리에 읽기/쓰기를 수행하라고 지시하는 것이다.

〈프로젝트 1.2.1 MemBarrier〉 역시 전역 변수 선언 시에 volatile 키워드를 사용해서 정의하면 문제가 해결된다.

```
volatile int g_x, g_y;
```

하지만 volatile 키워드가 모든 것을 다 해결해주진 못한다. 우선, 명확한 표준이 확립되지 않았기에 제공되는 컴파일러마다 기능이 다를 수 있다. 당장 Visual C++ 2003과 2005에서 volatile의 지원 범위가 다르다. 게다가 volatile은 단일 CPU 환경에서 컴파일러 재배치 문제는 해결해주지만, MMU(Memory Management Unit)나 멀티 CPU에 의한 재배치에 대해서는 완전한 대안을 제공하지 못하고 있다. 그리고 변수를 읽은 후에 값을 수정하고 다시 쓰는 read-modify-write를 원자적으로 수행할 수 있게 해주지도 못한다.

| 메모리 장벽 |

앞서 설명한 CPU에 의한, 또는 캐시 효과에 의한 명령어 재배치 문제를 해결하기 위해 대부분의 CPU들은 메모리 장벽(Memory-Barrier 또는 AMD의 경우 Fence)이라는 명령어를 제공한다. 전체 메모리 장벽은 장벽 앞에 존재하는 메모리 읽기/쓰기 연산들이 장벽 뒤에 존재하는 읽기/쓰기 연산들에 앞서 메모리에 커밋되도록 보장해준다. CPU나 캐시에 의한 명령어 재배치의 목적은 궁극적으로 성능 향상을 위한 것이다. 하지만 장벽을 사용하게 되면 이러한 장점을 이용할 수 없게 되기 때문에 장벽 수준을 더욱 세분화한 읽기/쓰기 메모리 장벽이 제공된다. 읽기 메모리 장벽은 단지 읽기 연산에 대해서만, 쓰기 메모리 장벽은 쓰기 연산에 대해서만 재배치를 막아주는 것에 반해 읽기/쓰기 장벽의 적절한 활용으로 성능을 떨어뜨리지 않으면서 재배치 문제를 해결할 수도 있다. 이러한 명령어들은 컴파일러에 의한, 최적화를 위한 메모리 연산의 순서 재배치 또한 막아준다.

VC++에서는 컴파일러의 내장 함수를 통해서 이러한 장벽 명령을 사용할 수 있도록 읽기 장벽인 ReadBarrier와 쓰기 장벽인 WriteBarrier, 그리고 ReadWriteBarrier 내장 함수를 각각 제공한다. 다음은 ReadWriteBarrier의 사용 예를 TP25에 적용한 것이다. 물론 TP99 스레드 함수에도 함께 적용하면 된다.

```
DWORD WINAPI TP25(PVOID)
{
    g_x = 25;
    ReadWriteBarrier();
    g_a = g_y;
    return 0;
}
```

하지만 ReadWriteBarrier 형태의 이 내장 함수 역시 역시 컴파일러에 의한 재배치만을 해결해주며, 더 민감한 사항인 CPU에 의한 명령어 재배치의 문제는 해결하지 못한다. CPU에 의한 재배치는 컴파일러 최적화의 경우처럼 눈으로 확인할 수 없고 실제 런타임 시에 이루어지기 때문에 더욱더 민감한 문제가 된다. 이러한 CPU 명령어 재배치의 문제까지 고려해 MS는 MemoryBarrier라는 매크로를 제공한다. MemoryBarrier 매크로는 읽기/쓰기 작용에 대한 CPU의 메모리 재배치를 방지하는 하드웨어 메모리 장벽을 생성한다. 사용 예는 다음과 같다.

```
DWORD WINAPI TP25(PVOID)
{
    g_x = 25;
    MemoryBarrier();
    g_a = g_y;
    return 0;
}
```

volatile 키워드를 사용하든, 메모리 장벽 내장 함수를 사용하든 컴파일 결과는 코드 재배치가 발생되는 것을 막아준다. 물론 MemoryBarrier 매크로를 사용한 경우를 빼면 CPU에 의한 재배치 문제는 그대로 남게 된다. 어찌됐든 세 가지 방식을 적용한 후 최적화 옵션을 켠 상태에서 컴파일한 후의 역어셈블 결과는 다음과 같다. 최종 코드의 순서는 모두 우리가 작성한 순서를 유지하고 있다.

```
// g_x = 25;
mov   dword ptr [g_x], 19h

// g_a = g_y;
mov   eax, dword ptr [g_y]
mov   dword ptr [g_a], eax

// return 0;
xor   eax, eax
```

| 상호잠금 함수의 사용 |

g_nValue++와 같은 연산에 대해 원자성을 확보해주기 위한 많은 함수가 이 컴파일러 내장 함수로 제공되는데, 이러한 함수들을 "상호잠금(Interlocked) 함수"라고 한다. 상호잠

금 함수는 3장에서 상세하게 논의될 것이다. g_nValue++에 대한 상호잠금 함수의 예로는 InterlockedIncrement 함수와 그 반대의 기능을 하는 InterlockedDecrement 함수가 제공된다. 상호잠금 함수는 공유 변수에 대한 간단한 연산에 대해 원자성을 보장해주는 동시에 컴파일러 내장 함수로 제공되기 때문에 그 속도 또한 상당히 빠르다. 그러나 이러한 상호잠금 함수 군 역시 컴파일러별 제공 여부가 모두 다르고 또한 CPU별 사양에 따라 모두 다르다.

락 없는 프로그래밍(Lockless Programming)이라고 하여 지금까지 언급된 하드웨어의 원자적 명령어나 락을 사용해 동기화의 문제들에 대한 해결을 추구하는 방식이 있다. 그 목적은 여러 스레드 사이에서 락을 획득하고 해제하는 데 있어서 따라오는 여러 오버헤드 없이 안전하게 데이터를 공유하고자 하는 데 있다. 마치 만병통치약을 제공해주는 것 같지만 사실 상당히 복잡하고 민감한 방식이며, 심지어는 그 전망과는 다르게 장점이 제공되지 않는 경우도 있다. 이 방식은 결국 이 절에서 말하는 해결책들, 즉 volatile과 메모리 장벽의 적절한 사용을 통한 재배치 문제의 해결, 그리고 상호잠금 함수를 이용한 원자성의 확보를 그 수단으로 하고 있다. 그러나 이러한 해결책은 결국 하드웨어에 의존적인 코드만을 만들 수밖에 없게 된다. C++라는 고수준 언어를 저수준으로 떨어뜨려 사용하는 결과가 될 뿐만 아니라, 단순한 코드에 대해서는 의미가 있을지는 몰라도 약간이라도 복잡성을 띠는 동기화 수준을 요구하는 상황에서는 그 해결책이 될 수 없다. 결국 해결책은 운영체제 레벨에서 제공되는 다양한 동기화 관련 기능을 이용해야 한다는 것이다. 제대로 된 동기화란 원자성의 확보와 함께 명령어 또는 메모리 재배치의 문제까지 해결해주는 것이라면, 윈도우에서 제공되는 동기화 수단들은 그것들을 보장해준다. 제공되는 그러한 동기화 수단들(임계구역에 대한 진/출입 함수, 동기화 객체를 깨우는 함수, 대기 함수 그리고 상호잠금 함수 등)은 그 내부에서 적절한 장벽을 사용함으로써 메모리 재배치 문제를 우리가 신경 쓰지 않도록 해주고 있다.

1.2.2 동기화의 목적과 방법

지금까지 멀티스레딩 프로그래밍에서 발생될 수 있는 여러 문제점들을 검토해보았다. 아주 단순하면서도 사소한 수준의 코드에서도 동기화는 문제가 된다. 동기화를 고려한다는 것은 언급했던 원자성의 확보 및 명령어 재배치 문제의 해결을 보장해줘야만 한다는 것이다. 이러한 사항을 보장해주기 위해서는 시스템 차원의 동기화 수단이 필요하게 되는데, 이제부터 그러한 다양한 동기화 수단과 방법에 대해서 검토해보고자 한다.

공유자원의 동시 접근을 막는다는 것은 공유자원 자체에 어떤 보호막을 쳐서 사용하지 못하게 하는 그런 의미는 아니다. 공유자원은 스레드의 행위의 대상이지 행위의 주체가 아니다. 동시 접근을 막는다고 할 때 동시 접근의 주체는 누구인가? 여기서 막는다는 것은 누구를 막는다는 것인가? 바로 프로그램에서의 행위의 주체, 살아서 직접 움직이는 스레드가 더 이상 진행하지 못하도록 막는다는 것이다. 스레드의 행위는 여러분이 작성한 코드에 의해 결정된다. 코딩된 명령어가 CPU에 의해 실행되는 것이 바로 스레드가 움직이는 것을 의미한다. 따라서 스레드를 막는다는 것은 일정 조건을 만족할 때까지 더 이상 코드의 실행을 진행하지 못하도록, 즉 스레드에 의한 특정 영역의 코드의 실행을 막는다는 것을 의미한다. 이때 그 특정 영역의 코드란 바로 공유자원에 접근하는 코드일 것이다.

이러한 관점에서 볼 때 동기화란 공유자원 자체에 어떤 장벽을 치는 것이 아니라, 공유자원에 접근해서 그것을 사용하는 코드의 실행을 막는 것을 의미한다. 물론 그 코드는 여러분이 작성한 것임은 물론 동시에 그 코드의 실행을 막는 행위 역시 코드 상에서 여러분이 직접 정의해주어야 한다. 그리고 접근을 막았으면 또한 접근을 풀어줘야 한다. 그래야 그 영역에 진입하고자 하는 다른 스레드들에게 진입의 기회를 줄 수 있기 때문이다. 따라서, 공유자원에 대한 접근을 보호하는 시작과 끝을 가진 이러한 구역이 코드 상에 존재해야 한다. 물론 그 시작과 끝은 여러분이 직접 지정해주어야 하고 지정해주는 행위 역시 코드로 작성될 것이다. 그렇게 지정된 코드 상의 시작과 끝 사이의 영역을 흔히 "임계구역(Critical Section)"이라고 한다. 임계구역을 지정할 경우, 임계구역 내의 코드의 실행은 원자성과 명령어 재배치 등 동기화에 있어서의 제반 문제들에 대한 안전 보장이 확보돼야 하는 것을 의미한다.

구역(Section)을 좀 더 직관적으로 보여주는 동기화의 예를 C#에서 찾아볼 수 있다. C#에서는 lock이라는 키워드를 제공해서 아래 소스처럼 직관적인 임계구역 설정을 가능하게 한다.

```csharp
class Account
{
    decimal _balance;
    private Object _thisLock = new Object();
        ⋮

    public void Withdraw(decimal amount)
    {
        lock (_thisLock)
        {
            if (amount > _balance)
```

```
            throw new Exception("Insufficient funds");

        _balance -= amount;
    }
  }
}
```

코드에서 lock 문으로 둘러 쌓인 블록이 임계구역이 되고, lock과 함께 하는 시작 블록은 스레드의 진입을 막거나 통과시키는 역할을 하며, 블록의 끝은 임계구역을 빠져나간다는 것을 알려주는 역할을 한다. 불완전한 구현의 예인 〈프로젝트 1.2.1 InterLock〉의 소스로 돌아가 보면 C#의 _thisLock에 해당하는 g_lCSSign 플래그를 수단으로 해서 C#의 경우에 상응하는 임계구역에 대한 진입 및 탈출을 구현하고 있다.

	C#	C++
진입	lock (_thisLock) {	AcquireLock (g_lCSSign);
탈출	}	ReleaseLock (g_lCSSign);

불완전한 구현의 예에서 임계구역은 아래 그림처럼, 바로 AcquireLock의 호출과 ReleaseLock 호출 사이의 영역이 된다.

```
DWORD WINAPI ThreadProc(LPVOID)
{
    INT dwCurId = (INT)pParam;

    AcquireLock (g_lCSSign); ← 표식 : OFF

    cout << " ==> Thread " << dwCurId << " Enter : " << g_nValue << endl;
    g_nValue++;
    cout << " <= Thread " << dwCurId << " Leave : " << g_nValue << endl;

    ReleaseLock (g_lCSSign); ← 표식 : ON

    return 0;
}
```
임계구역

이 불완전한 예는 AcquireLock과 ReleaseLock을 통해서 임계구역을 설정하고 있다. 여기서 불완전하다는 의미는 AcquireLock과 ReleaseLock 함수의 구현이 불완전하다는 의미지, 임계구역을 설정하는 구조 자체가 불완전함을 의미하는 것은 아니다. 그러면 앞에서 그렇게 설정된 임계구역으로 실제로 경쟁하는 두 스레드가 어떻게 들어가고 나가는지를 확인해보자.

다음 그림에서 그 과정을 간단히 표현했다.

그림 1-13 임계구역 설정

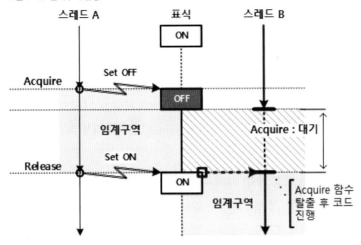

① t_0에서 스레드 A는 Acquire 함수를 호출하고 그 함수 내에서 "표식"이 ON 상태이므로, 자신이 사용하고 있음을 알리기 위해 표식을 OFF로 설정한 후 바로 Acquire 함수에서 빠져나와 임계구역으로 들어가 자신의 작업을 진행한다.

② t_1에서 스레드 B는 "표식"이 OFF이므로, Acquire 함수 내에 머물면서 표식이 ON으로 바뀌었는지를 체크하며 계속 대기한다.

③ t_N의 시점에서 스레드 A는 자신의 작업을 끝내고 임계구역 입구에서 혹시나 대기하고 있는 다른 스레드를 위해 작업이 완료되었음을 알리는 ON 상태로 "표식"을 변경하고(Release) 임계구역으로부터 나와 다음 작업을 진행한다.

④ 동일한 t_N 시점에서 역시 "표식"이 ON이 되길 기다리며, 여전히 Acquire 함수 내에 머물고 있는 스레드 B는 "표식"이 OFF에서 ON으로 바뀌었으므로 Acquire 함수에서 탈출하고 임계구역으로 들어가게 된다.

1) 동기화의 요소

위의 과정에서 중요한 세 가지 요소가 있다. "스레드를 멈추게 하는 작용"과 멈출 것인지 또는 진행할 것인지에 대한 "판단 조건을 제공해주는 그 무엇", 그리고 그 조건을 직접 제어하는 것, 즉 "판단 조건을 변경"하는 것이다. 스레드를 멈추게 하는 작용은 어떤 조건이 만족될 때까지 대기토록 하는 것이며, 위의 예의 경우 AcquireLock이라는 함수로 표현되었다. 판단 조건을 제공해주는 그무엇은 위 그림에서 "표식"이라고 명명된 것이며, AcquireLock 함수는 그 표식에 해당하는 g_lCSSign 변수를 통해서 그 표식이 ON이면 코드를 진행하고, OFF면 표식을 바라보며 ON이 될 때까지 대기하게 된다. 이렇게 대기하면서 그 표식을 바라보는 행위를 정의한 함수를 "대기 함수(Wait Functions)"라고 한다.

또한 "대기 함수"를 통해 스레드의 진행을 막았다면, 후에 어떤 조건이 충족되었을 때 멈춰 있는 그 스레드를 다시 움직이게 하기 위해서는 그 표식의 상태를 바꿔야 한다. 즉 움직일 수 있도록 표식의 상태를 변경해줘야 하는 것이다. 표식의 상태를 직접 변경하는 것은 바로 ReleaseLock에 의해 표식에 해당하는 g_lCSSign의 상태를 변경하는 것으로 구현된다. 이렇게 표식을 변경함으로써 표식을 바라보던 스레드는 표식의 상태가 바뀌면서 코드를 진행하게 될 것이다. ReleaseLock처럼 이렇게 상태를 변경하는 역할을 담당하는 함수를 "상태 변경 함수"라고 하자. 그리고 AcquireLock의 구현에서 스레드를 대기하게 하는 수단이 되고, 반대로 ReleaseLock의 구현에서 대기하던 스레드를 다시 움직이도록 그 상태를 변경하는 대상이 되는 "표식"을 우리는 "동기화 객체"라고 부르기로 하자.

따라서 동기화는 〈대기 함수〉와 〈상태 변경 함수〉 그리고 〈동기화 객체〉라는 세 요소로 이루어진다. 윈도우는 커널 수준이나 유저 모드에서의 다양한 대기 함수와 상태 변경 함수를 제공하고 그 함수들의 매개변수로 넘겨질 다양한 동기화 객체를 제공하고 있다. 정리하면 다음과 같다.

- **동기화 객체** : 대기 함수에서 스레드를 진행 또는 대기토록 하는 판단 조건의 근거가 된다.
  - 동기화 전용 커널 객체 : 뮤텍스, 세마포어, 이벤트, 타이머
  - 동기화에 사용 가능한 커널 객체 : 프로세스, 스레드, 잡(job), 파일 등
  - 유저 영역의 동기화 객체 : 크리티컬 섹션, SRW-락, 조건 변수, 동기화 장벽 등
- **대기 함수** : 스레드의 진행을 멈추게 하거나 잠재우는 것(AcquireLock에 해당)이다.
  - 커널 객체의 동기화는 공통된 대기 함수들을 사용한다.
    WaitForSingleObject, WaitForMultipleObjects, SignalObjectAndWait 등
  - 유저 영역의 동기화 객체는 객체별로 대기 함수를 별도로 갖는다.
    크리티컬 섹션 → EnterCriticalSection, SRW-락 → AcquireSRWLockShared/Exclusive 등
- **상태 변경 함수** : 동기화 객체의 상태를 바꾼다(ReleaseLock에 해당).
  - 동기화 객체별로 자체의 상태변경 함수를 가진다.
    Set/ResetEvent, ReleaseMutex, ReleaseSemaphore, LeaveCriticalSection
  - 동기화 객체 종류에 따라서는 대기 함수가 상태를 변경하기도 한다.
    불완전한 예의 경우 대기 함수가 되는 AcquireLock 함수 내에서 대기 상태를 빠져나온 후 g_lCSSign의 상태를 바로 바꾸도록 정의했다.
  - WaitForXXX 등의 커널 객체의 대기 함수는 커널 객체 종류에 따라서 상태를 직접 변경하기도 하는데, 이를 대기 함수의 "부가적 효과(Side Effect)"라고 한다.

2) 동기화의 수단

이번엔 우리가 "동기화 객체"라고 부르기로 한 "표식(Sign)"의 의미에 대해 좀 더 자세히 살펴보자. 표식은 그 상태에 따라서 스레드가 움직이게끔 또는 멈추게끔 한다. 그 상태란 것은 다양하다. 앞의 그림과 예제에서는 전역 변수를 통해서 ON, OFF 두 가지 상태를 두어 스레드의 행위를 제어했지만 이 상태는 정의하기 나름이다. 따라서 ON/OFF를 반대의 의미로 생각할 수도 있다. 움직일 것인지 멈출 것인지의 판단의 근거만 명확히 제공되면 된다. 이 표식을 흔히 깃발에 많이 비유를 한다. 어릴 적 초등학교 운동회를 하던 날, 달리기를 할 때 출발선에 선 아이들은 무언가를 주시하면서 긴장된 상태로 멈춰 서서 대기하고 있다. 그들이 바라보는 것은 무엇인가? 저 멀리 결승선에서 선생님의 손에 내려진 상태로 있는 깃발이다. 그 깃발이 올라가는 순간 아이들은 후다닥 뛰기 시작한다. 깃발이 내려가 있으면 멈춤을 지시하고 올라가면 달리라는 것을 지시한다. 또 다른 예로 거리의 신호등을 보자. 교차로의 신호등이 빨간불이면 달리던 차들은 멈춰야 한다. 반대로 초록불이면 그냥 계속 달릴 것이다. 그리고 빨간불에 의해서 멈춰 선 차들은 신호등이 초록불로 바뀌어야만 비로소 움직이게 된다. 신호 위반에 의한 교통사고의 예가 바로 동기화가 무너졌을 때의 사태를 그대로 보여주는 좋은 예일 것이다. 신호등이라는 이 표식의 지시대로 움직이지 않고 제멋대로 차를 몰았을 때 바로 임계구역의 침범 사태가 발생하고 인명 피해와 더불어 교차로는 엉망이 돼 버릴 것이다. 이런 표식의 두 가지 상태, 즉 ON, OFF에 대한 의미 부여는 동기화 객체별로 다양하다. 동기화 객체마다 저마다의 ON, OFF 상태에 대한 별도의 의미를 부여하고 있지만, 결국 핵심은 그 다양한 의미 부여를 스레드로 하여금 움직이게 하거나 대기토록 하는 두 가지 상태에 대한 표현으로 수렴하면 될 것이다. 표식의 ON, OFF 상태, 즉 스레드를 움직이라고 지시하는 상태와 멈추라고 지시하는 상태의 표현을 동기화에서는 ON/OFF 대신 "시그널(Signaled) 상태"와 "넌시그널(Non-Signaled) 상태"* 로 표현한다.

- **시그널(Signaled) 상태** : 스레드가 움직일 수 있는 상태, 위 예의 경우 ON
- **넌시그널(Non-Signaled) 상태** : 스레드가 멈춰야만 하는 상태, 위 예의 경우 OFF

스레드는 대기 함수를 통해서 동기화 객체가 시그널 상태인지 넌시그널 상태인지에 따라서 움직일 것인지, 아니면 멈춰 대기할 것인지를 판단하게 된다.

그러면 특정 동기화 객체에서의 시그널 상태와 넌시그널 상태에 대한 의미부여의 예를 알아보자.

---

* 처음에는 시그널 상태를 "신호 받은 상태", 넌시그널 상태를 "비신호 상태"로 번역했지만, 다소 어색하기도 하고 또 설명을 풀어나가는 과정에서 서로 중복되는 경우도 있어서 그냥 시그널, 넌시그널로 영문 그대로 표기함을 양해하기 바란다.

앞에서 언급했던 것처럼 스레드와 프로세스도 동기화 객체로서 사용 가능하다고 했다. 그러면 이 두 커널 객체의 시그널/넌시그널 상태는 어떤 의미를 담고 있을까?

- **시그널 상태** : 스레드나 프로세스가 종료된 경우
- **넌시그널 상태** : 스레드나 프로세스가 실행 중인 경우

넌시그널 상태에서 스레드가 실행 중인 경우라는 것은 말 그대로 스레드 엔트리 함수가 실행 중인 상태를 말한다. 엔트리 함수 내에서 대기 함수를 호출해 잠든 상태가 되었더라도 엔트리 함수 내에 있기 때문에 스레드 자체는 스케줄러의 관리하에 있으며, 여전히 엔트리 함수 자체는 살아 있는 상태인 것이다. 이러한 넌시그널 상태에서 스레드가 자신의 엔트리 함수로부터 리턴되거나 그 내부에서 ExitThread를 호출할 때, 아니면 다른 스레드가 TerminateThread를 호출해 그 스레드를 종료시킬 때 이 스레드는 비로소 시그널 상태로 된다. 이는 프로세스의 경우도 마찬가지다. 프로세스의 메인 함수가 정상 종료 또는 ExitProcess에 의해서 종료되거나 다른 프로세스가 호출한 TerminateProcess에 의해 강제 종료될 때 이 프로세스는 시그널 상태가 된다.

그러면 또 이런 의문이 생길 수 있다. 종료된 프로세스나 스레드의 경우라면 이미 종료되었는데 어떻게 상태를 판단한단 말인가? 누누이 언급했지만 프로세스나 스레드의 종료가 해당 커널 객체의 메모리 상에서의 해제를 의미하는 것은 아니다. CloseHandle을 호출하고 그 결과 사용계수가 0이 되었을 때 비로소 커널에 의해 메모리 상에서 해제된다. 따라서 프로세스나 스레드가 종료되었더라고 CloseHandle을 호출하기 전이라면 커널 영역에서의 그 객체는 여전히 유효하며, 따라서 그 핸들값을 이용해서 신호 상태를 판단할 수 있다.

뒤에서 프로세스와 스레드를 동기화에 사용하는 유용한 예를 들어볼 것이다. 아래의 표는 다음 절에서 논의하게 될 동기화 전용 객체를 제외한, 동기화에 이용 가능한 커널 객체들의 두 신호 상태의 의미를 정리한 것이다.

객체	넌시그널 상태	시그널 상태
Process	프로세스가 실행 중일 때	프로세스가 종료될 때
Thread	스레드가 활성화 중일 때	스레드가 종료될 때
Job	잡(job)의 타임이 만료되지 않았을 때	잡(job)의 타임이 만료되었을 때
File	I/O 작업 중일 때	I/O 작업이 완료되었을 때
Console Input	어떠한 입력도 없을 때	입력이 가능해질 때
File Change Notification	파일 변경이 없을 때	시스템이 파일 변경을 감지했을 때

동기화 객체는 크게 두 부분으로 나눌 수 있는데, 동기화를 위한 커널 객체와 유저 영역에서 제공되는 동기화 객체가 있다. 앞의 표에 나온 동기화 객체는 모두 커널 객체다. 커널 객체를 통한 동기화는 커널 영역에서 작동하며 스레드를 실제로 잠들게 한다. 커널 객체를 통한 동기화기 때문에 유저 모드에서 커널 모드로의 전환이 발생되며, 또한 스레드의 스케줄링 상태를 변경시키기 때문에 스레드의 문맥 전환을 유발시킨다. 따라서 거기에 따른 오버헤드도 검토의 대상이 된다. 반면에 유저 영역의 동기화 객체는 유저 주소 공간에 객체의 인스턴스가 위치하며, 커널 객체 사용 시의 그 오버헤드를 최소화하기 위해서 많이 사용된다. 또한 동기화 객체가 유저 영역에 위치하는지, 아니면 커널 영역에 위치하는지에 따라서 대기 함수의 구현이 달라진다.

3) 스레드 대기 방법

이번에는 동기화의 요소 중 대기 함수에 있어서 스레드가 대기하는 방식의 관점에서 접근해보자. '방식'이라는 말의 의미는 "어떻게 스레드를 멈추게 하는가?"라는 질문에 대한 답이다. 즉 앞서 AcquireLock의 구현 방법의 문제인 것이다. 비록 불완전한 구현이긴 하지만 위 방식의 AcquireLock 함수의 코드도 한 방법이 될 수가 있다. 스레드를 기다리게 하는 방식에도 두 가지의 경우를 들 수 있다. 지금까지는 AcquireLock을 통해서 스레드가 표식을 바라보며 그 표식이 바뀌었는지를 계속 반복해 체크하면서 스스로의 진행을 멈추는 능동적인 관점에서 설명했다. 하지만 반대로 수동적인 관점에서 볼 때 스레드를 대기토록 하는 방법 중 스레드를 잠재우는 방법도 가능하다. 표식을 바라보는 능동적인 관점에서는 표식의 변경을 바로 캐치해 대기 상태에서 나와 진행할 수 있지만, 수동적인 관점에서 잠든 스레드는 표식을 바라보는 것이 아니라 표식의 변경 시에 무언가에 의해 깨어나야만 대기 상태에서 풀려날 수 있다. 즉 잠들어 있던 스레드는 어떤 사건에 의해 대기 상태에서 깨어나야 비로소 움직이게 되는 것이다. 이런 관점에서 표식의 상태 변경은 수동적인 관점에서는 어떤 "사건"이 될 수 있으며, ReleaseLock이 그 사건을 통지하는 역할을 한다. 그 통지는 마치 잠든 사람을 깨우는 알람 시계처럼 잠든 스레드를 깨우는 역할을 할 것이다. 이렇게 스레드를 대기시키는 방법에는 능동적인 관점에서 본 유저 모드에서의 동기화와 수동적인 관점에서 본 커널 객체를 이용한 동기화가 있다. 먼저, 커널 객체를 이용한 동기화를 살펴보도록 하자.

| 커널의 동기화 객체를 통한 대기 |

앞선 예에서는 스레드가 표식, 즉 g_lCSSign을 바라보면서 계속 체크하는 상태였다. 하지만 커널 객체를 통한 대기는 이러한 능동적인 대기가 아니라 말 그대로 잠들어버리는 수동적인 대기다.

'잠든다'라는 표현을 위해 앞서 스레드 스케줄링의 내용을 다시 상기해보도록 하자. 스레드의 상태 "실행(Running)" → "대기(Waiting)"로의 전환의 원인은 Sleep 함수나 대기 함수의 호출, 또는 스레드 중지 등이 있다고 했다. 그리고 실행에서 대기 상태로의 전환은 퀀텀 종료에 의해서도 선점에 의해서도 아닌, "기발적 전환"에 의한 상태 변경임을 강조했었다. 즉 스레드는 "대기 함수"를 호출함으로써 자발적으로 대기 상태로 전환되어 잠들게 되는 것이다. 이때 이 대기 함수의 구현 방식은 결국 이 함수를 호출한 스레드의 상태를 "실행" 상태에서 "준비"가 아닌 "대기" 상태로 전환시키도록 하는 방식을 채택한 것이다. 즉 스레드의 스케줄링 상태 전환을 야기시키는 방식인 동시에 스레드의 문맥 전환을 요구한다. 또한 그에 우선해서 유저 모드에서 커널 모드로의 전환을 요구하는 방식이기도 하다. 다시 말해, 이러한 방식에 근거한 대기 함수는 커널 객체를 필요로 하고, 커널 객체를 그 수단으로 사용해 동기화를 시스템에 의뢰하기 때문에 커널 모드로의 전환과 스케줄링 상태의 변환(실행 → 대기) 및 그에 따른 스레드 문맥 전환을 요구하게 된다. 따라서 오버헤드를 유발시킨다. 대기 함수의 호출 결과 스레드의 상태는 대기(Waiting) 상태가 되고 해당 스레드는 잠들게 된다. 잠든 스레드를 깨우는 상태 변경 함수들의 호출 역시 커널 객체의 상태를 변경하기 때문에 커널 모드로의 전환과 더불어 "대기(Waiting)" → "실행(Running)" 상태로의 변경, 그리고 깨어나게 된 스레드를 위한 문맥 전환을 필요로 하게 된다. 대기 함수의 역할이 스레드를 잠재우는 것이라고 할 때 스레드는 대기 함수의 호출로 스스로, 자발적으로 잠이 든다. 하지만 타임아웃에 의해 깨어나는 경우 외에는 결코 스스로 깨지는 못한다. 따라서 잠든 스레드는 다른 스레드가 깨워줘야만 대기 상태에서 깨어날 수 있다. 즉 스레드는 동기화를 위해서 자발적으로 잠들지만 남이 깨워야만 잠에서 깨어난다는 것이다. 다른 스레드로 하여금 잠든 스레드를 깨어나게 하는 행위가 바로 표식에 해당하는 동기화 객체의 상태를 바꿔주는 것, 즉 이것이 상태 변경 함수의 역할이다.

| 루프를 통한 반복적 대기 |

앞에서 든 동기화 구현의 불완전한 예, 즉 AcquireLock의 구현으로 돌아가보자. 앞서도 언급했지만 이 구현은 불완전해서 절대로 권장할 방식은 못된다. 즉, 원자성의 확보나 명령어 재배치의 문제가 전혀 고려되고 있지 않다. volatile의 사용은 재배치의 방지일 뿐 원자성을 확보해주는 것은 아니다. 이 락의 제대로 된 구현은 3장에서 보여줄 것이다. 단순히 구현 방식에 대한 예를 보여주기 위해 예시한 AcquireLock 함수의 핵심은 다음의 while 문이다.

```
while (lSign == OFF);
```

보는 바와 같이 무한 루프를 돌면서 lSign의 상태가 변경될 때까지 스레드 스스로가 능동적으로 더이상 코드를 진행하지 못하고 있다. 이러한 방식을 "Busy Spin Waiting"이라고 하며, 흔히 "스핀락(Spin Lock)" 방식이라고 한다. 스핀은 계속 빠른 속도로 어떤 대상의 상태를 체크한다는 것을 의미한다. 스핀락 방식의 중요한 점은 커널 영역과는 관계가 없다는 점이다. 즉 커널 모드의 전환이 필요 없다는 것은 스레드의 상태가 커널 객체를 이용한 동기화의 경우처럼 스레드의 상태가 대기(Waiting) 상태로 넘어가는 것이 아니라 계속 실행(Running) 상태로 머물러 있음을 의미한다. 이는 마치 빨간불에 걸린 자동차가 초록불로 신호가 바뀌길 기다리면서 브레이크를 밟은 상태에서 계속 액셀레이터를 반복해서 밟는 상태에 비유할 수 있다. 아니면 가위 상태에 눌렸다고나 할까? 깨려고 미친 듯이 발악을 하지만 전혀 움직이지 못하고 있는 상태일 것이다. 당연히 차에 무리를 주고 몸과 정신적 상태에 무리를 주는 것처럼, 이 방식은 앞서 언급한 스핀 방식을 이용하므로 CPU를 계속 잠식하며, CPU 부하가 아주 많이 커지게 된다. 동기화 여부와 상관없이 위 소스에서 MAX_THR_CNT 값을 늘려가면서 실행해보라. CPU의 부하는 엄청나게 커질 것이다. 이는 자신에게 주어진 퀀텀 시간 동안 CPU를 풀로 사용한다는 것을 의미하며, 각 스레드마다 계속 스핀을 체크한다면 CPU가 유휴 상태의 틈을 얻지 못할 것이다. 만약 노트북이라면 배터리 사용량이 상당히 늘어날 것이다. 따라서 스핀락 방식은 단일 CPU 시스템에서의 구현은 권장할 방식이 못되며, 단지 멀티 CPU 시스템에서나 의미 있는 방식이다. 하지만 반대로 임계구역 내의 코드가 상당히 짧고 수행 시간도 오래 걸리지 않는 경우라면 커널로의 전환이 필요 없기 때문에 빠른 속도로 동기화 처리를 할수 있는 장점이 있다.* 따라서 컴파일러에서 제공되는 내장 함수인 상호잠금 API 역시 내부적으로 스핀락 방식을 채택하기도 한다. AcquireLock의 제대로 된 구현을 통한 스핀락의 구현 예는 3장에서 상호잠금 함수를 설명하면서 예시할 것이다.

| 두 방식의 혼합을 통한 대기 |

스핀락 방식에 대해 좀 더 고민해보자. 앞서 언급한 것처럼 스핀락 방식은 CPU를 많이 잠식하는 방식임에도 불구하고 다중 CPU 기반의 멀티스레딩에서는 나름 장점이 있다. 유저 모드에서의 동기화는 속도를 우선한 전략이다. 커널 객체를 통한 동기화는 유저 모드에서 커널 모드로의 전환, 스케줄

---

* 실제로 스핀락 방식은 커널 모드에서 디바이스 드라이버를 개발할 때 빈번하게 사용되는 방식이다. 커널 모드의 디바이스 드라이버 개발에서도 뮤텍스 등의 객체가 제공된다. 하지만 앞서 언급한 이러한 동기화 수단은 스레드의 스케줄링 상태를 변경하게 된다. 스레드가 대기 상태일 경우 실행 중인 코드가 담긴 메모리 페이지가 스왑(Swap)되어 페이지 파일로 들어가는 상황이 발생되기도 한다. 속도 문제 및 런타임 상의 문제 등 여러 가지 문제로 디바이스 드라이버가 페이징되어 버리면 곤란한 상황에 처해지므로, 페이징을 금하고 넌–페이징 상태를 요구하는 경우가 대부분이다. 이런 상황에서 동기화를 사용할 때에는 스레드를 "Running" 상태에 두면서 임계구역을 설정할 수 있는 스핀락 방식이 상당히 많이 사용되고 있다. DDK 상에서 제공되는 함수도 *KeAcquireSpinLock*과 *KeReleaseSpinLock* 쌍으로 존재한다.

링 상태 변경 및 스레드 문맥 전환을 요구한다. 커널 모드로의 전환만 하더라도 몇천 사이클이 요구되며, 스레드 문맥 전환 역시 오버헤드를 유발시킨다. 따라서 임계구역의 보호가 목적이라면 이러한 모드 전환의 부담을 최대한 줄이고자 하는 전략에서 스핀락 방식을 통한 보완책을 강구할 수가 있다. 동기화를 위한 대기 시에 일정 횟수만큼 스핀락 체크를 하면서 그 횟수 내에 락을 획득하지 못하면 커널 모드로 넘어가는 이 전략은 임계구역 보호에 한정해서 상당한 효과를 거둘 수 있다. 이러한 전략을 취하는 객체로는 3장에서 설명할 "크리티컬 섹션"이나 "SRW-락"이 있다.

4) 동기화의 목적

이제 지금까지의 내용을 정리하면서 다시 원론적인 문제, 동기화의 목적이란 관점에서 동기화를 살펴보자. 동기화의 목적은 크게 두 가지로 정리될 수 있다. "데이터 보호" 측면과 "통지에 의한 흐름 제어" 측면이다.

| 데이터 보호 |

데이터 보호는 동기화를 하는 목적으로 가장 대표적인 예로서, 임계구역 설정이나 공유 데이터에 대한 배타적, 독점적 소유권을 획득하는 것이 목표가 될 것이다. 즉 특정 공유 리소스를 하나의 스레드가 사용하는 경우 다른 스레드가 사용하는 것을 막는 것이며, 앞서 언급한 것처럼 공유 리소스를 추상화시키면 특정 코드 영역의 동시 실행을 막는 것이 그 목적이 된다. 그리고 데이터의 보호 관점에서는 자원을 독점적으로 획득했으면 반드시 사용 후 그 소유를 풀어줘야 한다. 즉 잠금을 걸었으면(Acquire) 잠금을 해제(Release)해줘야 하고, 임계구역에 들어갔으면(Enter) 반드시 나와야(Leave) 한다. 그렇지 않으면 그것을 기다리는 다른 모든 스레드는 그것을 획득할 기회를 상실하게 되어 영원히 잠든 상태로 움직이지 못하고 남아 있을 것이다.

이러한 목적으로 사용되는 수단, 즉 동기화 전용 커널 객체로는 2.2절에서 논의할 "뮤텍스"와 "세마포어"가 있고, 유저 모드 객체로는 3장에서 논의할 "크리티컬 섹션"과 "SRW-락"이 있다.

| 통지에 의한 흐름 제어 |

앞서 말한 임계구역의 문제, 즉 데이터 보호는 동기화의 목적의 일부분에 지나지 않는다고 보는 것이 타당하다. 실제로 이러한 배타적 점유보다는 어떤 사건에 대한 통지의 성격이 동기화에서는 더 일반적이다. 그리고 이러한 통지에 의한 코드의 흐름에 대한 제어를 그 목적으로 한다고 볼 수 있다. 데이터 보호의 목적도 이 범주에 포함된다. 독점적 소유권을 획득한 것도 하나의 사건이며, 소유권을 획득한 스레드는 다른 스레드에게 내가 그 소유권을 획득했음을 통지하는 것이다. 반대로 사용후 소유권을 풀어주는 것 역시 사건이며, 이것에 대한 통지가 필요하다. 흐름 제어라는 것은 어떤 조건이 만족될 때까지 여러 스레드를 기다리게 하는 것이다. 예를 들어서 작업 A, B, C가 있고 이 작업들이 순서대로 이루어져야 한다면 각 작업마다 스레드를 하나씩 할당하여 A 작업이 끝나면 B 작업을 담당한 스레드에게 통지하여 B의 작업을 개시하게 하고 B가 끝나면 C 작업 담당 스레드를 통지를 통해 깨우는 것이다. 물론 A는 B에게 통지한 후 계속 자신의 작업을 이어간다면 스레드 A, B, C가 순차적이면서 동시에, 즉 병렬적으로 자신의 작업을 수행할 수 있다.

다른 예로 본서의 주제와 부합하는 완료 통지(Completion Notification)가 있다. 어떤 작업이 완료되면 완료라는 하나의 사건으로서 그것을 통지하는 것이다. 대표적인 예로 4장에서 다룰 "입출력 완료 통지"가 있다. 요즘은 드물겠지만 플로피 디스크를 읽는다고 생각해보자. 느려터진 플로피 디스크에서 데이터를 읽기 위해 마냥 기다리기보단 읽기 작업이 끝나고 통지를 받을 수 있다면 좋을 것이다. 아니면 COM 포트에서 데이터를 읽을 경우 어느 시점에서 어떤 COM 포트에 물려 있는 장치가 데이터를 전송할지는 알 수 없다. 이 경우에도 실제로 데이터가 전송되었을 때 통지를 해준다면 효율적인 스레드 관리가 가능하지 않을까? 비동기 입출력의 경우 가장 대표적인 예로 소켓(5장 비동기 소켓에 대해서 자세히 논의한다)을 생각해보라. 서버에서 리슨(Listen) 중인 소켓이 있을 경우 언제 클라이언트가 접속을 요구할지는 알 수 없다. 또한 접속된 후에도 클라이언트가 언제 데이터를 전송할지를 알 수 없는 상태는 무수히 많다. 이 경우 마냥 접속이나 데이터 수신을 기다리며 하염없이 스레드를 놀리느니 스레드는 자신의 작업을 계속 하고 있다가 실제로 접속이 이루어졌을 때, 아니면 데이터가 수신되었을 때, 즉 입력이 완료되었을 때 통지에 의해 그 사실을 인지하고 그것에 대해 대처해주면 되는 것이다.

이러한 통지의 목적으로 사용되는 동기화 전용 커널 객체가 2.3절에서 논의할 "이벤트"와 "대기가능 타이머"다. 또한 입출력 완료 통지에서 논의할 "파일"과 "소켓" 역시 통지를 기반으로 한 동기화 객체로 사용할 수 있다. 또 다른 방식으로 윈도우나 스레드 "메시지"도 좋은 예가 된다. 이러한 통지 방식은 동기화 방식과 결합해 다양한 비동기 패턴을 제공할 수 있다. C#의 대리자를 통한 이벤트(커널 객체로서의 이벤트가 아니라) 방식은 어떤 사건 발생의 대표적인 통지 방법이며, GUI에서의 윈도우 메시지를 대신하는 방식이기도 하고 동시에 완료나 상태 통지에 사용되는 훌륭한 수단이 되기도 한다. 이러한 C#의 이벤트는 무엇인가? 이벤트는 대리자를 통해서 정의되는데, 이 대리자는 윈도우의 관점에서는 콜백 함수며, C++의 관점에서는 함수 포인터가 된다. 앞으로 전개될 내용은 비동기 입출력의 입출력 완료 통지를 거쳐서 IOCP와 스레드 풀을 활용하여 이러한 사건의 통지를

C#의 이벤트처럼 콜백 함수를 사용하는 방법까지 검토할 것이다. 이러한 검토에는 입출력의 취소 처리까지 포함된다.

지금까지 스레드 동기화의 이론적인 내용들을 다소 지루하게 살펴보았다. 이제부터 실제로 윈도우에서 제공되는 스레드 동기화의 여러 수단과 내용들을 상세하게 살펴보기로 하자. 지금까지 논의했던 내용 중에서 대기를 구현하는 방법의 관점에 착안해서 크게 두 부분으로 나누어 논의할 것이다. 2장에서는 커널 객체를 통한 동기화, 3장에서는 유저 모드에서의 동기화를 설명할 것이다. 유저 모드에서의 동기화를 먼저 설명하는 것이 논의하는 데 있어서 자연스러운 흐름이기도 하지만, 이 책의 주제는 비동기 입출력이고, 이는 커널 객체를 대상으로 하며 역시 동기화도 커널 객체를 통한 동기화가 더 부각되기 때문에, 커널 객체를 통한 동기화를 먼저 설명한 후 유저 모드에서의 동기화에 대해서 논하기로 한다.

02장

커널 객체와 동기화

2.1 쓰레드 동기화 API

    2.1.1 쓰레드 대기 함수

    2.1.2 대기 함수와 커널 객체

2.2 데이터 보호를 위한 동기화 객체

    2.2.1 뮤텍스(Mutex)

    2.2.2 세마포어(Semaphore)

2.3 흐름 제어를 위한 동기화 객체

    2.3.1 이벤트(Event)

    2.3.2 대기기능 타이머(Waitable Timer)

2.4 통지를 위한 추가사항 고찰

    2.4.1 쓰레드 메시지 큐와의 연동

    2.4.2 콜백 함수와의 결합

    2.4.3 .NET BackgroundWorker 클래스의 구현

1장에서 언급한 대로 스레드가 대기하는 방식에는 커널 모드에서 스케줄링 상태 중 "대기 (Waiting)" 상태로 스레드를 전환시켜 잠재워버리는, 스레드 입장에서는 철저하게 수동적인 방식이 있다. 그러한 대기 방식의 수단으로서 동기화 전용 커널 객체들이 존재한다. 이 장에서는 이 커널 객체를 통한 동기화와 그 대상으로서의 동기화 전용 커널 객체를 설명하고자 한다. 앞서도 언급했다시피 동기화는 스레드 사이의 동기화. 임계구역 보호가 되었든 흐름 제어가 되었든 간에 결국 움직이는 주체는 스레드며, 따라서 동기화는 특정 조건이 만족될 때까지 스레드를 대기하도록, 즉 더이상 해당 스레드의 코드가 실행되지 않도록 하는 것을 의미한다. 동시에 커널 모드에서의 이 대기는 기다리기 시작하는 시점으로부터 해당 스레드를 CPU 할당 스케줄링 큐에서 제외시킨다는 것, 즉 스레드의 스케줄 상태가 "Running"에서 "Waiting" 상태로 전환됨을 의미한다. 따라서 기다리는 스레드는 특정 사건이 발생하기 전까지는 전혀 CPU를 할당받을 수 없다. CPU를 할당받을 수 없다는 것은 CPU 리소스를 소비하지 않는다는 의미이기도 하다. 동시에 스레드가 기다린다는 의미는 "Waiting" 상태로 바뀌기 때문에 잠들어버린다는 의미이기도 하다. 잠든 스레드는 후에 어떤 사건에 의해서, 누군가에 의해서 깨어나야만 활성 상태가 될 것이다. 커널 모드에서의 동기화는 스레드를 철저히 수동적으로 만든다. 지금까지의 설명은 스레드를 잠재우고 특정 사건이 발생하면 깨워서 실행을 계속 이어가도록 만드는 구조에 관한 것이다. 여기서 중요한 포인트 두 가지는 다음과 같다.

① 스레드로 하여금 기다리게, 즉 잠들게 만드는 수단은?
② 스레드를 깨어나게 할 수 있는 그 특정 사건이라는 것은?

이제 이 두 가지 관점에 주안점을 두고 논의해보자. 먼저 ①의 관점에서 논의할 내용은 스레드를 기다리도록 만드는 함수들에 대해서다. 이 함수들의 논의가 끝나면 이어서 ②의 관점, 즉 스레드가 깨어날 수 있도록 하는 사건에 해당되는 여러 수단들, 동기화 전용 커널 객체에 대해서 상세하게 논의할 것이다.

2.1 스레드 동기화 API

스레드는 어떤 통로를 통해서 대기할 수 있는가? 다시 말해서 코드를 실행하지 않을 수 있을까? 그것은 앞에서도 계속 언급했듯이 대기 함수에 의해서 가능하다. 스레드는 스스로 잠들든지, 아니면 다른 스레드에 의해 잠들 수 있다. 주의할 것은 스레드는 스스로 잠들 수는 있지만 타임아웃을 지정하지 않는 한 스스로 깨지는 못한다. 타임아웃에 의해 스스로 잠들었다 깨어날 수 있도록 하는 대표적인 함수가 바로 Sleep 함수다. 타임아웃이 아니라면 잠든 스레드를 깨우는 것은 다른 스레드의 몫이다. 다른 스레드에 의해 특정 스레드를 잠들 수 있게 하는 방법에는 앞서 본 SuspendThread나 CreateProcess 또는 CreateThread 호출 시 CREATE_SUSPEND 플래그를 넘겨주는 방식이 있지만, 스레드 스스로 잠들 수 있는 방법은 소위 말하는 대기 함수를 해당 스레드 스스로가 호출하는 것이다.

2.1.1 스레드 대기 함수

스레드가 대기 함수를 호출하면 시스템은 해당 스레드를 정지시켜 더 이상 코드가 진행하되 못하도록 한다. 이러한 대기 함수에는 다양한 종류가 있는데, 그중 대표적인 기본 함수가 WaitForSingleObject와 WaitForMultipleObjects 함수다. 이 절에서는 먼저 이 두 기본적인 함수에 대해 상세히 검토한 후 나머지 대기 함수에 대해 간단히 설명할 것이다.

1) WaitForSingleObject

윈도우가 제공하는 다양한 대기 함수 중 대표적이고도 제일 간단한 함수가 WaitForSingleObject 함수다. 이 함수는 하나의 커널 객체에 대해 시그널 상태가 될 때까지 스레드의 실행을 정지시키고 잠들게 한다.

```
DWORD WINAPI WaitForSingleObject
(
  _In_  HANDLE  hHandle,
  _In_  DWORD   dwMilliseconds
);
```

HANDLE hHandle

첫 번째 매개변수인 hHandle은 스레드가 깨어날 것인지 말 것인지를 지시하는 수단에 대한 핸들이다. 앞서 예를 든 것처럼 신호등이라는 커널 객체에 대한 핸들값이라 보면 된다. 이 매개변수로 넘겨줄 수 있는 핸들의 종류는 동기화 가능한 커널 객체들로서 앞서 논의했던 프로세스, 스레드를 비롯하여 여러 가지의 커널 객체가 있다. 다음 표에 그 객체들을 나열했는데, 여기서 각 커널 객체의 시그널/넌시그널 상태에 대한 표현을 확실하게 알아두어야 대기 함수들을 자유자재로 사용할 수 있다. 이 절의 나머지 내용들은 다음에 기술된 커널 객체에 대한 내용이다.

객체	넌시그널 상태(Non-Signaled)	시그널 상태(Signaled)
Process	프로세스가 실행 중일 때	프로세스가 종료될 때
Thread	스레드가 실행 중일 때	스레드가 종료될 때
Job	잡(job)의 시간이 반료되지 않았을 때	잡(job)의 시간이 반료뇌겠을 때
File	I/O 작업 중일 때	I/O 작업이 완료되었을 때
Console Input	어떠한 입력도 없을 때	입력이 가능해질 때
File Change Notification	파일 변경이 없을 때	파일 시스템이 파일 변경을 감지했을 때
Mutex	특정 스레드에 의해 소유되었을 때	어떤 스레드에 의해서도 소유되지 않을 때
Semaphore	유효 자원계수가 0일 때	유효 자원계수가 0보다 클 때
Waitable Timer	만기 시간이 경과하지 않았을 때	만기 시간이 경과했을 때
Event	그 자체가 넌시그널 상태일 때	그 자체가 시그널 상태일 때

DWORD dwMilliseconds

밀리초 단위의 대기시간을 지정한다. 만약 이 시간만큼 hHandle로 넘겨준 커널 객체가 시그널 상태가 되지 않으면 시스템은 스레드를 깨우고 WAIT_TIMEOUT으로 리턴값을 돌려준다. hHandle이 시그널 상태가 될 때까지 무한히 대기하고자 한다면 INFINITE 매크로로 (0xFFFFFFFF로 정의되어 있다)를 넘겨주면 된다.

[반환값] DWORD

WaitForSingleObject의 반환값은 다음과 같다.

- **WAIT_OBJECT_0(0x00000000)**
  객체가 시그널 상태가 되어 리턴했으며, 따라서 성공적인 대기(Successful Wait)를 의미한다.

- **WAIT_TIMEOUT(0x00000102)**
  객체가 dwMilliseconds 시간 내에 시그널 상태가 되지 않고 타임아웃에 의해 리턴되었음을 의미한다.

- **WAIT_ABANDONED(0x00000080)**
  이 코드는 객체가 뮤텍스인 경우에만 발생할 수 있는 값으로, 뮤텍스 객체가 스레드에 의해 버려진 또는 포기됨으로써 시그널 상태가 되었다는 것을 의미한다. 2.2절에서 뮤텍스에 대해 상세하게 설명할 예정이다.

- **WAIT_FAILED(0xFFFFFFFF)**
  대기하는 동안 오류가 발생해서 리턴되었다. GetLastError()를 통해서 에러 코드를 얻을 수 있다. 에러가 발생하는 대표적인 경우는 hHandle이 CloseHandle로 이미 닫힌 핸들일 때며, ERROR_INVALID_HANDLE(6) 에러가 발생한다.

WaitForSingleObject 함수를 사용하는 좋은 예를 하나 보도록 하자. 1장에서는 프로그램 종료 시 자신이 생성한 모든 스레드가 종료되기를 기다린 후 그 종료를 확인하고 프로그램을 종료해야 함을 강조했었다. 그렇다면 어떻게 스레드의 종료 시점을 판단할 수 있을까? 다음 예를 보도록 하자.

프로젝트 2.1.1 WaitThread

```cpp
DWORD WINAPI ThreadProc(PVOID pParam)
{
   cout ≪ ">>>>> Thread " ≪ GetCurrentThreadId() ≪ " enter." ≪ endl;
   Sleep(5000);
   cout ≪ "<<<<< Thread " ≪ GetCurrentThreadId() ≪ " leave." ≪ endl;

   return 32;
}


void _tmain()
{
   cout ≪ "Main thread creating sub thread..." ≪ endl;

   DWORD dwThreadID = 0;
   HANDLE hThread = CreateThread(NULL, 0, ThreadProc, NULL, 0, &dwThreadID);
```

스레드 hThread를 생성한다.

```cpp
   WaitForSingleObject(hThread, INFINITE);
```

생성한 hThread가 종료되기를 기다린다.

```cpp
   DWORD dwExitCode;
   GetExitCodeThread(hThread, &dwExitCode);
   cout ≪ "Sub thread " ≪ dwThreadID ≪ " terminated. ";
   cout ≪ "Exit code=" ≪ dwExitCode ≪ endl;
   CloseHandle(hThread);
```

스레드가 종료되면 종료 코드를 출력해주고 hThread의 핸들을 닫는다.

```cpp
}
```

앞의 프로젝트는 1장의 〈프로젝트 1.1.3 CreateThread〉의 Sleep(10000) 부분을 대기 함수 호출로 수정한 코드다. 수정 내용은 1장의 "스레드 처리 가이드"에서 언급했던 것처럼 여러분이 생성한 스레드의 종료를 확인한 후 메인 함수를 종료하는 처리다. 메인 함수에서 스레드를 생성시킨 후 그 스레드의 핸들을 매개변수로 넘겨서 WaitForSingleObject 함수를 호출하는 것을 확인할 수 있다. 스레드의 종료를 확인하기 위해 앞의 코드를 이용하고 있는 것이다. 결국 스레드가 동기화 객체의 역할을 겸하고 있다는 의미가 되는데, 스레드는 프로그램 코드의 실행의 주체로서의 특별한 역할을 하는 동시에 동기화 커널 객체로도 사용이 가능하다. 스레드는 스레드 엔트리 함수가 실행 중이면 넌시그널 상태가 되고, 그 함수로부터 리턴되는 순간 종료와 함께 이 스레드는 시그널 상태로 바뀐다. 따라서 앞의 코드에서는 WaitForSingleObject의 매개변수로 스레드 핸들을 넘겨주어 그 스레드의 실행이 완전히 끝날 때까지 메인 스레드를 대기시키고 있다. 즉 스레드의 실행이 종료되면 WaitForSingleObject 함수로부터 리턴되어 프로그램이 종료되도록 처리함으로써 자신이 생성한 스레드의 종료를 보장해주는 예를 보여주고 있다.

따라서 1장의 〈프로젝트 1.1.3 MyThread〉 소스의 Stop 멤버 함수 처리 부분, 즉 두 번째 주의사항이었던 스레드 종료 대기 처리도 m_dwThreadId 대신 스레드 핸들값을 사용함으로써 더 확실하게 스레드 종료 확인 루틴을 작성할 수 있다.

다음은 MyClass 클래스의 Stop 멤버 함수의 수정 부분이다.

프로젝트 2.1.1 MyThread2

```
void Stop()
{
   m_bExit = true;

   WaitForSingleObject(m_hThread, INFINITE);
```
while (m_dwThreadId > 0) Sleep(100); 구문으로 표현된 기존의 폴링 방식 스레드 종료 대기 처리를 스레드에 대한 대기 함수 호출로 대체했다.
```
}
```

또한 스레드 엔트리 함수를 대신하는 InnerThreadProc 멤버 함수에서 m_dwThreadId를 0으로 설정하는 처리도 이제는 필요가 없다.

```
void MyClass::InnerThreadProc()
{
   while (!m_bExit)
   {
      ⋮
      Sleep(m_dwDelay);
   }
   m_dwThreadId = 0;
}
```

그러면 다음과 같이 스레드 핸들에 대해 WaitForSingleObject 함수를 호출할 때 타임아웃 값을 0으로 지정하면 어떤 효과가 있을까?

```
DWORD dwWaitCode = WaitForSingleObject(m_hThread, 0);
```

위와 같이 타임아웃 값을 0으로 지정해 호출하면 WaitForSingleObject로부터 바로 리턴되는데, 리턴값이 WAIT_OBJECT_0이면 시그널 상태임을 의미하므로 m_hThread에 해당하는 스레드는 종료되었음을 알 수 있다. 반대로 리턴값이 WAIT_TIMEOUT, 즉 타임아웃이 발생한 경우라면 해당 스레드는 넌시그널 상태임을 의미하므로 여전히 실행 중이라는 것을 알 수 있다. 따라서, 타임아웃 값을 0으로 지정해서 WaitForSingleObject를 호출한다는 것은 대기의 목적이 아니라 해당 커널 객체의 신호 상태를 단순히 체크한다는 것을 의미한다. 즉 위의 호출 결과의 리턴값은 다음과 같은 의미를 가진다.

- **dwWaitCode == WAIT_OBJECT_0** : 해당 커널 객체는 시그널 상태다.
- **dwWaitCode == WAIT_TIMEOUT** : 해당 커널 객체는 넌시그널 상태다.

WaitForSingleObject를 포함한, 이 책에서 다룰 모든 대기 함수는 대기 함수의 부가적 효과(Side Effect)를 갖는다. 부가적 효과라는 것은 해당 커널 객체가 시그널 상태가 되어 대기 함수로부터 리턴될 때, 리턴되기 직전에 대기 함수가 수행해주는 부가적인 기능을 의미한다. 이러한 부가적 효과는 이 장에서 다룰 동기화 전용 커널 객체인 뮤텍스, 세마포어, 자동 리셋 이벤트, 자동 리셋 타이머에 해당되는 것으로, 이 장에서 각 객체를 설명하면서 언급할 예정이다.

각각의 객체에 대한 내용은 다음과 같다.

- **뮤텍스** : 뮤텍스의 소유권을 대기 함수에서 탈출한 스레드에게 넘긴다.
- **세마포어** : 세마포어의 사용계수를 1만큼 감소시킨다.
- **자동 리셋 이벤트** : 대기 함수로부터 탈출과 동시에 이벤트를 넌시그널 상태로 만든다.
- **자동 리셋 타이머** ; 대기 함수로부터 탈출과 동시에 타이머를 넌시그널 상태로 만든다.

2) WaitForMultipleObjects

여러 개의 동기화 가능 커널 객체가 공존할 경우, 이러한 개별 객체들로부터 시그널을 받기 위해서는 어떻게 처리해야 할까? WaitForSingleObject를 호출한다면 이는 각각의 객체마다 하나씩 스레드를 할당하여 대기토록 해야 한다는 것을 의미한다. 하지만 이러한 상황은 스레드의 남용이자 동기화 코드의 작성을 더욱 어렵게 만드는 요소가 된다. 흔히 많은 개발자들이 위와 같은 방식으로 작업하고 있지만 다음 원칙은 항상 염두에 두고 있어야 한다. 스레드는 최소한으로 가져갈 것, 그리고 기존 실행 중인 스레드를 놀리지 말 것. 특히 이미 존재하는 스레드, 즉 메인 스레드도 스레드이므로 이를 활용할 수 있으면 최대한 활용해야 한다. 그러기 위해서는 여러 동기화 가능 객체들에 대해서 하나의 스레드로 시그널을 받을 수 있는 수단이 제공되어야 할 것이다. 하나의 특정 동기화 객체뿐만 아니라 여러 동기화 객체들을 배열에 담아 대기하면서 각각에 대한 시그널을 받을 수 있는 WaitForMultipleObjects 함수가 제공된다. 사실 어느 정도의 복잡도를 띠는 멀티스레딩 솔루션의 경우에는 WaitForSingleObject보다는 대부분 WaitForMultipleObjects 함수를 사용하게 될 것이다.

```
DWORD WINAPI WaitForMultipleObjects
(
    _In_ DWORD          nCount,
    _In_ const HANDLE* pHandles,
    _In_ BOOL           bWaitAll,
    _In_ DWORD          dwMilliseconds
);
```

DWORD nCount
const HANDLE* pHandles

pHandles는 동기화 개체들의 핸들을 담고 있는 배열의 시작 포인터고, nCount는 그 배열의 원소의 개수, 즉 동기화 커널 객체의 핸들 수를 지정한다. nCount의 최대 수는 WinNT.h에 정의되어 있는 MAXIMUM_WAIT_OBJECTS 매크로며, 그 값은 64다. 만약 64개 이상의 동기화 객체에 대해 스레드를 대기 상태로 두려면 해당 객체들의 핸들을 64개 단위의 배열에 따라 담아서 각 64개 단위의 배열에 대해 스레드를 할당해 WaitForMultipleObjects 함수를 따로 호출하면 된다. 또한 이 배열에 속할 동기화 객체의 타입이 모두 같을 필요는 없다. 동기화가 가능한 객체면 이벤트든, 스레드든, 뮤텍스든 어떤 것이라도 상관없이 사용 가능하다.

BOOL bWaitAll

pHandles에 포함된 동기화 객체들의 상태가 모두 시그널 상태일 경우에만 이 함수에서 리턴할 것인지, 아니면 그 객체 중 하나만 시그널 상태로 바뀌더라도 리턴할 것인지를 지시하는 플래그다. 만약 TRUE면 pHandles에 포함된 모든 객체들이 시그널 상태가 될 때까지 대기하며, FALSE면 하나라도 시그널 상태가 되면 바로 리턴된다.

DWORD dwMilliseconds

WaitForSingleObject와 마찬가지로 타임아웃 값을 지정할 수 있다.

[반환값] DWORD

WaitForMultipleObjects의 반환값은 다음과 같다.

- **WAIT_FAILED 및 WAIT_TIMEOUT**
  WaitForSingleObject에서의 의미와 동일하다.

- **성공적인 대기**
  - **bAllWait이 TRUE** : WAIT_OBJECT_0이 되고 모든 객체가 시그널 상태임을 의미한다.
  - **bAllWait이 FALSE** : WAIT_OBJECT_0 ~ (WAIT_OBJECT_0 + nCount − 1) 사이의 값을 가진다. (반환값 − WAIT_OBJECT_0)의 값은 pHandles 배열 원소 중에서 시그널 상태가 된 객체를 가리키는 인덱스가 된다. WAIT_OBJECT_0이 0이므로 실제로는 반환값 자체가 인덱스가 된다.

- **포기된 뮤텍스**
  pHandles 배열에 담긴 객체 중 뮤텍스가 적어도 하나 이상 존재하는 경우에 리턴 가능한 값이다.
  WAIT_ABANDONED_0 ~ (WAIT_ABANDONED_0 + nCount − 1) 사이의 값을 가진다.
  (반환값 − WAIT_ABANDONED_0)의 값은 pHandles 배열 원소 중에서 포기된 뮤텍스의 인덱스가 된다.
  - **bAllWait이 TRUE** : 모든 객체가 시그널 상태고, 그중 하나는 포기된 뮤텍스다.
  - **bAllWait이 FALSE** : pHandles 배열 원소 중에서 포기된 뮤텍스를 가리킨다.

WaitForMultipleObjects의 반환값에 대한 처리는 다음과 같은 패턴으로 처리하면 된다. 예를 들어 이벤트와 뮤텍스, 그리고 세마포어 세 개의 동기화 객체에 대해 동시 대기 중에 시그널 상태가 된 객체를 처리한다고 하자. 그러면 각각의 커널 객체의 핸들을 배열에 담아서 WaitForMultipleObjects를 호출하고 다음과 같이 처리한다.

```
HANDLE arhSyncObjs[3];
arhSyncObjs [0] = hEvent;
arhSyncObjs [1] = hMutex;
arhSyncObjs [3] = hSemaphore;

DWORD dwWaitCode = WaitForMultipleObjects(3, arhSyncObjs, FALSE, 5000);
switch(dwWaitCode)
{
   case WAIT_FAILED :
```
대기 함수 호출에 실패했다. GetLastError를 통해 원인을 알 수 있다.
```
   break;
   case WAIT_TIMEOUT :
```
대기 시간이 지정된 시간(여기서는 5초)이 경과하여 대기 함수로부터 리턴되었다.
```
   break;
   case WAIT_OBJECT_0 + 0 :
```
hEvent가 가리키는 이벤트 커널 객체가 시그널 상태가 되었다.
```
   break;
   case WAIT_OBJECT_0 + 1 :
```
hMutex가 가리키는 뮤텍스 커널 객체가 시그널 상태가 되었다.
```
   break;
   case WAIT_OBJECT_0 + 2 :
```
hSemaphore가 가리키는 세마포어 커널 객체가 시그널 상태가 되었다.
```
   break;
}
```

위 패턴의 예는 앞으로 자주 보게 될 것이다. 따라서 이번에는 bWaitAll 매개변수를 TRUE로 지정하는 경우의 예를 살펴보기로 하자. 다음 프로젝트는 프로그램에서 여러 개의 스레드를 생성시켜 작업한 후, 프로그램 종료 시 모든 스레드가 종료되기를 기다린 다음 프로그램을 종료하는 예제다. 스레드 엔트리 함수는 단순히 매개변수로 넘겨준 정숫값만큼 Sleep을 통해서 대기한 후 종료하기 때문에 메인 함수만 싣기로 한다.

```
소스 2.1.1 WaitMultiThreads

#define MAX_THR_CNT    5
void _tmain()
{
   cout ≪ "Main thread creating sub threads..." ≪ endl;

   HANDLE arhThreads[MAX_THR_CNT];
   for (int i = 0; i < MAX_THR_CNT; i++)
   {
      DWORD dwThreadID = 0;
      arhThreads[i] = CreateThread(NULL, 0,
            ThreadProc, (PVOID)(i + 3), 0, &dwThreadID);
   }

   WaitForMultipleObjects(MAX_THR_CNT, arhThreads, TRUE, INFINITE);

   cout ≪ "All sub threads terminated......" ≪ endl;
   for (int i = 0; i < MAX_THR_CNT; i++)
      CloseHandle(arhThreads[i]);
}
```

WaitForMultipleObjects의 세 번째 매개변수인 bWaitAll 매개변수를 TRUE로 넘겨준 것을 볼 수 있는데, 만약 이 값을 FALSE로 넘겨주면 어떻게 될까? 돌고 있는 5개의 스레드 중 하나만 종료 되더라도 이 코드는 WaitForMultipleObjects로부터 탈출해서 메인 스레드를 종료하게 된다. 즉 나머지 4개의 스레드는 살아 움직이는 채로 자신들의 무너져 내리는 집 속에 깔려버리는 격이 되는 것이다. 역시 1장에서의 "스레드 처리 가이드"에서 강조했던 세 번째 주의사항에 해당되는 상황이다. 이런 상황들을 유의하면서 bWaitAll 매개변수의 처리에 신중을 기하기 바란다.

3) SignalObjectAndWait

이 함수는 윈도우 2000에서부터 제공되는 함수로서, 하나의 커널 객체를 시그널 상태로 만든 후 다른 커널 객체가 시그널 상태가 될 때를 기다린다.

```
DWORD WINAPI SignalObjectAndWait
(
    _In_  HANDLE  hObjectToSignal,
    _In_  HANDLE  hObjectToWaitOn,
    _In_  DWORD   dwMilliseconds,
    _In_  BOOL    bAlertable
);
```

HANDLE hObjectToSignal

시그널 상태로 만들 커널 객체의 핸들이다. 이 커널 객체는 반드시 뮤텍스나 세마포어 또는 이벤 트 중 하나여야 한다.

HANDLE hObjectToWaitOn

동기화가 가능한 객체의 핸들을 전달한다. 이 객체에 대해 시그널 상태가 될 때까지 대기 상태로 들어간다.

DWORD dwMilliseconds

대기 타임아웃을 지정한다.

BOOL bAlertable

경보가능 대기 상태를 설정할 것인지의 여부를 지정한다. 경보가능 대기 상태는 4장에서 논의할 비동기 입출력 부분에서 자세히 다루기로 한다.

[반환값] DWORD

반환값은 WAIT_IO_COMPLETION이 하나 더 리턴될 수 있다는 것을 제외하고는 WaitForSingleObject의 리턴값과 동일하다. WAIT_IO_COMPLETION 역시 경보가능 대기 상태와 관련이 있으므로 비동기 입출력 부분에서 언급하도록 하겠다.

사실 SignalObjectAndWait는 hObjectToSignal 커널 객체를 시그널 상태로 만든 후 hObjectToWait 커널 객체에 대해 WaitForSingleObject를 호출하는 것과 동일하다. 예를 들어

이벤트와 뮤텍스가 있다고 하면 이 두 객체에 대한 SignalObjectAndWait 호출은 다음과 같은 의미가 된다.*

SignalObjectAndWait (hEvent, hMutex, INFINITE, FALSE);

SetEvent(hEvent); WaitForSingleObject(hMutex, INFINITE);

여기서 주목할 것은 오른쪽 방식이 유저 모드와 커널 모드를 두 번씩 왔다 갔다 하면서 중복된 모드 전환을 유발시키지만, SignalObjectAndWait의 경우엔 단 한 번의 전환으로 원하는 기능을 처리함으로써 성능의 향상을 가져온다는 점이다. 다음으로 오른쪽의 경우엔 두 번의 함수 호출 사이에 원자성을 깨뜨릴 수 있는, 즉 어떤 복잡한 상황에서는 SetEvent 호출 후 WaitForXXX를 호출하기 직전의 아스라한 틈 사이를 비집고 동기화를 깨뜨릴 수 있는 여지가 존재할 수도 있지만, SignalObjectAndWait의 경우의 오른쪽의 과정을 한 번에 처리하기 때문에 문제의 소지가 없어진다. 그리고 무엇보다도 코드를 간결하게 유지할 수 있는 장점이 있다. 이 함수의 사용은 공유 버퍼에 데이터를 쓰고 그 사실을 다른 스레드에게 통지한 후 그 스레드가 공유 버퍼의 데이터를 모두 읽었다는 통지를 받을 때까지 대기해야 하는 상황에 상당히 유용하다. 스레드 사이에서 데이터를 전달해야 하는 상황에서 SignalObjectAndWait 함수의 등장은 그 처리를 더욱 간결하게 해준다. SignalObjectAndWait의 사용 예는 앞으로 자주 접하게 될 것이기 때문에 여기에서는 별도로 다루지 않겠다.

4) 나머지 대기 함수들

이 외에도 유용한 다른 대기 함수들이 존재한다. 그 대기 함수들 중 대부분은 다른 장에서 상세히 논의할 예정이므로, 여기에서는 그러한 대기 함수들에 대해 간략하게 소개하는 것으로 마무리한다.

- WaitForInputIdle은 윈도우 메시지 루프를 가진(대부분 GUI를 가진) 응용 프로그램이 초기화될 때까지 대기하는 함수다. 7장 IPC에서 간단히 다룰 예정이다.
- 윈도우 메시지와 함께 대기 처리를 수행할 수 있는 대기 함수인 MsgWaitForMultipleObjects 함수는 2.4.1절에서 상세하게 다룰 예정이다.
- 본서의 주된 주제인 비동기 입출력 관련 대기 함수들이 있다. 비동기 입출력 메커니즘은 스레드로 하여금 장치 관련 입출력 작업을 스레드 블로킹 없이 수행할 수 있도록 해준다. 이에 관해서는 4장에서 상세히 다룰 예정이다.
- 마지막으로 WaitForDebugEvent라는 대기 함수가 있으며, 디버깅 관련 애플리케이션을 만드는 데 유용하게 사용

---

* SetEvent 함수는 이벤트 커널 객체를 시그널 상태로 설정하는 함수다.

된다. 디버거 프로그램은 단순히 대기 상태에 있다가 디버깅 되는 프로그램의 상태가 변경될 때 DEBUG_EVENT 구조체를 통해 상태 변경에 대한 정보를 담아서 디버거 프로그램의 스레드를 깨운다. 이때 디버거 프로그램이 대기 상태로 들어가기 위해 호출하는 함수가 바로 WaitForDebugEvent다. 하지만 본서의 주제와는 크게 벗어나므로 이 함수와 관련되어 디버깅 프로그램을 만들고자 하거나 디버깅 관련해 더 깊은 지식을 원하는 독자라면 존 로빈스가 쓴 『Debugging Applications for MS .NET and MS Windows』(정보문화사, 서우석 역)를 참고하기 바란다.

2.1.2 대기 함수와 커널 객체

이제부터 스레드가 깨어나게끔 하는 표식에 해당하는 "동기화 전용 커널 객체"에 대해 알아보자. WaitForSingleObject의 첫 번째 매개변수로 넘겨주는 핸들은 이 대기 함수로부터 리턴할 수 있는 수단을 제공하는 커널 객체의 핸들이다. 이 커널 객체를 흔히 동기화 객체라고 하며, 프로세스(Process), 스레드(Thread), 잡(Job), 파일(File), 그리고 여러 기타 동기화가 가능한 객체들이 있다. 하지만 이 객체들은 동기화 자체가 목적이 아니라 저마다의 고유 기능을 가지고 있으며, 동기화의 경우는 단지 부가적인 기능일 뿐이다. 그러나 지금부터 다룰 객체들은 오직 동기화를 위해서만 존재하는, 동기화 전용 커널 객체에 해당된다. 2.2절부터 2.3절까지 이 동기화 전용 커널 객체, 즉 뮤텍스, 세마포어, 이벤트, 대기가능 타이머 이렇게 4개의 커널 객체를 다룰 것이다. 각각의 객체마다 동기화 시에 요구되는 다양한 상황에 해당하는 고유한 특징을 갖고 있기 때문에, 요구되는 상황에 맞게 사용할 수 있도록 각각의 특징과 속성을 제대로 알고 있어야 한다. 먼저 이 4개의 동기화 전용 객체를 다루기 위한 공통적인 함수들을 설명하고자 한다.

우선 이 4개의 객체들을 생성하는 함수들은 1장에서 설명한 커널 객체 생성 함수의 공통된 전형을 그대로 따른 CreateXXX의 형태를 띠고 있으며, XXX에 해당하는 이름은 Mutex(뮤텍스), Semaphore(세마포어), Event(이벤트), WaitableTimer(대기가능 타이머)다. 또한 공통적으로 첫 매개변수와 마지막 매개변수는 모두 동일하며, 각각 보안 속성 지정과 동기화 객체의 이름을 지정할 수 있다. 그 사이의 매개변수들은 동기화 객체별로 달라진다.

```
HANDLE WINAPI CreateXXX
(
    _In_opt_    LPSECURITY_ATTRIBUTES    pSecAttrs,
    ...
    _In_opt_    LPCTSTR                  pszName
);
```

LPSECURITY_ATTRIBUTES pSecAttrs

대부분의 커널 객체 생성 시 존재하는 보안 속성을 지정하는 매개변수다. 7장에서 다룰 IPC 이전까지는 NULL로 넘기면 된다. NULL은 이 함수를 호출한 프로세스의 보안 속성을 디폴트로 사용하겠다는 의미다. 7장 IPC에서 보안 속성을 사용하는 예를 보여줄 것이다.

LPCTSTR pszName

커널 객체의 이름을 지정한다. IPC에서 이 이름을 통해서 프로세스 간 해당 동기화 객체를 공유할 수 있다. 역시 7장에서 자세히 설명한다.

[반환값] HANDLE

생성된 동기화 커널 객체의 핸들이다. 생성에 실패하면 NULL이 반환되고 GetLastError를 통해 원인을 파악할 수 있다. pszName을 넘겨서 호출했을 때 그 이름에 해당하는 객체가 이미 생성되어 있다면 핸들값은 성공적으로 반환되고, GetLastError를 호출하면 에러 코드 ERROR_ALREADY_EXISTS를 얻게 된다. 따라서 이 방식을 통해 동기화 커널 객체를 공유할 때 지정된 이름의 객체가 이미 존재하는지, 아니면 처음 생성되었는지를 판단할 수 있다. 또한 이것은 OpenXXX를 통해 객체를 여는 것과 동일한 효과가 있다. 즉 pszName을 설정해 넘겨주었을 때 해당 이름의 객체가 없으면 새로 생성해주고 존재하면 객체를 열게 된다.

7장에서 설명될 IPC를 위해, 미리 생성된 동기화 전용 커널 객체를 다음 함수를 통해 열 수도 있는데, 이 함수는 4개의 객체에 대해 함수명만 다를 뿐 매개변수는 동일하다.

```
HANDLE WINAPI OpenXXX
(
    _In_ DWORD    dwDesiredAccess,
    _In_ BOOL     bInheritHandle,
    _In_ PCTSTR   pszObjectName
);
```

dwDesiredAccess 매개변수는 열고자 하는 객체의 접근 권한을 지정한다. IPC에서 이 권한 지정을 잘못해서 SetEvent 등의 동기화 객체에 대한 상태 변경에 실패하는 경우가 종종 있다. bInheritHandle을 TRUE로 설정하면 이 함수를 호출한 프로세스가 자식 프로세스를 생성할 경우 그 프로세스에게 이 객체를 상속할 수 있다. 7장 IPC에서 이 두 매개변수를 지정하고 직접 활용하는 방법을 구체적으로 설명할 것이다.

CreateXXX 호출로 생성되는 동기화 객체는 접근 권한이 기본적으로 ALL_ACCESS이다. 따라서 OpenXXX를 통해서 이 객체를 열었을 때 접근 권한 문제로 애를 먹는 경우가 종종 발생된다. 이에 윈도우 비스타에서는 CreateXXXEx 형태의 함수를 제공함으로써 객체 생성 시에 바로 접근 권한 까지 지정할 수 있도록 하고 있다.

```
HANDLE WINAPI CreateXXXEx
(
    _In_opt_    LPSECURITY_ATTRIBUTES    pSecAttrs,
    ...
    _In_opt_    LPCTSTR                  pszName,
    _In_        DWORD                    dwFlags,
    _In_        DWORD                    dwDesiredAccess
);
```

위 함수는 세마포어의 경우를 제외하면 동일한 4개의 매개변수로 구성되며, 세마포어는 위 4개의 매개변수에 공유자원의 최대, 최소치를 지정하는 2개의 매개변수가 더 추가된다. dwFlags 매개변수는 각 객체마다 의미가 다르다. 각 객체에 대한 설명은 다시 다루도록 하겠다.

이렇게 생성했거나 연 동기화 전용 객체는 여느 커널 객체와 마찬가지로 닫을 때는 CloseHandle을 사용하면 된다. 동기화 전용 객체 역시 커널 객체이므로 프로세스 간 공유가 가능하며 사용계수를 관리한다. CloseHandle의 호출 결과 사용계수가 0이 되면 실제로 객체는 커널의 메모리 상에서 해제될 것이다.

각각의 동기화 전용 커널 객체를 설명하기 전에 먼저 이 객체들을 생성하고 여는 함수들에 대해 설명했다. 이제부터 데이터 보호가 목적인 뮤텍스와 세마포어를 설명하고, 다음으로 통지를 목적으로 하는 이벤트와 대기가능 타이머에 대해서 설명하기로 한다.

2.2 데이터 보호를 위한 동기화 객체

우리는 1.2.2절에서 동기화의 목적 중 하나로서 공유 리소스를 사이에 두고 서로 경쟁하는 스레드 간의 경쟁을 조절하는, 데이터 보호의 관점에서의 동기화에 대해 언급했었다. 이번 절에서는 데이터 보호라는 목적을 가진 동기화 전용 커널 객체인 뮤텍스와 세마포어에 대해 자세히 살펴볼 것이다. 물론 이러한 구분이 엄격한 것은 아니지만 그 주요 목적이 데이터 보호에 있다는 것을 염두에 두고 논의를 전개하기로 한다.

2.2.1 뮤텍스(Mutex)

뮤텍스는 대표적인 데이터 보호를 위한 객체며, 전형적으로 공유 리소스에 대한 배타적이고 독점적인 점유권을 요구하는 객체다. 그 이름 역시 공유자원에 대한 "Mutually exclusive access(상호 배타적 접근)"를 조정한다는 의미로 Mut-ex에서 유래되었다. 이러한 배타적 점유권 획득이라는 관점은 뮤텍스에게 소유권의 문제를 부여한다. 일상생활에서 예를 들어 설명해보자. 술집에서 술을 마시게 되면 으레 화장실을 간간이 가게 마련이다. 그 술집은 선술집 분위기이며 따라서 화장실이 바깥에 있다고 가정하자. 화장실이 외부에 있는 경우, 일반적으로 화장실은 잠겨 있고 열쇠는 카운터에 있을 것이다. 자, 이제 A 테이블에서 술을 마시던 손님이 화장실을 가기 위해 카운터에 걸린 화장실 키를 들고 나간다. 잠시 후 B 테이블의 손님이 화장실을 가기 위해 키를 찾다가 보이지 않으면 '아~ 누가 미리 들고 나갔구나. 화장실에 누가 있겠네…'라는 판단하에 다시 키가 돌아올 때까지 테이블에서 계속 기다릴 것이다. 이때 먼저 그 키를 가지고 나간 A 테이블의 손님이 키의 소유권을 갖게 된다. 즉 뮤텍스 객체(열쇠)를 소유하게 되는 것이며, 화장실은 공유 리소스에 해당될 것이다. 이제 다른 손님들은 A 테이블의 손님이 키를 다시 원래 있던 자리에 갖다 놓을 때까지, 즉 키에 대한 소유권을 포기할 때까지 기다린다. 그러다 A 테이블 손님이 돌아와 카운터에 키를 반납하면 기다리던 다른 손님이 다시 그 열쇠를 가지고 화장실로 간다. 그러면 그 손님이 화장실 열쇠를 소유하게 되는 것이다. 열쇠가 돌아왔을 시점에 술 마시느라 정신 없어서 화장실 갈 생각을 하는 손님이 아무도 없다면 그냥 그 열쇠는 아무에게도 소유되지 않고 남아 있다. 그러면 언제라도, 어느 누구라도 화장실에 갈 수 있는 상황이 되는 것이다. 여기서 화장실은 공유 리소스가 되고 뮤텍스는 화장실 키가 되는 것이다. 또한 스레드는 화장실을 가고자 하는 손님들일 것이다. 이제 이 예를 통해서 어느 시점에 대기를 해야 하며, 또 어느 시점에서 그 대기가 풀리는지 대충 감이 오지 않는가?

여기서 〈시그널 상태〉란 화장실 열쇠가 어느 누구에게도 소유되지 않고 계산대 위에 놓여 있거나 벽에 걸려 있는 상태다. 어느 누구라도 열쇠를 소유할 수 있다. 즉 어떠한 스레드도 뮤텍스를 소유하지 않은 상태면 해당 뮤텍스는 시그널 상태인 것이다. 그리고 〈넌시그널 상태〉란 어떤 손님(누구라도 좋다)이 화장실 키를 갖고, 즉 키를 소유하고 볼일을 보러 화장실로 간 상태다. 이런 경우 다른 손님은 화장실에 가지 못하고 기다려야 한다. 즉 어떤 스레드가 뮤텍스를 소유하게 되면 그 뮤텍스는 넌 시그널 상태가 된다.

- **시그널 상태** : 어떠한 스레드도 뮤텍스를 소유하지 않았을 때
- **넌시그널 상태** : 스레드가 뮤텍스를 소유했을 때

독점적 소유권이라는 단어가 의미하는 그대로 뮤텍스를 소유할 수 있는 스레드는 오직 하나다. 하나의 화장실 키를 두 손님이 동시에 함께 소유할 수 없듯이, 두 개 이상의 스레드가 동시에 하나의 뮤텍스를 소유할 수 없다. 즉, 이 말은 하나의 뮤텍스에 대해 여러 개의 스레드가 대기하고 있을 때 움직일 수 있는 스레드는 하나일 수밖에 없다는 의미가 된다. 또한 뮤텍스의 소유권이 해제가 되었을 때 그 뮤텍스를 바라보며 대기하던 스레드들 중 어떤 스레드가 소유권을 갖게 될지는 알 수 없다. 말 그대로 임의의 스레드가 소유권을 갖게 된다. 화장실을 가려고 키를 가지러 간 손님 A는 키가 없을 경우 보통 자신의 테이블로 돌아가서 동료들이랑 수다를 이어가며 키가 돌아오길 기다릴 것이다. 하지만 화장실에서 돌아온 손님은 키를 조용히 원래 자리에 걸어둘 뿐 대기 중인 손님 A에게 직접 키를 갖다 주지는 않는다. 손님 A가 먼저 키를 기다렸지만 테이블에서 술을 몇 잔 더 걸치는 사이 다른 손님이 키를 갖고 화장실로 향할 수가 있는 것이다. 이 말은 대기 상태로 제일 먼저 들어선 스레드가 해제된 뮤텍스의 소유권을 먼저 가질 것이라는 보장은 없다는 것을 의미한다.

1) 뮤텍스의 생성

뮤텍스의 커널 객체는 다음의 함수를 사용해서 생성할 수 있다.

```
HANDLE WINAPI CreateMutex
(
    _In_opt_    LPSECURITY_ATTRIBUTES    lpMutexAttributes,
    _In_        BOOL                     bInitialOwner,
    _In_opt_    LPCTSTR                  lpName
);

HANDLE WINAPI CreateMutexEx
(
    _In_opt_    LPSECURITY_ATTRIBUTES    lpMutexAttributes,
    _In_opt_    LPCTSTR                  lpName,
    _In_        DWORD                    dwFlags,
    _In_        DWORD                    dwDesiredAccess
);
```

BOOL bInitialOwner

뮤텍스는 소유권의 문제와 관련이 있다고 강조해 왔다. 사실 이것은 다른 동기화 객체와의 차별성을 띠는 것인데, 이러한 소유권 문제 때문에 유독 뮤텍스에 대해서만 WaitForXXX 함수의 리턴값에 WAIT_ABANDONED가 존재하는 이유다. 소유권이란 스레드가 해당 뮤텍스를 소유하고 있는가에 대한 것이다. 즉 뮤텍스의 소유 주체는 스레드며, 어떤 스레드가 뮤텍스를 소유하게 되면 그 뮤텍스는 넌시그널 상태가 되고, 어떤 스레드도 그 뮤텍스를 소유하지 않는다면 시그널 상태가 된다. 뮤텍스 생성 시 CreateMutex 함수를 호출한 스레드로 하여금 생성되는 뮤텍스를 소유할 수 있도록 하려면, 즉 뮤텍스를 넌시그널 상태로 생성하고자 한다면 이 매개변수를 TRUE로 넘기면 된다. 그러면 CreateMutex를 호출한 스레드가 ReleaseMutex를 호출하기 전까지 해당 뮤텍스는 이 스레드가 소유하게 되고, 다른 스레드는 뮤텍스의 소유가 풀릴 때까지 대기해야 한다. FALSE면 소유 상태 없이 그냥 뮤텍스를 시그널 상태로 생성하게 된다.

DWORD dwFlags

CreateMutexEx를 호출할 경우, bInitialOwner의 역할을 하는 매개변수는 dwFlags로 0을 넘겨주면 bInitialOwner를 FALSE로 넘겨준 것과 동일하다. bInitialOwner가 TRUE인 경우에 해당하는 dwFlags 값은 CREATE_MUTEX_INITIAL_OWNER가 된다.

2) 뮤텍스에 대한 소유권 획득과 해제

CreateMutex를 통해서 생성된 뮤텍스를 이용해 임계구역을 설정해보자. 여기에는 뮤텍스에 대한 소유권의 획득과 해제가 필요하다. 이제 뮤텍스를 이용해 1장에서 시도했던 AcquireLock과 ReleaseLock을 제대로 구현할 수 있다. 먼저 AcquireLock에 대한 징의다.

```
void AcquireLock(HANDLE hMutex)
{
   if (WaitForSingleObject(hMutex, INFINITE) != WAIT_OBJECT_0)
   {
      // 에러 처리
   }
}
```

대기 함수인 WaitForSingleObject에 매개변수로 뮤텍스의 핸들을 넘겨주어 뮤텍스에 대한 소유권 획득을 구현한 것이다. 임계구역 관련 동기화 함수들은 대부분 획득과 해제의 쌍으로 구성된다. 3장에서 논의할 크리티컬 섹션이나 SRW-락의 경우 Enter/Leave나 Acquire/Release 쌍으로 이루어져 있다. 하지만 뮤텍스의 경우는 Acquire나 Enter에 해당하는 역할을 WaitForSingleObject가 한다. 즉 WaitForXXX의 매개변수로 넘어오는 객체가 뮤텍스면 뮤텍스에 대한 소유권을 WaitForXXX를 호출한 스레드에게 할당해주는 역할을 한다. 이런 결과를 대기 함수의 부가적 효과(Side Effect)라고 하는데, 뮤텍스에 대해서 WaitForXXX류의 대기 함수는 해당 뮤텍스가 시그널 상태가 되었을 때 대기 상태로부터 스레드를 깨워 리턴시키는 동시에, 부가적으로 뮤텍스에 대한 소유권을 그 스레드에게 지정해주는 것(다시 넌시그널 상태로 만드는 것)이다.

다음으로, ReleaseLock을 구현하기 위해서는 소유한 뮤텍스에 대한 소유권을 풀어주는 수단이 필요하다. 시그널 상태로 만들어 다른 스레드가 소유할 수 있도록 하기 위한 함수가 다음의 ReleaseMutex 함수다.

```
BOOL WINAPI ReleaseMutex(_In_ HANDLE hMutex);
```

뮤텍스를 소유한 스레드는 해당 공유자원에 대한 사용이 모두 끝난 후 반드시 ReleaseMutex를 호출해 뮤텍스에 대한 소유권을 풀어줘야만 한다. 그렇지 않으면 다른 스레드는 공유자원을 사용할 수 없게 된다. 리턴값이 FALSE인 경우는 뮤텍스의 해제에 실패했음을 의미한다. 대표적인 에러로는 ERROR_NOT_OWNER(288)가 있으며, 이 에러는 해당 뮤텍스를 소유하지 않은 스레드가 ReleaseMutex를 호출했을 때 발생된다. 이제 ReleaseLock을 다음과 같이 구현할 수 있다.

```
void ReleaseLock(HANDLE hMutex)
{
    ReleaseMutex(hMutex);
}
```

다음 프로젝트는 뮤텍스를 이용한 동기화를 구현한 것이다. 직관적인 사용을 위해 앞서 구현했던 Acquire/ReleaseLock 없이 바로 WaitForSingleObject와 ReleaseMutex를 이용했다. 또한, 시간 출력에서 cout 출력을 여러 번 사용해서 동기화 실패 시 출력이 서로 겹치도록 했다. 그리고 임계구역을 강조하기 위해 이 두 함수의 호출 사이를 블록으로 처리했으며, 에러 처리 부분은 삭제했다.

```
DWORD WINAPI ThreadProc(LPVOID pParam)
{
   HANDLE hMutex = (HANDLE)pParam;


   WaitForSingleObject(hMutex, INFINITE);
```

소유권을 획득할 때까지 대기한다.

```
   {
      SYSTEMTIME st;
      GetLocalTime(&st);

      cout << "..." << "SubThread " << GetCurrentThreadId() << " => ";
      cout << st.wYear << '/' << st.wMonth << '/' << st.wDay << ' ';
      cout << st.wHour << ':' << st.wMinute << ':' << st.wSecond << '+';
      cout << st.wMilliseconds << endl;
   }
   ReleaseMutex(hMutex);
```

획득한 소유권을 해제한다.

```
   return 0;
}


#define MAX_THR_CNT      10
void _tmain(void)
{
   cout << "======= Start Mutex Test ========" << endl;
   HANDLE hMutex = CreateMutex(NULL, FALSE, NULL);
```

뮤텍스를 생성한다. 두 번째 매개변수로 FALSE를 넘겨주어 메인 스레드가 뮤텍스를 소유하지 않음을 명시한다. 생성한 뮤텍스의 핸들은
스레드 엔트리 함수의 매개변수로 넘겨준다.

```
   HANDLE arhThreads[MAX_THR_CNT];
   for (int i = 0; i < MAX_THR_CNT; i++)
   {
      DWORD dwTheaID = 0;
```

```
        arhThreads[i] = CreateThread(NULL, 0, ThreadProc, hMutex, 0, &dwTheaID);
    }


    WaitForMultipleObjects(MAX_THR_CNT, arhThreads, TRUE, INFINITE);
```

생성한 모든 스레드가 종료될 때까지 대기한다.

```
    for (int i = 0; i < MAX_THR_CNT; i++)
        CloseHandle(arhThreads[i]);
    CloseHandle(hMutex);
    cout << "======= End Mutex Test =========" << endl;
}
```

위 예제에서 먼저 WaitForSingleObject와 ReleaseMutex 호출 부분을 주석 처리한 후 실행해보면 결과는 다음과 같다.

```
======= Start Mutex Test ========
...SubThread ...SubThread 9556 => 2014/7/6 10:31:...SubThread 9480 => 2014/7/6 1
0:31:25+...SubThread 8816 => 2014/7/6 10:31:25+171
...SubThread 11024 => 2014/7/6 10:31:25+171
171
25+170
...SubThread 9284 => 2014/7/6 10:31:25+170...SubThread 1436 => 2014/7/6 10:31:25
+171
        ⋮
======= End Mutex Test =========
```

콘솔의 출력이 정상적이지 않음을 알 수 있다. 주석 처리를 없애고 실행한 결과는 다음과 같다.

```
======= Start Mutex Test ========
...SubThread 6712 => 2014/7/6 10:33:1+209
...SubThread 3412 => 2014/7/6 10:33:1+209
...SubThread 7484 => 2014/7/6 10:33:1+209
...SubThread 5436 => 2014/7/6 10:33:1+209
        ⋮
======= End Mutex Test =========
```

앞의 소스에서 주목할 부분이 두 군데 있다. 먼저, 다음과 같이 메인 함수에서 ReleaseMutex를 호출하는 코드를 추가하고 그 결과를 확인해보자.

```
void _tmain(void)
{
   HANDLE hMutex = CreateMutex(NULL, FALSE, NULL);
      ⋮
   if (ReleaseMutex(hMutex) == FALSE)
      printf("~ ReleaseMutex error, code=%d\n", GetLastError());
   자신이 소유하지 않은 뮤텍스에 대해 ReleaseMutex를 호출하는 코드를 추가한다.

   WaitForMultipleObjects(MAX_THR_CNT, arhThreads, TRUE, INFINITE);
      ⋮
}
```

위 코드의 실행 결과를 통해 ReleaseMutex 호출에서 에러가 발생하고, 에러 코드는 288이란 것을 확인할 수 있다. 에러 코드 288은 ERROR_NOT_OWNER고, 이는 해당 뮤텍스를 소유하지 않은 스레드가 소유권을 해제하려고 했음을 의미한다. 다시 말해 WaitForXXX 등의 대기 함수를 통해서, 또는 CreateMutex 호출 시 bInitialOwner 매개변수를 TRUE로 넘겨서 뮤텍스의 소유권을 획득한 스레드만이 ReleaseMutex를 호출할 수 있음을 의미한다. 뮤텍스의 유저 모드 버전이라고 할 수 있는 크리티컬 섹션(3장에서 설명)의 경우는 크리티컬 섹션을 소유하지 않은 스레드가 그것을 풀어줄 수 있다. 하지만 뮤텍스는 그것을 막는다. 즉 스레드 엔트리 함수 내에서 WaitForXXX와 그것을 풀어 주는 ReleaseMutex가 함께 있어야 한다는 것을 의미한다.

다음으로, 위 소스의 원래 상태로 돌아가 보면 CreateMutex를 통해 뮤텍스를 생성할 때 두 번째 매개변수인 bInitialOwner를 FALSE로 지정해서 넘긴 것을 확인할 수 있다. 이 부분을 TRUE로 넘기면 어떻게 작동되는지 직접 확인해보라.

```
HANDLE hMutex = CreateMutex(NULL, TRUE, NULL);
```

CreateMutex의 bInitialOwner 매개변수는 앞서 설명한 대로 이 함수를 호출한 스레드가 생성되는 뮤텍스를 소유할 것인지의 여부를 지정한다. 만약 위 소스에서 이 매개변수를 TRUE로 넘겨주면 CreateMutex를 호출한 프로그램의 메인 스레드가 새롭게 생성된 이 뮤텍스를 생성과 동시에 소유하게 된다. 따라서 스레드 엔트리 함수 내에서 WaitForXXX를 호출하고 대기 중인 10개의 스레드들은 결코 이 뮤텍스의 소유권을 획득하지 못하고 무한히 대기하게 될 것이다. 뮤텍스를 소유했으면 해제를 해줘야 하지만, 앞 소스의 메인 스레드 코드에서는 ReleaseMutex를 호출하는 부분이 없다. 메인 스레드는 자신과 무관하게 다른 10개의 자식 스레드들 사이의 상생을 조성하기 위해 뮤텍스를 생성하고 넘겨줬을 뿐 자신이 뮤텍스를 해제할 생각을 하지 않는다. 이는 명백한 버그지만 실제로 개발자들이 적지 않게 저지르는 실수이기도 하다. 반대로 생각하면 바로 앞의 예에서, 메인 스레드에서의 ReleaseMutex 함수에 대한 성공적인 호출을 원한다면 bInitialOwner 매개변수를 TRUE로 설정하면 된다. 이는 메인 스레드도 다른 스레드와 동시에 공유자원을 위한 동기화에 동참한다는 것을 의미하며, 뮤텍스의 최초 소유자는 메인 스레드가 되는 것이다. 또한 현재 콘솔이 공유 리소스 역할을 하기 때문에 메인 스레드의 콘솔 출력 부분도 함께 동기화하겠다는 의미도 된다. 따라서 메인 스레드에서 콘솔 출력 후 ReleaseMutex를 호출하면, 나머지 10개의 스레드와 더불어 메인 스레드까지 동기화에 참여하게 되는 것이므로 훌륭한 동기화를 이루게 된다.

3) 버려진(Abandoned) 뮤텍스

이번에는 앞 소스의 스레드 엔트리 함수 구현부 내의 ReleaseMutex 호출 부분을 주석 처리해보자. 다음 코드는 ReleaseMutex 호출을 주석 처리 했으며, 에러 체크 처리까지 추가한 소스다.

```cpp
DWORD dwWaitCode = WaitForSingleObject(hMutex, INFINITE);
if (dwWaitCode == WAIT_FAILED)
{
   cout << "WaitForSingleObject failed : " << GetLastError() << endl;
   return 0;
}


if (dwWaitCode == WAIT_ABANDONED)
     cout << "Abandoned Mutex acquired!!!" << GetLastError() << endl

    ⋮
cout << st.wHour << ':' << st.wMinute << ':' << st.wSecond << '+';
cout << st.wMilliseconds << endl;


// ReleaseMutex(hMutex);
```

주석 처리 후 실행한 결과는 다음과 같다.

```
======= Start Mutex Test ========
...SubThread 10840 => 2014/7/6 11:41:28+671
Abandoned Mutex acquired!!!87
...SubThread 8036 => 2014/7/6 11:41:28+671
Abandoned Mutex acquired!!!87
...SubThread 5248 => 2014/7/6 11:41:28+671
      :
Abandoned Mutex acquired!!!87
...SubThread 4720 => 2014/7/6 11:41:28+672
======= End Mutex Test ==========
```

10개의 스레드 처리가 모두 제대로 수행된 것을 확인할 수 있다. 대신에 "Abandoned Mutex acquired!!!"라는 메시지가 출력되었다. WaitForXXX 리턴값을 설명하면서 WAIT_ ABANDONED라는 리턴값도 함께 언급했는데, 이 에러는 WaitForXXX의 대상이 뮤텍스인 경우만 발생되며 "버려진", 또는 "포기된" 뮤텍스라는 것을 의미한다. 이런 현상은 바로 ReleaseMutex 호출을 주석으로 막았기 때문이다. 임계구역을 설정하는 처리는 반드시 동기화 객체를 획득하고 사용 후 해제하는 처리가 쌍으로 이뤄져야만 한다. 그렇지 않으면 소유권을 놓은 것이 아니기 때문에 다른 스레드가 그것을 획득할 기회를 상실한다. 하지만 개발자가 뮤텍스의 소유권을 획득한 후 실수로 ReleaseMutex를 호출하지 않고 해당 스레드를 종료하도록 처리한 경우, 또는 ReleaseMutex 호출 이전에 return 처리를 하거나 ExitThread를 호출하는 경우, 아니면 스레드가 뮤텍스를 소유한 후 작업 처리 중이며 ReleaseMutex를 호출하기 전인 상황에서 다른 스레드에서 TerminateThread를 호출해 그 스레드를 강제로 종료시켜 버릴 경우에 운영체제는 스레드가 종료될 때 뮤텍스에 대한 소유가 있는지를 검사하게 되고 뮤텍스의 소유권을 가진 채 종료되는 스레드에 대해 그 뮤텍스를 ABANDONED로, 즉 소유권이 스레드의 종료로 인해 포기되었음을 알리기 위해 리턴값을 WAIT_ABANDONED로 취해 대기 함수에서 리턴하도록 한다. 이 결과, 비록 소유권을 가진 채 스레드가 종료되더라도 그 버려진 뮤텍스를 다른 스레드가 이어서 사용할 수 있게 해준다. 따라서 뮤텍스에 대해 대기 함수를 호출한 스레드는 그 리턴값을 통해서 원래 그 뮤텍스를 소유하고 있던 스레드가 ReleaseMutex를 통해 정상적으로 뮤텍스를 해제시켜 주었는지(WAIT_ OBJECT_0), 아니면 그냥 종료되어 뮤텍스가 포기되었는지(WAIT_ABANDONED(_0))를 알 수 있게 해준다.

버려진 뮤텍스의 정확한 의미는 어떤 에러가 발생했고, 뮤텍스에 의해 보호받던 공유자원은 이제 소유되지 않은 상태(시그널 상태)에 있다는 것을 말한다. 이 시점에서 뮤텍스는 어떤 스레드라도 소유가 가능하다. 따라서, 대기 함수로부터 WAIT_ABANDONED 값과 함께 깨어난 스레드가 이제 해당 뮤텍스의 소유주가 되며, 그 스레드가 공유자원에 대한 작업을 마치고 ReleaseMutex를 호출하면 뮤텍스의 상태는 이제 버려진 뮤텍스가 아니라 소유권이 해제된 정상적인 뮤텍스로 돌아오게 된다. 버려진 뮤텍스에 대해 좀 더 심도 있게 알아보기 위해, 뮤텍스를 임계구역 설정을 통한 데이터 보호의 목적이 아니라 흐름 제어, 즉 스레드 종료 통지의 목적으로 사용하는 예를 살펴보고가 한다. 앞서도 언급했던 것처럼 데이터 보호와 흐름 제어의 구분은 절대적인 것이 아니다. 따라서 통지를 위해 뮤텍스를 사용할 수 있다는 것을 보여주고자 한다. 먼저 메인 함수의 정의를 살펴보자.

프로젝트 2.2.1 MutexNoti

```
#define MAX_THR_CNT  4
void _tmain(void)
{
   cout ≪ " ======= Start MutexNoti Test ========" ≪ endl;
   HANDLE arWaits[2];

   arWaits[0] = CreateMutex(NULL, TRUE, NULL);
```

스레드 종료 통지용 뮤텍스를 생성하기 위해 메인 스레드가 우선 스레드를 소유하도록 bInitialOwner 매개변수를 TRUE로 지정한다.

```
   arWaits[1] = CreateMutex(NULL, FALSE, NULL);
```

임계구역 설정을 위한 또 다른 뮤텍스를 생성한다.

```
   HANDLE arhThreads[MAX_THR_CNT];
   for (int i = 0; i < MAX_THR_CNT; i++)
   {
      DWORD dwTheaID = 0;
      arhThreads[i] = CreateThread(NULL, 0, ThreadProc, arWaits, 0, &dwTheaID);
   }

   getchar();
   ReleaseMutex(arWaits[0]);
```

키를 입력받으면 실행 중인 스레드들을 종료하기 위해서 소유한 뮤텍스를 해제한다.

```
    WaitForMultipleObjects(MAX_THR_CNT, arhThreads, TRUE, INFINITE);
    for (int i = 0; i < MAX_THR_CNT; i++)
        CloseHandle(arhThreads[i]);
    for (int i = 0; i < 2; i++)
        CloseHandle(arWaits[i]);
    cout << "======= End MutexNoti Test ==========" << endl;
}
```

메인 스레드에서는 2개의 뮤텍스를 생성한다. 첫 번째(인덱스 0)는 종료 통지를 목적으로 하는 뮤텍스고, 두 번째(인덱스 1)는 시간 출력을 위한 임계구역 설정용 뮤텍스다. 종료 통지를 위한 전략은 메인 스레드가 이 뮤텍스를 소유하도록 생성한다. 그리고 이 뮤텍스에 대해 메인 스레드가 소유권을 놓지 않는 한 이 뮤텍스는 시그널 상태가 되지 않는다. getchar 함수를 통해서 키를 입력 받았을 때 ReleaseMutex를 호출해 메인 스레드가 통지 뮤텍스에 대해 소유권을 풀어주면 대기 중인 스레드 중 하나는 이 뮤텍스에 대해 깨어나게 될 것이다.

이제 스레드 엔트리 함수에 대한 정의를 살펴보자.

```
DWORD WINAPI ThreadProc(LPVOID pParam)
{
    PHANDLE parWaits = (PHANDLE)pParam;

    while (true)
    {
        DWORD dwWaitCode = WaitForMultipleObjects(2, parWaits, FALSE, INFINITE);
```

뮤텍스 2개에 대해 동시 대기한다. 첫 번째 뮤텍스는 종료 통지가 목적이고, 두 번째 뮤텍스는 아래 시간 출력 코드의 동기화를 위해 사용된다.

```
        if (dwWaitCode == WAIT_FAILED)
        {
            cout << " ~~~ WaitForSingleObject failed : " << GetLastError() << endl;
            break;
        }

        if (dwWaitCode == WAIT_OBJECT_0)
        {
            ReleaseMutex(parWaits[0]);
```

```
        break;
```

```
    }

    SYSTEMTIME st;
    GetLocalTime(&st);
    cout << "..." << "SubThread " << GetCurrentThreadId() << " => ";
    cout << st.wYear << '/' << st.wMonth << '/' << st.wDay << ' ';
    cout << st.wHour << ':' << st.wMinute << ':' << st.wSecond << '+';
    cout << st.wMilliseconds << endl;
    ReleaseMutex(parWaits[1]);

    Sleep(1000);
  }

  printf(" ===> SubThread %d exits....\n", GetCurrentThreadId());
  return 0;
}
```

첫 번째 뮤텍스가 시그널 상태가 되면 WaitForMultipleObjects는 WAIT_OBJECT_0을 리턴한다. 이는 종료 통지를 의미하므로 스레드는 루프를 탈출한다. 주의할 점은 탈출하기 전에 ReleaseMutex를 호출해 탈출하게 될 스레드 역시 소유권을 놓아줘야 한다는 점이다. 이렇게 소유권을 놓아주면 마치 도미노처럼 스레드 사이에서 뮤텍스에 대한 소유권 해제와 획득이 차례대로 반복 전파되어 최종 스레드에게까지 전달될 것이다. 뮤텍스에 대한 대기는 단지 하나의 스레드만을 활성화시키기 때문에 메인 스레드부터 ReleaseMutex를 통한 시그널링 체인이 최종 스레드에게까지 전달될 수 있도록 각 스레드는 ReleaseMutex를 호출해주어야 한다.

그렇다면 만약 ReleaseMutex 호출 없이 그냥 루프를 탈출하면 어떻게 될까? 종료 통지용 뮤텍스에 대한 ReleaseMutex 호출 부분을 주석 처리한 후 위 프로그램을 실행시켜 보면 모든 스레드가 종료됨을 알 수 있다. 이 역시 WAIT_ABANDONED 효과 때문에 가능하다.

```
======= Start MutexNoti Test ========

 ===> SubThread 3836 exits....
 **** SubThread 5956 : Abandoned Mutex
 ...SubThread 5956 => 2014/7/24 20:42:54+283
 ~~~ Thread 5956 : ReleaseMutex failed, Error Code=288

 ===> SubThread 5956 exits....
 **** SubThread 5184 : Abandoned Mutex
 ...SubThread 5184 => 2014/7/24 20:42:55+307
 ~~~ Thread 5184 : ReleaseMutex failed, Error Code=288

 ===> SubThread 5184 exits....
 **** SubThread 7068 : Abandoned Mutex
 ...SubThread 7068 => 2014/7/24 20:42:56+317
 ~~~ Thread 7068 : ReleaseMutex failed, Error Code=288

 ===> SubThread 7068 exits....
======= End MutexNoti Test =========
```

위의 결과를 따라가 보자. 메인 스레드가 ReleaseMutex를 호출하는 순간 4개의 스레드 중 하나가 깨어난다. 위 결과에서는 스레드 3836이 깨어났고 ReleaseMutex 호출 없이 무한 루프를 빠져나가게 되어 종료되었다. 이제 종료 통지용 뮤텍스는 버려진 뮤텍스가 되었고, 스레드 5956이 WAIT_ABANDONED 코드와 함께 활성화되었다. 활성화되었다는 말은 버려진 종료 통지용 뮤텍스(parWaits[0])를 스레드 5956이 현재 소유한 상태임을 의미한다. 그리고 시간을 출력하고 임계 구역 설정용 뮤텍스(parWaits[1])를 ReleaseMutex를 통해 해제한다. 하지만 이 뮤텍스는 자신이 소유한 뮤텍스가 아니기 때문에 ERROR_NOT_OWNER 에러가 발생된다. 그리고 루프를 돌아 WaitForXXX를 다시 호출한다. 이 시점에서 인덱스 0 위치의 종료 통지용 뮤텍스는 스레드 5956 자신이 이미 소유한 뮤텍스라서 WaitForXXX를 호출하는 것은 중복 대기가 되기 때문에, 이번에는 WAIT_OBJECT_0 리턴값과 더불어 WaitForXXX에서 바로 리턴된다. 따라서 스레드 5956 역시 ReleaseMutex 호출 없이 루프를 빠져나가서 종료되고, 이번엔 스레드 5184가 버려진 뮤텍스를 소유하게 되는 이러한 동일한 과정이 반복됨에 따라 최종적으로 스레드 7068까지 와서야 종료되었다. 정리하자면, 버려진 뮤텍스를 획득한 스레드는 이제 그 뮤텍스는 자신의 소유가 되었기 때문에, 사용 후에는 반드시 ReleaseMutex를 호출해 뮤텍스에 대한 소유권을 풀어줘야 한다는 점이다.

4) 중복 대기

다음과 같은 단일 연결 리스트를 정의하는 코드를 생각해보자. 이 리스트는 스레드 간 경쟁을 해소하기 위해 뮤텍스 하나를 멤버 변수로 두고 Append 함수에서 리스트에 항목을 추가할 때 뮤텍스를 통해서 동기화를 수행한다. 그리고 항목의 배열을 받아서 추가하는 함수 AppendRange 정의에서도 역시 뮤텍스로 임계구역을 설정하도록 처리하고 있다.

```cpp
class SList
{
    HANDLE m_hMutex;
    struct _Item
    {
        PVOID   _data;
        _Item*  _next;
    };
    _Item* m_head, m_tail;
    int m_count;
    ...

public:
    void Append(PVOID data)
    {
        _Item* item = new _Item();
        item->_data = data;
        item->_next = NULL;


        WaitForSingleObject(m_hMutex, INFINITE);
        if(m_tail == NULL)
            m_head = m_tail = item;
        else
        {
            m_tail->_next = item;
            m_tail = item;
        }
        m_conunt++;
        ReleaseMutex(m_hMutex);
```

```
    }
    void AppendRange(int arrCnt, PVOID* arrData)
    {

        WaitForSingleObject(m_hMutex, INFINITE);
        for(int i=0; i<arrCnt; i++)
        {

            this->Append(arrData[i];

        }
        ReleaseMutex(m_hMutex);

    }
    ...
};
```

이 예에서 검토할 사항은 AppendRange를 호출했을 경우다. AppendRange 함수 역시 뮤텍스를 통해 임계구역을 설정하고 그 내부에서 Append 멤버 함수를 호출한다. 그러면 임의의 스레드가 AppendRange를 호출하면 다음과 같은 상황이 발생될 것이다.

```
WaitForSingleObject(m_hMutex, INFINITE);     // 뮤텍스에 대한 첫 번째 대기
{

    ...
    WaitForSingleObject(m_hMutex, INFINITE); // 동일 뮤텍스에 대한 중복 대기
    {

        ...
    }
    ReleaseMutex(m_hMutex);
    ...
}
ReleaseMutex(m_hMutex);
```

위의 코드대로 스레드의 실행을 따라가다 보면 뮤텍스는 이미 특정 스레드에 의해서 소유된 스레드기 때문에 두 번째 WaitForSingleObject 호출에서 블록되지 않을까?하는 의문이 든다. 이런 중복된 대기에 대비하여 WaitForXXX 대기 함수에서는 뮤텍스가 특정 스레드에 의해 소유되었고, 그 스레드가 WaitForXXX를 호출한 스레드와 동일하면 블록시키지 않고 다음 코드를 진행하도록 해준다. 대신 동일 뮤텍스에 대한 중복 대기를 관리하기 위해 뮤텍스 커널 객체 내부에 중복

카운트 변수를 두어 중복 대기 상황이 발생될 때마다 중복 카운트를 1씩 증가시킨다. 그리고 ReleaseMutex가 호출될 때마다 중복 카운트를 1씩 감소시킨다. 따라서 소스의 구조대로 몇 번을 중첩해서 WaitForXXX를 호출하더라도 호출한 횟수만큼 ReleaseMutex를 호출하면 문제 없이 작동된다. 만약 동일 뮤텍스에 대해 WaitForXXX를 호출한 횟수만큼 ReleaseMutex가 호출되지 않으면 재사용 카운터는 초기 상태로 돌아오지 못하기 때문에 뮤텍스의 소유는 풀리지 않는다. 이 뮤텍스는 결국 스레드가 종료된 후 버려진 뮤텍스가 되어야만 소유가 해제될 것이다. 따라서 정상적인 뮤텍스의 소유권 관리를 위해서는 동일 뮤텍스에 대해 대기 함수를 호출한 횟수와 ReleaseMutex를 호출한 횟수가 같아야 한다.

2.2.2 세마포어(Semaphore)

세마포어는 그 뜻을 찾아보면 바다에서 배들 사이에서 서로 신호를 주고받을 수 있도록 하는 깃발이나 표시기 등의 의미를 갖고 있다. 동기화가 요구되는 상황은 세마포어를 이용해야 할 경우가 적지 않다. 그럼에도 불구하고 실무에서 세마포어를 사용하는 개발자들은 자주 보지 못했다. 세마포어를 이용하면 쉽게 구현할 수 있는 것도 이벤트 등을 사용해 어렵게 구현하는 경우를 많이 보게 된다. 세마포어는 뮤텍스의 일반화된 경우다. 뮤텍스의 경우는 대기하는 스레드들 중 단지 하나의 스레드만 활성화될 수 있지만, 세마포어의 경우는 동시에 여러 스레드가 활성화될 수 있다. 뮤텍스에 대해서는 하나의 스레드만 활성화되지만 세마포어는 N개의 스레드가 활성화될 수 있다. 반대로 말하면 세마포어의 경우 N을 1로 지정하면 뮤텍스와 동일하게 작동할 수 있다는 것을 의미한다.

세마포어는 제한된(단 하나가 아니라) 자원을 여러 스레드가 동시에 사용하려고 할 때 그 스레드들 사이에서 해당 자원에 대한 동기화를 맞춰줄 수 있는 좋은 수단이 된다. 다음의 예를 보자. 도서관에서 X라는 책을 빌리고자 할 경우 먼저 그 책을 검색할 것이다. 그리고 해당 책의 대출 현황을 통해 현재 남아 있는 책이 몇 권인지 파악할 것이다. 책 X가 그 도서관에 세 권이 있다고 하자. A라는 사람이 와서 도서 대출 현황판을 통해 그 책이 세 권 남아 있음을 확인하고 해당 책꽂이로 가서 책을 대출할 것이다. 그러면 도서 대출 현황 표시기는 그 책에 대해 두 권 남아 있음을 표시할 것이다. B라는 사람이 와서 역시 현황판을 통해 남아 있는 책 권수가 2라는 것을 확인한 후 대출할 것이고 그 책의 잔고는 1이 된다. C라는 사람도 현황판에서 1을 확인하고 책꽂이로 가서 책 X를 뽑아서 대출받게 되면 현황 표시기의 잔고는 0이 된다. 그 후 D라는 사람이 그 책을 찾는 시점의 현황판은 잔고가 0임을 알려줄 것이다. 그러면 D는 책이 없다는 것을 알고 책꽂이 쪽으로 가지도 않을 것이며, 기다리던지 혹은 집으로 발길을 돌려 며칠 뒤 다시 현황판을 확인하러 올 것이다. 책 X를 스레드가 사용하고자 하는 자원이라고 보고 현황판을 세마포어라고 보면, 사서는 그 책을 처음 세 권 구입하거나 기증받아서 현황판에 현재 보유 권수가 세 권(대출 가능 최대 권수)이며 잔고 역시 3임을 표시할 것이다. 그러면 사람들은 이것을 보고 책이 남아 있음을 알고 책을 뽑으러 책꽂이로 갈 것이다. 이 상황이 바로 〈시그널 상태〉가 된다. 그러나 책이 모두 대여된 후 잔고가 0이 되면 더 이상 책을 빌릴 수 없다. 따라서 잔고는 0이 되고 이것을 확인한 사람들은 책꽂이 쪽으로 아예 갈 생각도 하지 않을 것이다. 이 상황이 바로 〈넌시그널 상태〉가 된다.*

세마포어는 내부적으로 자원계수를 갖고 있어서 우선 최대 사용 가능 자원계수를 생성 시에 매개변수로 넘겨받아 설정한다. 그리고 어떤 스레드가 그 자원을 사용할 때마다 자원계수를 1씩 감소시킨다. 그러다 자원계수가 0이 되면 세마포어는 넌시그널 상태가 되어 자원을 사용하고자 하는 스레드를 대기 상태로 만들게 한다. 그 후에 미리 자원을 사용하던 스레드가 사용을 마친 후 그것을 반납하게 되면 세마포어의 자원계수는 다시 1이 되는 동시에 세마포어는 시그널 상태가 되고 대기하던 스레드는 풀려서 해당 자원을 사용할 수 있게 된다. 대기하던 스레드가 반환된 자원을 이어서 사용하기 때문에 자원계수는 다시 0이 되고 세마포어는 넌시그널 상태로 바뀔 것이다. 즉 세마포어는 자원계수가 0이면 넌시그널 상태, 0보다 크면 시그널 상태가 된다.

- **시그널 상태** : 자원계수가 0보다 클 때, 즉 사용할 수 있는 자원이 남아 있을 때
- **넌시그널 상태** : 자원계수가 0일 때, 즉 더 이상 사용할 자원이 없을 때

1) 세마포어의 생성

세마포어의 생성은 다음과 같다. 역시 보안 속성과 이름 지정을 위한 매개변수가 시작과 끝 매개변수에 존재한다. 세마포어 생성 시 다른 점은 두 번째와 세 번째 매개변수인 lInitialCount, 그리고 lMaximumCount이다.

```
HANDLE WINAPI CreateSemaphore
(
  _In_opt_      LPSECURITY_ATTRIBUTES lpSemaphoreAttributes,
  _In_          LONG                  lInitialCount,
  _In_          LONG                  lMaximumCount,
  _In_opt_      LPCTSTR               lpName
);
```

---

* 뮤텍스의 경우처럼 화장실에 비유하자면, 변기 세 개만 있는 화장실을 생각하면 더 직관적으로 이해할 수 있을 것이다. 화장실을 갔는데 세 개의 변기에서 이미 사람들이 볼일을 보고 있으면 세 개 중 하나라도 볼일이 끝날 때까지 기다려야만 한다.

```
HANDLE WINAPI CreateSemaphoreEx
(
  _In_opt_    LPSECURITY_ATTRIBUTES lpSemaphoreAttributes,
  _In_        LONG                  lInitialCount,
  _In_        LONG                  lMaximumCount,
  _In_opt_    LPCTSTR               lpName,
  _Reserved_  DWORD                 dwFlags,
  _In_        DWORD                 dwDesiredAccess
);
```

LONG lInitialCount

LONG lMaximumCount

lMaximumCount는 사용 가능한 최대 자원 수를 지정한다. 그리고 lInitialCount는 세마포어가 내부적으로 가지고 있는 자원계수의 초기값을 지정한다. 만약 lInitialCount가 0이면 남아 있는 자원 수가 없다는 의미고, 이는 세마포어의 초기 상태를 넌시그널 상태로 설정하는 것이 된다. 0보다 크면 사용 가능한 자원이 남아있다는 의미고, 곧 시그널 상태로 세마포어를 생성시키게 된다. 이 값은 0~lMaximumCount까지의 값이어야 한다.

CreateSemaphoreEx의 경우 다른 동기화 커널 객체와는 다르게 dwFlags는 사용되지 않는다. 이렇게 생성된 세마포어는 내부적으로 자원계수 등의 기본적인 커널 객체의 멤버와 더불어 최대 자원계수와 현재 자원계수를 위한 두 개의 32비트 정수를 멤버 필드로 가진다. 시스템은 다음 규칙에 따라 세마포어를 관리한다.

- 현재 자원계수가 0보다 크면 세마포어는 시그널 상태가 된다
- 현재 자원계수가 0이면 세마포어는 넌시그널 상태가 된다.
- 시스템은 현재 자원계수를 결코 음수로 만들지 않도록 한다.
- 현재 자원계수는 최대 자원계수를 넘을 수 없다.

2) 세마포어의 자원계수 증가와 감소

세마포어가 만약 넌시그널 상태라면 시그널 상태로 바꿀 수 있는 함수가 필요할 것이다. 이 말은 곧 세마포어가 넌시그널 상태는 자원계수가 0임을 의미하기에 자원계수를 증가시킨다는 의미와 같다. 다음의 함수가 그 기능을 한다. 사실 이 함수는 내부적으로 보관하고 있는 자원계수를 지정된 수만큼 증가시키는 역할을 한다.

```
BOOL WINAPI ReleaseSemaphore
(
  _In_          HANDLE   hSemaphore,
  _In_          LONG     lReleaseCount,
  _Out_opt_     LPLONG   lpPreviousCount
);
```

HANDLE hSemaphore

CreateSemaphore, CreateSemaphoreEx, OpenSemaphore를 통해 생성된 세마포어의
핸들값이다.

LONG lReleaseCount

증가시키고자 하는 자원계수의 수를 지정한다. 이 값 역시 세마포어 생성 시 지정해준 자원의 최
대 개수를 넘기면 안 된다.

LPLONG lpPreviousCount

이 함수를 호출하기 직전의 자원계수를 이 매개변수를 통해서 돌려준다. 실제 사용 시 이 매개변
수는 크게 필요성을 못 느낀다. 따라서 이 매개변수를 NULL로 넘겨도 문제되지 않는다.

[반환값] BOOL

이 함수의 성공/실패 여부를 지시한다. TRUE면 성공, FALSE면 실패를 의미하며 GetLastError
를 통해 실패의 원인을 알 수 있다. 세마포어에 국한된 에러 발생의 대표적인 경우가 이 함수를
호출했을 때 자원계수 생성 시 지정해준 자원의 최대치를 넘기는 경우인데, 이 경우 FALSE가 리
턴되며 GetLastError를 통한 에러 코드는 ERROR_TOO_MANY_POSTS(298)이다.

ReleaseSemaphore는 Release란 어감 때문에 마치 자원계수를 감소시키는 듯한 느낌이 들
어 다소 혼동되기도 하지만, ReleaseSemaphore를 통해 자원계수를 증가시킴으로써 세마
포어의 상태를 바꿀 수 있다. 만약 세마포어의 자원계수가 0일 경우엔 넌시그널 상태고, 이때
ReleaseSemaphore를 통해 단순히 자원계수를 증가시키면 시그널 상태로 바뀐다. 대부분의 경우
lReleaseCount를 1로 넘겨주겠지만, 하나의 스레드가 아니라 동시에 여러 스레드로 하여금 자원

을 사용할 수 있도록 하고자 한다면 거기에 맞추어 lReleaseCount에 1 이상의 값을 지정함으로써 대처할 수 있다.

그러면 정작 자원계수를 감소시키는 함수는 존재하지 않는가?라는 의문을 가질 것이다. 하지만 그런 함수는 존재하지 않는다. 뮤텍스에서 Acquire에 해당하는 기능은 WaitForXXX를 통해 이루어 졌고, 그 함수를 통해 부가적 효과로서 해당 뮤테스의 수유권을 WaitForXXX에서 풀린 스레드에게 할당한다는 것을 확인했다. 이와 마찬가지로 자원계수의 감소는 WaitForXXX 호출의 부가적 효과를 통해서 이루어진다. WaitForSingleObject나 WaitForMultipleObjects 등의 대기 함수는 해당 핸들의 타입이 세마포어일 경우 세마포어가 시그널 상태면 WAIT_OBJECT_0을 리턴하면서 해당 세마포어의 자원계수의 값을 1 감소시킨다. 따라서 만약 사용 가능 자원계수가 3이라고 할 때, 스레드들이 차례대로 이 세마포어에 대해 WaitForSingleObject를 호출하면 자원계수가 0이 아니기 때문에 바로 리턴되며, 세마포어의 자원계수는 1씩 감소된다. 즉 첫 번째 스레드가 대기 함수를 호출하면 바로 WAIT_OBJECT_0이 리턴되면서 자원계수는 2가 된다. 차례대로 두 번째, 세 번째 스레드가 역시 대기 함수를 호출하면 바로 리턴되면서 자원계수는 1, 0으로 바뀐다. 그러다 네 번째 스레드가 대기 함수를 호출할 때 자원계수는 0이기 때문에 다른 스레드가 ReleaseSemaphore 호출을 통해 자원계수를 증가시켜주기 전까지는 계속 대기 상태로 있는 것이다.

다음 그림은 세마포어의 시그널/넌시그널 상태의 천이 과정을 나타낸 것이다.

그림 2-1 세마포어의 신호 상태 천이도

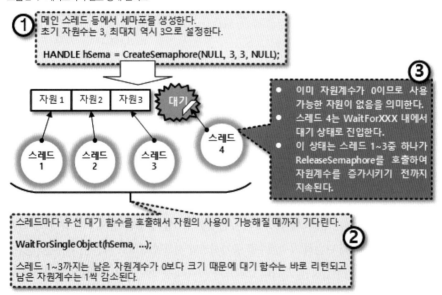

① 메인 스레드 등에서 세마포를 생성한다.
초기 자원수는 3, 최대치 역시 3으로 설정한다.

HANDLE hSema = CreateSemaphore(NULL, 3, 3, NULL);

자원1 자원2 자원3   대기

스레드1 스레드2 스레드3   스레드4

③
- 이미 자원계수가 0이므로 사용 가능한 자원이 없음을 의미한다.
- 스레드 4는 WaitForXXX 내에서 대기 상태로 진입한다.
- 이 상태는 스레드 1~3중 하나가 ReleaseSemaphore를 호출하여 자원계수를 증가시키기 전까지 지속된다.

② 스레드마다 우선 대기 함수를 호출해서 자원의 사용이 가능해질 때까지 기다린다.

WaitForSingleObject(hSema, ...);

스레드 1~3까지는 남은 자원계수가 0보다 크기 때문에 대기 함수는 바로 리턴되고 남은 자원계수는 1씩 감소된다.

때때로 세마포어를 사용하다 보면 단순히 현재 자원계수를 확인하고 싶을 때가 있다. 하지만 현재 자원계수를 돌려주는 함수는 ReleaseSemaphore를 통해서만 가능하다. 따라서 lReleaseCount를 0으로 넘기면 lpPreviousCount를 통해 현재 자원계수를 돌려주지 않을까?라고 생각해볼 수 있다. 하지만 실제 그렇게 해본 결과 lpPreviousCount의 값은 0으로 넘어온다. 혹시나 해서 lReleaseCount를 엄청 큰 값으로 넘겼을 경우에도 역시 현재 자원계수를 얻을 수 없었다. 아쉽지만, 자원계수의 증가 없이 현재 자원계수를 얻는 방법은 존재하지 않는다. 만약 단순히 세마포어의 자원계수를 감소시키고자 한다면 WaitForSingleObject를 다음과 같이 사용하는 방법밖에는 없다. 아래 코드의 ReduceSemaphoreResourceCount 함수는 세마포어의 현재 자원계수를 감소시키는 기능을 구현한 것이다. lReduceCount가 감소시키고자 하는 수치고, 리턴값은 실제로 감소된 자원계수의 수를 나타낸다. 이 값이 0보다 작으면 에러가 발생했음을 의미한다.

```
LONG ReduceSemaphoreResourceCount(HANDLE hSemaphore, LONG lReduceCount)
{
   LONG lCnt = 0;
   for (; lCnt < lReduceCount; lCnt++)
   {
      DWORD dwWaitCode = WaitForSingleObject(hSemaphore, 0 );
```

타임아웃 값을 0으로 지정해서 WaitForSingleObject를 호출한다. 자원계수가 0보다 크면 시그널 상태이므로 즉시 WAIT_OBJECT_0을 리턴할 것이며, 자원계수가 0이면 타임아웃 값이 0이기 때문에 즉시 WAIT_TIMEOUT을 리턴할 것이다.

```
      if(dwWaitCode == WAIT_FAIL)
         return -1;

      if(dwWaitCode == WAIT_TIMEOUT)
         break;
```

리턴 결과가 타임아웃이면 세마포어는 비동기 상태임을 의미한다. 즉 지정한 lReduceCount만큼 감소시키기 이전에 이미 자원계수가 0이 되었음을 의미한다. 따라서 더 이상 감소할 자원계수가 남아있지 않음을 의미하므로, 그냥 루프를 탈출한다.

```
   }

   return lCnt;
```

실제로 감소된 자원계수의 수를 리턴한다.

```
}
```

그럼 예제를 통하여 세마포어를 사용하는 방법을 알아보도록 하자.

다음 프로젝트는 자원의 개수가 3개며, 5개의 스레드가 이 자원들을 사용하기 위해서 경쟁할 때 세마포어가 그 경쟁을 조정해주는 예제다. g_anSharedRes 배열이 자원에 대한 단순한 int 타입의 배열이다. 이 배열의 각 원소가 자원을 나타낸다. 이 배열의 각 정숫값들은 이 자원을 얻은 스레드가 작업하는 데 걸리는 시간을 가정하는, Sleep으로 넘겨줄 대기 시간에 대한 초 단위의 값이다. 그리고 g_abUsedFlag는 위 자원 배열의 각 자원들이 현재 사용하고 있는지의 여부를 나타내는 BOOL 타입의 플래그 배열이다. 또한 세마포어는 활성화되었을 때 사용 중이지 않는 자원을 찾아야 한다. 세마포어의 경우에는 여러 스레드가 동시에 활성화될 수 있기 때문에 이러한 가용 자원의 검색에도 동기화가 필요하며, 이를 위해 뮤텍스를 통하여 동기화를 수행한다.

프로젝트 2.2.2 SemaphoreTest

```
#define MAX_RES_CNT        3
```

자원의 최대 개수를 3으로 정한다.

```
bool g_bExit = false;
```

스레드 종료를 위한 플래그를 정의한다.

```
BOOL g_abUsedFlag[MAX_RES_CNT];
INT  g_anSharedRes[MAX_RES_CNT] = { 5, 3, 7 };
```

자원을 나타내는 배열로 배열의 원소 개수는 3개다.

```
HANDLE  g_hShareLock;
```

가용 자원의 검색을 위한 뮤텍스 핸들이다.

메인 함수의 정의는 다음과 같다.

```
void _tmain()

{
   cout << "======= Start Semaphore Test ========" << endl;
   g_hShareLock = CreateMutex(NULL, FALSE, NULL);
```

사용 중이지 않는 자원 검색을 위한 뮤텍스를 생성한다.

```
HANDLE hSemaphore = CreateSemaphore(NULL, MAX_RES_CNT, MAX_RES_CNT, NULL);
```

세마포어를 생성한다. 여기서는 사용 가능한 최대 자원계수가 3이며, 동시에 최초 사용 가능한 자원계수 역시 3임을 의미하도록 두 번째 와 세 번째 매개변수의 값을 MAX_RES_CNT로 넘긴다. 따라서 이 세마포어는 시그널 상태로 생성된다.

```
DWORD dwThrId;
HANDLE hThreads[MAX_RES_CNT + 2];
for (int i = 0; I < MAX_RES_CNT + 2; i++)
    hThreads[i] = CreateThread(NULL, 0, SemaphoreProc, hSemaphore, 0, &dwThrId);
```

스레드를 5개 생성한다. 그렇게 되면 처음 3개의 스레드는 자원을 차지하게 되지만 네 번째 스레드부터는 대기 상태로 들어갈 것이다. 스레드 생성 시 세마포어의 핸들을 스레드 엔트리 함수의 매개변수로 넘겨준다.

```
getchar();
g_bExit = true;
```

임의의 키가 입력될 때까지 메인 스레드를 대기시킨다. 키가 입력되면 스레드 종료 처리를 위해 전역 플래그를 true로 설정한다.

```
WaitForMultipleObjects(MAX_RES_CNT + 2, hThreads, TRUE, INFINITE);
```

5개의 스레드가 모두 종료될 때까지 대기 상태에서 기다린다. 이는 스레드가 정상적으로 종료되도록 하는 가장 안전한 방법이다.

```
for (int i = 0; i<MAX_RES_CNT + 2; i++)
    CloseHandle(hThreads[i]);
    CloseHandle(hSemaphore);
    CloseHandle(g_hShareLock);
```

스레드들과 세마포어, 그리고 뮤텍스의 핸들을 닫는다.

```
cout << "======= End Semaphore Test ==========" << endl;
}
```

다음은 세마포어를 통해서 자원을 사용하고자 하는 스레드 엔트리 함수에 대한 정의다.

```
DWORD WINAPI SemaphoreProc(PVOID pParam)
{
    HANDLE hSemaphore = (HANDLE)pParam;
    DWORD  dwThreadId = GetCurrentThreadId();
```

```
while (!g_bExit)
{
    DWORD dwWaitCode = WaitForSingleObject(hSemaphore, INFINITE);
```

세마포어에 대해 내기 상태로 들어간다.

```
    if (dwWaitCode == WAIT_FAILED)
    {
        cout << " ~~~ WaitForSingleObject failed : " << GetLastError() << endl;
        break;
    }
```

dwWaitCode가 에러가 아닌 경우는 세마포어가 시그널 상태가 되었음을 의미한다. 따라서 공유자원을 획득할 수 있는 상태가 되고, 그 것에 대한 작업을 수행한다.

```
    int nSharedIdx = 0;
    WaitForSingleObject(g_hShareLock, INFINITE);
    for (; nSharedIdx < MAX_RES_CNT; nSharedIdx++)
    {
        if (!g_abUsedFlag[nSharedIdx])
            break;
    }
    g_abUsedFlag[nSharedIdx] = TRUE;
    ReleaseMutex(g_hShareLock);
```

세마포어가 시그널 상태가 되었다는 말은 가용 자원이 있다는 것만을 의미하기 때문에 그 자원에 대한 식별 수단은 따로 제공되지 않는다. 따라서 사용 가능한 자원을 찾기 위해 루프를 돌면서 그 자원을 찾는 과정이 필요하다. 동시에 여러 스레드가 이 루프를 수행할 수 있기 때 문에 가용 자원 검색 시의 동기화 역시 필요하므로 뮤텍스를 통해 동기화를 수행한다.

```
    cout << " ==> Thread " << dwThreadId <<
        "waits " << g_anSharedRes[nSharedIdx] << "seconds..." << endl;
    Sleep((DWORD)g_anSharedRes[nSharedIdx] * 1000);
    cout << " ==> Thread " << dwThreadId << " releases semaphore..." << endl;
    g_abUsedFlag[nSharedIdx] = FALSE;

    ReleaseSemaphore(hSemaphore, 1, NULL);
```

자원을 모두 사용했다면 ReleaseSemaphore를 호출해 자원계수를 1 증가시킨다. 그러면 대기 중인 다른 스레드가 해제된 자원을 사 용할 수 있게 될 것이다.

```
}
```

```
    cout << " *** Thread " << dwThreadId << " exits..." << endl;


    return 0;
}
```

이 소스에서 다음의 두 가지 사항을 수정해서 확인해보자. 먼저 MAX_RES_CNT 매크로를 1로 정의해서 실행해보면, 3개의 스레드 중에 하나의 스레드만 실행이 될 것이다. 이는 뮤텍스의 동작과 동일하게 작동한다는 것을 의미한다. 다음으로 스레드 엔트리 함수에서 ReleaseSemaphore를 호출하는 부분을 다음과 같이 수정해보자.

```
    // ReleaseSemaphore(hSemaphore, 1, NULL);
    break;
```

위의 처리는 뮤텍스의 경우처럼 획득한 소유권을 해제시키지 않은 상태에서 스레드를 종료하는 상황을 흉내 낸 것이다. 이렇게 수정하고 테스트한 결과 하나의 스레드만 실행되고 그 이후로는 더 이상 실행되지 않는다. 뮤텍스처럼 WAIT_ABANDONED 같은 에러도 반환되지 않고, 무한 대기 상태로 남게 된다. 이는 세마포어의 경우에는 뮤텍스처럼 포기된 소유권의 의미를 지원하지 않기 때문에 ReleaseSemaphore의 호출을 반드시 해줘야 한다는 것을 의미한다. 마지막으로 첨언해 둘 것은 뮤텍스의 경우는 소유권 개념과 결합되기 때문에 뮤텍스를 획득한 결과 대기 상태에서 풀려난 스레드가 그 뮤텍스의 소유를 풀어줘야, 즉 ReleaseMutex를 호출해줘야 했지만, 세마포어의 경우는 대기 상태에서 깨어난 스레드가 반드시 ReleaseSemaphore를 호출할 필요는 없다는 점이다. 소유권 개념이 아니라 단순히 자원계수만을 바라보며 동기화를 하기 때문에 어떤 스레드에서도 ReleaseSemaphore의 호출이 가능하다.

3) 세마포어의 응용

〈프로젝트 2.2.2 SemaphoreTest〉의 경우는 공유자원의 관점에서 세마포어를 바라본 예다. 공유자원은 제한된 리소스인 COM 포트 등도 있을 것이며, 예를 들어 두 개의 메모리 버퍼를 사용할 때 세마포어를 이용해 관리하는 방안 같은 경우는 더 실질적인 도움이 될 것이다. 어찌됐든 공유자원의 관점에서 세마포어를 바라볼 때 사용 가능한 공유자원의 개수는 중요한 이슈가 된다. 따라서 CreateSemaphore 함수로 넘겨주는 lInitialCount 값을 공유자원의 수로 지정해 세마포어를 시그널 상태로 생성한 후 스레드를 여러 개 생성하여 그 공유자원에 대한 스레드 간 경쟁을 조정하게 된다. 하지만 관점을 돌려서 반대로 바라보면 더 유용한 세마포어의 응용의 예를 확인할 수 있다. 반대의 관점이란 것은 공유자원을 스레드가 작업할 대상으로만 한정하지 말고 스레드 자체를 공유자원으로 보는 것이다. 예를 들어 동시 가용한 스레드 세 개를 미리 생성해두고, 필요한 작업이 있으면 그 스레드에게 직접 처리를 맡기는 것이다. 이렇게 된다면 작업을 맡기는 스레드는 별도의 스레드 생성 처리 없이 비동기적으로 해당 작업의 처리가 가능할 것이다. 따라서 미리 생성해 둔 스레드의 수만큼의 작업이 동시 처리가 가능해진다. 하지만 작업이 그 이상을 초과하게 되면 작업을 처리해줄 스레드가 없으므로, 세마포어를 이용해 스레드가 작업을 끝낼 때까지 대기하는 메커니즘의 구현 방법은 좋은 응용의 예가 될 것이다. 이러한 관점에서 세마포어를 응용하는 예를 지금부터 검토해보도록 하자.

| 세마포어를 이용한 스레드 풀(Thread Pool) |

풀(Pool)이란 무엇인가? 우리는 흔히 수영장을 풀장이라고 한다. 풀장이라고 할 때 그 풀의 의미 그대로다. 어떤 경계가 지어진 공간에 물을 담아서 사람들이 수영을 할 수 있게 하는 것이 풀장인 것처럼, 풀은 어떤 항목들을 묶은 집합으로 보면 될 것이다. 풀에 대한 언급은 아마 DB에서 "컨넥션 풀"이라는 이름으로 많이 들어보았을 것이다. DB에서의 컨넥션 풀은 쿼리를 위해 접속하는 클라이언트에 대한 연결을 사전에 만들어 두고 쿼리를 요청하는 클라이언트의 접속을 바로 수용해 쿼리를 처리해 줌으로써 접속 시마다 연결을 생성하고 맺는 과정을 최소화하여 성능의 향상을 꾀하는 기법이다. 이때 미리 생성된 컨넥션들의 집합을 컨넥션 풀이라고 한다. 이와 마찬가지로 스레드 풀의 경우도 다량의 작업 처리에 대비해 미리 스레드를 생성시켜 두고 작업 처리 요청이 들어올 때마다 풀 내의 임의의 스레드에게 작업 처리를 위임하는 방법이다. 따라서 스레드 풀에서의 풀은 스레드들이 모여 있는 공간이 된다. 이때 이 풀 내의 스레드들은 실제 풀장에서의 아이들처럼 수영하며 활동적으로 움직이는 것이 아니라 대기 상태로 잠들어 있는 스레드들이다. 이런 상황에서 어떤 작업이 들어오면 풀 내의 임의의 스레드 하나를 깨워 작업을 맡기고 해당 스레드가 작업이 끝나면 그 스레드를 해제하는 것이 아니라 다시 풀에 집어넣어 다음 작업을 수행할 수 있도록 대기시킨다. 스레드 풀은 아주 유용한 메커니즘이며, 이 책의 6장에서 상세하게 논의할 예정이다. 따라서 여기서는 세마포어를 이용해 간이 스레드 풀을 구현하고 응용하는 방법을 보여줄 것이다.

앞에서 "관점을 돌려서 반대로 바라본다"라고 했는데, 그 의미를 [그림 2-1]과 [그림 2-2]를 비교해서 보기 바란다. [그림 2-1]의 공유자원들의 자리를 위 그림에서는 스레드가 차지하고 있고, 기존 스레드의 자리는 작업 항목(Work Item)이라는 요소들이 차지하고 있다. 이 상황은 스레드를 공유자원으로 취급해서 동시에 3개까지의 작업을 수행하도록 하며, 그 이상의 작업은 큐에 쌓아 두고 3개의 스레드 중 어느 하나라도 작업을 끝내고 다시 대기 상태로 돌아올 때를 기다리도록 한다.

그림 2-2 세마포어와 큐의 결합

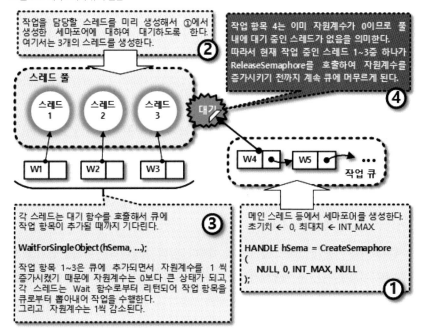

이제 구현하게 될 과정은 다음과 같은 절차로 움직이게 된다.

① 초기치를 0으로, 최대치를 원하는 임의의 값(여기서는 int 형의 최대치인 INT_MAX로 지정)으로 설정해 세마포어를 생성한다.

② 풀을 구성할 스레드를 원하는 수만큼(위 그림에서는 3개) 생성해 앞서 생성한 세마포어에 대해 대기하도록 한다. 세마포어 생성 시 초기치를 0으로 설정했기 때문에 세마포어는 넌시그널 상태며, 따라서 생성된 모든 스레드는 대기 상태에 놓이게 된다.

③ 큐에 작업 항목을 추가함과 동시에 ReleaseSemaphore를 호출하면 세마포어의 자원계수는 1이 증가되고 그와 동시에 세마포어는 시그널 상태가 되어 대기 중인 3개의 스레드 중 하나가 깨어난다. 깨어남과 동시에 자원계수는 다시 0이 될 것이다.

④ 깨어난 스레드는 큐에서 작업 항목을 추출해 작업한 후 다시 세마포어에 대해 대기 상태로 들어간다.

⑤ 작업 항목이 많아져서 연달아 네 개의 항목을 ReleaseSemaphore 호출과 더불어 큐에 추가하게 되면 자원계수는 4가 되고, 따라서 3개의 스레드는 동시에 큐에서 하나씩 항목들을 추출해 작업을 수행할 것이다. 이 시점에서 자원계수는 1이 되고, 큐에는 네 번째 작업 항목이 남게 된다.

⑥ 작업 중인 스레드 중 하나가 작업을 끝내고 다시 대기 상태로 들어갔을 때 현재 자원계수가 1이므로 여전히 세마포어는 시그널 상태며, 따라서 이 스레드는 마지막 항목을 추출해 계속 작업을 이어갈 것이다.

여기서 주목할 것은 세마포어 생성 시 초기치, 즉 InitialCount를 0으로 넘긴다는 점이다. 앞선 예에서는 InitialCount를 사용 가능한 공유자원 수만큼 지정했지만, 여기서는 0으로 지정해 넌 시그널 상태로 세마포어를 생성한다는 점이다. 다음으로, 큐에 항목을 엔큐(Enqueue)할 때 마다 ReleaseMutex를 호출하고 WaitForXXX로부터 리턴할 때마다 큐로부터 항목을 데큐 (Dequeue)한다는 점이다. 이는 세마포어의 자원계수를 큐에 존재하는 작업 항목의 수와 동일하 게 유지하는 효과를 지님과 동시에 실제로 세마포어를 통해서 큐를 관리하는 것을 의미한다. 이런 경우는 기존의 세마포어에 대한 처리를 역으로 이용한 경우로, 다음의 시나리오에 적합하다. 클라이 언트로부터 대량의 요구가 들어올 때 그 요구들을 동시에 처리해줄 수 있는 한도를 지정해 처리하게 함으로써, 만약 그 이상의 처리에 대한 요구가 들어온 경우에는 큐에 보관해두었다가 앞선 처리가 끝났을 때 처리를 수행하도록 하는 경우에 유용하다. 이런 경우는 서버-사이드 애플리케이션 작성 시 긴요하게 요구되는 사항이다. 특히 스레드 풀 구현 시 이러한 방법으로 세마포어를 사용할 수 있 다. 앞의 그림에서 표현된 시나리오는 동시에 처리할 수 있는 요청의 건수를 3으로 정의했고, 그 동 시 처리를 위해 3개의 스레드를 생성시켜 실행하는 경우다.

다음 프로젝트는 세마포어를 이용한 스레드 풀 구현의 예제다. 앞의 설명에서는 이해를 돕기 위해 스레드의 개수를 3개로 지정했지만, 본 예제에서는 시스템의 프로세서 개수만큼 스레드를 생성할 것이다. 그리고 큐를 구성하기 위해 STL의 list 컨테이너를 사용하고, 큐에 대해 엔큐 및 데큐 시의 동기화를 위해서 뮤텍스를 사용한다.* 주의해서 볼 것은 세마포어 생성 시 초기 자원계수를 0으로 넘긴다는 점과, 실제 대기하는 스레드와 ReleaseSemaphore를 호출하는 스레드가 다르다는 점이 다. 스레드 풀을 위한 데이터 구조는 다음과 같다.

프로젝트 2.2.2 TPSemaphore

```
typedef std::list<std::string> TP_QUE;
struct THREAD_POOL
{
   HANDLE  m_hMutx;   // 엔큐/데큐 동기화를 위한 뮤텍스
   HANDLE  m_hSema;   // 스레드 풀 구현을 위한 세마포어
   TP_QUE  m_queue;   // 큐 기능을 담당할 STL 리스트
};
typedef THREAD_POOL* PTHREAD_POOL;
```

---

* 원래는 "크리티컬 섹션"을 사용하는 것이 제일 적합하지만, 아직 크리티컬 섹션은 설명하지 않았기 때문에 우선 뮤텍스로 대신한다.

메인 함수의 정의를 먼저 보도록 하자. 메인 함수는 스레드 풀에서 대기할 스레드를 생성하고 콘솔로부터 데이터를 입력받아 큐에 데이터를 쌓는 역할을 한다. GetSystemInfo 함수를 이용해 얻게되는 CPU의 개수만큼 스레드를 생성한다.

```
HANDLE  g_hExit = NULL; // 스레드 종료를 위한 뮤텍스


void _tmain()
{
    cout << "======= Start TPSemaphore Test ========" << endl;


    g_hExit = CreateMutex(NULL, TRUE, NULL);
```

스레드 종료를 위해서 뮤텍스를 생성한다. 보통 수동 리셋 이벤트로 처리하지만, 아직 이벤트를 논의하지 않았기 때문에 뮤텍스를 이용해 종료 통지를 할 것이다. 이는 뮤텍스에서 이미 설명했던 종료 처리 방식이다.

```
    THREAD_POOL tp;
    tp.m_hSema = CreateSemaphore(NULL, 0, INT_MAX, NULL);
```

세마포어를 생성한다. 사용 가능한 초기 자원계수를 0으로 넘기면 이 세마포어는 넌시그널 상태로 생성되므로 이 세마포어를 사용하고자 하는 스레드들은 모두 대기 상태로 들어가게 된다. 여기서는 사용 가능한 최대 자원 수를 INT_MAX로 지정했지만, 큐가 무한정 커지는 것을 막고자 한다면 일정 한계치의 값을 넘겨주면 된다.

```
    tp.m_hMutx = CreateMutex(NULL, FALSE, NULL);
```

엔큐/데큐 시의 동기화를 위해 뮤텍스를 생성한다.

```
    SYSTEM_INFO si;
    GetSystemInfo(&si);
```

풀에 들어갈 스레드 수를 결정하기 위해 시스템 CPU의 개수를 획득한다. 본 소스에서는 스레드 풀에서 대기할 스레드 수를 CPU의 개수만큼 생성할 것이다.

```
    PHANDLE parPoolThs = new HANDLE[si.dwNumberOfProcessors];
    for (int i = 0; i < (int)si.dwNumberOfProcessors; i++)
    {
        DWORD dwThreadId;
        parPoolThs[i] = CreateThread(NULL, 0, PoolItemProc, &tp, 0, &dwThreadId);
    }
```

CPU 개수만큼 스레드를 생성한다. 생성된 스레드들은 세마포어가 넌시그널 상태이므로 모두 대기 상태로 존재하게 된다.

```
cout ≪ "*** MAIN -> ThreadPool Started, count="
    ≪ si.dwNumberOfProcessors ≪ endl;

char szIn[1024];
while (true)
{
    cin ≫ szIn;
    if (stricmp(szIn, "quit") == 0)
        break;
```

유저가 메인 콘솔에서 데이터를 입력하면 그 데이터를 대기 스레드가 처리하도록 맡긴다. 이 과정은 클라이언트가 서비스 요청을 해 왔음을 시뮬레이션한 것이다. 이 부분을 만약 소켓으로 사용한다면 클라이언트에 대해 리슨을 하고 있는 것으로 대체할 수 있을 것이다.

```
    WaitForSingleObject(tp.m_hMutx, INFINITE);
    tp.m_queue.push_back(szIn);
    ReleaseMutex(tp.m_hMutx);
```

문자열을 큐에 엔큐한다. 뮤텍스 객체를 이용해 큐에 대한 독점권을 획득한 후 작업 항목을 큐에 추가한다.

```
    ReleaseSemaphore(tp.m_hSema, 1, NULL);
```

대기 중인 스레드에게 작업 항목이 추가되었음을 알리는 방식이다. 이 시점에서 CPU 수만큼의 스레드들은 전부 m_hSema를 대상으로 대기하고 있다. 현재 자원계수가 0이므로 요청에 대해 ReleaseSemaphore를 호출해 1만큼 자원 수를 증가시켜줌으로써 대기 스레드 중 임의의 하나를 활성화시켜 요청을 처리하도록 한다. 앞선 예제와는 다르게 ReleaseSemaphore를 호출하는 스레드는 메인 스레드라는 점을 주의하기 바란다. 또한 스레드를 CPU 수만큼 생성시켜 주었기 때문에 작업이 계속 추가되더라도 항상 CPU 수만큼의 스레드만이 활성화된다는 점을 알아두기 바란다.

```
}

ReleaseMutex(g_hExit);
```

종료를 위해 종료 통지 뮤텍스를 시그널한다.

```
WaitForMultipleObjects(si.dwNumberOfProcessors, parPoolThs, TRUE, INFINITE);
for (int i = 0; i < (int)si.dwNumberOfProcessors; i++)
    CloseHandle(parPoolThs[i]);
    CloseHandle(tp.m_hSema);
    CloseHandle(tp.m_hMutx);
    CloseHandle(g_hExit);
```

```
    cout << "======= End TPSemaphore Test =========" << endl;
}
```

이번에는 스레드 엔트리 함수의 처리를 살펴보자. 스레드는 기본적으로 종료 시그널을 위한 뮤텍스와 큐 관리를 위한 세마포어 두 개에 대해 무한 루프 내에서 대기 상태로 존재하게 된다.

```
DWORD WINAPI PoolItemProc(LPVOID pParam)
{
  PTHREAD_POOL pTQ = (PTHREAD_POOL)pParam;

  DWORD dwThId = GetCurrentThreadId();
  HANDLE arhObjs[2] = { g_hExit, pTQ->m_hSema };
  while (true)
  {
    DWORD dwWaitCode = WaitForMultipleObjects(2, arhObjs, FALSE, INFINITE);
```

처음에 모든 스레드는 세마포어가 넌시그널 상태기 때문에 대기 상태로 들어간다. 그러다 요청 수신 스레드(여기서는 메인 스레드)에서 요청이 들어왔을 때 ReleaseSemaphore를 통해서 자원계수를 1 증가시켜 주면 대기 상태에서 풀려 다음 코드를 실행하게 된다. 물론 WaitForMultipleObjects의 부가적 효과 때문에 대기 상태에서 풀릴 때는 이미 세마포어의 자원계수는 1 감소되어 0이 되어 있을 것이다.

```
    if (dwWaitCode == WAIT_FAILED)
    {
      cout << " ~~~ WaitForMultipleObjects failed : " << GetLastError() << endl;
      break;
    }

    if (dwWaitCode == WAIT_OBJECT_0)
      break;
```

뮤텍스가 시그널 상태가 되면 스레드 종료를 의미하기 때문에 루프를 탈출한다.

```
    std::string item;
    WaitForSingleObject(pTQ->m_hMutx, INFINITE);
    TP_QUE::iterator it = pTQ->m_queue.begin();
    item = *it;
    pTQ->m_queue.pop_front();
    ReleaseMutex(pTQ->m_hMutx);
```

```
    printf(" => BEGIN | Thread %d works : %s\n", dwThId, item.c_str());
    Sleep(((rand() % 3) + 1) * 1000);
    printf(" <= END   | Thread %d works : %s\n", dwThId, item.c_str());
```

```
    }


  ReleaseMutex(g_hExit);
```

```
    printf("......PoolItemProc Thread %d Exit!!!\n", dwThId);
    return 0;
}
```

위 코드에서 표준 입력으로 cin 스트림 클래스를 이용한다는 점을 주목하기 바란다. 다음은 위 코드의 테스트 결과를 나타냈다. cin을 이용해 콘솔로부터 문자열을 입력받을 경우, 다음과 같이 스페이스를 지정해 5개의 구분된 단어를 한 라인으로 입력하면 cin 클래스는 입력된 문자열 전체를 하나로 취급하는 것이 아니라, 스페이스를 구분자로 인식하여 다섯 개의 문자열이 연속적으로 입력된 것으로 간주한다.

```
abc 123 this test 98765
 => BEGIN | Thread 5776 works : abc
 => BEGIN | Thread 7628 works : 123
 => BEGIN | Thread 5768 works : this
 => BEGIN | Thread 4996 works : test
 => BEGIN | Thread 7580 works : 98765
```

따라서 cin을 이용하게 되면 연속된 데이터의 입력을 흉내 낼 수 있기 때문에 단순한 콘솔 입력을 통해서 확인하기 힘든 연속된 데이터 입력을 통한 동기화 처리를 눈으로 직접 확인할 수 있는 좋은 수단이 된다. 앞으로 이 책 전반에 걸쳐서 cin을 이용한 연속된 데이터에 대한 동기화 처리의 예를 보여줄 것이다.

| 대기가능 큐(Waitable Queue) |

앞서 예로 든 스레드 풀의 경우 풀 내의 스레드 수를 CPU 개수만큼 미리 생성시켰다. 이번에는 미리 생성하는 스레드 수를 하나로 한정해서 동일한 개념으로 움직일 때 어떤 유용성을 가질 수 있는지 생각해보자. 스레드 풀의 구현에서 세마포어의 역할은 큐 관리와 밀접하게 연관되어 있다는 것은 인지했을 것이다. 다시 말해 세마포어의 기능을 이용해 큐에 데이터가 존재하면 스레드를 활성화시키고, 큐에 데이터가 없으면 스레드를 대기하게 만드는 것이 핵심적인 메커니즘이 된다. 이는 곧 어떤 큐에 대해 큐가 비었으면 대기하다가 큐에 데이터가 추가되면 바로 활성화되어 큐의 데이터를 처리할 수 있는 큐로 만들 수 있음을 의미하기도 한다. 이런 기능을 가진 큐를 필자는 "대기가능 큐(Waitable Queue)"라고 이름을 붙였다.

큐의 활용은 아주 광범위하다. 윈도우만 하더라도 운영체제 차원에서의 큐의 사용은 많은 영역을 커버한다. 이 책의 주제가 될 IOCP(IO Completion Port)와 APC(Asynchronous Procedure Call), 앞서 언급한 스레드 스케줄러도 큐를 사용한다. 또한 오래 전 도스 시절부터 키보드를 다루는 순환 큐, 윈도우의 메시지 드리븐(Driven) 방식의 핵심을 이루는 메커니즘 또한 메시지 큐다. 이러한 윈도우 시스템뿐만 아니라 이 책을 읽는 독자들 역시 프로젝트를 경험하면서 큐를 많이 사용해 봤을 것이다. 큐는 동시에 밀려오는 여러 개의 요청이나 결과를 그 곳에 쌓아서 FIFO에 입각한 순차적인 처리를 가능하게 해주는 훌륭한 수단이 된다. 큐의 특징은 일렬화를 통한 순차성에 있다. 여러 개의 작업을 일렬화시켜 차례대로 처리해주는 개념은 무엇보다도 동기화의 문제를 자연스럽게 해결해준다. 순차적으로 처리가 이루어지기 때문에 하나의 스레드로도 실행이 가능하다. 하나의 스레드에서 작업이 처리되기 때문에 동기화라는 복잡한 문제를 고민할 필요가 없다. 순차성의 장점과 더불어 큐를 이용한다면 작업의 지연 처리 역시 가능해진다. 또한 큐는 스레드 사이의 데이터 전송이나 결과 전송에도 유용하다. 이러한 큐를 실무에 적용할 때 대부분의 경우 큐에 데이터가 추가되었는지의 여부를 폴링을 이용해서 처리하는 경우가 대부분이었다. 즉 대부분이 큐에 데이터가 들어왔는지를 확인하기 위해 작업을 처리할 스레드가 큐에 대해서 주기적으로 폴링을 하는 방식을 채택해 구현하고 있었다. 하지만 이런 것은 어떠한가? 큐에 작업이 들어오기 전까지는 스레드를 잠재웠다가 실제로 큐에 작업 항목이 엔큐되었을 때 작업을 처리할 스레드를 깨울 수 있다면? 이것이 가능하다면 폴링 처리를 제거하고 해당 큐에 대해서 대기하도록 잠재우거나 또는 WaitForMultipleObjects를 이용해 큐에 대해서 대기를 하는 동시에 다른 작업도 처리하는 이런 구조가 가능해진다. 이런 기능을 가진 대기가능 큐(Waitable Queue)를 세마포어를 통해서 구현한다면, 이것이 바로 스레드 풀의 스레드가 하나일 때에 해당하는 유용한 컨테이너가 될 것이다.*

대기가능 큐의 구현은 세마포어를 이용한 스레드 풀과 원리뿐만 아니라 소스 구조 역시 거의 동일하다. 단지 작업을 처리하는 스레드를 하나만 생성시켜 준 경우에 해당한다고 볼 수 있다. 하지만 대기가능 큐를 별도로 설명하는 것은 스레드 간 데이터 전달이란 측면에서 큰 의미를 지니기 때문이기도 하다. 데이터 전달이란 측면은 하나의 스레드에서 다른 스레드로 데이터를 어떻게 전달할 것인가에 대한 문제를 가리킨다. 다음 절에서는 스레드 간 데이터 전달이란 관점에서 동기화를 논의할 예정이기 때문에, 여기에서는 데이터 전달이라는 측면도 함께 염두에 두면서 대기가능 큐의 구현을 살펴보기로 하자.

프로젝트 2.2.2 WQSemaphore

```
#define WQI_CMD_EXIT  0  // 종료 처리를 위한 명령
```

스레드 풀에서는 종료 처리를 위해 별도로 전역 뮤텍스를 사용했지만, 여기서는 명령 식별값으로 대체한다. 따라서 종료를 위한 별도의 객체가 필요 없다.

```
#define WQI_CMD_STR  1  // 문자열 처리를 위한 명령
#define WQI_CMD_INT  2  // 정수값 처리를 위한 명령


struct WQUE_ITEM
{
    INT     _cmd;
    PVOID   _data;
};
typedef std::list<WQUE_ITEM> ITEM_QUE;
```

큐의 항목을 정의한다. _cmd는 _data의 타입을 식별하고 _data는 처리할 실제 데이터를 담게 된다.

---

* 필자는 6년 전 즈음에 일본의 한 사이트에서 사내 네트워크 망이 다운된 상황이 발생한 사이트에 투입되어 그 문제를 이 대기가능 큐의 구현으로 해결했던 매우 유용한 경험이 있었기에 여기에서 언급하고자 한다. 문제가 된 솔루션은 서버와 서버로부터 다양한 감시 및 자산 수집 등의 명령을 수신해서 명령을 수행한 후 그 결과를 서버로 전송하는 클라이언트로 이루어진 솔루션이었다. 그 원인을 검토한 결과 클라이언트는 서버로부터의 하나의 명령을 수신하면 그 명령에 대해 스레드를 생성하여 그 스레드로 하여금 명령을 처리하고, 처리 결과 역시 그 스레드 내에서 서버로 세션을 맺어 전송하고 스레드를 종료하도록 하는 구조를 갖고 있었다. 문제는 서버에서 수십 개의 명령이 동시에 내려올 수도 있는 것이었다. 수십 개의 명령이 동시에 내려오면 스레드 역시 그 수만큼 생성되어 동시간대에 명령을 수행하고 네트워크 세션 역시 명령 수만큼 맺어진다. 당시의 상황은 서버가 몇백 개의 클라이언트에 대해 수십 개의 명령을 내렸으며, 각각의 클라이언트가 그 명령들을 수행한 결과를 전송하기 위해 비슷한 시간대에 수십 개씩의 세션을 맺게됨에 따라 전체적으로는 수천 개의 네트워크 세션이 동시에 연결되어 대량의 네트워크 트래픽을 유발시켰다. 네트워크 환경이 그리 좋지 않았던 그 사이트는 네트워크 트래픽의 허용량이 초과되어 결국 다운되어 버렸다. 이에 각각의 명령 처리는 스레드 풀에 맡기고, 그 결과는 대기가능 큐에 추가하도록 한 후 대기가능 큐에서 하나의 세션을 맺어 결과를 차례대로 전송하도록 수정함으로써 문제를 해결했다.

```
struct WAIT_QUE
{
    HANDLE    _hMutx;    // 엔큐/데큐 동기화를 위한 뮤텍스
    HANDLE    _hSema;    // 큐 관리를 위한 세마포어
    ITEM_QUE _queue;     // 큐 기능을 담당할 STL 리스트
};
typedef WAIT_QUE* PWAIT_QUE;
```

대기가능 큐에 필요한 항목을 담고 있다. 스레드 풀의 경우와 구성요소는 동일하다.

엔큐 처리 부분은 다음의 함수로 구현한다. 스레드 풀 예제에서의 엔큐 처리와 동일하다.

```
void Enqueue(PWAIT_QUE pWQ, INT cmd, PVOID data)
{
    WQUE_ITEM wqi;
    wqi._cmd = cmd, wqi._data = data;

    WaitForSingleObject(pWQ->_hMutx, INFINITE);
    pWQ->_queue.push_back(wqi);
    ReleaseMutex(pWQ->_hMutx);

    ReleaseSemaphore(pWQ->_hSema, 1, NULL);
}
```

데큐 처리 부분은 다음의 함수로 구현한다. 스레드 풀 예제에서의 데큐 처리와 동일하다.

```
INT Dequeue(PWAIT_QUE pWQ, PVOID& data)
{
    WQUE_ITEM wqi;

    WaitForSingleObject(pWQ->_hMutx, INFINITE);
    ITEM_QUE::iterator it = pWQ->_queue.begin();
    wqi = *it;
    pWQ->_queue.pop_front();
    ReleaseMutex(pWQ->_hMutx);

    data = wqi._data;
    return wqi._cmd;
}
```

메인 함수의 정의는 다음과 같다. 위에서 Enqueue/Dequeue 함수를 별도로 정의했기 때문에 코드가 간단해졌다.

```
void _tmain()
{
    cout << "======= Start WQSemaphore Test ========" << endl;

    WAIT_QUE wq;
    wq._hSema = CreateSemaphore(NULL, 0, LONG_MAX, NULL);
    wq._hMutx = CreateMutex(NULL, FALSE, NULL);
```

임계구역 설정용 뮤텍스와 큐 관리를 위한 세마포어를 생성한다. 세마포어 생성 시와 마찬가지로 초기값을 0으로 지정한다.

```
    DWORD dwThreadId;
    HANDLE hThread = CreateThread(NULL, 0, QueueWorkerProc, &wq, 0, &dwThreadId);
```

스레드를 하나만 생성한다. 엔큐된 큐의 항목을 처리하는 스레드다.

```
    char szIn[1024];
    while (true)
    {
        cin >> szIn;

        INT   cmd = 0;
        PVOID data = NULL;
        if (_stricmp(szIn, "quit") == 0)
            cmd = WQI_CMD_EXIT;
```

문자열을 입력받아 "quit"면 종료를 알리는 WQI_CMD_EXIT를 설정해준다.

```
        else
        {
            int nVal = atoi(szIn);
            if (nVal == 0)
            {
                cmd = WQI_CMD_STR;
                data = new char[strlen(szIn) + 1];
                strcpy((char*)data, szIn);
```

정수값으로의 변환 결과가 0이면 문자열로 간주하고, WQI_CMD_STR과 입력받은 문자열을 복사한다.

```
        }
        else
        {
            cmd = WQI_CMD_INT;
            data = (PVOID)nVal;
        }
```

정수값으로의 변환 결과가 0이 아니면 정수로 간주하고 WQI_CMD_INT와 정수값을 지정한다.

```
    }

    Enqueue(&wq, cmd, data);
```

큐 항목을 큐에 엔큐한다. 이와 동시에 스레드는 활성화될 것이다.

```
    if (cmd == WQI_CMD_EXIT)
        break;
}

WaitForSingleObject(hThread, INFINITE);
CloseHandle(hThread);
CloseHandle(wq._hSema);
CloseHandle(wq._hMutx);

cout << "======= End WQSemaphore Test ==========" << endl;
}
```

다음은 큐에 추가된 항목을 데큐해서 처리하는 스레드에 대한 정의다.

```
DWORD WINAPI QueueWorkerProc(LPVOID pParam)
{
    PWAIT_QUE pWQ = (PWAIT_QUE)pParam;

    while (true)
    {
        DWORD dwWaitCode = WaitForSingleObject(pWQ->_hSema, INFINITE);
```

세마포어에 대해 대기한다. WQI_CMD_EXIT로 종료 처리가 가능하기 때문에 세마포어 하나에 대해서만 대기해도 상관없다. 또한, 필요
하다면 다른 여러 동기화 객체와 더불어 WaitForMultipleObjects를 호출해 스레드 내의 여러 통지에 대한 처리 역시 가능하다.

```
        if (dwWaitCode == WAIT_FAILED)
        {
            cout << " ~~~ WaitForSingleObject failed : " << GetLastError() << endl;
            break;
        }


        char* data = NULL;
        INT cmd = Dequeue(pWQ, (PVOID&)data);
```

큐로부터 항목을 추출한다.

```
        if (cmd == WQI_CMD_EXIT)
            break;
```

종료 명령이면 루프를 탈출하고 스레드를 종료한다. 별도의 종료 통지용 객체 없이 일반 처리 항목과 같이 사용할 수 있다.

```
        if (cmd == WQI_CMD_INT)
            printf(" => CMD_INT queued : %d\n", (int)data);
        else
        {
            printf(" => CMD_STR queued: %s\n", data);
            delete[] data;
        }
```

명령에 맞게 데이터를 출력한 후 작업을 완료한 다음 다시 루프를 돌아 대기 함수를 호출한다.

```
    }
    printf("......QueueWorkerProc Thread Exit!!!\n");

    return 0;
}
```

2.3 흐름 제어를 위한 동기화 객체

이번에는 1.2.2절에서 논의했던 동기화의 목적 중에서 흐름 제어를 위한 동기화 전용 커널 객체에 대해 상세하게 논의할 것이다. 그러한 목적을 가진 동기화 객체에는 이벤트와 대기가능 타이머가 있다. 먼저 이벤트 커널 객체부터 논의를 시작해보자.

2.3.1 이벤트(Event)

이벤트는 가장 범용적이며, 사용하기 쉽고, 그 자체가 시그널/넌시그널 상태를 의미하는 가장 원초적인(앞서 예로 든 깃발이나 표식, 신호등에 가장 가깝다는 의미다) 동기화 객체다. 다른 동기화 객체들은 그들 나름대로의 시그널/넌시그널 상태에 대한 별도의 정의를 갖고 있지만, 이벤트 커널 객체는 그 자체가 시그널/넌시그널 상태를 표현하기 위해 존재한다. 이 말은 이벤트가 통지를 위한 최적화된 객체임을 의미한다. 어떠한 사건에 대한 통지를 깃발을 올리거나 내리든, 아니면 초록불 또는 빨간불로 알림 표시기에 불을 ON/OFF하든, 다양한 사건에 대한 다양한 의미들을 시그널과 넌시그널이라는 추상화된 두 상태로 표현이 가능하다. 이벤트의 예는 다양하다. 사실 앞서 나온 뮤텍스나 세마포어의 기능을 이벤트로도 구현이 가능하다. 이벤트의 예는 깃발이나 신호등, 뮤텍스에서의 화장실 열쇠도 될 수 있다. 열쇠가 있으면 시그널 상태, 열쇠가 없으면 넌시그널 상태다. 따라서 이벤트의 경우는 시그널과 넌시그널 상태에 대한 별도의 정의는 없고 단지 그 내부적으로 두 상태를 표현하는 플래그를 변수로 가지고 있다고 볼 수 있다. 예를 들어 그 플래그를 Bool 타입의 변수로 정의해 TRUE면 시그널 상태, FALSE면 넌시그널 상태로 정의할 수 있다.

1) 이벤트의 생성

이벤트 커널 객체의 생성은 다음의 두 함수를 이용한다.

```
HANDLE WINAPI CreateEvent
(
   _In_opt_      LPSECURITY_ATTRIBUTES lpEventAttributes,
   _In_          BOOL                  bManualReset,
   _In_          BOOL                  bInitialState,
   _In_opt_      LPCTSTR               lpName
);


HANDLE WINAPI CreateEventEx
(
   _In_opt_      LPSECURITY_ATTRIBUTES lpEventAttributes,
   _In_opt_      LPCTSTR               lpName,
   _In_          DWORD                 dwFlags,
   _In_          DWORD                 dwDesiredAccess
);
```

BOOL bManualReset

이벤트 커널 객체에는 두 종류가 있다. 하나는 자동 리셋 이벤트로, WaitForXXX 대기 함수 호출 시 시그널 상태로 바뀐 이벤트 객체에 대해서 시스템이 자동적으로 다시 넌시그널 상태로 바꿔준다. 수동 리셋 이벤트는 ResetEvent 함수를 호출해 유저가 직접 이벤트 객체를 시그널 상태로 바꿔줘야 한다. 생성할 이벤트를 자동 리셋 이벤트로 생성할 것인지, 아니면 수동 리셋 이벤트로 생성할 것인지의 여부를 지정하는 매개변수가 바로 bManualReset이다. TRUE면 수동 리셋 이벤트를, FALSE면 자동 리셋 이벤트를 생성한다.

BOOL bInitialState

이 매개변수는 생성된 이벤트 객체의 초기 상태를 지정한다. 이 매개변수를 TRUE로 넘겨주면 생성된 이벤트 커널 객체는 시그널 상태가 되고, FALSE로 넘겨주면 넌시그널 상태가 된다.

DWORD dwFlags

CreateEventEx 함수의 경우 dwFlags를 이용해 bManualReset과 bInitialState를 동시에 설정한다.

- **CREATE_EVENT_INITIAL_SET** : bInitialState가 TRUE인 경우와 동일
- **CREATE_EVENT_MANUAL_RESET** : bManualReset이 TRUE인 경우와 동일

2) 이벤트의 상태 변경

이벤트가 통지의 성격을 지닌다는 점은 바로 상태 변경을 직접 할 수 있다는 점에서 더욱 명료하다. 스레드나 뮤텍스 또는 세마포어 등 이벤트를 제외한 다른 동기화 객체들의 경우는 그 상태가 시그널 상태로 변경될 수 있는 자신만의 특수한 조건을 가진다. 하지만 이벤트의 경우는 그런 조건 없이 사용자가 임의로 상태를 변경할 수 있다는 점에서 원초적인 동기화 객체다. 이벤트의 상태 변경은 다음의 두 함수를 통해 이루어진다.

```
BOOL WINAPI SetEvent(_In_ HANDLE hEvent);

BOOL WINAPI ResetEvent(_In_ HANDLE hEvent);
```

SetEvent는 매개변수로 넘겨진 이벤트 커널 객체를 시그널 상태로 설정하고, 반대로 ResetEvent

는 넌시그널 상태로 설정한다.* Set/ResetEvent는 단지 이벤트의 상태를 시그널/넌시그널 두 상태로 설정할 뿐이다. 따라서 시그널 상태의 이벤트에 대해 SetEvent를 여러 번 중복해서 호출하더라도 호출은 성공하지만 상태 변경은 없다. 이는 ResetEvent의 경우에도 마찬가지다.**

이러한 단순한 상태 변경이지만 해당 이벤트에 대해 대기 중인 스레드에게는 큰 의미로 다가온다. SetEvent를 호출해 이벤트를 시그널 상태로 변경하는 순간 스레드는 깨어난다. 이것은 이미 정해진 조건에서 스레드를 깨우는 다른 동기화 객체들과는 달리, 이벤트는 스레드를 깨우기 위한 단순한 통지 그 자체다. 즉, 이미 조건과 상관없이 원하는 시점에서 스레드를 깨우도록 통지하는 것이다. 조건과 상관없다는 의미를 반대로 생각하면 다른 동기화 객체들은 이미 정해진 조건이 있지만, 이벤트의 경우는 그 조건을 유저가 직접 정의할 수 있다는 것을 의미한다. 자원계수를 유저가 따로 관리하여 그 값이 0보다 클 경우 이벤트를 통해 깨어나라고 통지하면 세마포어가 된다. 마찬가지로 소유권 개념을 유저가 직접 정의 및 관리해서 소유권이 해제되는 순간 스레드를 깨우면 뮤텍스가 된다. 이벤트가 원초적이라고 하는 것은 스레드를 깨우는 그 조건을 유저가 직접 정의할 수 있음을 의미한다. 따라서 이벤트야말로 몇 가지 필요한 변수와 이벤트, 대기 함수를 적절히 조합함으로써 뮤텍스, 세마포어 그리고 대기가능 타이머를 비슷하게 구현할 수 있는 수단이 된다. 이는 곧 통지의 성격을 어떻게 보느냐에 따라 필요한 조건하의 동기화 기능을 제공할 수 있다는 의미가 된다. 그렇다면 통지의 의미는 무엇인가? 통지는 무언가를 알리는 역할을 한다. 즉, 동기화에서의 통지는 유저가 정의한 어떤 조건을 만족하는 사건이 발생했음을 알려주는 것이고, 그 통지를 받은 스레드는 이제 만족된 그 조건에 맞춰 자신의 역할을 수행할 수 있을 것이다. 따라서 a라는 이벤트의 통지에 맞춰 스레드는 A라는 작업을, b라는 이벤트의 통지에 맞춰 B라는 작업을 수행할 수 있을 것이다. 즉 이러한 통지를 통해 이벤트는 스레드가 수행해야 할 행위를 알려주는 식별자 역할을 수행할 수 있다.

이벤트의 사용 예를 간단한 코드를 통해서 살펴보자. 앞서 뮤텍스를 이용한 스레드 종료 통지의 예제를 살펴본 바 보통 스레드의 종료 통지는 이벤트를 통해서 구현된다. 이때 이 이벤트는 스레드로 하여금 종료하라는 통지를 보낸다. 이는 시그널 상태로 변경될 조건을 "프로그램 종료 시"라는 것으로 유저가 직접 정의하여 이벤트를 이용해 종료를 통지함으로써 스레드에게 알리는 것이다. 그러면 스레드는 프로그램 종료라는 사건이 발생했으며 이제 자신도 스스로 종료를 해야겠다는 사실을

---

* 이 외에도 이벤트의 상태를 변경하는 함수로는 PulseEvent가 있다. 이 함수는 상태를 시그널로 변경했다가 바로 넌시그널로 변경한다. 즉 SetEvent( ); ResetEvent( ); 를 연속해서 호출한 효과와 같다. 하지만 사용 빈도도 거의 없고 MSDN에서도 단지 이전 버전과의 호환성을 위해서만 존재하기 때문에 사용하지 말 것을 권고하고 있다. 따라서 PulseEvent 함수는 혹시 보게 되더라도 신경 쓰지 않도록 하자.

** 이벤트 객체에 대해 SetEvent를 호출해 시그널 상태로 만드는 상황을 흔히 "시그널링한다" 또는 "스레드에게 시그널을 보낸다"라고 하고, 반대로 ResetEvent를 통해 이벤트를 넌시그널 상태로 만드는 것을 흔히 "리셋한다"라고 표현한다.

인지해 거기에 맞춰 행동할 것이다. 이러한 종료 통지 및 처리를 이미 사용한 기존의 소스를 이용해서 이벤트를 사용하는 것으로 변경해보자. 스레드 종료 처리는 앞서도 강조했지만 매우 중요하다. 스레드를 강제로 종료시키는 것이 아니라 스레드가 자신의 엔트리 함수의 마지막 블록을 탈출해서 스스로 종료하게끔 만드는 것이 중요하다. 보통 동기화 코드를 가진 스레드는 while 문 등의 무한 루프를 돌면서 동기화 객체에 대해 대기를 하는 구조가 일반적이다. 앞서 세마포어 테스트 예제인 〈프로젝트 2.2.2 SemaphoreTest〉에서 보여준 것처럼 무한 루프를 통해서 세마포어 객체를 기다리며 대기한다. 이 예제의 앞 부분을 다시 검토해보자.

```
DWORD WINAPI SemaphoreThreadProc(LPVOID pParam)
{
    HANDLE hSemaphore = (HANDLE)pParam;
    DWORD   dwThreadId = GetCurrentThreadId();


    while (!g_bExit)
    {
        DWORD dwWaitCode = WaitForSingleObject(hSemaphore, INFINITE);
            :
```

위 예에서는 스레드의 종료 처리를 위해 g_bExit이라는 Bool 타입의 플래그를 사용한다. 하지만 이러한 방식의 문제는 먼저, 스레드가 WaitForSingleObject 호출 후 대기 상태에서 깨어나 작업을 마치고 다시 루프를 돌아갔을 때서야 while 문 루프의 탈출 여부를 판단할 수 있다는 점이다. 그리고 위의 예에서는 다행히 주기적으로 세마포어에 대해 대기하는 스레드들이 깨어나기 때문에 루프 내에서 g_bExit 플래그를 체크할 수 있다. 하지만 세마포어에서의 스레드 풀이나 대기가능 큐의 예 같은 경우는 큐에 항목을 추가하지 않은 상태에서는 절대로 스레드를 종료시킬 수 없다. 왜냐하면 엔큐 없이는 스레드가 깨어나지 않으므로 따라서 g_bExit 플래그를 체크할 기회조차 갖지 못하기 때문이다. 다음 문제점으로, 대기 함수에서 탈출한 스레드는 바로 종료 조건을 체크하지 못하고 자신의 작업을 처리한 후 다시 루프를 돌아가야만 종료 사실을 알게 된다는 점이다. 만약 그 작업이 시간이 많이 소요되는 작업이라면 종료 명령을 내리고 나서도 한참이 지나서야 스레드가 종료될 것이다. 물론 대기 함수에서 탈출하자마자 g_bExit 변수를 체크하는 코드를 넣으면 되지 않느냐?라고 반문할 것이다. 하지만 탈출 후에 g_bExit를 체크한 시점에는 이 플래그는 false인 상태였고, 그 후 다음 코드를 수행하는 순간 g_bExit가 true로 바뀐다면 이 역시 종료의 기회를 놓치고 다음 루프에서 종료를 판단할 수밖에 없게 된다.

이제 화두는 명확해졌다. 대기 함수의 결과 자체를 통해 종료 조건을 판단할 수는 없을까?라는 것이다. 이 경우 이벤트를 사용해서 깔끔하게 해결할 수 있다. 세마포어 〈프로젝트 2.2.2 SemaphoreTest〉의 예를 다음과 같이 수정해보자. 먼저 Bool 타입의 g_bExit에 대한 전역 선언을 이벤트를 담을 수 있는 핸들 선언으로 변경해보자.

```
HANDLE  g_hExit = NULL;
```

그리고 메인 함수를 다음처럼 수정하도록 한다.

프로젝트 2.3.1 ExitWithEvent

```
void _tmain()
{
    cout << "======= Start ExitWithEvent Test ========" << endl;
    g_hExit = CreateEvent(NULL, TRUE, FALSE, NULL);
```

종료를 통지하는 이벤트를 생성한다. 두 번째 매개변수를 TRUE로 넘겨주어 수동 리셋 이벤트를 만들어야 한다. 또한 세 번째 매개변수인 초기 상태 지정을 FALSE로 넘겨주어 넌시그널 상태로 생성해야 한다. 그렇지 않으면 스레드들은 바로 종료로 판단하고 종료되어 버릴 것이다.

```
    ⋮
    getchar();
    SetEvent(g_hExit);
```

종료를 위해 종료 이벤트를 시그널 상태로 설정한다.

```
    ⋮
    CloseHandle(g_hExit);
```

종료 이벤트의 핸들을 닫는다.

```
    cout << "======= End ExitWithEvent Test ==========" << endl;
}
```

종료해야 할 시점에서 SetEvent를 호출하면 g_hExit 이벤트는 넌시그널 상태에서 시그널 상태로 바뀌고, 이 이벤트에 대해 대기하는 스레드들은 모두 대기에서 깨어나 종료 처리를 수행할 수 있게 될 것이다. 그러면 이러한 종료 처리를 위한 스레드 엔트리 함수의 변경사항을 확인해보자.

```
DWORD WINAPI SemaphoreThreadProc(LPVOID pParam)
{
   HANDLE hSemaphore = (HANDLE)pParam;
   DWORD  dwThreadId = GetCurrentThreadId();

   HANDLE arhWaits[2] = { g_hExit, hSemaphore };
```

WaitForMultipleObjects를 사용하기 위해 커널 객체 핸들의 배열을 선언하고 종료 이벤트와 세마포어를 원소로 지정한다. 어떤 객체가 시그널 상태가 되었는지는 이 배열의 인덱스를 통해 판단하기 때문에 순서가 중요하다.

```
   while (true)
   {
      DWORD dwWaitCode = WaitForMultipleObjects(2, arhWaits, FALSE, INFINITE);
```

WaitForMultipleObjects를 호출해 이벤트와 세마포어 두 개의 커널 객체에 대해 시그널 상태를 기다린다.

```
      if (dwWaitCode == WAIT_FAILED)
      {
         cout << " ~~~ WaitForSingleObject failed : " << GetLastError() << endl;
         break;
      }

      if (dwWaitCode == WAIT_OBJECT_0)
         break;
```

대기 결괏값이 WAIT_OBJECT_0이면 종료 이벤트가 시그널 상태기 때문에 메인 스레드가 종료를 원한다는 것을 판단할 수 있다. 이 경우 break를 통해 정상적으로 무한 루프를 탈출하면 깔끔한 스레드 종료 처리가 완료된다.
WAIT_OBJECT_0 + 1은 세마포어가 시그널 상태가 되었음을 의미하므로 스레드 자신의 고유한 작업을 수행하면 된다.

```
      ⋮
```

이제 우리는 앞서 대기 함수에서 일부 수정했던 〈MyThread〉 코드의 마지막 처리, 즉 종료 통지를 통해서 스레드를 안전하게 종료시키는 처리를 추가함으로써 목적했던 MyClass를 제대로 구현할 수 있다.

프로젝트 2.3.1 MyThread3

```
class MyClass
{
```

```
          :
    HANDLE  m_hThread;
    DWORD   m_dwThreadId;
    HANDLE  m_hExit;
```

m_bExit로 선언된 Bool 타입의 변수를 이벤트를 위한 핸들 타입의 변수로 변경한다.

```
    DWORD   m_dwDelay;


public:
    MyClass() : m_hThread(NULL), m_hExit(NULL), m_dwDelay(1000)
    {
    }
    ~MyClass()
    {
        if (m_hThread != NULL)
            CloseHandle(m_hThread);
        if (m_hExit != NULL)
            CloseHandle(m_hExit);
```

소멸자에서 m_hExit 이벤트 커널 객체를 닫는 코드를 추가한다.

```
    }


public:
    HRESULT Start()
    {
        m_hExit = CreateEvent(NULL, TRUE, NULL);
```

수동 리셋 이벤트를 생성한다.

```
        if (m_hExit == NULL)
            return HRESULT_FROM_WIN32(GetLastError());
              :
    }

    void Stop()
    {
        SetEvent(m_hExit);
```

기존 m_bExit = true; 부분을 이벤트 시그널 통지 코드로 변경한다.

```
        WaitForSingleObject(m_hThread, INFINITE);
    }
};
```

그리고 스레드 엔트리 함수 대리자인 InnerThreadProc 함수의 정의가 어떻게 바뀌었는지 확인해 보자.

```
void MyClass::InnerThreadProc()
{
    do
    {
        SYSTEMTIME st;
        GetLocalTime(&st);
          ⋮
    }
    while (WaitForSingleObject(m_hExit, m_dwDelay) == WAIT_TIMEOUT);
```

기존 코드 Sleep(m_dwDelay); 구문을 WaitForSingleObject로 대체하고 타임아웃을 지정함으로써 원래 코드의 Sleep 기능을 살리는 동시에 종료 통지를 한꺼번에 받을 수 있다. WaitForSingleObject의 호출 결과가 WAIT_OBJECT_0이면 m_hExit가 시그널 상태임을 의미하므로 루프를 탈출한다. WAIT_TIMEOUT이면 Sleep 역할을 하는 동시에 계속 루프를 돌게 된다.

```
    }
}
```

위 코드에서 하나만 더 추가로 수정해보자. Stop 멤버 함수의 부분이다. 이 함수는 종료 통지를 위해 m_hExit 이벤트를 시그널 상태로 만들고, 곧바로 m_hThread 핸들을 사용해서 스레드가 종료되기를 기다린다. 이 두 단계의 처리를 원자적인 하나의 함수로 대체할 수 있다. 앞서 대기 함수 중에서 시그널링과 대기를 동시에 할 수 있는 SignalObjectAndWait 함수를 언급했는데, 바로 Stop 함수 정의에서 이 함수를 사용하는 예를 볼 수 있다.

```
void Stop()
{
    // SetEvent(m_hExit);
    // WaitForSingleObject(m_hThread, INFINITE);
```

```
    SignalObjectAndWait(m_hExit, m_hThread, INFINITE, FALSE);
}
```

3) 자동 리셋 이벤트 vs 수동 리셋 이벤트

수정된 소스 〈ExitWithEvent〉에 대한 검토를 계속 이어나가 보자. 앞의 예제에서는 종료 이벤트를 수동 리셋 이벤트(Manual Reset Event)로 만들었다. 그렇다면 이 이벤트를 자동 리셋 이벤트(Auto Reset Event)로 생성했을 때에는 어떤 상황이 일어나는지 살펴보기로 한다.

```
    g_hExit = CreateEvent(NULL, FALSE, FALSE, NULL);
```

위와 같이 코드를 수정하고 실행해보면 단지 하나의 스레드만 종료되고, 나머지 스레드는 계속 자신의 작업을 수행할 것이다. 이런 상황이 수동 리셋 이벤트와 자동 리셋 이벤트의 중요한 차이인 것이다.

- **자동 리셋**

   WaitForXXX 대기에서 탈출하게 되면 운영체제는 이벤트를 자동으로 넌시그널 상태로 되돌린다. 따라서 굳이 ResetEvent를 사용해 명시적으로 넌시그널 상태를 설정할 필요가 없다. 이러한 자동 상태 변경 역시 WaitForXXX 대기 함수의 부가적 효과다. 자동 리셋 이벤트에 대해 동시에 여러 스레드가 대기 상태일 경우, 이벤트가 시그널 상태가 되면 단지 하나의 스레드만 대기 상태에서 깨어난다.

- **수동 리셋**

   WaitForXXX 대기에서 탈출하게 되더라도 이벤트의 상태는 바뀌지 않기 때문에 시그널 상태 그대로 남아 있다. 따라서 필요하다면 유저가 직접 ResetEvent를 호출해 넌시그널 상태로 만들어줘야 한다. 수동 리셋 이벤트에 대해 동시에 여러 스레드가 대기 상태일 경우, 이벤트가 시그널 상태가 되면 대기 중인 모든 스레드가 대기 상태에서 깨어나게 된다.

두 차이를 곰곰이 생각해본다면 종료 이벤트를 자동 리셋 이벤트로 생성했을 때 왜 제대로 종료되지 않는지 알 수 있다. 자동 리셋의 경우는 시그널 상태가 되었을 때 대기 함수에서 탈출하면서 다시 넌시그널 상태로 복원된다. 이 말은 이 이벤트를 바라보며 대기하는 스레드가 여러 개 존재할 경우, 그 중 단 하나의 스레드만이 대기 함수에서 탈출할 수 있음을 의미한다. 물론, 어느 스레드가 활성화될 것인지는 뮤텍스의 경우처럼 알 수 없다. 시스템은 해당 이벤트가 시그널 상태가 되면 대기 중인 여러 스레드 중 하나의 스레드만 대기 함수에서 탈출시키고 곧바로 이벤트의 상태를 넌시그널 상태로 바꿔버리기 때문에 대기 중인 다른 스레드는 계속 대기 상태로 머물게 된다. 앞의 예제에서 실제로 작동 중인 스레드는 다섯 개이다. 자동 리셋으로 생성된 종료 이벤트를 시그널링하면 이 다섯 개 중 단지 하나의 스레드만 시그널 통지에 대해서 깨어나 스레드를 종료하게 되고, 나머지 스레드는 계속 세마포어 객체를 바라보며 움직일 것이다. 좀 더 정확하게 확인하기 위해서 자동 리셋 이벤트에 대해 메인 함수의 종료 처리 부분을 다음과 같이 다섯 번 콘솔로부터 입력받게 해서 SetEvent를 다섯 번 호출하도록 수정해보기 바란다.

```
...
for (int i = 0; i < MAX_RES_CNT + 2; i++)
{
    getchar();
    SetEvent(g_hExit);
}
WaitForMultipleObjects(MAX_RES_CNT + 2, hThreads, TRUE, INFINITE);
...
```

그러면 프로그램은 정상적으로 종료될 것이다. 이는 자동 리셋 이벤트에 대해서 기다리던 다섯 개의 스레드는 각각의 SetEvent 호출에 대해 하나씩만 반응하기 때문이다.

이번에는 자동 리셋 이벤트를 이용해 뮤텍스 섹션에서 논의했던 뮤텍스의 기능을 대체하는 예를 보도록 하자. 뮤텍스 사용의 예인 〈프로젝트 2.2.1 MutexTest〉를 이벤트 커널 객체로 대체하는 코드를 살펴보기로 한다. 먼저 메인 함수 부분이다.

프로젝트 2.3.1 EventTest

```
void _tmain(void)
{
    cout << "======= Start Event Test ========" << endl;
    HANDLE hEvent = CreateEvent(NULL, FALSE, TRUE, NULL);
```

뮤텍스 대신 자동 리셋 이벤트를 생성해 스레드의 매개변수로 넘긴다.

```
    HANDLE arhThreads[10];
        ⋮
    WaitForMultipleObjects(10, arhThreads, TRUE, INFINITE);
    CloseHandle(hEvent);
    cout << "======= End Event Test ==========" << endl;
}
```

다음은 스레드 엔트리 함수에 대한 정의다.

```cpp
DWORD WINAPI ThreadProc(LPVOID pParam)
{
    HANDLE hEvent = (HANDLE)pParam;

    DWORD dwWaitCode = WaitForSingleObject(hEvent, INFINITE);
    뮤텍스 대신 자동 리셋 이벤트에 대해 대기한다.
    if (dwWaitCode == WAIT_FAILED)
    {
        cout << "WaitForSingleObject failed : " << GetLastError() << endl;
        return 0;
    }

    SYSTEMTIME st;
    GetLocalTime(&st);

        ⋮

    SetEvent(hEvent);
    ReleaseMutex 호출 부분을 SetEvent로 대체한다.

    return 0;
}
```

ReleaseMutex는 뮤텍스에 대한 소유권을 해제함으로써 뮤텍스를 시그널 상태로 만드는 동시에 다른 스레드로 하여금 뮤텍스를 소유할 수 있도록 한다. 마찬가지로 여기에서는 SetEvent를 호출해 이벤트를 시그널 상태로 만들어 다른 스레드가 움직일 수 있도록 해준다. 물론 자동 리셋 이벤트이므로 대기하는 스레드 중 임의의 하나만이 위의 코드를 수행할 것이다. 이벤트의 경우는 ReleaseMutex가 하는 역할을 SetEvent를 통해 넌시그널 상태의 객체를 시그널 상태로 만들어 마치 뮤텍스의 소유권을 해제한 것과 같은 역할을 수행한다. 만약 수동 리셋 이벤트였다면 대기하던 모든 스레드가 활성화되어 임계구역에 동시에 진입하기 때문에 동기화는 실패하게 될 것이다.

지금까지 자동 리셋과 수동 리셋의 예를 살펴보았다. 그러면 반대로 자동 리셋 이벤트를 사용해야 할 상황에서 수동 리셋 이벤트를 사용했을 때의 문제점을 살펴보자. 여기서는 여러 개의 동기화 커널 객체를 하나의 스레드에서 처리하기 위해 WaitForMultipleObjects와 결합해서 사용하는 전형적인 경우를 예로 든다. 다음 프로젝트에서는 이벤트, 뮤텍스, 세마포어를 하나의 스레드에서 처리하기 위해 WaitForMultipleObjects를 이용하며, 별도로 스레드 종료 처리를 위해 이벤트를 하나 더 사용하였다. 다음은 메인 함수의 정의다.

프로젝트 2.3.1 MultiSyncWaits

```
void _tmain(void)
{
    cout << "======= Start MultiSyncWaits Test ========" << endl;

    HANDLE arhSyncs[4];
    arhSyncs[0] = CreateEvent(NULL, TRUE, FALSE, NULL);
```

종료를 위한 이벤트를 수동 리셋 이벤트로 생성하고 배열의 인덱스 0에 할당한다.

```
    arhSyncs[1] = CreateEvent(NULL, FALSE, FALSE, NULL);
    arhSyncs[2] = CreateMutex(NULL, TRUE, NULL);
    arhSyncs[3] = CreateSemaphore(NULL, 0, 1, NULL);
```

각각 특정 사건을 대변하는 이벤트, 뮤텍스, 세마포어 객체를 생성해 각각 배열에 순서대로 할당한다. 이벤트의 경우 자동 리셋 이벤트로 생성시켰음에 주목하자.

```
    DWORD dwThrId = 0;
    HANDLE hThread = CreateThread(NULL, 0, ThreadProc, arhSyncs, 0, & dwThrId);
```

동기화 객체 핸들 배열을 스레드의 엔트리 함수 매개변수로 전달한다.

```
    char szIn[32];
    while (true)
    {
        cin >> szIn;
        if (stricmp(szIn, "quit") == 0)
            break;
```

종료 처리로, 루프를 빠져나가 종료 이벤트를 시그널링한다.

```
        if (stricmp(szIn, "event") == 0)
```

```
            SetEvent(arhSyncs[1]);
```

이벤트를 통해 사건을 통지한다.

```
        else if (stricmp(szIn, "mutex") == 0)
        {
            ReleaseMutex(arhSyncs[2]);
            WaitForSingleObject(arhSyncs[2], INFINITE);
```

뮤텍스를 통해 사건을 통지한다. 뮤텍스의 경우 데이터 보호에 최적화되어 있으나 위의 방식으로 통지해도 사용 가능하다.

```
        }
        else if (stricmp(szIn, "semaphore") == 0)
            ReleaseSemaphore(arhSyncs[3], 1, NULL);
```

세마포어를 통해 사건을 통지한다.

```
    }

    SetEvent(arhSyncs[0]);
```

스레드 종료를 통지한다.

```
    WaitForSingleObject(hThread, INFINITE);
    CloseHandle(hThread);
    for (int i = 0; i < 4; i++)
        CloseHandle(arhSyncs[i]);

    cout << "======= End MultiSyncWaits Test ==========" << endl;
}
```

스레드 엔트리 함수에서는 4개의 커널 객체에 대해 동시 대기를 하며, 각 객체가 시그널 상태가 될 때마다 대기 상태에서 탈출해서 해당 작업을 처리한다.

```
DWORD WINAPI ThreadProc(LPVOID pParam)
{
    PHANDLE parSyncs = (PHANDLE)pParam;

    while (true)
    {
        DWORD dwWaitCode = WaitForMultipleObjects(4, parSyncs, FALSE, INFINITE);
```

```
    if (dwWaitCode == WAIT_FAILED)
    {
        cout << "WaitForSingleObject failed : " << GetLastError() << endl;
        return 0;
    }


    if (dwWaitCode == WAIT_OBJECT_0)
        break;
```

```
    dwWaitCode -= WAIT_OBJECT_0;
    switch (dwWaitCode)
    {
        case 1 :
            cout << " +++++ Event Singnaled!!!" << endl;
```

```
        break;

        case 2:
            cout << " ***** Mutex Singnaled!!!" << endl;
            ReleaseMutex(parSyncs[dwWaitCode]);
```

```
        break;

        case 3:
            cout << " ##### Semaphore Singnaled!!!" << endl;
```

```
        break;
    }
  }
  return 0;
}
```

앞의 예에서 배열 인덱스 1의 이벤트 객체를 수동 리셋 이벤트로 생성시키면 어떻게 될 것인가? 그렇게 수정하여 실행한 후 콘솔에서 "event"를 입력해 이벤트 커널 객체를 시그널 상태로 만들어 보라. 이벤트에 대한 대기에서 깨어나 이벤트 관련 처리를 수행한 후 스레드는 다시 루프를 돌아 대기 함수로 돌아가지만, 수동 리셋 이벤트이므로 이미 시그널 상태로 남아있기 때문에 대기 없이 바로 대기 함수를 빠져나와 버린다. 이 과정이 계속해서 반복되며, 또한 이벤트 객체의 인덱스가 뮤텍스나 세마포어의 배열상의 인덱스보다 빠르기 때문에 뮤텍스나 세마포어의 시그널을 받을 여지도 없이 무한히 이벤트 시그널링에 대해서만 반응하는 상태로 빠져버린다. 이벤트 객체가 계속 시그널 상태로 남아있기 때문에 멈춤 없이 이벤트 처리 루틴만 엄청 빠른 속도로 무한히 반복되는 것이다. 이런 경우 역시 개발자가 꽤 많이 저지르는 실수이기도 하다. 이렇게 수동 리셋 이벤트로 처리했다면 대기 함수에서 탈출 후 작업을 한 다음 이벤트 객체를 다시 넌시그널 상태로 만들어야만 스레드는 다음 번의 대기 함수에서 잠들 수 있게 된다. 다음 코드처럼 말이다.

```
dwWaitCode -= WAIT_OBJECT_0;
switch (dwWaitCode)
{
   case 1 :
      cout << " +++++ Event Singnaled!!!" << endl;
      ResetEvent(parSyncs[dwWaitCode]);
   break;
   ...
```

이렇게 RcsetEvent를 호출해 넌시그널 상태로 만들거라면 굳이 수동 리셋 이벤트로 가져갈 이유 없이 자동 리셋 이벤트를 이용하면 더 간단한 코드를 작성할 수 있다. 결국 수동 리셋 이벤트는 여러 스레드가 하나의 이벤트 객체를 바라보며 동시에 시그널을 받고자 할 때 사용한다. 따라서 다음의 룰을 반드시 명기하라. 시그널 상태가 된 후 작업이 끝나면 루프를 돌아 대기 상태로 들어가기 전에 반드시 ResetEvent를 호출해 넌시그널 상태로 만들어줘야 한다는 것이다. 그러면 여러 스레드에 의해서 ResetEvent가 호출되는 데에 문제가 없는가? 문제가 없다. ResetEvent를 여러 번 호출하면 계속 넌시그널 상태로 남아 있다.

4) 이벤트의 응용

이번에는 이벤트를 응용하는 유용한 상황과 그 응용 방법에 대해 살펴보기로 하자. 먼저, 통지의 관점에서 이벤트를 바라볼 때 적용할 수 있는 다양한 예를 살펴보고, 다음으로 뮤텍스만으로는 적용하기 어려운 읽기-쓰기 잠금 기능을 이벤트를 이용해 구현하는 예를 설명할 것이다.

| 통지 수단으로서의 이벤트 |

이벤트는 통지를 위한 대표적인 커널 객체라고 했다. 통지는 어떤 사건에 대한 알림이다. 앞서 여러 번 예로 들었던 스레드 종료를 위해 이벤트를 사용하는 것 역시 프로세스가 종료된다는 것을 자식 스레드에게 통지하는 것이다. 뮤텍스나 세마포어처럼 공유자원을 위한 경쟁 조정의 경우 역시 통지의 일환으로 볼 수 있다. 소유권을 해제했다는 사실을 통지하는 것이고, 자원계수가 증가했음을 역시 통지하는 것이다. 이러한 통지는 알림이며, 그것을 인지하는 스레드는 그 알림에 반응해 자신의 역할을 해야 한다. 이는 스레드가 알림의 종류에 따라서 각기 다른 역할을 수행할 수 있음을 의미한다. 예를 들어 a, b, c라는 통지가 있어 각각 A, B, C라는 처리를 수행해야 한다고 치자. 그러면 a, b, c에 해당하는 이벤트를 만들고 A, B, C의 작업을 별도로 처리하는 세 개의 스레드를 생성해서 각각의 이벤트에 대해 대기하도록 코드를 작성할 수 있다. 메인 스레드에서 어떤 명령을 받아 필요한 작업에 대해 a, b, c 이벤트 중 하나를 시그널링하면 해당 처리를 수행할 수 있을 것이다. 물론 각각의 스레드 대신 a, b, c 이벤트를 모두 하나의 배열에 담아 WaitForMultipleObjects를 호출한다면 하나의 스레드로 각각의 업무를 처리할 수 있다. 이러한 선택도 신중을 요하는데, 예를 들어 A, B, C라는 업무가 파일 검색, 레지스트리 검색 등과 같이 시간을 요하는 작업이라면 별도의 스레드로 동시에 작업을 하는 것이 나을 것이고, 시간을 요하지 않는 성격의 작업일 경우 또는 작업에 서로 연관성이 있는 경우라면 WaitForMultipleObjects를 통해 하나의 스레드로 처리하는 것이 나을 것이다. 어떤 경우든 이벤트를 이용해 작업별로 서로 구분된 통지가 가능하다.

여기서 주목해야 할 점은 통지에 있어서 단순히 통지 자체만으로 끝나지 않을 수 있다는 것이다. 스레드 A는 서버로부터 명령을 수신받는다고 하자. 명령을 처리하는 스레드 B가 있다면 스레드 A는 서버로부터 명령을 수신했으니 처리하라고 통지하기 위해 이벤트를 제공할 것이다. 하지만 이런 상황이라면 단순히 이벤트만 시그널링한다고 끝나는 것이 아니라, A는 수신한 명령의 내용을 B에 전달해야 한다. 이때 문제가 되는 것이 바로 "스레드 간 데이터 전달"이다. 함수의 탁월한 점은 매개변수로 값을 전달할 수 있고 리턴을 통해서 그 결과를 받을 수 있다. 하지만 스레드 사이에서는 그러한 수단이 제한되어 있다. 스레드 간 데이터 전달을 위한 가장 일반적인 방법은 공유 버퍼를 데이터 전달 매개체로 이용해 스레드 A가 데이터를 썼음을 이벤트로 통지해 스레드 B를 깨우고 공유 버퍼에서 데이터를 읽도록 만드는 것이다. 이 경우 이벤트는 명령 도착을 알리는 통지인 동시에 해당 명령을 공유 버퍼에 썼음을 통지하는 수단이기도 하다. 하지만 데이터를 쓰고 이벤트를 시그널링하는 것만으로 끝나는 것이 아니다. 스레드 A는 명령을 수신한 후 그것을 공유 버퍼에 쓰고 이벤트를 시그널링한 후 바로 수신 상태로 들어갈 것이다. 그리고 명령 도착 통지용 이벤트에 의해 깨어난 스레드 B는 공유 버퍼로부터 명령을 읽는다. 이때 서버로부터 새로운 명령이 도착해서 스레드 A는 스레드 B가 이전 명령을 읽고 있는 도중에 공유 버퍼에 새로운 명령을 쓴다고 하면 상당한 난관에 처하게 된다. 즉 여기서는 스레드 A가 공유 버퍼에 명령을 쓰고 이벤트를 시그널링한 후 B가 명령을 모두 읽을 때까지 기다려야 한다. 이 말은 공유 버퍼에 썼음을 통지하는 이벤트와 더불어 B가 공유 버퍼로부터 그 명령을 읽었음을 통지할 수 있는 별도의 이벤트가 추가로 필요함을 의미한다. 이 상황은 뮤텍스의 경우처럼 상호 배제와는 전혀 다른 상황이다. 여기서 필요한 것은 스레드 간 순차성을 지켜주는 작업, 즉 A가 쓰고 B가 다 읽을 때까지 A는 기다린 후 다음 작업으로 넘어가는 스레드 간 순차성이 요구되는 것이다. 통지와 더불어 통지의 내용을 전달하는 스레드 간 데이터 전달에는 이러한 과정이 필요하게 된다.

다음 프로젝트에서는 "스레드 간 데이터 전달"을 위한 이벤트의 사용 예를 보여준다. 시나리오는 메인 함수에서 콘솔로부터 입력받아 공유 버퍼를 통해 서브 스레드에게 그 내용을 전달해주는 것이다. 콘솔 입력이 "time"이면 현재 시간을 구해서 SYSTEMTIME 구조체에 담아 공유 버퍼에 쓰고, "point"면 POINT 구조체에 x, y 좌표의 랜덤값을 설정하고 그 POINT 구조체를 공유 버퍼에 쓴다. 그 이외의 경우면 문자열로 간주해서 그 문자열을 공유 버퍼에 쓰고 서브 스레드에게 통지한다. 먼저 관련된 매크로 정의와 구조체를 다음과 같이 정의했다.

프로젝트 2.3.1 EventNotify

```
#define CMD_NONE     0
#define CMD_STR      1    // 문자열
#define CMD_POINT    2    // POINT 구조체
#define CMD_TIME     3    // SYSTMETIME 구조체
#define CMD_EXIT     100  // 종료 명령

struct WAIT_ENV
{
   HANDLE  _hevSend;     // 쓰기 완료 통지용 이벤트
   HANDLE  _hevResp;     // 읽기 완료 통지용 이벤트
   BYTE    _arBuff[256]; // 공유 버퍼
};
```

다음은 콘솔로부터 입력받은 명령에 대한 처리를 하는 스레드를 정의했다.

```
DWORD WINAPI WorkerProc(LPVOID pParam)
{
   WAIT_ENV* pwe = (WAIT_ENV*)pParam;
   DWORD dwThrId = GetCurrentThreadId();


   while (true)
   {
      DWORD dwWaitCode = WaitForSingleObject(pwe->_hevSend, INFINITE);
```

쓰기 완료 통지용 이벤트에 대해 대기한다. 종료 통지는 CMD_EXIT 명령으로 별도로 전달된다.

```
      if (dwWaitCode == WAIT_FAILED)
      {
         cout << " ~~~ WaitForSingleObject failed : " << GetLastError() << endl;
         break;
      }


      PBYTE pIter = pwe->_arBuff;
      LONG lCmd = *((PLONG)pIter); pIter += sizeof(LONG);
      if (lCmd == CMD_EXIT)
         break;
```

공유 버퍼에서 명령을 읽어들여 종료 명령이면 바로 루프를 탈출한다.

```
      LONG lSize = *((PLONG)pIter); pIter += sizeof(LONG);
      PBYTE pData = new BYTE[lSize + 1];
      memcpy(pData, pIter, lSize);
```

공유 버퍼에서 데이터 크기를 얻고 그 크기만큼 임시 버퍼를 할당한 후 데이터 부분을 복사한다. 본 코드에서 lSize + 1만큼의 버퍼를 할당한 이유는 문자열일 경우 마지막 NULL 문자를 지정하기 위한 처리다.

```
      SetEvent(pwe->_hevResp);
```

공유 버퍼에서 데이터를 모두 읽어오면 메인 스레드로 하여금 다음 명령을 수신할 수 있도록 읽기 완료 통지용 이벤트를 시그널링한다. 그리고 명령 처리 스레드는 읽어들인 데이터에 대해 명령 종류별로 처리를 수행한다. 이 시점부터 메인 스레드의 명령 수신 처리와 본 스레드의 이미 수신된 명령에 대한 작업 처리가 동시에 수행된다.

```
      switch (lCmd)
      {
```

```
        case CMD_STR:
        {
```

```
            pData[lSize] = 0;
            printf("  <== R-TH %d read STR : %s\n", dwThrId, pData);
        }
        break;


        case CMD_POINT:
        {
```

```
            PPOINT ppt = (PPOINT)pData;
            printf("  <== R-TH %d read POINT : (%d, %d)\n",
                dwThrId, ppt->x, ppt->y);
        }
        break;


        case CMD_TIME:
        {
```

```
        PSYSTEMTIME pst = (PSYSTEMTIME)pData;
            printf("  <== R-TH %d read TIME : %04d-%02d-%02d %02d:%02d:%02d+%03d\n",
                dwThrId, pst->wYear, pst->wMonth, pst->wDay, pst->wHour,
                pst->wMinute, pst->wSecond, pst->wMilliseconds);
        }
        break;
    }

    delete[] pData;
```

```
  }
  cout << " *** WorkerProc Thread exits..." << endl;


  return 0;
}
```

앞의 코드에서 두 가지 부분을 주목해보자. 먼저, 만약 읽기 완료 이벤트의 시그널 코드 SetEvent (pwe-> _hevResp)를 루프의 끝에, 즉 pData를 delete하는 코드 다음에 위치시키면 어떻게 될까? 이는 명령 처리 스레드가 자신의 작업을 모두 마칠 때까지 메인 스레드를 기다리게 만든다. 그렇다면 명령 수신 스레드와 명령 처리 스레드를 별도로 분리할 이유가 없으며, 그냥 명령 수신 스레드에서 그 처리까지 다 하는 것만 못한 결과가 될 것이다. 게다가, 명령이 CMD_EXIT, 즉 종료 명령일 경우 SetEvent(pwe-> _hevResp) 호출 없이 바로 루프를 빠져나간다. 이럴 경우 메인 스레드에서 명령을 쓰고 읽기 완료 응답을 기다린다면 문제가 될 것이다. 그래서 다음 메인 스레드의 처리는 그런 상황까지 고려했다.

```
void _tmain()
{
    cout << "======= Start EventNotify Test ========" << endl;

    WAIT_ENV we;
    we._hevSend = CreateEvent(NULL, FALSE, FALSE, NULL);
    we._hevResp = CreateEvent(NULL, FALSE, FALSE, NULL);
```
쓰기 완료 이벤트와 읽기 완료 이벤트를 각각 자동 리셋 이벤트로 생성한다.

```
    DWORD    dwThrID;
    HANDLE hThread = CreateThread(NULL, 0, WorkerProc, &we, 0, &dwThrID);
```
스레드를 생성하고 WAIT_ENV의 포인터를 매개변수로 넘긴다.

```
    char szIn[512];
    while (true)
    {
        cin >> szIn;
        if (_stricmp(szIn, "quit") == 0)
            break;
```
콘솔로부터 입력받은 문자열이 "quit"일 경우 프로그램 종료를 위해 루프를 탈출한다.

```
        LONG lCmd = CMD_NONE, lSize = 0;
        PBYTE pIter = we._arBuff + sizeof(LONG) * 2;
```
공유 버퍼 구성을 위해서 데이터를 먼저 채우기 위한 포인터를 지정한다.

```
    if (_stricmp(szIn, "time") == 0)
    {
        SYSTEMTIME st;
        GetLocalTime(&st);
        memcpy(pIter, &st, sizeof(st));
        lCmd = CMD_TIME, lSize = sizeof(st);
```

"time"인 경우 현재 시간을 구해서 공유 버퍼에 복사하고, 명령 종류와 SYSTEMTIME 구조체의 크기를 설정한다.

```
    }
    else if (_stricmp(szIn, "point") == 0)
    {
        POINT pt;
        pt.x = rand() % 1000; pt.y = rand() % 1000;
        *((PPOINT)pIter) = pt;
        lCmd = CMD_POINT, lSize = sizeof(pt);
```

"point"인 경우 현재 난수를 통해 x, y 좌표를 구해서 POINT 구조체에 대입한 후 공유 버퍼에 쓴다. 또한 명령 종류와 POINT 구조체의 크기를 설정한다.

```
    }
    else
    {
        lSize = strlen(szIn);
        memcpy(pIter, szIn, lSize);
        lCmd = CMD_STR;
```

문자열인 경우 문자열의 길이를 얻어 그 길이만큼 공유 버퍼에 복사한 후 CMD_STR 명령을 설정한다.

```
    }

    ((PLONG)we._arBuff)[0] = lCmd;
    ((PLONG)we._arBuff)[1] = lSize;
```

공유 버퍼의 맨 앞 부분에 명령 종류와 데이터 길이를 설정한다. 이것으로 공유 버퍼 구성이 마무리되었으므로 이제 쓰기 완료 통지를 해야 한다.

```
    SignalObjectAndWait(we._hevSend, we._hevResp, INFINITE, FALSE);
```

쓰기 완료 통지와 더불어 읽기 완료 통지를 위해 대기한다. 윈도우 2000 이전 버전의 경우라면 다음과 같이 작성되어야 할 코드가

　　SetEvent(we._hevSend); WaitForSingleObject(we._hevResp, INFINITE);

지금은 SignalObjectAndWait 하나의 함수 호출로 대체된다.

```
      }

   *((PLONG)we._arBuff) = CMD_EXIT;
   SignalObjectAndWait(we._hevSend, hThread, INFINITE, FALSE);
```

스레드 종료 대기 방식을 약간 바꿔보았다. 종료 통지를 위해 공유 버퍼에 종료 명령을 쓰고 쓰기 완료 통지용 이벤트를 시그널링한 후 읽기 완료 통지용 이벤트에 대해 대기하는 것이 아니라, 명령 처리 스레드 자체가 종료되기를 기다리도록 바꿨다. 스레드 엔트리 함수에서는 CMD_EXIT면 바로 무한 루프를 탈출해 스레드가 종료되도록 코딩되었기 때문에 프로그램의 정상적인 종료 처리가 가능해진다.

```
   CloseHandle(hThread);

   CloseHandle(we._hevResp);
   CloseHandle(we._hevSend);
   cout << "======= End EventNotify Test =========" << endl;
}
```

이벤트를 이용한 스레드 간 데이터의 전달에 대해서 앞서 세마포어를 이용한 대기가능 큐를 사용해도 된다. 대기가능 큐를 클래스나 구조체를 통해 이미 구현했다는 전제하에서는 대기가능 큐가 더 편리하게 매개변수를 스레드에게 전달할 수 있다. 또한 전달될 데이터가 큐로 관리되기 때문에 명령 수신 스레드는 더 빨리 자신의 작업을 처리할 수 있다. 이벤트를 이용한 스레드 간 매개변수를 전달하는 앞의 예를 대기가능 큐를 이용한 버전으로 바꿔보자.

다음 프로젝트는 세마포어에서 구현했던 대기가능 큐를 클래스로 간단하게 변경한 후 이 예에 적용했고, 큐 항목 구조체 역시 이번 예에 맞게 수정했다.

프로젝트 2.3.1 WQNotify

```
class WAIT_QUE
{
   struct NOTI_ITEM
   {
      LONG  _cmd, _size;
      PBYTE _data;
```

명령 식별과 데이터 길이를 위한 변수인 _data에 실제 데이터의 포인터를 담는다.

```
      NOTI_ITEM()
      {
```

```
        _cmd = _size = 0, _data = NULL;
    }
    NOTI_ITEM(LONG cmd, LONG size, PBYTE data)
    {
        _cmd = cmd, _size = size, _data = data;
    }
};
typedef std::list<NOTI_ITEM> ITEM_QUE;
```

큐에 추가될 항목에 대한 구조체와 큐를 정의한다.

```
HANDLE    m_hMutx;  // 항목 엔큐/데큐 시 동기화를 위한 뮤텍스
HANDLE    m_hSema;  // 큐 관리를 위한 세마포어
ITEM_QUE m_queue;  // STL 리스트를 이용한 큐

public:
    WAIT_QUE()
    {
        m_hMutx = m_hSema = NULL;
    }
    ~WAIT_QUE()
    {
        if (m_hMutx != NULL) CloseHandle(m_hMutx);
        if (m_hSema != NULL) CloseHandle(m_hSema);
    }

public:
```

Init 함수에서 뮤텍스와 세마포어를 생성한다.

```
    void Init()
    {
        m_hSema = CreateSemaphore(NULL, 0, LONG_MAX, NULL);
        m_hMutx = CreateMutex(NULL, FALSE, NULL);
    }
```

큐에 항목을 추가하는 Enqueue 멤버 함수를 정의한다.

```
    void Enqueue(LONG cmd, LONG size = 0, PBYTE data = NULL)
```

```
    {
        NOTI_ITEM ni(cmd, size, data);

        WaitForSingleObject(m_hMutx, INFINITE);
        m_queue.push_back(ni);
        ReleaseMutex(m_hMutx);


        ReleaseSemaphore(m_hSema, 1, NULL);
    }
```

큐로부터 항목을 추출하는 Dequeue 멤버 함수를 정의한다.

```
    PBYTE Dequeue(LONG& cmd, LONG& size)
    {
        DWORD dwWaitCode = WaitForSingleObject(m_hSema, INFINITE);
        if (dwWaitCode == WAIT_FAILED)
        {
            cmd = CMD_NONE, size = HRESULT_FROM_WIN32(GetLastError());
            return NULL;
        }


        NOTI_ITEM ni;
        WaitForSingleObject(m_hMutx, INFINITE);
        ITEM_QUE::iterator it = m_queue.begin();
        ni = *it;
        m_queue.pop_front();
        ReleaseMutex(m_hMutx);

        cmd  = ni._cmd, size = ni._size;
        return ni._data;
    }
};
```

다음은 WAIT_QUE 대기가능 큐 클래스를 이용하는 스레드 엔트리 함수와 메인 함수에 대한 정의
다. WAIT_QUE 클래스를 사용하는 것으로 변경된 것만 빼면 나머지는 거의 동일하다.

```
DWORD WINAPI WorkerProc(LPVOID pParam)
{
    WAIT_QUE* pwq = (WAIT_QUE*)pParam;
    DWORD dwThrId = GetCurrentThreadId();

    while (true)
    {
        LONG lCmd, lSize;
        PBYTE pData = pwq->Dequeue(lCmd, lSize);
```

WaitForSingleObject를 통해 쓰기 통지 이벤트에 대해 대기 상태에서 풀려나 공유 버퍼를 읽은 후, SetEvent를 통해 읽기 통지 이벤트를 시그널링 해주는 과정을 하나의 Deque 호출로 대신한다.

```
            ⋮

        if (lCmd == CMD_EXIT)
            break;
```

이하 나머지 과정은 동일하다.

```
        ⋮
    }
    cout ≪ " *** WorkerProc Thread exits..." ≪ endl;

    return 0;
}

void _tmain()
{
    cout ≪ "======= Start WQueNotify Test ========" ≪ endl;

    WAIT_QUE wq;
    wq.Init();
```

WAIT_ENV 구조체 대신에 대기가능 큐 클래스를 선언해 사용한다.

```
        ⋮
    char szIn[512];
    while (true)
    {
```

```
        cin >> szIn;
        if (_stricmp(szIn, "quit") == 0)
            break;


        LONG lCmd = CMD_NONE, lSize = 0;
        PBYTE pData = NULL;
```

중간 과정은 EventNotify 소스 코드와 거의 비슷하다.

        ⋮

```
        wq.Enqueue(lCmd, lSize, pData);
```

콘솔에서 데이터를 입력받은 명령과 크기, 그리고 데이터 포인터를 Enque 함수를 통해 큐에 추가한다.

```
    }


    wq.Enqueue(CMD_EXIT);
```

종료 처리를 위해 종료 명령을 큐에 추가한다.

```
    WaitForSingleObject(hThread, INFINITE);


    cout << "======= End WQueNotify Test ==========" << endl;
}
```

대기가능 큐 구조를 이용한 스레드 간 데이터 전달은 이벤트를 이용한 방식보다 상당히 유용하다. 일단 데이터를 표현하는 버퍼를 동적 할당해서 큐에 추가하면 되기 때문에 공유 버퍼라는 개념은 잊어버린다. 사실, 대기가능 큐에서 공유 버퍼 역할을 하는 것은 클래스 내부로 숨어 버린 std::list로 구현된 큐가 될 것이다. 그리고 큐로 관리되기 때문에 연속된 명령의 처리에 상당히 유용하다. 예를 들어 서버로 특정 데이터를 전송할 때 압축 → 암호화 → 소켓 송신의 과정을 거친다고 하자. 그리고 각 과정을 스레드로 처리한다고 했을 때, 이 각각의 스레드 사이의 데이터 전달을 공유 버퍼를 통한 이벤트로 처리하면 다음과 같은 문제가 발생될 수 있다. 압축 스레드가 압축 결과를 암호화 스레드에 전달한 후 암호화 스레드로부터 읽기 완료 통지를 받고 다음 데이터에 대한 압축 작업을 수행할 것이다. 이 시점에는 암호화 작업도 동시에 수행된다. 이 과정에서 암호화 처리 속도가 상대적으로 늦으면 압축 스레드는 다음 데이터의 압축 결과를 공유 버퍼에 쓰고 쓰기 완료를 통지한 후 암호화 스레드의 읽기 완료 통지를 기다릴 것이다. 하지만 암호화 스레드는 현재 작업 중이며, 이 작업이 끝나고 압축 스레드가 쓴 새로운 압축 데이터를 읽을 때까지 압축 스레드는 자신의 작업을 수행하지 못하고 계속 대기해야만 한다. 즉 한 부분에서의 지연이 다른 부분까지 영향을 주는 결과를 초래한다. 하지만 각각의 스레드에 대기가능 큐를 부여해서 처리하면 압축 스레드는 압축 결과를 큐에 추가하고 바로 다음 작업을 수행할 수 있다. 따라서 암호화 처리 속도가 늦더라도 압축 스레드는 그 결과를 계속 큐에 쌓을 수 있기 때문에 자신의 작업을 수행하는 데 문제가 없다. 그리고 암호화 스레드는 큐에 쌓인 데이터를 순차적으로 빼내어 자신의 작업을 수행한 후, 역시 그 결과를 전송 스레드의 큐에 추가하고 다음 데이터를 처리할 수 있다. 스레드 간 데이터 전달이란 관점에서 볼 때 대기가능 큐는 이런 측면에서 상당히 효율적이다. 하지만 공유 버퍼를 이용한 이벤트 처리 방식은 여전히 유효할 수밖에 없는데, IPC의 경우 프로세스 간 데이터 전달은 제약이 상당히 많기 때문이다. 7장의 IPC에서 자세히 살펴보겠지만, 프로세스 간 데이터 전달에는 여러 방법이 있더라도 이런저런 제약 때문에 결국은 메모리 매핑 파일로 공유 버퍼를 만들고 이벤트를 통해서 데이터를 전달하는 방식이 여전히 가장 많이 선호되고 있다.

여기서 앞서 다뤘던 〈프로젝트 2.3.1 EventNotify〉 코드에 대해서 좀 더 살펴보고 다음 논의를 진행하기로 하자. EventNotify 예제는 하나의 스레드가 공유 버퍼의 데이터를 읽는 상황이지만, 동일한 조건에서 공유 버퍼의 데이터를 읽는 스레드가 여러 개 존재할 경우를 검토해보자. EventNotify 코드의 상황을 확장하여 명령 수신 스레드 A와 그 명령을 버퍼에서 읽어 작업하는 스레드가 4개 있다고 하자. 서버에서 명령을 수신한 스레드 A는 수신한 명령을 공유 버퍼에 쓰고 4개의 작업자 스레드에게 통지하면 4개의 작업자 스레드는 명령을 읽고 그에 맞는 작업을 할 것이다. 하지만 현재 EventNotify 코드는 공유 버퍼에 데이터를 쓰고 _hevSend 이벤트를 통해 통지하고 _hevResp 이벤트를 통해 하나의 작업 스레드가 그 명령을 읽었을 경우 바로 시그널을 받도록 처리되어 있다. 따라서 나머지 3개의 스레드는 해당 명령에 반응하지 못하게 된다. 따라서 수신한 명령에 대해 4개의 작업 스레드가 모두 그 명령을 읽어 그것에 대한 작업을 처리하도록 해야 한다. 여기에는 또 주의해야 할 사항이 한 가지 더 있다. 서버로부터 명령을 수신한 스레드 A가 그것을 공유 버퍼에 쓰고 다시 명령 수신 대기 상태로 돌아갔다고 하자. 그리고 공유 버퍼에서 작업 스레드 2개가 그 명령을 읽은 상황에서 서버로부터 새로운 명령이 내려와 그것을 공유 버퍼에 썼다면, 나머지 2개의 작업 스레드는 이전 명령은 읽지도 못한 상태에서 새로운 명령만을 읽게 될 것이다. 따라서 스레드 A는 서버에서 명령을 수신했을 때 공유 버퍼에 명령을 쓰고 모든 작업 스레드들이 그 명령을 다 읽을 때까지 대기한 후 새로운 명령 수신 상태로 들어가야 한다. 따라서 EventNotify 코드에서 공유 버퍼의 데이터를 읽는 스레드가 2개 이상 생성되면 상황은 분명히 달라진다. 위 조건을 충족시키기 위해 예제 〈EventNotify〉 코드를 수정해보자.

우선 다음 두 가지를 검토해야 한다.

① 수신한 명령을 공유 버퍼에 썼을 때 4개의 스레드가 그 사실을 통지받아야 한다.
② 공유 버퍼에 쓰인 명령을 4개의 작업 스레드가 모두 읽을 때까지 스레드 A는 대기해야 한다.

우선 ①의 사항을 충족시키기 위해서는 EventNotify 코드에서 _hevSend 이벤트를 자동 리셋 이벤트가 아닌 수동 리셋 이벤트로 생성해야 한다. 자동 리셋 이벤트는 하나의 스레드만 반응하지만 수동 리셋 이벤트는 대기 중인 모든 스레드가 반응할 수 있다. 다음으로 ②의 사항을 충족시키기 위해서는 _hevResp 이벤트의 시그널 시점이 문제가 된다. 즉 4개의 작업 스레드가 모두 공유 버퍼에서 읽기를 완료했을 때 _hevResp 이벤트를 시그널링해야 한다는 것이다. 이때 사용계수를 검토해 사용계수를 위한 정수형 변수를 하나 선언하고 0으로 초기화한 후, 스레드가 버퍼로부터 명령을 읽을 때마다 그 값을 1씩 증가시킨다. 작업 스레드가 4개이므로 사용계수가 4가 되는 시점은 4개의 작업 스레드가 버퍼에서 명령을 모두 읽은 상태를 의미하므로, 이 시점에서 _hevResp 이벤트를 시그널링하면 될 것이다. 이 두 가지 사항을 EventNotify 예제에 적용한 코드를 살펴보도록 하자. 먼저 사용계수를 위해서 WAIT_ENV 구조체에 사용계수를 위한 필드를 추가했다.

프로젝트 2.3.1 EventNotify2

```
struct WAIT_ENV
{
   HANDLE   _hevSend;
   HANDLE   _hevResp;
   LONG     _readCnt;      // 사용계수 관리를 위한 멤버 필드
   BYTE     _arBuff[256];
};

#define CONSUMER_CNT 4 // 버퍼를 읽는 작업 스레드의 수
```

메인 함수에서 _hevSend 이벤트를 수동 리셋 이벤트로 생성하고 사용계수 필드를 0으로 초기화시킨다.

```
void _tmain()
{
   cout << "======= Start EventNotify2 Test ========" << endl;
```

```
WAIT_ENV we;
we._hevSend = CreateEvent(NULL, TRUE, FALSE, NULL);
```

자동 리셋 이벤트는 하나의 스레드만 활성화시킨다. 따라서 4개의 스레드가 모두 반응하도록 하기 위해 수동 리셋 이벤트를 생성한다.

```
we._hevResp = CreateEvent(NULL, FALSE, FALSE, NULL);
we._readCnt = 0;

DWORD dwThrId;
HANDLE harThrCsmrs[CONSUMER_CNT];
for (int i = 0; i < CONSUMER_CNT; i++)
{
    harThrCsmrs[i] = CreateThread(NULL, 0, WorkerProc, &we, 0, &dwThrId);
}
```

공유 버퍼를 읽는 스레드를 4개 생성한다.

```
char szIn[512];
while (true)
{
    cin >> szIn;
    if (_stricmp(szIn, "quit") == 0)
      break;
    ⋮
```

이제 WorkerProc 스레드 엔트리 함수의 변경 부분을 확인해보자. 기존의 SetEvent 호출 부분을 다음과 같이 변경했다.

```
DWORD WINAPI WorkerProc(LPVOID pParam)
{
    WAIT_ENV* pwe = (WAIT_ENV*)pParam;
    DWORD dwThrId = GetCurrentThreadId();

    while (true)
    {
        ⋮
        LONG lSize = *((PLONG)pIter); pIter += sizeof(LONG);
        PBYTE pData = new BYTE[lSize + 1];
```

```
    memcpy(pData, pIter, lSize);


    SetEvent(pwe->_hevResp);

                              ↓

    ResetEvent(pwe->_hevSend);
    if (InterlockedIncrement(&pwe->_readCnt) == CONSUMER_CNT)
    {
        pwe->_readCnt = 0;
        SetEvent(pwe->_hevResp);
    }
        ⋮
```

위 코드에 있는 InterlockedIncrement 함수는 _pew->_readCnt++ 연산을 원자적으로 수행
해주는 컴파일러 내장 함수며, 상호잠금 함수라고도 불린다. 3장 상호잠금 함수에서 설명할 예정이
며, 본 예에서는 사용계수의 관리를 원자적으로 수행하기 위해 미리 사용했다. 위 코드에서 사용계
수를 의미하는 _readCnt 변수 값이 4인 경우 이 변수를 다시 0으로 초기화시켜 주고 _hevResp
이벤트를 시그널링하는 것을 볼 수 있다. 또한 주의해야 할 점은 _hevSend 이벤트를 리셋해줘야
한다는 점이다. _hevSend 이벤트를 리셋해주지 않으면 수동 리셋 이벤트라서 계속 시그널 상태로
남아있기 때문에, 작업 스레드가 루프를 돌아 다시 WaitForXXX 함수를 호출했을 때 바로 리턴되
는 상황이 계속 반복될 것이다. 위와 같이 수정한 EventNotify2 프로젝트를 빌드하여 실행하면 콘
솔에서 입력한 값들을 4개의 스레드가 차례로 모두 읽어들인다는 것을 확인할 수 있을 것이다.*

지금까지 이벤트의 통지용 성격과 더불어 통지 시의 스레드 간 데이터나 결괏값 전달에 대해 다루었
다. 이렇게 장황하게 설명한 이유는 4장부터 소개될 비동기 입출력의 기본 성격이 통지기 때문이다.
그것도 입출력에 대한 완료 통지다. 즉, 입출력을 담당하는 커널 객체가 실제 입력이나 출력이 수행
되고 완료되었을 때 통지를 하면 여러분의 스레드가 깨어나서 그 완료된 입출력에 대해 작업을 수행

---

* EventNotify2 예제 코드의 핵심은 사용계수의 관리에 있다. 하지만 이러한 상황이 프로세스와 프로세스 사이에서 요구된다면 상황은 달라
진다. 3장에서 살펴보겠지만 스레드가 아니라 프로세스 사이의 동기화라면 상호잠금 함수를 사용할 수 없으며, 사용계수 역시 프로세스 사이
에서만 공유를 해야 한다. 이런 상황이라면 세마포어를 이용해 문제를 해결할 수 있다. 세마포어는 그 내부에 자원계수를 가지고 있을 뿐만 아
니라 원자적으로 관리된다. 또한 세마포어 커널 객체 자체를 프로세스 사이에서 공유할 수 있기 때문에, 세마포어를 프로세스 사이에서 공유
가능한 사용계수로 사용할 수 있다. 세마포어를 사용계수로 이용하는 예는 7장 프로세스 간 통신을 설명하면서 다시 언급할 예정이다.

하게 된다. 그리고 그 통지의 수단은 입출력을 담당하는 커널 객체 자체, 즉 파일이나 소켓, 파이프 등이 동기화 객체로 사용된다. 물론 이렇게 직접 입출력 담당 커널 객체 자체만으로도 통지 수단으로 사용 가능하지만 이벤트를 이용한 완료 통지 수단도 함께 제공된다. 그리고 통지 시 완료된 입출력의 결과를 여러분이 작업할 스레드에게 전달하는 수단도 별도로 제공된다. 동기화라고 할 때 뮤텍스를 통한 스레드 간 경쟁을 조정하는 것이 제일 먼저 떠올려지지만, 실제로 동기화란 흐름 제어를 위한 통지 기능이 일반적이며, 그러한 통지의 대표적인 수단이 바로 이벤트다.

| 이벤트를 이용한 RW Lock |

8년 전쯤 필자가 어떤 프로젝트를 진행하던 중에 다음의 상황에 맞닥뜨린 적이 있다. 스레드 간 서로 공유하는 메모리가 있고, 하나의 스레드는 이 메모리 버퍼에 데이터를 쓰기만 하고 다수의 많은 스레드들은 버퍼에서 데이터를 읽기만 한다. 즉 하나의 쓰기 전용 스레드와 다수의 읽기 전용 스레드들, 여기에 상황을 더 추가해서 데이터를 쓰는 경우가 읽는 경우보다 빈도가 적은 경우였다. 이 상황에서는 어떻게 해야 할까? 먼저 떠오르는 것은 뮤텍스의 사용이었다. 하지만 뮤텍스를 사용하게 되면 읽기/쓰기의 구분 없이 공유 메모리에 접근할 때마다 무조건 잠금이 걸린다는 것이다. 뮤텍스는 '난 무조건 한 놈만 처리해!'라는 식의 행위를 한다. 따라서 동시 접근 시에 하나의 스레드만을 활성 상태로 만든다. 하지만 당시 상황은 실제 데이터의 변경이 없는 상황에서 데이터를 읽기만 할 때에는 잠금이 필요 없으므로 읽기 스레드들 사이에서는 잠금 없이 그 데이터를 읽을 수 있어야 한다. 하지만 단순히 뮤텍스를 사용할 경우의 문제는 읽고 쓰는 것에 대한 구분 없이, 심지어 읽는 스레드들 사이에서도 서로 동기화를 하게 된다는 점이다. 더군다나 읽는 빈도가 쓰는 빈도보다 훨씬 높은 상황이라면 더욱더 의미 없는 잠금 행위가 가해지고 있는 것이다. 이 경우 필요한 것은 읽는 행위의 경우에는 잠금이 없고 데이터를 쓰는 상황에서만 잠글 수 있는 수단이 필요하다. DB의 경우라면 이런 수단이 더 필요할 것이다. DB의 경우 특정 테이블에 대해 Select는 빈번히 발생하지만 Update, Insert, Delete는 적게 발생하는 상황이 대부분을 차지한다. 이번에는 반대로 데이터를 쓰고자 할 때 읽고 있는 스레드가 있다면 문제가 된다. 읽는 스레드가 해당 버퍼를 참조하고 있지 않다면 쓰는 스레드가 락을 걸고 쓰면 될 것이다. 하지만 쓰는 스레드가 락을 걸 때 이미 읽는 스레드가 수십 개 중 최소한 하나라도 읽는 작업을 수행 중이라면 또 문제가 생긴다. 따라서 다음과 같은 상황에 대한 해결책이 필요하게 된다.

① 읽기 스레드들 사이에서는 잠금 없이 자유로이 데이터에 접근 가능할 것
② 읽기 스레드들이 데이터에 접근할 때 쓰기 스레드가 데이터 변경 중이면 대기할 것
③ 쓰기 스레드가 데이터를 변경할 때 읽기 스레드들 중 최소 하나라도 읽기 작업 중이면 대기할 것

프로젝트에서의 상황은 이 세 가지 경우를 만족하는 해결책을 요구했다. 이래저래 고민하다 결국 뮤텍스를 버리고 이벤트를 이용해 앞서 설명한 조건을 만족시키는 방안을 구현했다. 구현 방안을 다음과 같이 구상해보자. 앞서 언급했던 것처럼 어차피 뮤텍스는 사용할 수 없는 상황이므로, 따라서 수동 리셋 이벤트 두 개를 생성한다. 하나는 WO(Write Only)라는 이벤트로, 쓰기 전용 스레드가 자신이 작업을 진행 중임을 알리기 위해 사용한다. 사용 중이면 WO는 넌시그널 상태, 사용하지 않으면 시그널 상태로 만든다. 나머지 하나는 RO(Read Only)라는 이벤트로, 읽기 전용 스레드가 읽기 작업을 진행 중임을 알리며, 시그널/넌시그널 상태도 마찬가지로 읽기 작업 중이면 시그널, 그렇지 않으면 넌시그널로 설정한다. 그리고 읽기 전용 스레드들 사이에서는 바로 앞에서 예시했던 〈EventNotify2〉 코드의 경우처럼 사용계수라는 변수를 공유함으로써 동시에 작업 중인 읽기 전용 스레드의 수를 관리한다. 사용계수는 읽기 작업이 시작될 때 1씩 증가하고 종료 시에 1씩 감소하도록 해서, 그 값이 0이 되는 순간 읽기 작업 중인 모든 읽기 전용 스레드들이 작업을 마쳤다는 것을 판단하기 위해 사용된다. 과정은 다음과 같다.

- **쓰기 전용 스레드**

  ① 쓰기 작업 시작을 통지하기 위해 WO 이벤트를 리셋한다.

  ② 읽기 작업과 동기화를 위해 RO 이벤트에 대해 WaitForXXX 함수를 호출한다.

  ③ 데이터를 공유 버퍼에 쓴다.

  ④ 쓰기 작업 완료를 통지하기 위해 WO 이벤트를 시그널링한다.

- **읽기 전용 스레드**

  ① 먼저 쓰기 작업과 동기화를 위해 WO 이벤트에 대해 WaitForXXX 함수를 호출한다.

  ② 읽기 작업 시작을 통지하기 위해 RO 이벤트를 리셋한다.

  ③ 사용계수를 1 증가시킨다.

  ④ 데이터를 공유 버퍼로부터 읽는다.

  ⑤ 사용계수를 1 감소시킨다.

  ⑥ 사용계수가 0이면 읽기 작업 완료를 통지하기 위해 RO 이벤트를 시그널링한다.

위의 과정이 어떻게 하나의 쓰기 전용 스레드와 다수의 읽기 전용 스레드 사이에서 목적에 맞는 동기화를 이루는지 자세히 살펴보자. 다음은 [그림 2-3]에 표현된 기호다.

먼저, 쓰기 작업이 개시되었을 때 데이터를 읽고 있는 스레드가 없는 경우를 그림을 통해서 확인해보기로 한다.

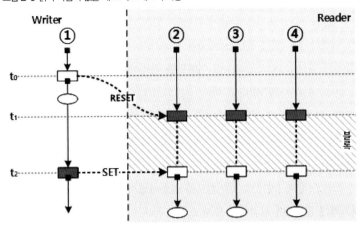

그림 2-3 읽기 작업이 없을 때 쓰기 스레드의 작용

쓰기 스레드 ①이 t_0 시간에 데이터를 쓸 때 읽기 스레드가 없는 경우라면 ①은 WO 이벤트를 리셋시키고 자신이 사용하고 있음을 알린다. 아직 읽기 스레드가 없는 관계로 RO 이벤트는 시그널 상태며, 스레드 ①은 RO 대기를 그냥 통과하여 쓰기 작업을 수행할 수 있다. 그 직후 순서대로 ②, ③, ④의 읽기 스레드가 읽기 위해 t_1 시간에 도착했을 때 WO 이벤트는 넌시그널 상태이므로 대기하게 된다. 스레드 ①이 t_2 시간에 작업을 마친 후 WO 이벤트를 시그널 상태로 만들면 그제서야 읽기 스레드들은 읽기 작업을 동시에 수행할 수 있다.

다음으로 읽기 스레드들이 작업을 진행 중일 때 쓰기 스레드는 어떻게 작동하는지 알아보자.

그림 2-4 읽기 작업 중 쓰기 스레드의 작용

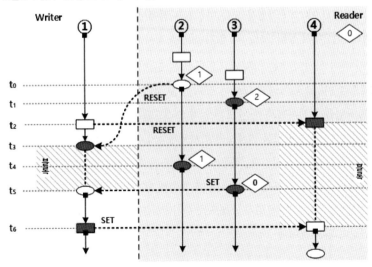

읽기 스레드 ②와 ③이 각각 t_0, t_1에 읽기 작업을 개시했다고 하자. 이 시점에서 쓰기 스레드는 작업을 하고 있지 않기 때문에 둘 다 WO 대기는 그냥 통과한다. 먼저 스레드 ②가 t_0 시점에서 작업 개시를 알리기 위해 RO 이벤트를 리셋한 후 사용계수를 1 증가시킨다. 그러면 현재 사용개수는 1이 된다. 그리고 t_1 시점에서 역시 스레드 ③도 RO 이벤트를 리셋시키고 사용계수를 1 증가시킨다. ResetEvent를 여러 번 반복해서 호출한다고 해서 문제되지 않으며, 이제 사용계수는 2가 된다. t_2 시점에서 쓰기 스레드 ①이 작업 개시를 위해 WO 이벤트를 리셋하고 RO 이벤트에 대해 WaitForXXX 함수를 호출한다. 하지만 읽기 스레드가 작업 중이므로 쓰기 스레드 ①은 블록된다. 그 시점에서 역시 읽기 스레드 ④가 데이터를 읽기 위해 먼저 WO 이벤트에 대해 대기 함수를 초출한다. 하지만 이 시점에서는 스레드 ①이 이미 WO 이벤트를 리셋시켰기 때문에 스레드 ④는 읽기 작업에 들어가지 못하고 대기하게 된다. 이 시점에선 쓰기 스레드 ①과 읽기 스레드 ④가 블록된 상태고, 읽기 스레드 ②와 ③은 읽기 작업을 동시에 진행 중인 상황이 된다. 그 후 t_4 시점에 이르러 스레드 ②는 읽기 작업을 마치고 사용계수를 1 감소시킨다. 그러면 이제 사용계수는 1이 된다. 읽기 작업 완료를 알리기 위해 RO에 대해 SetEvent를 호출하고자 하지만 사용계수가 1이라는 것은 자신 외의 다른 읽기 스레드가 읽기 작업을 진행 중임을 나타내는 것이기 때문에 RO를 넌시그널 상태 그대로 남겨두고 읽기 작업을 종료한다. t_5 시점에 이르러 스레드 ③이 읽기 작업을 마치고 사용계수를 1 감소시킨다. 이제 사용계수는 0이 된다. 스레드 ③은 사용계수가 0임을 확인하고 그 시점에서 더 이상 읽기 작업이 없음을 확신할 수 있기 때문에 SetEvent 함수를 호출해 RO 이벤트를 시그널 상태로 만든다. 바로 그 시점에서 RO 이벤트에 대해 대기 중이던 쓰기 스레드 ①은 깨어나게 되고 쓰기 작업이 시작된다. 하지만 여전히 읽기 스레드 ④는 WO 이벤트가 넌시그널이므로 계속 대기 상태에 머물게 된다. 스레드 ①이 쓰기 작업을 모두 마친 t_6 시점에서 WO 이벤트를 시그널 상태로 만들면 그제서야 스레드 ④는 대기 상태에서 풀려 읽기 작업을 개시하게 된다.

마지막으로 쓰기 스레드가 전혀 작업이 없는 상황에서 읽기 스레드들만이 동시에 데이터 읽기를 개시할 때의 과정을 생각해보라. 이 과정은 굳이 그림이 필요 없을 것이다. 쓰기 작업이 없기 때문에 WO 이벤트에 대해 읽기 작업을 개시하고자 하는 모든 읽기 스레드들은 대기 없이 바로 읽기 작업을 수행할 수 있다. 이 과정에서 RO 이벤트를 리셋시키면 사용계수의 증가가 발생되고 읽기 작업을 마친 스레드들이 사용계수를 차례로 감소시킨다. 최종 읽기 스레드가 사용계수를 감소시켰을 때 사용계수가 0이 되므로, 이 마지막 읽기 스레드는 SetEvent를 호출해 RO 이벤트를 시그널 상태로 만든다. 즉 이 상황은 쓰기 작업이 없을 때에는 읽기 스레드들 사이에서 블록되는 일 없이 동시에 읽기 작업을 수행할 수 있는 환경이 되는 것이다.

지금까지의 흐름을 어느 정도 이해했다면 대충 어떻게 구현해야 할 것인지에 대한 감이 올 것이다. 먼저 관리의 편의성을 위해 RO, WO 그리고 사용계수를 ERWLOCK이란 구조체로 묶도록 하자.

프로젝트 2.3.1 EvtRWLock

```
struct ERWLOCK
{
  HANDLE  _hevRO     // 읽기 통지 이벤트
  HANDLE  _hevWO;    // 쓰기 통지 이벤트
  LONG    _nRoRefs;  // 사용계수

  ERWLOCK()
  {
    _hevRO = _hevWO = NULL;
    _nRoRefs = 0;
  }
  ~ERWLOCK()
  {
    if (_hevRO != NULL) CloseHandle(_hevRO);
    if (_hevWO != NULL) CloseHandle(_hevWO);
  }
};
```

구조상 읽기 스레드와 쓰기 스레드로 나뉘는데, 직관적으로 볼 수 있도록 하기 위해 예제는 읽기 스레드는 별도로 정의하고 쓰기 스레드는 메인 함수에서 처리하고자 한다. 메인 함수에서는 콘솔에서 숫자를 입력받아 전역 변수에 쓰고, 읽기 스레드들은 변경된 전역 변수의 값을 읽어 콘솔에 출력한다. 먼저 읽기 스레드에 대한 정의다.

```
ERWLOCK g_rwl;
```

위에서 정의한 ERWLOCK 구조체를 전역적으로 선언한다.

```
int   g_nValue;
```

전역 버퍼를 가정한다. 이 변수에 하나의 쓰기 스레드(메인 함수)가 데이터를 쓰고, 여러 개의 읽기 스레드가 변경된 데이터를 읽고 출력한다.

```
LONG g_bIsExit; // 스레드 종료 플래그

DWORD WINAPI ReaderProc(PVOID pParam)
{
    DWORD dwToVal = *((DWORD*)pParam);
```
스레드 엔트리 함수의 매개변수로 읽기 스레드별 지연 시간을 넘겨준다.

```
    while (g_bIsExit == 0)
    {
        WaitForSingleObject(g_rwl._hevWO, INFINITE);
```
쓰기 스레드가 작업 중이면 쓰는 작업이 끝날 때까지 대기한다.

```
        {
            ResetEvent(g_rwl._hevRO);
```
WO 이벤트를 리셋하여 쓰기 전용 스레드가 읽기 작업을 수행할 동안 대기하도록 한다.

```
            InterlockedIncrement(&g_rwl._nRoRefs);
```
사용계수를 1 증가시켜 현재 시점에서 읽기 작업을 수행 중인 스레드의 개수를 파악 가능하도록 한다.

```
            cout << "....TH " << dwToVal << " Read : " << g_nValue << endl;
```
전역 변수에서 읽은 데이터를 콘솔에 출력한다.

```
            if (InterlockedDecrement(&g_rwl._nRoRefs) == 0)
                SetEvent(g_rwl._hevRO);
```
읽기 작업을 끝냈으므로 사용계수를 1 감소시킨다. 감소한 결과가 0이면 본 스레드가 읽기 작업을 마친 최종 스레드임을 의미하므로, 넌 시그널 상태의 RO 이벤트를 시그널링하여 쓰기 스레드가 작업을 진행할 수 있도록 해준다.

```
        }

        Sleep(dwToVal * 200);
    }

    return 0;
}
```

위 코드에서 InterlockedIncrement와 InterlockedDecrement 함수 역시 3장에서 설명할 예정

인 상호잠금 함수며, 각각 g_rwl._nRoRefs++ 연산과 g_rwl._nRoRefs-- 연산을 원자적으로 수행해주는 컴파일러 내장 함수다. 이번에는 메인 함수의 정의를 살펴보자. 메인 함수는 쓰기 전용 스레드의 역할을 하며, 콘솔에서 숫자를 입력받아 전역 변수에 쓰는 과정의 루프로 이루어진다.

```
#define MAX_THR_CNT  5
void _tmain()
{
   g_rwl._hevRO = CreateEvent(NULL, TRUE, TRUE, NULL);
   g_rwl._hevWO = CreateEvent(NULL, TRUE, TRUE, NULL);
```

WO, RO 이벤트를 생성한다. 수동 리셋 이벤트로 생성해야 하는 것에 주의하기 바란다. 그리고 어떤 읽기, 쓰기 스레드도 먼저 잠금을 할 수 있도록 하기 위해 이벤트의 초기 상태를 시그널 상태로 지정해야 한다.

```
   DWORD ardwWaits[] = { 1, 2, 3, 4, 5 };
   HANDLE roThrs[MAX_THR_CNT];
   for (int i = 0; i < MAX_THR_CNT; i++)
   {
      DWORD dwThrId = 0;
      roThrs[i] = CreateThread(NULL, 0, ReaderProc, &ardwWaits[i], 0, &dwThrId);
   }
```

MAX_THR_CNT 만큼의 읽기 전용 스레드를 생성한다.

```
   char szCmd[512];
   while (true)
   {
      cin >> szCmd;
      if (strcmpi(szCmd, "quit") == 0)
      {
         g_bIsExit = TRUE;
         break;
      }

      int val = atoi(szCmd);
      if (val >= 0)
      {
         ResetEvent(g_rwl._hevWO);
```

```
        WaitForSingleObject(g_rwl._hevRO, INFINITE);
```

```
        {
            g_nValue = val;
            cout << "MAIN TH Change value : " << g_nValue << endl;
```

```
        }

        SetEvent(g_rwl._hevWO);
```

```
    }
  }

  WaitForMultipleObjects(MAX_THR_CNT, roThrs, TRUE, INFINITE);
}
```

지금 구현한 RW 락은 앞서 전제했던 1 : N의 구조다. 즉 하나의 쓰기 스레드와 다수의 읽기 스레드의 시나리오 안에서 움직인다. 그러면 N : N의 구조로 갈 수는 없을까? 해답은 의외로 간단하다. 상황이 복잡해진 이유는 읽기 스레드들 사이의 상호잠금 행위를 막기 위해 검토된 구조 때문이다. 하지만 다수의 쓰기 스레드의 경우는 무조건 잠금이라는 수단이 들어가야만 한다. 동시에 읽는 것은 문제되지 않지만 읽으면서 쓰는 과정이나 여러 스레드가 동시에 쓰는 상황이라면 상호잠금은 필수 요소다. 따라서 쓰기 스레드 간의 경쟁을 조정하기 위해, 즉 쓰기 스레드 사이에서만 공유되는 뮤텍스를 하나 추가하면 문제가 해결된다. 다음 프로젝트에서 확인하도록 하자.

프로젝트 2.3.1 EvtRWLock2

```
struct ERWLOCK
{
    HANDLE  _hevRO;
    LONG    _nRoRefs;
```

```
    HANDLE   _hevWO;
    HANDLE   _hmuWO;
```

쓰기 스레드 사이의 상호잠금을 위해서 뮤텍스 멤버 필드를 추가한다.

```
    ERWLOCK()
    {
        _hevRO = _hevWO = _hmuWO = NULL;
        _nRoRefs = 0;
    }
    ~ERWLOCK()
    {
        if (_hevRO != NULL) CloseHandle(_hevRO);
        if (_hevWO != NULL) CloseHandle(_hevWO);
        if (_hmuWO != NULL) CloseHandle(_hmuWO);
    }
};
typedef ERWLOCK* PERWLOCK;
```

뮤텍스에 대한 적용은 읽기 스레드에서는 필요 없고 쓰기 스레드를 구현하는 부분에서 서로 락을 걸어주면 된다. 다음은 쓰기 스레드 엔트리 함수의 정의다.

```
DWORD WINAPI WriterProc(PVOID pParam)
{
    PERWLOCK prwl = (PERWLOCK)pParam;
    DWORD dwThrId = GetCurrentThreadId();

    while (g_bIsExit == 0)
    {
        Sleep(rand() % DELAY_WRITE);

        ResetEvent(prwl->_hevWO);
        WaitForSingleObject(prwl->_hevRO, INFINITE);

        WaitForSingleObject(prwl->_hmuWO, INFINITE);
```

쓰기 스레드들 사이에서 뮤텍스에 대한 소유권 획득을 위해 대기한다.

```
    g_nValue++;
    cout << " <= TH " << dwThrId << " writes value : " << g_nValue << endl;
    ReleaseMutex(prwl->_hmuWO);
```

소유했던 뮤텍스를 풀어준다.

```
    SetEvent(prwl->_hevWO);
  }

  return 0;
}
```

쓰기 스레드 구현의 나머지 부분은 동일하고 뮤텍스에 대한 처리 부분만 추가된 것을 확인할 수 있다. 위 소스는 N : N 구현 예를 보이기 위해 쓰기 전용 스레드를 별도로 분리해서 적용했기 때문에 두 개의 스레드 엔트리 정의 함수를 갖는다. 메인 함수는 쓰기 스레드 두 개, 읽기 스레드 다섯 개를 돌리면서 각 스레드별로 랜덤하게 지연 시간을 주어 공유 영역에 데이터를 읽고 쓰는 상황에서의 동기화에 대한 예를 보여준다. 다음은 그 메인 함수다.

```
#define DELAY_WRITE 5000
#define DELAY_READ 200
LONG g_nValue;
LONG g_bIsExit;

#define MAX_READ_CNT 5
#define MAX_WRITE_CNT 2
void _tmain()
{
  ERWLOCK rwl;
  rwl._hevRO = CreateEvent(NULL, TRUE, TRUE, NULL);
  rwl._hevWO = CreateEvent(NULL, TRUE, TRUE, NULL);
  rwl._hmuWO = CreateMutex(NULL, FALSE, NULL);
```

쓰기 스레드 사이의 경쟁을 조정하기 위해 뮤텍스를 생성한다.

```
  HANDLE woThrs[MAX_WRITE_CNT];
  for (int i = 0; i < MAX_WRITE_CNT; i++)
  {
```

```
      DWORD dwThrId = 0;
      woThrs[i] = CreateThread(NULL, 0, WriterProc, &rwl, 0, &dwThrId);
  }
```

쓰기 전용 스레드를 2개 생성한다.

```
  HANDLE roThrs[MAX_READ_CNT];
  for (int i = 0; i < MAX_READ_CNT; i++)
  {
      DWORD dwThrId = 0;
      roThrs[i] = CreateThread(NULL, 0, ReaderProc, &rwl, 0, &dwThrId);
  }
```

읽기 전용 스레드를 5개 생성한다.

```
  getchar();
  g_bIsExit = TRUE;

  WaitForMultipleObjects(MAX_READ_CNT , roThrs, TRUE, INFINITE);
  WaitForMultipleObjects(MAX_WRITE_CNT, woThrs, TRUE, INFINITE);
}
```

지금까지 검토했던 RW 락 코드를 MyRWLock 클래스로 정의한 〈프로젝트 2.3.1 MyRWLock〉 구현 프로젝트를 샘플 소스에 첨부했다. 잠금 처리와 관련해서 SharedLock/Unlock과 ExclusiveLock/Unlock 멤버 함수를 제공하며, 각각은 읽기 스레드와 쓰기 스레드에서 따로 사용될 것이다. 직접 소스를 확인해보면 쉽게 이해될 것이다.

2.3.2 대기가능 타이머(Waitable Timer)

대기가능 타이머는 윈도우 2000에서 새로 추가된* 동기화 커널 객체다. 대기가능 타이머는 말 그대로 알람 시계라고 보면 된다. 알람 시계의 용도 중 대표적인 예는 잠든 사람을 깨우는 것이다. 이와 마찬가지로 대기가능 타이머는 잠든 스레드에게 사건의 통지를 알려주어 스레드를 깨우는 통지

---

* 윈도우 2000에서 새로 추가되었다고 하나 MSDN 매뉴얼을 보면 최소 지원 OS는 윈도우 XP로 명기되어 있으며, 사실, 현재 지원되는 모든 API의 최소 지원 OS도 윈도우 XP로 되어 있다. 이는 MS가 윈도우 2000 이하의 OS에 대한 유지보수를 공식적으로 포기했기 때문이다. 따라서, MSDN에서는 그렇게 명기되어 있지만 실제 대기가능 타이머는 윈도우 2000부터 제공되기 시작했으므로, 이 책에서의 설명과 MSDN의 설명에 혼동이 없기를 바란다.

역할을 한다. 특히 요즘 알람 시계의 경우에는 스누즈(Snooze) 기능을 모두 지원하는데, 이런 스누즈 기능을 가진 알람이라고 보면 될 것이다. 즉 알람을 특정 시간에 설정해두고 스누즈 간격도 미리 지정해두면 설정된 시간에 알람이 울리고 그 이후로 스누즈 간격만큼 시간이 경과될 때마다 다시 알람이 주기적으로 울린다. 대기가능 타이머도 이 경우와 동일하다. 지정된 시간까지(최초 알람이 울리는 시간까지) 대기가능 타이머는 넌시그널 상태로 존재하다가 지정된 시간이 되면 시그널 상태가 되어 스레드로 하여금 깰 수 있게 해준다. 그리고 그 이후에는 알람 시계에 설정된 스누즈 간격처럼 지정된 시간 간격 동안 주기적으로 시그널 상태가 되는 것이다.

- **시그널 상태** : 지정된 시간이 경과되었을 때
- **넌시그널 상태** : 지정된 시간 내에 있을 때

대기가능 타이머의 주기적 알람 기능은 다음과 같이 구현이 가능하다.

```
// 최초 알람시간 설정
SYSTEMTIEM stAlarmTime;
stAlarmTime.wYear = ....;
....

SystemTimeToFileTime(&stAlarmTime, &ftLocalAlarm);
LocalTimeToFileTime (&ftLocalAlarm, &ftUTCAlarm);

SYSTETEM stCurrentTime;
SystemTimeToFileTime(&stCurrentTime, &ftLocalCurrent);
LocalTimeToFileTime (&ftLocalCurrent, &ftUTCCurrent);

DWORD dwFirstAlarm = ftUTCAlarm.dwLowDateTime - ftUTCCurrent.dwLowDateTime;
Sleep(dwFirstAlarm);
// 최초 알람에 대한 작업을 행한다.

while(true)
{
    Sleep(dwWaitInterval);
    // 스누즈 타임 경과 시 필요한 작업을 행한다.
    // ....
};
```

앞의 소스에서 최초의 알람을 통지받기 위해 지정된 시간과 현재 시간의 틱카운터를 구해서 그 시간만큼 Sleep한 후 스레드는 깨어나게 된다. 그 이후에 무한 루프를 돌면서 지정된 스누즈 시간만큼 잠들었다 깨어나서 원하는 작업 과정을 되풀이하게 된다. 앞의 코드에서 스레드를 하나 생성해 실행하게 되면 대기가능 타이머의 기능을 수행할 수 있으며, 이런 기능은 대기가능 타이머 커널 객체에서 제공된다.

1) 대기가능 타이머 생성

대기가능 타이머의 생성은 다음의 함수를 통해서 이루어진다.

```
HANDLE WINAPI CreateWaitableTimer
(
   _In_opt_      PSECURITY_ATTRIBUTES pTimerAttributes,
   _In_          BOOL                 bManualReset,
   _In_opt_      PCTSTR               pTimerName
);


HANDLE WINAPI CreateWaitableTimerEx
(
   _In_opt_      LPSECURITY_ATTRIBUTES lpTimerAttributes,
   _In_opt_      LPCTSTR               lpTimerName,
   _In_          DWORD                 dwFlags,
   _In_          DWORD                 dwDesiredAccess
);
```

BOOL bManualReset

TRUE면 자동 리셋 타이머, FALSE면 수동 리셋 타이머를 생성한다.

DWORD dwFlags

CreateMutexEx를 호출할 경우에는 dwFlags 매개변수를 이용해 자동 리셋 또는 수동 리셋의 여부를 확인한다. 플래그 값으로 CREATE_WAITABLE_TIMER_MANUAL_RESET을 넘겨주면 수동 리셋 타이머가 생성된다.

이처럼 여느 커널 객체 생성 함수와 비슷하다. 다만 두 번째 매개변수인 bManualReset이 자동 리셋 타이머인지 수동 리셋 타이머인지를 지정한다. 이벤트 커널 객체 생성의 경우와 마찬가지로 대기 가능 타이머에는 두 종류가 있다. 자동 리셋의 경우 WaitForSingleObject 등의 대기 함수로부터 스레드가 깨어났을 때 대기가능 타이머의 상태를 시스템이 알아서 자동으로 넌시그널 상태로 만들어준다. 반면 수동 리셋의 경우 대기 함수로부터 리턴하게 되면 계속 시그널 상태로 남아있게 된다.

2) 시그널 상태 설정

타이머를 처음 생성하게 되면 기본적으로 넌시그널 상태로 설정된다. 대기가능 타이머를 시그널 상태로 만들기 위해서는 다음의 API를 사용해야 한다.

```
BOOL WINAPI SetWaitableTimer
(
   _In_        HANDLE              hTimer,
   _In_        const LARGE_INTEGER* pDueTime,
   _In_        LONG                lPeriod,
   _In_opt_    PTIMERAPCROUTINE    pfnCompletionRoutine,
   _In_opt_    PVOID               pArgToCompletionRoutine,
   _In_        BOOL                fResume
);
```

HANDLE hTimer

CreateWaitableTimer(Ex) 또는 OpenWaitableTimer 함수를 통해 생성된 대기가능 타이머 커널 객체의 핸들값이다.

const LARGE_INTEGER* pDueTime

pDueTime 매개변수는 최초 알람 개시 시간을 구체적으로 설정해 넘기고, 그 이후의 스누즈 인터벌은 lPeriod를 통해 넘긴다. 시스템은 이 대기 타이머에 대해 대기 중인 스레드를 현재 시간이 pDueTime에서 지정한 시간이 될 때까지 잠재운다. 즉 대기가능 타이머는 이때까지 넌시그널 상태인 것이다. 그러다 지정된 시간이 되면 타이머는 시그널 상태가 되고 스레드는 깨어난다. 만약 자동 리셋 타이머라면 시스템은 곧바로 그 타이머를 넌시그널 상태로 만든다.

타입이 LARGE_INTEGER 구조체라서 이 매개변수의 지정은 조금 까다로운 편인데, SYSTEMTIME과 FILETIME 구조체를 이용해 다음 방식으로 지정하면 된다. 주의할 것은 이 매개변수의 시간 기준은 UTC 시간 기준이라는 점이다. 따라서, 로컬 시간을 획득했다면 UTC 시간으로의 변환까지도 고려해야 한다.

```
SYSTEMTIME st;
ZeroMemory(&st, sizeof(st));
st.wYear   = (WORD)2014;
    ...
st.wMinute = (WORD)35;
```
SYSTMETIME 구조체를 원하는 시간으로 채운다. 밀리초 단위까지도 가능하다.

```
FILETIME ftLocal, ftUTC;
SystemTimeToFileTime(&st, &ftLocal);
```
시스템 시간을 파일 시간으로 변환한다.

```
LocalFileTimeToFileTime(&ftLocal, &ftUTC);
```
pDueTime은 UTC 타임을 기준으로 하므로 로컬 시간을 UTC 표준 시간으로 변환한다.

```
LARGE_INTEGER lUTC;
lUTC.LowPart  = ftUTC.dwLowDateTime;
lUTC.HighPart = ftUTC.dwHighDateTime;
```
LARGE_INTEGER 구조체의 LowPart와 HighPart 멤버를 설정한 후, pDueTime의 매개변수로 넘겨준다.

LONG lPeriod

lPeriod 매개변수는 pDueTime으로 지정된 시간에 최초 시그널 상태가 된 후부터 주기적으로 이 타이머의 상태를 시그널 상태로 변경할 시간을 밀리초 단위로 지정한다. 즉 이 타이머에 대해 대기하는 스레드는 lPeriod 간격마다 깨어나게 될 것이다. 만약 수동 리셋 타이머라면 lPeriod 의 값은 의미가 없으므로, SetWaitableTimer를 다시 호출해 넌시그널 상태로 바꿔줘야 한다.

PTIMERAPCROUTINE pfnCompletionRoutine

PVOID pArgToCompletionRoutine

이 두 매개변수는 비동기 입출력이 기능 중 APC를 이용하고자 할 때 필요하다. 이 매개변수에 대한 내용은 4장의 비동기 입출력에서 APC와 함께 자세히 설명하기로 하고, 당분간 이 두 매개 변수는 모두 NULL로 설정하도록 하자.

BOOL fResume

이 매개변수를 TRUE로 선정하면, 타이머가 시그널 상태가 될 때 대기 모드로 진환된 시스템을 깨울 수 있다. 시스템이 대기 모드로부터의 복원 기능을 제공하지 않으면 에러가 발생하고, 에러 코드는 ERROR_NOT_SUPPORTED가 된다.

SetWaitableTimer 호출에 실패할 경우에는 FALSE를 리턴하고, GetLastError 함수를 통해 에러 코드를 획득할 수 있다. 대표적인 에러 상황은 매개변수 지정이 잘못되었을 때, 예를 들어 pDueTime을 NULL로 넘길 때 발생하는 ERROR_INVALID_PARAMETER(87)와 같은 경우다.

다음 프로젝트에서 SetWaitableTimer를 통해 대기가능 타이머를 사용하는 예를 살펴보도록 하자.

프로젝트 2.3.2 WaitableTimerTest

```
void _tmain()
{
    WORD   wHour, wMin;
    DWORD dwPeriod;


    cout << "Enter Hour Minute Period : ";
    cin >> wHour >> wMin >> dwPeriod;
```

알람 시간과 스누즈 간격을 입력받는다. 간단하게 하기 위해 알람 설정 시간은 오늘 날짜를 기준으로 시와 분을 입력받고 스누즈 간격은 초 단위로 이루어진다.

```
    HANDLE hTimer = CreateWaitableTimer(NULL, FALSE, NULL);
```

CreateWaitableTimer API를 통해 대기가능 타이머 객체를 하나 생성한다. 위 예의 경우는 자동 리셋 타이머를 생성했다.

```
SYSTEMTIME st;
GetLocalTime(&st);
st.wHour   = wHour;
st.wMinute = wMin;
st.wSecond = st.wMilliseconds = 0;

FILETIME ftLocal, ftUTC;
SystemTimeToFileTime(&st, &ftLocal);
LocalFileTimeToFileTime(&ftLocal, &ftUTC);
LARGE_INTEGER lUTC;
lUTC.LowPart   = ftUTC.dwLowDateTime;
lUTC.HighPart  = ftUTC.dwHighDateTime;
```

최초 알람 시간을 지정한다.

```
SetWaitableTimer(hTimer, &lUTC, dwPeriod * 1000, NULL, NULL, TRUE);
```

위에서 얻은 LARGE_INTEGER 시간 표현값인 lUTC와 스누즈 간격인 dwSnooze를 대기가능 타이머 hTimer에 설정하기 위해 SetWaitableTimer를 호출한다.

```
char szTimeS[64];
sprintf(szTimeS, "%04d/%02d/%02d-%02d:%02d:%02d",
   st.wYear, st.wMonth, st.wDay, st.wHour, st.wMinute, st.wSecond);
cout << "Alarm Reserved : " << szTimeS << endl << endl;

int nSnoozeCnt = 0;
while (nSnoozeCnt < 5)
{
   WaitForSingleObject(hTimer, INFINITE);
   GetLocalTime(&st);

   sprintf(szTimeS, "%04d/%02d/%02d-%02d:%02d:%02d",
      st.wYear, st.wMonth, st.wDay, st.wHour, st.wMinute, st.wSecond);
   if (nSnoozeCnt == 0)
      cout << "Alarm Started : ";
   else
      cout << nSnoozeCnt << " Snooze Time : ";
   cout << szTimeS << endl;
   nSnoozeCnt++;
}
```

이제 알람 통지가 다섯 번 수행되도록 루프를 돌며 스레드는 대기 상태로 들어간다. 역시 대기 함수는 WaitForSingleObject며, 이 함수의 첫 번째 매개변수는 바로 hTimer가 된다. IUTC로 지정된 시간이 되면 위 루틴을 수행하는 스레드는 처음으로 깨어나 GetLocalTime 함수를 통해 현재 시간을 얻어 출력한 후 루프를 돌아 다시 대기 상태로 들어가게 될 것이다. 그 후 dwSnooze에 지정된 시간 간격이 지날 때마다 스레드는 깨어나 현재 시간을 읽어 출력할 것이나.

```
    CloseHandle(hTimer);
}
```

위 소스의 실행 결과는 다음과 같다.

```
Enter Hour Minute Period : 23 51 19
Alarm Reserved : 2014/06/12-23:51:00

Alarm Started : 2014/06/12-23:51:00
1 Snooze Time : 2014/06/12-23:51:19
2 Snooze Time : 2014/06/12-23:51:38
3 Snooze Time : 2014/06/12-23:51:57
4 Snooze Time : 2014/06/12-23:52:16
```

위 실행 예의 경우에는 알람 시간을 2014년 6월 12일 오후 11시 51분으로, 스누즈 간격을 19초로 지정했다. 그 결과 오후 11시 51분 0초에 최초 출력이 나오고 그 다음부터 19초 간격으로 현재 시각이 출력되는 것을 볼 수 있다.

3) 시간 설정

이번에는 대기가능 타이머의 시간 설정에 관하여, 즉 SetWatableTimer의 pDueTime과 lPeriod 매개변수 지정 방법에 대해 좀 더 살펴보기로 하자. 뮤텍스나 이벤트의 경우에는 객체 생성 시 소유 여부나 시그널 상태를 지정할 수 있었다. 타이머의 경우도 뮤텍스나 이벤트의 경우처럼 생성 시 시그널 상태가 되도록 만들 수 없을까? 다시 말해 최초 시그널 상태로 만들어 일단 원하는 작업을 먼저 수행한 다음 주기적으로 그 작업을 반복하게 하는 기능을 원한다고 하자. 타이머의 경우는 CreateWaitableTimer 함수를 통해서는 불가능하므로, 이럴 경우 SetWaitableTimer의 pDueTime을 조정하면 된다. 호출 시 pDueTime을 현재 시간 이전의 값으로 설정하거나, 아니면 다음과 같이 LARGE_INTEGER 필드를 0으로 설정해 넘겨도 된다.

```
LARGE_INTEGER lUTC;
lUTC.QuadPart = 0;
SetWaitableTimer(hTimer, &lUTC, 5000, NULL, NULL, TRUE);
```

그러면 WaitForSingleObject가 호출되자마자 바로 시그널 상태가 되어 필요한 처리를 수행한 후 5초마다 그 과정을 반복할 것이다.

만약 pDueTime의 값이 음수일 경우는 어떻게 될까? 마찬가지로 어차피 현재 시간을 경과했기 때문에 0을 넘긴 결과와 동일할까? 재밌게도 SetWaitableTimer는 pDueTime이 음수일 경우에는 다르게 처리한다. 상당히 유용한 기능이기도 한데, 음수로 넘어올 경우 시스템은 이 값을 SetWaitableTimer를 호출한 시간에 대한 상대적 경과 시간으로 해석한다. 다시 말해서 만약 여러분이 SetWaitableTimer를 호출한 시간으로부터 3초 뒤에 처음으로 대기가능 타이머가 시그널 상태가 되길 원한다면 다음과 같이 하면 된다.

```
LARGE_INTEGER lUTC;
lUTC.QuadPart    = -30000000LL;
SetWaitableTimer(hTimer, &lUTC, 5000, NULL, NULL, TRUE);
```

위의 예의 경우는 SetWaitableTimer를 호출한 후 3초가 경과되면 스레드는 대기 상태에서 최초로 깨어나게 된다. 사실 절대시간을 설정하는 것은 앞의 예에서도 본 것처럼 그 설정 방법이 상당히 귀찮다. 따라서 절대적인 날짜와 시간을 지정하는 것이 아니라 SetWaitableTimer 호출 후부터 일정 시간이 지난 후 통지를 받기 원한다면 위의 예처럼 하면 된다. LARGE_INTEGER를 통한 시간 표현은 SYSTEMTIME 구조체처럼 연, 월, 일 등을 개별적으로 보관하는 것이 아니라 64비트 정수로 취급해서 시간을 하나의 틱카운터로 표현한다. 그리고 LARGE_INTEGER 구조체로 표현되는 시간은 100나노초 단위의 시간값이다. 1초는 1,000,000,000나노초이므로 3초라는 시간을 제대로 설정하기 위해서는 $3 \times 1,000,000,000 / 100$의 연산을 통해 30,000,000이라는 값을 설정해주어야 한다.

그러나 때론 단 한 번만 실행되고 말 그런 타이머를 원할 수 있다. 이때는 다음의 예에서처럼 lPeriod의 값, 즉 스누즈 간격을 0으로 넘겨주면 된다. 그러면 지정된 DueTime에 대기가능 타이머는 시그널 상태가 된 후 다시는 시그널 상태가 되지 않을 것이다.

```
SetWaitableTimer(hTimer, &lUTC, 0, NULL, NULL, TRUE);
```

정리하면 다음과 같다. pDueTime 매개변수로 넘겨질 시간을 DT(Due Time), SetWaitable Timer가 호출된 시점의 시각을 CT(Calling Time)라고 하자. 그러면 다음 표와 같이 시간 관련 설정이 가능해진다.

pDueTime	lPeriod	의미
DT > CT	> 0	DueTime에 통지, 그 후 lPeriod 간격으로 반복해서 통지한다.
0 <= DT <= CT	> 0	시그널 상태로 시작하기 때문에 대기 없이 바로 최초로 통지한 후 lPeriod 간격으로 반복해서 통지한다.
DT < 0	> 0	호출 후 DueTime이 지난 후 통지, 그 후 lPeriod 간격으로 반복해서 통지한다.
-	0	최초 단 한 번만 통지한다.

그렇다면 pDueTime이 NULL이면 어떻게 될까? 당연히 SetWaitableTimer는 FALSE를 리턴하고, 에러 코드는 적절하지 않은 매개변수란 의미의 ERROR_INVALID_PARAMETER(87)로 설정된다.

4) 넌시그널 상태 설정

앞의 예에서 대기가능 타이머 생성 시 bManualReset 매개변수를 TRUE로 넘겨주어 수동 리셋 타이머를 생성시켜 실행해보라. 그러면 최초 알람 시간 출력 후에 대기 없이 바로 현재 시각을 계속 출력할 것이다. 즉 지정된 스누즈 간격이 의미 없음을 확인할 수 있다. 자동 리셋 타이머가 아니기 때문에 WaitForSingleObject에서 처음 리턴된 후 타이머의 상태는 계속 시그널 상태로 남아 있다. 따라서 while 루프를 돌아 WaitForSingleObject를 다시 호출하게 되더라도 대기가능 타이머는 이미 시그널 상태기 때문에 곧바로 WaitForSingleObject를 빠져나오게 된다. 그러면 수동 리셋 타이머의 경우에는 어떻게 넌시그널 상태로 만들어 줄 수 있을까? SetWaitableTimer를 한 번 더 호출해 타이머를 재설정하는 방법밖엔 없다. 타이머 관련해서 별도로 CancelWaitableTimer라는 함수가 있는데, 이 함수가 마치 넌시그널 상태로 만들어줄 것만 같은 착각을 불러일으킨다.

```
BOOL WINAPI CancelWaitableTimer(_In_ HANDLE hTimer);
```

CancelWaitableTimer는 엄밀히 말해 알람 시계의 알람 기능을 끄는 것과 동일하지만, 타이머의 신호 상태에는 전혀 관여하지 않는다. 즉 시그널 → 넌시그널 상태로의 전환은 일어나지 않는다. 대신 APC의 사용을 위해 콜백 함수를 사용했다면 APC의 기능을 취소시키는 역할을 한다. 알람 기능을 꺼버린다는 의미는 SetWaitableTimer에서 지정했던 최초 알람 시간과 스누즈 간격 자체를 초기화시켜 버리는 것을 의미한다. 따라서 CancelWaitableTimer를 호출하면 hTimer로 넘겨진 대기가능 타이머는 CreateWaitableTimer로 타이머를 생성한 직후의 초기 상태와 동일하게 된다. 다만 현재의 신호 상태는 변경되지 않는다는 점만 빼고는 말이다. 따라서 만약 수동 리셋 타이머를 생성하고, 시그널 상태에서 넌시그널 상태로 변경하고 싶다면 pDueTime과 lPeriod 매개변수를 조건에 맞추어 SetWaitableTimer를 다시 설정해줘야만 한다. 다시 한 번 강조하지만 CancelWaitableTimer 함수는 타이머의 시그널 상태를 변경하지 않는다.[*]

다음 프로젝트는 대기가능 타이머를 설정한 후 콘솔에서 명령을 입력받아 타이머를 정지하고 다시 시작하는 예를 보여준다. 최초 콘솔에서 지연 시간을 초 단위로 입력받아 지정 시간이 지나면 주기적으로 시간을 출력하다가 "stop"을 입력하면 타이머를 취소하고, "start"를 입력하면 타이머를 재시작하도록 하는 예제다.

프로젝트 2.3.2 WaitableTimerTest2

```
HANDLE g_hTimer = NULL;
HANDLE g_hExit  = NULL;


DWORD WINAPI ThreadProc(PVOID pParam)
{
   HANDLE arHandles[2] = { g_hExit, g_hTimer };
   while (true)
   {
      DWORD dwWaitCode = WaitForMultipleObjects(2, arHandles, FALSE, INFINITE);
      if (dwWaitCode == WAIT_FAILED)
      {
         cout << " ~~~ WaitForSingleObject failed : " << GetLastError() << endl;
         break;
      }
      if (dwWaitCode == WAIT_OBJECT_0)
         break;
```

---

[*] 실제로 프로젝트를 진행하면서 CancelWaitableTimer를 사용한 적이 있었는데, 이 함수가 대기가능 타이머를 넌시그널 상태로 만들어 주지 않아서 고생한 적이 있었다. 제프리의 저서 「Windows VIA C/C++」에서는 CancelWaitableTimer를 호출하면 넌시그널 상태로 만들 수 있다고 되어 있지만, MSDN 매뉴얼을 꼼꼼히 읽어 보면 제프리의 설명과 다름을 알 수 있다. 실제로도 MSDN 매뉴얼 설명대로 동작한다.

```
        SYSTEMTIME st;
        GetLocalTime(&st);
        printf("Timer Signaled : %04d/%02d/%02d-%02d:%02d:%02d\n",
            st.wYear, st.wMonth, st.wDay, st.wHour, st.wMinute, st.wSecond);
    }


    return 0;
}


void _tmain()
{
    g_hExit  = CreateEvent(NULL, TRUE, FALSE, NULL);
    g_hTimer = CreateWaitableTimer(NULL, FALSE, NULL);
```

자동 리셋 타이머를 생성한다.

```
    DWORD dwThreadID = 0;
    HANDLE hThread = CreateThread(NULL, 0, ThreadProc, NULL, 0, &dwThreadID);

    DWORD dwPeriod = 0;
    cout << "Enter period : ";
    cin >> dwPeriod;

    LARGE_INTEGER lUTC;
    lUTC.QuadPart = -((__int64)dwPeriod * 10000000LL);
    SetWaitableTimer(g_hTimer, &lUTC, dwPeriod * 1000, NULL, NULL, TRUE);
```

타이머를 입력받은 시간(초 단위)만큼 주기적으로 시그널 상태가 되도록 설정한다.

```
    char szIn[64];
    while (true)
    {
        cin >> szIn;
        if (stricmp(szIn, "quit") == 0)
        {
            SetEvent(g_hExit);
            break;
        }
```

```
    if (stricmp(szIn, "stop") == 0)
    {
        CancelWaitableTimer(g_hTimer);
```

타이머를 취소시킨다. 이 함수를 호출한 후에도 타이머는 시그널 상태로 바뀌지 않는다.

```
        cout << "Timer canceled!!!" << endl;
    }
    else if (stricmp(szIn, "start") == 0)
    {
        SetWaitableTimer(g_hTimer, &lUTC, dwPeriod * 1000, NULL, NULL, TRUE);
```

취소된 타이머를 다시 설정하여 주기적으로 시그널 상태로 바뀌도록 한다.

```
        cout << "Timer restarted!!!" << endl;
    }
}
WaitForSingleObject(hThread, INFINITE);
CloseHandle(g_hTimer);
CloseHandle(g_hExit);
CloseHandle(hThread);
}
```

위 예를 살펴보면 "stop"이 입력되었을 때 CancelWaitableTimer를 호출해 타이머를 취소했으며, 그 결과 더 이상 타이머가 작동되지 않는다는 것을 확인할 수 있다. 취소 처리를 CancelWaitableTimer로 하지 않고 SetWaitableTimer를 이용해 처리할 수는 없을까? 다음과 같이 CancelWaitableTimer를 SetWaitableTimer로 대체할 수 있다.

```
LARGE_INTEGER lUTC;
lUTC.QuadPart = MINLONGLONG;
SetWaitableTimer(g_hTimer, &lUTC, 0, NULL, NULL, TRUE);
```

MINLONGLONG 매크로는 부호 있는 64비트 정수의 최솟값, 즉 마이너스 범위에서의 절댓값의 최대치를 의미한다. 따라서 위와 같이 설정하면 타이머의 최초 시그널 인터벌을 무한대의 값으로 지정하는 것과 동일한 효과를 줄 수 있다. 따라서 이는 절대로 시그널 상태로 바뀌지 않을 타이머를 설정하게 된다.

이번에는 앞의 소스에서 타이머를 수동 리셋 이벤트로 생성시킨 후 실행해보라. 최초 시간 출력 후 타이머 설정과는 상관없이 지연 시간 없이 시간 출력이 계속 반복될 것이다. 왜냐하면 수동 리셋 이벤트이므로 최초 시그널링이 된 후의 상태는 계속 시그널 상태로 남아있기 때문에 WaitForXXX에서 바로 리턴되기 때문이다. 이 상태에서 "stop"을 입력해 CancelWaitableTimer를 호출할 수 있도록 해보자. CancelWaitableTimer를 호출해 취소를 하더라도 콘솔 상에서의 시간 출력은 멈추지 않고 계속 반복된다. 이 의미는 결국 CancelWaitableTimer는 타이머의 시그널 상태를 넌시그널 상태로 바꾸지 않는다는 것을 반증한다. 그렇다면 수동 리셋 타이머는 언제 사용할까? 우선 주기적이지 않은 시그널링이 필요한 상황에서 수동 리셋 이벤트와 마찬가지로 여러 스레드를 동시에 깨워야 할 때 사용될 수 있다. 예를 들어 서버에서 내려온 작업 지시 시간이 월, 화에는 정오에, 수, 목, 금은 오후 세 시, 그리고 주말은 건너뛰어야 하는 상황에 여러 스레드가 그 작업을 동시에 수행해야 한다면 수동 리셋 타이머가 그 해결책이 될 수 있다.

다음 프로젝트는 수동 리셋 타이머를 이용해 여러 스레드를 동시에 시그널링하는 것을 보여준다. 수동 리셋 이벤트의 경우처럼 반드시 리셋시켜줘야 한다는 점에 주의하도록 하자.

프로젝트 2.3.2 ManualWTTest

```
HANDLE  g_hTimer  = NULL;
HANDLE  g_hExit   = NULL;


#define MAX_THR_CNT  4

DWORD WINAPI ThreadProc(PVOID pParam)
{
   HANDLE arHandles[2] = { g_hExit, g_hTimer };
   while (true)
   {
      DWORD dwWaitCode = WaitForMultipleObjects(2, arHandles, FALSE, INFINITE);
      if (dwWaitCode == WAIT_FAILED)
      {
         cout << " ~~~ WaitForSingleObject failed : " << GetLastError() << endl;
         break;
      }

      if (dwWaitCode == WAIT_OBJECT_0)
         break;
```

```
    SYSTEMTIME st;
    GetLocalTime(&st);
    printf("%6d Timer Signaled : %5d/%02d/%02d-%02d:%02d:%02d+%03d\n",
        GetCurrentThreadId(),st.wYear, st.wMonth, st.wDay,
        st.wHour, st.wMinute, st.wSecond, st.wMilliseconds);


    DWORD dwDelay = (rand() % 4000) + 100;
    printf("\n==> Timer updated... Next signal : %d ms\n", dwDelay);


    LARGE_INTEGER lUTC;
    lUTC.QuadPart = -((__int64)dwDelay * 10000LL);
    SetWaitableTimer(g_hTimer, &lUTC, 0, NULL, NULL, TRUE);
```

SetWaitableTimer를 호출해 타이머를 재설정한다. 이는 타이머를 리셋하는 효과를 가진다.

```
  }


  return 0;
}


void _tmain()
{
  g_hExit   = CreateEvent(NULL, TRUE, FALSE, NULL);
  g_hTimer     = CreateWaitableTimer(NULL, TRUE, NULL);
```

수동 리셋 타이머를 생성한다.

```
  HANDLE arhThrs[MAX_THR_CNT];
  for (int i = 0; i < MAX_THR_CNT; i++)
  {
    DWORD dwThrId = 0;
    arhThrs[i] = CreateThread(NULL, 0, ThreadProc, NULL, 0, &dwThrId);
  }


  DWORD dwDelay = (rand() % 4000) + 100;
  printf("==> Timer started... Next signal : %d ms\n", dwDelay);


  LARGE_INTEGER lUTC;
  lUTC.QuadPart = -((__int64)dwDelay * 10000LL);
```

```
SetWaitableTimer(g_hTimer, &lUTC, 0, NULL, NULL, TRUE);
```

타이머를 설정한다. 수동 리셋 타이머의 경우엔 한 번만 시그널되고 주기성은 의미 없으므로 lPeriod 매개변수를 0으로 지정한다.

```
    getchar();
    SetEvent(g_hExit);

    WaitForMultipleObjects(MAX_THR_CNT, arhThrs, TRUE, INFINITE);
    for (int i = 0; i < MAX_THR_CNT; i++)
        CloseHandle(arhThrs[i]);
    CloseHandle(g_hTimer);
    CloseHandle(g_hExit);
}
```

위의 예에서 확인할 수 있듯이, 수동 리셋 타이머의 경우엔 이벤트처럼 ResetEvent와 같은 별도의 넌시그널 상태 지정 함수는 제공되지 않고 SetWaitableTimer를 이용해 리셋 처리를 한다. 또한 수동 리셋 타이머의 경우, 최초 시그널 후 주기적인 시그널 지정은 의미가 없다. 따라서 위 코드에서 lPeriod 매개변수를 0으로 설정하는 것도 확인하기 바란다.[*]

5) 타이머의 추가사항 고찰

여기서는 대기가능 타이머에 대한 추가사항을 설명하고자 한다. 설명할 내용은 대기가능 타이머와 절전 모드 상태의 시스템과의 관계, 타이머 통합 기능과 대기가능 타이머의 연결, 그리고 윈도우 유저 객체인 윈도우 타이머와 대기가능 타이머의 차이에 대한 내용이다.

| 절전 모드의 시스템 깨우기 |

이번에는 SetWaitableTimer의 마지막 매개변수인 fResume에 대해 알아보도록 하자. 시스템이 대기 모드나 최대 절전 모드(Hibernation) 상태로 진입한 상태에서 대기가능 타이머가 시그널 상태가 되었을 때 타이머가 시스템을 대기 상태로부터 복원되도록 하려면 fResume을 TRUE로 설정

---

[*] 사실 〈프로젝트 2.3.2 ManualWTTest〉의 경우는 논점을 흐리지 않기 위해 다소 억지를 부린 측면이 없지 않다. 4개의 스레드가 모두 SetWaitableTimer를 호출해 타이머를 재설정하고 있지만, 정확히는 마지막 스레드만이 타이머를 재설정해야 한다. 이와 동시에 나머지 스레드는 타이머가 재설정될 때까지 대기해야 한다. 그렇지 않으면 마지막 스레드가 타이머를 재설정하기 전까지 타이머는 시그널 상태이므로 앞선 스레드들은 다시 대기 함수를 호출했을 때 바로 통과해 버린다. 따라서 마지막 스레드가 타이머를 재설정하기 전까지는 시간을 출력한 후 대기해야 한다. 이러한 처리와 더불어 제대로 수정된 소스는 3장 "동기화 장벽"에서 상세하게 다룰 예정이다.

하면 된다. 시스템을 대기 상태로 만든 후 일정 시간 이후에 깨어나게 하려면 fResume을 TRUE로 설정해서 SetWaitableTimer를 호출하면 된다. 이 기능을 사용하기 위해서는 다음 그림과 같이 컨트롤의 "전원 옵션"에서 "고급 전원 관리 옵션 설정 변경"으로 들어가 "절전 모드 해제 타이머 허용" 옵션을 켜줘야 한다.

그림 2-5 전원 옵션 설정

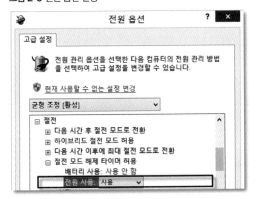

다음 프로젝트에서는 fResume을 TRUE로 설정해 SetWaitableTimer를 호출한 예를 보여준다. 시스템을 대기 상태로 변경하기 위해 SetSuspendState 함수를 사용했다. SetSuspendState의 첫 번째 매개변수가 TRUE면 시스템을 하이버네이션시키고, FALSE면 단순히 대기 모드로 전환한다. 그리고 마지막 매개변수는 TRUE로 설정해야 타이머가 시그널링되었을 때 무시하지 않게 된다. 이 함수를 사용하기 위해서는 "PowrProf.h" 헤더 파일을 인클루드하고 "PowrProf.lib" 라이브러리를 링크시켜야 한다.

프로젝트 2.3.2 WakeSleepSystem

```
void _tmain()
{
    SYSTEMTIME st;
    HANDLE hTimer = CreateWaitableTimer(NULL, FALSE, NULL);

    LARGE_INTEGER lUTC;
    lUTC.QuadPart = -600000000LL;
    if (!SetWaitableTimer(hTimer, &lUTC, 0, NULL, NULL, TRUE))
        cout << "...SetWaitableTimer error : " << GetLastError() << endl;
```

1분 후에 타이머가 시그널링되도록 타이머를 설정한다.

```
    GetLocalTime(&st);
    printf("Timer Reserved : %04d/%02d/%02d-%02d:%02d:%02d+%03d\n",
        st.wYear, st.wMonth, st.wDay,
        st.wHour, st.wMinute, st.wSecond, st.wMilliseconds);
    SetSuspendState(TRUE, FALSE, FALSE);
```

타이머 설정 직후의 시간을 출력하고 시스템을 하이버네이션시킨다.

```
    WaitForSingleObject(hTimer, INFINITE);
    GetLocalTime(&st);
    printf("Alarm Signaled : %04d/%02d/%02d-%02d:%02d:%02d+%03d\n",
        st.wYear, st.wMonth, st.wDay,
        st.wHour, st.wMinute, st.wSecond, st.wMilliseconds);
    MessageBeep(MB_ICONWARNING);
```

타이머가 시그널링되면 그 시간을 출력하고 경고음을 출력한다.

```
    getchar();
    CloseHandle(hTimer);
}
```

위의 코드를 실행하게 되면 시스템은 바로 최대 절전 모드 상태로 들어가 1분 뒤에 저절로 시스템이 깨어나게 될 것이다. fResume을 FALSE로 설정한 후 실행해보면 1분 뒤에도 시스템은 잠든 상태로 남아 있을 것이며, 여러분이 직접 시스템을 깨우게 되면 시스템이 깬 뒤 1분 정도가 흐르면 경고음과 함께 타이머는 시그널 상태가 될 것이다. 따라서, pDueTime을 절대시간이 아닌 상대시간, 즉 음수값으로 설정하거나 fResume을 FALSE로 설정할 때에는 주의해야 한다.

| 타이머 통합(Timer Coalescing) |

윈도우 7에 들어서면서 MS는 전원 관리를 위한 새로운 기술을 선보였다. CPU에 의한 전원 소모의 주범은 주기적인 시스템 타이머 인터럽트다. 시스템 타이머 인터럽트가 주기적으로 유휴 상태의 CPU를 깨우기 때문이다. 따라서 이 인터럽트의 주기가 늘면 늘수록 그만큼 CPU의 유휴 시간이 늘어나므로 전원 소모를 줄일 수가 있다. 다중 CPU 시스템의 경우 타이머 인터럽트는 모든 CPU에 동일한 주기의 타이머 인터럽트를 발생시켰지만, 윈도우 7에서는 하나의 CPU에만 인터럽트를 발생시키게 하고 다른 CPU는 필요 시에 인터럽트를 발생시키도록 하고 있다. 이러한 방식을 "지능형 타이머 틱 분배"라고 한다. 이러한 방식은 전원 절약은 가능하지만, 만약 다량의 소프트웨어 타이머가 작동할 경우에는 이 전략을 무력화시키는 사태가 발생된다. 이에 여러 애플리케이션이나 디바이스 드라이버로부터 요청되는 소프트웨어 타이머를 그룹화해서 그들을 대략 같은 시간에 만기시키는 메커니즘이 윈도우 7부터 새롭게 도입되었는데, 이를 "타이머 통합(Timer Coalescing)"이라고 한다. 이 기술은 이러한 대부분의 소프트웨어 타이머가 정확한 만기 시간을 요구하지 않는다는 전제를 갖는다. 따라서 여러 타이머들을 그룹화하기 위해서는 허용 가능한 일정 범위 내에서 만기 시간 손실이 요구된다. 이러한 허용 범위를 "허용 지연 시간"이라고 하며, 그 최소 허용 범위는 32ms로 하고 있다.

CPU의 유휴 시간을 늘려 전원 절약까지 고려한다면 먼저 주기적인 타이머의 사용을 자제해야 할 것이다. 하지만 그렇지 못한 상황이라면 전원 절약을 위한 윈도우 7의 새로운 기능인 타이머 통합 기능을 사용할 수 있다. 이 기능을 사용할 수 있도록 윈도우 7부터 제공되는 대기가능 타이머를 설정하는 함수가 바로 SetWaitableTimerEx 함수다.

```
BOOL SetWaitableTimerEx
(
   _In_ HANDLE              hTimer,
   _In_ const LARGE_INTEGER* lpDueTime,
   _In_ LONG                lPeriod,
   _In_ PTIMERAPCROUTINE    pfnCompletionRoutine,
   _In_ LPVOID              lpArgToCompletionRoutine,
   _In_ PREASON_CONTEXT     WakeContext,
   _In_ ULONG               TolerableDelay
);
```

SetWaitableTimerEx는 마지막 두 매개변수만 제외하면 SetWaitableTimer와 거의 동일하다. WakeContext 매개변수는 SetWaitableTimer의 fResume 역할을 하며, 이 매개변수를 NULL로 넘기면 fResume을 FALSE로, REASON_CONTEXT 구조체를 설정해서 넘기면 fResume을 TRUE로 넘긴 효과와 동일하다. 타이머 통합 기능과 관련하여 핵심적인 매개변수가 TolerableDelay인데, 이 매개변수가 바로 "허용 지연 시간"이며, 밀리초 단위로 설정한다. 이 값의 최솟값은 32ms며 lPeriod 값에 따라 적절한 값을 설정해주어야 한다. 그리고 보통

1초, 250ms, 100ms, 50ms의 4개의 권장 통합 간격 중 하나를 지정하도록 권고한다. 예를 들어 lPeriod가 1초인 경우는 대략 50ms, 30초인 경우는 1초로 지정하는 것이 적당하다.

프로젝트 2.3.2 SetWaitableTimerEx

```
void _tmain()
{
    SYSTEMTIME st;
    HANDLE hTimer = CreateWaitableTimer(NULL, FALSE, NULL);


    LARGE_INTEGER lUTC;
    lUTC.QuadPart = -300000000LL;
```

최초 개시 시간을 30초 이후로 지정한다.

```
    REASON_CONTEXT rc;
    rc.Version = POWER_REQUEST_CONTEXT_VERSION;
    rc.Flags = POWER_REQUEST_CONTEXT_SIMPLE_STRING;
    rc.Reason.SimpleReasonString = L"Continuous measurement";
```

대기 상태의 시스템을 깨우기 위해 REASON_CONTEXT 구조체를 설정한다.

```
    SetWaitableTimerEx(hTimer, &lUTC, 30000, NULL, NULL, &rc, 1000);
```

주기는 30초로 지정하고, 지연 허용 시간은 1초로 지정해 SetWaitableTimerEx를 호출한다.

```
    GetLocalTime(&st);
    printf("Timer Set Call : %04d/%02d/%02d-%02d:%02d:%02d+%03d\n",
        st.wYear, st.wMonth, st.wDay,
        st.wHour, st.wMinute, st.wSecond, st.wMilliseconds);
    SetSuspendState(TRUE, FALSE, FALSE);

    int nSnoozeCnt = 0;
    while (nSnoozeCnt < 5)
    {
        WaitForSingleObject(hTimer, INFINITE);

        GetLocalTime(&st);
        printf("Timer Signaled : %04d/%02d/%02d-%02d:%02d:%02d+%03d\n",
```

```
        st.wYear, st.wMonth, st.wDay,
        st.wHour, st.wMinute, st.wSecond, st.wMilliseconds);
    if (nSnoozeCnt == 0)
        MessageBeep(MB_ICONWARNING);
    nSnoozeCnt++;
    }


    getchar();
    CloseHandle(hTimer);
}
```

| 대기가능 타이머와 유저 타이머 비교 |

마지막으로 대기가능 타이머와 유저 타이머에 대해서 비교해보자. 유저 타이머는 유저 영역의 객체
며, SetTimer를 통해 생성되고 지정 시간이 만기될 때마다 윈도우로 WM_TIMER 메시지를 전송
한다. 이 두 타이머의 장단점에 대해 다음 표로 간단히 정리했다.

	대기가능 타이머	유저 타이머
객체	커널 객체	유저 객체
생성	CreateWaitableTimer	SetTimer
삭제	CloseHandle	KillTimer
실행	객체 시그널 상태	WM_TIMER 메시지
스레드	필요	필요 없음
정확도	높음	낮음

| 동기화 커널 객체 신호 상태 정리 |

다음 표는 지금까지 설명한 4개의 동기화 전용 커널 객체의 신호 상태 및 대기 함수의 부가적 효과를 정리한 것이다. 동기화 전용 커널 객체 외의 동기화 가능한 커널 객체도 함께 실었으며, 파일이나 파일 변경 통지 객체는 4장에서 설명할 예정이다.

객체		시그널	넌시그널	시그널→넌시그널	넌시그널→시그널	부가적 효과
뮤텍스		어떤 스레드에 의해서도 소유되지 않을 때	특정 스레드에 의해 소유되었을 때	•성공적 대기	•ReleaseMutex 호출 •ReleaseMutex 호출 없이 스레드 종료(버려진 뮤텍스)	스레드에 소유권 부여
세마포어		자원계수가 0보다 클 때	자원계수가 0일 때	•성공적 대기	•ReleaseSemaphore 호출	자원계수 1 감소
이벤트	자동	이벤트 자체가 시그널 상태일 때	이벤트 자체가 넌시그널 상태일 때	•성공적 대기 •ResetEvent 호출	•SetEvent 호출	이벤트 리셋
	수동			•ResetEvent 호출	•SetEvent 호출	–
대기가능 타이머	자동	지정된 타이머가 만기되었을 때	지정된 타이머가 만기되지 않았을 때	•성공적 대기 •SetWaitableTimer 호출	•타이머 만기 •SetWaitableTimer 호출	타이머 리셋
	수동			•SetWaitableTimer 호출	•SetWaitableTimer 호출	–
프로세스		프로세스가 종료된 상태	프로세스가 실행 중일 때		•프로세스가 종료될 때	–
스레드		스레드가 종료된 상태	스레드가 실행 중일 때		•스레드가 종료될 때	–
파일		I/O 작업이 완료된 상태	I/O 작업 중일 때	•비동기 입출력 개시	•I/O 작업이 완료될 때	–
파일 변경 통지		파일 변경을 감지했을 때	파일 변경이 없을 때	•성공적 대기	•FindNextChange Notification 호출	통지 리셋

2.4 통지를 위한 추가사항 고찰

지금까지 동기화 전용 객체인 뮤텍스, 세마포어, 이벤트 그리고 대기가능 타이머에 대해 자세히 알아보았다. 이번 절에서는 이 4가지의 동기화 객체와 더불어 통지라는 관점에서 동기화를 더 유연하게 구현할 수 있는 추가적인 수단이나 방법에 대해 검토해볼 것이다.

2.4.1 스레드 메시지 큐와의 연동

우리는 2.2절에서 세마포어를 이용해 "대기가능 큐"를 구현해보았다. 이렇게 대기가능 큐를 직접 구현해 사용할 수도 있지만, 이미 이러한 기능을 담고 있는 큐가 제공된다면 어떨까? 그러한 큐가 과연 있는가? 1995년 당시 윈도우 95가 처음 출시되었을 때, 도스 기반의 윈도우 3.1에서 제약이 많은 32비트 운영체제인 윈도우 95로의 거대한 이민이 시작되었다. 그리고 윈도우 프로그래밍 관련 서적들이 봇물 터지듯 쏟아져 나왔었는데, C++의 유행과 더불어 그 당시 선풍적인 인기를 끈 것이 바로 MFC(Microsoft Foundation Class)였다. 윈도우 GUI 프로그램을 아주 편리하게 작성할 수 있도록 해줬던 MFC는 역으로 프로그래머들을 바보로 만드는 역기능을 충분히 제공했다. 윈도우 GUI의 구조 자체도 모르는 상태에서, 윈도우 GUI 프로그래밍의 핵심을 이루는 "메시지 드리븐(Message Driven)" 방식이란 개념조차 알 필요성을 없애버리는, 그 유명한 윈도우 프로시저 함수(WndProc)란 개념도 숨겨버린 것이 MFC다. 처음에 윈도우 3.1에서 C로 순수 윈도우 프로그램을 개발했던 프로그래머라면 몰라도, MFC를 통해서 윈도우 프로그래밍에 입문했던 사람들은 윈도우 GUI가 어떻게 구성되고 돌아가는지 전혀 알 길이 없고, 윈도우 프로그래밍을 하려면 MFC라는 수단 밖에는 없는 것으로 생각했다. 심지어 네이티브 윈도우 프로그래밍은 C로만 가능하고 C++로 윈도우 프로그래밍을 하려면 반드시 MFC를 사용해야만 하는 것으로 생각하는 사람들도 많았다. 하기야, 아직까지도 그런 프로그래머들이 있을 것 같다. C++와 비주얼 C++를 서로 다른 언어로 알고 있는 프로그래머들 말이다.

1) 스레드 메시지 큐

MFC가 숨기고 있었던 것은 윈도우의 메시지 기반 구조였고, 특히 전달되는 모든 메시지를 추출해 특정 창으로 보내는 수단이 GetMessage 루프였다. 이 GetMessage 함수는 메시지를 추출하는 역할을 한다. 그러면 어디에서 메시지를 추출하는가? 바로 윈도우 시스템 자체에서 제공되는 "스레드 메시지 큐"로부터 추출하는 것이다. 메시지 큐는 충분히 대기가능 큐의 역할을 한다.

앞서 언급하기도 했지만, 큐의 장점은 순차성을 보장해주는 동시에 동기화 문제에서 자유롭다는 점이다. 여기서 시스템 서비스 개발을 많이 한 개발자들은 반문할 것이다. 메시지 큐는 UI를 가질 때, 다시 말해 윈도우를 가질 때 의미가 있는 것이 아니냐고? 아니다. 메시지 큐는 스레드마다 존재해 난시 그것을 이용하기만 하면 된다. 또 다른 반문은 메시지 큐를 사용하기 위해서는 그냥 main 함수가 아니라 WinMain 함수를 이용해야 하지 않냐고? 관계 없다. 그렇다면 HWND 핸들 없이 어떻게 메시지를 보내느냐고? PostThreadMessage라는 훌륭한 함수가 있지 않은가!

다음의 축약된 소스는 전형적인 GUI 기반 윈도우 애플리케이션을 작성하는 WinMain 함수의 기본 형태다.

```
int WINAPI WinMain(   HINSTANCE hInstance, HINSTANCE hPrevInst,
                      PSTR szCmdLine, int iCmdShow)
{
```

윈도우 클래스 등록:

```
    WNDCLASS wc;
    wc.style        = CS_HREDRAW|CS_VREDRAW;
    wc.lpfnWndProc  = WndProc;
        ⋮
    RegisterClass(&wc);
```

윈도우 생성:

```
    HWND hWnd = CreateWindowEx(0, ... NULL);
    ShowWindow(hWnd, iCmdShow);
    UpdateWindow(hWnd);
```

메시지 루프:

```
    MSG msg;
    while(GetMessage(&msg, NULL, 0, 0) > 0)
    {
        TranslateMessage(&msg);
        DispatchMessage(&msg);
    }
```

```
    return msg.wParam;
}
```

소스에서 "메시지 루프" 코드를 살펴보면, WinMain을 실행하는 코드는 윈도우 클래스를 등록하고 윈도우를 생성한 후 GetMessage를 호출하면서 GetMessage의 리턴값이 0보다 클 동안 계속 무한 루프를 돌고 있다. GetMessage 함수가 바로 스레드의 메시지 큐로부터 메시지를 추출해내는 함수다. 이 함수는 하나의 대기 함수로서, 스레드의 메시지 큐에 메시지가 존재하면 메시지를 추출해서 돌려주고, 메시지가 없으면 메시지가 큐에 추가될 때까지 호출 스레드를 대기토록 만든다. 메시지는 MSG 구조체로 표현된다.

```
typedef struct tagMSG
{
    HWND    hwnd;
    UINT    message;
    WPARAM  wParam;
    LPARAM  lParam;
    DWORD   time;
    POINT   pt;
} MSG, *PMSG, *LPMSG;
```

HWND hwnd

메시지를 수신할 윈도우 프로시서를 갖는 윈도우의 핸들을 의미한다. 만약 해당 메시지가 스레드 메시지면 이 필드는 NULL이 된다.

UINT message

메시지 식별자며, 상위 16비트는 시스템에 의해 예약되어 있으므로 애플리케이션은 하위 16비트만 사용할 수 있다.

WPARAM wParam

LPARAM lParam

메시지 드리븐 시스템에서 message 필드와 함께 가장 중요한 필드다. 메시지와 관련된 부가적 정보를 전달하는 데 사용되며, WPARAM은 UINT_PTR, LPARAM은 LONG_PTR 타입의 재정의다. 이 두 필드는 message 필드의 종류에 따라 정의된 다양한 정보들을 수반한다.

DWORD timo

POINT pt

time 필드는 메시지가 발송된 시간을, pt 필드는 메시지가 발송되었을 때의 스크린 상의 커서 위치를 의미한다. 이 두 필드는 상대적으로 관심사가 떨어지는 필드이기도 하다.

스레드 메시지 큐는 자신의 엔트리로 이 MSG 구조체의 인스턴스를 저장하게 된다. GetMessage는 메시지 큐로부터 이 MSG 구조체로 정의된 메시지를 큐로부터 제거해 호출 스레드에게 돌려주는 역할을 한다.

```
BOOL WINAPI GetMessage
(
    _Out_       LPMSG   lpMsg,
    _In_opt_    HWND    hWnd,
    _In_        UINT    wMsgFilterMin,
    _In_        UINT    wMsgFilterMax
);
```

LPMSG lpMsg

스레드 메시지 큐로부터 메시지 정보를 담을 MSG 구조체의 포인터를 전달한다.

HWND hWnd

획득하고자 하는 메시지의 윈도우 핸들이다. 만약 유효한 핸들인 경우 GetMessage를 호출한 스레드가 생성한 윈도우의 핸들이어야 한다. 이 매개변수를 NULL로 지정하면 현재 스레드에 속한 모든 윈도우나 현재 스레드에 전달되는 메시지를 획득할 수 있다. 따라서 윈도우 메시지나 스레드 메시지 둘 다 처리할 수 있으며, NULL로 설정하는 것이 일반적이다. 만약 이 매개변수가 −1일 경우, MSG 구조체의 hwnd 필드값이 NULL인 메시지만 돌려준다. hwnd 필드값이 NULL인 경우는 스레드에게 전달되는 메시지를 의미한다.

UINT wMsgFilterMin

UINT wMsgFilterMax

획득하고자 하는 메시지 값의 최대 및 최소치를 지정한다. 전체 메시지를 획득하고자 한다면 두 매개변수 모두 0으로 설정한다. 모두 0으로 지정하는 것이 일반적이다.

[반환값] BOOL

GetMessage는 대기 함수며, 리턴되는 조건은 큐에 메시지가 존재할 경우라고 했다. 따라서 큐에 메시지가 존재하면 언제나 TRUE를 리턴한다. 일반적으로 GetMessage를 호출해 루프를 구성하고 이 루프를 빠져나오는 경우에 프로그램 종료로 간주한다. 이 루프의 탈출을 위해 유일하게 FALSE를 리턴할 경우가 있는데, 바로 메시지 큐에 WM_QUIT이라는 메시지가 엔큐된 경우다. 실제 에러로 인해 리턴되는 경우 리턴값은 −1이고 GetLastError를 통해서 에러 코드를 획득할 수 있다. 에러는 hWnd 또는 lpMsg 매개변수가 유효하지 않을 때 발생된다.

GetMessage 함수를 통해 MSG 구조체에 담겨 추출된 메시지는 가상 키 번역 함수인 TranslateMessage 함수를 거쳐 DispatchMessage 함수에 의해 해당 윈도우로 최종적으로 전파된다. 이렇게 GetMessage → TranslateMessage → DispatchMessage 호출의 일련의 과정이 루프로 구성되어 반복되면서 윈도우 GUI 프로그램의 생존 사이클을 구성하는데, 이 루프를 흔히 "메시지 루프"라고 한다. 또한 프로그램 종료를 위해 PostQuitMessage를 호출하면 GetMessage는 메시지 큐로부터 WM_QUIT이라는 메시지를 전달받게 되고, 이 경우 FALSE를 리턴해 무한 루프를 탈출하게 되면 프로그램은 최종적으로 자신의 WinMain 함수를 빠져나가면서 종료된다. 이 과정이 일반적인 GUI 기반 윈도우 애플리케이션의 기본 토대가 된다. 물론 MFC의 경우에는 이 과정을 모두 숨긴다. 그렇다면 GetMessage가 메시지를 추출하는 공간인 메시지 큐는 어디에 존재할까? 1장에서 스레드를 설명하면서 스레드는 "생성 시 자신만의 메시지 큐를 가질 수 있다."라고 했다. 다시 말해 각 스레드마다 메시지 큐가 존재한다. 다만 활성화되지 않고 있을 뿐이다. 스레드가 자신의 엔트리 함수 어디에선가 GetMessage나 PeekMessage 함수를 호출하면 메시지 큐는 활성화되고 메시지 큐로부터 메시지를 획득할 수 있다. 그럼 GetMessage는 어떤 역할을 하는가? 바로 우리가 세마포어의 응용에서 보았던 대기가능 큐처럼 메시지 큐에 메시지가 존재하면 스레드를 깨워 메시지를 추출해서 디스패치하고, 큐잉된 메시지가 없으면 스레드를 잠재우는 그런 대기 함수 역할을 한다. 그렇다면 우리가 사용법만 안다면 충분히 대기가능 큐의 기능을 이 메시지 큐로 대치할 수 있을 것이란 예상이 가능하다. 다만 메시지 큐에 메시지를 큐잉하여 GetMessage를 호출한 후 잠들어 버린 스레드를 깨울 수 있는, 즉 메시지 큐를 시그널 상태로 만들 수 있는 수단만 존재한다면 말이다. 물론 당연히 존재한다. 이는 윈도우 핸들(HWND)의 존재와 상관없이 스레드가 메시지를 처리할 수 있음을 의미한다. 그 대표적인 예가 MS에서 제공하는 COM(Component Object Model)이다. COM은 EXE 타입이나 서비스 타입일 경우 이 메시지 루프에 기반해서 실행된다.

GUI 기반 애플리케이션에서는 시스템이 마우스의 움직임이나 키의 입력 등을 처리하여 메시지 큐에 추가한다. 대표적인 메시지로는 WM_LBUTTON_DOWN, WM_MOUE_WHEEL, WM_KEY_DOWN 등이 있으며, 윈도우의 형태를 그리고 배경을 칠하는 등의 작업도 WM_PAINT라는 메시지 큐에 등록된 메시지를 통해 처리된다. WM_***로 정의된 이 다양한 매크로들은 윈도우 메시지 식별자며, 이 값들은 MSG 구조체의 message 필드에 저장되고 각 메시지마다 정의된 고유한 부가 정보를 가지고 있다. 이 정보들은 MSG의 wParam과 lParam 필드에 저장되어, 이렇게 구성된 MSG 구조체의 인스턴스가 메시지 큐에 엔큐된다. 메시지 큐에 등록되는 메시지 중에는 윈도우 시스템에 의해 발생되는 메시지가 있는가 하면 유저가 직접 정의한 메시지도 존재한다. 유저가 메시지를 정의할 수 있다면 그 메시지를 스레드 메시지 큐에 엔큐할 수 있는 수단도 존재해야 한다. 그 수단으로 제공되는 함수가 바로 SendMessage와 PostMessage다.

```
LRESULT WINAPI SendMessage
(
   _In_ HWND     hWnd,
   _In_ UINT     Msg,
   _In_ WPARAM   wParam,
   _In_ LPARAM   lParam
);

BOOL WINAPI PostMessage
(
   _In_opt_ HWND     hWnd,
   _In_     UINT     Msg,
   _In_     WPARAM   wParam,
   _In_     LPARAM   lParam
);
```

두 함수의 매개변수는 동일하며, 이 4개의 매개변수는 MSG 구조체의 필드와도 일치한다. 따라서 위의 두 함수를 호출하면 두 함수는 그 내부에서 매개변수로 전달된 윈도우 핸들과 메시지 ID, 그리고 wParam과 lParam의 값을 MSG 구조체의 인스턴스에 담아 이것을 호출 스레드의 메시지 큐에 추가할 것이라는 것을 충분히 짐작할 수 있다. hWnd 매개변수를 HWND_BROADCAST(0xFFFFFFFF)로 전달한다면 이는 브로드캐스팅을 의미하며, 모든 최상위(Top level) 윈도우(자식 윈도우가 아닌)로 해당 메시지가 전달된다.

둘 다 메시지를 메시지 큐에 추가하는 함수지만, 두 함수의 특성상의 차이는 매우 중요하다. SendMessage는 메시지 큐에 메시지를 추가한 후 그 메시지가 디스패치되어 지정된 윈도우의 프로시저 콜백 함수에서 그 처리가 완료될 때까지 대기하는 동기적 성격을 지닌 함수고, PostMessage는 메시지 큐에 메시지를 추가만 하고 바로 리턴하는 비동기적 성격을 지니는 함수다.* 유저가 정의한 메시지를 보낼 수 있는 대상은 동일 프로세스 내에 국한되지 않고 다른 프로세스에 속한 윈도우에게도 메시지를 전달할 수 있다는 것이 큰 장점이 된다. PostMessage는 hWnd 매개변수를 NULL로 전달할 수 있는데, 이는 특정 윈도우가 아니라 PostMessage를 호출한 현재 스레드로 메시지를 발송한다.

```
SendMessage(hWnd, WM_DESTORY, 0, 0);
PostMessage(hWnd, WM_MY_MSG, 0, (LPARAM)dwMyData);
```

위 코드가 SendMessage와 PostMessage를 사용하는 대표적인 예다. 이 두 함수는 공통적으로 첫 번째 매개변수로 hWnd를 넘긴다. hWnd는 HWND 타입의 윈도우 핸들로서 여러분이 보내고자 하는 메시지를 수신할 윈도우의 핸들값이다. 이렇게 위의 두 함수를 호출하면 MSG 구조체에 위의 정보, 즉 hWnd와 WM_DESTORY나 WM_MY_MSG 등의 메시지값, 그리고 WPARAM과 LPARAM에 해당하는 부가 정보를 MSG 구조체에 담아 메시지 큐에 추가하게 된다. 그러면 스레드는 GetMessage로부터 리턴한 후 MSG 구조체를 큐에서 추출해 DispatchMessage를 호출한 다음 목적지인 hWnd에 이 메시지를 전파한다. hWnd 핸들값에 해당하는 윈도우는 이 메시지를 수신하게 되고, 그러면 정의된 윈도우 프로시저 콜백 함수 내에서 그 메시지를 처리하고 리턴하게 된다. 그 후 스레드는 다시 GetMessage를 호출해 대기 상태로 들어간다. 지금 설명한 이 모든 과정이 하나의 스레드, 즉 GetMessage를 호출한 스레드에 의해서 이루어진다는 점에 유의하기 바란다. 심지어 재진입 과정이 존재하는 것처럼 보일 수도 있는 복잡한 과정이지만, 모두 하나의 스레

---

* Send와 Post의 번역이 애매하다. 번역할 때 SendMessage의 동기적 성격과 PostMessage의 비동기적 성격을 잘 살릴 수 있는 단어를 선택해야 한다. 우리는 흔히 Send를 '전송'으로, Post를 '부친다'라고 번역하는데, 그 어감이 다소 어색한 감이 없지 않다. 따라서 본서에서는 Send를 '전송'으로, Post를 '발송'으로 번역하기로 한다.

드에 의해 처리되는 과정이고 역시 하나의 순차적인 과정이다. 따라서 이 과정에서는 동기화 자체가 필요 없다. 이러한 일련의 과정이 윈도우 시스템에서 제공되는, 소위 "메시지 드리븐(Message Driven)"이라는 메커니즘이 된다.

메시지 드리븐 메커니즘은 상당히 정교하면서 흥미를 유발시키는 메커니즘이기도 하다. 메시지 큐의 관리 역시 우선순위를 두어 관리된다. 설명할 부분이 많은 메커니즘이기도 하지만, 우리의 관심은 특정 윈도우에 메시지를 전송하거나 발송하는 것이 아닌 특정 스레드에 메시지를 발송하는 것이기 때문에, 윈도우 핸들을 대상으로 메시지를 전달하는 큐의 메커니즘에 대한 설명은 이쯤에서 접기로 하자. SendMessage나 PostMessage는 메시지를 큐에 추가하지만, 이 메시지를 처리할 대상은 윈도우 핸들에 해당하는 특정 애플리케이션의 윈도우다. 하지만 우리는 윈도우가 아닌 스레드에 관심이 있다. 즉 GetMessage를 호출하는 스레드가 이 메시지를 받아서 바로 처리하도록 만드는 수단이 필요한데, 그 수단으로 PostThreadMessage라는 아주 유용한, 스레드 메시지 큐에 유저가 정의한 메시지를 엔큐할 수 있는 함수가 제공된다.

```
BOOL WINAPI PostThreadMessage
(
    _In_ DWORD    idThread,
    _In_ UINT     Msg,
    _In_ WPARAM   wParam,
    _In_ LPARAM   lParam
);
```

첫 번째 매개변수는 SendMessage나 PostMessage와는 다르게 윈도우 핸들이 아니라 DWORD 타입의 스레드 ID가 된다. 여러분이 생성한 스레드의 ID를 넘겨서 여러분이 정의한 메시지를 실어 PostThreadMessage를 호출하면, 그리고 그 스레드가 GetMessage(또는 PeekMessage)를 호출한 상태라면 바로 해당 메시지를 메시지 큐로부터 추출함으로써 처리 가능한 상태가 된다. 만약 PostThreadMessage의 호출이 실패하게 되면 그 리턴값은 FALSE가 되는데, 실패하는 대표적인 예는 idThread에 해당하는 스레드가 GetMessage나 PeekMessage를 호출하기 전에 PostThreadMessage를 호출하는 경우다. 이 경우 GetLastError를 통해서 얻을 수 있는 에러 코드는 ERROR_INVALID_THREAD_ID(1444)다.

바로 예를 통해서 확인하도록 하자. 이벤트에서 구현했던 예제 〈프로젝트 2.3.1 EventNotify〉 코드에서 스레드 메시지를 이용해 이벤트를 모두 제거한 코드가 다음 프로젝트에 나와 있다. MSG 구조체를 이용해 데이터의 종류를 구분하던 명령값들을 모두 메시지값으로 대체하고, wParam 매개 변수에는 그 데이터의 크기를, lParam 매개변수에는 실제 데이터를 담은 동적 할당된 버퍼의 포인터를 지정해 메시지 큐에 엔큐하여 처리하기 때문에 스레드 사이의 공유 버퍼가 필요 없다. 또한 데이터는 큐에 순차적으로 저장되기 때문에, 공유 버퍼에 데이터를 읽거나 쓸 때 동기화를 위해 사용되었던 이벤트도 전혀 필요 없게 된다.

프로젝트 2.4.1 MsgNotify

```
#define TM_NONE      0
#define TM_STR      100      // 문자열
#define TM_POINT    101      // POINT 구조체
#define TM_TIME     102      // SYSTMETIME 구조체
#define TM_EXIT     200      // 종료 명령
```

데이터 종류 식별을 위한 명령 코드를 스레드 메시지값으로 대체한다.

```
DWORD WINAPI WorkerProc(PVOID pParam)
{
   DWORD dwThrId = GetCurrentThreadId();

   while (true)
   {
      MSG msg;
      GetMessage(&msg, NULL, 0, 0);
```

GetMessage 함수를 통해 큐에 저장된 메시지를 데큐한다.

```
      if (msg.message == TM_EXIT)
         break;
```

종료 메시지일 경우 루프를 탈출하고 스레드를 종료한다.

```
      long  lSize = (long )msg.wParam;
      PBYTE pData = (PBYTE)msg.lParam;
```

데이터 크기는 MSG 구조체의 wParam 필드로 전달되고, 실제 데이터를 담은 버퍼의 포인터는 lParam 필드로 전달된다.

```
      switch (msg.message)
```

```
      {
```

msg.message에 담기 메시지를 통해 데이터의 종류를 식별한다. 나머지 과정은 동일하다.

```
          ⋮
      }
      delete[] pData;
```

msg.lParam의 버퍼 포인터는 메인 스레드에서 할당된 메모리이므로, 이 메모리를 해제한다.

```
   }
   cout << " *** WorkerProc Thread exits..." << endl;

   return 0;
}


void _tmain()
{
   cout << "======= Start MsgNotify Test ========" << endl;

   DWORD  dwThrID;
   HANDLE hThread = CreateThread(NULL, 0, WorkerProc, NULL, 0, &dwThrID);
```

메시지 루프를 담고 있는 스레드를 생성한다. 이 경우 CreateThread를 통해 얻는 스레드 ID는 중요하다.

```
   char szIn[512];
   while (true)
   {
      cin >> szIn;
      if (_stricmp(szIn, "quit") == 0)
         break;

      LONG  lCmd  = TM_NONE, lSize = 0;
      PBYTE pData = NULL;
```

명령과 데이터 크기, 데이터를 담기 위한 버퍼 포인터를 준비한다.

```
      if (_stricmp(szIn, "time") == 0)
      {
         lSize = sizeof(SYSTEMTIME), lCmd = TM_TIME;
```

```
        pData = new BYTE[lSize];

        SYSTEMTIME st;
        GetLocalTime(&st);
        memcpy(pData, &st, lSize);
    }
    else if (_stricmp(szIn, "point") == 0)
    {
        lSize = sizeof(POINT), lCmd = TM_POINT;
        pData = new BYTE[lSize];

        POINT pt;
        pt.x = rand() % 1000; pt.y = rand() % 1000;
        *((PPOINT)pData) = pt;
    }
    else
    {
        lSize = strlen(szIn), lCmd = TM_STR;
        pData = new BYTE[lSize + 1];
        strcpy((char*)pData, szIn);
    }
```

명령 종류별로 크기에 맞는 버퍼를 pData 변수에 할당하고 데이터를 복사한다.

```
    PostThreadMessage(dwThrID, (UINT)lCmd, (WPARAM)lSize, (LPARAM)pData);
```

콘솔에서 데이터를 입력받은 명령은 메시지로, 그 크기는 wParam 매개변수로, 그리고 실제 데이터의 포인터는 lParam 매개변수로 전달한 다음 PostThreadMessage를 호출해 메시지를 발송한다.

```
    }

    PostThreadMessage(dwThrID, TM_EXIT, 0, 0);
```

종료 처리를 위해 종료 메시지를 발송한다.

```
    WaitForSingleObject(hThread, INFINITE);

    cout << "======= End MsgNotify Test ==========" << endl;
}
```

앞 코드를 앞서의 코드와 비교해보면 그 구현이 매우 간단해졌다는 것을 알 수 있다. 우리가 대기가 능 큐를 이용해 EventNotify 프로젝트를 대신했던 〈프로젝트 2.3.1 WQNotify〉 코드와 비교해보 아도 시스템이 제공하는 메시지 큐가 대기가능 큐의 역할을 대신하기 때문에 역시 코드가 단순해 졌 다. 그러면 이번에는 세마포어를 이용한 대기가능 큐 자체를 스레드 메시지 큐를 이용하는 방법으로 대체해보자.

프로젝트 2.4.1 MsgQueue

```
#define TM_CMD_EXIT      WM_USER + 1
#define TM_CMD_DATA      WM_USER + 2
```

스레드가 수신할 메시지값을 정의한다. WM_USER 매크로 이하의 값은 시스템에서 이미 정의된 메시지값이어서 혹시나 문제가 발생할 수 있기 때문에, 유저가 정의 가능한 메시지의 최솟값을 표현하는 WM_USER 매크로 이상의 값으로 메시지값을 정의한다.

```
DWORD WINAPI QueueWorkerProc(LPVOID pParam)
{
    MSG msg;
    while (GetMessage(&msg, NULL, 0, 0))
```

여러분이 정의한 스레드는 GetMessage 함수를 호출하고 대기 상태에 머물러 있다.

```
    {
        if (msg.message == TM_CMD_EXIT)
            break;
```

GetMessage로부터 받은 메시지가 TM_CMD_EXIT이므로, 루프를 탈출하고 스레드를 종료한다.

```
        char* pszData = (char*)msg.lParam;
        printf(" => queued data : %s\n", pszData);
        delete[] pszData;
```

GetMessage로부터 받은 메시지가 TM_CMD_DATA이므로, MSG 구조체의 lParam필드로부터 형 변환을 통해 데이터를 추출 및 출력한다.

```
    }
    printf("......QueueWorkerProc Thread Exit!!!\n");

    return 0;
}
```

```
void _tmain()
{
    cout << "======= Start MsgQueue Test ========" << endl;

    DWORD dwThreadId;
    HANDLE hThread = CreateThread(NULL, 0, QueueWorkerProc, NULL, 0, &dwThreadId);
```

메시지를 수신하고 처리할 스레드를 생성한다. 지금까지는 스레드 ID를 담는 dwThreadId를 무시했었지만, 이 방식에서는 매우 중요한 요소가 된다.

```
    char szIn[1024];
    while (true)
    {
        cin >> szIn;

        if (stricmp(szIn, "quit") == 0)
        {
            PostThreadMessage(dwThreadId, TM_CMD_EXIT, 0, 0);
            break;
```

종료 처리를 위해 스레드 ID를 이용해 TM_CMD_EXIT를 스레드로 보내고 루프를 탈출한다.

```
        }

        char* pszData = new char[strlen(szIn) + 1];
        strcpy(pszData, szIn);
        PostThreadMessage(dwThreadId, TM_CMD_DATA, 0, (LPARAM)pszData);
```

데이터 전달을 위해 스레드 ID를 이용해서 TM_CMD_DATA 메시지를 보낸다. 이때 부가적 정보로 콘솔에서 입력받은 문자열을 복사해서 LPARAM 매개변수로 넘겨준다.

```
    }

    WaitForSingleObject(hThread, INFINITE);
    CloseHandle(hThread);

    cout << "======= End MsgQueue Test =========" << endl;
}
```

대기가능 큐 예제와 비교해봤을 때 상당히 간단해졌고 대기가능 큐의 요소와 비슷한 면이 많음을 알 수 있다. 우선 식별자를 정의해서 switch 문 등으로 그 식별값에 맞는 행위를 할 수 있다. 또한 대기가능 큐에서는 넘겨진 PVOID 멤버 필드를 통해 데이터를 처리하지만, 메시지 큐에서는 WPARAM과 LPARAM이라는 두 개의 부가 정보를 사용할 수 있다. 실제 수많은 윈도우 메시지는 은 이 WPARAM과 LPARAM 필드를 각 메시지마다 자신만의 고유 정보를 담아 처리하고 있다. 따라서 이 두 필드를 이용하면 더욱더 풍성한 추가 정보를 전달할 수 있게 된다. 더 놀라운 점은 이러한 윈도우 메시지 방식을 이용하면 한 프로세스 내의 어떤 스레드에게도 메시지를 전달할 수 있을 뿐만 아니라 다른 프로세스에 속한 스레드에게도 메시지를 전달할 수가 있다는 점이다. 물론, 윈도우의 버전이 갱신되면서 보안 관계상 이 방식은 제약이 따르긴 하지만 가능하다. 이 부분은 7장 IPC와 동기화에서 자세히 다룰 예정이다.

그리고 앞서의 코드에서는 GetMessage 호출 후 TranslateMessage와 DispatchMessage를 호출했는데, 이 두 함수는 메시지를 해석하고 목적지 윈도우에 메시지를 전파하는 역할을 한다. 앞에서도 설명했던 것처럼 DispatchMessage를 호출하면 해당 윈도우 클래스에 등록된 WndProc 콜백 함수를 시스템이 호출해 전파된 메시지를 처리하도록 한다. 하지만 우리의 예에서는 전파할 필요 없이 바로 메시지를 처리하기 때문에 이 두 함수를 호출할 필요가 없다. 만약 윈도우와 공존하는 메시지 루프의 처리를 원한다면 다음 형식으로 처리하면 된다.

```
while (GetMessage(&msg, NULL, 0, 0))
{
    switch(msg.message)
    {
        case TM_MY_MSG1 :
            ⋮
        case TM_MY_MSG2 :
            ⋮

    // 우리가 정의했고 처리할 메시지가 아닌 경우에는 디폴트 처리로서 다음의 두 함수를 호출한다.
        default :
            TranslateMessage(&msg);
            DispatchMessage(&msg);
        break;


    }
}
```

2) 메시지 큐와 동기화 객체의 연동

GetMessage를 통한 메시지 큐 처리 방식은 다소 아쉬운 점이 있다. 대기가능 큐의 경우는 우리가 세마포어의 핸들을 갖고 있기 때문에 세마포어를 대기하는 스레드로 하여금 다른 처리도 함께 위임할 수 있다. 예를 들어, 소켓(childSock)에서 데이터를 수신하고 특정 디렉터리(hDirChange)의 변화를 감지하면서 대기가능 큐를 위해 세마포어(hWqSemaphore)에 대한 처리를 해야 할 때, 다음과 같이 WaitForMultipleObjects 함수를 사용하면 하나의 스레드에서 세 가지의 처리가 가능해진다.

```
HANDLE arhWaits[3] = { (HANDLE)childSock, hDirChange, hWqSemaphore };
while (true)
{
    DWORD dwWaitCode = WaitForMultipleObjects(3, arhWaits, FALSE, 5000);
    if (dwWaitCode == WAIT_FAILED)
    {
        cout << " ~~~ WaitForSingleObject failed : " << GetLastError() << endl;
        break;
    }

    switch (dwWaitCode)
    {
        case WAIT_OBJECT_0 :
            ⋮
```

하지만 GetMessage의 경우, WaitForMultipleObjects 함수와 함께 사용할 수 없다는 점이 상당한 걸림돌이다. 앞서도 계속 강조했던, 대기를 위한 스레드를 무작정 만들지 말고 있는 스레드를 최대한 활용하라던 원칙을 다시 상기해본다면 GetMessage의 경우는 상당히 아쉬운 부분이 있다. 우리의 목적은 하나의 스레드를 동기화 커널 객체의 시그널 통지를 통해서도 깨울 수 있어야 하고, 해당 스레드의 메시지 큐에 새로운 메시지가 추가되었을 때에도 깨울 수 있어야 한다. 즉 메시지 큐와 동기화 커널 객체를 연동하는 것이 목적이며, 이를 위해 MsgWaitForMultipleObjects라는 함수가 존재한다.

```
DWORD WINAPI MsgWaitForMultipleObjects
(
```

```
    _In_    DWORD           nCount,
    _In_    const HANDLE*   pHandles,
    _In_    BOOL            bWaitAll,
    _In_    DWORD           dwMilliseconds,
    _In_    DWORD           dwWakeMask
);
```

이 함수는 WaitForMultipleObjects의 기능에 이 함수를 호출한 스레드의 메시지 큐에 새로운 메시지가 도착하거나 생성한 윈도우에 원하는 메시지가 디스패치될 때까지 대기하는 기능을 추가한 것이다. 마지막 매개변수인 dwWakeMask만 제외하면 WaitForMultipleObjects와 형식이 동일하다. 동일한 형식이지만 주의할 몇 가지를 먼저 확인한 후에 마지막 매개변수 dwWakeMask에 대해 설명하도록 하겠다.

- MsgWaitForMultipleObjects는 메시지 수신 여부를 판별하기 위해 내부적으로 이벤트 커널 객체를 별도로 사용하기 때문에, nCount 매개변수로 넘길 사용 가능한 핸들의 수는 MAXIMUM_WAIT_OBJECTS-1, 즉 63개까지다.
- bWaitAll 매개변수를 FALSE로 지정하면 MsgWaitForMultipleObjects는 nCount 지정 수만큼의 커널 객체 중 최소 하나의 커널 객체가 시그널 상태가 되거나, 또는(OR) 해당 범위의 메시지가 스레드의 메시지 큐에 나타날 때 리턴된다.
- bWaitAll 매개변수를 TRUE로 넘기면 MsgWaitForMultipleObjects는 nCount의 모든 커널 객체들이 시그널 상태가 되고, 그리고(AND) 해당 범위의 메시지가 스레드 큐에 나타날 때 리턴된다. 즉 위의 두 조건을 충족하는 경우에만 리턴된다.

DWORD dwWakeMask

큐에 추가되는 모든 종류의 메시지에 다 반응할 수도 있지만 특정 종류의 메시지에만 스레드가 깨어나길 원할 수도 있다. 즉 깨어나기를 원하는 메시지 종류를 지정하는 필터 역할을 한다. 또한 메시지의 종류(메시지 자체가 아니라)를 지정한다. 윈도우에서 처리하는 메시지는 마우스 관련 메시지부터 시작해서 키보드 입력, 화면 그리기, 윈도우 관련 메시지뿐만 아니라 유저가 정의한 메시지까지 상당히 많다. 이러한 메시지들을 그 성격에 맞춰 분류한 플래그들을 이 매개변수로 넘기는데, 예를 들어 WM_LBUTTONDOWN, WM_LBUTTONUP, WM_MOUSEWHEEL 등의 마우스 관련 메시지들은 QS_MOUSE로 나타내고, WM_KEYDOWN, WM_KEYUP 등의 키보드 입력 관련 메시지들은 묶어 QS_KEY로 나타낸다. 함수 호출 시 이 플래그들을 조합해서 넘기면 그 종류에 해당하는 메시지가 큐에 추가되었을 때만 스레드가 깨어나게 된다. 적지 않은 종류들로 분류되어 있기 때문에 더 자세한 사항은 MSDN

매뉴얼을 참고하기 바란다. 현재 우리의 관심사는 윈도우 관련 메시지보다는 부쳐진 메시지에 있기 때문에, 이 함수의 사용 시에 QM_POSTMESSAGE를 넘겨주면 크게 문제 없을 것이다. 모든 종류의 메시지를 다 잡고 싶다면 QS_ALLINPUT을 넘겨주면 된다. 참고로 이 플래그가 QS_로 시작하는 것은 GetQueueStatus 함수로 획득할 수 있는 플래그 값과 동일한데, 이는 QueueStatus의 약자를 의미하기 때문이다.

[반환값] DWORD

WaitForMultipleObjects의 반환값에 하나가 더 추가되었다. MsgWaitForMultiple Objects는 dwWakeMask에 지정한 종류의 메시지가 스레드의 메시지 큐에 새롭게 들어오면 pHandles에 지정된 커널 객체들의 상태가 모두 넌시그널 상태라 하더라도 스레드를 깨운다. 이 때, 리턴값은 "WAIT_OBJECT_0 + nCount" 값이 되고, 다음과 같이 해석이 가능하다.

- **0 ~ (WAIT_OBJECT_0 + nCount - 1)** : WaitForMultipleObjects의 의미와 동일하다.
- **WAIT_OBJECT_0 + nCount** : 지정된 종류의 메시지가 큐에 추가되었다.

결국 WaitForMultipleObjects 함수와 동일한 기능에 시그널 상태가 될 수 있는 조건(메시지 큐에 새로운 메시지가 추가됨)을 하나 더 추가한 것과 같다.

이제 사용 예를 살펴보자. 우선 MsgWaitForMultipleObjects 함수는 동기화 객체와 전혀 상관없이 사용될 수 있고, 또한 GUI 프로그램에서 단순히 특정 메시지가 도착할 때까지 스레드를 대기시키고자 할 때 유용하게 사용할 수도 있다. 만약 키보드나 마우스를 통한 메시지가 큐에 들어올 때까지 스레드를 중지시키고 싶을 때는 다음과 같이 하면 된다.

```
DWORD dwWaitCode = MsgWaitForMultipleObjects
(
   0, NULL, TRUE, INFINITE, QS_KEY | QS_MOUSE
);
if(dwWaitCode == WAIT_OBJECT_0)
{
   키보드나 마우스 관련 윈도우 메시지가 이 함수를 호출한 스레드의 메시지 큐에 도착했다. 배열의 원소 개수는 0으로, 배열 포인터는
   NULL로 넘겼다는 점을 염두에 두기 바란다. 이런 경우 리턴값은 배열의 원소값이 0이므로 성공적인 대기일 경우 WAIT_OBJECT_0
   + 0이 된다.

}
```

이제 이 상태에서 원하는 메시지가 와서 MsgWaitForMultipleObjects로부터 빠져나왔다고 하자. 그러면 이번엔 메시지를 얻어야 한다. 그러나 여기서 GetMessage를 호출하는 것은 스레드를 다시 대기 상태로 만들게 되므로 큐로부터 메시지를 획득하기 위해서 다른 방법이 필요하다. GetMessage 내신 PeekMessage를 사용하도록 하자.

```
BOOL WINAPI PeekMessage
(
  _Out_      LPMSG   lpMsg,
  _In_opt_   HWND    hWnd,
  _In_       UINT    wMsgFilterMin,
  _In_       UINT    wMsgFilterMax,
  _In_       UINT    wRemoveMsg
);
```

마지막 매개변수만 제외하면 GetMessage와 동일하다. PeekMessage는 GetMessage와는 다르게 메시지 큐로부터 메시지를 하나 추출하고 바로 리턴한다. 만약 메시지가 있으면 리턴값은 TRUE, 메시지가 없으면 FALSE가 된다. 그리고 wRemoveMsg는 PM_REMOVE를 넘기도록 하자. 이 플래그는 메시지 큐로부터 메시지를 추출한 후 그 메시지를 메시지 큐에서 제거하라는 의미다.

앞의 소스를 이용해 만약 유저가 정의한 특정 메시지가 보내지거나(Sent) 부쳐질(Posted) 때까지 스레드를 중지시키고 싶을 때는 다음처럼 할 수 있다.

```
#define WM_WANTED_MSG WM_USER + 100

while(true)
{
  DWORD dwWaitCode = MsgWaitForMultipleObjects
  (
    0, NULL, TRUE, INFINITE, QS_POSTMESSAGE | QS_SENDMESSAGE
  );
  if (dwWaitCode == WAIT_OBJECT_0)
  {
    MSG msg;
    PeekMessage(&msg, NULL, 0, 0, PM_REMOVE);
```

```
메시지를 큐로부터 뽑아낸다.


    if (msg.message == WM_WANTED_MSG)
        break;

원하는 메시지면 무한 루프를 탈출한다.


    TranslateMessage(&msg);
    DispatchMessage(&msg);

원하는 메시지가 아니면 해당 메시지를 시스템이 처리하도록 DispatchMessage를 호출한다.

  }
  else
  {
     // 에러 발생
  }
}
```

이제 커널 객체와 메시지 큐 대기를 결합하는 예를 살펴보자. 다음 프로젝트는 〈프로젝트 2.3.1 MultiSyncWaits〉에서 다뤘던 멀티 이벤트 예를 약간 변형해 메시지 큐와의 결합으로 수정한 예제다.

프로젝트 2.4.1 MsgWaitMulti

```
#define TM_CMD_EXIT     WM_USER + 1
#define TM_CMD_DATA     WM_USER + 2


#define WAIT_OBJ_CNT 4
```

다음은 메시지 루프와 동기화 객체에 대한 대기를 동시에 처리하는 스레드 엔트리 함수에 대한 정의다.

```
DWORD WINAPI ThreadProc(LPVOID pParam)
{
   PHANDLE parSyncs = (PHANDLE)pParam;
```

```
while (true)
{
    DWORD dwWaitCode = MsgWaitForMultipleObjects
    (
        WAIT_OBJ_CNT, parSyncs, FALSE, INFINITE, QS_POSTMESSAGE
    );
```

MsgWaitForMultipleObjects를 호출해 여러 커널 객체들을 기다리는 동시에 Post되는 새로운 메시지의 도착을 대기한다.

```
    if (dwWaitCode == WAIT_FAILED)
    {
        cout << "MsgWaitForMultipleObjects failed : " << GetLastError() << endl;
        return 0;
    }


    dwWaitCode -= WAIT_OBJECT_0;
    if (dwWaitCode == WAIT_OBJ_CNT)
    {
```

리턴값이 대기 핸들의 배열 수와 같으면 메시지 큐에 새로운 메시지가 도착했음을 의미한다. PeekMessage를 호출해 도착한 메시지를 추출한 후 데이터를 처리한다.

```
        MSG msg;
        PeekMessage(&msg, NULL, 0, 0, PM_REMOVE);
        if (msg.message == TM_CMD_EXIT)
            break;

        if (msg.message == TM_CMD_DATA)
        {
            char* pszData = (char*)msg.lParam;
            cout << " ~~~~~ queued data : " << pszData << endl;
            delete[] pszData;
        }
        continue;
    }
```

나머지 리턴값의 경우는 동기화 객체들 중 하나가 시그널 상태가 되었음을 의미한다.

```
    switch (dwWaitCode)
    {
    case 0: // 대기가능 타이머 시그널
        cout << " &&&&& WaitableTimer Singnaled!!!" << endl;
```

```
          break;
      case 1 : // 이벤트 시그널
        cout << " +++++ Event Singnaled!!!" << endl;
      break;
      case 2: // 뮤텍스 시그널
        cout << " ***** Mutex Singnaled!!!" << endl;
        ReleaseMutex(parSyncs[dwWaitCode]);
      break;
      case 3: // 세마포어 시그널
        cout << " ##### Semaphore Singnaled!!!" << endl;
      break;
      }
    }
  return 0;
}
```

다음은 메인 함수 정의의 일부로, PostThreadMessage를 호출하는 부분을 추가했다.

```
void _tmain(void)
{
  HANDLE arhSyncs[WAIT_OBJ_CNT];
  arhSyncs[0] = CreateWaitableTimer(NULL, FALSE, NULL);
  arhSyncs[1] = CreateEvent(NULL, FALSE, FALSE, NULL);
  arhSyncs[2] = CreateMutex(NULL, TRUE, NULL);
  arhSyncs[3] = CreateSemaphore(NULL, 0, 1, NULL);

  DWORD dwThreadId = 0;
  HANDLE hThread = CreateThread(NULL, 0, ThreadProc, arhSyncs, 0, &dwThreadId);

  char szIn[256];
  while (true)
  {
    cin >> szIn;
    if (stricmp(szIn, "quit") == 0)
      break;

    if (stricmp(szIn, "event") == 0)
```

```
            SetEvent(arhSyncs[1]);
        else if (stricmp(szIn, "mutex") == 0)
            ⋮
        else
        {
            char* pszData = new char[strlen(szIn) + 1];
            strcpy(pszData, szIn);
            PostThreadMessage(dwThreadId, TM_CMD_DATA, 0, (LPARAM)pszData);
```

기타 문자열에 대해서는 PostThreadMessage를 호출해 메시지 큐에 메시지를 엔큐한다.

```
        }
    }

    PostThreadMessage(dwThreadId, TM_CMD_EXIT, 0, 0);
```

스레드 종료 메시지를 엔큐하여 스레드가 종료되도록 한다.

```
    WaitForSingleObject(hThread, INFINITE);
    CloseHandle(hThread);
    for (int i = 0; i < 4; i++)
        CloseHandle(arhSyncs[i]);
}
```

이제 마지막으로 MsgWaitForMultipleObjects 사용 시에 주의할 점을 알아보기로 한다. 위 코드를 실행하고 콘솔에서 "12 34 56"을 입력한 후 그 결과를 확인해보라.

```
======= Start MsgWaitMulti Test ========
12 34 56
~~~~~ queued data : 12
```

위 상태에서 그대로 머물러 있으며 뒤의 34, 56 값은 출력되지 않는다. 이 상태에서 또 임의의 값을 계속 입력한 후 결과를 확인해보라.

```
======= Start MsgWaitMulti Test ========
12 34 56
~~~~~ queued data : 12
this
```

```
 ~~~~~ queued data : 34
567
 ~~~~~ queued data : 56
1
 ~~~~~ queued data : this
```

위 결과를 보면 "this"를 입력한 시점에 앞서 큐에 들어 있던 34가 그제서야 나오고, 반복해서 큐에 메시지를 보내면 추후에 "this"가 출력된다. 위 상태를 보면 "12 34 56"을 입력한 시점에서 큐에 처음 메시지인 12가 추가되어 MsgWaitForMultipleObjects로부터 리턴되어 12에 대한 작업을 처리하는 사이에 34와 56이 또 큐에 추가된 상태. 이 시점에서 MsgWaitForMultipleObjects는 이미 큐에 존재하는 메시지 34와 56에 대해서는 아무런 반응을 하지 않는다. 그 후 "this"를 입력했을 때 역시 MsgWaitForMultipleObjects는 리턴되고 PeekMessage를 호출하면 이미 큐잉되어 있는 34 메시지를 뽑아오게 된다. 정리하면, MsgWaitForMultipleObjects 함수는 메시지 큐에 메시지가 새롭게 도착하는 경우에만 스레드를 깨운다는 것이다. 위의 예에서처럼 대기 중에 해당 범위의 메시지가 하나 도착하면 MsgWaitForMultipleObjects는 리턴되어 다음 작업을 수행하게 된다. 하지만 처리 중에 해당 범위의 메시지가 도착했고 그 후에 다시 MsgWaitForMultipleObjects를 호출하면 이미 메시지 큐에 들어간 메시지에 대해서는 깨어나지 않는다. 이를 해결하는 방안은 두 가지가 있다.

첫 번째, 위 상태는 메시지가 이미 들어가 있지만 PeekMessage는 단 한 번만 호출되었기 때문에 하나의 메시지만 가지고 온다. 그렇다면 PeekMessage를 여러 번 호출함으로써 문제를 해결할 수 있을 것이다. 위의 코드에서 PeekMessage 처리 부분을 다음과 같이 수정한 후 실행해보면 정상적으로 처리되는 것을 확인할 수 있다.

```
    if (dwWaitCode == WAIT_OBJ_CNT)
    {
        MSG msg;
        while (PeekMessage(&msg, NULL, 0, 0, PM_REMOVE))
```
큐의 메시지가 모두 비워질 때까지 반복해서 PeekMessage를 호출한다.
```
        {
            if (msg.message == TM_CMD_EXIT)
                break;
```

```
    if (msg.message == TM_CMD_DATA)
    {
        char* pszData = (char*)msg.lParam;
        cout << " ~~~~~ queued data : " << pszData << endl;
        delete[] pszData;
    }
}


    if (msg.message == TM_CMD_EXIT)
        break;
    continue;
}
```

PeekMessage는 큐에 저장된 첫 번째 메시지 하나만 추출하는데, 그 리턴값이 TRUE면 큐에 메시지가 있어서 하나 추출했음을 의미하고, FALSE면 큐가 비어 있기 때문에 추출할 메시지가 없다는 것을 의미한다. 따라서 수정된 위 코드와 같이 while 문을 통해서 PeekMessage의 리턴값이 FALSE가 될 때까지 반복해서 PeekMessage를 호출해주면 MsgWaitForMultipleObjects 호출 이전에 이미 큐에 존재하던 메시지까지 모두 처리가 가능하다. 이와 같이 수정했을 때의 실행 결과는 다음과 같다.

```
======= Start MsgWaitMulti Test ========
12 34 56
 ~~~~~ queued data : 12
 ~~~~~ queued data : 34
 ~~~~~ queued data : 56
this
 ~~~~~ queued data : this
```

두 번째, PeekMessage 호출 부분은 그대로 두고 MsgWaitForMultipleObjects 호출 부분을 수정하는 방법이 있다. 언급한 것처럼 MsgWaitForMultipleObjects는 이 함수가 호출된 후 새로운 메시지가 큐에 추가되었을 때 반응을 한다고 했다. 이런 반응이 아니라 무조건 큐에 메시지가 존재하는 경우, 즉 큐에 쌓인 항목의 개수가 0보다 크면 무조건 시그널 상태가 되어 깨어날 수 있으면 좋을 것이다. 이러한 기대에 부응하기 위해 MsgWaitForMultipleObjects는 MsgWaitForMultipleObjectsEx로 확장되어 제공된다.

이 함수는 MsgWaitForMultipleObjects에서 bAllWait 매개변수를 제거하는 대신 마지막에 dwFlags라는 매개변수를 새롭게 추가했다.

```
DWORD WINAPI MsgWaitForMultipleObjectsEx
(
    _In_ DWORD          nCount,
    _In_ const HANDLE*  pHandles,
    _In_ DWORD          dwMilliseconds,
    _In_ DWORD          dwWakeMask
    _In_ DWORD          dwFlags
);
```

DWORD dwFlags

이 매개변수로 지정할 수 있는 값은 다음과 같다.

- **0**
  커널 객체 중 하나가 시그널 상태가 되거나 또는 새로운 메시지가 큐에 도착하면 리턴된다.
  MsgWaitForMultipleObjects 호출 시의 처리 조건과 동일하다.

- **MWMO_WAITALL**
  pHandles 배열을 통해 넘겨진 모든 커널 객체가 시그널 상태고 동시에 입력 이벤트가 도착했을 때 리턴된다.
  MsgWaitForMultipleObjects 호출 시 bWaitAll 매개변수를 TRUE로 넘겨준 경우와 같다.

- **MWMO_INPUTAVAILABLE**
  메시지 큐에 새로운 메시지가 도착하는 경우뿐만 아니라. 이 함수를 호출하기 전에 이미 큐에 메시지가 존재하는 경우에도 리턴된다.

- **MWMO_ALERTABLE**
  대기를 경보가능 대기 상태로 둔다. 만약 APC가 해당 스레드에 큐잉되면 리턴된다. 이때 리턴값은 WAIT_IO_COMPLETION이다.

이제 MsgWaitForMultipleObjects 호출을 MsgWaitForMultipleObjectsEx의 호출로 대치하고, dwFlags를 MWMO_INPUTAVAILABLE로 넘겨주도록 하자.

```
while (true)
{
    DWORD dwWaitCode = MsgWaitForMultipleObjectsEx
    (
        WAIT_OBJ_CNT, parSyncs, INFINITE, QS_POSTMESSAGE,
        MWMO_INPUTAVAILABLE
    );
    if (dwWaitCode == WAIT_FAILED)
    {
        cout << "MsgWaitForMultipleObjects failed : " << GetLastError() << endl;
        return 0;
    }
    ⋮
```

위와 같이 수정된 코드를 실행하면 역시 문제 없이 제대로 돌아가는 것을 확인할 수 있다. MWMO_INPUTAVAILABLE 플래그를 지정해 MsgWaitForMultipleObjectsEx를 호출하면 해당 범위의 메시지가 처리되지 않고 메시지 큐에 남아있기만 해도 리턴된다. 또한, PeekMessage 를 PM_NOREMOVE 플래그를 통해 처리했을 경우에도 메시지는 여전히 큐에 남아있기 때문에 MsgWaitForMultipleObjectsEx로부터의 리턴이 가능하다.

2.4.2 콜백 함수와의 결합

세마포어에서 다뤘던 스레드 풀이나 대기가능 큐의 경우, 각각의 용도에 따라 개별 스레드 엔트리 함수를 별도로 구현해야 한다. 하지만 이런 것들을 일반적인 클래스로 만들어 범용적으로 사용할 수 있는 방안을 고민할 수 있다. 그러한 고민의 해답으로 콜백 함수를 이용하는 방안을 떠올릴 수 있을 것이다. C#의 이벤트를 생각해보라. C#의 이벤트는 대리자의 연결 체인이라고 할 수 있다. 그리고 C#의 대리자는 결국 윈도우의 관점에서는 콜백 함수며, 동시에 C++의 관점에서는 함수 포인터가 된다. 윈도우는 상당히 많은 콜백 함수를 사용한다. 대표적인 콜백 함수는 이 책 전반에 걸쳐서 계속 정의하고 사용하게 되는 스레드 엔트리 함수다. 또한 윈도우 GUI의 근간인 메시지 드리븐 방식은 여러분이 정의한 윈도우 프로시저 콜백 함수를 시스템이 호출해준다. 그 외 수많은 콜백 함수를 제공하고 있다. APC 콜백 함수도 있고 윈도우에서 제공하는 스레드 풀 관련 콜백 함수도 있다. C#의 이벤트는 GUI 상에서 윈도우 메시지를 대신한다고 했다. 그리고 1장에서 언급했던 것처럼, 메시지나 커널 객체 등에 의한 통지를 콜백 함수로 대체할 수도 있다. 즉, 사건이 발생해 그것에 대한 통지가 왔을 때, 유저가 정의한 콜백 함수를 호출함으로써 동기화 처리를 숨기고 유저에게 편의성을 제공해줄 수 있다.

이러한 콜백 함수의 경우 주목해야 할 부분은 이 콜백 함수를 누가 실행시켜 주는가? 즉 콜백 함수가 실행되는 스레드는 어느 스레드인가?라는 것에 주의해야 한다. 윈도우 프로시저 콜백의 경우 윈도우를 생성한 스레드 내에서 실행된다. 스레드 풀 콜백 함수의 경우는 시스템에서 생성시킨 임시 스레드에서 실행된다. APC의 경우에는 실행될 콜백 함수를 유저가 지정해줄 수 있다. 반대로 여러분이 콜백 함수를 정의한다면 스레드의 낭비를 막기 위해 어느 스레드에서 실행시킬 것인지도 고려해야 한다. 예를 들어 윈도우 프로시저처럼 실행되는 특정 스레드에서 콜백을 실행해줄 수 있다면 동기화라는 커다란 문제를 피할 수 있다.

1) 세마포어 스레드 풀과 콜백 함수

이제 세마포어를 이용한 스레드 풀 구현 소스를 토대로 콜백 함수를 연결시켜 스레드 풀 내의 임의의 스레드에서 유저가 정의한 콜백 함수를 대신해 실행시키는 스레드 풀 클래스를 작성해보자.

```
typedef void(WINAPI *PFN_WICB)(PVOID pParma);
```

콜백 함수 타입을 함수 포인터로 정의한다.

```
class SemaThreadPool
{
  static DWORD WINAPI SemaWorkerProc(PVOID pParam);
```

유저가 정의한 콜백 함수를 실행시킬 스레드 풀 내의 스레드 엔트리 함수에 대한 선언이다.

```
  struct _WORK_ITEM
  {
    PFN_WICB     _pfnCB;   // 콜백 함수 포인터
    PVOID        _pParam;  // 콜백 함수로 넘길 유저 정의 부가 정보

    _WORK_ITEM()
    {
      _pfnCB = NULL, _pParam = NULL;
    }
    _WORK_ITEM(PFN_WICB pfnCB, PVOID pParam)
    {
```

```
                _pfnCB = pfnCB,_pParam = pParam;
        }
    };
    typedef std::list<_WORK_ITLM> TP_QUE;
```

큐 항목에 대한 구조체 정의다. 유저가 정의한 콜백 함수의 포인터와 콜백 함수 매개변수로 넘어갈 유저 정의 부가 정보에 대한 포인터를
담기 위한 멤버 필드를 2개 정의한다.

```
    HANDLE   m_hMutx;
    HANDLE   m_hSema;
    TP_QUE   m_queue;
```

세마포어 스레드 풀 구현 시 큐 관리를 위한 뮤텍스, 세마포어, 리스트를 정의한다.

```
    int      m_nThrCnt;
    PHANDLE m_parhThrs;
```

스레드 풀 내의 스레드 수를 유저가 지정할 수 있도록 하기 위한 스레드 개수와 스레드 핸들들의 배열 정의다.

큐에서 데이터를 추출하는 Dequeue 멤버 함수에 대한 정의다.

```
    _WORK_ITEM Dequeue()
    {
        _WORK_ITEM wi;

        WaitForSingleObject(m_hMutx, INFINITE);
        TP_QUE::iterator it = m_queue.begin();
        wi = *it;
        m_queue.pop_front();
        ReleaseMutex(m_hMutx);

        return wi;
    }

public:
    void Init(int nWorkerCnt = 0)
    {
        m_hSema = CreateSemaphore(NULL, 0, INT_MAX, NULL);
        m_hMutx = CreateMutex(NULL, FALSE, NULL);
```

```
    m_nThrCnt = nWorkerCnt;
    if (m_nThrCnt == 0)
    {
        SYSTEM_INFO si;
        GetSystemInfo(&si);
        m_nThrCnt = (int)si.dwNumberOfProcessors;
    }

    m_parhThrs = new HANDLE[m_nThrCnt];
    for (int i = 0; i < m_nThrCnt; i++)
    {
        DWORD dwThrId;
        m_parhThrs[i] = CreateThread(NULL, 0, SemaWorkerProc, this, 0, &dwThrId);
    }
}

void Uninit()
{
    for (int i = 0; i < m_nThrCnt; i++)
        Enqueue(NULL, NULL);
    WaitForMultipleObjects(m_nThrCnt, m_parhThrs, TRUE, INFINITE);
    for (int i = 0; i < m_nThrCnt; i++)
        CloseHandle(m_parhThrs[i]);
    delete[] m_parhThrs;

    if (m_hMutx != NULL)
    {
        CloseHandle(m_hMutx);
        m_hMutx = NULL;
    }
    if (m_hSema != NULL)
    {
        CloseHandle(m_hSema);
        m_hSema = NULL;
    }
}
```

```
void Enqueue(PFN_WICB pfnCB, PVOID pParam)
{
    _WORK_ITEM wi(pfnCB, pParam);

    WaitForSingleObject(m_hMutx, INFINITE);
    m_queue.push_back(wi);
    ReleaseMutex(m_hMutx);

    ReleaseSemaphore(m_hSema, 1, NULL);
}
};
```

다음은 스레드 풀 클래스의 스레드 엔트리 함수에 대한 정의다. 스레드 내에서 콜백 함수를 호출한다.

```
DWORD WINAPI SemaThreadPool::SemaWorkerProc(PVOID pParam)
{
    SemaThreadPool* pTP = (SemaThreadPool*)pParam;

    while (TRUE)
    {
        DWORD dwWaitCode = WaitForSingleObject(pTP->m_hSema, INFINITE);
        if (dwWaitCode == WAIT_FAILED)
        {
            cout << " ~~~ WaitForSingleObject failed : " << GetLastError() << endl;
            break;
        }

        _WORK_ITEM wi = pTP->Dequeue();
        if (wi._pfnCB == NULL)
            break;

        __try
        {
            wi._pfnCB(wi._pParam);
```

```
    }
    __except (EXCEPTION_EXECUTE_HANDLER)
    {
        cout << "Unknown exception occurred : " << GetExceptionCode() << endl;
    }
  }
  return 0;
}
```

다음은 테스트를 위한 콜백 함수와 메인 함수에 대한 정의다.

```
void WINAPI MyWorkerCallback(PVOID pParam)
{
  PCHAR pszStr = (PCHAR)pParam;
  DWORD dwThrId = GetCurrentThreadId();
  printf(" ==> Thread %d working : %s\n", dwThrId, pszStr);
  delete pszStr;
}


void _tmain()
{
  SemaThreadPool tp;
  tp.Init();
```

```
  char szIn[512];
  while (true)
  {
    cin >> szIn;
    if (_stricmp(szIn, "quit") == 0)
      break;

    PCHAR pszStr = new char[strlen(szIn) + 1];
```

```
    strcpy(pszStr, szIn);
    tp.Enqueue(MyWorkerCallback, pszStr);
```

스레드 풀에 작업 처리를 담당할 콜백 함수 포인터와 매개변수로 입력받은 문자열을 넘겨준다.

```
  }


  tp.Uninit();
```

스레드 풀 클래스를 해제한다.

```
}
```

2) 대기 풀의 구현

이번에는 콜백 함수와 동기화 객체의 결합의 예로 다음의 상황에 대처할 수 있는 클래스를 만들어보고자 한다. 필자의 경우, 2003년경에 다음과 같은 경험을 한 적이 있다. SNA라고 하는, 금융권 레거시 호스트 시스템이 있는데, 그 시스템은 아주 복잡한 프로토콜을 가지고 있었다. 그리고 이 SNA 호스트와 중계 역할을 맡고 있는 HIS라고 하는, MS에서 개발한 중계 서버 시스템이 있다. 전 지점의 ATM 및 계원 단말의 접속을 유지하여 HIS를 통해 SNA에게 업무를 의뢰하고 그 결과를 돌려주는 서버를 개발한 적이 있었다. 필자가 개발한 서버는 각 지점의 클라이언트와는 TCP/IP로 연결을 유지하면서 각 클라이언트의 요구에 대해 SNA 프로토콜을 사용해서 기존의 업무를 요청하는 것이다. 하지만 SNA 프로토콜은 일반 TCP/IP가 아니었으며 해당 클라이언트 또한 계속 연결을 유지해야 한다. 따라서, 각 클라이언트에 대해서 모두 별도의 SNA 연결 및 각각의 독자적 상태를 계속 유지해야만 했다(심지어, 비동기로 SNA로부터 특정 명령이 내려오기도 하기 때문에...). 이 경우 문제가 되는 것은 데이터가 SNA로부터 내려왔을 때 데이터가 도착했음을 통지해주는 것인데, 이런 기능이 없으면 매번 주기적으로 폴링을 통해서 해결해야 한다. 다행히 HIS가 이벤트 객체를 통해서 이런 기능을 제공했다. 하지만 더 큰 문제는 이렇게 데이터 수신 통지를 받기 위해서는 스레드가 필요하며, 스레드를 통해서 문제를 해결하고자 할 경우에는 각 클라이언트 수만큼의 스레드가 필요하다는 점이다. 당시 전체 클라이언트 수가 20,000대 정도였으며, 각 클라이언트마다 이벤트가 할당되므로 20,000개의 이벤트를 통해서 SNA 서버로부터 명령을 수신하는 상황이었다. 분산을 통하여 서버당 대략 2,000 클라이언트가 접속하도록 처리했지만 그렇다 하더라도 이런 상황이라면 2,000개의 이벤트에 대해 대기하는 스레드를 필요로 하는 상황이었다. 스레드 2,000개를 생성시킨다는 것은 말도 안 되는 소리였지만, 고민 끝에 WaitForMultipleObjects를 이용해 64개 단위로 스레드를 할당하여 이벤트를 처리한다면 대략 64개의 스레드만으로도 모든 이벤트에 대한 처리가 가능할 것이라는 대책을 강구했다. 더 구체적으로 WaitForMultipleObjects가 대기할 핸들 배열의 첫 번째 원소는 추가 또는 제거될 이벤트 핸들들에 대한 관리 통지용으로 쓰고, 나머지 63개를 단위로 스레드가 대기하도록 처리하는 것이다. 지금부터 당시의 그 해결책을 지금 WaitPool이라는 클래스로 간단하게 구현해보고자 한다.

대량의 동기화 객체 시그널링 처리 솔루션을 "대기 풀"이라고 하자. 그리고 그 구현을 위해 다음과 같은 구조를 갖게 할 것이다.

그림 2-6 WaitPool 클래스의 구조

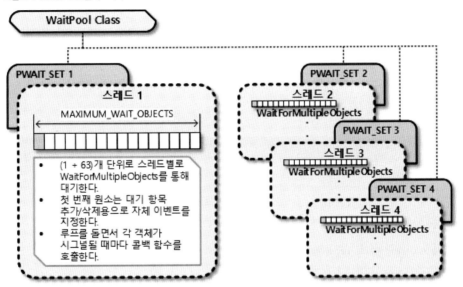

WaitForMultipleObjects는 여러 개의 동기화 객체에 대해 하나의 스레드로 하여금 대기 및 응답 처리를 할 수 있는 기능을 제공한다. 따라서 대량의 동기화 객체에 대한 대기 처리는 WaitForMultipleObjects가 동시에 처리할 수 있는 최대 핸들 개수, 즉 MAXIMUM_WAIT_OBJECTS를 기준으로 처리한다. 대기 처리를 해야 할 스레드를 하나 생성해 동기화 객체에 대해 대기에 들어간다. 스레드는 MAXIMUM_WAIT_OBJECTS인 64개의 핸들에 대해 대기할 것이다. 이 64개 중에 첫 번째 핸들은 대기 항목의 추가 또는 삭제 처리를 위해 스레드별로 별도의 통지 이벤트를 할당해 관리용 시그널로 사용할 것이다. 따라서 대기 항목 관리는 63개 단위로 이루어지며, 대기 항목이 계속 증가하여 63개가 넘어가면 별도의 스레드를 생성하여 동일한 구조로 관리용 이벤트 핸들과 63개의 핸들을 담은 배열에 대해 WaitForMultipleObjects를 호출하며 대기토록

할 것이다. 이런 식으로 대량의 동기화 객체에 대해 개별 스레드로 처리하는 것이 아니라, 63개 단위로 나누어 개별 스레드에게 처리를 맡김으로써 대기 항목별 동시 처리가 가능해지며 무분별한 스레드의 생성을 막을 수 있다.

[그림 2-6]에서처럼 WaitSet이라는 클래스를 정의할 것이고, 이 WaitSet 클래스는 63개 단위로 동기화 객체에 대한 대기 처리를 담당하는 스레드를 갖게 될 것이다. 이 스레드 내부에서 WaitForMultipleObjects를 호출해 대기 상태로 들어갈 것이며, 대기 중인 객체가 시그널 상태가 될 때마다 대기에서 깨어나 그 객체와 연관된 작업을 수행하는 코드가 담긴 콜백 함수를 호출해주고, 다시 WaitForMultipleObjects를 호출해 대기 상태로 들어가게 된다. WaitPool 클래스는 필요 시마다 생성된 동기화 객체의 핸들을 등록 및 해제하는 함수를 제공해주며, 등록 및 해제 시마다 핸들을 63개 단위로 WaitSet을 할당 및 해제하는 관리를 담당하게 된다. 이러한 기능을 담당할 WaitPool 클래스에 대한 구현을 〈프로젝트 2.4.3 WaitPool〉을 통해서 살펴볼 것이다.

먼저 생성된 동기화 객체의 핸들과 유저가 정의할 콜백 함수 포인터를 담을 WAIT_ITEM 구조체의 정의부터 시작하자.

WaitItem.h

시그널 처리를 할 대기 항목에 대한 관리 명령에 대한 정의다.

```
enum CMDT
{
    NEW,  // 대기 항목을 새롭게 등록한다.
    DEL,  // 등록된 대기 항목을 삭제한다.
    EXIT  // 스레드 종료를 통지한다.
};
```

동기화 객체 핸들을 포함하는 대기 항목 구조체를 정의한다.

```
struct WAIT_ITEM
{
    HANDLE     _handle;   // 처리하고자 하는 동기화 객체 핸들
    PVOID      _pPrm;     // 콜백 함수 매개변수로 전달되는 유저 정의 참조 포인터
    PFN_WICB   _pfnCB;    // 유저가 정의할 콜백 함수의 포인터
    PWAIT_SET  _base;     // 본 대기 항목이 소속된 대기 항목 세트의 포인터
    WAIT_ITEM(HANDLE handle, PFN_WICB pfnCB, PVOID pPrm, PWAIT_SET base)
```

```
    {
        _handle = handle;
        _pPrm   = pPrm;
        _pfnCB  = pfnCB;
        _base   = base;
    }
};
typedef WAIT_ITEM* PWAIT_ITEM;
```

다음은 대기 항목을 63개 단위로 관리하는 대기 항목 세트를 정의한 WaitSet 클래스에 대한 정의
다. 이 세트를 기반으로 스레드는 할당되고, 이 스레드에서 각 대기 항목의 시그널 처리 시 유저가
정의한 콜백 함수를 호출한다.

WaitSet.h

```
class WaitSet
{
    friend class WaitPool;

    static DWORD WINAPI WaitSetProc(PVOID pParam);
    void InnerWaitSetProc();
```
스레드 엔트리 함수 선언
```

    HANDLE     m_thread;  // 대기 항목의 시그널을 처리하는 스레드
    HANDLE     m_noti;    // 대기 항목의 추가/삭제 등의 변경을 통지하는 이벤트
    HANDLE     m_resp;    // 대기 항목 변경 통지에 대한 응답 통지 이벤트

    CMDT       m_cmd;     // 관리 명령을 담을 임시 변수
    WAIT_ITEM* m_arg;     // 등록 또는 삭제될 WAIT_ITEM 포인터를 담을 임시 변수

    int        m_count;   // 본 클래스가 관리 중인 동기화 객체 핸들의 수
    WaitPool*  m_base;    // 본 클래스를 관리하는 WaitPool 클래스의 인스턴스의 포인터

public:
    WaitSet()
```

```
    {
        m_count = 0;
    }

public:
    void Init();
    void Release();
    void Command(CMDT cmd, WAIT_ITEM* arg);
};
typedef WaitSet* PWAIT_SET;
```

대기 처리를 위한 동기화 객체의 핸들 등록/삭제를 위해서 WaitPool 클래스를 관리하는 스레드와 WaitSet 클래스의 스레드 사이에서의 매개변수 전달이 요구된다. 스레드 간 데이터 전달 처리를 위해서 우리가 이벤트 절에서 논의했던 방법을 사용할 것이다. 대기가능 큐나 스레드 메시지를 이용한 방법도 가능하지만, 여기서는 핸들의 등록과 삭제 처리는 확실한 순차적 실행 완료를 요구하기 때문에 m_noti와 m_resp 두 이벤트를 통한 데이터 전달 방식을 채택했다. WaitPool의 Register/Unregister 함수를 통해 동기화 객체에 대한 핸들의 등록/삭제 처리를 요구하면 m_cmd에는 NEW/DEL이란 명령을, 그리고 m_arg에는 등록 또는 삭제될 WAIT_ITEM 포인터를 임시로 담아 m_noti를 시그널링해서 WaitSet 클래스의 스레드를 깨워서 해당 요구를 처리하게 한다. 해당 요구의 처리가 끝나면 m_resp를 통해 처리가 끝났음을 통지하도록 했다. 그렇다면 대기 풀의 핵심을 이루는 스레드 엔트리 함수의 정의를 살펴보자.

다음은 스레드 엔트리 함수를 대신하는 InnerWaitSetProc 멤버 함수에 그 기능을 구현했다.

WaitSet.cpp

```
DWORD WINAPI WaitSet::WaitSetProc(PVOID pParam)
{
    PWAIT_SET pws = (PWAIT_SET)pParam;
    pws->InnerWaitSetProc();
    return 0;
}


void WaitSet::InnerWaitSetProc()
{
    HANDLE      arWaits[MAXIMUM_WAIT_OBJECTS] = { NULL, };
```

```
PWAIT_ITEM arIetms[MAXIMUM_WAIT_OBJECTS] = { NULL, };
```

대기 항목 관리 통지 이벤트와 대기 항목 각각의 핸들에 대한 시그널링 처리를 수행하기 위해 크기가 64인 arWaits 핸들 배열을 선언한다. 또한 속도 개선을 위해 핸들과 매치되는 대기 항목 구조체의 포인터를 담을 arIetms 배열을 선언함으로써 시그널된 핸들의 배열 인덱스를 통해 바로 대기 항목 구조체 포인터를 획득할 수 있도록 한다.

```
arWaits[0] = m_noti;
arIetms[0] = NULL;
```

배열의 첫 번째 항목에 대기 항목 관리 통지 이벤트의 핸들을 설정한다.

```
while (true)
{
    DWORD dwWaitCode = WaitForMultipleObjects
    (
        m_count + 1, arWaits, FALSE, INFINITE
    );
```

arWaits 배열에 대해 대기한다. m_count는 63 이하의 실제 대기 항목의 수를 의미한다. 따라서 arWaits 배열의 첫 번째 요소인 m_noti 이벤트의 시그널까지 처리하기 위한 대기 항목의 수는 m_count + 1로 넘겨줘야 한다.

```
    if (dwWaitCode == WAIT_FAILED)
        break;

    if (dwWaitCode == WAIT_OBJECT_0)
    {
        if (m_cmd == CMDT::EXIT)
            break;
```

스레드 종료 통지인 경우에는 루프를 탈출해 스레드를 종료시킨다.

```
        if (m_cmd == CMDT::NEW)
        {
```

새로운 동기화 객체에 대한 등록 요구가 들어오면 arWaits 배열과 arIetms 배열의 끝에 핸들과 대기 항목 포인터를 설정하고, m_count를 1 증가시킨다.

```
            arWaits[m_count + 1] = m_arg->_handle;
            arIetms[m_count + 1] = m_arg;
            m_count++;
        }
```

```
        else //m_cmd == CMDT::DEL
        {
```

등록된 동기화 객체에 대한 삭제 요구가 들어왔다.

```
            int nIdx = 1;
            for (; nIdx < m_count + 1; nIdx++)
            {
                if (m_arg == arIetms[nIdx])
                    break;
            }
```

삭제할 동기화 객체를 핸들과 비교하면서 검색한다.

```
            if (nIdx < m_count + 1)
            {
                for (int i = nIdx; i < m_count; i++)
                {
                    arWaits[i] = arWaits[i + 1];
                    arIetms[i] = arIetms[i + 1];
                }
                arWaits[m_count] = NULL;
                arIetms[m_count] = NULL;
                m_count--;
            }
```

arWaits 배열과 arletms 배열에서 삭제할 항목을 제거하고, 항목을 하나씩 왼쪽으로 시프트하여 WaitForMultipleObjects 호출에 대비한다.

```
        }

        SetEvent(m_resp);
```

스레드 간 전달된 데이터에 대한 처리가 완료되었음을 통지한다.

```
    }
    else
    {
```

arWaits 배열의 인덱스 1 이상의 동기화 객체가 시그널됨에 따라 콜백 함수를 호출한다.

```
        int nIdx = (int)dwWaitCode - WAIT_OBJECT_0;
```

```
        PWAIT_ITEM pwi = arIetms[nIdx];

        pwi->_pfnCB(pwi->_pPrm);
```

유저가 정의한 콜백 함수를 유저 정의 참조 포인터 매개변수로 전달하여 호출한다.

```
      }
    }
}
```

이제 WaitSet 클래스의 멤버 함수들에 대한 정의를 살펴본다.

대기 항목의 관리 및 종료 처리를 수행한다. 2개의 이벤트를 이용한 스레드 간의 데이터 전달이 수행된다.

```
void WaitSet::Command(CMDT cmd, WAIT_ITEM* arg)
{
  m_cmd = cmd, m_arg = arg;
```

스레드 간의 데이터 전달을 위해 대기 항목 관리 명령과 그 매개변수인 WAIT_ITEM의 포인터를 설정한다.

```
  SignalObjectAndWait
  (
     m_noti,
     (cmd == CMDT::EXIT) ? m_thread : m_resp,
     INFINITE, FALSE
  );
```

대기 항목 관리 통지를 전달한 후 공유 버퍼 처리 완료를 대기한다. 종료 처리이 경우는 m_thread 핸들에 대해 대기하면서 종료가 완료
됨을 확인할 수 있게 한다.

```
}
```

WaitSet 멤버 변수를 초기화한다.

```
void WaitSet::Init()
{
  m_noti = CreateEvent(NULL, FALSE, FALSE, NULL);
  m_resp = CreateEvent(NULL, FALSE, FALSE, NULL);

  DWORD dwThrId;
  m_thread = CreateThread(NULL, 0, WaitSetProc, this, 0, &dwThrId);
```

```
}
```

```
void WaitSet::Release()
{
    Command(CMDT::EXIT, NULL);

    CloseHandle(m_thread);
    CloseHandle(m_noti);
    CloseHandle(m_resp);
}
```

이제 WaitSet 클래스의 인스턴스를 관리하고, 유저에게 대기 풀의 사용이 가능하도록 인터페이스를 제공하는 WaitPool 클래스에 대한 정의를 살펴보기로 하자.

WaitPool.h

```
typedef PVOID WP_ITEM;
typedef PVOID WP_SET;
typedef void(WINAPI *PFN_WICB)(PVOID pParma);

class WaitPool
{
    typedef std::map<HANDLE, WP_ITEM> ITEM_MAP;
    ITEM_MAP m_waits;
    HANDLE   m_hmuMap;

    typedef std::set<WP_SET> ITEM_SET;
    ITEM_SET m_sets;
    HANDLE   m_hmuSet;

public:
    WP_ITEM Register(HANDLE hSync, PFN_WICB pfnCB, PVOID pPrm);
    bool Unregister(WP_ITEM wpi);
    void Start(int nMaxCnt = INT_MAX);
    void Stop();
};
```

대기 처리를 위한 동기화 객체를 등록한다. 객체의 핸들과 콜백 함수 포인터, 그리고 유저 정의 참조 데이터의 포인터를 매개변수로 전달받고, 그 핸들과 연계된 WAIT_ITEM 구조체의 인스턴스 포인터를 리턴한다.

```cpp
WP_ITEM WaitPool::Register(HANDLE hSync, PFN_WICB pfnCB, PVOID pPrm)
{
    ITEM_MAP::iterator it = m_waits.find(hSync);
    if (it != m_waits.end())
    {
        SetLastError(ERROR_ALREADY_EXISTS);
        return NULL;
    }
```

대기 처리를 위한 동기화 객체를 등록할 때 그 핸들값이 이미 등록되어 있는 경우라면 최종 에러 코드를 ERROR_ALREADY_EXISTS로 설정하고 NULL을 리턴함으로써 에러를 알린다.

```cpp
    PWAIT_SET pws = NULL;
    WaitForSingleObject(m_hmuSet, INFINITE);
    for (ITEM_SET::iterator it = m_sets.begin(); it != m_sets.end(); it++)
    {
        PWAIT_SET pit = PWAIT_SET(*it);
        if (pit->m_count < MAXIMUM_WAIT_OBJECTS - 1)
        {
            pws = pit;
            break;
        }
    }
```

관리 중인 WaitSet 인스턴스들 중 대기 중인 핸들의 수가 63개보다 적은 것을 검색한다.

```cpp
    if (pws == NULL)
    {
        pws = new WaitSet();
        pws->Init();
        m_sets.insert(pws);
```

핸들의 수가 63개보다 적은 인스턴스가 없을 경우에는 새로운 WaitSet 클래스의 인스턴스를 생성한다.

```cpp
    }
    ReleaseMutex(m_hmuSet);
```

```
    PWAIT_ITEM pwi = new WAIT_ITEM(hSync, pfnCB, pPrm, pws);
    pws->Command(CMDT::NEW, pwi);
```

```
    WaitForSingleObject(m_hmuMap, INFINITE);
    m_waits.insert(std::make_pair(hSync, pwi));
    ReleaseMutex(m_hmuMap);
```

생성된 WAIT_ITEM 구조체의 포인터를 대기 항목 맵에 등록한다.

```
    return pwi;
}
```

등록된 핸들과 WAIT_ITEM을 등록 해제한다.

```
bool WaitPool::Unregister(WP_ITEM wpi)
{
    PWAIT_ITEM pwi = (PWAIT_ITEM)wpi;
    ITEM_MAP::iterator it = m_waits.find(pwi->_handle);
    if (it == m_waits.end())
    {
        SetLastError(ERROR_NOT_FOUND);
        return false;
    }
```

해제할 WAIT_ITEM 포인터의 핸들이 등록된 핸들이 아니면 에러를 리턴한다.

```
    WaitForSingleObject(m_hmuMap, INFINITE);
    m_waits.erase(it);
    ReleaseMutex(m_hmuMap);
```

대기 항목 맵으로부터 삭제한다.

```
    PWAIT_SET pws = pwi->_base;
    pws->Command(CMDT::DEL, pwi);
    delete pwi;
```

자신이 소속된 WAIT_SET 스레드에게도 삭제를 통지한 후, 그 처리가 완료되면 WAIT_SET 인스턴스를 삭제한다.

```
    WaitForSingleObject(m_hmuSet, INFINITE);
    if (pws->m_count == 0 && m_sets.size() > 1)
    {
        ITEM_SET::iterator it = m_sets.find(pws);
        if (it != m_sets.end())
        {
            pws->Release();
            m_sets.erase(it);
            delete pws;
        }
    }
    ReleaseMutex(m_hmuSet);
```

소속된 WAIT_SET 인스턴스가 관리하는 핸들들의 수가 0인 경우나 WAIT_SET 인스턴스의 수가 2개 이상인 경우에는 소속된 WAIT_ SET 스레드를 종료하고 그 인스턴스를 삭제한다.

```
    return true;
}
```

WaitPool을 개시한다. 개시할 때 디폴트로 하나의 스레드를 생성해 등록 처리에 대비한다.

```
void WaitPool::Start(int nMaxCnt)
{
    m_hmuMap = CreateMutex(NULL, FALSE, NULL);
    m_hmuSet = CreateMutex(NULL, FALSE, NULL);

    WaitForSingleObject(m_hmuSet, INFINITE);
    PWAIT_SET pws = new WaitSet();
    pws->Init();
    m_sets.insert(pws);
    ReleaseMutex(m_hmuSet);
}
```

WaitPool의 실행을 종료함과 동시에 관련된 리소스를 모두 해제한다.

```
void WaitPool::Stop()
{
    WaitForSingleObject(m_hmuSet, INFINITE);
```

```
    for (ITEM_SET::iterator it = m_sets.begin(); it != m_sets.end(); it++)
    {
        PWAIT_SET pws = PWAIT_SET(*it);
        pws->Release();
        delete pws;
    }
    ReleaseMutex(m_hmuSet);

    WaitForSingleObject(m_hmuSet, INFINITE);
    for (ITEM_MAP::iterator it = m_waits.begin(); it != m_waits.end(); it++)
    {
        PWAIT_ITEM pwi = PWAIT_ITEM(*it);
        delete pwi;
    }
    ReleaseMutex(m_hmuMap);

    CloseHandle(m_hmuMap);
    CloseHandle(m_hmuSet);
}
```

이제 정의된 WaitPool 클래스를 직접 사용해보자. 다음 코드는 WaitPool 클래스를 이용해 우리가 앞서 들었던 예를 수정해보았다.

TestMain.cpp

```
void WINAPI EventProc(PVOID pParam)
{
    int nWait = (int)pParam;
    cout << " => Thread " << "Event" << "(" << GetCurrentThreadId() << ") Signaled..."
         << endl;
}
void WINAPI MutexProc(PVOID pParam)
{
    HANDLE hMutex = (HANDLE)pParam;
    cout << " => Thread " << "Mutex" << "(" << GetCurrentThreadId() << ") Signaled..."
```

```
        << endl;
    ReleaseMutex(hMutex);
}
void WINAPI SemaphoreProc(PVOID pParam)
{
    cout << " => Thread " << "Semaphore" << "(" << GetCurrentThreadId() << ")
    Signaled..." << endl;
}
void WINAPI TimerProc(PVOID pParam)
{
    int nWait = (int)pParam;
    cout << " => Thread " << "Timer" << "(" << GetCurrentThreadId() << ") Signaled..."
        << endl;
}
```

각각의 동기화 객체에 대한 콜백 함수를 정의한다.

```
void _tmain()
{
    WaitPool wq;
    wq.Start();
```

WaitPool 객체를 선언하고 개시한다.

```
    HANDLE arhSyncs[4];
    arhSyncs[0] = CreateWaitableTimer(NULL, FALSE, FALSE);
    arhSyncs[1] = CreateEvent(NULL, FALSE, FALSE, NULL);
    arhSyncs[2] = CreateMutex(NULL, TRUE, NULL);
    arhSyncs[3] = CreateSemaphore(NULL, 0, 1, NULL);
```

대기가능 타이머, 이벤트, 뮤텍스, 세마포어 4개의 동기화 객체를 생성한다.

```
    WP_ITEM arWaits[4] = { NULL, };
    PFN_WICB arpfncs[4] = { TimerProc, EventProc, MutexProc, SemaphoreProc };
    for (int i = 0; i < 4; i++)
        arWaits[i] = wq.Register(arhSyncs[i], arpfncs[i], arhSyncs[i]);
```

4개의 동기화 객체를 Register 함수를 통해 등록한다.

```
    char szIn[32];
    while (true)
    {
        cin >> szIn;
        if (stricmp(szIn, "quit") == 0)
            break;

        if (stricmp(szIn, "event") == 0)
            SetEvent(arhSyncs[1]);
        else if (stricmp(szIn, "mutex") == 0)
        {
            ReleaseMutex(arhSyncs[2]);
            WaitForSingleObject(arhSyncs[2], INFINITE);
        }
        else if (stricmp(szIn, "semaphore") == 0)
            ReleaseSemaphore(arhSyncs[3], 1, NULL);
        else if (stricmp(szIn, "timer") == 0)
        {
            LARGE_INTEGER lUTC;
            lUTC.QuadPart = 0;
            SetWaitableTimer(arhSyncs[0], &lUTC, 0, NULL, NULL, TRUE);
        }
    }
```

루프를 돌면서 콘솔 입력에 대해 각각의 객체를 시그널링한다.

```
    for (int i = 0; i < 4; i++)
    {
        wq.Unregister(arWaits[i]);
        CloseHandle(arhSyncs[i]);
    }
    wq.Stop();
```

Unregister 함수를 통해 등록된 객체의 핸들을 제거하고 대기 풀의 사용을 끝낸다.

```
}
```

다음은 500개의 이벤트를 생성해 대기 풀에 등록한 후, 임의의 이벤트를 시그널링했을 때 해당 이벤트의 콜백 함수가 실행되는 예를 보여준다.

```
void WINAPI EventSignalProc(PVOID pParam)
{
    int nEvtIdx = (int)pParam;
    printf(" => Event %d signaled in thread %d.....\n",
            nEvtIdx, GetCurrentThreadId());
}
```

이벤트 커널 객체에 대한 콜백 함수를 정의한다.

```
#define MAX_EVENT_CNT 500
void _tmain()
{
    WaitPool wq;
    wq.Start();

    HANDLE   arhEvents[MAX_EVENT_CNT];
    WP_ITEM arwpRegs[MAX_EVENT_CNT];
    for (int i = 0; i < MAX_EVENT_CNT; i++)
    {
        arhEvents[i] = CreateEvent(NULL, FALSE, FALSE, NULL);
        arwpRegs[i] = wq.Register(arhEvents[i], EventSignalProc, (PVOID)i);
    }
```

500개의 이벤트 커널 객체를 생성하고 대기 풀에 등록한다.

```
    for (int i = 0; i < 100; i++)
    {
        int idx = rand() % MAX_EVENT_CNT;
        SetEvent(arhEvents[idx]);
        Sleep(100);
    }
```

루프를 돌면서 500개의 이벤트 중 임의의 이벤트를 시그널링한다.

```
    for (int i = 0; i < MAX_EVENT_CNT; i++)
    {
        wq.Unregister(arwpRegs[i]);
        CloseHandle(arhEvents[i]);
    }
    wq.Stop();
}
```

지금까지 콜백 함수와 결합된 WaitPool 클래스의 구현 예를 살펴보았다. 이렇게 구현된 WaitPool 클래스를 사용하면 수많은 동기화 객체에 대해 별도의 스레드 생성 없이 시그널 상태가 되었을 때 원하는 처리를 간단하게 수행할 수 있다. 제시된 예는 최대한 간단히 구현하였기에 미흡한 부분이 많다. 특히, Unregister 멤버 함수의 구현에서 이 함수 호출 시에 콜백 함수가 수행 중인 경우에 대한 처리는 좀 더 신경써야 한다. 이런 부분에 대한 논의를 모두 다룰 수도 있지만, 6장에서 다룰 스레드 풀의 RegisterWaitForSingleObject 함수나 TP_WAIT이라는 스레드 풀 관련 객체가 이 WaitPool 클래스가 제공하는 기능 이상을 제공하고 있으므로, 6장에서 더 심도 있게 다루도록 하자.

3) 콜백 함수 실행의 위임

앞서 스레드 풀이나 대기 풀의 예를 통해 스레드를 별도로 만들 필요 없이 콜백 함수만 정의하면 된다는 것을 확인할 수 있었다. 여기서 한걸음 더 나아가서 콜백 함수를 원하는 특정 스레드에 위임시키는 방안을 살펴보자. 특정 스레드로 하여금 원하는 콜백 함수를 수행하도록 하는 상황이 요구된다. 동기화를 위한 복잡한 조치를 피할 수 있는 방안 중에서 하나의 스레드에 콜백 함수의 실행을 위임시키는 것은 좋은 방법이다. 이렇게 콜백 함수를 특정 스레드에 위임시키는 방안에 대해 검토해보기로 하자.

특정 스레드에 콜백 함수의 실행을 위임하기 위해 제공되는 함수가 별도로 존재하는데, 그 함수가 바로 QueueUserApc라는 APC 관련 함수다. 이 함수는 4장 비동기 입출력에서 자세히 다룰 예정이며, APC와 상관없이 실행을 위임하는 가장 간단한 방법은 우리가 2.4.1에서 배운 스레드 메시지 큐를 이용하는 것이다. 먼저 위임시킬 스레드로 하여금 메시지 루프를 수행토록 한다. 그리고 특정 메시지를 정의한 후 PostThreadMessage의 매개변수에 콜백 함수의 포인터를 실어 메시지 루프를 수행 중인 스레드로 보낸다. 그러면 그 스레드로 하여금 정의된 메시지에 대한 처리로서 전달된 콜백 함수를 호출하도록 할 수 있다. 예를 들어 TM_USER_MSG라는 메시지를 정의한다면 WPARAM과 LPARAM으로 전달할 매개변수를 다음과 같이 정의할 수 있다.

- #define TM_USER_MSG 100
- **WPARAM** : 콜백 함수의 포인터
- **LPARAM** : 유저 정의 참조 데이터의 포인터

위와 같이 메시지와 그 매개변수를 정의함으로써, 다음과 같이 콜백 함수를 대신 실행해주는 스레드를 정의할 수 있다.

```
typedef void(WINAPI *PFN_WICB)(PVOID pParma);
```

콜백 함수의 함수 포인터 타입을 정의한다.

```
#define WM_NOTI_EXIT  WM_USER + 100
#define WM_DELEGATE   WM_USER + 101
```

스레드가 수신할 메시지를 정의한다.

```
DWORD WINAPI DelegateProc(PVOID pParam)
{
   MSG msg;
   while (GetMessage(&msg, NULL, 0, 0))
   {
      if (msg.message == WM_NOTI_EXIT)
         break;

      if (msg.message == WM_DELEGATE)
      {
         PFN_WICB  pfnCB = (PFN_WICB)msg.wParam;
         PVOID     pArgs = (PVOID)msg.lParam;
         pfnCB(pArgs);
```

WM_DELEGATE 메시지에 대해 msg의 wParam으로부터 콜백 함수 포인터를 획득하고, lParam으로부터 콜백 함수의 매개변수 포인터를 획득한 후 콜백 함수를 호출한다. 이로써 DelegateProc 스레드에 의해 콜백 함수가 수행되도록 한다.

```
      }
   }

   return 0;
}
```

콜백 함수를 정의한 후, 메인 함수에서 해당 스레드로 PostThreadMessage를 호출해 메시지 큐에 콜백 함수의 포인터와 그 참조 데이터를 전달할 수 있다.

```
void WINAPI TestCallback(PVOID pParam)
{
```

콜백 함수를 다음과 같이 정의한다. 참조 매개변수는 콘솔로부터 입력받은 문자열을 넘겨받는다.

```
      PSTR pszData = (PSTR)pParam;
      printf(" => Thread %d : %s\n", GetCurrentThreadId(), pszData);
      delete[] pszData;
}


void _tmain()
{
      DWORD dwThrRunId;
      HANDLE hThread = CreateThread(NULL, 0, DelegateProc, NULL, 0, &dwThrRunId);
```
콜백 함수를 수행할 스레드를 생성한다.

```
      char szIn[512];
      while (true)
      {
         cin >> szIn;

         if (_stricmp(szIn, "quit") == 0)
         {
            PostThreadMessage(dwThrRunId, WM_NOTI_EXIT, 0, 0);
            break;
         }

         PSTR pszData = new char[strlen(szIn) + 1];
         strcpy(pszData, szIn);

         PostThreadMessage
         (
            dwThrRunId, TM_CMD_DELEGATE, (WPARAM)TestCallback, (LPARAM)pszData
         );
```
WPARAM에는 콜백 함수 포인터를 넘기고, LPARAM에는 입력받은 문자열 포인터를 넘겨서 생성한 스레드에 전달한다.

```
      }


      WaitForSingleObject(hThread, INFINITE);
      CloseHandle(hThread);
}
```

PostThreadMessage를 이용해 스레드에 직접 메시지를 전송할 수도 있지만, 이미 존재하는 윈도우의 핸들에 대해 PostMessage를 사용함으로써 윈도우 프로시저 함수로 하여금 콜백 함수를 수행하도록 처리할 수도 있다.

```
#define MY_CLS_NAME    _T("MESSAGE_ONLY")

LRESULT CALLBACK MyWndProc(HWND hWnd, UINT uMsg, WPARAM wParam, LPARAM lParam)
{
  switch (uMsg)
  {
    case WM_DELEGATE:
    {
      PFN_WICB pfnCB = (PFN_WICB)wParam;
      PVOID    pArgs = (PVOID)lParam;
      pfnCB(pArgs);
```
윈도우 프로시저 내에서 콜백 함수를 호출한다.
```
    }
    return 0;

    case WM_NOTI_EXIT:
      DestroyWindow(hWnd);
    return 0;

    case WM_DESTROY:
      PostQuitMessage(0);
    return 0;
  }

  return DefWindowProc(hWnd, uMsg, wParam, lParam);
}
```

다음 코드는 윈도우를 생성하고 메시지 루프를 처리하는 스레드를 정의했다. 또한 윈도우를 메시지 수신 전용으로 생성하는 예를 보여준다. CreateWindowEx 호출 시 부모 윈도우 핸들을 HWND_MESSAGE로 넘겨주면 숨겨진 백그라운드 윈도우가 생성되며, 메시지 수신 전용 처리를 위해 해당 윈도우를 사용할 수 있게 된다.

```
DWORD WINAPI DelegateProc(PVOID pParam)
{
    WNDCLASSEX wc;
    memset(&wc, 0, sizeof(wc));
    wc.cbSize        = sizeof(wc);
    wc.lpfnWndProc   = MyWndProc;
    wc.lpszClassName = MY_CLS_NAME;
    RegisterClassEx(&wc);
```

최소한의 정보만을 설정해 윈도우 클래스를 등록한다. 메시지 수신 전용 윈도우이므로, 윈도우 프로시저와 클래스명만 정확히 지정하면 된다.

```
    HWND hWnd = CreateWindowEx
    (
        0, wc.lpszClassName, NULL, 0, 0, 0, 0, 0,
        HWND_MESSAGE, NULL, NULL, NULL
    );
```

부모 윈도우 핸들 설정을 HWND_MESSAGE로 지정하면 숨겨진 메시지 전용 윈도우가 생성된다.

```
    MSG msg;
    while (GetMessage(&msg, NULL, 0, 0))
        DispatchMessage(&msg);
```

윈도우 프로시저에서 콜백 함수에 대한 처리를 수행하므로, 메시지 루프에서는 별도의 처리 없이 DispatchMessage를 호출하면 된다.

```
    return msg.wParam;
}
```

메인 함수에서는 메시지 수신 전용 윈도우를 찾기 위해 클래스명을 이용해서 FindWindow를 호출하도록 처리했다. FindWindow로 찾은 윈도우 핸들에 대해 PostMessage를 호출함으로써, 유저가 정의한 콜백 함수를 해당 윈도우의 프로시저 함수에서 수행하도록 위임할 수 있다.

```
void _tmain()
{
    DWORD dwThreadId;
    HANDLE hThread = CreateThread(NULL, 0, DelegateProc, NULL, 0, &dwThreadId);
```

```
HWND hWnd = NULL;
while ((hWnd = FindWindow(MY_CLS_NAME, NULL)) == NULL)
    Sleep(50);
```

```
char szIn[512];
while (true)
{
       ⋮
    PSTR pszData = new char[strlen(szIn) + 1];
    strcpy(pszData, szIn);

    PostMessage
    (
        hWnd, WM_DELEGATE, (WPARAM)TestCallback, (LPARAM)pszData
    );
```

```
}
   ⋮
}
```

이런 식으로 콜백 함수를 결합하게 되면 개별적인 작업 처리를 위해 일일이 별도의 스레드 엔트리 함수를 정의할 필요 없이 콜백 함수의 정의를 통한 통일된 비동기 작업 수행 컴포넌트를 정의할 수 있게 된다. 여기서 한발 더 나아가 스레드를 생성하는 부분을 제거할 수는 없을까? 즉 사용자가 명시적으로 스레드를 생성하는 것이 아니라 시스템이 제공하는 임시 스레드 등을 빌려 사용할 수 있다면 콜백 함수와 결합된 이런 방안들이 더 효율적인 구성을 가질 수 있을 것이다. 이렇게 윈도우에서는 임시 스레드와 콜백 함수가 결합되어 사용상의 편의성과 성능 향상을 꾀할 수 있는 방안이 제공되고 있는데, 그것이 바로 윈도우의 스레드 풀을 사용하는 것이다. 이러한 윈도우 스레드 풀에 대해서는 6장에서 상세하게 다룰 것이다.

2.4.3 .NET BackgroundWorker 클래스의 구현

우리는 2.4.1절에서 윈도우 메시지 큐와의 연동을, 2.4.2절에서 콜백 함수와의 결합을 살펴보았다. 이러한 두 가지 방안을 통해 C#에서 제공하는 BackgroundWorker라는 클래스를 직접 구현해보는 것도 좋은 공부가 될 것이다. BackgroundWorker 클래스는 이름 그대로 백그라운드 작업을 대신 해주며, 포그라운드에서는 백그라운드 작업의 진척상황 표시나 작업의 취소 처리 등을 편리하게 할 수 있는 구조를 제공해준다. 아마 파일 복사 프로그램 같은 경우 BackgroundWorker 클래스의 사용에 매우 적합한 작업이 될 것이다. 파일 복사를 구현할 때 복사의 진척상황을 프로그레시브 바로 표시하거나 또는 취소 버튼을 두어 복사의 취소 처리도 가능하도록 하는 것이 제대로 된 파일 복사일 것이다. 그러나 여기에는 백그라운드로 돌아가는 파일 복사 작용 자체와 GUI를 가지는 윈도우 간의 통신에 문제가 있다.

BackgroundWorker 클래스의 이러한 기능은 .NET의 이벤트(event)를 통해 이루어지는데, 이 CLR(Common Language Runtime)에서의 이벤트는 현재 본서에서 논의되고 있는 이벤트 커널 객체와는 전혀 다른 개념이다. C#의 이벤트는 event라는 키워드를 통해서 delegate라는 대리자, C++에서의 함수 포인터를 표현하는 키워드다. 하지만 본서에서의 이벤트는 동기화 전용 커널 객체인 이벤트 커널 객체를 의미한다. C#에서도 이 동기화 수단으로서의 이벤트가 제공되며, 키워드 event와의 혼동을 피하기 위해 아예 자동/수동 리셋 이벤트라고 하여 그 의미를 더욱더 구체화시켜 구분한다. 하지만 더 깊이 고려해보면 이벤트 커널 객체의 통지의 성격은 윈도우 메시지를 부치는(Post) 성격과 비슷하며, C#의 이벤트 키워드는 그러한 윈도우 메시지를 대신하는 수단이 되기 때문에 얼추 일맥상통하는 부분이 있다. 결국 CLR이라는 가상 머신 하에서의 event 키워드와 윈도우라는 실제 운영체제 내에서의 커널 객체인 이벤트는 "어떤 사건의 통지"라는 성격에서 서로 그 의미가 맞닿을 수 있는 계제가 존재하는 것이다. 따라서 C#에서의 event 역시 "어떤 객체에 관심을 가질만한 것이 발생했을 때, 그 클래스의 클라이언트에게 통지를 제공하는 클래스를 위한 한 방식"이라고 정의하고 있다.

1) BackgroundWorker 클래스의 소개

.NET의 BackgroundWorker 클래스에 대해서 C++로의 구현에 필요한 부분만 뽑아서 간단하게 설명하기로 한다. C# 소스를 볼 수 있는 독자라면 C#으로 작성된 예제 〈프로젝트 2.4.3 BkgWorkTest〉를 참조하기 바란다. C#을 잘 모르는 독자라면 무시해도 상관없다. C++로 구현될 BackgroundWorker 클래스와 더불어 이 C# 코드 예제를 그대로 C++로 변경할 예정이다. 따

라서 C#을 모르더라도 C++ 구현에서 내용을 확인할 수 있다. 〈프로젝트 2.4.3 BkgWorkTest〉의
실행 예는 다음 그림과 같다.

그림 2-7 BackgroundWorker 클래스 사용 예

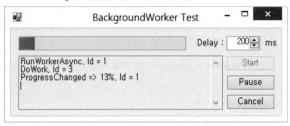

| 이벤트 |

다음은 BackgroundWorker 클래스의 핵심적인 이벤트, 즉 여러분이 구현해야 할 DoWork,
ProgressChanged, RunWorkerCompleted 이벤트에 대한 설명이다.

DoWork

백그라운드 작업을 수행할 이벤트이다. RunWorkerAsync 메서드의 호출은 이 이벤트를 발생
시키며, 이 이벤트의 대리자는 다음과 같다.

```
void DoWorkEventHandler(object sender, DoWorkEventArgs e);
```

세 가지 이벤트 모두에 존재하는 sender 매개변수는 BackgroundWorker 클래스의 인스턴스
가 된다. 그리고 DoWorkEventArgs 클래스는 다음의 정보를 포함한다.

타입	속성	설명
object	Argument	RunWorkerAsync 호출 시에 매개변수로 넘겨주는 유저 정의 데이터다.
object	Result	백그라운드 작업이 완료되어 결과를 넘겨주고자 할 때 이 속성에 결과를 설정한다.
bool	Cancel	작업 수행을 취소하고자 할 때 설정한다.

ProgressChanged

작업의 진척상황을 표시하기 위한 이벤트다. ReportProgress 메서드의 호출은 이 이벤트를 발
생시키며, 이 이벤트의 대리자는 다음과 같다.

```
void ProgressChangedEventHandler(object sender, ProgressChangedEventArgs e);
```

ProgressChangedEventArgs 클래스는 다음의 정보를 포함한다.

타입	속성	설명
int	ProgressPercentage	비동기 작업 진척상황의 퍼센티지를 지정한다.
object	UserState	진척상황 정보에 도움을 줄 유저 정의 데이터를 지정한다.

RunWorkerCompleted

백그라운드 작업이 완료되거나 취소 또는 예외가 발생하면 발생되며, 이 이벤트의 대리자는 다음과 같다.

```
void RunWorkerCompletedEventHandler(
    object sender, RunWorkerCompletedEventArgs e);
```

RunWorkerCompletedEventArgs 클래스는 다음의 정보를 포함한다.

타입	속성	설명
bool	Cancelled	백그라운드 작업이 취소되었는지의 여부를 나타낸다.
Exception	Error	백그라운드 작업 시 예외가 발생했을 경우의 예외 정보를 담는다.
object	Result	백그라운드 작업 완료 후 작업 결과가 있다면 이 속성에 저장된다.

| 메서드 |

다음은 백그라운드 처리에 관련된 3개의 핵심 메서드 RunWorkerAsync, ReportProgress, CancelAsync에 대한 설명이다.

RunWorkerAsync

백그라운드 작업의 개시를 알린다. RunWorkerAsync를 호출하면 DoWork 이벤트가 발생되고, RunWorkerAsync 메서드는 바로 리턴된다.

```
public void RunWorkerAsync(Object argument)
```

넘겨진 argument 매개변수는 DoWorkEventArgs의 Argument 속성을 통해서 DoWork 이벤트의 매개변수로 전달된다.

ReportProgress

여러분이 구현할 DoWork 내에서 진척상황에 대한 정보를 주고자 할 때 호출한다. ReportProgress 메서드를 호출하면 ProgressChanged 이벤트가 발생하고, 이 이벤트 핸들러 내에서 여러분은 프로그레시브 바의 위치를 이동시키고 현재의 진척상황 정보를 출력하는 등의 작업을 할 수 있다.

```
public void ReportProgress(int percentProgress, Object userState)
```

percentProgress 매개변수는 ProgressChangedEventArgs의 Percentage 속성을 통해, userState 매개변수는 같은 클래스의 UserState 속성을 통해 ProgressChanged 이벤트의 매개변수로 전달된다.

CancelAsync

진행 중인 작업을 취소시키고자 할 때에는 CancelAsync 메서드를 통해 취소할 수 있다.

```
public void CancelAsync()
```

이 함수의 호출은 BackgroundWorker 클래스의 CancellationPending 속성을 true로 설정함으로써 DoWork 구현 내에서 작업 취소 여부가 지정되었는지를 판단할 수 있도록 해준다.

| 속성 |

다음은 속성에 대한 설명이다.

타입	속성	설명
bool	IsBusy	현재 백그라운드 작업이 비동기적으로 수행 중인지의 여부를 나타낸다. TRUE면 현재 작업이 수행 중임을 의미한다.
bool	CancellationPending	유저가 백그라운드 작업의 취소를 요구했는지의 여부를 나타낸다. TRUE면 취소가 요청된다.

이제 BackgroundWorker의 작동 원리를 간단하게 검토해보기로 하자. 다음 그림은 이 클래스의 작동 구조에 대해 개괄적으로 그림으로 표현했다. 그리고 이 원리에 의거해서 C++로 BackgroundWorker 클래스를 구현할 예정이다.

그림 **2-8** BackgroundWorker 클래스의 작동 원리

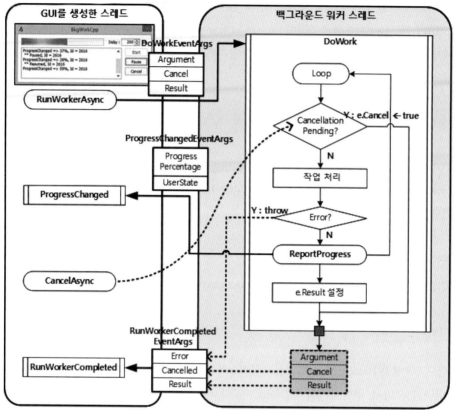

우선 여러분은 DoWork 이벤트의 핸들러를 구현해야 하며, 그 구현의 패턴은 [그림 2-8] 의 오른쪽에 위치한다. 그리고 상태 진척상황 표시나 작업 완료 처리를 하고자 한다면 각각 ProgressChanged와 RunWorkerCompleted 이벤트의 핸들러를 작성해야 한다. 다음의 과정을 통해 백그라운드 작업이 수행된다.

① 백그라운드 작업을 개시하기 위해서는 RunWorkerAsync 메서드를 호출하면 여러분이 구현할 DoWork 핸들러가 DoWorkEventArgs 매개변수와 함께 BackgroundWorker 자체에서 제공되는 스레드에 의해 실행된다. RunWorkerAsync의 매개변수 argument는 DoWorkEventArgs.Argument 속성에 저장되어 전달된다.

② 보통의 작업 처리는 루프를 통해서 이루어질 것이다. 루프 내에서 우선 유저가 작업 취소를 요청했는지의 여부를 확인

하기 위해 CancellationPending 속성을 체크할 수 있다. 유저가 작업을 취소하는 경우는 [그림 2-8]의 왼쪽처럼 CancelAsync를 호출하면 CancellationPending 속성은 true가 된다. CancellationPending이 true면 여러분은 DoWorkEventArgs.Cancel 속성을 true로 설정하고 루프를 탈출한 후 DoWork 핸들러를 종료하면 된다.

③ 다음으로 작업의 부분 처리를 수행한 후 에러 체크를 해서 에러가 발생했으면 Exception 예외를 던진다.

④ 그렇지 않으면 작업 진척상황 출력을 위해 ReportProgress 메서드를 호출한다. 이 메서드의 호출은 ProgressChangedEventArgs를 매개변수로 가진 ProgressChanged 이벤트를 발생시킨다. 이 때 ReportProgress의 매개변수 percentage와 userState는 각각 ProgressChangedEventArgs의 Percentage와 UserState 속성에 저장되어 전달된다. 중요한 점은 GUI를 생성한 스레드에 의해 여러분이 구현할 ProgressChanged 핸들러가 수행된다는 점이다.

⑤ 루프 처리를 모두 마치고 난 후 필요하다면 DoWorkEventArgs.Result 속성에 결괏값을 지정해 완료 처리 시에 전달할 수 있다.

⑥ 백그라운드 작업의 실행이 완료되면 CLR은 최종적으로 RunWorkerCompletedEventArgs 매개변수와 함께 RunWorkerCompleted 이벤트를 발생시켜 백그라운드 작업이 종료되었고, 종료에 대한 처리를 수행할 기회를 여러분에게 제공한다. RunWorkerCompleted 이벤트가 발생하는 상황은 여러분이 정의한 DoWork 이벤트 핸들러의 수행을 완료했을 경우며, 이 완료의 경우는 성공적인 완료, 작업 취소, 그리고 예외를 발생시켰을 경우가 이에 해당된다. 이 경우 역시 ProgressChanged 이벤트와 마찬가지로, GUI를 생성한 스레드에 의해 여러분이 구현할 RunWorkerCompleted 핸들러가 수행된다는 점이다.

⑦ 완료되면 CLR은 예외가 발생했을 경우, RunWorkerCompletedEventArgs의 Exception 속성에 예외 클래스를 설정한다. 또한, 취소 여부를 알려주기 위해 RunWorkerCompletedEventArgs의 Cancelled 속성에 DoWorkEventArgs의 Cancel 속성값을 설정하고 결괏값을 전달하기 위해 RunWorkerCompletedEventArgs의 Result 속성에 DoWorkEventArgs의 Result 속성값을 설정하여 RunWorkerCompleted를 발생시킨다. 그러면 여러분이 구현할 RunWorkerCompleted 핸들러는 RunWorkerCompletedEventArgs 매개변수를 통해 백그라운드 작업 취소 여부와 에러 발생 여부에 대한 처리가 가능하며, 결괏값이 존재할 경우에는 결과에 대한 처리 역시 가능하다.

2) BackgroundWorker의 C++ 구현

백그라운드 작업 과정의 설명에서 언급한 것처럼 BackgroundWorker의 경우 중요한 특징이 있다. 만약 BackgroundWorker를 생성한 객체가 GUI를 갖지 않을 경우 세 개의 이벤트의 실행은 임의의 "백그라운드 작업 스레드"에서 실행되지만 GUI를 가진, 즉 WinForm에서 상속된 객체라면 DoWork 이벤트의 실행은 임의의 스레드에서, ProgressChanged 이벤트와 RunWorkerCompleted 이벤트의 실행은 "GUI를 생성한 스레드"에서 수행된다. 관리 코드에서는 .NET 2.0부터 GUI 컨트롤을 생성한 스레드가 그 컨트롤을 제어하도록 제약하고 있다. 따라서 컨트롤을 생성한 스레드 이외의 스레드가 그 컨트롤의 값을 변경하게 되면 크로스 스레드 작업이 잘못되었음을 알리는 InvalidOperationException 예외를 발생시킨다. GUI와 연동하는 스레딩 작업 시에 제일 골치 아픈 것이 이 문제인데, 따라서 CLR은 BackgroundWorker의

ProgressChanged, RunWorkerCompleted 두 이벤트를 컨트롤을 생성한 스레드에서 실행하
도록 함으로써 이 문제를 해결하고 있다. 따라서 우리가 구현할 C++ 버전의 BackgroundWorker
클래스인 BkgrdWorker 클래스 역시 해당 윈도우를 가진 스레드로 하여금 수행될 수 있도록 그 윈
도우의 프로시서 호출을 변경하는 방법이 동원될 것이다.

이제 C#의 이벤트와 각 이벤트들의 매개변수들을 대체하는 C++ 코드를 살펴보도록 하자. 이 코드
는 〈프로젝트 2.4.3 BkgWorkCpp〉에 구현되어 있다.

DoWork 이벤트의 매개변수인 DoWorkEventArgs 클래스를 대체하는 구조체

```
struct DoWorkArgs
{
   bool  Cancel;
   PVOID Argument;
   PVOID Result;

   DoWorkArgs()
   {
      Cancel = false;
      Result = NULL;
      Argument = NULL;
   }
   DoWorkArgs(PVOID argument)
   {
      Cancel = false;
      Result = NULL;
      Argument = argument;
   }
};
```

DoWork 이벤트를 대체하는 콜백 함수의 타입 정의

```
typedef void (WINAPI *DoWorkHandler)(BkgrdWorker* pBW, DoWorkArgs* e);
```

ProgressChanged 이벤트의 매개변수인 ProgressChangedEventArgs 클래스를 대체하는 구조체

```
struct ProgressChangedArgs
{
```

```
   int     ProgressPercentage;
   PVOID   UserState;

   ProgressChangedArgs(int progressPercentage, PVOID userState)
   {
      ProgressPercentage = progressPercentage;
      UserState = userState;
   }
};
```

```
typedef void (WINAPI *ProgressChangedHandler)
                   (BkgrdWorker* pBW, ProgressChangedArgs* e);
```

```
struct RunWorkerCompletedArgs
{
   bool    Cancelled;
   HRESULT Error;
   PVOID   Result;

   RunWorkerCompletedArgs(PVOID result, HRESULT error, bool cancelled)
   {
      Error = error;
      Cancelled = cancelled;
      Result = result;
   }
};
```

```
typedef void (WINAPI *RunWorkerCompletedHandler)
                   (BkgrdWorker* pBW, RunWorkerCompletedArgs* e);
```

다음은 C++ 버전의 BackgroundWorker 클래스인 BkgrdWorker 클래스에 대한 정의다.

```
class BkgrdWorker
{
    static DWORD WINAPI BkgrdWorkerProc(PVOID pParam);
    void InnerBkgrdWorkerProc();
```

백그라운드 작업을 위한 스레드 엔트리 함수에 대한 선언이다.

```
    static LRESULT CALLBACK BkgrdWndProcHook(HWND, UINT, WPARAM, LPARAM);
    static WNDPROC   sm_pfnOldWP;
    static LONG      sm_spRefCnt;
    static UINT      WM_BKW_REPORT, WM_BKW_COMPLETED;
```

ProgressChanged와 RunWorkerCompleted를 GUI 환경의 스레드에서 실행시키기 위한 윈도우 프로시저 훅을 위한 정적 멤버들에 대한 선언이다.

```
    HANDLE   m_hThread;         // 백그라운드 작업을 담당할 스레드의 핸들
    HWND     m_hWnd;            // 윈도우 핸들
```

백그라운드 작업을 담당할 스레드 핸들과 윈도우 핸들을 담을 멤버 필드다.

```
    DoWorkArgs              m_argDoWork;
```

DoWorkHandler로 전달될 매개변수를 멤버 필드로 보관한다.

```
    DoWorkHandler           m_pfnDoWork;
    ProgressChangedHandler  m_pfnReport;
    RunWorkerCompletedHandler m_pfnCompleted;
```

각 이벤트를 대신할, 여러분이 구현해야 할 콜백 함수들을 위한 멤버 필드다.

```
public:
    bool CancellationPending;
    bool IsBusy;
```

BackgroundWorker 클래스의 CancellationPending와 IsBusy 속성을 담당하는 멤버 필드다.

```
    HWND Owner() { return m_hWnd; }

    void SetReportHandler(ProgressChangedHandler handler)
    {
        m_pfnReport = handler;
```

```
    }
    void SetCompletedHandler(RunWorkerCompletedHandler handler)
    {
        m_pfnCompleted = handler;
    }

public:
    BkgrdWorker();
    ~BkgrdWorker();

    void Initialize(HWND hWnd, DoWorkHandler pfnDoWork);
    void Uninitialize();

    void RunWorkerAsync(PVOID pParam);
    void ReportProgress(int nPercent, PVOID pParam = NULL);
    void CancelAsync();
```
> BackgroundWorker 클래스의 RunWorkerAsync, ReportProgress, CancelAsync를 대체하는 멤버 함수들이다.
```
};
```

지금까지의 구조체 및 클래스 정의는 "BkgrdWorker.h" 헤더 파일에 정의되어 있으며, 클래스의 구현은 "BkgrdWorker.Cpp" 파일에 존재한다. 위 클래스의 구현을 설명하기 위해 우선 백그라운드 작업을 개시하는 상황부터 시작해보자. 다음은 RunWorkerAsync 멤버 함수의 구현이다.

```
void BkgrdWorker::RunWorkerAsync(PVOID pParam)
{
    if (m_hThread != NULL)
        CloseHandle(m_hThread);

    m_argDoWork.Argument = pParam;
```
> 유저 정의 참조 포인터를 보관한다.
```
    DWORD dwThreadId = 0;
    m_hThread = CreateThread(NULL, 0, BkgrdWorkerProc, this, 0, &dwThreadId);
```
> 백그라운드 작업을 담당할 스레드를 생성한다.

```
    IsBusy = true;
```

```
}
```

이번엔 스레드 엔트리 함수에서 어떤 작업을 수행하는지 확인해보자.

```
void BkgrdWorker::InnerBkgrdWorkerProc()
{
    HRESULT hr = S_OK;
```

예외 처리를 위해 HRESULT 타입을 사용하며, try...catch를 통해 HRESULT 타입의 예외를 해결할 것이다.

```
    try
    {
        m_pfnDoWork(this, &m_argDoWork);
```

여러분이 정의할 DoWorkHandler 콜백 함수를 수행한다. 호출 시 RunWorkerAsync의 매개변수로 넘겨진 유저 정의 참조 포인터를 매개변수로 넘겨준다. 여러분은 이 콜백 함수 내에서 실제 백그라운드로 작업할 코드의 내용을 정의해야 한다.

```
    }
    catch (HRESULT e)
    {
        hr = e;
```

여러분이 정의할 DoWorkHandler 콜백 함수 내에서 HRESULT 타입의 예외를 throw하면 이 에러 코드를 저장해 둔다.

```
    }

    if (m_pfnCompleted)
    {
```

이 시점은 DoWorkHandler 호출로부터 리턴된 상황이며 취소를 했든, 예외가 발생되었든, 아니면 정상적으로 종료되었든 백그라운드 작업이 완료된 상황이다. 따라서 작업 완료를 통지할 RunWorkerCompletedHandler 콜백 함수를 호출할 준비를 한다.

```
        RunWorkerCompletedArgs* pArg = new RunWorkerCompletedArgs
                        (m_argDoWork.Result, hr, m_argDoWork.Cancel);
```

여러분이 정의할 RunWorkerCompletedHandler 콜백 함수 호출에 필요한 매개변수 RunWorkerCompletedArgs를 생성한다. 이 구조체에는 DoWorkHandler 호출 후의 정보들, 즉 작업 완료 결괏값과 에러 코드, 그리고 취소되었는지의 여부 등의 정보를 포함한다.

```
        if (m_hWnd != NULL)
```

```
        SendMessage(m_hWnd, WM_BKW_COMPLETED, (WPARAM)this, (LPARAM)pArg);
```

윈도우 핸들(HWND)값이 지정되어 있다면 이 윈도우 핸들을 통해 SendMessage로 메시지를 전송함으로써 해당 윈도우 핸들을 지닌
스레드로 하여금 여러분이 정의한 RunWorkerCompletedHandler 콜백 함수를 실행하도록 한다.

```
    else
        m_pfnCompleted(this, pArg);
```

핸들값이 정의되어 있지 않으면 여러분이 정의한 RunWorkerCompletedHandler 콜백 함수를 본 스레드에서 직접 실행한다.

```
    }

    memset(&m_argDoWork, 0, sizeof(m_argDoWork));
    CancellationPending = false;
    IsBusy = false;
```

백그라운드 작업 관련 처리가 모두 완료되었으므로, 관련 멤버 필드들을 모두 초기화시킨다.

```
}
```

위의 소스에서 가장 주목해서 살펴볼 부분은 SendMessage를 통해서 여러분이 정의한 RunWorkerCompletedHandler 콜백 함수의 실행을 m_hWnd 윈도우 핸들을 가진, 즉 이 윈도우를 생성한 스레드에게 위임시키는 부분이다. SendMessage를 호출하면 해당 윈도우에 메시지가 전송되며, 그 메시지를 윈도우 프로시저 콜백 함수가 처리하게 된다. 일반적으로 유저가 정의한 메시지에 대해서는 윈도우 프로시저가 처리를 하는데, 처리될 내용은 여러분이 직접 윈도우 프로시저 함수 정의 시에 작성해줘야 한다. 하지만 .NET의 BackgroundWorker 클래스는 단순히 핸들러만 정의해주면 이 핸들러를 호출해준다. 그것도 해당 GUI를 지닌 스레드로 하여금 실행시켜준다. 본 클래스도 유저가 직접 이 메시지 처리에 대한 코드를 윈도우 프로시저 함수 내에서 정의하지 않고 MFC를 사용한다면, ON_MESSAGE 매크로를 이용해 여러분이 이 메시지를 처리하는 코드를 작성하지 않더라도 윈도우 프로시저가 RunWorkerCompletedHandler 콜백 함수를 실행해주도록 약간의 변칙을 가미할 것이다.

이제 BkgrdWorker의 초기화를 담당하는 Initialize 멤버 함수의 정의를 살펴보도록 하자.

```
void BkgrdWorker::Initialize(HWND hWnd, DoWorkHandler pfnDoWork)
{
    if (hWnd != NULL && sm_spRefCnt == 0)
    {
```

```
WM_BKW_REPORT     = RegisterWindowMessage(_T("BkgrdWorker::WM_BKW_REPORT"));
WM_BKW_COMPLETED = RegisterWindowMessage(_T("BkgrdWorker::WM_BKW_COMPLETED"));
```

여러분이 작성할 RunWorkerCompletedHandler, ProgressChangedHandler 핸들러의 실행을 위해 BkgrdWorker 전
용 윈도우 메시지 2개를 시스템에 등록한다. 일반적으로 WM_USER 값 이상의 메시지를 매크로로 정의해 유저 정의 메시지
를 처리하지만, BkgrdWorker 클래스를 사용하는 프로그램이 동일한 메시지를 정의해 사용하는 경우에는 문제가 되기 때문에
RegisterWindowMessage를 사용해 본 클래스만 사용 가능한 2개의 메시지를 정의하는 것이다. RegisterWindowMessage를 사
용하면 로컬 시스템에 대해 중복되지 않은 고유한 메시지 값을 돌려준다.

```
sm_pfnOldWP = (WNDPROC)SetWindowLong
(
        hWnd, GWL_WNDPROC, (LONG)BkgrdWndProcHook
);
```

SetWindowLong 함수는 윈도우 생성 시 등록하게 되는 윈도우 클래스(WND_CLASS)의 멤버들을 변경할 수 있는 수단을 제공한다.
GWL_WNDPROC 값을 지정하면 해당 윈도우의 메시지를 처리하는 WndProc, 즉 윈도우 프로시저 함수를 여러분이 정의한 프로시
저 함수로 대체할 수 있다. 따라서 위와 같이 처리하면 시스템은 메시지가 도착했을 때, 그 윈도우에 등록된 윈도우 프로시저를 호출하는
것이 아니라 여러분이 정의한 윈도우 프로시저 콜백 함수를 호출하게 된다.

```
    sm_spRefCnt++;
}


m_hWnd = hWnd;
m_pfnDoWork = pfnDoWork;
```

GUI를 담당하는 윈도우 핸들과 여러분이 정의한 DoWorkHandler 핸들러의 함수 포인터를 매개변수로 전달받아 저장한다.

```
}
```

SetWindowLong 함수를 통해 다음의 윈도우 프로시저 콜백 함수의 포인터를 등록한다. 시스템은
이제 m_hWnd의 프로시저 콜백이 아니라 다음의 콜백 함수를 호출하게 된다.

```
LRESULT CALLBACK BkgrdWorker::BkgrdWndProcHook
    (HWND hWnd, UINT uMsg, WPARAM wParam, LPARAM lParam)
{
    if (uMsg == WM_BKW_REPORT || uMsg == WM_BKW_COMPLETED)
```

우리의 관심 대상은 내부적으로 정의한 두 메시지, 즉 WM_BKW_REPORT와 WM_BKW_COMPLETED 메시지만 처리하면 된다.
이 두 메시지는 WPARAM에 BkgrdWorker의 인스턴스 포인터를 전달하고, LPARAM에 수행할 콜백 함수의 매개변수를 전달한다.

```
    {
```

```
    BkgrdWorker* pThis = (BkgrdWorker*)wParam;
```

BkgrdWorker 클래스의 인스턴스 포인터를 wParam으로부터 획득한다.

```
    if (uMsg == WM_BKW_REPORT)
    {
```

여러분이 정의할 ProgressChangedHandler 콜백 함수를 호출할 준비를 한다. lParam은 ProgressChangedArgs 구조체의 포인터를 담고 있다.

```
        ProgressChangedArgs* pArg = (ProgressChangedArgs*)lParam;
        pThis->m_pfnReport(pThis, pArg);
        delete pArg;
```

lParam으로 넘어온 ProgressChangedArgs 구조체의 포인터를 매개변수로 넘겨 ProgressChangedHandler 콜백 함수를 호출한다. ProgressChangedArgs 구조체의 포인터는 동적으로 생성되었기 때문에 delete로 삭제해줘야 한다.

```
    }
    else
    {
```

여러분이 정의할 RunWorkerCompletedHandler 콜백 함수를 호출할 준비를 한다. lParam은 RunWorkerCompletedArgs 구조체의 포인터를 담고 있다.

```
        RunWorkerCompletedArgs* pArg = (RunWorkerCompletedArgs*)lParam;
        pThis->m_pfnCompleted(pThis, pArg);
        delete pArg;
```

lParam으로 넘어온 RunWorkerCompletedArgs 구조체의 포인터를 매개변수로 넘겨 RunWorkerCompletedHandler 콜백 함수를 호출한다. RunWorkerCompletedArgs 구조체의 포인터는 동적으로 생성되었기 때문에 delete로 삭제해줘야 한다.

```
        pThis->IsBusy = false;
```

WM_BKW_COMPLETED 메시지의 경우는 실제 DoWorkHandler 콜백 함수의 호출이 완료되었음을 의미하므로, IsBusy 플래그를 false로 설정해야 한다.

```
    }

    return 0;
```

우리가 원하는 메시지에 대한 처리가 끝났으므로 바로 리턴한다.

```
}
```

```
    return CallWindowProc(sm_pfnOldWP, hWnd, uMsg, wParam, lParam);
```

WM_BKW_REPORT와 WM_BKW_COMPLETED 이외의 메시지에 대해서는 원래 윈도우 생성 시 정의되어 있던 기존 윈도우 프
로시저가 메시지를 처리하도록 해야 한다. 그렇지 않으면 수많은 나머지 메시지들이 처리되지 않아 애당 윈도우는 전혀 작동하지 않을
것이다. 이렇게 기존 윈도우 프로시저로 메시지의 처리를 맡기는 함수가 바로 CallWindowProc다.

```
}
```

이런 방식으로 여러분이 정의할 ProgressChangedHandler, RunWorkerCompleted-
Handler 콜백 함수의 수행을 m_hWnd 핸들에 해당하는 윈도우를 생성한 스레드에게 맡길 수가
있다. 주의할 것은 m_hWnd 핸들값이 지정되면 ProgressChangedHandler, RunWorker-
CompletedHandler 콜백 함수의 실행은 m_hWnd를 생성한 스레드가, DoWorkHandler 콜
백 함수의 실행은 BkgrdWorker 클래스 내부에서 생성한 m_hThread 스레드가 담당하게 된다
는 점이다.

이제 취소 작업이나 예외 처리 등의 처리 패턴을 확인하기 위해 여러분이 정의해야 할
DoWorkHandler 콜백 함수의 정의에 대한 예를 살펴보자. 다음 소스는 〈프로젝트 2.4.3
BkgWorkCpp〉의 "BkgWorkCppDlg.cpp" 파일에 존재한다.

```
void WINAPI CBkgWorkCppDlg::Handler_DoWork(BkgrdWorker* pBW, DoWorkArgs* e)
{
    DWORD dwThrId = GetCurrentThreadId();
    CBkgWorkCppDlg* pDlg = (CBkgWorkCppDlg*)e->Argument;

    pBW->ReportProgress(0, (PVOID)dwThrId);

    for (int i = 1; i <= 100; i++)
    {
        if (pBW->CancellationPending)
        {
            e->Cancel = true;
            break;
```

BkgrdWorker 클래스의 멤버 함수인 CancelAsync를 호출하면 CancellationPending 멤버 필드가 true로 설정된
다. 따라서 작업 수행 도중에 CancellationPending 플래그가 설정되었다면 유저가 작업 취소를 명령했음을 의미하므로,
RunWorkerCompletedHandler 콜백 함수가 작업이 취소되었음을 알리기 위해 DoWorkArgs 멤버 필드 Cancel을 true로 설정하
고, 실제 작업을 취소하기 위해 루프를 탈출하면 된다.

```
    }

    Sleep(pDlg->m_dwDelay);
    pBW->ReportProgress(i);
```

```
    if (i == 100)
        break;

    WaitForSingleObject(pDlg->m_hPause, INFINITE);
```

```
  }
}
```

Handler_DoWork의 실행이 완료되면 InnerBkgrdWorkerProc 함수 정의에서 살펴본 것처럼 여러분이 정의할 RunWorkerCompletedHandler 콜백 함수가 이어서 호출될 것이다. Handler_DoWork 정의 시 만약 에러가 발생하면 HRESULT_FROM_WIN32나 MAKE_HRESULT 매크로를 통해서 에러 코드를 HRESULT 타입으로 구성해이 함수 내에서 throw하게 되면, InnerBkgrdWorkerProc 함수 내에서 이 예외를 잡아서 RunWorkerCompletedHandler 콜백 호출 시 에러 코드를 설정해줌으로써 여러분이 에러 발생 여부를 알 수 있게 해준다. 마찬가지로 Handler_DoWork 실행 완료 시에 작업 수행의 결과를 RunWorkerCompletedHandler 콜백 함수로 전달하고 싶다면 DoWorkArgs 매개변수의 Result 멤버 필드에 결과를 설정해서 리턴하게 되면 RunWorkerCompletedHandler 내에서 결과를 받을 수 있다. RunWorkerCompletedHandler의 매개변수로 전달되는 RunWorkerCompletedArgs 구조체의 멤버 필드인 Cancel은 작업 취소 여부를, Error 멤버 필드는 Handler_DoWork 내에서 throw한 HRESULT 타입의 에러 코드를, 마지막으로 Result 멤버 필드는 Handler_DoWork에서 여러분이 지정한 결과 데이터에 대한 포인터값을 담고 있다. 예외 처리와 결괏값 전달은 4장의 파일 복사 예제에서 확인할 수 있을 것이다.

이제 다시 BkgrdWorker 클래스의 구현으로 돌아가자. 위 소스에서 작업의 진척상황 통지를 위해 호출하게 될 ReportProgress 멤버 함수의 정의는 다음과 같다.

```
void BkgrdWorker::ReportProgress(int nPercent, PVOID pParam)
{
    if (m_pfnReport)
    {
        ProgressChangedArgs* pArg = new ProgressChangedArgs(nPercent, pParam);
```

여러분이 정의할 ProgressChangedHandler 콜백 함수 호출에 필요한 매개변수 ProgressChangedArgs를 생성한다. 이 구조체에는 작업의 진척상황을 정숫값으로 알려줄 Percent 값과 유저 정의 참조 데이터에 대한 포인터를 담을 정보를 포함한다.

```
        if (m_hWnd != NULL)
            SendMessage(m_hWnd, WM_BKW_REPORT, (WPARAM)this, (LPARAM)pArg);
```

윈도우 핸들(HWND)값이 지정되어 있다면 이 윈도우 핸들을 통해서 SendMessage로 메시지를 전송함으로써 해당 윈도우 핸들을 지닌 스레드로 하여금 여러분이 정의한 ProgressChangedHandler 콜백 함수를 실행하도록 한다.

```
        else
            m_pfnReport(this, pArg);
```

핸들값이 정의되어 있지 않으면 여러분이 정의한 ProgressChangedHandler 콜백 함수를 본 스레드에서 직접 실행한다.

```
    }
}
```

CancellationPending 멤버 필드를 true로 만드는, 즉 작업 취소를 요구하는 함수인 CancelAsync의 정의는 다음과 같다.

```
void BkgrdWorker::CancelAsync()
{
    CancellationPending = true;
```

작업 취소 요구가 들어왔으므로, CancellationPending 멤버 필드를 true로 설정하면 여러분이 정의할 DoWorkHandler 콜백 함수와 위 예의 Handler_DoWork 정의 내에서 CancellationPending 플래그를 참조할 수 있으며, 따라서 작업의 취소 처리가 가능해진다.

```
}
```

이제부터 지금까지 구현한 BkgrdWorker 클래스를 직접 사용해서 C# 구현 예제를 C++로 대체하는 코드를 살펴보기로 하자. MFC의 다이얼로그 기반 템플릿을 사용해서 다음과 같이 C#의 경우와 동일한 GUI를 갖도록 구현할 것이다. 앞에서 DoWork 핸들러의 구현 부분은 이미 설명했기 때문에 생략한다.

그림 2-9 C++로 구현한 BkgndWorker 테스트 예

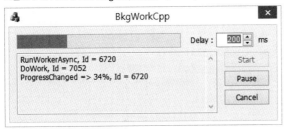

먼저 CDialogEx를 상속한 CBkgWorkCppDlg 클래스 부분을 살펴보자.

```
class CBkgWorkCppDlg : public CDialogEx
{
    static void WINAPI Handler_DoWork(BkgrdWorker*, DoWorkArgs*);
    static void WINAPI Handler_Report(BkgrdWorker*, ProgressChangedArgs*);
    static void WINAPI Handler_Completed(BkgrdWorker*, RunWorkerCompletedArgs*);
```

각 이벤트를 대체할 콜백 함수에 대한 선언이다.

```
    .
    .
    .
    HANDLE        m_hPause;
```

백그라운드 작업 처리의 중지, 재시작을 지원하기 위한 수동 리셋 이벤트에 대한 핸들이다.

```
    BkgrdWorker   m_bw;
```

BkgrdWorker 클래스를 멤버 변수로 선언한다.

다음은 OnInitDialog 재정의 함수 처리 부분이다.

```
BOOL CBkgWorkCppDlg::OnInitDialog()
{
    .
    .
    .
    // TODO: 여기에 추가 초기화 작업을 추가한다.
    m_hPause = CreateEvent(NULL, TRUE, TRUE, NULL);
```

백그라운드 작업 처리의 중지, 재시작을 지원하기 위한 수동 리셋 이벤트를 생성한다.

```
m_bw.Initialize(GetSafeHwnd() Handler_DoWork);
```

BkgrdWorker를 초기화하고 콜백 함수 처리를 위해 윈도우 핸들과 백그라운드 작업을 담당할 DoWork 핸들러에 대한 포인터를 넘겨준다.

```
m_bw.SetReportHandler(Handler_Report);
m_bw.SetCompletedHandler(Handler_Completed);
```

진척상황 통지와 완료 통지를 위해 핸들러에 대한 포인터를 넘겨준다.

```
GetPrgBar()->SetRange(0, 100);
return TRUE;  // 포커스를 컨트롤에 설정하지 않으면 TRUE를 반환한다.
}
```

이번에는 ProgressChanged 이벤트를 대신하는 ProgressChangedHandler의 구현 코드다.

```
void WINAPI CBkgWorkCppDlg::Handler_Report
                (BkgrdWorker* pBW, ProgressChangedArgs* e)
{
  DWORD dwThrId = GetCurrentThreadId();
  CBkgWorkCppDlg* pDlg = (CBkgWorkCppDlg*)CWnd::FromHandle(pBW->Owner());
```

CBkgWorkCppDlg의 인스턴스 포인터를 획득해야 한다. e.UserState를 이용할 수도 있지만, 여기서는 BkgrdWorker의 멤버로 저장되어 있는 m_hWnd를 이용해서 CBkgWorkCppDlg의 인스턴스 포인터를 획득하도록 처리한다. CWnd::FromHandle()은 CBkgWorkCppDlg 다이얼로그를 생성한 스레드에 한에서 제대로 된 CBkgWorkCppDlg 포인터를 돌려준다. 따라서 DoWorkHandler에서 이 함수를 호출하면 의미 없는 포인터가 리턴되기 때문에 이 점에 주의하기 바란다.

```
  CEdit* pLog = pDlg->GetLogEdit();
  int nLen = pLog->GetWindowTextLength();
  CString szLog;

  pDlg->GetPrgBar()->SetPos(e->ProgressPercentage);
```

프로그레시브 바의 위치를 이동한다.

```
  if (e->ProgressPercentage == 0)
  {
```

```
        szLog.Format(_T("DoWork, Id = %d\xd\xa\xd\xa"), (DWORD)e->UserState);
        pLog->SetSel(nLen, nLen);
        pLog->ReplaceSel(szLog);
    }
    else
    {
        szLog.Format(_T("ProgressChanged => %d%%, Id = %d\xd\xa"),
                                    e->ProgressPercentage, dwThrId);

        CString szCur;
        pLog->GetWindowText(szCur);
        szCur = szCur.Left(szCur.GetLength() - 2);
        int nIdx = szCur.ReverseFind(_T('\xd'));
        if (nIdx >= 0)
            pLog->SetSel(nIdx + 2, nLen);
        else
            pLog->SetSel(nLen, nLen);
        pLog->ReplaceSel(szLog);
    }
```
> 진척상황과 관련된 상세 정보를 출력한다.
```
}
```

다음은 RunWorkerCompleted 이벤트를 대신하는 RunWorkerCompletedHandler의 구현 코드다.

```
void WINAPI CBkgWorkCppDlg::Handler_Completed
            (BkgrdWorker* pBW, RunWorkerCompletedArgs* e)
{
    DWORD dwThrId = GetCurrentThreadId();
    CBkgWorkCppDlg* pDlg = (CBkgWorkCppDlg*)CWnd::FromHandle(pBW->Owner());

    if (pDlg->m_bClosing)
    {
        pDlg->DestroyWindow();
        return;
    }
```

```
    CEdit* pLog = pDlg->GetLogEdit();
    int nLen = pLog->GetWindowTextLength();
    CString szLog;

    szLog.Format(_T("RunWorker%s, Id = %d\xd\xa"),
        (e->Cancelled) ? _T("Canceled") : _T("Completed"), dwThrId);
    pLog->SetSel(nLen, nLen);
    pLog->ReplaceSel(szLog);

    pDlg->GetDlgItem(IDC_BTN_START)->EnableWindow();
    pDlg->GetDlgItem(IDC_BTN_PAUSE)->EnableWindow(FALSE);
    pDlg->GetDlgItem(IDC_BTN_CANCEL)->EnableWindow(FALSE);
}
```

다음은 비동기 백그라운드 작업의 개시를 위해 "Start" 버튼을 눌렀을 경우, "Pause" 버튼이나 "Cancel" 버튼을 눌렀을 경우의 처리를 위한 정의다. Pause나 Cancel 처리의 경우에는 m_hPause 이벤트를 사용해 "백그라운드 작업 스레드"를 정지하거나 재개, 또는 종료하도록 처리하고 있다.

```
Start 버튼 클릭 시의 처리

void CBkgWorkCppDlg::OnBnClickedBtnStart()
{
    UpdateData();
    ...
    m_bw.RunWorkerAsync(this);

    백그라운드 작업 처리의 개시를 알린다.


    ...
}


Pause 버튼 클릭 시의 처리

void CBkgWorkCppDlg::OnBnClickedBtnPause()
{
    if (!m_bw.IsBusy)
```

```
        return;
```

백그라운드 작업이 진행 중이 아니면 정지 처리는 의미 없다.

```
    ...
    if (WaitForSingleObject(m_hPause, 0) == WAIT_OBJECT_0)
    {
        ResetEvent(m_hPause);
```

m_hPause가 시그널 상태면 백그라운드 작업이 진행 중이므로, 이벤트를 넌시그널 상태로 만들어 백그라운드 작업 스레드를 대기하도
록 만든다.

```
        ...
    }
    else
    {
        SetEvent(m_hPause);
```

m_hPause가 넌시그널 상태(WaitForSingleObject의 결과가 WAIT_TIMEOUT인 경우다)면 백그라운드 작업이 정지된 상태이므로,
이벤트를 시그널 상태로 만들어 백그라운드 작업 스레드를 다시 움직이게 한다.

```
        ...
    }
    ...
}
```

Cancel 버튼 클릭 시의 처리

```
void CBkgWorkCppDlg::OnBnClickedBtnCancel()
{
    if (!m_bw.IsBusy)
        return;

    if (WaitForSingleObject(m_hPause, 0) == WAIT_OBJECT_0)
        ResetEvent(m_hPause);
```

메시지 박스를 출력하기 위해 백그라운드 작업의 진행을 임시 정지시킨다.

```
    int dr = AfxMessageBox(_T("현재작업을 취소하시겠습니까?"), MB_YESNO);
    if (dr == IDYES)
        m_bw.CancelAsync();
```

메시지 박스 출력 결과에서 취소를 요구하면 CancelAsync를 호출해 취소 처리를 개시한다.

```
SetEvent(m_hPause);
```

임시로 멈춘 백그라운드 작업을 다시 개시한다. 취소 처리가 요구되었을 경우의 실제 취소 처리 역시 DoWorkHandler가 담당하기 때문에, 취소 여부와는 상관없이 백그라운드 작업을 계속 진행해야 한다.

```
}
```

4장에서는 이번 절에서 제작한 BkgrdWorker 클래스를 직접 사용해 취소, 중단 기능이 제공되는 GUI 환경의 파일 복사 프로그램에 대한 예제를 제공할 것이다. 이 예제를 통해 GUI와 결합한 백그라운드 작업 구현에 있어서 BkgrdWorker 클래스의 사용에 대한 편리함을 체감할 수 있을 것이다.

03장

유저 모드 동기화

3.1 유저 영역의 동기화 객체

　3.1.1 크리티컬 섹션(Critical Section)

　3.1.2 SRW-락(Slim Reader-Writer Lock)

　3.1.3 조건 변수(Condition Variables)

3.2 상호잠금(Interlocked) API

　3.2.1 상호잠금 함수의 사용 예

　3.2.2 상호잠금을 이용한 스핀락 구현

3.3 새로운 동기화 수단

　3.3.1 동기화 장벽(Synchronization Barrier)

　3.3.2 주솟값에 대한 대기

　3.3.3 원-타임 초기화(One-Time Initialization)

윈도우는 동기화의 수단으로서 커널 모드에서 동작하는 다양한 동기화 커널 객체들을 제공하는 동시에 유저 모드에서 동작하는 동기화 객체나 API 역시 제공한다. 유저 모드의 경우 스핀락 방식과 커널 전환 방식의 혼합이나 별도의 방식을 사용한다. 따라서 유저 모드에서 동기화의 장점은 역시 속도라고 할 수 있다. 커널 모드로의 전환을 최소화하기 때문에 스레드 문맥 전환도 줄일 수 있으며, 따라서 커널 객체를 이용한 동기화보다 속도가 빠르다는 장점을 갖고 있다. 물론 IPC에서 사용할 수 없다는 점과 WaitForMultipleObjects 등을 사용한 동시 대기를 사용할 수 없다는 점, 그리고 공유 리소스에 대한 배타적 접근을 목적으로 주로 사용되기 때문에 복잡한 상황에 적용하기에는 한계가 있다는 단점이 있지만, 기본적으로 사용 방법이 단순하고 작은 단위의 모듈별 동기화에 적용하기 쉽기 때문에 많이 사용된다. 또한 운영체제가 계속 업그레이드되면서 추가적으로 새로운 상황을 대비한 새로운 유저 모드 동기화 객체나 대기 함수를 계속 제공하고 있다. 3장에서는 다음의 내용을 중점으로 유저 영역의 동기화 객체와 관련 함수들에 대해서 설명할 것이다.

- 3.1절에서는 유저 모드 객체 중 제일 많이 사용되는 크리티컬 섹션과 비스타부터 제공되기 시작한 SRW-락, 그리고 조건 변수에 대해 설명한다.
- 3.2절에서는 단일 변수에 대한 동기화된 빠른 접근을 제공하는 상호잠금 함수들에 대해 설명한다.
- 3.3절에서는 잘 알려지지 않은 "원-타임 초기화"와 더불어 윈도우 8에서 새롭게 등장한 "동기화 장벽"과 "주솟값에 대한 대기"에 대해 설명한다. 동기화 장벽은 유용하고도 새로운 동기화 수단이며, 특히 주솟값에 대한 대기(WaitOnAddress)는 그 유연성과 편리성에 있어서 상당히 매력적인 요소이므로 반드시 읽어보기 바란다.

3.1 유저 영역의 동기화 객체

이번 절에서는 뮤텍스와 비슷한 크리티컬 섹션, 그리고 읽기와 쓰기 작업이 동시에 이루어질 경우의 동기화 처리 시에 효율성을 증가시키는 SRW-락, 마지막으로 크리티컬 섹션과 SRW-락을 이용한 임계구역 접근 제한 시 특정한 조건을 만족시키도록 동기화 기능을 추가로 제공하는 조건 변수에 대해 설명할 예정이다. 크리티컬 섹션과 SRW-락은 둘 다 데이터 보호 전용 객체로, 임계구역 보호 시 각각 자신만의 고유한 동기화 특성을 지니는 객체다. 이제부터 이 두 객체와 더불어 이들을 보조하는 조건 변수라는 것에 대해 상세히 살펴보기로 한다.

3.1.1 크리티컬 섹션(Critical Section)*

유저 영역의 객체든 커널 객체를 이용한 방식이든 데이터의 보호에 있어서 가장 일반적이면서 사용하기에 간편하고 또한 광범위하게 사용되는 동기화 객체가 이제부터 설명할 "크리티컬 섹션(Critical Section)"이다. 1장에서는 "임계구역", 2장에서는 그 임계구역의 진출입에 사용되는 대표적인 동기화 객체인 "뮤텍스"에 대해서 자세히 설명했다. 크리티컬 섹션은 뮤텍스와 거의 동일하며, 따라서 유저 모드에서 작동하는 뮤텍스라고 봐도 크게 무리는 없다. 어쩌면 크리티컬 섹션이라는 이름 덕분에 임계구역 보호라는 의미뿐만 아니라 코드를 작성하는 데 있어서도 뮤텍스보다는 더 직관적이며 사용하기도 쉽다. 임계구역의 관점에서 볼 때, 스레드는 자신의 코드를 진행하다 임계구역을 만나면 그곳으로 들어가기(Enter) 위해 그 입구에서 어떤 표식을 통해서 입장 허가를 받아야 하고 임계구역 내의 코드 실행이 끝나면 그곳으로부터 나와야(Leave) 한다. 크리티컬 섹션은 임계구역의 진출입을 위한 표식의 역할을 하는 유저 영역에서 정의된 객체며, 임계구역에 들어가기 위한 대기 함수 EnterCriticalSection과 나오기 위한 상태 변경 함수 LeaveCriticalSection의 매개변수로 사용되는 동기화 객체다.

1) 크리티컬 섹션의 사용

다음은 1장에서 임계구역에 대한 설명을 위해 임계구역 설정의 예로 들었던 C#으로 된 Account 클래스의 완전한 구현인 〈프로젝트 3.1.1 Lock _Account〉의 일부를 실었다. 다음 코드로 C#의 lock 키워드를 통해서 임계구역을 명확히 설정하는 예를 한 번 더 확인할 수 있다.

프로젝트 3.1.1 Lock_Account

```
class Account
{
    Object  _thisLock;
    int     _balance;
    Random  _rand = new Random();

    public Account(int initial)
```

---

* 크리티컬 섹션은 1장에서 설명했던 임계구역의 원어다. 여기서 논의되는 크리티컬 섹션은 1장에서 설명했던 자원 보호를 위한 코드 상의 일정 영역을 의미하는 임계구역이 아니라 그 임계구역의 출입을 위해 사용되는 수단을 의미하는 동기화 객체며, MS에서는 이 객체의 구조체 명을 CRITICAL_SECTION으로 정했다. 처음에는 크리티컬 섹션 객체를 "임계구역"이라고 번역해서 사용했으나, 1장에서 설명한 원래의 임계구역과 혼동될 수 있기 때문에 그냥 영어 표기 그대로 "크리티컬 섹션"으로 번역하기로 한다.

```
    {
        _thisLock = new Object();
        _balance = initial;
    }


    int Withdraw(int amount)
    {
        if (_balance < 0)
            throw new Exception("Negative Balance");

        lock (_thisLock)
        {
            if (_balance >= amount)
            {
                Console.WriteLine("Balance before Withdrawal :  " + _balance);// 임
                Console.WriteLine("Amount to Withdraw          : -" + amount);   // 계
                _balance = _balance - amount;                                    // 구
                Console.WriteLine("Balance after Withdrawal  :  " + _balance);// 역
                return amount;
            }
            else
                return 0;
        }
    }
      ⋮
}
```

위의 코드를 통해서 lock 블록 사이의 코드의 실행을 _thisLock의 상태에 따라 막거나 허용할 것
이라는 것을 짐작할 수 있다. 이때 _thisLock이라는 멤버의 역할을 하는 것이 바로 크리티컬 섹션
객체라 할 수 있다. 사실 lock 키워드는 내부적으로 .NET의 Monitor 동기화 클래스를 사용해 그
메서드인 Enter와 Leave를 호출하는 코드로 변경된다. 앞의 코드를 크리티컬 섹션을 이용한 C++
클래스로 변경하면 다음과 같다.

```
class Account
{
    CRITICAL_SECTION _thisLock;
    int _balance;

public:
    Account(int initial)
    {
        InitializeCriticalSection(&_thisLock);
        srand((unsigned int)time(0));
        _balance = initial;
    }
    ~Account()
    {
        DeleteCriticalSection(&_thisLock);
    }

    int Withdraw(int amount)
    {
        if (_balance < 0)
        {
            cout << "Negative Balance : " << _balance << endl;
            return _balance;
        }

        EnterCriticalSection(&_thisLock);

            if (_balance >= amount)
            {
                cout << "Balance before Withdrawal : " << _balance << endl;
                cout << "Amount to Withdraw         : -" << amount << endl;
                _balance -= amount;
                cout << "Balance after Withdrawal  : " << _balance << endl;
            }
            else
                amount = 0;
```

```
        LeaveCriticalSection(&_thisLock);

    return amount;
  }
    ⋮
};
```

두 개의 C# 코드와 C++ 코드를 비교해보면 다음과 같다.

	C#	C++
선언	Object _thisLock;	CRITICAL_SECTION _thisLock;
생성	_thisLock = new Object();	InitializeCriticalSection(&_thisLock);
삭제	가비지 콜렉터	DeleteCriticalSection(&_thisLock);
진입	lock(_thisLock) {	EnterCriticalSection(&_thisLock);
탈출	}	LeaveCriticalSection(&_thisLock);

두 코드에 대한 비교표를 보더라도 크리티컬 섹션의 사용은 상당히 직관적임을 알 수 있다. 크리티컬 섹션을 사용하고자 한다면 먼저 CRITICAL_SECTION 구조체를 선언하기 바란다. 지역 변수도 좋고 전역 변수도 좋다. 그리고 이 크리티컬 섹션을 위한 구조체를 다음 함수로 초기화한다.

```
void InitializeCriticalSection(LPCRITICAL_SECTION lpCriticalSection);
```

다음으로, 보호해야 할 리소스를 사용하는 코드 부분을 블록으로 두르듯 양쪽으로 다음의 두 함수를 사용해서 감싸주면 된다. 크리티컬 섹션으로 들어갈 경우와 나올 경우는 Enter/Leave 쌍으로 이루어지는 다음의 두 함수를 사용해 구현한다.

```
void EnterCriticalSection(LPCRITICAL_SECTION lpCriticalSection);
//
// . . . 동기화가 요구되는 작업의 코드(임계구역)
//
void LeaveCriticalSection(LPCRITICAL_SECTION lpCriticalSection);
```

이렇게 C# 코드와 C++의 코드는 비슷하지만, 주목해야 할 주요한 차이점이 하나 있다. C#의 Withdraw와 C++의 Withdraw를 비교해보자.

```
int Withdraw(int amount)
{
    ⋮
    lock (_thisLock)
    {
        if (_balance >= amount)
        {
            ⋮
            return amount;
        }
        else
            return 0;
    }
}
```

C#의 경우 lock 블록 가운데에서 return하고 있다. lock 키워드 자체가 임계구역 잠금을 위해 컴파일러 차원에서 제공되는 것이므로, 임계구역을 나오기 전에 리턴하더라도 블록이 해제되면서 자동적으로 락을 풀어주는 코드를 컴파일러가 삽입하게 된다. 하지만 C++의 경우는 다르다.

```
int Withdraw(int amount)
{
    ⋮
    EnterCriticalSection(&_thisLock);
    {
        if (_balance >= amount)
        {
            ⋮
        }
        else
            return 0;
    }
    LeaveCriticalSection(&_thisLock);

    return amount;
}
```

C++ 코드에서 C# 코드처럼 LeaveCriticalSection을 호출하기 전에 리턴하면 결국 이 코드를 실행하는 스레드는 소유권을 쥔 채로 결코 놓지 않게 된다. 따라서 이 크리티컬 섹션을 기다리는 다른 스레드들은 계속 대기 상태로 머물 수밖에 없게 된다. 뮤텍스의 경우 이런 상태에서 만약 운 좋게도 그냥 이 스레드가 종료해 버리면 WaitForXXX 대기 함수는 WAIT_ABANDONED 값을 돌려주며 리턴하기 때문에 그나마 다행인 상황이 되지만, 크리티컬 섹션의 경우 소유권을 쥔 채로 스레드가 종료되면 다른 스레드들은 영원히 소유권을 얻지 못하는 더욱 심각한 상황이 이어진다. 이것이야말로 뮤텍스와 크리티컬 섹션의 주요한 차이점 중의 하나다. 그리고 개발자들이 흔히 저지르는 실수이기도 하다.

InitializeCriticalSection 함수를 통해 크리티컬 섹션을 초기화하고, 사용한 후에 최종적으로 이 크리티컬 섹션을 삭제하고자 할 때는 다음의 함수를 사용한다.

```
void DeleteCriticalSection(LPCRITICAL_SECTION lpCriticalSection);
```

다음 프로젝트는 뮤텍스 테스트에 사용했던 〈프로젝트 2.2.1 MutexTest〉를 동일한 구조하에 뮤텍스 대신 크리티컬 섹션을 사용하도록 바꾼 것이다. 뮤텍스의 예제와 비교해보면 뮤텍스와도 크게 차이가 없음을 알 수 있을 것이다.

프로젝트 3.1.1 CriticSectTest

```
DWORD WINAPI ThreadProc(LPVOID pParam)
{
    PCRITICAL_SECTION pCS = (PCRITICAL_SECTION)pParam;
```

뮤텍스의 경우 ⇒ HANDLE hMutex = (HANDLE)pParam;

```
    EnterCriticalSection(pCS);
```

뮤텍스의 경우 ⇒ DWORD dwWaitRet = WaitForSingleObject(hMutex, INFINITE);

```
    {
        ⋮
        cout << st.wMilliseconds << endl;
    }
    LeaveCriticalSection(pCS);
```

뮤텍스의 경우 ⇒ ReleaseMutex(hMutex);

```
      return 0;
}

void _tmain(void)
{
   CRITICAL_SECTION cs;
   InitializeCriticalSection(&cs);
```

뮤텍스의 경우 ⇒ HANDLE hMutex = CreateMutex(NULL, FALSE, NULL);

```
   HANDLE arhThreads[10];
   for (int i = 0; i < 10; i++)
   {
      DWORD dwTheadID = 0;
      arhThreads[i] = CreateThread(NULL, 0, ThreadProc, &cs, 0, &dwTheadID);
   }
   WaitForMultipleObjects(10, arhThreads, TRUE, INFINITE);

   DeleteCriticalSection(&cs);
```

뮤텍스의 경우 ⇒ CloseHandle(hMutex);

```
}
```

임계구역을 설정하기 위해 크리티컬 섹션을 초기화하고, 삭제하고, Enter/Leave 함수를 호출하는
과정을 다음과 같이 클래스로 미리 구현해두어도 좋다.

프로젝트 3.1.1 MyCSLock

```
class MyLock
{
   CRITICAL_SECTION m_cs;

public:
   MyLock()
   {
      InitializeCriticalSection(&m_cs);
   }
   ~MyLock()
```

```
    {
        DeleteCriticalSection(&m_cs);
    }

    void Lock()
    {
        EnterCriticalSection(&m_cs);
    }
    void Unlock()
    {
        LeaveCriticalSection(&m_cs);
    }
};
```

위와 같이 정의한 후 다음과 같이 사용하면 Initialize/Enter/Leave/DeleteCriticalSection을 따로따로 호출하는 것보다 더 직관적이고 사용하기도 편하다.

```
DWORD WINAPI ThreadProc1(LPVOID pParam)
{
    MyLock* pLock = (MyLock*)pParam;

    SYSTEMTIME st;
    GetLocalTime(&st);

    pLock->Lock();   // EnterCriticalSection 호출
    {
        ⋮
        cout << st.wMilliseconds << endl;
    }
    pLock->Unlock(); // LeaveCriticalSection 호출

    return 0;
}


void _tmain(void)
{
    MyLock lock;
```

```
HANDLE arhThreads[10];
for (int i = 0; i < 10; i++)
{
    DWORD dwThrID = 0;
    arhThreads[i] = CreateThread(NULL, 0, ThreadProc1, &lock, 0, &dwThrID);
}
WaitForMultipleObjects(10, arhThreads, TRUE, INFINITE);
}
```

다음과 같이 MyAutoLock이라는 클래스를 정의해도 필요에 따라서는 상당히 유용하다. 크리티컬 섹션 자체는 별도로 정의하고, 락을 걸 시점에서 별도의 크리티컬 섹션 포인터를 매개변수로 넘겨 락을 걸되, 함수의 스택 작용을 이용해 명시적인 Enter/Leave의 호출 없이 클래스의 생성자와 소멸자에서 Enter/Leave 쌍이 저절로 호출되도록 처리하는 방식이다. 그렇기 때문에 클래스 이름에도 Auto가 들어가는 이유다.

```
class MyAutoLock
{
    PCRITICAL_SECTION m_pcs;

protected:
    MyAutoLock() { m_pcs = NULL; }
```

```
public:
    static void Init(PCRITICAL_SECTION pcs)
    {
        InitializeCriticalSection(pcs);
    }
    static void Delete(PCRITICAL_SECTION pcs)
    {
        DeleteCriticalSection(pcs);
```

```
    }
```

```
public:
    MyAutoLock(PCRITICAL_SECTION pcs)
    {
        EnterCriticalSection(pcs);
        m_pcs = pcs;
    }
    ~MyAutoLock()
    {
        LeaveCriticalSection(m_pcs);
        m_pcs = NULL;
    }
```

생성자에서는 EnterCriticalSection, 소멸자에서는 LeaveCriticalSection을 호출하도록 처리한다.

```
};
```

위와 같이 MyAutoLock 클래스를 정의하고, 사용을 함수 내로 제한하기 위해 함수 정의 초기에 MyAutoLock을 자동 변수로 선언하게 되면, 그 함수 전체는 임계구역으로 설정된다.

```
void PrintDateTime(PCRITICAL_SECTION pCS, PSYSTEMTIME pst)
{
    MyAutoLock lock(pCS);
```

이렇게 지역 변수로 MyAutoLock을 선언하는 것만으로도 이 함수 블록 내의 코드는 완전한 임계구역을 이룬다. 선언과 동시에 생성자가 호출되어 잠금을 획득할 때까지 대기하게 된다.

```
    cout << "..." << "SubThread " << GetCurrentThreadId() << " => ";
    cout << pst->wYear << '/' << pst->wMonth << '/' << pst->wDay << ' ';
    cout << pst->wHour << ':' << pst->wMinute << ':' << pst->wSecond << '+';
    cout << pst->wMilliseconds << endl;
```

함수의 실행이 끝나고 종료 블록을 만나 리턴될 때 MyAutoLock 클래스의 소멸자 함수가 호출되며, 그러면 그 함수 내에서 잠금을 풀어주게 된다.

```
}
```

앞의 코드처럼 정의하면 Enter/LeaveCriticalSection의 명시적인 호출이 없어도 함수의 개시와 더불어 생성자는 EnterCriticalSection을, 함수의 종료와 더불어 소멸자는 LeaveCriticalSection 을 자동적으로 호출하게 된다. 이렇게 함수를 정의한 후, 다음과 같이 메인 함수와 스레드 엔트리 함 수에서 MyAutoLock을 사용하면 된다.

```
DWORD WINAPI ThreadProc2(LPVOID pParam)
{
   PCRITICAL_SECTION pCS = (PCRITICAL_SECTION)pParam;

   SYSTEMTIME st;
   GetLocalTime(&st);

   PrintDateTime(pCS, &st);
```
임계구역으로 보호된 함수 PrintDateTime을 호출한다.
```

   return 0;
}

void _tmain(void)
{
   CRITICAL_SECTION cs;
   MyAutoLock::Init(&cs);        // 크리티컬 섹션 초기화
   for (int i = 0; i < 10; i++)
   {
      DWORD dwThrID = 0;
      arhThreads[i] = CreateThread(NULL, 0, ThreadProc2, &cs, 0, &dwThrID);
   }
   WaitForMultipleObjects(10, arhThreads, TRUE, INFINITE);
   MyAutoLock::Delete(&cs);      // 크리티컬 섹션 삭제
}
```

MyAutoLock은 스레드 스택의 성질을 이용하기 때문에 별도의 함수를 정의할 필요는 없다. C++의 시작 브래킷-'{'과 끝 브래킷-'}' 사이라면 어디든 사용이 가능하다. 또한 소멸자가 자동으로 호출되 기 때문에 Enter/Leave를 명시적으로 호출하는 구조에서는 사용이 불가능했던 임계구역의 중간 탈 출, 즉 명시적으로 LeaveCriticalSection을 호출하기 전에 return, break 등의 처리가 가능해진다.

다음은 별도의 함수 정의 없이 MyAutoLock을 사용하는 스레드 엔트리 함수의 새로운 정의다.

```
DWORD WINAPI ThreadProc3(LPVOID pParam)
{
   PCRITICAL_SECTION pCS = (PCRITICAL_SECTION)pParam;

   SYSTEMTIME st;
   GetLocalTime(&st);

   스택의 성질을 이용해 소멸자가 자동으로 호출되도록 하기 위해 일부러 브래킷 쌍으로 임계구역의 시작과 끝을 둘러싼다.

   {
      MyAutoLock lock(pCS);  ⇐ 생성자를 통한 EnterCriticalSection 호출

      cout << "..." << "SubThread " << GetCurrentThreadId() << " => ";
      cout << st.wYear << '/' << st.wMonth << '/' << st.wDay << ' ';
      if (st.wMilliseconds > 500)
      {
         cout << endl;
         return 0;

   중간에 조건에 따라 바로 return 처리를 하더라도 끝 브래킷을 빠져나가면서 소멸자가 저절로 호출되기 때문에 문제 없이
   LeaveCriticalSection이 호출된다.

      }
      cout << st.wHour << ':' << st.wMinute << ':' << st.wSecond << '+';
      cout << st.wMilliseconds << endl;
   }                              ⇐ 소멸자를 통한 LeaveCriticalSection 호출
   return 0;
}
```

WaitForSingleObject 호출 시 타임아웃을 0으로 지정하는 의미를 2장에서 잠시 설명했었다. 뮤텍스에 대해 시그널 상태인지의 여부를 체크하는 코드는 다음과 같다.

```
DWORD dwWaitCode = WaitForSingleObject(hMutex, 0 );
if(dwWaitCode == WAIT_FAILED)
{
```

```
    // 에러 처리...
}


if(dwWaitCode == WAIT_OBJECT_0)
{
    // 공유자원에 대한 접근 작업 수행
    ReleaseMutex(hMutex);
}
else // WAIT_TIMEOUT
{

    // 필요한 다른 작업 수행

}
```

뮤텍스의 이러한 처리와 동일한 기능을 하는 TryEnterCriticalSection 함수가 크리티컬 섹션에서
도 제공된다.

```
BOOL WINAPI TryEnterCriticalSection(_Inout_ PCRITICAL_SECTION pCS);
```

이 함수는 만약 다른 스레드가 이미 크리티컬 섹션을 소유하고 사용 중이라면 블록되지 않고 바로
리턴되면서 FALSE를 리턴한다. 반대로, 크리티컬 섹션을 소유한 스레드가 없다면 TRUE를 리턴한
다. 주의할 점은 반환값이 TRUE인 경우 TryEnterCriticalSection을 호출한 스레드는 이미 크리
티컬 섹션을 획득한 상태이므로, 나중에 반드시 LeaveCriticalSection을 호출해줘야 한다는 점이
다. 이 함수의 전형적인 사용 예는 다음과 같으며, 뮤텍스의 경우와 비슷하다.

```
if (TryEnterCriticalSection(&g_cs) == TRUE)
{
    // 공유자원에 대한 접근 작업 수행
    LeaveCriticalSection (&g_cs);
}
else
{
    // 필요한 다른 작업 수행
}
```

2) 크리티컬 섹션의 내부

유저 모드의 동기화 객체들은 대부분 문서화되어 있지 않은 구조체다. 따라서 그 내부 동작이 어떻게 이루어지는지 추측할 길이 별로 없다. 그래도 크리티컬 섹션의 경우는 문서화된 설명은 없지만 그 구조체의 정의를 WinNT.h 헤더 파일에서 직접 확인할 수 있다. 따라서 이번에는 크리티컬 섹션 객체를 설명하는 CRITICAL_SECTION 구조체의 분석을 통해 크리티컬 섹션 내부로 좀 더 자세하게 들어가서 작동원리를 살펴보기로 한다.

다음은 WinNT.h에 정의된 크리티컬 섹션 구조체의 정의다.

```
typedef struct _RTL_CRITICAL_SECTION
{
    PRTL_CRITICAL_SECTION_DEBUG DebugInfo;


    LONG    LockCount;
    LONG    RecursionCount;
    HANDLE  OwningThread;
    HANDLE  LockSemaphore;
    DWORD   SpinCount;
}
RTL_CRITICAL_SECTION, *PRTL_CRITICAL_SECTION;
typedef RTL_CRITICAL_SECTION CRITICAL_SECTION;
```

앞서도 말했지만 사실 크리티컬 섹션은 커널 객체인 뮤텍스와 거의 동일하다. 뮤텍스에 대한 설명을 꼼꼼히 읽었다면 크리티컬 섹션의 멤버 필드들 중 OwningThread와 RecursionCount의 역할은 대충 짐작할 수 있을 것이다.

HANDLE OwningThread

OwningThread는 그 이름만 보더라도, 그리고 타입이 HANDLE이란 사실에서 이 크리티컬 섹션 객체를 소유한 스레드의 핸들값을 의미한다고 유추할 수 있다. 사실 HANDLE 값이 아니라 소유권을 획득한 스레드의 ID가 이 필드에 저장되며 DWORD 값이 된다. 물론 GetCurrentThreadId를 통해서 구할 수 있는 값이다.

LONG RecursionCount

크리티컬 섹션은 뮤텍스와 마찬가지로 중복 대기를 허용하기 때문에, 이를 위해 Recursion Count 필드가 존재한다. EnterCriticalSection 호출을 통해서 대기하던 스레드 중 하나가 크리티컬 섹션을 소유하게 되면 OwningThread는 호출 스레드의 ID가 설정되고 RecursionCount는 1이 된다. 그리고 다음 코드와 같이 중복해서 EnterCriticalSection을 호출하면 RecursionCount는 그 횟수만큼 증가한다.

```
                                        ⇐ RecursionCount : 0
  EnterCriticalSection(&g_cs);
  {                                     ⇐ RecursionCount : 1
    // ...
    EnterCriticalSection(&g_cs);
    {                                   ⇐ RecursionCount : 2
      // 공유자원에 대한 접근 작업 수행
    }
    LeaveCriticalSection (&g_cs);
    // ...                              ⇐ RecursionCount : 1
  }
  LeaveCriticalSection (&g_cs);
                                        ⇐ RecursionCount : 0
```

물론 LeaveCriticalSection을 호출하면 RecursionCount는 1씩 감소되어 중복 대기 시의 Enter와 Leave 호출 횟수를 관리하게 된다.

HANDLE LockSemaphore

이제 LockSemaphore 필드에 대해 살펴보자. LockSemaphore의 타입은 HANDLE이며, 세마포어라는 이름을 가지고 있는 것으로 보아 대충 동기화 커널 객체의 핸들을 담을 것이라고 짐작할 수 있다. 크리티컬 섹션은 유저 모드 상에서의 동기화 객체라고 했다. 그렇다면 이런 동기화 커널 객체는 왜 필요한 것일까? 크리티컬 섹션을 초기화한 상태에서 처음으로 EnterCriticalSection 이 호출되면 현재 크리티컬 섹션은 호출 스레드의 소유가 되어 넌시그널 상태가 될 것이다. 이 상태에서 다른 스레드가 EnterCriticalSection을 호출하면 이 크리티컬 섹션은 이미 소유된 상태이므로 스레드를 대기하도록 잡아둬야 한다. 그러기 위해서 EnterCriticalSection은 이 시점에서 자동 리셋 이벤트를 생성하고 그 핸들을 LockSemaphore에 저장한 후 커널 모드로 전환하여 두 번째로 EnterCriticalSection을 호출한 스레드를 대기 상태로 만든다. LockSemaphore라는 필드 이름 때문에 세마포어가 아닐까 착각할 수 있지만, 사실은 자동 리셋 이벤트다. 이렇게 이벤트를 사용한다는 것은 결국 대기를 위해 커널 모드로의 전환이 이루어진다는 것을 의미한다. 하지만 크리티컬 섹션이 소유되지 않은 상태에서의 EnterCriticalSection을 호출한 스레드는 커널 모드로의 전환 없이 곧바로 그것을 소유할 수 있다. 만약 뮤텍스라면 해당 뮤텍스의 소유권이 자유로운 상태라도 무조건 커널로의 전환이 이루어져야만 한다는 차이가 있다. LockSemaphore까지 설정된 이 상태에서 소유권을 획득한 스레드가 LeaveCriticalSection을 통해서 그 소유권을 풀어주게 되면 그 순간 크리티컬 섹션은 잠금이 풀린 상태가 되고 자유로운 상태가 된다. 이 시점에서 LeaveCriticalSection은 LockSemaphore 핸들을 매개변수로 넘겨서 SetEvent를 호출해 현재 크리티컬 섹션이 어떤 스레드에게도 소유되지 않은 자유 상태임을 커널에 알린다. 그러면 커널은 대기 중이던 임의의 스레드를 깨워 EnterCriticalSection으로부터 탈출해서 임계구역으로 진입한다. 이 LockSemaphore에 저장된 자동 리셋 이벤트는 나중에 DeleteCriticalSection이 호출되었을 때 그 내부에서 CloseHandle을 통해서야 비로소 해제된다.

LONG LockCount

LockCount는 현 시점에서 EnterCriticalSection을 호출하고 해당 크리티컬 섹션을 보며 대기 중인 스레드의 개수를 나타낸다. 처음 InitializeCriticalSection을 호출하면 LockCount는 −1로 초기화된다. 그리고 EnterCriticalSection이 호출될 때마다 1씩 증가하고 LeaveCriticalSection이 호출될 때마다 1씩 감소한다. 그렇다면 LockCount가 왜 −1로 시작하는지 알아보도록 하자. LockCount가 −1로 초기화된 상태에서 최초의 스레드 A가 EnterCriticalSection을 호출해 크리티컬 섹션을 소유하게 되면 LockCount는 1 증가하여 0이 된다. 그 상태에서 다른 세 개의 스레드 B, C, D가 EnterCriticalSection을 호출했다고 하면 LockCount는 1씩 증가해 3이 될 것이다. 이 시점에서는 소유권을 획득한 A 스레드 하나와 대기 중인 나머지 세 개의 스레드가 존재한다. 그리고 LockCount의 값은 3이므로 현재 대기 중인 스레드의 수를 정확하게 표현할 수 있다. 나중에 소유권을 가진 스레드 A가 LeaveCriticalSection을 호출하면 LockCount는 2가 될 것이다. 이 순간 스레드 C가 크리티컬 섹션을 소유하게 되었다면 역시 대기 중인 스레드는 B와 D 두 개가 남게 되며, LockCount 또한 대기 중인 스레드의 수와 동일한 값을 담고 있다. C가 LeaveCriticalSection을 호출하고 B가 소유권을 획득한 후 스레드 B마저 LeaveCriticalSection을 호출했다면 LockCount는 2가 감소하여 0이 될 것이다. 이 시점에서 대기 중이던 마지막 스레드 D가 소유권을 가질 것이며, 동시에 대기 중인 스레드는 없으며 현재 0 값을 가진 LockCount와도 일치한다. 그 후 D마 저 LeaveCriticalSection을 호출하면 LockCount는 다시 1 감소하여 최초의 값인 −1로 되돌 아오는 것이다. 결국 LockCount의 상태는 다음을 의미한다.

- **LockCount < 0** : LockCount가 −1인 경우에 해당하고, 크리티컬 섹션이 완전히 사용 가능한 상태임을 의미 한다.
- **LockCount >= 0** : 해당 크리티컬 섹션을 소유한 스레드가 존재함을 의미한다.
  - **LockCount == 0** : 대기 중인 스레드가 없다.
  - **LockCount > 0** : 대기 중인 스레드가 LockCount 필드값만큼 존재한다.

LockCount는 이런 과정을 통해서 −1부터 시작해서 0 → 1 → 2 → … 이런 식으로 값의 증감 이 이루어지지만, 윈도우 2003 서비스 팩 1부터 MS는 이 필드의 지정 방식을 바꾸었다. 다음 그림이 LockCount의 비트 구조를 나타낸다.

그림 3-1 LockCount 필드의 구조

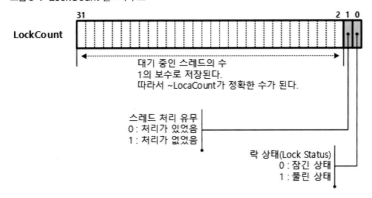

- **비트 0** : 크리티컬 세션이 잠긴 상태인지 풀린 상태인지를 나타낸다. 0이면 잠긴 상태, 1이면 풀린 상태를 의미한다.
- **비트 1** : 크리티컬 섹션에 대해 직전까지 처리 대상이 된 스레드가 있었는지의 유무를 나타낸다. 0이면 있었다는 의 미이고, 1이면 없었다는 의미이다. 처리 대상이 된 스레드라는 것은 대기 상태에서 깨어나도록 처리를 해준 스레드를 의 미하며, 보통 LeaveCriticalSection 호출 후 대기 스레드가 있으면 그 스레드를 활성화시켰을 때 이 플래그는 0 으로 리셋된다. 만약 마지막 스레드가 LeaveCriticalSection을 호출했다면 더 이상 처리할 스레드는 없기 때문에 이 플래그는 1로 설정된다.
- **비트 2 ~ 31** : 실제 대기 상태에 있는 스레드의 개수를 의미한다. 1의 보수 형태로 저장되기 때문에 다음과 같은 작업을 해줘야 완전한 개수를 구할 수 있다.

```
LONG nWaitCnt = ((-1) - LockCount) >> 2 또는
LONG nWaitCnt = ~(LockCount >> 2);
```

3) 크리티컬 섹션과 스핀락

CRITICAL_SECTION 구조체 멤버 중 아직 설명하지 않은 필드가 SpinCount다. 앞서 언급한 것처럼 크리티컬 섹션이 사용 중이 아니면 바로 그 소유권을 스레드에게 부여하지만, 사용 중이며 EnterCriticalSection을 호출한 스레드를 대기 상태로 만들기 위해 커널 모드로 전환해 스레드를 잠재운다고 했다. 여하튼 동기화를 위해서는 크리티컬 섹션이라도 다중 스레드가 서로 잠금을 요구하는 상황에서는 결국 커널 모드로의 모드 전환이 이루어져야 한다. 그리고 이러한 모드 전환은 대략 1,000CPU 사이클 이상이 요구되며, 많은 수의 스레드가 하나의 크리티컬 섹션을 통해 소유권을 주장하는 상황에서의 1,000CPU 사이클이라면 오버헤드가 적지 않은 상황이 된다. 예를 들어 실행 시간이 아주 짧은 간단한 작업을 위해 하나의 스레드가 크리티컬 섹션을 소유했을 때, 역시 EnterCriticalSection을 호출한 다른 스레드가 있다면 그 스레드는 대기하기 위해 커널 모드로 전환될 것이다. 하지만 커널 모드로의 전환이 끝나기도 전에 크리티컬 섹션을 소유한 스레드가 처리를 끝내고 LeaveCriticalSection을 호출한다면 이 전환은 CPU 사이클을 낭비하는 불필요한 전환이 되는 것이다. 이렇게 실제로 커널 모드로의 전환이 일어나기 전에, 유저 모드에서 잠깐 동안의 스핀 체크를 통해 크리티컬 섹션의 잠금 상태를 점검한 후 그 기간 동안에도 크리티컬 섹션이 풀리지 않았을 경우, 실제로 스레드를 대기 상태로 만들기 위해 커널 모드로 전환하는 전술을 구사할 수 있다. 설정된 스핀락 카운터의 횟수만큼 스핀 체크를 하는 동안에 크리티컬 섹션을 소유하고 있던 스레드가 소유권을 해제하게 되면 스핀 체크를 수행 중이던 스레드는 대기를 위한 커널 전환 없이 바로 그 소유권을 이어서 획득할 수 있을 것이다. 물론 그 횟수만큼 스핀 체크를 수행한 후에도 여전히 잠금이 풀리지 않았을 때에 비로소 커널 모드로 전환되더라도 늦지 않을 것이다. 이 전략은 어떻게든 커널로의 전환을 최소화하기 위한 전략이며, 이를 위해 SpinCount 필드는 커널 모드로 전환하기 전에 스핀 체크를 수행할 횟수를 담고 있다. 앞서 스핀락과 관련해서 설명했던 것처럼, 이 과정은 단일 CPU 시스템에서는 무시되고 바로 커널 모드로의 전환이 이루어진다. 즉 멀티 CPU 시스템이 아니면 스핀락과 관련된 모든 작용은 무시된다.

그러면 스핀의 횟수를 어떻게 지정할 수 있을까? 스핀락 옵션을 지원하는 크리티컬 섹션은 윈도우 2000부터 제공되기 시작했으며, 다음의 함수를 통해 이루어진다.

```
BOOL WINAPI InitializeCriticalSectionAndSpinCount
(
    _Out_LPCRITICAL_SECTION lpCriticalSection,
    _In_ DWORD              dwSpinCount
);
```

두 번째 매개변수인 dwSpinCount에 스핀 횟수를 설정해서 넘겨주면 시스템은 그 횟수만큼 스핀을 돈 다음 상태변화가 없을 경우 실제로 커널 모드로의 전환을 수행한다. 이 매개변수의 값은 0부터 0xFFFFFFFF까지의 어떤 값이라도 가능하다. 물론 단일 CPU 시스템에서는 이 함수는 무시되고 스핀 카운트는 언제나 0이 된다.

주의해서 볼 것이, 이 함수는 InitializeCriticalSection과는 다르게 리턴값이 존재한다는 점이다. InitializeCriticalSectionAndSpinCount 함수는 리턴값이 FALSE인 경우에는 실패를 의미하고 GetLastError를 호출해 그 원인을 파악할 수 있다. 그렇다면 실패하는 경우는 어떤 경우일까? InitializeCriticalSection에서 리턴값이 없다는 것은 실패할 경우의 수가 거의 없다는 것을 의미하는 것일텐데, InitializeCriticalSectionAndSpinCount에서는 왜 리턴값이 존재할까? 사실 앞서 살펴본 것처럼, 크리티컬 섹션 구조체는 그 크기도 그렇게 크지 않은 구조체이므로 메모리 부족 등으로 인한 실패 확률은 거의 없다. 그나마 실패할 확률이 있는 경우는 LockSemaphore 변수를 위한 자동 리셋 이벤트를 생성할 때인데(이마저도 드문 경우다), 앞서 설명했던 것처럼 InitializeCriticalSection 호출 시에 LockSemaphore 필드에 이벤트가 생성되어 할당되는 것이 아니기 때문에 리턴값 처리가 필요치 않았을 것이다. 하지만 만에 하나 이벤트 생성에 실패했을 경우를 대비한다면 InitializeCriticalSectionAndSpinCount를 이용해서 그 상황을 판단할 수 있다. 스핀락 카운터의 최상위 비트를 1로 설정해, 즉 dwSpinCount 매개변수를 0xFFFFFFFF 값으로 전달하여 InitializeCriticalSectionAndSpinCount를 호출하면 시스템은 크리티컬 섹션의 초기화와 동시에 자동 리셋 이벤트를 생성해서 LockSemaphore에 저장한다. 따라서 이벤트 생성에 실패하면 InitializeCriticalSectionAndSpinCount는 FALSE를 리턴하게 되는 것이다. 아주 꼼꼼하게 크리티컬 섹션 초기화가 실패할 경우까지 따지고자 한다거나, 스핀 카운트는 무시하고 단순히 미리 이벤트를 생성해서 크리티컬 섹션을 사용히고자 한다면 다음과 같이 처리하면 된다.

```
if(InitializeCriticalSectionAndSpinCount (&g_CS, -1) == FALSE)
{
   DWORD dwErrCode = GetLastError();
   // 에러 처리...
}
```

만약 InitializeCriticalSection을 호출해 생성된 크리티컬 섹션에 스핀 카운트를 지정하고 싶거나, InitializeCriticalSectionAndSpinCount를 통해 이미 지정된 스핀 카운트를 변경하고자 한다면 다음 함수를 이용해서 변경할 수 있다.

```
DWORD WINAPI SetCriticalSectionSpinCount
(
    _Inout_ LPCRITICAL_SECTION lpCriticalSection,
    _In_    DWORD              dwSpinCount
);
```

일반적으로 스핀 카운트의 값은 짧게 주는 것이 좋은데, 예를 들어 윈도우의 힙 매니저는 하나의 힙을 보호하는 크리티컬 섹션에 대해 대략 4000스핀 카운트를 지정하고 있다.

InitializeCriticalSectionAndSpinCount 함수나 SetCriticalSectionSpinCount 함수를 호출하면 CRITICAL_SECTION 구조체의 SpinCount 변수는 지정된 dwSpinCount 값으로 설정된다.

크리티컬 섹션은 공유 데이터의 보호에 있어서 그 사용이 간편하고 빠른 속도를 자랑하기 때문에 많이 애용되고 있다. 특히 컨테이너 클래스(리스트, 트리, 큐, 스택, 해시 테이블 등)를 구축할 때 스레드에 안전한 코드를 만드는 데 자주 사용된다. 우리가 앞서 논의했던 대기가능 큐의 경우, Enque와 Deque를 구현할 때 동기화를 위해 뮤텍스를 사용했다. 하지만 코드 처리가 CPU의 많은 사이클을 소비하지 않는 경우의 동기화는 크리티컬 섹션을 사용하는 것이 더 올바른 선택이 된다. 특히, 요즘같이 멀티 코어가 일반화된 상황에서 크리티컬 섹션을 사용한다면 스핀 카운트를 지정하는 것이 더욱더 성능을 향상시키는 데 도움이 된다. 따라서 크리티컬 섹션을 초기화할 때 InitializeCriticalSection 대신에 InitializeCriticalSectionAndSpinCount 함수를 사용해 스핀락까지 함께 지정해주는 것을 습관화하는 것이 좋을 것이다.

단일 CPU의 경우엔 InitializeCriticalSectionAndSpinCount를 호출하더라도 스핀 카운트는 무시되기 때문에 손해볼 요소는 전혀 없다. IPC를 통한 임계구역 설정이나 복잡한 처리가 아니라 한 프로세스 내에서 단순한 임계구역 코드의 보호만을 목적으로 한다면 뮤텍스를 사용하지 말고 크리티컬 섹션을 이용하도록 하라. 그것도 가능하다면 스핀락을 지정해서 말이다. 그럼 2.3절에서 세마포어를 이용해 대기가능 큐에 사용되었던 뮤텍스를 크리티컬 섹션으로 바꿔보자. 그 프로젝트 예제는 다음과 같다.

```
typedef void(WINAPI *PFN_WICB)(PVOID pParma);
class WaitableQueue
{
       ⋮
   ITEM_QUE          m_queue;
   HANDLE            m_hSema;
   CRITICAL_SECTION  m_cs;
   HANDLE            m_hThread;

public:
   void Start(int nMaxCnt = INT_MAX)
   {
      InitializeCriticalSectionAndSpinCount(&m_cs, 2000);
          ⋮
   }

   void Stop()
   {
          ⋮
      DeleteCriticalSection(&m_cs);
   }

   void Enque(PFN_WICB pfnCB, PVOID pParam)
   {
          ⋮
      EnterCriticalSection(&m_cs);
      m_queue.push_back(wqi);
      LeaveCriticalSection(&m_cs);
      ReleaseSemaphore(m_hSema, 1, NULL);
   }

   PFN_WICB Deque(PVOID& pParam)
   {
      _WQUE_ITEM wqi;
      EnterCriticalSection(&m_cs);
      ITEM_QUE::iterator it = m_queue.begin();
```

```
        wqi = *it;
        m_queue.pop_front();
        LeaveCriticalSection(&m_cs);
            ;
    }
};
```

4) 뮤텍스와 크리티컬 섹션의 비교

다음 표는 뮤텍스와 크리티컬 섹션을 비교한 것이다.

특성	뮤텍스	크리티컬 섹션
성능	느림	빠름
IPC	가능	불가능
선언	HANDLE hMtx;	CRITICAL_SECTION cs;
생성 또는 초기화	hMtx = CreateMutex(NULL, FALSE, NULL);	InitializeCriticalSection(&cs)
생성시 소유권 지정	hMtx = CreateMutex(NULL, TRUE, NULL);	불가능
삭제	CloaseHandle(hMtx);	DeleteCriticalSection(&cs);
무한대기	WaitForSingleObject(hMtx, INFINITE);	EnterCriticalSection(&cs);
상태 체크	WaitForSingleObject(hMtx, 0);	TryEnterCriticalSection(&cs)
타임아웃	WaitForSingleObject(hMtx, 5000);	불가능
해제	ReleaseMutex(hMtx)	LeaveCriticalSection(&cs)
다른 커널 객체와 동시대기	WaitForMultipleObjects	불가능

뮤텍스와 비교해 크리티컬 섹션에 관해 한 가지만 더 언급하고 마무리하도록 하자. 뮤텍스는 타임 아웃을 지정할 수 있지만 크리티컬 섹션은 불가능하다. 앞서 LeaveCriticalSection 호출 없이 스 레드가 종료되거나 한다면 무한대기 상태에 빠진다고 했다. 하지만 사실은 EnterCriticalSection 의 경우 내부적으로 타임아웃이 설정되어 있어서 무한대기 상태로 빠지지는 않는다. 그 타임아웃 값 은 레지스트리 키 아래의 "CriticalSectionTimeout" 필드에 저장되어 있다. 디폴트로 설정된 값은 2,592,000이며, 단위는 초 단위다. 따라서 대략 30일 정도로 설정되어 있으며, 이 값은 가능하면 변경하지 않는 것이 좋다. 만약 타임아웃에 민감한 상황이라면 뮤텍스를 사용하기 바란다.

```
HKEY_LOCAL_MACHINE\SYSTEM\CurrentControlSet\Control\Session Manager
```

이번에는 뮤텍스와 크리티컬 섹션의 중요한 차이를 확인하기 위해 앞서 예시된 〈프로젝트 3.1.1 CriticSectTest〉를 다음과 같이 수정해보자.

```
DWORD WINAPI ThreadProc(LPVOID pParam)
{
   PCRITICAL_SECTION pCS = (PCRITICAL_SECTION)pParam;


   EnterCriticalSection(pCS);
   {
        ⋮
   }
   // LeaveCriticalSection(pCS);
```

주석 처리를 통해 크리티컬 섹션의 해제를 막아준다.

```

   return 0;
}
```

위 소스처럼 스레드 엔트리 함수에서의 LeaveCriticalSection 호출 부분은 주석 처리를 하기 바란다. 이런 상황이라면 최초 EnterCriticalSection 호출을 통해서 임계구역에 진입한 스레드는 시간을 출력하고 LeaveCriticalSection 없이 종료해 버렸기 때문에, 나머지 스레드들은 계속 대기 상태로 머물 것이다. 뮤텍스의 경우 위의 상황이라면 ReleaseMutex 호출 없이 스레드 함수에서 빠져나가기 때문에, 대기 중인 다른 스레드는 WAIT_ABANDONED 리턴 코드와 함께 대기 상태에서 깨어난다. 하지만 크리티컬 섹션의 경우는 계속 대기 상태에 머무르게 된다. 이제 메인 함수에서 스레드 생성 후의 위치에 다음 코드를 몇 줄 더 추가하도록 하자.

```
void _tmain(void)
{
   cout ≪ "======= Start ReleaseCSTest Test ========" ≪ endl;
   CRITICAL_SECTION cs;
   InitializeCriticalSection(&cs);

   HANDLE arhThreads[10];
```

```
for (int i = 0; i < 10; i++)
{
    DWORD dwTheaID = 0;
    arhThreads[1] = CreateThread(NULL, 0, ThreadProc, &cs, 0, &dwTheaID);
}


for (int i = 0; i < 10; i++)
{
    getchar();
    LeaveCriticalSection(&cs);
}
```

> 위의 부분을 새롭게 추가한다. 이 루틴은 10개의 자식 스레드는 EnterCriticalSection을 통해 대기하고 있고, 메인 스레드에서
> LeaveCriticalSection을 호출해 자식 스레드의 락을 하나씩 풀어주는 역할을 한다.

```
WaitForMultipleObjects(10, arhThreads, TRUE, INFINITE);
DeleteCriticalSection(&cs);
cout << "====== End ReleaseCSTest Test =========" << endl;
}
```

위의 코드에서는 자식 스레드 엔트리 함수에서 주석 처리했던 LeaveCriticalSection 호출을 생성한 자식 스레드 수만큼 루프를 돌면서 콘솔로부터 키를 입력받으면 메인 스레드에서, 즉 크리티컬 섹션을 소유하지 않은 스레드에서 호출하도록 수정한 것이다. 뮤텍스에서는 감히 상상도 하지 못할 일이지만 크리티컬 섹션에서는 어떻게 되는지 다음과 같이 직접 실행해보았다.

```
====== Start ReleaseCSTest Test ========
...SubThread 2140 => 2014/7/22 20:27:23+581
...SubThread 12044 => 2014/7/22 20:27:23+643
        ⋮
...SubThread 4492 => 2014/7/22 20:27:26+899
...SubThread 5184 => 2014/7/22 20:27:27+221
====== End ReleaseCSTest Test =========
```

이는 무엇을 의미하는 것일까? 결과를 살펴보면, 크리티컬 섹션은 마치 자동 리셋 이벤트처럼 행동하고 있다는 것을 알 수 있다. 뮤텍스의 경우는 자신이 소유하지 않는 뮤텍스에 대해 ReleaseMutex를 호출할 경우 ERROR_NOT_OWNER(288) 에러가 발생하지만, 크리티컬 섹

션은 뮤텍스와는 다르게 크리티컬 섹션 해제 시 OwningThread를 체크하지 않으며, 따라서 하나의 스레드에서 걸었던 락을 다른 스레드에서 풀 수 있다는 의미가 된다. 결과가 이를 반증하고 있다.

이번에는 반대로 동일한 소스에서 LeaveCriticalSection을 연달아 두 번 호출하도록 수정한 후 실행해보기 바란다.

```
DWORD WINAPI ThreadProc(LPVOID pParam)
{
   PCRITICAL_SECTION pCS = (PCRITICAL_SECTION)pParam;

   EnterCriticalSection(pCS);
   {
      ⋮
   }
   LeaveCriticalSection(pCS);
   LeaveCriticalSection(pCS);
   LeaveCriticalSection을 한 번 더 호출한다.


   return 0;
}
```

위와 같이 수정해서 실행하면 동기화가 제대로 이루어지지 않는다. 디버깅을 통해서 CRITICAL_SECTION 구조체의 RecursionCount를 확인해보면 이 필드의 값은 LeaveCriticalSection 호출 횟수만큼 감소해서 마이너스 값으로 떨어지기도 한다. 뮤텍스의 경우에는 ReleaseMutex를 위와 같이 중복해서 호출하면 첫 번째 ReleaseMutex의 호출에서 소유권을 해제했기 때문에, 두 번째의 호출은 자신의 소유가 아닌 뮤텍스에 대해 ReleaseMutex를 호출한 결과가 되어 앞에서와 마찬가지로 ERROR_NOT_OWNER(288) 에러가 발생한다. 따라서 뮤텍스의 경우는 자신을 소유한 스레드를 체크하지만 LeaveCriticalSection은 체크를 수행하지 않기 때문에 다른 스레드에서 크리티컬 섹션을 해제할 수도 있으며, 또한 중복된 LeaveCriticalSection 호출에 대해서도 있는 그대로 반응하여 CRITICAL_SECTION 구조체의 정보를 변경시키기 때문에 문제가 발생되는 것이다. 이 점에 주의하기 바란다.

3.1.2 SRW-락(Slim Reader-Writer Lock)

이번에 소개할 동기화 객체는 크리티컬 섹션과 비슷한 성격을 지니면서도 또 다른 상황에 대처할 수 있는, 윈도우 비스타에서부터 추가된 "SRW-락"이다. 먼저, 이 새로운 객체가 나오도록 만든 상황은 〈프로젝트 2.3.1 EvtRWLock〉의 예에서 들었던 상황과 비슷하다. 2.3절에서 읽기 전용 스레드와 쓰기 전용 스레드 사이의 공유 영역 경쟁에 관해서 설명과 함께 그 해결책을 예제로 제시하기도 했었다. 그 상황과 더불어 쓰기 스레드 역시 여러 개 존재할 때의 상황을 다시 정리해보기로 한다.

① 읽기 스레드들 사이에서는 잠금 없이 자유로이 데이터에 접근 가능할 것
② 읽기 스레드들이 데이터에 접근할 때 쓰기 스레드가 데이터 변경 중이면 대기할 것
③ 쓰는 스레드가 데이터를 변경할 때 읽기 스레드들 중 최소 하나라도 읽기 작업 중이면 대기할 것
④ 쓰기 스레드들 사이에서는 스레드 하나가 독점적으로 잠금을 획득하여 다른 스레드들의 읽기 및 쓰기 행위를 모두 막을 것

2.3절에서 이벤트를 이용해서 RW 락을 구현했을 때와 마찬가지로, 이러한 상황이라면 단순히 크리티컬 섹션만으로는 부족하다. 크리티컬 섹션은 읽는 스레드나 쓰는 스레드 구분 없이 무조건 하나의 스레드만이 공유 영역에 접근할 수 있다. 하지만 위의 상황이라면 다른 해결책이 강구되어야 한다. 〈프로젝트 2.3.1 EvtRWLock〉 구현을 통해서 위의 상황에 대한 해결책을 제시했지만, MS는 이런 상황의 해결에 대한 좋은 대안이 될 수 있는 "SRW-락"이라는 유저 모드 동기화 객체를 비스타부터 제공한다.*

1) SRW-락의 사용

SRW-락은 SRWLOCK이라는 구조체로 정의되지만, Ptr이라는 PVOID 타입의 단 하나의 필드로 구성되었으며 내부 구조는 공개되지 않았다. SRW-락을 사용하기 위해서는 크리티컬 섹션처럼 SRWLOCK 구조체를 변수로 선언하고 다음의 함수를 이용해 초기화해주어야 한다.

```
void InitializeSRWLock(_Out_ PSRWLOCK SRWLock);
```

잠금과 해제가 필요할 경우 크리티컬 섹션은 Enter와 Leave 두 개의 함수가 제공되지만, SRW-락의 경우는 Acquire와 Release가 존재하고 용도에 따라 분류된다. 먼저, 읽기 전용 스레드가 잠금

---

* 추후 이 SRW-락을 알게 되었지만 아쉽게도 적용할 수는 없었다. 당시 필자가 필요했던 상황은 프로세스 간 동기화였고, 그 공유 메모리는 진짜 공유 메모리, 즉 메모리 매핑 파일이었기 때문이었다. SRW-락은 크리티컬 섹션과 마찬가지로 프로세스 간 공유가 불가능하다.

을 걸려면 공유 잠금을 위해 다음 두 함수를 쌍으로 사용한다.

```
AcquireSRWLockShared(_Inout_ PSRWLOCK SRWLock); // 잠금
//
// ... 동기화가 요구되는 작업의 코드
//
ReleaseSRWLockShared(_Inout_ PSRWLOCK SRWLock); // 해제
```

쓰기 전용 스레드의 경우는 배타적 잠금을 위해 다음 두 함수로 잠금과 해제를 수행하게 된다.

```
AcquireSRWLockExclusive(_Inout_ PSRWLOCK SRWLock); // 잠금
//
// ... 동기화가 요구되는 작업의 코드
//
ReleaseSRWLockExclusive(_Inout_ PSRWLOCK SRWLock); // 해제
```

이렇게 두 쌍의 함수로 위에서 제기했던 4가지 상황을 해결할 수 있다. 만약 읽기/쓰기 관계 없이 배타적 잠금을 위한 Acquire/ReleaseSRWLockExclusive 함수 쌍을 이용한다면 크리티컬 섹션과 별반 다를 바가 없게 될 것이다.

DeleteCriticalSection으로 초기화된 객체를 해제하는 크리티컬 섹션과는 다르게 SRW-락에는 이 객체를 삭제하는 함수가 별도로 존재하지 않는다. 삭제는 시스템이 내부적으로 알아서 수행해 준다.

또한 크리티컬 섹션에서의 TryEnterCriticalSection에 해당하는 함수 역시 SRW-락에도 존재한다.

```
BOOLEAN TryAcquireSRWLockExclusive (_Inout_ PSRWLOCK SRWLock);
BOOLEAN TryAcquireSRWLockShared    (_Inout_ PSRWLOCK SRWLock);**
```

크리티컬 섹션과 큰 차이가 있다면 크리티컬 섹션은 재귀 잠금이 가능하지만, SRW-락은 이 기능을 지원하지 않는다. 이 부분에 유념하면서 이제 SRW-락의 사용 예를 다음 프로젝트를 통해서 확인하도록 하자.

** 이 두 함수는 윈도우 비스타가 아니라 윈도우 7부터 새롭게 추가되었다.

```
SRWLOCK g_srw;
Int   g_nValue;
LONG g_bIsExit;


DWORD WINAPI ThreadProc(PVOID pParam)
{
    DWORD dwToVal = *((DWORD*)pParam);


    while (g_bIsExit == 0)
    {
        AcquireSRWLockShared(&g_srw);
        cout << "....TH " << dwToVal << " Read : " << g_nValue << endl;
        ReleaseSRWLockShared(&g_srw);
```

읽기 전용으로 SRW-락을 사용한다. 쓰기 스레드는 대기해야 하지만, 읽기 스레드들은 대기하지 않고 읽는 작업을 계속 수행할 수 있다.

```
        Sleep(dwToVal * 1000);
    }


    return 0;
}


void _tmain()
{
    InitializeSRWLock(&g_srw);
```

SRW-락을 초기화한다.

```
    DWORD ardwWaits[] = { 1, 2, 3, 4, 5 };
    HANDLE roThrs[5];
    for (int i = 0; i < 5; i++)
    {
        DWORD dwTheaID = 0;
        roThrs[i] = CreateThread(NULL, 0, ThreadProc, &ardwWaits[i], 0, &dwTheaID);
    }


    char szCmd[512];
```

```
    while (true)
    {
        cin >> szCmd;
        if (strcmpi(szCmd, "quit") == 0)
        {
            InterlockedExchange(&g_bIsExit, TRUE);
            break;
        }


        int val = atoi(szCmd);
        if (val >= 0)
        {
            AcquireSRWLockExclusive(&g_srw);
            g_nValue = val;
            cout << "MAIN TH Change value : " << g_nValue << endl;
            Sleep(2000);
            ReleaseSRWLockExclusive(&g_srw);
```
쓰기 전용으로 SRW-락을 사용한다. 잠긴 상태에서는 읽기 스레드, 쓰기 스레드 모두 대기 상태가 된다.
```
        }
    }
```
크리티컬 섹션과는 달리 SRW-락을 삭제하는 코드는 존재하지 않는다.
```
}
```

위 코드에서 보는 것처럼 사용하기는 그리 어렵지 않다. 읽기 전용 스레드 사이에서는 공유 모드로 락을 걸고, 쓰기 전용 스레드에서는 배타적 모드로 락을 건다는 것만 잘 인지하면 된다. 공유 모드로 락을 획득한 스레드는 배타적 모드로 이 락을 해제하거나, 혹은 그 반대로 사용해서는 안 된다는 점에 주의하도록 하자.

2) 크리티컬 섹션과 SRW-락의 비교

이번 프로젝트에서는 크리티컬 섹션과 SRW-락을 서로 비교해보자. 3.1.1에서 구현했던 크리티컬 섹션 사용 예인 〈프로젝트 3.1.1 CriticSectTest〉 코드를 SRW-락을 사용해서 대체해보자.

```
DWORD WINAPI ThreadProc(LPVOID pParam)
{
    PSRWLOCK pSRW = (PSRWLOCK)pParam;
```

크리티컬 섹션의 경우 ⇒ PCRITICAL_SECTION pCS = (PCRITICAL_SECTION)pParam;

```
    AcquireSRWLockExclusive(pSRW);
```

크리티컬 섹션의 경우 ⇒ EnterCriticalSection(&g_cs);

```
    {
        ⋮
    }
    ReleaseSRWLockExclusive(pSRW);
```

크리티컬 섹션의 경우 ⇒ LeaveCriticalSection(&g_cs);

```
    return 0;
}


void _tmain(void)
{
    cout << "======= Start SRWLock2 Test ========" << endl;

    SRWLOCK srw;
    InitializeSRWLock(&srw);
```

크리티컬 섹션의 경우 ⇒ CRITICAL_SECTION cs; InitializeCriticalSection(&cs);

```
    HANDLE arhThreads[10];
    for (int i = 0; i < 10; i++)
        ⋮
    cout << "======= End SRWLock2 Test ==========" << endl;
}
```

Acquire/ReleaseSRWLockExclusive를 사용해서 크리티컬 섹션을 완벽하게 대체할 수 있다. 물론 DeleteCriticalSection 호출에 해당하는 부분이 없다는 것만 빼면 말이다. 그리고 크리티컬 섹션에서 했던 것처럼, 앞 코드에서 ReleaseSRWLockExclusive 호출 부분을 주석 처리한 후 메인 스레드에서 ReleaseSRWLockExclusive를 호출해보라. 크리티컬 섹션과 마찬가지로, SRW-락 역시 한 스레드에서 걸어버린 락을 다른 스레드에서 해제하는 것을 허용한다. 여기에 대한 확인은 첨부된 소스 〈프로젝트 3.1.2 SRWExclusive2〉에서 확인할 수 있다.

다음 프로젝트에서는 스레드 하나를 생성해 엔트리 함수가 AcquireSRWLockExclusive를 세 번 연속 호출하도록 정의한 후 테스트해보자.

프로젝트 3.1.2 SRWExclusive3

```
DWORD WINAPI ThreadProc(LPVOID pParam)
{
  PSRWLOCK pSRW = (PSRWLOCK)pParam;

  SYSTEMTIME st;
  GetLocalTime(&st);

  AcquireSRWLockExclusive(pSRW);
  cout << "..." << "SubThread " << GetCurrentThreadId() << " => ";
  AcquireSRWLockExclusive(pSRW);
  cout << st.wYear << '/' << st.wMonth << '/' << st.wDay << ' ';
  AcquireSRWLockExclusive(pSRW);
  cout << st.wHour << ':' << st.wMinute << ':' << st.wSecond << '+';
  cout << st.wMilliseconds << endl;

  ReleaseSRWLockExclusive(pSRW);
  ReleaseSRWLockExclusive(pSRW);
  ReleaseSRWLockExclusive(pSRW);

  return 0;
}
```

위 코드를 실행해보면 스레드가 락이 걸려 더 이상 진행되지 않을 것이다. SRW-락은 크리티컬 섹션과는 다르게 중복 대기를 허용하지 않는다. AcquireSRWLockExclusive를 연속해서 두 번 호출하면 해당 스레드는 대기 상태로 빠져버린다. 위 코드는 두 번째 AcquireSRWLockExclusive에서 블록되어 버리기 때문에 다른 스레드에서 락을 풀어주기 전까지는 결코 자신이 호출할

ReleaseSRWLockExclusive 부분에 닿지 못할 것이다. 앞 코드의 블록 상태를 풀어주기 위해서 다음과 같이 메인 스레드 코드를 작성한 후 테스트해보라.

```cpp
void _tmain(void)
{
    cout << "======= Start SRWExclusive3 Test ========" << endl;
    SRWLOCK srw;
    InitializeSRWLock(&srw);

    DWORD dwThrID = 0;
    HANDLE hThread = CreateThread(NULL, 0, ThreadProc, &srw, 0, &dwThrID);

    getchar();
    ReleaseSRWLockExclusive(&srw);
    getchar();
    ReleaseSRWLockExclusive(&srw);

    WaitForSingleObject(hThread, INFINITE);

    cout << "======= End SRWExclusive3 Test ==========" << endl;
}
```

위 코드를 실행하면 메인 스레드에서 AcquireSRWLockExclusive를 호출한 (횟수 - 1)만큼 ReleaseSRWLockExclusive 함수를 호출한 뒤에야 자식 스레드가 블록 상태에서 풀려나는 것을 확인할 수 있을 것이다. 일단 풀려나게 되면 ReleaseSRWLockExclusive의 호출은 몇 번이 반복되어도 상관없다. 따라서 SRW-락 사용 시 중복 대기는 피하기 바란다.

| 뮤텍스, 크리티컬 섹션, SRW-락의 속도 비교 |

이제 뮤텍스, 크리티컬 섹션, SRW-락 이 세 객체의 속도를 비교해보자. 측정을 위해 다음과 같이 인터페이스를 하나 정의하고, 그것을 각각 상속하여 자신만의 고유한 잠금 관련 멤버 함수인 Acquire와 Release를 재정의해서 구현하면 된다.

```
struct IMyLock
{
    virtual PCSTR Name() = 0;      // 락의 이름 획득
    virtual void Acquire() = 0;    // 락 획득
    virtual void Release() = 0;    // 락 해제
};
typedef IMyLock* PIMyLock;
```

위의 인터페이스를 상속하여 SRW-락을 이용해 구현한 락 클래스는 다음과 같다. 동일한 조건을 주기 위해 배타적 잠금(AcquireSRWLockExclusive)만을 사용했다.

SRW-락을 이용한 IMyLock 구현 클래스 MySRW

```
class MySRW : public IMyLock
{
    SRWLOCK m_srw;

public:
    MySRW()
    {
        InitializeSRWLock(&m_srw);
    }
    ~MySRW() { }

public:
    PCSTR Name() { return "SRW"; }
    void Acquire()
    {
        AcquireSRWLockExclusive(&m_srw);
    }
    void Release()
    {
        ReleaseSRWLockExclusive(&m_srw);
    }
};
```

IMyLock 인터페이스를 상속하여 뮤텍스나 크리티컬 섹션을 이용한 클래스 구현은 InitializeSRWLock이나 Acquire/ReleaseSRWLockExclusive 호출 부분을 각각의 객체 전용 함수로 대체하면 될 것이다. 〈프로젝트 3.1.2 SRWPerfTest〉 코드 내에 각각 MyMutex와 MyCS 라는 이름으로 구현되어 있다. 수행 속도를 비교하기 위한 전역 변수는 다음과 같다.

```
LONGLONG    g_llSharedValue = 0;      // 공유 변수
HANDLE      g_hevStart;               // 테스트의 개시를 알리기 위한 수동 리셋 이벤트
HANDLE      g_hevCompleted;           // 테스트의 종료를 알리기 위한 자동 리셋 이벤트
LONG        g_nThreadCnt;             // 테스트의 최종 종료를 판단하기 위한 사용계수
```

테스트를 위한 스레드 엔트리 함수는 루프를 10,000번 돌면서 공유 전역 변수 g_llSharedValue 를 1씩 증가시키도록 구현된다.

```
#define MAX_LOOP_CNT 10000

DWORD WINAPI PerfTestProc(LPVOID pParam)
{
    PIMyLock pLock = (PIMyLock)pParam;
```
매개변수로 넘겨진 락 인터페이스의 구현 인스턴스의 포인터를 획득한다.
```

    WaitForSingleObject(g_hevStart, INFINITE);
```
테스트 시작을 위해 g_hevStart 이벤트가 시그널되기를 기다린다.
```

    for (int i = 0; i < MAX_LOOP_CNT; i++)
    {
        pLock->Acquire();
        g_llSharedValue++;
        pLock->Release();
    }
```
루프를 10,000번 돌면서 임계구역의 코드인 g_llSharedValue++; 를 실행한다.
```

    if (InterlockedDecrement(&g_nThreadCnt) == 0)
        SetEvent(g_hevCompleted);
```

```
    return 0;
}
```

성능 테스트 프로그램의 전체 구조는 주어진 개수만큼 메인 스레드가 스레드를 생성한 후 g_hevStart 이벤트를 통해 동시에 생성된 모든 스레드가 앞서 설명한 엔트리 함수를 실행하도록 하는 것이다. 메인 스레드는 그 후 모든 스레드가 루프 연산을 종료했을 때 시그널될 g_hevCompleted 이벤트를 기다린다. g_hevCompleted가 시그널되면 개시 전, 후의 시간을 계산해서 성능치를 구하고, 시간 계산에는 QueryPerformanceCounter 함수를 사용한다. 메인 함수의 정의는 첨부된 프로젝트를 직접 참조하기 바란다. 〈프로젝트 3.1.2 SRWPerfTest〉를 실행시켜 최종 결과를 추출한 결과는 다음과 같다. 스레드가 증가함에 따른 속도를 밀리초 단위로 나타낸 것이다. 테스트는 Intel Core i7-3517U(듀얼 코어+하이퍼 스레딩 ON) 프로세서에 메모리 10GB, 그리고 Windows 8.1K 상에서 수행되었다.

M : 뮤텍스, C : 크리티컬 섹션, S : SRW-락, 단위 : 밀리초

T	2	4	8	16	32	64	128	256	512	1024
M	56.586	110.446	253.585	528.983	956.449	1,820.968	4,104.296	7,986.650	17,556.741	39,515.043
C	1.936	8.109	17.747	35.327	76.830	150.219	311.389	624.413	1,249.906	2,500.727
S	2.125	4.535	9.759	18.968	39.130	79.386	158.515	317.495	632.579	1,267.737

위 테이블에 대한 차트는 다음과 같다. 왼쪽 그림은 세 개의 테스트 결과 모두를 나타낸 것이며, 크리티컬 섹션과 SRW-락 그래프가 겹치기 때문에 뮤텍스를 제외한, 크리티컬 섹션과 SRW-락의 테스트 결과만을 오른쪽에 별도로 실었다.

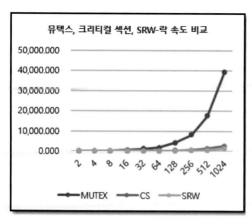

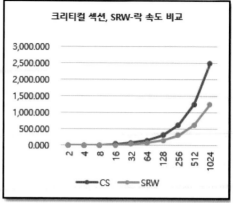

위 그림에서 보는 것처럼 뮤텍스는 압도적으로 속도가 처진다는 것, 반대로 보면 크리티컬 섹션과 SRW-락은 생각 이상으로 뮤텍스보다 훨씬 빠르다는 것을 알 수 있다. 이는 스레드의 수가 많아질수록 커널 모드 전환과 스레드 간 문맥 전환이 미치는 영향이 크다는 것을 입증하기도 한다. 크리티컬 섹션과 SRW-락 둘의 속도 차이도 눈여겨볼 만하다. 스레드의 수가 많아질수록 SRW-락의 속도가 크리티컬 섹션보다 거의 두 배 가까이 빨라진다는 것을 확인할 수 있다. SRW-락은 예상 외로 상당히 속도가 빠른데, 이는 아마도 중복 대기 처리를 없애고 스핀 방식을 더 효율적으로 가져간 결과가 아닌가 하는 예상을 하게 한다. 뒤에서도 한 번 더 비교하겠지만, SRW-락은 웬만한 스핀락 못지않은 속도를 낸다. 데이터 보호라는 관점에서의 속도 테스트를 위해 단순히 전역 변수를 1씩 증가시키는 아주 간단한 임계구역 코드를 정의했기 때문에, 이 테스트 결과가 절대적인 것은 아니다. 실제로 임계구역 내에서는 코드의 복잡도와 실행 시간에 영향을 받는다. 따라서 어떤 객체를 사용할 것인가에 따라 이런 점을 고려해야 하지만, 단순한 공유 데이터나 임계구역의 보호를 위해서라면 뮤텍스의 사용을 피하고 크리티컬 섹션이나 SRW-락을 사용하는 것이 사용의 편리함뿐만 아니라 성능 측면에서도 절대적으로 권장되는 사항이다.

3.1.3 조건 변수(Condition Variables)

이번에는 비스타에서 새롭게 추가된, 크리티컬 섹션과 SRW-락을 대상으로 하여 동기화의 확장을 보여주는 조건 변수 동기화에 대해 검토해보기로 한다. 조건 변수(Condition Variable)는 특별한 조건이 만족되었을 때 스레드가 동작 가능하도록 해주는 유저 영역의 동기화 객체다. 그렇다면 그 조건이 어떤 상황을 요구하는지 먼저 확인해보자.

1) 조건 변수의 이해

크리티컬 섹션이나 SRW-락을 이용해서 리소스를 공유한다고 하자. 그 리소스는 큐(Queue)다. 생산자-소비자 모델(Producer-Consumer Model)을 가정하면 생산자가 데이터를 큐에 추가하기 위해 락을 걸고 임계구역으로 들어갔을 때, 큐가 꽉 차서 더 이상 큐에 데이터를 추가할 수 없는 상황이라 큐에 여유 공간이 생길 때까지 기다려야 하는 구조라고 하자. 버퍼를 비우는 경우는 소비자가 큐로부터 데이터를 데큐(Dequeue)해야만 하는 순간이다. 즉 소비자가 데이터를 읽어 버퍼를 비울 때까지 대기해야 한다. 반대로 소비자의 경우, 데이터를 읽기 위해 큐로 접근했으나 큐가 비어있는 상황이면 역시 생산자가 데이터를 추가할 때까지 기다려야 할 것이다. 이런 상황이라면, 그리고 크리티컬 섹션이나 SRW-락을 통해서 생산자와 소비자 스레드 사이에서 동기화를 구현해야 하는 상황이라면 어떻게 이 상황을 처리할까? 아마도 다음과 같은 형식으로 구현할 수 있을 것이다. 먼저 구현을 위한 항목과 제반 변수들은 다음과 같다.

프로젝트 3.1.3 CondVarCSImp

```
typedef std::list<LONG> VAR_QUEUE;
struct WORK_ENV
{
   VAR_QUEUE          _queue;
   CRITICAL_SECTION   _csQue;

   HANDLE             _hevNE; // Not Empty
```
큐가 비었을 때 새로운 항목이 추가될 때까지 대기하기 위한 이벤트
```
   HANDLE             _hevNF; // Not Full
```
큐가 꽉 찼을 때 기존 항목이 제거될 때까지 대기하기 위한 이벤트
```

   WORK_ENV()
   {
      _hevNE = _hevNF = NULL;
   }
   ~WORK_ENV()
   {
      if (_hevNE != NULL) CloseHandle(_hevNE);
      if (_hevNF != NULL) CloseHandle(_hevNF);
   }
```

```
};
typedef WORK_ENV* PWORK_ENV;

#define CONSUMER_CNT 3      // 소비자 스레드 수
#define QUEUE_SIZE    10    // 큐 항목 최대 개수
#define DELAY_PRODUCE 500
#define DELAY_CONSUME 2000
LONG g_lLastItem;
bool g_bIsExit;
```

다음은 생산자 스레드에 대한 정의다. 생산자는 큐에 새로운 항목을 추가할 때, 만약 큐가 꽉 차게 되면 큐에 공간이 생길 때까지 기다렸다가 큐가 비게 되면, 즉 조건을 만족하면 자신의 작업을 재개한다.

```
DWORD WINAPI ProducerProc(PVOID pParam)
{
    PWORK_ENV pwe = (PWORK_ENV)pParam;
    DWORD dwThrId = GetCurrentThreadId();

    while (true)
    {
        Sleep(rand() % DELAY_PRODUCE);


        EnterCriticalSection(&pwe->_csQue);
```
임계구역에 진입한다.
```
        {
            while (pwe->_queue.size() == QUEUE_SIZE && !g_bIsExit)
```
큐가 차서 더 이상 항목을 추가할 수 없는 상황이다. 종료 처리까지 고려한다.
```
            {
                LeaveCriticalSection(&pwe->_csQue);
```
소비자 스레드가 큐로부터 항목을 추출하기 위해 임계구역에 들어올 수 있도록 우선 크리티컬 섹션을 풀어준다.
```
                WaitForSingleObject(&pwe->_hevNF, INFINITE);
```

```
        EnterCriticalSection(&pwe->_csQue);
```

```
      }
      if (g_bIsExit)
      {
         LeaveCriticalSection(&pwe->_csQue);
         break;
      }

      LONG lNewVal = g_lLastItem++;
      pwe->_queue.push_back(lNewVal);
      printf(" <= Producer %d ENQUE: item %2d, queued size %d\n",
            dwThrId, lNewVal, pwe->_queue.size());
```

```
   }
   LeaveCriticalSection(&pwe->_csQue);
```

```
   SetEvent(pwe->_hevNE);
```

```
  }

  printf("=== Producer Thread %d terminated....\n", dwThrId);
  return 0;
}
```

이번에는 소비자 스레드에 대한 정의다. 소비자는 큐로부터 항목을 추출하기 위해서 큐로부터 항목을 하나 제거하는데, 만약 큐가 완전히 빈 상태라면 큐에 새로운 항목이 추가될 때까지 기다렸다가 새로운 항목이 추가되면, 즉 조건을 만족하면 자신의 작업을 재개한다.

```
DWORD WINAPI ConsumerProc(PVOID pParam)
{
```

```
    PWORK_ENV pwe = (PWORK_ENV)pParam;
    DWORD dwThrId = GetCurrentThreadId();


    while (true)
    {
        EnterCriticalSection(&pwe->_csQue);
```

임계구역에 진입한다.

```
        {
            while (pwe->_queue.size() == 0 && !g_bIsExit)
```

큐가 비었기 때문에 획득할 항목이 존재하지 않는 상황이다. 종료 처리까지 고려한다.

```
            {
                LeaveCriticalSection(&pwe->_csQue);
```

공급자 스레드가 새로운 항목을 추가하기 위해 임계구역에 들어올 수 있도록 우선 크리티컬 섹션을 풀어준다.

```
                WaitForSingleObject(&pwe->_hevNE, INFINITE);
```

NotEmpty 이벤트가 시그널될 때까지 대기한다. NotEmpty 이벤트는 큐에 새로운 항목이 추가되었을 때 공급자 스레드가 시그널해준다.

```
                EnterCriticalSection(&pwe->_csQue);
```

큐에 항목이 추가되어 항목을 획득할 수 있는 상황이 되었으므로, 다시 임계구역으로 진입한다.

```
            }
            if (g_bIsExit && pwe->_queue.size() == 0)
            {
                LeaveCriticalSection(&pwe->_csQue);
                break;
            }

            VAR_QUEUE::iterator it = pwe->_queue.begin();
            LONG lPopItem = *it;
            pwe->_queue.pop_front();
            printf("    => Consumer %d DEQUE: item %2d, queued size %d\n",
                dwThrId, lPopItem, pwe->_queue.size());
```

큐에서 항목을 하나 추출하고 그 정보를 출력한다.

```
        }
        LeaveCriticalSection(&pwe->_csQue);
```

임계구역에서 나온다.

```
    SetEvent(&pwe->_hevNF);
```

큐로부터 항목을 하나 추출해 큐의 항목 수가 줄었으므로 이 상황을 공급자 스레드에게 통지한다.

```
    Sleep(rand() % DELAY_CONSUME);
  }

  printf("=== Consumer Thread %d terminated....\n", dwThrId);
  return 0;
}
```

다음은 위 소스에서 소비자 스레드나 생산자 스레드나 조건에 관련된 핵심 처리 코드다. 먼저 생산자의 조건 처리 코드를 다시 보도록 하자. 생산자의 조건은 큐가 꽉 차지 않아야 한다는 점이다.

```
while (pwe->_queue.size() == QUEUE_SIZE)          ⇐ 조건: 큐가 꽉 찼으므로 큐를 비울 것
{
   LeaveCriticalSection(&pwe->_csQue);            ⇐ 임계구역 임시 탈출
   WaitForSingleObject(&pwe->_hevNF, INFINITE);   ⇐ 조건 충족 시까지 대기
   EnterCriticalSection(&pwe->_csQue);            ⇐ 임계구역 재진입
}
```

생산자의 경우 큐가 찼을 경우, 더 이상 항목은 추가할 수 없고 조건은 큐에 새로운 항목을 추가할 여유가 생길 때까지 소비자 스레드가 큐를 비우도록 자신이 소유한 크리티컬 섹션을 잠시 풀어준 다음, 항목이 제거되어 버퍼에 여유가 생겼다는 통지를 받으면 다시 크리티컬 섹션을 소유하여 임계구역으로 들어가는 처리다. Leave → Wait → Enter의 세 과정을 조건 변수 객체를 이용해 처리하면 다음과 같이 하나의 함수로 대체가 가능하다.

```
while (pwe->_queue.size() == QUEUE_SIZE)
   SleepConditionVariableCS (&pwe->_cvNF, &pwe_csQue, INFINITE);
```

마찬가지로 소비자의 경우의 조건 처리는 다음과 같다. 소비자의 조건은 큐가 비어 있지 않아야 한다는 점이다.

```
while (pwe->_queue.size() == 0)  ⇐ 조건: 큐가 비어 있음으로 큐에 항목이 추가될 것
{
    LeaveCriticalSection(&pwe->_csQue);           ⇐ 임계구역 임시 탈출
    WaitForSingleObject(&pwe->_hevNE, INFINITE);   ⇐ 조건 충족 시까지 내기
    EnterCriticalSection(&pwe->_csQue);            ⇐ 임계구역 재진입
}
```

큐가 완전히 비어 추출할 항목이 없을 경우, 소비자 스레드는 생산자 스레드가 새로운 항목을 큐에 추가할 수 있도록 자신이 소유한 크리티컬 섹션을 잠시 풀어준 다음 새로운 항목이 추가될 때까지 대기했다가, 항목이 추가되면 다시 크리티컬 섹션을 소유하여 임계구역으로 들어가 자신의 작업을 수행하는 처리다. 이것 역시 조건 변수 객체를 이용해 표현하면 다음과 같다.

```
while (pwe->_queue.size() == 0)
    SleepConditionVariableCS (&pwe->_cvNE, &pwe_csQue, INFINITE);
```

이때 생산자나 소비자에서 각각 NotFull, NotEmpty 이벤트의 역할을 대신하는 것이 _cvNF 와 _cvNE 변수며, 이 변수가 조건 변수(Condition Variable)의 동기화 객체가 되고 구조체 CONDITION_VARIABLE로 정의된다.

2) 조건 변수의 사용

조건 변수를 의미하는 CONDITION_VARIABLE 구조체는 문서화되지 않은 구조체로서 다음 함수를 통해서 초기화한다.

```
VOID WINAPI InitializeConditionVariable(_Out_ PCONDITION_VARIABLE pcv);
```

조건 변수의 초기화는 위의 함수로 수행하지만, 삭제의 경우는 SRW-락처럼 별도의 삭제 처리가 필요 없다.

그리고 앞서 예시했던 함수, 즉 특정 조건을 만족할 때까지 임계구역을 빠져나가서 대기하고 있다가, 그 조건을 만족하면 다시 임계구역으로 들어와서 코드 실행을 계속 이어가게 해주는 SleepConditionVariableCS 함수에 대한 선언은 다음과 같다.

```
BOOL WINAPI SleepConditionVariableCS
(
    _Inout_ PCONDITION_VARIABLE   ConditionVariable,
    _Inout_ PCRITICAL_SECTION     CriticalSection,
    _In_    DWORD                 dwMilliseconds
);
```

첫 번째 매개변수로 초기화된 조건 변수의 포인터를, 두 번째 매개변수로 크리티컬 섹션의 포인터를 받아들인다. 마지막 매개변수는 타임아웃을 넘겨줄 수 있다. 리턴값이 FALSE면 타임아웃을 의미한다.

조건 변수는 크리티컬 섹션뿐만 아니라 SRW-락에 대해서도 사용 가능하다. 조건이 만족될 때까지 SRW-락 내의 처리를 지연시키는 함수는 SleepConditionVariableSRW 함수다.

```
BOOL WINAPI SleepConditionVariableSRW
(
    _Inout_ PCONDITION_VARIABLE   ConditionVariable,
    _Inout_ PSRWLOCK              SRWLock,
    _In_    DWORD                 dwMilliseconds,
    _In_    ULONG                 Flags
);
```

두 번째 매개변수로 SRW-락 구조체에 대한 포인터를 넘겨준다. 마지막 매개변수는 SRW-락이 공유 잠금 모드와 배타적 잠금 모드를 가지므로 그것을 구분하기 위해 사용된다. Flags를 0으로 지정하면 배타적 잠금 모드로 조건을 기다리고, CONDITION_VARIABLE_LOCKMODE_SHARED를 넘겨주면 공유 잠금 모드로 작동한다.

조건 변수를 설명하기 위해 예시했던 소스에서, 큐가 비어 있을 때 항목을 추가한 후 추가했음을 통지하거나 큐가 꽉 찼을 때 큐로부터 데이터를 하나 추출했음을 통지하는 처리는 다음과 같다.

```
SetEvent(&pwe->_hevNF); 또는 SetEvent(&pwe->_hevNE);
```

이렇게 조건이 만족되기를 기다리며 SleepConditionVariableXXX를 호출한 후 임계구역 내부에서 대기하는 스레드를 깨우기 위한, 위 코드의 SetEvent에 해당하는 함수는 다음과 같다.

```
VOID WINAPI WakeConditionVariable(_Inout_ PCONDITION_VARIABLE pcv);
VOID WINAPI WakeAllConditionVariable(_Inout_ PCONDITION_VARIABLE pcv);
```

WakeConditionVariable 함수는 SleepConditionVariableXXX 함수를 호출하고 대기 중인 스레드 중 임의로 하나의 스레드만을 깨우는 반면, WakeAllConditionVariable 함수는 대기 중인 모든 스레드를 깨운다.

다음 프로젝트에서는 앞서 든 〈프로젝트 3.1.3 CondVarCSImp〉의 예를 조건 변수를 사용해 수정해보자. 이벤트 관련 부분을 조건 변수로 대체했기 때문에 변경된 부분만 예시한다. 먼저 구조체 WORK_ENV의 변경사항을 보면 다음과 같다.

프로젝트 3.1.3 CondVarCSTest

```
typedef std::list<ULONG> VAR_QUEUE;
struct WORK_ENV
{
   VAR_QUEUE          _queue;
   CRITICAL_SECTION   _csQue;

   CONDITION_VARIABLE _cvNE;  // Not Empty
   CONDITION_VARIABLE _cvNF;  // Not Full
};
typedef WORK_ENV* PWORK_ENV;
```

기존의 이벤트는 제거하고 조건 변수로 대체했다. 다음은 생산자와 소비자 스레드를 구현한 코드의 일부다.

생산자 스레드 엔트리 함수 정의:

```
DWORD WINAPI ProducerProc(PVOID pParam)
{
   PWORK_ENV pwe = (PWORK_ENV)pParam;
   DWORD dwThrId = GetCurrentThreadId();

   while (true)
   {
```

```
      Sleep(rand() % DELAY_PRODUCE);
      EnterCriticalSection(&pwe->_csQue);
      {
        LONG lNewVal = g_lLastItem++;
        while (pwe->_queue.size() == QUEUE_SIZE && !g_bIsExit)
        {
          SleepConditionVariableCS(&pwe->_cvNF, &pwe->_csQue, INFINITE);
        }
          ⋮
      }
      LeaveCriticalSection(&pwe->_csQue);
      WakeConditionVariable(&pwe->_cvNE);
   }
   ⋮
}
```

```
DWORD WINAPI ConsumerProc(PVOID pParam)
{
   PWORK_ENV pwe = (PWORK_ENV)pParam;
   DWORD dwThrId = GetCurrentThreadId();

   while (true)
   {
      EnterCriticalSection(&pwe->_csQue);
      {
         while (pwe->_queue.size() == 0 && !g_bIsExit)
         {
            SleepConditionVariableCS(&pwe->_cvNE, &pwe->_csQue, INFINITE);
         }
           ⋮
      }
      LeaveCriticalSection(&pwe->_csQue);
      WakeConditionVariable(&pwe->_cvNF);

      Sleep(rand() % DELAY_CONSUME);
   }
```

```
        ⋮
    }
```

메인 함수에서는 이벤트 생성 부분을 조건 변수의 초기화 부분으로 대체하면 된다. 앞의 예에서 메인 함수 부분을 싣지 않았기 때문에 다음과 같이 메인 함수 전체를 예시한다.

```
void _tmain(void)
{
    WORK_ENV we;
    InitializeConditionVariable(&we._cvNE);
    InitializeConditionVariable(&we._cvNF);
```
조건 변수 NotEmpty와 NotFull을 초기화한다.

```
    InitializeCriticalSection(&we._csQue);

    DWORD dwThrId;
    HANDLE hThrProd = CreateThread(NULL, 0, ProducerProc, &we, 0, &dwThrId);
    HANDLE harThrCsmrs[CONSUMER_CNT];
    for (int i = 0; i < CONSUMER_CNT; i++)
    {
        harThrCsmrs[i] = CreateThread(NULL, 0, ConsumerProc, &we, 0, &dwThrId);
    }
```
생산자 스레드는 하나, 소비자 스레드는 세 개 생성한다.

```
    puts("=== Press enter to stop...");
    getchar();
```
임의의 키가 입력되면 프로그램 종료 처리를 수행한다.

```
    EnterCriticalSection(&we._csQue);
    g_bIsExit = true;
    LeaveCriticalSection(&we._csQue);

    WakeAllConditionVariable(&we._cvNF);
    WakeAllConditionVariable(&we._cvNE);
```

```
WaitForSingleObject(hThrProd, INFINITE);
WaitForMultipleObjects(CONSUMER_CNT, harThrCsmrs, TRUE, INFINITE);

DeleteCriticalSection(&we._csQue);
```

```
}
```

3) 조건 변수 사용의 추가적 검토

지금까지 크리티컬 섹션에 대해 조건 변수를 사용하는 예를 보았으므로, 이번에는 SRW-락에 대해 조건 변수를 사용하는 예를 검토해보자. 다음 프로젝트는 크리티컬 섹션에 적용한 예 〈프로젝트 3.1.3 CondVarCSTest〉를 그대로 SRW-락으로 대체한 것이다. 크리티컬 섹션과 조건 변수 사용 부분만 그대로 SRW-락으로 대체했기 때문에 변경 부분만 실었으며, 별도의 설명도 추가하지 않는다.

프로젝트 3.1.3 CondVarSRWBad

```
typedef std::list<ULONG> VAR_QUEUE;
struct WORK_ENV
{
   VAR_QUEUE          _queue;
   SRWLOCK            _srwQue;
   CONDITION_VARIABLE _cvNE;  // Not Empty
   CONDITION_VARIABLE _cvNF;  // Not Full

};
typedef WORK_ENV* PWORK_ENV;
      ⋮
```

생산자 스레드 엔트리 함수 정의 :

```
DWORD WINAPI ProducerProc(PVOID pParam)
{
```

```
    PWORK_ENV pwe = (PWORK_ENV)pParam;
    DWORD dwThrId = GetCurrentThreadId();

    while (true)
    {
        Sleep(rand() % DELAY_PRODUCE);
        AcquireSRWLockExclusive(&pwe->_srwQue);
        {
            LONG lNewVal = g_lLastItem++;
            while (pwe->_queue.size() == QUEUE_SIZE && !g_bIsExit)
            {
                SleepConditionVariableSRW(&pwe->_cvNF, &pwe->_srwQue, INFINITE, 0);
            }
                ⋮
        }
        ReleaseSRWLockExclusive(&pwe->_srwQue);
        WakeConditionVariable(&pwe->_cvNE);
    }
    printf("=== Producer Thread %d terminated....\n", dwThrId);
    return 0;
}
```

소비자 스레드 엔트리 함수 정의:

```
DWORD WINAPI ConsumerProc(PVOID pParam)
{
    PWORK_ENV pwe = (PWORK_ENV)pParam;
    DWORD dwThrId = GetCurrentThreadId();

    while (true)
    {
        AcquireSRWLockShared(&pwe->_srwQue);
        {
            while (pwe->_queue.size() == 0 && !g_bIsExit)
            {
                SleepConditionVariableSRW(&pwe->_cvNE, &pwe->_srwQue,
                    INFINITE, CONDITION_VARIABLE_LOCKMODE_SHARED);
            }
```

```
        ⋮
    }
    ReleaseSRWLockShared(&pwe->_srwQue);
    WakeConditionVariable(&pwe->_cvNF);

    Sleep(rand() % DELAY_CONSUME);
  }
  printf("=== Consumer Thread %d terminated....\n", dwThrId);
  return 0;
}
```

위 코드를 실행하면 몇 번 실행되다가 다음과 같은 에러가 발생하면서 프로그램은 다운되어 버린다.

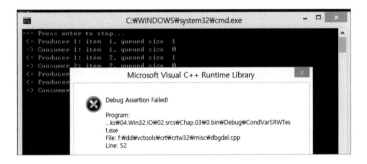

이것은 큐 관리를 위한 STL 리스트의 엔트리를 제거하는 중에 발생하는 예외상황이다. 리스트의 엔트리 제거는 소비자 스레드 엔트리 함수인 ConsumerProc에서 소비자가 큐로부터 항목을 데큐할 때 발생한다. CondVarCSTest 소스의 경우 크리티컬 섹션과 조건 변수를 사용하기 때문에 소비자 스레드들 사이에서도 큐에 대한 배타적 접근이 보장된다. 따라서 큐의 항목을 제거할 때는 문제가 발생되지 않는다. 하지만 SRW-락은 읽기-읽기 작업에 대해서는 여러 스레드의 동시 실행을 보장해주기 때문에 동시에 여러 개의 소비자 스레드가 큐로부터 항목을 데큐할 수 있다. 그러나 문제는 이 시점에서 발생한다. 만약 ConsumerProc 함수 내에서 Acquire/ReleaseSRWLockShared 호출을 Acquire/ReleaseSRWLockExclusive로 변경하면 문제는 발생되지 않지만, 이렇게 하면 크리티컬 섹션을 사용하는 것과 별반 차이가 없어진다.

그렇다면 전제를 조금 바꿔 실제적으로 SRW-락에서 조건 변수를 사용하는 시나리오를 생각해보자. CondVarCSTest 코드의 경우, 소비자 스레드들은 큐에 등록된 항목을 순차적으로 데큐한다. 다시 말해, 소비자 스레드들이 획득하는 항목의 데이터는 모두 다른 데이터다. 하지만 SRW-락을 사용하는 목적에 맞게 큐에 항목이 하나 추가되면 모든 소비자 스레드가 그 항목을 모두 읽은 후에 큐로부터 제거되도록 한다는 전제를 추가할 수 있다. 즉 개개의 소비자 스레드가 큐로부터 항목을 읽을 때마다 매번 큐로부터 그 항목을 제거하는 것이 아니라, 동일한 항목을 읽은 마지막 소비자 스레드가 큐로부터 그 항목을 제거하는 것이다. 따라서 항목이 추가될 때마다 그 항목은 모든 소비자 스레드가 읽은 후에 제거되어야 한다. 이를 위해 SRW-락과 조건 변수 사용 시에 추가적으로 2장에서 보았던 사용계수와 상호잠금 함수를 함께 고려하면 문제를 해결할 수 있다.

다음 프로젝트는 제대로 작동하지 않는 〈프로젝트 3.1.3 CondVarSRWBad〉에서 사용계수 처리 코드를 일부 추가해 구현한 것이다. CondVarSRWBad 코드에서 변경된 부분은 WORK_ENV 구조체 정의와 ConsumerProc 소비자 스레드 엔트리 함수밖에 없다. 우선, WORK_ENV 구조체에 사용계수를 위한 _readCnt 필드를 하나 추가했다.

프로젝트 3.1.3 CondVarSRWTest

```
typedef std::list<ULONG> VAR_QUEUE;
struct WORK_ENV
{
   VAR_QUEUE          _queue;
   SRWLOCK            _srwQue;

   LONG               _readCnt;  // 사용계수

   CONDITION_VARIABLE _cvNE;  // Not Empty
   CONDITION_VARIABLE _cvNF;  // Not Full

};
typedef WORK_ENV* PWORK_ENV;
```

다음으로 소비자 스레드 엔트리 함수의 변경 내용을 살펴보자. 상호잠금 함수를 이용해 사용계수를 증가시킨 결과가 소비자 스레드의 수와 동일할 때 큐의 항목을 제거하도록 수정했다.

```
DWORD WINAPI ConsumerProc(PVOID pParam)
{
   PWORK_ENV pwe = (PWORK_ENV)pParam;
   DWORD dwThrId = GetCurrentThreadId();
```

```
    while (true)
    {
        AcquireSRWLockShared(&pwe->_srwQue);
        {
                  ⋮
            VAR_QUEUE::iterator it = pwe->_queue.begin();
            LONG lPopItem = *it;
            pwe->_queue.pop_front();
```

> 큐로부터 항목을 제거하는 코드를 삭제한다

```
            printf("      => Consumer %d DEQUE: item %2d, queued size %d\n",
                dwThrId, lPopItem, pwe->_queue.size());
        }
        ReleaseSRWLockShared(&pwe->_srwQue);

        if (InterlockedIncrement(&pwe->_readCnt) == CONSUMER_CNT)
        {
            pwe->_readCnt = 0;
```

> ```
>             pwe->_queue.pop_front();
> ```

```
            WakeConditionVariable(&pwe->_cvNF);
```

> InterlockedIncrement 함수를 통해 사용계수를 증가시킨 결과가 소비자 스레드의 수와 같을 경우에는 현재 이 함수를 실행 중인 소비자 스레드가 큐의 항목을 읽은 마지막 스레드임을 의미한다. 따라서 이 경우에만 큐로부터 그 항목을 제거하고 사용계수를 0으로 리셋한 후, 최종적으로 _cvNF 조건 변수를 시그널링하여 대기 중인 공급자 스레드를 깨운다.

```
        }
        Sleep(rand() % DELAY_CONSUME);
    }

    printf("=== Consumer Thread %d terminated....\n", dwThrId);
    return 0;
}
```

이 시나리오는 또 다른 방식으로도 구현이 가능하다. 3.3절에서 소개될 동기화 장벽 (Synchronization Barrier)을 통해서 사용계수를 참조하는 방식이 아니라, 실제로 지정된 스레드의 수를 만족할 때까지 스레드를 멈출 수 있는 수단이 제공된다. 3.3절에서 이 시나리오에 대한 또 다른 구현을 확인하기 바란다.

3.2 상호잠금(Interlocked) API

1장에서 동기화의 필요성을 언급하면서 원자성에 대해 설명할 때 "g_nValue++"라는 단 한 줄로 구성된 연산이 원자성을 확보하지 못한다는 내용이 있었다. 동기화란 공유 영역에 대한 보호를 말하는 것이며, 그 공유 영역의 대상은 다양하다. 비록 그 대상이 예를 든 것처럼 g_nValue와 같은 단순한 정수 타입의 전역 변수일지라도 동기화는 필요하다. 하지만 "g_nValue++"와 같은 단순한 변수의 연산에 대해 뮤텍스나 크리티컬 섹션을 사용한다면 이는 상당히 번거로운 작업이 될 것이다. 이런 경우를 위해 제공되는 함수들이 상호잠금 함수 군이며, 프리미티브(Primitive) 타입의 보호나 포인터형 타입의 연산에 대해 원자성과 메모리의 재배치 문제를 미연에 방지하기 위해 아주 간단하게 사용할 수 있는 함수들이기도 하다. 상호잠금 API는 이 함수들의 단순 호출만으로도 간단한 변수들에 대한 동기화의 문제를 해결해주는 동시에, 속도 또한 매우 빠르다. 컴파일러 내장 함수로서 다양한 CPU의 메모리 장벽 명령을 직접 사용하고 대부분 스핀락 방식으로 동기화를 구현하기 때문에, 커널 모드로의 문맥 전환도 없고 따라서 스레드를 잠재울 일도 없다. 우리는 2장과 3장에서 사용계수 관리를 위해 InterlockedIncrement와 InterlockedDecrement라는 상호잠금 함수를 이미 사용한 바가 있다. 그러나 간단한 변수에 대한 동기화에 있어서 상당히 유용한 함수임에도 사실 자주 사용되지는 않는다. 왜냐하면 제공되는 함수들이 상당히 많기도 하고 사용에 혼동을 주는 요소가 많기 때문이다. 따라서 이를 위해 사용될 법한 함수들만을 추려서 카테고리화하여 간단한 설명과 더불어 그 사용 예를 직접 보여주고자 한다. 사용 예는 〈프로젝트 3.2.1 InterlockedTest〉에 실려 있다.

3.2.1 상호잠금 함수의 사용 예

소개할 함수들은 매개변수들이나 리턴값의 의미가 서로 비슷하기 때문에 따로 상세히 설명하지 않겠다. 대신 다음과 같은 전제를 갖고 실제적인 사용 예를 중심으로 설명하도록 한다. 다만 원자성을 보장해줘야 하는 변수의 포인터를 전달하는 첫 번째 매개변수의 타입이 모두 volatile로 선언되었다는 점을 눈여겨보기 바란다.

- 함수명은 InterlockedXXXX의 형태로 이루어져 있으며, XXXX를 다양한 형태의 연산 형태로 제공한다.
- 기본적으로 InterlockedXXXX 연산의 대상은 32비트 LONG 타입이며, 종류에 따라 16비트-short 타입, 64비트-LONGLONG 타입, 어떤 경우는 8비트-char 타입을 지원하는 경우도 있다. 각 타입별로 InterlockedXXXX16, InterlockedXXXX64, InterlockedXXXX8 형태의 이름으로 제공된다.

- InterlockedXXX / YYY (16/64)로 표기된 경우는 다음 함수들이 존재함을 의미하는 동시에 32비트의 경우만 예로 들기로 한다.

  - LONG InterlockedXXX(LONG volatile* ...);

    LONG InterlockedYYY(LONG volatile* ...);   ⇐ 32비트용

  - short InterlockedXXX16(short volatile* ...);

    short InterlockedYYY16(short volatile* ...);   ⇐ 16비트용

  - LONGLONG InterlockedXXX64(LONGLONG volatile* ...);

    LONGLONG InterlockedYYY64(LONGLONG volatile* ...);   ⇐ 64비트용

상호잠금 함수의 사용 예를 직접 그 코드와 실행 결과를 눈으로 확인하면 이해가 더 쉽다. 아래에 기술된 내용들은 〈프로젝트 3.2.1 InterlockedTest〉에 포함된, 상호잠금 함수들의 사용 예를 차례대로 나열한 것이다.

| InterlockedExchangeAdd (64) |

```
LONG InterlockedExchangeAdd (LPLONG volatile* target, LONG value);
```

```
target += 5;  ⇒ InterlockedExchangeAdd(&target, 5);
target -= 25; ⇒ InterlockedExchangeAdd(&target, -25);
```

target에 value를 더한다. 빼고자 한다면 value를 음수로 설정하여 호출하면 된다. 리턴값은 target에 value가 더해지기 전의 값이다.

```
target = orgVal = 12;
retVal = InterlockedExchangeAdd(&target, 5);
printf("InterlockedExchangeAdd with 5 => "
   "orgVal=%d, retVal=%d, target=%d\n", orgVal, retVal, target);
```
InterlockedExchangeAdd with 5 => orgVal=12, retVal=12, target=17

```
target = orgVal = 12;
retVal = InterlockedExchangeAdd(&target, -25);
printf("InterlockedExchangeAdd with -25=> \n\t"
   "orgVal=%d, retVal=%d, target=%d\n", orgVal, retVal, target);
```
InterlockedExchangeAdd with -25=> orgVal=12, retVal=12, target=-13

| InterlockedIncrement / Decrement (16/64) |

```
LONG InterlockedIncrement (LONG volatile* target);
LONG InterlockedDecrement (LONG volatile* target);
```

```
target++;  ⇒  InterlockedIncrement(&target);
target--;  ⇒  InterlockedDecrement(&target);
```

target을 1 증가하거나 감소한다. 이 함수의 리턴값은 target의 증감 결과를 돌려준다. 즉
target++ 또는 target--의 결괏값이 리턴되는데, 결국 호출 후의 리턴값과 target 값이 같아진다
는 점에 주의하기 바란다.

```
target = orgVal = 12;
retVal = InterlockedIncrement(&target);
printf("InterlockedIncrement => "
   "orgVal=%d, retVal=%d, target=%d\n", orgVal, retVal, target);
InterlockedIncrement => orgVal=12, retVal=13, target=13
```

```
target = orgVal = 12;
retVal = InterlockedDecrement(&target);
printf("InterlockedDecrement => "
   "orgVal=%d, retVal=%d, target=%d\n", orgVal, retVal, target);
InterlockedDecrement => orgVal=12, retVal=11, target=11
```

| InterlockedExchange (8/16/64) |

```
LONG InterlockedExchange (LONG volatile* target, LONG value);
```

```
target = 5;  ⇒  InterlockedExchange(&target, 5);
```

target 변수를 value의 값으로 대체한다. 결국 target에 value를 대입하는 것과 동일하다. 리턴값
은 target에 value를 대입하기 전의 원래 값으로 돌려준다.

```
target = orgVal = 12;
retVal = InterlockedExchange(&target, 5);
printf("InterlockedExchange => "
    "orgVal=%d, retVal=%d, target=%d\n", orgVal, retVal, target);
```
InterlockedExchange => orgVal=12, retVal=12, target=5

| InterlockedCompareExchange (16/64) |

```
LONG InterlockedCompareExchange (LONG volatile* target, LONG value, LONG cmp);
```

```
if(target == 125)
    target = 384;      ⇒ InterlockedCompareExchange(&target, 384, 125);
```

호출 시에 사용자를 상당히 혼란스럽게 만드는 함수다. target이 cmp와 같으면 target을 value로 대체하고, 다르면 target을 변경하지 않는다. 리턴값은 target이 변경되든 그렇지 않든 원래 값으로 돌려준다. 상호잠금 함수들 중 자주 사용되는 함수이므로 사용 방법을 잘 익혀두기 바란다.

```
target = orgVal = 125;
retVal = InterlockedCompareExchange(&target, 384, 125);
printf("InterlockedCompareExchange cmp 125 => "
    "orgVal=%d, retVal=%d, target=%d\n", orgVal, retVal, target);
```
InterlockedCompareExchange cmp 125 => orgVal=125, retVal=125, target=384

```
target = orgVal = 8;
retVal = InterlockedCompareExchange(&target, 384, 12);
printf("InterlockedCompareExchange org 8 => "
    "orgVal=%d, retVal=%d, target=%d\n", orgVal, retVal, target);
```
InterlockedCompareExchange cmp 125 => orgVal=8, retVal=8, target=8

CompareExchange의 경우, 정수형 값의 비교 설정뿐만 아니라 포인터 변수에 대해서도 상호잠금 비교 설정 연산을 제공하고 있으며, 연산의 대상이 포인터 변수 자체라는 것을 제외하고는 사용 방식은 동일하다.

```
PVOID __cdecl InterlockedCompareExchangePointer
(
    _Inout_ PVOID volatile* target,
    _In_    PVOID           value,
    _In_    PVOID           cmp
);
```

| InterlockedAnd / Or / Xor (16/64) |

```
LONG InterlockedAnd (LONG volatile* target, LONG value);
LONG InterlockedOr (LONG volatile* target, LONG value);
LONG InterlockedXor (LONG volatile* target, LONG value);
```

```
target &= 0xFF;  ⇒ InterlockedAnd(&target, 0xFF);
target |= 0xFF;  ⇒ InterlockedOr(&target, 0xFF);
target ^= 0xFF;  ⇒ InterlockedXor(&target, 0xFF);
```

target에 value를 각각 AND, OR, XOR 연산을 수행한 후 그 결괏값을 target 값으로 설정한다. 리턴값은 변경되기 전의 원래 target 값이다.

```
target = orgVal = 0x01234567;
retVal = InterlockedAnd(&target, 0xFF);
printf("InterlockedAnd => \n\t"
    "orgVal=0x%08x, retVal=0x%08x, target=0x%08x\n", orgVal, retVal, target);
InterlockedAnd => orgVal=0x01234567, retVal=0x01234567, target=0x00000067
```

```
target = orgVal = 0x01234567;
retVal = InterlockedOr(&target, 0xFF);
printf("InterlockedOr => \n\t"
    "orgVal=0x%08x, retVal=0x%08x, target=0x%08x\n", orgVal, retVal, target);
InterlockedOr => orgVal=0x01234567, retVal=0x01234567, target=0x012345ff
```

```
target = orgVal = 0x01234567;
retVal = InterlockedXor(&target, 0xFF);
printf("InterlockedXor => \n\t"
   "orgVal=0x%08x, retVal=0x%08x, target=0x%08x\n", orgVal, retVal, target);
```
InterlockedXor => orgVal=0x01234567, retVal=0x01234567, target=0x01234598

| InterlockedTestAndSet / Reset (16/64) |

```
BOOL InterlockedBitTestAndSet (LONG volatile* target, LONG bitPos);
BOOL InterlockedBitTestAndReset (LONG volatile* target, LONG bitPos);
```

```
if((target & (1 << 8)) == 0)              ⇒ InterlockedTestAndSet(&target, 8);
    target |= (1 << 8);
if((target & (1 << 16)) != 0)             ⇒ InterlockedTestAndReset(&target, 16);
    target &= (~((1 << 16));
```

target의 bitPos 위치의 비트값을 리턴값으로 돌려준다. 즉 0이면 FALSE, 1이면 TRUE다. 동시에 Set 함수의 경우는 target의 bitPos 위치의 비트값이 0이면 1로 설정하고, Reset 함수의 경우는 target의 bitPos 위치의 비트값이 1이면 0으로 설정한다.

```
target = orgVal = 0x01234567;
for (int i = 31; i >= 0; i--)
{
   BOOL val = InterlockedBitTestAndSet(&target, i);
   bitBuff[31 - i] = (val ? '1' : '0') ;
}
printf("InterlockedBitTestAndSet => %s\n\t"
   "orgVal=0x%08x, retVal=0x%08x, target=0x%08x\n", bitBuff, orgVal, retVal, target);
```
InterlockedBitTestAndSet => 00000001001000110100010101100111
        orgVal=0x01234567, retVal=0x01234567, target=0xffffffff

```
target = orgVal = 0x01234567;
for (int i = 31; i >= 0; i--)
{
    BOOL val = InterlockedBitTestAndReset(&target, i);
    bitBuff[31 - i] = (val ? '1' : '0');
}
printf("InterlockedBitTestAndReset => %s\n\t"
    "orgVal=0x%08x, retVal=0x%08x, target=0x%08x\n", bitBuff, orgVal, retVal, target);
InterlockedBitTestAndReset => 00000001001000110100010101100111
        orgVal=0x01234567, retVal=0x01234567, target=0x00000000
```

3.2.2 상호잠금을 이용한 스핀락 구현

멀티스레딩 프로그래밍을 하다 보면 상호잠금 함수를 사용해야 할 경우가 상당히 많다. 프리미티브 (Primitive) 타입의 변수에 대한 동기화 시에 동기화 객체를 사용하기에도 애매한 경우가 많은데, 이런 상황에 상호잠금 함수는 매우 유용하다. 앞서 제시한 몇몇 예제에서 사용계수 관리를 위해 넌지시 상호잠금 함수를 사용했다. 이번 절에서는 상호잠금 함수를 이용해 간단한 스핀락을 직접 구현해볼 것이다.

1) 스핀락의 구현을 위한 준비

자, 이제 상호잠금 함수를 사용해 1장에서 우리가 불완전하게 구현했던 AcquireLock과 ReleaseLock을 제대로 구현해보자. 1장에서 대기 및 상태 변경 함수와 그 매개변수로 넘겨주는 표식 수단을 강조하기 위해 일반 함수로 작성했지만, 여기서는 앞서 SRW-락 성능 테스트에서 예시한 것처럼 클래스로 스핀락을 구현해보기로 한다. 우선 1장의 예제는 불완전한 구현이라기보다는 원자성에 대한 고려가 전혀 안 되어 있는 잘못된 구현이다. 따라서 원자성 확보를 위해 잠금 획득 여부를 식별하는 플래그를 상호잠금 함수들을 사용해서 관리하기로 한다.

다음 프로젝트는 상호잠금 함수를 이용한 첫 번째 스핀락 구현을 보여주는 예제다.

```
class SpinLock
{
   volatile LONG m_state;
```

플래그를 클래스 멤버 필드로 정의한다.

```
public:
   SpinLock()
   {
      m_state = TRUE;
   }

public:
   void Acquire()
   {
      while (InterlockedExchange(&m_state, FALSE) == FALSE);
```

while (!hasLock); hasLock = FALSE; 코드를 상호잠금 함수를 이용한 코드로 대체한다.

```
   }
   void Release()
   {
      InterlockedExchange(&m_state, TRUE);
```

hasLock = TRUE; 코드를 상호잠금 함수를 이용한 코드로 대체한다.

```
   }
};
```

위 코드에서의 핵심은 Acquire 멤버 함수의 while 문에 있다. 이 코드는 m_state 변경 전의 값이 TRUE일 때까지 끊임없이 m_state에 FALSE를 대입한다. 다른 스레드가 Release를 호출해 m_state를 TRUE로 만들었을 때, while 문에서 m_state값을 FALSE로 입력하는 순간 이전 값이 TRUE이므로 InterlockedExchange 호출의 리턴값이 TRUE가 되어 비로소 while 문을 탈출하는 동시에 SpinLock을 자신의 소유로 만들 수 있게 된다. 이 코드를 직접 실행해보면 동기화 처리는 문제없이 돌아간다. 하지만 출력 속도도 상당히 느리고, CPU 사용률은 엄청나게 높아질 것이다. 스레드 개수를 50개 이상 지정하면 CPU를 100% 넘게 풀로 차지하고 있으면서 시스템에 영향을 줄 것이다. 앞서 전제한 것처럼 스핀락은 그 임계구역의 크기가 작고 실행 사이클이 작을 경우를 전제로 했고, 또한 스레드 함수 역시 단순히 g_llSharedValue++라는 코드로서 충분히 스핀락을 사용할 만한 조건은 충족시킨다. 하지만 이 단순한 임계구역의 코드가 실행되는 동안에 다른 스레드들은 임계구역에 진입하기 위해 끊임없이 m_state에 FALSE를 대입하는 과정이 계속 반복되면서 CPU 점유율을 높이는 주범이 되고 있다. 따라서 좀 쉬어갈 수 있는, 아니면 다른 스레드에게 기회를 줄 수 있는 추가 작업을 고려해야 한다. 즉 while 문에 무언가를 추가해야 한다.

```
while (InterlockedExchange(&m_state, FALSE) == FALSE)
{

      // 추가 코드 :

}
```

위의 추가 코드 부분에 들어갈 수 있는 후보는 다음 세 가지 중 하나다. SwitchToThread 함수와 Sleep에 타임아웃을 0으로 설정하는 경우의 차이는 1장에서 이미 설명했지만, 스핀락 구현의 관점에서 추가 코드로 사용하기 위해 한 번 더 이 함수들을 언급하기로 한다.

- **YieldProcessor();**

  YieldProcessor는 함수가 아니라 매크로며, 이는 C++ 내장 함수인 mm_pause를 호출하게 된다. mm_pause는 인텔 CPU 명령어인 pause 어셈블리 코드로 대체된다. 이 명령어는 아무 것도 하지 않는다는 의미인 NOP 명령과 비슷하며, 또한 C++ 내장 함수 _nop(); 가 nop 어셈블리 코드를 지원한다. NOP는 말 그대로 No Operation으로, 아무 일도 하지 않는 채 CPU의 한 사이클을 낭비하는 명령어다. 파이프라인 처리 등을 위해 명령어들은 32비트 같은 경우 4바이트 단위로 정렬해야 하기 때문에 명령어 정렬을 위한 패딩 명령어의 역할로 NOP가 많이 쓰였다. 하지만 CPU가 인텔리전트하게 발전되면서 NOP를 대신할 새로운 명령어가 나왔는데, 이것이 바로 PAUSE이다. 아무 일도 하지 않는 것은 동일하지만, 대신에 PAUSE를 실행하면 해당 스레드가 CPU에게 스핀 대기(Spin Wait) 상태라는 것을 알려주어 CPU는 하이퍼 스레드에 존재하는 다른 논리적 프로세서가 자신의 작업을 수행할 수 있게 한다.

- **SwitchToThread();**

  이 함수는 자신을 호출한 스레드의 남은 타임 퀀텀을 포기시키고 다른 스레드에게 CPU를 넘겨준다. 즉 강제로 스레드의 문맥 전환을 유발시키는 것이다. 때로는 강제로 스레드의 퀀텀을 포기토록 하는 것이 유용할 때가 있다. 계속 반복되는 의미 없는 작업으로 퀀텀을 낭비하면서 CPU의 부하를 올리느니 다른 스레드에게 양보하는 것이 나을 때가 있다. SwitchToThread는 자신을 호출한 스레드의 타임 슬라이스를 다른 스레드에게 양도해서 그 스레드를 실행 준비 상태로 들어가게 한다.

- **Sleep(0)**

  SwitchToThread는 무조건 문맥 전환을 유발시키지만 가능하면 그러지 않는 것이 더 좋다. 이를 위해 타임아웃 값을 0으로 지정해 Sleep 함수를 호출하면, 같은 우선순위에서 실행 준비 상태에 있는 스레드가 없을 경우에는 문맥 전환을 일으키지 않고 그 스레드는 계속 실행 상태로 남게 된다. 물론 높은 우선순위를 가진 스레드가 있다면 문맥 전환이 발생된다.

앞의 SpinLockTest 코드의 "추가 코드" 부분에서 YieldProcessor, SwitchToThread, 그리고 Sleep(0)을 호출하도록 테스트해보기 바란다. 직접 확인해보면 알 수 있겠지만 YieldProcessor 를 호출하는 방식은 아무것도 없는 코드와 그리 큰 차이가 없으며, 스레드가 많아지면 많아질수록 속도 저하는 매우 가파르게 증가하고 CPU의 점유율은 시스템을 최악의 상황으로 몰고 간다. 그도 그럴 것이, 락을 점유하지 못한 모든 스레드는 락을 얻을 때까지 자신에게 할당된 모든 퀀텀을 m_ state 비교에 모두 써버릴 것이다. 상호잠금 함수에 의한 비교 및 저장 연산은 단순히 캐시나 레지 스터에 보관된 값의 비교가 아니라 매번 메모리로부터 직접 비교를 수행하기 때문에 CPU 부하가 치솟는 것은 당연할 것이다. 따라서 아무리 수행 시간이 짧은 임계구역이라 할지라도 스레드의 수 가 많아질수록 YieldProcessor만 호출할 경우에는 문제가 발생하므로, 적절한 문맥 전환을 통 한 자신의 퀀텀을 양도하는 과정이 필요함을 알 수 있다. 실제로 Sleep(0)이나 SwitchToThead 는 CPU 부하를 많이 낮춰주고 속도도 상당히 빨라진다는 것을 확인할 수 있다. 그렇다면 위의 코 드에서 단순히 YieldProcessor만 호출할 것이 아니라, 어떤 기준치를 정해두고 루프를 돌면서 YieldProcessor를 호출하다가 그 한계치가 넘어갔을 경우에 SwitchToThread나 Sleep(0)을 호출한다면, 스레드의 수에 따른 CPU의 부하도 낮출 수 있고 속도도 보전할 수 있을 것이다. 이는 마치 크리티컬 섹션이나 SRW-락에서 스핀락 카운트를 설정하는 목적과 비슷하다고 볼 수 있다. 물론 그 기준치는 정해진 것이 없으므로 필요에 따라 최적화된 값을 별도로 도출해야 할 것이다. 그 렇다면 지금까지의 논의를 바탕으로 해서 상호잠금 함수를 이용한 간단하면서 쓸만한 스핀락을 한 번 구현해보자.

2) 간단한 스핀락의 구현

이제 매우 간단한 스핀락을 상호잠금 함수를 이용해 구현해보자. 앞서 확인했던 대로 Yield Processor 호출을 통한 단순 스핀만으로는 크게 의미가 없다. 따라서 적절하게 YieldProcessor 와 SwitchThread, 그리고 Sleep 함수를 혼합해 스핀 체크를 하도록 구현해야 한다.

다음 프로젝트는 간단하게 구현한 SpinLock 클래스의 정의다. Acquire 멤버 함수에서 스핀 체크 를 수행하며, 체크 사이에 스레드를 대기시키기 위해 스핀하는 기능을 담당하는 SpinWait 구조체 를 별도로 정의했다. 체크는 상호잠금 함수인 InterlockedCompareExchange를 통해 수행된다. Release 멤버 함수는 획득한 스핀락을 해제하는 기능을 수행한다.

```
class SpinLock
{
    volatile    DWORD m_state;
```

본 스핀락을 획득한 스레드의 ID를 보관하는 멤버 필드다.

```
    const LONG LOCK_AVAIL = 0;
```

본 스핀락을 소유한 스레드가 없음을 의미하는 상수다. m_state 필드값이 LOCK_AVAIL일 때 본 스핀락은 소유 가능한 상태가 된다.

```
public:
    SpinLock()
    {
        m_state = LOCK_AVAIL;
    }

public:
    void Acquire()
    {
        DWORD dwCurThrId = GetCurrentThreadId();
        if (dwCurThrId == m_state)
            throw HRESULT_FROM_WIN32(ERROR_INVALID_OWNER);
```

호출 스레드가 스핀락을 소유한 상태면 예외를 던진다.

```
        if (InterlockedCompareExchange
                (&m_state, dwCurThrId, LOCK_AVAIL) != LOCK_AVAIL)
        {
```

스핀락을 소유한 스레드가 이미 존재할 경우에는 스핀락 획득을 위해 스핀 체크를 시도한다.

```
            SpinWait sw;
```

스핀 대기를 담당하는 구조체를 선언한다.

---

* SpinLock 샘플 코드는 조 더피(Joe Duffy)의 저서 『Concurrent Programming on Windows』(황진호 번역, 에이콘 출판)에 나온 코드와 C#의 SpinWait 클래스의 코드를 함께 참조했다.

```
        do
        {
            do
            {
                sw.SpinOnce();
            }
            while (m_state != LOCK_AVAIL);
```

m_state가 LOCK_AVAIL이 될 때까지 스핀 체크를 수행한다.

```
        }
        while (InterlockedCompareExchange
            (&m_state, dwCurThrId, LOCK_AVAIL) != LOCK_AVAIL);
```

호출한 스레드가 스핀락을 실제로 소유할 때까지, 즉 m_state를 호출 스레드의 ID로 설정할 수 있을 때까지 위의 과정을 반복한다.

```
        }
    }

    void Release()
    {
        DWORD dwCurThrId = GetCurrentThreadId();
        if (dwCurThrId != m_state)
            throw HRESULT_FROM_WIN32(ERROR_INVALID_OWNER);
```

호출 스레드가 스핀락을 소유한 상태가 아니면 예외를 던진다.

```
        InterlockedExchange(&m_state, LOCK_AVAIL);
```

m_state 필드를 LOCK_AVAIL로 설정함으로써 스핀락 상태를 소유 가능 상태로 만든다.

```
    }
};
```

이제 실제로 스핀을 통해서 대기를 구현하는 SpinWait 구조체의 정의를 살펴보자. SpinWait는 SpinOnce라는 멤버 함수를 갖고 있는데, 실제 이 함수가 스핀을 통해서 스레드를 대기시키는 역할을 담당한다. 스핀 수행은 YieldProcessor 함수를 호출하도록 처리한다. 호출할 수 있는 한계치를 설정해 스핀 횟수가 그 값 이하일 동안은 YieldProcessor를 호출하고, 한계치 이상이 될 경우에는 SwitchToThread나 Sleep(0)의 호출 빈도를 조절해서 번갈아 두 함수를 호출하도록 하며, 필요에 따라서는 Sleep(1)도 호출하도록 처리한다. 단일 CPU일 경우는 스핀을 수행하지 않고 곧

바로 SwitchToThread와 Sleep을 빈도에 따라 호출하도록 한다. 스핀 수행의 기준치는 YIELD_
THRESHOLD 상수로 정의했으며, 그 값은 25다.

```
struct SpinWait
{
    struct _SYSINFO : public SYSTEM_INFO
    {
        _SYSINFO() { GetSystemInfo(this); }
    };
    static _SYSINFO s_si;
```

CPU의 개수를 획득하기 위해 SYSTEM_INFO 구조체를 상속하고 정적 멤버로 선언한다. 정적 멤버이므로 SpinWait 구조체 선언과
함께 자동으로 생성자가 호출됨에 따라 시스템 정보의 획득이 가능하다.

```
    const int YIELD_THRESHOLD   = 25;   // 스핀 수행 한계치
    const int MAX_SPIN_INTERVAL = 32;   // 최대 스핀 인터벌
    const int SLEEP_0_TIMES     = 2;    // Sleep(0) 호출을 위한 빈도 기준치
    const int SLEEP_1_TIMES     = 10;   // Sleep(1) 호출을 위한 빈도 기준치
```

스핀 대기를 위한 상수의 정의다. 이 값들을 적당히 변경함에 따라 더 최적화된 스핀락을 구현할 수 있다.

```
    int m_count;
```

스핀 횟수를 저장하는 멤버 변수다.

```
    SpinWait()
    {
        m_count = 0;
    }

#define NextSpinWillYield \
    (s_si.dwNumberOfProcessors == 1 || m_count >= YIELD_THRESHOLD)
```

YieldProcessor의 호출 여부를 판별하는 매크로를 정의한다.

```
    void SpinOnce()
    {
        if (NextSpinWillYield)
        {
```

```cpp
        int yieldSoFar =
            (m_count >= YIELD_THRESHOLD ? m_count - YIELD_THRESHOLD : m_count);

        if ((yieldSoFar % SLEEP_1_TIMES) == SLEEP_0_TIMES - 1)
            Sleep(0);
        else if ((yieldSoFar % SLEEP_1_TIMES) == SLEEP_1_TIMES - 1)
            Sleep(1);
        else
            SwitchToThread();
```

```cpp
    }
    else
    {
```

```cpp
        int nLoopCnt =
            (int)(m_count * ((float)MAX_SPIN_INTERVAL / YIELD_THRESHOLD)) + 1;
        while (nLoopCnt-- > 0)
            YieldProcessor();
```

```cpp
    }

    m_count = (m_count == INT_MAX ? YIELD_THRESHOLD : m_count + 1);
```

```cpp
  }

  void Reset() { m_count = 0; }
  int Count() { return m_count; }
};
SpinWait::_SYSINFO SpinWait::s_si;
```

SpinLockImpl 프로젝트 내에 SpinLock 클래스에 대한 테스트 코드까지 함께 있으므로 직접 빌드하여 테스트해보기 바란다.

3.3 새로운 동기화 수단

이번에는 잘 알려지지 않았거나 윈도우 8에 들어서면서 새로 추가된 동기화 수단에 대해 설명하고자 한다. 원-타임 초기화(One-Time Initialization)는 비스타에서 추가됐으며, 프로그램 로드 시가 아닌 런타임 시에 초기화가 필요할 경우에는 다중의 스레드로부터 오로지 한 번만 초기화됨을 보장해주는 기법이다. 그리고 윈도우 8에 들어서면서 두 가지의 새로운 동기화 수단이 추가되었다. 먼저, 동기화 장벽(Synchronization Barrier)이라는 이름의 동기화 객체로서, 지정된 수의 스레드가 장벽에 모두 도달하기 전까지 스레드의 진행을 막는 수단을 제공한다. 다음으로, WaitOnAddress로 대표되는, 즉 특정 변수의 주솟값에 대해 스레드들이 대기할 수 있도록 해주는 함수들을 제공한다.

3.3.1 동기화 장벽(Synchronization Barrier)

윈도우 8에 들어서면서 MS는 동기화 장벽(Synchronization Barrier)이라는 유저 모드 동기화 객체를 새롭게 소개했다. 장벽이란 의미는 특정 조건을 만족할 때까지 여러 스레드들의 코드 실행을 막기 위해 벽을 세운다는 의미로 보면 될 것이다. 그때 그 조건은 미리 지정된 스레드의 수가 된다. 동기화 장벽을 사용하는 시나리오를 예를 들어 설명하자면 다음과 같다. 학창 시절에 MT 갈 때 청량리 역에서 출발한다고 하면 가기로 한 친구들은 그곳에 집결해야만 한다. 사람들이 동시에 같은 시각에 도착하는 것이 아니라 띄엄띄엄 도착하기 때문에 미리 도착한 사람은 같이 가기로 한 멤버들이 모두 도착할 때까지 기다려야 한다. 도착하기로 한 인원들이 마지막 멤버까지 모두 도착하면 그때서야 출발을 외치며 기차를 타러 갈 것이다. 동기화 장벽도 이런 관점에서 보면 된다. 지정된 스레드들은 각기 자신의 할 일을 마치고 장벽 앞에서 대기하게 된다. 대기 수를 미리 정해두었기 때문에 그 수만큼의 스레드가 장벽 앞에 집결되지 않으면 계속 대기해야 한다. 그러다 자신의 작업을 마친 마지막 스레드가 장벽에 도착하게 되면 그 순간 장벽 앞에서 기다리던 모든 스레드들은 동시에 시그널 상태가 되어 대기 상태에서 풀려나 자신의 다음 작업을 수행할 수 있게 되는 것이다. 예를 들어 작업 A, B, C, D가 있고 그 작업마다 각각의 스레드를 할당해서 작업을 병렬적으로 동시에 수행하도록 구성한다고 하자. 각 작업은 처리 시간이 모두 달라서 빨리 끝나는 것도 있고 늦게 끝나는 것도 있다고 했을 때, 모든 작업이 완료되어 그 결과를 수집한 후 묶어서 그 다음 작업으로 넘어갈 수 있다고 한다면, 이때 4개의 스레드는 각기 자신의 작업을 마치고 다른 작업이 끝날 때까지 코드 상의 어느 지점에서 기다려야만 한다. 이런 시나리오를 위해 동기화 장벽이 제공된다.

1) 동기화 장벽의 사용

동기화 장벽은 SYNCHRONIZATION_BARRIER라는 이름을 가진 문서화되지 않은 유저 모드 상의 구조체로 정의된 동기화 객체다. SYNCHRONIZATION_BARRIER를 전역 변수든 클래스의 멤버 변수든 참조 가능한 변수로 선언한 후, 포인터를 넘겨서 동기화를 수행한다. 이 객체의 초기화는 다음의 함수가 담당한다.

```
BOOL WINAPI InitializeSynchronizationBarrier
(
    _Out_ LPSYNCHRONIZATION_BARRIER lpBarrier,
    _In_  LONG                      lTotalThreads,
    _In_  LONG                      lSpinCount
);
```

LPSYNCHRONIZATION_BARRIER lpBarrier

초기화할 SYNCHRONIZATION_BARRIER 구조체의 포인터를 넘겨준다.

LONG lTotalThreads

장벽에서 대기할 수 있는 최대 스레드의 개수를 지정한다. 장벽에 도착한 스레드, 즉 대기하는 스레드의 개수가 lTotalThreads 값보다 작으면 장벽에 존재하는 모든 스레드는 대기 상태로 남아 있다. 즉 이 장벽은 넌시그널 상태가 된다. 그러다가 lTotalThreads 개수만큼의 스레드가 장벽에 도달하여 대기 상태로 들어가게 되면, 동기화 장벽은 즉시 시그널 상태가 되어 대기 중인 모든 스레드는 다음 작업을 개시할 수 있게 된다.

LONG lSpinCount

대기 시에 시도할 스핀의 횟수를 지정한다. 이 매개변수를 −1로 넘겨주면 내부적으로 2,000번의 스핀 체크를 수행하게 된다. 크리티컬 섹션에서 스핀 카운트를 지정하는 것과 동일한 과정으로, 장벽에 도달한 스레드는 스핀 카운트만큼 장벽의 상태를 체크하다가 이 값을 초과하게 되면 장벽에 진입해서 대기를 지정하는 함수인 EnterSynchronizationBarrier 호출 시의 옵션이 SYNCHRONIZATION_BARRIER_FLAGS_SPIN_ONLY가 아니면 커널 모드로 전환되어 이 스레드를 잠재우게 된다.

초기화에 성공하면 이 함수는 TRUE를, 실패한 경우에는 FALSE를 리턴하고 GetLastError를 통해 그 원인을 확인할 수 있다.

동기화 장벽의 초기화가 완료되면 각각의 스레드들은 각자 자신의 작업을 수행한 후 장벽에 도달해서 대기하려면 EnterSynchronizationBarrier 함수를 호출하면 된다.

```
BOOL WINAPI EnterSynchronizationBarrier
(
   _Inout_ LPSYNCHRONIZATION_BARRIER lpBarrier,
   _In_    DWORD                     dwFlags
);
```

LPSYNCHRONIZATION_BARRIER lpBarrier

InitializeSynchronizationBarrier 함수를 통해 초기화된 동기화 장벽에 대한 포인터를 나타낸다.

DWORD dwFlags

다음의 플래그 값들을 지정하거나 조합해서 사용할 수 있다.

- **0**
  장벽에 들어서는 스레드가 InitializeSynchronizationBarrier 호출 시 지정한 스핀 카운트만큼 스핀을 시도한 후 스레드가 실제 대기 상태로 전환되도록 한다.

- **SYNCHRONIZATION_BARRIER_FLAGS_BLOCK_ONLY**
  장벽에 들어서는 스레드가 InitializeSynchronizationBarrier 호출 시 지정한 스핀 카운트에 상관없이 마지막 스레드가 장벽에 도달할 때까지 스핀 없이 곧바로 대기 상태로 전환되도록 한다.

- **SYNCHRONIZATION_BARRIER_FLAGS_SPIN_ONLY**
  장벽에 들어서는 스레드가 InitializeSynchronizationBarrier 호출 시 지정한 스핀 카운트에 상관없이 마지막 스레드가 장벽에 도달할 때까지 스핀 체크 방식만을 통해서 스레드를 대기하도록 한다.

- **SYNCHRONIZATION_BARRIER_FLAGS_NO_DELETE**
  장벽을 삭제하기 위해서는 그 전에 삭제하더라도 안전하다는 것을 보증하는 확인 작업이 내부적으로 이뤄지는데, 성능 향상을 위해서는 이 작업을 건너뛰어도 상관없다는 것을 지시한다. 이 플래그는 결국 동기화 장벽의 삭제를 무시하겠다는 의미며, 동기화 장벽을 설정해 삭제하지 않고 계속 사용하고자 할 경우에 사용되는 플래그다. 이 플래그를 사용하고자 한다면 장벽에 들어서는 모든 스레드들은 이 플래그와 함께 EnterSynchronizationBarrier를 호출해야만 한다. 그렇지 않으면 이 플래그는 무시된다.

[리턴값] BOOL

이 BOOL 값은 대기의 성공/실패 여부를 의미하는 것이 아니라, 이 함수를 호출한 스레드가 장벽에 진입한 마지막 스레드인지 아닌지를 판별하게 해준다. TRUE가 리턴된 경우는 이 함수를 호출한 스레드가 초기화 시에 지정한 스레드의 수를 충족시키는 마지막 스레드임을 의미하는 것이고, FALSE가 리턴된 경우는 마지막 스레드가 장벽에 진입하여 장벽을 탈출하게 되었지만 호출 스레드는 마지막 스레드 이전에 EnterSynchronizationBarrier를 호출한 스레드임을 의미한다. 호출 스레드가 마지막 스레드인지에 대한 판별 여부는 차후 논의하면서 알게 되겠지만 중요한 요소가 된다.

EnterSynchronizationBarrier를 호출하면 스레드는 대기하게 된다. 이 함수를 호출하는 코드 상의 위치가 장벽이 되고, 지정된 수의 스레드가 이 코드 라인에 도달해서 이 함수를 호출하기 전까지는 이 장벽을 넘지 못하게 된다. EnterSynchronizationBarrier 함수는 WaitForXXX 함수처럼 대기 함수 역할을 하며, 이 함수를 호출한 스레드의 수가 InitializeSynchronizationBarrier에서 지정한 스레드 개수 미만일 동안 계속 스핀과 커널 모드 대기를 조합해 대기하도록 만든다. 그러다가 지정한 스레드 개수를 충족하게 되면 대기 상태에 있던 모든 스레드는 깨어나서 자신의 다음 코드를 진행하게 되는 것이다. 이렇게 다시 움직일 수 있게 된 스레드가 더 이상 장벽이 필요 없게 되면 다음의 함수를 호출해 동기화 장벽을 해제할 수 있다. 이 함수는 항상 TRUE를 리턴한다.

```
BOOL WINAPI DeleteSynchronizationBarrier
(
    _Inout_ LPSYNCHRONIZATION_BARRIER lpBarrier
);
```

다음 프로젝트는 실제로 동기화 장벽을 사용하는 간단한 예를 보여준다. 두 개의 스레드를 생성하고 각 스레드 엔트리 함수에서 1초에서 2초까지 각각 대기(Sleep)한 후 장벽에 진입하고자 한다. 그러면 2초 동안 Sleep을 통해 대기한 스레드가 마지막으로 장벽에 도달한 스레드가 되고, 그 스레드가 EnterSynchronizationBarrier를 호출하자마자 두 개의 스레드가 대기 상태에서 깨어나도록 하는 시나리오로 구성되어 있다.

먼저 스레드 엔트리 함수를 정의해보자.

```
SYNCHRONIZATION_BARRIER g_sb;
```

동기화 장벽 객체의 선언이다

```
DWORD WINAPI ThreadProc(LPVOID pParam)
{
    int nWait = (int)pParam;
    DWORD dwThrId = GetCurrentThreadId();

    SYSTEMTIME st;
    GetLocalTime(&st);
    printf(".... Thread %d started and waits %d secs : %2d:%02d:%02d+%03d\n",
        dwThrId, (nWait + 1), st.wHour, st.wMinute, st.wSecond, st.wMilliseconds);

    Sleep((nWait + 1) * 1000);
```

작업 시간 지연을 흉내 내기 위해 Sleep을 통해 엔트리 함수의 매개변수로 넘겨진 값만큼 코드 실행을 지연시킨다.

```
    GetLocalTime(&st);
    printf("==≫ Thread %d Enters into barrier : %2d:%02d:%02d+%03d\n",
        dwThrId, st.wHour, st.wMinute, st.wSecond, st.wMilliseconds);
```

작업을 끝내고 동기화 장벽으로 진입한다.

```
    BOOL bIsLast = EnterSynchronizationBarrier(&g_sb, 0);
    GetLocalTime(&st);
    if (bIsLast)
        printf("≪== LAST  Thread %d Exit from barrier : %2d:%02d:%02d+%03d\n",
            dwThrId, st.wHour, st.wMinute, st.wSecond, st.wMilliseconds);
```

장벽 탈출 결과가 TRUE면 본 스레드가 장벽에 진입한 마지막 스레드임을 의미한다.

```
    else
        printf("≪== OTHER Thread %d Exit from barrier : %2d:%02d:%02d+%03d\n",
            dwThrId, st.wHour, st.wMinute, st.wSecond, st.wMilliseconds);
```

장벽 탈출 결과가 FALSE면 이 스레드가 장벽에 진입한 마지막 스레드 이전에 이미 장벽에 도달한 스레드임을 의미한다.

```
    return 0;
}
```

다음은 앞의 엔트리 함수를 실행할 스레드를 생성하는 메인 함수에 대한 정의다.

```
#define MAX_THR_CNT   2   // 스레드 최대 개수
#define WAIT_THR_CNT 2   // 동기화 장벽에 진입할 스레드 최대 개수
void _tmain(void)
{
   cout << "======= Start SynchBarrier Test ========" << endl;

   InitializeSynchronizationBarrier(&g_sb, WAIT_THR_CNT, 2000);
```
동기화 장벽을 초기화한다. 장벽 도달 스레드 수는 2로, 스핀 카운트는 2,000회로 지정했다.

```
   HANDLE arhThreads[MAX_THR_CNT];
   for (int i = 0; i < MAX_THR_CNT; i++)
   {
      DWORD dwTheaID = 0;
      arhThreads[i] = CreateThread(NULL, 0, ThreadProc, (PVOID)i, 0, &dwTheaID);
   }
```
동기화 장벽 테스트를 위해 초기화에서 넘겨준 스레드 수만큼 스레드를 생성하고 스레드를 실행시킨다.

```
   WaitForMultipleObjects(MAX_THR_CNT, arhThreads, TRUE, INFINITE);
   DeleteSynchronizationBarrier(&g_sb);
```
모든 스레드가 종료된 후 동기화 장벽을 삭제한다.

```
   cout << "======= End SynchBarrier Test =========" << endl;
}
```

위 코드를 실행하면 스레드 생성 후 2초가 지나면 두 개의 스레드가 동시에 활성화되어 콘솔에 로그가 출력되는 것을 확인할 수 있다.

```
======= Start SynchBarrier Test ========
.... Thread 3584 started and waits 1 secs : 14:56:16+268
.... Thread 6080 started and waits 2 secs : 14:56:16+268
==>> Thread 3584 Enters into barrier : 14:56:17+270
==>> Thread 6080 Enters into barrier : 14:56:18+270
<<== LAST  Thread 6080 Exit from barrier : 14:56:18+270
```

```
  <<== OTHER Thread 3584 Exit from barrier : 14:56:18+270
  ======= End SynchBarrier Test ==========
```

결과를 살펴보면 스레드 3584는 1초 대기 후 장벽에 도달했다. 하지만 장벽에 막혀서 스레드 6080
이 장벽에 도달하기 위해 대기한 시간 2초가 지난 후에 6080과 동시에 대기 상태에서 탈출했음을 알
수 있다. 또한 6080이 장벽에 도달한 마지막 스레드임을 "LAST" 메시지에서 확인시켜 주고 있다.

그러면 앞의 코드에서 MAX_THR_CNT를 4로 정의하고 실행하면 어떻게 될까? 다시 말해,
InitializeSynchronizationBarrier 호출 시 지정한 스레드의 수는 2지만, 실제 Enter
SynchronizationBarrier를 호출하는 스레드의 수가 4개가 되는 상황이 된다면 말이다. 이러한 상
황의 실행 결과는 다음과 같다.

```
  ======= Start SynchBarrier Test =======
  .... Thread 4244 started and waits 1 secs : 15:04:47+821
  .... Thread 8240 started and waits 3 secs : 15:04:47+826
  .... Thread 8368 started and waits 2 secs : 15:04:47+826
  .... Thread 8940 started and waits 4 secs : 15:04:47+826
  ==>> Thread 4244 Enters into barrier : 15:04:48+827
  ==>> Thread 8368 Enters into barrier : 15:04:49+828
  <<== LAST  Thread 8368 Exit from barrier : 15:04:49+828
  <<== OTHER Thread 4244 Exit from barrier : 15:04:49+828
  ==>> Thread 8240 Enters into barrier : 15:04:50+827
  ==>> Thread 8940 Enters into barrier : 15:04:51+827
  <<== LAST  Thread 8940 Exit from barrier : 15:04:51+827
  <<== OTHER Thread 8240 Exit from barrier : 15:04:51+827
  ======= End SynchBarrier Test ==========
```

결과를 살펴보면 2초가 지난 후 4244, 8368 스레드 순으로 활성화되고, 다시 2초가 지나면 8240,
8940 스레드 순으로 활성화되어 4개의 스레드가 모두 정상적으로 처리된 것을 확인할 수 있다. 이
것은 EnterSynchronizationBarrier를 호출한 스레드가 지정된 스레드의 개수에 다다랐을 때 그
시점까지 대기 중인 스레드들을 깨워주고 다시 넌시그널 상태로 전환됨을 의미한다. 위 예의 경우
InitializeSynchronizationBarrier에서 지정한 스레드 수가 2이므로 장벽에 두 개의 스레드가 도
달했을 때 그 두 개를 활성화시켜 준 다음, 다시 나머지 두 개의 스레드에 대해서 장벽에 도달했을
때 활성화시켜 주었음을 알 수 있다. 따라서 루프를 통해서 반복적으로 동기화 장벽에서 대기하는

코드를 작성할 때에는 초기 지정 개수와 실제 스레드의 수에 주의를 기울여야 한다. 예를 들어 앞의 코드에서 MAX_THR_CNT를 5로 설정해보라. 설정한 스레드 수가 2이므로, 처음 두 개의 스레드가 활성화된 후 다음 두 개의 스레드도 활성화시키지만, 마지막 스레드는 하나밖에 남지 않으므로 나머지 하나를 채우지 못하기 때문에 다섯 번째 스레드는 장벽을 넘지 못하고 계속 대기 상태로 남을 것이다.

이제 동기화 장벽을 삭제하는 경우에 대해 좀 더 자세히 알아보고자 한다. 프로그램 실행 중에 동기화 장벽을 사용한 후 더 이상 장벽을 사용할 일이 없어서 장벽을 해제하고자 할 때 DeleteSynchronizationBarrier 호출 시점이나 호출 스레드가 어느 것이어야 하는지가 문제가 될 수 있다. 프로그램 종료 시점에 WaitForXXX를 통한 스레드 종료를 기다려 장벽을 해제하면 그 장벽에 대해 더 이상 대기 중인 스레드가 없다는 것을 확신할 수 있기 때문에 문제가 없지만, 종료 시점이 아니라 프로그램 실행 중에 대기하고자 할 때는 어느 스레드가 DeleteSynchronizationBarrier 함수를 호출할 것인지가 문제로 대두된다. 〈프로젝트 3.3.1 SynchBarrier〉의 메인 함수 부분을 다음과 같이 수정하고 실행해보도록 하자.

```
#define MAX_THR_CNT   2
#define WAIT_THR_CNT 4
```

장벽 진입 스레드 개수를 생성할 스레드 개수보다 크게 지정한다.

```
void _tmain(void)
{
   cout ≪ "======= Start SynchBarrier Test ========" ≪ endl;
   InitializeSynchronizationBarrier(&g_sb, WAIT_THR_CNT, 2000);

   HANDLE arhThreads[MAX_THR_CNT];
   for (int i = 0; i < MAX_THR_CNT; i++)
   {
      DWORD dwTheaID = 0;
      arhThreads[i] = CreateThread(NULL, 0, ThreadProc, (PVOID)i, 0, &dwTheaID);
   }

   Sleep(4000);
   cout ≪ "~~~Calling DeleteSynchronizationBarrier." ≪ endl;
   DeleteSynchronizationBarrier(&g_sb);
```

```
    메인 스레드는 자식 스레드를 생성한 후 4초 대기했다가 두 개의 스레드가 장벽에 도달한 후에 동기화 장벽을 삭제한다.

    WaitForMultipleObjects(MAX_THR_CNT, arhThreads, TRUE INFINITE);
    cout << "======= End SynchBarrier Test ==========" << endl;
}
```

위의 상황은 두 개의 스레드가 동기화 장벽에 도달해서 대기하는 동안 메인 스레드는 4초 대기한 후 장벽을 삭제하도록 처리한 것이다. 이 코드를 직접 실행해보면 DeleteSynchronizationBarrier 를 호출한 후 스레드는 이 함수를 탈출하지 못하고 대기 상태에 빠져버린다. 즉 동기화 장벽에 서 대기 중인 스레드가 있을 때 DeleteSynchronizationBarrier 함수를 호출하면 상호 교 착 상태에 빠진다는 것을 의미한다. 이는 장벽을 제거하고자 한다면 결국 어떤 수단을 사용하든 지 InitializeSynchronizationBarrier 호출 시 지정한 동기화 장벽의 스레드 수를 빨리 채워 야만 모든 스레드가 다시 깨어나고, 그 후에야 동기화 장벽을 제거할 수 있음을 의미한다. 실제 DeleteSynchronizationBarrier의 호출을 담당할 스레드는 장벽에 진입한 마지막 스레드에게 맡 기는 것이 제일 좋다. 마지막 스레드라는 의미는 더 이상 대기하는 스레드가 없다는 것을 보증하기 때문에 문제 없이 장벽을 해제할 수 있다. 종료 시점이 아닌 실행 중에 장벽의 삭제가 필요할 경우에 는 다음 패턴으로 코드를 작성하면 된다.

```
if (EnterSynchronizationBarrier(&g_sb, 0))
{
    DeleteSynchronizationBarrier(&g_sb);
```
    EnterSynchronizationBarrier 호출 결과가 TRUE로 리턴되면 장벽에 진입한 마지막 스레드가 자신임을 의미한다. 따라서 이 스레드
    에게 DeleteSynchronizationBarrier 호출을 통해 장벽의 삭제를 맡긴다.
```
        ⋮
}
else
{
```
    FALSE로 리턴되면 이는 호출 스레드가 장벽에 진입한 마지막 스레드가 아니라 그 이전의 스레드임을 의미하므로, 그냥 자신의 다음 작
    업을 진행한다.
```
        ⋮
}
```

만약 장벽을 생성한 후 이런저런 고민 없이 그냥 장벽의 해제를 시스템에게 맡기고자 한다면 EnterSynchronizationBarrier 호출 시에 SYNCHRONIZATION_BARRIER_FLAGS_NO_DELETE 플래그를 지정하라. 대신에 해당 장벽에 대해 EnterSynchronizationBarrier를 호출하는 모든 스레드가 이 플래그를 지정해야 의미가 있지 하나라도 이 플래그 없이 그냥 호출하면 의미가 없다. 이 플래그를 매개변수로 EnterSynchronizationBarrier를 호출하면 DeleteSynchronizationBarrier를 호출하더라도 장벽은 해제되지 않는다. 즉 다음과 같은 형태의 호출일 경우엔 DeleteSynchronizationBarrier 호출은 의미가 없다는 점에 유의하기 바란다.

```c
DWORD WINAPI ThreadProc(LPVOID pParam)
{
    int nWait = (int)pParam;
         :
    if (EnterSynchronizationBarrier(&g_sb, SYNCHRONIZATION_BARRIER_FLAGS_NO_DELETE))
    {
        DeleteSynchronizationBarrier(&g_sb);
            :
    }
    else
        :
```

만약 동기화 장벽에 도달할 스레드의 개수를 증가시킬 필요가 있다면 어떻게 해야 할까? 단순히 InitializeSynchronizationBarrier를 다시 호출하는 것은 의미가 없고 첫 번째 호출에서 지정한 스레드 수만이 의미가 있으므로, 결국 DeleteSynchronizationBarrier를 호출해서 기존의 장벽을 삭제한 후, 다시 InitializeSynchronizationBarrier를 원하는 숫자만큼 지정해서 호출해줘야 한다. 그리고 동기화 장벽에서 아쉬운 부분이 있다면 취소 처리를 지원하는 함수가 없다는 점인데, 만약 대기 중인 스레드의 대기 취소를 처리하고자 한다면 동기화 장벽 삭제 처리와 마찬가지로 동기화 장벽이 요구하는 스레드 수를 빨리 채워 대기 중인 스레드를 모두 깨워야만 한다. 동기화 장벽을 사용하는 동기화 설계 시에는 이런 특성을 염두에 두고 설계해야 한다.

2) 동기화 장벽의 유용한 응용

조건 변수에서 다뤘던 〈프로젝트 3.1.3 CondVarSRWTest〉는 SRW-락의 조건 변수를 이용해 모든 읽기 스레드들이 명령을 다 읽었는지를 판별하기 위해 읽기 스레드들 사이에서 공유되는 전역 변수 g_nReadCnt를 사용계수로 이용했다. 이 소스에서 전역 변수 g_nReadCnt를 제거하고 동기화 장벽을 사용해보자. 먼저 WORK_ENV 구조체에 동기화 장벽 멤버 필드를 하나 추가하자.

프로젝트 3.3.1 SynchBarSRW

```
struct WORK_ENV
{
    VAR_QUEUE          _queue;
    SRWLOCK            _srwQue;

    SYNCHRONIZATION_BARRIER _sb;
        ⋮
};
```

다음으로, 메인 함수에서 이 동기화 장벽을 초기화한다.

```
void _tmain(void)
{
    WORK_ENV we;
    InitializeSRWLock(&we._srwQue);
    InitializeSynchronizationBarrier(&we._sb, READER_CNT, 2000);
    InitializeConditionVariable(&we._cvNE);
    InitializeConditionVariable(&we._cvNF);
        ⋮
}
```

마지막으로, 소비자 스레드 엔트리 함수에서 InterlockedIncrement(&pwe->_readCnt) 처리 부분을 다음처럼 동기화 장벽 처리 코드로 대체한다.

```
DWORD WINAPI ConsumerProc(PVOID pParam)
{
        ⋮
    while (true)
    {
        AcquireSRWLockShared(&pwe->_srwQue);
        {
            ⋮
        }
```

```
    ReleaseSRWLockShared(&pwe->_srwQue);


    if(EnterSynchronizationBarrier(&pwe->_sb, 0))
    {
        pwe->_queue.pop_front();
            WakeConditionVariable(&pwe->_cvNF);
    }

    Sleep(rand() % DELAY_CONSUME);
  }
  printf("=== Reader Thread %d terminated....\n", dwThrId);
  return 0;
}
```

EnterSynchronizationBarrier의 호출 결과가 TRUE면 이 함수를 호출한 소비자 스레드가 장벽에 도달한 최종 스레드란 것을 판단할 수 있고, 이는 이 스레드가 추가된 큐의 항목을 읽은 마지막 스레드라는 것을 의미한다. 따라서 이 스레드는 WakeConditionVariable을 호출할 수 있는 최적의 스레드가 되는 것이다. 위와 같은 처리를 통해 사용계수를 위한 _readCnt 필드를 없앨 수 있다.

위의 코드처럼 동기화 장벽을 사용한다면 앞서 2장에서 예로 들었던 〈프로젝트 2.3.1 EventNotify2〉 코드 역시 명령을 공유 버퍼에 쓰는 스레드와 그 명령을 읽는 4개의 작업자 스레드 사이의 동기화를 위해 사용되었던 사용계수와 상호잠금 함수를 제거할 수 있다.

다음 프로젝트는 EventNotify2 코드에서 사용계수와 상호잠금 함수를 동기화 장벽의 사용으로 대제한 코드다. 우선 WAIT_ENV 구조체에서 사용계수를 위한 필드를 제거하고, 동기화 장벽 구조체 필드로 대체했다.

프로젝트 3.3.1 SynchBarNoti

```
struct WAIT_ENV
{
    HANDLE                  _hevSend;
    HANDLE                  _hevResp;
    SYNCHRONIZATION_BARRIER  _sb;  // 사용계수를 동기화 장벽으로 대체
    BYTE                     _arBuff[256];
};
```

메인 함수에서 동기화 장벽을 초기화하고 제거하는 코드를 추가했으며, 다음 코드처럼 작업자 스레드 엔트리 함수 WorkerProc에서 InterlockedIncrement 함수를 통해 원자적으로 _readCnt 변수의 값을 증가시키는 부분의 코드를 동기화 장벽으로 대체했다.

```
DWORD WINAPI WorkerProc(LPVOID pParam)
{
    WAIT_ENV* pwe = (WAIT_ENV*)pParam;
    DWORD dwThrId = GetCurrentThreadId();

    while (true)
    {
          ⋮
        LONG lSize = *((PLONG)pIter); pIter += sizeof(LONG);
        PBYTE pData = new BYTE[lSize + 1];
        memcpy(pData, pIter, lSize);


        ResetEvent(pwe->_hevSend);
        if (InterlockedIncrement(&pwe->_readCnt) == CONSUMER_CNT)
        {
            pwe->_readCnt = 0;
            SetEvent(pwe->_hevResp);
        }

                                    ↓

        if (EnterSynchronizationBarrier(&pwe->_sb, 0))
        {
            ResetEvent(pwe->_hevSend);
            SetEvent(pwe->_hevResp);
        }
          ⋮
```

수정된 코드 〈SynchBarNoti〉를 원래 코드 〈EventNotify2〉와 비교해 하나만 더 언급하고 마무리하기로 한다. 동기화의 오묘한 세계는 글을 쓰고 있는 이 순간에도 필자로 하여금 스스로 주의를 환기시키게끔 한다. EventNotify2 코드와 동기화 장벽을 이용한 코드의 차이를 살펴보자.

차이는 바로 _hevSend 이벤트 리셋을 위한 ReseEvent 호출 위치이다. 그렇다면 앞의 코드를 EventNotify2 코드와 마찬가지로, 다음과 같이 _hevSend 이벤트를 리셋시키도록 수정했을 때 코드가 제대로 작동하는지 확인해보라.

```
ResetEvent(pwe->_hevSend);
if (EnterSynchronizationBarrier(&pwe->_sb, 0))
    SetEvent(pwe->_hevResp);
```

위와 같이 수정하고 콘솔에서 연속 입력이 되도록 한 후 테스트해보면 처리가 제대로 되지 않음을 확인할 수 있다. 단지 ResetEvent를 호출하는 조건과 위치만을 변경했을 뿐인데, 위의 코드는 교착 상태에 빠지게 된다. 왜 그럴까? 이제부터 그 원인을 추적해보기로 하자. 사용계수를 이용하는 경우와 동기화 장벽을 이용하는 경우는 스레드의 움직임에서 큰 차이가 있다. 위의 코드에서 작업 스레드가 대기하는 곳은 WaitForXXX를 통한 대기와 EnterSynchronizationBarrier 함수를 통한 대기 두 곳이다. 하지만 〈EventNotify2〉 코드의 경우 대기는 WaitForXXX를 통해서만 이루어지고, 사용계수 _readCnt 필드를 증가시킨 후 자신의 코드를 진행하여 다시 WaitForXXX 함수를 호출할 것이다. 그러므로 시그널된 _hevSend 이벤트를 리셋시키지 않으면 WaitForXXX 함수로부터 바로 리턴되어 코드의 움직임은 엉망이 된다. 하지만 동기화 장벽을 사용할 경우 4개의 스레드가 모두 장벽에 도달하기 전까지는 EnterSynchronizationBarrier 호출에서 탈출하지 못하므로, 스레드는 그 다음번의 WaitForXXX 함수를 호출할 수 없다. 따라서 〈EventNotify2〉 코드에서처럼 미리 _hevSend 이벤트를 리셋시키지 않아도 상관없다. 다음으로 위의 코드처럼 EnterSynchronizationBarrier 함수를 호출 전에 _hevSend 이벤트를 미리 리셋시켰을 경우 발생할 수 있는 문제점을 살펴보자. 작업자 스레드 1, 2, 3, 4가 차례대로 EnterSynchronizationBarrier를 호출했다고 하자. 4번 스레드가 마지막 스레드이므로 _hevResp 이벤트를 시그널링할 것이다. 그러면 _hevResp 이벤트에 대해 대기 중이던 메인 스레드는 다시 활성화되어 대기 중이던 데이터를 버퍼에 쓰고, _hevSend 이벤트를 또 시그널할 것이다. 이 시점에서 EnterSynchronizationBarrier로부터 탈출한 작업자 스레드 중 스레드 1, 2는 코드 진행을 마치고 루프를 돌아 다시 WaitForXXX 함수를 호출하고, 나머지 스레드 3, 4는 데이터 출력 코드를 실행 중이라고 하자. WaitForXXX 함수를 호출한 스레드 1, 2는 _hevSend 이벤트가 시그널 상태이므로, 바로 WaitForXXX 함수에서 탈출해 버퍼를 읽은 후 hevSend 이벤트를 리셋하고 EnterSynchronizationBarrier 함수를 호출해 대기할 것이다. 이 시점에서 스레드 3, 4 역시 데이터 출력 작업을 마치고 루프를 돌아 다시 WaitForXXX 함수를 호출했을 때에는 먼저 진행한 스레드 1, 2에 의해 리셋되어 버린 _hevSend 이벤트 때문에 WaitForXXX 함수에서 대기하게 된다. 이런 상황이라면 스레드 1과 2는 EnterSynchronizationBarrier 함수에서 대기하고 있고, 스레드 3, 4는 WaitForXXX 함수에서 대기하는 상태가 된다. 그리고 메인 스레드는 _hevResp를 보며 대기하는데, _hevResp 이벤트가 시그널되는 조건은 4개의 스레드가 EnterSynchronizationBarrier 함수를 호출할 때다. 하지만 현재 상황은 스레드 1, 2만 EnterSynchronizationBarrier 함수를 호출한 상태에서 대기 중이고, 나머지 스레드 3, 4는 미리 리셋되어 버린 _hevSend 이벤트 때문에 WaitForXX 함수에 묶여서 EnterSynchronizationBarrier를 호출할 기회 자체를 박탈당한 상태가 되므로, 이 4개라는 조건을 만족시킬 수 없게 된다. 결국 _hevSend와 _hevResp, 그리고 동기화 장벽 사이에서 삼각 교착 상태가 됨에 따라 프로그램은 더 이상 진행되지 않는다. 따라서 _hevSend 이벤트를 EnterSynchronizationBarrier 호출 전에 미리 리셋시키면 이와 같은 교착 상태에 빠지게 되는 것이다. 그러므로 _hevSend 이벤트의 리셋 역시 EnterSynchronizationBarrier를 호출한 마지막 스레드가 담당하도록 처리해야 한다.

3.3.2 주솟값에 대한 대기

동기화 장벽뿐만 아니라 여기에서 설명할 새로운 대기 함수 역시 윈도우 8과 함께 등장했다. 지금까지 검토해 온 여러 동기화 수단은 커널 객체를 통해서거나, 아니면 유저 모드에서 정의된(문서화되었거나 혹은 그렇지 않은) 여러 동기화 관련 구조체를 통해서 객체 형태로 제공되었다. 즉 동기화를 위한 상태를 표현하는 표식에 대한 개별 정보와 속성을 지닌 커널 또는 유저 모드의 구조체를 갖고 있지만, 이번에 소개하는 대기 함수는 객체 형태가 아니라 단순한 변수를 그런 표식에 해당하는 대상으로 사용한다. 2, 4, 8바이트 형태의 변수를 정의하고 그 변수의 번지값이 스레드들 사이에 공유가 가능하다면 그 번지값을 표식으로 삼아 스레드 간 동기화를 성취할 수 있는 것이다. 즉 프리미티브(Primitive) 타입의 변수들에 대해 스레드가 대기할 수 있도록 만들어 주는 메커니즘이다. 이는 바로 이전에 설명했던 상호잠금 함수 군의 특성을 지니는 동시에, 실제로 대기시키며 조건과 관계 없이 원하는 시점에 다른 스레드에서 대기 상태를 깨울 수도 있고 타임아웃 지정도 가능하다. 그러한 기능을 가진 대기 함수가 바로 윈도우 8에서 새롭게 소개된 WaitOnAddress 함수며, 동시에 대기 상태에 있는 스레드를 깨우기 위한 WakeByAddressSingle과 WakeByAddressAll 2개의 함수가 제공된다.*

이 함수들을 사용하기 위해서는 "Synchronization.lib" 라이브러리를 링크시켜야 한다. 프로젝트 설정에서 직접 링크시키든지, 아니면 다음과 같이 #pragma 지시어를 사용해 코드 상에서 링크를 지시해야 한다.

```
#pragma comment(lib, "Synchronization.lib")
```

1) WaitOnAddress 사용

WaitOnAddress 함수는 매개변수로 주어진 변수의 값이 변경될 때까지 스레드를 대기하도록 만드는 데 사용되며, 함수의 선언은 다음과 같다.

```
BOOL WINAPI WaitOnAddress
(
    _In_        VOID volatile*   Address,
    _In_        PVOID            CompareAddress,
    _In_        SIZE_T           AddressSize,
    _In_opt_    DWORD            dwMilliseconds
);
```

VOID volatile* Address

대기할 메모리 상의 주소. Address 주소상의 값이 CompareAddress상의 값과 다르면 이 함수는 즉시 리턴하고, 만약 같으면 이 함수는 다른 스레드가 WakeByAddressSingle이나 WakeByAddressAll을 호출하기 전까지, 또는 dwMilliseconds로 지정한 시간을 초과할 때까지 리턴되지 않는다.

---

* WaitOnAddress는 MS가 2013년 6월에 미국 특허청으로부터 "WAIT ON ADDRESS SYNCHRONIZATION INTERFACE"라는 이름으로 특허를 획득한 동기화 기술이다. 따라서 윈도우 8에 구현되었을 것으로 보이지만 MSDN 매뉴얼에도 언급되어 있듯이 아직 몇 가지 제약이 있는 기술이기도 하다. 그럼에도 유연성과 속도적인 측면에서 상당히 전도유망한 기술로 보이며, 앞으로 MS가 이 기술을 어떻게 발전시켜 지원할지가 기대되고 있다.

PVOID CompareAddress

Address 주소상의 값과 비교할 값을 보관하는 변수의 포인터다. 이 함수는 Address 주소의 변수가 담고 있는 값이 CompareAddress 주소의 변수가 담고 있는 값과 다르면 즉시 리턴한다.

SIZE_T AddressSize

Address 주소가 가리키는 변수의 바이트 크기로 1, 2, 4, 8을 지정할 수 있다.

DWORD dwMilliseconds

밀리초 단위의 타임아웃 값을 지정한다. 무한히 대기하려면 INFINITE를 넘겨주면 된다. MSDN 매뉴얼에는 무한값을 −1로 넘겨주라고 되어 있는데, 어차피 INFINITE 매크로의 값이 0xFFFFFFFF이기 때문에 이는 int 형으로 −1이다. 따라서 INFINITE를 넘겨주면 된다.

[리턴값] BOOL

리턴값이 TRUE면 다른 스레드로부터의 WakeByAddressXXX 호출에 의해서 또는 매개변수 Address에 담긴 값과 CompareAddress 값이 다르기 때문에 정상적으로 리턴되었음을 의미하고, 리턴값이 FALSE면 타임아웃으로 인해 리턴되었음을 의미한다.

WaitOnAddress는 어떤 변수의 번지값에 대해 대기하게 되는데, 이때 대기 중인 상태를 깨우기 위해서는 그 변수의 값을 단순히 변경하는 것만으로는 불가능하다. 다른 스레드가 그 값을 변경한 후에는 값이 변경되었음을 통지해줘야 대기 상태에서 깨어나게 되는데, 그 통지 함수가 바로 WakeByAddressSingle/All이며, 그 선언은 다음과 같다.

```
VOID WINAPI WakeByAddressSingle(_In_ PVOID Address);
VOID WINAPI WakeByAddressAll(_In_ PVOID Address);
```

함수 이름으로도 알 수 있듯이, WakeByAddressSingle 함수는 대기 중인 스레드 중 하나만을 깨우고, WakeByAddressAll 함수는 대기 중인 모든 스레드를 깨운다. 주의할 것은 스레드가 WaitOnAddress를 호출한 상태로 대기 중일 경우에만 위 함수들의 호출이 의미가 있다. 앞서도 언급했지만 WakeByAddressXXX의 기능은 대기 중인 스레드를 깨우는 것이지, 대기 중인 주솟값의 변수 자체를 시그널 상태로 만드는 것은 아니다. 따라서 위의 두 함수를 호출했을 때 대기 중인 스레드가 없으면 의미가 없는 것이다.

정리하자면, WaitOnAddress 호출 후에 스레드가 깨어나는 조건은 다음과 같다.

- 호출 시 Address 변수의 값과 CompareAddress 변수의 값이 서로 다를 경우 바로 리턴한다.
- 변수의 값이 같을 경우 대기 상태로 들어가고, 다른 스레드가 WakeByAddressXXX를 호출했을 때 리턴한다.
- 다른 스레드가 Address의 값을 변경했다고 해서 대기 중인 스레드가 깨어나는 것은 아니다. 대기 중인 스레드는 다른 스레드가 값을 변경했는지의 여부와는 상관없이 WakeByAddressXXX 호출이 있어야만 깨어날 수 있다.
- WakeByAddressSingle은 대기 중인 스레드 중 WaitOnAddress를 첫 번째로 호출한 스레드를 깨운다.

다음의 예를 통해서 사용법을 알아보도록 하자. 우선 아래와 같이 전역 변수 g_ulState를 선언하고, 초기값을 0으로 설정한다. 메인 함수와 스레드 엔트리 함수에서 동시에 참조할 수 있어야 한다.

```
ULONG g_ulState = 0;
```

다음 프로젝트는 스레드 엔트리 함수에 대한 정의다. 이 함수를 실행하는 스레드들은 WaitOn-Address를 호출한 후 대기 상태에 들어간다. 메인 스레드에서 전역 변수 g_ulState의 값을 변경한 후 조건에 따라 WakeByAddressAll 또는 WakeByAddressSingle 함수를 호출함으로써 대기 중인 스레드를 깨운다.

프로젝트 3.3.2 WaitAddr

```
DWORD WINAPI ThreadProc(LPVOID)
{
    ULONG ulUndesire = 0;
    DWORD dwThrId = GetCurrentThreadId();

    while (true)
    {
        WaitOnAddress(&g_ulState, &ulUndesire, sizeof(ULONG), INFINITE);
```

전역 변수 g_ulState의 주소에 스레드를 대기시킨다. 최초의 g_ulState 값과 ulUndesire 변수의 값 모두가 0으로 같기 때문에 계속 대기한다.

```
        if (g_ulState == 0)
            break;
```

메인 스레드에서 g_ulState를 0으로 설정해 WakeByAddressAll 함수를 호출하면 모든 스레드는 대기 상태에서 깨어나 루프를 탈출한다.

```
        cout << "Th " << dwThrId << " => State : "
            << g_ulState << ", Undesire : " << ulUndesire << endl;
        if (g_ulState == 1)
            ulUndesire = g_ulState;
```

메인 스레드에서 g_ulState를 1로 설정해 WakeByAddressSingle 함수를 호출하면, ulUndesire 값을 1로 설정해 루프를 돌아 다시 WaitOnAddress를 호출하게 된다. 이 시점에서는 g_ulState와 ulUndesire의 값이 같기 때문에 스레드는 다시 대기하게 된다.

```
        else
            Sleep(1000);
```

메인 스레드에서 g_ulState를 0이나 1 이외의 값으로 설정해 WakeByAddressSingle 함수를 호출하면, 루프를 돌아 다시 WaitOnAddress를 호출했을 때 g_ulState와 ulUndesire의 값이 서로 다르기 때문에 스레드는 WaitOnAddress에서 바로 탈출한다. 즉 이 상태는 계속 시그널 상태라고 볼 수 있다.

```
    }


    return 0;
}
```

다음은 메인 함수에 대한 정의다. 콘솔로부터 숫자를 입력받아 그 값이 0이면 대기 중인 모든 스레드를 깨우고, 해당 스레드를 종료시키기 위해 WakeByAddressAll 함수를 호출한다. 그러나 0 이외의 값이면 대기중인 단 하나의 스레드만을 깨우기 위해 WakeByAddressSingle 함수를 호출한다.

```
void _tmain()
{
    cout << "======= Start WaitAddr Test ========" << endl;

    HANDLE arhThreads[10];
    for (int i = 0; i < 10; i++)
    {
        DWORD dwTheaID = 0;
        arhThreads[i] = CreateThread(NULL, 0, ThreadProc, (PVOID)i, 0, &dwTheaID);
    }
```

테스트를 위해 10개의 스레드를 생성한다.

```
    while (true)
```

```
    {
        cin >> g_ulState;
        if (g_ulState == 0)
        {
            WakeByAddressAll(&g_ulState);
            break;
```
입력받은 값이 0이면 기다리는 모든 스레드를 깨우기 위해 WakeByAddressAll 함수를 호출하고, 종료하기 위해 루프를 탈출한다.
```
        }

        WakeByAddressSingle(&g_ulState);
```
입력받은 값이 0 이외의 값이면 기다리는 스레드들 중 하나만 깨우기 위해 WakeByAddressSingle 함수를 호출한다.
```
    }
    WaitForMultipleObjects(10, arhThreads, TRUE, INFINITE);

    cout << "======= End WaitAddr Test ==========" << endl;
}
```

WaitOnAddress는 스레드 스케줄링 작업을 간섭하지 않기 때문에 while 루프 내에서 Sleep을 사용하는 것보다 더 효과적일뿐더러, 또한 객체를 생성하고 초기화하는 등의 과정이 필요 없기 때문에 이벤트보다 더 간편하게 사용할 수 있다. 또한 원하는 값과 정확하게 동기화를 해줄 뿐만 아니라 가볍고 속도도 빠르다는 장점을 갖고 있다. 하지만 메모리 용량이 열악한 조건이라면 WakeByAddressXXX를 호출하지 않은 상황에서도 대기 상태에서 깨어날 수 있다. 따라서 MS는 리턴했을 때 원하는 값으로 실제로 변경되었는지에 대해 다음과 같이 확인할 것을 권장하고 있다.

```
ULONG g_TargetValue
```
모든 스레드가 참조 가능한 전역 변수
```
ULONG uUndesired   = 0;
ULONG uCaptured = g_TargetValue;
while (uCaptured == uUndesired)
{
    WaitOnAddress(&g_TargetValue, &uUndesired, sizeof(ULONG), 0);
    uCaptured = g_TargetValue;
```

2) WaitOnAddress 응용

실제 WaitOnAddress를 사용하다 보면 상당히 유연하고 적용도 편리하다는 것을 느낄 수 있다. WaitOnAddress와 상호잠금 함수를 같이 사용하면 다양한 동기화 객체들을 대체할 수 있다. 이번에는 이러한 WaitOnAddress의 다양한 응용과 사용상의 주의점에 대해서 자세히 살펴보기로 한다.

| 락(Lock) 대체하기 |

WaitOnAddress를 이용해 뮤텍스나 크리티컬 섹션을 대체할 수 있는 락을 구현할 수 있다. 다음 프로젝트를 살펴보도록 하자. 먼저 메인 함수에 대한 처리 부분이다.

프로젝트 3.3.2 WaitAddrLock

```
#define MAX_THR_CNT   20
void _tmain()
{
    cout ≪ "======= Start WaitAddrLock Test ========" ≪ endl;
    LONG bIsLocked = FALSE;
```

지역 변수 bIsLocked를 선언하고 초기값으로 FALSE를 지정하면 현재 락이 걸려있지 않은 상태임을 의미한다. 그리고 이 변수를 스레드 생성 시 매개변수로 전달한다.

```
    HANDLE arhThrs[MAX_THR_CNT];
    for (int i = 0; i < MAX_THR_CNT; i++)
    {
        DWORD dwTheaID = 0;
        arhThrs[i] = CreateThread(NULL, 0, ThreadProc, &bIsLocked, 0, &dwTheaID);
    }
      ⋮
}
```

다음은 시간을 출력하는 스레드 엔트리 함수에 대한 정의다.

```
DWORD WINAPI ThreadProc(PVOID pParam)
{
  PLONG pbIsLocked = (PLONG)pParam;

  LONG lCmpVal = TRUE;                                        ⇐ Acquire
  while (InterlockedExchange(pbIsLocked, TRUE) == TRUE)
      WaitOnAddress(pbIsLocked, &lCmpVal, sizeof(LONG), INFINITE);
  {
    SYSTEMTIME st;
    GetLocalTime(&st);

    cout << "..." << "SubThread " << GetCurrentThreadId() << " => ";
    cout << st.wYear << '/' << st.wMonth << '/' << st.wDay << ' ';
    cout << st.wHour << ':' << st.wMinute << ':' << st.wSecond << '+';
    cout << st.wMilliseconds << endl;
  }
  InterlockedExchange(pbIsLocked, FALSE);
  WakeByAddressSingle(pbIsLocked);                            ⇐ Release

  return 0;
}
```

위 코드에서 Acquire 부분과 Release 부분을 별도로 박스처리를 했다. 먼저 Release 부분을 확인해보면 bIsLocked 변수를 FALSE로 설정해 락을 풀었음을 표시하고, 바로 WakeBy-AddressSingle 함수를 호출해 대기 중인 스레드 하나를 깨운다. 이제 Acquire 처리를 보도록 하자. Acquire 부분의 처리에서는 while 문을 통해 WaitOnAddress를 반복 호출하고 있음을 알수 있다. 왜 이렇게 while 문을 사용해 반복해서 체크를 할까? Acquire 부분을 아래와 같은 코드로 작성할 수는 없을까?

```
WaitOnAddress(pbIsLocked, &lCmpVal, sizeof(LONG), INFINITE);
InterlockedExchange(pbIsLocked, TRUE);
```

WaitOnAddress를 사용할 때 주의해야 할 부분 중의 하나이기 때문에 자세히 살펴보도록 하자. 위와 같이 처리를 했을 경우, 락이 풀린 상태라면 스레드가 동시에 두 개 이상 접근해서

WaitOnAddress를 호출했을 때의 bIsLocked는 FALSE고 lCmpVal은 TRUE이므로, 바로 리턴해 접근했던 모든 스레드가 임계구역에 동시에 진입하게 된다. 이는 앞서 조건 변수 사용 시 반드시 앞쪽에 조건을 체크하는 코드가 별도로 필요한 이유와 동일하다. 즉 미리 체크하여 bIsLocked가 FALSE면 WaitOnAddress 호출 없이 바로 TRUE로 bIsLocked를 변경해서 잠금을 걸었음을 표시해야 한다. 그리고 bIsLocked가 TRUE인 경우에 한해서만 WaitOnAddress를 호출하도록 처리해야 한다. 따라서 다음과 같이 수정했다고 하자.

```
if (InterlockedExchange(pbIsLocked, TRUE) == TRUE)
    WaitOnAddress(pbIsLocked, &lCmpVal, sizeof(LONG), INFINITE);
```

앞서 설명했던 것처럼 WaitOnAddress는 다른 스레드에서 값을 변경한다고 해서 바로 리턴되는 것이 아니라, WakeByAddressXXX를 호출해줘야만 리턴된다. 그리고 WaitOnAddress로부터 스레드를 탈출시키는 ReleaseLock 구현은 bIsLocked 변수를 FALSE로 변경한 후 WaitOnAddress를 호출하는 두 단계의 과정을 거치므로, 이 과정에서의 원자성은 보장되지 않는다. 따라서 WaitOnAddress에서 깨어나더라도 bIsLocked의 값이 언제나 FALSE가 아닐 수 있기 때문에, WaitOnAddress로부터 탈출해서 한 번 더 while 조건에서 비교를 수행한 후 bIsLocked가 실제로 FALSE로 바뀌었는지를 확인해야 한다. ReleaseLock 함수가 이 두 과정을 실행하는 중에 다음과 같은 순서로 처리되면 원자성이 깨질 수가 있다. 스레드 A는 이미 락을 획득하여 처리를 수행 중이라고 하자. 즉 이 시점에서의 bIsLocked는 TRUE다. 그리고 t1 시점에서 스레드 B는 이제 막 엔트리 함수를 사용해 if 문을 실행하기 직전에 lCmpVal 변수를 TRUE로 설정했고, t2 시점에서 스레드 C는 WaitOnAddress를 호출해 대기 상태로 들어갔다고 치자.

	스레드 A	스레드 B	스레드 C
t1		lCmpVal ← TRUE	
t2			WaitOnAddress
t3	bIsLocked ← FALSE		
t4		bIsLocked == FALSE bIsLocked ← TRUE	
t5	WakeByAddressSingle;		
t6			GetLocalTime(&st);
t7		GetLocalTime(&st);	

이제 스레드 A가 t3 시점에서 자신의 작업을 끝내고 락을 해제하기 위해 InterlockedExchange (pbIsLocked, FALSE)를 호출해 bIsLocked를 FALSE로 설정했다. 그리고 t4 시점에서는 스레드 B가 InterlockedExchange를 호출하면, 스레드 A에 의해 bIsLocked가 FALSE이므로 락을 걸기 위해 TRUE로 설정한 후 GetLocalTime 호출을 위해 코드를 진행할 것이다. 물론 변경 전의 bIsLocked가 FALSE였기 때문에 WaitOnAddress를 호출하지 않는다. 즉 현 시점에서는 스레드 B가 락을 잡은 상태다. 이제 t5 시점에서 스레드 A가 대기 중인 스레드를 깨우기 위해 WakeByAddressSingle를 호출한다. 그러면 대기 중이던 스레드 C가 깨어나서 t6 시점에서 GetLocalTime을 호출하게 된다. 이 순간에는 스레드 B와 스레드 C가 동시에 활성화된 상태가 되어, 결국 임계구역 내에 두 스레드가 진입하게 되는 결과가 된다. 따라서 안전한 코드를 만들기 위해서는 while 문을 통해 C가 비록 WaitOnAddress에서 탈출했더라도 bIsLocked가 FALSE인지 한 번 더 비교를 수행해 실제로 값이 바뀌었는지를 확인한 후 임계구역으로의 진입 여부를 결정하도록 해야 한다.

| 세마포어 대체하기 |

이번 프로젝트에서는 WaitOnAddress를 이용해 세마포어의 기능을 구현해보자. 우리가 2장 세마포어에서 논의했던 〈프로젝트 2.2.2 TPSemaphore〉 스레드 풀 구현의 예를 그대로 가져와서 세마포어 부분을 삭제하고 순수하게 WaitOnAddress로 대체한다.

다음은 THREAD_POOL 구조체를 수정한 내용이다.

프로젝트 3.3.2 WaitAddrSema

```
int     g_nSleeps = 0;

typedef std::list<std::string> TP_QUE;
struct THREAD_POOL
{
   short    m_bMutx;
```

기존 코드는 뮤텍스나 크리티컬 섹션을 사용했으나, 이것 역시 우리가 바로 앞에서 논의했던 주솟값 대기로 대체한다. WaitOnAddress를 이번엔 2바이트 변수에 대해 사용하는 것을 보여주기 위해 short 타입으로 변수를 정의했다.

```
   LONG     m_lSema;
```

```
    TP_QUE  m_queue;

    THREAD_POOL()
    {
        m_lSema = 0;
```

```
        m_bMutx = FALSE;
    }
};
typedef THREAD_POOL* PTHREAD_POOL;
```

이제 스레드 엔트리 함수의 정의를 살펴보자. m_lSema 사용계수는 사용 중인 스레드의 관리뿐만 아니라 추가적으로 종료 처리까지 담당하도록 했다. 즉 사용계수가 0이면 큐에 데이터가 비어있는 것이므로 스레드는 대기 상태로 들어가고, 0 이상이면 큐의 데이터를 데큐해서 스레드에 할당한다. 0보다 작은 경우는 스레드 종료 시그널로 판단해서 무한 루프를 탈출하게 된다.

```
DWORD WINAPI PoolItemProc(LPVOID pParam)
{
    PTHREAD_POOL pTQ = (PTHREAD_POOL)pParam;
    DWORD dwThId = GetCurrentThreadId();

    LONG lCmp = 0; short bMuCmp = TRUE;
    while (true)
    {
        WaitOnAddress(&pTQ->m_lSema, &lCmp, sizeof(LONG), INFINITE);
```

```
        if (pTQ->m_lSema < 0)
            break;
```

```
    InterlockedDecrement(&pTQ->m_lSema);
```

사용계수를 1 감소시켜준다. 이는 WaitForXXX에서 탈출했을 때 세마포어의 사용계수를 1 감소시켜주는 부가적 효과와 동일한 역할을 한다.

```
    std::string item;
    while (InterlockedExchange16(&pTQ->m_bMutx, TRUE) == TRUE)
        WaitOnAddress(&pTQ->m_bMutx, &bMuCmp, sizeof(short), INFINITE);
```

큐를 관리하기 위해 m_bMutex에 대해 잠금을 건다.

```
    TP_QUE::iterator it = pTQ->m_queue.begin();
    item = *it;
    pTQ->m_queue.pop_front();

    InterlockedExchange16(&pTQ->m_bMutx, FALSE);
    WakeByAddressSingle(&pTQ->m_bMutx);
```

m_bMutex에 대한 잠금을 해제해서 다른 스레드가 사용할 수 있도록 한다.

```
    printf(" => BEGIN | Thread %d works : %s\n", dwThId, item.c_str());
    Sleep((DWORD)((g_nSleeps++ % 3) + 1) * 1000);
    printf(" <= END   | Thread %d works : %s\n", dwThId, item.c_str());
  }

  printf("......PoolItemProc Thread %d Exit!!!\n", dwThId);

  return 0;
}
```

다음은 메인 함수에 대한 정의다. 역시 세마포어 및 뮤텍스 처리가 WaitOnAddress 관련 처리로 대체된 것을 제외하면 기존 코드와 동일하다.

```
void _tmain()
{
  cout << "======= Start WaitAddrSema Test ========" << endl;

  SYSTEM_INFO si;
```

```
GetSystemInfo(&si);

THREAD_POOL tp;
```

새롭게 정의된 THREAD_POOL 구조체를 선언하고, 그 포인터를 스레드 생성 시에 매개변수로 넘겨준다. 기존 코드에서 뮤텍스와 세마포어 생성 코드를 대체했다.

```
PHANDLE parPoolThs = new HANDLE[si.dwNumberOfProcessors];
for (int i = 0; i < (int)si.dwNumberOfProcessors; i++)
{
    DWORD dwThreadId;
    parPoolThs[i] = CreateThread(NULL, 0, PoolItemProc, &tp, 0, &dwThreadId);
}
cout << "*** MAIN -> ThreadPool Started, count="
                    << si.dwNumberOfProcessors << endl;

char szIn[1024];
while (true)
{
    cin >> szIn;
    if (_stricmp(szIn, "quit") == 0)
        break;

    short bMuCmp = TRUE;
    while (InterlockedExchange16(&tp.m_bMutx, TRUE) == TRUE)
        WaitOnAddress(&tp.m_bMutx, &bMuCmp, sizeof(short), INFINITE);
    tp.m_queue.push_back(szIn);
    InterlockedExchange16(&tp.m_bMutx, FALSE);
    WakeByAddressSingle(&tp.m_bMutx);
```

큐에 데이터를 엔큐(Enque)하기 위해서 m_bMutx 멤버 변수를 이용해 락 처리를 수행한다.

```
    InterlockedIncrement(&tp.m_lSema);
    WakeByAddressSingle(&tp.m_lSema);
```

큐에 데이터 하나가 삽입되었으므로 m_lSema를 1 증가시키고, WakeByAddressSingle을 호출해 스레드로 하여금 큐에 추가된 데이터에 대한 처리를 하도록 통지한다. 이는 세마포어 사용 시에 ReleaseSemaphore를 호출한 것과 동일한 효과를 본다.

```
}
```

```
    InterlockedExchange(&tp.m_lSema, -1);
    WakeByAddressAll(&tp.m_lSema);
```

프로그램 종료 시 m_lSema를 -1로 설정해서 WakeByAddressAll을 호출함으로써 대기 중인 모든 스레드로 하여금 종료 처리를 수행한다.

```
    WaitForMultipleObjects(si.dwNumberOfProcessors, parPoolThs, TRUE, INFINITE);
    for (int i = 0; i < (int)si.dwNumberOfProcessors; i++)
        CloseHandle(parPoolThs[i]);

    cout << "======= End WaitAddrSema Test ==========" << endl;
}
```

| 이벤트 대체하기 |

이번 프로젝트에서는 2장에서 이벤트를 이용해 스레드 간 통신을 구현했던 〈프로젝트 2.3.1 EventNotify〉 코드를 WaitOnAddress 함수를 사용하는 코드로 수정할 것이다. EventNotify 프로젝트에서 이벤트를 완전히 제거하고 버퍼만을 이용해 데이터를 작업자 스레드로 전달할 것이다. EventNotify 코드의 버퍼 구성은 콘솔에서 입력된 데이터의 종류를 식별하는 명령 식별자로서 첫 네 바이트를 LONG 타입으로 저장한다. 그렇게 하면 공유 버퍼의 첫 네 바이트를 LONG 타입으로 취급해 WaitOnAddress 함수의 첫 번째 매개변수로 넘김으로써 스레드를 대기시키거나 깨울 수 있게 된다. 이런 시나리오를 구현하기 위해 이벤트를 제거하면 WAIT_ENV 구조체는 버퍼를 위한 필드밖에 남지 않는다.

프로젝트 3.3.2 WaitAddrRWSingle

```
struct WAIT_ENV
{
    BYTE _arBuff[256];
};
```

먼저 작업자 스레드 엔트리 함수인 WorkerProc의 정의를 살펴보자.

```
DWORD WINAPI WorkerProc(LPVOID pParam)
{
    WAIT_ENV* pwe = (WAIT_ENV*)pParam;
    DWORD dwThrId = GetCurrentThreadId();

    LONG lCmp = CMD_NONE;
```

비교값을 CMD_NONE으로 설정해 WaitOnAddress로 넘겨준다. WaitOnAddress는 g_arBuff의 첫번째 LONG 값이 CMD_NONE이라는 전제하에 대기하고 있기 때문에, 이 값이 이 이외의 값이면 WaitOnAddress로부터 바로 빠져나오기 때문에 주의해야 한다.

```
    while (true)
    {
        WaitOnAddress(pwe->_arBuff, &lCmp, sizeof(LONG), INFINITE);
```

_arBuff 버퍼의 주소에 대해 대기한다. 쓰기 스레드는 버퍼에 데이터를 쓰고 WakeByAddressXXX를 호출해 읽기 스레드를 깨울 것이다. WaitOnAddress는 주솟값에서 대기하는 것이므로, 그 대상이 반드시 2, 4, 8바이트의 변수일 필요는 없고, 단지 세 번째 매개변수에서 대상의 크기만 정확하게 지정해주면 된다.

```
        LONG lCmd = *((PLONG)pwe->_arBuff);
```

첫 네 바이트가 명령 식별자를 담고 있기 때문에 버퍼로부터 네 바이트를 읽어와서 cmd 변수에 담는다.

```
        if (lCmd == CMD_EXIT)
            break;
```

그 값이 CMD_EXIT일 경우에는 종료를 의미하므로 루프를 탈출한다.

```
        PBYTE pIter = pwe->_arBuff + sizeof(LONG);
        LONG lSize = *((PLONG)pIter); pIter += sizeof(LONG);
        PBYTE pData = new BYTE[lSize + 1];
        memcpy(pData, pIter, lSize);

        *((PLONG)pwe->_arBuff) = CMD_NONE;
        WakeByAddressSingle(pwe->_arBuff);
```

버퍼의 해석이 끝났음을 대기 중인 쓰기 스레드에 통지하는 부분이다. 버퍼의 처음 네 바이트를 다시 CMD_NONE으로 돌려주고 WakeByAddressSingle을 호출한다. 이 부분은 상당히 중요한데, 응답을 기다리는 쓰기 스레드에게는 버퍼의 첫 네 바이트가 무슨 값인지는 중요하지 않지만, 읽기 스레드의 경우에는 CMD_NONE으로 다시 설정해주지 않으면 루프를 돌아가 다시 WaitOnAddress를 호출했을 때 비교값인 lCmp의 값과 다르기 때문에 바로 WaitOnAddress를 탈출하게 되어 사태가 엉망이 된다. 따라서 버퍼의 첫 네 바이트를 반드시 CMD_NONE으로 재설정을 해줘야만 한다.

```
              ⋮
}
```

다음은 메인 함수에 대한 정의다. 메인 함수의 핵심은 SignalObjectAndWait 호출 코드를 WakeByAddressSingle에서 WaitOnAddress로 대체한 부분이다.

```
void _tmain()
{
   WAIT_ENV we;
   *((PLONG)we._arBuff) = CMD_NONE;
```

작업자 스레드를 대기 상태로 두려면 버퍼의 첫 네 바이트를 반드시 CMD_NONE(0)의 값으로 초기화시켜야 한다.

```
   DWORD   dwThrID;
   HANDLE hThread = CreateThread(NULL, 0, WorkerProc, &we, 0, &dwThrID);

   char szIn[512];
   while (true)
   {
          ⋮
      ((PLONG)we._arBuff)[0] = lCmd;
      ((PLONG)we._arBuff)[1] = lSize;

      WakeByAddressSingle(we._arBuff);
```

명령 식별자별 버퍼 구성이 모두 끝났으므로, 최종적으로 버퍼의 첫 네 바이드를 명령 식별자로 채운다. 그리고 WakeByAddressSingle 을 호출해 읽기 스레드를 깨운다.

```
      WaitOnAddress(we._arBuff, &lCmd, sizeof(LONG), INFINITE);
```

WakeByAddressSingle을 호출한 후, 읽기 스레드가 버퍼를 모두 읽었음을 통지할 때까지 g_arBuff의 주솟값에 대해 대기한다. 앞서 의 이벤트 방식과 다르게 동일한 대상을 통해서 완료 통지를 기다린다는 점에 주목하기 바란다.

```
   }

   *((PLONG)we._arBuff) = CMD_EXIT;
   WakeByAddressSingle(we._arBuff);
   WaitForSingleObject(hThread, INFINITE);
   cout << "======= End WaitAddrRWSingle Test ==========" << endl;
}
```

지금까지 검토했던 〈WaitAddrRWSingle〉 코드는 작업자 스레드가 하나일 경우만을 다뤘다. 이
번 프로젝트에서는 작업자 스레드가 여러 개 존재할 경우를 WaitOnAddress 함수와 동기화 장벽
을 사용해 코드를 수정해보자. 동기화 장벽에서 구현했던 〈프로젝트 3.3.1 SynchBarNoti〉 코드
를 WaitOnAddress 함수를 사용해 변경하기로 한다. 역시 이벤트를 제거할 예정이므로 WAIT_
ENV 구조체는 다음과 같이 정의한다.

프로젝트 3.3.2 WaitAddrRWMulti

```
struct WAIT_ENV
{
   SYNCHRONIZATION_BARRIER _sb;
   BYTE                    _arBuff[256];
};
#define CONSUMER_CNT 4
```

작업자 스레드 엔트리 함수인 WorkerProc의 정의를 살펴보자. 〈WaitAddrRWSingle〉 코드의
경우처럼 WaitOnAddress 함수를 통해 대기하며, EnterSynchronizationBarrier 함수의 리턴
값이 TRUE일 때 WakeByAddressSingle 함수를 호출하도록 수정했다.

```
DWORD WINAPI WorkerProc(LPVOID pParam)
{
   WAIT_ENV* pwe = (WAIT_ENV*)pParam;
   DWORD dwThrId = GetCurrentThreadId();

   LONG lCmp = CMD_NONE;
   while (true)
   {
      WaitOnAddress(pwe->_arBuff, &lCmp, sizeof(LONG), INFINITE);
      LONG lCmd = *((PLONG)pwe->_arBuff);
      if (lCmd == CMD_EXIT)
         break;

      PBYTE pIter = pwe->_arBuff + sizeof(LONG);
      LONG lSize = *((PLONG)pIter); pIter += sizeof(LONG);
      PBYTE pData = new BYTE[lSize + 1];
```

```
    memcpy(pData, pIter, lSize);

    if (EnterSynchronizationBarrier(&pwe->_sb, 0))
    {
        *((PLONG)pwe->_arBuff) = CMD_NONE;
        WakeByAddressSingle(pwe->_arBuff);
    }
```

다른 부분은 모두 동일하다. 다만 앞서 설명한 대로 동기화 장벽을 이용해서 마지막 읽기 스레드가 버퍼의 해석을 마쳤을 경우에만 WakeByAddressSingle을 호출해 대기 중인 쓰기 스레드를 깨운다는 점이다.

```
        ⋮
}
```

위에서 정의한 작업자 스레드는 4개가 존재하므로 메인 함수에서 버퍼에 데이터를 쓴 후 통지할 때에는 4개의 스레드를 모두 깨워야 한다. 따라서 WaitAddrRWSingle의 예에서 호출했던 WakeByAddressSingle 함수가 아닌 WakeByAddressAll 함수를 호출해야 한다.

```
void _tmain()
{
        ⋮
    char szIn[512];
    while (true)
    {
            ⋮
        ((PLONG)we._arBuff)[0] = lCmd;
        ((PLONG)we._arBuff)[1] = lSize;

        WakeByAddressAll(we._arBuff);
```

대기 중인 4개의 읽기 스레드를 모두 깨워야 하므로, WakeByAddressSingle이 아닌 WakeByAddressAll 함수를 호출해야 한다.

```
        WaitOnAddress(we._arBuff, &lCmd, sizeof(LONG), INFINITE);
    }

    *((PLONG)we._arBuff) = CMD_EXIT;
    WakeByAddressAll(we._arBuff);
```

```
    WaitForMultipleObjects(CONSUMER_CNT, harThrCsmrs, TRUE, INFINITE);
    DeleteSynchronizationBarrier(&we._sb);
}
```

3.3.3 원-타임 초기화(One-Time Initialization)

다음과 같이 DB를 초기화하고 관리하는 클래스를 정의한다고 하자. 실제로는 DB 관련 초기화 작업을 하는 데 시간이 다소 걸리겠지만, 아래 예에서는 단순히 뮤텍스 객체만 생성하여 초기화한다고 가정한다. 아래와 같이 클래스를 정의하되, 정적으로 DB 관리자 인스턴스를 GetInstance라는 메서드가 최초 호출될 때 단 한 번 생성하여 그 시점에서 초기화가 이루어지도록 한다.

```
class DBMngr
{
   static DBMngr* s_inst;

public:
static DBMngr* GetInstance();

private:
   HANDLE m_hMutex;

public:
   DBMngr()
   {
      m_hMutex = CreateMutex(NULL, FALSE, NULL);
      if (m_hMutex == NULL)
         throw HRESULT_FROM_WIN32(GetLastError());
   }
   ~DBMngr()
   {
      if (m_hMutex != NULL)
         CloseHandle(m_hMutex);
   }

   void Query()
```

```
    {
        WaitForSingleObject(m_hMutex, INFINITE);
        cout << " => Queried from Thread " << GetCurrentThreadId() << endl;
        ReleaseMutex(m_hMutex);
    }
};
```

다음 코드는 GetInstance 메서드에 대한 정의다. GetInstance 메서드 호출 시 정적 멤버 s_inst 가 NULL이면 인스턴스를 생성하여 할당하고 리턴한다. 이미 생성되었다면 s_inst 정적 멤버를 바로 리턴하도록 되어 있다.

```
DBMngr* DBMngr::s_inst;

DBMngr* DBMngr::GetInstance()
{
    if (s_inst == NULL)
    {
        s_inst = new DBMngr();
    }
    return s_inst;
}
```

정의된 스레드 엔트리 함수는 다음과 같이 단순히 Query 메서드를 호출하고 리턴한다.

```
DWORD WINAPI ThreadProc(LPVOID pParam)
{
    try
    {
        DBMngr::GetInstance()->Query();
    }
    catch (HRESULT hr)
    {
        cout << "~~~~DBMngr->Query failed, error code : " << hr << endl;
    }
    return 0;
}
```

메인 함수에서 스레드를 10개 생성해 10개의 스레드가 동시에 DBMngr 클래스의 Query 메서드를 호출할 것이다.

```cpp
void  tmain(void)
{
    cout << "======= Start InitOnceSync Test ========" << endl;

    HANDLE arhThrs[10];
    for (int i = 0; i < 10; i++)
    {
        DWORD dwTheaID = 0;
        arhThrs[i] = CreateThread(NULL, 0, ThreadProc, NULL, 0, &dwTheaID);
    }

    int nExit;
    cin >> nExit;

    WaitForMultipleObjects(10, arhThrs, TRUE, INFINITE);

    cout << "======= End InitOnceSync Test ==========" << endl;
}
```

위와 같은 패턴은 많이 사용되는 패턴이며, 흔히 "싱글턴 방식"이라고도 한다. 문제는 GetInstance 의 처리인데, DBMngr 정적 인스턴스는 프로그램 로드 시 생성 및 초기화되는 것이 아니라 GetInstance 메서드 최초 호출 시에 생성되고 초기화된다. 현재 구현된 GetInstance는 s_inst가 NULL인지를 비교해서 생성하므로, 멀티-스레드에 의해 동시에 GetInstance가 호출되는 구조라면 문제가 발생한다. 초기화가 두 번 이상 일어날 수 있기 때문에, 이런 이유로 크리티컬 섹션 같은 별도의 동기화 객체를 추가했다고 하자.

```cpp
DBMngr* DBMngr::GetInstance()
{
    EnterCriticalSection(&s_cs);
    if (s_inst == NULL)
        s_inst = new DBMngr();
    LeaveCriticalSection(&s_cs);
```

```
    return s_inst;
}
```

이 경우 크리티컬 섹션 s_cs의 초기화가 또 문제가 된다. InitializeCriticalSection을 호출해줘야 하는데, 우선 최초 호출 시 단 한 번 초기화한다는 관점에서 문제가 되고, Initialize-CriticalSection을 호출하기 위해서는 별도의 초기화 수단이 또 필요하게 된다는 점에서 문제가 된다. InitializeCriticalSection의 호출 역시 단 한 번 이루어져야 하므로, s_cs 초기화를 위해 또 다른 동기화 객체나 상호잠금 함수의 호출 등이 필요하게 된다. 결국 이런 상황은 자신의 근원을 추적해서 위로 끊임없이 올라가는 것처럼 애매한 상황이 된다. 이 문제를 해결하기 위해서는 비스타 이후부터 제공되는 "원-타임 초기화(One-Time Initialization)"라는 수단을 사용할 수 있다. 이 메커니즘은 위와 같은 상황에서 초기화 루틴이 단지 하나의 스레드에 의해서만 무조건 최초 한 번만 수행될 것을 보장해준다. MS는 원-타임 초기화의 장점을 다음과 같이 소개하고 있다.

- 속도에 최적화되었다.
- 프로세서 아키텍처에 근거한 개별 메모리 장벽을 생성한다.
- 잠금 초기화와 병렬 초기화 모두를 제공한다.
- 내부적인 잠금을 회피하고 동기적 또는 비동기적으로 초기화를 수행할 수 있다.

위의 장점 중 세 번째와 네 번째의 경우는 용어가 다소 까다로운데, 앞으로의 내용을 읽어가다 보면 의미를 이해하게 될 것이다.

1) 콜백 함수를 이용한 초기화

초기화를 유저가 작성한 콜백 함수로 정의하면, 여러 스레드가 초기화를 진행할 때 내부적인 잠금을 통해서 하나의 스레드만이 이 콜백 함수를 호출할 수 있도록 한다. 즉 다른 스레드들의 콜백 함수의 실행을 막는 방식을 "내부적인 잠금 초기화"라고 하며, 내부적인 잠금을 통해 자체적으로 동기적 처리가 수행되기 때문에 "동기적 초기화"라고도 한다. 이러한 방식을 이용한 동기적 초기화 처리를 먼저 검토해보자. 동기적 초기화를 위한 새로운 함수는 다음의 InitOnceExecuteOnce 함수다.

```
BOOL WINAPI InitOnceExecuteOnce
(
    _Inout_         PINIT_ONCE    InitOnce,
    _In_            PINIT_ONCE_FN InitFn,
```

```
    _Inout_opt_    PVOID         Parameter,
    _Out_opt_      LPVOID*       Context
);
```

PINIT_ONCE InitOnce

문서화되지 않은 원-타임 초기화 구조체의 포인터다.

PINIT_ONCE_FN InitFn

PVOID Parameter

LPVOID* Context

InitFn 매개변수는 초기화 코드를 담고 있는, 여러분이 정의한 콜백 함수의 함수 포인터며, 다음과 같은 형식을 가져야 한다. 그리고 Parameter과 Context 매개변수는 이 콜백 함수의 매개변수로 전달된다.

```
BOOL CALLBACK InitOnceCallback
(
    _Inout_        PINIT_ONCE InitOnce,
    _Inout_opt_    PVOID        Parameter,
    _Out_opt_      PVOID*       Context
);
```

Parameter 매개변수는 콜백 함수로 전달할 유저 정의 데이터에 대한 포인터며, Context 매개변수에 초기화 처리에 대한 결과를 담아서 돌려준다. 초기화 결과를 담을 PVOID 형태의 포인터 변수를 InitOnceExecuteOne 호출 시에 넘겨주면 InitOnceExecuteOne은 InitFn 콜백 함수 호출 시 이 포인터 변수의 주솟값을 역시 InitFn 함수의 마지막 매개변수로 넘겨주어 초기화가 종료되었을 때 유저가 해당 결과를 돌려받을 수 있도록 한다.

다음 프로젝트를 통해 앞에서 DBMngr 클래스 구축 예를 바로 수정해 확인하도록 하자. 먼저 클래스에 대한 정의를 약간 수정했다.

```
class DBMngr
{
  static INIT_ONCE s_io;
```

앞선 코드에서의 static DBMngr* s_inst; 선언부를 삭제하고, 대신 INIT_ONCE 구조체를 정적으로 선언한다.

```
  static BOOL CALLBACK InitOnceProc(PINIT_ONCE pio, PVOID pPrm, PVOID* ppCtx);
```

초기화 루틴을 실행할 원-타임 초기화 콜백 함수를 선언한다.

```
public:
  static DBMngr* GetInstance();
```

이하 클래스 정의는 앞 소스와 동일하다.

```
    ⋮
};
```

다음으로 정적 멤버 s_io와 GetInstance 메서드에 대한 정의다.

```
INIT_ONCE DBMngr::s_io = INIT_ONCE_STATIC_INIT;
```

INIT_ONCE 구조체를 정의하고 초기화한다. 반드시 INIT_ONCE_STATCI_INIT으로 초기화해야 한다.

```
DBMngr* DBMngr::GetInstance()
{
  PVOID pCtx = NULL;
  BOOL bIsOK = InitOnceExecuteOnce(&s_io, InitOnceProc, NULL, &pCtx);
```

정적 멤버 s_io의 포인터와 콜백 함수, 그리고 초기화 결과로 생성된 DBMngr 인스턴스의 포인터를 받기 위해 pCtx를 넘겨서 InitOnceExecuteOnce를 호출한다.

```
  if (!bIsOK)
    throw (HRESULT)pCtx;
```

실패했을 경우 pCtx 변수에 에러 코드를 직접 담도록 콜백 함수에서 정의한다. 따라서 이 변수의 값을 그대로 throw한다.

```
  return (DBMngr*)pCtx;
```

```
    }
```

이제 제일 중요한 콜백 함수의 정의를 보도록 하자. 기존의 GetInstance 메서드 내용을 그대로 옮겨온 것이라고 봐도 무방하다.

```
BOOL CALLBACK DBMngr::InitOnceProc(PINIT_ONCE pio, PVOID pPrm, PVOID* ppCtx)
{
   cout ≪ " ====> CALLBACK InitOnceProc called in " ≪
            GetCurrentThreadId() ≪ endl;
   DBMngr* inst = NULL;
   try
   {
      inst = new DBMngr();
      *ppCtx = inst;
      return TRUE;
```

```
   }
   catch (HRESULT hr)
   {
      *ppCtx = (PVOID)hr;
      return FALSE;
```

```
   }
}
```

위 예에서 DBMngr의 유일한 인스턴스를 담을 DBMngr* DBMngr::s_inst; 멤버가 사라진 것을 알 수 있다. 그러면 유일하게 한 번 실행될 new DBMngr(); 생성자 호출의 결과는 어디에 담을 것인가? 지금까지의 예를 봐서는 대충 INIT_ONCE 구조체 내에 인스턴스의 포인터를 담을 변수를 멤버로 가지고 있을 거란 추측이 가능하다. 즉 콜백 함수 내에서 new DBMngr(); 에 의해 생성된 인스턴스의 포인터를 매개변수 ppCtx에서 담아주기 때문에, 이 값을 InitOnceExecuteOnce 함수에서 리턴하기 전에 INIT_ONCE 구조체의 멤버 변수에 보관할 것이다. 그리고 INIT_ONCE 구조체 내에 동기화를 위한 어떤 장치가 있을 거란 추측도 가능하다. 이러한 추측을 통해서 INIT_

ONCE 기능을 다음과 같이 직접 모방해볼 수 있다.

프로젝트 3.3.3 InitOnceImpl

```
struct MY_INIT_ONCE
{
    CRITICAL_SECTION _cs;
    PVOID            _ctx;

    MY_INIT_ONCE()
    {
        InitializeCriticalSection(&_cs);
        _ctx = NULL;
    }
    ~MY_INIT_ONCE()
    {
        DeleteCriticalSection(&_cs);
    }
};
typedef MY_INIT_ONCE* PMY_INIT_ONCE;
```

INIT_ONCE 구조체를 대신할 MY_INIT_ONCE 구조체와 크리티컬 섹션을 사용하며, 콜백 실행 결과를 담을 _ctx 멤버 변수를 정의한다.

```
typedef BOOL (*PMY_INIT_ONCE_FN) (PMY_INIT_ONCE pMio, PVOID pPrm, PVOID* ppCtx);
```

InitOnceExecuteOnce 함수의 InitFn 콜백 함수를 대신할 함수 포인터 타입을 정의한다.

INIT_ONCE 구조체의 내용을 추측해 이 정도 수준에서 MY_INIT_ONCE 구조체를 정의할 수 있을 것이다. 결과를 담을 PVOID 타입의 _ctx 멤버를 정의했으며, 크리티컬 섹션 초기화와 해제는 생성자와 소멸자에서 정의했다. 이 패턴 역시 정적 클래스를 자동 초기화하는 데 자주 쓰이는 기법이며, 앞서 크리티컬 섹션의 예에서도 살펴본 바가 있다.

다음으로 InitOnceExecuteOnce를 대신할 MyInitOnceExecuteOnce 함수의 의사구현을 살펴보자.

```
BOOL MyInitOnceExecuteOnce(PMY_INIT_ONCE pIo,
            PMY_INIT_ONCE_FN pfnInit, PVOID pPrm, PVOID* ppCtx)
```

```
{
    BOOL bIsOK = TRUE;

    EnterCriticalSection(&pIo->_cs);
```

크리티컬 섹션을 통해 우선 크리티컬 섹션으로 들어간다.

```
    if (pIo->_ctx == NULL)
    {
```

_ctx 멤버가 NULL이면 아직 초기화되지 않았음을 의미하므로, 매개변수로 넘어온 콜백 pfnInit을 호출한다.

```
        bIsOK = pfnInit(pIo, pPrm, ppCtx);
        if (bIsOK)
            pIo->_ctx = *ppCtx;
```

pfnInit 호출이 성공일 경우 매개변수에 담긴 결과를 _ctx 멤버 변수에 저장한다.

```
    }
    else
    {
```

_ctx 멤버가 NULL이 아니면 이미 초기화가 완료된 것을 의미하므로, pfnInit 호출 없이 _ctx멤버의 값을 매개변수 ppCtx에 설정한다.

```
        *ppCtx = pIo->_ctx;
    }
    LeaveCriticalSection(&pIo->_cs);
```

크리티컬 섹션을 빠져나오고, 결과를 리턴한다.

```
    return bIsOK;
}
```

이렇게 정의한 후 클래스에서 INIT_ONCE 부분을 다음과 같이 MY_INIT_ONCE로 대체하고 GetInstance 메서드에서 InitOnceExecuteOnce를 호출하는 대신 MyInitOnceExecuteOnce 를 호출하도록 수정한다.

```
class DBMngr
{
    static MY_INIT_ONCE s_io;
    static BOOL InitOnceProc(PMY_INIT_ONCE pio, PVOID pPrm, PVOID* pCtx);
```

```
public:
    static DBMngr* GetInstance();
        ⋮
};


MY_INIT_ONCE DBMngr::s_io;
```

> MY_INIT_ONCE 구조체의 경우, 초기화를 위해 INIT_ONCE_STATIC_INIT을 설정할 필요가 없다. 이는 생성자와 소멸자에서 크리
> 티컬 섹션의 초기화 및 해제가 이뤄지기 때문이다.

```
DBMngr* DBMngr::GetInstance()
{
    PVOID pCtx = NULL;
    BOOL bIsOK = MyInitOnceExecuteOnce(&s_io, InitOnceProc, NULL, &pCtx);
        ⋮
}
```

이런 과정을 통해 INIT_ONCE 메커니즘을 구현할 수 있다. 윈도우에서는 이러한 메커니즘을 미리 구현해 여러분들에게 제공하기 때문에, 우리는 그냥 가져다 제대로 사용하기만 하면 될 것이다.

2) 동시 병렬 초기화

MS가 제공하는 원-타임 초기화는 앞의 의사코드처럼 내부적인 락을 사용해 하나의 스레드에 의한 단일 초기화를 가능하게 하는 잠금 초기화도 지원하지만, 내부적인 락을 사용하지 않고 여러 스레드가 동시에 초기화를 수행할 수 있는 동기적 또는 비동기적이 동시 병렬 초기화도 지원한다. "동시 병렬 초기화"란 병렬 프로그래밍에서 말하는 Parallel의 의미도 담고 있지만, 초기화를 여러 스레드에서 동시에 진행할 수 있게 해준다는 의미가 더 크다. 내부 잠금 방식은 여러 스레드가 동시에 초기화를 진행할 경우, 유저가 정의한 초기화 콜백 함수의 호출을 단지 하나의 스레드에 의해서만 호출되도록 처리하지만, 병렬 초기화는 실제로 스레드들이 동시에 초기화 과정을 수행하게 된다. MS가 제공하는 병렬 초기화는 단적인 예를 들자면, 두 개의 스레드에 의해 동일한 초기화 과정이 동시에 진행되어 완료되었을 때, 뒤에서 성공한 초기화는 폐기하고 최초로 성공한 초기화의 결과를 취하도록 하는 구조다. 동시 병렬 초기화는 복잡한 처리를 요구하기 때문에, 확실한 단 한 번의 초기화를 간단히 지원하고자 한다면 콜백 함수를 이용하는 InitOnceExecuteOnce를 사용할 것을 권장한다. 여기에서는 동시 병렬 초기화에 대해 간단히 설명할 예정이다.

동시 병렬 초기화를 사용하기 위해서는 먼저 InitOnceBeginInitialize와 InitOnceComplete 함수를 알아야 한다. 함수 쌍을 보았을 때 대충 어떤 과정을 거칠지 짐작할 수 있을 것이다. 그러나 그 과정은 다소 다르다. 윈도우는 비동기 함수 호출을 위해 수많은 Begin/End 쌍의 함수들을 제공한다. 이런 함수들은 대충 BeginXXX를 호출하면 원하는 작업은 백그라운드로 실행되고, 호출한 스레드는 BeginXXX 함수를 바로 빠져나와 자신의 다른 처리를 수행하다가 실행을 맡긴 그 작업의 처리가 완료되었는지를 확인하기 위해 EndXXX 함수를 호출하는 구조다. 하지만 동시 병렬 초기화에서 제공하는 두 함수는 상황이 이와 다르다. 초기화 과정을 InitOnceBeginInitialize에 맡기고 다른 작업을 할 수 있는 것이 아니라, InitOnceBeginInitialize를 호출해 초기화를 개시했다는 사실만 알리고 함수로부터 바로 리턴한 후, 실제 초기화 작업은 InitOnceBeginInitialize 함수를 호출한 스레드가 직접 수행해야 한다. 그리고 초기화가 끝나면 InitOnceComplete를 호출해 다른 스레드가 이미 초기화를 완료했는지의 여부를 판별해, 이미 완료되었다면 자신의 초기화 결과를 폐기하고 그 과정에서 할당한 여러 리소스들을 모두 클린업시켜 주고 다른 스레드가 완료한 초기화의 결과를 사용하게끔 한다. 이런 시나리오라면 다소 불합리하다는 생각이 들기도 한다. 그럼 우선 이 두 함수에 대해서 먼저 알아보도록 하자.

```
BOOL WINAPI InitOnceBeginInitialize
(
  _Inout_      LPINIT_ONCE   lpInitOnce,
  _In_         DWORD         dwFlags,
  _Out_        PBOOL         fPending,
  _Out_opt_    LPVOID*       lpContext
);
```

InitOnceBeginInitialize 함수는 초기화가 개시되었음을 알리는 역할을 한다. lpInitOnce와 lpContext 매개변수는 InitOnceExecuteOnce의 의미와 동일하고, 나머지 매개변수에 대한 내용은 다음과 같다.

DWORD dwFlags

초기화 실행을 위한 값을 다음과 같이 지정할 수 있다.

- **0** : 이 함수를 호출한 여러 스레드 중 하나의 스레드만 초기화를 수행하도록 한다.
- **INIT_ONCE_ASYNC(0x00000002UL)** : 다수의 스레드가 병렬로 다중 초기화의 개시를 가능하게 한다.

- **INIT_ONCE_CHECK_ONLY(0x00000001UL)** : 초기화를 개시하지 않고 리턴값을 통해 단지 초기화가 완료 되었는지의 여부를 알려준다. 이 플래그 지정 시 초기화가 완료되었으면 TRUE를 리턴하는 동시에 lpContext 매개변 수에는 초기화의 결괏값을 담아서 돌려준다.

PBOOL fPending

함수의 호출이 성공했을 때 초기화 과정이 진행 중인지의 여부를 나타낸다. TRUE면 진행 중이 고, FALSE면 초기화가 이미 완료되었음을 의미한다.

[리턴값] BOOL

- INIT_ONCE_CHECK_ONLY 외의 플래그를 지정했을 때 함수 호출이 성공적이면 TRUE를 리턴한다.
- INIT_ONCE_CHECK_ONLY 플래그가 지정된 상태에서 초기화가 완료되었으면 TRUE를 리턴한다.
- 이 외의 경우는 FALSE를 리턴한다.

InitOnceBeginInitialize를 호출해 시작했던 초기화 작업의 완료 여부를 판별하기 위해서는 다음 의 함수를 호출해야 한다. 역시 나머지 매개변수는 의미가 같기 때문에 dwFlags에 대해서만 알면 된다.

```
BOOL WINAPI InitOnceComplete
(
    _Inout_     LPINIT_ONCE  lpInitOnce,
    _In_        DWORD        dwFlags,
    _In_opt_    LPVOID       lpContext
);
```

DWORD dwFlags

InitOnceBeginInitialize 호출 시와 동일한 플래그를 지정하기 바란다. INIT_ONCE_ ASYNC인 경우에는 함수 호출 시에 INIT_ONCE_ASYNC를 넘기고, 0을 지정했다면 역시 0을 넘겨야 한다. 이 외에 INIT_ONCE_INIT_FAILED라는 플래그를 넘겨줄 수도 있으나 무 시해도 상관없다. 이 플래그는 초기화 시도가 실패했음을 알리는 역할을 하지만, 실패했음을 통 지하기 위해서는 그냥 초기화를 중단하고 InitOnceComplete를 호출하지 않고 종료하면 되므 로 크게 의미 없는 플래그다.

InitOnceBeginInitialize 함수를 호출할 때 dwFlags를 0으로 넘기면 동기적 초기화 과정이 진행된다. 물론 병렬적으로 다수의 스레드가 InitOnceBeginInitialize 함수를 호출하지만, 호출에 성공한 최초의 스레드만이 초기화를 수행하게 되고 나머지 스레드들은 블록되어 대기 상태로 빠진다. 최초의 스레드가 InitOnceComplete까지 호출해 초기화 성공을 알리면 이 스레드가 생성한 초기화 결과를 사용하게 되지만, 만약에 실패했을 경우에는 대기 중인 다음 스레드가 초기화를 시도하게 된다. 여기서는 비동기적 방식에 방점을 두고, 즉 INIT_ONCE_ASYNC 플래그를 지정한 경우에 한해서 이 두 함수의 사용법에 대해 알아보기로 한다.

앞에서 두 함수의 설명이 다소 부족하다면 동시 병렬 초기화 방식의 코드 작성 과정과 예제 소스를 통해 더 확실히 이해할 수 있을 것이다. 코드를 작성할 때 다음과 같은 규칙을 따르기 바라며, 물론 이 코드는 여러 스레드가 동시에 병렬적으로 실행할 코드임을 염두에 두기 바란다.

① INIT_ONCE_ASYNC 플래그와 함께 InitOnceBeginInitialize 함수를 호출한다.

② InitOnceBeginInitialize 호출 결과가 FALSE면 이 함수 호출 자체가 실패한 것으로, GetLastError를 통해 원인을 파악한다.

③ 호출 결과가 TRUE면 fPending 매개변수에 담긴 값을 확인해야 한다. fPending이 FALSE면 동시에 여러분이 작성한 초기화 코드를 실행하는 여러 스레드 중 하나가 이미 초기화를 완료했다는 의미이다. 이때 초기화의 완료 결과는 InitOnceBeginInitialize의 lpContext 매개변수에 담겨서 넘어온다. 따라서 이 값을 결과로 취하고 초기화 과정을 종료해야 한다.

④ fPending이 TRUE면 현재 초기화가 진행 중이며, 어떤 스레드도 초기화를 아직 완료하지 못했음을 의미하기 때문에 초기화 과정을 수행하면 된다.

⑤ 초기화를 완료한 후 완료를 통보하기 위해서는 역시 INIT_ONCE_ASYNC 플래그와 함께 lpContext 매개변수에 여러분의 초기화 결과를 담아서 InitOnceComplete를 호출해야 한다.

⑥ InitOnceComplete 호출 결과가 TRUE면 InitOnceComplete를 호출한 이 스레드가 초기화의 과정을 완료했다는 의미이고, lpContext로 넘겨진 초기화 결과는 원-타임 초기화 구조체의 문맥 멤버에 저장되어 다른 스레드가 참조할 수 있게 된다. 초기화가 완료되었으므로, 이 스레드가 수행한 초기화 결과를 리턴하고 초기화는 중단한다.

⑦ InitOnceComplete 호출 결과가 FALSE면 자신은 초기화를 성공했지만 자신보다 먼저 초기화에 성공해서 그 결과를 문맥에 저장했다는 것을 의미한다. 따라서 이 스레드가 수행한 초기화의 모든 결과를 무시하고 초기화 과정에서 생성했던 여러 리소스들을 전부 클린업시키고 다음 단계를 진행한다.

⑧ 다른 스레드가 완료한 초기화의 결과를 획득하기 위해 이번엔 INIT_ONCE_CHECK_ONLY 플래그와 함께 InitOnceBeginInitialize를 호출한다. 만약 InitOnceBeginInitialize가 실패인 경우에는 함수 자체의 에러기 때문에 에러 처리를 하고 리턴한다.

⑨ 성공인 경우에는 fPending 값이 FALSE여야 확실히 다른 스레드가 초기화를 완료했다는 의미가 되며, 이때 매개변수로 넘겨준 lpContext에는 그 초기화의 결과가 담기게 된다.

⑩ fPending 값이 TRUE면 앞 단계와 서로 모순되는 결과이므로, 에러 처리를 하고 초기화 실패로 간주하고 최종 리턴한다.

이제 이 과정을 염두에 두면서 비동기 초기화의 예를 검토해보자. 콜백 함수에 의한 초기화 소스에서 콜백 함수 정의를 빼고 GetInstance 함수 내에서 비동기 초기화 작업을 수행하도록 수정한 것이다. 따라서 여기서는 GetInstance 함수 부분만 싣기로 한다.

프로젝트 3.3.3 InitOnceAsync

```
class DBMngr
{
  static INIT_ONCE s_io;

public:
  static DBMngr* GetInstance()
  {
    PVOID pCtx = NULL;
    BOOL  fPending = FALSE;
    BOOL bIsOK = InitOnceBeginInitialize
    (
        &s_io,
        INIT_ONCE_ASYNC,
        &fPending, &pCtx
    );
```

① 최초 비동기 병렬 처리를 위해 INIT_ONCE_ASYNC 플래그와 함께 InitOnceBeginInitialize 함수를 호출한다.

```
    if (!bIsOK)
        throw HRESULT_FROM_WIN32(GetLastError());
```

② 호출 결과가 FALSE면 InitOnceBeginInitialize 함수 호출 자체의 실패를 의미하므로, 에러 처리를 한 후 리턴한다.

```
    DWORD dwThrId = GetCurrentThreadId();
    if (!fPending)
    {
        printf(" ******** Initializing completed: %d\n ", dwThrId);
        return (DBMngr*)pCtx;
```

③ InitOnceBeginInitialize 호출이 성공이고 fPending이 FALSE면, 초기화 작업이 다른 스레드에 의하여 이미 완료되었음을 의미한다. 따라서 문맥 pCtx에는 다른 스레드에 의해 생성된 DBMngr 클래스의 인스턴스가 담겨 있으므로 이를 리턴하면 된다.

```
    }
```

```
    DBMngr* inst = new DBMngr();
```

④ 여기까지 왔다면 InitOnceBeginInitialize는 성공했고 fPending이 TRUE임을 의미한다. 이는 초기화가 진행 중임을, 즉 본 스레드 뿐만 아니라 다른 여러 스레드들도 동시에 진행 중이긴 하지만 아직까지 완료한 스레드는 없음을 의미한다. 따라서 본 스레드 역시 초기화 작업을 완료하기 위해 이 예제의 DBMngr 인스턴스를 생성한다.

```
    bIsOK = InitOnceComplete(&s_io, INIT_ONCE_ASYNC, (PVOID)inst);
```

⑤ 초기화에 성공했으면, 즉 new DBMngr(); 부분이 성공했으면 InitOnceComplete를 INIT_ONCE_ASYNC에 넘겨주어 호출한다. 이때 생성한 inst 변수를 lpContextdml 매개변수로 넘겨주어 원-타임 초기화 구조체 내의 문맥 멤버에 이 값을 저장하도록 한다.

```
    if (bIsOK)
    {
        printf(" !!!!!!!! One-Time Initialization SUCCEEDED : %d\n  dwThrId);
        return inst;
```

⑥ InitOnceComplete 호출이 성공이면 본 스레드에서 생성한 인스턴스의 포인터 inst가 문맥에 제대로 저장되었음을 의미한다. 이는 동시에 초기화를 진행 중인 다른 스레드들보다 이 스레드가 제일 먼저 초기화를 완료했다는 의미이기도 하다. 따라서 초기화가 완료되었으므로, 이 인스턴스를 리턴하면 된다.

```
    }

    delete inst;
    printf(" ******** Already initialized : %d\n", dwThrId);
```

⑦ InitOnceComplete 호출이 실패면 다른 스레드에 의해 이미 초기화가 완료되어 DBMngr 인스턴스가 생성되었음을 의미하기 때문에, 그 스레드가 생성한 인스턴스를 사용하기 위해 이 시점에서 본 스레드가 생성한 DBMngr 인스턴스를 삭제해야 한다.

```
    bIsOK = InitOnceBeginInitialize
    (
        &s_io,
        INIT_ONCE_CHECK_ONLY,
        &fPending, &pCtx
    );
```

⑧ 이미 다른 스레드에 의해 인스턴스가 초기화되었기 때문에 그 값을 문맥으로부터 획득하기 위해 다시 InitOnceBeginInitialize를 호출한다. 주의할 것은 이번 호출에는 INIT_ONCE_CHECK_ONLY 플래그를 넘겨줘야 한다는 점이다.

```
    if (bIsOK && !fPending)
        return (DBMngr*)pCtx;
```

⑨ InitOnceBeginInitialize 호출이 성공이고 fPendingd 값이 FALSE면, 즉 초기화 작업이 이미 완료되었다면 pCtx에 다른 스레드에 의해 생성되고 저장된 DBMngr 클래스의 인스턴스 값이 담겨오기 때문에 이 값을 리턴한다.

```
    throw HRESULT_FROM_WIN32(GetLastError());
```
⑩ 나머지 경우는 실패로 간주하고 에러 처리를 한다.
```
  }
  ⋮
```

마지막으로, INIT_ONCE 구조체의 초기화에 대해 언급하고 이 장을 마무리하고자 한다. INIT_
ONCE 구조체는 매크로로 정의된 INIT_ONCE_STATIC_INIT으로 초기화할 수도 있지만, 다
음과 같이 초기화를 담당하는 함수도 별도로 제공된다.

```
VOID WINAPI InitOnceInitialize(_Out_ PINIT_ONCE InitOnce);
```

2부

비동기 입출력

04장 파일, 비동기 입출력과 IOCP

05장 비동기 소켓

06장 스레드 풀

07장 IPC와 비동기 입출력

04장

파일, 비동기 입출력과 IOCP

4.1 파일(File) 커널 객체

4.1.1 파일 생성 및 입출력

4.1.2 파일에 대한 작업

4.1.3 CreateFile을 통한 다른 장치 열기

4.1.4 동기적 입출력의 취소

4.2 비동기 입출력의 기본

4.2.1 비동기 입출력을 위한 사전 지식

4.2.2 장치 또는 이벤트 시그널링

4.3 경보가능 입출력(Alertable I/O)과 APC

4.3.1 비동기 프로시저 호출(APC)

4.3.2 경보가능 입출력의 사용

4.3.3 입출력과 상관없는 APC의 사용

4.4 입출력 완료 포트(IOCP)

4.4.1 IOCP의 생성

4.4.2 쓰레드 풀 구성하기

4.4.3 입출력과 상관없는 IOCP의 사용

4.4.4 IOCP 내부 들여다보기

4.4.5 IOCP 확장 함수

4.5 비동기 입출력의 취소

4.5.1 핸들 닫기

4.5.2 취소 함수

1부에서는 "스레드와 동기화"라는 큰 주제 하에 동기화의 필요성 및 윈도우에서의 동기화를 위한 수단과 방법에 대해 상세하게 논의했다. 이제 4장부터는 이 책의 주제인 "비동기 입출력 (Asynchronous I/O)"에 대해 설명할 것이다. 1장에서 동기화의 목적으로 "통지를 통한 흐름 제어"에 대해 언급한 바 있다. 그리고 2장에서 통지를 위한 대표적인 동기화 전용 커널 객체인 이벤트와 통지의 다른 방식으로서의 윈도우 메시지 및 콜백 함수를 통한 통지에 대해 상세하게 기술한 바 있다. 이제부터 논의하게 될 비동기 입출력은 그 바탕에 있어서 "통지"를 기본으로 한다. 통지라는 것을 "어떤 사건을 알림"이라고 했을 때, 비동기 입출력에서 통지가 알려주는 그 사건은 "비동기적으로 시작된 입출력 작업이 완료"된 사실을 알려주는 것을 의미한다. 흐름 제어는 바로 입출력 사건이 완료되었음을 통지해, 그 통지를 받은 스레드로 하여금 깨어나서 완료 사건에 대한 사후 처리를 수행하도록 그 흐름을 제어하는 것이다.

비동기 입출력은 기본적으로 특정 장치를 대상으로 한다. 그 장치는 보통 커널 내에서의 디바이스 드라이버와 연결되고 입출력의 요청은 커널 내의 스레드에 의해서 수행되는데, 유저 영역에서 API를 통해 해당 장치에 입출력을 요청하게 되면 API를 호출한 스레드는 기본적으로 블록되어 해당 입출력이 끝날 때까지 대기하게 된다. 앞서도 말했지만 장치 입출력의 과정은 아마 컴퓨터 시스템 중에서 가장 느린 작업일 것이다. 극단적으로 플로피 디스크에 파일을 하나 복사한다고 생각해보라. 끼익거리는 소리와 함께 눈으로 보고 느끼기에도 엄청 더디다는 것을 알 수 있다. 하드 디스크의 경우도 플로피보다는 비교할 수 없을 정도로 빠르겠지만, 컴퓨터의 다른 요소들에 비하면 하드 디스크에 대한 처리도 매우 느린 편에 속한다. 플로피가 되었든 하드 디스크가 되었든 입출력을 요구하면 그 스레드는 대기 상태로 전환된다. 그래도 디스크를 대상으로 무얼 쓰거나 읽는 경우라면 대기하는 스레드는 일정 시간을 소요하는 입출력 작업이 모두 완료되면 깨어날 것이다. 하지만 다른 장치들, 예를 들어 통신 포트나 소켓 같은 경우는 다소 상황이 달라진다. 통신 포트 자체의 속도 문제는 제쳐두고서라도 이러한 장치들의 문제는 해당 장치로부터 데이터가 언제 전송될지를 알 수가 없다는 점이다. 디스크의 경우처럼 해당 장치에 데이터를 쓰고 그 응답을 어느 정도 기다렸다가 읽을 수 있다면 문제되지 않겠지만, 비동기적으로 해당 장치에서 데이터를 전송해 올 때 그 데이터를 언제, 어떻게 읽어들일 것인가를 판단하기란 쉽지 않다. 소켓 같은 경우 클라이언트로부터 접속이 언제 들어올지, 접속 후 언제 데이터를 전송할지를 서버가 판단하기는 불가능하다. 따라서 소켓을 열고 연결 상태로 둔 채 항상 수신 대기 상태로 있어야 한다. 그래서 흔히 기존의 클라이언트-서버 모델의 경우에는 클라이언트가 접속하면 스레드를 하나 만들어서 항상 동기적 수신 상태로 만들어주는 처리가 요구되었다. 하지만 여전히 해당 스레드는 데이터를 수신하기 전까지는 블록되어 다른 작업을 아무것도 못하는 상태가 된다. 그리고 더 큰 문제는 만약 그런 클라이언트가 몇천 단위로 연결되어 있다면 스레드를 몇천 개씩 유지하고 있어야 하는가? 그렇게 처리한다면 너무나 끔찍한 상황이 될 것이다. 몇천 개의 스레드를 수신 대기 상태로 두는 것도 문제지만, 그렇게 많은 스레드를 만들고 유지하는 것은 메모리 리소스의 낭비일 뿐만 아니라 스레드 문맥 전환에 의한 CPU 자원의 낭비를 초래하여 시스템의 성능에 크나큰 영향을 끼치게 될 것이다.

지금까지 언급한 문제점들은 크게 두 가지로 집약될 수 있다. 장치가 입출력을 행하는 동안 입출력을 요구한 스레드를 단순히 대기하도록 만들지 않을 것과 과도한 스레드 생성을 억제해야 한다는 것이다. 다시 말하자면, 스레드를 가능한 적게 만들 것, 그리고 생성된 스레드를 쓸데 없이 놀리지 말 것! 위에서 언급한 문제들은 하나의 장치에 대한 입출력의 문제에서 출발해서 수천 클라이언트를 상대해야 하는 서버-사이드 프로그램 작성에 이르기까지 이어져 있는 문제들이다. 해당 장치에 대한 입출력 작업을 수행하는 스레드가 장치로부터 데이터를 읽거나 장치에 데이터를 쓰는 작업이 완료될 때까지 대기하지 말고 다른 작업을 할 수 있다면… 이런 목적에서 출발된 것이 바로 비동기 입출력이다. 가장 단순한 이 목적에서 출발하여 몇 개의 스레드로 수없이 많은 클라이언트의 요구를 수용할 수 있는 효율적이면서 확장 가능한, 저비용 고효율의 시스템을 구축할 수 있는 수준의 해결책을 시스템 측면에서 제시해주는 것도 바로 비동기 입출력에서 논의할 내용이다.

4.1 파일(File) 커널 객체

비동기 입출력을 논의하기 이전에 우선 파일 또는 장치 입출력에 대한 개념을 먼저 논의하도록 하자. 입출력의 대상은 흔히 우리가 일반적으로 부르는 파일이다. 앞서 언급한 것처럼 파일 자체도 윈도우의 커널 객체 중의 하나다. 사실, 파일이라고 하면 실제 그 대상은 무척 광범위하다. 파일 입출력이라고 부르기보다는 장치(Device) 입출력이라고 하는 편이 나을 듯하다. 다음은 이 장에서 논의하는, 즉 파일 입출력에서 파일의 대상이 될 수 있는 장치들의 종류를 정리하였다.

종류	일반적인 사용 목적	
파일(File)	임의의 데이터의 영속적 저장소	
디렉터리(Directory)	파일과 서브 디렉터리를 담는 저장소	
디스크 드라이브 (Disk-Drive)	논리적	파티션된 볼륨
	물리적	물리적인 하드 또는 이동 디스크 장치
직렬 포트(Serial Ports)	COM 포트 등의 직렬 포트를 통한 데이터 전송	
병렬 포트(Parallel Ports)	LPT 포트 등의 병렬 포트를 통한 데이터 전송	

파이프(Pipe)	일 대 일 데이터 전송
메일슬롯(Mailslot)	일 대 다 데이터 전송
소켓(Socket)	데이터그램이나 스트림 데이터 전송
콘솔(Console)	텍스트 기반 윈도우 화면 버퍼

위에서 열거한 장치들이 이 장에서 다루는 장치 입출력 관련 기본 작용인 Create, Read, Write 및 Close의 대상이 된다.

4.1.1 파일 생성 및 입출력

1장에서는 커널 객체에 대한 소개, 2장에서는 동기화 전용 커널 객체를 중심으로 상세한 논의를 전개했다. 이제는 비동기 입출력에 대한 논의를 위해 그 중심이 되는 커널 객체인 파일에 대해서 설명할 것이다. 파일 객체는 커널과 유저 모드의 프로세스들, 그리고 물리적 디스크 상에 존재하는 파일 데이터 사이의 논리적 인터페이스 기능을 하며, 파일에 쓰여진 데이터뿐만 아니라 커널에서 유지되는 다음의 속성 세트를 포함한다.

- **파일명** : 대응하는 물리적 파일에 대한 이름이다.
- **공유 모드** : 하나의 프로세스가 파일에 대해 작업하는 동안 다른 프로세스가 그 파일을 읽기/쓰기 또는 삭제를 위해 파일을 여는 것을 허용할 것인지의 여부를 지시한다.
- **입출력 모드** : 파일을 열 때 입출력 모드는 다음과 같이 나눌 수 있다.
  - 동기 또는 비동기 입출력
  - 캐시 또는 직접 입출력
  - 순차적 또는 랜덤 입출력
- **디바이스 객체 포인터** : 파일 데이터가 존재하는 물리적 디바이스를 식별한다.
- **현재 바이트 오프셋** : 동기 파일 입출력에 사용되며, 읽기/쓰기 작용의 현재 시작 위치를 식별한다.
- **볼륨 파라미터 블록(VPB) 포인터** : 파일 데이터가 존재하는 볼륨이나 파티션을 식별한다.
- **섹션 객체 포인터** : 매핑된 파일을 기술하는 루트 구조체를 식별한다.
- **개별 캐시 맵 포인터** : 현재 캐시된 파일 데이터를 식별한다.

1) 파일이나 장치의 생성 또는 열기

위에서 언급한 파일이나 장치를 열거나 생성하는 대표적인 함수는 CreateFile이다. 파일이나 장치를 생성한다거나 연다는 의미는 앞서 언급한 커널 객체에 대한 행위와 동일하다. 커널 영역에 해당 파일이나 장치에 대한 커널 데이터 구조를 생성한 후, 유저 영역으로 그 구조를 식별할 수 있는 핸들값을 돌려준다는 의미다. 이 CreateFile의 대상은 광범위하다. CreateFile을 통해서 우리가 흔히 알고 있는 디스크 상의 일반 파일뿐만 아니라 통신 포트(Serial Port), 프린터 포트(Parallel Port), 디스크 드라이브, 콘솔, 디렉터리, 파이프 등 많은 장치들을 열 수 있기 때문이다.

먼저, CreateFile 함수를 살펴보자. 이 함수는 주어진 파일명에 지정된 파일이나 장치를 열거나 생성한다. 이 함수로 접근 가능한 장치들과 이름 지정 방식은 다음과 같다.

```
HANDLE WINAPI CreateFile
(
    _In_        LPCTSTR              lpFileName,
    _In_        DWORD                dwDesiredAccess,
    _In_        DWORD                dwShareMode,
    _In_opt_    LPSECURITY_ATTRIBUTES lpSecurityAttributes,
    _In_        DWORD                dwCreationDisposition,
    _In_        DWORD                dwFlagsAndAttributes,
    _In_opt_    HANDLE               hTemplateFile
);
```

LPCTSTR lpFileName

열고자 하는 장치의 이름을 지정한다. CreateFile을 통해서 열 수 있는 장치의 종류는 다양하다. 다음은 각 종류별로 이름을 지정하는 방식이다.

- **파일(File)**

  경로명 또는 UNC 경로명을 통해서 열 수 있다.
  - 로컬 파일 경로명 : C:\Folder\File.txt
  - UNC 경로명 : \\RemoteName\SharedFolder\File.txt

- **디렉터리(Directory)**

  CreateFile로 디렉터리를 생성할 수는 없지만, CreateDirectory(Ex)를 이용해 디렉터리를 생성할 수 있다. 대신, 윈도우 2000부터는 기존의 디렉터리를 뒤에서 설명할 dwFlagsAndAttributes 매개변수를 FILE_FLAG_BACKUP_SEMANTICS 플래그 속성으로 지정함으로써 CreateFile을 통해 열 수 있다.

- **디스크 드라이브(Disk Drive)**

  CreateFile을 통해서 논리적 또는 물리적 디스크 드라이브를 열 수 있다. 파일명을 주는 방식은 "\\.\드라이브명"이다. 다음은 디스크 드라이브를 열 때 이름을 지정하는 방식이다.

물리적 드라이브

- 첫 번째 물리적 드라이브 → ₩₩.₩PHYSICALDRIVE0

- 세 번째 물리적 드라이브 → ₩₩.₩PHYSICALDRIVE2

논리적 드라이브

- 드라이브 A → ₩₩.₩A:

- 드라이브 C → ₩₩.₩C:

볼륨명을 통해서 열기

FindFirstVolume과 FindNextVolume 함수를 통해 획득한 디스크의 볼륨명을 이용해 다음과 같이 경로명을 줄 수 있다.

- 볼륨명 → ₩₩.₩[볼륨명]

- **통신 포트(Communication Ports)**

  CreateFile을 통해서 통신 포트를 열 수 있다. "COM#"이나 "LPT#" 형식이다. 여기서 #은 포트 번호를 나타낸다.

  - 직렬 포트(Serial Ports) → "COM1", "COM2"

  - 병렬 포트(Parallel Ports) → "LPT1", "LPT2"

- **메일슬롯(Mailslot)**

  메일슬롯 서버의 경우는 CreateFile을 통해서가 아닌 CreateMailslot을 통해서 연다.

  메일슬롯 클라이언트의 경우 CreateFile을 통해서 열 수 있으며, 이름 지정 형식은 다음과 같다.

  - 메일슬롯 → ₩₩.₩mailslot₩mailslotName

- **파이프(Pipe)**

  파이프에는 이름 지정 파이프와 익명 파이프가 있다. 익명 파이프나 이름 지정 파이프 서버의 경우는 CreatePipe를 통해서 파이프를 열거나 생성한다.

  이름 지정 파이프 클라이언트의 경우는 CreateFile을 통해서 열 수 있으며, 이름 지정 형식은 다음과 같다.

  - 파이프 → ₩₩.₩pipe₩pipeName

- **콘솔(Console)**

  콘솔의 경우 CreateConsoleBuffer나 GetStdHandle 등으로 열 수 있다. 또한 CreateFile을 통해서도 콘솔을 열 수 있으며, 이름 지정은 다음과 같다.

  - 표준 입력 → CONIN$

  - 표준 출력, 에러 → CONOUT$

이외 소켓의 경우는 CreateFile로는 열 수 없지만, ReadFile이나 WriteFile을 이용해서 소켓에 대한 입출력 작업을 할 수 있다.

파일을 통해서 이렇게 다양한 장치들을 열 수 있는데, 반대로 이미 열린 파일 핸들이 어떤 장치와 관계되는지를 식별할 수 있는 함수가 존재한다.

```
DWORD WINAPI GetFileType(_In_ HANDLE hFile);
```

GetFileType 함수를 호출하면 DWORD 리턴값을 통해 연관된 디바이스의 종류를 식별할 수 있는데, 그 리턴값의 의미는 다음과 같다.

- **FILE_TYPE_UNKNOWN(0x0000)**

  알 수 없는 파일이거나 함수 호출 실패다.

- **FILE_TYPE_DISK(0x0001)**

  지정된 파일은 디스크 상의 파일이다.

- **FILE_TYPE_CHAR(0x0002)**

  문자 파일, 전형적으로 LPT 디바이스나 콘솔임을 의미한다.

- **FILE_TYPE_PIPE(0x0003)**

  해당 파일이 소켓이거나 파이프임을 의미한다.

- **FILE_TYPE_REMOTE(0x8000)**

  현재 사용되지 않는다.

DWORD dwDesiredAccess

장치나 파일에 대한 접근 모드를 지정한다. 접근 모드의 의미는 해당 장치에 대한 접근 권한을 지정하는 것인데, 적절한 권한을 주지 않은 채 해당 장치를 열어 권한에 맞지 않는 행위를 하게 되면 ERROR_ACCESS_DENIED(5) 에러가 발생된다. 가능한 조합은 다음과 같다.

- **0** : 파일에 읽기나 쓰기 작업을 행하지 않을 목적으로 연다는 것을 의미한다. 파일을 읽거나 쓰는 목적이 아닌 경우는 단지 파일이나 장치의 설정 정보를 변경, 예를 들어 파일의 시간 스탬프를 변경하고자 할 때다.
- **GENERIC_READ** : 읽기 전용 제어를 목적으로 파일이나 장치를 연다.
- **GENERIC_WRITE** : 쓰기 전용 제어를 목적으로 파일이나 장치를 연다.

GENERIC_READ | GENERIC_WRITE의 조합이 가장 일반적이다. 사실 위의 두 플래그는 복잡한 접근 권한 플래그들의 조합이다.

- **GENERIC_READ**

  FILE_READ_ATTRIBUTES | FILE_READ_DATA | FILE_READ_EA | STANDARD_RIGHTS_READ | SYNCHRONIZE

- **GENERIC_WRITE**

  FILE_APPEND_DATA | FILE_WRITE_ATTRIBUTES | FILE_WRITE_DATA | FILE_WRITE_EA | STANDARD_RIGHTS_WRITE | SYNCHRONIZE

위 플래그의 조합에서 SYNCHRONIZE 플래그를 주목할 필요가 있다. SYNCHRONIZE의 의미는 동기화 기능을 지원한다는 의미며, 이는 파일 커널 객체 자체가 동기화 객체로 사용될 수 있음을 의미한다.

DWORD dwShareMode

이 매개변수는 파일 작업 시 다른 프로세스가 작업 중인 파일에 대한 접근 허용 여부를 결정한다.

- **0** : 공유하지 않음. 파일 작업 시 다른 프로세스에서 해당 파일을 접근하게 되면 ERROR_SHARING_VIOLATION 에러가 발생한다.
- **FILE_SHARE_READ** : 공유 읽기
- **FILE_SHARE_WRITE** : 공유 쓰기
- **FILE_SHARE_DELETE** : 삭제 가능

일반적으로 FILE_SHARE_READ | FILE_SHARE_WRITE를 많이 지정한다. 이 매개변수를 0으로 지정한 채, 파일을 연 상태에서 다른 프로세스에서 이 파일을 또 열고자 CreateFile을 호출하면 ERROR_SHARING_VIOLATION(32) 에러가 발생한다.

LPSECURITY_ATTRIBUTES lpSecurityAttributes

다른 커널 객체에서처럼 보안 속성을 지정하는 매개변수다. NULL을 넘기면 디폴트 보안 속성이 설정된다. 상세한 내용은 7장에서 설명하기로 한다.

DWORD dwCreationDisposition

파일이나 장치를 열 때 lpFileName으로 지정한 파일명과 동일한 파일이 이미 존재할 경우에 취할 수 있는 옵션을 지정하는 매개변수다. 이 매개변수를 통해서 파일을 새로 만들거나, 아니면 기존 파일을 덮어쓰거나 하는 행위를 지정할 수 있다.

- **CREATE_NEW(1)**
  - 지정된 파일이 없으면 파일을 새로 생성한다.
  - 지정된 파일이 이미 존재하면 CreateFile의 호출은 실패하고, 에러 코드는 ERROR_FILE_EXISTS가 된다.

- **CREATE_ALWAYS(2)**

  - 파일을 항상 새로 생성한다.

  - 만약 동일한 이름의 파일이 이미 존재하고 쓰기 가능하면 기존 파일을 덮어쓰고 성공을 리턴한다. 대신 GetLastError 코드는 ERROR_ALREADY_EXISTS를 반환된다.

- **OPEN_EXISTING(3)**

  - 파일이나 장치가 존재한다면 연다.

  - 지정한 이름의 파일이 없으면 CreateFile은 실패하고, 에러 코드는 ERROR_FILE_NOT_FOUND가 된다.

- **OPEN_ALWAYS(4)**

  - 지정한 이름의 파일이 존재하지 않으면 새로운 파일을 생성한다.

  - 동일한 이름의 파일이 존재하면 그 파일을 연 후 성공을 리턴하고, GetLastError 리턴 코드는 ERROR_ALREADY_EXISTS가 된다.

- **TRUNCATE_EXISTING(5)**

  - 지정한 이름의 파일이 존재하면 열고, 파일 사이즈는 0으로 만든다.

  - 존재하지 않으면 실패하고, ERROR_FILE_NOT_FOUND 에러를 리턴한다.

  - GENERIC_WRITE 권한을 필요로 한다.

DWORD dwFlagsAndAttributes

이 매개변수는 파일 속성이나 이외 여러 가지 파일 제어 관련사항들을 지정해줄 수 있는 조합 가능한 플래그 값을 넘겨준다. 크게 네 가지 부류로 나눌 수 있다.

파일 속성 플래그

우선 파일 속성을 지정해줄 수 있다. 파일 속성은 읽기 전용이나 숨김 등의 MS-DOS FAT 파일 시스템에서부터 이어져 내려온, 여러분들에게 친숙한 파일 고유 속성을 지성하는 것이다. 물론, 윈도우 2000에서 새로 추가된 것들도 있다.

속성 플래그	의미
FILE_ATTRIBUTE_NORMAL	특별한 속성이 없음을 의미한다.
FILE_ATTRIBUTE_ARCHIVE	아카이브 파일을 의미한다. 애플리케이션은 백업이나 삭제를 위해 파일을 이 플래그로 마킹(Marking)한다. CreateFile이 새로운 파일을 생성할 때 자동적으로 이 플래그를 설정한다.
FILE_ATTRIBUTE_HIDDEN	숨김 속성을 지닌다.
FILE_ATTRIBUTE_READONLY	파일이 읽기 전용임을 의미한다.
FILE_ATTRIBUTE_SYSTEM	이 파일이 운영체제의 일부이거나 운영체제에 의해 독점적으로 사용됨을 지시한다.

FILE_ATTRIBUTE_ ENCRYPTED	파일이 암호화되었다. 파일 암호화는 윈도우 2000 이후부터 추가된 파일 속성이다.
FILE_ATTRIBUTE_ NOT_CONTENT_INDEXED	콘텐츠 인덱싱 서비스에 의해 인덱스화되지 않음을 의미하다
FILE_ATTRIBUTE_OFFLINE	파일은 존재하지만, 그 데이터는 오프라인 스토리지에 존재함을 의미한다. 이 플래그는 계층적 스토리지 시스템의 경우에 유용하다.
FILE_ATTRIBUTE_ TEMPORARY	파일의 데이터가 짧은 시간 동안만 사용될 것임을 지시한다. 파일 시스템은 이 플래그가 지정된 파일의 데이터를 액세스 타임을 최소화하기 위해 디스크 스토리지보다는 RAM에 보관하려고 한다.

ARCHIVE, HIDDEN, NORMAL, READONLY, SYSTEM 속성은 이전 MS-DOS의 FAT 파일시스템에서부터 이어져 내려온 것이다. 또한 ENCRYPTED, NOT_CONTENT_INDEXED, OFFLINE 속성은 윈도우 2000부터 새로 추가된 파일 속성이다. 좀 더 부연 설명을 하자면, TEMPORARY 속성의 경우 만약 임시 파일, 즉 잠시 생성시켰다가 곧 삭제할 파일이라면 이 속성을 사용하기 바란다. 이 속성을 지정하여 파일을 열게 되면, 가능하면 시스템은 디스크 대신 메모리에 파일 데이터를 유지하고자 한다. 따라서 파일 입출력 작용 시 훨씬 빠른 액세스를 가능하게 한다. 이 속성과 함께 뒤에서 논의할 FILE_FLAG_DELETE_ON_CLOSE 플래그를 결합하면 더 우수한 성능을 보장받을 수 있다. 임시로 만드는 파일은 데이터의 영구적인 보관이 필요치 않은 경우를 위한 것이다. 일반적으로 파일은 닫힐 때 캐시에 보관된 내용들이 실제로 디스크에 저장된다. 하지만 파일이 닫힐 때 해당 파일이 삭제될 것을 알고 있다면 굳이 캐시된 데이터를 장치에 쓸 필요가 없기 때문에, 따라서 FILE_FLAG_DELETE_ON_CLOSE와의 조합은 임시 파일 작업을 위한 적절한 선택이 될 것이다.

캐시 관련 플래그

윈도우 시스템에서는 장치 입출력 시 유저 프로그램과 장치 디바이스 사이에 캐시 매니저가 입출력에 개입한다. 캐시 매니저는 윈도우 서브시스템 중의 하나로, 가상 메모리 관리자와 함께 느린 장치 입출력과 유저 프로그램 사이에 데이터 버퍼링을 통해 성능의 향상을 꾀한다. 즉 CPU에 존재하는 캐시의 개념과 마찬가지로 양쪽의 속도 차이를 보상해주는 것이다. 실제로 여러분이 장치에서 데이터를 읽어올 경우 여러분이 지정한 만큼의 바이트를 읽어오는 것이 아니라 지역성(Locality)에 입각하여 그보다 더 많은(디스크의 경우 정확하게 섹터의 배수만큼) 데이터를 미리 읽어 캐시 매니저의 버퍼에 보관해 둔다. 그러다가 여러분이 그 파일 포인터에서 몇 바이트를 더 읽어들이고자 할 때 입출력 시스템은 느린 장치에 다시 접근하는 대신 캐시 매니저가 버퍼링한 데이터를 여러분의 프로그램에 건네주게 된다. CPU 설계 시의 캐시 메모리와 마찬가지로 지역성에 기반한 히트율이 중요한 요소가 되는 것이다. CreateFile의 캐시 관련 플래그들은 이러한 캐시 매니저의 관여 여부에 대한 성격을 변경할 수 있는 플래그들이다.

- **FILE_FLAG_NO_BUFFERING**

  파일을 제어하는 동안 캐시 매니저로 하여금 데이터 버퍼링을 하지 말 것을 지시하는 플래그다. 이 플래그를 이용하면 장치와 사용자 스레드 사이에 중간 버퍼링 없이 직접 여러분이 넘겨준 버퍼와 데이터를 주고받게 되기 때문에 속도의 향상을 가져올 수 있다. 단, 아래의 조건을 지키는 한에서다.

  - 정확히 디스크 볼륨의 섹터 크기의 배수 단위로 파일 오프셋을 지정할 것

  - 정확히 섹터 크기의 배수 단위로 읽거나 쓸 것

  - 프로세스 주소 공간에 존재하는 버퍼는 반드시 섹터 크기로 나누어 떨어지는 주소에서 시작할 것

  이런 제약을 두는 이유는 어차피 디스크는 섹터 단위로 제어되기 때문이다. 여러분이 한 섹터에 몇 바이트 더해진 바이트 블록을 읽게 되면 사실 시스템은 그 몇 바이트 때문에 장치로부터 두 섹터를 읽어와야 하고, 그렇게 읽어온 나머지 바이트를 폐기처분 해버린다면 성능을 떨어뜨리는 결과를 초래한다. 그래서 지역성에 근거해 읽어온 두 번째 섹터를 버리지 않고 메모리에 캐시해 둔다. 지역성이란 메모리나 디스크를 읽은 그 위치의 앞, 뒤 데이터를 액세스할 확률이 많다는 것을 의미한다. 그럴 경우 다시 장치에 액세스할 필요 없이 캐시해 둔 데이터를 돌려주면 성능의 비약적인 향상을 가져올 수 있다. 따라서 여러분이 FILE_FLAG_NO_BUFFERING을 지정한다는 것은 바로 여러분이 직접 입출력 블록의 단위를 섹터 단위의 배수로 해주겠다는 것을 의미한다.

- **FILE_FLAG_SEQUENTIAL_SCAN vs FILE_FLAG_RANDOM_ACCESS**

  이 플래그는 캐시 매니저에 의한 데이터 버퍼링을 허용하는 경우에 유용한데, 이는 FILE_FLAG_NO_BUFFERING 플래그와는 같이 쓸 수 없다는 것을 의미하기도 한다. 만약 FILE_FLAG_NO_BUFFERING이 지정되었다면 시스템은 이 두 플래그의 지정을 무시해 버린다. 동시에 이 두 플래그도 서로 반대의 의미를 갖고 있기 때문에 같이 조합해서 사용할 수 없다. 이 두 플래그는 여러분이 파일을 임의로 접근할 것인지 순차적으로 접근할 것인지를 미리 알려주는 것이다. 시스템은 여러분이 지정해준 플래그에 따라 최적의 캐싱 알고리즘을 준비할 것이다. FILE_FLAG_ SEQUENTIAL_SCAN은 시스템으로 하여금 여러분이 파일을 순차적으로 접근하고 있다고 생각하게 한다. 이 플래그가 설정되면 시스템은 여러분이 파일을 처음부터 끝까지 액세스할 것이라고 기대한다. 따라서 여러분이 만약 파일에 직접 탐색(seek)을 수행한다면 이는 시스템의 기대를 저버리는 것이므로, 시스템은 순차적 액세스를 위해 설정한 캐시를 제대로 활용하지 못할 것이다.

- **FILE_FLAG_WRITE_THROUGH**

  이 플래그는 파일이나 장치에 데이터를 쓸 때 의미가 있다. 이 플래그를 지정하면 잠재적인 데이터 손실을 줄이기 위해 파일 쓰기의 중간 캐싱을 금지한다. 시스템은 모든 파일 변경을 직접 디스크에 쓴다. 하지만 읽기 작업에 대해서는 여전히 캐싱을 통한 성능 향상을 가져올 수 있다.

- **FILE_FLAG_DELETE_ON_CLOSE**

  파일이 닫힐 때, 파일 시스템이 그 파일을 삭제해주기를 원할 때 이 플래그를 사용한다. 이 플래그는 직접적으로 캐시와의 연관성은 없지만, 파일 속성 중 FILE_ATTRIBUTE_TEMPORARY와 함께 사용될 때 캐시와 연관성을 지니게 되고 유용하게 사용될 수 있다.

기타 플래그

이제 여기서 설명하는 플래그들은 하나의 범주로 분류되지 않는 기타 파일 작용을 지시하는 플래그들이다.

- **FILE_FLAG_BACKUP_SEMANTICS**

  이 플래그는 백업이나 복구용 프로그램에서 사용된다. 일반적으로 시스템은 CreateFile을 호출한 프로세스가 해당 파일에 대한 적절한 권한이 있는지를 검사한다. 하지만 만약 이 플래그가 지정되면 어떠한 파일 보안 검사도 무시할 수 있다. 대신 파일을 열고자 생성하는 프로세스는 백업과 복구를 위한 액세스 권한, 더 정확하게 말하자면 "Backup Operator" 권한이 있어야 한다.

- **FILE_FLAG_POSIX_SEMANTICS**

  유닉스와 같은 POSIX 시스템의 경우, 윈도우와는 달리 파일이나 디렉터리 명에 대해 대/소문자를 구분한다. 따라서 이런 POSIX 서브 시스템을 위해 이 플래그가 존재한다. 이 플래그를 지정할 경우 윈도우 파일 시스템과 호환되지 않을 수도 있다는 점을 주의해야 한다.

- **FILE_FLAG_OPEN_REPARSE_POINT**

  리파스 포인트는 파일 시스템 필터가 파일의 열기/닫기, 쓰기, 읽기 등에 대한 행동을 변경할 수 있도록 해주는 속성이다. 그러나 이 플래그를 지정하게 되면 그러한 변경을 금지시킨다. 일반적으로 속성 변경 행위는 바람직한 것이기 때문에 가능하면 이 플래그는 지정하지 않는 것이 좋다. 윈도우 2000부터 새롭게 추가된 플래그다.

- **FILE_FLAG_OPEN_NO_RECALL**

  이 플래그는 시스템으로 하여금 파일의 내용을 오프라인 스토리지로부터 복원하지 않도록 지시한다. 윈도우 2000부터 새롭게 추가된 플래그다.

비동기 입출력 관련 플래그

- **FILE_FLAG_OVERLAPPED**

  이 장에서 가장 핵심이 되는 플래그다. 파일이나 장치에 대해 비동기적으로 입출력을 수행하고자 한다면 이 플래그를 지정해야 한다. CreateFile을 이용해 콘솔을 열고자 할 때 dwFlagsAndAttributes 매개변수가 무시되므로, 콘솔에 대해서는 FILE_FLAG_OVERLAPPED 플래그를 지정해도 소용이 없다. 따라서 콘솔에 대해서는 비동기 입출력을 사용할 수 없다.

HANDLE hTemplateFile

이 매개변수가 지정되면 CreateFile은 dwFlagsAndAttributes 매개변수에서 지정된 파일 속성 관련 플래그들을 무시하고 hTemplateFile에 지정된 동일한 파일 속성을 사용한다. 열고자 하는 장치가 콘솔일 경우 hTemplateFile 매개변수는 무시된다.

[반환값] HANDLE

성공했을 경우엔 열렸거나 또는 새롭게 생성된 파일의 핸들값을 리턴한다. 실패했을 경우엔

INVALID_HANDLE_VALUE(-1)를 리턴한다. 대부분의 다른 커널 객체의 경우 생성에 실패했을 때 보통 NULL(0)을 리턴하지만, CreateFile이나 FindFirstFile 또는 파일 변경 통지 객체의 경우에 한해서는 실패의 리턴값이 INVALID_HANDLE_VALUE가 된다. 이는 이전 유닉스 때부터 소켓이나 여러 장치들을 파일로 취급해서 파일 디스크립터를 부여하는 방법이 사용되었는데, 이때 파일 디스크립터는 정수며 0부터 시작할 수 있기 때문에, 이것을 수용하기 위한 관례라고 보면 될 것이다. 사용자 입장에서는 분명 혼동되는 부분이라 주의해야 한다. 실패한 경우 역시 GetLastError를 통해서 그 원인을 알 수 있다. 아마 흔히 볼 수 있는 에러 내용은 다음과 같다.

- **ERROR_ALREADY_EXISTS** : 해당 파일이 이미 존재할 경우
- **ERROR_FILE_NOT_FOUND** : 해당 파일이 존재하지 않는 경우
- **ERROR_ACCESS_DENIED** : 파일에 해당 권한이 없는 상태에서 접근했을 경우
- **ERROR_SHARING_VIOLATION** : 다른 프로세스가 사용 중인 경우

2) 열린 파일 닫기

다른 커널 객체와 마찬가지로 열린 장치나 파일을 닫을 때는 CloseHandle을 통해서 닫는다. 또한, 파일 역시 사용계수가 있어서 공유 중인 파일의 경우 실제 사용계수가 0이 되는 순간 파일 관련 모든 리소스가 해제된다. 이러한 기본적인 CloseHandle의 기능 외에 CloseHandle 호출 시 그 대상이 파일이면 또 다른 작업이 수행된다. CloseHandle이 호출되었을 때, 파일에 대한 입출력 작업이 수행 중이라면 해당 입출력에 대해 취소 처리를 요청하고, 그 파일이 디스크 상의 파일이라면 캐시에서 사용된 파일의 내용을 실제로 물리적 디스크에 쓰게 된다. 이런 여러 부가적인 처리가 이루어진 후 파일은 닫히게 된다.

파일을 생성하거나 열고 닫는 간단한 예를 하나 보도록 하자. 다음 프로젝트는 임시파일을 열었다가 닫는 예, 즉 FILE_FLAG_DELETE_ON_CLOSE를 사용하는 것을 보여주는 예제다.

프로젝트 4.1.1 CreateFileOnClose

```
void _tmain(void)
{
    HANDLE hFile = CreateFile
    (
        _T("C:\\temp\\tempfile.tmp"),
        GENERIC_READ | GENERIC_WRITE,
        0,
```

```
      NULL,
      CREATE_ALWAYS,
      FILE_ATTRIBUTE_TEMPORARY | FILE_FLAG_DELETE_ON_CLOSE,
      NULL
    );
    if (hFile == INVALID_HANDLE_VALUE)
    {
      cout << "CreateFile failed, code : " << GetLastError() << endl;
      return;
    }

    Sleep(5000);

    CloseHandle(hFile);
  }
```

이 코드를 실행하면, 탐색기에서 c:\temp 폴더 아래에 tempfile.tmp 파일이 생겼다가 5초 정도 지난 후에 저절로 사라지는 것을 확인할 수 있을 것이다. FILE_ATTRIBUTE_TEMPORARY 속성을 함께 조합해서 지정했지만 FILE_FLAG_DELETE_ON_CLOSE만 사용해도 상관없다.

3) 파일이나 장치에 대한 입출력

지금까지 파일을 열거나 생성하는 CreateFile에 대해 살펴보았다. 이제부터 열린 파일이나 장치의 실제적인 입출력을 수행하는 방법에 대해 알아보자. 입출력을 위한 함수로는 ReadFile과 WriteFile이 있다. 이 두 함수는 동기/비동기 입출력을 모두 지원하지만, 우선 동기적인 입출력에 초점을 맞춰 살펴보자.

```
BOOL WINAPI ReadFile
(
  _In_          HANDLE      hFile,
  _Out_         LPVOID      lpBuffer,
  _In_          DWORD       nNumberOfBytesToRead,
  _Out_opt_     LPDWORD     lpNumberOfBytesRead,
  _Inout_opt_   LPOVERLAPPED lpOverlapped
);
```

```
BOOL WINAPI WriteFile
(
   _In_            HANDLE          hFile,
   _In_            LPCVOID         lpBuffer,
   _In_            DWORD           nNumberOfBytesToWrite,
   _Out_opt_       LPDWORD         lpNumberOfBytesWritten,
   _Inout_opt_     LPOVERLAPPED    lpOverlapped
);
```

HANDLE hFile

CreateFile을 통해서 열린 파일 또는 장치 핸들이나 소켓의 경우 socket 또는 WSASocket, accept 또는 WSAAccept 함수에 의해 열린 소켓의 핸들이다.

LPVOID lpBuffer

읽기의 경우 장치로부터 읽어들일 데이터를 담거나, 쓰기의 경우 장치에 쓸 데이터를 담는 버퍼의 포인터값이다.

DWORD nNumberOfBytesToRead / nNumberOfBytesToWrite

읽기의 경우에는 lpBuffer가 가리키는 버퍼의 크기를 바이트 수로 지정하고, 쓰기의 경우에는 lpBuffer에 담긴 실제 데이터의 바이트 수를 지정한다.

LPDWORD lpNumberOfBytesRead / lpNumberOfBytesWritten

입출력 시 실제로 읽혀지거나 쓰여진 바이트 수를 돌려준다. 동기적인 ReadFile의 경우 호출 결과가 성공이고 동시에 이 매개변수를 통해서 얻은 값이 0인 경우는 특별한 의미를 지닌다. 파일을 읽었으나 이미 파일의 끝에 도달했기 때문에 더 이상 읽을 수가 없다는 의미가 된다. 따라서 파일 복사 등의 코드를 작성할 때, 이 매개변수의 결과에 따라 파일의 끝에 도달했는지의 여부를 판단할 수 있다.

LPOVERLAPPED lpOverlapped

비동기를 위한 OVERLAPPED 구조체의 포인터값이다. 동기적 입출력에서는 NULL을 지정한다. 비동기 입출력에서 자세히 다루기로 한다.

[반환값] BOOL

입출력이 성공적으로 이루어졌을 경우에는 TRUE, 실패했을 경우에는 FALSE를 리턴한다. FALSE의 경우에는 GetLastError를 통해 그 원인을 확인할 수 있다.

CreateFile 함수의 매개변수 중 비동기 입출력의 관점에서 제일 중요한 매개변수는 lpOverlapped이다. 그리고 이러한 매개변수를 지닌 함수들을 앞으로도 많이 보게 될 것이다. 이 매개변수는 비동기 입출력을 위한 OVERLAPPED 구조체를 가리키며, 4.2절부터 상세하게 소개할 예정이다. 동기 입출력의 경우 이 매개변수를 NULL로 넘겨주면 Read/Write 시에 해당 장치로의 입출력이 완료될 때까지 호출 스레드는 블록되어 더 이상 움직이지 않는다. 동기 입출력의 기본적인 모델은 다음 그림과 같다. 물리적 장치의 인터페이스 역할을 하는 커널 영역의 장치 드라이버가 해당 장치로부터 데이터를 읽거나 장치에 쓸 동안 사용자 스레드는 그 작업이 완료될 때까지 블록되어 움직이지 못한다.

그림 4-1 동기적 입출력

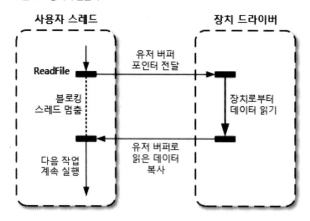

그러면 ReadFile과 WriteFile을 동기적 방식으로 사용해 파일을 복사하는 아주 간단한 예를 살펴보도록 하자.

프로젝트 4.1.1 FileCopySync

```
#define BUFF_SIZE  65536

void _tmain(int argc, _TCHAR* argv[])
{
```

```
   if (argc < 3)
   {
      cout << "Uasge : FileCopySync SourceFile TargetFile " << endl;
      return;
   }


   HANDLE hSrcFile = CreateFile
   (
      argv[1], GENERIC_READ, 0, NULL,
      OPEN_EXISTING, 0, NULL
   );
```

CreateFile을 통해서 소스 파일을 연다. 소스 파일은 읽기가 목적이므로 GENERIC_READ 속성을 지정하고, 파일이 존재할 경우에만 열 수 있도록 OPEN_EXISTING 플래그를 지정한다.

```
   if (hSrcFile == INVALID_HANDLE_VALUE)
   {
      cout << argv[1] << " open failed, code : " << GetLastError() << endl;
      return;
   }


   HANDLE hDstFile = CreateFile
   (
      argv[2], GENERIC_WRITE, 0, NULL,
      CREATE_ALWAYS, 0, NULL
   );
```

CreateFile을 통해서 타깃 파일을 연다. 타깃 파일은 쓰기가 목적이므로 GENERIC_WRITE 속성을 지정한다. 그리고 파일이 있으면 열고, 없으면 새로 생성할 것을 지시하는 CREATE_ALWAYS 플래그를 지정한다.

```
   if (hDstFile == INVALID_HANDLE_VALUE)
   {
      cout << argv[2] << " open failed, code : " << GetLastError() << endl;
      return;
   }


   DWORD dwTotalWroteBytes = 0, dwTotalReadBytes = 0;
   DWORD dwErrCode = 0;
   BYTE  btBuff[BUFF_SIZE];
```

파일을 복사할 버퍼의 크기는 BUFF_SIZE 매크로를 이용해 64KB로 정의한다.

```
while (true)
{
    DWORD dwReadBytes = 0;
    BOOL bIsOK = ReadFile
    (
        hSrcFile, btBuff, sizeof(btBuff), &dwReadBytes, NULL
    );
```

ReadFile을 통해서 원본 파일로부터 64KB씩 읽어들인다. 버퍼의 크기를 알려주기 위해 sizeof(btBuff)를 통해 64KB임을 지시한다. 그리고 실제로 읽어들인 바이트 수를 획득하기 위해 dwReadBytes의 포인터를 넘겨준다.

```
    if (!bIsOK)
    {
        dwErrCode = GetLastError();
        break;
    }
```

에러가 발생하면 파일 복사를 중단하고 루프를 빠져나간다.

```
    if (dwReadBytes == 0)
        break;
```

ReadFile이 성공이고 동시에 읽은 바이트의 수가 0이면 파일 끝에 다다랐다는 의미다. 따라서 이미 파일을 끝까지 읽었다는 것이므로 복사를 위한 루프를 탈출한다.

```
    dwTotalReadBytes += dwReadBytes;
    printf(" => Read  bytes : %d\n", dwTotalReadBytes);
```

진척상황의 표시를 위해 실제 읽은 바이트 수를 dwTotalReadBytes에 누적시킨 후 콘솔에 출력한다.

```
    DWORD dwWroteBytes = 0;
    bIsOK = WriteFile
    (
        hDstFile, btBuff, dwReadBytes, &dwWroteBytes, NULL
    );
```

파일에 데이터를 쓸 때, 앞서 실제 읽은 바이트 수 dwReadBytes를 쓸 바이트 수로 넘겨주는 것을 유념하기 바란다. 그리고 실제로 쓴 바이트 수를 얻기 위해 dwWroteBytes의 포인터를 넘겨준다.

```
    if (!bIsOK)
    {
```

```
        dwErrCode = GetLastError();
        break;
    }
```

에러가 발생하면 파일 복사를 중단하고 루프를 빠져나간다.

```
    dwTotalWroteBytes += dwWroteBytes;
    printf(" <= Wrote bytes : %d\n", dwTotalWroteBytes);
```

진척상황 표시를 위해 실제 쓴 바이트 수를 dwTotalWroteBytes에 누적시킨 후 콘솔에 출력한다.

```
}

if (dwErrCode != ERROR_SUCCESS)
    cout << endl << "Error occurred in file copying, code= " << dwErrCode << endl;
else
    cout << endl << "File copy successfully completed..." << endl;

CloseHandle(hSrcFile);
CloseHandle(hDstFile);
```

루프를 빠져나온 후, 만약 에러가 발생했다면 에러 처리를 한 후 소스와 타깃 파일 핸들을 CloseHandle을 통해 닫는다.

```
}
```

위 코드 마지막 부분의 CloseHandle에 대해서 추가적으로 검토해보자. CloseHandle은 기본적으로 해당 커널 객체의 사용계수를 감소시킨다고 했다. 파일에서의 CloseHandle은 이러한 기본 기능뿐만 아니라 파일과 관련된 입력력 작업을 마무리하는 역할도 담당한다. 앞에서도 언급했던 것처럼, 유저 프로세스와 해당 장치 사이에는 데이터 캐시를 위해 캐시 매니저가 개입하게 된다. 즉 읽고 쓸 때 주고받는 데이터는 캐시에 버퍼링된다. 따라서 파일에 데이터를 쓸 때 WriteFile을 호출하는 순간 바로 물리적인 파일에 데이터가 쓰여지는 것이 아니라 캐시에 버퍼링된다. 그리고 이 버퍼링된 데이터는 파일이 닫히는 순간, 즉 CloseHandle을 호출하는 순간 실제 파일이나 장치에 기록된다. 이런 상황이라면 파일을 쓰는 도중 다른 문제 때문에 프로세스가 다운되는 경우, 실제 물리적인 파일이나 장치에 데이터가 기록되지 않을 수가 있다. 따라서 파일을 닫기 전에, 즉 데이터를 쓰는 도중에 캐시에 버퍼링된 데이터를 장치에 강제로 쓰고자 한다면 다음의 함수를 호출하면 된다.

```
BOOL WINAPI FlushFileBuffers(_In_ HANDLE hFile);
```

FlushFileBuffers의 호출은 실제로 데이터를 쓰는 작업을 의미하므로, 당연히 쓰기 권한을 가져야만 한다. 따라서 해당 장치를 GENERIC_WRITE 플래그와 함께 열어야만 FlushFileBuffers 함수의 호출이 성공적으로 이뤄진다.

4.1.2 파일에 대한 작업

여기에서는 일반적인 장치가 아니라 디스크 상의 실제 파일에 대해 동기적으로 입출력 관련 작업을 수행하는 함수들을 좀 더 살펴보기로 한다.

1) 파일 크기 얻기

〈프로젝트 4.1.1 FileCopySync〉 코드로 다시 돌아가 보자. 이 코드는 매우 심플해 간단한 파일 복사에서 많이 쓰인다. 그러나 실제적으로 파일 복사의 경우, 파일 끝을 검출해서 복사 완료를 판단하기보다는 파일 크기를 미리 구한 후 실제로 복사한 바이트 수를 누적시키면서 미리 구한 파일 크기와의 비교를 통해 복사 완료를 판단하는 것이 일반적이다. 그런 방식을 채택함으로써 동시에 파일 복사 진행상황도 표시해줄 수가 있다. 이렇게 파일 복사를 구현하고자 한다면 파일 크기를 획득할 수 있는 수단이 필요하며, 그 수단은 다음의 함수가 된다.

```
DWORD WINAPI GetFileSize
(
  _In_          HANDLE   hFile,
  _Out_opt_     LPDWORD  lpFileSizeHigh
);


BOOL WINAPI GetFileSizeEx
(
  _In_  HANDLE           hFile,
  _Out_ PLARGE_INTEGER   lpFileSize
);
```

HANDLE hFile

CreateFile을 통해 연 파일의 핸들이다. 파일에 대해 작업하는 함수의 첫 번째 매개변수는 대부분 파일 핸들이 된다.

LPDWORD lpFileSizeHigh

[반환값] DWORD

매개변수 lpFileSizeHigh는 해당 파일의 64비트 정수의 상위 32비트 값을 나타내고, 반환되는 32비트의 값은 64비트 정수의 하위 32비트를 의미한다.

PLARGE_INTEGER lpFileSize

GetFileSize의 확장 버전인 GetFileSizeEx의 두 번째 매개변수 lpFileSize는 2장 대기가능 타이머에서 설명했던 LARGE_INTEGER 구조체에 대한 포인터를 통해 64비트 정수형의 파일 크기를 돌려준다.

2) 파일 포인터

CreateFile을 통해 파일을 생성하거나 열었을 때, 시스템은 파일 상의 위치를 가리키는 파일 포인터를 해당 파일의 핸들에 연결한다. 파일 포인터는 CreateFile이 핸들을 리턴할 때 0으로 초기화된다. 그리고 동기적인 파일 입출력이 수행될 때, 이 파일 포인터는 시스템에 의해서 관리된다. 따라서 동기적인 파일 입출력을 행하는 경우에는 사용자가 별도로 파일 포인터의 증감을 신경 쓸 필요가 없다. 또한 이 파일 포인터는 해당 파일의 커널 객체 내에 보관되는 것이 아니라 파일 핸들에 연결된다는 점에 주의하기 바란다. 이것은 예를 들어 여러분이 "C:₩MyData.dat"라는 파일을 몇 번을 열더라도 파일 포인터는 열린 파일 핸들별로 시스템에 의해 별도로 관리되기 때문에, 동일한 파일에 대한 복수의 작업이 있더라도 핸들에 연결된 파일 포인터는 서로 독립적으로 관리됨을 의미한다.

〈프로젝트 4.1.1 FileCopySync〉 코드에서 파일 포인터에 관련된 별도의 처리는 없었다. CreateFile에 의해 파일이 생성되거나 열릴 때 해당 핸들의 파일 포인터는 0으로 초기화되며, ReadFile 또는 WriteFile을 호출할 때 실제 읽은 바이트 수나 실제 쓰인 바이트 수만큼 시스템에 의하여 차례대로 증가된다. 따라서 파일을 복사하는 FileCopySync 예는 파일 포인터에 대해 신경 쓸 필요없이 반복해서 ReadFile 또는 WriteFile을 호출하면 되는 것이다. 또한 이렇게 순차적으로 파일을 읽고 쓰는 것은 파일 포인터를 순차적으로 이동하게 만드는 것이며, CreateFile 호출 시 지정 가능한 플래그 중 FILE_FLAG_SEQUENTIAL_SCAN을 지정할 경우, 이러한 순차적인 접근에 있어서 캐시 정책을 용이하게 설정하도록 시스템에게 알려주는 역할을 하게 된다. 순차적으로 파일 포인터를 이동시키는 작업에 대해 FILE_FLAG_RANDOM_ACCESS 플래그를 지정하면 이는 파일에 임의로 접근하겠다는 것, 다시 말해 파일 포인터를 랜덤하게 이동시키겠다는 것을 의미하므로, 캐시 정책을 일그러지게 만들어 성능 저하를 유발시킨다.

| 파일 포인터 이동하기 |

FILE_FLAG_RANDOM_ACCESS 플래그를 지정할 수 있다는 말은 실제로 파일 포인터를 랜덤하게 이동시킬 수 있는 수단이 제공됨을 의미한다. 파일을 임의로 액세스(random access)하고자 할 때 여러분이 직접 파일 포인터를 이동시켜 줄 필요가 있으며, 이러한 파일 포인터의 이동은 다음의 함수를 통해서 이루어진다.

```
DWORD WINAPI SetFilePointer
(
  _In_        HANDLE  hFile,
  _In_        LONG    lDistanceToMove,
  _Inout_opt_ PLONG   lpDistanceToMoveHigh,
  _In_        DWORD   dwMoveMethod
);

BOOL WINAPI SetFilePointerEx
(
  _In_        HANDLE          hFile,
  _In_        LARGE_INTEGER   liDistanceToMove,
  _Out_opt_   PLARGE_INTEGER  lpNewFilePointer,
  _In_        DWORD           dwMoveMethod
);
```

HANDLE hFile

CreateFile을 통해 연 파일의 핸들이다.

LONG lDistanceToMove

PLONG lpDistanceToMoveHigh

옮기고자 하는 파일 포인터의 바이트 수를 나타낸다. 이 두 매개변수의 조합으로 64비트의 파일 포인터값을 나타낸다. 즉 lpDistanceToMoveHigh는 64비트의 하위 32비트를 나타내며, lDistanceToMove는 64비트의 상위 32비트를 나타낸다. 2GB 이상의 위치로 옮기지 않는다면 lpDistanceToMoveHigh는 NULL이 될 수 있다.

PLONG lpDistanceToMoveHigh

[반환값] DWORD

lDistanceToMove와 lpDistanceToMoveHigh의 값만큼 옮겨진 후의 파일 포인터의 위치를 반환값과 lpDistanceToMoveHigh를 통해 돌려준다. lpDistanceToMoveHigh가 NULL이 아닐 경우에는 이 매개변수가 함수에 값을 넘겨주고 결과를 받아오는 데 모두 사용된다는 점에 주의하기 바란다. 마찬가지로 반환값은 64비트 파일 오프셋의 하위 32비트값을, lpDistanceToMoveHigh는 64비트 오프셋의 상위 32비트값을 나타낸다. 만약 실패할 경우, 반환값은 INVALID_SET_FILE_POINTER가 된다.

LARGE_INTEGER liDistanceToMove

SetFilePointer의 lDistanceToMove와 lpDistanceToMoveHigh 조합의 역할을 대신한다.

PLARGE_INTEGER lpNewFilePointer

SetFilePointer의 반환값과 lpDistanceToMoveHigh 조합의 역할을 대신한다.

DWORD dwMoveMethod

파일 포인터 이동 시 시작 위치를 지정한다.

- **FILE_BEGIN** : 파일의 맨 처음부터 파일 포인터를 이동시킨다. 따라서 두 개의 DistanceToMove 조합은 양수가 되어야 한다.
- **FILE_CURRENT** : 현재 파일 포인터의 위치에서 파일 포인터를 이동시킨다. DistanceToMove의 조합이 양수일 경우에는 현재 위치에서 파일의 뒤쪽으로, 음수일 경우에는 현재 위치에서 파일의 앞쪽으로 파일 포인터가 이동된다.
- **FILE_END** : 파일의 맨 끝에서 파일 포인터를 이동시킨다. 따라서 두 개의 DistanceToMove 조합은 음수가 되어야 한다.

GetFileSize(Ex)를 사용하지 않고 SetFilePointer를 이용해 파일의 크기를 획득할 수도 있는데, 다음의 코드를 통해 파일의 크기를 얻으면 된다.

```
HANDLE hFile = CreateFile(...);
DWORD dwSizeHigh = 0;
DWORD dwFileSize = SetFilePointer(hFile, 0, &dwSizeHigh, FILE_END);
```

앞의 코드는 파일 포인터를 파일의 맨 끝으로 옮기는 기능을 한다. 이때 리턴값과 dwSizeHigh는 이동된 파일 포인터의 바이트 위치와 파일의 정확한 크기를 나타낸다.

| 파일의 끝 설정하기 |

파일의 끝을 설정하는 경우 대부분은 파일이 닫힐 때 시스템에 의해 이루어진다. 하지만 사용자가 직접 파일의 끝을 설정하고자 할 경우에는 다음의 함수를 사용한다.

```
BOOL WINAPI SetEndOfFile(_In_ HANDLE hFile);
```

파일의 끝을 설정한다는 것은 강제로 파일의 크기를 변경시킴을 의미한다. 파일 관련 함수 중에서 GetFileSize는 존재하지만 SetFileSize는 따로 존재하지 않는다. 여러분이 굳이 SetFileSize에 해당하는 함수를 구현하고자 한다면 SetFilePointer와 SetEndOfFile을 이용해 다음과 같이 구현할 수 있다.

```
BOOL SetFileSize(LPSTR szFileName, DWORD dwFileSize)
{
   HANDLE hFile = CreateFile(...);
   if (INVALID_SET_FILE_POINTER ==
         SetFilePointer(hFile, dwFileSize, NULL, FILE_BEGIN))
      return FALSE;

   if (!SetEndOfFile(hFile))
      return FALSE;
   return TRUE;
}
```

다음 프로젝트는 역시 파일 복사에 대한 코드지만 좀 더 복잡하다. CreateFile의 속성 중 캐시를 거치지 않고 직접 파일을 복사하기 위해 FILE_FLAG_NO_BUFFERING 플래그를 지정해서 복사를 수행한다. 이 작업을 위해 GetFileSizeEx, SetFilePointer 등의 함수를 사용한다.

```
#define BUFF_SIZE   65536

void _tmain(int argc, _TCHAR* argv[])
{
   if (argc < 3)
   {
      cout << "Uasge : FileCopyNoBuffer SourceFile TargetFile" << endl;
      return;
   }

   HANDLE hSrcFile = CreateFile
   (
      argv[1], GENERIC_READ, FILE_SHARE_READ, NULL,
      OPEN_EXISTING, FILE_FLAG_NO_BUFFERING, NULL
   );
```

CreateFile을 통해서 소스 파일을 연다. 버퍼링 없이 읽기 위해 FILE_FLAG_NO_BUFFERING 플래그를 지정한다.

```
   if (hSrcFile == INVALID_HANDLE_VALUE)
   {
      cout << "CreateFile failed, code : " << GetLastError() << endl;
      return;
   }

   LARGE_INTEGER llSrcSize;
   GetFileSizeEx(hSrcFile, &llSrcSize);
```

소스 파일의 크기를 획득한다.

```
   LARGE_INTEGER llDstSize = llSrcSize;
   DWORD dwPad = (llDstSize.QuadPart % BUFF_SIZE);
   if (dwPad > 0)
      llDstSize.QuadPart = llDstSize.QuadPart + (BUFF_SIZE - dwPad);
```

버퍼링 없이 IO를 수행하게 되면 입출력의 단위는 섹터의 배수로 이루어진다. 따라서 버퍼 크기 단위로 정렬하기 위해 소스 파일의 크기를 조정한다.

```
   HANDLE hDstFile = CreateFile
```

```
    (
        argv[2], GENERIC_WRITE, FILE_SHARE_READ | FILE_SHARE_WRITE,
        NULL, CREATE_ALWAYS, FILE_FLAG_NO_BUFFERING, NULL
    );
```

CreateFile을 통해서 소스 파일을 연다. 버퍼링 없이 읽기 위해 FILE_FLAG_NO_BUFFERING 플래그를 지정한다. 최종적으로 ReOpenFile을 호출하기 위해 공유 모드를 FILE_SHARE_READ | FILE_SHARE_WRITE로 지정한다.

```
    if (hDstFile == INVALID_HANDLE_VALUE)
    {
        cout << "CreateFile failed, code : " << GetLastError() << endl;
        return;
    }

    SetFilePointerEx(hDstFile, llDstSize, NULL, FILE_BEGIN);
    SetEndOfFile(hDstFile);
```

파일을 쓸 때마다 파일의 끝에서 동적인 증가가 이루어지므로, 속도 개선을 위해서 미리 타깃 파일의 크기를 버퍼 크기 단위로 정렬된 소스 크기와 동일하게 설정한다.

```
    SetFilePointer(hDstFile, 0, NULL, FILE_BEGIN);
```

타깃 파일의 크기 설정을 위해 파일 포인터가 파일의 끝으로 설정되어 있으므로, 복사를 시작하기 위해 파일 포인터를 파일 맨 앞으로 이동시킨다.

```
    PBYTE pBuff = (PBYTE)VirtualAlloc(NULL, BUFF_SIZE, MEM_COMMIT, PAGE_READWRITE);
```

섹터 단위로 정렬된 주솟값을 갖도록 메모리 할당이 이루어져야 한다. 메모리 할당 시 흔히 사용하는 new 연산자나 malloc 함수를 사용하면 정렬된 주솟값을 얻을 수 없다. 이 경우에는 VirtualAlloc 함수를 사용해 메모리를 할당한다.

```
    DWORD dwErrCode = 0;
    LONGLONG llCopiedSize = 0;
    while (llCopiedSize < llDstSize.QuadPart)
```

앞서의 코드와는 달리, 실제 복사된 누적 바이트 수와 파일 전체 바이트 수를 비교하면서 루프가 돌아가도록 처리했다.

```
    {
        DWORD dwReadBytes = 0;
        BOOL bIsOK = ReadFile
        (
            hSrcFile, pBuff, BUFF_SIZE, &dwReadBytes, NULL
```

```
    );
    if (!bIsOK)
    {
        dwErrCode = GetLastError();
        break;
    }
```

```
    DWORD dwWroteBytes = 0;
    bIsOK = WriteFile
    (
        hDstFile, pBuff, BUFF_SIZE, &dwWroteBytes, NULL
    );
    if (!bIsOK)
    {
        dwErrCode = GetLastError();
        break;
    }
```

```
    llCopiedSize += dwWroteBytes;
    printf("Copy bytes : %I64d, %d%%\n", llCopiedSize,
                    (100 * llCopiedSize) / llDstSize.QuadPart);
}
VirtualFree(pBuff, 0, MEM_RELEASE);
```

```
CloseHandle(hSrcFile);
if (dwErrCode == ERROR_SUCCESS)
{
    hDstFile = ReOpenFile(hDstFile, GENERIC_WRITE,
        FILE_SHARE_READ | FILE_SHARE_WRITE, 0);
    SetFilePointerEx(hDstFile, llSrcSize, NULL, FILE_BEGIN);
    SetEndOfFile(hDstFile);
```

```
    }
    else
        cout << endl << "Error occurred in file copying, code=" << dwErrCode << endl;
    CloseHandle(hDstFile);
}
```

위 코드에서 ReOpenFile 함수를 사용한 부분을 좀 더 검토해보자. ReOpenFile은 비스타에서부터 새롭게 지원되는 함수로서 이미 열린 파일의 핸들을 넘겨 접근 모드, 공유 모드 그리고 옵션 플래그를 재지정해서 다시 열고자 할 때 사용한다.

```
HANDLE WINAPI ReOpenFile
(
    _In_  HANDLE  hOriginalFile,
    _In_  DWORD   dwDesiredAccess,
    _In_  DWORD   dwShareMode,
    _In_  DWORD   dwFlags
);
```

hOriginalFile은 CreateFile을 이용해 열었던 파일의 핸들이고 dwDesiredAccess, dwShareMode, dwFlags는 다시 지정하고자 하는 접근 모드와 공유 모드, 그리고 옵션 플래그다. CreateFile에서처럼 옵션 플래그의 매개변수 명이 dwFlagsAndAttributes가 아니라 그냥 dwFlags임을 주목하기 바란다. ReOpenFile을 통해 옵션 플래그는 재설정이 가능하지만 파일 속성은 재설정할 수가 없다. 즉 FILE_ATTRIBUTE_* 속성들은 지정할 수가 없다는 것을 의미한다. 또한 읽기나 쓰기를 목적으로 다시 열 파일은 이미 FILE_SHARE_READ와 FILE_SHARE_WRITE의 적절한 조합으로 열린 파일이어야 한다. 열린 파일 핸들을 상대로 작업을 하기 때문에 공유 모드를 0으로 지정해서 열렸던 파일이라면 ERROR_SHARING_VIOLATION(6) 에러를 리턴한다. 이 함수를 사용하지 않았을 경우에는 위의 코드 마지막 부분을 다음과 같이 작성해야 한다.

```
      ⋮
   CloseHandle(hSrcFile);
   CloseHandle(hDstFile);
```

일단 타깃 파일을 닫는다.

```
   if (dwErrCode == ERROR_SUCCESS)
   {
      hDstFile = CreateFile
      (
         argv[2], GENERIC_WRITE, 0, NULL,
         OPEN_EXISTING, 0, NULL
      );
      SetFilePointerEx(hDstFile, llSrcSize, NULL, FILE_BEGIN);
      SetEndOfFile(hDstFile);
      CloseHandle(hDstFile);
```

쓰기 전용으로 파일을 다시 열고, 파일 끝을 원본 크기로 지정한 후 최종적으로 닫는다.

```
   }
      ⋮
```

ReOpenFile 함수를 사용해 CloseHandle 후 다시 CreateFile을 호출하는 작업을 제거하면 커널 전환을 줄일 수도 있다.

3) 파일 잠금

실제 프로젝트를 경험해본 적이 있는 독자들이라면 프로세스 사이에서 파일을 통해 데이터를 공유해야 하는 경우를 경험해보았을 것이다. 예를 들어 파일 DB 형태로 특정 파일 포인터 위치에 데이터 레코드를 읽고 쓰는 작업이 여러 프로세스 사이에서 이루어질 경우에는 역시 파일에 대한 동기화가 필요하게 된다. 만약 하나의 단일 프로세스 내에서만이라면 크리티컬 섹션이나 SRW-락을 이용할 수 있다. 또한 프로세스 사이에서 공유를 해야 한다면 아마도 뮤텍스에 이름을 지정해서 동기화 처리를 해야 한다. 하지만 이 경우의 문제점은 특정 파일 포인터에 일부의 블록을 읽거나 쓰는 작업을 하는 상황임에도 파일 전체에 대해서 크리티컬 섹션이 되었든 뮤텍스가 되었든 동기화 객체를 이용해서 잠금 처리를 해야 한다는 점이다. 그리고 파일 자체와는 상관없는 별도의 동기화 객체라는 수단을 빌려야만 한다. 이러한 과정 없이 파일 자체에서 처리를 할 수는 없는 것일까? 그러한 관점에서 제공되는 수단이 LockFile과 UnlockFile이다.

```
BOOL WINAPI LockFile
(
    _In_  HANDLE   hFile,
    _In_  DWORD    dwFileOffsetLow,
    _In_  DWORD    dwFileOffsetHigh,
    _In_  DWORD    nNumberOfBytesToLockLow,
    _In_  DWORD    nNumberOfBytesToLockHigh
);

BOOL WINAPI UnlockFile
(
    _In_  HANDLE   hFile,
    _In_  DWORD    dwFileOffsetLow,
    _In_  DWORD    dwFileOffsetHigh,
    _In_  DWORD    nNumberOfBytesToUnlockLow,
    _In_  DWORD    nNumberOfBytesToUnlockHigh
);
```

DWORD dwFileOffsetLow

DWORD dwFileOffsetHigh

잠그거나(LockFile) 풀고자(UnlockFile) 하는 파일 블록의 시작 오프셋을 지정하는 64비트 하위 DWORD, 상위 DWORD 값을 지정한다.

DWORD nNumberOfBytesToLockLow

DWORD nNumberOfBytesToLockHigh

잠그거나 풀고자 하는 파일 블록의 시작 오프셋으로부터의 크기를 지정하는 64비트 하위 DWORD, 상위 DWORD 값을 지정한다.

그러나 사실 이 두 함수는 실용성에서 크게 의미는 없다. 사용하고자 하는 의도와는 전혀 다른 방향으로 흘러간다. 우리가 원하는 것은 서로 특정 위치에 접근하고자 할 때, 한 스레드가 먼저 잠금을 걸게 되면 다른 스레드는 잠금이 풀릴 때까지 대기해야 한다. 하지만 이미 잠긴 파일에 대해 다

른 스레드에서 잠금을 걸면 잠금이 풀리기 전까지 대기하는 것이 아니라, 바로 ERROR_LOCK_
VIOLATION(33) 에러 코드를 주고 리턴한다. 즉 기다려주지 않고 에러 발생으로 간주하고
FALSE를 리턴하는 것이다. Lock/UnlockFile의 이런 작동 방식 때문에 이 두 함수의 사용은 실
효성이 없게 되었고, 결국 별도의 동기화 객체를 이용할 수밖에 없는 상황이 되었다. 하지만 윈도우
2000부터 지원되는 LockFileEx와 UnlockFileEx는 특정 파일 포인터에 대한 잠금을 SRW-락
처럼 지원을 해주며, 비동기적인 잠금까지도 제공해주기 때문에 우리가 원하던 목적을 달성할 수 있
게 해준다.

```
BOOL WINAPI LockFileEx
(
  _In_       HANDLE       hFile,
  _In_       DWORD        dwFlags,
  _Reserved_ DWORD        dwReserved,
  _In_       DWORD        nNumberOfBytesToLockLow,
  _In_       DWORD        nNumberOfBytesToLockHigh,
  _Inout_    LPOVERLAPPED lpOverlapped
);

BOOL WINAPI UnlockFileEx
(
  _In_       HANDLE       hFile,
  _Reserved_ DWORD        dwReserved,
  _In_       DWORD        nNumberOfBytesToLockLow,
  _In_       DWORD        nNumberOfBytesToLockHigh,
  _Inout_    LPOVERLAPPED lpOverlapped
);
```

Lock/UnlockFile 쌍과 비교했을 때의 차이점은 먼저 잠그고자 하는 파일 포인터의 위치를 지정하
는 매개변수가 사라졌다는 점이다. 그리고 마지막 매개변수로 OVERLAPPED 구조체의 포인터를
받아들인다. LockFile과는 달리 잠그고자 하는 파일 포인터의 시작 지점이 OVERLAPPED 구조
체의 Offset과 OffsetHigh 필드로 대치된다. 그리고 dwFlags라는 매개변수가 추가되었다.

DWORD dwFlags

다음 플래그들의 조합을 통해서 잠긴 파일에 대한 대기 방식을 지정한다.

- **LOCKFILE_EXCLUSIVE_LOCK(0x00000002)**

  이 플래그를 지정하면 배타적 잠금을 수행한다. 지정하지 않으면 공유 잠금을 수행하므로, 이 위치의 파일 블록을 읽는 여러 스레드 사이에서는 잠금 없이 읽기가 가능하다.

- **LOCKFILE_FAIL_IMMEDIATELY(0x00000001)**

  이 플래그를 지정할 시점에 이미 파일이 잠겨있을 경우에는 바로 리턴한다. 지정하지 않으면 잠금이 풀릴 때까지 대기한다.

LPOVERLAPPED lpOverlapped

이 매개변수는 Lock/UnlockFile 함수의 dwFileOffsetLow, dwFileOffsetHigh 매개변수를 대체하는 것으로, 잠그고자 하는 파일의 오프셋 위치를 OVERLAPPED 구조체의 Offset과 OffsetHigh 필드에 지정하도록 했다. OVERLAPPED 구조체를 사용하면 비동기적 잠금까지도 사용이 가능하다. OVERLAPPED 구조체의 Offset과 OffsetHigh 필드를 통해서 파일 오프셋을 지정하고, 반드시 이 구조체의 hEvent 필드를 NULL로 설정한 후에 사용해야 한다. OVERLAPPED 구조체에 대해서는 다음 4.2.1절에서 상세히 설명할 것이다.

다음 프로젝트는 Lock/UnlockFileEx의 사용 예를 보여준다. 쓰기 스레드는 특정 파일에 40Bytes씩 동일한 알파벳 문자를 쓰고, 읽기 스레드는 동시에 파일 포인터를 이동하면서 파일에서 40Bytes씩 문자를 읽어들인다. Lock/UnlockFileEx를 사용했을 경우와 그렇지 않을 경우를 비교하기 위해 한 문자를 쓰고 FlushFileBuffers 함수를 통해 물리적 디스크를 갱신하도록 하는 처리를 추가했다.

프로젝트 4.1.2 `FileCopyNoBuff`

```
#define SHARE_FILE _T("C:\\temp\\LockFileTest.txt")
#define LINE_LEN  40
```

쓰기 스레드에 대한 정의

```
DWORD WINAPI WriteProc(PVOID pParam)
{
   for (int j = 0; j < 26; j++)
   {
      char ch = j + 'a';
      HANDLE hFile = CreateFile
```

```
        (
            SHARE_FILE, GENERIC_WRITE | GENERIC_READ,
            FILE_SHARE_READ | FILE_SHARE_WRITE,
            NULL, OPEN_ALWAYS, 0, NULL
        );


        OVERLAPPED ov;
        memset(&ov, 0, sizeof(ov));
        ov.Offset = j * LINE_LEN;
        SetFilePointer(hFile, ov.Offset, NULL, FILE_BEGIN);
```

OVERLAPEED 구조체를 초기화하고 40문자를 쓸 파일 오프셋을 지정한 후, 그 위치로 파일 포인터를 이동시킨다.

```
        LockFileEx(hFile, LOCKFILE_EXCLUSIVE_LOCK, 0, LINE_LEN, 0, &ov);
```

이동된 파일 오프셋 위치에서 40Bytes만큼 배타적으로 파일을 잠근다.

```
        {
            DWORD dwBytesWrote;
            for (DWORD i = 0; i < LINE_LEN; i++)
            {
                WriteFile(hFile, &ch, 1, &dwBytesWrote, NULL);
                FlushFileBuffers(hFile);
```

잠긴 블록 내에 문자를 하나씩 쓰고 파일 블록에 대한 스레드 간의 경쟁을 극명하게 보여주기 위해 한 문자를 쓸 때마다 물리적 디스크를 갱신한다.

```
            }
        }
        UnlockFileEx(hFile, 0, LINE_LEN, 0, &ov);
```

해당 파일 오프셋에서 잠긴 파일을 풀어준다.

```
        CloseHandle(hFile);
    }

    return 0;
}
```

읽기 스레드에 대한 정의

```
DWORD WINAPI ReadProc(PVOID pParam)
{
    char szRead[83];
    for (int j = 0; j < 26; j++)
    {
        Sleep(10);
```

디스크 플러시를 병행하는 쓰기 작업보다 읽기 작업이 훨씬 빠르기 때문에 약간 지연시켜 준다.

```
        HANDLE hFile = CreateFile
        (
            SHARE_FILE, GENERIC_WRITE | GENERIC_READ,
            FILE_SHARE_READ | FILE_SHARE_WRITE,
            NULL, OPEN_ALWAYS, 0, NULL
        );

        OVERLAPPED ov;
        memset(&ov, 0, sizeof(ov));
        ov.Offset = j * LINE_LEN;
        SetFilePointer(hFile, ov.Offset, NULL, FILE_BEGIN);
```

OVERLAPEED 구조체를 초기화하고 40문자를 읽을 파일 오프셋을 지정한 후, 그 위치로 파일 포인터를 이동시킨다.

```
        LockFileEx(hFile, 0, 0, LINE_LEN, 0, &ov);
```

이동된 파일 오프셋 위치에서 40Bytes만큼 공유 잠금으로 파일을 잠근다.

```
        {
            char ch = '?';
            DWORD dwBytesRead, pos = 0;
            for (; pos < LINE_LEN; pos++)
            {
                ReadFile(hFile, &ch, 1, &dwBytesRead, NULL);
                szRead[pos] = ch;
            }
            szRead[pos] = 0;
```

잠긴 블록 내에 문자를 하나씩 읽어들여 콘솔 출력을 위해 버퍼에 저장한다.

```
        }
        UnlockFileEx(hFile, 0, LINE_LEN, 0, &ov);
```

```
    CloseHandle(hFile);
    printf("%s\n", szRead);
  }


  return 0;
}
```

```
#define THREAD_CNT 2
void _tmain()
{
  HANDLE hFile = CreateFile
  (
     SHARE_FILE, GENERIC_WRITE, 0,
     NULL, CREATE_ALWAYS, 0, NULL
  );
  for (int i = 0; i < LINE_LEN * 26; i++)
  {
     char ch = '-';
     DWORD dwBytesWrote;
     WriteFile(hFile, &ch, 1, &dwBytesWrote, NULL);
  }
  CloseHandle(hFile);
```

```
  HANDLE arhThreads[THREAD_CNT];
  for (int i = 0; i < THREAD_CNT; i++)
  {
     LPTHREAD_START_ROUTINE pfnThr = ((i == 0) ? WriteProc : ReadProc);
     DWORD dwThrId = 0;
     arhThreads[i] = CreateThread(NULL, 0, pfnThr, NULL, 0, &dwThrId);
  }
```

```
    getchar();
    WaitForMultipleObjects(THREAD_CNT, arhThreads, TRUE, INFINITE);
    for (int i = 0; i <THREAD_CNT; i++)
        CloseHandle(arhThreads[i]);
}
```

위의 코드를 실행하면 다음과 같이 쓰기 스레드가 파일에 쓴 데이터를 읽기 스레드가 제대로 읽어서 콘솔에 알파벳 순서대로 40문자씩 출력하는 것을 확인할 수 있다.

```
aaaaaaaaaaaaaaaaaaaaaaaaaaaaaaaaaaaaaaaa
bbbbbbbbbbbbbbbbbbbbbbbbbbbbbbbbbbbbbbbb
cccccccccccccccccccccccccccccccccccccccc
                  :
```

위 코드의 Lock/UnlockFileEx 호출 부분을 주석으로 처리한 후 실행해보면 다음과 같이 제대로 읽어들이지 못했음을 확인할 수 있다.

```
aaaaaaaaaaaaaaaaaaa--------------------
--------------------------------------
--------------------------------------
                  :
```

4.1.3 CreateFile을 통한 다른 장치 열기

CreateFile을 통해서 열 수 있는 파일은 디스크 상의 파일뿐만이 아니다. 이 파일은 디렉터리가 될 수도 있고 디스크, 콘솔, 통신포트(COM, LPT), 파이프, 디바이스 드라이버 등 수많은 장치들이 될 수 있다. 이번 절에서는 콘솔, 디스크, 디렉터리를 CreateFile을 통해서 열고 정보를 획득하는 경우에 대해 설명하고자 한다.

1) 콘솔(Console) 열기

CreateFile을 통해서 콘솔을 열 수 있다. 콘솔은 표준 입력과 표준 출력으로 나눌 수 있으며, 표준 입력을 열기 위해서는 파일명을 "CONIN$"으로, 표준 출력을 열기 위해서는 파일명을 "CONOUT$"

으로 넘겨준다. 그리고 표준 입력에 대해 ReadFile을 통해 콘솔로부터 입력받은 문자열을 획득할 수 있고, 표준 출력에 대해 WriteFile을 호출함으로써 콘솔로 문자열을 출력할 수 있다.

프로젝트 4.1.3 ConsoleInput

```
void _tmain()
{
  HANDLE hStdOut = CreateFile(_T("CONOUT$"),
      GENERIC_WRITE, FILE_SHARE_READ, NULL, OPEN_EXISTING, NULL, NULL);
```

콘솔로 문자열을 출력하기 위해 표준 출력을 연다. 콘솔에 데이터를 써야 하기 때문에 GENERIC_WRITE 플래그를 지정해야 한다. 또한 이미 존재하는 장치이므로 OPEN_EXISTING 플래그를 지정해야 한다.

```
  HANDLE hStdIn = CreateFile(_T("CONIN$"),
      GENERIC_READ, FILE_SHARE_WRITE, NULL, OPEN_EXISTING, NULL, NULL);
```

콘솔로부터 문자열을 입력받기 위해 표준 입력을 연다. 콘솔로부터 데이터를 읽어야 하기 때문에 GENERIC_READ 플래그를 지정해야 하고, OPEN_EXISTING 플래그도 지정해야 한다.

```
  char szIn[256], szOut[256];
  while (true)
  {
    DWORD dwTrBytes = 0;
    ReadFile(hStdIn, szIn, sizeof(szIn), &dwTrBytes, NULL);
```

표준 입력으로부터 문자열을 획득하기 위해 ReadFile을 동기적으로 호출한다. 콘솔에 문자열을 입력하고 엔터키를 누르는 순간 ReadFile로부터 리턴되며, szIn 버퍼에는 콘솔에 입력한 문자열이 담기게 된다. 문자열 마지막은 엔터키에 의한 "Wr\n" 개행문자까지 버퍼에 추가된다는 점에 주의하기 바란다.

```
    szIn[dwTrBytes] = 0;
    if (_stricmp(szIn, "quit\r\n") == 0)
      break;

    int len = sprintf(szOut, "<== Echo : %s", szIn);
    WriteFile(hStdOut, szOut, (DWORD)len, &dwTrBytes, NULL);
```

입력받은 문자열을 에코로 돌리기 위해 WriteFile을 동기적으로 호출해 콘솔에 쓴다.

```
  }
  CloseHandle(hStdIn);
  CloseHandle(hStdOut);
}
```

표준 입력을 열 때는 GENERIC_READ, 표준 출력을 열 때는 GENERIC_WRITE로 지정했다. 표준 입력은 읽기 전용이며 표준 출력은 쓰기 전용이기 때문에, CreateFile 호출 시 GENERIC_READ|GENERIC_WRITE의 조합으로 접근 모드를 지정한다면 ERROR_FILE_NOT_FOUND 에러가 발생한다. 표준 입출력을 열 때 CreateFile 대신 GetStdHandle 함수를 통해서 다음과 같이 열어도 상관없다.

```
HANDLE hStdOut = GetStdHandle(STD_OUTPUT_HANDLE);
HANDLE hStdIn = GetStdHandle(STD_INPUT_HANDLE);
```

콘솔에 대한 비동기 입출력을 위해 FILE_FLAG_OVERLAPPED 플래그와 CreateFile을 통해서 콘솔을 열 수는 있지만, 콘솔에 대한 비동기 입출력은 제대로 작동되지 않는다. 콘솔을 열 경우, CreateFile은 dwFlagsAndAttributes와 hTemplateFile 매개변수를 무시하므로, 콘솔에 대한 비동기 입출력은 무시된다.*

2) 디스크(Disk) 열기

CreateFile을 이용해 하드 디스크나 파티션, 볼륨 등을 열어서 간단한 디스크 정보를 얻어오는 예를 살펴보고자 한다. CreateFile 호출 시 디스크를 위한 파일명의 지정은 다음과 같다.

- **물리적인 디스크** : "\\.\PhysicalDrive0", "\\.\PhysicalDrive1"의 형식으로 지정한다.
- **파티션으로 분리된 논리적 디스크** : "\\.\C:", "\\.\D:"의 형식으로 지정한다.
- **볼륨명**을 통해서 얻고자 할 경우에는 FindFirstVolume과 FindNextVolume 함수를 이용해 획득된 볼륨명으로 지정할 수 있다.

물리적 파일의 경우 데이터의 입출력은 ReadFile이나 WriteFile을 통해서 이루어지지만, 디스크의 경우에는 다른 수단을 사용해야 한다. 디스크 관련 정보를 얻거나 설정하기 위해 제공되는 함수는 DeviceIoControl 함수다. DeviceIoControl 함수는 단순히 디스크 등의 장치뿐만 아니라 컴퓨터 주변장치를 관리하는 장치 드라이버와 통신할 때 사용되는, 용도가 매우 광범위한 함수다. DeviceIoControl를 통하여 디스크의 파티션을 나눌 수도 있고 포맷을 할 수도 있으며, 디스크 디프래그먼트(Defragment) 처리 또한 가능하다. 또한 디바이스 드라이버 개발자라면 유저 영

---

* FILE_FLAG_OVERLAPPED 플래그를 지정해 콘솔을 열 수는 있지만, 비동기적으로 ReadFile을 호출한 후 입출력 완료를 체크하면 콘솔에 문자열을 입력하지 않은 상태에서 ERROR_NOMORE_DATA 에러가 설정되어 계속 콘솔 핸들이 시그널 상태가 되기 때문에 비동기 입출력을 제대로 사용할 수가 없다.

역의 애플리케이션에서 자신이 개발한 디바이스 드라이버를 제어하거나 작업 처리를 요청하기 위해 DeviceIoControl을 사용해본 경험이 있을 것이다. DeviceIoControl은 유저 영역에서 커널에 존재하는 다양한 디바이스 드라이버와 다양한 통신을 가능하게 하는 함수다.

```
BOOL WINAPI DeviceIoControl
(
    _In_            HANDLE          hDevice,
    _In_            DWORD           dwIoControlCode,
    _In_opt_        LPVOID          lpInBuffer,
    _In_            DWORD           nInBufferSize,
    _Out_opt_       LPVOID          lpOutBuffer,
    _In_            DWORD           nOutBufferSize,
    _Out_opt_       LPDWORD         lpBytesReturned,
    _Inout_opt_     LPOVERLAPPED    lpOverlapped
);
```

HANDLE hDevice

CreateFile을 통해서 연 장치의 핸들이다.

DWORD dwIoControlCode

장치에 특정 작업을 요구할 때 그 작업을 식별하는 값이다. 이 값을 입출력 컨트롤 코드라고 하는데, 디바이스 드라이버와 미리 정의된 코드를 주고받게 된다. 그리고 이 코드에 따라 장치에 데이터를 전달하는 포맷과 장치로부터 데이터를 수신하는 포맷이 달라지게 된다. 여기서 검토할 예제의 경우에는 다음 두 컨트롤 코드를 사용할 것이다.

- **IOCTL_DISK_GET_PARTITION_INFO** : 디스크 파티션의 속성과 종류, 크기 정보를 획득한다.
- **IOCTL_DISK_GET_DRIVE_GEOMETRY** : 디스크의 실린더, 트랙, 섹터 등의 정보를 획득한다.

LPVOID lpInBuffer

DWORD nInBufferSize

장치로 데이터를 전송하는 버퍼의 포인터와 데이터의 길이를 지정한다. 예시될 코드는 디스크 관련 정보를 얻어오는 것이 목적이므로, 이 두 매개변수는 사용하지 않는다.

LPVOID lpOutBuffer

DWORD nOutBufferSize

LPDWORD lpBytesReturned

장치로부터 데이터를 수신하기 위한 버퍼의 포인터와 버퍼의 크기를 지정한다. 그리고 lpBytesReturned 매개변수는 DeviceIoControl의 호출이 성공했을 때, 실제로 수신한 데이터의 길이를 받기 위한 포인터다. 예시에서 사용될 두 컨트롤 코드의 lpOutBuff 버퍼의 구조는 다음과 같다.

- **IOCTL_DISK_GET_PARTITION_INFO** : PARTITION_INFORMATION 구조체
- **IOCTL_DISK_GET_DRIVE_GEOMETRY** : DISK_GEOMETRY 구조체

LPOVERLAPPED lpOverlapped

DeviceIoControl 역시 비동기 입출력을 지원한다. 디바이스를 FILE_FLAG_OVERLAPPED 플래그를 통해서 열었다면 OVERLAPPED 구조체의 포인터를 전달하여 비동기적으로 DeviceIoControl 함수를 호출할 수 있다. 역시 4.2절에서 상세하게 설명할 것이다.

이제, CreateFile을 통해 열린 디스크의 핸들을 매개변수로 넘겨 DeviceIoControl 함수를 사용하는 예를 직접 살펴보자. 다음 프로젝트는 CreateFile을 통해서 물리적인 디스크를 열고, 해당 디스크의 크기 및 실린더, 트랙, 섹터의 정보를 획득하는 예제다.

프로젝트 4.1.3 GetVolumeInfo

```
void _tmain()
{
    HANDLE hDevice = CreateFile
    (
        _T("\\\\.\\PhysicalDrive0"),
        GENERIC_READ,   FILE_SHARE_WRITE | FILE_SHARE_READ,
        NULL, OPEN_EXISTING, 0, NULL
    );
```

첫 번째 물리적 디스크를 연다. 디스크 정보를 읽기 위해 GENERIC_READ를 지정한다.

```
    if (hDevice == INVALID_HANDLE_VALUE)
```

```
{
    cout << " *** CreateFile Error : " << GetLastError() << endl;
    return;
}


PARTITION_INFORMATION pi;
DWORD dwRetCnt = 0;
BOOL bIsOK = DeviceIoControl
(
    hDevice,
    IOCTL_DISK_GET_PARTITION_INFO,
    NULL, 0,
    &pi, sizeof(pi), &dwRetCnt, NULL
);
```

IOCTL_DISK_GET_PARTITION_INFO 컨트롤 코드는 디스크 파티션의 속성과 종류, 그리고 크기 정보를 획득하는 코드다. 그 정보는 PARTITION_INFORMATION 구조체를 통해서 lpOutBuffer 매개변수로 돌려준다.

```
if (bIsOK)
    cout << "Volume size      = "
            << pi.PartitionLength.QuadPart << " bytes " << endl;
else
    cout << " *** DISK_GET_PARTITION_INFO Error : " << GetLastError() <<endl;


DISK_GEOMETRY dg;
dwRetCnt = 0;
bIsOK = DeviceIoControl
(
    hDevice,
    IOCTL_DISK_GET_DRIVE_GEOMETRY,
    NULL, 0,
    &dg, sizeof(dg), &dwRetCnt, NULL
);
```

IOCTL_DISK_GET_DRIVE_GEOMETRY 컨트롤 코드는 디스크의 실린더, 트랙, 섹터 정보를 획득하는 코드다. 그 정보는 DISK_GEOMETRY 구조체를 통해서 lpOutBuffer 매개변수로 돌려준다.

```
if (bIsOK)
{
    cout << "Cylinders        = " << dg.Cylinders.QuadPart << endl;
```

```
        cout << "Tracks/cylinder = " << dg.TracksPerCylinder << endl;
        cout << "Sectors/track   = " << dg.SectorsPerTrack << endl;
        cout << "Bytes/sector    = " << dg.BytesPerSector << endl;
    }
    else
        cout << " *** DISK_GET_DRIVE_GEOMETRY Error : " << GetLastError() << endl;
    CloseHandle(hDevice);

    cout << endl << "Press any key to exit...." << endl;
    getchar();
}
```

위 코드를 실행할 때에는 관리자 권한으로 실행하기 바란다. 보통 첫 번째 물리적 디스크에는 OS가 설치되는데, 그럴 경우 관리자 권한으로 실행하지 않으면 시스템은 접근을 거부해 버리기 때문에 CreateFile 호출에 실패하게 된다.

3) 디렉터리(Directory) 열기

이번에는 CreateFile을 이용해 디렉터리를 여는 방법을 알아보자. 디렉터리를 연 다음 디렉터리 관련 정보는 ReadFile이 아닌 GetFileInformationByHandle(Ex) 함수를 이용해 디렉터리 속성이나 디렉터리 내의 파일 또는 서브 디렉터리의 엔트리를 얻는다. 여기서는 해당 디렉터리 내의 파일 또는 서브 디렉터리의 변경(복사, 삭제, 이름 변경 등)을 감지하는 디렉터리 감시를 목적으로 디렉터리를 열어서 그 핸들을 처리하는 방법을 검토할 예정이다. 이 디렉터리 감시는 변경에 대한 통지가 언제 전달될 것인지를 알 수 없는 전형적인 처리 방법이므로, 뒤에서 논의할 비동기 입출력의 좋은 예로 사용될 것이다.

다음은 디렉터리를 여는 CreateFile의 사용법이다.

```
HANDLE hDir = CreateFile
(
    _T("C:\\Temp "),
    GENERIC_READ,
    FILE_SHARE_READ | FILE_SHARE_WRITE | FILE_SHARE_DELETE,
    NULL,
    OPEN_EXISTING,
```

```
    FILE_FLAG_BACKUP_SEMANTICS,
    NULL
);
```

디렉터리를 열 때 주의할 점 세 가지를 알아보도록 하사. 먼저, CreateFile의 세 번째 매개변수
인 dwShareMode인데, 위의 경우는 READ, WRITE, DELETE에 대해 공유하도록 지정했
다. 이 플래그를 지정하지 않으면 C:\Temp 디렉터리를 연 상태에서는 탐색기에서 이 디렉터
리로 들어가지도 못하며, 이 디렉터리 아래에 파일을 추가하거나 삭제하는 작업 등이 모두 금지
되므로, 공유 모드를 제대로 지정해줘야 한다. 다음으로, dwCreationDisposition 매개변수
를 OPEN_EXISTING으로 지정했다. CreateFile 설명 시 이 함수로 디렉터리를 생성할 수 없
다고 했다. 디렉터리 생성은 CreateDirectory라는 별도의 함수가 제공된다. 따라서 CreateFile
로는 디렉터리를 생성하는 것이 아니라 열 수만 있으므로 이미 존재하는 디렉터리를 연다는 의미
에서 OPEN_EXISTING을 지정해줘야 한다. 마지막으로, 디렉터리를 열 때는 반드시 FILE_
FLAG_BACKUP_SEMANTICS를 지정해줘야 한다. 비동기적으로 디렉터리를 열고자 한다
면 FILE_FLAG_BACKUP_SEMANTICS와 FILE_FLAG_OVERLAPPED를 함께 지정하면
된다.

특정 디렉터리 내의 엔트리 변경, 즉 파일이나 서브 디렉터리가 추가되거나 이름이 바뀐다든지 삭제
되는 등의 경우에 그 변경사항에 대해 통지를 받을 수 있는, 디렉터리 감시라는 관점에서 디렉터리
엔트리 변경 통지의 방법을 이제부터 논의해보고자 한다.

| 파일 변경 통지 커널 객체 |

디렉터리 핸들과는 직접 관련이 없지만, 디렉터리 엔트리 변경을 통지해주는 수단인 새로운 커
널 객체를 하나 설명하고자 한다. 바로 "파일 변경 통지(File Change Notification)" 커널 객체
다. 탐색기를 비롯한 웬만한 파일 관리자라면 이런 기능을 제공할 것이다. 즉 탐색기를 띄워 놓고
특정 폴더의 파일 리스트를 출력하게 한 다음 다른 파일 관리자, 예를 들면 콘솔이나 Windows
Commander 같은 툴로 동일한 폴더에 파일을 하나 복사하면 탐색기는 그것을 인지해서 새로 복사
된 파일의 정보를 출력한다. 또한 파일을 삭제하거나 파일명을 변경하면 바로 그 변경사항을 인지하
고 반영한다. 다른 프로세스에서의 파일이나 폴더의 변경사항도 바로 바로 인지할 수 있는데, 이것
을 가능하게 하는 것이 파일 변경 통지 커널 객체다.

파일 변경 통지 커널 객체는 동기화 객체이기도 하다. 즉 여러분이 특정 폴더 내의 어떤 변경사항을 통지받고자 한다면, 파일 변경 통지 객체를 생성하여 그것에 대해 스레드를 대기시키는 코드를 작성해야 한다. 이 커널 객체의 시그널/넌시그널 상태는 다음과 같다,

- **넌시그널 상태** : 지정된 폴더 내에 아무런 변화가 없을 때
- **시그널 상태** : 지정된 폴더 내에 특정한 변화가 발생했을 때

파일 변경 통지 커널 객체의 경우에는 그 생성 방식이 일반 커널 객체와 다소 다르다. 우선, 다음 함수를 통해 파일 변경 통지 커널 객체를 생성한다.

```
HANDLE WINAPI FindFirstChangeNotification
(
    _In_ LPCTSTR lpPathName,
    _In_ BOOL    bWatchSubtree,
    _In_ DWORD   dwNotifyFilter
);
```

LPCTSTR lpPathName

감시하고자 하는 디렉터리 전체 경로명을 지정한다. 논리 디스크의 루트 디렉터리나 임의의 서브 디렉터리를 넘겨줄 수 있다. 만약 C 드라이브 전체에 대한 변경사항을 감시하고자 한다면 이 매개변수를 "C:\"의 문자열로 건네주면 된다. 특정 폴더인 경우엔 "C:\MyDirectory"라는 형식으로 넘겨준다.

BOOL bWatchSubtree

lpPathName에 지정된 디렉터리의 서브 디렉터리까지 변화를 감지하고자 한다면 TRUE를 설정해준다. FALSE인 경우에는 해당 디렉터리만 감시한다.

DWORD dwNotifyFilter

감시하고자 하는 파일 변경의 종류를 다음과 같이 지정한다.

- **FILE_NOTIFY_CHANGE_FILE_NAME** : 파일 생성, 삭제 또는 이름 변경
- **FILE_NOTIFY_CHANGE_DIR_NAME** : 디렉터리 생성, 삭제 또는 이름 변경
- **FILE_NOTIFY_CHANGE_ATTRIBUTES** : 파일 속성 변경

- **FILE_NOTIFY_CHANGE_SIZE** : 파일 크기 변경
- **FILE_NOTIFY_CHANGE_LAST_WRITE** : 파일의 최종 기록 시간 변경
- **FILE_NOTIFY_CHANGE_SECURITY** : 디렉터리나 파일에 대한 보안 설명자의 변경

여러분은 해당 폴더 내의 감시하고자 하는 변경사항을 위 플래그들의 논리합을 통해서 지정해주면 된다. 만약 일반적인 파일 관리자를 작성한다면 위의 모든 플래그들을 조합해서 넘겨줘야 할 것이다.

[반환값] HANDLE

성공했을 경우에는 해당 커널 객체의 핸들값을 돌려주고, 실패했을 경우에는 INVALID_HANDLE_VALUE를 리턴한다. CreateFile이나 FindFirstFile과 마찬가지로, NULL이 아닌 INVALID_HANDLE_VALUE를 돌려주는 몇 안 되는 함수 중의 하나임에 주의하라.

이렇게 파일 변경 통지 커널 객체가 생성되면 WaitForXXX 등의 대기 함수를 통해 변경사항을 감시할 수 있다. 주의할 것은 시스템은 많은 파일 변경사항을 누적하고 있다가 한꺼번에 알린다. 즉 매번 하나의 변화가 생길 때마다 파일 변경 통지 객체를 시그널 상태로 만드는 것이 아니다. 예를 들어 "rmdir . /s" 명령을 통해 감시하고자 하는 폴더 내의 하위 폴더를 삭제한다고 할 때, 그 하위 폴더의 모든 파일이나 하위 폴더 자체가 하나씩 삭제될 때마다 통지가 발생한다면 성능상 상당히 문제가 될 것이다. 시스템은 이런 경우 그러한 상황을 누적하고 있다가 한 번에 해당 객체를 시그널 상태로 만든다.

이제 어떤 변화가 생겨서 파일 변경 통지 커널 객체가 시그널 상태가 되었다고 하자. 그러면 그 변경에 대한 처리를 행한 후 계속된 감시를 위해 다시 이 커널 객체를 넌시그널 상태로 만들어야 할 것이다. 파일 변경 통지 커널 객체를 넌시그널 상태로 만드는 함수는 다음과 같다.

```
BOOL WINAPI FindNextChangeNotification(_In_ HANDLE hChangeHandle);
```

물론 hChangeHandle은 FindFirstChangeNotification을 통해 얻은 파일 변경 통지 커널 객체의 핸들이다. FindNextChangeNotification 함수의 중요한 기능은 단순히 해당 객체를 넌시그널 상태로 만드는 것만이 아니다. 이런 상황을 가정해보자. 사용자 스레드가 대기 상태에서 깨어나 변경 상태에 대한 작업을 수행하는 동안, 탐색기가 CPU의 제어권을 빼앗아 해당 폴더에 여러 파일들을 삭제했다고 하자. 그리고 다시 사용자 스레드가 CPU 제어권을

얻어 FindNextChangeNotification을 호출해 넌시그널 상태로 만든 후 대기 상태로 들어간다면, 그 사이의 변화에 대한 처리를 수행하지 못할 것이다. 이런 상황이 발생하게 되면 FindNextChangeNotification 함수는 그런 변화를 감지하고 파일 변경 통지 객체를 넌시그널 상태로 만들지 않고 그냥 시그널 상태로 둔다. 그러면 유저 스레드가 다시 그 객체에 대해 대기 함수를 호출하더라도 즉각 변경에 대한 갱신 처리를 할 수 있게 된다.

파일 변경 통지 커널 객체의 경우, 다른 커널 객체와는 다르게 CloseHandle을 통해 열린 커널 객체를 닫지 않고 다음 함수를 통해 핸들을 닫아줘야 한다.

```
BOOL WINAPI FindCloseChangeNotification(_In_ HANDLE hChangeHandle);
```

이제부터 실제로 파일 변경 통지 객체를 사용해 특정 디렉터리 내의 변경사항을 감지하는 예제를 살펴보도록 하자. 다음 프로젝트의 소스는 감시 대상 디렉터리의 전체 경로를 프로그램 명령 인자로 넘겨 그 디렉터리 내의 변화를 감시하게끔 한다. 만약 디렉터리 내의 파일들에 대한 변경(예를 들어 사이즈나 속성 변경, 복사에 의한 파일 추가 및 삭제) 등의 변화가 생기면 그 디렉터리를 다시 스캔해서 변경 내용을 인지할 수 있도록 해준다.

프로젝트 4.1.3 FileChgNoti

```
void _tmain()
{
    DWORD dwNotiFlags =    FILE_NOTIFY_CHANGE_FILE_NAME |
                           FILE_NOTIFY_CHANGE_DIR_NAME |
                           FILE_NOTIFY_CHANGE_ATTRIBUTES |
                           FILE_NOTIFY_CHANGE_SIZE;
```

파일 변경 통지 객체의 옵션사항을 위한 플래그를 설정한다. 위 예의 경우 해당 디렉터리의 파일 시간, 하위 디렉터리 이름, 파일 속성이나 파일 크기가 변경되었을 경우에 통지하도록 설정한다.

```
    HANDLE hChgNoti = FindFirstChangeNotification
    (
        _T("C:\\Temp"), FALSE, dwNotiFlags
    );
```

파일 변경 통지 커널 객체를 생성한다. 첫 번째 매개변수는 프로그램 매개변수로 받은 감시할 대상 폴더의 경로를 지정하고, 두 번째 매개변수는 FALSE를 지정해 이 폴더의 하위 폴더에 대한 변경은 무시하도록 한다. 그리고 앞서 설정한 플래그들의 조합 값인

```
    if (hChgNoti == INVALID_HANDLE_VALUE)
    {
        cout << " ~~ FindFirstChangeNotification error: " << GetLastError() << endl;
        return;
    }


    while (true)
    {
        DWORD dwWaitCode = WaitForSingleObject(hChgNoti, INFINITE);
```

파일 변경 통지 커널 객체와 종료 이벤트에 대해 대기 상태로 진입한다.

```
        if (dwWaitCode == WAIT_FAILED)
            break;
```

대기 상태에서 깨어나면 해당 디렉터리에 변경이 발생했음을 의미한다. FindFirstFile과 FindNextFile 함수를 사용해 해당 디렉터리의
엔트리를 출력한다.

```
        printf("=> Dir entry changed...\n");


        WIN32_FIND_DATA fd;
        HANDLE hFindFile = FindFirstFile(_T("C:\\Temp\\*"), &fd);
        if (hFindFile != INVALID_HANDLE_VALUE)
        {
            do
            {
                FILETIME ft;
                FileTimeToLocalFileTime(&fd.ftLastAccessTime, &ft);
                SYSTEMTIME st;
                FileTimeToSystemTime(&ft, &st);


                _tprintf(_T("   %04d-%02d-%02d %02d:%02d:%02d+%03d : %s\n"),
                    st.wYear, st.wMonth, st.wDay, st.wHour, st.wMinute,
                    st.wSecond, st.wMilliseconds, fd.cFileName);
            }
            while (FindNextFile(hFindFile, &fd));
```

```
        FindClose(hFindFile);
    }
    if (!FindNextChangeNotification(hChgNoti))
```

필요한 작업을 완료했을 경우, FindNextChangeNotification을 호출해 파일 변경 통지 커널 객체를 넌시그널 상태로 만들고 다시 루프를 돌아 대기 상태로 들어간다.

```
    {
        cout << " ~~ FindNextChangeNotification error : "
            << GetLastError() << endl;
        break;
    }
    }
    FindCloseChangeNotification(hChgNoti);
```

생성한 파일 변경 통지 객체의 핸들을 닫는다.

```
}
```

| 파일 핸들을 통한 디렉터리 변경 통지 |

앞의 FileChgNoti 예제는 디렉터리 내의 변경된 엔트리들의 정보를 보여주지 않고 단순히 감시 대상 디렉터리 내의 엔트리를 스캔해서 엔트리 전체를 보여주고 있다. 무언가 좀 허전한 느낌이 들지 않는가? 실제 변경된 내용을 보여주는 것이 아니라 디렉터리를 스캔해서 감시 대상 디렉터리 내의 모든 엔트리의 정보를 보여준다. 파일 변경 통지 객체를 사용할 경우에는 감시 대상 디렉터리 내에 어떤 변화가 있었다는 것에 대한 통지는 받을 수 있지만, 어떠한 변화가 있었는지 실제로 어떤 내용이 변경되었는지에 대한 구체적인 정보는 제공되지 않는다. 따라서 구체적인 변경 내용을 보고자 한다면 폴더를 다시 스캔하든지 해서 이전 내용과 비교해야만 한다. .NET의 경우에는 FileSystemWatcher라는 클래스를 제공하는데, 이 클래스를 사용할 경우 통지를 받기 원하는 종류에 해당하는 이벤트(커널 객체가 아니라 C#의 이벤트)를 등록해주면 그 변경된 내용에 대한 구체적인 사실까지 통지해준다. 이러한 종류의 통지를 가능하게 하는 함수는 이전에는 제공되지 않았다가 비스타로 들어서면서 ReadDirectoryChangesW 함수가 제공되었는데, 이 함수가 바로 그 기능을 제공해주었다. 이 함수는 파일 변경 통지처럼 별도의 커널 객체를 생성하는 것이 아니라 디렉터리 핸들 자체를 그 대상으로 삼는다. 따라서 이 함수를 사용하려면 우선 감시하고자 하는 디렉터리를 CreateFile을 통해서 열어야 한다. ReadDirectoryChangesW 함수 호출 시 CreateFile을 통해서 연 디렉터리 핸들을 감시하기 위해 매개변수로 넘겨줄 수가 있다. ReadDirectoryChangesW의 선언은 다음과 같다.

```
BOOL WINAPI ReadDirectoryChangesW
(
  _In_              HANDLE                         hDirectory,
  _Out_             LPVOID                         lpBuffer,
  _In_              DWORD                          nBufferLength,
  _In_              BOOL                           bWatchSubtree,
  _In_              DWORD                          dwNotifyFilter,
  _Out_opt_         LPDWORD                        lpBytesReturned,
  _Inout_opt_       LPOVERLAPPED                   lpOverlapped,
  _In_opt_          LPOVERLAPPED_COMPLETION_ROUTINE lpCompletionRoutine
);
```

HANDLE hDirectory

CreateFile을 통해서 연 디렉터리 핸들이다.

LPVOID lpBuffer

DWORD nBufferLength

변경된 디렉터리 엔트리의 정보를 받을 버퍼의 포인터 lpBuffer와 그 버퍼의 크기 nBufferLength를 지정한다.

BOOL bWatchSubtree

DWORD dwNotifyFilter

FindFirstChangeNotification 함수와 마찬가지로 bWatchSubtree는 서브 디렉터리까지 감시할 것인지의 여부를 지정하고, dwNotifyFilter는 감시할 변경에 대한 종류를 지정한다. 관련 플래그 값은 FindFirstChangeNotification 함수의 dwNotifyFilter 값과 동일하다.

LPDWORD lpBytesReturned

변경된 엔트리의 내용은 lpBuffer 매개변수가 가리키는 버퍼에 담겨 호출 스레드에게 제공된다. 이때 이 버퍼에 실제로 담긴 변경 내용의 크기를 바이트 단위로 돌려준다.

LPOVERLAPPED lpOverlapped

LPOVERLAPPED_COMPLETION_ROUTINE lpCompletionRoutine

lpOverlapped 매개변수를 보면 이 함수 역시 비동기 입출력을 지원한다는 것을 알 수 있다. 그리고 lpCompletionRoutine는 APC 관련 콜백 함수의 포인터를 요구한다. 이 두 매개변수는 모두 비동기 입출력과 관련되어 있으며, 다음 절에서 상세하게 논의할 것이다.

lpBuffer 매개변수에 대해 좀 더 알아보자. lpBuffer는 실제로 변경된 엔트리의 항목과 그 내용을 담고 있다. 그리고 그 형식은 다음과 같이 구조체의 연속으로 이루어진다.

```
typedef struct _FILE_NOTIFY_INFORMATION
{
   DWORD NextEntryOffset;
   DWORD Action;
   DWORD FileNameLength;
   WCHAR FileName[1];
} FILE_NOTIFY_INFORMATION, *PFILE_NOTIFY_INFORMATION;
```

DWORD NextEntryOffset

변경된 내용들은 이 구조체의 연속된 엔트리로 구성된다. 이때 이 필드는 엔트리 상의 다음 오프셋을 바이트 수로 나타낸다. 따라서, 엔트리들을 스캔할 때 다음 엔트리를 획득하기 위해서는 NextEntryOffset 필드에 담긴 바이트 수만큼 건너뛰면 된다. 더 이상의 엔트리가 존재하지 않을 경우의 NextEntryOffset 필드는 0이 된다.

DWORD Action

어떠한 내용이 변경되었는지를 알려주며, 다음의 값으로 구성된다.

- **FILE_ACTION_ADDED(0x00000001)** : 새로운 파일이 디렉터리에 추가되었다.
- **FILE_ACTION_REMOVED(0x00000002)** : 디렉터리에서 파일이 제거되었다.
- **FILE_ACTION_MODIFIED(0x00000003)** : 파일의 생성, 접근 또는 변경 시간이나 파일 속성이 변경되었다.
- **FILE_ACTION_RENAMED_OLD_NAME(0x00000004)** : 파일명이 변경되었을 때, 변경되기 전의 파일명을 담고 있다.
- **FILE_ACTION_RENAMED_NEW_NAME(0x00000005)** : 파일명이 변경되었을 때, 변경된 후의 새로운 파일명을 담고 있다.

DWORD FileNameLength

WCHAR FileName[1]

FileNameLength는 변경된 파일의 파일명의 길이를 의미한다. 그리고 해당 파일의 실제 파일명의 문자열은 FileName 멤버 필드를 그 시작위치로 해서 담긴다. 문자열은 유니코드로 구성되기 때문에 FileNameLength 값은 바이트 수가 아니라 유니코드 문자 수를 의미한다.

이어서 다음 프로젝트에서는 ReadDirectoryChangesW의 사용 예를 살펴보자. 파일 변경 통지 커널 객체와는 다르게 CreateFile을 통해 디렉터리를 직접 열어서 해당 디렉터리의 엔트리 변경을 감시한다.

프로젝트 4.1.3 DirChgNoti

```
PCTSTR c_pszActions[] =
{
  _T("ADDED"),
  _T("REMOVED"),
  _T("MODIFIED"),
  _T("RENAMED_OLD_NAME"),
  _T("RENAMED_NEW_NAME")
};
#define DIR_NOTI_FILTER FILE_NOTIFY_CHANGE_FILE_NAME | \
                        FILE_NOTIFY_CHANGE_DIR_NAME |  \
                        FILE_NOTIFY_CHANGE_SIZE |      \
                        FILE_NOTIFY_CHANGE_LAST_WRITE
```

> 감시할 엔트리의 변경사항의 종류를 지정한다. 파일명이나 디렉터리명이 변경될 경우, 파일의 크기나 최종적으로 사용한 시간이 변경되었을 경우에 통지해주도록 설정한다.

```
void _tmain()
{
  HANDLE hDir = INVALID_HANDLE_VALUE;
  try
  {
    hDir = CreateFile
    (
      _T("C:\\Temp"), GENERIC_READ,
```

```
            FILE_SHARE_READ | FILE_SHARE_WRITE | FILE_SHARE_DELETE,
            NULL, OPEN_EXISTING, FILE_FLAG_BACKUP_SEMANTICS, NULL
    );
```

디렉터리를 연다. 앞에서 설명했던 것처럼 공유 모드를 READ, WRITE, DELETE로 지정해줘야 해당 디렉터리 내에 파일을 복사하거나 삭제할 수 있다. 또한 FII F_FLAG_BACKUP_SEMANTICS 플래그를 지정한다.

```
    if (hDir == ERROR_SUCCESS)
        throw HRESULT_FROM_WIN32(GetLastError());


    while (true)
    {
        DWORD dwNotiBytes = 0;
        BYTE   arBuff[65536];
        BOOL bIsOK = ReadDirectoryChangesW
        (
            hDir, arBuff, sizeof(arBuff),
            FALSE, DIR_NOTI_FILTER,
            &dwNotiBytes, NULL, NULL
        );
```

ReadDirectoryChangesW를 호출해 엔트리의 변경을 기다린다. 해당 디렉터리 내에 변경이 있기 전까지 스레드는 대기한다.

```
        if (!bIsOK)
            throw HRESULT_FROM_WIN32(GetLastError());


        PrintDirModEntries(arBuff);
```

변경된 디렉터리 엔트리의 내용을 출력한다.

```
    }
}
catch (HRESULT ex)
{
    printf("Error occurred, code = 0x%08X\n", ex);
}
if (hDir != INVALID_HANDLE_VALUE)
    CloseHandle(hDir);
}
```

다음은 변경된 디렉터리 엔트리의 내용을 출력하는 PrintDirModEntries 함수에 대한 설명이다.

```
void PrintDirModEntries(PBYTE pIter)
{
   while (true)
   {
      PFILE_NOTIFY_INFORMATION pFNI = (PFILE_NOTIFY_INFORMATION)pIter;
```

버퍼를 해석하기 위해 FILE_NOTIFY_INFORMATION 구조체의 포인터로 형 변환을 수행한다.

```
      TCHAR szFileName[MAX_PATH];
      memcpy(szFileName, pFNI->FileName, pFNI->FileNameLength * sizeof(TCHAR));
      szFileName[pFNI->FileNameLength / sizeof(TCHAR)] = 0;
      _tprintf(_T("File %s %s\n"), szFileName, c_pszActions[pFNI->Action - 1]);
```

변경된 사항과 그 파일명을 출력한다.

```
      if (pFNI->NextEntryOffset == 0)
         break;
```

NextEntryOffset 필드가 0이면 더 이상의 엔트리가 없음을 의미하므로 루프를 탈출한다.

```
      pIter += pFNI->NextEntryOffset;
```

다음 엔트리를 해석하기 위해 NextEntryOffset의 바이트 수만큼 버퍼를 건너뛴다.

```
   }
}
```

위의 예는 ReadDirectoryChangesW 함수를 동기적으로 호출해 사용하는 방법을 예시한 것이다. 4.2절에서는 ReadDirectoryChangesW를 비동기적으로 사용하는 예를 보여줄 것이다.

| 레지스트리 변경 통지 |

파일과는 직접적인 관련은 없지만 역시 커널 객체이기도 한 레지스트리의 경우에도 레지스트리 변경 통지를 받을 수 있는 수단이 제공된다. 물론 이 방식은 FindFirstChangeNotification의 경우처럼 단지 변경되었다는 사실만을 통지해주기 때문에 그 구체적인 내용은 직접 스캔을 통해 찾아야 한다. 앞서 디렉터리 변경 통지에 대한 내용을 다루었기에, 이러한 통지와 관련하여 레지스트리의 변경 통지를 받는 방법도 함께 소개하고자 한다. 레지스트리 변경 통지는 별도의 통지 객체가 존재하는 것이 아니라 이벤트 커널 객체를 통해서 통지받을 수 있다. 변경 통지를 받기 위해서는 다음의 함수를 이용한다.

```
LONG WINAPI RegNotifyChangeKeyValue
(
   _In_      HKEY      hKey,
   _In_      BOOL      bWatchSubtree,
   _In_      DWORD     dwNotifyFilter,
   _In_opt_  HANDLE    hEvent,
   _In_      BOOL      fAsynchronous
);
```

HKEY hKey

감시할 레지스트리의 키를 지정한다.

BOOL bWatchSubtree

DWORD dwNotifyFilter

파일 변경 통지에서와 마찬가지로 bWatchSubtree는 서브 키의 변경까지 감시할 것인지의 여부를 가리킨다. dwNotifyFilter는 감시할 변경사항의 종류를 가리키며, 다음 플래그의 조합으로 지정이 가능하다.

- **REG_NOTIFY_CHANGE_NAME(0x00000001L)** : 서브 레지스트리 키가 추가되거나 삭제될 때 통지해준다.
- **REG_NOTIFY_CHANGE_ATTRIBUTES(0x00000002L)** : 보안 기술자 정보 등의 키 속성이 변경되었을 때 통지해준다.
- **REG_NOTIFY_CHANGE_LAST_SET(0x00000004L)** : 값이 추가되거나 삭제 또는 값이 변경되었을 때 통지해준다.
- **REG_NOTIFY_CHANGE_SECURITY(0x00000008L)** : 키의 보안 기술자가 변경되었을 때 통지해준다.
- **REG_NOTIFY_THREAD_AGNOSTIC(0x10000000L)** : 등록 시간이 이 함수를 호출한 스레드의 생존 시간에 묶이지 않아야 한다는 것을 지시한다. 윈도우 8에서 새롭게 추가된 플래그로, 6장 스레드 풀을 설명할 때 이 플래그를 사용하는 예를 보여줄 것이다.

HANDLE hEvent

BOOL fAsynchronous

fAsynchronous는 비동기적으로 감시를 수행할 것인지의 여부를 지시한다. 이 매개변수가 TRUE면 RegNotifyChangeKeyValue 호출은 바로 리턴되고, 실제 레지스트리가 변경되면 hEvent 이벤트 핸들을 통해서 통지해준다. 따라서 hEvent는 변경되었을 때 통지 수단으로 사용할 이벤트 커널 객체의 핸들이다. fAsynchronous가 FALSE면 RegNotifyChangeKeyValue는 동기적으로 움직이며, 이 경우 hEvent 매개변수는 무시된다.

RegNotifyChangeKeyValue 함수의 사용 예는 다음과 같다.

프로젝트 4.1.3 RegChgNoti

```
void _tmain()
{
   DWORD  dwFilter = REG_NOTIFY_CHANGE_NAME |
                     REG_NOTIFY_CHANGE_ATTRIBUTES |
                     REG_NOTIFY_CHANGE_LAST_SET |
                     REG_NOTIFY_CHANGE_SECURITY;
   HANDLE hEvent = NULL;
   HKEY   hKey = NULL;

   try
   {
      LONG lErrCode = RegOpenKeyEx
      (
         HKEY_CURRENT_USER, T("Software\\00_Test"), 0,
         KEY_NOTIFY, &hKey
      );
```
감시할 레지스트리 키를 오픈한다. 세 번째 매개변수인 접근 권한 값을 KEY_NOTIFY로 넘겨줘야 한다.
```
      if (lErrCode != ERROR_SUCCESS)
         throw HRESULT_FROM_WIN32(lErrCode);

      hEvent = CreateEvent(NULL, TRUE, FALSE, NULL);
```
통지받을 이벤트를 자동 리셋 이벤트로 생성한다.

```
        if (hEvent == NULL)
            throw HRESULT_FROM_WIN32(GetLastError());

        cout << "Waiting for a change in the specified key..." << endl;
        while (true)
        {
            lErrCode = RegNotifyChangeKeyValue
            (
                hKey, TRUE, dwFilter,
                hEvent, TRUE
            );
```

레지스트리 변경 시 통지를 받기 위해 앞서 생성한 자동 리셋 이벤트를 넘겨준다. 이때 마지막 매개변수를 TRUE로 넘겨줘야 통지를 받을 수 있다.

```
            if (lErrCode != ERROR_SUCCESS)
                throw HRESULT_FROM_WIN32(lErrCode);

            DWORD dwWaitRet = WaitForSingleObject(hEvent, INFINITE);
            if (dwWaitRet == WAIT_OBJECT_0)
            {
                cout << "Change has occurred." << endl;
```

감시할 레지스트리 키 내의 내용이 변경되면 자동 리셋 이벤트가 시그널 상태가 되어 대기 함수에서 탈출하고 변경 내용을 검사할 수 있게 된다.

```
            }
            else
            {
                cout << "Error in WaitForSingleObject." << endl;
                break;
            }
        }
    }
    catch (LONG ex)
    {
        cout << "Error occurred, code = " << ex << endl;
    }
    if (hKey != NULL)
        RegCloseKey(hKey);
```

```
    if (hEvent != NULL)
        CloseHandle(hEvent);
}
```

4.1.4 동기적 입출력의 취소

1장의 1.3절 "스레드 처리 가이드"에서 강조했던 스레드 종료 처리에 대해 한 번 더 짚고 넘어가자. 스레드 종료 처리는 다른 말로 하면 스레드가 수행하던 작업을 취소하는 것과 같은 개념이다. 특히 입출력을 위한 백그라운드 작업을 담당하는 스레드의 경우라면, 종료 처리라는 관점보다는 입출력 작업의 취소라는 관점에서 보는 것이 더 적당할 것이다. 이러한 관점에서 봤을 때 동기적 입출력을 담당하는 스레드에 있어서의 입출력 취소 처리는 스레드 종료 처리만큼 중요한 요소가 된다. 따라서 이번 절에서는 동기적 입출력의 취소 처리에 대해 논의해보기로 하자.

1) 콘솔 종료 처리

먼저, 입출력 취소 처리 자체와는 직접적인 관련은 없지만 콘솔 기반 애플리케이션의 종료 처리에 대해 간단히 살펴보도록 하자. 입출력 작업의 취소는 유저에 의한 명시적인 취소 요구를 통해서 수행될 수도 있지만 프로그램 종료 시에도 처리를 해줘야 한다. "스레드 처리 가이드"에서 언급한 스레드 종료 처리와 마찬가지로, 입출력 작업이 진행 중인 상황에서 강제 종료가 된다면 문제가 발생될 소지가 있으며, 특히 동기 입출력의 경우 스레드가 종료되지 않아서 TerminateThread 등을 이용해 강제로 종료하는 코드를 삽입하는 개발자들을 많이 보게 된다. 이러한 상황에 대비하여 프로그램이 종료될 때, 진행 중인 입출력의 취소를 통지한 후 프로그램을 종료해야 안전한 코드가 된다. 하지만 콘솔에서의 프로그램 종료는 다소 상황이 복잡하다. GUI를 가진 프로그램의 경우 종료 버튼을 제공할 수 있기 때문에 종료 처리 시에 진행 중인 입출력의 작업 취소 처리를 시도할 수 있는 기회를 가질 수 있다. 윈도우 서비스의 경우도 서비스 매니저를 통해서 서비스 종료를 통지할 수 있고 서비스 종료에 대한 처리도 역시 가능하다. 그리고 프로그램이 종료되는 상황은 유저에 의한 명시적인 종료도 있지만, 로그오프나 시스템 셧다운에 의한 종료도 있다. GUI를 가진 프로그램은 WM_QUERYENDSESSION과 WM_ENDSESSION 메시지를 통해 로그오프나 셧다운의 통지를 받을 수 있고, 윈도우 서비스의 경우는 서비스 컨트롤 핸들러를 통해서 셧다운 통지를 받을 수 있기 때문에, 진행 중인 입출력 취소를 수행할 기회를 제공받는다. 하지만 콘솔 프로그램이라면 메인 함수에서 동기 입출력을 수행할 경우 취소 처리를 수행할 수 있는 기회가 없기 때문에, 그럴 경우 프로그램이 실행 중인 상황에서 콘솔 창의 닫기 버튼을 눌러 강제로 종료하거나 CTRL+C키를 입력해 강제로 프로그램을 종료할 것이다. 또한 로그오프나 셧다운 시에도 콘솔 프로그램은 강제로 종료된다.

그렇다면 닫기 버튼 클릭, CTRL+C 키 입력, 로그오프나 셧다운 시에 이러한 사실을 콘솔 프로그램에서 통지를 받을 수 있는 수단은 없을까? 그러한 수단이 있다면 진행 중인 입출력의 취소에 대한 성공 여부는 고사하더라도 우선 취소 처리를 시도할 기회는 얻을 수 있을 것이다. 윈도우는 앞서 언급한 콘솔 프로그램 종료 상황이 발생되면 시그널을 발생시킨다. 이 경우, 해당 콘솔 프로그램에서 그 시그널을 잡을 수 있다면 입출력 취소 처리를 수행할 수 있는 기회를 얻을 수 있다. 이러한 종료 시그널을 잡을 수 있도록 윈도우는 프로그래밍적으로 핸들러를 설치할 수 있는 수단을 제공한다. 흔히 이 핸들러를 "콘솔 컨트롤 핸들러"라고 하며, 유저가 정의해야 하는 콜백 함수가 핸들러가 되는 것이다. 그리고 정의된 그 핸들러를 설치하는 함수가 SetConsoleCtrlHandler다.

```
BOOL WINAPI   SetConsoleCtrlHandler
(
   _In_opt_  PHANDLER_ROUTINE HandlerRoutine,
   _In_      BOOL Add
);
```

PHANDLER_ROUTINE HandlerRoutine

셧다운 통지나 CTRL+C 키 등이 눌렸을 때 해당 통지를 처리하는 유저 정의 핸들러 콜백 함수의 포인터를 넘겨준다.

BOOL Add

HandlerRoutine 핸들러의 추가 또는 삭제 여부를 의미한다.

콘솔 상에서 셧다운 시그널이나 CTRL+C 시그널에 대해 프로그래밍적으로 대응할 수 있는 수단인 "콘솔 컨트롤 핸들러"는 다음의 형식을 가진 콜백 함수를 정의함으로써 가능해진다. SetConsoleCtrlHandler 함수의 HandlerRoutine으로 넘겨주는 매개변수는 여러분이 정의해야 하는 콘솔 컨트롤 핸들러 콜백 함수의 포인터다.

```
BOOL WINAPI HandlerRoutine(_In_ DWORD dwCtrlType);
```

DWORD dwCtrlType

dwCtrlType 매개변수로는 다음과 같은 시그널의 종류*가 넘어오며, 각각의 타입에 대해 적절한 코드를 작성할 수 있다.

- **CTRL_C_EVENT(0)** : 콘솔에서 CTRL+C 키를 눌렀을 때 발생하는 시그널이다.
- **CTRL_BREAK_EVENT(1)** : 콘솔에서 CTRL+BREAK 키를 눌렀을 때 발생하는 시그널이다.
- **CTRL_CLOSE_EVENT(2)** : 콘솔 창의 "닫기" 버튼을 누르거나 콘솔 시스템 메뉴에서 "Close" 메뉴를 선택했을 때, 또는 태스크 매니저로부터 "태스크 종료" 버튼을 눌렀을 때 발생하는 시그널이다.
- **CTRL_LOGOFF_EVENT(5)** : 사용자가 로그오프를 시도할 때 시스템의 모든 콘솔 프로그램에 브로드캐스팅되는 시그널이다.
- **CTRL_SHUTDOWN_EVENT(6)** : 사용자가 시스템을 셧다운하게 되면 시스템의 모든 콘솔 프로그램에 브로드캐스팅되는 시그널이다.

[반환값] BOOL

이 핸들러를 정의할 때나 dwCtrlType에 따른 처리를 한 후 리턴할 때, 그 값을 선택하는 것도 중요하다. 핸들러를 통해 해당 통지를 처리한 후 TRUE를 리턴하면 시스템에게 사용자가 관련 시그널에 대한 처리를 직접 수행했다는 것을 알려 시스템이 그 시그널에 대한 처리를 수행하지 못하게 한다. FALSE를 리턴하면 시스템이 시그널에 대한 기본 처리를 수행하도록 한다. 따라서 처리할 필요가 있는 시그널에 대한 처리를 수행한 후 시스템이 그 처리를 못하게 하려면 TRUE를 리턴하면 된다. 예를 들어 CTRL+C 키에 대해, 즉 CTRL_C_EVENT 시그널에 대한 처리를 수행한 후 TRUE를 리턴하면 시스템은 더 이상 CTRL+C에 대한 처리를 수행하지 않는다. 따라서 이 처리는 사용자 프로그램이 전적으로 담당하게 된다. 하지만 셧다운이나 로그오프 처리, 즉 CTRL_LOGOFF_EVENT 또는 CTRL_SHUTDOWN_EVENT에 대한 처리를 수행한 후 TRUE를 리턴하면 시스템은 셧다운이나 로그오프 처리를 하지 않는다. 따라서 정상적인 흐름을 막지 않으려면 이 경우에는 FALSE를 리턴해 시스템이 셧다운이나 로그오프 처리를 하도록 해야 한다.

본서에서 제공되는 예제는 대부분 콘솔에 기반을 두고 실행되는 프로그램들이다. 강조했던 것처럼 스레드의 종료 처리나 입출력 취소 처리를 위해서는 프로그램의 종료 시점을 알아야 한다. 하지만 콘솔 기반의 예제에서는 키 입력을 통한 종료 시점을 판단하기 힘든 경우가 많다. 따라서 콘솔 컨트

---

* dwCtrlType에 해당하는 시그널은 사용자가 콘솔에 대해 행위를 취함으로써 발생하지만, 프로그래밍으로 GenerateConsole CtrlEvent 함수를 사용해 발생시킬 수도 있다.

롤 핸들러의 설치를 통해서 프로그램 종료 시점을 잡아 입출력 취소 처리나 스레드 종료 통지를 수행하고 정상적으로 콘솔 프로그램을 종료시키기 위해 콘솔 컨트롤 핸들러에 대해 자세하게 설명했다. 물론 앞으로 예시되는 코드에서는 콘솔 컨트롤 핸들러를 설치하는 방식을 많이 사용할 것이기에 콘솔 컨트롤 핸들러의 실지를 이렇게 따로 설명하는 이유도 된다.

다음 프로젝트에서는 SetConsoleCtrlHandler를 이용해 콘솔 컨트롤 핸들러를 처리하는 예를 살펴보기로 하자. 다음은 콘솔 컨트롤 핸들러에 대한 정의다.

프로젝트 4.1.4 CtrlHandler

```
HANDLE g_hevExit = NULL;

BOOL CtrlHandler(DWORD fdwCtrlType)
{
   BOOL bCtrlRet = FALSE;
   switch (fdwCtrlType)
   {
```

CTRL+C 키에 대한 시그널 처리로, 시그널을 직접 처리한다.

```
      case CTRL_C_EVENT:
          printf("Ctrl-C event\n\n");
          bCtrlRet = TRUE;
       break;
```

사용자가 종료를 요구했을 때의 시그널 처리로, 시그널을 직접 처리한다.

```
      case CTRL_CLOSE_EVENT:
          printf("Ctrl-Close event\n\n");
          bCtrlRet = TRUE;
       break;
```

CTRL+BREAK 키에 대한 시그널 처리로, 본 예제에서는 시스템에 처리를 맡긴다.

```
      case CTRL_BREAK_EVENT:
          printf("Ctrl-Break event\n\n");
       break;
```

계정 로그오프에 대한 시그널 처리로, 본 예제에서는 시스템에 처리를 맡긴다.

```
    case CTRL_LOGOFF_EVENT:
        printf("Ctrl-Logoff event\n\n");
    break;
```

시스템 셧다운에 대한 시그널 처리로, 본 예제에서는 시스템에 처리를 맡긴다.

```
    case CTRL_SHUTDOWN_EVENT:
        printf("Ctrl-Shutdown event\n\n");
    break;
    }


    SetEvent(g_hevExit);
```

이벤트를 시그널 상태로 만들어 메인 스레드가 종료 처리를 수행하도록 한다.

```
    return bCtrlRet;
}
```

이제 앞에서 정의한 콘솔 컨트롤 핸들러를 설치하고 직접 사용하는 예를 살펴보도록 하자.

```
void _tmain()
{
    g_hevExit = CreateEvent(NULL, TRUE, FALSE, NULL);
```

프로그램 종료 처리를 위한 이벤트를 생성한다.

```
    if (!SetConsoleCtrlHandler((PHANDLER_ROUTINE)CtrlHandler, TRUE))
```

CtrlHandler 콜백 함수를 정의하고 그 포인터를 넘겨 핸들러를 설치한다.

```
    {
        printf("\nERROR: Could not set control handler");
        return;
    }
    printf("\nThe Control Handler is installed.\n\n");


    while (true)
    {
        DWORD dwWaitRet = WaitForSingleObject(g_hevExit, INFINITE);
```

```
    if (dwWaitRet == WAIT_OBJECT_0)
        break;
  }
  CloseHandle(g_hevExit);


  printf("\nProgram terminated...\n\n");


}
```

앞으로 나올 예제들의 경우, 종료 처리 및 입출력 취소 처리의 예를 보여주기 위해 콘솔 컨트롤 핸들러를 자주 사용할 것이다.

2) 파일 복사 중 취소 처리

〈FileCopySync〉 예제를 한 번 더 보자. 이 예는 취소 처리가 없고, 단순히 동기적으로 파일을 복사한다. 이것을 비동기적으로 수행하는 방법은 메인 함수에 있는 복사 처리를 스레드에 맡기는 것이다. 스레드를 통한 비동기 파일 복사에 대해 취소 처리를 수행할 수 있는 수단을 제공하는 예를 살펴보도록 하자. 다음 프로젝트는 취소 기능을 지원하는 예제다. 먼저 메인 함수의 정의를 보도록 하자.

프로젝트 4.1.4 FileCopyThread

```
void _tmain(int argc, _TCHAR* argv[])
{
    ⋮

  LONG lReason = 0;
  PCTSTR arpArgs[3] = { argv[1], argv[2], (PCTSTR)&lReason };
```
스레드 매개변수로 전달되는 인자 배열 마지막에 취소 요청 여부를 판별하기 위한 변수의 포인터를 지정한다.
```
  DWORD dwThrID = 0;
  HANDLE hThread = CreateThread(NULL, 0, ThreadProc, arpArgs, 0, &dwThrID);


  getchar();

  lReason = 1;
```
콘솔로부터 임의의 키가 입력되면 취소 처리를 위해 취소 요청 변수를 1로 설정한다.

```
        WaitForSingleObject(hThread, INFINITE);
        DWORD hr = 0;
        GetExitCodeThread(hThread, &hr);
        CloseHandle(hThread);

        if (hr != ERROR_SUCCESS)
        {
            if (hr == ERROR_OPERATION_ABORTED)
                cout << "File copy aboarted by user..." << endl;
            else
                cout << "Error occurred in file copying, code=" << hr << endl;
        }
        else
            cout << endl << "File copy successfully completed..." << endl;
    }
```

다음은 실제로 파일 복사를 수행하는 스레드를 정의한 코드다. 앞서 다뤘던 파일 복사의 예처럼, 파일 끝 도달 여부로 복사 완료를 판단하는 것이 아니라 실제 원본 파일 크기와 복사한 사이즈를 비교 복사 완료를 판단하도록 처리했다.

```
#define BUFF_SIZE  65536

DWORD WINAPI ThreadProc(PVOID pParam)
{
    PCTSTR* parFiles = (PCTSTR*)pParam;
    DWORD   hr = 0;

    HANDLE hSrcFile = INVALID_HANDLE_VALUE;
    HANDLE hDstFile = INVALID_HANDLE_VALUE;
    try
    {
        hSrcFile = CreateFile
        (
            parFiles[0], GENERIC_READ, 0, NULL, OPEN_EXISTING, 0, NULL
        );
```

```
    if (hSrcFile == INVALID_HANDLE_VALUE)
        throw GetLastError();
    LARGE_INTEGER llSize;
    GetFileSizeEx(hSrcFile, &llSize),
```

소스 파일을 열고 소스 파일의 크기를 획득한다.

```
    HANDLE hDstFile = CreateFile
    (
        parFiles[1], GENERIC_WRITE, 0, NULL, CREATE_ALWAYS, 0, NULL
    );
    if (hDstFile == INVALID_HANDLE_VALUE)
        throw GetLastError();
```

타깃 파일을 생성한다.

```
    BYTE     btBuff[BUFF_SIZE];
    LONGLONG llCopied = 0LL;
    PLONG    plReason = (PLONG)parFiles[2];
```

취소 요청 여부를 판별하는 변수의 포인터를 획득한다.

```
    while (llCopied < llSize.QuadPart)
```

복사한 바이트 수가 원본 파일의 크기보다 작을 동안 루프를 돌면서 블록 복사를 반복해서 수행한다.

```
    {
        DWORD dwReadBytes = 0;
        BOOL bIsOK = ReadFile
        (
            hSrcFile, btBuff, sizeof(btBuff), &dwReadBytes, NULL
        );
        if (!bIsOK)
            throw GetLastError();

        DWORD dwWroteBytes = 0;
        bIsOK = WriteFile
        (
            hDstFile, btBuff, dwReadBytes, &dwWroteBytes, NULL
        );
```

```
        if (!bIsOK)
            throw GetLastError();
        llCopied += dwWroteBytes;
```

64KB의 파일 블록을 읽고 쓸 때마다 취소 요청이 되었는지의 여부를 판별할 수 있는 기회를 얻는다.

```
        int nRate = (int)(llCopied * 100LL / llSize.QuadPart);
        printf(" ....File %d%% copied: %I64d bytes\n", nRate, llCopied);

        if (*plReason != 0)
            throw (DWORD)ERROR_OPERATION_ABORTED;
```

lReason 변수가 0이 아니면 취소 요청이 있었다는 의미이며, 이 경우 의도적으로 ERROR_OPERATION_ABORTED 에러 코드를 예외로 던져서 파일 복사를 중단하고 취소되었음을 통지한다.

```
        }
    }
    catch (DWORD ex)
    {
        hr = ex;
    }
    if (hSrcFile != INVALID_HANDLE_VALUE)
        CloseHandle(hSrcFile);
    if (hDstFile != INVALID_HANDLE_VALUE)
        CloseHandle(hDstFile);

    return hr;
}
```

위의 예제를 통해 스레드와 적절한 매개변수를 사용해 백그라운드로 수행되는 파일 복사와 그 취소 처리까지 지원하는 방식에 대해 알아보았다. 위 코드에서 복사의 진척상황에 대한 출력 부분이나 취소 처리를 콜백 함수를 통해서 처리하도록 인터페이스를 제공함으로써 파일 복사를 일괄적으로 수행할 수 있는 수단을 제공할 수 있다면 어떨까? 그런 수단이 제공된다면 파일 복사 처리를 쉽게 수행할 수 있을 것이다.

이러한 관점에서 윈도우에서는 파일 복사를 일괄적으로 수행할 수 있는 수단이 제공된다. 먼저, 단순히 일괄적으로 파일을 복사하는 CopyFile 함수가 있다.

```
BOOL CopyFile
(
    _In_ LPCTSTR lpExistingFileName,
    _In_ LPCTSTR lpNewFileName,
    _In_ BOOL    bFailIfExists
);
```

CopyFile은 원본 파일 lpExistingFileName에 지정된 파일을 목적 파일 lpNewFileName에 지정된 파일로 복사한다. 이때 bFailIfExists는 같은 이름의 파일이 존재할 경우 에러 처리를 할 것인지의 여부를 지시한다. FALSE인 경우, lpNewFileName에서 지시하는 파일과 동일한 이름의 파일이 이미 존재할 경우 에러 처리를 하지 않고 덮어쓴다. 또한 오직 닫힌 파일이나, 읽기-액세스 전용으로 열린 파일만 복사가 가능하고, 그렇지 않으면 실패한다. 일반적인 파일 복사 프로그램의 경우에는 프로그레시브 바 등을 통해 진척률을 보여줄 수 있지만, CopyFile을 사용하면 우리가 위에서 직접 구현했을 때 제공할 수 있는 복사 진척률의 표시나 취소 처리 기능이 없다는 점이다. 이런 기능을 구현하려면 CopyFile을 사용하면 안 되고 여러분이 직접 구현해야 하는 불편을 감수해야 했다. 하지만 여러분이 정의한 콜백 함수를 통해서 진척상황을 보여줄 수 있는 수단이 제공되는데, 파일 복사의 경우에는 CopyFileEx, 파일 이동의 경우에는 MoveFileWithProgress 함수가 있다.

```
BOOL WINAPI CopyFileEx
(
    _In_        LPCTSTR            lpExistingFileName,
    _In_        LPCTSTR            lpNewFileName,
    _In_opt_    LPPROGRESS_ROUTINE lpProgressRoutine,
    _In_opt_    LPVOID             lpData,
    _In_opt_    LPBOOL             pbCancel,
    _In_        DWORD              dwCopyFlags
);
```

LPCTSTR lpExistingFileName

LPCTSTR lpNewFileName

CopyFile의 경우와 마찬가지로, lpExistingFileName 매개변수에는 복사할 원본 파일의 파일명을 지정하고, lpNewFileName 매개변수에는 타깃 파일의 파일명을 지정한다.

LPPROGRESS_ROUTINE lpProgressRoutine

LPVOID lpData

파일 복사 중 한 블록이 복사될 때마다 호출되는 콜백 함수와 유저 참조 정의 데이터에 대한 포인터를 넘겨준다.

LPBOOL pbCancel

이 매개변수를 통해 유저가 파일 복사를 취소할 수단이 제공된다. BOOL 타입의 포인터 변수를 전달해 복사 중에 취소하고자 할 때, 이 변수를 TRUE로 설정하면 복사가 취소되고 CopyFileEx의 리턴값은 FALSE가 된다. 이때 GetLastError의 리턴 코드는 ERROR_REQUEST_ABORTED(1235)가 된다.

DWORD dwCopyFlags

이 플래그는 파일 복사를 위한 여러 가지 옵션을 지정한다. 타깃 파일이 존재할 경우 에러 처리를 한다든지, FILE_FLAG_NO_BUFFERING 옵션을 지정한 것과 동일한 복사 처리를 하는 등의 옵션을 지정할 수 있다. 우리의 관심사는 파일 복사의 취소에 있으므로, 이 플래그에 대한 내용은 MSDN을 통해서 확인하기 바란다. 지금은 단순히 이 플래그를 무시하고 0으로 전달하도록 하자.

[반환값] BOOL

파일 복사가 성공적으로 종료되면 TRUE를 리턴하고, 파일 복사에 실패하면 FALSE를 리턴한다. 유저가 취소 처리를 했을 경우에도 역시 FALSE가 리턴되며, 이때 에러 코드는 ERROR_REQUEST_ABORTED(1235)가 된다.

이제 파일 복사의 취소라는 관점에서 이 함수를 좀 더 검토해보자. CopyFileEx의 경우에는 유저가 파일 복사를 취소할 수 있는 두 가지 방법을 제공한다. 앞서 설명한 것처럼, 이 함수 호출 시 FALSE로 초기화된 BOOL 타입의 변수에 대한 포인터를 pbCancel 매개변수로 전달하는 방법이 있고, lpProgressRoutine 매개변수로 넘겨줄, 유저가 정의해야 하는 콜백 함수 CopyProgressRoutine 내에서 취소 처리를 하는 방법이 있다. 유저가 정의할 콜백 함수 CopyProgressRoutine은 다음과 같다.

```
typedef DWORD (WINAPI *LPPROGRESS_ROUTINE)
(
    _In_        LARGE_INTEGER TotalFileSize,
    _In_        LARGE_INTEGER TotalBytesTransferred,
    _In_        LARGE_INTEGER StreamSize,
    _In_        LARGE_INTEGER StreamBytesTransferred,
    _In_        DWORD         dwStreamNumber,
    _In_        DWORD         dwCallbackReason,
    _In_        HANDLE        hSourceFile,
    _In_        HANDLE        hDestinationFile,
    _In_opt_    LPVOID        lpData
);
```

이 콜백 함수는 두 가지의 목적이 있다. 먼저, 파일 복사의 진척상황을 유저에게 보여줄 수 있다. 파일 복사 중 파일의 한 블록이 복사될 때마다 이 함수는 호출된다. 그리고 실제 복사된 바이트 수를 TotalBytesTransferred 매개변수를 통해 전달함으로써 이 매개변수를 이용해 복사 진척률을 보여줄 수 있다. 다음으로, 리턴값을 통해 파일 복사의 취소 처리를 할 수 있다.

CopyProgressRoutine 콜백 함수의 매개변수에서 스트림 복사와 관련된 매개변수인 StreamSize, StreamBytesTransferred, dwStreamNumber는 무시하도록 하자. hSourceFile과 hDestinationFile 매개변수는 각각 소스 파일과 타깃 파일의 핸들을 전달해준다. 이제 나머지 매개변수들에 대해 좀 더 알아보도록 하자.

LARGE_INTEGER TotalFileSize

LARGE_INTEGER TotalBytesTransferred

DWORD dwCallbackReason

파일 복사의 진척상황을 보여주기 위해 이 세 개의 매개변수를 이용할 수 있다. TotalFileSize는 원본 파일의 전체 바이트 수를, TotalBytesTransferred는 지금까지 복사된 파일 블록의 누적 바이트 수를 넘겨준다. dwCallbackReason은 이 콜백 함수가 호출된 이유를 알려주는데, 파일의 한 블록이 복사가 완료되어 호출된 경우는 CALLBACK_CHUNK_FINISHED(0)의 값이 넘어오고, 스트림과 관련된 처리인 경우는 CALLBACK_STREAM_SWITCH(1)가 전달된다. 우리의 관심사는 파일 복사이므로 CALLBACK_CHUNK_FINISHED인 0 값을 전달받게 될 것이다. 따라서 dwCallbackReason 매개변수는 크게 신경 쓸 일이 없다.

LPVOID lpData

[반환값] DWORD

CopyProgressRoutine 콜백 함수 내에서 취소 처리를 하고자 할 때에는 CopyFileEx 호출 시 전달될 lpData 유저 정의 참조 데이터의 포인터를 이용해 다음과 같이 콜백 함수 리턴 시 적절한 리턴값을 반환해야 한다.

- **PROGRESS_CONTINUE(0)** : 복사 처리를 계속 하도록 지시한다.
- **PROGRESS_CANCEL(1)** : 파일 복사를 취소하고 지금까지 복사된 타깃 파일을 삭제하도록 지시한다.
- **PROGRESS_STOP(2)** : 나중에 다시 복사 작업을 이어서 할 수 있도록 해놓고 파일 복사를 중단한다. 이 경우 일부 복사된 타깃 파일은 삭제하지 않는다.
- **PROGRESS_QUIET(3)** : 복사 처리를 계속하되, 이 이후로는 CopyProgressRoutine 콜백 함수가 호출되지 않도록 한다.

CopyFileEx 함수 호출 시에 취소 처리를 위해 전달된 pbCancel 매개변수는 콜백 함수와는 무관해서 콜백 함수 내에서 참조할 방법은 없다. 따라서 콜백 함수를 통해서 취소처리를 하고자 한다면 유저가 lpData 매개변수를 이용해 취소를 위한 적절한 참조 데이터를 별도로 전달해줘야 한다. 콜백 함수의 리턴값으로 PROGRESS_CANCEL 또는 PROGRESS_STOP 값을 반환한다면 CopyFileEx는 FALSE를 리턴하고, GetLastError의 리턴 코드는 ERROR_REQUEST_ABORTED가 된다. CopyFileEx는 파일 복사 진척률을 보여줄 수도 있고 동시에 복사 취소 기능까지 제공되지만 제일 큰 단점은 이 함수의 파일 복사 처리가 백그라운드로 수행되지 않는다는 점이다.

다음 프로젝트는 CopyFileEx를 사용해 파일을 복사하는 예제로, 복사와 함께 pbCancel 매개변수를 지정하여 취소 처리가 가능하도록 했다.

먼저 CopyProgressRoutine 콜백 함수에 대한 정의를 살펴보자.

```
DWORD CALLBACK CopyProgressRoutine(
   LARGE_INTEGER llTotalSize, LARGE_INTEGER llTranBytes,
   LARGE_INTEGER llStrmSize, LARGE_INTEGER llStrmBytes,
   DWORD dwStrmNum, DWORD dwCbReason,
   HANDLE hSrcFile, HANDLE hDstFile, LPVOID pData
)
{

   int nRate = (int)(llTranBytes.QuadPart * 100LL / llTotalSize.QuadPart);
   printf("  Thr %d => File %d%% copied: %I64d bytes\n",
      GetCurrentThreadId(), nRate, llTranBytes.QuadPart);
```

매개변수 llTotalSize와 llTranBytes를 이용해 현재 복사의 진척상황을 보여준다.

```
   return PROGRESS_CONTINUE;
```

PROGRESS_CONTINUE를 리턴하여 윈도우가 계속 복사 처리를 수행하도록 지시한다.

```
}
```

다음은 메인 함수에 대한 정의다. 프로그램 인자로 전달된 원본 파일명과 타깃 파일명을 CopyFileEx로 전달하여 복사를 수행한다.

```
BOOL g_bCancel = FALSE;
```

파일 복사 취소를 위해 전역 플래그를 정의한다.

```
void _tmain(int argc, _TCHAR* argv[])
{
      ⋮
   cout << "Thr %d => File copy start..." << GetCurrentThreadId() << endl;

   BOOL bIsOK = CopyFileEx
   (
      argv[1], argv[2], CopyProgressRoutine, NULL, &g_bCancel, 0
   );
```

CopyFileEx를 호출해 파일을 복사한다. 취소 처리를 위해 g_bCancel 매개변수를 전달한다.

```
    if (!bIsOK)
    {
        DWORD dwErrCode = GetLastError();
        if (dwErrCode == ERROR_REQUEST_ABORTED)
            cout << "File copy aborted by user..." << endl;
        else
            cout << "Error occurred in file copying, code=" << dwErrCode << endl;
    }
    else
        cout << endl << "File copy successfully completed..." << endl;
}
```

위의 코드를 직접 실행해보라. 복사가 완료되기 전까지 CopyFileEx가 리턴되지 않기 때문에 아예 복사 취소를 하기 위해 g_bCancel 변수를 TRUE로 설정할 기회조차 얻지 못하고 있다. 따라서 취소 처리를 위해, 앞에서 설명했던 콘솔 컨트롤 핸들러를 설치해 다음과 같이 핸들러에서 g_bCancel 변수를 TRUE로 설정해보도록 하자.

```
BOOL CtrlHandler(DWORD fdwCtrlType)
{
    g_bCancel = TRUE;
    return TRUE;
}
```

그리고 메인 함수의 맨 앞 부분에 위에서 정의한 핸들러를 설치하기 바란다.

```
SetConsoleCtrlHandler((PHANDLER_ROUTINE)CtrlHandler, TRUE);
cout << "Thr %d => File copy start..." << GetCurrentThreadId() << endl;
```

콘솔 컨트롤 핸들러를 설치하여 CTRL+C를 누르면 취소 처리가 되어 ERROR_REQUEST_ABORTED 에러 코드가 리턴되는 것을 확인할 수 있다. 결국 CopyFileEx의 콜백 함수 역시 CopyFileEx를 호출한 스레드에 의해 수행되며, 따라서 취소 처리의 기회를 유저에게 제공하기 위해서는 CopyFileEx를 호출하는 별도의 스레드가 제공되어야 함을 알 수 있다.

다음 프로젝트는 CopyFileEx를 호출하는 스레드를 정의하고, 콜백 함수에서 취소 처리를 수행하는 예제다. 콜백 함수의 리턴값에 따라 CopyFileEx가 어떻게 작동하는지 확인할 수 있을 것이다.

다음은 메인 함수에 대한 정의다. 취소 처리를 위해 dwNextOpt 변수를 선언하고 그 포인터를 스레드의 매개변수로 넘겨준다.

프로젝트 4.1.4 CopyFileExThr

```
void _tmain(int argc, _TCHAR* argv[])
{
   DWORD dwNextOpt = PROGRESS_CONTINUE;
```

취소 처리를 위한 변수를 선언한다. 파일 복사를 계속 수행하도록 PROGRESS_CONTINUE 값으로 변수를 초기화한다.

```
   PCTSTR arpArgs[3] = { argv[1], argv[2], (PCTSTR)&dwNextOpt };
```

스레드에 전달할 매개변수를 설정한다. 소스 파일과 타깃 파일명, 그리고 취소 처리를 위한 dwNextOpt의 포인터를 배열의 엔트리로 설정한다.

```
   DWORD dwThrID = 0;
   HANDLE hThread = CreateThread(NULL, 0, ThreadProc, arpArgs, 0, &dwThrID);
```

CopyFileEx를 호출할 스레드를 생성한다.

```
   int ch = getchar();
   switch (ch)
   {
      case 'c': dwNextOpt = PROGRESS_CANCEL; break;
      case 's': dwNextOpt = PROGRESS_STOP; break;
      case 'q': dwNextOpt = PROGRESS_QUIET; break;
   }
```

키 입력을 기다려 'c' 키가 입력되면 취소를, 's' 키가 입력되면 파일 복사 중단을, 'q' 키가 입력되면 콜백의 호출을 막도록 dwNextOpt 변수를 설정한다.

```
   WaitForSingleObject(hThread, INFINITE);

   DWORD hr = 0;
   GetExitCodeThread(hThread, &hr);
   CloseHandle(hThread);
   if (hr != ERROR_SUCCESS)
   {
```

```
        if (hr == ERROR_REQUEST_ABORTED)
            cout << "File copy aboarted by user..." << endl;
        else
            cout << "Error occurred in file copying, code=" << hr << endl;
    }
    else
        cout << endl << "File copy successfully completed..." << endl;
}
```

다음은 파일 복사를 수행할 스레드 엔트리 함수에 대한 정의다. 엔트리 함수에서는 단순히 CopyFileEx를 호출하고 호출이 완료될 때까지 블록될 것이다. 호출 시에 dwNextOpt 변수를 CopyFileEx의 콜백 함수의 매개변수로 전달한다.

```
DWORD WINAPI ThreadProc(PVOID pParam)
{
    PCTSTR* parFiles = (PCTSTR*)pParam;

    BOOL bIsOK = CopyFileEx
    (
        parFiles[0], parFiles[1], CopyProgressRoutine, (PVOID)parFiles[2], NULL, 0
    );
```
> 엔트리 함수의 매개변수로 넘겨진 DWORD 타입의 유저 참조 데이터 포인터를 콜백 함수의 매개변수로 전달한다.
```

    return ((!bIsOK) ? GetLastError() : ERROR_SUCCESS);
}
```

다음은 콜백 함수에 대한 정의다. 스레드에서 CopyFileEx 호출 시 넘겨진 dwNextOpt의 포인터를 pData 매개변수를 통해 전달받고 그 값을 콜백 함수의 리턴값으로 사용한다.

```
DWORD CALLBACK CopyProgressRoutine(
    LARGE_INTEGER llTotalSize, LARGE_INTEGER llTranBytes,
    LARGE_INTEGER llStrmSize, LARGE_INTEGER llStrmBytes,
    DWORD dwStrmNum, DWORD dwCbReason,
    HANDLE hSrcFile, HANDLE hDstFile, LPVOID pData
    )
```

```
{
    DWORD dwNtexOpt = *((PDWORD)pData);
    int nRate = (int)(llTranBytes.QuadPart * 100LL / llTotalSize.QuadPart);
    printf(" Thr %d => File %u%% Copied: %I64d bytes\n",
        GetCurrentThreadId(), nRate, llTranBytes.QuadPart);


    return dwNtexOpt;
}
```

첨부된 〈프로젝트 4.1.4 CopyFileCB〉 코드를 통해서, 〈프로젝트 4.1.4 CopyFileExThr〉의 예와 마찬가지로 CopyFileEx 호출을 담당하는 스레드를 제공함으로써 GUI 기반으로 돌아가는 파일 복사 프로그램의 예를 확인할 수 있을 것이다. 지면 관계상 이 예제에 대한 설명은 따로 하지 않겠다. 대신에 우리는 앞서 2장에서 구현했던 BkgrdWorker 클래스를 이용해 파일 복사를 백그라운드로 수행하는 동시에 취소 처리나 복사 과정에서 잠시 복사를 중단했다 재개할 수 있는 기능까지 제공하는 방법을 알아보도록 하자. BkgrdWorker는 구현 시 이미 백그라운드 작업에 대한 취소 처리까지 고려한 클래스다. 따라서 우리가 2장에서 구현한 BkgrdWorker 클래스를 그대로 이용해 백그라운드로 파일을 복사하면서 진척률을 시각적으로 표현하는 동시에 정지 및 취소 처리까지 지원되는 GUI 기반 파일 복사의 예를 만들어보고자 한다. 아래 그림은 CopyFileCB 예제와 동일한 GUI를 갖고 있지만 BkgrdWorker 클래스를 통해서 구현된 파일 복사 프로그램이다. BkgrdWorker 클래스를 이용한 파일 복사 취소 처리와 CopyFileCB 예제에서의 취소 처리를 서로 비교해보기 바란다.

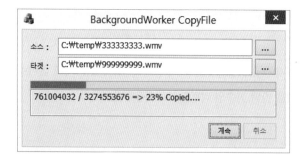

이 예제의 정지 및 취소 처리 구현 방식은 〈프로젝트 2.4.3 BkgWorkCpp〉의 구조를 그대로 따른다. 따라서 구현해야 할 3개의 콜백 함수 DoWorkHandler, ProgressChangedHandler, RunWorkerCompletedHandler의 정의 부분만 살펴보도록 하자.

BkgrdWorker의 DoWorkHandler 콜백 함수를 구현한 DoWork 함수에 대한 정의

```
void CCopyFileCBDlg::DoWork(DoWorkArgs* e)
{
   DWORD    dwErrCode = 0;
   BYTE     btBuff[65536];
   HANDLE   hSrcFile = INVALID_HANDLE_VALUE;
   HANDLE   hDstFile = INVALID_HANDLE_VALUE;


   __int64* psi = new _int64[2];
   psi[0] = psi[1] = 0LL;


   __try
   {
      hSrcFile = CreateFile(m_szSrc, ...);
      if (hSrcFile == INVALID_HANDLE_VALUE)
         throw HRESULT_FROM_WIN32(GetLastError());


      hDstFile = CreateFile(  m_szDst, ...);
      if (hDstFile == INVALID_HANDLE_VALUE)
         throw HRESULT_FROM_WIN32(GetLastError());
```

소스 파일과 타깃 파일을 열고 생성한다. CreateFile 호출에 실패하면 예외를 던진다. 이렇게 던져진 예외는 BkgrgWorker 클래스가 가로채서 예외 발생에 대한 처리를 수행할 것이다.

```
      LARGE_INTEGER llSrcSize;
      GetFileSizeEx(hSrcFile, &llSrcSize);
      psi[1] = llSrcSize.QuadPart;
      m_bw.ReportProgress(0, psi);
```

소스 파일의 크기를 구한 후, 그 바이트 수를 ReportProgress 멤버 함수를 호출해 전달한다.

```
      LARGE_INTEGER llCopiedSize;
      llCopiedSize.QuadPart = 0;
      while (llCopiedSize.QuadPart < llSrcSize.QuadPart)
      {
         if (m_bw.CancellationPending)
```

```
      {
        e->Cancel = true;
        break;
      }
```

복사 취소 요구가 있으면 취소하기 위해 루프를 탈출한다.

```
      DWORD dwReadBytes = 0;
      BOOL bIsOK = ReadFile(hSrcFile, ...);
      if (!bIsOK)
        throw HRESULT_FROM_WIN32(GetLastError());

      DWORD dwWroteBytes = 0;
      bIsOK = WriteFile(hDstFile, ...);
      if (!bIsOK)
        throw HRESULT_FROM_WIN32(GetLastError());
      llCopiedSize.QuadPart += dwWroteBytes;
```

64KB 단위로 파일 블록을 복사한다. ReadFile/WriteFile 호출에 실패한 경우도 역시 예외를 throw한다.

```
      int nPercent = (int)(llCopiedSize.QuadPart * 100LL / llSrcSize.QuadPart);
      psi[0] = llCopiedSize.QuadPart;
      m_bw.ReportProgress(nPercent, psi);
```

복사 진척률을 표시하기 위해 ReportProgress 멤버 함수를 호출한다.

```
      WaitForSingleObject(m_hPause, INFINITE);
```

복사 일시 중단 처리를 위해 WaitForSingleObject를 호출한다.

```
    }
  }
  __finally
  {
    e->Result = psi;
    if (hSrcFile != INVALID_HANDLE_VALUE)
      CloseHandle(hSrcFile);
    if (hDstFile != INVALID_HANDLE_VALUE)
      CloseHandle(hDstFile);
```

__finally 키워드를 이용해 복사 결과를 설정하고 열린 파일을 모두 닫는다. 복사 과정에서 에러가 발생하면 예외를 throw를 하더라도 반드시 __finally 블록은 실행하게 된다.

```
  }
}
```

BkgrdWorker의 ProgressChangedHandler 콜백을 구현한 Report 함수에 대한 정의

```
void CCopyFileCBDlg::Report(ProgressChangedArgs* e)
{
   ((CProgressCtrl*)GetDlgItem(IDC_PRG_COPY))->SetPos(e->ProgressPercentage);
   __int64* psi = (__int64*)e->UserState;

   CString szLog;
   szLog.Format(_T("%I64d / %I64d => %d%% Copied...."),
                  psi[0], psi[1], e->ProgressPercentage);
   SetDlgItemText(IDC_EDIT_INFO, szLog);
```

복사 진척률을 보여주기 위해 프로그레시브 바와 정보 편집 컨트롤을 갱신한다.

```
}
```

BkgrdWorker의 RunWorkerCompletedHandler 콜백을 구현한 Completed 함수에 대한 정의

```
void CCopyFileCBDlg::Completed(RunWorkerCompletedArgs* e)
{
   __int64* psi = (__int64*)e->Result;
   CString szLog;

   if (FAILED(e->Error))
```

복사가 에러에 의하여 완료된 경우며, 에러에 대한 정보를 출력한다.

```
      szLog.Format(_T("Error occurred, code is %08X...\n"), e->Error);
   else
   {
      if (e->Cancelled)
```

복사 중 유저가 취소를 요청하여 복사를 중단했으며, 복사 취소에 대한 정보를 출력한다.

```
         szLog.Format(_T("%I64d bytes copied, but canceled...\n"), psi[0]);
      else
```

```
        szLog.Format(_T("Total %I64d bytes copy completed,,,\n") psi[1]);
    }
    SetDlgItemText(IDC_EDIT_INFO, szLog);
    delete[] psi;
      ⋮
}
```

3) 동기 작업 취소 함수

파일 복사를 구현하는 경우처럼, 짧게 블록 단위로 반복해서 동기 입출력을 수행하는 경우는 충분히 작업을 취소할 기회가 생긴다. 따라서 공유 변수 등을 통해서 취소가 요청되었는지의 여부를 판단할 수 있다. 하지만 리슨 소켓을 열고 계속 리슨 상태로 대기한다든지, 파이프 등을 열어서 클라이언트가 데이터를 보내기를 기다린다든지, 아니면 앞에서 예로 든 디렉터리 엔트리 변경을 감시하는 경우에는 관련 동기 함수를 호출한 후 해당 사건이 발생하기 전까지는 리턴되지 못하고 계속 그 함수 내에서 머물게 된다. 그러므로 동기 함수를 호출한 유저는 그 호출을 취소할 기회 조차도 갖지 못한다. 따라서 이런 상황에서 동기 호출을 취소할 수 있는 수단이 윈도우 비스타에 와서야 제공되었는데, 바로 다음 함수를 통해서 동기 작업을 취소할 수 있다.

```
BOOL WINAPI CancelSynchronousIo(_In_ HANDLE hThread);
```

이 함수는 매개변수로 스레드의 핸들을 넘겨줘야 하는데, 이 스레드는 문제가 된 동기 함수를 호출하면서 대기 중인 스레드의 핸들이다. 중요한 것은 입출력 관련 동기 함수를 호출해 블록되어 있는 스레드여야 하며, 이미 호출이 완료된 상태의 스레드라면 CancelSynchronousIo를 호출하는 것은 의미가 없다. 이 함수는 입출력 처리 취소를 요청하게 되는데, 해당 스레드가 취소 대상이 되는 동기적 입출력 함수 호출 후의 대기 상태가 아니라면 CancelSynchronousIo의 호출은 FALSE가 리턴되고, GetLastError 에러 코드는 ERROR_NOT_FOUND(1168)가 된다. 이 함수의 호출이 성공했을 경우, 입출력을 수행 중인 스레드는 해당 동기 함수로부터 리턴되고 결과는 입출력의 실패를 나타낸다. 이 경우 GetLastError를 호출했을 때의 에러 코드는 유저에 의해 입출력이 취소되었음을 나타내는 ERROR_OPERATION_ABORTED(995)가 된다.

다음 프로젝트를 통해서 확인해보자. 앞서 예로 든 〈프로젝트 4.1.3 DirChgNoti〉를 약간 변경해보자. 메인 함수에서 ReadDirectoryChangesW 호출 후 처리하는 루프 코드는 스레드에 그대로 맡기고, 메인 함수는 대기 중인 콘솔로부터 키를 입력받으면 CancelSynchronousIo를 호출해 처리를 취소하도록 수정했다. 스레드 엔트리 함수의 경우, 앞서의 예제처럼 에러가 발생하면 예외를 던지고 스레드는 종료하면서 그 에러 코드를 리턴하도록 처리했다.

프로젝트 4.1.4 SyncCancelIo

```
DWORD WINAPI ThreadProc(PVOID pParam)
{
   DWORD dwErrCode = ERROR_SUCCESS;
   HANDLE hDir = INVALID_HANDLE_VALUE;
   try
   {
      hDir = CreateFile(_T("C:\\Temp"), ...);
        ⋮
      while (true)
      {
         DWORD dwNotiBytes = 0;
         BYTE  arBuff[65536];
         BOOL bIsOK = ReadDirectoryChangesW
         (
            hDir, arBuff, sizeof(arBuff), FALSE,
            DIR_NOTI_FILTER, &dwNotiBytes, NULL, NULL
         );
```

디렉터리 감시를 위해 ReadDirectoryChangesW를 호출하고 스레드는 대기 상태로 들어간다.

```
         if (!bIsOK)
            throw GetLastError();
```

메인 스레드에서 CancelSynchronousIo가 호출되었다면 ReadDirectoryChangesW는 FALSE를 리턴하고, GetLastError에 의한 에러 코드는 입출력이 취소되었음을 알리는 ERROR_OPERATION_ABORTED가 된다.

```
         PrintDirModEntries(arBuff);
      }
   }
   catch (DWORD ex)
   {
      dwErrCode = ex;
```

```
    }
    if (hDir != INVALID_HANDLE_VALUE)
        CloseHandle(hDir);

    return dwErrCode;
}
```

메인 함수에서는 스레드를 생성하고 키 입력을 받은 후 CancelSynchronousIo를 호출한다.

```
void _tmain()
{
    DWORD dwThrID = 0;
    HANDLE hThread = CreateThread(NULL, 0, ThreadProc, NULL, 0, &dwThrID);

    getchar();
    CancelSynchronousIo(hThread);
```
입출력 처리를 요청한 후 완료되기를 기다리며 대기하는 스레드에 대해 취소 요청을 한다.

```
    WaitForSingleObject(hThread, INFINITE);

    DWORD hr = 0;
    GetExitCodeThread(hThread, &hr);
    CloseHandle(hThread);

    if (hr != ERROR_SUCCESS)
    {
        if (hr == ERROR_OPERATION_ABORTED)
```
CancelSynchronousIo를 호출해 취소에 성공했으면 입출력 처리 요청 후 대기 중인 함수는 에러를 리턴하고, 그 에러 코드는 수행이 취소되었음을 알리는 ERROR_OPERATION_ABORTED가 된다.

```
            cout << "File copy aboarted by user..." << endl;
        else
            cout << "Error occurred in file copying, code= " << hr << endl;
    }
    else
        cout << endl << "File copy successfully completed..." << endl;
}
```

CancelSynchronousIo 함수는 지정된 스레드가 입출력 작업 중이라면 그 입출력 작업에 대한 취소를 표시한다. 이 경우 대부분의 입출력은 즉각 취소되지만, 어떤 경우는 실제적으로 취소되기도 전에 해당 입출력을 완료할 수도 있다. CancelSynchronousIo 함수는 모든 취소 처리가 완료될 때까지 대기하지 않는다. 따라서 취소 요구를 받은 입출력 작업은 다음의 세 가지 중의 하나의 상태로 완료되므로, 취소 처리 후 완료 상태를 반드시 체크해야 한다

- **입출력이 정상적으로 완료** : 취소 요구를 했으나, 그 요구가 전달될 시점에 입출력 작업이 이미 정상적으로 완료될 수 있다.
- **입출력이 실제로 취소** : GetLastError는 ERROR_OPERATION_ABORTED를 리턴하므로 취소 성공 여부를 판별할 수 있다.
- **다른 에러로 인한 입출력 실패** : GetLastError를 통해 원인을 파악할 수 있다.

CancelSynchronousIo를 호출하더라도 취소할 수 없는 동기 파일 작업이 있다. 예를 들어 CopyFile, MoveFile(Ex), ReplaceFile의 호출은 CancelSynchronousIo를 호출하더라도 취소 처리를 할 수 없다. 따라서 앞에서 본 것처럼 CopyFileEx, MoveFileWithProgress 등 취소 수단을 제공하는 함수를 사용해야 한다.

지금까지 살펴본 것처럼 동기적 입출력에 대한 취소 처리는 다소 제약이 따른다. 따라서 취소 처리에 대한 반응성을 높이려면 비동기 입출력을 이용해야 한다. 이제 다음 절부터 비동기 입출력이라는 입출력의 또 다른 세계로 들어가 보자.

4.2 비동기 입출력의 기본

이 절부터 비동기 입출력에 대한 본격적인 설명에 들어갈 것이다. 비동기 입출력을 위한 기본적인 내용부터 시작하여 고수준의 비동기 입출력까지 자세하게 다룰 예정이다. 먼저, 비동기 입출력에 대한 전체적인 과정부터 개괄적으로 알아보기로 하자.

① 비동기적 목적으로 파일 또는 장치를 열거나 생성한다.
② 비동기적으로 입출력을 개시한다. 그 후 스레드는 자신의 작업을 계속 수행할 수 있는 상태가 된다.
③ 스레드는 적절한 시점에서 자신이 개시했던 비동기 입출력의 완료 여부를 체크하거나 대기한다.
④ 스레드는 비동기 입출력이 완료되면 완료에 대한 사후 처리를 수행할 수 있다.

이 과정에서 완료 체크를 위해 별도의 동기화 객체를 사용하지 않고 파일 핸들 자체를 통지의 대상

으로 사용할 것이다. 이런 과정은 필요 없는 스레드의 생성을 방지하고 기존의 스레드를 최대한 활용할 수 있는 방안을 제공함으로써 효율적이고 확장성을 갖는 입출력 작업 수행이 가능하게 하는 것을 목적으로 한다. 비동기 입출력은 입출력에 있어서 아주 유용한 수단이 되기도 하지만 비동기 입출력이 만냉동지약은 아니다. 비동기 입출력이 우수한 수단을 제공하지만, 그 반대로 비동기 입출력을 사용하는 순간 동시성의 문제로 인해 세심한 동기화 처리가 요구되기 때문에, 코드의 복잡성을 크게 증대시키는 원인이 되기도 한다. 따라서, 비동기 입출력이 필요한 상황에서만 적용해야지, 동기적 처리로도 충분히 솔루션의 요구를 충족시킬 수 있는 상황에서 비동기 입출력을 사용한다면 이는 배보다 배꼽이 더 큰 상황을 만드는 격이 된다.

4.2.1 비동기 입출력을 위한 사전 지식

먼저, 비동기 입출력을 수행하는 방법에 대해서 살펴보기 전에, 비동기 입출력에 대해 알아두어야 할 기본적인 요소들을 살펴보자. 비동기 입출력을 수행하기 위해서는 다음의 과정들을 필요로 한다.

- FILE_FLAG_OVERLAPPED 플래그로 파일 열기
- 입출력 수행 시 OVERLAPPED 구조체의 초기화 및 전달하기
- 완료된 입출력에 대한 통지 받기

1) FILE_FLAG_OVERLAPPED 플래그로 파일 열기

비동기 입출력을 수행하기 위해서는 먼저 장치를 열거나 생성할 때 비동기적으로 작업을 진행할 것임을 시스템에게 알려줘야 한다. 그러기 위해서는 파일 또는 장치를 열거나 생성할 때 호출하는 CreateFile의 여섯 번째 매개변수인 dwFlagsAndAttributes에 FILE_FLAG_OVERLAPPED 플래그를 설정해야 한다.

```
HANDLE hDevice = CreateFile
(
    "MyDevice", GENERIC_ALL, 0, NULL, OPEN_EXISTING,
    FILE_FLAG_OVERLAPPED , NULL
);
```

FILE_FLAG_OVERLAPPED 플래그와 함께 생성되거나 열린 파일 및 장치는 그때부터 동기화 객체로 작용하며, 대기 함수를 통해서 입출력에 대한 완료 통지를 받을 수 있게 된다.

2) 입출력 수행 시 OVERLAPPED 구조체의 초기화 및 전달하기

단순히 CreateFile 호출 시에 FILE_FLAG_OVERLAPPED 플래그를 전달한다고 저절로 비동기적으로 입출력이 개시되는 것은 아니다. FILE_FLAG_OVERLAPPED 플래그로 열었더라도 ReadFile/WriteFile 호출을 동기적 방식으로 사용한다면 입출력은 동기적으로 수행된다. 비동기 입출력을 수행하기 위해서는 OVERLAPPED란 구조체가 필요하며, 이 구조체는 앞서 살펴본 여러 함수에서 이미 매개변수로 요구되던 구조체이기도 하다. ReadFile/WriteFile 함수는 마지막 매개변수로 OVERLAPPED 구조체에 대한 포인터를 요구한다. 이 매개변수를 NULL로 넘겨주면 동기적 입출력이 되지만, FILE_FLAG_OVERLAPPED 플래그와 함께 생성된 파일 및 장치에 대해 이 구조체와 함께 ReadFile/WriteFile을 호출하면 비동기 입출력이 개시되는 것이다. OVERLAPPED 구조체는 다음과 같이 정의된다.

```
typedef struct _OVERLAPPED
{
   ULONG_PTR Internal;
   ULONG_PTR InternalHigh;
   union
   {
     struct
     {
       DWORD Offset;
       DWORD OffsetHigh;
     };
     PVOID   Pointer;
   };
   HANDLE    hEvent;
} OVERLAPPED, *LPOVERLAPPED;
```

DWORD Offset, OffsetHigh

파일 제어 시 64비트의 파일 오프셋을 가리킨다. 기존 동기 모델에서 시스템이 자동적으로 관리해주던 파일 포인터는 비동기 입출력에서는 의미가 없어진다. 따라서 유저가 직접 파일 포인터를 유지해줘야 하며, 이를 위해 Offset, OffsetHigh 두 필드가 사용된다. 유저가 관리해야 하는 필드이므로, 비동기적으로 파일을 읽고 쓰고자 한다면 이 두 필드는 반드시 초기화되어야 한다.

HANDLE hEvent

입출력 완료 통지를 위한 이벤트다. 만약 이 필드를 NULL로 설정해서 넘기면 CreateFile을 통해서 획득한 핸들 자체가 입출력 완료 통지를 위한 동기화 객체로 사용되지만, CreateEvent를 통해 이 필드를 설정하게 되면 파일 핸들이 아니라 이 필드에 지정된 이벤트 핸들이 동기화 객체로 사용된다. 이 필드는 반드시 초기화해야 한다. 비동기 입출력을 사용하면서 유저가 가장 많이 저지르는 실수 중의 하나가 바로 이 필드를 초기화하지 않는 경우다. OVERLAPPED 구조체를 선언한 후 초기화하지 않고 사용하면 hEvent 필드는 쓰레기 값을 갖게 되며, 시스템은 이 쓰레기 값을 이벤트 커널 객체의 핸들값으로 인식하고 파일 핸들 자체가 아니라 hEvent 필드값에 대해 SetEvent를 호출할 것이다. 따라서 입출력 완료에 대한 통지를 받을 수 없게 된다.

ULONG_PTR Internal, InternalHigh

MS는 처음에 이 필드를 내부적으로만 사용하고 공개하지 않았다. 그러다 윈도우 2000 이후부터 이 두 필드를 문서화했으며, 그 정확한 의미는 다음과 같다.

- **Internal** : 입출력 결과에 대한 상태 코드
- **InternalHigh** : 입출력 시 실제로 읽거나 쓴 바이트 수

Internal 필드에 설정되는 상태 코드는 GetLastError를 통해서 얻을 수 있는 일반적인 에러 코드가 아니다. 커널에서 입출력은 IRP(IO Request Packet)를 통해서 이루어지는데, 이때 이 IRP의 처리 상태를 나타내는 값은 Internal 필드에 담기며 타입은 NTSTATUS로 정의된다. 이 NTSTATUS 값은 "NTStatus.h"에 정의되어 있으며, 이 값은 유저 영역에 제공되는 입출력 함수 내에서 서로 대응되는 에러 코드, 즉 GetLastError를 통해서 획득 가능한 에러 코드로 변환되어 사용자에게 제공된다. 예를 들어 파일을 읽는 도중 파일의 끝에 도달하면 실제 읽기를 담당하는 관련 드라이버는 Internal 필드에는 STATUS_END_OF_FILE(0xC0000011) 값을 설정하고, SetLastError를 통해서 사용자에게 돌려주는 에러 코드는 ERROR_HANDLE_EOF(38)로 설정한다. 이런 상황을 본다면 MS가 이 두 필드를 공개하기를 주저했던 이유를 알 수 있다. 이 두 필드는 실제로 커널 내부에서 사용되는 필드라서 유저 영역에서 입출력을 사용하면 이 두 필드는 커널 영역의 장치 드라이버에서 그 정보를 채워주게 된다. 따라서 이 두 필드에 사용자가 직접 값을 설정하는 일은 가급적이면 피하도록 하고 단지 참조만 하기 바란다.

비동기적으로 수행되는 ReadFile/WriteFile의 경우 현재 입출력이 수행 중이면 Internal 필드는 STATUS_PENDING(0x00000103)의 값으로 설정된다. 그 후 입출력이 성공적으로 완료되면

Internal 필드는 0으로 설정되고, 에러가 발생하면 관련 상태 코드가 설정될 것이다. 현재 비동기 입출력이 수행 중인지의 간단한 테스트를 OVERLAPPED 구조체를 통해서 할 수 있는 매크로가 제공되고 있으며, 그 매크로는 다음과 같다.

```
BOOL HasOverlappedIoCompleted(LPOVERLAPPED lpOverlapped);
```

이 매크로는 "WinBase.h"에 다음과 같이 정의되어 있다.

```
#define HasOverlappedIoCompleted(lpOverlapped) \
        (((DWORD)(lpOverlapped)->Internal) != STATUS_PENDING)
```

따라서 비동기 입출력을 수행 중인 상태에서 GetLastError를 호출하면, 리턴되는 에러 코드는 STATUS_PENDING에 대응되는 ERROR_IO_PENDING(997)이 된다.

OVERLAPPED 구조체는 비동기 입출력에 있어서 실제 데이터 입출력의 근간이 된다. 비동기 입출력에는 FILE_FLAG_OVERLAPPED 플래그와 OVERLAPPED 구조체가 계속 따라다닐 것이다. 그럼 이 OVERLAPPED란 무엇을 의미할까? 윈도우의 비동기 입출력은 "중첩된 입출력(Overlapped I/O)"이라고도 한다. OVERLAPPED라는 것이 바로 중첩을 의미하며, 중첩된 입출력은 특정 파일이나 장치에 대해 여러 입출력을 동시에 진행하도록 할 수 있다는 것을 의미한다. 다음 코드를 보자.

```
HANDLE hDevice = CreateFile(_T("MyDevice"), ..., FILE_FLAG_OVERLAPPED, NULL);

OVERLAPPED ov1 = { 0, }, ov2 = { 0, }, ov3 = { 0, };

ReadFile (hDevice, ..., &ov1);
WriteFile(hDevice, ..., &ov2);
ReadFile (hDevice, ..., &ov3);
```

비동기 입출력이므로, 위의 코드는 hDevice에 대해 3개의 입출력이 개시되어 동시에 진행되는 상황이다. 즉 위 코드에서처럼 동일한 장치에 대해 입출력 작업이 3개가 중첩되어 수행되고 있으며, 그런 의미에서 중첩된 입출력이 되는 것이다. 그리고 이런 중첩된 입출력에 대해 각각의 입출력의 요소를 구분할 필요가 있다. 위 코드처럼 3개의 입출력이 중첩되었을 때, 입출력이 완료된 후 완료 처리를 수행하려면 어떤 입출력이 완료되었는지를 구분해야 한다. 따라서, 그러한 각각의 입출력을 구분하기 위해 OVERLAPPED 구조체가 사용되는 것이다. 우리는 앞서 ReadFile/WriteFile 함수 설명에서 OVERLAPPED 구조체의 포인터를 매개변수로 요구하는 것을 보았다. 비동기적으로 ReadFile/WriteFile을 호출할 때 OVERLAPPED 구조체의 포인터를 넘겨줌으로써 해당 입출력을 고유하게 구분할 수 있게 되는 것이다.*

따라서 비동기 입출력 시 이 OVERLAPPED 구조체를 어떻게 유지하고 관리하는가가 매우 중요하다. 입출력 과정에서 OVERLAPPED 구조체는 해당 장치와 더불어 계속 유지되어야 한다. 따라서 입출력 버퍼와 OVERLAPPED 구조체가 같이 따라다니는 경우가 많다. 입출력 버퍼를 관리하는 동시에 OVERLAPPED 구조체와 연결시키기 위해 흔히 OVERLAPPED 구조체를 상속하는 별도의 유저 정의 구조체나 클래스를 많이 정의하여 사용한다. 예를 들어, 아래와 같이 COPY_CHUNCK라는 유저 정의 구조체를 OVERLAPPED 구조체를 상속하여 정의할 수 있다. 그리고 OVERLAPPED 구조체의 포인터를 필요로 하는 함수의 매개변수로 유저가 정의한 구조체의 포인터를 넘기면, OVERLAPPED 구조체와 입출력 시 유지되어야 할 유저 정의 데이터를 함께 관리할 수 있게 된다.

```
struct COPY_CHUNCK : OVERLAPPED
{
   HANDLE   _hfSrc, _hfDst;
   BYTE     _arBuff[BUFF_SIZE];
```
입출력 시 데이터를 주고받을 버퍼를 멤버 필드로 선언한다.
```

   COPY_CHUNCK(HANDLE hfSrc, HANDLE hfDst)
   {
      memset(this, 0, sizeof(*this));
```
생성자에서 본 구조체와 함께 OVERLAPPED 구조체를 초기화한다.
```
      _hfSrc = hfSrc, _hfDst = hfDst;
   }
};
typedef COPY_CHUNCK* PCOPY_CHUNCK;
```

---

* 중첩 입출력과 관련해서 한 마디 더 언급하자면, 앞서 예로 든 코드와 같이 중첩된 입출력을 야기시켰을 때 먼저 요청된 입출력이 먼저 수행되는 것은 아니라는 점이다. ov1, ov2, ov3 순으로 차례로 읽기/쓰기/읽기를 개시했지만, 실제로는 ov2, ov3, ov1 순으로 입출력을 처리할 가능성도 있다는 점에 주의하기 바란다.

또는 OVERLAPPED 구조체를 멤버 필드로 선언해서 사용할 수도 있다.

```
struct COPY_CHUNCK
{
   OVERLAPPED _ov;
   구조체의 첫 번째 필드로 OVERLAPPED 구조체를 선언한다.

   HANDLE      _hfSrc, _hfDst;
   BYTE        _arBuff[BUFF_SIZE];
      ⋮
};
```

이 경우 OVERLAPPED 구조체는 반드시 정의하는 구조체의 첫 번째 필드로 정의해줘야 하는데, 실제로 _ov 필드의 포인터값을 비동기 개시 함수로 전달하게 되면 이 포인터값은 COPY_CHUNCK 구조체의 포인터값과 동일해지기 때문이다.

앞서 언급한 것처럼 입출력 시에 OVERLAPPED 구조체를 해당 장치와 함께 계속 유지해줘야 한다. 따라서 전역 변수가 되었든 매개변수를 이용하든 간에 입출력 과정 중에 OVERLAPPED 구조체의 인스턴스가 해제되는 상황이 발생되지 않도록 주의해야 한다. 예를 들어 다음과 같이 코드를 작성하면 문제가 발생된다.

```
void StartAsyncRead(HANDLE hFile, PBYTE pBuff, DWORD dwSize)
{
   OVERLAPPED ov;
   memset(&ov, 0, sizeof(ov));

   ReadFile(hFile, pBuff, dwSize, NULL, &ov);
}
```

위의 코드는 OVERLAPPED 구조체를 지역 변수로 선언하고 그 포인터를 ReadFile 함수의 매개변수로 넘겼는데, 위와 같이 ReadFile을 호출하면 비동기 읽기를 개시하기 때문에 ReadFile로부터 바로 리턴되어 StartAsyncRead 함수를 바로 빠져나갈 것이다. 이 시점에서 지역 변수로 선언된 OVERLAPPED 구조체의 인스턴스 ov는 해제되어 버리기 때문에 메모리 접근 예외가 발생되어 프로그램은 다운되어 버릴 것이다. 이 점에 주의하기 바란다.

그렇다면 OVERLAPPED 구조체를 이용해 비동기 입출력을 수행하는 예를 살펴보도록 하자. 이번 예는 직접적으로 비동기 입출력을 이용하는 것이 아니라 OVERLAPPED 구조체 내의 hEvent 필드를 이용해 로컬 시스템의 네트워크 어댑터의 IP 주소가 변경되는 것을 감시하는 예이다. IP 변경을 감시하기 위한 함수가 다음과 같이 제공된다.

```
DWORD NotifyAddrChange
(
    _Out_ PHANDLE        Handle,
    _In_  LPOVERLAPPED   overlapped
);
```

NotifyAddrChange는 IP 주소 변경 통지를 개시하는 함수다. OVERLAPPED 구조체를 선언하고 hEvent 필드에 이벤트 커널 객체의 핸들값을 설정한 후 overlapped 매개변수로 전달하면 IP 주소 변경의 감시를 시작하게 된다. Handle은 NotifyAddrChange 호출 시 감시 컴포넌트가 내부적으로 사용할 핸들을 돌려준다. NotifyAddrChange 호출 성공으로 획득하게 되는 이 핸들은 닫아서도 안 되고 입출력 완료 포트(IOCP)에 연결시켜서도 안 된다.

```
BOOL WINAPI CancelIPChangeNotify(_In_  LPOVERLAPPED notifyOverlapped);
```

CancelIPChangeNotify 함수는 NotifyAddrChange 호출로 인해 개시된 IP 변경 감시 작업을 취소하는 역할을 한다. notifyOverlapped 매개변수는 NotifyAddrChange 호출 시에 넘겨줬던 OVERLAPPED 구조체의 포인터를 지정한다. 여기서도 중첩된 입출력에 있어서의 OVERLAPPED 구조체의 기능을 확인할 수 있다. OVERLAPPED 구조체를 통하여 NotifyAddrChange에 의해 야기된 입출력 요소를 찾아서 그 입출력 요소를 취소할 수 있는 것이다.

OVERLAPPED 구조체를 매개변수로 요구하는 모든 함수는 비동기 입출력을 지원한다는 것을 의미하는데, 다음 프로젝트의 경우는 전형적인 비동기 입출력 패턴을 따르지 않고, 특별한 목적을 위해 OVERLAPPED 구조체를 이용해 IP 변경 통지를 주는 경우다. 다음 코드를 사용하기 위해서는 "Iphlpapi.h" 헤더파일을 인클루드하고 "Iphlpapi.lib"를 링크하기 바란다.

먼저 IP 변경 감시 취소 처리를 위한 콘솔 컨트롤 핸들러를 정의한다.

```
#include "Iphlpapi.h"
#pragma comment(lib, "Iphlpapi.lib")


OVERLAPPED g_ov;
BOOL CtrlHandler(DWORD fdwCtrlType)
{
    CancelIPChangeNotify(&g_ov);
```

콘솔 컨트롤 시그널이 발생하면 CancelIPChangeNotify를 호출해 현재 진행 중인 IP 변경 감시에 대한 취소를 요청한다.

```
    return TRUE;
}
```

다음은 NotifyAddrChange 함수를 사용하는 메인 함수에 대한 정의다.

```
void _tmain()
{
    SetConsoleCtrlHandler((PHANDLER_ROUTINE)CtrlHandler, TRUE))

    g_ov.hEvent = CreateEvent(NULL, FALSE, FALSE, NULL);
```

OVERLAPPED 구조체의 hEvent 필드에 이벤트 커널 객체를 생성하여 할당한다.

```
    while (true)
    {
        HANDLE hevIPChg = NULL;
        if (NotifyAddrChange(&hevIPChg, &g_ov) != NO_ERROR)
```

OVERLAPPED 구조체의 g_ov의 포인터를 NotifyAddrChange 호출 시 매개변수로 전달하여 IP 변경 감시를 개시한다.

```
        {
            DWORD dwErrCode = GetLastError();
            if (dwErrCode != ERROR_IO_PENDING)
                cout << " ~~~NotifyAddrChange error : " << GetLastError() << endl;
        }

        DWORD dwErrCode = WaitForSingleObject(g_ov.hEvent, INFINITE);
```

```
    if (dwErrCode == WAIT_FAILED)
        break;

    if (g_ov.Internal != 0)
    {
        if (g_ov.Internal == STATUS_CANCELLED)
            cout << " ==> IP Changed Noti Canceled!!!" << endl;
        break;
    }
```

```
    PrintIpList();
```

```
    }
}
```

위의 코드를 실행한 후 네트워크 어댑터의 IP 주소를 변경해보면 변경을 감지하고 IP 주소 리스트가
출력될 것이다.

3) 완료된 입출력에 대한 통지 받기

FILE_FLAG_OVERLAPPED 플래그와 함께 장치를 생성한 후 초기화된 OVERLAPPED 구
조체의 포인터를 전달해 ReadFile/WriteFile을 호출하면, 그 호출은 에러 코드 ERROR_IO_
PENDING과 함께 블록되지 않고 곧바로 리턴된다. 그러면 호출 스레드는 자신의 다음 작업
을 이어나갈 수 있다. 이제 그 스레드는 적절한 시점에서 자신이 비동기적으로 개시한 입출력
이 완료되었는지의 여부를 판단해야 한다. 따라서 실제로 입출력의 결과에 대한 완료 통지를 받
는 방법에 대해 알아볼 필요가 있다. 입출력의 완료 여부는 폴링을 통해 바로 위에서 언급했던
HasOverlappedIoCompleted 매크로를 체크함으로써 판단할 수도 있지만, 이것은 우리가 원하

는 방식이 아니다. 우리는 1장에서 설명했던 동기화 목적 중의 하나인 입출력 완료 통지를 통해서 입출력 완료 여부의 판단을 하고자 한다. 입출력에 대한 완료 통지를 받는 방법에는 다음과 같이 세 가지가 있다.

- **장치 핸들 또는 이벤트 시그널링**
  CreateFile을 통해 열린 핸들값 자체 또는 OVERLAPPED 구조체의 hEvent 필드를 동기화 객체로 사용해 입출력 완료 여부의 통지를 수신한다.

- **경보가능 입출력 사용**
  비동기 프로시저 호출(APC)을 이용해 비동기 입출력 완료 후의 작업을 처리한다.

- **입출력 완료 포트 사용**
  입출력 완료 포트(IOCP) 커널 객체를 이용해 비동기 입출력 완료 후의 작업을 처리한다.

중요한 것은 입출력이 완료되었는가?라는 점이다. 비동기 입출력에서 장치는 요구된 입출력을 계속 수행 중이지만 그 입출력을 야기한 스레드는 장치의 입출력 수행과는 상관없이 자신의 작업을 계속 수행할 수 있다. 따라서 해당 스레드는 자신이 야기한 장치로부터의 입출력이 완료되었는지를 체크해 입출력이 완료되었다면 완료된 결과에 대해 완료 처리를 해줘야 한다. 예를 들어 소켓을 통해 비동기적으로 데이터 수신을 개시했다면, 실제 클라이언트로부터 데이터를 수신했을 때 수신 완료 통지를 통해서 그 사실을 인지하고, 수신한 데이터에 대해 작업을 하는 것이어야 할 것이다.

위의 세 가지는 바로 입출력 완료 후 그 결과에 대해 사후 처리를 위해 입출력 완료 여부를 통지 받는 방식에 관한 것이다. 하나 더 첨언하자면 그 전에 입출력 완료가 의미하는 것을 정확히 알아야 한다. 입출력이 완료된다는 것은 방금 든 예처럼 소켓을 통해 실제 데이터가 수신되어 성공적으로 완료되는 경우가 있고, 수신 중에 에러가 발생해서 그 에러로 인해 입출력이 실패한 채로 완료될 수도 있다. 그리고 사용자가 개시한 입출력을 취소해서 입출력이 완료될 수도 있다. 따라서 입출력 완료 통지를 받았을 때 성공적인 완료인지 아니면 실패 또는 취소에 의한 완료인지를 체크해야 하며, 이 체크는 바로 OVERLAPPED 구조체의 Internal 필드를 통해서 이루어진다. 따라서 입출력 완료에 대한 사후 처리는 성공적인 완료에 대한 처리뿐만 아니라, 이러한 에러 또는 취소에 의한 완료 처리도 포함된다.

이제 위의 세 가지 완료 통지 중에서 첫 번째 방식인 핸들을 통한 시그널링을 먼저 설명하고, 경보가능 입출력과 입출력 완료 포트의 사용은 다음 절에 이어서 설명하도록 하겠다.

4.2.2 장치 또는 이벤트 시그널링

이 방식은 커널 객체 자체나 OVERLAPPED 구조체의 hEvent 필드를 동기화 객체로 사용하는 방식이다. 계속 언급해왔던 것처럼 CreateFile을 통해 열린 장치 역시 하나의 커널 객체며, 동시에 동기화 객체다. 따라서 이 파일 객체를 대상으로 스레드가 대기할 수 있다. 물론 비동기 입출력 방식, 즉 FILE_FLAG_OVERLAPPED 플래그와 함께 파일을 열었을 경우에 한해서다. 동기 입출력에서 파일의 신호 상태에 대한 구분은 의미가 없다. 비동기 파일로 생성되거나 열린 파일의 신호 상태는 다음과 같다.

- **시그널 상태**
  입출력 작업이 완료되었을 때, 즉 ReadFile이나 WriteFile 등에서 지정해준 입출력 길이만큼의 데이터를 해당 버퍼에 쓰거나, 버퍼로부터 읽기를 완료했을 때

- **넌시그널 상태**
  입출력 작업이 장치에서 진행 중일 때, 즉 ReadFile이나 WriteFile로 넘겨준 버퍼로부터 데이터를 읽어들이거나 버퍼에 데이터를 쓰고 있을 때

1) 비동기 입출력 처리의 패턴

동기 입출력의 경우 해당 함수를 호출한 스레드는 입출력 작업이 완료될 때까지 저절로 대기 상태로 들어간다. 따라서 입출력 작업이 완료되었을 때 해당 객체는 이미 시그널 상태가 되기 때문에, 그 후에 아무리 WaitForXXX 등의 대기 함수를 사용해도 스레드는 그 함수를 바로 통과하고 만다. 따라서 동기 입출력의 경우에서는 대기가 의미 없다. 그러므로, 장치 또는 파일 커널 객체 자체를 동기화 객체로 사용하고자 한다면 해당 장치나 파일을 열 때 반드시 비동기 입출력임을 지시하며 열어야 한다. 그러면 장치는 커널 모드에서의 입출력 작업이 완료되면 해당 커널 객체를 시그널 상태로 만들기 때문에, 유저 모드에서 대기 함수를 통해 잠들어 있던 스레드가 깨어나 다시 활동을 재개할 수 있다. 이 방식의 전형적인 구조는 다음과 같다.

```
HANDLE hFile = CreateFile
(
    "Z:\\MyData.dat",   GENERIC_ALL, 0, NULL, OPEN_ALWAYS,
    FILE_FLAG_OVERLAPPED, NULL
);
```
① FILE_FLAG_OVERLAPPED와 함께 CreateFile을 호출해 파일을 연다.

```
OVERLAPPED ov;
ov.Offset = ov.OffsetHigh= 0;
```

> ② OVERLAPPED 구조체를 선언하고, 반드시 Offset 필드와 OffsetHigh 필드를 초기화시켜 준다.

```
ov.hEvent = NULL;
```

> ③ OVERLAPPED 구조체의 hEvent 필드 역시 NULL로 초기화하거나 CreateEvent를 통해 실제 이벤트 커널 객체를 생성시켜줘야 한다.

```
BYTE arBuff[4096];
BOOL bIsOK = ReadFile
(
    hFile, arBuff, sizeof(arBuff),
    NULL, &ov
);
```

> ④ 입출력 시 실제 전송 바이트 수는 OVERLAPPED 구조체의 InternalHigh 필드를 통해 관리되므로 lpNumberOfBytesRead 매개변수에 NULL을 넘겨준다. 또한 앞에서 초기화한 OVERLAPPED 구조체의 포인터를 마지막 매개변수로 넘겨준다.

```
if (!bIsOK)
{
    if (GetLastError() == ERROR_IO_PENDING)
    {
```

> ⑤ ReadFile/WriteFile 호출 후 결과가 TRUE면 입출력이 이미 성공적으로 완료되었음을 의미한다. 만약 FALSE면 에러 코드가 ERROR_IO_PENDING일 경우에는 비동기 입출력이 시작되었음을 의미하고, ERROR_IO_PENDING이 아닐 경우에는 입출력과 관련된 일반 에러이므로 에러 처리를 수행한다.

```
        if (WaitForSingleObject(hFile, INFINITE) == WAIT_OBJECT_0)
        {
            if (ov.Internal == 0)
                bIsOK = TRUE;
            else
                // 입출력 중 에러 발생을 의미
```

> ⑥ WaitForXXX 대기 함수를 호출해 대기한다. 입출력이 완료되면 hFile 핸들은 시그널 상태가 되어 대기 함수로부터 리턴한다. 대기 후에는 OVERLAPPED 구조체의 Internal 필드가 0인지의 여부를 체크해야 한다. 0이 아니면 입출력 과정에서 에러가 발생했음을 의미하므로 적절한 에러 처리를 해줘야 한다.

```
        }
```

```
    else
        // 대기 함수 호출 시 에러 발생을 의미
    }
    else
    {
        // ReadFile 또는 WriteFile 호출 시 에러 발생을 의미
    }
}
```

① CreateFile 호출 시 dwFlagsAndAttributes 플래그를 FILE_FLAG_OVERLAPPED로 지정해 넘겨준다. FILE_
   FLAG_OVERLAPPED 플래그는 해당 장치로 하여금 비동기 입출력 모드로 파일을 생성하거나 열었음을 알려주는
   역할을 한다.

② 실제 입출력을 위해 ReadFile/WriteFile 함수를 호출할 때, 동기 모델에서는 무시하고 NULL로 넘겨줬던
   OVERLAPPED 구조체의 포인터를 넘겨줘야 한다. 이때 디스크 상의 파일 입출력을 위해 비동기 입출력을 사용한다
   면, 위 코드처럼 OVERLAPPED 구조체의 Offset, OffsetHigh 멤버는 반드시 초기화시켜야 한다. OVERLAPPED
   구조체에서 설명한 것처럼 파일이나 장치를 비동기적으로 열었을 경우에는 자체 유지하고 있던 파일 포인터의 의미는
   없어지고, 대신에 이 OVERLAPPED 구조체의 Offset과 OffsetHigh 필드를 각각 64비트 파일 오프셋의 하위/상
   위 32비트 정수로 사용한다. 그리고 이 오프셋들은 사용자가 직접 유지시켜줘야 한다.

③ OVERLAPPED 구조체의 hEvnet 필드는 반드시 NULL로 설정해주던지, 아니면 CreateEvent를 통해 실제 이벤
   트 커널 객체의 핸들을 넘겨줘야 한다. ReadFile/WriteFile 호출 시 장치는 OVERLAPPED 구조체의 hEvent 필
   드를 검사해서, 만약 이 필드가 NULL이면 자신의 장치 핸들을 통해 입출력 완료에 대한 시그널링을 하지만, 이 필드가
   NULL이 아니면 이 hEvent 필드를 이벤트 커널 객체로 간주하고 입출력 완료 시 해당 장치의 핸들에 대해서가 아닌
   이 필드에 대해 SetEvent를 호출해 시그널 상태로 만들려고 한다. 따라서 만약 이 필드를 초기화시켜주지 않아서 쓰
   레기 값이 넘어갔을 경우, 입출력 완료 시 장치 핸들이 아닌 이 쓰레기 값을 가진 이벤트 핸들 변수를 시그널링하기 때
   문에 완료에 대한 적절한 신호를 받지 못하게 된다.

④ 동기 모델과는 달리 비동기 입출력을 위해 ReadFile/WriteFile을 사용할 경우, lpNumberOfBytesRead
   나 lpNumberOfBytesWrote 매개변수는 의미가 없기 때문에 NULL을 넘겨준다. 비동기 모델의 경우, 실
   제 읽거나 쓴 바이트의 수는 OVERLAPPED 구조체의 InternalHigh 필드에 설정되어 넘어오기 때문에
   lpNumberOfBytesRead나 lpNumberOfBytesWrote 매개변수는 사용되지 않는다. 따라서 이 매개변수를 위한
   변수 포인터를 넘겨주더라도 의미가 없다. 따라서 그냥 NULL을 넘겨주면 된다.

⑤ ReadFile/WriteFile 호출 후에는 에러를 체크한다는 점에 주의하기 바란다. ReadFile/WriteFile 호출의 결과가
   TRUE면 입출력 작업이 완료되었음을 의미하고, FALSE면 에러가 발생했거나 또는 입출력이 완료되지 않았음을 의
   미한다. 따라서, GetLastError 함수로 에러 코드를 획득했을 때, 그 값이 ERROR_IO_PENDING이라면 에러가 아
   니라 비동기 입출력을 위해 입출력 작업을 개시했고, 아직 입출력이 완료되지 않았음을 장치가 알리는 것이다. 이 시점
   에서 OVERLAPPED 구조체의 Internal 필드의 값은 STATUS_PENDING이 되어 입출력이 진행 중임을 알린다.
   ERROR_IO_PENDING일 경우 호출 스레드는 대기 함수를 호출해 입출력이 완료될 때까지, 즉 파일 핸들이 시그널
   상태가 될 때까지 대기할 수 있다. ERROR_IO_PENDING이 아니라면 ReadFile/WriteFile 호출 시 다른 에러가
   발생하여 입출력을 수행할 수 없음을 의미하므로 적절한 에러 처리를 해야 한다.

⑥ ReadFile/WriteFile을 비동기적으로 호출한 후 파일 핸들에 대해 대기 함수를 호출해 입출력 완료 여부를 판단하거나 입출력이 완료될 때까지 대기할 수 있다. 파일 핸들이 시그널 상태가 되어 대기 함수로부터 성공적(WAIT_OBJECT_0)으로 리턴하게 되면 OVERLAPPED 구조체의 Internal 필드는 입출력 수행 결과의 성공 여부를 담게된다. Internal 필드가 0이면 성공적으로 입출력이 완료되었기에 다음 작업을 수행할 수 있고, 0이 아니면 입출력 수행중 에러(사용자의 입출력 취소를 포함하여)가 발생하여 입출력이 실패로 완료되었음을 의미한다. 여기서 0이 아닌 그 값은 실패에 대한 상태 코드를 담고 있다. Internal 필드를 설명할 때 언급한 것처럼, 이 값은 GetLastError를 통해서 얻을 수 있는 일반 에러 코드가 아니라 커널 상에서 사용되는 상태 코드를 담고 있으며, "ntstatus.h"에 정의되어 있는 NTSTATUS 값이 된다. 따라서 더 정확한 값을 얻고자 한다면 GetLastError 코드와 대응되는 적절한 값을 찾아야한다. NTSTATUS와 GetLastError 코드 사이의 변환은 뒤에서 다시 설명할 예정이다.

이 과정의 전체 흐름은 다음 그림으로 나타낼 수 있다.

그림 4-2 비동기 입출력

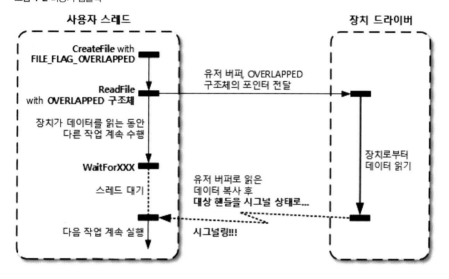

위 그림에서 보는 바와 같이, 비동기 입출력은 장치가 데이터를 읽거나 쓰는 동안에도 ReadFile/WriteFile을 호출한 스레드는 자신의 작업을 계속 수행할 수 있다는 점이 중요한 포인트다.

이제 간단한 예제를 살펴보자. 다음 프로젝트는 〈프로젝트 4.1.1 FileCopySync〉의 동기 파일 복사 예제를 파일 핸들들을 통한 시그널링 방식을 이용해 비동기적으로 파일을 복사하는 코드로 변경한 것이다. 사실 이 예제는 비동기 입출력의 장점을 살리지 못하는, 즉 동기 파일 입출력과 전혀 차이가 없지만 일단 비동기 입출력의 사용 방법을 보여주는 간단한 예제다.

```
#ifndef STATUS_END_OF_FILE
#  define STATUS_END_OF_FILE 0xC0000011L
#endif
```

STATUS_END_OF_FILE 매크로는 그 값이 0xC0000011이고 "ntstatus.h"에 정의되어 있으며, 사용자 프로그램의 ERROR_
HANDLE_EOF 매크로로 매핑된다. 소스 파일의 크기를 비교하지 않고 파일을 복사하는 예를 그대로 보여주기 위해 STATUS_
END_OF_FILE 매크로를 직접 정의했다.

```
#define BUFF_SIZE  65536

void _tmain(int argc, _TCHAR* argv[])
{
    if (argc < 3)
    {
        cout << "Uasge : FileCopySync SourceFile TargetFile " << endl;
        return;
    }

    HANDLE hSrcFile = CreateFile
    (
        argv[1], GENERIC_READ, 0, NULL, OPEN_EXISTING,
        FILE_FLAG_OVERLAPPED, NULL
    );
```

CreateFile을 통해서 소스 파일을 연다. 파일을 비동기적으로 읽기 위해 FILE_FLAG_OVERLAPPED 플래그를 지정한다.

```
    if (hSrcFile == INVALID_HANDLE_VALUE)
    {
        cout << argv[1] << " open failed, code : " << GetLastError() << endl;
        return;
    }

    HANDLE hDstFile = CreateFile
    (
        argv[2], GENERIC_WRITE, 0, NULL, CREATE_ALWAYS,
        FILE_FLAG_OVERLAPPED, NULL
    );
```

CreateFile을 통해서 새로운 타깃 파일을 생성한다. 소스 파일과 마찬가지로 비동기적으로 파일에 쓰기 위해 FILE_FLAG_ OVERLAPPED 플래그를 지정한다.

```
if (hDstFile == INVALID_HANDLE_VALUE)
{
    cout << argv[2] << " open failed, code : " << GetLastError() << endl;
    return;
}


OVERLAPPED ro = { 0, };
OVERLAPPED wo = { 0, };
ro.Offset = ro.OffsetHigh = wo.Offset = wo.OffsetHigh = 0;
ro.hEvent = wo.hEvent = NULL;
```

일단 소스 파일과 타깃 파일에 대한 처리를 비동기적으로 수행하기 위해 OVERLAPPED 구조체를 각각(읽기: ro, 쓰기: wo) 하나씩 정의한 후 내부 필드를 전부 0으로 초기화한다. 여기서는 오프셋 관련 필드와 이벤트 필드를 반드시 초기화시켜야 한다는 것을 강조하기 위해 ro, wo의 Offset과 OffsetHigh, 그리고 hEvent 필드를 한 번 더 0으로 초기화시켜 준다. 오프셋이 0이란 의미는 파일의 처음부터 읽거나 쓴다는 것을 의미한다.

```
DWORD dwErrCode = 0;
BYTE btBuff[BUFF_SIZE];
while (true)
{
    BOOL bIsOK = ReadFile(hSrcFile, btBuff, sizeof(btBuff), NULL, &ro);
```

파일 복사를 위해 while 무한 루프로 들어간다. 이제 ReadFile을 통해서 원본 파일로부터 64KB 단위로 읽어들인다. 실제 파일을 읽은 바이트 수를 얻어오기 위한 포인터 매개변수를 NULL로 설정한다. 대신, OVERLAPPED 구조체의 InternalHigh 필드에 실제 입출력된 바이트 수가 넘어온다. 반드시 이 값을 이용해서 여러분이 직접 파일 오프셋을 유지시켜줘야 한다. 그러면 마지막 매개변수로 OVERLAPPED 구조체의 포인터를 넘겨준 것을 확인할 수 있을 것이다.

```
    if (!bIsOK)
    {
        dwErrCode = GetLastError();
        if (dwErrCode != ERROR_IO_PENDING)
            break;
    }
```

비동기 입출력 시 반드시 에러 코드를 체크해야 한다. 에러 코드가 ERROR_IO_PENDING이면 비동기 입출력이 개시되었음을 의미하고, ERROR_IO_PENDING이 아니면 다른 에러에 의하여 입출력에 실패했음을 의미하기 때문에 루프를 탈출하고 에러 처리를 한다.

```
    DWORD dwWaitRet = WaitForSingleObject(hSrcFile, INFINITE);
```

```
    if (dwWaitRet != WAIT_OBJECT_0)
    {
        dwErrCode = GetLastError();
        break;
    }


    if (ro.Internal != 0)
    {
        if (ro.Internal == STATUS_END_OF_FILE) // ERROR_HANDLE_EOF
            dwErrCode = 0;
        else
            dwErrCode = ro.Internal;
        break;
    }
```

```
    ro.Offset += ro.InternalHigh;
```

```
    printf(" => Read  bytes : %d\n", ro.Offset);


    bIsOK = WriteFile(hDstFile, btBuff, ro.InternalHigh, NULL, &wo);
    if (!bIsOK)
```

```
    {
        dwErrCode = GetLastError();
        if (dwErrCode != ERROR_IO_PENDING)
            break;
    }
```

소스 파일의 한 블록을 읽어들이는 작업이 끝났기 때문에, 이제 그 블록을 대상 파일에 쓴다. 여기서는 WriteFile의 쓸 바이트 수를
ro.InternalHigh로 넘겨준 것을 확인할 수 있다. 실제 읽어들인 바이트 수만큼 대상 파일에 쓰기를 해야 제대로 된 복사본을 얻을 수 있
기 때문이다. 마찬가지로 lpNumberOfBytesWritten 매개변수에는 NULL을 넘겨준다. 또한 wo 구조체의 포인터를 마지막 매개변수
로 넘겨주는 것과 ReadFile에서와 마찬가지로 ERROR_IO_PENDING 여부를 체크하는 것을 확인할 수 있다.

```
    dwWaitRet = WaitForSingleObject(hDstFile, INFINITE);
    if (dwWaitRet != WAIT_OBJECT_0)
    {
        dwErrCode = GetLastError();
        break;
    }
    wo.Offset += wo.InternalHigh;
```

WriteFile 호출 후 타깃 파일 핸들 hWriteFile을 대상으로 WaitForSingleObject 대기 함수를 호출한다. 이 함수에서 빠져나오면 역시
타깃 파일의 오프셋을 관리하기 위해 wo.Offset += wo.InternalHig; 코드를 이용해 직접 오프셋을 실제 쓴 바이트 수만큼 증가시켜 준
다. 그리고 이렇게 파일을 쓴 후 다시 루프를 돌아 ReadFile을 호출한다.

```
    printf(" <= Wrote bytes : %d\n", wo.Offset);
    }
    CloseHandle(hSrcFile);
    CloseHandle(hDstFile);
    if (dwErrCode != ERROR_SUCCESS)
        cout << endl << "Error occurred in file copying, code=" << dwErrCode << endl;
    else
        cout << endl << "File copy successfully completed..." << endl;
}
```

만약 여러분이 따로 이벤트 커널 객체를 통해서 입출력 완료 여부를 통지받고자 한다면 위의 코드를
다음과 같이 수정하면 된다.

```
    ro.Offset = ro.OffsetHigh = wo.Offset = wo.OffsetHigh = 0;
    ro.hEvent = CreateEvent(NULL, FALSE, FALSE, NULL);
    wo.hEvent = CreateEvent(NULL, FALSE, FALSE, NULL);
```

이벤트를 생성한 후, 그 핸들값을 OVERLAPPED 구조체의 hEvent 필드에 설정한다.

```
        ⋮
    while(true)
    {
        BOOL bIsOK = ReadFile(  hSrcFile, btBuff, sizeof(btBuff), NULL, &ro);
        ⋮
        DWORD dwWaitRet = WaitForSingleObject(ro.hEvent, INFINITE);
```

ReadFile 호출 후 파일 핸들 hSrcFile 대신 ro.hEvent에 대해 대기 함수를 호출한다.

```
        ⋮
    }
```

위의 예처럼 이벤트 커널 객체를 생성한 후 OVERLAPPED 구조체의 hEvent 필드에 설정한 다음
에 ReadFile/WriteFile을 호출한 후, 이 이벤트의 핸들을 WaitForSingleObject의 매개변수로
넘겨주면 동일한 효과를 본다. 다만 이벤트 핸들을 통해서 통지받고자 한다면 다음을 주의하기 바
란다.

```
    ro.Offset = ro.OffsetHigh = wo.Offset = wo.OffsetHigh = 0;
    ro.hEvent = CreateEvent(NULL, FALSE, FALSE, NULL);
    ⋮
    while(true)
    {
        BOOL bIsOK = ReadFile(hSrcFile, btBuff, sizeof(btBuff), NULL, &ro);
        ⋮
        DWORD dwWaitRet = WaitForSingleObject(hSrcFile, INFINITE);
        ⋮
    }
```

위의 코드는 절대 입출력 완료 통지를 받지 못할 것이다. 이벤트 핸들로 OVERLAPPED 구조체의
hEvent 필드를 설정한 뒤, 정작 대기 함수를 호출할 때는 직접 연 파일의 핸들을 매개변수로 넘겨
주고 있다. hEvent 필드가 설정되어 있으므로, 시스템은 입출력 완료 시에 파일 핸들이 아닌 이 이
벤트 커널 객체를 시그널 상태로 만들어 완료 통지를 알려줘야 하지만, 위의 코드는 완료 통지를 받

기 위해 파일 객체에 대해 대기 함수를 호출하고 있기 때문이다. 따라서 파일 객체로부터 직접 통지를 받고자 할 때 hEvent 필드를 NULL로 초기화시켜 주지 않는다면 앞 소스의 경우와 동일한 상황에 처할 것이다. 방금 언급한 두 가지의 실수를 범하지 말기 바란다. 특히 hEvent를 초기화시키지 않아서 완료 통지를 받지 못하는 경우는 개발자들이 흔히 저지르는 실수 중의 하나다.

2) 전용 대기 함수와 에러 코드

지금까지의 설명은 ReadFile/WriteFile을 통해 비동기 입출력을 개시한 후, 대기 함수 WaitForSingleObject를 통해 입출력 완료를 기다리는 방식이었다. 파일 핸들 자체를 동기화 객체로 사용할 수 있음을 더 직관적으로 보여주기 위해 WaitForXXX 함수의 매개변수로 직접 해당 파일의 핸들을 넘겨서 비동기 입출력을 개시한 스레드를 대기시켰다. 그리고 WaitForXXX 대기 탈출 후 OVERLAPPED 구조체의 Internal 필드를 직접 체크했으며, 이 필드값은 우리가 GetLastError 함수를 통해서 얻을 수 있는 일반 에러 코드가 아니라 NTSTATUS라는 특수한 값이었다. 또한 실제 입출력 바이트 수 역시 OVERLAPPED 구조체의 InternalHigh 필드를 통해서 직접 획득해야만 했다. 그러나 Internal 및 InternalHigh 필드를 직접 참조하지 않고도 전송 바이트 수와 에러 발생 시 에러 코드를 쉽게 얻을 수 있는 전용 대기 함수인 GetOverlappedResult가 제공된다.

```
BOOL WINAPI GetOverlappedResult
(
  _In_   HANDLE        hFile,
  _In_   LPOVERLAPPED  lpOverlapped,
  _Out_  LPDWORD       lpNumberOfBytesTransferred,
  _In_   BOOL          bWait
);
```

HANDLE hFile

CreateFile로 연 장치의 핸들값이나 OVERLAPPED 구조체의 hEvent 필드값이다. 물론 이 장치는 FILE_FLAG_OVERLAPPED로 열린 장치여야 한다.

LPOVERLAPPED lpOverlapped

ReadFile/WriteFile의 마지막 매개변수로 넘겨준 OVERLAPPED 구조체의 포인터값이다.

LPDWORD lpNumberOfBytesTransferred

입출력 과정에서 실제로 유저의 버퍼로 읽어들이거나 장치로 쓴 바이트 수다. 이 값은 OVERLAPPED 구조체의 InternalHigh 값과 동일하다.

BOOL bWait

입출력이 진행 중일 때, 입출력이 완료될 때까지 대기할 것인지의 여부를 지정하는 플래그다. 이 매개변수가 TRUE면 입출력이 완료될 때까지 대기하고, FALSE면 입출력 중이라도 바로 리턴한다. 이때 GetLastError의 값은 ERROR_IO_INCOMPLETE(996)가 된다.

[반환값] BOOL

성공이면 TRUE를 리턴하고 실패면 FALSE를 리턴한다. bWait 매개변수를 FALSE로 지정했을 때 만약 입출력이 진행 중이라면 FALSE가 리턴되고, 이때 GetLastError의 값은 ERROR_IO_INCOMPLETE(996L)가 된다. 따라서 에러 코드를 체크함으로써 현재 입출력의 진행 여부를 판단할 수 있다.

사실 윈도우 2000 이전까지는 WaitForSingleObject 등으로 시그널링을 받을 수 있다는 점이 구체적으로 문서화되지 않았다. MS가 OVERLAPPED 구조체의 Internal 필드와 InternalHigh 필드에 대한 설명을 구체적으로 명기하지 않았기 때문인데, 그 대안으로 제공된 함수가 GetOverlappedResult 함수다. 이 함수를 통해서 실제 주고받은 바이트 수를 돌려주고, 이 함수 내부에서 입출력 시 에러가 발생하면 Internal 필드의 NTSTATUS 코드를 이와 대응되는 GetLastError의 에러 코드로 변환해준다. 따라서 GetOverlappedResult 함수를 사용한다면 WaitForXXX 대기 함수를 사용하는 것보다 더 편하게 입출력 완료 대기 코드를 작성할 수 있다. 하지만 GetOverlappedResult 함수는 대기를 위해 하나의 파일 핸들 밖에는 넘겨줄 수 없는 구조라서 WaitForMultipleObjects 류의 대기 함수를 사용할 수 없다는 단점이 있기 때문에, 먼저 WaitForXXX 대기 함수를 통한 입출력 완료 대기를 설명한 것이다. 그렇다면 앞에서 나온 파일 복사 예제를 GetOverlappedResult 함수를 사용해 코드를 변경할 수 있다. WaitForSingleObject 호출 대신에 GetOverlappedResult를 사용해 코드를 작성하면 다음과 같이 대체할 수 있다

```
DWORD dwWaitRet = WaitForSingleObject(hSrcFile, INFINITE);
if (dwWaitRet != WAIT_OBJECT_0)
```

```
{
    dwErrCode = GetLastError();
    break;
}
if (ro.Internal != 0)
{
    if (ro.Internal == STATUS_END_OF_FILE)
        dwErrCode = 0;
    else
        dwErrCode = ro.Internal;
    break;
}
ro.Offset += ro.InternalHigh;
```

```
DWORD dwReadBytes = 0;
bIsOK = GetOverlappedResult(hSrcFile, &ro, &dwReadBytes, TRUE);
if (!bIsOK)
{
    dwErrCode = GetLastError();
    if (dwErrCode == ERROR_HANDLE_EOF)
        dwErrCode = 0;
    break;
}
ro.Offset += dwReadBytes;
```

WaitForXXX를 이용한 대기와 GetOverlappedResult를 통한 대기의 차이점은 다음과 같다.

- InternalHigh 필드 대신 매개변수를 통해 실제 입출력 바이트 수를 획득한다.

- 입출력 에러 발생 시에 Internal 필드를 직접 참조하지 않고 GetLastError 함수를 통해 사용자에게 친숙한 에러 코드를 얻을 수 있다.

- 입출력 중 에러가 발생하여 Internal 필드에 NTSTATUS 코드가 설정된 경우에는 입출력이 비정상적으로 완료되었음을 의미하며, 이 역시 입출력의 완료에 해당하므로 파일 핸들은 시그널 상태가 된다. 따라서 WaitForXXX의 호출 후 WaitForXXX 자체의 에러 체크를 위해 WAIT_OBJECT_0 여부를 체크해야 하고, WAIT_OBJECT_0일 경우라도 별도로 Internal 필드를 체크해야 하는 이중 체크 과정이 필요하다. 하지만 GetOverlappedResult는 내부적으로 WAIT_OBJECT_0이 아닌 경우나 Internal 필드에 에러가 설정된 경우에는 모두 FALSE를 리턴함으로써, 유저로 하여금 GetLastError를 바로 호출해 에러 코드를 얻을 수 있도록 해준다.

결국 가장 큰 차이점은 OVERLAPPED 구조체의 Internal, InternalHigh 필드에 대한 직접적인 참조를 제거시킨다는 점이다. GetOverlappedResult를 제공한다면 군이 이 두 필드를 문서화할 이유는 없다. 또한 GetOverlappedResult 함수의 마지막 매개변수 bWait를 FALSE로 넘겨서 단순히 입출력이 현재 진행 중인지의 여부를 간단하게 판단할 수 있다. 매개변수 bWait를 FALSE로 지정하여 GetOverlappedResult를 호출한 후 리턴값과 그 에러 코드를 체크하면 된다.

```
DWORD dwReadBytes = 0;
BOOL bIsOK = GetOverlappedResult(hSrcFile, &ro, &dwReadBytes, FALSE);
if(!bIsOK)
{
    dwErrCode = GetLastError();
    if (dwErrCode == ERROR_IO_INCOMPLETE);
    {
        현재 입출력이 완료되지 않았다.
    }
    else
    {
        다른 문제에 따른 에러가 발생했다.
    }
}
else
{
    입출력 작업이 완료되었다.
}
```

위와 같이 bWait를 FALSE로 지정하는 경우에는 앞에서 언급했던 HasOverlappedIoCompleted 매크로를 이용하는 것과 비슷하지만, 원자성이라는 측면에서 볼 때는 GetOverlappedResult를 사용하는 것이 더 안전하다. 또한 이 코드는 WaitForSingleObject를 다음과 같이 호출해 체크하는 것과 동일하다.

```
DWORD dwWaitRet = WaitForSingleObject(hSrcFile, 0);
if (dwWaitRet == WAIT_TIMEOUT)
{
```

```
   현재 입출력이 완료되지 않았다.
}
else if (dwWaitRet == WAIT_OBJECT_0)
{

   입출력 작업이 완료되었다.

}
```

GetOverlappedResult와 WaitForSingleObject를 이용하는 경우의 차이를 더 명확히 알아보기 위해 다음과 같이 GetOverlappedResult의 의사코드를 기술해보았다.

```
BOOL GetOverlappedResult(HANDLE hFile, LPOVERLAPPED pOL,
                         LPDWORD pNumOfBytes, BOOL bWait)
{
   if (lpOverlapped->Internal == STATUS_PENDING)
   {
      DWORD dwWaitCode = WAIT_TIMEOUT;
      HANDLE hSignaled = (pOL->hEvent) ? pOL->hEvent : hFile;
      if (bWait)
         dwWaitCode = WaitForSingleObject(hSignaled, INFINITE);

   bWait가 TRUE면 대기 함수를 호출해 입출력이 완료될 때까지 기다린다.

      if (dwWaitCode == WAIT_TIMEOUT)
      {
         SetLastError(ERROR_IO_INCOMPLETE);
         return FALSE;

   bWait가 FALSE고 대기 함수 호출 결과가 타임아웃이면, ERROR_IO_INCOMPLETE 에러 코드를 최종 에러로 설정하고 FALSE를
   리턴한다.

      }

      if (dwWaitCode != WAIT_OBJECT_0)
         return FALSE;
   }

   *pNumOfBytes = pOL->InternalHigh;
```

매개변수 pNumOfBytes에 InternalHigh 필드에 담긴 실제 입출력 바이트 수를 설정한다.

```
if (SUCCEED(pOL->Internal))
    return TRUE;
```

Internal 필드가 0이면 성공을 의미하므로 TRUE를 리턴해 입출력이 성공적으로 완료되었음을 알려준다.

```
DWORD dwrErrCode = RtlNtStatusToDosError(pOL->Internal);
SetLastError(dwrErrCode);
return FALSE;
```

Internal 필드가 0이 아니면 입출력 중 에러가 발생했음을 의미하므로, RtlNtStatusToDosError 함수를 사용해 NTSTATUS 코드를
GetLastError 에러 코드로 변환해 최종 에러 코드로 설정하고 FALSE를 리턴한다.

```
}
```

위 코드에서 NTSTATUS 코드를 GetLastError로 획득할 수 있는 윈도우 에러 코드로 변환하는 방법을 좀 더 알아보도록 하자. 이 변환은 RtlNtStatusToDosError 함수를 통해서 이루어진다.

```
ULONG WINAPI RtlNtStatusToDosError(_In_ NTSTATUS Status);
```

RtlNtStatusToDosError 함수는 NTSTATUS 코드를 윈도우 시스템 에러 코드로 변환하는 역할을 한다. 만약 서로 매치되는 에러 코드가 없을 경우에는 ERROR_MR_MID_NOT_FOUND(317) 값을 리턴한다. 이 함수를 위한 헤더 파일이나 링크 라이브러리는 별도로 존재하지 않기 때문에, 이 함수를 사용하기 위해서는 GetProcAddress를 이용한 동적 프로시저 호출 방식을 이용해야 한다. 즉 GetProcAddress에 "NTDll.dll"의 모듈 인스턴스를 넘겨 RtlNtStatusToDosError 함수 포인터를 획득해야 한다.* 이런 불편함을 회피하기 위해서는 다음의 함수를 사용하면 된다.

```
ULONG LsaNtStatusToWinError(_In_ NTSTATUS Status);
```

LsaNtStatusToWinError 함수는 LSA(Local Security Authority) API 군 중의 하나로, RtlNtStatusToDosError 함수가 하는 역할을 동일하게 수행한다. LsaNtStatusToWinError 함

---

* Internal 필드의 상태 코드에 대한 메시지를 얻고자 한다면 역시 "NTDll.dll"을 로드시켜 그 핸들을 FormatMessage의 두 번째 매개변수인 LPCVOID lpSource로 넘겨주면 된다. 또한 이렇게 외부 모듈 핸들을 사용할 때는 첫 번째 매개변수에 FORMAT_MESSAGE_FROM_HMODULE 플래그를 지정해줘야 한다.

수를 사용하기 위해서는 "NTSecApi.h" 헤더 파일을 인클루드해야 한다.

GetOverlappedResult를 이용하게 되면 WaitForXXX 대기 함수를 이용할 때 부과되는 이중 체크를 피할 수 있다. 그러나 GetOverlappedResult 호출 결과가 성공적인 대기라 할지라도 추가적인 체크가 필요할 경우가 있다. GetOverlappedResult 호출 결과가 TRUE일지라도 hFile이 가리키는 장치에 따라 Internal 필드와 InternalHigh 필드를 서로 다르게 활용한다. 예를 들어 소켓의 경우 클라이언트가 연결을 끊으면 비동기적 수신을 개시하고 입출력 완료를 대기 중인 서버 측의 스레드는 GetOverlappedResult 함수로부터 리턴되고 리턴 결과는 성공을 알린다. 하지만 이 경우 클라이언트가 접속을 끊었음을 알리기 위해서 InternalHigh 필드, 즉 수신 바이트 수를 0으로 설정한다. 그리고 디렉터리 감시의 경우 ReadDirectoryChangesW를 비동기적으로 호출하고 입출력 완료 대기 중인 상태에서 다른 스레드에서 해당 디렉터리 핸들을 닫으면, 대기 중인 스레드는 성공적으로 리턴되고 InternalHigh 또는 dwReadBytes는 0이 되며, Internal 필드는 ERROR_ NOTIFY_CLEANUP 에러 코드에 해당하는 NTSTATUS 상태 코드로 채워진다. 따라서 성공적인 대기인 경우에도 장치에 따라서는 다음과 같이 추가적인 체크를 해줄 필요가 있다.

```
BOOL bIsOK = GetOverlappedResult(hFile, &ro, &dwReadBytes, TRUE);
if (bIsOK == TRUE)
{
```
dwReadBytes가 0인지 여부와 GetLastError 호출 결과가 0이 아닌지를 체크한다.
```
    DWORD dwErrCode = GetLastError();
    if (dwReadBytes == 0 || dwErrCode != ERROR_SUCCESS)
    {
        if (dwErrCode != ERROR_SUCCESS)
        {
```
실패로 인한 입출력 완료인 경우의 처리
```
        }
        else
        {
```
실제 입출력 바이트 수가 0인 경우의 처리
```
        }
    }
}
```

앞의 추가적인 체크는 앞으로 논의하게 될 경보가능 입출력이나 입출력 완료 포트를 통한 비동기 입출력 시에도 유념해야 할 사항이다. 그리고 성공적인 대기인 경우에도 에러 체크를 해야 한다면 굳이 GetOverlappedResult를 사용할 필요 없이 WaitForXXX 내기 함수를 호출해 처리하는 편이 더 선호되는 이유기도 하다.

이제 앞에서 다뤘던 디렉터리 감시 예제 코드를 디렉터리 핸들 시그널링을 통한 비동기 입출력을 이용하는 코드로 변경한 예를 살펴보면서 마무리하고자 한다. 다음 프로젝트는 파일 또는 장치 핸들 자체를 동기화 객체로 사용했을 때의 장점을 강조하기 위해 WaitForMultipleObjects를 이용해 세 가지 종류의 감시를 하나의 스레드를 통해서 동시에 수행하는 예를 보여준다. 감시의 대상은 디렉터리 엔트리 변경과 레지스트리 키 변경, 그리고 IP 설정 변경이다. 그리고 핸들 배열 첫 번째 요소로서 감시 작업 종료를 통지하기 위한 이벤트 커널 객체를 할당하여 총 4개의 객체에 대해 WaitForMultipleObjects를 호출해 대기하게 된다. 종료 통지 이벤트는 콘솔 컨트롤 핸들러에서 시그널 상태로 설정하여 종료 처리를 하게 될 것이다. 본서에서는 콘솔 컨트롤 핸들러 부분은 생략했지만 ReadDirectoryChangesW를 비동기적으로 호출할 때에는 추가적인 설명이 필요하다. ReadFile/WriteFile 함수를 비동기적으로 호출하면 FALSE가 리턴되고 GetLastError를 통해 ERROR_IO_PENDING의 여부를 체크해야 한다. 하지만 ReadDirectoryChangesW의 경우는 이런 절차가 필요 없다. ReadDirectoryChangesW는 내부에서 ERROR_IO_PENDING까지 체크하기 때문에 ReadDirectoryChangesW의 호출 실패는 ERROR_IO_PENDING 이외의 다른 에러를 의미한다. 따라서 ReadDirectoryChangesW 호출 후에는 ERROR_IO_PENDING의 체크 여부는 생략해도 상관없다.

프로젝트 4.2.2 DirChgNotiAsync

```
void _tmain()
{
   HANDLE hDir = INVALID_HANDLE_VALUE;
   HKEY   hKey = NULL;

   HANDLE hevReg = NULL, hevIps = NULL;
   try
   {
      BYTE arBuff[65536];
      OVERLAPPED ovi = { 0, }, ovd = { 0, };
```

```
        g_hevExit = CreateEvent(NULL, FALSE, FALSE, NULL);
```

종료를 위한 이벤트를 생성한다.

```
        hDir = CreateFile
        (
            _T("C:\\Temp"), GENERIC_READ,
            FILE_SHARE_READ | FILE_SHARE_WRITE | FILE_SHARE_DELETE,
            NULL, OPEN_EXISTING,
            FILE_FLAG_BACKUP_SEMANTICS | FILE_FLAG_OVERLAPPED, NULL
        );
        if (hDir == ERROR_SUCCESS)
            throw HRESULT_FROM_WIN32(GetLastError());
```

디렉터리 감시를 위해 해당 디렉터리를 FILE_FLAG_OVERLAPPED로 연다.

```
        hevReg = CreateEvent(NULL, FALSE, FALSE, NULL);
        LONG lErrCode = RegOpenKeyEx
        (
            HKEY_CURRENT_USER, _T("Software\\00_Test"), 0, KEY_NOTIFY, &hKey
        );
        if (lErrCode != ERROR_SUCCESS)
            throw HRESULT_FROM_WIN32(lErrCode);
```

레지스트리 감시를 위해 감시 대상 키를 열고 통지를 위한 이벤트를 생성한다.

```
        hevIps = CreateEvent(NULL, FALSE, FALSE, NULL);
        ovi.hEvent = hevIps;
```

IP 변경 통지를 위한 이벤트를 생성해 OVERLAPPED 구조체에 설정한다.

```
        int nOptIdx = -1;
        HANDLE arWaits[4] = { g_hevExit, hDir, hevReg, hevIps };
```

감시를 위해 생성된 각 동기화 객체를 배열에 설정한다. 종료 통지 이벤트를 첫 번째 요소로 할당한다.

```
        while (true)
        {
            if (nOptIdx >= 0)
```

```
        {
            DWORD dwWait = WaitForMultipleObjects(4, arWaits, FALSE, INFINITE);
```

4개의 커널 객체에 대해 WaitForMultipleObjects를 호출해 대기 상태로 들어간다.

```
            if (dwWait == WAIT_OBJECT_0)
                break;
```

핸들 배열의 첫 번째 요소가 시그널되면 종료를 의미하므로 루프를 탈출한다.

```
            nOptIdx = (int)(dwWait - WAIT_OBJECT_0);
            switch (nOptIdx)
            {
                case 1:
                    printf(" ...Directory entiries changed.\n");
                break;
                case 2:
                    printf(" ...Registry entiries changed.\n");
                break;
                case 3:
                    printf(" ...IP addresses.\n");
                break;
            }
```

시그널된 핸들 배열의 요소에 대해 적절한 통지를 한 후 처리를 수행한다.

```
        }

            if (nOptIdx < 0 || nOptIdx == 1)
            {
                BOOL bIsOK = ReadDirectoryChangesW
                (
                    hDir, arBuff, sizeof(arBuff), FALSE,
                    DIR_NOTI_FILTER, NULL, &ovd, NULL
                );
                if (!bIsOK)
                    throw HRESULT_FROM_WIN32(GetLastError());
```

디렉터리 감시를 위해 비동기적으로 최초의 ReadDirectoryChangesW 호출을 수행한다.

```
            }
```

```
                    if (nOptIdx < 0 || nOptIdx == 2)
                    {
                        lErrCode = RegNotifyChangeKeyValue
                        (
                            hKey, TRUE, REG_NOTI_FILTER, hevReg, TRUE
                        );
                        if (lErrCode != ERROR_SUCCESS)
                            throw HRESULT_FROM_WIN32(lErrCode);
```

레지스트리 감시를 위해 RegNotifyChangeKeyValue를 호출한다.

```
                    }
                    if (nOptIdx < 0 || nOptIdx == 3)
                    {
                        HANDLE hevIPChg = NULL;
                        if (NotifyAddrChange(&hevIPChg, &ovi) != NO_ERROR)
                        {
                            DWORD dwErrCode = GetLastError();
                            if (dwErrCode != ERROR_IO_PENDING)
                                throw HRESULT_FROM_WIN32(dwErrCode);
                        }
```

IP 변경 감시를 위해 NotifyAddrChange를 호출한다.

```
                    }
                    if (nOptIdx < 0)
                        nOptIdx = 0;
                }
            }
            catch (HRESULT ex)
            {
                printf("Error occurred, code = 0x%08X\n", ex);
            }
            if (hDir != INVALID_HANDLE_VALUE)
                CloseHandle(hDir);
            if (hKey != NULL)
                RegCloseKey(hKey);

            if (hevReg != NULL)     CloseHandle(hevReg);
            if (hevIps != NULL)     CloseHandle(hevIps);
            if (g_hevExit != NULL)  CloseHandle(g_hevExit);
}
```

지금까지는 시그널링 방식을 통해 비동기 입출력을 사용한 예로 비교적 직관적이며 가장 사용하기 쉬운 비동기 입출력 방식에 대해 설명했다. 지금부터는 좀 더 복잡한 비동기 입출력에 대해 알아보도록 하자.

4.3 경보가능 입출력(Alertable I/O)과 APC

우리는 비동기 입출력을 입출력 완료 통지라는 관점에서 논의를 이어오고 있다. 2장에서는 통지를 위한 가장 대표적인 동기화 객체로서 이벤트를 논의했었고, 앞 절에서는 장치 핸들 자체를 시그널 상태로 만들거나 이벤트를 이용해 입출력 완료에 대한 통지를 받는 방법에 대해 알아보았다. 또한 2장에서는 통지를 위한 다른 수단으로 스레드 메시지나 콜백 함수를 이용하는 방법과 콜백 함수의 실행을 스레드 메시지를 이용해 특정 스레드로 하여금 실행하도록 만드는 방법도 설명했다. 이번 절에서 설명할 내용 역시 콜백 함수와 관련된 내용이며, 특히 특정 스레드로 하여금 그 콜백 함수를 실행하도록 만드는 다른 방법에 대해 언급할 것이다. 이 방법은 경보가능 입출력(Alertable I/O)이라는 방법으로서, 해당 장치가 입출력 작업을 완료했을 때의 통지 방법으로 특정 객체를 시그널 상태로 만들어 대기 중인 스레드를 깨우는 대신 유저가 정의한 콜백 함수를 호출해준다.

경보가능 입출력(Alertable IO)을 이해하기 위해서 먼저 비동기 프로시저 호출(Asynchronous Procedure Call, 이하 APC)에 대해 알아보자. 사실 APC를 경보가능 입출력과 같은 입출력의 관점에서 접근하면 다소 실망스럽지만, 입출력 외의 다른 관점에서 접근한다면 꽤 괜찮은 개념이다. 또한 필자가 경보가능 입출력이라는 비동기 입출력의 단원에서 APC를 소개하고 있지만, APC는 결코 비동기 입출력에만 관련된 것이 아니다. 엄밀히 말하면 APC에 대한 설명이 있고, 그것의 사용 예로 비동기 입출력이 따라오는 게 더 맞다. 이제 APC에 대해서 알아보자.

4.3.1 비동기 프로시저 호출(APC)

APC는 특정 사용자 스레드의 문맥 내에서 사용자가 정의한 함수가 실행될 수 있도록 하는 수단을 제공해준다. 쉽게 말하자면, 시스템으로 하여금 특정 스레드가 여러분이 정의한 콜백 함수를 실행할 수 있도록 만든다는 것을 의미한다. 각각의 스레드는 자신만의 고유한 APC 큐를 가진다. 그리고 사용자가 정의한 콜백 함수는 그 포인터를 담고 있는(APC 객체라고 불리는) 커널 객체를 통해 APC 큐에 추가되어 실행되기를 기다린다. 시스템은 그 큐를 소유한 스레드가 특정한 상황이 되었을 때

APC 큐에 보관된 APC 엔트리들을 큐로부터 제거하여 그 스레드로 하여금 APC 엔트리에 담긴 콜백 함수를 수행토록 한다. 여기서 그 특정한 상황을 바로 "경보가능 대기 상태(Alertable Wait State)"라고 한다. APC는 윈도우 커널의 인터럽터 레벨에 관련된 부분이며, 내부적으로는 커널 모드를 위한 APC와 유저 모드를 위한 APC가 따로 존재한다. 여러분이 사용할 수 있는 것은 이 유저 모드를 위한 APC며, 상당히 제한적이다.

여러분이 경보가능 입출력을 사용한다는 것은 다음의 두 가지 조건을 충족하는 경우에 해당된다.

- 여러분은 특정 스레드의 APC 큐에 여러분이 정의한 콜백 함수의 포인터를 담고 있는 APC 엔트리를 추가시켜야 한다. 스레드의 APC 큐에 엔트리를 추가시키기 위한 함수로는 바로 비동기 입출력과 관련된 ReadFileEx와 WriteFileEx, 그리고 입출력과 무관한 APC를 추가할 수 있는 QueueUserAPC가 있다.
- 또한 시스템으로 하여금 특정 스레드가 자신의 APC 큐에 보관된 APC 엔트리의 콜백 함수를 실행할 수 있도록 하려면 그 스레드는 "경보가능 대기 상태"에 놓여야 한다. 스레드가 경보가능 대기 상태에 있다는 것은 뒤에서 설명할 "경보가능 대기 함수"를 호출하는 것을 의미한다. 경보가능 대기 함수란 대부분이 앞에서 논의한 일반적인 대기 함수에 Ex 접미사를 붙인 형태, 예를 들어 WaitForXXXEx의 형태를 띤다. 이러한 함수들은 APC 큐에 APC 엔트리가 없을 경우에 스레드를 대기시킨다. 그러다 큐에 엔트리가 추가되면 그 엔트리를 큐로부터 끄집어내 그 엔트리에 담긴 유저 정의 콜백 함수의 포인터를 통해 해당 함수를 실행한 후 경보가능 대기 함수로부터 스레드를 리턴시킨다.

다음 그림을 통해서 APC의 작동 원리에 대해 알아보자. APC 등록 함수에 의해 Th0 스레드의 APC 큐에 현재 3개의 APC 엔트리가 등록되어 있고, 각각의 엔트리의 유저 콜백 함수를 Proc1, Proc2, Proc3이라고 하자. Th0가 다른 작업을 수행한 후 경보가능 대기 상태로 들어가게 되면, 시스템은 APC 큐에 추가된 엔트리를 차례로 데큐해서 Th0의 문맥 내에서 해당 콜백 함수가 실행되도록 한다. 즉 Th0 스레드는 차례대로 각각 Proc1, Proc2, Proc3 콜백 함수를 실행하지만, 이러한 실행은 경보가능 대기 상태로 진입하게끔 하는 대기 함수 내에서 이루어진다. 이런 식으로 APC 큐에 존재하는 모든 엔트리를 처리한 후 큐가 비게 되면 Th0은 대기 함수로부터 리턴하여 다음 작업을 계속 진행하게 된다.

그림 4-3 APC 엔트리 처리 1

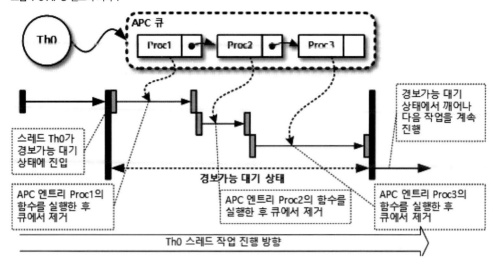

만약 아래 그림처럼 처음에 Th0의 APC 큐가 비어있을 때 Th0가 경보가능 대기 함수를 호출하면 APC 큐가 비어있는 동안은 계속 대기하게 된다. 그러다 다른 스레드에서 Th0 스레드의 APC 큐에 Proc1이라는 APC 콜백 함수의 포인터를 담고 있는 엔트리를 추가하면 시스템은 추가된 엔트리를 바로 끄집어내 Th0으로 하여금 Proc1을 수행하게 만든다. Proc1의 실행이 끝나면 APC 큐가 비게 되므로, 스레드 Th0은 경보가능 대기 함수로부터 리턴되어 나머지 작업을 수행할 수 있게 된다.

그림 4-4 APC 엔트리 처리 2

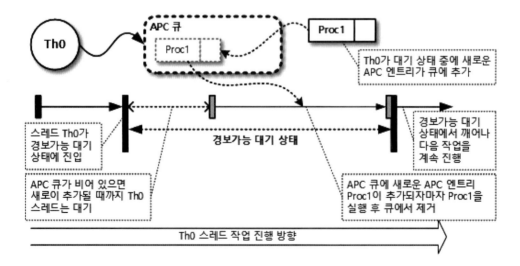

경보가능 대기 함수 역시 스레드를 대기 상태로 만든다. 기존의 대기 함수와 다른 점은 이 스레드가 깨어날 수 있는 조건이 하나 더 추가된다는 것이다. 해당 스레드가 경보가능 대기 상태에 있을 경우, 시스템은 그 스레드의 APC 큐를 조사하여 만약 APC 엔트리가 큐에 추가되어 있다면 추가된 엔트리들을 차례대로 큐로부터 제거하기 위해 해당 콜백 함수를 실행하여 큐를 모두 비운 후 대기 상태로부터 스레드를 리턴시켜 다음 작업을 진행하게 해준다. APC의 실행은 해당 APC 큐를 가진 스레드에 의해서 이루어진다는 점에 주목하기 바란다. 앞의 그림에서 보는 것처럼 경보가능 대기 함수를 호출했을 때 큐에 엔트리가 존재하면 실제로 시스템은 그 스레드의 문맥 내에서 콜백 함수가 수행되도록 한다. 하지만 소스 상의 코드 진행 상태는 여전히 대기 함수를 벗어나지 못한 상태다. 따라서 해당 APC의 호출이 모두 완료된 후에야 대기 함수로부터 리턴된다.

4.3.2 경보가능 입출력의 사용

경보가능 입출력을 사용한다는 말은 앞서도 간단히 언급했던 것처럼 다음 두 가지 상태를 충족시킴을 의미한다. 먼저 APC 큐에 APC 엔트리를 추가해야 하고, 다음으로 APC 엔트리를 추가한 스레드는 경보가능 대기 상태로 머물러 있어야 한다. 이 말은 결국 APC 큐에 APC 엔트리를 추가할 수 있는 수단과 스레드를 경보가능 대기 상태로 잠재울 수 있는 수단이 필요함을 의미한다. 이를 위해 "경보가능 입출력 함수"와 "경보가능 대기 함수"가 별도로 존재한다.

1) 경보가능 입출력 함수

여러분은 경보가능 입출력 함수를 통해 장치로부터 입출력이 완료되었을 때의 작업을 수행할 완료 처리 루틴, 즉 콜백 함수를 APC 큐에 추가할 수 있다. 스레드가 생성될 때 시스템은 APC 큐를 생성해 그 스레드와 연관시킨다. 그리고 입출력 요구가 완료되었을 때, 해당 장치 드라이버로 하여금 호출 스레드의 APC 큐에 여러분이 정의한 완료 처리 콜백 함수의 포인터를 추가할 수 있도록 해준다. 바로 다음 함수들을 통해서 가능하다.

```
BOOL WINAPI ReadFileEx
(
  _In_           HANDLE                          hFile,
  _Out_opt_      LPVOID                          lpBuffer,
  _In_           DWORD                           nNumberOfBytesToRead,
  _Inout_        LPOVERLAPPED                    lpOverlapped,
  _In_           LPOVERLAPPED_COMPLETION_ROUTINE lpCompletionRoutine
```

```
);

BOOL WINAPI WriteFileEx
(
    _In_        HANDLE                          hFile,
    _Out_opt_   LPVOID                          lpBuffer,
    _In_        DWORD                           nNumberOfBytesToWrite,
    _Inout_     LPOVERLAPPED                    lpOverlapped,
    _In_        LPOVERLAPPED_COMPLETION_ROUTINE lpCompletionRoutine
);
```

위의 두 함수는 기존의 ReadFile이나 WriteFile에 Ex 접미사를 붙인 것이며, 기존의 두 함수와 거의 비슷하지만 다음 두 부분에서 차이가 있다.

① ReadFile/WriteFile에서 입출력 완료 후에 실제 읽거나 쓴 바이트 수를 돌려주는 DWORD형의 포인터 매개변수가 없다.

② ReadFileEx/WriteFileEx의 경우, LPOVERLAPPED_COMPLETION_ROUTINE이라는 콜백 함수 포인터를 매개변수로 가진다.

위의 두 함수는 비동기 입출력을 전제로 하기 때문에 실제로 읽거나 쓴 바이트 수는 OVERLAPPED 구조체의 InternalHigh 필드에 설정된다. 또한 입출력 완료 후 시스템이 LPOVERLAPPED_COMPLETION_ROUTINE을 통해서 지정된 콜백 함수를 호출할 때 실제 읽거나 쓴 바이트 수를 이 콜백 함수의 매개변수로 넘겨주기 때문에, ReadFile이나 WriteFile에서처럼 실제 주고받은 바이트 수를 위한 변수가 필요 없다.

다음은 LPOVERLAPPED_COMPLETION_ROUTINE의 형식이다.

```
typedef VOID (WINAPI *LPOVERLAPPED_COMPLETION_ROUTINE)
(
    _In_    DWORD        dwErrorCode,
    _In_    DWORD        dwNumberOfBytesTransfered,
    _Inout_ LPOVERLAPPED lpOverlapped
);
```

DWORD dwErrorCode

입출력이 실패했을 경우의 에러 코드를 넘겨준다. 이 매개변수는 OVERLAPPED 구조체의 Internal 필드의 상태 코드와 대응되는 유저 영역의 에러 코드가 된다. 즉 시스템이 콜백 함수를 호출할 때 Internal 필드의 상태 코드를 윈도우 시스템 에러 코드로 변환해 dwErrorCode 매개변수로 전달한다.

DWORD dwNumberOfBytesTransfered

입출력이 성공적으로 완료되었을 때, 해당 버퍼에 실제로 읽거나 쓴 바이트 수를 나타낸다. 이 매개변수는 OVERLAPPED 구조체의 InternalHigh 필드값과 동일하다.

LPOVERLAPPED lpOverlapped

ReadFileEx나 WriteFileEx 호출 시에 넘겨준 OVERLAPPED 구조체의 포인터다.

경보가능 입출력을 위한 비동기 입출력의 개시는 FILE_FLAG_OVERLAPPED와 함께, CreateFile을 호출해 생성된 파일 핸들을 통해서 ReadFileEx나 WriteFileEx를 호출함으로써 이루어진다. 그러면 입출력이 완료된 후 해당 장치는 ReadFileEx나 WriteFileEx를 호출한 스레드의 APC 큐에 이 콜백 함수의 포인터를 APC 엔트리로 등록시킨다. 시스템은 APC 큐에 엔트리가 등록되어 있으면 APC 큐에 등록된 콜백 함수를 ReadFileEx나 WriteFileEx를 호출한 스레드로 하여금 실행할 수 있게 해준다.

2) 경보가능 대기 함수

이제 APC 큐에 있는 APC 콜백 함수가 실행되도록 하기 위해 스레드를 경보가능 대기 상태로 만드는 방법을 알아보자. 스레드를 경보가능 상태로 만드는 함수를 "경보가능 대기 함수"라고 하는데, 이 함수들 역시 스레드를 대기 상태로 만드는 것은 마찬가지지만, APC 큐에 APC 엔트리가 추가되었을 때 스레드로 하여금 APC의 콜백 함수를 실행할 수 있도록 하는 경보가능 상황도 함께 설정해주는 함수들이다.

```
DWORD WINAPI SleepEx
(
  _In_ DWORD dwMilliseconds,
  _In_ BOOL bAlertable
```

```
);

DWORD WINAPI WaitForSingleObjectEx
(
   _In_ HANDLE hHandle,
   _In_ DWORD dwMilliseconds,
   _In_ BOOL    bAlertable
);

DWORD WINAPI SignalObjectAndWait
(
   _In_ HANDLE hObjectToSignal,
   _In_ HANDLE hObjectToWaitOn,
   _In_ DWORD dwMilliseconds,
   _In_ BOOL    bAlertable
);

DWORD WINAPI WaitForMultipleObjectsEx
(
   _In_ DWORD          nCount,
   _In_ const HANDLE*  lpHandles,
   _In_ BOOL           bWaitAll,
   _In_ DWORD          dwMilliseconds,
   _In_ BOOL           bAlertable
);

DWORD WINAPI MsgWaitForMultipleObjectsEx
(
   _In_ DWORD          nCount,
   _In_ const HANDLE*  pHandles,
   _In_ DWORD          dwMilliseconds,
   _In_ DWORD          dwWakeMask,
   _In_ DWORD          dwFlags
);
```

ReadFileEx나 WriteFileEx의 경우와 마찬가지로 경보가능 대기 함수도 앞에서 논의했던 기존의
동기화 대기 함수에 Ex가 접미사로 붙은 경우가 대부분이다. 매개변수에 있어서 기존의 대기 함수

와 다른 점은 bAlertable이라는 BOOL 매개변수가 추가되었다는 점이다. 그리고 2.4.2절에서 "메시지 큐와 동기화 객체의 연동"이란 주제를 다루면서 설명했던 MsgWaitForMultipleObjectsEx 함수의 경우는 bAlertable 대신 dwFlags 매개변수에 MWMO_ALERTABLE 플래그를 설정한다는 점만 다를 뿐이다.

BOOL bAlertable

bAlertable 매개변수는 경보가능 상태 설정 여부를 지시한다.

- TRUE를 넘겨주면 이는 경보가능 상태를 설정하는 것을 의미하며, 이때 만약 이 함수들을 호출한 스레드의 APC 큐에 APC 엔트리가 존재하면 시스템은 APC 엔트리의 콜백 함수를 호출해준다. 만약 APC 큐에 엔트리가 없을 경우에는 매개변수로 넘겨준 동기화 핸들이 시그널 상태가 되거나, 타임아웃이 되거나, 아니면 APC 큐에 엔트리가 추가될 때까지 시스템은 스레드를 대기 상태로 만든다.
- FALSE를 넘겨주면 이는 경보가능 상태를 설정하지 않는 것을 의미하며, 콜백 함수의 호출 없이 해당 APC 큐로부터 그 엔트리를 삭제한다. 이는 Ex 접미사가 없는 기존의 대기 함수와 동일한 기능을 수행한다.

[반환값] DWORD

반환값에는 WAIT_FAIL, WAIT_OBJECT_0, WAIT_TIMEOUT, WAIT_ABANDONED 등 기존의 반환 가능한 값이 있으며, 더불어 경보가능 대기 상태인 경우, 즉 bAlertable 매개변수가 TRUE인 경우에는 WAIT_IO_COMPLETION이라는 리턴값을 갖는다. WAIT_IO_COMPLETION이 리턴되었을 경우에는 경보가능 대기 함수를 호출한 스레드의 APC 큐에 저장된 콜백 함수의 실행이 완료되었기 때문에 시스템이 스레드를 깨웠음을 의미한다. 즉 WAIT_IO_COMPLETION이 리턴되었을 경우에는 입출력 완료 후 여러분이 지정한 콜백 함수가 실행되었음을 입증하게 된다. 따라서 경보가능 대기 함수들을 호출했을 경우, 리턴값에 대한 처리는 보통 다음과 같은 패턴을 따른다.

```
DWORD dwWaitCode = WaitForSingleObjectEx(hObject, dwTimeout, TRUE);
switch (dwWaitCode)
{
   case  WAIT_IO_COMPLETION  :

   APC 큐에 있는 완료 처리 콜백 함수의 실행이 완료되었다.

   break;

   case WAIT_OBJECT_0  :
```

```
hObject 커널 객체가 시그널 상태가 되었다.

    break;
    case WAIT_ABANDONED    :

hObject 커널 객체가 뮤텍스일 경우 포기된 뮤텍스 상태가 되었다.

    break;
    case WAIT_TIMEOUT      :

지정한 dwTimeout의 시간이 경과되어 리턴되었다.

    break;
    case WAIT_FAILED       :

대기 함수 호출 자체가 실패했다. GetLastError()를 통하여 원인을 알 수 있다.

    break;
}
```

위 코드에서도 알 수 있듯이, 경보가능 대기 함수는 스레드가 깨어날 수 있는 경우의 수가 하나 더 추가된 것에 지나지 않는다. 경보가능 입출력을 사용할 경우에는 주의해야 할 점이 있는데, 다음과 같은 실수를 범하지 않기 바란다.

```
BOOL bIsOK = ReadFileEx
(
 hSrcFile , btBuff, sizeof(btBuff), &ro, ReadCompletionRoutine
);
   ⋮

DWORD dwWaitCode = WaitForSingleObjectEx( hSrcFile , INFINITE, TRUE );
if (dwWaitCode == WAIT_IO_COMPLETION)
{
     ⋮
}
else if (dwWaitCode == WAIT_OBJECT_0)
{
     ⋮
}
```

별문제 없어 보이지만, 위의 코드는 결코 WAIT_IO_COMPLETION 리턴값를 받지 못할 것이다. 그 이유는 WaitForSingleObjectEx의 첫 번째 매개변수로 ReadFileEx의 장치 대상인 핸들값을 넘겨주었기 때문이다. 즉 ReadFileEx 호출 시에 넘겨준 hSrcFile을 WaitForSingleObjectEx 호출 시 경보가능 대기의 대상이 되는 첫 번째 매개변수로 넘겨준 것이 문제가 된다. 알다시피 파일 핸들은 비동기 입출력으로 사용될 경우 그 자체가 동기화에 사용된다. 앞 코드의 경우 장치로부터 입출력이 완료되었다면 시스템은 이 파일 핸들을 시그널 상태로 만들어 버린다. 따라서 입출력이 완료되는 순간 WaitForSingleObjectEx는 언제나 WAIT_OBJECT_0을 리턴하게 되며, 절대로 WAIT_IO_COMPLETION을 리턴할 수 없게 된다. 이 말은 여러분이 정의한 입출력 완료 콜백 함수가 결코 호출되지 않음을 의미한다. 그러므로 WaitForXXXEx로 넘겨져야 할 핸들값은 다른 목적으로 생성한 동기화 객체의 핸들이어야 하며, 앞의 예처럼 ReadFileEx/WriteFileEx 호출 시 넘겨준 장치 핸들값을 사용해서는 안 된다. 아니면, 다소 혼란스럽지만 ReadFileEx/WriteFileEx를 호출할 때 OVERLAPPED 구조체의 hEvent 필드에 새로운 이벤트 커널 객체를 생성하여 그 핸들값을 설정한 다음, 이 핸들은 다음과 같이 WaitForSingleObjectEx의 대상으로 넘겨주면 된다.

```
DWORD dwWaitCode =   WaitForSingleObjectEx(ro.hEvent, INFINITE, TRUE);
if (dwWaitCode == WAIT_IO_COMPLETION)
{
    ⋮
}
```

그러면 또 WAIT_IO_COMPLETION이 리턴된다. 사용자들을 헷갈리게 만드는 패러독스적인 요소가 있긴 하지만 실제 그렇게 작동한다. 이것을 본다면 APC 사용 시 만약 OVERLAPPED 구조체의 hEvent 필드가 설정되어 있는 경우엔 이 이벤트 커널 객체를 시그널 상태로 만들지 않는다는 것을 알 수 있다.

만약 단순히 APC 사용을 위해 불필요한 동기화 객체를 따로 만들기 싫다면, 즉 순수하게 APC 큐에 엔트리가 존재할 때만 스레드를 깨우고 싶다면 다음과 같이 SleepEx를 사용하기 바란다.

```
DWORD dwWaitCode = SleepEx(INFINITE, TRUE);
if (dwWaitCode == WAIT_IO_COMPLETION)
{
    ⋮
}
```

Sleep 함수는 별도의 대상 없이 스레드 스스로를 잠재우는 기능이다. 여기에 더해 SleepEx 함수는 APC의 입출력 완료 콜백의 호출이 완료되면 지정해준 대기 시간이 경과하지 않더라도 호출 스레드로 리턴되어 그 다음의 코드를 진행할 수 있게 해준다. 이럴 경우 여시 리턴값은 WAIT_IO_COMPLETION이 된다.

지금까지의 설명을 바탕으로 실제적으로 APC를 이용해 경보가능 입출력을 수행하는 예를 직접 살펴보도록 하자. 다음 프로젝트는 앞서 예시했던 시그널링 방식의 비동기 파일 복사 예제인 〈프로젝트 4.2.2 FileCopySig〉 코드를 APC를 사용해 변경한 것이다. 소스를 따라가면서 시그널링 방식과 비교해보기 바란다. 먼저, 다음은 APC 콜백 함수에 대한 정의다.

프로젝트 4.3.2 FileCopyAPC

```
#define BUFF_SIZE  65536
bool   g_bCopyCompleted;
DWORD  g_dwErrOccurred;
```

APC를 사용할 경우에는 입출력 완료 처리 루틴의 매개변수가 제한된다는 단점이 있다. 따라서 에러 발생 여부와 파일 복사가 완료되었는지의 여부를 판별하기 위해서 두 개의 전역 변수를 선언한다.

```
VOID WINAPI ReadAPCProc(DWORD dwErrCode, DWORD dwTranBytes, LPOVERLAPPED pOL)
{
   if (dwErrCode != 0)
   {
      if (dwErrCode == ERROR_HANDLE_EOF)
         g_bCopyCompleted = true;
      else
         g_dwErrOccurred = dwErrCode;
      return;
```

에러에 대한 처리를 해야 한다. 에러 코드가 ERROR_HANDLE_EOF이면 이는 파일의 끝에 다다랐다는 의미며, 이는 에러가 아니므로 파일 복사 완료를 지시해야 한다. pOL->Internal의 값은 STATUS_END_OF_FILE의 값이지만 콜백 함수로 전달되는 dwErrCode는 ERROR_HANDLE_EOF이 된다. 따라서 시스템은 콜백 함수를 호출하기 전에 pOL->Internal의 상태 코드를 적절한 유저 영역의 에러 코드로 변환한다는 것을 알 수 있다. 그리고 에러가 발생하면 더 이상의 입출력은 의미가 없기 때문에 리턴한다.

```
   }

   pOL->Offset += dwTranBytes;
   printf(" => Read  bytes : %d\n", pOL->Offset);
}
```

```
VOID WINAPI WroteAPCProc(DWORD dwErrCode, DWORD dwTranBytes, LPOVERLAPPED pOL)
{
   if (dwErrCode != 0)
   {
      g_dwErrOccurred = dwErrCode;
      return;
   }
   pOL->Offset += dwTranBytes;
   printf(" <= Wrote bytes : %d\n", pOL->Offset);
}
```

메인 함수의 정의는 다음과 같다. APC를 사용하면 시그널링 방식과 두 부분이 다르다. 하나는 입출력 시에 ReadFile/WriteFile이 아니라 ReadFileEx/WriteFileEx를 호출한다는 점이며, 다른 하나는 입출력 완료 대기를 위해 WaitForSingleObject가 아니라 SleepEx를 호출한다는 점이다.

```
void _tmain(int argc, _TCHAR* argv[])
{
   HANDLE hSrcFile = CreateFile(argv[1], ...);
      ⋮
   HANDLE hDstFile = CreateFile(argv[2], ...);
      ⋮

   OVERLAPPED ro = { 0, };
   OVERLAPPED wo = { 0, };

   DWORD dwErrCode = 0;
   BYTE btBuff[BUFF_SIZE];
   while (true)
   {
```

```
    BOOL bIsOK = ReadFileEx
    (
        hSrcFile, btBuff, sizeof(btBuff), &ro, ReadAPCProc
    );
    if (!bIsOK)
    {
        dwErrCode = GetLastError();
        if (dwErrCode != ERROR_IO_PENDING)
            break;
    }
```

ReadFileEx를 통해 파일의 한 블록을 읽는다. 마지막 매개변수로 ReadAPCProc라는 입출력 완료 처리 루틴의(유저가 직접 정의한) 콜백 함수 포인터를 넘겨준다.

```
    DWORD dwWaitRet = SleepEx(INFINITE, TRUE);
    if (dwWaitRet != WAIT_IO_COMPLETION)
    {
        dwErrCode = GetLastError();
        break;
    }
```

입출력 완료 처리 루틴이 호출될 수 있도록 한다. 즉 경보가능 대기 상태임을 지시하기 위해 마지막 매개변수를 TRUE로 넘겨 경보가능 대기 함수인 SleepEx를 호출한다. 이 시점에서 만약 앞서 호출한 ReadFileEx의 블록 읽기 작업이 마무리되지 않았다면 아직까지 APC 큐에 ReadFileEx 호출 시에 지정한 입출력 완료 처리 루틴에 대한 APC 엔트리가 큐에 추가되지 않았기 때문에 계속 대기하고 있을 것이다. 이미 모두 읽어들였다면 큐에 APC 엔트리가 추가되어 있을 것이고, 따라서 입출력 완료 처리 루틴은 본 스레드에 의해 실행된 후 SleepEx로부터 탈출할 것이다. 소스에서처럼 우선 리턴 코드가 WAIT_IO_COMPLETION임을 체크해야 한다.

```
    if (g_bCopyCompleted)
        break;
```

파일의 끝에 다다르면 콜백 함수에서 전역 변수 g_bCopyCompleted를 true로 설정한다. 그러면 이 경우 루프를 탈출한다.

```
    if (g_dwErrOccurred != ERROR_SUCCESS)
    {
        dwErrCode = g_dwErrOccurred;
        break;
    }

    bIsOK = WriteFileEx
```

```
        (
            hDstFile, btBuff, ro.InternalHigh, &wo, WroteAPCProc
        );
        if (!bIsOK)
        {
            dwErrCode = GetLastError();
            if (dwErrCode != ERROR_IO_PENDING)
                break;
        }
```

ReadFileEx에서와 마찬가지로, WroteAPCProc라는 입출력 완료 처리 콜백 함수의 포인터를 매개변수로 넘겨 WriteFileEx를 호출한다.

```
        dwWaitRet = SleepEx(INFINITE, TRUE);
        if (dwWaitRet != WAIT_IO_COMPLETION)
        {
            dwErrCode = GetLastError();
            break;
        }
```

블록을 읽어들일 때와 마찬가지로, 파일에 쓸 때 역시 SleepEx를 호출해 WroteAPCProc 콜백 함수가 호출될 수 있도록 경보가능 대기 상태로 들어간다.

```
    }
    CloseHandle(hSrcFile);
    CloseHandle(hDstFile);

    if (dwErrCode != ERROR_SUCCESS)
        cout << endl << "Error occurred in file copying, code=" << dwErrCode << endl;
    else
        cout << endl << "File copy successfully completed..." << endl;
}
```

위의 메인 함수 코드에서 전역 변수 g_bCopyCompleted와 g_dwErrOccurred를 체크하는 부분이 있다. 이 부분을 군이 전역 변수를 사용해 체크하지 않고 CopyFileSig의 경우처럼 다음 코드로 대체해 직접 에러 여부를 판별할 수도 있다.

```
    if (ro.Internal != 0)
    {
        dwErrCode = LsaNtStatusToWinError(ro.Internal);
        if (dwErrCode == ERROR_HANDLE_EOF)
            dwErrCode = 0;
        else
            dwErrCode = ro.Internal;
        break;
    }
```

하지만 위의 예에서는 APC 콜백 함수 내에서 에러 체크를 통한 복사 완료 및 에러 발생 여부를 판별하기 위해 굳이 전역 변수까지 사용한 예를 든 것이다. 이는 반대로 APC를 사용할 경우에는 관련 참조 데이터를 매개변수로 전달하기가 까다롭다는 점과, 또한 이렇게 전역 변수를 사용하더라도 결국 전역 변수를 설정하거나 참조하는 행위는 모두 동일한 하나의 스레드, 즉 메인 스레드에서 수행되기 때문에, 동기화란 부분이 고려 대상에서 제외될 수 있음을 강조하기 위한 것이기도 하다.

위의 코드는 사실 의미 없는 코드다. 따라서 APC를 이용한 콜백 함수 정의를 APC 사용 기법에 맞게 제대로 사용하는 코드의 예를 살펴보기로 하자. 다음 프로젝트는 FileCopyAPC를 하나의 콜백 함수로 통일해 콜백 함수 내에서 처리를 수행하도록 변경한 것이다. 하나의 함수 내에서 읽기 및 쓰기를 모두 수행하기 위해 OVERLAPPED 구조체를 상속한 유저 정의 참조 데이터 구조체 COPY_CHUNCK를 정의했다. 따라서 콜백 함수 내에서 COPY_CHUNCK 구조체를 통해 읽기 및 쓰기 작업 시의 파일 오프셋 관리, 에러 체크 등을 모두 수행하게 된다.

프로젝트 4.3.2 FileCopyAPC2

```
#define BUFF_SIZE  65536
struct COPY_CHUNCK : OVERLAPPED
{
    HANDLE  _hfSrc, _hfDst;          // 소스 및 타깃 파일의 핸들
    BYTE    _arBuff[BUFF_SIZE];      // 파일 복사를 위한 버퍼
    BOOL    _isRead;                 // TRUE: 읽기 완료, FALSE: 쓰기 완료
    DWORD   _errCode;                // 입출력 중 발생한 에러의 코드를 저장할 필드

    COPY_CHUNCK(HANDLE hfSrc, HANDLE hfDst)
    {
```

```
        memset(this, 0, sizeof(*this));
        _hfSrc = hfSrc, _hfDst = hfDst;
        _isRead = TRUE;
```

생성자에서 COPY_CHUNCK 구조체를 초기화하고, _isRead 필드를 TRUE로 설정한다.

```
    }
};
typedef COPY_CHUNCK* PCOPY_CHUNCK;
```

다음으로 APC 콜백 함수에 대한 정의다. 앞서 읽기 전용 및 쓰기 전용 콜백 함수 두 개를 별개로 정의했지만, 이 예에서는 하나의 콜백 함수로 읽기 및 쓰기를 모두 처리한다.

```
VOID WINAPI CopyAPCProc(DWORD dwErrCode, DWORD dwTranBytes, LPOVERLAPPED pOL)
{
    PCOPY_CHUNCK pCC = (PCOPY_CHUNCK)pOL;
```

ReadFileEx/WriteFileEx 콜백 함수 호출 시 LPOVERLAPPED 매개변수를 COPY_CHUNCK 구조체의 포인터로 넘겨주면 콜백 함수 매개변수인 pOL을 통해 그 포인터를 전달받을 수 있다. 또한 입출력 시 에러 발생 여부를 판단할 수 있는 dwErrCode와 입출력을 통해 전달된 실제 바이트 수를 담고 있는 dwTranBytes 매개변수를 전달받는다.

```
    if (dwErrCode != 0)
    {
        pCC->_errCode = dwErrCode;
        return;
    }
```

입출력 완료 후 먼저 입출력 시의 에러 발생 여부를 체크한다. 콜백 함수의 매개변수로 전달되는 dwErrCode 값은 NTSTATUS 코드가 아니라 GetLastError로 얻을 수 있는 에러 코드다. 에러가 발생했으면 비동기 입출력 처리를 취소하기 위해 더 이상 ReadFileEx/WriteFileEx를 호출하지 않도록 이 지점에서 바로 리턴한다.

```
    BOOL bIsOK = FALSE;
    if (pCC->_isRead)
    {
```

읽기 작업이 완료되었을 때의 처리 :

```
        printf(" => Read  bytes : %d\n", pCC->_offset);
        bIsOK = WriteFileEx
```

```
        (
            pCC->_hfDst, pCC->_arBuff, dwTranBytes, pOL, CopyAPCProc
        );
```

읽기 완료된 파일 오프셋의 값을 출력하고, 읽어들인 바이트 수(dwTranBytoo)만큼 견보가는 비동기 쓰기 작업을 개시한다.

```
        pCC->_isRead = FALSE;
```

비동기 쓰기가 개시되었으므로, 다음 작업은 읽기 작업임을 지시하기 위해 _isRead 플래그를 FALSE로 설정한다.

```
    }
    else
    {
```

쓰기 작업이 완료되었을 때의 처리 :

```
        pCC->Offset += dwTranBytes;
```

파일 포인터를 설정한다. 앞서의 예와는 다르게 소스 파일과 타깃 파일의 파일 포인터를 하나로 같이 관리한다. 즉, 소스 파일로부터 파일 블록을 읽어 버퍼로 복사한 후 타깃 파일에 복사된 블록의 쓰기가 완료되었을 때 파일 포인터를 증가하도록 처리한다.

```
        printf(" => Wrote  bytes : %d\n", pCC->Offset);
        bIsOK = ReadFileEx
        (
            pCC->_hfSrc, pCC->_arBuff, BUFF_SIZE, pOL, CopyAPCProc
        );
```

쓰기 완료된 파일 오프셋의 값을 출력하고, 다음의 경보가능 비동기 읽기 작업을 개시한다.

```
        pCC->_isRead = TRUE;
```

비동기 읽기가 개시되었으므로, 다음 작업은 쓰기 작업임을 지시하기 위해 _isRead 플래그를 TRUE로 설정한다.

```
    }
    if (!bIsOK)
    {
        dwErrCode = GetLastError();
        if (dwErrCode != ERROR_IO_PENDING)
            pCC->_errCode = dwErrCode;
```

입출력 작업 개시 후 에러 체크를 한다.

```
    }
}
```

SleepEx가 아닌 WaitForSingleObjectEx 함수의 사용 예를 보여주기 위해 종료 처리를 추가했다. 메인 함수에서는 루프를 돌면서 종료 이벤트에 대해 WaitForSingleObjectEx를 호출한다. 다음은 종료 처리를 담당하는 콘솔 컨트롤 핸들러와 메인 함수에 대한 정의다.

```
HANDLE g_hevExit;
BOOL CtrlHandler(DWORD fdwCtrlType)
{
   SetEvent(g_hevExit);
   return TRUE;
}
```

콘솔 컨트롤 핸들러를 정의한다. 핸들러 내에서는 메인 함수의 루프를 탈출할 수 있도록 전역 종료 이벤트인 g_hevExit 핸들을 시그널링한다.

```
void _tmain(int argc, _TCHAR* argv[])
{
   g_hevExit = CreateEvent(NULL, FALSE, FALSE, NULL);
   SetConsoleCtrlHandler((PHANDLER_ROUTINE)CtrlHandler, TRUE);
```

종료 이벤트를 생성하고 콘솔 컨트롤 핸들러를 설치한다.

```
   HANDLE hSrcFile = CreateFile(argv[1], ...);
      ⋮
   HANDLE hDstFile = CreateFile(argv[2], ...);
      ⋮
```

소스 파일과 타깃 파일을 연다.

```
   COPY_CHUNCK cc(hSrcFile, hDstFile);
```

COPY_CHUNCK 구조체를 선언한다. 생성자 내에서 _isRead를 TRUE로 설정한다.

```
   DWORD dwErrCode = 0;
   BOOL bIsOK = ReadFileEx
   (
      hSrcFile, cc._arBuff, BUFF_SIZE, &cc, CopyAPCProc
   );
```

APC 콜백 함수를 등록하여 대기가능 비동기 입출력을 수행하기 위해 최초의 비동기 읽기를 개시한다. 최초의 개시 이후의 파일 복사 처리는 모두 CopyAPCProc 콜백 함수에서 수행된다.

```
  if (!bIsOK)
  {
     dwErrCode = GetLastError();
     if (dwErrCode != ERROR_IO_PENDING)
     {
        cout << " ~~~ ReadFileEx failed, ErrCode : " << dwErrCode << endl;
        return;
     }
     dwErrCode = 0;
  }


  while (cc._errCode == ERROR_SUCCESS)
```

_errCode가 ERROR_SUCCESS일 동안 while 루프를 돈다. 입출력 수행 중 에러가 발생하면 APC 콜백 함수에서 _errCode 필드를 에러 코드로 설정한다.

```
  {
     DWORD dwWaitRet = WaitForSingleObjectEx(g_hevExit, INFINITE, TRUE);
     if (dwWaitRet == WAIT_OBJECT_0)
        break;
```

WaitForSingleObjectEx 함수를 호출해 경보가능 대기 상태로 들어간다. WaitForSingleObjectEx 호출 시 첫 번째 매개변수로 파일 핸들이 아닌 종료 이벤트의 핸들을 넘겨준다. 따라서 대기 결과가 WAIT_OBJECT_0이면 프로그램 종료를 의미하고, WAIT_IO_COMPLETION이면 APC 콜백 함수의 실행이 완료되었음을 의미한다.

```
     if (dwWaitRet != WAIT_IO_COMPLETION)
     {
        dwErrCode = GetLastError();
        cout << " ~~~ SleepEx failed, ErrCode : " << dwErrCode << endl;
        break;
     }
  }


  if (cc._errCode != ERROR_SUCCESS)
  {
     if (cc._errCode != ERROR_HANDLE_EOF)
        dwErrCode = cc._errCode;
```

```
    }

    CloseHandle(hSrcFile);
    CloseHandle(hDstFile);
    CloseHandle(g_hevExit);
    if (dwErrCode != ERROR_SUCCESS)
        cout << endl << "Error occurred in file copying, code=" << dwErrCode << endl;
    else
        cout << endl << "File copy successfully completed..." << endl;
}
```

이번에는 동기적 디렉터리 감시의 예로 살펴봤던 〈프로젝트 4.1.3 DirChgNoti〉 예제를 APC를 사
용해 변경해보자. 다음은 OVERLAPPED 구조체를 상속한 유저 정의 참조 데이터 구조체 DIR_
BUFF에 대한 정의다.

프로젝트 4.3.2 DirChgNotiAPC

```
#define BUFF_SIZE  65536
struct DIR_BUFF : OVERLAPPED
{
    BYTE _buff[BUFF_SIZE];
    DIR_BUFF()
    {
        memset(this, 0, sizeof(*this));
    }
};
typedef DIR_BUFF* PDIR_BUFF;
```

다음은 APC 큐에 등록할 콜백 함수 DirChangedProc에 대한 정의다.

```
VOID CALLBACK DirChangedProc(DWORD dwErrCode,
                            DWORD dwTranBytes, LPOVERLAPPED pOL)
{
    if (dwErrCode != NO_ERROR || dwTranBytes == 0)
        return;
```

> 에러가 발생했거나 입출력 바이트 수가 0이면 리턴한다.

```
PDIR_BUFF pDB = (PDIR_BUFF)pOL;
```

> pOL 매개변수를 PDIR_BUFF로 형 변환하여 입출력 완료 후의 정보 출력 처리를 수행한다.

```
PrintDirModEntries(pDB->_buff);
}
```

다음은 메인 함수에 대한 정의다. 역시 종료를 위해 콘솔 컨트롤 핸들러를 설치했다.

```
void _tmain()
{
    SetConsoleCtrlHandler((PHANDLER_ROUTINE)CtrlHandler, TRUE);
    g_hevExit = CreateEvent(NULL, FALSE, FALSE, NULL);

    HANDLE hDir = INVALID_HANDLE_VALUE;
    try
    {
        hDir = CreateFile(_T("C:\\Temp"), ...);
            ⋮
```

> 디렉터리를 비동기 입출력용으로 연다.

```
        DIR_BUFF db;
```

> OVERLAPPED 구조체를 상속한 DIR_BUFF 구조체를 선언하고 초기화한다.

```
        while (true)
        {
            BOOL bIsOK = ReadDirectoryChangesW
            (
                hDir, db._buff, BUFF_SIZE, FALSE, DIR_NOTI_FILTER, NULL,
                &db, DirChangedProc
            );
```

> 디렉터리 감시를 위한 최초 경보가능 비동기 읽기를 수행한다. DIR_BUFF 구조체의 포인터를 LPOVERLAPPED 매개변수로 지정하고, 마지막 매개변수로 콜백 함수의 포인터를 넘겨준다.

```
            if (!bIsOK)
```

```
                throw HRESULT_FROM_WIN32(GetLastError());
        if (WaitForSingleObjectEx(g_hevExit, INFINITE, TRUE)
            != WAIT_IO_COMPLETION)
                break;
```

경보가능 대기 함수를 호출한 후 대기한다. 디렉터리 내의 내용을 변경할 때마다 WAIT_IO_COMPLETION 리턴값과 함께 대기 함수로부터 리턴된다. 이는 콜백 함수의 실행이 완료되었음을 의미한다. 리턴값이 WAIT_IO_COMPLETION 이외의 값이면 WAIT_OBJECT_0으로 간주하고 루프를 탈출한다.

```
        }
    }
    catch (HRESULT ex)
    {
        printf("Error occurred, code = 0x%08X\n", ex);
    }
    if (hDir != INVALID_HANDLE_VALUE)
        CloseHandle(hDir);
    CloseHandle(g_hevExit);
}
```

지금까지의 논의를 정리하면, APC의 사용을 비동기 입출력 관점에서 바라보았을 때 비동기 입출력을 위한 APC와 경보가능 입출력의 사용은 다음 그림과 같이 표현할 수 있다.

그림 4-5 경보가능 입출력 수행 과정

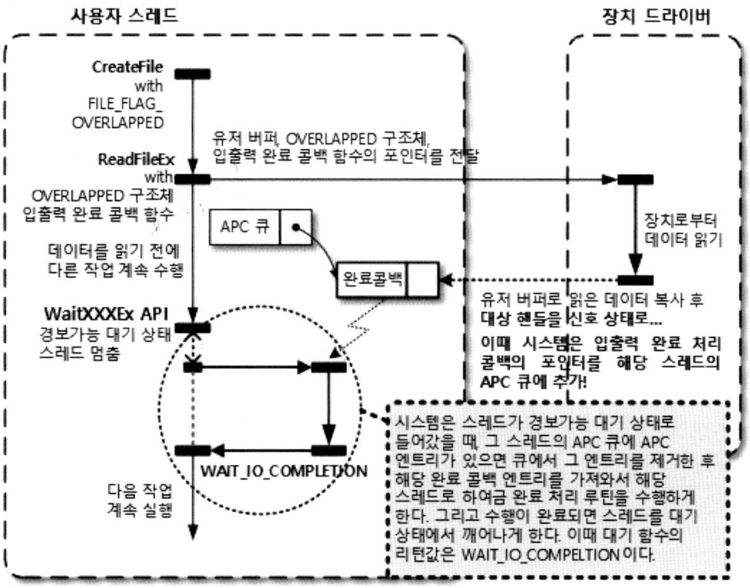

경보가능 입출력의 경우, APC 큐에 추가된 콜백 함수를 실행하는 스레드는 바로 자신의 APC 큐에 APC 엔트리를 추가한 스레드가 된다. 다시 말하면, 콜백 함수를 실행하는 스레드는 ReadFileEx 나 WriteFileEx를 호출한 그 스레드가 된다는 의미다. 결국 이 말은 특정 스레드가 ReadFileEx 나 WriteFileEx 등을 호출해 자신의 APC 큐에 APC 엔트리를 추가한 다음 어떤 시점에서 WaitForXXXEx 등의 대기 함수를 호출해 스스로 경보가능 대기 상태로 들어간 후, 입출력이 완료 되면 역시 그 스레드에 의해서 APC 큐에 존재하는 콜백 함수가 실행되고, 그 실행이 완료되면 비로 소 스레드는 경보가능 대기 함수로부터 리턴되어 자신의 다음 코드를 수행할 수 있다는 것을 의미한 다. 앞서 설명했던 장치 핸들 시그널링 방식과 경보가능 입출력의 주요 차이점을 다음과 같이 정리 할 수 있다.

- **"경보가능 비동기 입출력 함수의 호출", "경보가능 대기 함수의 호출", "APC에 등록된 콜백 함수의 실행"이 모두가 하나의 동일한 스레드에 의해 처리된다.**

  장치 핸들 시그널링 방식의 경우, 비동기 입출력 함수의 호출을 통해 입출력을 야기시키는 스레드와 입출력 완료를 대기 하는 스레드를 별도로 가져갈 수 있다. 하지만 경보가능 입출력의 경우는 입출력 함수 호출, 대기 함수 호출, 콜백 함수의 실행이 모두 하나의 스레드에 의해 수행된다.

- **대기 함수로부터의 WAIT_IO_COMPLETION 리턴이 통지하는 것은 입출력의 완료에 대한 통지가 아니라, 입출력 완료에 대한 사후 처리 자체가 이미 끝났음을, 즉 콜백 함수의 실행이 완료되었음을 알리는 것이다.**

  장치 핸들 시그널링 방식의 경우, 대기 함수로부터의 탈출은 입출력 완료에 의해 야기된다. 그리고 다시 활성화된 스레 드는 입출력 완료에 따른 필요한 작업을 수행한다. 하지만 경보가능 입출력의 경우, 대기 함수로부터의 리턴은 입출력 완료에 따른 그 작업의 정의를 담고 있는 콜백 함수의 실행이 완료되었다는 것을 의미한다.

위의 두 가지 차이를 볼 때, 경보가능 대기 함수 호출을 통해서 경보가능 대기 상태로 들어간다는 말 은 직접 수행한 비동기 입출력 이외의 다른 어떤 상태라도 기다리게 할 수 있다는 의미다. 예를 들어 여러분의 코드가 비동기 입출력 호출 이후 다른 작업을 수행하다가 특정 이벤트 객체가 시그널 상태 가 되기까지 기다려야 하는 루틴이 있다고 하자. 그럴 경우 그 스레드는 해당 이벤트 객체의 시그널 상태를 무작정 기다리는 것이 아니라 경보가능 대기 함수를 통해 비동기 입출력 작업을 수행하면서 기다린다면 더욱 효율적인 코드가 될 것이다. 이러한 관점에서 볼 때 경보가능 입출력은 다음과 같은 이점이 있다.

- 비동기 입출력을 수행할 스레드를 별도로 요구하지 않는다. 이것은 놀고 있는 스레드 자신을 직접 작업에 참여해 수행토 록 한다는 것을 의미한다.
- APC 자체가 함수기 때문에 해당 함수를 호출한 스레드가 그 함수를 수행하는 것이 훨씬 유리하다. 이 말은 동일한 스레 드에 의해 실행되기 때문에 동기화의 문제가 사라진다는 점, 즉 스레드에 안전한(Thread-Safe) 코드를 작성할 수 있 다는 것을 의미한다.

3) 기타 경보가능 함수

이번 절의 마지막 예로서 ReadFileEx/WriteFileEx 이외의 함수를 살펴보고자 한다. 이 함수는 APC를 사용할 수 있도록 해주는 SetWaitableTimer 함수며, 그 선언은 다음과 같다.

```
BOOL WINAPI SetWaitableTimer
(
   _In_         HANDLE              hTimer,
   _In_         const LARGE_INTEGER* pDueTime,
   _In_         LONG                lPeriod,
   _In_opt_     PTIMERAPCROUTINE    pfnCompletionRoutine,
   _In_opt_     PVOID               pArgToCompletionRoutine,
   _In_         BOOL                fResume
);
```

2장에서 SetWaitableTimer 함수를 소개할 때 설명하지 않고 뒤로 미뤘던 두 개의 매개변수가 바로 pfnCompletionRoutine과 pArgToCompletionRoutine인데, 이 두 매개변수가 각각 APC 콜백 함수의 포인터와 그 콜백 함수의 매개변수로 전달될 유저 정의 참조 데이터의 포인터다. SetWaitableTimer 함수의 콜백 함수 PfnCompletionRoutine의 타입은 다음과 같다.

```
VOID CALLBACK TimerAPCProc
(
   _In_opt_   LPVOID   lpArgToCompletionRoutine,
   _In_       DWORD    dwTimerLowValue,
   _In_       DWORD    dwTimerHighValue
);
```

lpArgToCompletionRoutine 매개변수는 SetWaitableTimer의 lpArgToCompletionRoutine 매개변수가 그대로 전달되며 dwTimerLowValue, dwTimerHighValue 매개변수는 지정된 타이머의 시간이 만기되어 시그널 상태가 되었을 때의 시간 값에 대한 상위 및 하위 32비트 값을 각각 지정한다. 이 두 매개변수는 FILETIME 구조체로의 변환이 가능하다.

다음 프로젝트는 APC를 이용한 SetWaitableTimer 함수의 사용 예로, 〈프로젝트 2.3.2 WaitableTimerTest〉 코드를 APC를 사용하도록 수정한 예제다. 먼저, 콜백 함수에 대한 정의다.

```
VOID CALLBACK TimerAPCProc( PVOID pArgs,
                            DWORD dwTimerLowValue, DWORD dwTimerHighValue)
{
   SYSTEMTIME st;
   FILETIME uft, ft;

   uft.dwHighDateTime = dwTimerHighValue;
   uft.dwLowDateTime  = dwTimerLowValue;
   FileTimeToLocalFileTime(&uft, &ft);
   FileTimeToSystemTime(&ft, &st);
```

dwTimerLowValue, dwTimerHighValue 두 매개변수를 FileTime으로 변경한 후 최종적으로 로컬 SystemTime으로 변경한다.

```
   char szTimeS[64];
   sprintf(szTimeS, "%04d/%02d/%02d-%02d:%02d:%02d",
      st.wYear, st.wMonth, st.wDay, st.wHour, st.wMinute, st.wSecond);

   int* pnSnoozeCnt = (int*)pArgs;
   if (*pnSnoozeCnt == 0)
      cout << "Alarm Started : ";
   else
      cout << *pnSnoozeCnt << " Snooze Time : ";
   cout << szTimeS << endl;
```

만기된 시간을 출력한다.

```
}
```

메인 함수에서는 기존에 무시했던 pfnCompletionRoutine과 pArgToCompletionRoutine 두 매개변수를 사용하도록 수정한다.

```
void _tmain()
{
   WORD  wHour, wMin;
   DWORD dwPeriod;
      ⋮
```

```
    int nSnoozeCnt = 0;
    SetWaitableTimer
    (
        hTimer, &lUTC, dwPeriod * 1000, TimerAPCProc, &nSnoozeCnt, TRUE
    );
```

APC 콜백 함수 TimerAPCProc의 포인터와 스누즈 횟수를 참조하기 위해 nSnoozeCnt 변수를 매개변수로 넘긴다.

```
      ⋮
    while (nSnoozeCnt < 5)
    {
        SleepEx(INFINITE, TRUE);
```

SleepEx를 호출해 경보가능 대기 상태로 들어간다.

```
        nSnoozeCnt++;
    }
    CloseHandle(hTimer);
}
```

4.3.3 입출력과 상관없는 APC의 사용

APC를 이용한 경보가능 입출력은 나름 괜찮은 메커니즘인듯하지만, 입출력의 관점에서 볼 때 다음의 두 가지 약점이 있다.

① 입출력 완료 콜백 함수에 추가적인 정보를 전달하는 데에 제약이 따른다. 윈도우에서 제공되는, 콜백 함수의 호출을 위탁하는 함수들은 대부분 유저가 별도로 정의한 참조 데이터를 콜백 함수에 전달하기 위한 "LPVOID pParam" 형태의 매개변수가 존재한다. 하지만 APC의 사용 예처럼 ReadFileEx/WriteFileEx의 경우 별도의 매개변수가 없다. 물론 이 두 함수에는 LPOVERLAPEED 매개변수가 존재해 이 OVERLAPPED 구조체를 상속하여 참조 데이터를 전달할 수는 있다. 하지만 불편한 측면이 많으며 전역 변수를 사용해야 하는 상황이 생길 수도 있다.

② APC 콜백 함수를 실행하는 스레드는 ReadFileEx/WriteFileEx 함수를 호출한 스레드다. 즉 시스템은 ReadFileEx/WriteFileEx 함수를 호출한 스레드에게 APC의 실행을 맡긴다. 이 경우는 양날의 칼처럼 상반되는 장단점을 가진다. 예를 들어, 다른 스레드가 놀고 있더라도 항상 입출력을 야기한 스레드가 입출력 완료 콜백 함수를 실행해야 하므로 스레드에 대한 로드 밸런싱이 불가능한 반면에, APC를 사용할 경우에는 동기화의 문제로부터 자유로울 수 있다는 장점이 있다. 이는 입출력을 야기한 스레드와 완료 통지를 처리하는 스레드가 동일하기 때문이다. 한 스레드가 동시에 두 곳의 코드를 실행할 수는 없기 때문에 스레드에 안전한 코드가 된다. 이러한 점 때문에(①의 약점 때문에 전역 변수를 사용하더라도) 동기화 문제는 크게 발생되지 않는다.

실제로 비동기 입출력을 위해서라면 APC의 사용은 크게 도움이 되지 않는다. 하지만 APC 자체는 관점을 바꿔본다면 상당히 유용한 메커니즘이다. APC는 입출력과 관련된 것이 아닌 다른 용도로 쓰일 경우에도 유용하게 사용될 수 있다. 이번에 실명할 함수인 QueueUserAPC를 이용할 경우에는 부가적인 정보를 매개변수로 넘겨줄 수도 있으며, 또한 APC의 실행을 책임질 스레드를 직접 지정할 수 있기 때문에 스레드 간 통신에도 유용하게 사용될 수 있다.

1) APC 큐에 콜백 함수 추가

지금까지 설명한 경보가능 입출력 함수는 비동기 입출력에 관련된 내용이었다. ReadFileEx/WriteFileEx나 SetWaitableTimer의 경우 콜백 함수를 수행하는 주체는 이 함수들을 호출한 스레드가 된다. 하지만 입출력이란 관점을 떠나서 유저가 정의한 콜백 함수를 특정 스레드가 실행할 수 있도록 만들 수는 없을까? 입출력이라는 관점을 떠나게 되면 APC라는 수단은 특정 스레드로 하여금 유저가 정의한 콜백 함수(입출력과 무관하더라도)를 실행하도록 만드는 훌륭한 수단이 된다. 이러한 목적을 위해 제공되는 함수가 바로 QueueUserAPC다. QueueUserAPC는 사용자가 직접 정의한 콜백 함수를 특정 스레드의 APC 큐에 추가하는 데 사용된다.

```
DWORD WINAPI QueueUserAPC
(
    _In_ PAPCFUNC   pfnAPC,
    _In_ HANDLE     hThread,
    _In_ ULONG_PTR  dwData
);
```

PAPCFUNC pfnAPC

ULONG_PTR dwData

첫 번째 매개변수 pfnAPC는 여러분이 정의한 APC 콜백 함수며, 세 번째 매개변수 dwData는 이 APC 콜백 함수의 매개변수로 넘겨줄 유저 정의 데이터를 지정하며, 다음과 같은 타입을 가져야 한다.

```
VOID CALLBACK APCProc(_In_ ULONG_PTR dwParam);
```

APCProc의 매개변수 dwParam은 QueueUserAPC의 세 번째 매개변수인 dwData다. 시
스템은 APCProc를 호출할 때 QueueUserAPC의 세 번째 매개변수로 넘어온 dwData 값을
APCProc의 dwParam으로 넘겨준다. ReadFileEx/WriteFileEx의 입출력 완료 처리 콜백 함
수와는 다르게 부가적인 정보를 dwParam을 통해 넘겨줄 수 있다.

HANDLE hThread

QueueUserAPC의 두 번째 매개변수 hThread는 pfnAPC를 실행할 스레드의 핸들을 지
정해준다. 이것 역시 입출력 완료 콜백 함수와는 다른 점인데, 입출력 완료 콜백의 경우
ReadFileEx/WriteFileEx를 호출한 스레드로 하여금 해당 콜백 함수를 실행하도록 하지만,
QueueUserAPC의 경우 여러분이 직접 콜백 함수를 실행할 스레드를 지정해줄 수 있다. 즉 이
함수를 호출하면 시스템은 APC 엔트리를 이 매개변수로 지정된 스레드의 APC 큐에 추가시킨다.

[반환값] DWORD

QueueUserAPC의 반환값은 DWORD지만 BOOL 타입과 동일하다. 콜백 함수가 APC 큐에
성공적으로 등록되었을 경우에는 0이 아닌 값이 리턴되지만, 실패했을 경우에는 0이 리턴된다.

이제 QueueUserAPC를 이용한 스레드 간 통신을 이용하는 간단한 예를 살펴보자. 스레드를
안전하게 종료하기 위해서 앞서의 예제들은 종료 통지용 이벤트 커널 객체를 별도로 생성하여
WaitForMultipleObjects 등을 이용해 종료 통지를 받도록 하는 방법을 사용했다. 즉 앞서의 세마
포어 예제처럼 다음과 같은 방식이다.

```
DWORD WINAPI SemaphoreThreadProc(LPVOID pParam)
{
   HANDLE hHandles[2] = { g_hExitEvent, g_hSemaphore };
   while(TRUE)
   {
      DWORD dwWaitCode = WaitForMultipleObjects(2, hHandles, FALSE, INFINITE);
      if(dwWaitCode == WAIT_OBJECT_0)
         break;
```
시그널 상태가 된 동기화 객체가 g_hExitEvent인 경우에는 스레드를 종료시키기 위해 루프를 탈출한다.
```
         ⋮
   }
```

```
    return 0
}
```

하지만 다음 프로젝드는 APC를 이용한 스레드 긴 통신을 통해 스레드 종료를 깔끔히게 치리히는
또 다른 방법을 보여준다. 이 예제는 앞에서 본 스레드 동기화와 커널 객체의 세마포어 관련 예제의
스레드 종료를 APC를 이용해 처리한 것이다. 먼저, 아무 일도 하지 않는 APC 콜백 함수를 하나 정
의한다.

프로젝트 4.3.3 ExitWithAPC

```
VOID WINAPI SemaThreadExitAPC(ULONG_PTR)
{
    // 아무 작업도 하지 않는다.
}
```

APC 처리 루틴이다. 여기서는 아무 일도 하지 않지만, 이 콜백 함수가 호출된 후 리턴되었을 때의 부가적 효과는 이 함수를 실행한 스레
드의 대기 함수로부터 WAIT_IO_COMPLETION을 돌려주어 콜백 함수 수행이 완료되었음을 알려주게 된다.

다음 코드는 스레드 엔트리 함수며, 스레드 처리 루틴에서 경보가능 대기 함수의 리턴값이 WAIT_
IO_COMPLETION일 경우 종료 처리를 하도록 수정되었다.

```
DWORD WINAPI SemaThreadProc(LPVOID pParam)
{
    HANDLE hSemaphore = (HANDLE)pParam;
    DWORD  dwThreadId = GetCurrentThreadId();

    while (true)
    {
        DWORD dwWaitCode = WaitForSingleObjectEx(hSemaphore, INFINITE, TRUE);
```

경보가능 대기 함수를 호출해 대기 상태로 들어간다.

```
        if (dwWaitCode == WAIT_FAILED)
        {
            cout << " ~~~ WaitForSingleObject failed : " << GetLastError() << endl;
            break;
        }
```

```
        if (dwWaitCode == WAIT_IO_COMPLETION)
            break;
```

반환값이 WAIT_IO_COMPLETION일 경우에는 APC 콜백 함수 SemaThreadExitAPC가 수행되었음을 의미한다. 따라서 스레드의 수행 종료를 의미하기 때문에 루프를 탈출한다.

```
        if (dwWaitCode == WAIT_OBJECT_0)
        {
```

반환값이 WAIT_OBJECT_0이면 세마포어 커널 객체가 시그널 상태가 되었음을 의미하므로, 필요한 작업을 수행하고 다시 대기 상태로 들어간다.

```
                  :
        }
    }

    return 0;
}
```

메인 함수에서 종료를 원할 경우에는 QueueUserAPC 함수를 호출해 스레드가 종료되도록 수정했다.

```
int _tmain(int argc, _TCHAR* argv[])
{
    HANDLE hSemaphore = CreateSemaphore(NULL, MAX_RES_CNT, MAX_RES_CNT, NULL);

    DWORD dwThrID;
    HANDLE hThreads[MAX_RES_CNT + 2];
    for (int i = 0; i<MAX_RES_CNT + 2; i++)
        hThreads[i] = CreateThread(NULL, 0, SemaThreadProc, hSemaphore, 0, &dwThrID);

    getchar();
    for (int i = 0; i < MAX_RES_CNT + 2; i++)
        QueueUserAPC(SemaThreadExitAPC, hThreads[i], NULL);
```

작업 수행 중 프로그램을 종료하고자 할 때, 우선 안전하게 스레드를 종료시키기 위해 APC 큐에 항목을 직접 추가한다. 이때 사용되는 매개변수가 SemaThreadExitAPC 콜백 함수의 포인터와 이것을 실행할 스레드, 즉 WaitForSingleObjectEx로 대기하고 있는 스레드의 핸들값을 넘겨준다.

```
    WaitForMultipleObjects(MAX_RES_CNT + 2, hThreads, TRUE, INFINITE);
      ⋮
}
```

앞의 예제는 입출력과는 전혀 상관없이 순수하게 APC 그 자체만을 이용한 것이다. 그리고 경보가
능 대기 함수의 리턴값을 이용해 스레드의 종료 여부를 판단하는 방식이다. 물론 입출력과 관련된
처리도 가능하다. 다음 프로젝트는 여러 개의 디렉터리에 대한 감시 작업을 APC로 처리한 예제다.
〈프로젝트 4.3.2 DirChgNotiAPC〉와 다른 점은 다중의 디렉터리를 프로그램 인자로 받아 APC
파일 복사의 경우처럼 APC 콜백 함수 내에서 경보가능 입출력 함수를 반복해서 호출한다는 것이
다. 그리고 최초 감시 개시를 위해 QueueUserAPC를 통한 콜백 함수를 이용하도록 처리했다.

먼저 DIR_BUFF 구조체를 재정의한다.

프로젝트 4.3.3 DirChgNotiAPC2

```
#define BUFF_SIZE  65536
struct DIR_BUFF : OVERLAPPED
{
   HANDLE  _dir;                // 디렉터리 핸들
   BYTE    _buff[BUFF_SIZE];    // 변경 내용을 담을 버퍼

   DIR_BUFF(HANDLE hDir)
   {
      memset(this, 0, sizeof(*this));
      _dir = hDir;
   }
};
typedef DIR_BUFF* PDIR_BUFF;
```

OVERLAPPED 구조체를 상속한 유저 정의 참조 데이터 구조체 DIR_BUFF를 정의한다.

이번엔 메인 함수를 먼저 살펴보도록 하자. DirChgNotiAPC의 경우처럼 프로그램 종료 처리를 위
한 콘솔 컨트롤 핸들러를 동일하게 설치했으며, 다음의 코드에서는 그 부분을 생략했다.

```
#define MAX_COPY_CNT  10
void _tmain(int argc, _TCHAR* argv[])
{
   PDIR_BUFF arBuff[MAX_COPY_CNT];
   memset(arBuff, 0, sizeof(PDIR_BUFF) * MAX_COPY_CNT);
```

최대 10개까지 감시 디렉터리를 수용할 수 있도록 한다.

```
   int nMonCnt = 0;
   for (int i = 1; i < argc; i++)
   {
      HANDLE hDir = CreateFile(argv[i], ...);
```

디렉터리 감시를 위해 비동기 입출력용으로 디렉터리를 연다. 디렉터리 경로는 프로그램 인자를 통해서 넘겨진다.

```
      PDIR_BUFF pdb = new DIR_BUFF(hDir);
      arBuff[i - 1] = pdb;
      nMonCnt++;
```

ReadDirectoryChangesW 호출을 위해 LPOVERLAPPED 매개변수로 넘겨줄 DIR_BUFF 구조체를 할당하고 초기화한다.

```
   }

   for (int i = 0; i < nMonCnt; i++)
   {
      PDIR_BUFF pdb = arBuff[i];
      QueueUserAPC(MonStartProc, GetCurrentThread(), (ULONG_PTR)pdb);
```

최초 ReadDirectoryChangesW 호출을 위해 QueueUserAPC를 호출한다. APC 콜백 함수는 MonStartProc며, 현재 스레드로 하여금 실행하도록 지정한다. 매개변수는 DIR_BUFF 구조체의 포인터를 넘겨준다.

```
   }

   while (true)
   {
      DWORD dwWaitCode = WaitForSingleObjectEx(g_hevExit, INFINITE, TRUE);
      if (dwWaitCode == WAIT_OBJECT_0)
         break;
```

WaitForSingleObjectEx 함수를 호출해 경보가능 대기 상태로 들어간다. WaitForSingleObjectEx의 리턴값이 WAIT_OBJECT_0 이면 프로그램 종료를 위해 루프를 탈출한다.

```
    if (dwWaitCode != WAIT_IO_COMPLETION)
    {
        cout << "WaitForSingleObjectEx failed, code=" << GetLastError() << endl;
        break;
    }
```

WaitForSingleObjectEx의 리턴값이 WAIT_IO_COMPLETION이면 MonStartProc 또는 DirChangedProc APC 콜백 함수의 실행이 본 스레드에 의해 완료되었음을 의미하며, 그 이외의 값이면 에러가 발생했음을 의미한다.

```
    }


    for (int i = 0; i < nMonCnt; i++)
    {
        PDIR_BUFF pdb = arBuff[i];
        CloseHandle(pdb->_dir);
        delete pdb;
    }
    CloseHandle(g_hevExit);
}
```

이제 APC 콜백 함수인 MonStartProc와 DirChangedProc의 정의를 살펴보자. MonStartProc 에서는 감시의 개시를 위해 최초 ReadDirectoryChangesW 함수를 호출하고, DirChangedProc 함수에서는 감시 결과를 출력하고 계속 감시하기 위해 ReadDirectoryChangesW 함수를 재호출 한다.

```
VOID CALLBACK MonStartProc(ULONG_PTR dwParam)
{
    PDIR_BUFF pdb = (PDIR_BUFF)dwParam;
```

QueueUserAPC에 의해 매개변수 dwParam은 관련 디렉터리의 DIR_BUFF 인스턴스의 포인터를 담고 있다.

```
    BOOL bIsOK = ReadDirectoryChangesW
    (
        pdb->_dir, pdb->_buff, BUFF_SIZE, FALSE,
        DIR_NOTI_FILTER, NULL, pdb, DirChangedProc
    );
```

감시 개시를 위해 최초 ReadDirectoryChangesW를 호출한다. 호출 시 APC 콜백 함수를 DirChangedProc로 지정한다.

```
    if (!bIsOK)
        _tprintf(_T("Dir %d RDCW error : %d\n"), pdb->_dir, GetLastError());
}


VOID CALLBACK DirChangedProc(DWORD dwErrCode, DWORD dwTranBytes, LPOVERLAPPED pOL)
{
    PDIR_BUFF pdb = (PDIR_BUFF)pOL;
    if (dwErrCode != NO_ERROR || dwTranBytes == 0)
    {
        _tprintf(_T("Dir %d has Internal error : %d\n"), pdb->_dir, dwErrCode);
        return;
    }
```

에러가 발생하거나 입출력 데이터가 없으면 리턴한다.

```
    PrintDirModEntries(pdb->_buff);
```

감시 디렉터리 내의 변경된 내용을 출력한다.

```
    BOOL bIsOK = ReadDirectoryChangesW
    (
        pdb->_dir, pdb->_buff, BUFF_SIZE, FALSE,
        DIR_NOTI_FILTER, NULL, pOL, DirChangedProc
    );
```

APC 콜백 함수 내에서 경보가능 비동기 입출력을 다시 호출하고, APC 콜백 함수는 DirChangedProc를 다시 지정한다.

```
    if (!bIsOK)
        _tprintf(_T("Dir %d RDCW error : %d\n"), pdb->_dir, GetLastError());
}
```

2) APC 큐와 메시지 큐

우리는 2장 4절에서 스레드 메시지 큐를 이용해 특정 스레드에 메시지를 전달하고 데이터를 처리하는 내용을 살펴보았다. WPARAM 매개변수에 콜백 함수의 포인터를 담고, LPARAM 매개변수에 콜백 함수에 전달할 부가적 참조 데이터를 담아 특정 스레드로 하여금 콜백 함수를 실행하도록 만드는 방법도 알아보았다. QueueUserAPC는 특정 스레드로 하여금 콜백 함수를 실행토록 하는 것이 원래의 기능이다.

메시지 큐를 이용하는 방법의 차이는 다음과 같다.

	메시지 큐	APC 큐
스레드 지정	스레드 ID	스레드 핸들
엔큐	PostThreadMessage	QueueUserAPC
데큐	Get/PeekMessage	경보가능 대기 함수

이를 바탕으로 앞서 보았던 〈프로젝트 2.4.1 MsgWaitMulti〉 코드를 APC 큐를 사용해 바꿔보도록 하자. 수정한 코드와 〈MsgWaitMulti〉 코드를 비교해보기 바란다.

먼저 메인 함수의 정의를 살펴보도록 하자.

프로젝트 4.3.3 ApcWaitMulti

```
#define WAIT_OBJ_CNT  4

void _tmain(void)
{
   BOOL bIsExit = FALSE;
   HANDLE arhSyncs[WAIT_OBJ_CNT + 1];
   arhSyncs[WAIT_OBJ_CNT] = (HANDLE)&bIsExit;
```

종료 처리를 위해 bIsExit의 포인터를 스레드 엔트리 매개변수로 넘긴다.

```
      ⋮

   DWORD dwThreadId = 0;
   HANDLE hThread = CreateThread(NULL, 0, ThreadProc, arhSyncs, 0, &dwThreadId);
```

APC 콜백 함수를 실행할 스레드를 생성한다.

```
   char szIn[32];
   while (true)
   {
      cin >> szIn;
      if (_stricmp(szIn, "quit") == 0)
         break;

      if (_stricmp(szIn, "event") == 0)
```

```
            SetEvent(arhSyncs[1]);
          ⋮
      else
      {
          char* pszData = new char[strlen(szIn) + 1];
          strcpy(pszData, szIn);
          QueueUserAPC(StringApcProc, hThread, (ULONG_PTR)pszData);
```

문자열일 경우 StringApcProc 콜백 함수를 전달하여 hThread로 하여금 문자열 pszData를 출력하도록 한다.

```
      }
  }

  QueueUserAPC(ExitApcProc, hThread, (ULONG_PTR)&bIsExit);
```

종료 처리를 위해 ExitApcProc 콜백 함수를 전달하여 hThread로 하여금 bIsExit 플래그를 설정하도록 한다.

```
  WaitForSingleObject(hThread, INFINITE);
  CloseHandle(hThread);
  for (int i = 0; i < WAIT_OBJ_CNT; i++)
      CloseHandle(arhSyncs[i]);
}
```

다음으로, 문자열 출력 처리를 담당하는 StringApcProc APC 콜백 함수와 종료를 지시하는 ExitApcProc APC 콜백 함수를 정의한다.

```
VOID WINAPI StringApcProc(ULONG_PTR upParam)
{
    char* pszData = (char*)upParam;
    cout << " ~~~~~ queued data : " << pszData << endl;
    delete[] pszData;
```

매개변수로 전달받은 문자열을 콘솔에 출력한다.

```
}

VOID WINAPI ExitApcProc(ULONG_PTR upParam)
{
    PBOOL pbIsExit = (PBOOL)upParam;
    *pbIsExit = TRUE;
```

```
}
```

마지막으로, 콜백 함수의 실행을 담당할 스레드 엔트리 함수의 정의를 살펴보자.

```cpp
DWORD WINAPI ThreadProc(LPVOID pParam)
{
   PHANDLE parSyncs    = (PHANDLE)pParam;
   PBOOL   pbIsExit    = (PBOOL)parSyncs[WAIT_OBJ_CNT];
```

배열의 마지막 엔트리로부터 종료 여부 참조 변수의 포인터를 획득한다.

```cpp
   while (true)
   {
      DWORD dwWaitCode = WaitForMultipleObjectsEx
      (
         WAIT_OBJ_CNT, parSyncs, FALSE, INFINITE, TRUE
      );
```

경보가능 대기 함수를 호출해 대기한다.

```cpp
      if (dwWaitCode == WAIT_FAILED)
      {
         cout << "WaitForMultipleObjectsEx failed : " << GetLastError() << endl;
         break;
      }

      if (dwWaitCode == WAIT_IO_COMPLETION)
      {
         if (*pbIsExit)
            break;
         continue;
      }
```

경보가능 대기 함수의 리턴값이 WAIT_IO_COMPLETION일 경우에는 StringApcProc 또는 ExitApcProc 콜백 함수가 실행되었음을 의미한다. 만약 ExitApcProc 콜백 함수가 실행되었다면 매개변수로 전달받은 pbIsExit의 참조값은 TRUE가 되므로 종료 처리를 한다.

```cpp
      dwWaitCode -= WAIT_OBJECT_0;
```

```
        switch (dwWaitCode)
        {
```

경보가능 대기 함수의 리턴값이 WAIT_IO_COMPLETION이 아닐 경우에는 동기화 커널 객체들이 시그널 상태가 되므로,
MsgWaitMulti 코드와 동일한 처리를 한다.

```
            ⋮
        }
    }
    return 0;
}
```

앞의 예제에서는 종료 처리를 위한 별도의 콜백 함수를 정의했다. 그리고 콜백 함수를 실행하는 스레드의 종료를 위해서 콜백 함수와 스레드 사이의 종료 플래그 변수를 공유하기 위한 다소 복잡한 처리를 수행하고 있다. 다시 말하면 경보가능 대기 함수로부터의 탈출만으로는 종료 여부를 판단할 수 없다는 의미가 된다. WaitForMultipleObjects 함수를 이용해 종료 처리 이벤트를 별도로 사용할 경우에는 대기 함수의 리턴값으로부터 종료 여부를 판별할 수 있다. 또한 메시지 큐를 이용할 경우 메시지를 통해서도 종료를 판별할 수 있다. 하지만 WaitForXXXEx의 리턴 자체로는 종료를 판별할 수 없기 때문에 앞에서처럼 다소 복잡한 종료 처리를 할 수밖에 없다.

특정 스레드로 하여금 유저가 정의한 콜백 함수를 실행하도록 한다는 점은 비슷하지만, 스레드 메시지 방식과 APC 큐를 사용하는 방식의 가장 큰 차이는 스레드로 하여금 콜백 함수를 실행토록 하는 방식일 것이다. 스레드 메시지를 이용하는 경우에는 해당 메시지를 수신한 스레드가 콜백 함수를 호출하는 코드를 유서가 직접 작성해줘야 하지만, APC 큐의 경우에는 시스템이 등록된 APC 콜백 함수를 특정 스레드로 하여금 실행하도록 만든다는 점이다. QueueUserAPC의 경우 가장 큰 단점은 다음과 같다.

• APC 콜백 함수와 콜백 함수를 실행하는 스레드 사이의 데이터 공유가 어렵다.

이 말은 APC 콜백 함수와 스레드 엔트리 함수는 동일한 스레드에 의해서 실행됨에도 불구하고 코드 작성 시에는 서로 개별적인 정의를 요구하기 때문에 데이터 공유가 까다롭다는 의미다. APC 콜백 함수의 매개변수와 스레드 엔트리 함수의 매개변수를 최대한 충실히 이용하더라도 앞의 예제에서 보는 것처럼 쉽지는 않다. 그래서 전역 변수에 의존해야 하는 상황이 발생되는 것이다.

• 어떤 APC 콜백 함수의 실행이 완료되었는지를 판단할 수가 없다.

필자는 이것이 APC 사용에 있어서 가장 큰 단점이라고 생각한다. 콜백 함수의 실행 완료로 경보가능 대기 함수로부터 리턴되었을 때의 리턴값은 WAIT_IO_COMPLETION 하나밖에 없기 때문에 어떤 콜백 함수가 실행되었는지에

대한 판단이 불가능해진다. [그림 4-3]에서처럼 WAIT_IO_COMPLETION이 리턴되는 경우는 APC 큐에 존재하는 모든 APC 엔트리의 실행이 완료되고 난 뒤라는 구조때문이기도 하다. 앞의 예제의 경우도 StringApcProc의 실행 완료와 ExitApcProc의 실행 완료를 구분할 수 있다면 스레드 종료 처리를 쉽게 할 수 있지만, 단순히 WAIT_IO_COMPLETION만 리턴되기 때문에 ExitApcProc를 통한 종료 처리를 위해 다소 복잡한 방식을 사용할 수밖에 없게 된다.

경보가능 입출력은 앞서 설명한 것처럼 몇 가지 제약이 있으며 그러한 약점 때문에 실제로 비동기 입출력 시에는 별로 사용되지 않는다. 물론 QueueUserAPC를 이용해 입출력과 상관없이 사용하면 유용하게 사용될 수도 있다. 하지만 비동기 입출력의 성능과 확장성을 제대로 활용하기에는 장치 핸들 시그널링 방식이나 경보가능 입출력은 부족한 측면이 많다. 비동기 입출력의 장점을 최대한 활용하여 성능이나 확장성을 보장받고자 한다면, 이제부터 설명할 입출력 완료 포트를 이용해야 할 것이다.

4.4 입출력 완료 포트(IOCP)

이번 절에서는 지금까지 다루지 않았던 새로운 커널 객체를 하나 설명하고자 한다. 바로 입출력 완료 포트(I/O Completion Port, 이하 IOCP)인데, 이 객체는 특수한 목적으로 사용되는 프로세스의 한정적인 객체다. 한정적이란 의미는 프로세스 사이에서 IOCP 객체의 공유는 불가능하다는 것을 말한다. IOCP 메커니즘은 마이크로소프트가 시스템 레벨에서 제공하는, 비동기 입출력을 위한 아주 훌륭한 메커니즘이다. 사실 이번 장은 IOCP를 위한 장이라고 해도 과언이 아니다. 미리 말하자면, 앞에서 계속 이야기해 왔던 입출력이 언제 이루어질지 모르는 그러한 장치의 경우 IOCP의 사용은 훌륭한 해결책이 된다. 특히 장치의 수가 상당히 많을 경우 IOCP는 확장성을 위한 좋은 해결책을 제시할 수 있다. 만약 해당 장치가 소켓이고 서버-사이드 프로그램에서 수천 대의 클라이언트를 대상으로 접속을 허용하고 데이터를 수신해야 하는 경우라면 더더욱 좋은 해결책이 된다. 수천 대의 클라이언트를 위한 개별 스레드를 각각 하나씩 생성하여 할당하는 전략은 아예 검토할 가치조차 없다. 시스템 사양에 따라 다르겠지만, 한 프로세스 내에서 생성할 수 있는 스레드 수의 최대치 제약을 받을 것이다. 참고로 스레드는 디폴트로 1M의 스레드 스택을 가진다. 또한 스레드 문맥을 비롯하여 자체 정보를 담기 위해 메모리를 소비한다. 아무리 프로세스보다는 가볍다 하더라도 그렇게 많은 스레드를 유지하는 것은 상당한 낭비이며 좋은 해결책이 아니다. 그리고 더 큰 문제는 스레드 사이의 문맥 전환이다. 문맥 전환에 의한 오버헤드는 스레드가 몇 개 되지 않는다면 크게 문제되지 않겠지만, 스레드가 많아질수록 엄청난 오버헤드를 요구한다. 말 그대로 문맥 전환을 위해 CPU를 거의 다 소비할 수도 있다는 점이다. IOCP의 가장 큰 특징은 요구사항을 처리해주는 스레드의 수를 제한할 수 있다는 점이다. 몇 개의 스레드를 미리 생성시켜 두고 요구가 들어올 때마다 처리할 수 있는 메커니즘을 제공한다. 이것은 스레드 풀의 개념을 요구한다. 이제부터 IOCP에 대해 자세히 알아보도록 하자.

IOCP는 지금까지 설명했던 장치 핸들 시그널링 방식이나 경보가능 입출력 방식과는 바라보는 관점 자체부터 다르다. 앞서 설명한 두 방식은 어떻게 보면 스레드를 최소화하는 관점에서 접근한 것이었다. 장치 핸들 시그널링 방식은 기본적으로 장치가 입출력을 수행할 동안 입출력을 야기한 스레드로 하여금 무언가 다른 일을 하든지, 아니면 입출력을 수행할 여러 장치들을 하나로 모아 WaitForMultipleObjects를 이용해 하나의 스레드에서 입출력 완료 후의 처리를 담당하게 하는 전략을 꾀했다. 경보가능 대기 함수는 입출력 완료 후의 처리를 콜백 함수로 정의해두고 입출력을 야기한 스레드로 하여금 그것을 호출하도록 한다. 결국 두 방식 모두 스레드를 최소화한다는 관점에서 접근 가능한 방식이었다. 하지만 IOCP는 스레드를 적극적으로 활용한다. 물론 위의 두 방식과 마찬가지로 하나의 스레드 내에서의 처리도 가능하지만, IOCP가 바라보는 관점은 기본적으로 스레드 풀의 형성이며, 따라서 최소 몇 개의 스레드를 전제하고 있다. 우리는 2.2.2절 세마포어를 이용한 스레드 풀의 구현에서 이미 스레드 풀에 대한 간단한 개념을 살펴봤다. 스레드 풀은 대기 중인 스레드의 집합이다. IOCP는 입출력 완료에 대한 처리를 수행할 스레드를 몇 개 미리 생성하여 스레드 풀을 구성한 후, 입출력 완료 시마다 스레드 풀의 임의의 스레드를 풀에서 끄집어내 완료 후의 처리를 담당하게 한다. 이는 바로 위에서 말한 상황, 대량의 입출력 장치에 대한 입출력 완료 처리를 단지 몇 개의 스레드에게 맡김으로써 성능 향상과 확장 가능한 구조를 제공하는 것이 IOCP의 목적이자 MS가 자랑하는 메커니즘이다. 즉 대량의 입출력에 대해 최소한의 스레드로 최대의 완료 처리를 보장함으로써 저비용 고효율의 솔루션을 제공하는 것이 그 목적이 되는 것이다. IOCP의 구성이나 내부 구조에 대해서는 4.4.3절에서 상세하게 설명하기로 하고, 먼저 IOCP를 생성하고 사용하는 방법을 통해서 IOCP가 어떤 기능을 하는 객체인지를 설명하고자 한다.

4.4.1 IOCP의 생성

IOCP의 생성은 CreateIoCompletionPort라는 함수를 통해서 이루어진다. 이 함수는 두 가지의 기능을 제공한다.

- 새로운 IOCP 커널 객체의 생성
- 생성된 IOCP 커널 객체에 특정 장치 핸들 연결

```
HANDLE WINAPI CreateIoCompletionPort
(
  _In_      HANDLE     FileHandle,
  _In_opt_  HANDLE     ExistingCompletionPort,
  _In_      ULONG_PTR  CompletionKey,
  _In_      DWORD      NumberOfConcurrentThreads
);
```

HANDLE FileHandle

생성된 IOCP 커널 객체에 연결시키고자 하는, FILE_FLAG_OVERLAPPED 플래그와 함께 CreateFile로 생성되거나 열린 파일 또는 장치의 핸들이며, 새로운 IOCP 커널 객체만을 생성하고자 한다면 이 값은 INVALID_HANDLE_VALUE가 되어야 한다.

HANDLE ExistingCompletionPort

이미 생성된 IOCP의 핸들을 의미하며, 장치 핸들을 이 매개변수에 지정된 IOCP 커널 객체에 연결시키고자 할 때 사용한다. IOCP 생성 시 CreateIoCompletionPort에 의해 반환된 핸들을 넘겨준다. 새로운 IOCP 커널 객체를 생성한다면 이 값은 NULL이어야 한다.

ULONG_PTR CompletionKey

IOCP와 연결하고자 하는 장치를 식별할 수 있는 값을 지정한다. 여러 개의 장치가 하나의 IOCP 커널 객체에 연결되었을 때 각각의 장치를 이 매개변수가 지정한 값으로 식별할 수 있다. 새로운 IOCP 커널 객체를 생성하는 경우라면 이 값은 의미가 없으므로, 단순히 0을 넘겨주면 된다.

DWORD NumberOfConcurrentThreads

동시 실행 가능한 스레드의 수를 의미한다. 우선 이 매개변수는 여러 장치로부터 입출력이 완료되었을 때, 완료된 입출력에 대한 처리를 동시에 수행할 수 있는 스레드의 최대 개수라고 알아두자. 이 값을 0으로 넘기면 윈도우는 해당 시스템의 CPU 개수만큼의 값을 지정한다. 또한 이 매개변수는 앞서 세 개의 매개변수와는 다르게 새로운 IOCP 커널 객체 생성 시에만 의미가 있고,

기존에 존재하는 IOCP에 특정 장치를 연결시킬 경우에는 의미가 없다.

[반환값] *HANDLE*

새로운 IOCP 커널 객체의 생성인 경우, 이 값은 생성된 IOCP 커널 객체의 핸들값이다. 기존의 IOCP 커널 객체에 장치 핸들을 연결시킬 경우, 이 값은 CreateIoCompletionPort 호출 시 넘겨준 두 번째 매개변수인 ExistingCompletionPort 값과 동일하다. 만약 호출에 실패하면 이 값은 NULL이 되고 GetLastError를 통하여 그 원인을 알 수 있다.

1) 새로운 IOCP 커널 객체의 생성

새로운 IOCP 커널 객체를 생성하려면 다음의 매개변수를 넘겨서 CreateIoCompletionPort를 호출한다.

```
HANDLE hIocp = CreateIoCompletionPort(INVALID_HANDLE_VALUE, NULL, 0, 2);
```

위에서 보는 것처럼 첫 번째 매개변수와 두 번째 매개변수를 각각 INVALIDE_HANDLE_VALUE와 NULL로 넘긴다. 그러면 CreateIoCompletionPort는 새로운 IOCP 커널 객체를 생성한다. IOCP 커널 객체만을 생성할 경우에는 생성키가 의미 없기 때문에 0으로 넘긴다. 사실 의미 있으면서 중요한 매개변수는 마지막 매개변수인 NumberOfConcurrentThreads다. 이 매개변수는 동시 실행 가능한 스레드의 수를 나타낸다. "동시 실행 가능한 스레드의 수"라는 의미는 뒤에 자세하게 설명하겠지만, 이렇게 생성된 IOCP 기널 객체와 여러분이 제공할 스레드 풀과의 관계를 나타낸다. 우선 이 값을 스레드 풀의 스레드들 중 풀 바깥으로 나와서 활동할 수 있는 최대 스레드 수라고 생각하면 될 것이다. 이 값을 결정하는 것이 가장 까다로운데, 나중에 다시 언급하겠지만 이 값의 결정 기준은 스레드 문맥 전환을 최소화하는 것에 우선해야 한다. 이 값을 0으로 넘기면 시스템은 디폴트로 해당 시스템의 CPU 수만큼 동시 실행 가능한 스레드 수를 지정한다. 사실 최대의 성능을 내려면 문맥 전환이 없도록 하나의 CPU가 스레드 하나씩을 담당하는 경우가 이상적일 것이다. 이렇게 생성되는 IOCP는 CreateIoCompletionPort의 반환값을 통해 핸들값으로 호출 스레드에게 할당된다.

2) 열린 장치와 IOCP의 연결

생성한 IOCP를 이용해 비동기 입출력의 완료 처리를 하기 위해서는 비동기 입출력의 대상이 되는 파일이나 장치의 핸들을 IOCP와 연결해줘야 한다. IOCP와 연결되면 윈도우는 파일이나 장치의 입출력이 완료되었을 때 IOCP에 대해 입출력 완료 통지를 준다. 생성된 IOCP 커널 객체에 특정 장치 핸들을 연결시키고자 할 때도 역시 CreateIoCompletionPort를 이용해 다음과 같이 처리한다. 여기서 hIocp는 앞서 생성시킨 IOCP 커널 객체의 핸들이며, hDevice는 FILE_FLAG_OVERLAPPED 플래그와 함께 CreateFile을 통해 열린 장치 핸들이다.

```
#define IOCP_READ_KEY100

HANDLE hDevice = CreateFile(..., FILE_FLAG_OVERLAPPED, ...);
        ⋮
CreateIoCompletionPort(hDevice, hIocp, IOCP_READ_KEY, 0);
```

첫 번째 매개변수로 전달되는 hDevice는 FILE_FLAG_OVERLAPPED 플래그와 함께 CreateFile을 통해 생성되거나 열린 파일 또는 장치 핸들이다. IOCP를 사용할 수 있는 장치들은 모두 OVERLAPPED 구조체와 관련이 있는 장치들이다. 두 번째 매개변수 hIocp는 앞서 생성된 IOCP에 대한 핸들이다. 마지막 매개변수는 장치를 IOCP에 연결시킬 경우에는 큰 의미가 없다. 그냥 0으로 넘겨주면 된다.

세 번째 매개변수는 좀 더 상세히 살펴볼 필요가 있다. 이 매개변수는 장치를 식별하는 키인 생성키인데, 이 값은 여러분이 정의한 고유의 값이다. 매개변수의 타입이 ULONG_PTR이라는 사실에서도 알 수 있듯이, 이 값은 일반 정수가 될 수도 있고 아니면 여러분이 정의한 고유의 데이터 구조체의 포인터일 수도 있다. 입출력 완료에 대한 처리를 수행하는 코드를 작성할 때 식별 가능한 어떤 데이터 타입이면 된다. 위 예의 경우 식별 값으로 100이라는 정수를 매크로로 정의해 넘겨 주었다. 또한, 장치를 식별한다고 했지만 꼭 장치를 식별하기 위한 값일 필요는 없다. IOCP에 대해 대기 중인 스레드가 깨어났을 때, 여러분의 목적에 따라 다양하게 생성키를 변환하여 사용할 수 있도록 하면 된다.

장치를 미리 생성된 IOCP 핸들과 연결시킬 경우에 리턴값은 큰 의미가 없다. 성공했을 경우의 리턴값은 두 번째 매개변수를 통해 넘긴, 미리 생성한 IOCP의 핸들값이 리턴된다. 위의 두 과정을 하나의 CreateIoCompletionPort 호출로 묶을 수도 있다.

```
HANDLE hIocp = CreateIoCompletionPort(hDevice, NULL, IOCP_READ_KEY, 2);
```

이와 같이 하면 IOCP 커널 객체 생성과 동시에 넘겨진 장치 핸들을 생성된 IOCP에 연결시킬 수 있다. 그런 연후에 새로 열릴 장치 핸들을 이 IOCP에 추가적으로 계속 연결할 수 있다.

3) 장치 핸들과 IOCP의 연결 해제

IOCP와 장치의 핸들을 연결시키는 함수는 CreateIoCompletionPort를 통해서 이루어졌지만 반대로 연결을 해제시키는 함수는 별도로 존재하지 않는다. 연결을 해제시키기 위해서는 단순히 연결된 장치의 핸들을 CloseHandle을 통해서 닫아주면 된다. APC의 경우 CloseHandle을 호출하면 윈도우는 해당 장치의 핸들과 관련된 APC 엔트리가 존재할 경우에는 해당 엔트리를 제거한다. 마찬가지로 IOCP에 연결된 장치 핸들을 CloseHandle을 통해 닫을 경우, 이 핸들이 IOCP와 연결되어 있다면 그 연결을 끊어주어 더 이상 입출력 완료 통지를 받지 못하도록 한다.

4) IOCP 종료

IOCP 역시 커널 객체고 핸들값으로 프로세스 내에서 식별되기 때문에, 이 IOCP 커널 객체를 사용한 후 그 핸들을 CloseHandle의 매개변수로 넘겨 닫아주면 된다. IOCP의 핸들을 닫게 되면 해당 IOCP에 대해 대기 중이던 스레드는 ERROR_ABANDONED_WAIT_0(735) 에러와 함께 대기 상태로부터 탈출한다. 따라서 CloseHandle을 호출해 IOCP를 닫음으로써 이 IOCP에 대기하는 스레드를 종료시킬 수 있는 수단이 되기도 한다.

4.4.2 스레드 풀 구성하기

IOCP와 장치 핸들을 연결했다면 입출력 완료에 대해 처리를 수행할 스레드가 필요하다. 장치 핸들을 통한 시그널 방식은 장치 핸들에 대해 스레드로 하여금 직접 대기하도록 하여 완료 통지를 받았다. 하지만 IOCP를 이용하게 되면 시스템은 이 IOCP에 연결된 장치의 입출력이 완료되었을 때 IOCP를 통해서 완료 통지를 주게 된다. 따라서 IOCP에 대해 대기하는 스레드를 생성해야 한다. 이제부터 IOCP에 대기하는 작업 스레드를 정의하는 방법을 알아보자.

1) IOCP를 위한 대기 함수

대기하는 스레드는 장치 핸들이나 특정 동기화 전용 객체에 대해 대기하는 것이 아니라 IOCP 커널 객체에 대해 대기하는 것이므로, 일반적인 WaitForXXX 류의 대기 함수는 사용할 수 없다. IOCP에 대한 대기는 스레드 엔트리 함수 작성 시 GetQueuedCompletionStatus 함수를 통해 이뤄진다.

```
BOOL WINAPI GetQueuedCompletionStatus
(
    _In_    HANDLE              CompletionPort,
    _Out_   LPDWORD             lpNumberOfBytes,
    _Out_   PULONG_PTR          lpCompletionKey,
    _Out_   LPOVERLAPPED*       lpOverlapped,
    _In_    DWORD               dwMilliseconds
);
```

HANDLE CompletionPort

CreateIoCompletionPort로 생성된 IOCP 커널 객체의 핸들이다.

LPDWORD lpNumberOfBytes

장치로부터 전송되거나 장치로 전송한 데이터의 바이트 수를 받아올 DWORD형의 포인터다.
이 값은 OVERLAPPED 구조체의 InternalHigh 필드와 동일한 값을 가진다.

PULONG_PTR lpCompletionKey

CreateIoCompletionPort를 통해서 해당 장치 핸들과 IOCP를 연결시킬 때, 장치 식별을 위
해 넘겨준 생성키를 받아오기 위한 포인터 변수로, 이 값을 통해 해당 장치를 식별할 수 있다.

LPOVERLAPPED* lpOverlapped

OVERLAPPED 구조체에 대한 더블 포인터 형의 매개변수로, ReadFile/WriteFile 호출 시에
여러분이 넘겨주는 OVERLAPPED 구조체의 포인터값을 돌려준다.

DWORD dwMilliseconds

대기 시간을 밀리초 단위로 지정할 수 있다. 지정된 시간이 경과되면 타임아웃이 발생되어
GetQueuedCompletionStatus로부터 리턴되고 스레드는 깨어난다. 이때 리턴값은 FALSE가
되고 GetLastError 값은 WAIT_TIMEOUT(258)이 된다. 물론 이 값을 INFINITE으로 설정
하게 되면 스레드는 해당 IOCP가 시그널 상태가 될 때까지 무한히 대기하게 된다.

[반환값] BOOL

성공했을 경우 이 값은 TRUE며, 여기서 성공했다는 의미는 GetQueuedCompletionStatus 를 호출한 스레드가 스레드 풀로부터 빠져나와 활성화된 경우를 말한다. 이것은 곧 입출력 완료 후의 처리를 수행할 수 있음을 의미한다. 실패한 경우 이 값은 FALSE가 되고 그 원인은 GetLastError를 통해서 알 수 있다. 대표적으로 GetQueuedCompletionStatus를 호출 중인 상태에서 CloseHandle을 통해서 IOCP를 닫을 경우 FALSE가 리턴되고 GetLastError 값은 ERROR_ABANDONED_WAIT_0(735)가 된다.*

이 함수 역시 스레드를 잠재우는 또 다른 대기 함수다. 깨어나는 조건을 지시하는 핸들은 IOCP 핸들이다. IOCP는 특정 상황이 되면 시그널 상태가 되어 GetQueuedCompletionStatus를 리턴시켜 스레드가 입출력 완료에 대한 사후 처리를 할 수 있도록 해준다. 그 특정 상황이란 바로 IOCP 와 연결된 장치들에 대해 OVERLAPPED 구조체와 함께 ReadFile/WriteFile을 호출한 후 그 장치와 관련된 입출력 작업이 완료된 상황을 의미한다. 연결된 장치의 입출력이 완료되면 IOCP는 그 장치의 입출력 결과, 즉 생성키, 전송 바이트 수, 에러 코드 그리고 ReadFile/WriteFile 호출 시에 전달했던 OVERLAPPED 구조체 포인터를 하나의 엔트리로 만들어 IOCP의 구성요소인 입출력 완료 큐(I/O Completion Queue)에 엔큐한다. 이때 이 엔트리를 "입출력 완료 패킷(I/O Completion Packet)"이라고 한다. 이 패킷이 추가되면 시스템은 그것을 데큐해서 패킷의 멤버들을 GetQueuedCompletionStatus의 매개변수에 저장한 후 대기 중인 스레드를 깨운다. 즉 IOCP가 시그널 상태가 되는 시점은 IOCP와 연결된 장치들 중 하나 또는 그 이상에서 입출력이 완료되었을 때다.

그러면 지금까지 설명한 두 함수 CreateIoCompletionPort, GetQueuedCompletionStatus와 함께 IOCP를 이용하는 예를 살펴보기로 하자. 다음 프로젝트는 파일 복사 예제를 IOCP를 이용하는 버전으로 바꾼 것이다.

프로젝트 4.4.2 FileCopyIOCP

```
void _tmain(int argc, _TCHAR* argv[])
{
        ⋮
   HANDLE hSrcFile = CreateFile(argv[1], ..., FILE_FLAG_OVERLAPPED, ...);
```

---

* 윈도우 XP나 윈도우 2003에서는 GetQueuedCompletionStatus 호출 중에 IOCP를 닫게 되면 타임아웃이 발생하거나 큐의 장치 엔트리가 모두 제거되기 전까지 계속 대기 상태로 남아있게 된다.

```
          ⋮
HANDLE hDstFile = CreateFile(argv[2], ..., FILE_FLAG_OVERLAPPED, ...);
          ⋮
```

HANDLE hIocp = CreateIoCompletionPort(INVALID_HANDLE_VALUE, NULL, 0, 1);

IOCP 커널 객체를 생성한다. 장치 핸들은 INVALID_HANDLE_VALUE와 기존 IOCP 핸들을 NULL로 넘긴다. 동시 실행 가능한 스레드 수를 1로 지정함으로써 하나의 스레드만이 실행 가능하도록 정의했다.

```
if (hIocp == NULL)
{
    cout << " ~~CICP failed, code : " << GetLastError() << endl;
    return;
}
```

CreateIoCompletionPort(hSrcFile, hIocp, 1, 0);
CreateIoCompletionPort(hDstFile, hIocp, 2, 0);

앞에서 연 파일들을 각각 IOCP 커널 객체 핸들에 연결한다. 본 예에서는 생성키가 의미 없지만, 생성키가 전달되는 것을 확인하기 위해 소스 파일, 타깃 파일에 대해 각각 1과 2를 지정했다.

```
OVERLAPPED ro = { 0, };
OVERLAPPED wo = { 0, };
       ⋮
while (true)
{
    BOOL bIsOK = ReadFile(hSrcFile, ..., &ov);
       ⋮

    LPOVERLAPPED Pol = NULL;
    DWORD        dwReadBytes = 0;
    ULONG_PTR    dwReadKey = 0;
```

GetQueuedCompletionStatus의 출력 값을 얻기 위한 변수들을 정의한다.

```
    bIsOK = GetQueuedCompletionStatus
    (
        hIocp, &dwReadBytes, &dwReadKey, &pOL, INFINITE
    );
```

```
    if (!bIsOK)
    {
        dwErrCode = GetLastError();
        if (pOL != NULL)
        {
            if (dwErrCode == ERROR_HANDLE_EOF)
                dwErrCode = 0;
```

```
        }
        break;
    }
    pOL->Offset += dwReadBytes;
```

```
    printf(" => KEY-> %d, Read  bytes : %d\n", dwReadKey, pOL->Offset);

    bIsOK = WriteFile(hDstFile, ..., &ov);
        ⋮

    DWORD      dwWroteBytes = 0;
    ULONG_PTR dwWroteKey = 0;
    pOL = NULL;
    bIsOK = GetQueuedCompletionStatus
    (
        hIocp, &dwWroteBytes, &dwWroteKey, &pOL, INFINITE
    );
```

```
    if (!bIsOK)
    {
        dwErrCode = GetLastError();
```

```
        break;
    }

    pOL->Offset += dwWroteBytes;
```

성공일 경우는 dwWroteBytes에 실제 쓴 바이트 수가 설정되며, 이것을 통해서 파일 오프셋을 관리한다. 그리고 dwWroteKey는 2로 설정된다.

```
    printf(" <= KEY-> %d, Wrote bytes : %d\n", dwWroteKey, pOL->Offset);
    }
    ⋮
}
```

위 코드는 비동기 입출력 함수의 호출과 GetQueuedCompletionStatus* 함수의 사용 방법을 직관적으로 보여주기 위해 예시한 코드다. IOCP의 기능을 전혀 사용하지 않기 때문에 실제로 위와 같은 패턴의 코드는 사용되지 않는다. IOCP를 제대로 사용하기 위해서는 실제로 스레드를 생성하여 스레드 풀을 구성해야 한다.

2) IOCP를 위한 스레드 풀의 구성

스레드 풀을 구성한다는 것은 스레드의 집합을 형성한다는 것이며, 결국 하나 이상의 스레드를 생성해주어야 한다는 것을 의미한다. 그렇다면 스레드 풀에 속할 스레드의 엔트리 함수를 어떻게 정의할 것인가가 문제가 된다. 여러분이 생성시킨 스레드들은 IOCP와 직접적인 관련이 없다. 그 스레드가 특정 IOCP 커널 객체와 관련을 맺으려면 스레드 엔트리 함수 내에서 IOCP 커널 객체의 핸들과 함께 GetQueuedCompletionStatus를 호출해야 한다. 이렇게 GetQueuedCompletionStatus를 호출해 대기 상태로 들어간 모든 스레드들은 생성된 특정 IOCP와 연관된 스레드 풀을 형성하게 된다. 따라서 스레드 풀에 존재하는 모든 스레드는 GetQueuedCompletionStatus를 호출한 스레드로서 대기 상태가 되어 더 이상 CPU를 소비하지 않는다. 또한 입출력 완료에 의해 깨어난 스레드는 스레드 풀에서 빠져나와 활성화되어 입출력 완료에 대한 처리를 수행할 수 있게 된다. 그리고 스레드 풀에서 빠져나올 수 있는 최대 스레드의 수가 바로 IOCP 커널 객체 생성 시에 지정한 "동시 실행 가능한 최대 스레드 수"가 된다.

앞서 계속 스레드 풀이라는 말을 사용해왔지만, 사실 IOCP를 위한 명시적인 스레드 풀의 개념은 따

---

* 이 책에서 간단히 언급했던, 프로세스를 여러 그룹으로 관리할 수 있는 수단을 제공하는 잡(Job) 커널 객체 역시 동기화 객체며, GetQueuedCompletionStatus를 이용해서 대기할 수 있는 특징을 갖고 있다.

로 존재하지 않는다. 해당 IOCP에 대해 GetQueuedCompletionStatus를 호출하는 스레드는 바로 대기 상태로 들어가며, 이 스레드들이 저절로 개념상의 스레드 풀에 부합하는 스레드 집합을 형성하게 된다. 그것을 스레드 풀이라고 불러도 무방하다. 그렇다면 IOCP가 하는 역할은 무엇인가? 바로 그렇게 형성된 스레드 풀로부터 여러 개의 장치에서 동시에 전달된 입출력 완료를 처리해줄 스레드들, 즉 스레드 풀로부터 꺼낼 수 있는 스레드의 수를 IOCP 생성 시에 지정한 "동시 실행 가능한 스레드 수"만큼 조절하는 일이다. 스레드 풀에서 빠져나온 스레드는 동시에 실행된다. 나중에 다시 보겠지만 이 과정은 아주 정교한 과정이다. IOCP와 관련된 스레드의 엔트리 포인트 함수의 작성은 다음과 같은 전형적인 패턴을 지닌다.

```
DWORD WINAPI IOCPThreadProc(PVOID pParam)
{
   HANDLE       hIocp      = (HANDLE)pParam;
   LPOVERLAPPED pov        = NULL;
   DWORD        dwTrBytes  = 0;
   ULONG_PTR    ulKey      = 0;

   while (true)
   {
     BOOL bIsOK = GetQueuedCompletionStatus
     (
        hIocp, &dwTrBytes, &ulKey, &pov, INFINITE
     );
     if (bIsOK == TRUE)
     {
       완료 처리 가능 상태
     }
     else
     {
       에러 발생. 에러에 대한 처리
     }
   }
   return 0;
}
```

앞 코드에서처럼 스레드는 생성된 후 즉시 GetQueuedCompletionStatus를 호출함으로써 스스로 대기 상태로, 즉 스레드 풀로 들어간다. 그러다가 입출력이 완료되면 스레드는 GetQueuedCompletionStatus로부터 리턴되어(다시 말해 스레드 풀에서 빠져나와) 리턴 결과가 TRUE면 입출력 완료에 대한 결과 처리를 수행한 후 루프를 돌고 다시 GetQueuedCompletionStatus를 호출해 또 대기 상태로 들어가는, 이러한 과정을 무한히 반복한다. 이렇게 형성된 스레드 풀의 활용을 극대화시키기 위해서는 대량의 장치들을 IOCP에 연결시켰을 때 스레드 풀에서 빠져나와 결과 처리를 수행하는 간격을 가능하면 짧게 하는 것이 중요하다. 스레드 풀에서 빠져나왔을 때 재빨리 결과를 처리하고 다시 스레드 풀로 들어가야, 다른 입출력 완료를 처리하고자 하는 다른 스레드들에게도 충분한 기회를 줄 수가 있다. 이렇게 완료 결과에 대한 수행 시간을 아주 짧게 가져가는 것이야말로 확장성을 지닌 엔터프라이즈 기반 애플리케이션 개발의 핵심이라고 할 수 있다.

스레드 풀을 구성하는 스레드 엔트리 함수를 작성할 때, GetQueuedCompletionStatus에 대한 에러 체크는 반드시 해야 한다. 장치 핸들 시그널 방식에서는 장치에서 에러가 발생한 경우도 완료로 판단해 WaitForXXX 대기 함수는 성공적 대기를 의미하는 WAIT_OBJECT_0을 리턴한다. 그리고 실제 에러 발생 여부는 OVERLAPPED 구조체의 Internal 필드를 통해 확인한다. 그 대안으로 GetOverlappedResult의 경우처럼 GetQueuedCompletionStatus 역시 장치에서 에러가 발생하면 FALSE를 리턴한다. 대신 *lpOverlapped가 NULL인 경우는 GetQueuedCompletionStatus 자체의 에러고, *lpOverlapped가 NULL이 아닌 경우는 장치에서 에러가 발생했음을 판단할 수 있다.

- ***lpOverlapped == NULL**

  GetQueuedCompletionStatus 리턴 결과, 입출력 완료 큐로부터 입출력 완료 패킷을 데큐하지 않았다. 이 경우 lpNumberOfBytes, lpCompletionKey 매개변수 역시 정의되지 않는다. 함수 자체에 대한 에러로, 예를 들어 타임아웃 발생(WAIT_TIMEOUT)이나 IOCP 핸들을 닫았을 경우(ERROR_ABANDONED_WAIT_0)에 발생한다.

- ***lpOverlapped != NULL**

  IOCP와 연계된 장치 자체에서 입출력 과정에 에러가 발생했으며, 입출력 완료 큐로부터 해당 입출력 완료 패킷이 데큐된 상태다. 따라서 lpNumberOfBytes, lpCompletionKey 매개변수 모두 적절한 값으로 채워진다. lpOverlapped의 Internal 필드는 장치의 상태 코드를 담고 있으며, GetLastError를 호출하면 그 상태 코드에 매치되는 Win32 에러 코드를 획득할 수 있다.

따라서 GetQueuedCompletionStatus 호출 결과, 리턴값이 FALSE인 경우에 대한 에러 체크는 다음과 같은 패턴으로 하는 것이 일반적이다.

```
DWORD        dwTrBytes = 0;
ULONG_PTR    ulKey = 0;
LPOVERLAPPED pov = NULL;

BOOL bIsOK = GetQueuedCompletionStatus
(
   hIocp, &dwTrBytes, &ulKey, &pov, 5000
);
if (bIsOK)
{
```

성공 ⇒ 완료된 입출력 요구에 대한 처리를 행할 수 있다.

```
}
else
{
```

에러 발생 ⇒ 다음의 패턴을 따른다.

```
   DWORD dwErrCode = GetLastError();
   if (pov != NULL)
   {
```

입출력 완료 요구 처리 시 에러가 발생했다. pov의 Internal 필드에 NTSTATUS 상태 코드가 설정되어 있으며, dwErrCode는 이 상태 코드를 윈도우 에러 코드로 변환된 값을 갖는다.

```
   }
   else
   {
```

GetQueuedCompletionStatus 자체의 에러

```
      if(dwErrCode == WAIT_TIMEOUT)
      {
```

여러분이 지정한 dwMilliseconds만큼의 시간이 경과했다.

```
      }
      else
      {
```

GetQueuedCompletionStatus 호출 자체에 문제가 있다.

```
        }
    }
}
```

앞의 패턴에 따른 에러 처리는 중요하다. 다음과 같이 GetQueuedCompletionStatus 호출에 실패했을 때 단순히 루프를 탈출했다고 하자.

```
BOOL bIsOK = GetQueuedCompletionStatus
(
    hIocp, &dwTrBytes, &ulKey, &pov, INFINITE
);
if (!bIsOK)
    break;
```

IOCP는 하나의 장치와 연결된 것이 아니라 여러 장치와 연결되어 있다. 따라서 위와 같이 에러 발생한 후 pov의 체크 없이 단순히 루프를 탈출하게 되면, 스레드를 종료하게 될 뿐만 아니라 하나의 장치에서의 에러로 인해 연결된 다른 여러 장치로부터 더 이상의 입출력 완료 통지를 받아들일 수 없게 된다. 따라서 pov가 NULL인지의 여부를 체크해 NULL이면 IOCP 커널 객체가 닫혔거나 IOCP 관련 에러가 발생했기 때문에 더 이상 이 IOCP 객체에 대해 대기할 수 없음을 의미하므로, 작업 스레드를 종료할 수 있다. 하지만 pov가 NULL이 아니면 GetQueuedCompletionStatus 자체의 에러가 아닌 IOCP와 연결된 장치의 입출력 과정에서 에러가 발생했음을 의미한다. 이 에러는 해당 장치의 핸들이 닫혔거나 입출력이 취소되어 발생한 에러일 수도 있다. 따라서 pov가 NULL이 아닌 경우에는 해당 장치 핸들에 대한 에러 처리만을 수행한 후 IOCP에 연결된 다른 장치의 입출력을 받아들이기 위해 계속 루프를 돌면서 GetQueuedCompletionStatus를 호출해야 한다. 그러므로 GetQueuedCompletionStatus 호출 실패 시 반드시 pov가 NULL인지의 여부를 체크한 후 적절한 에러 처리를 해줘야 한다.

여기서 또 하나 더 눈여겨볼 것이 있다. GetQueuedCompletionStatus를 살펴보면 구체적인 해당 장치에 대한 핸들값이 없다는 점이다. 이 스레드는 단지 IOCP 커널 객체만을 바라보고 있다. IOCP에 대해 대기 중인 스레드들은 GetQueuedCompletionStatus 호출 시 넘겨지는 IOCP 핸들의 상태에 따라 깨어나든지 대기할 것이다. 이 말은 구체적인 장치들과 해당 스레드들은 직접적인 연관이 없다는 뜻이다. 그렇다면 대기 상태에서 깨어난 스레드는 입출력 완료가 발생한 장치를 어떻게 식별할 것인가? 이는 CreateIoCompletionPort를 통해서 장치를 IOCP와 연계시킬 때 정의한 생성키를 통해서 가능하다. 앞서 언급한 것처럼 IOCP 커널 객체에 연결된 장치들의 입출력이 완료되면 그 결과는 입출력 완료 패킷으로 구성되어 입출력 완료 큐에 추가된다. 그러면 IOCP는 큐로부터 패킷을 FIFO 방식으로 추출한 후, 대기하고 있는 스레드에게 하나씩 처리를 맡기는 것이다. 즉 입출력 완료 패킷의 각 필드값을 GetQueuedCompletionStatus의 출력 매개변수로 넘어온 매개변수들에 설정한 후 GetQueuedCompletionStatus를 리턴시킨다. 패킷의 필드 중 생성키 필드도 GetQueuedCompletionStatus의 lpCompletionKey 매개변수에 설정되며, 따라서 이 매개변수를 통해 장치를 식별할 수 있는 것이다.

그리고 스레드 풀을 구성할 스레드들의 생성 시점은 개개의 장치를 열기 전에 생성시키는 것이 좋다. 즉 IOCP 커널 객체를 생성시킨 후, 이 객체의 핸들에 대해서 GetQueuedCompletionStatus를 호출하는 스레드들을 미리 생성시켜 두라. 아직까지 구체적인 장치 핸들이 IOCP 커널 객체에 연결되지 않았기 때문에, 이러한 스레드들은 어떠한 CPU 리소스도 소모하지 않은 채 쥐죽은 듯 얌전히 자고 있을 것이다. 나중에 열린 여러 장치들이 IOCP 커널 객체에 연결된 후, 그 장치들로부터 입출력이 완료된다면 스레드들은 깨어나서 활동할 것이다.

다음 그림은 IOCP의 사용을 위한 준비 과정을 나타냈다.

그림 4-6 IOCP의 사용 절차

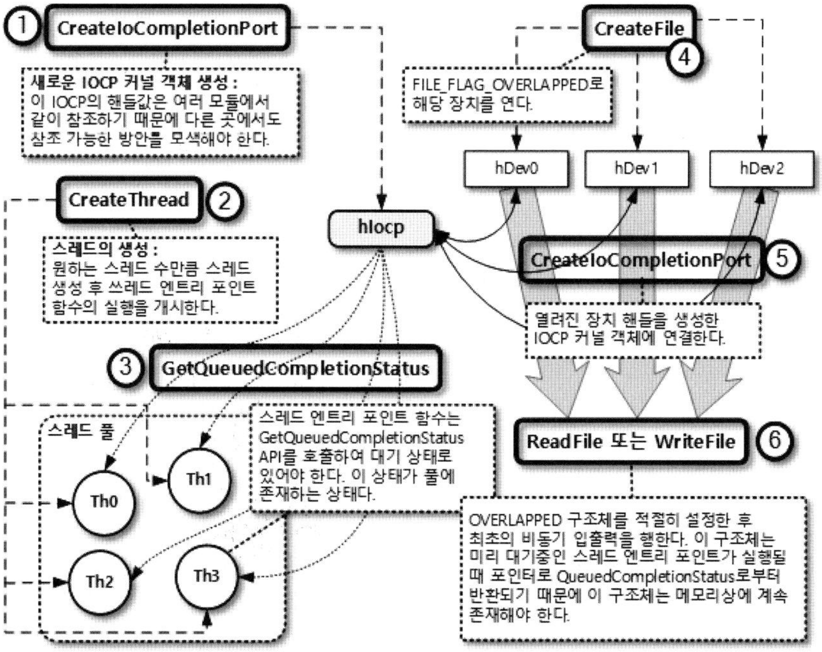

IOCP를 이용한 비동기 입출력 모델 구성 시의 일반적인 패턴에 관해 한 가지만 더 언급하도록 하자. 앞서 나온 코드, 즉 작업 스레드를 구성하는 IOCPThreadProc의 정의에서 살펴본 바와 같이, 스레드는 무한 루프를 돌면서 반복적으로 GetQueuedCompletionStatus를 호출하는 것을 볼 수 있다. 추가해서 언급할 내용은 일단 GetQueuedCompletionStatus에서 깨어나 입출력 완료에 대한 처리를 마쳤다면, 해당 스레드가 계속해서 비동기 입출력 완료에 대한 처리를 하기 위해서는 다시 한 번 더 비동기 입출력을 수행하는 함수, 즉 ReadFile/WriteFile을 호출한 후 루프를 돌아 GetQueuedCompletionStatus의 대기 상태로 들어가야 한다. 따라서 다음과 같은 패턴을 따른다면 용이하게 IOCP를 이용하는 프로그램을 만들 수 있을 것이다.

다음은 입출력 완료에 대한 처리를 수행하는 스레드의 엔트리 포인트 콜백 함수의 정의다.

```
DWORD WINAPI IOCPThreadProc(LPVOID pParam)
{
       ⋮

   while(true)
   {

       GetQueuedCompletionStatus(...);
```
IOCP 커널 객체에 대해 GetQueuedCompletionStatus를 호출해 대기 상태로 들어간다.

☞ 완료 처리 가능 상태

GetQueuedCompletionStatus로부터 성공적으로 리턴될 경우에는 입출력 처리가 완료되었음을 의미하므로, 그것에 대한 적절한 처리 작업을 수행한다. 그 "적절한 처리 작업"을 가능한 짧은 시간 내에 완료하는 것이 IOCP 사용의 중요한 요소가 된다.

```
       ⋮

       ReadFile(...);
```
완료 처리를 마친 후 다시 비동기 입출력을 수행한다. 즉 ReadFile/WriteFile을 비동기적으로 호출한다. 이 함수들은 비동기적이기 때문에 블록되지 않고 바로 리턴되어 루프를 돌아 다시 GetQueuedCompletionStatus를 호출한다. 다음 입출력 완료가 있을 때까지 대기 상태로 머물러 있을 것이다.

```
   }
   return 0;
}
```

이렇게 스레드를 생성했다면 이 스레드를 우선 실행시켜 대기 상태로 만들어 놓은 후 메인 스레드나 다른 스레드 등에서 최초의 비동기 입출력을 수행하는 것이 중요하다. 최초의 비동기 입출력의 수행은 IOCPThreadProc에서 정의된 ReadFile을 호출해주는 부분과 거의 동일할 것이다. 최초의 비동기 입출력을 수행해야 장치가 일단 데이터를 읽거나 쓸 것이기 때문이다. 후에 입출력이 완료되면 그 결과에 대한 처리를 위해 대기 중인 스레드를 깨울 것이다. 앞의 [그림 4-6]에서 ⑥에 해당하는 과정이 최초의 비동기 입출력 수행이다.

다음 프로젝트는 IOCP를 이용해서 다중 파일을 동시에 복사하는 예제다. 프로그램의 실행 인자로 전체 경로를 담은 파일 리스트를 받아서 여러 개의 파일을 동시에 복사한다. 파일은 총 10개까지 받을 수 있도록 했으며, 스레드를 두 개 생성해서 풀을 구성한다. 복사되는 파일은 원본 파일과 동일한 경로에 "파일명.copied" 형태로 복사된다. 코드는 [그림 4-6]의 과정으로 구성될 것이며, OVERLAPPED 구조체를 상속해서 유저 정의 참조 데이터를 구성하는 예를 보여줄 것이다.

먼저, 유저 정의 데이터의 정의를 살펴보자.

프로젝트 4.4.2 MultiCopyIOCP

```
#define BUFF_SIZE  65536
#define READ_KEY   1
#define WROTE_KEY  2


struct COPY_CHUNCK : OVERLAPPED
{
   HANDLE  _hfSrc, _hfDst;
   BYTE    _arBuff[BUFF_SIZE];

   COPY_CHUNCK(HANDLE hfSrc, HANDLE hfDst)
   {
      memset(this, 0, sizeof(*this));
      _hfSrc = hfSrc, _hfDst = hfDst;
   }
};
typedef COPY_CHUNCK* PCOPY_CHUNCK;
```

> OVERLAPPED 구조체를 상속한 COPY_CHUNK라는 유저 정의 구조체를 정의한다. 이 구조체는 파일 복사의 원본과 타깃 파일 핸들들을 멤버 필드로 갖는다. 또한 64KB 단위의 복사를 위한 _arBuff 필드를 갖는다. 그리고 생성자를 통해서 OVERLAPPED 구조체를 미리 초기화한다.

```
struct COPY_ENV
{
```

```
    HANDLE   _hIocp;
    LONG     _nCpCnt;
    HANDLE   _hevEnd;
};
typedef COPY_ENV* PCOPY_ENV;
```

> 메인 함수와 스레드 엔트리 함수에서 공유할 정보를 정의한다. IOCP 객체와 복사할 전체 파일의 개수, 그리고 전체 파일 복사가 완료되
> 었을 경우 통지를 위한 수동 리셋 이벤트로 구성된다. 메인 함수에서 멤버 필드를 채워서 스레드 엔트리 함수의 매개변수로 넘겨준다.

이번에는 IOCP와 스레드를 생성하는 메인 함수의 정의를 살펴보자.

```
void _tmain(int argc, _TCHAR* argv[])
{
    if (argc < 2)
    {
        cout << "Uasge : MultiCopyIOCP SourceFile1 SourceFile2 SourceFile3 ..."
            << endl;
        return;
    }

    PCOPY_CHUNCK arChunk[10];
    memset(arChunk, 0, sizeof(PCOPY_CHUNCK) * 10);
```

> COPY_CHUNCK 구조체의 포인터 배열을 선언하고 초기화한다.

```
    COPY_ENV env;
    env._nCpCnt = 0;
    env._hIocp  = CreateIoCompletionPort(INVALID_HANDLE_VALUE, NULL, 0, 2);
    env._hevEnd = CreateEvent(NULL, TRUE, FALSE, NULL);
```

> COPY_ENV 구조체의 필드를 구성하고, IOCP와 이벤트를 생성하여 할당한다. IOCP는 동시 실행 가능한 스레드 수를 2로 지정했다.

```
    if (argc > 11)
        argc = 11;
```

> 복사할 파일 개수를 최대 10개로 한정한다.

```
    for (int i = 1; i < argc; i++)
```

```
{
```

for 문을 돌면서 프로그램 인자로 넘겨받은 파일명을 기준으로 원본 파일을 열고 타깃 파일을 생성한 후, 두 파일 핸들을 앞서 생성한
IOCP 커널 객체와 연결한다.

```
    TCHAR* pszSrcFile = argv[i];
    HANDLE hSrcFile = CreateFile
    (
        pszSrcFile, GENERIC_READ, 0, NULL,
        OPEN_EXISTING, FILE_FLAG_OVERLAPPED, NULL
    );
```

원본 파일을 연다.

```
    if (hSrcFile == INVALID_HANDLE_VALUE)
    {
        cout << pszSrcFile << " open failed, code : " << GetLastError() << endl;
        return;
    }

    TCHAR szDstFile[MAX_PATH];
    _tcscpy(szDstFile, pszSrcFile);
    _tcscat(szDstFile, _T(".copied"));
    HANDLE hDstFile = CreateFile
    (
        szDstFile, GENERIC_WRITE, 0, NULL,
        CREATE_ALWAYS, FILE_FLAG_OVERLAPPED, NULL
    );
```

타깃 파일을 새롭게 생성한다.

```
    if (hDstFile == INVALID_HANDLE_VALUE)
    {
        cout << szDstFile << " open failed, code : " << GetLastError() << endl;
        return;
    }

    CreateIoCompletionPort(hSrcFile, env._hIocp, READ_KEY, 0);
    CreateIoCompletionPort(hDstFile, env._hIocp, WROTE_KEY, 0);
```

원본 및 타깃 파일 핸들을 입출력 완료 큐에 추가한다. 원본의 생성키는 READ_KEY, 타깃의 생성키는 WROTE_KEY로 지정한다.

```
        PCOPY_CHUNCK pcc = new COPY_CHUNCK(hSrcFile, hDstFile);
        arChunk[i - 1] = pcc;
        env._nCpCnt++;
```

비동기 입출력 시의 OVERLAPPED 구조체를 대신할 COPY_CHUNK를 생성 및 설정하고 배열에 담는다.

```
    }


    LONG lChnCnt  = env._nCpCnt;
    DWORD dwThrID = 0;
    HANDLE harWorks[2];
    for (int i = 0; i < 2; i++)
        harWorks[i] = CreateThread(NULL, 0, IOCPCopyProc, &env, 0, &dwThrID);
```

스레드 풀을 구성할 스레드를 2개 생성한다. 매개변수로 COPY_ENV 구조체의 포인터를 넘겨준다.

```
    for (int i = 0; i < lChnCnt; i++)
    {
```

루프를 돌면서 파일 수만큼 원본 파일 핸들에 대해 최초 비동기 파일 읽기를 개시한다.

```
        PCOPY_CHUNCK pcc = arChunk[i];
        BOOL bIsOK = ReadFile
        (
            pcc->_hfSrc, pcc->_arBuff, BUFF_SIZE, NULL, pcc
        );
        if (!bIsOK)
        {
            DWORD dwErrCode = GetLastError();
            if (dwErrCode != ERROR_IO_PENDING)
                break;
        }
    }


    WaitForSingleObject(env._hevEnd, INFINITE);
```

지정된 전체 파일이 모두 복사될 때까지 대기한다. 파일이 모두 복사되면 _hevEnd 이벤트가 시그널된다.

```
    CloseHandle(env._hIocp);
```

스레드 풀의 스레드들을 종료시키기 위해 IOCP 핸들을 닫는다.

```
    WaitForMultipleObjects(2, harWorks, TRUE, INFINITE);
```

스레드 풀의 스레드들이 모두 종료될 때까지 대기한다.

```
    for (int i = 0; i < lChnCnt; i++)
    {
        PCOPY_CHUNCK pcc = arChunk[i];
        delete pcc;
    }
    for (int i = 0; i < 2; i++)
        CloseHandle(harWorks[i]);
    CloseHandle(env._hevEnd);
}
```

다음은 스레드 풀을 구성할 스레드 엔트리 함수의 정의다.

```
DWORD WINAPI IOCPCopyProc(PVOID pParam)
{
    PCOPY_ENV pEnv = (PCOPY_ENV)pParam;
    DWORD dwThrId = GetCurrentThreadId();

    while (true)
    {
        DWORD        dwErrCode = 0;
        PCOPY_CHUNCK pcc = NULL;
        DWORD        dwTrBytes = 0;
        ULONG_PTR    ulkey;

        BOOL bIsOK = GetQueuedCompletionStatus
        (
            pEnv->_hIocp, &dwTrBytes, &ulkey, (LPOVERLAPPED*)&pcc, INFINITE
        );
```

GetQueuedCompletionStatus 함수를 호출해 본 스레드를 대기 상태로 만든다.

```
        if (!bIsOK)
        {
            if (pcc == NULL)
                break;
```

```
        dwErrCode = GetLastError();
        goto $LABEL_CLOSE;
```

```
    }


    if (ulkey == READ_KEY)
    {
        printf(" => Thr %d Read bytes : %d\n", dwThrId, pcc->Offset);
        bIsOK = WriteFile
        (
            pcc->_hfDst, pcc->_arBuff, dwTrBytes, NULL, pcc
        );
```

```
    }
    else
    {
        pcc->Offset += dwTrBytes;
```

```
        printf(" <= Thr %d Wrote bytes : %d\n", dwThrId, pcc->Offset);
        bIsOK = ReadFile
        (
            pcc->_hfSrc, pcc->_arBuff, BUFF_SIZE, NULL, pcc
        );
```

```
    }
    if (!bIsOK)
```

```
        {
            dwErrCode = GetLastError();
            if (dwErrCode != ERROR_IO_PENDING)
                goto $LABEL_CLOSE;
        }
        continue;


        $LABEL_CLOSE:
        if (dwErrCode == ERROR_HANDLE_EOF)
            printf(" ****** Thr %d copy successfully completed...\n", dwThrId);
        else
            printf(" ##### Thr %d copy failed, code : %d\n", dwThrId, dwErrCode);
```

에러 처리를 수행한다. 에러 코드가 ERROR_HANDLE_EOF이면 정상적인 종료를 의미하고, 이외의 경우는 에러가 발생했음을 의미한다.

```
        CloseHandle(pcc->_hfSrc);
        CloseHandle(pcc->_hfDst);
```

복사가 완료된 경우나 에러가 발생한 경우는 모두 복사 처리가 끝난 것으로 간주하고 원본 및 타깃 파일 핸들을 닫는다. 파일 핸들을 닫으면 시스템은 입출력 완료 큐로부터 그 파일 핸들을 제거한다. IOCP 대기 스레드 처리 내에서 해당 IOCP와 연계된 장치의 핸들을 닫을 수 있음을 명심하기 바란다.

```
        if (InterlockedDecrement(&pEnv->_nCpCnt) == 0)
            SetEvent(pEnv->_hevEnd);
```

전체 파일 복사가 모두 완료되면 _hevEnd 이벤트를 시그널링해서 대기 중인 메인 스레드가 깨어날 수 있도록 한다.

```
    }


    return 0;
}
```

위의 코드를 실행해보면 스레드 풀의 목적을 다소 명확히 알 수 있을 것이다. 예를 들어 10개의 파일을 동시에 복사한다고 할 때, IOCP라는 수단이 없다면 각각의 복사 처리를 위해 10개의 스레드를 생성하여 그 처리를 맡기게 될 것이다. 하지만 IOCP를 사용하면 단 2개의 스레드로 10개의 복사 처리를 동시에 수행한다. 그것도 복사 처리마다 하나의 스레드가 그 복사 처리 전체를 담당하는 것이 아니라, 블록 단위로 읽기 또는 쓰기가 완료될 때마다 유휴 상태가 되는 어떤 스레드든 다음 블록에 대한 처리를 담당할 수 있게 된다. 따라서 동일한 파일의 동일한 블록에 대해서도 스레드 1의 읽기가 완료되면 쓰기는 스레드 2가 넘닝할 수 있는 상황이 된다. 스레드 10개를 동시에 돌리는 경우와 2개만 사용하는 상황을 비교해보자. 우선 2개의 스레드와 10개의 스레드는 메모리 리소스를 사용하는 데에서 차이가 난다. 또한 10개의 스레드를 사용한다면 10개의 스레드 사이에서의 스레드 문맥 전환이 발생하지만, 2개만 있을 경우에는 문맥 전환은 그만큼 줄어든다. 앞 예의 경우 스레드를 미리 생성했지만, 만약 파일 복사가 복사 진행 중에 추가될 수 있다면 추가될 때마다 스레드를 생성하는 것 역시 오버헤드를 유발시킨다. 그리고 10개의 스레드는 각각의 파일에 대해 블록을 읽고 쓸 때마다 대기 상태로 전환될 것이다. 그만큼 스레드가 놀고 있는 상황이 많이 발생한다. 하지만 IOCP에 대해 대기하는 2개의 스레드는 그러한 유휴 시간을 최대한 활용할 수 있기 때문에 스레드의 실행 또한 최대한 활용할 수 있게 된다.

다음 프로젝트는 디렉터리 감시에 IOCP를 이용하는 예제다. 〈프로젝트 4.3.3 DirChgNotiAPC2〉의 코드를 IOCP용으로 변경한 것으로, 여기서는 생성키의 용도를 다르게 사용하는 방법을 보여준다. 즉 생성키로 디렉터리의 핸들 자체를 넘겨서 IOCP에 연결된 디렉터리를 식별하게 된다. 그리고 스레드의 종료를 위해서 IOCP 핸들을 닫는다는 점도 주목하기 바란다.

프로젝트 4.4.2 DirChgNotiIOCP

```
#define BUFF_SIZE  65536
struct DIR_BUFF : OVERLAPPED
{
   BYTE _buff[BUFF_SIZE];
   DIR_BUFF()
   {
      memset(this, 0, sizeof(*this));
   }
};

typedef DIR_BUFF* PDIR_BUFF;
```

APC의 경우와는 다르게 DIR_BUFF 구조체에서 디렉터리 핸들 멤버를 제거했다. 핸들은 생성키 매개변수를 통해 전달될 것이다.

```
DWORD WINAPI DirMonProc(PVOID pParam)
{
   HANDLE hIocp = (HANDLE)pParam;
```

```
while (true)
{
   LPOVERLAPPED pov = NULL;
   ULONG_PTR    ulKey;
   DWORD        dwTrBytes = 0;
   BOOL bIsOK = GetQueuedCompletionStatus
                      (hIocp, &dwTrBytes, &ulKey, &pov, INFINITE);
   if (!bIsOK)
   {
      DWORD dwErrCode = GetLastError();
      if (pov == NULL)
      {
         if (dwErrCode != ERROR_ABANDONED_WAIT_0)
            cout << "GQCS failed: " << dwErrCode << endl;
         break;
```

IOCP 핸들을 닫음으로써 스레드 종료 처리를 한다. IOCP가 닫혔을 때의 에러는 ERROR_ABANDONED_WAIT_0이 되므로 정상적인 종료임을 판별할 수 있다.

```
      }
      else
      {
         cout << "Internal error: " << dwErrCode << endl;
         continue;
```

비동기 감시 중 해당 장치에서 에러가 발생했다.

```
      }
   }
```

```
   HANDLE hDir = (HANDLE)ulKey;
```

생성키로 디렉터리의 핸들이 넘어오므로, HANDLE 타입으로 변환해 엔트리가 변경된 디렉터리의 핸들을 획득한다.

```
   PDIR_BUFF pdb = (PDIR_BUFF)pov;
   if (dwTrBytes > 0)
      PrintDirModEntries(pdb->_buff);
```

```
   bIsOK = ReadDirectoryChangesW
   (
      hDir, pdb->_buff, BUFF_SIZE, FALSE,
```

```
        DIR_NOTI_FILTER, NULL, pov, NULL
    );
```

```
    if (!bIsOK)
        cout << "ReadDirectoryChangesW failed: " << GetLastError() << endl;
    }
    return 0;
}


#define MAX_COPY_CNT  10
void _tmain(int argc, _TCHAR* argv[])
{
        ⋮
    HANDLE hIocp = CreateIoCompletionPort(INVALID_HANDLE_VALUE, NULL, 0, 1);
```

```
    PDIR_BUFF arBuff[MAX_COPY_CNT];
    memset(arBuff, 0, sizeof(PDIR_BUFF) * MAX_COPY_CNT);

    int nMonCnt = 0;
    for (int i = 1; i < argc; i++)
    {
        HANDLE hDir = CreateFile(argv[i], ...);
            ⋮
        CreateIoCompletionPort(hDir, hIocp, (ULONG_PTR)hDir, 0);
```

```
        PDIR_BUFF pdb = new DIR_BUFF();
        BOOL bIsOK = ReadDirectoryChangesW
        (
            hDir, pdb->_buff, BUFF_SIZE, FALSE,
            DIR_NOTI_FILTER, NULL, pdb, NULL
        );
```

```
                ⋮
        arBuff[i - 1] = pdb;
        nMonCnt++;
    }


    DWORD dwThrID = 0;
    HANDLE hThread = CreateThread(NULL, 0, DirMonProc, hIocp, 0, &dwThrID);
```
스레드 풀을 형성할 스레드를 생성한다.

```
    getchar();
    CloseHandle(hIocp);
```
스레드를 종료하기 위해 IOCP 객체의 핸들을 닫는다.

```
    WaitForSingleObject(hThread, INFINITE);
    for (int i = 0; i < nMonCnt; i++)
    {
        PDIR_BUFF pdb = arBuff[i];
        delete pdb;
    }
}
```

이제 이러한 상황을 네트워크 소켓의 관점에서 보자. 서버 사이드 애플리케이션의 경우 몇천 개의 클라이언트가 접속하고 데이터를 주고받는 상황은 매우 흔하다. 이런 경우 서버 측에서 클라이언트가 접속할 때마다 스레드를 생성하고 데이터 처리를 수행한다면 스레드 생성 및 스레드 문맥 전환에 의한 부하는 어마어마한 부담으로 다가올 것이다. 이런 상황을 대비하여 최적화된 수만큼의 스레드를 미리 생성시켜 두고 IOCP를 이용해 수천 클라이언트의 접속 처리를 담당하도록 한다면 성능 향상뿐만 아니라 뛰어난 확장성을 보장해주는 저비용 고효율의 서버 사이드 프로그래밍이 가능해진다. IOCP를 이용하는 비동기 소켓에 대해서는 다음 장에서 상세하게 설명할 것이다.

4.4.3 입출력과 상관없는 IOCP의 사용

APC의 경우에는 QueueUserAPC를 이용해 입출력과 상관없는 작업의 실행을 특정 스레드에 위임시키는 방법이 있다. 마찬가지로 IOCP도 입출력과 상관없는 작업을 IOCP를 통해 수행할 수 있도록 수단을 제공한다. 입출력 완료 큐에 직접 유저가 정의한, 즉 입출력과 상관없는 입출력 완료 패킷을 추가할 수 있으며, 그것은 다음의 함수를 통해서 가능하다.

```
BOOL WINAPI PostQueuedCompletionStatus
(
   _In_        HANDLE        CompletionPort,
   _In_        DWORD         dwNumberOfBytesTransferred,
   _In_        ULONG_PTR     dwCompletionKey,
   _In_opt_    LPOVERLAPPED  lpOverlapped
);
```

이 함수의 매개변수들은 GetQueuedCompletionStatus의 매개변수와 거의 비슷하다. 다만 GetQueuedCompletionStatus의 경우는 실제 전송 바이트 수나 생성키, OVERLAPPED 구조체의 포인터 매개변수가 출력을 위해, 즉 IOCP의 큐에 저장된 입출력 완료 패킷의 정보를 돌려주기 위해 사용되지만, PostQueuedCompletionStatus는 반대로 IOCP에 새로운 입출력 완료 패킷을 추가하기 위해 사용된다는 점이다. 이 함수 역시 APC의 QueueUserAPC와 비슷한 기능을 한다. PostQueuedCompletionStatus를 호출해서 입출력 완료 큐에 항목을 추가하면 GetQueuedCompletionStatus를 통해서 대기하던 스레드 중 하나가 깨어나서 PostQueuedCompletionStatus 호출 시에 넘겨준 전송 바이트 수, 생성키, OVERLAPPED 구조체 정보를 그대로 GetQueuedCompletionStatus의 매개변수로 돌려받아 작업을 수행할 수 있게 된다. PostQueuedCompletionStatus는 사용자가 입출력 완료에 관계 없이 의도적으로 스레드 풀에서 대기 중인 스레드 하나를 깨우고자 할 때 유용하다. 그리고 그러한 상황이 자주 요구되기도 한다. 다음 장에서 설명될 스레드 풀은 내부적으로 IOCP를 기반으로 구현되어 있다. 이때 반드시 입출력과 관련된 것이 아니더라도, IOCP를 사용할 때 PostQueuedCompletionStatus를 이용해 스레드를 깨울 수 있기 때문에 상당히 유용하다.

앞의 예제의 메인 함수 부분에서 비동기 읽기 작업을 최초로 수행하기 위해 10개의 파일 복사 항목에 대해 ReadFile을 호출했다. 이 부분을 PostQueuedCompletionStatus를 이용하게 되면 입출력과 상관없이 최초의 개시 자체를 통지할 수 있다. 그러면 스레드 엔트리 함수 내에서만 ReadFile/WriteFile을 호출할 수 있게 되어 코드를 유연하게 가져갈 수 있다. 먼저 최초 ReadFile을 호출할 것을 통지하는 생성키를 다음과 같이 정의하자.

```
#define BEGIN_KEY  0
```

그리고 메인 함수에서 for 문을 돌면서 ReadFile을 호출하는 부분을 다음과 같이 변경할 수 있다.

프로젝트 4.4.3 MultiCopyIOCP2

```
for (int i = 0; i < lChnCnt; i++)
{
    PCOPY_CHUNCK pcc = arChunk[i];
    PostQueuedCompletionStatus(env._hIocp, 0, BEGIN_KEY, pcc);
}
```

또한 스레드 엔트리 함수를 다음과 같이 수정하면 메인 함수에서의 최초 ReadFile 호출을 스레드 내 호출로 위임할 수 있다.

```
if (ulkey == READ_KEY)
{
    printf(" => Thr %d Read bytes : %d\n", dwThrId, pcc->Offset);
    bIsOK = WriteFile
    (
        pcc->_hfDst, pcc->_arBuff, dwTrBytes, NULL, pcc
    );
}
else
{
    if (ulkey != BEGIN_KEY)
    {
        pcc->Offset += dwTrBytes;
        printf(" <= Thr %d Wrote bytes : %d\n", dwThrId, pcc->Offset);
    }

    bIsOK = ReadFile
    (
        pcc->_hfSrc, pcc->_arBuff, BUFF_SIZE, NULL, pcc
    );
}
```

위와 같이 ReadFile 부분을 PostQueuedCompletionStatus로 대체하면, 위의 코드는 역시 동

일하게 동시에 복사가 이루어진다. 또한 PostQueuedCompletionStatus와 생성키를 이용해 취소 처리도 추가할 수 있을 것이다.

이번 프로젝트에서는 PostQueuedCompletionStatus를 이용해 〈프로젝트 2.4.1 MsgNotify〉 소스를 변경해보자. 정의된 스레드 메시지들을 그대로 생성키로 사용해 데이터의 종류를 식별하고, 또한 LPOVERLAPPED 매개변수를 OVERLAPPED 구조체와 상관없이 사용할 수 있음을 보여줄 것이다.

프로젝트 4.4.3 IOCPNotify

```
#define TM_NONE     0
#define TM_STR      100
#define TM_POINT    101
#define TM_TIME     102
#define TM_EXIT     200
```

언급한 대로 스레드 메시지 정의를 그대로 생성키로 사용한다.

메인 함수의 정의는 다음과 같다. IOCP 커널 객체를 생성하고 스레드를 2개 생성하며, PostThreadMessage 대신에 PostQueuedCompletionStatus를 사용한다는 점을 제외하면 기존 코드와 동일하다.

```
void _tmain()
{
    HANDLE hIocp = CreateIoCompletionPort(INVALID_HANDLE_VALUE, NULL, 0, 2);

    IOCP 커널 객체를 생성한다.

    DWORD   dwThrID;
    HANDLE harWorks[2];
    for (int i = 0; i < 2; i++)
        harWorks[i] = CreateThread(NULL, 0, IOCPWorkerProc, hIocp, 0, &dwThrID);

    char szIn[512];
    while (true)
    {
        cin >> szIn;
```

```
            if (_stricmp(szIn, "quit") == 0)
                break;

            LONG  lCmd = TM_NONE, lSize = 0;
            PBYTE pData = NULL;
```

szIn 콘솔 입력 문자열의 처리는 이전 코드와 동일하다.

```
               ⋮

            PostQueuedCompletionStatus
            (
                hIocp, (DWORD)lSize, (ULONG_PTR)lCmd, (LPOVERLAPPED)pData
            );
```

lSize는 전송 바이트 수로, lCmd는 생성키로, 그리고 OVERLAPPED 구조체와는 전혀 상관없는, 타입별로 동적 할당된 버퍼 pData는 LPOVERLAPPED 매개변수로 전달하여 입출력 완료 큐에 엔트리를 추가한다.

```
        }

        for (int i = 0; i < 2; i++)
            PostQueuedCompletionStatus(hIocp, 0, TM_EXIT, NULL);
```

스레드 종료를 위해 생성키에 TM_EXIT를 넘겨 PostQueuedCompletionStatus를 호출한다.

```
        WaitForMultipleObjects(2, harWorks, TRUE, INFINITE);
        CloseHandle(hIocp);
}
```

이번에는 스레드 풀을 구성할 스레드 엔트리 함수의 정의다. GetMessage 대신에 GetQueued CompletionStatus 호출을 통해 대기한다.

```
DWORD WINAPI IOCPWorkerProc(PVOID pParam)
{
    HANDLE hIocp = (HANDLE)pParam;
    DWORD dwThrId = GetCurrentThreadId();

    while (true)
    {
        LPOVERLAPPED pov = NULL;
```

```
        DWORD       dwTrBytes = 0;
        ULONG_PTR   ulKey;

        BOOL bIsOK = GetQueuedCompletionStatus
        (
            hIocp, &dwTrBytes, &ulKey, &pov, INFINITE
        );
        if (!bIsOK)
            break;

        UINT  msg = (UINT)ulKey;
```

생성키를 메시지 식별자로 변환한다.

```
        if (msg == TM_EXIT)
            break;
```

TM_EXIT이면 스레드 종료를 위해 루프를 탈출한다.

```
        long  lSize = (long)dwTrBytes;
        PBYTE pData = (PBYTE)pov;
```

PostQueuedCompletionStatus 호출 시 LPOVERLAPPED 매개변수를 PBYTE의 동적 할당 데이터로 바로 전달해서 형 변환을
통해 데이터를 획득할 수 있다.

```
        switch (msg)
        {
```

switch 문의 처리는 이전 코드와 동일하다.

```
              ⋮
        }
        delete[] pData;
    }
    printf(" *** WorkerProc Thread %d exits\n", dwThrId);

    return 0;
}
```

경보가능 입출력의 경우에는 QueueUserAPC를 이용해 입출력과 상관없이 유저가 정의
한 콜백 함수를 특정 스레드로 하여금 호출하도록 할 수 있는 장점이 있었다. PostQueued

CompletionStatus 역시 입출력과 상관없는 작업을 스레드 풀 내의 스레드로 하여금 처리하도록 할 수 있는데, 이러한 메커니즘은 매우 유용하게 사용될 수 있다. 스레드 풀을 입출력에 한정된 것이 아닌 다른 목적으로도 사용할 수 있다. 대표적으로 특정 작업을 비동기적으로 수행할 수 있도록 하는 것이다. 비동기적으로 실행하고 결과는 그리 신경 쓸 필요가 없는 작업의 경우, 이런 처리를 위해 스레드를 생성하는 일은 무척 피곤한 일이다. 따라서 이런 작업들을 스레드 풀 내의 스레드에 맡겨 처리를 위임할 수 있다면 코드 작성 시 상당한 편의를 제공할 것이다. 그리고 그 작업을 콜백 함수로 정의하여 위임할 수 있다면 일관된 인터페이스를 제공할 수 있을 것이다. 우리는 2장에서 세마포어를 이용해 이런 기능을 제공하는 클래스를 이미 구현한 바 있다. 앞서 2.4.2절에서 구현한 〈SemaThreadPool〉 코드를 이번 프로젝트에서 PostQueuedCompletionStatus를 이용하는 버전으로 바꿔보자. SemaThreadPool에서는 스레드 풀을 구성하는 스레드 수와 동시 실행 가능한 스레드 수의 구분이 없었다. 따라서 Init 멤버 함수의 매개변수는 생성할 스레드 수를 받기 위해 하나의 매개변수만 존재했지만, IocpThreadPool의 경우에는 스레드 풀을 구성하는 스레드 수와 동시 실행 가능한 스레드 수를 지정하기 위해 두 개의 매개변수를 사용하도록 한다.

프로젝트 4.4.3 IOCPThreadPool

```
typedef void(WINAPI *PFN_WICB)(PVOID pParma);
class IocpThreadPool
{
    static DWORD WINAPI IocpWorkerProc(PVOID pParam);

    HANDLE  m_hIocp;
    int     m_nThrCnt;
    PHANDLE m_parhThrs;

public:
    void Init(int nMaxCnt = 0, int nConcurrentCnt = 0)
    {
        m_hIocp = CreateIoCompletionPort
            (INVALID_HANDLE_VALUE, NULL, 0, (DWORD)nConcurrentCnt);
```

IOCP 커널 객체를 생성한다. nConcurrentCnt를 동시 실행 가능한 스레드 수로 지정한다.

```
        m_nThrCnt = nMaxCnt;
        if (m_nThrCnt == 0)
```

```
{
    if (nConcurrentCnt > 0)
        m_nThrCnt = nConcurrentCnt * 2;
    else
    {
        SYSTEM_INFO si;
        GetSystemInfo(&si);
        m_nThrCnt = (int)si.dwNumberOfProcessors * 2;
    }
}
```

```
    m_parhThrs = new HANDLE[m_nThrCnt];
    for (int i = 0; i < m_nThrCnt; i++)
    {
        DWORD dwThreadId;
        m_parhThrs[i] = CreateThread
            (NULL, 0, IocpWorkerProc, this, 0, &dwThreadId);
    }
```

```
}

void Uninit()
{
    for (int i = 0; i < m_nThrCnt; i++)
        PostQueuedCompletionStatus(m_hIocp, 0, NULL, NULL);
```

```
    WaitForMultipleObjects(m_nThrCnt, m_parhThrs, TRUE, INFINITE);
    for (int i = 0; i < m_nThrCnt; i++)
        CloseHandle(m_parhThrs[i]);
    delete[] m_parhThrs;

    if (m_hIocp != NULL)
    {
        CloseHandle(m_hIocp);
```

```
          m_hIocp = NULL;
      }
  }


  void Enqueue(PFN_WICB pfnCB, PVOID pParam)
  {
      PostQueuedCompletionStatus
      (
          m_hIocp, 0, (ULONG_PTR)pfnCB, (LPOVERLAPPED)pParam
      );
```

pfnCB는 생성키 매개변수로 지정하고, pParam은 LPOVERLAPPED 매개변수로 지정해 입출력 완료 큐에 입출력 완료 패킷을 추가한다.

```
  }
};


DWORD WINAPI IocpThreadPool::IocpWorkerProc(PVOID pParam)
{
  IocpThreadPool*  pTP = (IocpThreadPool*)pParam;
  LPOVERLAPPED     pov = NULL;
  DWORD            dwTrBytes = 0;
  ULONG_PTR        ulKey = 0;


  while (true)
  {
      BOOL bIsOK = GetQueuedCompletionStatus
      (
          pTP->m_hIocp, &dwTrBytes, &ulKey, &pov, INFINITE
      );
      if (!bIsOK)
         break;

      if (ulKey == 0)
         break;
```

ulKey가 NULL인 경우는 종료를 의미하므로, 스레드를 종료하기 위해 루프를 탈출한다.

```
      PFN_WICB    pfnCB  = (PFN_WICB)ulKey;
```

```
    PVOID      pParam   = (PVOID)pov;
```

생성키 ulKey로부터 콜백 함수 pfnCB를 획득하고, pov로부터 매개변수 pParam을 획득한다.

```
    __try
    {
        pfnCB(pParam);
```

콜백 함수를 실행한다.

```
    }
    __except (EXCEPTION_EXECUTE_HANDLER)
    {
        cout << "Unknown exception occurred : " << GetExceptionCode() << endl;
    }
  }
  return 0;
}
```

4.4.4 IOCP 내부 들여다보기

지금까지 IOCP 사용에 대한 전반적인 과정을 예제와 함께 살펴보았다. 이제부터 IOCP의 내부로 들어가 그 작동 원리를 좀 더 상세하게 살펴보도록 하자. IOCP는 특별한 커널 객체로서 하나의 프로세스 내에서만 유효한 것이다. 앞서 본 것처럼 IOCP 생성 시 CreateIoCompletionPort 함수의 매개변수 중 LPSECURITY_ATTRIBUTE를 넘겨주는 매개변수가 없다는 것을 알 수 있다. 이 의미는 IOCP 커널 객체가 하나의 프로세스 내에서만 사용된다는 것을 의미한다.

1) IOCP의 구성요소

IOCP는 다음의 다섯 개의 내부 데이터 구조를 지닌다.

| 장치 리스트(Device List) |

해당 IOCP와 연관된 장치들을 보관하는 리스트다.

- **각 엔트리의 구성요소**
  - HANDLE   dev
  - ULONG_PTR   key

- **엔트리가 추가될 때**

  CreateCompletionPort의 호출에 의해 열린 장치가 IOCP와 연관될 때 등

- **엔트리가 삭제될 때**

  연관된 디바이스(hDevice)가 닫힐 때(CloseHandle) 등

| 입출력 완료 큐(I/O Completion Queue) |

장치 hDevice로부터 입출력이 완료되었을 때의 완료 상태를 입출력 완료 패킷으로 묶어 보관하는 큐다. FIFO(선입선출) 방식이며, 입출력 완료 패킷의 구성요소는 GetQueued CompletionStatus의 매개변수와 동일하다.

- **입출력 완료 패킷의 구성요소**
  - DWORD   bytes
  - ULONG_PTR   key
  - LPOVERLAPPED pov
  - DWORD   error
- **입출력 완료 패킷이 추가될 때**

  장치에 대한 입출력이 완료되었을 때 또는 PostQueuedCompletionStatus가 호출되었을 때

- **입출력 완료 패킷이 삭제될 때**

  IOCP가 대기 스레드 큐로부터 엔트리를 하나 제거시켰을 때

| 대기 스레드 큐(Waiting Thread Queue) |

GetQueuedCompletionStatus를 호출해 대기 상태에 있는 스레드들의 ID를 보관하는 리스트다. 이 구조는 큐임에도 불구하고 추가/삭제는 LIFO(스택 : 후입선출)를 따른다.

- **각 엔트리의 구성요소**
  - DWORD tid
- **엔트리가 추가될 때**

  스레드가 GetQueuedCompletionStatus를 호출할 때

- **엔트리가 삭제될 때**

  입출력 완료 큐가 비어있지 않고 동시에 현재 실행 중인 스레드의 개수가 동시 실행 가능한 최대 스레드 수보다 작을 때 (해제 스레드 리스트에 추가된다)

| 해제 스레드 리스트(Released Thread List) |

대기 스레드 큐로부터 제거된 스레드를 보관하는 리스트다. 실제 이 리스트에 추가된 스레드가 입출력 완료 큐로부터 제거된 입출력 완료 패킷을 대상으로 하여 입출력 완료 처리를 행하게 된다. 여기서의 해제란 내기 상태로부터의 해제를 의미하며, 실제 이 리스트에 속한 스레드들이 활성화된 스레드가 된다.

- **각 엔트리의 구성요소**
  - DWORD tid
- **엔트리가 추가될 때**
  - IOCP가 대기 스레드 큐에 있는 스레드를 깨울 때(대기 스레드 큐로부터 제거된 엔트리)
  - 정지된 스레드가 깨어날 때(정지 스레드 리스트로부터 제거된 엔트리)
- **엔트리가 삭제될 때**
  - 스레드가 다시 GetQueuedCompletionStatus를 호출할 때(제거되어 다시 대기 스레드 큐로 돌아간다)
  - 스레드가 스스로를 잠재우는 함수(WaitForXXX, Sleep 등)를 호출할 때(제거되어 정지 스레드 리스트로 들어간다)

| 정지 스레드 리스트(Paused Thread List) |

스레드가 스스로 대기 상태로 들어가서 해제 스레드 리스트로부터 제거된 스레드의 ID를 보관하는 리스트다.

- **각 엔트리의 구성요소**
  - DWORD tid
- **엔트리가 추가될 때**
  해제 스레드 리스트의 스레드가 스스로를 대기시키는 함수를 호출할 때(해제 스레드 큐로부터 제거된 엔트리)
- **엔트리가 삭제될 때**
  대기 중인 스레드가 깨어날 때(제거되어 해제 스레드 리스트로 돌아간다)

2) IOCP의 기본적인 움직임

APC 큐는 특정 스레드에 대해 존재하지만 입출력 완료 큐는 IOCP 커널 객체에 의해, 즉 프로세스 한정적으로 관리된다는 점을 빼면 APC 큐와 비슷하다. 입출력 완료 큐에 입출력 완료 패킷이 추가될 경우는 다음과 같이 두 가지다.

- 입출력이 완료되었을 때
- PostQueuedCompletionStatus 함수가 호출되었을 때

추가되는 경우, 즉 입출력 완료 시와 APC의 QueueUserAPC 함수와 비슷한 기능을 가진 PostQueuedCompletionStatus 함수 호출 시 역시 APC와 비슷하다. 예를 들어 IOCP 커널 객체를 다음과 같이 동시 실행 가능 최대 스레드 수를 2로 지정해 생성시켰다고 가정한다.

```
hIocp = CreateIoCompletionPort(INVALID_HANDLE_VALUE, NULL, 0, 2);
```

그리고 언제 데이터를 송신할지 알 수 없는 장치(소켓도 좋고 시리얼 포트도 좋다)가 4개 있고, 이 장치를 열었을 때의 핸들값은 각각 hDev0, hDev1, hDev2, hDev3이다. 이 장치 핸들들을 모두 hIocp라는 핸들값을 가진 IOCP에 연결시켰다고 하자. 그리고 스레드 풀을 위한 스레드를 4개 미리 생성시켜서 실행시켰고, 이때 스레드 ID를 각각 tid0, tid1, tid2, tid3이라고 하자. 스레드는 4개지만 이 스레드를 위한 스레드 엔트리 함수를 개별적으로 정의할 필요 없이 하나로 정의해도 상관없다. 앞서 동시 실행 가능한 최대 스레드 수를 2로 지정했기 때문에, 스레드 풀에 존재하는 스레드는 4개지만 그중 동시에 풀에서 빠져나와 활동할 수 있는 스레드의 수는 최대 2개까지다. 이 스레드 엔트리 함수는 다음 소스처럼 구성되어 있고 장치가 보낼 데이터의 수신 완료 통지를 받기 위해 실행되자마자 바로 GetQueuedCompletionStatus를 호출해서 대기 상태에 있다고 하면 구조는 다음과 같을 것이다.

```
DWORD WINAPI IOCompletionThreadProc(LPVOID pParam)
{
    HANDLE        hIocp      = (HANDLE)pParam;
    LPOVERLAPPED  pov        = NULL;
    DWORD         dwTrBytes  = 0;
    ULONG_PTR     ulKey      = 0;

    while(TRUE)
    {
        BOOL bIsOK = GetQueuedCompletionStatus
        (
            hIocp, &dwTrBytes, &ulKey, &pov, INFINITE
        );
        if(bIsOK)
```

```
        {
```

입출력 완료 데이터 처리

```
            ⋮
            ReadFile(...);
        }
        else
        {
            DWORD dwErrCode = GetLastError();
```

에러 처리

```
            ⋮
        }
    }
    Return 0;
}
```

앞의 IOCP 대기 수신 스레드가 대기 상태로 들어가게 될 경우, IOCP의 각 컴포넌트의 구조는 다음 그림과 같을 것이다.

그림 4-7 IOCP 초기 상태

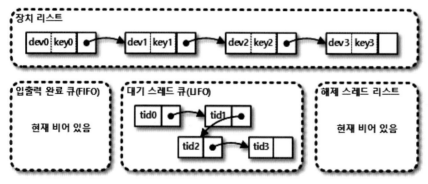

우선 입출력 완료의 경우를 보자. 디바이스 리스트의 엔트리에 포함된 장치로부터 입출력 작업이 완료되면 수신 바이트 수(bytes), 생성키(key), 에러 코드(error), 그리고 OVERLAPPED 구조체의 포인터(pov)가 입출력 완료 패킷으로 묶여 입출력 완료 큐에 추가되면 그 상태는 다음과 같다.

그림 4-8 입출력 완료 큐에 엔트리 추가

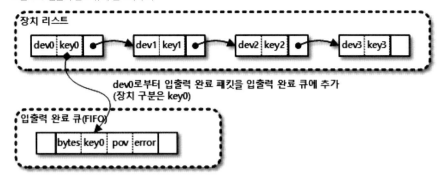

여러분이 미리 생성해 둔 스레드는 이미 GetQueuedCompletionStatus 함수를 호출해서 대기 상태로 들어갔기 때문에 대기 스레드 큐에 추가되어 있다. 입출력 완료 큐에 패킷이 추가되는 순간 IOCP 커널 객체는 대기 스레드 큐의 마지막 엔트리(LIFO이므로)의 스레드를 대기 스레드 큐로부터 제거한 후 해제 스레드 리스트에 추가한다.

그림 4-9 대기 큐에서 해제 큐로의 스레드 이동

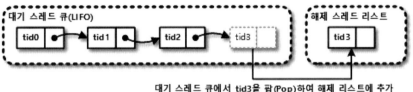

그리고 IOCP 커널 객체는 입출력 완료 큐로부터 추가된 패킷을 데큐한 후 패킷의 필드들을 GetQueuedCompletionStatus 함수의 매개변수 pdwNumBytes, CompKey, ppOverlapped에 각각 설정한 후 그 스레드를 깨운다. 스레드를 깨운다는 의미는 곧 GetQueuedCompletionStatus 함수를 리턴시킨다는 의미다. 이때 리턴값은 TRUE가 되고 정상적으로 입출력이 완료되었음을 의미한다.

그림 4-10 입출력 완료 큐의 패킷을 활성 스레드에 할당

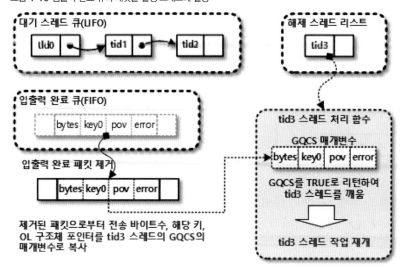

깨어난 스레드는 GetQueuedCompletionStatus 함수의 매개변수로부터 데이터와 에러 코드, 입출력 생성키 등을 통해 해당 처리 작업을 수행한 후 다시 루프를 돌아 GetQueuedCompletionStatus를 호출할 것이다. 그렇게 되면 스레드는 다시 수면 상태로 들어가게 된다. 현재 이 스레드는 해제 스레드 리스트에 보관되어 있다. 이 스레드가 다시 GetQueuedCompletionStatus를 호출하면 IOCP 커널 객체는 이 스레드를 해제 리스트로부터 제거하여 대기 스레드 리스트에 푸시한다. 그리고 이 스레드는 입출력 완료 큐가 비어 있는 동안은 계속 대기 상태로 CPU 스케줄링 큐에 추가되지 않는다.

그림 4-11 해제 리스트에서 대기 리스트로의 스레드 이동

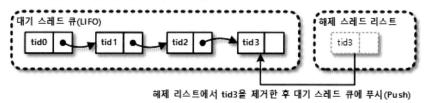

이 모든 작업이 완료되고 나면 다시 IOCP의 상태는 초기 상태인 [그림 4-7]의 상태로 돌아간다.

이번에는 dev3, dev1, dev2 순으로 각 장치가 입출력 작업을 완료했다고 하면 다음과 같이 될 것이다.

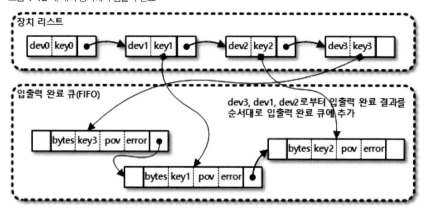

그림 4-12 세 개의 장치에서 입출력 완료

장치 리스트로부터 해당되는 키를 가지고 순서대로 입출력 완료 큐에 패킷이 추가된다. 이렇게 추가되는 순간 그 순서대로 입출력 완료 큐에서 제거되며, 대기 중인 스레드는 대기 스레드 큐에서 tid3, tid2의 순서대로 팝되어 해제 스레드 리스트에 추가된 후 입출력 완료 큐에서 제거된 패킷을 각각 맡아서 처리하게 된다. 이 두 스레드의 처리가 완료될 때까지는 입출력 완료 큐에 있는 key2 패킷은 계속 남아 있다. key2의 완료 작업이 처리되지 않고 남아 있는 이유는, 앞서 전제한 것처럼 IOCP 생성 시 동시 실행 가능한 스레드 수의 값을 2로 넘겨줬기 때문이다. 여기서 입출력 완료 포트의 핵심을 볼 수 있는데, 입출력 완료 큐에 패킷이 존재하고 비록 대기 스레드 큐에 대기 중인 스레드가 존재하더라도 입출력 완료 큐의 그 패킷은 제거되지 않고 남아 있다. 즉 여러분이 처음에 CreateIoCompletionPort를 통해서 IOCP를 생성할 때 넘겨주는 동시 실행 가능한 최대 스레드 수 이상의 스레드를 실행시키지 않는다는 점이다.

그림 4-13 두 개의 엔트리에 대한 처리

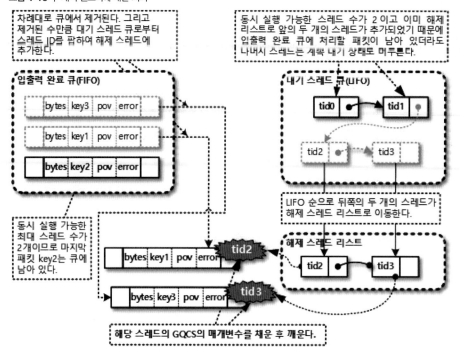

여기서 주의할 것은 동시 실행 가능한 최대 스레드 수이다. 대기 스레드 큐에 스레드가 남아있더라도 입출력 완료 큐에 있는 패킷이 제거되지 않을 수가 있다. 즉 핵심은 해제 스레드 리스트에 존재하는 스레드의 수이다. 여러분이 지정한 동시 실행 가능한 스레드 수는 엄밀히 말하자면 해제 스레드 리스트에 추가될 수 있는 스레드의 최대치를 의미한다. IOCP는 해제 스레드 리스트에 추가된 엔트리 수만큼 스레드의 GetQueuedCompletionStatus를 리턴시켜 스레드를 깨운다. 따라서 비록 대기 스레드 큐에 스레드가 남아 있더라도 해제 스레드 리스트의 엔트리의 수가 여러분이 지정한 동시 실행 가능한 스레드 수와 일치하면 대기 스레드 큐에 남아 있는 스레드는 계속 수면 상태로 남겨둔다. IOCP의 가장 큰 목적이라면 이 해제 스레드 리스트의 엔트리 수를 여러분이 지정한 동시 실행 가능한 스레드 수를 초과하지 않도록 유지하는 것이라고 볼 수 있다. IOCP는 이런 방식으로 동시 실행 가능한 스레드의 수를 일정 한도로 제한함으로써 과도한 스레드의 생성 및 사용을 제한한다.

이제 tid3 스레드가 작업을 마치고 다시 GetQueuedCompletionStatus를 호출하면 IOCP는 tid3을 해제 스레드 리스트로부터 제거해서 대기 스레드 큐에 푸시할 것이다.

그림 4-14 스레드 3의 대기 리스트로의 이동

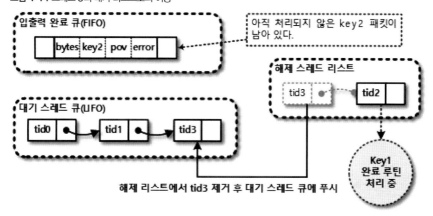

이때 입출력 완료 큐에 마지막 패킷인 Key2가 남아 있으므로, tid3은 다시 팝되어 해제 스레드 리스트로 들어가 Key2 패킷의 내용으로 해당 매개변수를 채운 뒤 GetQueuedCompletionStatus로부터 리턴시킨다. 다음 그림에 그 과정이 나와 있다. 그림에서 주의해서 볼 것은 이전 그림에서 입출력 완료 처리를 행하고 대기 스레드 큐로 돌아간 tid3이 또 다시 대기 스레드 큐에서 빠져나와 key2에 대한 입출력 완료 처리를 행한다는 점이다. 대기 스레드 큐의 추가/삭제 알고리즘은 LIFO란 점에 주목하기 바란다. 비록 큐지만 LIFO를 따르는데, 그 이유는 최근에 활동한 스레드가 다시 작업을 행한다면 여러 측면에서 이득을 볼 수 있기 때문이다. 스레드가 실행하는 코드는 스레드 엔트리 함수며, 이 코드는 CPU에 캐시되어 있다. 이 때 이스레드의 문맥 정보가 CPU의 레지스터에 저장되어 있기 때문에, 방금 작업한 스레드가 또 다시 작업을 계속 이어간다면 스레드 문맥 전환을 할 필요가 없다. 따라서 CPU에 캐시해 둔 코드나 데이터를 그대로 사용할 수 있으며, 불필요한 레지스터 백업과 복원 등의 스레드 전환 작업도 필요 없기 때문에 여러 면에서 오버헤드를 감소시킬 수 있다. 이러한 이유로 대기 스레드 큐의 추가/삭제 처리를 LIFO로 처리하는 것이다.

그림 4-15 입출력 완료에 대한 스레드 3의 작업 처리

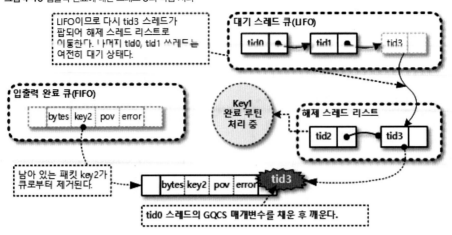

3) 완료 처리 중 자발적 대기

지금까지 IOCP의 내부 동작에 대해 살펴보았다. 이제 IOCP의 마지막 요소인 정지 스레드 리스트에 대해 언급하고자 한다. IOCP는 상당히 세심한 곳까지 배려한 메커니즘이다. 스레드 풀에서 빠져나와 입출력 완료에 대한 처리를 수행하던 스레드가 다음 코드처럼 WaitForXXX 대기 함수를 호출해 자발적인 대기 상태로 진입했다고 하자.

```
DWORD WINAPI IOCompletionThreadProc(LPVOID pParam)
{
    ⋮
  while(true)
  {
    bIsOK = GetQueuedCompletionStatus(hIocp, &dwTrans, &ulkey, &pov, INFINITE);
    if (bIsOK)
    {
      수신 데이터 처리
          ⋮
        WaitForXXX( . . . );
    }
      ⋮
```

처음의 전제 그대로 동시 실행 가능한 최대 스레드 수는 2, 스레드 엔트리 함수를 사용하는 스레드는 4다. 그러면 대기 스레드 큐에는 실제 4개의 스레드 엔트리가 존재하게 된다. 시스템은 동일한 IOCP 핸들을 통해서 GetQueuedCompletionStatus를 호출하는 모든 스레드를 대기 스레드 큐에 삽입한다. 따라서 동시 실행 가능한 최대치와는 상관없이 대기 스레드 큐에는 여러분이 생성시킨 스레드 수만큼 엔트리가 존재한다. 중요한 것은 해제 스레드 리스트에 있는 엔트리의 수다. GetQueuedCompletionStatus를 호출하는 스레드를 아무리 많이 생성시키더라도 해제 스레드 리스트에 들어갈 수 있는 스레드의 수는 동시 실행 가능한 최대치까지다. 따라서 그외 나머지 스레드들은 대기 스레드 큐에 남아 있을 것이다. [그림 4-15]의 상태는 대기 스레드 큐로부터 스레드 tid2와 tid3이 해제 스레드 리스트로 들어와서 각각 key1과 key2 작업을 진행 중인 상태다. 그 반면에 나머지 두 개의 스레드는 계속 대기 스레드 큐에서 대기 중이며, 현재 입출력 완료 큐는 비어 있는 상태가 된다. 이 시점에서 dev3과 dev0의 입출력이 완료되어 입출력 완료 큐에 패킷 key3, key0의 순으로 엔큐되었다고 하자.

그림 4-16 동시 실행 가능한 최대 스레드 수만큼의 스레드 실행

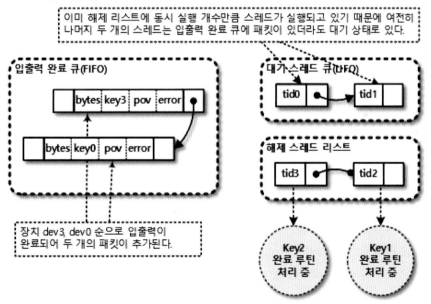

이때, 앞의 소스에서처럼 WaitForXXX 대기 함수를 호출하게 된다면 해제 리스트에 존재하는 이 스레드는 자발적으로 스스로를 잠재울 것이며, 타임아웃이나 다른 스레드에 의해 깨어나기 전까지 계속 대기해야 한다. 그렇다면 이렇게 활성화된 스레드가 대기 상태에 있는 동안 대기 스레드 큐에

있는 나머지 스레드들 역시 여전히 자고 있어야 하는가? 대기 스레드 큐에서 해제 스레드 리스트로의 이동은 해제 스레드 리스트의 엔트리 수가 동시 실행 가능한 최대 스레드 수보다 작을 때만 가능하다. 얼마간의 시간 자료 작업 중인 두 개의 스레드 모두가 내기 함수를 호출하게 될 경우, 활동하는 스레드는 아무 것도 없음에도 불구하고 어전히 대기 스레드 큐의 스레드는 깨어나지 못하는 상황이 발생한다. 이는 가용한 CPU 자원을 낭비하는 결과를 낳게 된다. 따라서, 어떻게든 해제 스레드 리스트의 수를 감소시켜줘야 대기 스레드 큐로부터 스레드가 해제 스레드 리스트로 들어올 수 있다. 이런 상황을 대비해 IOCP는 정지 스레드 리스트를 따로 갖고 있다. 만약 해제 스레드 리스트의 스레드가 Sleep이나 WaitForXXX 등의 대기 함수를 통해 스스로 잠들었을 때, IOCP는 잠든 스레드를 해제 스레드 리스트로부터 제거하고 정지 스레드 리스트에 추가한다. 이렇게 되면 해제 스레드 리스트의 엔트리 수가 감소되어 대기 스레드 큐로부터 스레드를 해제 스레드 리스트에 추가할 수 있게 되고, 따라서 입출력 완료 큐에 대기 중인 다른 작업을 실행할 수 있게 된다.

그림 4-17 해제 리스트에서 정지 리스트로의 스레드 이동

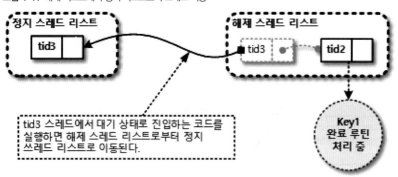

한 번 더 말하지만, 해제 스레드 리스트로부터 대기 스레드 큐로의 이동은 그 스레드가 다시 GetQueuedCompletionStatus를 호출할 때만 가능하다. 즉 GetQueuedCompletionStatus를 호출하기 전에 스스로 잠들었을 경우에는 아직 처리 작업이 끝나지 않았기 때문에 이 스레드를 대기 스레드 큐로 옮길 수 없다. 그래서 이 스레드를 정지 스레드 리스트에 잠시 보관해두기 때문에 빈 자리는 대기 스레드 큐에 있는 다른 스레드가 차지하게 된다.

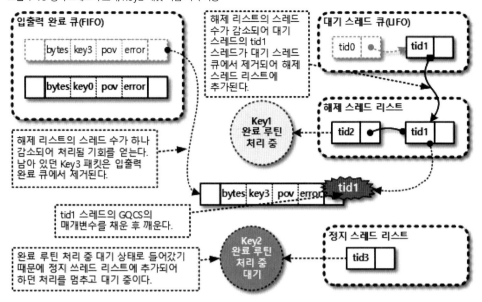

그림 4-18 정지 스레드의 효과, key2 패킷 작업 처리 가능

입출력 완료 큐(FIFO)

bytes | key3 | pov | error

bytes | key0 | pov | error

해제 리스트의 스레드 수가 감소되어 대기 스레드의 tid1 스레드가 대기 스레드 큐에서 제거되어 해제 스레드 리스트에 추가된다.

대기 스레드 큐(LIFO)

tid0 | ● | tid1

해제 리스트의 스레드 수가 하나 감소되어 처리될 기회를 얻는다. 남아 있던 Key3 패킷은 입출력 완료 큐에서 제거된다.

Key1 완료 루틴 처리 중

해제 스레드 리스트

tid2 | ● | tid1

bytes | key3 | pov | error | 0 ‹ tid1

tid1 스레드의 GQCS의 매개변수를 채운 후 깨운다.

완료 루틴 처리 중 대기 상태로 들어갔기 때문에 정지 쓰레드 리스트에 추가되어 하던 처리를 멈추고 대기 중이다.

Key2 완료 루틴 처리 중 대기

정지 스레드 리스트

tid3

깨어날 상황이 되어 정지 스레드 리스트에 있는 스레드가 깨어나게 되면 다시 정지 스레드 리스트로부터 제거되어 해제 스레드 리스트로 들어가 자신이 하던 작업을 계속 하게 된다. 하지만 여기서도 문제가 있다. 정지 스레드 리스트의 스레드가 깨어났을 때 해제 스레드 리스트에서 활동 중인 스레드의 수가 여전히 동시 실행 가능한 스레드 수와 같다면 어떻게 될까? 다시 강조하지만 IOCP의 가장 중요한 일은 해제 리스트의 엔트리 수를 IOCP 생성 시 지정한 동시 실행 가능한 스레드 수 이하로 유지하는 것이다. 하지만 이 경우에는 어쩔 수 없이 동시 실행 가능한 스레드 수보다 많은 스레드를 유지할 수밖에 없다. 시스템은 이때 정지 스레드 리스트에서 깨어난 스레드를 해제 스레드 리스트에 추가한다. 따라서 이럴 경우에만 동시 실행 가능한 최대 스레드 수보다 많은 스레드가 스레드 풀 밖에서 활동하게 된다. 이후 해제 스레드 리스트의 수가 감소되더라도 여전히 동시 실행 가능한 스레드 수보다 크거나 같기 때문에, 대기 스레드 큐에 대기중인 스레드가 존재하더라도 더 이상 해제 리스트에 스레드를 추가시키지 않는다. 그러다 다시 해제 리스트로부터 스레드가 제거되어 비로소 동시 실행 가능한 스레드 수보다 스레드 수가 작아지면 대기 스레드 큐로부터 새로운 스레드를 받아들여 해제 스레드 리스트에 추가하게 된다.

다음 그림은 동시 실행 가능한 스레드 수를 넘어서 해제 스레드 리스트에 스레드가 추가된 상태를 나타낸 것이다.

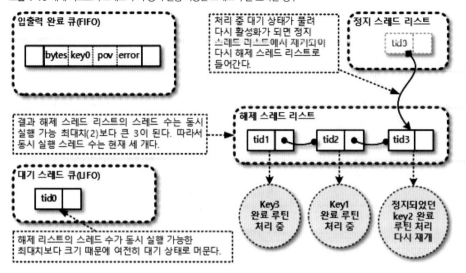

그림 4-19 해제 리스트의 스레드 수가 동시 실행 가능한 스레드 수를 초과한 경우

그럼 해제 스레드 리스트의 스레드 수가 얼마든지 동시 실행 가능한 스레드 수를 넘어설 수 있다는 것이 된다. 위와 같은 상황이 지속된다면 해제 스레드 리스트의 스레드 수는 계속 늘어날 수 있다. 하지만 그것도 정지 스레드 리스트에 작업 스레드가 존재할 때까지다. 어차피 동시 실행 가능한 스레드 수를 넘어섰기 때문에 비록 대기 스레드 리스트에 작업 항목이 있더라도 그 작업 항목은 계속 대기 스레드 리스트에 머물러야 한다. 대신 정지 스레드 리스트의 작업 항목을 처리하던 스레드가 잠에서 깨어나면 해제 스레드 리스트로 다시 돌아온다. 어차피 정지 스레드 리스트로 옮겨갈 경우의 수가 제한되어 있기 때문에 실행 가능한 최대 스레드 수보다 훨씬 많은 스레드가 해제 스레드 리스트에 추가될 가능성은 별로 없다. 설사 그렇다 치더라도 그러한 경우는 입출력 완료 포트를 사용하기 위한 전제 조건들을 완전히 무시하는 경우에만 가능할 것이다. IOCP의 전제 조건은 입출력 완료 처리를 가능하면 짧은 시간 내에 끝낼 것을 요구한다. 즉 GetQueuedCompletionStatus로부터 리턴되어 다시 GetQueuedCompletionStatus를 호출하는 그 인터벌이 짧게 끝난다는 전제하에서 가능하다. 매우 긴 작업 시간을 소요하는 경우라면 IOCP의 사용을 피하고 별도의 명시적 스레드를 생성해서 처리하는 것이 상책이다. '가능하면 그 처리 시간을 짧게 해줘야 한다'라는 전제는 엔터프라이즈 레벨의 애플리케이션을 개발할 경우라면 언제나 기본적으로 안고 가야 하는 문제다. 그리고 그것은 충분히 가능한 요구다. 또한 IOCP 대기 스레드는 동일한 스레드 엔트리 함수를 사용하는 것이 일반적이다. 따라서 한 스레드가 대기 상태에 들어가 정지 스레드 리스트에 추가된 후, 깨어났을 때 해제 스레드 리스트의 수가 동시 실행 가능한 스레드 수와 같을 경우는 별로 없다. 있다손

치더라도 그 수는 곧 감소되고 우선적으로 깨어난 스레드가 해제 스레드 리스트로 들어간다. 왜냐하면 동일한 스레드 엔트리 포인트 함수를 사용하기 때문에 해제 스레드 리스트에 있는 스레드들도 곧 Sleep을 호출하는 코드에 도달할 것이고, 그러면 그 스레드 역시 정지 스레드 리스트로 이동될 것이기 때문이다. 다음 그림이 해제 스레드 리스트의 스레드가 작업을 마치고 대기 스레드 리스트로 돌아가는 과정을 나타낸 것이다. 그림에서 설명하는 것처럼, 입출력 완료 처리를 끝마치고 해제 스레드 리스트로부터 제거되더라도 아직까지 해제 스레드 리스트의 항목 수가 앞서 전제한 동시 실행 가능한 최대 스레드 수인 2와 같기 때문에, 대기 스레드 큐의 스레드들은 계속 그곳에 머물러 있어야 한다.

그림 4-20 초과된 해제 리스트에서 대기 리스트로의 스레드 이동

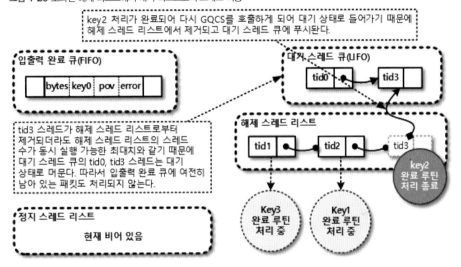

tid1이나 tid2 역시 WaitForXXX 대기 함수를 호출해 정지 스레드 리스트로 옮겨갈 때, 해제 스레드 리스트는 비로소 동시 실행 가능한 스레드 수인 2보다 작아질 것이고, 그러면 대기 스레드 큐에 있던 작업 항목이 해제 스레드 리스트에 추가될 수 있다. IOCP는 이러한 정교한 메커니즘을 통해 수많은 장치 입출력 요구를 몇 개의 스레드를 이용해서 해결해줄 수 있다. 계속 강조하지만 해제 스레드 리스트에 존재하는 스레드들은 스레드 풀로부터 빠져나와 동시에 실행되고 있는 스레드들이고, 이 수는 가능하면 IOCP 생성 시 지정한 동시 실행 가능한 스레드 수를 넘기지 않기 위한 정교한 메커니즘의 도움을 받고 있는 것이다. 지정한 동시 실행 가능한 스레드 수가 주요한 요소가 되는 것은 동시에 작업을 처리해주는 스레드가 과도하게 생성되는 것을 막기 위함이고, 이는 곧 많은 수의 스레드를 실행할 때 따르는 과도한 스레드 문맥 전환이라는 오버헤드를 피하기 위함이다.

마지막으로 다음 그림은 IOCP의 각 구성요소에 엔트리가 추가되거나 제거되는 상황을 정리한 것이다.

그림 4-21 구성요소의 엔트리 추가 및 제거 상황

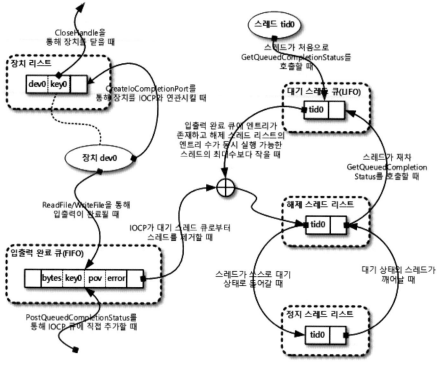

4) 동시성 값과 풀 내의 스레드 수

지금까지 IOCP의 구성요소와 이들의 작동 방식을 알아보았다. 이 논의를 통해서 IOCP의 핵심은 "동시 실행 가능한 스레드 수", 즉 CreateIoCompletionPort 호출 시에 매개변수로 지정하는 NumberOfConcurrentThreads의 값임을 알 수 있다. 이를 "동시성 값(Concurrency Value)"이라고 하는데, 이 값을 기준으로 IOCP는 해제 리스트의 스레드 수를 조절하여 가능하면 활성화된 스레드, 즉 동시 실행 가능한 스레드 수가 이 값을 넘지 않도록 만든다. NumberOf-ConcurrentThreads 매개변수의 값을 0으로 지정하면 윈도우는 동시성 값을 해당 시스템의 CPU 개수만큼 할당한다. 이 말은 하나의 CPU에 하나의 스레드를 각각 할당하여 스레드 간 문맥 전환을 최소화하겠다는 생각이 기본적으로 깔려 있다. IOCP는 스레드 간 문맥 전환의 최소화에 전력을 다한다. 앞서 설명한 것처럼 대기 스레드 리스트는 일반 큐처럼 선입선출(FIFO) 방식이 아니라 스택

의 성격을 띠는 후입선출(LIFO) 방식으로 동작하는데, 그 이유 역시 스레드의 문맥 전환을 최소화하기 위함이다. 따라서 기본적으로 동시성 값을 CPU의 수에 맞추는 것 또한 문맥 전환을 고려한 것이기도 하다. 요청을 처리하기 위해 장시간의 연산을 필요로 하는 경우 동시성 값을 좀 더 큰 값으로 지정할 수도 있지만, 이 값을 유저가 직접 지정하는 데에는 좀 더 세심한 주의가 필요하다. 동시성 값은 해당 솔루션의 시스템 사양에 맞춰, 여러 테스트를 거쳐서 최적화된 값을 도출할 필요가 있다.

이제 마지막으로 고려해야 할 요소는 풀 내의 스레드 수를 몇 개로 가져갈 것인가다. 앞서 설명한 것처럼 동시 실행 가능한 스레드 수는 동시성 값에 제약을 받는다. 하지만 입출력 완료 처리 루틴 내에서의 자발적 대기까지 고려하여 정지 리스트가 관리된다. 따라서 기본적으로 스레드 풀 내의 최대 스레드 수는 동시성 값 이상으로 가져가는 것이 좋다. 보통 알려진 대로 동시성 값의 두 배만큼 풀 내의 스레드 수를 생성하는 것이 관례다. 따라서 NumberOfConcurrentThreads를 0으로 지정했다면 윈도우는 동시성 값을 CPU 수만큼 지정할 것이기 때문에, 여러분은 IOCP에 대해 대기할 스레드의 수를 CPU 수×2만큼 생성하면 될 것이다. 이것은 권고사항일 뿐이며, 이 역시 여러분이 구현할 솔루션의 성격과 시스템의 사양 등을 충분히 고려해야 한다. 기본적인 고려사항은 IOCP가 나오게 된 근거와 일치한다. 즉 과도한 스레드의 생성을 막아 시스템 리소스의 낭비를 막고 최소한의 스레드를 사용해 스레드의 생성 및 해제, 그리고 문맥 전환이 야기하는 CPU의 낭비를 막는 것이 우선적인 고려사항이 되어야 한다.

풀 내의 스레드 수를 솔루션이 초기화될 때 미리 결정할 수도 있겠지만 솔루션이 동적으로 그 수를 조절하도록 코드화할 수도 있다. 스레드 풀을 구성하는 스레드는 GetQueuedCompletionStatus를 호출하는 스레드이므로 GetQueuedCompletionStatus를 호출하는 순간 스레드는 IOCP의 구성요소가 되고, 이러한 스레드는 IOCP에 할당된 스레드가 된다. 이렇게 할당된 스레드가 IOCP로부터 할당 해제되는 경우는 이 스레드가 종료되거나, 또는 다른 IOCP 핸들을 인자로 GetQueuedCompletionStatus를 호출하거나, IOCP가 닫혀서 종료되는 경우다. 즉 스레드가 종료되면 스레드 풀 내의 스레드 수는 줄어들고 다시 스레드를 생성하여 GetQueuedCompletionStatus를 호출하면 풀 내의 스레드 수는 증가하게 된다. 그러므로 런-타임 시에 그 시점까지의 시스템의 여러 자원들의 소비 상황, 즉 CPU 사용률이나 메모리 사용률 등의 누적된 통계를 통해서 동적으로 스레드 풀 내의 스레드 수를 탄력적으로 변경시킬 수 있다. 그리고 GetQueuedCompletionStatus를 호출하는 스레드 엔트리 함수 내에서 그러한 작업을 수행하도록 코딩할 수도 있다. 하지만 이러한 작업은 사용자가 직접 구현해야 하며, 그 알고리즘 역시 테스트와 통계를 통해 최적화되어야 할 것이다.

4.4.5 IOCP 확장 함수

이번 절에서는 윈도우 비스타에 들어서면서 IOCP 기능을 확장시킨 함수들을 몇 개 소개하고자 한다. 먼저 소개할 함수는 GetQueuedCompletionStatus의 확장판인 GetQueued-CompletionStatusEx 함수다.

1) GetQueuedCompletionStatusEx

GetQueuedCompletionStatusEx 함수는 GetQueuedCompletionStatus 함수와 비교했을 때 다음의 두 가지 기능이 추가되었다.

- 입출력 완료 큐의 입출력 완료 패킷을 한 번에 여러 개 처리할 수 있는 기능을 제공한다.
- APC 콜백 함수 실행 완료를 위한 경보가능 대기 기능을 제공한다.

```
BOOL WINAPI GetQueuedCompletionStatusEx
(
    _In_    HANDLE              CompletionPort,
    _Out_   LPOVERLAPPED_ENTRY  lpCompletionPortEntries,
    _In_    ULONG               ulCount,
    _Out_   PULONG              ulNumEntriesRemoved,
    _In_    DWORD               dwMilliseconds,
    _In_    BOOL                fAlertable
);
```

HANDLE CompletionPort

IOCP 커널 객체에 대한 핸들값을 지정한다.

LPOVERLAPPED_ENTRY lpCompletionPortEntries

ULONG ulCount

PULONG ulNumEntriesRemoved

여러 장치에서 동시에 입출력이 완료되었을 경우, 입출력 완료 큐에 여러 개의 입출력 완료 패킷이 추가될 것이다. 위 세 개의 매개변수는 이런 여러 패킷들을 모두 한 번에 처리할 수 있도록 하기 위한 매개변수다. GetQueuedCompletionStatus의 생성키, 전송 바이트 수,

OVERLAPPED 구조체 포인터를 받아오는 매개변수를 다음과 같은 OVERLAPPED_ENTRY 구조체로 정의해 이 구조체의 배열을 통해 입출력 완료 큐의 여러 패킷들을 한 번에 데큐하여 받아오도록 lpCompletionPortEntries 매개변수가 제공된다. OVERLAPPED_ENTRY 구조체는 다음과 같이 정의되어 있다.

```
typedef struct _OVERLAPPED_ENTRY
{
    ULONG_PTR      lpCompletionKey;
    LPOVERLAPPED  lpOverlapped;
    ULONG_PTR      Internal;
    DWORD          dwNumberOfBytesTransferred;
} OVERLAPPED_ENTRY, *LPOVERLAPPED_ENTRY;
```

OVERLAPPED_ENTRY 구조체는 GetQueuedCompletionStatus의 매개변수를 통해 받아올 수 있는 내용들을 그 멤버로 갖고 있다. 다만 Internal 멤버는 예약되어 있으므로 사용하지 말아야 한다.

lpCompletionPortEntries 매개변수는 이 구조체의 배열에 대한 포인터를 지정해주고 ulCount 매개변수는 이 배열의 크기를 지정해준다. 그리고 GetQueuedCompletionStatusEx로부터 리턴되었을 때, 실제로 lpCompletionPortEntries 배열에 담긴 엔트리의 수, 즉 입출력 완료 큐로부터 제거된 패킷의 수를 ulNumEntriesRemoved 매개변수에 담아서 돌려준다.

DWORD dwMilliseconds

타임아웃 값을 지정할 수 있다. GetQueuedCompletionStatus와 마찬가지로, 타임아웃이 발생할 경우 리턴값은 FALSE가 되고 GetLastError 값은 WAIT_TIMEOUT(258)이 된다.

BOOL fAlertable

GetQueuedCompletionStatus에는 없는, 새롭게 추가된 매개변수다. WaitForXXXEx 경보 가능 대기 함수와 마찬가지로 경보가능 대기를 수행할 것인지를 지정한다.

[반환값] BOOL

APC 콜백 함수 실행 완료의 경우를 제외하면 GetQueuedCompletionStatus의 리턴과 동일하다. 이 책을 쓸 시점에 MSDN의 GetQueuedCompletionStatusEx 설명에는 APC 콜백

함수의 수행이 완료된 경우의 판별 방법에 대한 언급이 없었다. 따라서 직접 테스트를 통해 확인한 결과, APC 콜백 함수의 수행이 완료된 경우에는 FALSE가 리턴되고, GetLastError를 호출하면 그 결과는 WAIT_IO_COMPLETION(192)이 된다. 그리고 ulNumEntriesRemoved의 값은 1로 설정된다. 따라서 APC에 의해 리턴된 경우에는 절대 lpCompletionPortEntries 배열의 내용을 참조해서는 안 된다.

GetQueuedCompletionStatusEx로부터의 리턴은 APC 콜백 함수의 수행이 완료되었을 경우보다 입출력 완료 큐에 패킷이 존재하는 경우를 더 우선한다. 따라서 입출력 완료 큐에 입출력 완료 패킷이 빈번하게 쌓이는 경우 APC의 완료 처리는 뒤로 밀려 늦게 수행될 수 있음에 주의해야 한다.

다음 프로젝트는 〈프로젝트 4.4.3 IOCPNotify〉 코드를 GetQueuedCompletionStatusEx를 호출해 APC와 함께 IOCP를 대기하도록 수정한 예제다.

프로젝트 4.4.5 TestGQCSEx

```
#define TM_NONE     0
#define TM_STR      100
#define TM_POINT    101
#define TM_TIME     102
#define TM_EXIT     200
```

IOCP에 대해 GetQueuedCompletionStatusEx를 통해 대기하는 스레드를 정의한다.

```
DWORD WINAPI IOCPWorkerProc(PVOID pParam)
{
    HANDLE hIocp = (HANDLE)pParam;
    DWORD dwThrId = GetCurrentThreadId();

    while (true)
    {
        OVERLAPPED_ENTRY oves[4];
        memset(oves, 0, sizeof(OVERLAPPED_ENTRY) * 4);
        ULONG uRemCnt = 0;
        BOOL bIsOK = GetQueuedCompletionStatusEx
        (
            hIocp, oves, 4, &uRemCnt, INFINITE, TRUE
        );
        if (!bIsOK)
```

```
{
    DWORD dwErrCode = GetLastError();
    if (dwErrCode == WAIT_IO_COMPLETION)
    {
        printf("  ======> %d APC completed by Thread %d\n", uRemCnt, dwThrId);
        continue;
```

GetQueuedCompletionStatusEx 호출이 실패고 에러 코드가 WAIT_IO_COMPLETION이면 APC 콜백 함수 호출의 완료를 의미한다. 따라서 continue를 통해서 다시 루프의 맨 앞으로 돌아간다.

```
    }
    break;
}


bool bIsExit = false;
for (ULONG i = 0; i < uRemCnt; i++)
```

uRemCnt에는 실제로 데큐한 IOCP의 엔트리의 수를 담고 있으므로, 이 수만큼 엔트리에 대한 처리를 수행한다.

```
{
    LPOVERLAPPED_ENTRY poe = &oves[i];
    Long  lSize = (long) poe->dwNumberOfBytesTransferred;
    PBYTE pData = (PBYTE)poe->lpOverlapped;
    UINT  msg   = (UINT) poe->lpCompletionKey;

    if (msg == TM_EXIT)
    {
        bIsExit = true;
        continue;
    }

    switch (msg)
    {
```

switch 문의 처리는 이전 코드와 동일하다.

```
        ⋮
    }
    delete[] pData;
}
if (bIsExit)
    break;
```

```
   }
   printf(" *** WorkerProc Thread %d exits\n", dwThrId);


   return 0;
}
```

```
void WINAPI APCCallback(ULONG_PTR dwData)
{
   DWORD dwThrId = GetCurrentThreadId();
   printf("  <== APC %d called : %s\n", dwThrId, (PSTR)dwData);
}
```

```
void _tmain()
{
   HANDLE hIocp = CreateIoCompletionPort(INVALID_HANDLE_VALUE, NULL, 0, 1);

   DWORD  dwThrID;
   HANDLE harWorks[2];
   for (int i = 0; i < 2; i++)
      harWorks[i] = CreateThread(NULL, 0, IOCPWorkerProc, hIocp, 0, &dwThrID);

   char szIn[512];
   while (true)
   {
      cin >> szIn;
      if (_stricmp(szIn, "quit") == 0)
         break;

      if (_strnicmp(szIn, "apc", 3) == 0)
      {
         int len = strlen(szIn);
         int nThrIdx = 0;
         if (len > 3)
```

```
    {
        if (szIn[3] == '0')
            nThrIdx = 0;
        else
            nThrIdx = 1;
    }
    QueueUserAPC
        (APCCallback, harWorks[nThrIdx], (ULONG_PTR)APC_STRS[nThrIdx]);
    continue;
```

문자열이 apc로 시작하면 QueueUserAPC를 호출해 스레드 풀에 대기 중인 스레드로 하여금 APC 콜백 함수를 수행하도록 한다.

```
    }

    LONG   lCmd = TM_NONE, lSize = 0;
    PBYTE pData = NULL;
    if (_stricmp(szIn, "time") == 0)
    {
```

나머지 콘솔로부터 입력된 문자열의 처리는 동일하다.

```
        ⋮
    }
    PostQueuedCompletionStatus
        (hIocp, (DWORD)lSize, (ULONG_PTR)lCmd, (LPOVERLAPPED)pData);
```

입출력 완료 큐에 입출력 완료 패킷을 추가한다.

```
    }
    CloseHandle(hIocp);
    WaitForMultipleObjects(2, harWorks, TRUE, INFINITE);
}
```

2) SetFileCompletionNotificationModes

다음으로 SetFileCompletionNotificationModes에 대해 알아보자. 이 함수는 입출력 완료 통지 모드를 설정하는 함수다.

```
    BOOL bIsOK = ReadFile( hSrcFile, btBuff, sizeof(btBuff), NULL, &ro);
    if (!bIsOK)
    {
```

```
        dwErrCode = GetLastError();
    if (dwErrCode != ERROR_IO_PENDING)
            ;
    }
```

위 코드는 비동기 입출력 함수를 호출한 후 그 리턴값이 FALSE인 경우 에러 코드가 ERROR_IO_
PENDING인지의 여부를 체크하는 전형적인 비동기 입출력의 수행 과정이다. 하지만 비동기적으
로 ReadFile을 호출했을 경우 TRUE가 리턴되는 경우도 존재한다. 예를 들어, 소켓에 대해 비동기
적으로 ReadFile을 호출했을 때 소켓의 커널 수신 큐에 이미 데이터가 전송되어 존재한다면 바로
TRUE를 리턴하기도 한다. TRUE가 리턴되는 것은 이미 입출력이 완료되었다는 것을 의미하며, 이
런 상황에 대해 윈도우는 코드 작성의 일관성을 유지할 수 있도록 파일 또는 장치 핸들을 시그널 상
태로 만들고 IOCP를 이용한다면 입출력 완료 큐에 입출력 완료 패킷을 추가시킨다. TRUE가 리턴
된다면 이미 입출력이 완료되었으므로 ReadFile 호출 후 수신된 데이터에 대한 처리를 즉각 수행할
수 있는 상황이 되므로, 상황에 따라서는 이런 일관적인 처리를 부하로 느낄 수도 있다. 따라서 최소
한의 성능 향상을 위해서 TRUE가 리턴되는 경우, 해당 객체를 시그널 상태로 만들지 않거나 IOCP
의 입출력 완료 큐에 패킷을 추가하지 않도록 파일이나 장치 핸들의 입출력 완료 통지 모드를 설정
할 수 있다. 다음의 SetFileCompletionNotificationModes 함수를 통해 그 설정이 가능하다.

```
BOOL WINAPI SetFileCompletionNotificationModes
(
    _In_ HANDLE   FileHandle,
    _In_ UCHAR    Flags
);
```

FileHandle 매개변수는 입출력 완료 통지 모드를 설정할 파일 또는 장치의 핸들을 지정한다.
Flags 매개변수는 다음의 값의 조합을 통해 모드를 지정할 수 있다.

- **FILE_SKIP_COMPLETION_PORT_ON_SUCCESS(1)**

  비동기 입출력 함수의 호출이 ERROR_IO_PENDING 없이 성공했을 경우에는 입출력 완료 패킷을 입출력 완료 큐에
  추가하지 않도록 지시한다.

- **FILE_SKIP_SET_EVENT_ON_HANDLE(2)HANDLE(2)**

  비동기 입출력 함수의 호출이 ERROR_IO_PENDING 없이 성공했을 경우에는 FileHandle을 시그널 상태로 만들지
  않는다. 단, OVERLAPPED 구조체의 hEvent를 명시적으로 지정해주었을 경우 이 이벤트는 시그널 상태가 된다.

3) SetFileIoOverlappedRange

마지막으로 알아볼 함수는 SetFileIoOverlappedRange 함수다. 이 함수는 성능 향상을 목적으로 하는 아주 섬세한 처리를 요하며, IOCP에 한정된 기능은 아니다. 입출력이 커널에서 완료되었을 때 장치가 가상 메모리 페이지로 데이터를 복사하는 동안 넌페이지 상태를 유지시키기 위해, 즉 페이지 파일로 스왑되지 않도록 하기 위해 OVRELAPPED 구조체를 포함한 가상 메모리 페이지를 잠글 필요성이 있다. 하지만 대량의 입출력이 발생할 경우 이러한 잠금 행위는 오버헤드를 유발시킨다. SetFileIoOverlappedRange 함수를 이용해 특정 파일이나 장치가 사용할 OVRELAPPED 구조체를 포함하는 버퍼를 커널로 하여금 미리 잠그도록 함으로써 이후의 입출력 완료 시에 잠금으로 인한 오버헤드를 피할 수 있다.

```
BOOL WINAPI SetFileIoOverlappedRange
(
    _In_ HANDLE  FileHandle,
    _In_ PUCHAR  OverlappedRangeStart,
    _In_ ULONG   Length
);
```

OverlappedRangeStart 매개변수는 미리 잠그고자 하는 OVRELAPPED 구조체를 포함하는 버퍼의 시작 포인터를 지정한다. 그리고 Length는 그 버퍼의 길이를 넘겨준다. 이 함수는 버퍼링을 사용하지 않는 입출력, 즉 FILE_FLAG_NO_BUFFERING 플래그와 함께 열린 파일에 대해서만 의미가 있다. 그리고 가상 메모리의 특정 페이지를 잠그기 때문에, 이 함수를 호출하는 스레드는 SeLockMemoryPrivilege 특권을 가지고 있어야 한다. 이 함수를 사용하면 대량의 입출력이 동시에 발생될 경우 잠긴 메모리는 스왑 파일로 스왑되지 않고 RAM에 계속 머물기 때문에 물리적 메모리가 부족한 사태가 발생할 수도 있으므로 주의해야 한다.

지금까지 IOCP를 이용한 비동기 입출력에 대해 알아봤으며, 대량의 입출력 완료 통지의 처리에 있어서 매우 효율적인 수단을 제공한다는 것 역시 확인했다. IOCP는 MS가 내놓은 상당히 훌륭한 메커니즘이지만 이 IOCP도 다소 불편한 점이 있는 것은 사실이다. 그것은 스레드 풀 내의 스레드를 유저가 제공해야 하고 그 수를 관리해야 한다는 것이다. 제일 큰 문제는 "스레드 풀의 스레드 수를 어떻게 유지할 것인가?"인데, 이는 학습 가능한, 최적화된 알고리즘을 유저가 직접 제공해야 한다는 것을 의미한다. 당연히 쉽지 않은 작업이다. 사실 구현의 어려움보다는 최적화에 대한 근거의 부족이다. 이것은 시스템 사양에 따라서 달라질 수밖에 없는, 순전히 경험치에 의존해야 하는 부분이다. 이런 부분들이 시스템 자체에서 제공된다면 하는 아쉬움이 생겨날 수밖에 없을 것이다. 즉 스레드 풀 내의 스레드 생성 및 삭제를 관리하고 최적화된 스레드 수를 유지시키는 기능까지 갖춘 스레드 풀 자체를 시스템이 제공한다면 그 스레드 풀을 사용하면 될 것이다. 이런 아쉬움이 윈도우 2000부터 제한적이나마 해소되기 시작했다. 윈도우 2000에서는 시스템 차원에서 스레드 풀을 제공하기 시작했으며, 비스타에서는 윈도우 2000에서의 스레드 풀을 전면적으로 개조하여 완전히 새롭게 내놓았다. 그리고 윈도우 2000부터 시스템 차원에서 제공되는 그 스레드 풀은 내부적으로 바로 이 IOCP에 근거를 두고 있다. 6장에서는 시스템에서 제공되는 스레드 풀 관련 함수를 통해서 지금까지 논의되었던 비동기 입출력 관련 이슈들이 어떻게 해결되는지 살펴보도록 할 것이다.

4.5 비동기 입출력의 취소

동기 입출력에 대한 취소 처리에서 기본적으로 입출력을 담당하는 작업 스레드의 종료 처리를 취소라는 관점에서도 볼 수 있다는 점을 언급했다. 하지만 입출력의 취소는 신중히 다뤄져야 할 필요성이 있다. 모든 입출력에 대해 취소가 가능한 것은 아니다. 기본적으로 해당 장치의 디바이스 드라이버가 취소 기능을 지원해야 가능하다. 따라서 여기에서 설명할 비동기 입출력에 대한 취소 함수의 경우, 입출력 작업이 취소된다는 것을 보장하지는 않는다. 취소가 성공하려면 입출력 작업을 제어하는 드라이버가 취소 기능을 지원해야 하며, 그 작용은 취소될 수 있는 상태에 있어야 한다. 이러한 사항을 밑바탕에 두고, 이 절에서는 취소 처리의 방법으로서 입출력이 진행 중인 핸들을 닫는 경우의 처리에 대해서 검토하고, 실제로 해당 입출력을 취소시키는 함수에 대해서도 역시 설명할 것이다.

4.5.1 핸들 닫기

현재 진행 중인 입출력을 취소하는 방법으로는 해당 입출력을 수행하고 있는 장치의 핸들을 닫는 것도 하나의 방법이 될 수 있다. 앞서 설명한 것처럼 CloseHandle의 호출은 커널 객체를 닫기 위해 여러 처리를 수행한다. 그중 대표적인 것이 현재 진행 중인 작업을 취소하는 것이다. 이 취소에는 APC 큐에 APC 엔트리가 있다면 그 엔트리를 제거하는 것과 해당 커널 객체가 IOCP와 연결되어 있다면 IOCP의 연결을 해제하는 작업까지 포함된다. 물론, CloseHandle의 호출은 해당 장치 드라이버에 닫기 작업의 요청을 하게 되고 실제 작업의 취소는 해당 드라이버의 지원 여부에 달려 있다. 드라이버 구현에 따라서 진행 중인 작업이 있다면 실제로 그 작업을 취소할 수도 있고, 그 작업이 완료될 때까지 CloseHandle의 호출을 계속 대기시킬 수도 있다. 하지만 윈도우에서 제공되는 입출력 관련 장치의 처리는 CloseHandle에 대해 진행 중인 작업을 취소하기 때문에, 입출력 취소를 위해서 장치를 닫는 것 역시 취소의 한 방법이 된다. 핸들을 닫아 취소 처리를 하는 경우는 동기 입출력 처리에서도 유용한 방법이다.

또한 비동기 입출력에서 장치를 닫을 때, 입출력 완료를 대기하고 있는 스레드는 대기에서 깨어나고 OVERLAPPED 구조체의 Internal 필드는 장치별로 다양한 상태 코드를 갖게 된다. 디렉터리 엔트리 변경 감시를 위해 ReadDirectoryChangesW를 호출해 감시를 진행 중일 때 디렉터리 핸들을 닫으면 에러 코드는 ERROR_NOTIFY_CLEANUP이 되고, 파이프 통신 중에 파이프 핸들을 닫으면 ERROR_BROKEN_PIPE가 되며, 리슨 중인 소켓을 닫으면 WSAEINTR이 된다. 즉 장치별로 입출력 작업이 진행 중인 해당 장치의 핸들을 닫으면 입출력을 중단하고 고유한 에러 코드를 통해서 작업이 중단되었음을 알려준다. 따라서 이러한 에러 코드를 통해서 작업 진행 중에 발생한 에러에 대해 해당 장치 핸들이 닫혀서 발생한 에러라는 것을 판단하고 그것에 맞는 처리를 할 수 있다. 일반적으로 입출력 진행 중에 에러가 발생하면, 그 장치에 대해 더 이상 작업을 수행하지 못하도록 해당 장치의 핸들을 닫음으로써 에러에 대한 처리를 수행하는 경우가 많다. 하지만 다른 스레드에 의해서 핸들을 닫음으로써 발생한 에러인 경우에 위와 같이 동일한 처리를 한다면 닫힌 핸들을 또 닫게 될 것이다. 따라서 CloseHandle 호출에 의한 에러 코드인 경우에는 이미 외부에서 핸들을 닫았고 그것은 정상적인 처리 중의 하나이므로, 핸들을 닫지 않고 적절한 조치를 취해줄 수 있을 것이다.

다음 프로젝트는 디렉터리 감시 중 디렉터리 핸들을 닫았을 때의 처리를 보여주는 예제다. 디렉터리를 감시하는 스레드가 있으며, 메인 함수에서는 키를 입력받아 감시 중인 디렉터리 핸들을 닫아 대기 중인 스레드로 하여금 스레드 종료 처리를 할 수 있도록 한다.

프로젝트 4.5.1 CancelUseClose

```
DWORD WINAPI DirMonProc(PVOID pParam)
{
    HANDLE      hDir = (HANDLE)pParam;
    OVERLAPPED ov = { 0, };
    BYTE        arBuff[65536];

    while (true)
    {
        BOOL bIsOK = ReadDirectoryChangesW(hDir, ...);
            :
```

```
        DWORD dwWaitCode = WaitForSingleObject(hDir, INFINITE);
        if (dwWaitCode == WAIT_FAILED)
        {
            DWORD dwErrCode = GetLastError();
            cout << " ~~WaitForSingleObject FAILED : " << dwErrCode << endl;
            break;
        }

        if (ov.InternalHigh == 0 || ov.Internal != 0)
        {
            DWORD dwErrCode = LsaNtStatusToWinError(ov.Internal);
            if (dwErrCode == ERROR_NOTIFY_CLEANUP)
                cout << " <=== Directory Monitoring stopping...." << endl;
```

디렉터리 핸들이 닫힐 경우에는 ERROR_NOTIFY_CLEANUP 에러 코드가 설정되며, 이 경우 정상적인 종료 처리를 할 수 있다.

```
            else
                cout << " ~~ Directory Monitoring failed with code "
                    << dwErrCode << endl;
```

이외의 경우는 다른 에러에 의해 문제가 야기된 것이므로, 그것에 대한 별도의 처리를 수행할 수 있다.

```
            break;
        }
        PrintDirModEntries(arBuff);
    }

    return 0;
}


void _tmain()
{
    HANDLE hMonDir = CreateFile(_T("C:\\Temp"), ...);
            ⋮

    DWORD dwThrID = 0;
    HANDLE hThread = CreateThread(NULL, 0, DirMonProc, hMonDir, 0, &dwThrID);

    getchar();
    CloseHandle(hMonDir);
```

```
    WaitForSingleObject(hThread, INFINITE);
}
```

CloseHandle이나 closesocket 등으로 입출력 커널 객체의 핸들을 닫는 것도 입출력 취소의 한 방법이긴 하지만, 더 안전하고 좋은 방법은 먼저 대기 중인 입출력을 취소하는 방법이다. 따라서 비동기 입출력을 대기 중인 핸들에 대해 그것을 취소하는 방법을 살펴보기로 하자.

4.5.2 취소 함수

핸들을 닫음으로써 입출력을 취소하는 경우는 일반적으로 해당 입출력을 처리하는 스레드를 종료하는 경우가 대부분이다. 파일 핸들을 닫는 순간 더 이상 그 파일을 사용할 수 없게 되며, 다시 사용하기 위해서는 파일을 새로 열거나 생성해야 한다. 하지만 파일을 닫지 않고 순수하게 입출력 취소만을 원할 때가 있다. 예를 들어, 특정 디렉터리에 대해 비동기 입출력을 통해서 감시를 수행하고 있다고 하자. ReadDirectoryChangesW 호출 시 감시 대상을 dwFilter로 지정하고, 서브 디렉터리의 감시는 하지 않도록 호출했다고 하자. 하지만 특정 상황이 되어 dwFilter를 변경하거나 서브 디렉터리까지 감시하도록 감시 옵션을 변경하고자 할 때는, 기존의 감시 작동을 취소하고 다시 ReadDirectoryChangesW를 호출해줘야 한다. 이런 상황이라면 앞서 열었던 디렉터리를 닫지 않고, 단지 현재 감시 작업에 대해 취소 처리만 요청할 수 있는 수단이 제공되어야 한다. 우리는 앞서 입출력 관련 동기 함수 호출로 인해 블록 상태로 대기 중인 스레드로 하여금 해당 입출력을 취소하고, 그 함수로부터 탈출시켜주는 CancelSynchronousIo 함수에 대해 알아보았다. CancelSynchronousIo는 그 대상이 입출력 관련 동기 함수 호출로 인해 대기 중인 스레드였다. 하지만 비동기 입출력의 경우는 입출력 함수를 호출한 스레드가 아니라, 입출력의 대상이 되는 파일 또는 장치 핸들에 대해 취소 요청을 할 수 있는데, 그 대표적인 함수가 다음의 CancelIo 함수다.

```
BOOL WINAPI CancelIo(_In_ HANDLE hFile);
```

hFile은 비동기적으로 입출력을 수행 중인 파일 또는 장치의 핸들이다. hFile이 현재 중첩된 입출력을 수행 중이면 hFile에서 수행 중인 모든 입출력은 취소된다. 그리고 hFile 핸들은 FILE_FLAG_

OVERLAPPED와 함께 CreateFile을 통해 생성되거나 열린 핸들이어야 한다. 만약 hFile이 입출력 수행 중이 아니면 CancelIo의 호출은 TRUE를 리턴하고, GetLastError는 ERROR_NOT_FOUND(1168)를 리턴한다. 주의할 점은, 비동기 입출력 함수를 호출한 스레드가 CancelIo를 호출해야 한다는 점이다. 만약 다른 스레드에서 CancelIo를 호출하면 그 호출은 무시되고 해당 입출력은 취소되지 않는다.

우리는 2장 대기가능 타이머를 논의하면서 CancelWaitableTimer의 호출은 대상이 되는 타이머의 신호 상태는 변경되지 않는다는 것을 확인했었다. CancelWaitableTimer와 마찬가지로, CancelIo의 호출 성공은 그 대상이 되는 파일 또는 장치의 신호 상태를 변경하지 않고 단지 입출력이 수행 중이라면 그것만 취소할 뿐이다. 따라서 핸들의 신호 상태만을 가지고 입출력이 성공적으로 완료되었는지 취소되었는지를 판단할 수가 없기 때문에 추가적으로 GetLastError를 통해 에러 코드를 체크해야 한다. CancelIo를 통해 입출력이 취소되었다면 CancelSynchronousIo에서와 마찬가지로 ERROR_OPERATION_ABORTED(995) 에러 코드를 획득할 수 있고, 이 값을 통해서 입출력이 취소되었는지의 여부를 판별할 수 있다.

다음 프로젝트는 CancelIo를 이용해 디렉터리 감시에 대한 입출력을 취소하는 예를 보여준다.

프로젝트 4.5.2 AsyncCancelIo

```
void _tmain()
{
   DWORD  dwErrCode = ERROR_SUCCESS;
   HANDLE hMonDir = INVALID_HANDLE_VALUE;

   try
   {
      hMonDir = CreateFile(_T("C:\\Temp"), ...);
         ⋮
      OVERLAPPED ov = { 0, };
      DWORD      dwNotiBytes = 0;
      BYTE       arBuff[65536];
      BOOL bIsOK = ReadDirectoryChangesW(hMonDir, ...);
      if (!bIsOK)
         throw GetLastError();
```

ReadDirectoryChangesW를 호출해 감시를 개시한다.

```
DWORD dwMonBytes = 0;
bool bIoCompeleted = false;
for (int i = 0; i < 10; i++)
{
    bIsOK = GetOverlappedResult(hMonDir, &ov, &dwMonBytes, FALSE);
```

입출력 완료 대기가 아닌 완료 여부의 체크를 위해 GetOverlappedResult를 호출한다.

```
    if (!bIsOK)
    {
        dwErrCode = GetLastError();
        if (dwErrCode != ERROR_IO_INCOMPLETE)
            throw dwErrCode;
        Sleep(500);
```

입출력이 완료되지 않았을 경우 500ms 동안 대기한다.

```
    }
    else
    {
        bIoCompeleted = true;
        break;
    }
}


if (!bIoCompeleted)
{
```

5초 동안 디렉터리 엔트리의 변경이 없으므로, 디렉터리 감시를 취소하고자 한다.

```
    bIsOK = CancelIo(hMonDir);
```

디렉터리 감시를 취소하기 위해 입출력 취소를 요청한다.

```
    if (bIsOK == TRUE || GetLastError() != ERROR_NOT_FOUND)
    {
        bIsOK = GetOverlappedResult(hMonDir, &ov, &dwMonBytes, TRUE);
        if (!bIsOK)
            throw GetLastError();
```

입출력을 취소한 상태에서 다시 GetOverlappedResult를 호출하면 취소 처리가 되었기 때문에 FALSE가 리턴되고, 에러 코드는 ERROR_OPERATION_ABORTED가 될 것이다. 에러 코드를 예외로 던져 에러 처리를 수행하도록 한다.

```
        }
    }
    PrintDirModEntries(arBuff);
}
catch (DWORD ex)
{
    dwErrCode = ex;
}
if (hMonDir != INVALID_HANDLE_VALUE)
    CloseHandle(hMonDir);

if (dwErrCode != ERROR_SUCCESS)
{
    if (dwErrCode == ERROR_OPERATION_ABORTED)
        cout << "DirMon aboarted by user..." << endl;
```

Cancello가 성공적으로 호출된 경우, ERROR_OPERATION_ABORTED 예외를 받게 되고 디렉터리 감시가 취소되었음을 출력한다.

```
    else
        cout << "Error occurred in DirMon, code= " << dwErrCode << endl;
}
else
    cout << endl << "DirMon successfully completed..." << endl;
}
```

CancelIo는 입출력을 야기한 스레드에 의해 호출되어야 하기 때문에 사용하기에 불편하다. 동일한 스레드가 아니라 다른 스레드에서 입출력의 취소를 요구하여 입출력을 개시한 후, 그 완료 대기 중인 스레드를 깨울 수 있는 수단이 역시 제공되는데, 이 함수가 바로 CancelIoEx다.

```
BOOL WINAPI CancelIoEx
(
    _In_       HANDLE       hFile,
    _In_opt_   LPOVERLAPPED lpOverlapped
);
```

hFile은 입출력을 수행 중인 장치의 핸들이며, lpOverlapped는 중첩된 입출력일 경우 취소시킬 입출력을 식별하는 데 사용된다. OVERLAPPED 구조체를 설명하면서 특정 장치에 대해 중첩된 입출력을 수행할 수 있다고 설명했다. 그리고 그 중첩된 입출력들은 OVERLAPPED 구조체를 통해 식별된다. 따라서 hFile에 진행 중인 여러 입출력이 존재할 수 있고 그 입출력들 중 특정 입출력을 취소하고자 한다면 그 입출력을 야기시켰을 때 사용한 OVERLAPPED 구조체의 포인터를 lpOverlapped 매개변수를 통해 전달하면 된다. lpOverlapped를 NULL로 넘기면 hFile에서 진행 중인 모든 입출력을 취소할 것을 지시한다.

다음 프로젝트는 CancelIoEx를 사용하는 예를 보여준다. 메인 함수에서 감시할 디렉터리를 열고 그 핸들을 감시 작업을 담당할 스레드 DirMonProc로 넘겨준다. 메인 스레드는 콘솔로부터 문자열을 입력받아 감시 옵션이 변경되면, CancelIoEx를 호출해 감시 스레드로 하여금 현재 진행 중인 감시 작업을 취소하고, 변경된 옵션으로 다시 ReadDirectoryChangesW를 호출하도록 한다. 감시 옵션은 ReadDirectoryChangesW의 bWatchSubtree, dwNotifyFilter 매개변수로 넘기는 값이다. 다음은 옵션 지정을 위한 MON_ENV 구조체의 선언이다.

프로젝트 4.5.2 AsyncCancelIoEx

```
#define BUFF_SIZE  65536
struct MON_ENV
{
   HANDLE  _monDir;
   DWORD   _filter;   // dwNotifyFilter 매개변수 지정값
   BOOL    _monSub;   // bWatchSubtree 매개변수 지정값
};
typedef MON_ENV* PMON_ENV;
```

다음은 메인 함수의 정의다. 감시할 디렉터리를 열고 스레드를 개시한 후 콘솔로부터 입력받은 값이 감시 옵션 변경을 요구하면, CancelIoEx를 호출해 변경된 옵션으로 디렉터리를 감시할 수 있도록 한다.

```
void _tmain()
{
   HANDLE hMonDir = CreateFile(_T("C:\\Temp"), ...);
      ⋮
```

```
MON_ENV me;
me._monDir = hMonDir;
me._filter = DIR_NOTI_FILTER;
me._monSub = FALSE;
```

MON_ENV 구조체를 설정한다. 감시 필터는 디폴트로 DIR_NOTI_FILTER, 서브 디렉터리 감시는 하지 않는 옵션으로 설정한다.

```
DWORD dwThrID = 0;
HANDLE hThread = CreateThread(NULL, 0, DirMonProc, &me, 0, &dwThrID);
```

감시를 담당할 스레드를 생성한다. MON_ENV 구조체의 포인터를 매개변수로 전달한다.

```
char szIn[256];
while (true)
{
    cin >> szIn;
    if (_stricmp(szIn, "quit") == 0)
        break;

    bool modified = false;
    long filter = strtol(szIn, NULL, 16);
    if (filter > 0 && filter < 0x80)
    {
        if (me._filter != (DWORD)filter)
        {
            me._filter = (DWORD)filter;
            modified = true;
        }
    }
    else if (stricmp(szIn, "true") == 0)
    {
        if (!me._monSub)
        {
            me._monSub = true;
            modified = true;
        }
```

```
        }
        else if (stricmp(szIn, "false") == 0)
        {
            if (me._monSub)
            {
                me._monSub = false;
                modified = true;
            }
        }
```

```
        if (modified)
            CancelIoEx(me._monDir, NULL);
```

```
    }
    CloseHandle(me._monDir);
    WaitForSingleObject(hThread, INFINITE);
}
```

다음은 감시 작업을 담당할 스레드의 정의다. 지정된 옵션에 맞추어 ReadDirectoryChangesW를 호출해 감시 대기를 수행한다.

```
DWORD WINAPI DirMonProc(PVOID pParam)
{
    PMON_ENV   pme = (PMON_ENV)pParam;
    OVERLAPPED ov = { 0, };
    BYTE       arBuff[65536];

    while (true)
    {
        BOOL bIsOK = ReadDirectoryChangesW
        (
            pme->_monDir, arBuff, BUFF_SIZE,
            pme->_monSub, pme->_filter, NULL, &ov, NULL
```

```
    );
```

MON_ENV의 _monSub, _filter 멤버에 설정된 옵션대로 ReadDirectoryChangesW를 호출한다.

```
    if (!bIsOK)
    {
        cout ≪ " ~~~RDCW error: " ≪ GetLastError() ≪ endl;
        break;
    }

    DWORD dwWaitCode = WaitForSingleObject(pme->_monDir, INFINITE);
    if (dwWaitCode == WAIT_FAILED)
    {
        DWORD dwErrCode = GetLastError();
        cout ≪ " ~~~WaitForSingleObject FAILED : " ≪ dwErrCode ≪ endl;
        break;
    }

    if (ov.InternalHigh == 0 || ov.Internal != 0)
    {
```

입출력 과정에 에러가 발생했으므로, Internal 필드의 상태 코드를 체크한다.

```
        DWORD dwErrCode = LsaNtStatusToWinError(ov.Internal);
        if (dwErrCode == ERROR_OPERATION_ABORTED)
        {
            cout ≪ "==> DirMon canceled by user." ≪ endl;
            continue;
```

CancelIoEx 호출에 의해 입출력이 취소되었다. 따라서 MON_ENV의 _monSub, _filter 옵션이 변경되었음을 의미하며, continue를
통해 ReadDirectoryChangesW를 다시 호출하도록 한다.

```
        }

        if (dwErrCode == ERROR_NOTIFY_CLEANUP)
            cout ≪ "==> DirMon stoped by user." ≪ endl;
```

ERROR_NOTIFY_CLEANUP의 경우는 감시 종료를 위해 디렉터리 핸들을 닫았을 때 발생한다. 따라서 정상 종료로 판단할 수 있다.

```
        else
            cout ≪ " ~~~Internal error: " ≪ dwErrCode ≪ endl;
        break;
```

```
    }

    PrintDirModEntries(arBuff);
  }

  return 0;
}
```

마지막으로 CancelIoEx를 이용해 IOCP에 대해 대기하는 입출력을 취소하는 예를 살펴보도록 하자. 이 예는 CancelIoEx의 호출뿐만 아니라 입출력 완료 대기 중인 핸들에 대해 CloseHandle을 호출해 그 핸들들을 닫았을 때의 처리도 함께 담고 있다. 역시 디렉터리 감시를 대상으로 한다.

먼저 메인 함수의 정의부터 살펴보도록 하자.

프로젝트 4.5.2 DirChgCancelIOCP

```
#define BUFF_SIZE  65536
struct DIR_BUFF : OVERLAPPED
{
   HANDLE  _hDir;
   BYTE    _buff[BUFF_SIZE];

   DIR_BUFF(HANDLE hDir)
   {
      memset(this, 0, sizeof(*this));
      _hDir = hDir;
   }
};
typedef DIR_BUFF* PDIR_BUFF;


#define MAX_COPY_CNT  10
void _tmain(int argc, _TCHAR* argv[])
{
   HANDLE hIocp = CreateIoCompletionPort(INVALID_HANDLE_VALUE, NULL, 0, 1);
   DWORD dwThrID = 0;
   HANDLE hThread = CreateThread(NULL, 0, DirMonProc, hIocp, 0, &dwThrID);
```

IOCP를 생성하고, 생성된 IOCP에 대해 대기하는 스레드를 생성한다.

```
    PDIR_BUFF arBuff[MAX_COPY_CNT];
    memset(arBuff, 0, sizeof(PDIR_BUFF) * MAX_COPY_CNT);


    int nMonCnt = 0;
    for (int i = 1; i < argc; i++)
    {
        HANDLE hDir = CreateFile(argv[i], ...);
          ⋮
        CreateIoCompletionPort(hDir, hIocp, 0, 0);
```

디렉터리를 열고 그 핸들을 IOCP에 연결시킨다.

```
        PDIR_BUFF pdb = new DIR_BUFF(hDir);
        PostQueuedCompletionStatus(hIocp, 0, 0, pdb);
```

IOCP로 엔트리를 포스트하여 최초의 비동기 읽기를 개시하도록 한다.

```
        arBuff[i - 1] = pdb;
        nMonCnt++;
    }


    char szIn[256];
    while (true)
    {
        cin >> szIn;
        if (_stricmp(szIn, "quit") == 0)
            break;

        bool bCancel = false;
        char ch = 0;
        if (_strnicmp(szIn, "cancel:", 7) == 0)
        {
            if (strlen(szIn) < 8)
                continue;
            ch = szIn[7];
            bCancel = true;
        }
        else if (_strnicmp(szIn, "close:", 6) == 0)
        {
```

```
            if (strlen(szIn) < 7)
                continue;
            ch = szIn[6];
            bCancel = false;
        }
        if (ch < '0' || ch > '9')
            continue;
        int nIdx = ch - '0';
        if (nIdx >= nMonCnt)
            continue;
```

콘솔로부터 "cancel:0", "close:1"의 형태로 문자열을 입력받아 디렉터리 핸들을 닫거나 취소 여부를 체크하고, 대상 핸들의 인덱스를 획득한다.

```
        PDIR_BUFF pdb = arBuff[nIdx];
        if (pdb->_hDir != INVALID_HANDLE_VALUE)
        {
            if (bCancel)
                CancelIoEx(pdb->_hDir, NULL);
```

디렉터리 핸들을 통해서 감시 취소를 요청한다.

```
            else
            {
                CloseHandle(pdb->_hDir);
```

감시 중인 디렉터리의 핸들을 닫아 해당 디렉터리의 감시를 종료한다.

```
                pdb->_hDir = INVALID_HANDLE_VALUE;
            }
        }
    }
}

CloseHandle(hIocp);
WaitForSingleObject(hThread, INFINITE);
for (int i = 0; i < nMonCnt; i++)
{
    PDIR_BUFF pdb = arBuff[i];
    if (pdb->_hDir != INVALID_HANDLE_VALUE)
        CloseHandle(pdb->_hDir);
```

```
            delete pdb;
      }
}
```

다음은 IOCP 스레드 엔트리 함수 DirMonProc에 대한 정의다. 메인 함수에서 CancelIoEx와
CloseHandle을 호출했을 때의 처리가 다르다는 점을 주의하면서 코드를 확인하기 바란다.

```
DWORD WINAPI DirMonProc(PVOID pParam)
{
   HANDLE hIocp = (HANDLE)pParam;

   while (true)
   {
      DWORD       dwErrCode = ERROR_SUCCESS;
      PDIR_BUFF   pdb = NULL;
      ULONG_PTR   ulKey;
      DWORD       dwTrBytes = 0;
      BOOL bIsOK = GetQueuedCompletionStatus
      (
          hIocp, &dwTrBytes, &ulKey, (LPOVERLAPPED*)&pdb, INFINITE
      );
      if (!bIsOK)
      {
          dwErrCode = GetLastError();
          if (pdb != NULL)
          {
```

감시 디렉터리 핸들에 대해 CancelIoEx를 호출하면 GetQueuedCompletionStatus는 FALSE를 리턴하고, pdb는 해당 핸들과 연결된 OVERLAPPED 구조체의 포인터를 담아준다.

```
              if (dwErrCode == ERROR_OPERATION_ABORTED)
                  cout << "=========>> MonDir CANCELED by user." << endl;
```

취소 요청에 의해 입출력이 취소되면 GetLastError 코드는 ERROR_OPERATION_ABORTED가 된다. 따라서 취소되었음을 알 수 있으며, 계속 ReadDirectoryChangesW를 호출할 수 있다.

```
              else
              {
```

```
            cout ≪ "~~~ GQCS Error: " ≪ dwErrCode ≪ endl;
            CloseHandle(pdb->_hDir);
            pdb->_hDir = INVALID_HANDLE_VALUE;
            continue;
```

ERROR_OPERATION_ABORTED 이외의 에러인 경우에는 입출력 과정에서 문제가 발생했음을 의미하며, 해당 디렉터리의 감시 종료를 위해 디렉터리 핸들을 닫고 ReadDirectoryChangesW 호출 없이 IOCP 대기 상태로 돌아간다.

```
          }
       }
       else
       {
          if (dwErrCode != ERROR_ABANDONED_WAIT_0)
```

ERROR_ABANDONED_WAIT_0 에러는 IOCP 핸들을 닫았을 때 발생한다.

```
            cout ≪ "~~~ GQCS Error: " ≪ dwErrCode ≪ endl;
          break;
       }
    }


    if (dwErrCode == ERROR_SUCCESS)
    {
       if (pdb->Internal != 0)
       {
```

감시 디렉터리 핸들을 닫으면 GetQueuedCompletionStatus는 TRUE를 리턴하고, Internal 필드는 0이 아닌 값으로 설정된다.

```
          DWORD dwErrCode = LsaNtStatusToWinError(pdb->Internal);
          if (dwErrCode == ERROR_NOTIFY_CLEANUP)
```

감시 디렉터리 핸들이 닫혔을 경우 시스템 에러 코드는 ERROR_NOTIFY_CLEANUP이 된다. 따라서 해당 디렉터리의 감시를 종료해야 하므로 ReadDirectoryChangesW를 더 이상 호출하지 않는다.

```
            cout ≪ "********≫ MonDir CLOSED by user." ≪ endl;
          else
          {
            cout ≪ "~~~ Internal Error: " ≪ dwErrCode ≪ endl;
            CloseHandle(pdb->_hDir);
            pdb->_hDir = INVALID_HANDLE_VALUE;
```

ERROR_NOTIFY_CLEANUP 이외의 에러인 경우에는 입출력 과정에서 문제가 발생했음을 의미하며, 해당 디렉터리의 감시 종료를 위해 디렉터리 핸들을 닫는다.

```
            }
        continue;
```

```
        }


        if (dwTrBytes > 0)
            PrintDirModEntries(pdb->_buff);
    }

    bIsOK = ReadDirectoryChangesW
    (
        pdb->_hDir, pdb->_buff, BUFF_SIZE, FALSE,
        DIR_NOTI_FILTER, NULL, pdb, NULL
    );
    if (!bIsOK)
    {
        cout << "~~~ RDCW Error: " << GetLastError() << endl;
        CloseHandle(pdb->_hDir);
        pdb->_hDir = INVALID_HANDLE_VALUE;
    }
```

```
    }

    return 0;
}
```

위 코드에서 알 수 있듯이, CancelIoEx를 호출했을 때와 CloseHandle을 호출했을 때의
GetQueuedCompletionStatus 리턴 결과가 달라진다.

다음은 감시 중인 디렉터리 핸들에 대해 CancelIoEx 함수와 CloseHandle 함수를 호출했을 때의
차이를 정리한 것이다.

- **CancelIoEx 호출**
  - **GetQueuedCompletionStatus** : FALSE, LPOVERLAPPED 는 NULL
  - **Internal** : STATUS_CANCELLED(0xC0000120)

- **GetLastError** : ERROR_OPERATION_ABORTED(995)

- **CloseHandle 호출**
  - **GetQueuedCompletionStatus** : TRUE, LPOVERLAPPED ≒ NULL
  - **Internal** : STATUS_NOTIFY_CLEANUP(267)
  - **NtStatusToWinError** : ERROR_NOTIFY_CLEANUP(745)

CancelIoEx의 호출은 GetQueuedCompletionStatus 리턴값이 FALSE고, 에러 코드는 ERROR_OPERATION_ABORTED가 된다. CloseHandle의 호출은 GetQueuedCompletionStatus 리턴값이 TRUE고, Internal 필드의 값을 윈도우 시스템 에러로 변경하면 ERROR_NOTIFY_CLEANUP 에러가 된다. CloseHandle을 통해서 핸들을 닫을 경우에는 장치마다 그 에러 코드가 모두 다르다. 앞서도 언급했던 것처럼 감시 중인 디렉터리 핸들의 경우에는 ERROR_NOTIFY_CLEANUP이 되지만, 파이프의 경우에는 ERROR_BROKEN_PIPE가 되고, 비동기 수신 중인 소켓의 경우에는 ERROR_NETNAME_DELETED가 된다. 프로그램 종료를 위해서 비동기 입출력 대기 중인 장치의 입출력을 취소하고자 할 때 핸들을 닫으면 장치별로 다양한 에러 코드를 갖고 있기 때문에 통일된 취소 처리가 어려워진다. 더 심각한 경우는 5장과 7장에서 살펴보겠지만, 소켓의 경우 연결된 리모트 측에서 소켓을 닫았을 경우와 프로그램 종료를 위해 비동기 수신을 개시한 쪽에서 소켓을 닫았을 경우의 에러 코드가 달라진다. 그러나 파이프의 경우, 파이프를 생성한 쪽에서 파이프를 닫으나 반대편에서 파이프를 닫으나 에러 코드는 동일하다. 이런 경우 각 상황에 따르는 에러 코드를 체크해야 하는 어려움이 발생하게 된다. 하지만 CancelIoEx의 호출을 통해 명시적으로 비동기 입출력을 취소시켜 준다면 에러 코드는 언제나 ERROR_OPERATION_ABORTED가 되기 때문에, 이는 비동기 입출력을 야기한 쪽에서 특별한 목적(예를 들어, 프로그램 종료)을 가지고 입출력을 취소했음을 판단할 수 있다. 그리고 6장의 스레드 풀을 이용할 경우 입출력 완료 처리는 콜백 함수에 의해 수행되며, 입출력 취소 후 콜백 함수의 완료 대기 처리가 중요해지는데, 이런 상황에서 CancelIoEx 함수를 이용한다면 그 처리가 매우 용이해진다. 따라서 프로그램 종료 시에 대기중인 비동기 입출력을 취소하고자 한다면 우선 CancelIoEx를 통해 대기 중인 입출력을 취소하고 CancelIoEx 호출에 의해 발생되는 ERROR_OPERATION_ABORTED 에러 코드에 대한 적절한 처리를 완료한 후 장치 핸들을 닫는 패턴을 따르는 것이 좋다. 이 내용에 대해서는 뒤에서 계속 논의될 것이다.

지금까지 4장을 통해서 비동기 입출력에 관한 내용을 상세하게 설명했다. 이 내용을 바탕으로 이제 5장에서는 비동기 입출력의 선명한 예를 보여줄 비동기 소켓에 대해 설명할 예정이다. 특히, 소켓을

IOCP와 연결하였을 때 4장에서 예로 들만한 적절한 장치가 없는 관계로 보여주지 못했던 IOCP의 우수성을 직접 예를 통해 확인할 수 있을 것이다. 또한 이 4장의 검토 내용은 5장에 이어 6장에서 시스템 차원에서 제공되는 스레드 풀의 논의까지 자연스럽게 이어질 것이다. 5장에서는 비동기 소켓의 응용을 스레드 풀로 그대로 적용하는 예를 언급하고, 6장에서는 윈도우가 제공하는 스레드 풀에 대해 설명할 것이다.

05장

비동기 소켓

5.1 소켓 API의 기본

5.1.1 동기 모델의 C/S

5.1.2 동기 함수의 비동기화

5.2 비동기 소켓

5.2.1 고전적 방식(select)

5.2.2 윈도우 메시지(WSAAsyncSelect)

5.2.3 이벤트 시그널링(WSAEventSelect)

5.3 비동기 입출력 이용

5.3.1 장치 또는 이벤트 시그널링

5.3.2 경보가능 입출력의 사용

5.3.3 IOCP의 사용

5.4 MS 소켓 확장 API

5.4.1 확장성을 위한 준비

5.4.2 비동기 입출력 접속

5.4.3 AcceptEx 함수와 소켓 풀

5.4.4 파일 전송

이번 장에서는 리모트 간의 입출력을 담당하는 대표적인 수단인 소켓의 비동기 구조에 대해서 살펴보기로 한다. 이 장은 TCP/IP 상의 비동기 소켓을 상세히 소개하는 것이 목적이기 때문에 네트워크 및 TCP/IP, 소켓 자체에 대한 설명은 별도로 하지 않고 네트워크 프로그래밍을 어느 정도 할 수 있다는 가정하에 논의를 전개할 예정이다. 사실, 비동기의 진정한 효과를 최대로 누릴 수 있는 수단이 바로 소켓을 이용한 입출력이기 때문에 비동기 소켓에 대한 설명을 빠뜨릴 수가 없다. 또한, 앞으로 계속 설명될 비동기 입출력 구조의 가장 적나라한 예를 비동기 소켓을 통해 보여줄 수 있다. 그렇기 때문에 이번 장에서는 비동기 소켓에 대해 상세하게 살펴보기로 하고, 그 전에 먼저 TCP를 위한 소켓 관련 함수들에 대해서 간단하게 정리하고 넘어가도록 하자.

우선, 이 점을 분명히 해야겠다. 비동기 소켓은 장점이 많은 것은 사실이지만 동기 모델보다 훨씬 복잡하고 어렵다. 그리고 소켓을 이용하는 통신 모델의 경우 동기 모델을 사용하는 것이 훨씬 효율적인 경우가 많다. 프로그램 설계상 필요에 의해 비동기 모델을 사용해야지 무턱대고 사용한다면 추후 더 많은 문제를 야기시킨다. 일반적으로 HTTP, TELNET, FTP, SMTP 등의 프로토콜을 사용하는 클라이언트의 경우 요청 → 응답의 구조가 대부분이다. 즉 요청을 하고 응답이 올 때까지 대기하는 형태의 알고리즘이 주류를 이룬다. 이런 경우에 비동기 모델을 사용하면 오히려 효율만 떨어지고 코드의 복잡성만 가중시킬 뿐이다. 일례로 오래 전 필자가 프로젝트를 맡아서 진행할 때의 일이다. 작업의 효율성을 위해 혹시나 필요할까 해서 필자가 만든 비동기 소켓 라이브러리를 프로젝트 팀원에게 준 적이 있다. 그 친구는 그것을 그대로 사용해서 다음과 같은 우스꽝스러운 코드를 만들었다.

```
BOOL SyncSend(PBYTE buff, int size)
{
    AsyncSend(buff, size);
    WaitForSingleOjbect(hEvent, INFINITE);
    if (!Error)
        return TRUE;
    return FALSE;
}
```

위의 샘플 코드처럼 별도의 이벤트를 만들어 비동기로 데이터를 Send한 후 전송이 끝날 때까지 WaitForSingleObject 함수로 대기하도록 하여 비동기 모델을 동기 버전으로 변환해 사용했던 것이다. 이런 식으로 비동기 모델을 적용할 거라면 비동기 모델을 적용할 이유가 없어진다. 차라리 동기 함수인 send를 그대로 사용하는 것이 코드의 효율성이나 유지 관리에 훨씬 이득일 것이다. 앞서도 멀티스레딩 프로그래밍 관련해서 언급한 것처럼, 비동기 모델은 필요에 의해서 사용해야지 무조건 효율이 좋다고 사용하는 것은 상당히 위험한 일이다.

5.1 소켓 API의 기본

윈도우는 기존 유닉스를 위해 설계되었던 버클리 소켓을 충실하게 반영하여 Windows Socket이라는 이름으로 API를 제공해 왔다. WinSock 1.0부터 시작해서 현재 2.2까지 제공되고 있으며, 기존 버클리 소켓과 완벽하게 호환되는 동시에 버클리 소켓에서는 어설프게 제공되었던 비동기 송수신을 윈도우 시스템과 통합해서 확장된 기능을 제공한다. 이번 절에서 살펴볼 내용은 버클리 소켓과 호환되는 원속 동기 API들이다. 즉 호출 시에 블록되어 해당 작업이 끝날 때까지 대기해야만 하는, TCP 통신에서 사용되는 기본적인 API들을 예제 코드와 함께 간단히 소개하고자 한다.

소켓 API를 호출하기 전에 WSAStartup을 미리 호출해두는 것을 잊지 말자. 프로그램 개시와 종료 시에 WSAStartup/WSACleanup 두 쌍을 항상 넣어 두고 시작하도록 하자. 그리고 원속을 사용하기 위해서는 "WinSock2.h" 헤더를 인클루드하고 "Ws2_32.lib" 라이브러리를 링크시켜야 한다. 프로젝트 옵션에서 추가해도 되지만, 필자는 간편하게 comment 지시자를 이용해 링크시켰다.

```
#include "Winsock2.h"
#pragma comment(lib, "Ws2_32.lib")

void _tmain()
{
    WSADATA wsd;
    int nErrCode = WSAStartup(MAKEWORD(2, 2), &wsd);
    if (nErrCode)
    {
        cout << "WSAStartup failed with error : " << nErrCode << endl;
        return;
    }


    /////////////////////////////////////////////////////////////////
    // 본 프로그램 코드
```

```
        :
//////////////////////////////////////////////////////////////////

    WSACleanup();
}
```

이번 장에서 나올 소스 샘플은 모두 위와 같은 구조를 기본으로 하고 있으며, 예시된 소스를 알아보기 쉽게 보여주기 위해 위의 기본 코드는 샘플 소스 상에는 들어있지만, 본서에서는 제외했다. 이 부분을 미리 인지해주기 바라며 설명을 시작하도록 한다.

5.1.1 동기 모델의 C/S

아래 그림은 전형적인 TCP 기반의 클라이언트/서버 통신 프로그램을 구성하는 코드의 순서도를 나타낸 것이다.

그림 5-1 TCP/IP 서버–클라이언트 함수 호출

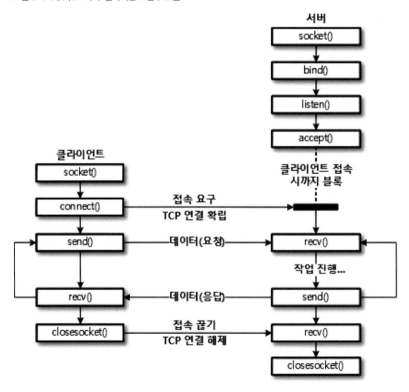

TCP/IP 프로그래밍에 대해 약간이라도 알고 있을 거란 전제하에 앞의 그림에서 나온 함수들에 대해서는 별도의 설명은 하지 않고, 아주 간단한 서버와 클라이언트를 구현한 예제 소스의 검토를 통해서 그림에 나오는 함수들에 대해 설명하도록 하겠다. 먼저, 소켓 관련 함수 호출 시 에러가 발생했을 때의 리턴값에 대해 언급하고자 한다. 소켓을 생성하거나 반환하는 함수의 경우에는 기본적으로 SOCKET 핸들을 반환하지만 에러가 발생하면 INVALID_SOCKET(-1)을 반환하고, 나머지 함수의 경우에 에러가 발생되면 SOCKET_ERROR(-1) 값을 반환한다. 에러가 발생하면 구체적인 에러 코드는 WSAGetLastError 또는 GetLastError 함수를 통해서 얻을 수 있다.

1) 클라이언트 코드 분석

다음 프로젝트에서는 클라이언트와 에코 서버를 간단히 구현했으며, 클라이언트가 문자열을 입력받아 서버로 전송하면 서버는 그 문자열을 콘솔에 출력하고 다시 클라이언트로 그 문자열을 되돌려 주는 구조다. 먼저 클라이언트 측의 소스 예제를 살펴보도록 하자.

프로젝트 5.1.1 EchoClient

```
void _tmain()
{
```
socket → 서버로 접속할 TCP 클라이언트 소켓을 생성한다.
```
    SOCKET sock = socket(AF_INET, SOCK_STREAM, IPPROTO_TCP);
    if (sock == INVALID_SOCKET)
    {
        cout << "socket failed, code : " << WSAGetLastError() << endl;
        return;
    }
```

SOCKET 함수는 소켓을 생성하는 제일 기본적인 함수다.

```
SOCKET WSAAPI socket
(
    _In_ int af,
    _In_ int type,
    _In_ int protocol
);
```

af는 주소 패밀리로서 각 프로토콜별로 상이한 주소 지정 방식을 지정하는 매개변수다. 이 장에서는 IPv4 주소 기반을 사용할 것이므로 AF_INET(2)을 사용한다. type은 연결 지향인지 아니면 데이터그램인지를 식별하는 것으로서 TCP 기반의 연결 지향 프로토콜을 사용할 것이기에 SOCK_STREAM(1)을 지정한다. 마지막으로 protocol은 구체적으로 사용한 프로토콜을 지정하는데, 이 장에서는 TCP를 기반으로 하므로 IPPROTO_TCP(6)를 사용할 것이다.

소켓 생성에 성공했을 경우에는 소켓 디스크립터라고 불리는 핸들값을 리턴하고, 실패했을 경우에는 INVALID_SOCKET을 리턴한다. INVALID_SOCKET은 ~0(NOT 0), 즉 −1이 되며 CreateFile 호출에 실패했을 경우 리턴되는 INVALID_HANDLE_VALUE 값과 동일하다.

소켓 프로그래밍을 많이 접했던 개발자도 놓치는 부분이 socket 함수에 의해 생성되는 소켓은 기본적으로 중첩 속성을 지닌다는 점이다. 따라서 그 소켓은 비동기 입출력에 바로 사용 가능하다는 사실을 의미하는데, 이 점에 대해서는 5.3절에서 다시 상세히 언급할 예정이다.

이 장에서는 우리가 사용할 socket 함수 호출 시 매개변수는 서버 측이든 클라이언트 측이든 전형적으로 AF_INET, SOCK_STREAM, IPPROTO_TCP를 사용할 것이다.

접속할 서버의 IP 주소와 포트 번호를 지정한다.

```
SOCKADDR_IN sa;
memset(&sa, 0, sizeof(SOCKADDR_IN));
sa.sin_family      = AF_INET;
sa.sin_port        = htons(9001);
sa.sin_addr.s_addr = inet_addr("127.0.0.1");
```

connect → SOCKADDR_IN 구조체에 서버의 주소와 포트를 채워서 서버로 접속한다. 서버가 접속을 수용하거나 에러가 발생할 때까지 코드는 블록된다.

```
int lSockRet = connect(sock, (LPSOCKADDR)&sa, sizeof(sa));
if (lSockRet == SOCKET_ERROR)
{
    cout << "connect failed : " << WSAGetLastError() << endl;
    closesocket(sock);
    return;
}
```

```
int connect
(
  _In_ SOCKET                   s,
  _In_ const struct sockaddr*   name,
  _In_ int                      namelen
);
```

connect 함수는 서버로 접속하기 위해 호출하는 함수로서 socket 함수에 의해 생성된 소켓 핸들을 받아서 주어진 주소와 포트로 접속 시도를 한다. name과 namelen 매개변수는 목적지의 주소를 지정하기 위해 사용되는데, SOCKADDR 구조체에 주소를 설정해서 전달하면 된다. SOCKADDR 구조체는 여러 프로토콜별 주소를 추상적으로 표현한 것으로, 실제로 IPv4 기반의 주소는 SOCKADDR_IN 구조체를 사용해 IP 주소와 포트를 지정한다. 앞 소스에서는 포트를 9001번으로, 목적지 주소는 127.0.0.1의 로컬 주소로 지정했다. 접속에 성공하면 연결이 성립된 상태가 되고, 그 이후부터는 데이터의 송수신이 가능해진다.

```
char szIn[512];
while (true)
{
    cin >> szIn;
    if (stricmp(szIn, "quit") == 0)
        break;


    int tranLen = strlen(szIn);
```
send → 콘솔로부터 입력받은 문자열을 서버로 전송한다. 전송이 완료될 때까지 블록된다.
```
    tranLen = send(sock, szIn, tranLen, 0);
    if (tranLen == SOCKET_ERROR)
    {
        cout << "send failed : " << WSAGetLastError() << endl;
        break;
    }
```

```
int send
(
```

```
   _In_  SOCKET        s,
   _In_  const char*   buf,
   _In_  int           len,
   _In_  int           flags
);
```

connect 함수를 통해서 연결한 후 데이터를 목적지에 전송하는 함수가 send다. 연결된 소켓 s를 매개변수로 받고 보낼 데이터는 buf에 len 길이(바이트 단위)만큼 담아서 전송하게 된다. 전송에 성공하면 실제로 보낸 데이터의 크기를 리턴받게 된다. flags 매개변수는 이 장의 관심사가 아니므로 0으로 넘겨주기 바란다.

```
      Sleep(10);

   recv → 서버로부터 전송될 에코 응답 데이터의 수신을 기다린다. 서버가 데이터를 송신하기 전까지 코드는 블록된다.

      tranLen = recv(sock, szIn, sizeof(szIn), 0);
      if (tranLen <= 0)
      {
          cout << "recv failed : " << WSAGetLastError() << endl;
          break;
      }
```

```
int recv
(
   _In_   SOCKET s,
   _Out_  char*  buf,
   _In_   int    len,
   _In_   int    flags
);
```

연결된 소켓 s를 통해서 서버로부터 데이터를 수신받기 위해 호출하는 함수가 recv다. buf를 통해 수신받을 버퍼의 포인터를 넘겨주며, 이 버퍼의 크기는 len을 통해서 알려준다. flags 역시 이 장에서는 무시하고 0으로 지정하기 바란다. recv 함수의 리턴값은 좀 더 각별히 신경써야 한다. 에러가 발생하면 SOCKET_ERROR가 리턴되며, 성공하면 실제로 수신한 데이터의 실제 길이가 바이트 단위로 반환된다.

recv 함수의 리턴값이 0인 경우는 특별한 의미를 지니는데, 이는 연결된 상대편에서 closesocket 함수 등을 이용해 연결을 끊었음을 의미한다. 따라서 이 경우에는 closesocket 함수를 이용해 소켓 s를 닫아주고 다시 연결을 시도해야 한다.

```
        szIn[tranLen] = 0;
        cout << "   Recv <= " << szIn << endl;
    }



    closesocket → 소켓을 닫아 접속을 끊고 소켓 커널 객체를 해제한다.

    closesocket(sock);
}
```

```
    int closesocket(_In_ SOCKET s);
```

closesocket 함수는 만약 소켓이 연결된 상태라면 연결을 끊고 소켓을 시스템에 반납하고, 관련 리소스 및 큐잉된 데이터도 모두 반납된다. 따라서 이미 닫은 소켓은 재사용할 수 없으며, 닫은 소켓을 재사용하면 WSAENOTSOCK(10038) 에러가 발생한다.

closesocket을 호출하면 동시에 진행 중이던 모든 동기/비동기 작업들이 취소된다. 비동기 작업의 경우는 WSA_OPERATION_ABORTED 에러를 반환한 후 즉시 리턴되고, 동기 작업의 경우는 작업을 마칠 때까지 대기하게 된다. Gracefully closure를 원한다면 미리 shutdown 함수를 호출한 후 closesocket 함수를 호출하라.

이상으로, 클라이언트의 샘플 코드 및 관련 함수에 대해 살펴보았다. 앞으로는 서버에 중점을 맞춰 논의할 예정이므로, 샘플로 사용되는 클라이언트 코드는 당분간 이 코드를 계속 사용할 것이다.

2) 서버 코드 분석

이번엔 서버 측 코드의 구현을 살펴보자. 다음 프로젝트는 에코 서버를 간단하게 구현한 코드다.

```
void _tmain()
{
```

socket → TCP 리슨 소켓을 생성한다.

```
    SOCKET hsoListen = socket(AF_INET, SOCK_STREAM, 0);
    if (hsoListen == INVALID_SOCKET)
    {
        cout << "socket failed, code : " << WSAGetLastError() << endl;
        return;
    }
```

bind → 자신의 로컬 주소를 SOCKADDR_IN 구조체에 채워 리슨 소켓과 바인드한다.

```
    SOCKADDR_IN sa;
    memset(&sa, 0, sizeof(SOCKADDR_IN));
    sa.sin_family          = AF_INET;
    sa.sin_port            = htons(9001);
    sa.sin_addr.s_addr      = htonl(INADDR_ANY);

    LONG lSockRet = bind(hsoListen, (PSOCKADDR)&sa, sizeof(SOCKADDR_IN));
    if (lSockRet == SOCKET_ERROR)
    {
        cout << "bind failed, code : " << WSAGetLastError() << endl;
        return;
    }
```

```
int bind
(
  _In_ SOCKET                s,
  _In_ const struct sockaddr* name,
  _In_ int                   namelen
);
```

소켓 s와 로컬 주소를 묶는 것을 "바인드한다"라고 표현한다. 바인드하기 위해선 위 소스처럼 주소
와 포트를 설정한 다음 bind 함수를 호출해야 한다. 소켓을 연결 대기 상태로 두기 전에, 즉 listen

함수를 호출하기 전에 먼저 바인드를 해야 한다.

주소 지정은 connect 함수와는 반대로, 즉 자신의 로컬 주소 및 접속할 포트 번호를 지정해줘야 한다. 보통 서버의 경우 어떠한 주소라도 받아들이겠다는 의미로 INADDR_ANY(0)를 지정한다. 이러한 주소 지정보다는, 서버의 경우 클라이언트가 접속할 포트 번호를 지정하는 것이 매우 중요하다. connect 함수와 마찬가지로, TCP 프로토콜의 경우는 SOCKADDR_IN 구조체를 사용한다.

> listen → 클라이언트 접속을 리슨 상태로 만든다. 백로그(backlog)를 SOMAXCONN으로 설정하고, 접속 가능 백로그를 조절할 수 있다.

```
lSockRet = listen(hsoListen, SOMAXCONN);
if (lSockRet == SOCKET_ERROR)
{
    cout << "listen failed, code : " << WSAGetLastError() << endl;
    return;
}
```

```
int listen
(
    _In_ SOCKET   s,
    _In_ int      backlog
);
```

바인드된 소켓은 이제 연결 대기 상태로 놓일 수 있다. 연결 대기 상태(Linstening Mode)로 들어가기 위해서는 listen 함수를 호출한다. 이 호출이 성공적이면 소켓 s에 대해 연결 요청이 들어올 때 요청을 수락할 accept 함수를 호출할 수 있으며, 이 s를 흔히 "리슨 소켓"이라고 한다.

backlog 매개변수는 연결 수락을 위해 대기 중인 연결 요청 큐의 최대 크기를 의미한다. 흔히들 backlog에 대해서 연결 가능한 최대 클라이언트 수로 오해들을 많이 한다. 즉 backlog 값을 4로 지정하면 동시에 4개의 연결까지만 허락하고, 4개의 소켓 중 하나가 연결을 끊지 않는 한 더 이상의 소켓은 접속이 허용되지 않을 것이라고 잘못 이해하는 경우가 있다. backlog의 정확한 의미는 다음과 같다. 연결 요청의 수락은 accept 함수에 의해 이루어진다. 연결 요청이 들어오면 서버 프로그램에서 accept 함수를 호출하기 전까지는 그 요청을 어디엔가 보관해야 한다. 그 보관 장소가 연결 요청 대기 큐가 된다. backlog가 4인 경우의 예를 다시 들어 보자면 최초 접속 요청이 있었고

accept 함수에 의해 요청이 수락되어 해당 세션을 통해 작업 중이라고 하자. 이 작업이 길어지거나 해서 accept 함수를 호출하기 전에 4개의 요청이 들어오면 큐에 이 요청이 쌓인다. 여전히 서버는 작업 중이라서 accept 함수를 호출하지 않은 상황에서 다시 연결 요청이 들어오면 이미 큐에는 4개의 대기중인 요청이 꽉 들어차 있기 때문에 더 이상 요청을 보관할 공간도 없고, 따라서 서버는 그 요청을 거부(refuse)하게 된다. 거부된 클라이언트의 connect 함수 호출 결과에 대한 에러 코드는 WSAECONNREFUSED(10061)가 될 것이다. 그러다 서버가 계속해서 accept 함수를 네 번 호출해 큐의 요청을 모두 수용하게 되면, 큐에는 빈 공간이 4개 남고 다시 4개까지의 요청 대기가 가능하게 된다. 하지만 이 상황에서 동시 접속 클라이언트는 벌써 5개다. 따라서 backlog의 의미는 서버가 accept 함수를 호출하기 전에 연결 요청을 허용할 수 있는 최대 개수라고 볼 수 있다. 이 매개변수의 값은 보통 SOMAXCONN(0x7FFFFFFF)을 전달하는데, SOMAXCONN의 의미는 이 backlog의 크기를 시스템에게 알아서 맡기겠다는 것이다.

```
cout << " ==> Waiting for client's connection......" << endl;
```

accept → 클라이언트의 접속을 기다리다 접속 요청이 있으면 수용하여 시스템이 생성해준 자식 소켓을 받아들인다. 클라이언트의 connect 접속이 있을 때까지 코드는 블록된다. 뒤의 두 매개변수에 SOCKADDR_IN 구조체의 포인터를 넘김으로써 접속된 클라이언트의 주소까지 획득할 수 있다.

```
SOCKET sock = accept(hsoListen, NULL, NULL);
if (sock == INVALID_SOCKET)
{
    cout << "accept failed, code : " << WSAGetLastError() << endl;
    return;
}
```

```
SOCKET accept
(
  _In_    SOCKET          s,
  _Out_   struct sockaddr*  addr,
  _Inout_ int*            addrlen
);
```

연결 대기 중인 소켓(리슨 소켓)에 대한 연결 요청을 수락하는 함수가 accept다. 두 번째와 세 번째 매개변수인 addr과 addrlen은 필요에 따라 연결 허가를 받은 클라이언트의 주소를 얻기 위해 사용

된다. 즉 연결 요청이 수락된 후 클라이언트의 주소를 받아오기 위한 매개변수로, SOCKADDR_
IN 구조체의 포인터를 넘겨주면 되고, 원하지 않으면 NULL을 넘겨도 된다.

리턴되는 값은 클라이언트의 연결에 해당하는 새로운 소켓의 핸들로, 흔히 "자식 소켓"이라고 한다. 이
새로운 소켓을 통해서 실제 클라이언트와의 송수신 작업을 하게 되고, 리슨 소켓 s는 계속해서 다음
의 연결 요청을 수락하기 위해 accept 함수의 매개변수로 사용된다.

서버 코드에서는 recv 함수를 호출해 데이터 수신을 기다리고 데이터가 수신되면 다시 send 함수
를 통하여 클라이언트로 데이터를 에코시킨다.

```cpp
cout ≪ " ==> New client " ≪ sock ≪ " connected" ≪endl;

char szIn[512];
while (true)
{
    lSockRet = recv(sock, szIn, sizeof(szIn), 0);
```

recv → 클라이언트로부터 전송된 데이터가 수신되기를 기다린다. 역시 클라이언트가 데이터를 send로 전송하기 전까지는 블록된다.
setsockopt 함수를 이용해서 타임아웃을 지정할 수 있다.

```cpp
    if (lSockRet == SOCKET_ERROR)
    {
        cout ≪ "recv failed : " ≪ WSAGetLastError() ≪ endl;
        break;
    }


    if (lSockRet == 0)
    {
```

수신 데이터의 길이가 00이면 클라이언트가 접속을 끊었다는 의미이므로 루프를 탈출한다.

```cpp
        cout ≪ " ==> Client " ≪ sock ≪ " disconnected : " ≪ endl;
        break;
    }

    szIn[lSockRet] = 0;
    cout ≪ "Recv data => " ≪ szIn ≪ endl;
    Sleep(10);

    lSockRet = send(sock, szIn, lSockRet, 0);
```

```
    if (lSockRet == SOCKET_ERROR)
    {
        cout << "send failed : " << WSAGetLastError() << endl;
        break;
    }
}

closesocket(sock);
closesocket(hsoListen);
```

```
}
```

이상으로, 서버와 클라이언트의 샘플 코드와 TCP 기반 클라이언트/서버 구조의 프로그래밍에 관련된 중요 동기 함수들에 대해 모두 살펴보았다. 윈속에서는 이러한 함수들과 호환 가능한 원속 전용 함수를 별도로 정의해서 제공하고 있는데, 우리가 검토한 함수와 매칭되는 호환 가능 함수는 다음과 같다.

- socket ⟷ WSASocket
- accept ⟷ WSAAccept
- connect ⟷ WSAConnect
- recv ⟷ WSARecv
- send ⟷ WSASend

호환 가능 함수는 5.3절에서 더 상세하게 살펴볼 예정이며, 서버 측 코드를 더 깊이 살펴보도록 하자. 현재 서버 코드의 구조는 클라이언트를 단 한 개밖에 받아들일 수 없는 구조다. 클라이언트 프로그램을 하나 실행시켜 접속한 후 다른 하나를 실행시켜 보면 응답이 없음을 알 수 있는데, 이는 서버 측에서 리슨을 개시한 후 접속 수용을 단 한 번밖에 수행하지 않기 때문이다. 다중 클라이언트의 접속을 수용하려면 결국 다음과 같이 listen 함수를 호출한 후 루프를 돌면서 계속 accept 함수를 호출해 접속을 수용해줘야만 한다.

```
    lSockRet = listen(hsoListen, SOMAXCONN);
    if (lSockRet == SOCKET_ERROR)
```

```
{
    // 에러 처리
}
    ⋮

while(true)
{
    SOCKET sock= accept(hsoListen, NULL, NULL);
    if (sock == INVALID_SOCKET)
    {
        // 에러 처리
    }
    ⋮
}
```

위와 같이 수정을 했더라도 accept 함수는 동기 함수이므로 임의의 클라이언트가 connect 함수를 이용해 접속 요청을 하기 전까지 계속 대기한다. 접속이 이루어져 accept 함수로부터 빠져나왔더라도 코드 구조상 accept 함수에 의해 리턴된 sock 자식 소켓에 대해 recv 함수를 호출하면, 이 역시 동기 함수이므로 해당 클라이언트가 접속을 끊기 전까지는 다른 클라이언트의 접속을 수용할 수가 없다. 즉 accept 함수를 호출하는 코드에 닿지 못하는 것이다. 결국 다중 클라이언트의 접속을 수용하면서 각 클라이언트와의 통신이 가능하게 하는 구조를 고민해야만 한다.

5.1.2 동기 함수의 비동기화

이제 문제를 정리해보자. 서버 측의 경우 accept, recv 함수 호출 시 비동기적 실행의 검토가 요구된다. 두 함수 모두 동기 함수며, 호출하는 순간 요구에 부합하는, 즉 accept 함수의 경우 클라이언트 접속 요청과 recv 함수의 경우 클라이언트로부터의 데이터 전송이라는 사건이 없을 경우에는 무한정 대기하게 된다. 이 두 가지 행위는 클라이언트가 언제 접속 요청을 할지 아니면 언제 데이터를 보낼지를 알 수 없는 경우며, 따라서 항상 해당 사건의 발생을 기다리며 대기해야만 하는 대표적인 경우다. 이런 상황이라면 당연히 비동기적인 행위가 요구된다. accept 함수를 비동기적으로 호출하고 자신의 할 일을 하다가 요청이 들어오면 요청을 수행하고, 또한 데이터가 수신되었을 때 그것을 처리하고 다시 자신의 일을 할 수 있다면 좋다. 또한 클라이언트 측면에서 동기 함수인 connect 함수의 경우에도 비동기 처리를 검토할 수 있다. 왜냐하면 접속하는 데 시간이 많이 걸리는 상황이 적지 않기 때문이다. 이 connect 함수에 대해서도 비동기적으로 접속 요청을 할 수 있다면 좋을 것이다. 이런 상황을 대비해서 동기 함수의 경우 몇 가지 피할 수 있는 방법을 검토할 수 있다.

1) 타임아웃 이용

accept나 connect 함수에 대해서는 타임아웃을 지정할 수 없지만, recv나 send 함수의 경우에는 setsockopt 함수를 이용해 타임아웃을 지정할 수 있다. setsockopt 함수는 getsockopt 함수와 쌍으로 존재하며, 소켓의 원하는 옵션을 설정하거나 설정 상태를 얻어온다. 함수 선언은 다음과 같다.

```
int setsockopt
(
  _In_ SOCKET       s,
  _In_ int          level,
  _In_ int          optname,
  _In_ const char*  optval,
  _In_ int          optlen
);

int getsockopt
(
  _In_     SOCKET  s,
  _In_     int     level,
  _In_     int     optname,
  _Out_    char*   optval,
  _Inout_  int*    optlen
);
```

SOCKET s

옵션을 얻어오거나 설정할 소켓의 핸들이다.

int level

int optname

level은 설정 및 획득할 옵션의 레벨을 지정하고, optname은 원하는 옵션의 종류를 지정한다. 옵션은 프로토콜별로 분류되는 옵션 레벨이 있으며, 각 옵션 레벨 아래에 구체적인 옵션의 종류들이 존재한다. 우리가 원하는 것은 송수신 시의 타임아웃을 지정하는 것이다. 타임아웃 옵션이 소속된 레벨은 SOL_SOCKET(0xffff)이며, 따라서 level 매개변수는 이 값을 넘겨준다. 타임아웃 옵션에 해당하는 optname 매개변수는 송신 타임아웃의 경우에는 SO_SNDTIMEO(0x1005) 값을 지정할 수 있고, 수신 타임아웃의 경우에는 SO_RCVTIMEO(0x1006) 값을 지정할 수 있다.

const char* optval

int/int* optlen

optval은 설정 및 획득할 옵션의 값을 위한 버퍼며, optlen은 버퍼나 옵션 값의 길이를 지정한다. 타임아웃 옵션의 경우 optval은 ms 단위의 타임아웃 값으로 채워진 int형 변수의 포인터를 넘겨줘야 한다. 따라서 optlen은 sizeof(int)가 되어야 한다.

송수신 타임아웃을 지정할 때, send 또는 recv 함수를 호출한 후 지정된 시간 내에 데이터가 전송되지 않거나 수신 데이터가 없다면 send 또는 recv 함수는 SOCKET_ERROR를 리턴하고 에러코드는 WSAETIMEDOUT(10060)이 된다. 이 에러 코드를 통해서 타임아웃 여부를 판별할 수있다.

setsockopt 함수를 이용해 소켓에 대해 수신 타임아웃 옵션을 지정할 수 있다. 다음 프로젝트는 accept 함수를 통해서 접속이 이루어진 후 자식 소켓에 대해 setsockopt 함수를 호출해 수신 타임아웃 값을 1초로 지정하는 예를 보여준다.

```
프로젝트 5.1.2 EchoSvrTimeout

    ⋮
    cout ≪ " ==> New client " ≪ sock ≪ " connected..." ≪ endl;

    int nTimeOut = 1000;
    lSockRet = setsockopt
    (
        sock, SOL_SOCKET, SO_RCVTIMEO, (PCSTR)&nTimeOut, sizeof(nTimeOut)
    );
```

수신 타임아웃을 1초로 지정했다.

```
    if (lSockRet == SOCKET_ERROR)
    {
```

```
        cout << "setsockopt failed : " << WSAGetLastError() << endl;
        return;
    }


    char szBuff[512];
    while (true)
    {
        lSockRet = recv(sock, szBuff, sizeof(szBuff), 0);
```

수신 타임아웃 옵션을 지정하게 되면 recv 호출 후 지정된 시간 내에 데이터를 수신하지 못하면 recv는 SOCKET_ERROR를 리턴한다.

```
        if (lSockRet == SOCKET_ERROR)
        {
            int nErrCode = WSAGetLastError();
            if (nErrCode != WSAETIMEDOUT)
```

타임아웃이 발생하면 그 에러 코드는 WSAETIMEDOUT이 되고, 이 시점에서 다른 작업을 수행한 후 다시 루프를 돌아 recv를 호출할 수 있다.

```
            {
                cout << "recv failed : " << nErrCode << endl;
                break;
            }
            continue;
        }
        ⋮
```

위의 코드는 동기 함수를 이용한 비동기 모델을 흉내 내기 위한 것이지만, 동기 모델을 기반으로 구현되는 솔루션에서 이 타임아웃 옵션은 자주 사용되는 유용한 기능이다. 앞에서도 언급했듯이 비동기 모델이 만병통치약은 아니라서 필요에 따라서는 동기 모델이 더 유용한 경우도 많다. 보통 C/S 구조의 솔루션을 설계할 때 서버와 클라이언트 사이의 프로토콜을 사양으로 먼저 정의하게 된다. 이 과정에서 흔히 클라이언트가 요청하면 서버가 응답을 주는 그런 류의 프로토콜이 대부분이고, 이것도 일정 시간 내에 이루어지기 때문에 클라이언트 측에서는 굳이 비동기로 처리할 필요 없이 요청을 send 함수를 통해서 전송하고 바로 recv 함수를 호출해 응답을 기다린다. 하지만, 예를 들어 요청 후 응답이 1초 이내로 오는 경우가 일반적인데, 네트워크 상태나 서버 문제 때문에 응답을 주지 못하는 경우나 에러가 발생하여 응답에 실패했을 경우에 클라이언트는 recv 함수를 호출한 후 계속 대기할 수밖에 없는 상태가 될 것이다. 이런 경우를 대비하여 타임아웃을 지정하는 것이 필수사항이다.

2) 넌블로킹(Non-Blocking) 소켓 모드 이용

다음으로 소켓 자체를 넌블로킹 모드로 설정하는 방법이 있다. Ioctlsocket 함수를 통해서 소켓을 넌블로킹 모드로 설정할 수 있다.

```c
int ioctlsocket
(
    _In_    SOCKET  s,
    _In_    long    cmd,
    _Inout_ u_long* argp
);
```

매개변수 s는 모드를 설정할 소켓의 핸들이다. 소켓에 대해 넌블로킹 모드를 지정하거나 해제할 때의 cmd는 FIONBIO 매크로가 된다. 그리고 unsigned long 변수를 선언하고 그 값을 1로 설정하여 그 포인터를 argp로 넘겨주면 소켓을 넌블로킹 모드로 설정하게 된다. 넌블로킹 모드를 해제하고 다시 블로킹 모드로 만들고자 한다면 unsigned long 변수를 0으로 리셋하여 동일하게 ioctlsocket 함수를 호출하면 된다. 다음 절에서 설명할 WSAAsyncSelect와 WSAEventSelect 함수는 자동적으로 소켓을 넌블로킹 모드로 설정하기 때문에, 이 두 함수를 호출한 소켓에 대해 넌블로킹 모드를 해제하기 위해 ioctlsocket 함수를 호출하면 이 호출은 실패한다.

소켓을 넌블로킹 모드로 설정하게 되면 해당 소켓을 매개변수로 하는 모든 동기 함수는 호출과 동시에 바로 리턴된다. 리턴값은 에러가 발생했다는 SOCKET_ERROR가 되고 (WSA)GetLastError를 통해서 WSAEWOULDBLOCK(10035) 에러 코드를 얻게 된다. 이 에러 코드의 의미는 작업이 진행 중이니 나중에 다시 시도하라는 의미며, 실제 에러가 아니다. 4장에서 설명했던 비동기 입출력의 ERROR_IO_PENDING 정도에 해당한다고 보면 된다. 이제 비동기 모드를 흉내 내고자 한다면 다음과 같이 코드를 작성하면 된다.

프로젝트 5.1.2 EchoSvrIoctl

```c
     ⋮
  lSockRet = listen(hsoListen, SOMAXCONN);

     ⋮
  ULONG ul = 1;
  lSockRet = ioctlsocket(hsoListen, FIONBIO, &ul);
```

```
ioctlsocket을 호출해 소켓을 넌블로킹 모드로 설정한다.

if (lSockRet == SOCKET_ERROR)
{
    cout << "ioctlsocket failed : " << WSAGetLastError() << endl;
    return;
}
```

Ioctlsocket 함수를 통해서 리슨 소켓을 넌블로킹 모드로 설정한다. 그런 다음 아래 코드와 같이
accpet 함수를 호출하면 바로 리턴되고 에러 코드는 WSAEWOULDBLOCK이 될 것이다.

```
    ⋮
SOCKET sock = INVALID_SOCKET;
while (true)
{
    sock = accept(hsoListen, NULL, NULL);
    if (sock != INVALID_SOCKET)
        break;

    int nErrCode = WSAGetLastError();
    if (nErrCode != WSAEWOULDBLOCK)
    {
        cout << "accept failed : " << nErrCode << endl;
        closesocket(sock);
        return;
    }
```
소켓이 넌블로킹 모드면 동기 함수 호출은 바로 리턴되고, 다른 에러가 없을 경우에는 아직 IO가 대기 중임을 의미하는
WSAWOULDBLOCK 에러 코드를 리턴한다. 따라서 WSAWOULDBLOCK일 경우에는 다른 작업을 하고 다시 accept를 호출한다.
```
    Sleep(10);
}
cout << " ==> New client " << sock << " connected..." << endl;
    ⋮
```

일단 넌블로킹 모드로 소켓을 설정하면 자식 소켓도 그 속성을 상속받게 된다. 위의 코드는 리슨 소
켓을 넌블로킹 모드로 설정했기 때문에, accept 함수에 의해 생성된 자식 소켓 역시 넌블로킹 모드

로 작동한다. 그러므로 recv 함수 호출 시에도 동일한 처리를 해줘야 한다.

```
char szBuff[512];
while (true)
{
    bool bIsExit = false;
    while (true)
    {
        lSockRet = recv(sock, szBuff, sizeof(szBuff), 0);
        if (lSockRet != SOCKET_ERROR)
            break;

        int nErrCode = WSAGetLastError();
        if (nErrCode != WSAEWOULDBLOCK)
```

recv 호출 역시 넌블로킹 모드로 움직이므로, 수신 큐에 도착한 데이터가 아직 없다면 recv 호출은 SOCKET_ERROR를 즉각 리턴하고 에러 코드는 WSAWOULDBLOCK이 된다.

```
        {
            ⋮
```

비동기 모드로 설정해서 사용하는 방법은 폴링 방식에 의존하며, 동기 함수의 호출이 성공할 때까지 주기적으로 호출해야만 하는 구조다. 앞서 언급한 것처럼 윈도우 소켓은 비동기적 호출을 위한 다양한 방법들을 제공하기 때문에, 이런 방식의 사용은 피하기 바란다. 다만, 동기 모델을 사용하는 클라이언트에서 네트워크 사정이나 주소를 잘못 입력해서 connect 함수 호출이 오랜 시간이 지난 후에야 실패로 리턴되는 경우가 적지 않게 있다. 하지만 connect 함수의 경우에는 타임아웃을 지정할 수단이 없기 때문에, connect 함수에 대한 타임아웃 처리를 위해 넌블로킹 모드로 전환하여 사용할 경우에는 유용한 방법이기도 하다.

다음 프로젝트는 connect 함수 호출 시 타임아웃을 줄 수 있는 예제다.

프로젝트 5.1.2 EchoCliIoctl

```
void _tmain()
{
    SOCKET sock = socket(AF_INET, SOCK_STREAM, IPPROTO_TCP);
    if (sock == INVALID_SOCKET)
```

```cpp
    {
       cout << "socket failed, code : " << WSAGetLastError() << endl;
       return;
    }

    ULONG ul = 1;
    int lSockRet = ioctlsocket(sock, FIONBIO, &ul);
```

소켓을 넌블로킹 모드로 만들어 connect 호출이 블록되지 않도록 한다.

```cpp
    if (lSockRet == SOCKET_ERROR)
    {
       cout << "ioctlsocket failed : " << WSAGetLastError() << endl;
       return;
    }

    SOCKADDR_IN  sa;
    memset(&sa, 0, sizeof(SOCKADDR_IN));
    sa.sin_family       = AF_INET;
    sa.sin_port         = htons(9001);
    sa.sin_addr.s_addr = inet_addr("127.0.0.1");

    DWORD dwWaits = 0;
    while (dwWaits < 5000)
```

dwWaits 누적치가 5초 이상이 될 동안 루프를 돈다.

```cpp
    {
       lSockRet = connect(sock, (LPSOCKADDR)&sa, sizeof(sa));
       if (lSockRet != SOCKET_ERROR)
          break;
```

에러가 없을 경우에는 접속에 성공한 것을 의미하므로, 루프를 탈출한다.

```cpp
       int nErrCode = WSAGetLastError();
       if (nErrCode == WSAEISCONN)
          break;
```

WSAEISCONN(10056) 에러는 이미 연결된 소켓에 대해 중복해서 connect를 호출할 때 발생한다. 넌블로킹 모드기 때문에 접속 요청을 하고 나중에 Sleep을 호출해 대기 중인 사이에 연결이 맺어진 상태에서 다시 루프를 돌아 connect를 호출하는 구조이므로, 이 에러는 결국 연결이 성공했음을 의미한다. 따라서 루프를 탈출한다.

```
    if (nErrCode != WSAEWOULDBLOCK && nErrCode != WSAEALREADY)
    {
        cout << "connect failed : " << nErrCode << endl;
        closesocket(sock);
        return;
    }
```

WSAEALREADY(10037) 에러 코드는 이미 작업이 진행 중인 넌블로킹 소켓에 작업을 시도했을 때 발생한다. 이 경우 역시 접속 요청 후 접속 처리를 수행 중인 소켓에 중복해서 connect를 호출하기 때문인데, WSAEWOULDBLOCK과 마찬가지로 작업이 완료되지 못해 여전히 요청이 진행 중임을 의미하므로 에러로 취급하지 않는다.

```
        Sleep(50);
        dwWaits += 50;
```

50ms 대기 후 대기 시간을 누적하고 다시 루프의 맨 앞으로 돌아가 connect를 호출한다.

```
    }

    if (dwWaits >= 5000)
    {
        cout << "connect timeout occurred!!!" << endl;
        closesocket(sock);
        return;
```

5초 이상이면 컨넥션 타임아웃으로 간주하고 에러 처리를 한다.

```
    }

    ul = 0;
    lSockRet = ioctlsocket(sock, FIONBIO, &ul);
```

접속에 성공했을 경우에는 넌블록킹 모드를 해제하고 정상적으로 동기 모델로 작동하도록 한다.

```
    ⋮
```

3) 스레드의 사용

이도 저도 아닐 때 가장 생각하기 쉬운 방법은 역시 스레드를 사용하는 것이다. 다음 프로젝트는 메인 스레드에서 루프를 돌면서 클라이언트의 접속을 리슨하고, 접속이 수용되면 에코 처리 부분은 스레드를 생성해 맡긴 다음 자신은 다시 accept 함수를 호출해 다음 접속을 기다리는 구조다.

메인 함수 정의 코드

```
    ⋮
while (true)
{
    SOCKET sock = accept(hsoListen, NULL, NULL);
    if (sock == INVALID_SOCKET)
    {
        cout << "accept failed, code : " << WSAGetLastError() << endl;
        break;
    }
    cout << " ==> New client " << sock << " connected..." << endl;

    DWORD dwThrId= 0;
    HANDLE hThread = CreateThread(NULL, 0,  ChildSockProc,
                                  (PVOID)sock, 0, & dwThrId);
```

접속 요청이 들어올 때마다 스레드를 생성시켜 자식 소켓의 핸들을 매개변수로 넘기고, 그 스레드가 접속된 클라이언트와의 모든 통신 처리를 담당케 한다.

```
    ⋮
}
```

스레드 엔트리 함수 정의 코드

```
DWORD WINAPI ChildSockProc(PVOID pParam)
{
    SOCKET sock = (SOCKET)pParam;
    char szBuff[512];

    while (true)
    {
        int lSockRet = recv(sock, szBuff, sizeof(szBuff), 0);
            ⋮
        lSockRet = send(sock, szBuff, lSockRet, 0);
        if (lSockRet == SOCKET_ERROR)
        {
```

```
        cout << "send failed : " << WSAGetLastError() << endl;
        break;
      }
    }
    closesocket(sock);

    return 0;
}
```

이런 구조라면 다중 클라이언트의 접속도 수용 가능하고 그 클라이언트들과의 통신을 통해 클라이언트의 요구에 대한 동시 서비스도 가능해진다. 이 구조는 동기 구조를 그대로 스레드에게 맡김으로써 동기 코드를 따로 수정하는 등의 별다른 처리 없이 멀티 클라이언트 접속을 수용할 수 있는 구조가 된다. 이처럼 접속 클라이언트가 적을 경우는 크게 문제되지 않겠지만, 그 수가 증가하면 할수록 그에 비례하여 문제는 더 커진다. 위의 구조는 클라이언트당 하나씩의 스레드가 할당되는 구조다. 대형 서버 사이드 코드로 옮겨갈 경우에는 문제가 발생될 소지가 충분한 전형적인 코드다. 스레드의 생성 비용과 스레드 간 문맥 전환이 고스란히 오버헤드로 남게 되는 것이다.

이제 문제가 되는 것은 우리가 4장에서 고민했던 문제, 최소의 스레드를 통하여 대량의 클라이언트에 대한 대응이 가능할까?라는 것인데, 4장에서 확인했던 것처럼 윈도우에서는 여러 가지 비동기 방안을 제공함으로써 문제에 대한 해결책을 제시하고 있다. 5.2절부터 윈도우에서 제공하는 다양한 비동기 모델들을 자세히 논의할 예정이다. 그와 더불어 앞으로 예시할 코드에 대한 몇가지 부연 설명을 미리 하고자 한다. 먼저, 서버 쪽의 콘솔 예제가 많이 제공될텐데, 서버의 경우 리슨 소켓을 생성한 후 바인드하고 listen 함수를 호출하는 부분까지가 거의 공통적인 작업이다. 따라서 예시되는 소스의 양을 줄이기 위해, 리슨 소켓의 획득부터 리슨까지의 과정을 다음과 같이 GetListenSocket 함수로 정의해 사용할 것이다.

```
SOCKET GetListenSocket(short shPortNo, int nBacklog = SOMAXCONN)
{
    // 리슨 소켓 생성
    SOCKET hsoListen = socket(AF_INET, SOCK_STREAM, IPPROTO_TCP);
    if (hsoListen == INVALID_SOCKET)
    {
        cout << "socket failed, code : " << WSAGetLastError() << endl;
        return INVALID_SOCKET;
```

```
    }

    // 바인드 주소 지성
    SOCKADDR_IN sa;
    memset(&sa, 0, sizeof(SOCKADDR_IN));
    sa.sin_family      = AF_INET;
    sa.sin_port        = htons(shPortNo);
    sa.sin_addr.s_addr = htonl(INADDR_ANY);

    // 소켓 바인딩
    int lSockRet = bind(hsoListen, (PSOCKADDR)&sa, sizeof(SOCKADDR_IN));
    if (lSockRet == SOCKET_ERROR)
    {
        cout << "bind failed, code : " << WSAGetLastError() << endl;
        closesocket(hsoListen);
        return INVALID_SOCKET;
    }

    // 리슨
    lSockRet = listen(hsoListen, nBacklog);
    if (lSockRet == SOCKET_ERROR)
    {
        cout << "listen failed, code : " << WSAGetLastError() << endl;
        closesocket(hsoListen);
        return INVALID_SOCKET;
    }

    return hsoListen;
}
```

서버 바인딩의 주소는 INADDR_ANY로 지정할 것이며, 포트 번호는 매개변수를 통해서 받도록
했다. 그리고 listen의 백로그 수 역시 매개변수로 받을 것이며, 디폴트는 SOMAXCONN으로 설
정할 수 있도록 작성했다. 그리고 메인 함수에서는 앞에서 정의한 함수를 다음과 같이 사용하는 것
으로 한다.

```
void _tmain()
{
    ┊

    SOCKET hsoListen = GetListenSocket(9001, 10);
    if (hsoListen == INVALID_SOCKET)
    {
        WSACleanup();
        return;
    }
    cout ≪ " ==> Waiting for client's connection......" ≪ endl;

    while (true)
    {
        ┊
```

다음으로, 동기화에서 논의했던 내용에 걸맞게 메인 프로그램 탈출 조건을 주고자 한다. 서버 코드
의 구조가 while 문을 이용한 무한 루프를 도는 경우가 대부분이고, 이 상황에서 프로그램을 종료
했을 때 무한 루프를 안전하게 탈출한 후 사용 리소스를 모두 해제하도록 하는 코드를 예시할 것이
다. 서버 예제는 콘솔용으로 제공되기 때문에 탈출을 위해 4장에서 설명했던 콘솔 컨트롤 핸들러를
설치하고 다양한 탈출 조건들을 설정할 것이다. CtrlHandler 함수는 다음과 같은 형식으로 최대한
간단하게 작성할 것이며, 지면 관계상 책에 실린 소스 코드에서는 이 부분을 삭제할 것이다.

```
BOOL CtrlHandler(DWORD fdwCtrlType)
{
    if (g_sockMain != INVALID_SOCKET)
        closesocket(g_sockMain);
    return TRUE;
}
```

마지막으로, 리소스 삭제를 위해 try...catch 문을 활용하면 좋겠지만 설명될 예제 코드의 직관성을
위해 사용하지 않았다. 따라서 예제 코드의 경우 에러 처리에 불완전한 부분이 있다는 점을 염두에
두고 예제 코드를 분석하기 바란다.

5.2 비동기 소켓

앞서 통기 모델의 문제점을 확인해보았다. 결국 핵심은 accept 함수의 비동기적 호출과 함께 recv/
send 쌍도 비동기적인 처리가 가능하면 좋을 것이다. WinSock2에서 제공하는 비동기 소켓 모델
은 이것을 가능하게 해준다. 여기에서 다룰 비동기 방식은 다음의 과정을 원칙으로 한다. 사용자는
해당 소켓에 대해 발생할 수 있는 어떤 사건(접속 요청이 있다거나, 클라이언트로부터 전송된 데이
터가 도착했거나, 상대방이 세션을 닫았다거나 하는)에 대한 통지를 요청하고 등록한다. 요청에 해
당하는 사건이 발생하면 시스템이 그 사건에 대한 상태를 기록한 후 사용자에게 통지하고, 사용자가
통지를 받으면 상태를 체크하여 그 사건에 알맞은 행위를 하도록 하는 방식이다. 상태를 통지하는
방식은 다음과 같이 세 가지 모델로 나눌 수 있다.

- 유저는 사건 발생 감지 함수(select)를 호출한 후 사건 발생 시 그 함수로부터 리턴시킨다.
- 사건 발생 시 유저는 윈도우 메시지를 통해서 통지를 받는다.
- 사건 발생 시 유저는 이벤트 커널 객체를 통해서 통지를 받는다.

이 절에서는 바로 위의 통지 방식에 따른 세 가지 비동기 소켓 처리 방식에 대해 논의할 것이다. 이
세 가지 방식의 기본적인 절차는 다음과 같다.

① **원하는 사건의 통지 요청 및 등록**
  - 클라이언트 접속 요청
  - 데이터의 수신
  - 상대편의 세션 닫기 등
② **등록된 사건 발생에 대한 통지**
  - 함수로부터의 리턴
  - 윈도우 메시지 전송
  - 이벤트 커널 객체 시그널
③ **사건의 종류를 식별하여 대응**
  - 클라이언트 접속 요청 → accept 호출
  - 데이터의 수신 → recv 호출
  - 상대편의 세션 닫기 → close 호출 등

5.2.1 고전적 방식(select)

버클리 소켓에서 제공되는 유일한 비동기 수단이라고 할 수 있기 때문에 고전적 방식이란 표현을 썼다. 버클리 소켓에서는 비동기 방식을 지원하기 위해 select 함수를 제공한다. 윈속 역시 버클리 소켓과의 호환성을 위해 select 함수를 완벽하게 구현하고 있다. select의 경우는 소켓의 상태 변화를 감지해 통지를 해주는데, 상태 변화를 감지하고자 하는 소켓을 모두 등록시켜 두고 select 함수를 호출하면 일단 블록 상태로 들어간다. 상태 변화가 발생되면 시스템은 select 함수를 리턴시키고, 호출 측에서는 리턴된 후에 등록했던 모든 소켓의 상태를 체크해서 그 상태에 맞는 행위(read나 accept, closesocket 등)를 수행한다. 그리고 다시 루프를 돌아 select 함수를 호출하는 구조가 된다. 별도의 스레드도 필요 없고 적절한 타임아웃 값을 지정하여 루프를 도는 사이에 다른 작업을 수행할 수도 있다. select 함수의 형식은 다음과 같다.

```
int select
(
    _In_     int                 nfds,
    _Inout_  fd_set*             readfds,
    _Inout_  fd_set*             writefds,
    _Inout_  fd_set*             exceptfds,
    _In_     const struct timeval*  timeout
);
```

int nfds

버클리 소켓과의 호환성을 위해 존재하며, 0으로 넘겨준다.

fd_set* readfds

fd_set* writefds

fd_set* exceptfds

이 세 개의 매개변수는 소켓의 상태를 체크하기 위해 사용된다. fd_set 구조체는 체크하고자 하는 소켓들에 대한 집합을 의미하며, 다음과 같이 정의되어 있다.

```
typedef struct fd_set
{
    u_int    fd_count;
    SOCKET   fd_array [FD_SETSIZE];
} fd_set;
```

fd_array는 상태를 체크하고자 하는 소켓들에 대한 배열이고, fd_count에는 그 배열의 엔트리 수를 지정한다. FD_SETSIZE는 "WinSock2.h" 헤더 파일에 64로 정의되어 있다. 만약 이 값을 늘리고자 한다면 WinSock2.h를 인클루드 하기 전에 FD_SETSIZE를 새롭게 정의하면 된다. 그렇더라도 새롭게 정의 가능한 최댓값은 1024까지다.

위 세 개의 fd_set 구조체는 각각 다음의 상태를 체크하기 위해 사용된다.

- **readfds**
  - 수신할 데이터가 있을 때
  - 연결이 끊어졌을 때
  - linsten 호출 후 새로운 연결이 대기 중일 때(accept가 성공 여부 판별 가능)

- **writefds**
  - 데이터가 송신되었을 때
  - 연결이 성공했을 때(넌블로킹 모드에서 연결을 시도했을 경우)

- **exceptfds**
  - 연결에 실패했을 때(넌블로킹 모드에서 연결을 시도했을 경우)
  - 수신할 OOB 데이터가 있을 때

const struct timeval* timeout

timeout 매개변수는 select의 타임아웃을 지정한다. select 함수를 호출하면 이 매개변수에서 지정한 시간 동안 상태 변화가 없다면 블록 상태에서 리턴한다. timeval 구조체의 정의는 다음과 같다.

```
typedef struct timeval
{
    long tv_sec;
    long tv_usec;
} timeval;
```

tv_sec 필드는 초 단위의 값을 지정하고, tv_usec 필드는 ms 단위의 값을 지정한다. 따라서 3.025초를 기다리려면 다음과 같이 설정한다.

```
timeval tv;
tv.tv_sec  = 3;
tv.tv_usec = 25;

int ret = select(..., &tv);
```

두 필드의 값이 모두 0이면 select 함수는 즉시 리턴된다. 단순히 이 매개변수를 0으로 초기화해서 넘기는 것과 이 매개변수를 NULL로 넘기는 것에는 큰 차이가 있다. 0으로 초기화해서 넘기면 select는 즉시 리턴하지만, NULL로 넘기면 타임아웃을 지정하지 않겠다는 의미, 즉 WaitForXXX 함수에서 지정하는 INFINITE의 의미며, 이런 경우는 특정 변화가 발생할 때까지 무한히 기다리겠다는 의미가 된다.

[반환값] *int*

select 함수가 성공적으로 수행되었을 경우 리턴값은 입출력이 활성화된 소켓들의 개수를 돌려준다. 타임아웃일 경우에는 0이 리턴되고 실패했을 경우에는 SOCKET_ERROR를 리턴한다.

select 함수는 전체 소켓에 대한 상태 변경을 기다렸다가 변경이 있으면 그 사항을 돌려준다. 따라서 리슨 소켓뿐만 아니라 접속된 자식 소켓들 모두에 대해 상태 체크를 해야 한다. 원하는 체크 항목을 fd_set으로 넘겨주고 타임아웃을 지정해 주기적으로 체크한다. select 함수로 넘겨진 readfds, writefds, exceptfds의 fd_set 구조체에 소켓을 등록 및 해제하거나 그 상태를 체크하고자 할 때 다음의 매크로들을 사용한다.

매크로	의미
FD_ZERO (fd_set*)	fd_set을 비운다. 사용 전에 비워야 한다.
FD_CLR (SOCKET, fd_set*)	소켓을 fd_set로부터 제거한다.
FD_SET (SOCKET, fd_set*)	fd_set에 소켓을 추가한다.
FD_ISSET (SOCKET, fd_set*)	fd_set에 소켓이 존재하는지 체크한다. 소켓이 존재하면 TRUE를 리턴한다.

다음 과정을 따라 select를 이용한 비동기 작업이 가능하다.

① FD_ZERO를 이용해 사용하고자 하는 fd_set을 초기화한다.

② FD_SET을 이용해 상태 변경을 감시하고자 하는 소켓을 추가한다.

③ select 함수를 호출해 상태 변경을 기다린다. 상태 변경이 있으면 fd_set은 갱신되고 select 함수는 리턴된다. 타임아 웃 값을 지정해 그 시간 동안 상태 변경이 없으면 select 함수는 0을 리턴한다. 코드는 다시 ①의 과정으로 돌아간다.

④ select 함수의 호출 결과가 0보다 크면 FD_ISSET 매크로를 이용해 변경이 발생한 소켓을 체크한다.

⑤ 변경이 발생한 소켓의 변경 내용에 따라 accept, read, write, closesocket 함수 등을 이용해 해당 상황에 맞는 작 업을 해주고 다시 ①의 과정으로 돌아간다.

그러면 다음 프로젝트에서 select 모델을 이용한 비동기 코드를 작성해보자. 앞서 이용한 에코서버 코드를 select 버전으로 변경하기로 한다.

프로젝트 5.2.1 EchoSvrSelect

```
#define MAX_CLI_CNT       10
```

코드에서 보듯이, select는 클라이언트의 수용 한계를 미리 정해야 한다. 따라서 MAX_CLI_CNT를 정의해 클라이언트 수용 한계를 정 한다.

```
void _tmain()
{
   SOCKET hsoListen = GetListenSocket(9001, MAX_CLI_CNT);
   if (hsoListen == INVALID_SOCKET)
   {
      WSACleanup();
      return;
   }
   g_sockMain = hsoListen;
   cout << " ==> Waiting for client's connection......" << endl;

   fd_set fdr;
```

현재 관심이 있는 것은 클라이언트의 접속 및 데이터의 송신 여부이므로 읽기 fd_set 구조체만 선언한다.

```
   SOCKET asoChilds[MAX_CLI_CNT];
   memset(asoChilds, 0xFF, MAX_CLI_CNT * sizeof(SOCKET));
```

자식 소켓의 핸들을 담을 배열을 MAX_CLI_CNT 수만큼 정의하고 초기화한다.

```
while (true)
{
    FD_ZERO(&fdr);
```

먼저 fd_set을 초기화한다.

```
    FD_SET(hsoListen, &fdr);
    for (int i = 0; i < MAX_CLI_CNT; i++)
    {
        if (asoChilds[i] != INVALID_SOCKET)
            FD_SET(asoChilds[i], &fdr);
    }
```

fd_set에 소켓을 추가한다. 접속 수용을 위한 리슨 소켓과 자식 소켓의 데이터 전송 여부의 판별을 위해 MAX_CLI_CNT 수만큼 모두 fd_set에 미리 추가해줘야 한다.

```
    int nAvail = select(0, &fdr, NULL, NULL, NULL);
```

select를 호출해 상태 변화가 있을 때까지 대기한다. 호출 결과가 에러면 루프를 탈출하고, 0이면 타임아웃이므로 다시 루프의 처음으로 돌아간다.

```
    if (nAvail == SOCKET_ERROR)
    {
        cout << "WSAStartup failed with error : " << nErrCode << endl;
        break;
    }
    if (nAvail == 0)
        continue;
```

select의 리턴값이 0일 경우는 타임아웃이거나 변경된 소켓이 없음을 의미한다.

```
    if (FD_ISSET(hsoListen, &fdr))
    {
```

리슨 소켓을 먼저 체크한다. 체크 결과가 TRUE면 클라이언트의 접속 요구가 있었다는 의미이므로, accept를 호출하고 자식 소켓을 배열에 담아 관리한다.

```
        SOCKET sock = accept(hsoListen, NULL, NULL);
        if (sock == INVALID_SOCKET)
        {
            LONG lErrCode = WSAGetLastError();
```

```
    if (lErrCode == WSAEINTR || lErrCode == WSAENOTSOCK)
        hsoListen = INVALID_SOCKET;
```

WSAEINTR(10004)은 WSACancelBlockingCall 호출에 의해 블로킹 작업이 중단되었음을 의미하고, WSAENOTSOCK (10038)은 소켓 이외의 객체에 작업을 시도했다는 의미이다. 이 두 상황 모두 콘솔 컨트롤 핸들러에서 프로그램 종료를 위해 리슨 소켓을 닫았을 때 발생한다. 4장에서 설명했던 것처럼, 대상 소켓을 다른 스레드에서 닫아줌으로써 진행 중인 작업을 취소하는 방법을 채택한다. 따라서 이 두 에러에 대해서는 에러로 취급하지 않고 정상적인 종료 처리를 수행한다.

```
    else
        cout << "accept failed, code : " << lErrCode << endl;
    break;
    }


    for (int i = 0; i < MAX_CLI_CNT; i++)
    {
        if (asoChilds[i] == INVALID_SOCKET)
        {
            asoChilds[i] = sock;
            cout << " ==> New client " << sock << " connected..." << endl;
            break;
        }
    }
}
else
{
```

자식 소켓들을 체크한다. 루프를 돌면서 접속된 모든 자식 소켓들을 체크해야 한다.

```
    for (int i = 0; i < MAX_CLI_CNT; i++)
    {
        SOCKET sock = asoChilds[i];
        if (sock == INVALID_SOCKET)
            continue;

        if (!FD_ISSET(sock, &fdr))
            continue;
```

자식 소켓의 체크 결과가 FALSE면 상태 변경이 없음을 의미하므로 루프로 돌아간다. 체크 결과가 TRUE면 클라이언트로부터 데이터 송신 또는 클라이언트의 접속 해제가 있었다는 의미이므로 recv를 호출해 데이터를 수신한다.

```
        char szBuff[512];
```

```
        LONG lSockRet = recv(sock, szBuff, sizeof(szBuff), 0);
        if (lSockRet == SOCKET_ERROR)
        {
```

에러가 발생하면 해당 소켓을 닫아주고 다시 select 호출로 돌아간다. 이 에러의 대표적인 경우가 WSAECONNRESET(10054)으로, 원격 호스트가 강제로 연결을 해제할 경우에 발생한다. 본 예에서 에코 클라이언트를 정상적인 closesocket 호출 없이 CTRL+C 또는 콘솔을 닫아 종료시키면 이 에러가 발생된다.

```
            cout ≪ "recv failed, code : " ≪ WSAGetLastError() ≪ endl;
            closesocket(sock);
            asoChilds[i] = INVALID_SOCKET;
            continue;
        }

        if (lSockRet == 0)
        {
```

recv 호출 결과가 0이면 클라이언트가 정상적으로 연결을 끊었기 때문에 해당 자식 소켓을 닫아주고 자식 소켓 배열을 관리한다.

```
            closesocket(sock);
            asoChilds[i] = INVALID_SOCKET;
            cout ≪ " ==> Client " ≪ sock ≪ " disconnected..." ≪ endl;
        }
        else
        {
```

데이터가 수신되었으므로 에코 처리를 해준다.

```
            szBuff[lSockRet] = 0;
            cout ≪ " *** Client(" ≪ sock ≪ ") sent : " ≪ szBuff ≪ endl;

            lSockRet = send(sock, szBuff, lSockRet, 0);
            if (lSockRet == SOCKET_ERROR)
                cout ≪ "send failed, code : " ≪ WSAGetLastError() ≪ endl;
        }
    }
  }
}

if (hsoListen != INVALID_SOCKET)
    closesocket(hsoListen);
```

```
for (int i = 0; i < MAX_CLI_CNT; i++)
{
    if (asoChilds[i] != INVALID_SOCKET)
        closesocket(asoChilds[i]);
}
```

생성된 모든 리소스, 즉 리슨 소켓과 자식 소켓들의 열린 핸들을 닫아준다.

```
}
```

select 함수 자체는 동기 함수다. select 함수가 호출되면 스레드는 블록되고 실제 앞서 등록한 상태 변화가 발생했을 경우 select 함수로부터 리턴된다. 따라서 소켓 핸들에 대한 하나의 대기 함수로 볼 수 있다. 하지만 select 함수의 사용은 상당히 까다롭고 번거롭다. 그래서 윈도우 소켓은 이 select 함수 방식을 대체하는 다수의 유용한 비동기 송수신 수단을 제공한다. 그럼에도 이 방식은 여전히 사용되고 있다. 왜 그럴까? 하나의 교훈처럼 굳어진 말이 있다. "스레드를 사용하지 않는 프로그램이 좋은 프로그램이다."라는 말인데, 스레드 개념이 없었던 이전 유닉스 세대의 자기 변명일 수도 있겠지만, 그 이면에는 그만큼 멀티 스레딩 방식의 구현이 프로그램의 안정성을 해치고 구현 자체도 쉽지 않다는 반증이 숨어 있다. 하지만 스레드의 유효한 측면들을 절대로 무시할 수는 없다. 또한 MS에서 제공하는 유용한 비동기 소켓 모델 역시 스레드에 안전한 코드를 기본적으로 요구하고 있다. 따라서 이제부터 논의할 내용은 윈도우 소켓에서 제공하는 다양한 비동기 소켓 모델들에 대한 내용이며, 이 모델들은 스레드 사용의 최적화가 중요한 관건이 되는 동시에 스레드 간 동기화가 문제가 되기 때문에, 다양한 모델들에 대한 구체적인 논의를 통해서 스레드에 안전한 코드를 작성하는 방법을 터득해야 할 것이다.

5.2.2 윈도우 메시지(WSAAsyncSelect)

윈도우 메시지 방식은 특정 사건을 호출자가 직접 검사해야만 하는 select 함수와는 달리 소켓의 상태가 변경되면 윈도우 메시지를 이용해서 유저가 생성한 윈도우로 유저가 직접 정의한 메시지를 전송해주는 방식이다. 해당 메시지가 전송되면 윈도우 프로시저에서 그 메시지를 받아 변경된 상태의 종류를 체크해서 그 변화에 대한 처리를 수행해준다. 그러기 위한 수단이 되는 함수가 WSAASyncSelect이다.

WSAASyncSelect 함수는 아마도 원속 비동기 송수신의 수단으로 가장 많이 사용되었던 함수였을 지도 모른다. 그것도 WSAAsyncSelect 함수를 사용하고 있다는 사실을 인지하지도 못한 채, 즉 내부적으로 WSAAsyncSelect 함수를 이용한 메시지 방식을 통해 구현되었다는 사실을 모르는 상태로 말이다. 1990년대 중반 MFC가 활성화되어 엄청난 인기를 누렸을 당시, MFC에서 제공해주는 CAsyncSocket 클래스는 사용하기가 너무나 편리했기 때문에 많은 유저들이 사용하게 되었다. 버클리 소켓 형태의 C/S 모델 프로그램을 작성하는 것은 상당히 불편한 요소가 많았다. 더구나, 비동기라는 개념을 접목하기가 상당히 어려웠던 시절에 CAsyncSocket 클래스의 출현은 그 안타까웠던 갈증을 단박에 해결해주는 거의 유일한 수단으로 인식되었다. 그리고 동기 방식으로 소켓을 사용할 때에는 MFC의 CSocket 클래스를 사용했었는데, 이 CSocket이란 것이 CAsyncSocket 클래스를 상속받아 구현된 것이라는 사실도 모른 채 사용되기도 했었다. 하지만 진정 들춰내기 좋아하는 개발자들이 CAsyncSocket 클래스의 소스를 들여다보았을 때 WSAAsyncSelect 함수를 그 내부에서 발견하게 되었다. CAsyncSocket 클래스는 WSAAsyncSelect 함수를 통해 구현된 클래스였고, 또한 동기 모델로 사용된 CSocket 클래스는 CAsyncSocket 클래스를 상속받은 채로, 즉 WSAAsyncSelect 함수를 그대로 사용하는 구조로 구현되어 있었다. 그러면 CSocket 클래스에서는 어떻게 동기 소켓처럼 작동하는가? 아이러니하게도 비동기 모델을 사용하지만 정작 블로킹이라는 효과의 흉내는 소켓 자체와는 상관없는 윈도우 메시지를 통해서 이루어진다. 즉 PeekMessage 함수를 이용한 메시지 펌핑을 이용해서 블로킹을 구현한 것이다. 필자가 MFC 소스를 분석했을 때 느낀 감정은 어떤 배신감이었다고나 할까? 그리고 무언가 거꾸로 가고 있다는 생각이 들지 않을 수가 없었다. 상식적으로 동기 소켓인 CSocket 클래스를 상속하여 비동기 소켓인 CAsyncSocket 클래스의 구현으로 가야 하는데, MFC는 그 반대로 역행하는 수단을 제공하고 있었기 때문이다. 물론 MFC의 CAsyncSocket 소스를 분석하도록 자극한 것은 찰스 페졸드(Charles Petzold)의 책 *이었는데, 이 책을 통해서 WSAAsyncSelect 함수를 알게 되었고, 아마도 원속 비동기 모델을 제대로 공부하게 된 계기가 되었던 것으로 기억한다. WSAAsyncSelect 함수의 선언은 다음과 같다.

```
int WSAAsyncSelect
(
    _In_ SOCKET              s,
    _In_ HWND                hWnd,
```

---

* 필자가 처음 접한 페졸드의 윈도우 프로그래밍 관련 저서는 지금은 6판까지 『Programming Windows』로 알려진, 1996년에 출간된 『Programming Windows 95』다. 페졸드의 저서 자체로는 사실 처음은 아니었다. 오래 전 필자는 OS/2에 feel이 꽂혀서 어렵게 『Boland C++ for OS/2』를 구해서 OS/2 프로그래밍을 공부했고, 그 당시 유일하게 제본으로 구할 수 있었던 OS/2 프로그래밍 관련 서적이 『OS/2 Presentation Manager Programming』이었는데, 오랜 시간이 흐른 뒤 그 저자가 페졸드였다는 사실에 놀라기도 했었다.

```
    _In_ unsigned int  wMsg,
    _In_ long          lEvent
);
```

SOCKET s

상태 체크를 수행할 대상 소켓이다.

HWND hWnd

unsigned int wMsg

메시지를 수신받을 윈도우 핸들과 그 메시지를 식별하는 유저가 정의한 고유 메시지 값이다. 우
리는 2.4절에서 스레드 메시지 큐를 논의하면서 윈도우 핸들과 유저 정의 메시지에 대해 이미 알
아보았다. 예를 들어 다음과 같이 유저 정의 메시지를 정의하자.

```
#define WM_ASYNC_SOCKET WM_USER + 500
```

정의된 메시지를 wMsg 매개변수로, 그리고 이 통지를 받을 윈도우 핸들을 hWnd 매개변수로
지정해서 WSAAsyncSelect 함수를 호출하면 상태 변화가 발생했을 때 시스템은 이 메시지를
통해 그 상태 변화를 통지해준다. 그리고 이 메시지의 WPARAM과 LPARAM 값으로 다음의 값
을 전달해준다.

- **WPARAM** : 상태가 변경된 소켓의 핸들이다. 아래와 같이 형 변환을 이용해서 해당 소켓의 핸들을 획득할 수가 있다.

```
SOCKET sock = (SOCKET)wParam;
```

- **LPARAM** : 상태 변경 식별 플래그의 조합값을 담고 있는 하위 워드와 에러 코드를 담고 있는 상위 워드로 구성된
  LONG 타입의 값이다. 다음의 매크로를 통해서 각각의 값을 획득할 수 있다.

```
#define WSAGETSELECTEVENT (lParam) LOWORD(lParam)
#define WSAGETSELECTERROR (lParam) HIWORD(lParam)
```

  – WSAGETSELECTERROR(lParam) : 통신상의 에러가 발생하면 에러값을 돌려준다.
  – WSAGETSELECTEVENT(lParam) : 변경된 상태를 지시하는 비트 플래그의 집합이다. 이 값을 체크하여 해당
    되는 작업을 수행하면 된다. 우리가 관심을 가질 만한 비트 플래그 값은 다음과 같다.

값	의미
FD_ACCEPT	소켓 s가 새로 들어온 접속을 받아들일 준비가 되었다. accept 함수를 호출할 수 있다.
FD_READ	데이터가 수신되었고 소켓 s가 읽어들일 준비가 되었다. recv 함수를 호출할 수 있다.
FD_CONNECT	소켓 s가 요청한 연결이 성립되었다. 이제 send나 recv 함수를 호출할 수 있다.
FD_WRITE	소켓 s의 데이터 전송이 완료되었다.
FD_CLOSE	리모트 측에서 소켓 s에 의해 성립된 연결을 닫았다. closesocket을 호출할 수 있다.

long lEvent

통지받기 원하는 상태를 식별하는 비트값을 OR 조합을 통해 넘겨준다. 상태 식별 비트의 정의는 WSAGETSELECTEVENT의 값들이다. 만약 읽기와 쓰기의 상태 변경을 함께 받고자 한다면 다음과 같이 설정하면 된다.

```
WSAASyncSelect(..., FD_READ | FD_WRITE);
```

위와 같이 OR 조합으로 한 번에 설정해야 하며, 다음처럼 하나씩 지정하면 안 된다.

```
WSAASyncSelect(..., FD_READ);  (X)
WSAASyncSelect(..., FD_WRITE); (X)
```

위와 같이 개별적으로 두 번에 걸쳐 호출하면 원하는 상태 변경 플래그를 덮어쓰게 되어 결국 최후의 변경 플래그에 대해서만 통지를 줄 것이다.

select 함수에서도 본 것처럼, WSAAsyncSelect 함수로 상태 변경을 통지받고자 하는 모든 소켓에 대해 WSAAsyncSelect 함수를 호출해줘야 한다. 하지만 select 함수와는 달리 변경된 소켓을 찾기 위해 등록된 모든 소켓들의 상태를 체크할 필요없이 시스템이 메시지를 통해 실제로 변경된 소켓의 핸들을 WPARAM을 통해서 전달해준다. 따라서 select 함수에 비해 소켓 관리가 훨씬 수월해진다.

이제 프로젝트를 통해서 살펴보도록 하자. 다음 예제는 크게 메인 부분과 윈도우에서 메시지를 처리하는 그 유명한 WndProc 윈도우 프로시저 함수에 해당하는 윈도우 메시지 핸들러 부분으로 분리되어 있다. 먼저 메인 부분부터 확인해보자. 메인 부분은 앞서의 코드와는 좀 다른 것이 윈도우를 생성하는 코드가 추가된 점이다. 현재 콘솔 기반으로 에코 서버를 작성했기 때문에 윈도우를 보여줄 필요는 없다. 따라서 숨겨진 윈도우로 생성을 할 것이며, 이 윈도우는 숨어서 감시하고자 하는 소켓의 상태가 변경될 때마다 우리가 정의한 메시지를 통해서 그 변경을 통지받게 될 것이다. 이렇게 숨겨신 윈노우늘 만늘어 메시시를 수신하는 네는 이미 2.4질에서 실피본 바 있다. 그리고 접속하는 클라이언트와 연결된 자식 소켓을 관리하기 위해 STL 템플릿 중 set을 사용한다. 이 set의 인스턴스를 CreateWindowEx 호출 시 생성 매개변수로 전달하여 윈도우 프로시저에서 참조 가능하도록 한다.

프로젝트 5.2.2 EchoSvrAsyncSelect

```
#define WM_ASYNC_SOCKET WM_USER + 500
```

소켓 상태 변경 통지를 받기 위해 유저 정의 메시지를 정의했다.

```
typedef std::set<SOCKET> SOCK_SET;
```

자식 소켓을 관리하기 위해 STL set 템플릿 컨테이너를 사용한다.

```
void _tmain()
{
    SOCK_SET socks;

    WNDCLASS wcls;
    memset(&wcls, 0, sizeof(wcls));
    wcls.lpfnWndProc    = WndSockProc;
    wcls.hInstance      = GetModuleHandle(NULL);
    wcls.lpszClassName = _T("WSAAyncSelect");
    RegisterClass(&wcls);
```

숨겨진 윈도우 생성을 위한 윈도우 클래스를 등록한다. WndSockProc 콜백 함수를 지정하고 윈도우 클래스를 등록한다.

```
    HWND hWnd = CreateWindowEx
    (
        0, wcls.lpszClassName,NULL, 0, 0, 0, 0, 0,
        HWND_MESSAGE, NULL, wcls.hInstance,
        &socks
    );
```

윈도우를 생성하는 부분이다. Hidden으로 실행시키기 위해 윈도우 스타일과 크기, 시작위치 등은 모두 0으로 설정한다. 그리고 메시지 수신 전용 윈도우란 것을 알리기 위해 부모 윈도우 핸들 지정 시에 HWND_MESSAGE를 넘겨주고, 제일 마지막 매개변수는 전역 변수의 사용을 피하기 위해 자식 소켓 관리 세트의 포인터를 넘겨준다. 이것을 넘겨주면 WndSockProc의 WM_CREATE 메시지에서 이 인스턴스의 포인터를 받을 수 있게 된다.

```
    g_hMsgWnd = hWnd;
    cout << " ==> Creating hidden window success!!!" << endl;


    SOCKET hsoListen = GetListenSocket(9001, MAX_CLI_CNT);
    if (hsoListen == INVALID_SOCKET)
    {
        WSACleanup();
        return;
    }


    WSAAsyncSelect(hsoListen, hWnd, WM_ASYNC_SOCKET, FD_ACCEPT);
```

리슨 소켓을 감시하기 위해 WSAAsyncSelect로 생성한 윈도우 핸들과 정의한 메시지 값을 넘겨준다. 이 예제에서도 역시 우리가 원하는 것은 클라이언트의 접속과 데이터 수신, 연결 종료기 때문에, 그리고 리슨 소켓은 데이터 수신이 없기 때문에 FD_ACCEPT 비트 플래그만 지정한다.

```
    cout << " ==> Waiting for client's connection......" << endl;


    MSG msg;
    while (GetMessage(&msg, NULL, 0, 0))
    {
        TranslateMessage(&msg);
        DispatchMessage(&msg);
    }
```

메시지 루프를 돌다가 소켓의 상태가 변경되면, 메시지 루프의 GetMessage를 통해 DispatchMessage에 의해 우리가 정의할 윈도우 프로시저 콜백으로 메시지가 전달된다.

```
    if (hsoListen != INVALID_SOCKET)
        closesocket(hsoListen);
    for (SOCK_SET::iterator it = socks.begin(); it != socks.end(); it++)
        closesocket(*it);
    cout << "Listen socket closed, program terminates..." << endl;
}
```

이번에는 실제로 소켓의 변경 상태에 대해 해당 처리 작업을 담당하게 될 윈도우 프로시저 함수의 구현을 살펴보자.

```
LRESULT CALLBACK WndSockProc(HWND hWnd, UINT uMsg, WPARAM wParam, LPARAM lParam)
{
    static SOCK_SET* s_pSocks = NULL;

  switch (uMsg)
  {
    case WM_CREATE:
    {
        LPCREATESTRUCT pCS = (LPCREATESTRUCT)lParam;
        parSocks = (SOCK_SET*)pCS->lpCreateParams;
```

CreateWindowEx 호출 시 마지막 매개변수로 넘겼던 자식 소켓 관리 세트의 포인터를 획득해서 정적 변수에 저장한다.

```
    }
    return 0;

    case WM_DESTROY:
    {
        PostQuitMessage(0);
```

콘솔 컨트롤 핸들러에서 WM_DESTROY 메시지를 전송한다. 이 메시지를 받으면 윈도우를 종료한다.

```
    }
    return 0;

    case WM_ASYNC_SOCKET:
    {
```

지정된 소켓의 상태가 변경되면 시스템은 우리가 정의한 WM_ASYNC_SOCKET 메시지를 전송한다. 이 유저 정의 메시지에 대한 핸들러가 이 부분이다. wParam은 상태가 변경된 소켓의 핸들이며, lParam은 에러의 발생 유무와 변경된 상태의 종류를 구분하는 플래그 값을 담고 있다.

```
        LONG lErrCode = WSAGETSELECTERROR(lParam);
        if (lErrCode != 0)
        {
```

WSAGETSELECTERROR 매크로를 통해 에러를 체크한다. 에러가 발생하면 에러 코드를 출력하고 해당 자식 소켓을 닫고 리턴한다.

```
            SOCKET sock = (SOCKET)wParam;
            cout << "~~ socket " << sock << " failed: " << lErrCode << endl;
            closesocket(sock);
```

```
        s_pSocks->erase(sock);
        return 0;
    }


    switch (WSAGETSELECTEVENT (lParam))
```

```
    {
    case FD_ACCEPT :
        {
```

```
            SOCKET hsoListen = (SOCKET)wParam;
            SOCKET sock = accept(hsoListen, NULL, NULL);
            if (sock == INVALID_SOCKET)
            {
                cout << "accept failed, code : " << WSAGetLastError() << endl;
                break;
            }


            WSAAsyncSelect(sock, hWnd, WM_ASYNC_SOCKET, FD_READ | FD_CLOSE);
```

```
            s_pSocks->insert(sock);
            cout << " ==> New client " << sock << " connected" << endl;
        }
        break;


    case FD_READ :
        {
```

```
            SOCKET sock = (SOCKET)wParam;
            char szBuff[512];
            int lSockRet = recv(sock, szBuff, sizeof(szBuff), 0);
```

```
                szBuff[lSockRet] = 0;
                cout << " *** Client(" << sock << ") sent : " << szBuff << endl;

                lSockRet = send(sock, szBuff, lSockRet, 0);
                if (lSockRet == SOCKET_ERROR)
                    cout << "send failed, code : " << WSAGetLastError() << endl;
            }
            break;

            case FD_CLOSE :
            {
```

클라이언트가 접속을 끊었음을 의미한다. 따라서 wParam 매개변수는 자식 소켓들 중 하나며, 따라서 이 소켓을 닫고 자식 소켓 관리 세트에서도 제거시킨다.

```
                SOCKET sock = (SOCKET)wParam;
                closesocket(sock);
                s_pSocks->erase(sock);
                cout << " ==> Client " << sock << " disconnected..." << endl;
            }
            break;
        }
    }
    return 0;
    }

    return DefWindowProc(hWnd, uMsg, wParam, lParam);
}
```

여기서 주의 깊게 살펴볼 것은 자식 소켓을 관리하는 SOCK_SET s_pSocks STL set에 대해 소켓 핸들들의 추가 및 삭제 시에 배타적 접근을 위한 별도의 동기화 코드가 없다는 점이다. 이는 윈도우 메시지 방식의 비동기 소켓의 장점을 보여주는 것이기도 한데, 2.4절에서 설명했던 것처럼 메시지 루프 내의 메시지는 스레드 메시지 큐에 쌓여서 처리되기 때문에 순차성이 보장되므로 동기화 처리가 필요없다. 위와 같이 처리함으로써 많은 수의 클라이언트가 이 에코 서버에 동시 접속이 가능해진다.

```
HWND g_hMsgWnd = NULL;
BOOL CtrlHandler(DWORD fdwCtrlType)
{
    if (g_hMsgWnd != NULL)
        PostMessage(g_hMsgWnd, WM_DESTROY, 0, 0);
    return TRUE;
}
```

또한 종료 처리를 보면, 콘솔 컨트롤 핸들러에서 WM_DESTORY 메시지를 통해 종료 통지를 전송함으로써 에코 서버의 종료 처리를 깔끔하게 수행할 수 있다.

WSAAsyncSelect 방식은 윈도우 메시지를 이용해서 사건의 통지를 해주는 전형적인 메커니즘이다. 2.4절에서 검토했던 것처럼 이 방식도 하나의 좋은 통지 방식이 된다. 하지만 문제는 윈도우 메시지다. 이는 윈도우 핸들이 필요하며, 결국 메시지를 수신할 윈도우도 가져야 한다. 하지만, 보통 소켓을 사용하는 프로그램의 경우 대부분 데몬 성격을 지닌 프로그램들이 많다. 서버는 당연히 그렇겠지만, 클라이언트의 경우도 송수신 부분과 UI 부분을 분리해서 처리하는 경우가 많다. 따라서, 실제로 어느 정도 규모의 프로젝트를 수행할 경우 이 방식을 사용하는 경우는 별로 없다. 또한, 비스타 이후부터는 서비스 세션과 UI 세션의 분리를 완전히 못박아 버렸기 때문에 사용하기에 적절한 경우는 줄어든 상황이다. 하지만 UI를 가지는 클라이언트에서 소켓 통신을 사용할 때에는 아주 적절한 솔루션이 된다.

다음은 GUI를 가지는 매우 간단한 채팅 프로그램을 구현하기 위해 MFC를 사용했으며, WSAAsyncSelect 함수를 통해 비동기 접속 및 비동기 수신을 처리하는 예를 보여주고 있다.

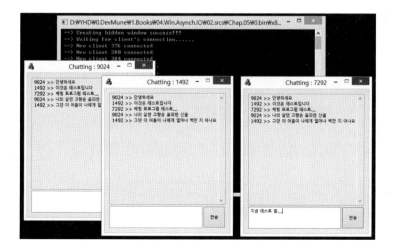

채팅 서버를 구현한 〈프로젝트 5.2.2 ChatASServer〉 코드는 바로 앞의 〈프로젝트 5.2.1 EchoSvrAsyncSelect〉에서 데이터를 수신했을 때 단순히 에코 처리를 하는 대신 현재 접속된 클라이언트로 포워딩하는 처리로 바꾼 버전이므로 별도의 설명은 하지 않겠다. 대신, MFC를 통해 구현한 클라이언트 측의 코드를 간단하게 검토하고 넘어가도록 한다. 먼저, MFC 다이얼로그 기반 애플리케이션 정의 시 WSAAsyncSelect 함수를 위한 메시지 정의와 그 메시지 핸들러 함수에 대한 메시지 맵 정의 부분을 아래에 보여준다.

프로젝트 5.2.2 ChatASClient

```
#define WM_SOCK_NOTI  WM_USER + 100

BEGIN_MESSAGE_MAP(CChatASClientDlg, CDialogEx)
   ⋮
   ON_WM_DESTROY()
   ON_BN_CLICKED(IDOK, &CChatASClientDlg::OnBnClickedOk)
   ON_MESSAGE(WM_SOCK_NOTI, OnSockNoti)
END_MESSAGE_MAP()
```

다음은 "접속" 또는 "전송" 버튼을 눌렀을 때 접속 또는 전송 처리를 하는 코드다.

```
void CChatASClientDlg::OnBnClickedOk()
{
   if (m_hSock == INVALID_SOCKET)
   {
      m_hSock = socket(AF_INET, SOCK_STREAM, 0);
      ⋮
      WSAAsyncSelect
      (
         m_hSock, this->GetSafeHwnd(),
         WM_SOCK_NOTI, FD_CONNECT| FD_READ | FD_CLOSE
      );
```

소켓과 윈도우 핸들을 연결한다. 메시지를 수신할 상태 변경 종류로 접속 완료 및 데이터 수신, 그리고 접속 해제의 경우를 등록했다.

```
      SOCKADDR_IN sa;
      ⋮
```

```
        int lSockRet = connect(m_hSock, (LPSOCKADDR)&sa, sizeof(sa));
        if (lSockRet == SOCKET_ERROR)
        {
            LONG lErrCode = WSAGetLastError();
            if (lErrCode != WSAEWOULDBLOCK)
```

비동기 접속을 개시한다. 이 경우 connect는 에러가 발생하며, 에러 코드는 접속이 아직 완료되지 않았음을 의미하는 WSAEWOULDBLOCK이 된다. 만약 WSAEWOULDBLOCK 에러가 아닌 경우에는 접속 자체의 에러이므로 에러 처리를 해야 한다. WSAAsyncSelect나 WSAEventSelect 함수를 이용해 비동기적으로 connect를 호출했다면 반드시 에러 코드가 WSAEWOULDBLOCK인지를 체크해야 한다.

```
            {
                ⋮
            }
        }
    }
    else
    {
        ⋮
        int lSockRet = send(m_hSock, (PCSTR)(LPCTSTR)szBuff,
            szBuff.GetLength() * sizeof(TCHAR), 0);
```

데이터 송신 처리를 한다.

```
        ⋮
    }
}
```

다음 코드는 WSAAsyncSelect 함수 호출 시 등록한 메시지를 통해 소켓 상태 변경 통지를 수신했을 경우에 처리하는 핸들러 함수 OnSockNoti에 대한 정의다.

```
LRESULT CChatASClientDlg::OnSockNoti(WPARAM wParam, LPARAM lParam)
{
    SOCKET  sock     = (SOCKET)wParam;
    LONG    lErrCode = WSAGETSELECTERROR(lParam);
    WORD    wFDFlags = WSAGETSELECTEVENT(lParam);

    if (lErrCode != 0)
    {
```

```
    ShowErrMsg(lErrCode);
    closesocket(sock);
    m_hSock = INVALID_SOCKET;
     ⋮
    return 0;
}


switch (wFDFlags)
{
    case FD_CONNECT:
    {
```

```
        GetDlgItem(IDC_EDIT_CHAT)->EnableWindow();
        GetDlgItem(IDC_EDIT_INPUT)->EnableWindow();
        GetDlgItem(IDOK)->SetWindowText(_T("전송"));
    }
    break;

    case FD_READ:
    {
```

```
        TCHAR szBuff[65536];
        int lSockRet = recv(sock, (PCHAR)szBuff, 65536 * sizeof(TCHAR), 0);
        szBuff[lSockRet / sizeof(TCHAR)] = 0;
        _tcscat_s(szBuff, _T("\xd\xa"));
             ⋮
    }
    break;

    case FD_CLOSE:
    {
```

```
        SOCKET sock = (SOCKET)wParam;
        closesocket(sock);
```

```
        m_hSock = INVALID_SOCKET;
            ⋮
    }
    break;
  }
  return 0;
}
```

5.2.3 이벤트 시그널링(WSAEventSelect)

윈도우 메시지를 이용한 비동기 모델은 윈도우를 전혀 갖고 있지 않는 데몬 성격의 프로그램에서는 일부러 윈도우를 만들어줘야 하는 불편함이 있다. 이에 MS는 윈도우 메시지 대신에 WSAAsyncSelect 함수와 사용 방식이 거의 유사한, 이벤트 커널 객체를 통하여 소켓의 상태 변화를 통지하는 수단을 제공하는데, 그 수단이 바로 WSAEventSelect 함수다.

```
int WSAEventSelect
(
   _In_ SOCKET     s,
   _In_ WSAEVENT   hEventObject,
   _In_ long       lNetworkEvents
);
```

SOCKET s

WSAAsyncSelect 함수에서와 마찬가지로 상태 체크를 수행할 대상 소켓이다.

WSAEVENT hEventObject

상태 변경을 통지받을 이벤트 커널 객체의 핸들이다. CreateEvent나 WSACreateEvent 함수를 통해서 생성한 핸들값을 넘겨준다.

long lNetworkEvents

WSAAsyncSelect 함수의 마지막 매개변수인 lEvent와 동일한 의미를 지닌다.

상태 변경에 대한 통지를 받을 이벤트 커널 객체 생성을 위해 MS는 별도로 WSACreateEvent라는 함수를 제공하며, 이벤트와 관련해서는 WSA로 시작하는 전용 함수들을 제공한다. 물론 기존의 이벤트 관련 함수들을 사용하더라도 전혀 상관없다.

```
WSAEVENT WSACreateEvent(void);
BOOL WSACloseEvent(_In_ WSAEVENT hEvent);
BOOL WSASetEvent(_In_ WSAEVENT hEvent);
BOOL WSAResetEvent(_In_ WSAEVENT hEvent);
```

WSACreateEvent 함수는 이름이 없으며, 초기 상태가 넌시그널 상태인 수동 리셋 이벤트를 생성한다. 따라서 시그널 상태로 바뀌었을 때 다시 대기 상태로 들어가기 전에 리셋시켜줘야 한다. 그리고 이벤트 관련 함수뿐만 아니라 대기 함수도 WSA로 시작하는 유사한 함수들을 제공한다.

```
DWORD WSAWaitForMultipleEvents
(
    _In_ DWORD          cEvents,
    _In_ const WSAEVENT* lphEvents,
    _In_ BOOL           fWaitAll,
    _In_ DWORD          dwTimeout,
    _In_ BOOL           fAlertable
);
```

물론 이 함수들에 대해서는 별도의 설명이 필요 없을 것이다. 이미 우리가 익히 알고 있는, WSA 접두사가 없는 기존 함수들을 사용해도 전혀 무방하다. 위 함수들은 내부적으로 기존 함수들을 사용한다. WSAWaitForMultipleEvents 함수의 경우 이벤트 커널 객체만을 대상으로 하는듯하지만 lpEvents 배열에 서로 다른 타입의 동기화 객체를 사용해도 상관없다. 그리고 WSAGetOverlappedResult 함수가 제공되는 것을 보면 소켓 핸들이 파일 핸들과 호환이 가능하다는 것을 미리 짐작할 수 있을 것이다.

윈도우 메시지 방식은 유저가 정의한 메시지를 이용해 특정 소켓의 상태 변화를 통지하지만, 이벤트 커널 객체 시그널링은 그 변경의 통지를 유저가 생성한 이벤트 커널 객체를 시그널 상태로 만들어 통지를 한다. 따라서 당연히 이벤트에 대해 통지를 받기 위해 대기하는 부분이 필요하며, 그 방법은 다음과 같다.

```
    DWORD dwWaitRet = WSAWaitForMultipleEvents
    (
        nSockCnt, arrEvents, FALSE, INFINITE, FALSE
    );
```

아니면, 이미 논의했던 WaitForMultipleObjects나 WaitForMultipleObjectsEx 함수를 사용해도 상관없다. 소켓의 상태가 변경되면 이 함수를 호출한 스레드는 깨어나 소켓의 변경된 상태에 대한 체크를 수행할 수 있다. 그러면 어느 소켓의 상태가 변경되었는지 먼저 판단할 필요가 있다. 메시지 방식에서는 WPARAM에 변경된 소켓의 핸들을 담아줬지만, 이벤트 방식의 경우는 대기 함수의 리턴값으로 이를 판단해야 한다. 즉 (dwWaitRet – WAIT_OBJECT_0)의 값에 해당하는 인덱스 상태가 변경된 소켓의 인덱스임을 의미한다. 다음으로 메시지 방식의 LPARAM에 해당하는 것, 즉 상태 변경의 종류나 에러 발생 여부를 판단하기 위해서는 다음의 함수를 호출해야 한다.

```
    int WSAEnumNetworkEvents
    (
        _In_ SOCKET               s,
        _In_ WSAEVENT             hEventObject,
        _Out_LPWSANETWORKEVENTS   lpNetworkEvents
    );
```

SOCKET s

WSAEVENT hEventObject

변경 통지를 받은 소켓의 핸들과 이벤트 커널 객체의 핸들을 넘겨준다.

LPWSANETWORKEVENTS lpNetworkEvents

변경된 상태의 종류를 식별하는 내용과 에러 발생 시의 에러 코드를 담고 있다. WSANET WORKEVENTS 구조체는 다음과 같다.

```
    typedef struct _WSANETWORKEVENTS
    {
        long  lNetworkEvents;
        int   iErrorCode[FD_MAX_EVENTS];
    } WSANETWORKEVENTS, FAR * LPWSANETWORKEVENTS;
```

long lNetworkEvents

윈도우 메시지 방식에서의 WSAGETSELECTEVENT (lParam) 값과 동일하다.

int iErrorCode[FD_MAX_EVENTS]

윈도우 메시지 방식에서의 WSAGETSELECTERROR (lParam)과 비슷한 의미로, 에러가 발생하면 그 에러 코드를 담고 있다. 에러의 식별은 각 상태 변경 식별 플래그별로 FD_XXX_BIT 매크로가 제공되어, 이 값이 iErrorCode 배열의 인덱스를 가리킨다. 예를 들어 FD_ACCEPT 플래그인 경우 iErrorCode[FD_ACCEPT_BIT]에 해당 에러 코드를 담게 된다.

WSAEnumNetworkEvents 함수는 매개변수로 넘겨진 소켓 핸들에 대해 변경사항을 체크하고 내부 네트워크 이벤트 레코드를 클리어한다. 그리고 또 중요한 역할은 매개변수로 넘겨진 이벤트 커널 객체를 리셋시켜 넌시그널 상태로 만든다. 앞서 설명한 대로 WSACreateEvent 함수는 수동 리셋 이벤트를 생성한다. 따라서 시그널 상태가 된 이벤트를 리셋시켜줘야 하는데, 이 역할을 WSAEnumNetworkEvents 함수가 담당한다. 따라서 WSAEnumNetworkEvents를 호출했다면 굳이 (WSA)ResetEvent 함수를 호출할 필요는 없다.

WSAEventSelect 함수를 호출할 때 lNetworkEvents 매개변수를 'FD_READ|FD_CLOSE'로 지정했을 경우, WSAEnumNetworkEvents 함수를 통해서 획득한 WSANETWORKEVENTS 구조체의 lNetworkEvents 필드와 iErrorCode 필드를 체크하는 방식은 다음과 같다.

```
WSANETWORKEVENTS ne;
WSAEnumNetworkEvents(sock, hEvent, &ne);

if (ne.lNetworkEvents & FD_READ)
{
```
클라이언트로부터 데이터가 전송되었다.
```
    if (ne.iErrorCode[FD_READ_BIT] != 0)
```
수신 과정에서 에러가 발생했다.
```
    else
```
recv를 호출해 전송된 데이터를 수신할 수 있다.
```
}
```

```
if (ne.lNetworkEvents & FD_CLOSE)
{
```
클라이언트가 접속을 끊었다.
```
    if (ne.iErrorCode[FD_CLOSE_BIT] != 0)
```
접속 해제 과정에서 에러가 발생했다.
```
    else
```
closesocket을 호출해 자식 소켓을 닫을 수 있다.
```
}
  ⋮
```

주의할 것은 위의 코드처럼 자신이 지정한 플래그는 모두 체크해야 한다. 다음 코드처럼 "if ~ else if" 패턴으로 처리하지 말기 바란다. 이는 네트워크 상태에 따라서 다른 여러 상태가 한 번에 설정되어 올 수도 있기 때문이다.

```
if (ne.lNetworkEvents & FD_READ)
{
}
else if (ne.lNetworkEvents & FD_CLOSE) (X)
{
}
  ⋮
```

그러면 예제를 통해서 WSAWaitForMultipleEvents 함수를 사용하는 방법을 살펴보도록 하자. 이번에는 종료 처리를 위한 콘솔 컨트롤 핸들러를 스레드 메시지를 이용해 종료를 통지하도록 정의했다.

```
DWORD g_dwTheadId = 0;
BOOL CtrlHandler(DWORD fdwCtrlType)
{
    PostThreadMessage(g_dwTheadId, WM_QUIT, 0, 0);
    return TRUE;
}
```

다음 프로젝트에서 메인 함수의 정의를 살펴보자. 리슨 소켓과 자식 소켓 모두 이벤트 시그널을 통해서 상태의 변경을 통지받는다. 그리고 리슨 소켓과 자식 소켓의 구분 없이 하나의 배열에 담아 MsgWaitForMultipleObjects 함수를 통해서 상태 변경을 대기한다. 물론 종료 통지를 위한 스레드 메시지까지 고려해야 하기 때문에 MsgWaitForMultipleObjects 함수를 사용했다.

프로젝트 5.2.3 EchoSvrEventSelect

```
#define MAX_CLI_CNT   63
```

접속 가능한 최대 클라이언트 수를 정의한다.

```
void _tmain()
{
    SOCKET hsoListen = GetListenSocket(9001, MAX_CLI_CNT);
    cout << " ==> Waiting for client's connection......" << endl;

    WSAEVENT hEvent = WSACreateEvent();
    WSAEventSelect(hsoListen, hEvent, FD_ACCEPT);
```

이벤트를 생성하고 WSAEventSelect를 호출해 리슨 소켓과 연결한다. FD_ACCEPT를 지정한다.

```
    int       nSockCnt = 0;
    WSAEVENT arEvents[MAX_CLI_CNT + 1];
    SOCKET    arSocks [MAX_CLI_CNT + 1];
    memset(arEvents,    0, (MAX_CLI_CNT + 1) * sizeof(HANDLE));
    memset(arSocks , 0xFF, (MAX_CLI_CNT + 1) * sizeof(SOCKET));
    arEvents[0] = hEvent;
    arSocks [0] = hsoListen;
```

이벤트 핸들을 담을 배열과 소켓 핸들을 담을 배열을 선언하고 초기화한다. 배열의 크기는 64인데, 이는 WaitForMultipleObjects의 수용할 수 있는 최대 크기가 64이기 때문이다. 따라서, 수용 가능한 클라이언트 접속은 63개고, 나머지 하나는 리슨 소켓용이다. 각 배열의 첫번째 원소는 리슨 소켓과 이에 대한 이벤트 핸들을 설정한다.

```
    while (true)
    {
        DWORD dwWaitRet = MsgWaitForMultipleObjects
        (
            nSockCnt + 1, arEvents, FALSE, INFINITE, QS_ALLPOSTMESSAGE
```

```
  );
```

대기 상태로 들어가 소켓들의 상태 변경을 기다린다. 종료 처리를 위해 메시지 전송에 대해서도 대기한다.

```
    if (dwWaitRet == WAIT_FAILED)
    {
        cout << "MsgWaitForMultipleObjects failed: " << GetLastError() << endl;
        break;
    }
    if (dwWaitRet == WAIT_OBJECT_0 + nSockCnt + 1)
        break;
```

스레드 큐에 메시지가 큐잉되면 종료를 의미하므로 루프를 탈출한다.

```
    int nIndex = (int)(dwWaitRet - WAIT_OBJECT_0);
    SOCKET sock = arSocks[nIndex];
```

리턴값에 따르는 배열상의 인덱스를 통해서 시그널된 소켓을 획득한다.

```
    int nErrCode = 0;
    WSANETWORKEVENTS ne;
    WSAEnumNetworkEvents(sock, arEvents[nIndex], &ne);
```

해당 소켓의 상태 변경사항을 획득한다.

```
    if (ne.lNetworkEvents & FD_ACCEPT)
    {
```

FD_ACCEPT는 리슨 소켓의 상태 변경이다. 따라서 sock은 리슨 소켓의 핸들값으로, 클라이언트의 접속이 들어왔음을 의미한다.

```
        nErrCode = ne.iErrorCode[FD_ACCEPT_BIT];
        if (nErrCode != 0)
        {
```

에러 코드가 설정되어 있으면 에러 처리를 하고 루프를 빠져나간다.

```
            cout << " ==> Error occurred, code = " << nErrCode << endl;
            break;
        }
```

```
        SOCKET hsoChild = accept(sock, NULL, NULL);
```

accept를 호출해 자식 소켓을 받아들인다.

```
        if (hsoChild == INVALID_SOCKET)
        {
            cout << "accept failed, code : " << WSAGetLastError() << endl;
            break;
        }


        hEvent = WSACreateEvent();
        WSAEventSelect(hsoChild, hEvent, FD_READ | FD_CLOSE);
```

WSAAsyncSelect와 마찬가지로, WSAEventSelect 역시 소켓별로 호출해줘야 한다. accept를 통해 자식 소켓을 수용했다면 자식 소켓의 상태 변경을 통지받기 위해서는 역시 자식 소켓에 대해서도 WSAAsyncSelect를 호출해줘야 한다. 물론 자식 소켓에 대해서 관심을 갖는 상태 변화는 데이터 수신과 클라이언트가 접속을 끊었을 때이므로, 따라서 FD_READ|FD_CLOSE 옵션을 지정해줘야 한다.

```
        arEvents[nSockCnt + 1] = hEvent;
        arSocks [nSockCnt + 1] = hsoChild;
        nSockCnt++;
```

수용한 자식 소켓의 상태 변경을 통지받기 위해 관리 배열에 소켓과 이벤트 핸들을 설정한다.

```
        cout << " ==> New client " << hsoChild << " connected" << endl;
        continue;
    }
```

FD_ACCEPT는 리슨 소켓에 대해서만 발생하므로 FD_READ나 FD_CLOSE와는 상관이 없다. 따라서 continue를 통해 아래의 코드를 실행하지 않아도 무방하다.

```
    if (ne.lNetworkEvents & FD_READ)
    {
```

클라이언트가 데이터를 전송했다는 것을 알린다. 따라서 획득한 sock 핸들은 자식 소켓들 중 하나며, 이 소켓에 대해 recv를 호출해 데이터를 수신한 후 에코 처리를 한다.

```
        nErrCode = ne.iErrorCode[FD_READ_BIT];
        if (nErrCode != 0)
            goto $LABEL_CLOSE;

        char szBuff[512];
        int lSockRet = recv(sock, szBuff, sizeof(szBuff), 0);
```

```
          ⋮
    lSockRet = send(sock, szBuff, lSockRet, 0);
          ⋮

}


if (ne.lNetworkEvents & FD_CLOSE)
{
```

클라이언트가 접속을 끊었음을 의미한다. 따라서 획득한 sock 핸들은 자식 소켓들 중 하나기 때문에, 이 소켓을 닫고 관리 배열에서도 삭제해서 자식 소켓들을 관리한다.

```
    nErrCode = ne.iErrorCode[FD_CLOSE_BIT];
    if (nErrCode != 0)
    {
        if (nErrCode == WSAECONNABORTED)
            nErrCode = 0;
    }
    goto $LABEL_CLOSE;
}
continue;


$LABEL_CLOSE:
```

자식 소켓을 닫을 필요가 있을 때 일괄 처리를 하기 위해 레이블을 정의한다. 에러가 발생하거나 FD_CLOSE 비트가 설정되었을 때, goto 문에 의해 다음 코드를 실행한다. 여기에서는 자식 소켓도 닫고 연결된 이벤트 핸들도 닫아 관리 배열을 적절하게 갱신한다.

```
    closesocket(sock);
    CloseHandle(arEvents[nIndex]);

    for (int i = nIndex; i < nSockCnt; i++)
    {
        arEvents[i] = arEvents[i + 1];
        arSocks [i] = arSocks [i + 1];
    }
    arEvents[nSockCnt] = NULL;
    arSocks [nSockCnt] = INVALID_SOCKET;
    nSockCnt—;
```

자식 소켓의 핸들들을 닫았을 때는 소켓 핸들 배열과 이벤트 핸들 배열을 관리해줘야 한다.

```
    if (nErrCode == 0)
        cout << " ==> Client " << sock << " disconnected..." << endl;
    else
        cout << " ==> Error occurred, code = " << nErrCode << endl;
}


for (int i = 0; i < nSockCnt + 1; i++)
{
    if (arEvents[i] != NULL)
        CloseHandle(arEvents[i]);
    if (arSocks[i] != INVALID_SOCKET)
        closesocket(arSocks[i]);
}
}
```

지금까지의 검토를 통해서 이벤트 방식과 윈도우 메시지 방식의 차이는 통지 방식만 다를 뿐 내부적으로는 거의 동작이 비슷하다는 것을 알 수 있다. 하지만 윈도우 메시지 방식의 경우는 접속 클라이언트의 제약은 없지만, 이벤트 방식의 경우는 WaitForMultipleXXX의 한계 때문에 리슨 소켓을 별도로 처리하더라도 최대 64개까지의 클라이언트밖에 수용할 수가 없다. 이 한계를 뛰어 넘을 수 없을까? 당연히 뛰어넘을 수 있다. 우리는 2.4절에서 콜백 함수를 이용해 WaitPool이라는 대기 풀 클래스를 구현했다. 2.4절에서 구현한 대기 풀을 이용하면 64라는 한계를 뛰어넘어 WSAEventSelect 함수를 이용한 비동기 송수신을 구현할 수 있다.

다음 프로젝트에서는 앞서 구현했던 WaitPool 클래스를 그대로 사용해 이벤트 시그널링 모델을 기반으로 하는 에코 서버를 작성한 예제다.

프로젝트 5.2.3 EchoSvrESWP

```
#define TM_CMD_EXIT        WM_USER + 1
#define TM_CMD_REMOVE      WM_USER + 2


struct SOCK_ITEM
{
    WP_ITEM _wpi;
    SOCKET  _sock;
```

```
    HANDLE  _event;
    DWORD   _thrId;

    SOCK_ITEM(SOCKET so, HANDLE ev, DWORD id)
    {
        _wpi = NULL, _sock = so, _event = ev, _thrId = id;
    }
};
typedef SOCK_ITEM* PSOCK_ITEM;
typedef std::set<PSOCK_ITEM> SOCK_SET;
```

```
void WINAPI SockSigProc(PVOID pParam)
{
    PSOCK_ITEM psi = (PSOCK_ITEM)pParam;

    int nErrCode = 0;
    WSANETWORKEVENTS ne;
    WSAEnumNetworkEvents(psi->_sock, psi->_event, &ne);
    if (ne.lNetworkEvents & FD_READ)
    {
```
클라이언트가 데이터를 전송했다는 것을 알린다. 코드는 EchoSvrEventSelect와 동일하다.

```
            ⋮
    }


    if (ne.lNetworkEvents & FD_CLOSE)
    {
```
클라이언트가 접속을 끊었다는 것을 알린다. 코드는 EchoSvrEventSelect와 동일하다.

```
        ⋮
    }
    return;

$LABEL_CLOSE:
```
자식 소켓을 닫을 필요가 있을 때의 처리를 담당한다. EchoSvrEventSelect와 다른 점은 일단 소켓의 핸들을 닫고,
PostThreadMessage를 이용해 나머지 처리는 메인 스레드에게 맡긴다. 이렇게 함으로써 관리 세트에 항목을 추가 및 제거할 때의
동기화 문제를 피할 수 있다.

```
     closesocket(psi->_sock);
     psi->_sock = INVALID_SOCKET;
     PostThreadMessage(psi->_thrId, TM_CMD_REMOVE, (WPARAM)nErrCode, (LPARAM)psi);
}
```

```
void _tmain()
{
   SOCKET hsoListen = GetListenSocket(9001);
   cout << " ==> Waiting for client's connection......" << endl;

   SOCK_SET ss;
   WaitPool wq;
   wq.Start();
```

소켓 관리를 위해 관리 세트 SOCK_SET을 선언하고, 대량의 대기 처리를 위해 대기 풀인 WaitPool 클래스의 인스턴스를 정의해 대기 풀을 개시한다.

```
   WSAEVENT hsoEvent = WSACreateEvent();
   WSAEventSelect(hsoListen, hsoEvent, FD_ACCEPT);
```

리슨 소켓의 상태 변경 통지를 받기 위한 이벤트를 생성하고 그것을 리슨 소켓과 연결한다.

```
   while (true)
   {
      DWORD dwWaitRet = MsgWaitForMultipleObjectsEx
      (
          1, &hsoEvent, INFINITE, QS_ALLPOSTMESSAGE, MWMO_INPUTAVAILABLE
      );
       ⋮

      if (dwWaitRet == WAIT_OBJECT_0)
      {
```

hsoEvent 이벤트가 시그널되었다. 이는 리슨 소켓의 상태가 변경되었음을 의미한다.

```
         int nErrCode = 0;
         WSANETWORKEVENTS ne;
         WSAEnumNetworkEvents(hsoListen, hsoEvent, &ne);
```

```
        if (ne.lNetworkEvents & FD_ACCEPT)
        {
```

클라이언트 접속 요청이 들어왔음을 알린다. accept를 호출해 자식 소켓을 획득한다.

```
             ⋮
            SOCKET sock = accept(hsoListen, NULL, NULL);
             ⋮
            HANDLE hEvent = WSACreateEvent();
            PSOCK_ITEM psi = new SOCK_ITEM(sock, hEvent, GetCurrentThreadId());
            psi->_wpi = wq.Register(hEvent, SockSigProc, psi);
```

생성된 자식 소켓의 상태 변경을 통지받기 위한 이벤트를 생성하고 SOCK_ITEM 구조체를 할당해 자식 소켓의 핸들과 이벤트 핸들을 설정한다. 그리고 이벤트 핸들을 콜백 함수 SockSigProc와 참조 매개변수로 SOCK_ITEM 구조체의 포인터 psi를 넘겨 대기 풀에 등록한다.

```
            WSAEventSelect(sock, hEvent, FD_READ | FD_CLOSE);
            ss.insert(psi);
```

생성된 자식 소켓과 이벤트를 WSAEventSelect를 통해 연결하고, 관리를 위해 SOCK_SET 컨테이너에 삽입한다.

```
            cout << " ==> New client " << sock << " connected" << endl;
        }
    }
    else
    {
```

스레드 메시지 큐에 새로운 메시지가 도착하면, 이 경우는 종료를 위한 통지거나 대기 풀로부터 대기 항목을 삭제하라는 통지다.

```
        MSG msg;
        PeekMessage(&msg, NULL, 0, 0, PM_REMOVE);
        if (msg.message == TM_CMD_EXIT)
            break;
```

추출한 메시지가 TM_CMD_EXIT이면 종료 통지이므로 루프를 탈출한다.

```
        if (msg.message == TM_CMD_REMOVE)
        {
```

자식 소켓을 닫았을 때의 후처리를 담당한다. WPARAM에는 에러 코드가 전달되고, LPARAM에는 SOCK_ITEM의 포인터가 전달된다.

```
            LONG lErrCode = (LONG)msg.wParam;
            PSOCK_ITEM psi = (PSOCK_ITEM)msg.lParam;
```

```
        if (lErrCode == 0)
            cout << " ==> Client " << psi->_sock << " disconnected..." << endl;
        else
            cout << " ==> Error occurred, code = " << lErrCode << endl;

        ss.erase(psi);
        wq.Unregister(psi->_wpi);
        CloseHandle(psi->_event);
        delete psi;
```

자식 소켓이 닫힌 경우는 더 이상의 소켓 변경 통지를 받을 수 없기 때문에 관리 세트 및 대기 풀에서 대기 항목을 제거해야 한다. 그리고 관련 이벤트의 핸들을 닫아주고, 최종적으로 SOCK_ITEM의 인스턴스를 삭제한다.

```
        }
    }
}
wq.Stop();
```

프로그램을 종료해야 하므로 대기 풀의 작동을 중단시킨다.

```
for (SOCK_SET::iterator it = ss.begin(); it != ss.end(); it++)
{
    PSOCK_ITEM psi = *it;
    closesocket(psi->_sock);
    wq.Unregister(psi->_wpi);
    delete psi;
}
}
```

필자의 경우 개인적으로 WSAEventSelect 함수를 애용하는 편이다. 리슨 소켓은 WSAEventSelect 함수를 통해서 클라이언트의 접속을 처리하고, 접속된 클라이언트의 송수신 처리는 IOCP를 이용해 스레드 풀에 맡겨 비동기 입출력만 전담하도록 하는 전략이다. 그러나 대형 서버 사이드의 구현을 고려할 경우에는 accept 함수마저도 IOCP 처리를 할 수 있는데, 이때 WSAEventSelect 함수는 또 다른 용도로 아주 중요하게 사용되기도 한다. 이 내용은 5.4절에서 확인할 수 있을 것이다.

5.3 비동기 입출력 이용

여기에서 논의할 내용은 4장 비동기 입출력의 내용을 소켓에 그대로 적용하는 방안에 대한 것이다. 즉, 소켓 핸들 자체를 비동기 입출력의 관점에서 바라본다. 5.2절에서 논의한 비동기 소켓은 select 함수를 호출하거나 윈도우 메시지 또는 부가적인 동기화 커널 객체를 통해 소켓의 상태 변화를 통지받아서 그 변화에 상응하는 액션을 취하는 것이다. 하지만 이 절에서는 소켓을 그 자체로 동기화의 대상으로 취급하는 방안을 논의하고자 한다. 4장에서 논의했던 내용은 파일 그 자체를 동기화 객체로 취급해서 입출력 완료 통지를 받는 방법에 관한 것이었다. 그러면 소켓을 그렇게 취급할 수는 없을까?하는 의문이 든다. 미리 말하자면 그렇게 취급될 수 있다. 또한 이 절에서의 핵심은 SOCKET 이라는 식별자가 그대로 파일 핸들로 식별되는 HANDLE 타입과 호환이 된다는 점에 있다. 호환된 다는 말의 의미는 무엇일까? socket이나 WSASocket 또는 accept나 WSAAccept 함수를 통해서 획득된 SOCKET 핸들은 그 자체가 동기화 객체로 사용 가능하다는 의미이며, 더 나아가 비동기 입출력 시에 사용하는 ReadFile(Ex) 및 WriteFile(Ex), WaitForXXX 함수에 이 소켓 핸들을 매개변수로 넘겨줄 수 있다는 것을 의미한다.* 그렇기 때문에 4장에서 논의했던 비동기 입출력의 세 가지 방법, 즉 "장치 또는 이벤트 시그널링", "경보가능 입출력 사용", "IOCP 사용"의 방법을 비동기 소켓 핸들 그 자체로 적용 가능하다는 의미가 된다. 따라서 이 절에서는 우선, 소켓을 이용해 앞서 4장에서 논의했던 세 가지 비동기 방식을 그대로 적용시켜 볼 것이다.

5.2절에서 논의한 비동기 방식과 지금부터 논의할 비동기 입출력 방식은 accept나 recv 함수를 놓고 본다면 근본적인 차이가 있다. select 방식이나 윈도우 메시지 방식 또는 이벤트 시그널링 방식은 특정 상태가 되었을 때 시그널이나 메시지를 받고나서야 액션을 취한다. 즉 소켓 접속 수용 시그널이 온 후에 accept 함수를 호출해야 하고, 데이터 수신 시그널을 받고 실제적으로 recv 함수를 호출하게 된다. 하지만 비동기 입출력은 4장에서 논의했던 것처럼 어떤 통지가 오는 경우는 그 통지에 해당하는 실질적인 행위가 완료되었을 때다. 즉 accept나 recv 등에 대한 비동기적 호출 결과 그 함수의 수행이 완료되었을 때 그것을 알리기 위해 통지하는 것이다. 그러므로 비동기 입출력의 경우, 통지를 받은 후에는 recv나 accept 등을 호출할 필요 없이 호출 후의 결과에 대한 사후 처리만 수행하면 된다. 5.2절에서 논의했던 비동기 소켓 방식과 이 절에서 논의하게 될 비동기 입출력

---

* 사실 호환이란 의미가 특별한 의미는 아니다. 버클리 소켓의 socket 함수가 리턴하는 값, 즉 SOCKET 타입의 값은 소켓 디스크립터라고 불리는 정수값이며, 이는 파일 디스크립터로서 이미 호환을 염두에 둔 것이었다. 유닉스나 리눅스에서는 파일이든, 소켓이든, 파이프든, 아님 통신 포트(COM 포트나 LPT 포트)든 모든 것을 파일로 취급할 수 있다는 전제에서 논의되기 때문에, 여기서 언급하는 호환을 굳이 특별하게 다루는 것은 윈도우에서의 의미일 뿐이다.

방식의 가장 큰 차이는 다음과 같다.

- **비동기 소켓** : 통지가 오면 그 통지에 해당하는 행위를 수행해야 한다.
- **비동기 입출력** : 통지가 왔다는 것은 그 행위가 이미 완료되었다는 것을 의미한다.

따라서 비동기 입출력 방식으로 소켓을 다루는 과정은 4장에서의 비동기 입출력과 동일하게 다음의 방식을 따른다.

① 소켓에 대해 ReadFile/WSARecv, WriteFile/WSASend 등의 비동기 함수 호출

② 함수의 리턴값에 따른 ERROR_IO_PENDING 여부 체크

③ 적절한 방식에 따른 대기 처리

   – 장치 또는 이벤트 시그널링 대기

   – APC를 이용한 경보가능 대기

   – IOCP에 대해 대기

④ 상태가 시그널링이 되면 해당 작업에 대한 사후 처리 수행

이제 소켓을 취급하기 위한 기본적인 사항들을 먼저 검토해보자. 소켓을 생성하는 대표적인 함수는 socket이다. 5.1절에서 socket 함수를 설명하면서 socket 함수에 의해 생성된 소켓은 기본적으로 중첩 속성을 지닌다고 언급했다. 많은 사람들이 간과하는 부분이기도 한데, socket 함수는 내부적으로 소켓을 생성할 때 FILE_FLAG_OVERLAPPED라는 속성을 지정하여 생성한다. 이 말은 socket 함수에 의해 생성된 소켓은 우리가 4장에서 논의했던 비동기 입출력의 모든 것을 사용할 수 있다는 것을 의미할 것이다. 그럼에도 불구하고 사용할 수단이 없었기 때문에 그렇게 사용하지 않았다. 즉, 중첩 입출력이 가능한 소켓을 가지고 모두 동기 입출력에만 사용했기 때문이다. 그렇다면 소켓을 대상으로 비동기 입출력을 가능하게 하는 수단은 무엇일까? 대표적으로 ReadFile(Ex)과 WriteFile(Ex) 함수가 있다. 소켓 핸들을 HANDLE 타입으로 형 변환해서 이 함수들의 매개변수로 넘겨주면 아무런 제약 없이 소켓에 대한 비동기 입출력이 가능해진다. ReadFile(Ex)과 WriteFile(Ex) 함수는 소켓 함수 recv와 send 함수의 비동기 버전이 된다. 그리고 별도의 전용 함수가 제공되는데, 바로 WSARecv와 WSASend 함수다. 이 함수들은 나중에 설명하기로 하고, 우선 socket 함수와 호환되는 윈속 전용 함수인 WSASocket 함수를 알아보자.

```
SOCKET WSASocket
(
    _In_ int                    af,
    _In_ int                    type,
```

```
    _In_ int                 protocol,
    _In_ LPWSAPROTOCOL_INFO  lpProtocolInfo,
    _In_ GROUP               g,
    _In_ DWORD               dwFlags
);
```

이 함수는 dwFlags 매개변수를 통해 중첩 속성을 지정할 수 있다는 것을 제외하면 socket과 거의 동일하다. socket은 디폴트로 중첩 속성을 지닌 소켓을 생성하지만, WSASocket은 중첩 속성 여부를 지정할 수 있다.

int af

int type

int protocol

위의 세 매개변수는 socket 함수의 매개변수와 동일하다. 각각 주소 패밀리와 소켓 타입, 그리고 프로토콜을 나타낸다. socket 함수 설명 시에도 그랬던 것처럼 현재 우리의 주된 논의는 IPv4 기반의 TCP 기반이므로, 각각 af ← AF_INET, type ← SOCK_STREAM, protocol ← IPPROTO_TCP 또는 0을 지정하는 것으로 하자.

LPWSAPROTOCOL_INFO lpProtocolInfo

GROUP g

각각 상세 지정 정보를 설정하지만, 이 책의 주제와는 상관이 없으므로 무시한다. lpProtocolInfo 매개변수는 NULL로, g 매개변수는 0으로 지정한다.

DWORD dwFlags

가장 중요한 요소가 될 것이다. 소켓 자체를 비동기 입출력의 대상으로 생성하기 위해서는 WSA_FLAG_OVERLAPPED 플래그를 지정하면 된다. 이는 파일 생성 시 CreateFile 매개변수로 FILE_FLAG_OVERLAPPED 플래그를 넘겨주는 것과 의미가 같다.

위 함수를 이용해 다음과 같이 소켓을 생성한다면 socket 함수를 통해서 생성하는 것과 동일하다.

```
SOCKET sock = WSASocket
(
    AF_INET, SOCK_STREAM, IPPROTO TCP,
    NULL, 0, WSA_FLAG_OVERLAPPED
);
    ↑↓
SOCKET sock = socket(AF_INET, SOCK_STREAM, IPPROTO_TCP);
```

이렇게 소켓을 생성했다면 이 소켓 핸들은 바로 비동기 입출력에 사용할 수 있다. 비동기 입출력에 사용한다는 말은 4장에서 논의했던 장치 또는 이벤트 커널 객체 시그널링을 통한 입출력 완료 통지나 APC나 IOCP 모두에 사용할 수 있음을 의미한다. 다시 말해 ReadFile(Ex), WriteFile(Ex) 호출에 매개변수인 핸들값으로 전달이 가능하고 WaitForXXX 대기 함수 군의 매개변수로도 전달이 가능하며, IOCP의 CreateIoCompletionPort 함수의 매개변수로도 전달이 가능하다는 소리다. 그 사실은 곧 예제를 통해 확인할 수 있다. 그렇다면 ReadFile 함수는 소켓 함수의 recv에 해당할 것이며, WriteFile 함수는 send 함수에 해당할 것이라는 정도는 충분히 짐작할 수 있을 것이다. 사실 유닉스나 리눅스에는 send나 recv가 별도로 없다. socket 함수를 통해 생성한 소켓 디스크립터는 전송이나 수신 시 read, write 함수를 통해 수신과 전송을 수행한다. 그러나 더 정확한 구분을 위해서, 또는 소켓 라이브러리 버전별로 호환성에 문제가 있을 수 있기 때문에, MS에서는 비동기 입출력용 send/recv 함수를 별도로 제공하는데, 그 두 함수는 다음과 같이 정의된다.

```
int WSARecv
(
    _In_    SOCKET              s,
    _Inout_ LPWSABUF            lpBuffers,
    _In_    DWORD               dwBufferCount,
    _Out_   LPDWORD             lpNumberOfBytesRecvd,
    _Inout_ LPDWORD             lpFlags,
    _In_    LPWSAOVERLAPPED     lpOverlapped,
    _In_    LPWSAOVERLAPPED_COMPLETION_ROUTINE lpCompletionRoutine
);

int WSASend
(
    _In_    SOCKET              s,
    _In_    LPWSABUF            lpBuffers,
```

```
    _In_    DWORD                dwBufferCount,
    _Out_   LPDWORD              lpNumberOfBytesSent,
    _In_    DWORD                dwFlags,
    _In_    LPWSAOVERLAPPED      lpOverlapped,
    _In_    LPWSAOVERLAPPED_COMPLETION_ROUTINE lpCompletionRoutine
);
```

SOCKET s

송수신에 사용할 소켓 핸들이다.

LPWSABUF lpBuffers

DWORD dwBufferCount

ReadFile/WriteFile 함수와는 달리 소켓 버퍼 구조를 별도로 가져간다. WSABUF 구조체는 다음과 같다.

```
typedef struct __WSABUF
{
  u_long    len;
  char FAR*  buf;
} WSABUF, *LPWSABUF;
```

buf는 전송할 데이터를 담고 있는 바이트 스트림이며, len은 그 길이를 바이트 단위로 담는 변수다. 그리고 lpBuffers 매개변수가 WSABUF 구조체의 포인터임을 확인하기 바란다. 즉 이는 WSABUF 구조체를 하나만 보낼 수 있는 것이 아니라 WSABUF 구조체의 배열로, 즉 여러 데이터 조각을 보낼 수 있다는 것을 의미한다. 그리고 이때 WSABUF 구조체 배열의 원소의 개수를 의미하는 매개변수가 dwBufferCount가 된다.

LPDWORD lpNumberOfBytesRecvd / lpNumberOfBytesSent

데이터를 송신했거나 전송받은 실제 길이를 바이트 수로 담아오는 매개변수다. 이 매개변수는 ReadFile/WriteFile 함수에서와 마찬가지로, 중첩 입출력을 사용할 경우 NULL로 지정할 수 있다.

LPDWORD lpFlags / DWORD dwFlags

send/recv 함수의 플래그 매개변수에 몇 가지 더 추가된 옵션을 담고 있다.

LPWSAOVERLAPPED lpOverlapped

OVERLAPPED 구조체의 포인터다. WSAOVERLAPPED라는 별도의 구조체가 정의되어 있지만 OVERLAPPED 구조체와 그 내용이 동일하다. 이 매개변수가 NULL이 아니면 비동기 입출력을 이용하겠다는 의미며, 이 경우 lpNumberOfBytesRecvd/lpNumberOfBytesSent 매개변수는 NULL로 지정할 수 있다.

LPWSAOVERLAPPED_COMPLETION_ROUTINE lpCompletionRoutine

경보가능 입출력, 즉 APC 큐에 삽입되어 실행될 입출력 완료 루틴 콜백 함수의 포인터를 지정한다. 입출력 완료 루틴의 형식은 마지막에 dwFlags라는 매개변수가 추가된 것 말고는 ReadFileEx/WriteFileEx 함수의 입출력 완료 루틴과 동일하다. dwFlags는 WSASend/WSARecv 함수 호출 시에 매개변수로 전달했던 dwFlags/lpFlags 플래그다. 그 선언은 다음과 같다.

```
void CALLBACK CompletionROUTINE
(
  IN DWORD            dwError,
  IN DWORD            cbTransferred,
  IN LPWSAOVERLAPPED lpOverlapped,
  IN DWORD            dwFlags
);
```

WSASend/WSARecv 함수 호출 시 lpOverlapped 매개변수와 lpCompletionRoutine 매개변수를 모두 NULL로 넘겨주면, 각각 send/recv 함수를 호출한 것과 동일한 효과를 갖게 된다.

이제 소켓 자체를 비동기 입출력 수단으로 사용하기 위한 모든 준비는 마쳤다. 이제부터 4장에서 말했던 비동기 입출력 세 가지 방법을 소켓에 적용해보기로 하자.

5.3.1 장치 또는 이벤트 시그널링

4.2절에서 다룬 내용은 파일 또는 장치 커널 객체의 핸들을 이용해서 동기화를 수행하는 방법에 대한 것이었다. 소켓 역시 마찬가지로, 소켓 핸들을 비동기 입출력으로 사용할 수 있다. 다음 프로젝트를 확인해보자.

프로젝트 5.3.1 EchoSvrWaitDev

```
void _tmain()
{
    SOCKET hsoListen = GetListenSocket(9001, 1);
    cout << " ==> Waiting for client's connection......" << endl;
```
리슨 소켓을 획득한 후 리슨 상태로 들어간다.

```
    OVERLAPPED ov;
    SOCKET     sock = INVALID_SOCKET;
    char       szBuff[4096];

$LABEL_ACCEPT:
    sock = accept(hsoListen, NULL, NULL);
    if (sock == INVALID_SOCKET)
    {
        cout << "accept failed, code : " << WSAGetLastError() << endl;
        WSACleanup();
        return;
    }
    cout << " ==> New client " << sock << " connected..." << endl;
```
동기적으로 클라이언트의 접속을 받아들인다.

```
    memset(&ov, 0, sizeof(ov));
    while (true)
    {
        if (!ReadFile((HANDLE)sock, szBuff, sizeof(szBuff), NULL, &ov))
        {
            int nErrCode = WSAGetLastError();
            if (nErrCode != WSA_IO_PENDING)
```

```
        {
            cout << "ReadFile failed, code : " << WSAGetLastError() << endl;
            break;
        }
    }
```

비동기 입출력 수행을 위해 접속 후 바로 비동기 읽기로 들어간다. 최초의 읽기 작업 개시 후 대기 상태로 들어갈 것이다. 나중에 입출력 완료 처리 후, 다시 클라이언트로부터의 데이터 수신을 위해 비동기 읽기를 호출하고 대기 상태로 들어가는 것을 반복할 것이다.

```
    DWORD dwTrBytes = 0;
    BOOL bIsOK = GetOverlappedResult((HANDLE)sock, &ov, &dwTrBytes, TRUE);
```

통지를 받기 위해 소켓 핸들 자체를 대기 함수의 매개변수로 넘겨준다. 앞서 읽기를 시작하고 대기 중이므로 클라이언트가 데이터를 전송하면 sock 핸들은 시그널 상태가 되어 대기 함수로부터 리턴된다.

```
    if (!bIsOK)
    {
        int nErrCode = WSAGetLastError();
        if (nErrCode != ERROR_NETNAME_DELETED)
            cout << " ==> Client " << sock << " disconnected..." << endl;
        else
            cout << " ==> Error occurred: " << nErrCode << endl;
        closesocket(sock);
        goto $LABEL_ACCEPT;
```

실패했을 경우에는 에러 처리 후 소켓을 닫고 goto 문을 통해 다시 접속 대기 상태로 돌아간다.

```
    }

    if (dwTrBytes == 0)
    {
        cout << " ==> Client " << sock << " disconnected..." << endl;
        closesocket(sock);
        goto $LABEL_ACCEPT;
```

수신 크기가 0이면 클라이언트가 접속을 끊었음을 의미하며, 따라서 closesocket으로 자식 소켓을 닫고 goto 문을 통해 다시 접속 대기 상태로 돌아간다.

```
    }

    szBuff[dwTrBytes] = 0;
    cout << " *** Client(" << sock << ") sent : " << szBuff << endl;
```

```
        int lSockRet = send(sock, szBuff, ov.InternalHigh, 0);
        if (lSockRet == SOCKET_ERROR)
        {
            cout << "send failed : " << WSAGetLastError() << endl;
            break;
        }
```
에코 처리를 수행한다.
```
    }
  if (sock != INVALID_SOCKET)
      closesocket(sock);
  if (hsoListen != INVALID_SOCKET)
      closesocket(hsoListen);
}
```

GetOverlappedResult 대신 WaitForSingleObject나 WSAWaitForMultipleEvents를 사용
해도 상관없다.

```
    DWORD dwWaitCode = WaitForSingleObject((HANDLE)sock, INFINITE);
    또는
    DWORD dwWaitCode = WSAWaitForMultipleEvents
    (
        1, (PHANDLE)&sock, FALSE, INFINITE, FALSE
    );
    if (dwWaitCode == WAIT_FAILED)
    {
        cout << "WaitForSingleObject failed: " << GetLastError() << endl;
        break;
    }

    if (ov.Internal != 0)      // 에러 발생
    {
        int nErrCode = LsaNtStatusToWinError(ov.Internal);
        if (nErrCode != ERROR_NETNAME_DELETED)
            cout << " ==> Client " << sock << " disconnected..." << endl;
        else
            cout << " ==> Error occurred: " << nErrCode << endl;
```

```
        closesocket(sock);
        goto $LABEL_ACCEPT;
    }


    if (ov.InternalHigh == 0)  // 클라이언트가 연결을 끊음
    {
        cout << " ==> Client " << sock << " disconnected..." << endl;
        closesocket(sock);
        goto $LABEL_ACCEPT;
    }
```

1) WSA 함수의 사용과 에러 처리

앞의 코드에서는 GetOverlappedResult 함수를 사용해 클라이언트의 데이터 전송을 기다리지만, 윈속에서는 GetOverlappedResult 함수에 대응되는 WSAGetOverlappedResult 함수가 제공된다.

```
BOOL WSAAPI WSAGetOverlappedResult
(
    _In_   SOCKET             s,
    _In_   LPWSAOVERLAPPED    lpOverlapped,
    _Out_  LPDWORD            lpcbTransfer,
    _In_   BOOL               fWait,
    _Out_  LPDWORD            lpdwFlags
);
```

마지막 매개변수 lpdwFlags가 추가된 것을 제외하면 매개변수의 구성은 GetOverlappedResult 함수와 동일하다. lpdwFlags는 WSASend나 WSARecv 함수 호출 시에 매개변수로 전달하는 dwFlags 값을 받아온다.

앞의 코드에서 GetOverlappedResult 대신 WSAGetOverlappedResult 함수를 사용하더라도 크게 문제되지는 않는다. ReadFile 함수에는 dwFlags를 지정할 수 없으므로 lpdwFlags는 0이 설정되어야 한다.

GetOverlappedResult 대신 WSAGetOverlappedResult 함수를 사용해도 크게 문제되지

는 않지만 전혀 차이가 없는 것은 아니다. 미세한 차이가 있는데, 그것은 에러 처리에 있어서다. OVRELAPPED 구조체의 Internal 필드는 각 장치와 인터페이스를 담당하는 커널 드라이버의 입출력 처리 상태를 담는다고 했다. 따라서 동일한 행위에 대해 각 장치별로 그 처리 상태는 다를 수가 있다. 4.5절에서 ReadDirectoryChangesW 함수를 호출한 상태에서 디렉터리 핸들을 닫으면 ERROR_NOTIFY_CLEANUP 에러가 발생하고, 데이터 수신 대기 중인 파이프를 닫으면 ERROR_BROKEN_PIPE 에러가 발생한다고 설명했다. 소켓의 경우 ReadFile을 호출해 수신 대기 중인 소켓 핸들을 다른 스레드에서 닫으면 과연 어떤 에러 코드를 획득할 수 있을까? 앞의 코드에서 확인할 수 있는 에러 코드는 ERROR_NETNAME_DELETED (64)다. FormatMessage 함수를 사용해서 이 에러 코드의 메시지를 획득하면 "지정된 네트워크 이름을 더 이상 사용할 수 없습니다."라고 나온다. 자, 좀 더 미묘한 부분까지 들어가 보자. 소켓의 경우 그 핸들을 닫는 경우는 서버와 클라이언트 양쪽 모두 가능하다. 즉 연결된 세션을 끊기 위해서는 서버 측이나 클라이언트 측 어디에서든 closesocket 함수를 호출할 수 있다. 수신 대기 중인 서버가 있고 클라이언트가 closesocket 함수를 통해 정상적으로 연결을 끊으면 서버 측에서는 에러 없이 대기 상태에서 깨어나고 그 수신 바이트 수는 0이 된다. 따라서 이 경우는 클라이언트에서의 closesocket 함수 호출에 의한 정상적인 단절임을 확인할 수 있다. 하지만 클라이언트가 연결을 끊는 경우는 closesocket 호출을 통한 정상적 처리 외에, 강제로 종료되어 closesocket 함수를 호출하지 못한 상태에서 클라이언트 프로세스가 종료되는 경우가 있다. 콘솔 프로그램에서의 강제 종료는 CTRL+C 키를 누르거나 콘솔 창의 "닫기" 버튼을 누르는 경우다. 이러한 클라이언트의 강제 종료의 경우는 서버 입장에서 연결이 끊어졌다는 측면에서는 동일하지만 그 상황은 다르다. 또 서버가 수신 대기 중인 자신의 자식 소켓을 closesocket 함수를 통해서 직접 닫을 경우, 상황은 어떻게 될 것인가? 이제 다음의 두 가지 경우에 있어서 대기 결과는 어떻게 되는지 살펴보고자 한다.

① 서버 측에서 closesocket 함수를 호출해 자식 소켓을 닫는 경우
② 클라이언트의 강제 종료에 의해 연결이 끊기는 경우

다음 프로젝트는 위의 두 가지 경우에 있어서 GetOverlappedResult 함수와 WSAGet-OverlappedResult 함수가 어떤 에러 코드를 돌려주는지를 보여준다. ①의 경우, 서버 콘솔에서 "close" 문자열을 입력하면 자식 소켓에 대해 closesocket 함수를 호출하도록 처리하며, ②의 경우는 클라이언트를 띄워 접속한 상태에서 클라이언트 콘솔을 닫으면 된다. 테스트를 위한 코드 중에서 GetOverlappedResult 함수와 WSAGetOverlappedResult 함수를 호출한 코드의 일부는 다음과 같다.

```
DWORD dwTrBytes = 0;
if (*pbWSA == FALSE)
{
   if (!GetOverlappedResult((HANDLE)*psock, &ov, &dwTrBytes, TRUE))
   {
      cout << " ==> GOR_ERROR: " << WSAGetLastError() << endl;
      break;
   }
}
else
{
   DWORD dwFlags = 0;
   if (!WSAGetOverlappedResult(*psock, &ov, &dwTrBytes, TRUE, &dwFlags))
   {
      cout << " ==> WSA_ERROR: " << WSAGetLastError() << endl;
      break;
   }
}
if (dwTrBytes == 0)
{
   cout << " ==> Client " << *psock << " disconnected." << endl;
   break;
}
```

클라이언트 측에서 정상적으로 closeosocket 함수를 호출해서 연결을 끊으면 GetOverlapped-Result나 WSAGetOverlappedResult 함수 모두 성공으로 리턴되고, 수신 바이트 수 dwTrBytes는 0이 되어 클라이언트는 closeosocket 함수를 통해서 연결을 끊었음을 알 수 있다. 다음은 ①과 ②의 두 경우를 테스트했을 때의 에러 코드가 출력된 결과이다. "GOR"은 GetOverlappedResult 함수를 호출한 경우고, "WSA"는 WSAGetOverlappedResult 함수를 호출한 경우의 테스트 결과다. 그리고 "close" 문자열의 윗쪽 라인의 출력이 ②의 결과고 "close" 다음 라인이 ①의 결과다.

```
======= GOR =================
GOR => ERROR=64, STATUS=0xC000013C      // ②
close
```

```
GOR => ERROR=64, STATUS=0xC000013B     // ①


====== WSA ==================
WSA => ERROR=10054, STATUS=0xC000013C     // ②
close
WSA => ERROR=10053, STATUS=0xC000013B     // ①
```

GetOverlappedResult 함수를 사용했을 때에는 두 경우의 에러 코드가 64, 즉 ERROR_
NETNAME_DELETED로 동일하다. 하지만, WSAGetOverlappedResult 함수를 사용했을 때
의 에러 코드는 ②-클라이언트 측에서 강제로 종료했을 경우에는 10054 값이 되고, ①-서버 측에
서 자식 소켓을 닫았을 경우에는 10053 값이 된다. 더 정확히 파악하기 위해 Internal 필드값도 함
께 출력했을 때 두 함수 호출 결과 Internal 필드값은 ①과 ②의 두 경우에 있어서의 상태 코드는 서
로 다르다는 것을 확인할 수 있다. "NTStatus.h"에 정의된 ①과 ②의 경우에 해당하는 상태 코드는
다음과 같다.

```
#define STATUS_LOCAL_DISCONNECT     ((NTSTATUS)0xC000013BL)
#define STATUS_REMOTE_DISCONNECT    ((NTSTATUS)0xC000013CL)
```

STATUS_LOCAL_DISCONNECT에 대한 에러 메시지는 "컴퓨터에 있는 네트워크 트랜스포
트가 네트워크 연결을 닫았습니다"고, STATUS_REMOTE_DISCONNECT에 대한 에러 메
시지는 "원격 컴퓨터에 있는 네트워크 트랜스포트가 네트워크 연결을 닫았습니다"이다. 그리고
WSAGetOverlappedResult 함수 호출 결과 두 상태 코드에 대응되는 에러 코드는 다음과 같다.

경우	상태 코드	에러 코드
① 서버에서 소켓 닫음	STATUS_LOCAL_DISCONNECT	WSAECONNABORTED (10053)
② 클라이언트 강제 종료	STATUS_REMOTE_DISCONNECT	WSAECONNRESET (10054)

WSAECONNABORTED에 대한 에러 메시지는 "현재 연결은 사용자의 호스트 시스템의 소프
트웨어의 의해 중단되었습니다"며, WSAECONNRESET에 대한 에러 메시지는 "현재 연결은 원
격 호스트에 의해 강제로 끊겼습니다"이다. 테스트의 결과는 WSAGetOverlappedResult 함수
를 사용할 경우, ①과 ②의 경우를 서버 측에서 구분할 수 있으나 GetOverlappedResult 함수
를 사용하게 되면 두 경우 모두 ERROR_NETNAME_DELETED(64)가 되어 구분할 수 없게
된다. 두 함수가 돌려주는 에러 코드의 결과가 서로 다르게 나오는 이유는 충분히 예상할 수 있다.

GetOverlappedResult 함수는 장치 핸들이 소켓인 경우를 고려하지 않고 상태 코드를 윈도우 에러 코드로 변경한 결과 STATUS_LOCAL_DISCONNECT, STATUS_REMOTE_DISCONNECT 모두 ERROR_NETNAME_DELETED라는 동일한 에러 코드가 되었을 것이다. 실제로 LsaNtStatusToWinError 함수를 통해서 두 상태 코드를 변환해보면 두 경우 모두 ERROR_NETNAME_DELETED라는 값이 리턴된다. WSAGetOverlappedResult 함수는 소켓 전용 함수답게 두 경우를 구분해서 WSAE***로 시작하는 소켓 에러 코드를 돌려주도록 처리되었을 것이다. 따라서 소켓 관련해서 좀 더 섬세한 솔루션을 구축하고자 한다면 두 경우의 구분이 필요하다. 예를 들어 WSAECONNABORTED 에러가 발생한 경우는 로컬 상에서 직접 소켓을 닫았기 때문에 자식 소켓을 닫을 필요가 없지만, WSAECONNRESET 에러가 발생한 경우는 리모트에서 연결을 끊었기 때문에 자식 소켓을 닫아야 한다. 물론 소켓을 중복해서 닫는다고 크게 문제될 것은 없겠지만, 두 경우에 대한 구분이 필요한 경우가 간혹 있다. 소켓에 대한 비동기 입출력을 사용할 때에는 GetOverlappedResult와 같은 기존 비동기 입출력용 함수를 사용해도 크게 상관없지만, 미세하게 대처하기를 원한다면 소켓 전용 함수를 사용하는 것이 좋다.

WSAECONNABORTED 에러 코드의 경우에는 혼란을 주는 요소가 있다. 앞서 WSAEvent-Select 함수를 사용해서 비동기적으로 데이터를 수신하도록 처리한 예제 〈프로젝트 5.2.3 EchoSvrEventSelect〉 코드에서 접속된 소켓에 대해 클라이언트가 접속을 끊었을 때의 처리를 담당하는 부분을 아래에 다시 실었다.

```
if (ne.lNetworkEvents & FD_CLOSE)
{
    nErrCode = ne.iErrorCode[FD_CLOSE_BIT];
    if (nErrCode != 0)
    {
        if (nErrCode == WSAECONNABORTED)
            nErrCode = 0;
    }
    goto $LABEL_CLOSE;
}
```

위의 코드를 보면 WSAECONNABORTED 에러인 경우 클라이언트 정상 종료 처리와 동일하게 취급되고 있음을 알 수 있다. 바로 앞에서 설명한 것처럼, 비동기 입출력의 경우라면 WSAECONNRESET 에러가 발생하는 것이 정상이지만, WSAEventSelect 함수를 사용했을 때 프로그램을 강제로 종료시키면 'ne.iErrorCode[FD_CLOSE_BIT]'에 WSAECONNRESET이 아닌 WSAECONNABORTED 에러 코드가 설정된다. 따라서 혼동의 요소가 다분히 있다. 하지만 WSAEventSelect 함수는 비동기 입출력과는 다르게 상태를 체크하며, 우리가 자식 소켓에 대해 FD_CLOSE 플래그를 설정했다는 것은 리모트 측에서 연결을 끊었을 때 통지를 원한다는 것이다. 따라서 WSAEnumNetworkEvents 함수를 통해서 FD_CLOSE가 설정되었다는 것은 클라이언트 측에서 연결을 끊은 경우만을 의미한다. 서버 측에서 프로그램 종료를 위해 자식 소켓을 닫은 경우라면 FD_CLOSE 비트가 설정되지 않으며, 따라서 아예 앞의 체크 코드를 실행할 수 없다. 즉 FD_CLOSE가 설정되었다는 것은 클라이언트 입장에서 바라볼 것을 요구하는 것이다. 그러므로 프로그램을 강제로 종료시킴으로써 연결이 끊긴 경우라면 클라이언트 입장에서는 로컬 상의 다른 처리에 의해 소켓이 닫혔음을 의미하는 WSAECONNABORTED가 설정된다고 보는 것이 타당하다. WSAEnumNetworkEvents 함수를 호출했을 경우와 비동기 입출력을 사용했을 경우에는 위와 같이 WSAECONNABORTED 에러 코드가 설정되는 의미가 다소 다르므로 서로 혼동하지 말기 바란다.

앞서 〈프로젝트 5.3.1 EchoSvrWSATest〉 코드에서 WSAGetOverlappedResult나 GetOverlappedResult에 상관없이 데이터 수신을 개시하기 위해 ReadFile 함수를 사용했지만, 이 경우도 WSARecv 함수를 사용하는 경우와 에러 코드에 있어서 마찬가지로 차이가 있다. 장치 시그널 방식에서는 크게 문제되지 않지만 다음 절에서 보게 될 APC 사용 시 ReadFileEx 함수와 WSARecv 함수를 이용하는 경우, 콜백 함수가 실행될 때 넘어오는 에러 코드는 WSAGetOverlappedResult와 GetOverlappedResult 함수의 경우와 마찬가지로 서로 차이가 있다. WSARecv 함수를 이용할 경우에는 APC 콜백 함수로 넘어오는 에러 코드는 위의 두 경우를 구분하지만, ReadFileEx 함수에 의한 APC 콜백 함수의 에러 코드는 두 경우 모두 ERROR_NETNAME_DELETED로 동일한 값이 된다. 하지만 IOCP의 경우는 또 상황이 달라진다. MS가 WSAGetOverlappedResult 함수는 제공하면서 WSAGetQueuedCompletionStatus 함수는 왜 제공하지 않는지 궁금하지 않은가? 이는 GetQueuedCompletionStatus 함수 역시 GetOverlappedResult 함수와 마찬가지로 두 경우를 구분하지 못하고 ERROR_NETNAME_DELETED를 리턴하기 때문이다. 그리고 WSAGetOverlappedResult 함수의 경우에도 다수의 동기화 객체에 대해 대기할 수 없기 때문에 어쩔 수 없이 WaitForMulipeXXX 함수를 사용해야 할 경우가 많다. 따라서 이러한 상황에서 두 경우를 구분하고자 한다면 다음과 같이 상태 코드를 직접 정의해서 Inntenal 필드를 직접 비교해야 할 것이다.

```
#ifndef STATUS_LOCAL_DISCONNECT
#  define STATUS_LOCAL_DISCONNECT     ((NTSTATUS)0xC000013BL)
#endif

#ifndef STATUS_REMOTE_DISCONNECT
#  define STATUS_REMOTE_DISCONNECT    ((NTSTATUS)0xC000013CL)
#endif
```

아니면, WaitForXXX 또는 GetQueuedCompletionStatus 호출 대기 상태에서 깨어난 후 fWait 매개변수를 FALSE로 넘겨 WSAGetOverlappedResult 함수를 호출함으로써 정확한 에러 코드를 획득할 수도 있다. 예를 들어 IOCP에 대해 GetQueuedCompletionStatus 함수 호출 결과 에러가 발생했을 경우에는 다음과 같이 처리할 수 있다.

```
BOOL bIsOK = GetQueuedCompletionStatus
(
   pIE->_iocp, &dwTrBytes, &upDevKey, (LPOVERLAPPED*)&psi, INFINITE
);
if (bIsOK == FALSE)
{
   if (psi != NULL)
   {
      WSAGetOverlappedResult(psi->_sock, psi, &dwTrBytes, FALSE, &dwFlags);
      nErrCode = WSAGetLastError();
      에러 처리
   }
       ⋮
}
```

물론 WSAGetOverlappedResult 함수를 통해서 더 정확한 에러 코드를 획득할 수 있지만, 단지 에러 코드 획득을 위해 커널 전환을 요구하는 함수를 한 번 더 호출해야 한다는 점, 그리고 WSAGetOverlappedResult 호출에서도 에러가 발생할 수 있는 점, 마지막으로 WSAGetLastError 함수가 돌려주는 에러 코드는 전역적으로 설정되는 에러 코드이므로, 물론 드물겠지만 원자성 침범에 의해 엉뚱한 에러 코드가 리턴될 수 있다는 점에서 여러 모로 사용상에 불편한 점이 있다. 따라서 IOCP를 사용한다면 체크할 몇몇 상태 코드를 직접 정의해서 바로 참조하는 것이 유리할 것이다.

결론은 WaitForXXX 대기 함수를 호출한 상태에서 Internal 필드를 직접 참조하지 않는다면 (WSA)GetLastError 함수를 호출했을 때, 프로그램 종료를 위해서 서버 측에서 연결된 자식 소켓들을 닫았을 때의 에러 코드와 클라이언트 강제 종료에 의한 에러 코드가 동일하기 때문에 구분할 수 없다는 게 문제다. 그렇다면 프로그램 종료를 위해서 연결된 자식 소켓을 닫을 때, 닫기 전에 4장 마지막 절에서 설명했던 CancelIoEx를 호출하는 것이 두 경우를 구분할 필요 자체를 없애는 더 좋은 방법이 된다. 〈EchoSvrWSATest〉 코드에서는 서버 콘솔에서 "cancel"을 입력하면 대기 중인 자식 소켓 핸들에 대해 CancelIoEx 함수를 호출하도록 처리했다. CancelIoEx 함수를 호출했을 때의 에러 코드는 4장에서 확인했던 대로 ERROR_OPERATION_ABORTED(995)가 된다. 그러므로 프로그램 종료를 위해서 자식 소켓을 닫고자 할 때 CancelIoEx를 먼저 호출하면 ERROR_OPERATION_ABORTED 에러가 발생해 프로그램 강제 종료에 의한 에러 코드와 구분되기 때문에 처리가 용이해진다. 물론 4장에서 언급한 것처럼, 소켓 핸들을 닫기 전에 CancelIoEx 함수를 호출해서 비동기 입출력 대기를 취소해주는 것이 더 안전하고 좋은 방법이다. 참고로, 서버에서 리슨 소켓을 닫으면 accept 함수 호출에서 에러가 발생하고, 이때의 에러 코드는 WSAEINTR(10004) 이 된다.

2) WSAEventSelect와의 결합

〈프로젝트 5.3.1 EchoSvrWaitDev〉 코드의 경우는 클라이언트 접속을 한 대만 수용해서 처리한다. 예제에서 본 것처럼, 비동기 수신 개시 후 소켓 핸들 자체를 WaitForSingleObject로 넘겨서 실제 데이터가 수신될 때까지 대기할 수 있다. 하지만 문제는 자꾸 accept 함수에서 걸린다. 위 구조는 동시에 단 한 대의 클라이언트 접속만을 수용하는데, 그 한계를 강제하는 것이 바로 동기 함수인 accept다. 이를 해결하는 방법 중 하나는 WSAEventSelect 함수를 이용하는 것이다.

다음 프로젝트는 〈프로젝트 5.2.3 EchoSvrEventSelect〉의 코드를 비동기 입출력을 이용한 에코 서버 버전으로 수정한 것이다. 본격적으로 비동기 입출력을 이용하게 되기 때문에, 먼저 다음과 같이 OVERLAPPED 구조체를 상속하는 구조체를 정의하자.

```
struct SOCK_ITEM : OVERLAPPED
{
   SOCKET  _sock;
   char    _buff[512];


   SOCK_ITEM(SOCKET sock)
   {
      memset(this, 0, sizeof(*this));
      _sock = sock;
   }
};
typedef SOCK_ITEM* PSOCK_ITEM;
```

소스 구조는 이벤트 시그널링 방식에서 적용했던 구조를 그대로 사용할 예정이다. 이벤트 시그널링 방식의 경우 64개의 이벤트 커널 객체의 핸들을 담을 배열을 준비했고, 그 배열의 첫 번째는 리슨 소켓을 위한 이벤트를 할당하고, 나머지 63개의 공간은 접속할 클라이언트들을 위한 이벤트를 위해 예약해두었다. 구조는 이와 비슷하다. 대신에 이벤트 핸들을 위한 배열이 아니라 소켓 핸들을 담을 크기가 64인 배열을 준비하고, 그 배열의 첫 번째는 리슨 소켓을 위한 이벤트 핸들을 지정하고 나머지 63개의 공간은 접속할 클라이언트의 자식 소켓 핸들 자체를 지정하도록 한다. 그리고 PSOCK_ITEM을 위한 크기 64인 배열을 준비해 인덱스 1부터 63개의 공간을 자식 소켓의 비동기 수신 처리를 위해 예약한다.

```
#define MAX_CLI_CNT   63
void _tmain()
{
   SOCKET hsoListen = GetListenSocket(9001, MAX_CLI_CNT);
   if (hsoListen == INVALID_SOCKET)
      return;
   cout << " ==> Waiting for client's connection......" << endl;

   WSAEVENT hevListen = WSACreateEvent();
   WSAEventSelect(hsoListen, hevListen, FD_ACCEPT);
```

```
int        nSockCnt = 0;
SOCKET     arSocks[MAX_CLI_CNT + 1];
PSOCK_ITEM arItems[MAX_CLI_CNT + 1];
memset(arSocks, 0xFF, (MAX_CLI_CNT + 1) * sizeof(SOCKET));
memset(arItems,    0, (MAX_CLI_CNT + 1) * sizeof(PSOCK_ITEM));
arSocks[0] = (SOCKET)hevListen;
```

배열의 첫 번째 요소는 리슨 소켓의 변화를 통지받기 위한 이벤트 핸들이고, 나머지 63개의 요소는 자식 소켓의 핸들을 위한 공간이다. SOCKET 타입의 배열이므로 이벤트 핸들을 SOCKET 타입으로 형 변환을 해준다.

```
while (true)
{
   DWORD dwWaitRet = MsgWaitForMultipleObjects
   (
      nSockCnt + 1, (PHANDLE)arSocks, FALSE, INFINITE, QS_ALLPOSTMESSAGE
   );
   if (dwWaitRet == WAIT_FAILED)
   {
      cout << "WaitForMultipleObjectsEx failed: " << GetLastError() << endl;
      break;
   }

   if (dwWaitRet == WAIT_OBJECT_0 + nSockCnt + 1)
      break;
```

프로그램을 종료하라는 스레드 메시지가 도착했으므로 루프를 탈출한다.

```
   DWORD    dwFlags  = 0;
   LONG     nErrCode = ERROR_SUCCESS;
   PSOCK_ITEM pSI     = NULL;
   if (dwWaitRet == WAIT_OBJECT_0)
```

리슨 소켓의 상태 변화가 발생했다.

```
   {
      WSANETWORKEVENTS ne;
      WSAEnumNetworkEvents(hsoListen, hevListen, &ne);
      if (ne.lNetworkEvents & FD_ACCEPT)
      {
         nErrCode = ne.iErrorCode[FD_ACCEPT_BIT];
```

```
            if (nErrCode != 0)
            {
                cout << " ==> Error occurred, code = " << nErrCode << endl;
                break;
            }


            SOCKET sock = accept(hsoListen, NULL, NULL);
            if (sock == INVALID_SOCKET)
            {
                nErrCode = WSAGetLastError();
                if(nErrCode != WSAEINTR)
                    cout << " ==> Error occurred, code = " << nErrCode << endl;
```

WSAEINTR 에러 코드는 리슨 소켓에 대해 closesocket을 호출했음을 의미하므로, 에러가 아닌 종료를 위한 처리기 때문에 에러 발생 메시지 출력 없이 루프를 빠져나간다.

```
                break;
            }


            pSI = new SOCK_ITEM(sock);
            arSocks[nSockCnt + 1] = sock;
            arItems[nSockCnt + 1] = pSI;
            nSockCnt++;
            cout << " ==> New client " << sock << " connected" << endl;
        }
    }
    else
```

자식 소켓들 중 하나를 통해 데이터 수신이 완료되었다.

```
    {
        int nIndex = (int)(dwWaitRet - WAIT_OBJECT_0);
        SOCKET sock = arSocks[nIndex];
        pSI = arItems[nIndex];

        DWORD dwTrBytes = 0;
        if (!WSAGetOverlappedResult(sock, pSI, &dwTrBytes, FALSE, &dwFlags))
```

정확한 에러 코드를 획득하기 위해 fWait를 FALSE로 지정해 WSAGetOverlappedResult를 호출한다.

```
        {
            nErrCode = WSAGetLastError();
```

```
        goto $LABEL_CLOSE;
```

에러가 발생하면 에러 및 자식 소켓 종료 처리를 위해 $LABEL_CLOSE 루틴으로 점프한다.

```
      }
      else
      {
         if (dwTrBytes == 0)
            goto $LABEL_CLOSE;
```

클라이언트가 closesocket을 호출하면 소켓 종료 처리를 위해 $LABEL_CLOSE 루틴으로 점프한다.

```
         pSI->_buff[dwTrBytes] = 0;
         cout << " *** Client(" << sock << ") sent : " << pSI->_buff << endl;
         int lSockRet = send(pSI->_sock, pSI->_buff, dwTrBytes, 0);
         if (lSockRet == SOCKET_ERROR)
         {
            nErrCode = WSAGetLastError();
            goto $LABEL_CLOSE;
         }
```

에코 처리를 통해 클라이언트로 수신된 데이터를 되돌린다.

```
      }
   }


   WSABUF wb;
   wb.buf = pSI->_buff, wb.len = sizeof(pSI->_buff);
   int nSockRet = WSARecv(pSI->_sock, &wb, 1, NULL, &dwFlags, pSI, NULL);
```

ReadFile 대신 WSARecv를 통해서 비동기 데이터 수신을 개시한다.

```
   if (nSockRet == SOCKET_ERROR)
   {
      nErrCode = WSAGetLastError();
      if (nErrCode != WSA_IO_PENDING)
         goto $LABEL_CLOSE;
   }
   continue;

$LABEL_CLOSE:
```

자식 소켓 관련 에러가 발생하거나 연결이 끊어졌을 경우, 소켓 닫기 및 자식 소켓용 배열 관리를 모두 이 곳에서 처리한다.

```
        int nIndex = (int)(dwWaitRet - WAIT_OBJECT_0);
        for (int i = nIndex; i < nSockCnt; i++)
        {
            arSocks[i] = arSocks[i + 1];
            arItems[i] = arItems[i + 1];
        }
        arSocks[nSockCnt] = INVALID_SOCKET;
        arItems[nSockCnt] = NULL;
        nSockCnt--;
```

해당 자식 소켓은 더 이상 수신 통지를 받을 필요가 없으므로, 자식 소켓 관리용 배열에서 제거하고 나머지 소켓들의 엔트리 위치를 조정한다.

```
        if (nErrCode != WSAECONNABORTED)
```

서버 측에서 closesocket을 통해 자식 소켓을 닫았을 경우는 의도적인 행위이므로, 이 소켓에 대해 closesocket을 호출해준다던지 하는 별도의 처리는 필요 없다.

```
        {
            if (nErrCode == ERROR_SUCCESS || nErrCode == WSAECONNRESET)
```

클라이언트가 closesocket을 호출했거나 클라이언트 강제 종료인 경우는 연결 해제가 되었다는 메시지를 출력한다.

```
                cout << " ==> Client " << pSI->_sock << " disconnected..." << endl;
            else
```

이외의 경우는 알 수 없는 에러이므로, 에러 코드를 출력한다.

```
                cout << " ==> Error occurred, code = " << nErrCode << endl;
            closesocket(pSI->_sock);
            delete pSI;
```

자식 소켓을 닫고, 관련 SOCK_ITEM 구조체의 인스턴스를 해제한다.

```
        }
    }

    if (hsoListen != INVALID_SOCKET)
        closesocket(hsoListen);
    WSACloseEvent(hevListen);
    for (int i = 1; i < nSockCnt + 1; i++)
    {
        if (arSocks[i] != INVALID_SOCKET)
```

```
            closesocket(arSocks[i]);
        if (arItems[i] != NULL)
            delete arItems[i];
    }
}
```

소스의 사용 예를 보면 send와 recv 함수 호출 시에 비동기 입출력이 가능하다는 것은 충분히 인지했을 것이다. 하지만 계속 걸리는 것이 accept 부분이다. accept 함수의 동기적 특성 때문에 이것을 피하기 위해 WSAEventSelect 함수를 이용한다. 리슨 소켓은 그 자체로 비동기 입출력의 대상이게끔 하는 수단은 없는 것일까? 왜 OVERLAPPED로 리슨 소켓을 열었는데, accept 함수는 입출력 완료 통지를 해주는 수단이 없을까? 이는 connect 함수의 경우도 마찬가지다. ReadFile(Ex)과 WriteFile(Ex) 함수에 각각 대응되는 WSARecv와 WSASend 함수는 있는데, WSAConnect나 WSAAccept 함수가 있다면 이런 역할을 할 수 없을까? WSAConnect와 WSAAccept 함수가 물론 존재하지만, 이 두 함수는 입출력 완료 통지를 사용하지 못할 뿐만 아니라 또한 APC의 IOCP의 사용도 불가능하다. connect와 accept 함수는 Read/Write 함수쌍에 대응하는 어떤 작용이 없기 때문일 것이다. 하지만 너무 아쉬워할 필요는 없다. MS는 윈도우 XP부터 connect와 accept 함수에 대해서도 IOCP 등을 이용할 수 있는 수단을 제공하는데, 바로 원속 확장 라이브러리를 통해서 사용 가능하다. 여기에 대해서는 5.4절에서 자세하게 논의할 것이다. 이러한 확장 라이브러리가 지원되지 않는 환경을 가정했을 때, 5.2절에서 설명했던 비동기 소켓 모델과 결합해서 사용하면 된다. 앞서 논의한 세 방식 모두 가능하지만, 제일 적합한 방식은 이벤트 시그널링 방식과 결합하는 방식이다.

5.3.2 경보가능 입출력의 사용

소켓이 중첩 속성을 지닌다면 당연히 경보가능 입출력을 사용할 수도 있을 것이다. APC 큐에 추가될 완료 콜백 함수는 WSASend/WSARecv 함수에 대한 설명에서 본 것처럼 다음과 같은 프로토타입을 갖는다. 마지막 매개변수 dwFlags가 추가되었다는 것만 제외하면 ReadFileEx와 WriteFileEx의 콜백 함수 선언과 동일하다.

```
void CALLBACK CompletionROUTINE
(
    IN DWORD            dwError,
```

```
   IN DWORD          cbTransferred,
   IN LPWSAOVERLAPPED lpOverlapped,
   IN DWORD          dwFlays
);
```

1) APC를 이용한 비동기 수신 예

APC를 이용해 소켓을 통한 입출력을 수행하는 프로젝트를 살펴보기로 하자. 먼저 자식 소켓을 관리하기 위해 STL의 set을 사용한다. 그리고 콜백 함수에서 이 set을 참조할 수 있도록 하기 위해 SOCK_ITEM 구조체에 set의 참조 포인터를 필드로 추가했다.

프로젝트 5.3.2 EchoSvrApc

```
struct SOCK_ITEM;
typedef std::set<SOCK_ITEM*> SOCK_SET;
struct SOCK_ITEM : OVERLAPPED
{
   SOCKET     _sock;
   char       _buff[512];
   SOCK_SET*  _pSet;

   SOCK_ITEM(SOCKET sock, SOCK_SET* pSet)
   {
      hEvent = NULL;
      Offset = OffsetHigh = 0;
      memset(_buff, 0, sizeof(_buff));

      _sock = sock;
      _pSet = pSet;
   }
};
typedef SOCK_ITEM* PSOCK_ITEM;
```

이번에는 APC를 사용하는 소켓 비동기 입출력 예제의 메인 함수 부분을 검토해보자. 여기에서는 비동기 수신 개시를 위해 ReadFileEx 함수가 아니라 WSARecv 함수를 사용한다. 그리고

EchoSvrSigEvtSel의 경우와 마찬가지로, WSAEventSelect 함수를 이용해 클라이언트의 접속을 기다릴 것이다. 또한 종료 처리는 g_hevExit라는 전역 이벤트 커널 객체를 생성하여 콘솔 컨트롤 핸들러에서 SetEvent 함수를 호출해 통지하도록 처리한다. 따라서 대기 함수는 리슨 소켓을 위한 이벤트 핸들과 종료 통지용 이벤트 핸들 모두에 대해 경보가능 대기를 수행하는 WaitForMultipleObjectsEx 함수를 사용할 것이다.

```
void _tmain()
{
    g_hevExit = CreateEvent(NULL, TRUE, FALSE, NULL);

    SOCKET hsoListen = GetListenSocket(9001);
    if (hsoListen == INVALID_SOCKET)
        return;
    cout << " ==> Waiting for client's connection......" << endl;

    WSAEVENT hEvent = WSACreateEvent();
    WSAEventSelect(hsoListen, hEvent, FD_ACCEPT);

    SOCK_SET siols;
    HANDLE arSynObjs[2] = { g_hevExit, hEvent };
    while (true)
    {
        DWORD dwWaitRet = WaitForMultipleObjectsEx
        (
            2, arSynObjs, FALSE, INFINITE, TRUE
        );
```

접속 요청을 위한 대기 및 수신 완료 처리를 받기 위해 경보가능 대기 상태로 들어간다.

```
        if (dwWaitRet == WAIT_FAILED)
        {
            cout << "WaitForMultipleObjectsEx failed : " << GetLastError() << endl;
            break;
        }


        if (dwWaitRet == WAIT_OBJECT_0)
            break;
```

프로그램 종료를 위해 g_hevExit 이벤트가 시그널 상태가 되었으므로 루프를 탈출한다.

```
    if (dwWaitRet == WAIT_IO_COMPLETION)
        continue;
```

소켓의 입출력 완료 루틴 RecvCallback이 수행되며, 특별히 처리할 것이 없으므로 다시 루프의 첫 부분으로 돌아간다.

dwWaitRet == WAIT_OBJECT_0 + 1인 경우 아래의 루틴을 돌게 된다. 리슨 소켓에 대한 접속 요청 감지를 위한 hEvent가 시그널 상태가 되었으며, 따라서 accept 처리를 수행한다.

```
    WSANETWORKEVENTS ne;
    WSAEnumNetworkEvents(hsoListen, hEvent, &ne);
    if (ne.lNetworkEvents & FD_ACCEPT)
    {
        SOCKET socket = accept(hsoListen, NULL, NULL);
```

새로운 자식 소켓을 수용한다.

```
        if (socket == INVALID_SOCKET)
        {
            nErrCode = WSAGetLastError();
            if (nErrCode != WSAEINTR)
                cout << " ==> Error occurred, code = " << nErrCode << endl;
            break;
        }
        cout << " ==> New client " << socket << " connected" << endl;

        PSOCK_ITEM pSI = new SOCK_ITEM(socket, &siols);
```

새로운 자식 소켓에 대해 OVERLAPPED 구조체를 위한 SOCK_ITEM을 할당한다.

```
        WSABUF wb;
        wb.buf = pSI->_buff, wb.len = sizeof(pSI->_buff);
        DWORD dwFlags = 0;
        int nSockRet = WSARecv(sock, &wb, 1, NULL, &dwFlags, pSI, RecvCallback);
```

최초 경보가능 비동기 수신을 개시한다. 데이터 수신 시에 RecvCallback 함수가 호출된다.

```
        if (nSockRet == SOCKET_ERROR &&
            (nErrCode = WSAGetLastError()) != WSA_IO_PENDING)
        {
            cout << "ReadFile failed : " << nErrCode << endl;
            closesocket(sock);
```

```
            delete pSI;
        }
        else
            siols.insert(pSI);
```

할당된 SOCK_ITEM 구조체의 인스턴스를 세트에 추가한다.

```
    }
}


if (hsoListen != INVALID_SOCKET)
    closesocket(hsoListen);
for (SOCK_SET::iterator it = siols.begin(); it != siols.end(); it++)
{
    PSOCK_ITEM pSI = *it;
    closesocket(pSI->_sock);
    // delete pSI;
```

프로그램 종료 시 접속 중인 클라이언트와 접속을 끊고 할당된 소켓들을 해제하는 작업이다. 이 코드에서는 일부러 delete 처리를 주석으로 막아 두었는데, 그 이유는 후에 설명할 예정이다.

```
}
CloseHandle(hEvent);
CloseHandle(g_hevExit);


cout << "==== Server terminates... ==========================" << endl;
WSACleanup();
}
```

다음은 APC용 콜백 함수인 RecvCallback의 정의다. 정의를 보면 알겠지만, dwErrCode는 정확한 에러 코드가 설정되어 넘어온다. 만약 여러분이 WSARecv 호출 대신 ReadFileEx 함수를 호출했다면, 앞 절에서 설명했던 대로 클라이언트 강제 종료 또는 자식 소켓을 닫을 경우 dwErrCode는 모두 ERROR_NETNAME_DELETED가 될 것이다.

```
VOID CALLBACK RecvCallback(DWORD dwErrCode, DWORD dwTranBytes,
                           LPOVERLAPPED pOL, DWORD dwFlags)
{
    PSOCK_ITEM pSI = (PSOCK_ITEM)pOL;
```

```cpp
    if (dwTranBytes > 0 && dwErrCode == 0)
```

```cpp
    {
        pSI->_buff[dwTranBytes] = 0;
        cout << " *** Client(" << pSI->_sock << ") sent : " << pSI->_buff << endl;
        int lSockRet = send(pSI->_sock, pSI->_buff, dwTranBytes, 0);
        if (lSockRet == SOCKET_ERROR)
        {
            dwErrCode = WSAGetLastError();
            goto $LABEL_CLOSE;
        }


        WSABUF wb;
        wb.buf = pSI->_buff, wb.len = sizeof(pSI->_buff);
        int nSockRet = WSARecv(pSI->_sock, &wb, 1, NULL, &dwFlags, pSI, RecvCallback);
```

```cpp
        if (nSockRet == SOCKET_ERROR)
        {
            dwErrCode = WSAGetLastError();
            if (dwErrCode != WSA_IO_PENDING)
                goto $LABEL_CLOSE;
        }
        return;
    }


$LABEL_CLOSE:
    if (dwErrCode != WSAECONNABORTED)
    {
        if (dwErrCode == ERROR_SUCCESS || dwErrCode == WSAECONNRESET)
            cout << " ==> Client " << pSI->_sock << " disconnected..." << endl;
        else
            cout << " ==> Error occurred, code = " << dwErrCode << endl;
        closesocket(pSI->_sock);
        pSI->_pSet->erase(pSI);
    }
    else
```

```
        cout << " ==> Child socket " << pSI->_sock << " closed." << endl;
```

> 장치 시그널링의 경우와 $LABEL_CLOSE 처리는 동일하나, 이번에는 수신 취소 처리의 수행 순서를 보기 위해 에러가 WSAECONNABORTED인 경우, 즉 서버에서 자식 소켓을 닫았을 경우에 대해 메시지를 출력하도록 코드를 추가했다.

```
    delete pSI;
}
```

2) APC 호출과 취소 처리

〈프로젝트 5.3.2 EchoSvrApc〉의 실행 결과를 보도록 하자. 아래의 실행 결과는 클라이언트 두 대가 접속된 상태에서 CTRL+C 키를 입력하여 서버 프로그램을 종료시킨 결과다.

```
==> Waiting for client's connection......
==> New client 336 connected
==> New client 344 connected
=== Server terminates... ==========================
==> Child socket 336 closed.
==> Child socket 344 closed.
```

콜백 함수에서 에러 코드가 WSAECONNABORTED인 경우에는 추가적으로 메시지를 출력하도록 했으며, 그 결과는 의도대로 출력되었다. 하지만 위의 실행 결과를 유심히 살펴보면 "Server terminates..."라는 메시지 출력 이후에 WSAECONNABORTED인 경우의 메시지가 출력되었다. 이제 〈EchoSvrApc〉의 메인 함수에서 프로그램 종료 처리 시 SOCK_SET 컨테이너에 보관되어 있던 SOCK_ITEM 구조체의 인스턴스를 해제하는 처리, 즉 'delete pSI;' 부분을 주석처리한 이유를 짐작할 수 있을 것이다. 주석 처리된 'delete pSI;' 라인의 주석을 제거하고 실행해보라. 클라이언트가 접속되어 있는 상황에서 서버 프로그램을 종료하면 프로그램은 다운될 것이다. 종료 처리를 위해 자식 소켓에 대해 closesocket 함수를 호출하면 closesocket 함수는 내부적으로 APC 큐에 등록된 APC에 대해 취소 처리를 한다. 하지만 이 취소 처리는 취소 표시만 할 뿐이고, APC 큐로부터의 엔트리 제거는 콜백 함수의 수행이 완료된 이후에나 가능하다. 따라서 closesocket 함수는 취소를 요청한 후 APC의 콜백 함수가 실행 완료되기를 기다리지 않고 바로 리턴된다. 따라서 delete의 주석을 풀게 되면 이미 해당 비동기 수신을 식별하는 SOCK_ITEM 구조체의 인스턴스는 메모리로부터 제거된다. 그리고 메인 스레드는 "Server terminates..."라는 종료 메시지를 출력하고 메인 함수를 빠져나갈 것이다. 그 후 시스템은 최종적으로 APC를 제거하기 위해 메인 스레드로 하여금 APC 큐에 등록된 콜백 함수를 실행하도록 만든다. 이 시점에서 호출된 콜백 함수의 LPOVERLAPPED 매개변수 pOL은 이미 메모리 상에서 해제된 상태가 되기 때문에, 결국 콜백 함수에서 pOL을 참조하면서 메모리 접근 위반을 일으켜 프로그램을 다운시키게 된다. 사실 그 전에 이미 dwErrCode 매개변수는 잘못된 매개변수가 입력되었음을 의미하는 WSAEINVAL(10022) 에러 코드를 담게 될 것이다.

이런 상황에 대응하기 위해, 콜백 함수 내에서 SOCK_ITEM 구조체의 인스턴스를 해제하도록 메인 함수에서의 'delete pSI;' 부분을 주석처리한 것이다. 하지만 "Server terminates…" 메시지 출력 이후에 콜백 함수가 호출되는 것이 신경이 쓰인다. 더 위험할 수 있는 상황은 이 시점에서 에러 처리를 더 정교하게 하기 위해 소켓 관련 정보를 획득하는 처리를 한다면, 이미 WSACleanup() 함수가 호출되어 윈속 라이브러리는 해제된 상태이므로 또 다른 문제가 발생될 것이다. 따라서 이 부분의 처리, 즉 종료 시 closesocket 함수에 의한 취소 처리를 다르게 해서 더욱 안전한 코드가 되도록 만들 필요가 있다. 이에 SOCK_ITEM 구조체의 인스턴스의 해제를 closesocket 함수를 호출하는 부분에서 무조건 담당하도록 처리를 변경해보자. 즉 콜백 함수에서 에러 코드가 WSAECONNABORTED인 경우는 delete를 호출하지 않도록 만드는 것이다.

먼저 콜백 함수에서 $LABEL_CLOSE 레이블의 처리를 다음과 같이 수정했다.

프로젝트 5.3.2 EchoSvrApc2

```
VOID CALLBACK RecvCallback(DWORD dwErrCode, DWORD dwTranBytes,
                           LPOVERLAPPED pOL, DWORD dwFlags)
{
   PSOCK_ITEM pSI = (PSOCK_ITEM)pOL;
      ⋮
$LABEL_CLOSE:
   if (dwErrCode != WSAECONNABORTED)
   {
      if (dwErrCode == ERROR_SUCCESS || dwErrCode == WSAECONNRESET)
         cout << " ==> Client " << pSI->_sock << " disconnected..." << endl;
      else
         cout << " ==> Error occurred, code = " << dwErrCode << endl;

      closesocket(pSI->_sock);
      pSI->_pSet->erase(pSI);
      delete pSI;
```

```
    }
  else
    cout << " ==> Child socket " << pSI->_sock << " closed." << endl;
}
```

에러 코드가 WSAECONNABORTED가 아닌 경우, 즉 메인 함수에서 자식 소켓을 닫지 았았을 경우에만 직접 closesocket 함수를 호출하고 SOCK_ITEM 구조체의 인스턴스를 해제하도록 수정했다. 그리고 메인 함수의 종료 처리 부분은 다음과 같이 수정했다.

```
void _tmain()
{
    ⋮
  for (SOCK_SET::iterator it = siols.begin(); it != siols.end(); it++)
  {
    PSOCK_ITEM pSI = *it;
    closesocket(pSI->_sock);
    SleepEx(INFINITE, TRUE);
```

```
    delete pSI;
```

```
  }
  CloseHandle(hEvent);
  CloseHandle(g_hevExit);

  cout << "==== Server terminates... =========================" << endl;
  WSACleanup();
}
```

종료 처리를 위해 관리하고 있던 자식 소켓의 리스트를 순회하면서 자식 소켓에 대해 closesocket 함수를 호출해 수신 대기를 취소시킨다. 그리고 취소 처리가 완료되기를, 즉 WSAECONNABORTED 에러 코드와 함께 호출될 콜백 함수의 실행이 완료되기를 기다리기 위해 경보가능 대기 함수 SleepEx 를 호출한다. SleepEx는 콜백 함수의 실행이 완료되면 WAIT_IO_COMPLETION과 함께 리턴될 것이다. 이제 이 시점은 pSI에 대한 다른 참조가 끝났음을 의미하므로, delete를 사용해 pSI 인스턴스를 해제해도 상관없다. 그리고 대기 중인 모든 자식 소켓에 대해 취소가 모두 완료될 때까지 대기하기 때문에 메인 함수를 탈출하기 전에 APC 큐의 모든 엔트리에 대한 처리를 완료시킬 수 있게 된다. 다음은 수정된 코드를 실행한 후 종료 처리를 했을 때의 결과다. 우리의 의도대로 결과가 출력된 것을 볼 수 있다.

```
==> Waiting for client's connection......
==> New client 340 connected
==> New client 348 connected
==> Child socket 340 closed.
==> Child socket 348 closed.
=== Server terminates... =========================
```

하지만 좀 더 확실한 방법은 아래 코드처럼 메인 함수에서 CancelIoEx 함수를 호출하는 것이다. 그러면 APC 콜백 함수는 WSAECONNABORTED 대신 ERROR_OPERATION_ABORTED 에러가 발생하며, 따라서 APC 콜백 함수 에러 처리 코드에서 WSAECONNABORTED를 ERROR_OPERATION_ABORTED로만 변경하면 된다.

```
for (SOCK_SET::iterator it = siols.begin(); it != siols.end(); it++)
{
    PSOCK_ITEM pSI = *it;
    CancelIoEx((HANDLE)pSI->_sock, NULL);
```

CancelIoEx를 호출해 수신 대기 입출력을 취소한다. 콜백 함수에서의 에러 코드는 ERROR_OPERATION_ABORTED가 발생될 것이다.

```
    SleepEx(INFINITE, TRUE);
    closesocket(pSI->_sock);
    delete pSI;
}
```

5.3.3 IOCP의 사용

IOCP는 4장에서도 설명한 것처럼 상당히 효율적인 구조다. 그리고 IOCP의 사용을 극대화할 수 있는 분야가 바로 대용량 서버 사이드 프로그램일 것이다. 그러한 출발로서 우선 소켓과 IOCP를 사용하는 간단한 예를 먼저 검토하자.

1) IOCP와 소켓 핸들의 연결

IOCP는 기본적으로 GetQueuedCompletionStatus 함수를 호출하면서 대기하는 스레드를 전제로 하기 때문에, 동기적인 accept 함수의 호출에는 크게 문제가 없다. 메인 함수에서 accept 함수를 호출하고 접속이 들어오면 자식 소켓 자체를 IOCP에 등록하여 클라이언트와의 통신을 스레드 풀에 맡기는 구조를 취하면 된다. 따라서 메인 루프는 accept 함수의 호출의 대상이 되는 리슨 소켓이 중심이 되기 때문에, CtrlHandler 함수는 리슨 소켓을 닫도록 처리한다.

```
SOCKET g_sockMain = INVALID_SOCKET;
BOOL CtrlHandler(DWORD fdwCtrlType)
{
    if (g_sockMain != INVALID_SOCKET)
        closesocket(g_sockMain);
    return TRUE;
}
```

SOCK_ITEM 구조체는 5.3.1절에서의 내용과 동일하게 갈 것이며, 자식 소켓의 관리를 위해 std::set을 사용할 것이다.

```
struct SOCK_ITEM : OVERLAPPED
{
    SOCKET  _sock;
    char    _buff[512];

    SOCK_ITEM(SOCKET sock)
    {
        memset(this, 0, sizeof(*this));
        _sock = sock;
    }
```

```
};
typedef SOCK_ITEM* PSOCK_ITEM;
typedef std::set<PSOCK_ITEM> SOCK_SET;
```

메인 함수와 스레드 간 정보를 공유하기 위해 다음의 구조체를 추가로 정의한다.

```
struct IOCP_ENV
{
   CRITICAL_SECTION    _cs;
   SOCK_SET            _set;
   HANDLE              _iocp;
};
typedef IOCP_ENV* PIOCP_ENV;
```

IOCP의 경우 스레드 풀 내의 어떠한 스레드가 활성화될지는 알 수가 없으며, 여러 스레드가 동시에 작업을 수행하기 때문에 클라이언트의 접속과 접속 해제, 그리고 에러가 발생했을 경우에 자식 소켓을 관리하는 SOCK_SET 컨테이너에 대한 동기화가 필요하다. 그러한 목적으로 크리티컬 섹션 _cs를 정의했다. _set는 자식 소켓들을 관리하기 위한 SOCK_SET 컨테이너고, _iocp는 메인 스레드에서 생성한 IOCP의 핸들이다.

다음은 메인 함수에 대한 정의다. 메인 함수에서는 accept 함수를 통하여 접속을 대기하고, 접속이 들어오면 PostQueuedCompletionStatus 함수를 호출해 접속에 대한 처리를 스레드 풀의 스레드에게 맡기도록 한다.

프로젝트 5.3.3 EchoSvrIocp

```
void _tmain()
{
   SOCKET hsoListen = GetListenSocket(9001);
   if (hsoListen == INVALID_SOCKET)
   {
      WSACleanup();
      return;
   }
   g_sockMain = hsoListen;
   cout << " ==> Waiting for client's connection......" << endl;
```

리슨 소켓을 생성한다.

```
IOCP_ENV ie;
InitializeCriticalSection(&ie._cs);
ie._iocp = CreateIoCompletionPort(INVALID_HANDLE_VALUE, NULL, 0, 0);
```

IOCP를 생성하고 IOCP_ENV 구조체를 초기화한다.

```
HANDLE hTheads[2];
for (int i = 0; i < 2; i++)
{
    DWORD dwThreadId;
    hTheads[i] = CreateThread(NULL, 0, IocpSockRecvProc, &ie, 0, &dwThreadId);
}
```

스레드 풀을 형성할 스레드를 2개 생성한다.

```
while (true)
{
    SOCKET sock = accept(hsoListen, NULL, NULL);
```

접속 대기 상태로 들어가서 접속을 기다린다.

```
    if (sock == INVALID_SOCKET)
    {
        int nErrCode = WSAGetLastError();
        if (nErrCode != WSAEINTR)
            cout << " ==> Accept failed, code = " << nErrCode << endl;
        break;
    }

    PSOCK_ITEM pSI = new SOCK_ITEM(sock);
    PostQueuedCompletionStatus(ie._iocp, 0, IOKEY_LISTEN, pSI);
```

접속이 들어오면 SOCK_ITEM 구조체를 할당하고, 그 인스턴스를 IOKEY_LISTEN 생성키와 함께 IOCP에 부친다.

```
}

CloseHandle(ie._iocp);
WaitForMultipleObjects(2, hTheads, TRUE, INFINITE);
```

```
    for (SOCK_SET::iterator it = ie._set.begin(); it != ie._set.end(); it++)
    {
        PSOCK_ITEM psi = *it;
        closesocket(psi->_sock);
        delete psi;
    }
    DeleteCriticalSection(&ie._cs);
}
```

다음은 스레드 풀 스레드에 대한 정의다.

```
#ifndef STATUS_LOCAL_DISCONNECT
#  define STATUS_LOCAL_DISCONNECT        ((NTSTATUS)0xC000013BL)
#endif
#ifndef STATUS_REMOTE_DISCONNECT
#  define STATUS_REMOTE_DISCONNECT       ((NTSTATUS)0xC000013CL)
#endif
```

> Internal 필드의 상태 코드를 직접 처리하기 위해 상태 코드를 별도로 정의한다.

```
#define IOKEY_LISTEN  1
#define IOKEY_CHILD   2
```

> 생성키에 대한 정의다. IOKEY_LISTEN은 접속 처리를 위한 생성키고, IOKEY_CHILD는 자식 소켓의 완료 통지를 구분하기 위한 생
> 성키다.

```
DWORD WINAPI IocpSockRecvProc(PVOID pParam)
{
    PIOCP_ENV  pIE = (PIOCP_ENV)pParam;
    PSOCK_ITEM psi = NULL;
    DWORD      dwTrBytes = 0;
    ULONG_PTR  upDevKey = 0;

    while (true)
    {
        try
        {
```

```
      BOOL bIsOK = GetQueuedCompletionStatus
      (
         pIE->_iocp, &dwTrBytes, &upDevKey, (LPOVERLAPPED*)&psi, INFINITE
      );
```

IOCP에 대해 대기 상태로 들어간다.

```
      if (bIsOK == FALSE)
      {
         if (psi != NULL)
            throw (int)psi->Internal;
```

에러가 발생했으며, 해당 에러가 자식 소켓 관련 에러인 경우는 예외를 던져 catch 블록에서 자식 소켓에 대한 에러 처리를 수행토록 한다.

```
         int nErrCode = WSAGetLastError();
         if (nErrCode != ERROR_ABANDONED_WAIT_0)
            cout << "GQCS failed: " << nErrCode << endl;
         break;
```

IOCP 자체에 관련된 에러인 경우는 에러를 출력하고 루프를 탈출해 스레드를 종료한다. 에러 코드 ERROR_ABANDONED_
WAIT_0은 IOCP 핸들을 닫았을 때 발생하는 에러며, 이는 프로그램 종료 과정에서 메인 스레드가 IOCP를 닫으면서 발생하는 에러이
므로 정상 처리에 속한다.

```
      }


      if (upDevKey == IOKEY_LISTEN)
      {
```

생성키가 IOKEY_LISTEN인 경우는 클라이언트 접속에 대한 메인 스레드의 통지가 되므로, 따라서 새로 생성된 자식 소켓에 대한 처리
를 수행한다.

```
         CreateIoCompletionPort((HANDLE)psi->_sock, pIE->_iocp, IOKEY_CHILD, 0);
```

생성키를 IOKEY_CHILD로 해서 새로 생성된 자식 소켓 핸들을 IOCP와 연결한다.

```
         cout << " ==> New client " << psi->_sock << " connected..." << endl;

         EnterCriticalSection(&pIE->_cs);
         pIE->_set.insert(psi);
         LeaveCriticalSection(&pIE->_cs);
```

자식 소켓 관리를 위해 SOCK_ITEM 인스턴스를 SOCK_SET 세트에 등록한다.

```
      }
```

```
    else
    {
```

생성키가 IOKEY_CHILD인 경우는 자식 소켓이 야기한 비동기 수신에 대한 데이터 수신이 완료되었음을 의미하므로, 수신된 데이터에 대한 처리를 수행한다.

```
        if (dwTrBytes== 0)
            throw (INT)ERROR_SUCCESS;
```

수신 바이트 수가 0인 경우는 클라이언트가 closesocket을 호출해 정상적으로 접속을 끊었음을 의미하므로, 이 경우 역시 예외를 던져 catch 블록에서 처리하도록 한다.

```
        psi->_buff[dwTrBytes] = 0;
        cout << " *** Client(" << psi->_sock << ") sent : "
            << psi->_buff << endl;
        int lSockRet = send(psi->_sock, psi->_buff, dwTrBytes, 0);
        if (lSockRet == SOCKET_ERROR)
            throw WSAGetLastError();
```

수신 완료 처리로 에코 처리를 수행한다.

```
    }

    DWORD dwFlags = 0;
    WSABUF wb;
    wb.buf = psi->_buff, wb.len = sizeof(psi->_buff);
    int nSockRet = WSARecv(psi->_sock, &wb, 1, NULL, &dwFlags, psi, NULL);
    if (nSockRet == SOCKET_ERROR)
    {
        int nErrCode = WSAGetLastError();
        if (nErrCode != WSA_IO_PENDING)
            throw nErrCode;
    }
```

WSARecv를 비동기적으로 호출해 비동기 수신 개시를 알린다. IOKEY_LISTEN인 경우 최초 개시가 되고 IOKEY_CHILD인 경우는 다음의 데이터 수신을 위한 반복 개시가 된다.

```
    }
    catch (int ex)
    {
```

예외 처리를 수행한다. 자식 소켓의 핸들을 닫고 관리 세트로부터 관련 엔트리를 제거한다.

```
        if (ex != STATUS_LOCAL_DISCONNECT)
        {
            if (ex == ERROR_SUCCESS || ex == STATUS_REMOTE_DISCONNECT)
                cout << " ==> Client " << psi->_sock << " disconnected..." << endl;
            else
                cout << " ==> Client " << psi->_sock << " has error " << ex << endl;
```

에러 처리는 5.3.2절에서 논의했던 처리 그대로다. STATUS_LOCAL_DISCONNECT는 메인 스레드에서 자식 소켓을 닫은 경우이므로 처리 대상에서 제외된다. STATUS_REMOTE_DISCONNECT는 클라이언트 강제 종료로 인한 접속 해제, ERROR_SUCCESS는 클라이언트의 정상적인 접속 해제에 해당하므로, 에러가 아닌 것으로 간주하고 나머지 에러에 대해서는 에러 코드를 출력한다.

```
            closesocket(psi->_sock);
            EnterCriticalSection(&pIE->_cs);
            pIE->_set.erase(psi);
            LeaveCriticalSection(&pIE->_cs);
            delete psi;
```

자식 소켓의 핸들을 닫고, 관리 세트에서 자식 소켓 관련 정보를 제거하고 SOCK_ITEM 인스턴스를 해제한다.

```
        }
        else
            cout << " ==> Child socket " << psi->_sock << " closed." << endl;
        }
    }
    return 0;
}
```

2) WSAEventSelect와의 결합

앞서 WSAEventSelect 함수를 설명하면서 다음 방법에 대해 언급한 바가 있다. 리슨 소켓은 WSAEventSelect 함수를 통해서 클라이언트의 접속을 처리하고, 접속된 클라이언트의 송수신 처리는 IOCP를 이용해 스레드 풀에 맡겨 비동기 입출력을 하도록 하는 방법이다. 소켓 통신에 있어서 데이터의 송수신은 IOCP 사용이 가능하지만, 클라이언트의 접속 수용이나 연결 요청 처리에 대한 IOCP 처리는 현재 설명 시점에서는 불가능하다. 물론, accept나 connect 처리 시에 IOCP를 이용하는 방법은 다음 절에서 논의할 예정이다. 지금은 IOCP와 앞에서 설명했던 WSAEventSelect 함수를 결합하여 비동기 접속 수용 처리와 비동기 데이터 수신을 처리하는 방법을 예제를 통해 살펴보기로 하자.

클라이언트의 접속 수용 처리는 WSAEventSelect 함수에 전달될 이벤트 커널 객체를 통해서 비동기적으로 이루어지도록 한다. WSAEventSelect 함수를 사용한다면 필요할 경우 여러 포트를 열어서 다중의 리슨 소켓을 통해 접속 수용이 가능해진다. 접속 요청의 통지는 이벤트 핸들을 통해 전달되므로, 각 리슨 소켓에 대해 개별 이벤트를 결합하여 WaitForMultipleObjects 함수를 호출하면 된다. 이벤트를 통해서 접속 요청 통지를 받았을 경우, 자식 소켓을 IOCP에 연결하여 그 처리를 맡김으로써 접속 수용 처리와 연결된 세션 처리를 완전히 분리할 수 있다. 또한 WSAEventSelect 함수를 이용해 접속 요청을 이벤트 핸들을 통해서 통지받기 때문에, 이 처리는 별도의 스레드가 담당할 수 있다. 별도의 스레드를 WaitForMultipleObjects 함수를 호출해 대기하도록 한다면 비단 접속 수용 처리뿐만 아니라 다른 작업도 함께 처리할 수 있으므로, 그 스레드를 최대한 활용할 수 있게 된다.

다음 프로젝트는 IOCP와는 별도의 전용 스레드를 이용해 소켓 통신 및 디렉터리 감시, 그리고 레지스트리 감시를 한꺼번에 처리하는 예를 보여준다. 처리 구조는 다음과 같다.

- IOCP 스레드는 소켓 비동기 수신 처리와 디렉터리 감시 처리를 담당한다.
- 전용 스레드는 MsgWaitForMultipleObjectsEx 함수를 통해서 리슨 소켓의 접속 요청 처리와 레지스트리 감시를 담당한다.
- 전용 스레드는 스레드 메시지를 통해 IOCP 스레드로부터의 자식 소켓 관리 요청을 담당한다.

이런 구조를 바탕으로 다음 코드를 검토해보도록 하자. 먼저 관련 매크로들과 IOCP를 위한 OVERLAPPED 상속 구조체에 대한 정의다.

프로젝트 5.3.3 EchoSvrIocpEvtSel

```
#define IOKEY_NEW_SOCK  1  // 접속이 들어왔을 때의 처리
#define IOKEY_RECV_SOCK 2  // 데이터가 수신되었을 때의 처리
#define IOKEY_MON_DIR   3  // 디렉터리 내용이 변경되었을 때의 처리
```

생성키를 정의한다.

```
#define TM_MSG_TEST    100  // 메시지 큐 수신 개시 여부 판단을 위한 메시지
#define TM_SOCK_CLOSED 101  // 소켓이 닫혔을 때의 처리
#define TM_DIR_CLOSED  102  // 디렉터리가 닫혔을 때의 처리
#define TM_DIR_CONFIG  103  // 디렉터리 감시 옵션 변경에 대한 처리
```

스레드 메시지를 정의한다.

```
#define BUFF_SIZE  4096
```

```cpp
typedef std::string String;
struct DIR_ITEM : OVERLAPPED
{
   HANDLE  _dir;   // 디렉터리 핸들
   String  _path;  // 디렉터리 경로
   BYTE    _buff[BUFF_SIZE];

   DIR_ITEM(HANDLE hDir, PCSTR path)
   {
      memset(this, 0, sizeof(OVERLAPPED));
      memset(_buff, 0, sizeof(_buff));
      _dir = hDir;
      _path = path;
   }
   ~DIR_ITEM()
   {
      if (_dir != INVALID_HANDLE_VALUE)
         CloseHandle(_dir);
   }
};
typedef DIR_ITEM* PDIR_ITEM;
typedef std::map<std::string, PDIR_ITEM> DIR_MAP;
```

디렉터리 항목과 이 항목을 관리할 맵을 정의한다.

```cpp
struct SOCK_ITEM : OVERLAPPED
{
   SOCKET  _sock;
   char    _buff[BUFF_SIZE];

   SOCK_ITEM(SOCKET sock)
   {
      memset(this, 0, sizeof(*this));
      _sock = sock;
   }
   ~SOCK_ITEM()
   {
      if (_sock != INVALID_SOCKET)
```

```
        closesocket(_sock);
    }
},
typedef SOCK_ITEM* PSOCK_ITEM;
```

> 소켓 항목에 대한 구조체를 정의한다.

```
typedef std::set<LPOVERLAPPED> OV_SET;
```

> IOCP 스레드에서 소켓 항목 및 디렉터리 항목을 동시에 관리할 세트를 정의한다.

이 전체를 관리하기 위해 클래스를 하나 정의한다. 메인 함수에서는 이 클래스의 인스턴스를 개시하여 디렉터리 감시 및 소켓 통신, 레지스트리 감시 등의 모든 처리를 수행한다.

```
class MainMngr
{
    static DWORD WINAPI IocpWorkProc(PVOID pParam);      // IOCP 스레드 엔트리 함수
    static DWORD WINAPI MainMngrProc(PVOID pParam);      // 전용 스레드 엔트리 함수

    DWORD    m_dwThrId;   // 전용 스레드 ID
    HANDLE   m_hMainThr;  // 전용 스레드 핸들
    DIR_MAP  m_dirMap;    // 감시 디렉터리 맵

    OV_SET   m_ovSet;     // IOCP용 소켓 및 디렉터리 관리 세트
    HANDLE   m_hIocp;     // IOCP 핸들
    PHANDLE  m_parWorkers;
    INT      m_nWorkerCnt;

    SOCKET   m_soListen;  // 접속 수용을 위한 리슨 소켓 핸들
    WSAEVENT m_evListen;  // 비동기 접속 수용을 위한 이벤트 핸들

    HANDLE   m_evMonReg;  // 레지스트리 감시용 이벤트 핸들
    HKEY     m_regMonKey; // 감시할 레지스트리의 키

#define MAIN_WAIT_CNT3
    HANDLE   m_hevExit;   // 종료 통지용 이벤트 핸들
```

```
protected:
    void Init();              // 본 클래스의 초기화 담당
    void Uninit();            // 관련 리소스를 해제
    void Run();               // 전용 스레드 대리 함수

    bool Handler_Measage();   // 전달된 메시지 처리 담당
    bool Handler_Accept();    // 접속 요청 처리 담당
    bool Handler_Registry(bool bNoti = true);  // 레지스트리 감시 담당

public:
    MainMngr()
    {
        m_dwThrId    = 0;
        m_hIocp      = NULL;
          ⋮
    }
    ~MainMngr()
    {
        Uninit();
    }

    void Start(); // 본 클래스의 전체 감시 업무 개시
    void Stop();  // 전체 감시 업무 종료

    // 메인 함수로부터 감시 디렉터리 추가/삭제 요청을 처리한다.
    void ConfigMonDir(bool bRemove, PSTR pszPath, bool del = false)
    {
        INT opt = MAKELONG((BOOL)bRemove, (BOOL)del);
        PostThreadMessage(m_dwThrId, TM_DIR_CONFIG, (WPARAM)opt, (LPARAM)pszPath);
    }
};
```

메인 함수에서 MainMngr 클래스를 선언한 후 Start 멤버 함수를 호출해 전체 감시 운영을 개시한
다. 그리고 콘솔로부터 입력받아 종료 처리를 하거나 감시 디렉터리 추가 및 삭제 처리를 하도록 구
성되어 있다. 감시할 디렉터리를 추가할 경우에는 콘솔에서 "dir:add:d:₩temp" 형식으로 입력하
고, 감시 디렉터리를 삭제할 경우에는 "dir:rem:c:₩temp" 형식으로 입력한다.

```
void _tmain()
{
    MainMngr mngr;
    try
    {
        mngr.Start();
        mngr.ConfigMonDir(false, "c:\\temp");


        char szIn[512];
        while (true)
        {
            cin >> szIn;
            if (stricmp(szIn, "quit") == 0)
                break;
```

메인 함수 종료 처리

```
            if (strnicmp(szIn, "dir:", 4) == 0)
            {
```

감시 디렉터리 추가 및 해제 처리

```
                bool bRemove = false;
                PSTR pit = szIn + 4;
                    ⋮
                strcpy(path, pit);
                mngr.ConfigMonDir(bRemove, path, true);
            }
        }
    }
    catch (HRESULT hr)
    {
        printf("......Error in Main, code=0x%08X\n", hr);
    }
    mngr.Stop();
}
```

다음 코드는 메시지 및 접속 수용, 그리고 레지스트리 감시를 담당하는 전용 스레드의 엔트리 함수에 대한 정의다. 매개변수로 MainMngr 클래스의 포인터를 획득하여 그 멤버 함수 Run을 호출한다.

```
DWORD WINAPI MainMngr::MainMngrProc(PVOID pParam)
{
    MainMngr* pMgr = (MainMngr*)pParam;
    try
    {

        pMgr->Run();
```

Run 함수를 호출해 전용 스레드 처리를 수행한다.

```
    }
    catch (HRESULT hr)
    {
        cout << "Thr " << GetCurrentThreadId() << "catch Exception: " << hr << endl;
    }
    return 0;
}


void MainMngr::Run()
{
    HANDLE arSynObjs[MAIN_WAIT_CNT] = { m_hevExit, m_evListen, m_evMonReg };
```

전용 스레드는 종료 통지, 접속 요청, 레지스트리 변경을 감시하기 위해 3개의 핸들을 배열로 구성한다.

```
    Handler_Registry(false);
```

최초 레지스트리 감시를 개시한다.

```
    bool bContinue = true;
    while (bContinue)
    {
        DWORD dwWaitRet = MsgWaitForMultipleObjects
        (
            MAIN_WAIT_CNT, arSynObjs, FALSE, INFINITE, QS_ALLPOSTMESSAGE
        );
```

메시지 및 종료 통지, 접속 요청, 레지스트리 변경 통지를 대기한다.

```
        if (dwWaitRet == WAIT_FAILED)
        {
            cout << "MWFMO failed: " << GetLastError() << endl;
            break;
```

```
        }

    if (dwWaitRet == WAIT_OBJECT_0)
        break;
```

종료 통지가 오면 루프를 탈출해 스레드를 종료한다.

```
    switch (dwWaitRet)
    {
        case MAIN_WAIT_CNT    : bContinue = Handler_Measage(); break;
```

메시지가 전달되면 Handler_Measage를 호출해 메시지 처리를 한다.

```
        case WAIT_OBJECT_0 + 1  : bContinue = Handler_Accept(); break;
```

클라이언트 접속 요청이 들어오면 Handler_Accept를 호출해 접속 수용 처리를 한다.

```
        case WAIT_OBJECT_0 + 2  : bContinue = Handler_Registry(); break;
```

레지스트리 변경 통지가 오면 Handler_Registry를 호출해 변경 통지에 대한 처리를 한다.

```
    }
  }
  CloseHandle(m_hIocp);
  WaitForMultipleObjects(m_nWorkerCnt, m_parWorkers, TRUE, INFINITE);
  m_hIocp = NULL;
}
```

레지스트리 관련 처리 함수인 Handler_Registry 코드는 간단하므로 생략한다. 다음은 접속 수용 처리를 담당하는 Handler_Accept 함수에 대한 정의다.

```
bool MainMngr::Handler_Accept()
{
    WSANETWORKEVENTS ne;
    WSAEnumNetworkEvents(m_soListen, m_evListen, &ne);
```

리슨 소켓 상태 변경 비트를 획득한다.

```
    if ((ne.lNetworkEvents & FD_ACCEPT) != FD_ACCEPT)
        return true;

    INT nErrCode = ne.iErrorCode[FD_ACCEPT_BIT];
```

```
    if (nErrCode != ERROR_SUCCESS)
    {
```

에러가 발생했을 경우 에러 처리를 한다.

```
        cout << "Accept Noti error : " << nErrCode << endl;
        return false;
    }


    SOCKET sock = accept(m_soListen, NULL, NULL);
```

자식 소켓을 획득한다.

```
    if (sock == INVALID_SOCKET)
    {
        cout << "accept failed, code : " << WSAGetLastError() << endl;
        return false;
    }


    PSOCK_ITEM psi = new SOCK_ITEM(sock);
    m_ovSet.insert(psi);
    PostQueuedCompletionStatus(m_hIocp, 0, IOKEY_NEW_SOCK, psi);
```

접속한 자식 소켓과 관련해 SOCK_ITEM 구조체를 할당하고 IOCP 큐에 수신 개시 처리를 요청한다.

```
    return true;
}
```

다음은 IOCP 스레드나 메인 함수로부터 전송된 메시지를 처리하는 Handler_Measage 함수에 대한 정의다.

```
bool MainMngr::Handler_Measage()
{
    MSG msg;
    PeekMessage(&msg, NULL, 0, 0, PM_REMOVE);

    if (msg.message == TM_MSG_TEST)
        return true;

    if (msg.message == TM_DIR_CONFIG)
```

```
    {
        LONG  lOpt = (LONG)msg.wParam;
        PCSTR pMonPath = (PCSTR)msg.lParam;

        DIR_MAP::iterator it = m_dirMap.find(pMonPath);
        if (LOWORD(lOpt))
        {
```

감시 디렉터리 삭제 처리를 한다.

```
            if (it != m_dirMap.end())
                CloseHandle(it->second->_dir);
        }
        else
        {
```

감시 디렉터리 추가 처리를 한다.

```
            DIR_MAP::iterator it = m_dirMap.find(pMonPath);
            if (it != m_dirMap.end())
                return true;

            HANDLE hMonDir = CreateFileA(pMonPath, ...);
                ⋮
            PDIR_ITEM pdi = new DIR_ITEM(hMonDir, pMonPath);
            m_dirMap.insert(std::make_pair(pMonPath, pdi));
            m_ovSet.insert(pdi);
            PostQueuedCompletionStatus(m_hIocp, 0, IOKEY_MON_DIR, pdi);
```

새롭게 추가된 감시 디렉터리의 핸들에 대해 DIR_ITEM 구조체를 할당하고 IOCP 큐에 감시 개시 처리를 요청한다.

```
        }
        if (HIWORD(lOpt))
            delete[] pMonPath;
    }
    else
```

소켓이 닫혔거나 감시 디렉터리가 닫혔을 경우, 또는 에러 발생에 대한 처리는 일괄적으로 한다.

```
    {
```

```
        if (msg.message != TM_SOCK_CLOSED && msg.message != TM_DIR_CLOSED)
            return true;


        LONG lErrCode = (LONG)msg.wParam;
        LPOVERLAPPED pov = (LPOVERLAPPED)msg.lParam;


        m_ovSet.erase(pov);
        if (msg.message == TM_SOCK_CLOSED)
        {
```
소켓이 닫혔거나 에러가 발생했을 경우의 처리
```
            PSOCK_ITEM psi = (PSOCK_ITEM)pov;
                :
            delete psi;
        }
        else
        {
```
감시 디렉터리가 닫혔거나 에러가 발생했을 경우의 처리
```
            PDIR_ITEM pdi = (PDIR_ITEM)pov;
                :
            delete pdi;
        }
    }
    return true;
}
```

다음은 IOCP 스레드에 대한 정의다. 여기서는 생성키를 통해 소켓 접속 처리 및 데이터 수신 처리, 그리고 디렉터리 변경 통지 처리를 수행한다.

```
DWORD WINAPI MainMngr::IocpWorkProc(PVOID pParam)
{
    MainMngr*       pMgr = (MainMngr*)pParam;
    LPOVERLAPPED    pov = NULL;
    DWORD           dwTrBytes = 0;
    ULONG_PTR       upDevKey = 0;
```

```
while (true)
{
    try
    {
        BOOL bIsOK = GetQueuedCompletionStatus
        (
            pMgr->m_hIocp, &dwTrBytes, &upDevKey, (LPOVERLAPPED*)&pov, INFINITE
        );
```

GetQueuedCompletionStatus를 호출해 IOCP에 대해 대기한다.

```
        if (bIsOK == FALSE)
        {
            if (pov != NULL)
                throw (int)pov->Internal;

            int nErrCode = WSAGetLastError();
            if (nErrCode != ERROR_ABANDONED_WAIT_0)
                cout << "GQCS failed: " << nErrCode << endl;
            break;
        }

        switch (upDevKey)
        {
            case IOKEY_NEW_SOCK:
            case IOKEY_RECV_SOCK:
```

IOKEY_NEW_SOCK은 접속 요청이 있음을 PostQueuedCompletionStatus를 통해 통지되었음을 의미하고, IOKEY_RECV_SOCK은 클라이언트로부터 데이터가 수신되었음을 의미한다.

```
            {
                PSOCK_ITEM psi = (PSOCK_ITEM)pov;
                if (upDevKey == IOKEY_NEW_SOCK)
                {
                    CreateIoCompletionPort
                        ((HANDLE)psi->_sock, pMgr->m_hIocp, IOKEY_RECV_SOCK, 0);
                    cout << " ==> New client " << psi->_sock
                        << " connected..." << endl;
```

새로운 접속 요청이면 자식 소켓을 IOCP와 연결한다.

```
                }
```

```
                    else
                    {
                        if (dwTrBytes == 0)
                            throw (INT)ERROR_SUCCESS;

                        psi->_buff[dwTrBytes] = 0;
                        cout << " *** Client(" << psi->_sock << ") sent : "
                            << psi->_buff << endl;
                        int lSockRet = send(psi->_sock, psi->_buff, dwTrBytes, 0);
                        if (lSockRet == SOCKET_ERROR)
                            throw WSAGetLastError();
```

클라이언트로부터 데이터가 수신되었을 경우 에코 처리를 수행한다.

```
                    }


                    DWORD dwFlags = 0;
                    WSABUF wb;
                    wb.buf = psi->_buff, wb.len = sizeof(psi->_buff);
                    int nSockRet = WSARecv
                        (psi->_sock, &wb, 1, NULL, &dwFlags, psi, NULL);
```

비동기 수신 개시를 위해 WSARecv를 호출한다.

```
                    if (nSockRet == SOCKET_ERROR)
                    {
                        int nErrCode = WSAGetLastError();
                        if (nErrCode != WSA_IO_PENDING)
                            throw nErrCode;
                    }
                }
                break;


            case IOKEY_MON_DIR:
```

디렉터리 변경 또는 추가에 대한 처리를 수행한다.

```
                {
                    if (pov->Internal != 0)
                        throw (int)LsaNtStatusToWinError(pov->Internal);


                    PDIR_ITEM pdi = (PDIR_ITEM)pov;
```

```
                if (dwTrBytes == 0)
                {
```

선송 바이트 수가 0인 경우는 PostQueuedCompletionStatus를 통해서 새로운 감시 대상 디렉터리가 추가되었음을 의미하므로, 디렉터리 핸들을 IOCP와 연결시킨다.

```
                    CreateIoCompletionPort
                        (pdi->_dir, pMgr->m_hIocp, IOKEY_MON_DIR, 0);
                    cout << " ==> NonDir  " << pdi->_path.c_str()
                        << " added..." << endl;
                }
                else
```

이 경우는 실제 디렉터리 엔트리가 변경되었을 경우며, 변경 내용을 출력한다.

```
                    PrintDirModEntries(pdi->_path.c_str(), pdi->_buff);


                    bIsOK = ReadDirectoryChangesW
                    (
                        pdi->_dir, pdi->_buff, BUFF_SIZE, FALSE,
                        DIR_NOTI_FILTER, NULL, pdi, NULL
                    );
```

계속 감시하기 위해 ReadDirectoryChangesW를 호출한다.

```
                    if (!bIsOK)
                        throw (int)GetLastError();
                }
                break;
            }
        }
        catch (int ex)
        {
            UINT msg = (upDevKey == IOKEY_MON_DIR) ? TM_DIR_CLOSED : TM_SOCK_CLOSED;
            PostThreadMessage(pMgr->m_dwThrId, msg, ex, (LPARAM)pov);
```

소켓의 연결이 끊어졌거나 디렉터리 감시 종료 또는 에러가 발생했을 경우, 해당 처리를 위해 전용 스레드로 메시지를 전송하여 나머지 처리를 일임한다.

```
        }
    }
    return 0;
}
```

5.4 MS 소켓 확장 API

지금까지 4장에서 논의했던 비동기 입출력을 TCP/IP 기반 소켓 통신에 적용하는 방식에 대해 살펴봤다. 그리고 ReadFile/WSARecv 또는 WriteFile/WSASend 함수를 비동기적으로 호출해 소켓 핸들 자체를 장치 시그널링의 수단으로 사용하거나, IOCP에 연결하여 송수신 완료 통지를 받을 수 있다는 것도 확인했다. 하지만 지금까지 accept나 connect 등의 함수에 대해서는 입출력 완료 통지를 적용할 수 있는 방안은 여전히 확인할 수가 없었다. WSAEventSelect 함수를 사용해 비동기적으로 클라이언트로부터의 접속을 효율적으로 처리하는 것은 가능하지만, IOCP를 통해서 바로 통지를 받을 수는 없었다. 실로 확장성 있는 서버 구조가 되려면 대량의 접속에 대해서도 IOCP를 이용할 수 있어야 하지 않을까? 사실 그렇다. 지금까지 살펴본 바로는 accept나 connect 등의 경우에 있어서는 IOCP를 이용할 수 있는 방안이 없었다. 이에 MS는 확장 API를 XP부터 제공하여 connect나 accept 함수에 해당하는 비동기 입출력 함수를 제공한다. 이제부터 이 확장 API를 이용해 accept나 connect 시에도 입출력 완료 통지를 받을 수 있는 방법을 살펴보기로 하자.

5.4.1 확장성을 위한 준비

이 절에서 소개할 원속 확장 API는 빌드 시 라이브러리 링크를 통해서는 사용할 수 없다. 운영체제 버전 사이의 호환성 때문인지 라이브러리를 링크하여 사용할 수 있도록 제공되고 있지 않다. 대신 GetProcAdress 함수를 이용해 특정 DLL의 익스포트 함수 포인터를 동적으로 획득해서 사용하는 것처럼, 런타임 시에 이 확장 API의 함수 포인터를 동적으로 획득해서 사용하고 있다. 그리고 GetProcAddress 함수와 비슷한 그런 수단을 확장 API에서는 다음의 함수를 통해 제공한다.

```
int WSAIoctl
(
    _In_  SOCKET          s,
    _In_  DWORD           dwIoControlCode,
    _In_  LPVOID          lpvInBuffer,
    _In_  DWORD           cbInBuffer,
    _Out_ LPVOID          lpvOutBuffer,
    _In_  DWORD           cbOutBuffer,
    _Out_ LPDWORD         lpcbBytesReturned,
    _In_  LPWSAOVERLAPPED lpOverlapped,
```

```
    _In_  LPWSAOVERLAPPED_COMPLETION_ROUTINE lpCompletionRoutine
);
```

많은 매개변수 중 눈여겨볼 매개변수는 dwIoControlCode다. 우리의 목적은 connect나 accept 등의 동기 함수에 대응하는 비동기 연결 및 접속 수용 함수의 포인터를 획득하는 것이다. 이 목적을 위해 dwIoControlCode 매개변수로 전달해야 할 컨트롤 코드는 SIO_GET_EXTENSION_FUNCTION_POINTER다.

lpvInBuffer 매개변수는 원하는 확장 API의 함수 포인터를 식별하는 GUID를 지정하고, cbInBuffer는 이 GUID의 크기인 sizeof(GUID)를 지정한다. 성공하면 lpvOutbuffer에 해당 함수의 포인터를 돌려준다. 다음은 얻고자 하는 함수와 관련된 GUID를 정리하였다.

GUID(lpvInBuffer)	API	함수 포인터(lpvOutBuffer)
WSAID_ACCEPTEX	**AcceptEx**	LPFN_ACCEPTEX
WSAID_CONNECTEX	**ConnectEx**	LPFN_CONNECTEX
WSAID_DISCONNECTEX	**DisconnectEx**	LPFN_DISCONNECTEX
WSAID_GETACCEPTEX SOCKADDRS	**GetAcceptExSockaddrs**	LPFN_GETACCEPTEXSOCKADDRS
WSAID_TRANSMITFILE	**TransmitFile**	LPFN_TRANSMITFILE
WSAID_TRANSMITPACKETS	**TransmitPackets**	LPFN_TRANSMITPACKETS
WSAID_WSARECVMSG	WSARecvMsg	LPFN_WSARECVMSG
WSAID_WSASENDMSG	WSASendMsg	LPFN_WSASENDMSG

우리는 TCP와 관련된 비동기 소켓을 다루고 있으므로, 위의 표에서 두 함수 WSARecvMsg와 WSASendMsg는 다루지 않고 굵은 글씨로 강조된 함수들만 다룰 것이다. 다음과 같이 WSAIoctl을 호출하면 소켓 확장 API의 함수 포인터를 획득할 수 있다.

다음 코드는 비동기 accept 함수에 해당하는 AcceptEx 함수의 함수 포인터를 획득하는 예다.

```
LPFN_ACCEPTEX pfnAcceptEx = NULL;
GUID guid = WSAID_ACCEPTEX;
DWORD dwBytes = 0;

LONG lRet = WSAIoctl
(
```

```
        sock,
        SIO_GET_EXTENSION_FUNCTION_POINTER,
        &guid, sizeof(guid),
        &pfnAcceptEx, sizeof(pfnAcceptEx),
        &dwBytes, NULL, NULL
    );
```

예시하는 코드를 간소화하기 위해 다음과 같이 확장 API를 획득하는 함수를 정의했다. 예시 코드에서는 이 함수를 사용할 것이기 때문에 혼동이 없기 바란다.

```
PVOID GetSockExtAPI(SOCKET sock, GUID guidFn)
{
    PVOID pfnEx = NULL;
    GUID  guid = guidFn;
    DWORD dwBytes = 0;
    LONG lRet = WSAIoctl
    (
        sock,
        SIO_GET_EXTENSION_FUNCTION_POINTER,
        &guid, sizeof(guid),
        &pfnEx, sizeof(pfnEx),
        &dwBytes, NULL, NULL
    );
    if (lRet == SOCKET_ERROR)
        return NULL;

    return pfnEx;
}
```

별도로 정의한 위의 함수, 예를 들어 AcceptEx 확장 함수를 사용하고자 한다면 다음과 같이 사용하면 된다.

```
LPFN_ACCEPTEX pfnAcceptEx = (LPFN_ACCEPTEX)GetSockExtAPI(sock, WSAID_ACCEPTEX);
```

이렇게 획득되는 확장 API는 "장치 또는 이벤트 시그널링 방식"이나 "IOCP를 이용한 방식"에만 적용이 가능하다. APC를 이용한 "경보가능 입출력 방식"은 지원되지 않는다.

5.4.2 비동기 입출력 접속

accept 또는 connect 호출 시에 IOCP를 이용하는 의미를 한번 생각해보자. IOCP는 말 그대로 입출력 완료 포트고, 이는 입출력이 완료되었을 때 어떤 행위를 한다는 것을 의미한다. 그럼 accept 또는 connect에서 입출력이 완료되었다는 것은 무엇을 의미할까? accept 또는 connect에서 read나 write에 해당하는 것을 정의할 수 있을까? 앞서 논의했던 고전적 방식에서의 readfds와 writefds를 다시 한 번 더 확인해보자.

- **readfds**
  - 수신할 데이터가 있거나 연결이 끊어졌을 때
  - linsten 호출 후 새로운 연결이 대기 중일 때
- **writefds**
  - 데이터가 송신되었을 때
  - 연결에 성공했을 때

readfds에서 "linsten 호출 후 새로운 연결이 대기 중일 때"와 writefds에서 "연결에 성공했을 때"의 경우를 통해 accept 또는 connect에 대한 비동기 입출력 방식의 적용이 가능하다는 것을 짐작할 수 있을 것이다. 이번 절에서는 접속 대기를 위한 리슨이나 접속 시도를 비동기 입출력을 통해 처리하는 방식에 대해 알아볼 것이다. 이를 위해 지원되는 함수는 AcceptEx와 ConnectEx, 그리고 DisconnectEx 함수며, 이 함수들은 장치 또는 이벤트 시그널링 방식이나 IOCP를 이용한 방식에 적용 가능하다. 또한 지원되는 프로토콜도 TCP 기반의 프로토콜만을 그 대상으로 한다.

1) AcceptEx

앞서 connect 함수에서 타임아웃 처리 등을 통해 connect 함수는 연결 시도가 완료되었을 때를 의미함을 확인한 바 있다. accept 함수를 비동기 입출력에 적용하는 경우는 그 대상이 달라진다. 비동기 방식으로 접속을 수용하는 경우는 리슨 소켓이 그 대상이 되며, 이는 리슨 소켓 핸들을 IOCP와 연결시켜야 함을 의미한다. 그리고 리슨 소켓에 대한 입출력 완료 통지가 리모트로부터의 접속 요청이 들어왔음을 의미할 것이다. 이를 위해 제공되는 함수가 AcceptEx다. AcceptEx 함수와 accept 함수의 가장 큰 차이는 중첩된 입출력의 수행 가능 여부다. 그 외의 또 다른 중요한 차이는 AcceptEx 함수의 경우는 호출자가 두 개의 소켓, 즉 리슨할 소켓과 접속을 수용할 소켓을 미리 준비해야 한다는 것이다. 이 점을 염두에 두고 AcceptEx 함수에 대해 알아보도록 하자.

```
BOOL PASCAL AcceptEx
(
    _In_    SOCKET        sListenSocket,
    _In_    SOCKET        sAcceptSocket,
    _In_    PVOID         lpOutputBuffer,
    _In_    DWORD         dwReceiveDataLength,
    _In_    DWORD         dwLocalAddressLength,
    _In_    DWORD         dwRemoteAddressLength,
    _Out_   LPDWORD       lpdwBytesReceived,
    _In_    LPOVERLAPPED  lpOverlapped
);
```

SOCKET sListenSocket

socket 또는 WSASocket으로 생성한 리슨용 소켓 핸들이다.

SOCKET sAcceptSocket

들어오는 접속을 수용할 소켓이다. 내부적으로 접속을 수용해서 소켓을 생성시켜 리턴해주는 accept 함수와는 달리, AcceptEx 함수의 경우는 미리 접속을 수용할 소켓을 준비해야 한다. 따라서, 이 소켓은 바인드되거나 연결된 소켓이어서는 안 된다.

PVOID lpOutputBuffer

DWORD dwReceiveDataLength

DWORD dwLocalAddressLength

DWORD dwRemoteAddressLength

accept 함수와는 다르게 버퍼를 위한 포인터를 전달해줘야 한다. lpOutputBuffer 매개변수는 로컬 주소와 리모트 주소를 담기 위한 버퍼를 의미하며 NULL이 될 수 없다. accept 함수의 경우, 접속을 요구한 리모트의 주소를 담기 위해 매개변수로 SOCKADDR 구조체의 포인터를 요구하지만 NULL로 넘기면 리모트 주소 없이 자식 소켓을 획득할 수 있다. 하지만 AcceptEx 함수에서의 lpOutputBuffer 매개변수는 NULL이 될 수 없다. 주소 획득을 위한 버퍼의 크기를 알려주기 위해 dwLocalAddressLength는 로컬 주소의 길이를, dwRemoteAddressLength

는 리모트 주소의 길이를 지정한다. 다음으로, lpOutputBuffer 매개변수는 또 다른 용도가 있다. accept 함수처럼 주소 획득이 목적이라면 타입이 SOCKADDR 구조체의 포인터여야 하겠지만, AcceptEx 함수의 경우 그 타입은 void 형의 포인터다. lpOutputBuffer 매개변수는 주소 획득뿐만 아니라 리모트가 접속 후 최초로 보내는 데이터가 있다면 접속 수용과 더불어 그 데이터까지 받을 수 있도록 한다. 그리고 접속 후 전송되는 최초 데이터를 수신하기 위한 버퍼의 크기를 dwReceiveDataLength 매개변수로 지정하게 된다. 따라서 lpOutputBuffer 매개변수가 가리키는 버퍼의 실제 크기는 dwReceiveDataLength와 dwLocalAddressLength, 그리고 dwRemoteAddressLength의 값을 합한 것보다 무조건 큰 값이어야 한다. 뒤에서 더 자세하게 설명한다.

LPDWORD lpdwBytesReceived

AcceptEx 함수 호출 후 실제로 받은 데이터의 크기를 돌려준다. 만약 lpOverlapped 매개변수를 사용하면 이 매개변수는 무시된다. 따라서 이 경우엔 NULL로 넘겨주면 된다.

LPOVERLAPPED lpOverlapped

OVERLAPPED 구조체의 포인터다. 이 매개변수가 NULL이면 AcceptEx 함수는 동기적으로 움직이며, accept 함수를 사용하는 것과 동일해진다.

[반환값] BOOL

다른 비동기 입출력 함수와 마찬가지로, FALSE가 리턴되면 WSA_IO_PENDING이나 ERROR_IO_PENDING 여부를 체크해야 한다.

5.3.1절에서 ReadFile/WSARecv 또는 WriteFile/WSASend 함수를 호출한 상태에서 입출력 완료 대기 중인 소켓을 로컬에서 closesocket 함수를 호출해 닫게 되면 OVERLAPPED 구조체의 Internal 필드의 상태 코드는 STATUS_LOCAL_DISCONNECT로 설정된다는 것을 설명했다. 하지만 AcceptEx나 ConnectEx 함수를 호출해 접속 대기 중인 상태에서 이 함수로 넘겨준 소켓 핸들을 닫게 되면, Internal 필드의 상태 코드는 STATUS_LOCAL_DISCONNECT가 아닌 입출력 취소를 의미하는 윈도우 에러 코드 ERROR_OPERATION_ABORTED에 해당하는 STATUS_CANCELLED(0xC0000120)로 설정된다. ReadFile/WSARecv 또는 WriteFile/WSASend 함수의 경우는 이미 연결된 소켓에 대해 closesocket 함수를 호출한다. closesocket 함수는 내

부적으로 입출력 중이라면 취소를 요청하고 연결 상태면 연결을 끊는다. 따라서 연결된 소켓의 경우 로컬에서 의도적으로 연결을 끊었으므로 최종적으로 STATUS_LOCAL_DISCONNECT가 상태 코드로 지정되지만, AcceptEx 함수의 경우는 연결된 소켓이 아니라 연결을 대기하는 소켓이므로 closesocket 함수가 연결 대기를 취소하게 되며, 최종적으로 상태 코드는 입출력 취소를 의미하는 STATUS_CANCELLED가 된다. 그러므로 GetQueuedCompletedStatus 또는 GetOverlappedResult 대기 상태에서 깨어났을 때의 상태 코드 체크는 확장 API를 사용했을 경우에는 STATUS_CANCELLED 상태 코드에 대한 체크도 함께 해줘야 한다.

```
#define STATUS_CANCELLED    ((NTSTATUS)0xC0000120L)
```

Internal 필드의 상태 코드 체크 결괏값이 STATUS_LOCAL_DISCONNECT와 STATUS_CANCELLED인 경우에는 두 상태 코드 모두 로컬에서 직접 연결된 또는 연결 대기 중인 자식 소켓을 닫는 경우로 간주할 수 있으므로 이 점을 염두에 두기 바란다.

AcceptEx 함수는 여러 개의 소켓 함수를 단 한 번의 커널 전환을 요구하는 하나의 함수로 결합한다. 호출에 성공했을 경우, AcceptEx 함수는 다음 세 가지 작업을 수행한다.

- 새로운 연결을 수용한다.
- 새로 맺어진 연결에 대한 로컬 주소와 리모트 주소를 돌려준다.
- 리모트에서 전송된 첫 번째 데이터 블록을 수신한다.

이제, 위의 세 가지 작업 중 주소 획득과 접속 후 최초로 전송된 데이터를 수신하는 기능에 대해서 좀 더 자세히 알아보자. AcceptEx의 매개변수 lpOutputBuffer와 이 버퍼의 크기를 지정하는 세 개의 매개변수 dwReceiveDataLength, dwLocalAddressLength, dwRemoteAddressLength 사이의 관계를 알아보고자 한다.

dwLocalAddressLength와 dwRemoteAddresssLength는 주소를 위한 버퍼의 크기를 지정하기 위한 매개변수며, TCP 기반의 주소라면 SOCKADDR_IN 구조체의 크기 이상이어야 한다. 정확히 말하자면, 사용한 소켓 주소 구조체 크기에 16을 더한 값이어야만 하며, 다음과 같이 넘겨줘야 한다.

```
dwAddressLength ← sizeof(SOCKADDR_IN) + 16
```

dwReceiveDataLength는 접속과 동시에 전송될 수도 있을 데이터를 받기 위한 버퍼의 크기를 의미한다. 일반적으로 C/S 구조로 솔루션을 구현하다 보면 리모트 인증이나 초기 정보 전달 등의 다양한 이유로 클라이언트가 접속과 동시에 최초의 데이터를 보내는 경우가 많다. 이럴 경우를 대비해 접속과 동시에 그 데이터를 받을 목적으로 이용된다. 반대로 ConnectEx 함수에서는 접속 성공과 더불어 전송할 데이터를 지정하는 길이 매개변수가 존재한다. 물론 그럴 필요가 없다면 이 매개변수를 0으로 넘기면 된다. 이런 기능은 편리하기는 하지만 악의적으로 접속만 일으켜서 서버에 부하를 주려는 공격에 취약할 수 있다. dwReceiveDataLength가 0이 아니면 시스템은 접속 후 부가적인 데이터를 받을 때까지 기다리며, 실제 데이터가 수신되어야만 리슨 소켓은 시그널 상태가 된다. 그러므로 이 옵션을 사용할 때는 신중해야 한다.

AcceptEx 함수의 호출에 성공했을 때, 최초 수신 데이터와 로컬 및 리모트의 주소 정보는 아래 그림과 같은 구조로 lpOutputBuffer에 저장된다.

그림 5-2 lpOutputBuffer 구조

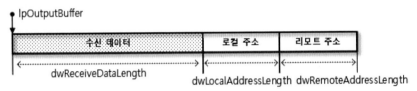

그러므로 넘겨줄 버퍼의 실제 크기는 다음의 조건을 충족해야 하며, 그렇지 않으면 에러가 발생한다.

```
실제 버퍼 크기 ≥ dwLocalAddressLength + dwRemoteAddresssLength + dwReceiveDataLength;
```

2) GetAcceptExSockaddrs

AcceptEx 함수의 호출에 성공했을 때의 버퍼 구조는 [그림 5-2]와 같다. 그렇다면 lpOutput Buffer 매개변수로부터 로컬 주소와 리모트의 주소를 획득하는 방법을 알아보자. 로컬과 리모트 주소를 획득하기 위해서 [그림 5-2]와 같은 구조의 버퍼로부터 버퍼 파싱을 통해 직접 해석해야 한다면 상당한 불편함이 뒤따를 것이다. 이를 해결하기 위해 AcceptEx 함수를 호출하고 난 후 주소를 쉽게 획득할 수 있도록 제공되는 함수가 GetAcceptExSocketaddrs라는 함수다.

```
void PASCAL GetAcceptExSockaddrs
(
```

```
    _In_ PVOID          lpOutputBuffer,
    _In_ DWORD          dwReceiveDataLength,
    _In_ DWORD          dwLocalAddressLength,
    _In_ DWORD          dwRemoteAddressLength,
    _Out_LPSOCKADDR*    LocalSockaddr,
    _Out_LPINT          LocalSockaddrLength,
    _Out_LPSOCKADDR*    RemoteSockaddr,
    _Out_LPINT          RemoteSockaddrLength
);
```

상위 4개의 매개변수는 AcceptEx 함수에서 넘겨주는 매개변수와 동일하며, 실제로 AcceptEx 함수의 매개변수로 넘긴 값 그대로 이 함수의 매개변수로 넘겨줘야 한다. 나머지 하위 4개의 매개변수는 로컬과 리모트 주소를 얻기 위한 SOCK_ADDR 구조체와 길이를 받을 포인터 변수를 지정한다. 결국 AcceptEx 함수를 통해서 획득한 lpOutputBuffer를 그대로 이 함수로 넘겨서 주소를 해석하겠다는 의미다. AcceptEx 함수를 호출한 후 로컬과 리모트 주소를 얻고자 한다면 다음과 같이 사용하면 된다.

```
BOOL bIsOK = pfnAcceptEx
(
    hListen, hAccept,

    arBuff, 256,
    sizeof(SOCKADDR_IN) + 16,
    sizeof(SOCKADDR_IN) + 16,

    &dwBytes, (LPOVERLAPPED)this                    ║
);                                                  ║
                                                    ║
                                                    ║
PSOCKADDR psaLoc = NULL, psaRem = NULL;             ║
INT nsiLoc = 0, nsiRem = 0;                         ║
pfnGetAcceptExSockaddrs                             ║
(                                                   ▼

    arBuff, 256,
    sizeof(SOCKADDR_IN) + 16,
    sizeof(SOCKADDR_IN) + 16,

    &psaLoc, &nsiLoc, &psaRem, &nsiRem
```

```
    );
    SOCKADDR_IN saLoc = *((PSOCKADDR_IN)psaLoc);
    SOCKADDR_IN saRem = *((PSOCKADDR_IN)psaRem);
     :
```

코드를 보면 AcceptEx 함수로 넘겨줬던 두 번째부터 여섯 번째까지의 매개변수 값을 동일하게 GetAcceptExSockaddrs 함수의 첫 번째부터 네 번째 매개변수로 사용했음을 확인할 수 있다. 다음 프로젝트를 통해서 AcceptEx와 GetAcceptExSockaddrs 함수의 사용법을 확인해보자.

프로젝트 5.4.2 EchoSvrEx

```
void _tmain()
{
    SOCKET hsoListen = GetListenSocket(9001, 1);
    if (hsoListen == INVALID_SOCKET)
        return;
    cout << " ==> Waiting for client's connection......" << endl;
```

리슨 소켓을 생성하고 리슨 상태로 들어간다.

```
    SOCKET sock = socket(AF_INET, SOCK_STREAM, IPPROTO_TCP);
    if (sock == INVALID_SOCKET)
        return;
```

기존의 accept 경우와는 달리 접속을 수용할 클라이언트용 소켓을 미리 생성한다.

```
    char        szBuff[4096];
    DWORD       dwRecvLen = 0;
    OVERLAPPED ov;
    memset(&ov, 0, sizeof(ol));
```

중첩 구조체를 초기화하고 수신할 데이터 및 로컬/리모트 주소를 담을 수 있는 충분한 크기의 버퍼를 준비한다. dwRecvLen은 접속 후 바로 수신할 데이터 크기를 의미하며, 여기서는 0으로 설정해 접속과 동시에 데이터를 수신하지 않겠다는 것을 알린다.

```
    LPFN_ACCEPTEX pfnAcceptEx = (LPFN_ACCEPTEX)
            GetSockExtAPI(hsoListen, WSAID_ACCEPTEX);
```

확장 API AcceptEx의 함수 포인터를 획득한다.

```
BOOL bIsOK = pfnAcceptEx
(
    hsoListen,                   // 리슨 소켓 핸들
    sock,                        // 미리 생성한 자식 소켓 핸들
    szBuff,                      //
    dwRecvLen,                   // 접속 시 수신할 데이터 크기
    sizeof(SOCKADDR_IN) + 16,    //
    sizeof(SOCKADDR_IN) + 16,    //
    NULL,                        //
    &ov                          // 비동기 accept를 위한 OVERLAPPED 구조체
);
```

AcceptEx를 호출한다. 리슨 소켓 핸들과 클라이언트 접속 시 할당을 위해 미리 생성한 소켓의 핸들을 넘겨준다. dwRecvLen의 값을 여기서는 0으로 설정해 접속 시 수신 데이터는 받지 않겠다는 것을 지시한다. 로컬과 리모트 주소를 위해 SOCKADDR_IN 구조체 크기에 16을 더해 크기를 지정하고, 비동기 접속 수용을 위해 중첩 구조체의 포인터를 넘겨준다.

```
if (!bIsOK)
{
    int nErrCode = WSAGetLastError();
    if (nErrCode != WSA_IO_PENDING)
    {
        cout << "AcceptEx failed, code : " << WSAGetLastError() << endl;
        return;
    }
```

다른 비동기 입출력 함수와 마찬가지로, AcceptEx를 호출하면 바로 리턴되고 에러 코드가 IO_PENDING인지의 여부를 판단하는 체크가 필요하다.

```
}


DWORD dwWaitRet = WaitForSingleObject((HANDLE)hsoListen, INFINITE);
```

지금까지와는 다르게 리슨 소켓 자체를 WaitXXX 함수의 매개변수로 넘겨주었다. 클라이언트로부터 접속이 들어오면 대기 함수에서 리턴되어 다음 작업을 수행할 수 있다.

```
if (dwWaitRet == WAIT_FAILED)
{
    cout << "WaitForMultipleObjectsEx failed : " << GetLastError() << endl;
    return;
}


PSOCKADDR psaLoc = NULL, psaRem = NULL;
```

```
    INT nsiLoc = 0, nsiRem = 0;


    LPFN_GETACCEPTEXSOCKADDRS pfnGetSockAddr = (LPFN_GETACCEPTEXSOCKADDRS)
            GetSockExtAPI(hsoListen, WSAID_GETACCEPTEXSOCKADDRS);
```

확장 API가 GetAcceptExSockaddrs의 함수 포인터를 획득한다.

```
    pfnGetSockAddr
    (
        szBuff, dwRecvLen,
        sizeof(SOCKADDR_IN) + 16, sizeof(SOCKADDR_IN) + 16,
        &psaLoc, &nsiLoc, &psaRem, &nsiRem
    );
```

접속이 되면 버퍼로부터 로컬 및 리모트 주소를 획득한다. AcceptEx 호출 시 넘겨줬던 버퍼, dwRecvLen, 그리고 로컬/리모트 주소 크기를 이 함수 호출 시 그대로 넘겨줘야 한다.

```
    SOCKADDR_IN saLoc = *((PSOCKADDR_IN)psaLoc);
    SOCKADDR_IN saRem = *((PSOCKADDR_IN)psaRem);


    printf(" ==> New client %d  connected...\n", sock);
    printf("     Client %s:%d -> Server%s:%d\n",
        inet_ntoa(saRem.sin_addr), htons(saRem.sin_port),
        inet_ntoa(saLoc.sin_addr), htons(saLoc.sin_port));
    if (dwRecvLen > 0)
    {
        szBuff[ov.InternalHigh] = 0;
        printf("      Recv data : %s\n", szBuff);
    }
```

로컬과 리모트 주소를 출력하고, 만약 접속 후 데이터 수신을 지정했다면 수신한 데이터를 출력하고 종료한다.

```
    closesocket(sock);
    closesocket(hsoListen);
}
```

위 소스를 실행한 후 클라이언트를 실행하면 클라이언트가 connect 함수를 호출하게 되고, 서버는 곧바로 대기 상태에서 풀려 접속 메시지와 로컬 및 리모트 주소를 출력할 것이다. 이 예제를 통해 AcceptEx 함수를 사용하면 리슨 소켓까지도 바로 장치 시그널링용으로 사용 가능하다는 것을 확인할 수 있다. 그러면 앞의 소스에서 좀 더 깊게 들어가 보자. 위 소스의 dwRecvLen 변수를 256으로 초기화해서 실행해보라.

```
DWORD dwRecvLen = 256;
```

실행 후 클라이언트를 실행만 시킨 상태에서 가만히 있으면 서버 콘솔에서는 클라이언트의 접속을 알리는 메시지가 출력되지 않을 것이다. 시간이 좀 지나서 클라이언트 콘솔에 문자열을 입력해 전송하면, 그제서야 클라이언트 접속 메시지 및 로컬/리모트 주소, 그리고 입력한 문자열이 서버 콘솔에 표시된다. 이것은 무엇을 의미하는가? AcceptEx의 네 번째 매개변수인 dwReceiveDataLength에 0이 아닌 그 이상의 값을 넘겨주면, 비록 접속을 했더라도 클라이언트로부터 어떤 데이터가 전송되기 전까지 대기 상태에서 계속 머물러있게 된다는 것을 의미한다. 'dwReceiveDataLength > 0'의 의미는 접속과 동시에 클라이언트로부터 최초의 데이터를 수신하겠다는 것이며, 따라서 입출력 완료의 의미는 접속 후 데이터가 도착해야만 한다는 것이다.

그렇다면 'dwReceiveDataLength > 0'인 상황에서, 클라이언트를 실행 후 계속 아무런 데이터도 보내지 않는다면 어떻게 될까? 아마도 계속 대기 상태로 머무를 것이다. 어떤 악의적인 의도를 가지고 접속만 한 상태에서 데이터를 보내지 않고 있는 대량의 클라이언트가 있다면 위의 상황은 문제가 된다. 이런 상황을 체크하기 위해 다음의 수단을 제공한다. AcceptEx 함수를 호출한 후 일정 시간이 지나도록 계속 대기 상태에 머물러 있을 경우, SO_CONNECT_TIME 옵션과 함께 getsockopt 함수를 호출하면 AcceptEx 함수의 자식 소켓의 상태를 확인할 수 있다.

```
getsockopt(sock, SOL_SOCKET, SO_CONNECT_TIME, (char*)&dwSecs, (PINT)&nBytes);
```

위와 같이 getsockopt 함수를 호출하고 그 호출이 성공했을 경우, dwSecs 매개변수는 다음의 정보를 담고 있다.

- **dwSecs == 0xFFFFFFFF** : 클라이언트가 아직 접속하지 않았다.
- **dwSecs > 0** : 클라이언트가 접속한 후 dwSecs 초만큼 경과했다.

이때 dwSecs에 담긴 값은 초 단위의 경과 시간을 의미한다. 위와 같이 호출해 접속한 후, 몇 초 이상 경과하도록 데이터 전송이 없다면 소켓을 강제로 닫아버림으로써 리소스 낭비 및 악의적인 접속에 대응할 수 있다.

다음 프로젝트는 〈5.4.2 EchoSvrEx〉 코드를 수정해 위의 상황에 대처한 코드다.

```
     ⋮
LPFN_ACCEPTEX pfnAcceptEx = (LPFN_ACCEPTEX)
             GetSockExtAPI(hsoListen, WSAID_ACCEPTEX);
BOOL bIsOK = pfnAcceptEx
(
   hsoListen, sock, szBuff,
   256, sizeof(SOCKADDR_IN) + 16,    sizeof(SOCKADDR_IN) + 16,
   NULL, &ov
);
```

AcceptEx 호출 시 접속 후 바로 데이터를 받기 위해 버퍼 사이즈를 256바이트로 지정했다.

```
if (!bIsOK)
{
   ⋮
}


bool isValid = true;
while (true)
{
   DWORD dwWaitRet = WaitForSingleObject((HANDLE)hsoListen, 1000);
```

체크를 위해서 타임아웃을 지정한다. 체크 타임을 1초로 지정했다.

```
   if (dwWaitRet == WAIT_FAILED)
   {
      cout << "WaitForMultipleObjectsEx failed : " << GetLastError() << endl;
      return;
   }

   if (dwWaitRet != WAIT_TIMEOUT)
      break;
```

타임아웃이 발생되면 실제 클라이언트 접속 여부 및 접속 후의 경과 시간을 체크한다.

```
   DWORD dwSecs;
   INT nBytes = sizeof(dwSecs);
   int nResult = 0;

   nResult = getsockopt(sock, SOL_SOCKET,
```

SO_CONNECT_TIME, (char*)&dwSecs, (PINT)&nBytes);

SO_CONNECT_TIME을 옵션으로 넘겨서 미리 생성한 자식 소켓의 접속 경과 시간을 획득한다.

```
    if (nResult != NO_ERROR)
    {
        printf("getsockopt(SO_CONNECT_TIME) failed: %u\n", WSAGetLastError());
        return;
    }

    if (dwSecs == 0xFFFFFFFF)
        continue;
```

dwSecs가 0xFFFFFFFF이면 아직 접속하지 않았음을 의미하므로, 다시 대기 상태로 돌아간다.

```
    if (dwSecs > 5)
    {
        cout << " ==> Socket " << sock <<
                    " connected, but does not send data..." << endl;
        isValid = false;
        break;
    }
}
```

dwSecs가 5초 이상이면 클라이언트가 접속한 후 5초가 경과할 동안 아무런 데이터도 전송하지 않았음을 의미하므로, 유효하지 않은
소켓으로 간주하고 isValid 변수를 false로 설정한 후 루프를 탈출한다.

```
if (isValid)
{
```

체크 상태가 유효하면 작업을 진행하고, 그렇지 않으면 바로 소켓을 닫고 종료한다.

```
    PSOCKADDR psaLoc = NULL, psaRem = NULL;
    INT nsiLoc = 0, nsiRem = 0;

    LPFN_GETACCEPTEXSOCKADDRS pfnGetSockAddr = (LPFN_GETACCEPTEXSOCKADDRS)
        GetSockExtAPI(hsoListen, WSAID_GETACCEPTEXSOCKADDRS);
        ⋮
}

closesocket(sock);
closesocket(hsoListen);
    ⋮
```

마지막으로 주의사항을 하나 더 살펴보자. AcceptEx 함수의 호출 결과 연결된 자식 소켓 sAcceptSocket은 초기 상태로 존재한다. accept 함수의 결과 시스템을 생성해서 돌려주는 자식 소켓의 경우는 리슨 소켓의 속성이나 옵션을 상속한 상태다. 하지만 AcceptEx 함수의 경우 접속을 수용한 자식 소켓은 AcceptEx 함수를 호출하기 전에 여러분이 미리 생성한 소켓이다. 따라서 이 소켓은 생성 시의 속성을 그대로 유지하고 있기 때문에 리슨 소켓의 속성은 상속받지 못한다. 만약 미리 생성한 이 소켓이 AcceptEx 함수 호출 후 클라이언트와 연결되었을 때, 리슨 소켓의 속성을 상속시키고자 한다면 SO_UPDATE_ACCEPT_CONTEXT 옵션을 사용해 setsockopt 함수를 다음과 같이 호출해줘야 한다.

```
int iResult = setsockopt
(
   sAcceptSocket, SOL_SOCKET, SO_UPDATE_ACCEPT_CONTEXT,
    (char*)&sListenSocket, sizeof(sListenSocket)
);
```

다음 프로젝트는 비동기적 접속 수용을 위해 accept 함수의 호출 대신에 사용했던 WSAEvent Select 함수를 AcceptEx 함수로 대체할 수 있다는 것을 보여준다. 〈프로젝트 5.3.1 EchoSvrSigEvtSel〉 코드에서 WSAEventSelect 함수를 위해 사용되었던 이벤트를 리슨 소켓으로 대체한 코드다.

프로젝트 5.4.2 EchoSvrExSig

```
     ┊
int       nSockCnt = 0;
SOCKET    arSocks[MAX_CLI_CNT + 1];
PSOCK_ITEM arItems[MAX_CLI_CNT + 1];
memset(arSocks, 0xFF, (MAX_CLI_CNT + 1) * sizeof(SOCKET));
memset(arItems,    0, (MAX_CLI_CNT + 1) * sizeof(PSOCK_ITEM));
arSocks[0] = hsoListen;
```

이전 코드에서는 WSASelectEvent로 넘겨주기 위한 이벤트 커널 객체의 핸들을 배열의 첫 번째 요소로 지정했지만, 여기에서는 리슨 소켓 자체의 핸들을 설정한다.

```
while (true)
{
```

```
SOCKET sock = socket(AF_INET, SOCK_STREAM, IPPROTO_TCP);
if (sock == INVALID_SOCKET)
    break;


SOCK_ITEM si(sock);
LPFN_ACCEPTEX pfnAcceptEx = (LPFN_ACCEPTEX)
    GetSockExtAPI(hsoListen, WSAID_ACCEPTEX);
BOOL bIsOK = pfnAcceptEx
(
    hsoListen, sock, si._buff, 0,
    sizeof(SOCKADDR_IN) + 16, sizeof(SOCKADDR_IN) + 16,
    NULL, (LPOVERLAPPED)&si
);
```

미리 생성한 소켓에 대해 AcceptEx 함수를 비동기로 호출한다.

```
if (!bIsOK)
{
    int nErrCode = WSAGetLastError();
    if (nErrCode != WSA_IO_PENDING)
    {
        cout << "AcceptEx failed, code : " << WSAGetLastError() << endl;
        closesocket(sock);
        break;
    }
}


DWORD dwWaitRet = MsgWaitForMultipleObjects
(
    nSockCnt + 1, (PHANDLE)arSocks, FALSE, INFINITE, QS_ALLPOSTMESSAGE
);
```

리슨 소켓 또는 이미 접속되어 있는 자식 소켓들에 대해 시그널 상태가 될 때까지 대기한다.

```
if (dwWaitRet == WAIT_FAILED)
{
    cout << "WaitForMultipleObjectsEx failed : " << GetLastError() << endl;
    break;
}
```

```
    if (dwWaitRet == WAIT_OBJECT_0 + nSockCnt + 1)
        break;


    DWORD      dwFlags  = 0;
    LONG       nErrCode = ERROR_SUCCESS;
    PSOCK_ITEM pSI      = NULL;
    if (dwWaitRet == WAIT_OBJECT_0)
    {
```

WAIT_OBJECT_0인 경우는 리슨 소켓이 시그널을 받았다는 의미며, 이 경우 컨넥션 요청에 의해 접속이 이루어졌음을 의미한다. 따라서 미리 생성했던 소켓을 관리대상으로 맵에 추가한다. 이전 코드에서처럼 별도의 accept 호출이 필요없다.

```
        pSI = new SOCK_ITEM(sock);
        arSocks[nSockCnt + 1] = sock;
        arItems[nSockCnt + 1] = pSI;
        nSockCnt++;
        cout << " ==> New client " << sock << " connected" << endl;
    }
    else
    {
```

WAIT_OBJECT_0 이상의 값인 경우는 접속된 클라이언트 소켓이 시그널을 받은 상태임을 의미한다. 따라서 해당 자식 소켓에 대해 적절한 작업을 하면 된다. 이하 코드는 동일하다.

```
        ⋮
```

3) ConnectEx

이번에는 클라이언트에서 서버로 접속할 때 connect 함수의 비동기 버전으로 사용할 수 있는 확장 API인 ConnectEx 함수에 대해서 알아보자. 역시 OVERLAPPED 구조체를 매개변수로 넘겨 사용할 수 있는 구조다.

```
BOOL PASCAL ConnectEx
(
  _In_     SOCKET                 s,
  _In_     const struct sockaddr* name,
  _In_     int                    namelen,
  _In_opt_ PVOID                  lpSendBuffer,
  _In_     DWORD                  dwSendDataLength,
```

```
    _Out_      LPDWORD                    lpdwBytesSent,
    _In_       LPOVERLAPPED               lpOverlapped
);
```

SOCKET s

const struct sockaddr* name

int namelen

이 세 개의 매개변수는 connect 함수의 매개변수와 동일하다. 다만 매개변수로 넘길 소켓 s는
미리 바인드된 소켓이어야 한다.

PVOID lpSendBuffer

DWORD dwSendDataLength

AcceptEx와는 반대로, 접속 후 바로 전송할 데이터가 있으면 이 두 매개변수를 사용한다.

LPDWORD lpdwBytesSent

LPOVERLAPPED lpOverlapped

AcceptEx 함수와 마찬가지로, lpdwBytesSent는 전송한 데이터가 있으면 실제로 전송된 바이
트 수를 의미하며, lpOverlapped는 비동기 컨넥션 시에 사용된다. lpOverlapped를 사용할
경우 lpdwBytesSent는 무시되며 NULL로 넘겨주면 된다. lpOverlapped가 NULL이면 동기
함수인 connect 함수와 동일한 기능을 한다.

[반환값] BOOL

AcceptEx 함수와 마찬가지로, FALSE가 리턴되면 WSA_IO_PENDING이나 ERROR_IO_
PENDING 여부를 체크해야 한다.

ConnectEx와 connect 함수의 차이점은 세 가지다.

- 첫 번째 매개변수인 소켓 s는 ConnectEx에서 반드시 호출 전에 바인드되어야 한다.
- 연결 확립과 함께 원하는 데이터를 전송할 수 있다.
- 비동기로 움직이며, 따라서 소켓 s를 시그널 객체 자체로 사용하거나 IOCP에 연결할 수 있다.

다음 프로젝트는 ConnectEx 함수를 사용해 서버에 접속하고 데이터를 송수신하는 예를 보여준다.
ConnectEx 호출 전에 bind 함수를 통하여 생성한 소켓을 바인드해준다는 점에 주의하라. 그리고
비동기로 접속 요청을 하고 WaitForXXX 함수의 매개변수로 소켓 핸들 자체를 전달하고 있다.

프로젝트 5.4.2 EchoSvrExSig

```
void _tmain()
{
    SOCKET sock = socket(AF_INET, SOCK_STREAM, IPPROTO_TCP);
    if (sock == INVALID_SOCKET)
    {
        cout << "socket failed, code : " << WSAGetLastError() << endl;
        return;
    }


    SOCKADDR_IN sa;
    memset(&sa, 0, sizeof(SOCKADDR_IN));
    sa.sin_family = AF_INET;
    sa.sin_addr.s_addr = htonl(INADDR_ANY);

    LONG lSockRet = bind(sock, (PSOCKADDR)&sa, sizeof(SOCKADDR_IN));
```
ConnectEx 함수의 사용을 위해서는 클라이언트의 경우에도 바인드해야 한다.
```
    if (lSockRet == SOCKET_ERROR)
    {
        cout << "bind failed, code : " << WSAGetLastError() << endl;
        closesocket(sock);
        return;
    }


    OVERLAPPED ov;
    memset(&ov, 0, sizeof(ov));
```
ConnectEx 함수를 사용하기 위해 OVERLAPPED 구조체를 초기화한다.
```
    sa.sin_port = htons(9001);
    sa.sin_addr.s_addr = inet_addr("127.0.0.1");
```
서버에 접속하기 위해 서버의 주소와 포트를 설정한다.

```
    LPFN_CONNECTEX pfnConnectEx = (LPFN_CONNECTEX)
            GetSockExtAPI(sock, WSAID_CONNECTEX);
    BOOL bIsOK = pfnConnectEx
    (
        sock, (LPSOCKADDR)&sa, sizeof(sa),
        NULL, 0, NULL, &ov
    );
```

ConnectEx 함수 포인터를 획득하여 접속을 시도한다. 연결 후 데이터 전송은 지정하지 않고 비동기 처리를 위해 OVERLAPPED 구조체를 넘겨준다.

```
    if (!bIsOK)
    {
        int nErrCode = WSAGetLastError();
        if (nErrCode != WSA_IO_PENDING)
```

AcceptEx 함수와 마찬가지로, 에러 발생 시 에러 코드를 체크해야 한다. 비동기로 움직이기 때문에 호출 후 바로 리턴되고, WSA_IO_PENDING이면 접속 완료를 위해 대기할 수 있다.

```
        {
            cout << "ConnectEx failed : " << nErrCode << endl;
            closesocket(sock);
            return;
        }
    }


    DWORD dwWaitCode = WaitForSingleObject((HANDLE)sock, 3000);
```

연결을 위한 소켓 자체를 동기화의 대상으로 바로 사용할 수 있다. WaitXXX 함수의 매개변수로 넘겨주고, 연결 타임아웃을 위해 3초를 타임아웃 값으로 설정했다.

```
    if (dwWaitCode == WAIT_FAILED)
    {
        cout << "WaitForSingleObject failed : " << nErrCode << endl;
        closesocket(sock);
        return;
    }


    if (dwWaitCode == WAIT_TIMEOUT)
    {
```

```
      cout << "==> Timeout occurred!!!" << endl;
      closesocket(sock);
      return;
   }


   // Connection OK!!!
   cout << "==> Connection to server Success!!!" << endl;
```

```
   char szIn[512];
   while (true)
   {
      cin >> szIn;
      if (stricmp(szIn, "quit") == 0)
         break;

      lSockRet = strlen(szIn);
      lSockRet = send(sock, szIn, lSockRet, 0);
       ⋮
      lSockRet = recv(sock, szIn, sizeof(szIn), 0);
       ⋮
   }
   closesocket(sock);
   cout << "==> socket closed, program terminates..." << endl;
}
```

위의 소스를 통해 알 수 있는 것은 bind 함수를 통해서 먼저 소켓을 바인드를 해줬다는 점과 연결 시 타임아웃 처리를 쉽게 할 수 있다는 점이다. 현재는 ConnectEx 함수를 호출한 후 소켓을 대기 함수로 넘겨줬지만, IOCP와 연결시키면 더욱더 유연한 처리도 가능하다.

또한 위의 코드는 대기 함수 호출 시 타임아웃 값을 지정하여 타임아웃 처리를 했지만, AcceptEx 함수에서와 마찬가지로 getsockopt 함수의 매개변수로 SO_CONNECT_TIME 옵션을 전달하여 ConnectEx 호출 후의 경과한 시간을 획득할 수도 있다. 또한, ConnectEx 호출 성공으로 연결된 소켓은 초기 상태로 있으며, 이전에 설정했던 속성이나 옵션은 활성화되지 않는다. 따라서 이 속성이나 옵션을 활성화시키기 위해서는 AcceptEx 함수처럼 다음과 같이 SO_UPDATE_CONNECT_CONTEXT 옵션과 함께 setsockopt 함수를 호출해야 한다.

```
int iResult = setsockopt(s, SOL_SOCKET, SO_UPDATE_CONNECT_CONTEXT, NULL, 0);
```

5.4.3 AcceptEx 함수와 소켓 풀

AcceptEx 함수를 사용하기 위해서는 리슨 소켓뿐만 아니라 접속을 위해 사용자가 미리 자식 소켓을 생성해야만 한다. accept 함수와는 다른 성격을 지닌 AcceptEx 함수는 결국 클라이언트의 접속 요청의 양을 예측하여 그것에 맞게 자식 소켓을 미리 생성해야 하는 다소 복잡한 제약이 요구되며, 이는 DB의 컨넥션 풀과 비슷한 개념의 소켓 풀의 형성을 전제로 하고 있다. 하지만 AcceptEx 함수를 통해서 구성된 소켓 풀과 IOCP에 기반한 스레드 풀이 만나서 서로 시너지 효과를 발휘한다면 상당히 많은 수의 클라이언트를 거느린 서버 사이드의 성능 향상과 확장성을 증가시킬 수 있는 훌륭한 수단이 될 것이다. 따라서, 이번 절에서는 AcceptEx 함수가 전제하는 소켓 풀과 관련한 내용에 대해 논의를 전개해 나갈 것이다.

1) IOCP와의 연결

먼저, IOCP와 리슨 소켓을 고려해보자. AcceptEx 함수 호출 시 OVERLAPPED 구조체를 이용하면 접속이 들어왔을 때 리슨 소켓의 핸들 자체가 시그널 상태가 된다는 것은 앞서 확인했다. 그러면 이 리슨 소켓을 IOCP와도 연결시킬 수 있을 것이라는 것은 충분히 예상이 가능하다. 리슨 소켓을 IOCP와 연결하는 방법을 소스를 통해서 바로 확인해보자. 5.3.3절에서 설명했던, IOCP를 이용하는 예인 〈프로젝트 5.3.3 EchoSvrIocp〉 코드를 수정해보기로 하자.

먼저 메인 함수를 살펴보자.

```
void _tmain()
{
    ⋮
    SOCKET hsoListen = GetListenSocket(9001);
    g_sockMain = hsoListen;
```

```
cout << " ==> Waiting for client's connection......" << endl;

HANDLE hTheads[2];
IOCP_ENV ie;
InitializeCriticalSection(&ie._cs);
ie._iocp = CreateIoCompletionPort((HANDLE)hsoListen, NULL, IOKEY_LISTEN, 0);
```

> 원래 코드는 IOCP 생성 시 첫 번째 매개변수로 NULL을 넘겨 접속할 자식 소켓을 연결하기 위한 IOCP 객체만을 생성시켰지만, 이번에
> 는 AcceptEx를 통해 접속한 후 처리 역시 IOCP를 이용하기 위해 리슨 소켓 자체를 IOCP 객체 생성과 동시에 연결시킨다. 리슨 소켓
> 을 식별하는 생성키는 IOKEY_LISTEN으로 지정한다.

```
for (int i = 0; i < 2; i++)
{
    DWORD dwThreadId;
    hTheads[i] = CreateThread(NULL, 0, IocpSockRecvProc, &ie, 0, &dwThreadId);
}
    ⋮
```

〈프로젝트 5.3.3 EchoSvrIocp〉 코드와 다른 점은 CreateIoCompletionPort 호출 시 리슨 소켓의 핸들을 전달하여 IOCP 객체 생성과 동시에 리슨 소켓을 IOCP와 연결시킨다는 점이다. 이렇게 IOCP와 연결된 상태에서 AcceptEx 함수를 호출하면 클라이언트의 연결 요청이 왔을 때 IOCP 스레드는 생성키 IOKEY_LISTEN과 함께 GetQueuedCompletionStatus 대기 상태에서 깨어나 접속 처리를 수행할 수 있게 된다.

```
    ⋮
while (true)
{
    try
    {
        BOOL bIsOK = GetQueuedCompletionStatus
        (
            pIE->_iocp, &dwTranBytes, &upDevKey, (LPOVERLAPPED*)&psi, INFINITE
        );
            ⋮
        if (upDevKey == IOKEY_LISTEN)
        {
```

```
        CreateIoCompletionPort((HANDLE)psi->_sock, pIE->_iocp, IOKEY_CHILD, 0);
        cout << " ==> New client " << psi->_sock << " connected..." << endl;

        EnterCriticalSection(&pIE->_cs);
        pIE->_set.insert(psi);
        LeaveCriticalSection(&pIE->_cs);
    }
    else
    {
```

```
        ⋮
```

이제 다시 메인 함수로 돌아가서 실제로 AcceptEx 함수를 호출하는 부분을 알아보자. 이전 코드와의 비교를 위해 먼저 〈프로젝트 5.3.3 EchoSvrIocp〉에서 메인 함수의 접속 수용을 위한 무한 루프 처리 부분을 아래에 그대로 실었다.

```
while (true)
{
    SOCKET sock = accept(hsoListen, NULL, NULL);
    if (sock == INVALID_SOCKET)
    {
        cout << "accept failed, code : " << WSAGetLastError() << endl;
        break;
    }

    PSOCK_ITEM pSI = new SOCK_ITEM(sock);
    PostQueuedCompletionStatus(ie._iocp, 0, IOCP_KEY_LISTEN, pSI);
}
```

위의 코드는 동기 함수인 accept를 호출해 접속이 들어오년 accept 함수로부터 리턴되고, PostQueuedCompletionStatus 함수를 사용해 그 핸들을 IOCP에 통지하는 처리를 한다.

이 코드를 AcceptEx 함수를 이용해서 바꾸면 다음과 같이 변경할 수 있다. 이 두 코드의 차이는 〈프로젝트 5.3.3 EchoSvrIocp〉의 경우는 accept 함수 호출의 결과로 획득한 자식 소켓 sock에 대해 PostQueuedCompletionStatus 함수를 통해서 접속 처리를 하지만, AcceptEx 함수의 경우는 호출 결과가 아니라 AcceptEx 함수 호출 전에 접속 요청을 수용할 자식 소켓을 미리 생성해야 한다는 점이다.

```
while (true)
{
    SOCKET sock = socket(AF_INET, SOCK_STREAM, IPPROTO_TCP);

    접속을 수용할 소켓을 미리 생성시킨다.

    if (sock == INVALID_SOCKET)
        break;

    PSOCK_ITEM psi = new SOCK_ITEM(sock);

    OVERLAPPED 상속 정의 구조체에 미리 생성한 소켓 핸들을 넘겨 유저 정의 데이터를 할당한다.

    LPFN_ACCEPTEX pfnAcceptEx = (LPFN_ACCEPTEX)
                    GetSockExtAPI(hsoListen, WSAID_ACCEPTEX);
    BOOL bIsOK = pfnAcceptEx
    (
        hsoListen, sock, psi->_buff, 0,
        sizeof(SOCKADDR_IN) + 16, sizeof(SOCKADDR_IN) + 16,
        NULL, (LPOVERLAPPED)psi
    );
    if (bIsOK == FALSE)
    {
        if (WSAGetLastError() != WSA_IO_PENDING)
            break;
    }

    AcceptEx 함수를 비동기적으로 호출해 IOCP로 하여금 접속 통지에 대해 대기하도록 만들고, 다시 루프의 맨 앞으로 돌아간다.

}
```

위와 같이 처리하면 클라이언트로부터 접속 요청이 들어왔을 때, IOCP 대기 스레드는 GetQueuedCompletionStatus 함수로부터 생성키 IOKEY_LISTEN과 함께 리턴되어 접속에 대한 수용 처리를 할 수가 있다. 자, 일단은 깔끔하게 변경된듯하지만, 수정된 코드를 잘 들여다 보

라. 무언가 이상한 점이 보이지 않는가? 원래 코드는 동기 함수인 accept 함수를 호출해 접속을 기다렸다가, 접속 요청이 왔을 경우 accept 함수로부터 리턴되어 접속 처리를 한 후 다시 accept 함수를 호출해 기다리는 구조로 되어 있다. 하지만 수정된 코드는 접속이 들어올 경우를 대비해 서로 연결을 맺어줄 자식 소켓을 미리 생성한 후, 그 핸들을 AcceptEx 함수에 넘겨서 비동기적으로 AcceptEx 함수를 호출하고 있다. 비동기 호출이기 때문에 AcceptEx 함수는 호출됨과 동시에 바로 리턴되어 다시 루프의 맨 앞으로 돌아간다. 그리고 AcceptEx 함수로 넘겨줄 자식 소켓을 또 생성하고 AcceptEx 함수를 호출하는 과정을 무한히 반복할 것이다. 앞의 코드대로 실행된다면 접속을 위한 소켓이 무한정 생성되어 AcceptEx 함수를 계속 비동기적으로 호출하는 끔찍한 상황이 될 것이다. 결국 기존의 accept 함수 호출을 사용하는 구조를 그대로 이용할 수 없기 때문에 다른 구조를 강구해야만 한다. 결국 기존의 코드에서 while 문을 제거시키고 비동기적으로 AcceptEx 함수를 호출한 후 메인 스레드는 대기해야 한다.

```
     ⋮
//while (true)
```

무한 루프인 while 문을 제거한다.

```
  SOCKET sock = socket(AF_INET, SOCK_STREAM, IPPROTO_TCP);
  if (sock == INVALID_SOCKET)
     return;

  PSOCK_ITEM psi = new SOCK_ITEM(sock);
  LPFN_ACCEPTEX pfnAcceptEx = (LPFN_ACCEPTEX)
          GetSockExtAPI(hsoListen, WSAID_ACCEPTEX);
  BOOL bIsOK = pfnAcceptEx(hsoListen, sock, ...);
     ⋮
WaitForSingleObject(g_hevExit, INFINITE);
```

AcceptEx 호출 후 메인 스레드의 종료를 막기 위해 g_hevExit 이벤트를 대상으로 프로그램 종료를 대기한다.

```
     ⋮
```

위의 상태까지 수정한 후 실행하면 접속을 단 하나만 수용하고 더 이상의 접속은 거부하는 상태가 된다. AcceptEx 함수를 단 한 번 호출하기 때문에 당연히 하나의 접속만을 수용할 수 있는 상황일 수밖에 없다. 계속 접속을 받아들이기 위해서는 IOCP 대기 스레드 처리에서 생성키가 IOKEY_LISTEN인 경우 접속을 수용한 후, 다시 AcceptEx 함수를 호출해줘야 클라이언트의 접속을 수용할 수 있을 것이다. 클라이언트로부터 데이터를 수신하기 위해 최초로 WSARecv 함수를 비동기적으로 호출한 후, 데이터가 수신되면 수신 처리한 후 다시 WSARecv 함수를 호출해주는 패턴과 동일하게 처리하면 될 것이다. 그렇다면 〈프로젝트 5.3.3 EchoSvrIocp〉에서 WSARecv 함수의 최초 호출을 위해 PostQueuedCompletionStatus 함수를 사용해 WSARecv 호출 처리 모두를 IOCP 스레드에게 일임한 것처럼, AcceptEx 함수의 최초 호출도 PostQueuedCompletionStatus 함수를 사용해 동일하게 처리할 수 있다. 따라서 수정된 최종 코드는 다음과 같다.

프로젝트 5.4.3 EchoSvrExIocp

```
struct IOCP_ENV
{
    CRITICAL_SECTION    _cs;
    SOCK_SET            _set;
    HANDLE              _iocp;
    SOCKET              _listen;// 리슨 소켓 핸들
};
typedef IOCP_ENV* PIOCP_ENV;
```

먼저, IOCP 스레드에서 AcceptEx 함수를 호출해야 하므로 리슨 소켓의 핸들이 필요하다. 따라서, IOCP_ENV 구조체에 리슨 소켓 핸들을 위한 필드를 추가했다.

다음으로, 메인 함수의 정의를 살펴보자.

```
void _tmain()
{
         ⋮
    SOCKET hsoListen = GetListenSocket(9001);
         ⋮
    IOCP_ENV ie;
    InitializeCriticalSection(&ie._cs);
    ie._listen = hsoListen;
```
> 스레드 엔트리 함수에서 AcceptEx를 호출하므로 리슨 소켓의 핸들이 필요하다.
```
    ie._iocp = CreateIoCompletionPort((HANDLE)hsoListen, NULL, IOKEY_LISTEN, 0);
```
> IOKEY_LISTEN을 생성키로 하여 IOCP 객체의 생성과 동시에 리슨 소켓을 IOCP에 연결시킨다.

```
HANDLE hTheads[2];
for (int i = 0; i < 2; i++)
{
    DWORD dwThreadId;
    hTheads[i] = CreateThread(NULL, 0, IocpSockRecvProc, &ie, 0, &dwThreadId);
}

PostQueuedCompletionStatus(ie._iocp, 0, IOKEY_LISTEN, NULL);
```

IOKEY_LISTEN 생성키를 지정해 최초의 AcceptEx 호출을 위해 PostQueuedCompletionStatus 함수를 호출한다.

```
WaitForSingleObject(g_hevExit, INFINITE);
```

g_hevExit 이벤트에 대해 종료 통지를 기다린다.

```
CloseHandle(ie._iocp);
WaitForMultipleObjects(2, hTheads, TRUE, INFINITE);
    ⋮
}
```

이제 IOCP를 대기하는 스레드 엔트리 함수의 처리도 변경된다. IOKEY_CHILD의 처리는 동일하기 때문에 IOKEY_LISTEN에 대한 처리만 보도록 하자.

```
    ⋮
if (upDevKey == IOKEY_LISTEN)
{
    if (psi != NULL)
    {
```

psi가 NULL인 경우는 PostQueuedCompletionStatus 호출에 의해 대기에서 풀려난 경우고, NULL이 아닌 경우는 AcceptEx 호출 후 접속 대기에서 풀려난 경우다. 이는 클라이언트가 접속을 요청했음을 의미하는 것이므로, 접속 처리를 해준다.

```
        CreateIoCompletionPort((HANDLE)psi->_sock, pIE->_iocp, IOKEY_CHILD, 0);
        cout << " ==> New client " << psi->_sock << " connected..." << endl;
        EnterCriticalSection(&pIE->_cs);
        pIE->_set.insert(psi);
        LeaveCriticalSection(&pIE->_cs);
    }
```

```
SOCKET sock = socket(AF_INET, SOCK_STREAM, IPPROTO_TCP);
if (sock == INVALID_SOCKET)
   throw WSAGetLastError();


psiNew = new SOCK_ITEM(sock);
LPFN_ACCEPTEX pfnAcceptEx = (LPFN_ACCEPTEX)
      GetSockExtAPI(pIE->_listen, WSAID_ACCEPTEX);
BOOL bIsOK = pfnAcceptEx
(
   pIE->_listen, sock, psiNew->_buff, 0,
   sizeof(SOCKADDR_IN) + 16, sizeof(SOCKADDR_IN) + 16,
   NULL, (LPOVERLAPPED)psiNew
);
if (bIsOK == FALSE)
{
   if (WSAGetLastError() != WSA_IO_PENDING)
      throw WSAGetLastError();
}


if (psi == NULL)
   continue;
```

```
}
   ⋮
```

다음은 IOCP에 대해 대기하는 스레드 엔트리 함수의 예외 처리 부분을 살펴보도록 하자. 그 전에 아래의 상태 코드를 추가로 정의하기 바란다.

```
#ifndef STATUS_CANCELLED
#  define STATUS_CANCELLED    ((NTSTATUS)0xC0000120L)
#endif
```

5.4.2절에서 AcceptEx 함수에 대해 설명하면서 AcceptEx 호출 후 접속 대기 중인 소켓을 닫으면

STATUS_CANCELLED 상태 코드가 설정된다고 했다. AcceptEx 함수인 경우에는 추가적으로 STATUS_CANCELLED 상태 코드도 함께 고려해야 한다. 그리고 IOKEY_LISTEN 생성키 처리에서도 에러가 발생했을 때 동일하게 예외를 던지기 때문에, 예외 처리에서 IOKEY_LISTEN인 경우도 함께 고려해야 한다.

```
        ⋮
    catch (int ex)
    {
        if (ex == STATUS_LOCAL_DISCONNECT || ex == STATUS_CANCELLED)
        {
```
STATUS_LOCAL_DISCONNECT와 STATUS_CANCELLED 상태 코드인 경우에는 로컬에서 의도적으로 자식 소켓을 닫음으로 인해 발생되는 것이기 때문에 에러 처리 대상에서 제외한다.
```
            cout << " ==> Child socket closed." << endl;
            continue;
        }

        if (upDevKey == IOKEY_LISTEN)
        {
```
IOKEY_LISTEN 생성키에 대한 처리 과정에서 발생한 에러는 별도로 처리한다.
```
            if (psiNew != NULL)
            {
                closesocket(psiNew->_sock);
                delete psiNew;
            }
            cout << " ==> Accept failed, code = " << ex << endl;
            continue;
        }
```
이하는 IOKEY_CHILD 생성키에 대한 예외 처리다.
```
        if (ex == ERROR_SUCCESS || ex == STATUS_REMOTE_DISCONNECT)
            cout << " ==> Client " << psi->_sock << " disconnected..." << endl;
        else
            cout << " ==> Client " << psi->_sock << " has error " << ex << endl;
            ⋮
    }
```

2) 소켓 미리 생성하기와 재사용

이제 〈프로젝트 5.4.3 EchoSvrExIocp〉에 대해 좀 더 깊게 생각해보도록 하자. IOCP를 통해서 비동기적으로 클라이언트의 접속을 수용할 수 있다는 것을 제외하면 기존 동기 함수인 accept 함수의 절차와 비슷하다. 즉 비동기적으로 움직인다는 것뿐이지 동기 함수인 accept 함수와 마찬가지로 한 번에 하나의 접속만을 수용한다는 점은 동일하다. 예를 들어, 데이터를 수신할 때 "WSARecv → WaitForXXX → 수신 데이터 처리"와 같이 순차적이며 동기적 과정을 비동기 함수를 사용해 비효율적으로 수행하는 것밖에 되지 않는다. 그럴 바에는 accept 함수를 사용하는 동기적 절차가 더 효율적일 것이다. 그렇다면 IOCP를 통한 비동기 수신은 어떠한가? 다중 클라이언트로부터의 수신을 생각해보자. 수신은 여러 클라이언트로부터 전송되는 데이터를 동시에 처리할 수 있기 때문에 IOCP를 통한 비동기 수신은 충분한 의미가 있다. 하지만 앞의 코드에서 구현된 비동기 접속 패턴은 다중 클라이언트의 동시 접속을 허용하지 않는다. 그러면 차이는 무엇일까? 비동기 수신의 경우는 접속된 자식 소켓이 여러 개가 IOCP에 연결되어 있어 다중 클라이언트와의 동시 입출력이 가능하다. 하지만 앞의 예는 접속을 위해 단 하나의 자식 소켓이 IOCP에 연결되어 있어서 한 번에 하나의 접속만을 수용할 수밖에 없다. 그렇다면 미리 자식 소켓을 여러 개 만들어 둔다면 어떨까?

다음을 생각해보라. AcceptEx 함수는 동기 함수인 accept와는 다르게 접속을 요청한 클라이언트와 짝을 이룰 자식 소켓을 AcceptEx 함수를 호출하기 전에 미리 생성해야만 한다. 어찌 보면 이 확장 API가 불편할 수도 있다. accept 함수의 경우는 시스템이 접속된 클라이언트에 대응하는 자식 소켓을 내부적으로 생성시켜 돌려주기 때문에 개발자 입장에서는 사용하기가 훨씬 편리하다. 그렇다면 AcceptEx 함수도 비동기적으로 움직이되 자식 소켓을 내부적으로 생성해서 리턴해주는 그런 구조를 취하면 좋았을 것임에도 왜 MS는 미리 생성시켜 AcceptEx 함수로 전달하도록 하는 방식을 취했을까? "확장성"이라는 측면에서, 원속 확장 API의 핵심은 "자식 소켓을 미리 생성해두어야 한다"는 것과 생성된 소켓을 "재사용할 수 있다"는 두 가지 사실에 있다. 사실 소켓을 생성하고 닫는 (여기에는 소켓 커널 객체의 삭제까지 포함된다) 행위는 적지 않은 오버헤드를 요구한다. 소켓은 ISO 7 레이어에 기반하고 있다. 따라서 커널 영역에는 전송 계층인 L4(Layer 4)부터 시작하여 IP 계층인 L3, 그리고 링크 계층인 L2로 이어지는 여러 계층의 구현이 존재하며, 소켓을 생성하거나 해제할 경우 그 요구에 맞추어 레이어별 작업이 이루어져야 하기 때문에 소켓 커널 객체 자체의 생성과 소멸은 적지 않은 시스템 부하와 자원을 요구하게 된다. 따라서 클라이언트의 접속 시에 그 소켓들을 할당해주고, 또 클라이언트가 접속을 끊었을 때 closesocket 함수를 호출해 그 소켓을 삭제시키는 것이 아니라, 소켓을 여러 개 미리 생성해 둔 후에 재사용이 가능하도록 할 수 있다면 어떨까?

그렇다면 소켓 생성과 삭제에 따르는 오버헤드를 상당히 줄일 수 있을 것이다. 특히나 대량의 접속과 연결 해제가 이루어지는 서버 사이드의 측면을 고려해보면 연결이 끊긴 소켓을 재사용할 수 있다면 성능 향상에 큰 도움이 될 것이다.

결국, 이런 구조가 가능하다면 DB의 킨넥션 풀이나, 앞에서 인급했던 스레드 풀과 같이 미리 생성된 소켓들에 대한 풀 관리가 가능하다는 의미가 된다. 이런 의미에서 왜 미리 생성시켜야만 하는지에 대한 의문이 어느 정도 풀릴 것이다. 그리고 미리 생성시킬 소켓의 수는 스레드 풀과 마찬가지로 여러분이 구현할 서버의 규모에 따라 통계적으로 결정해야 할 것이다.

| 소켓 미리 생성하기 |

그러면 먼저, 소켓을 미리 생성하는 문제에 대해 논의해보기로 하자. 소켓을 미리 생성한다는 말은 단지 하나의 소켓을 생성한다는 의미가 아니라, 일정 접속 수를 예상해서 미리 여러 개의 소켓을 생성시킨다는 의미다. 단지 socket 함수를 호출해서 소켓만 미리 생성시키는 것이 아니라 그렇게 생성된 소켓에 대해 AcceptEx 함수를 호출해서 소켓 풀을 형성하도록 해야 한다. 그렇다면 고민은 좀 더 원론적으로 확장될 수밖에 없는데, 그 원론적인 고민의 핵심은 도대체 몇 개를 미리 생성시켜야만 하는가?라는 것으로 귀결될 것이다. 하지만 그런 원론적인 고민은 추후에 생각하기로 하자. 먼저, 단 하나의 소켓이 아니라 여러 개의 소켓을 미리 생성시켜 두고 다중 클라이언트의 동시 접속을 수용하기로 하고, 그러한 목적이라면 앞의 코드 구조는 변경되어야만 한다. 우선 미리 생성시켜 둘 소켓의 수는 4개로 하고, 소켓 생성을 위해 생성키 IOKEY_INCREASE를 아래와 같이 별도로 정의한다.

```
#define PERMIT_INC_CNT      4 // 소켓 생성 개수
#define IOKEY_INCREASE      3 // 새로운 소켓 생성을 위한 생성키
```

그리고 풀 관리를 위해 IOCP_ENV 구조체에 _pool 세트 필드를 추가하자.

```
struct IOCP_ENV
{
    CRITICAL_SECTION    _cs;
    SOCK_SET            _set, _pool;
    HANDLE              _iocp;
```

```
    SOCKET              _listen;
};
typedef IOCP_ENV* PIOCP_ENV;
```

이제 메인 함수에서 다음과 같이 IOKEY_INCREASE 생성키를 전달하여 PostQueued-
CompletionStatus를 네 번 호출한다.

```
      ⋮
   for (int i = 0; i < PERMIT_INC_CNT; i++)
      PostQueuedCompletionStatus(ie._iocp, 0, IOKEY_INCREASE, NULL);

   WaitForSingleObject(g_hevExit, INFINITE);
      ⋮
```

이제 스레드 엔트리 함수에서 IOKEY_INCREASE 생성키를 처리하는 코드를 살펴보자. 대신
IOKEY_LISTEN 생성키의 처리는 EchoSvrExIocp 코드에서 처리하는 방식 그대로 되돌린다.

```
      if (upDevKey == IOKEY_INCREASE)
      {
         SOCKET sock = socket(AF_INET, SOCK_STREAM, IPPROTO_TCP);
            ⋮
         psi = new SOCK_ITEM(sock);
         LPFN_ACCEPTEX pfnAcceptEx = (LPFN_ACCEPTEX)
            GetSockExtAPI(pIE->_listen, WSAID_ACCEPTEX);
         BOOL bIsOK = pfnAcceptEx(pIE->_listen, ..., psi);
            ⋮
```
소켓을 생성하고 AcceptEx 함수를 호출해 풀 대기 상태로 들어간다.

```
         EnterCriticalSection(&pIE->_cs);
         pIE->_pool.insert(psi);
         LeaveCriticalSection(&pIE->_cs);
```
접속 대기 중인 소켓을 관리하기 위해 관리 풀에 소켓을 추가한다.

```
         continue;
      }
```

```
if (upDevKey == IOKEY_LISTEN)
{
```

IOKEY_LISTEN의 경우는 접속이 수용되었으므로 IOCP에 연결한다.

```
    CreateIoCompletionPort((HANDLE)psi->_sock, pIE->_iocp, IOKEY_CHILD, 0);
    cout << " ==> New client " << psi->_sock << " connected..." << endl;

    EnterCriticalSection(&pIE->_cs);
    pIE->_pool.erase(psi);
    pIE->_set.insert(psi);
    LeaveCriticalSection(&pIE->_cs);
```

풀에서 소켓을 제거하고 접속 관리 세트에 항목을 추가한다.

```
}
else
{
    ⋮
```

이제 코드는 PostQueuedCompletionStatus 함수를 PERMIT_INC_CNT 수만큼 호출해 IOCP 스레드로 하여금 AcceptEx 함수를 호출하도록 하는 구조로 바뀌었다. 위의 구조라면, PERMIT_INC_CNT가 4로 정의되어 있으므로, 자식 소켓을 미리 4개를 생성시켜 AcceptEx 함수를 호출해 접속을 받을 수 있는 상태로 만든 후, 종료를 위해 WaitForSingleObjec 함수를 통해 대기하는 구조가 된다. 지금까지의 수정이라면 결국 4개의 자식 소켓을 통해 접속을 수용하겠다는 의미인데, 그러면 클라이언트를 4개 이상 실행하면 어떻게 될 것인가? 별다른 처리 없이 여기까지 수정된 코드를 실행시킨다고 할 때, 클라이언트를 4개 이상 실행시키면 더 이상의 접속은 수용하지 못함을 확인할 수 있다. 그리고 더 큰 문제는 이미 접속된 클라이언트를 모두 종료시킨 후 다시 실행하면 다시 접속되지 않는다는 것을 알 수 있다.

이런 상황에 대해 좀 더 검토해보자. 동시에 4개까지의 접속은 허용하고 그 이상의 접속은 허용되지 않는다. 그렇다면 기존의 접속을 끊게 되면 동시 접속이 4개 이하로 떨어질 것이며, 따라서 다른 클라이언트를 접속시켰을 때 접속이 이루어져야만 한다. 하지만 접속을 모두 해제시켜 주었음에도 그 이후로는 결코 접속이 이루어지지 않을 것이다. 그렇다면 접속 해제 시에 AcceptEx 함수를 다시 호출해주면 가능하지 않을까?하는 예상이 가능하다. 다시 〈프로젝트 5.4.3 EchoSvrExIocp〉 코드로 돌아가서 자식 소켓에 대해 closesocket 함수를 호출하는 스레드의 예외 처리 부분을 다음과 같이 수정해보자.

```
        ⋮
    catch (int ex)
    {
        if (ex != STATUS_LOCAL_DISCONNECT)
        {
            if (ex == ERROR_SUCCESS || ex == STATUS_REMOTE_DISCONNECT)
                cout << " ==> Client " << psi->_sock << " disconnected..." << endl;
            else
                cout << " ==> Error occurred, code = " << ex << endl;

            // closesocket(psi->_sock);
```
클라이언트 접속 해제 시 자식 소켓을 닫지 않는다.
```
            ⋮
            BOOL bIsOK = pfnAcceptEx(pIE->_listen, psi->_sock, ...);
```
closesocket 호출을 주석 처리한 상태에서 해당 자식 소켓을 대상으로 다시 AcceptEx 함수를 호출한다.

원래는 closesocket 함수를 호출해 자식 소켓을 닫고 관련 리소스를 해제하는 코드였지만, 위와 같이 closesocket 호출을 주석 처리해 소켓을 닫는 대신 그 상태에서 다시 AcceptEx 함수를 호출하도록 처리한 것이다. 이렇게 수정해서 다시 테스트를 해봐도, 역시나 별반 차이가 없다는 것을 확인할 수 있을 것이다. 일단 4개의 클라이언트를 접속시킨 후 그 연결을 모두 해제하고 다시 접속하더라도 더 이상 접속은 되지 않는다. AcceptEx 함수는 에러가 발생하고, 그 에러는 우리가 원하는 WSA_IO_PENDING이 아니라 WSAEINVAL 에러 코드가 될 것이다. 그러면 IOKEY_INCREASE 생성키의 처리처럼 closesocket 함수를 호출해 소켓을 완전히 닫고 다시 생성하여 AcceptEx 함수를 호출한다면 어떨까?

```
            ⋮
        if (ex == ERROR_SUCCESS || ex == STATUS_REMOTE_DISCONNECT)
            cout << " ==> Client " << psi->_sock << " disconnected..." << endl;
        else
            cout << " ==> Client " << pSI->_sock << " disconnected..." << endl;
```

```
        closesocket(pSI->_sock);

        SOCKET sock = socket(AF_INET, SOCK_STREAM, IPPROTO_TCP);
        pSI->_sock = sock;


        LPFN_ACCEPTEX pfnAcceptEx = (LPFN_ACCEPTEX)
            GetSockExtAPI(pIE->_listen, WSAID_ACCEPTEX);
        BOOL bIsOK = pfnAcceptEx
        (
            pIE->_listen, pSI->_sock, pSI->_buff, 0,
                ⋮
```

이렇게 소켓을 확실히 닫고, 다시 자식 소켓을 생성하여 AcceptEx 함수를 호출하도록 수정하여 테스트를 해보면 문제없이 잘 실행된다는 것을 알 수 있다. 이런 처리 후의 움직임은 4개의 소켓에 대해 최대 동시 4개까지의 연결을 수용하며, 동기적 accept 호출 대신에 비동기적 처리를 가능하게 해주는 구조가 된다.

| DisconnectEx |

이제 생성된 소켓의 재사용이란 측면에 대해 알아보자. 바로 앞의 코드, 즉 클라이언트가 접속을 끊었을 때 "closesocket → socket → AcceptEx" 함수 호출의 일련의 과정을 다시 살펴보도록 하사. closesocket 함수는 연결을 끊기도 하지만, CloseHandle과 마찬가지로 해당 커널 객체를 해제한다. 따라서 closesocket 함수의 호출은 소켓 제거에 따르는 부하를 고스란히 떠안게 된다. 그렇다면 소켓이라는 커널 객체를 제거하는 것이 아니라 그 연결만 끊고 소켓 자체는 그대로 유지하고 있다가, 다시 클라이언트의 요구가 들어왔을 때 그 소켓을 다시 연결시켜 준다면 소켓의 삭제에 대한 부담뿐만 아니라 접속에 따르는 새로운 소켓 생성의 부담을 동시에 줄일 수 있다. 그렇다면 중요한 것은 클라이언트가 접속을 해제할 때 앞의 코드처럼 소켓을 그냥 닫아버리면, 즉 closesocket 함수를 호출한다면 실제 소켓 커널 객체의 해제까지 이루어지기 때문에 재사용 자체가 불가능할 수밖에 없다. closesocket 함수는 연결이 되어 있으면 연결을 끊고, 소켓 커널 객체의 사용계수를 감소시켜 결국 사용계수가 0이 되면 커널로 하여금 그 객체를 메모리 상에서 해제하도록 한다. 재사용이란 측면에서 볼 때, closesocket 함수가 아닌 단순히 연결만을 끊어버릴 수 있는 어떤 수단이 제공되어야 할 것이다. 앞의 코드를 재사용 가능한 구조로 변경하기 위해 closesocket의 사용은 뒤로 미루기 바란다. 대신에 다음의 함수를 이용해 소켓을 닫는 게 아닌 접속만 끊고 추후에 재사용 가능한 형태로 만들어보도록 하자.

```
BOOL PASCAL DisconnectEx
(
    _In_ SOCKET        hSocket,
    _In_ LPOVERLAPPED  lpOverlapped,
    _In_ DWORD         dwFlags,
    _In_ DWORD         reserved
);
```

SOCKET hSocket

AcceptEx나 ConnectEx 함수를 통해 클라이언트와 연결된 소켓이다.

LPOVERLAPPED lpOverlapped

OVERLAPPED 구조체에 대한 포인터다. 이 말은 DisconnectEx 함수 역시 비동기로 수행할 수 있음을 의미한다. 이 매개변수를 NULL로 넘겨주면 동기 함수로 실행된다.

DWORD dwFlags

소켓 hSocket을 재사용하기 위해서는 TF_REUSE_SOCKET 플래그를 사용하라. TF_REUSE_SOCKET의 의미는 소켓 연결 해제 작업이 완료된 후, 나중에 이 소켓을 AcceptEx나 ConnectEx 함수 호출 시 다시 사용하겠다는 의미다. 그런 목적이 아닌 경우에는 0을 넘겨주면 된다.

DWORD reserved

예약된 매개변수다. 반드시 0으로 넘겨줘야 하며, 그렇지 않으면 WSAEINVAL 에러가 리턴된다.

앞의 코드에서 closesocket 함수 호출 후 소켓을 다시 생성하는 부분을 다음처럼 DisconnectEx 함수를 사용하는 코드로 변경하고 빌드하여 직접 확인해보라. 다음은 〈프로젝트 5.4.3 Echo SvrExIocp2〉에서 소켓을 닫고 다시 생성하는 부분을 DisconnectEx 함수로 대체한 코드다.

```
closesocket(pSI->_sock);

SOCKET sock = socket(AF_INET, SOCK_STREAM, IPPROTO_TCP);
pSI->_sock = sock;
```

```
LPFN_DISCONNECTEX pfnDisconnectEx =
    (LPFN_DISCONNECTEX)GetSockExtAPI(pSI->_sock, WSAID_DISCONNECTEX);
pfnDisconnectEx(pSI->_sock, NULL, TF_REUSE_SOCKET, 0);
```

〈프로젝트 5.4.3 EchoSvrExIocp2〉 예제를 실행시켜 확인해보면 원하는 결과를 얻을 수 있을 것이다. 여기서 TF_REUSE_SOCKET 플래그를 지정했음에 유의하라.

이제 EchoSvrExIocp2의 최종 예외 처리 코드를 살펴보기 전에 OVERLAPPED 구조체의 Internal 필드에 담기는 상태 코드를 하나 더 검토해볼 필요가 있다. 지금까지의 코드는 동시 접속을 4개 이상 허용하지 않았다. 그렇다면 클라이언트 4개를 실행시켜 접속한 후 다섯 번째 클라이언트를 실행시켜 보라. 클라이언트는 우선 접속에 성공하지만 서버는 아무런 변화가 없다. 다섯 번째 클라이언트가 접속에 성공하는 이유는 listen 함수 호출 시의 마지막 매개변수로 전달하는 backlog 값의 효과다. 서버가 accept 종류의 함수 호출이 없는 상태에서 클라이언트에서 요청된 접속은 접속 대기 큐에 우선 쌓이게 되는데, 이 backlog 값이 접속 대기 큐의 크기를 지정한다. 따라서 다섯 번째 클라이언트의 접속 요청은 접속 대기 큐에서 서버가 accept 등의 함수를 호출할 때를 기다리게 된다. 이 상태에서 다섯 번째로 접속한 클라이언트를 강제 종료시킨다. 그리고 이미 접속된 4개의 클라이언트 중 하나를 종료시켜 보라. 그러면 다음과 같은 메시지가 출력될 것이다.

```
 ==> Waiting for client's connection......
  ==> New client 356 connected...
  ==> New client 352 connected...
  ==> New client 348 connected...
  ==> New client 344 connected...
  ==> Client 344 disconnected...
  ==> Client 344 has error -1073741299
  ==> New client 344 connected...
```

자식 소켓 344가 네 번째 연결된 소켓이 된다. 이 상태에서 다섯 번째 연결된 클라이언트를 종료하고 이어서 바로 네 번째 클라이언트를 종료하면, 자식 소켓 344가 정상적으로 닫히고 연이어 344에 대해 어떤 에러가 발생했음을 확인할 수 있다. 이 에러 값은 상태 코드며, "트랜스포트 연결이 다시 설성되있음"을 의미하는 STATUS_CONNECTION_RESET(0xC000020D)이 된다. 이 상태 코드는 접속 대기 큐에 존재하는 접속 요청 때문에 발생된다. 4개의 접속 클라이언트 중 하나를 닫게 되면 DisconnectEx 함수 처리에 의해 연결을 끊고 다시 AcceptEx 함수를 호출하게 된다. 그러면 접속 대기 큐에 접속 요청이 존재하기 때문에, 그 요청을 데큐하여 AcceptEx 함수로 넘겨진 소켓과 연결시키고자 한다. 하지만 큐에서 빼낸 그 요청은 이미 클라이언트가 종료되어 연결이 취소된 것이며, 따라서 AcceptEx 함수로 야기된 접속 요청은 실패하고 GetQueuedCompletionStatus 함수에서 리턴되어 Internal 필드의 상태 코드는 STATUS_CONNECTION_RESET이 되는 것이다. LsaNtStatusToWinError 함수를 호출해 이 상태 코드에 대응하는 윈도우 에러 코드를 획득하게 되면, STATUS_LOCAL_DISCONNECT, STATUS_REMOTE_DISCONNECT 상태 코드의 경우와 마찬가지로 ERROR_NETNAME_DELETED가 된다. WSAGetOverlappedResult 함수를 통해서 소켓 에러 코드를 획득하면 STATUS_CONNECTION_RESET 상태 코드는 WSAECONNRESET 에러 코드가 된다. 따라서 이 경우 역시 클라이언트의 강제 종료에 의한 비정상 연결 종료로 취급될 수 있으며, 이 에러에 대해서도 역시 DiscoonectEx → AcceptEx의 과정을 통해서 다시 연결을 수용할 수 있는 상태로 만들어줘야 한다. 그 결과 다시 클라이언트를 실행했을 때 자식 소켓 344가 그대로 새로운 클라이언트의 접속 요청에 응하여 연결을 수용했음을 확인할 수 있다.

이제 방금 언급했던 새로운 상태 코드의 처리까지 모두 취합해서 〈EchoSvrExIocp2〉 코드의 최종적인 예외 처리 코드를 확인하도록 하자. 우선 새롭게 추가된 상태 코드를 다음과 같이 정의하자.

```
#ifndef STATUS_CONNECTION_RESET
#  define STATUS_CONNECTION_RESET    ((NTSTATUS)0xC000020DL)
#endif
```

다음은 수정된 예외 처리 코드다.

```
catch (int ex)
{
   if (ex == STATUS_LOCAL_DISCONNECT || ex == STATUS_CANCELLED)
   {
      cout << " ==> Child socket closed." << endl;
```

```
        continue;
    }

    if (upDevKey == IOKEY_INCREASE)
    {
```

PostQueuedCompletionStatus를 통해 접속 대기 소켓을 생성할 때 에러가 발생할 경우에 대한 에러 처리다.

```
        if (psi != NULL)
        {
            closesocket(psi->_sock);
            delete psi;
        }
        continue;
    }

    if (ex == ERROR_SUCCESS || ex == STATUS_REMOTE_DISCONNECT)
        cout << " ==> Client " << psi->_sock << " disconnected..." << endl;
    else if (ex == STATUS_CONNECTION_RESET)
```

접속 대기 큐의 접속 요청의 연결이 단절되었다.

```
        cout << " ==> Pending Client " << psi->_sock << " disconnected..." << endl;
    else
        cout << " ==> Client " << psi->_sock << " has error " << ex << endl;

    LPFN_DISCONNECTEX pfnDisconnectEx =
        (LPFN_DISCONNECTEX)GetSockExtAPI(psi->_sock, WSAID_DISCONNECTEX);
    pfnDisconnectEx(psi->_sock, NULL, TF_REUSE_SOCKET, 0);
```

연결 해제나 에러에 의해 통신을 이어갈 수 없는 경우에는 closesocket을 호출하지 않고 연결만 끊어준다.

```
    EnterCriticalSection(&pIE->_cs);
    pIE->_set.erase(psi);
    pIE->_pool.insert(psi);
    LeaveCriticalSection(&pIE->_cs);
```

연결만 끊은 소켓은 재사용을 위해 연결 세트로부터 제거하고 소켓 풀에 추가한다.

```
    LPFN_ACCEPTEX pfnAcceptEx = (LPFN_ACCEPTEX)
        GetSockExtAPI(pIE->_listen, WSAID_ACCEPTEX);
```

```
    BOOL bIsOK = pfnAcceptEx(pIE->_listen, psi->_sock, ..., (LPOVERLAPPED)psi);
    접속 대기를 위해 AcceptEx 함수를 호출한다.
        ⋮
   }
```

3) WSAEventSelect의 새로운 용도

이제 좀 더 깊이 들어가 보자. 앞의 코드는 동시 접속 가능한 클라이언트의 수를 최대 4개로 한정하고 있다. 특정 시간대에 몇천 대의 클라이언트가 동시 접속할 수 있는 가능성을 지닌 서버 프로그램의 경우 겨우 4개의 소켓으로만 그 많은 클라이언트의 접속을 처리하기는 힘들다는 것은 충분히 예상할 수 있을 것이다. 그렇다고 몇천 개의 소켓을 미리 생성시켜 두고 그 상황을 대비하는 것도 엄청난 리소스의 낭비를 초래할 것이다. 이 말은 결국 소켓 풀의 확장성을 고려해야 한다는 것을 의미한다. 예를 들어 최대 동시 1,000개까지의 풀 크기를 정해 놓고, 처음에는 100개의 소켓만 생성해서 풀에 넣어둔 다음 클라이언트 접속 수가 늘어나서 100개의 한계치에 다다르면 그때 다시 소켓을 100개 더 생성하여 풀에 추가해주고, 그런 식으로 늘어나는 클라이언트의 동시 접속을 효율적으로 처리할 수 있으면 좋을 것이다. 그렇다면 문제는 클라이언트 접속의 증가에 따른 소켓 풀 내의 소켓의 소비가 다 이루어진 시점을 파악하는 것이 핵심이다. 물론 클라이언트의 접속과 해제 시에 풀 내의 소켓 수를 매번 계산해서 처리할 수도 있겠지만 더 좋은 방법이 있다. 미리 생성시킨 소켓의 사용 수가 꽉 차서 추가 생성의 필요 시점을 판단할 수 있는 방안은 앞서 비동기 소켓에서 설명했던 WSAEventSelect 함수를 통해서 가능하다.

리슨 소켓을 위한 이벤트를 생성하여 WSAEventSelect 함수를 통해서 리슨 소켓과 연결시킨 후, 연결을 위해 미리 생성한 자식 소켓을 매개변수로 하여 AcceptEx 함수를 호출하면 생성된 소켓 수만큼의 접속이 이루어질 때까지는 연결된 이벤트는 계속 넌시그널 상태로 남아 있다. 그러다 접속 대기중인 소켓이 더 이상 존재하지 않은 상태에서 클라이언트의 접속 요청이 들어오면, 그 시점에서 이벤트는 시그널 상태가 된다. 이때 해당 이벤트를 기다리던 스레드는 원하는 수만큼의 소켓을 추가 생성하여 AcceptEx 함수를 호출할 수 있는 소중한 기회를 얻게 된다. 예를 들어 4개의 자식 소켓을 미리 생성하여 네 번의 AcceptEx 호출을 통해 접속 대기 상태로 두었다고 하자. 이 상황이라면 4대의 클라이언트에 대한 접속 수락이 가능하다. 4대의 클라이언트가 접속하여 미리 생성한 소켓과 연결되기 전까지라면 WSAEventSelect 함수로 전달된 이벤트는 넌시그널 상태다. 4개의 접속이 모두 수용된 후, 다섯 번째 클라이언트가 접속을 요청하면 미리 생성해둔 소켓이 없기 때문에 접속을 수용할 수가 없다. 대신에 이 시점에서 WSAEventSelect 함수로 전달된 이벤트는 시그널 상태가 되어 미리 생성한 소켓을 이미 모두 사용했음을 알려주는 역할을 하며, 이 통지를 받았을 때가 추가적으로 AcceptEx 호출을 위한 소켓을 생성할 적기가 되는 것이다. 즉 소켓 풀의 관리를 위해 WSAEventSelect 함수를 제공하고 있다.

WSAEventSelect 함수를 지금까지 말한 새로운 용도로 사용하기 위해 코드를 확인해보자. 다음 프로젝트는 WSAEventSelect 함수를 이용해 소켓 풀이 비었을 경우 소켓 풀에 소켓을 추가하도록 처리한 코드다. 〈프로젝트 5.4.3 EchoSvrExIocp2〉 코드를 그대로 사용했으며, IOCP에 대해 대기하는 스레드 처리는 동일하다. 대신 메인 함수에서 WSAEventSelect로 전달한 이벤트에 대해 메인 스레드가 대기하도록 했으며, 이 이벤트가 시그널 상태가 되었을 때 역시 AcceptEx 호출을 위한 자식 소켓을 소켓 풀에 추가하도록 처리했다.

프로젝트 5.4.3 EchoSvrExIocp3

```
    ⋮
HANDLE hTheads[2];
for (int i = 0; i < 2; i++)
{
    DWORD dwThrId;
    hTheads[i] = CreateThread(NULL, 0, IocpSockRecvProc, &ie, 0, &dwThrId);
}


for (int i = 0; i < PERMIT_INC_CNT; i++)
    PostQueuedCompletionStatus(ie._iocp, 0, IOKEY_INCREASE, NULL);
```

IOKEY_INCREASE 생성키와 함께 PostQueuedCompletionStatus를 호출해 미리 4개의 소켓을 접속 대기 상태로 만들어 소켓 풀을 형성하도록 한다.

```
WSAEVENT hEvent = WSACreateEvent();
WSAEventSelect(hsoListen, hEvent, FD_ACCEPT);
```

WSAEventSelect용 이벤트를 생성하고 WSAEventSelect를 통해 리슨 소켓과 연결한다.

```
HANDLE arSyncObjs[2] = { g_hevExit, hEvent };
while (true)
{
    DWORD dwWaitRet = WaitForMultipleObjects(2, arSyncObjs, FALSE, INFINITE);
```

```
        if (dwWaitRet == WAIT_FAILED)
            break;


        if (dwWaitRet == WAIT_OBJECT_0)
            break;


        WSANETWORKEVENTS ne;
        WSAEnumNetworkEvents(hsoListen, hEvent, &ne);
        if (ne.lNetworkEvents & FD_ACCEPT)
        {
            for (int i = 0; i < PERMIT_INC_CNT; i++)
                PostQueuedCompletionStatus(ie._iocp, 0, IOKEY_INCREASE, NULL);
```
```
        }
    }
    CloseHandle(ie._iocp);
    WaitForMultipleObjects(2, hTheads, TRUE, INFINITE);
        ⋮
```

위의 예제 〈EchoSvrExIocp3〉 코드는 접속이 늘어날수록 자식 소켓의 수도 함께 늘어난다. 문제는 접속된 클라이언트들이 접속을 끊게 되면 소켓 풀의 소켓을 해제시키는 코드가 없기 때문에 소켓 풀의 크기는 계속 증가하게 된다. 즉 소켓 풀이 비게 되면 WSAEventSelect 호출의 효과로 적절한 시기에 그 통지를 받아 소켓 풀을 늘릴 수는 있지만, 계속 늘어가기만 할 뿐 소켓 풀의 크기를 줄일 수는 없는 코드가 된다. 그러므로 소켓 풀이 무한정 늘어나는 것을 막기 위해, 적절한 시점에서 놀고 있는 소켓 풀의 소켓들을 해제시켜 주는 것도 필요하다. 즉, 소켓 풀에 대한 관리 코드가 요구되는 것이다. 따라서 이번에 제시할 프로젝트 예제는 아주 원초적인 소켓 풀 관리의 예를 보여준다. 소켓 풀의 크기를 줄이는 방법은 대기 함수의 타임아웃을 이용하는 방식으로 이루어진다.

```
#define TM_PROG_EXIT          WM_USER + 1
#define TM_SOCK_CONNECTED     WM_USER + 2
#define TM_SOCK DISCONNECTED  WM_USER + 3
```

스레드 메시지 처리를 위한 정의다. 소켓 풀 관리를 스레드 메시지를 통해 메인 스레드에서 전적으로 관리하도록 함으로써 동기화 처리를 피한다.

```
#define POOL_MAX_SIZE         32
#define POOL_MIN_SIZE         4
#define PERMIT_INC_CNT        4
```

풀 관리를 위한 상수를 정의한다. 풀의 최대/최소 크기와 풀 갱신 시 추가될 소켓의 수를 정의한다.

```
#define IOKEY_LISTEN          1
#define IOKEY_CHILD           2
#define IOKEY_INCREASE        3
```

IOCP에서 장치를 식별할 생성키를 정의한다. IOKEY_INCREASE는 삭제한다.

STATUS_CANCELLED 상태 코드가 추가된 점에 주의하기 바란다. 5.4.2절에서는 AcceptEx 함수에 관하여 설명하면서 AcceptEx 호출 후 접속 대기 중인 소켓을 닫으면 STATUS_CANCELLED 상태 코드가 설정된다고 했다. 이 부분에 대한 처리를 위해 STATUS_CANCELLED 상태 코드를 추가 정의했다. 그리고 SOCK_ITEM 구조체의 정의는 동일하고, 연결된 자식 소켓 관리나 소켓 풀의 관리는 STL의 set 컨테이너를 사용한다. 그리고 동기화 문제를 피하기 위해 스레드 메시지를 사용하기 때문에 IOCP_ENV 구조체에 메인 스레드의 ID를 담을 필드를 추가했다.

```
struct IOCP_ENV
{
    CRITICAL_SECTION  _cs;
    SOCK_SET      _set, _pool;
    HANDLE        _iocp;
    DWORD         _thrid;
```

스레드에 메시지를 전송하기 위한 메인 스레드 ID를 담을 필드를 추가했다. 자식 소켓 관리는 이제 전적으로 메인 스레드가 담당하기 때문에 _cs, _set, _pool 필드는 삭제한다.

```
};
typedef IOCP_ENV* PIOCP_ENV;
```

IOCP 스레드는 기존의 처리와 거의 비슷하다. 차이가 있다면 PostThreadMessage 함수를 사용해 클라이언트 접속 및 해제 시의 처리를 메인 스레드에게 맡긴다는 점이다.

```
DWORD WINAPI IocpSockRecvProc(PVOID pParam)
{
    PIOCP_ENV  pIE = (PIOCP_ENV)pParam;
    PSOCK_ITEM psi = NULL;
    DWORD      dwTranBytes = 0;
    ULONG_PTR  upDevKey = 0;

    while (true)
    {
        try
        {
            BOOL bIsOK = GetQueuedCompletionStatus
            (
                pIE->_iocp, &dwTranBytes, &upDevKey, (LPOVERLAPPED*)&psi, INFINITE
            );
            if (bIsOK == FALSE)
            {
                if (psi != NULL)
                    throw (int)psi->Internal;

                int nErrCode = WSAGetLastError();
                if (nErrCode != ERROR_ABANDONED_WAIT_0)
                    cout << "GQCS failed: " << nErrCode << endl;
                break;
            }

            // if (upDevKey == IOKEY_INCREASE)
```

> PostQueuedCompletionPort를 통해서 소켓 풀에 소켓을 추가하는 처리는 이제 메인 스레드가 담당하므로, IOKEY_INCREASE에 대한 처리는 삭제한다.

```
            if (upDevKey == IOKEY_LISTEN)
```

```
            {
                CreateIoCompletionPort((HANDLE)psi->_sock, pIE->_iocp, IOKEY_CHILD, 0);
                cout << " ==> New client " << psi->_sock << " connected..." << endl;
                PostThreadMessage(pIE->_thrid, TM_SOCK_CONNECTED, 0, (LPARAM)psi);
```

새로운 클라이언트가 접속했다. 스레드 풀 관리 및 접속 소켓 관리를 위해 TM_SOCK_CONNECTED 메시지를 메인 스레드로 부친다.

```
            }
            else
            {
```

클라이언트로부터 데이터를 수신한 후의 처리는 이전 코드와 동일하다.

```
                ⋮
            }

            DWORD dwFlags = 0;
            WSABUF wb;
            wb.buf = psi->_buff, wb.len = sizeof(psi->_buff);
            int nSockRet = WSARecv(psi->_sock, &wb, 1, NULL, &dwFlags, psi, NULL);
            if (nSockRet == SOCKET_ERROR)
            {
                ⋮
            }
        }
        catch (int ex)
        {
            if (ex == STATUS_LOCAL_DISCONNECT || ex == STATUS_CANCELLED)
            {
                cout << " ==> Child socket closed." << endl;
                continue;
            }

            if (ex == ERROR_SUCCESS || ex == STATUS_REMOTE_DISCONNECT)
                cout << " ==> Client " << psi->_sock << " disconnected..." << endl;
            else if (ex == STATUS_CONNECTION_RESET)
                cout << " ==> Pending Client " << psi->_sock
                     << " disconnected..." << endl;
            else
                cout << " ==> Error occurred, code = " << ex << endl;
```

```
        PostThreadMessage(pIE->_thrid, TM_SOCK_DISCONNECTED, ex, (LPARAM)psi);
```

클라이언트가 접속을 끊었거나 다른 이유로 에러가 발생했을 때, 소켓을 닫는 등의 처리를 메인 스레드에게 모두 위임하기 위해 TM_SOCK_DISCONNECTED 메시지를 부친다.

```
      }
    }
    return 0;
}
```

다음은 IncreaseAcceptSockets 함수에 대한 정의다. 지정된 수만큼 소켓을 생성하여 AcceptEx 함수를 호출한 후 소켓 풀에 추가한다.

```
int IncreaseAcceptSockets(SOCKET hsoListen, int nIncCnt, SOCK_SET& pool)
{
    LPFN_ACCEPTEX pfnAcceptEx = (LPFN_ACCEPTEX)
        GetSockExtAPI(hsoListen, WSAID_ACCEPTEX);

    int nPooledCnt = 0;
    for (; nPooledCnt < nIncCnt; nPooledCnt++)
    {
        SOCKET sock = socket(AF_INET, SOCK_STREAM, IPPROTO_TCP);
```

접속을 수용할 자식 소켓을 생성한다.

```
    if (sock == INVALID_SOCKET)
        break;

        PSOCK_ITEM psi = new SOCK_ITEM(sock);
        BOOL bIsOK = pfnAcceptEx
        (
            hsoListen, sock, psi->_buff, 0,
            sizeof(SOCKADDR_IN) + 16, sizeof(SOCKADDR_IN) + 16,
            NULL, (LPOVERLAPPED)psi
        );
```

AcceptEx 함수를 호출해 소켓 풀을 형성한다.

```
        if (bIsOK == FALSE)
        {
            if (WSAGetLastError() != WSA_IO_PENDING)
```

```
            {
                cout << "AcceptEx failed : " << WSAGetLastError() << endl;
                closesocket(psi->_sock);
                delete psi;
                break;
            }
        }
        pool.insert(psi);
```

```
    }
    return nPooledCnt;
}
```

마지막으로 메인 함수에 대한 정의다. 스레드 메시지를 이용해 pool과 conn 두 컨테이너를 관리하면서 리슨 소켓과 연결된 이벤트에 대해서도 대기해야 하므로, MsgWaitForMultipleObjectsEx 함수를 호출해 대기한다. 또한 이 함수 호출 시에 타임아웃 값을 지정한 점도 눈여겨보기 바란다. 리슨 소켓과 연결된 이벤트가 시그널될 때와 타임아웃이 발생했을 때, pool 소켓 풀의 원소를 추가 및 제거하는 아주 원초적인 풀 관리 기능을 구현하고 있다.

```
void _tmain()
{
    SOCKET hsoListen = GetListenSocket(9001);
    cout << " ==> Waiting for client's connection......" << endl;

    IOCP_ENV ie;
    ie._thrid = g_dwMainThrId = GetCurrentThreadId();
    ie._iocp  = CreateIoCompletionPort((HANDLE)hsoListen, NULL, 1, 2);
```

```
    HANDLE hTheads[2];
    for (int i = 0; i < 2; i++)
    {
        DWORD dwThrId;
        hTheads[i] = CreateThread(NULL, 0, IocpSockRecvProc, &ie, 0, &dwThrId);
    }
```

```
    SOCK_SET pool, conn;
```

소켓 풀 컨테이너 pool과 접속 중인 자식 소켓을 관리하기 위한 컨테이너 conn을 정의한다.

```
    IncreaseAcceptSockets(hsoListen, PERMIT_INC_CNT, pool);
```

POOL_UPT_SIZE 수만큼 미리 소켓 풀에 소켓을 생성하여 추가한다.

```
    WSAEVENT hEvent = WSACreateEvent();
    WSAEventSelect(hsoListen, hEvent, FD_ACCEPT);
```

WSAEventSelect용 이벤트를 생성하고 WSAEventSelect를 통해 리슨 소켓과 연결한다.

```
    while (true)
    {
        DWORD dwWaitRet = MsgWaitForMultipleObjectsEx
        (
            1, &hEvent, 2000, QS_POSTMESSAGE, MWMO_INPUTAVAILABLE
        );
```

지금까지는 대기 함수 호출 시 대부분 타임아웃을 지정하지 않았지만, 이번 예제에서는 타임아웃을 2초로 지정했다. 풀 관리에서 타임아웃 발생 여부는 중요하다. 클라이언트 접속 및 해제가 빈번하게 이루어진다면 대기 함수는 메시지 처리로 계속 바쁜 상태가 되어 타임아웃이 발생되지 않는다. 하지만 타임아웃이 발생했다는 의미는 그만큼 해당 스레드가 한가하다는 의미며, 이는 클라이언트 접속 및 해제가 별로 발생되지 않았다는 것을 의미한다. 따라서 타임아웃 발생 시에 소켓 풀에 소켓이 너무 많이 추가되어 있을 경우에는 리소스 낭비를 막기 위해 여분의 소켓을 닫고 그 인스턴스를 해제할 기회를 갖는다.

```
        if (dwWaitRet == WAIT_FAILED)
            break;

        if (dwWaitRet == WAIT_TIMEOUT)
        {
```

타임아웃이 발생했으며, 이는 소켓 풀의 크기를 감소시킬 수 있는 기회다.

```
            if (pool.size() > POOL_MIN_SIZE)
            {
                SOCK_SET::iterator it = pool.begin();
                PSOCK_ITEM psi = *it;
                pool.erase(it);
                closesocket(psi->_sock);
                delete psi;
```

```
              printf("...Timeout expired, pool=%d, conn=%d\n",
                  pool.size(), conn.size());
          }
          continue;
      }


      if (dwWaitRet == 1)
      {
```

```
          MSG msg;
          if (!PeekMessage(&msg, NULL, 0, 0, PM_REMOVE))
              continue;

          if (msg.message == TM_PROG_EXIT)
              break;
```

```
          PSOCK_ITEM psi = (PSOCK_ITEM)msg.lParam;
          if (msg.message == TM_SOCK_CONNECTED)
          {
```

```
              pool.erase(psi);
              conn.insert(psi);
              printf("...Connection established, pool=%d, conn=%d\n",
                  pool.size(), conn.size());
          }
          else if (msg.message == TM_SOCK_DISCONNECTED)
          {
```

```
              conn.erase(psi);
```

```
        if (pool.size() > POOL_MIN_SIZE)
        {
                closesocket(psi->_sock);
            delete psi;
```

현재 대기 중인 소켓의 수, 즉 소켓 풀의 크기가 풀 최소 크기보다 클 경우에는 남는 소켓을 줄이기 위해 소켓을 닫고 해당 인스턴스를 메모리로부터 해제한다.

```
        }
        else
        {
```

소켓 풀의 크기가 풀 최소 크기보다 작거나 같을 경우에는 접속 대기 소켓이 여전히 필요한 상황이기 때문에 소켓을 닫으면 안 된다.

```
            LPFN_DISCONNECTEX pfnDisconnectEx = (LPFN_DISCONNECTEX)
                GetSockExtAPI(psi->_sock, WSAID_DISCONNECTEX);
            pfnDisconnectEx(psi->_sock, NULL, TF_REUSE_SOCKET, 0);
```

소켓의 연결을 끊어주고 TF_REUSE_SOCKET 플래그를 지정하여 재사용이 가능하도록 한다.

```
            LPFN_ACCEPTEX pfnAcceptEx = (LPFN_ACCEPTEX)
                GetSockExtAPI(hsoListen, WSAID_ACCEPTEX);
            BOOL bIsOK = pfnAcceptEx
            (
                hsoListen, psi->_sock, psi->_buff, 0,
                sizeof(SOCKADDR_IN) + 16, sizeof(SOCKADDR_IN) + 16,
                NULL, (LPOVERLAPPED)psi
            );
```

연결을 끊은 소켓을 재사용하기 위해 다시 AcceptEx 함수를 호출해 접속 대기 상태로 만든다.

```
            if (bIsOK == FALSE)
            {
                int nErrCode = WSAGetLastError();
                if (nErrCode != WSA_IO_PENDING)
                {
                        ⋮
                }
            }
        }
        pool.insert(psi);
```

```
        }
        printf("...Connection released, pool=%d, conn=%d\n",
            pool.size(), conn.size());
    }
  }
  else
  {
```

```
    WSANETWORKEVENTS ne;
    WSAEnumNetworkEvents(hsoListen, hEvent, &ne);
    if (ne.lNetworkEvents & FD_ACCEPT)
    {
        if (pool.size() < POOL_MAX_SIZE)
            IncreaseAcceptSockets(hsoListen, PERMIT_INC_CNT, pool);
```

```
        printf("...Listen event signaled, pool=%d, conn=%d\n",
            pool.size(), conn.size());
    }
  }
}
CloseHandle(ie._iocp);
WaitForMultipleObjects(2, hTheads, TRUE, INFINITE);
    ⋮
}
```

5.4.4 파일 전송

서버와 클라이언트 사이의 파일 전송, 즉 서버로부터의 파일 다운로드나 서버로의 파일 업로드, 아니면 P2P 파일 전송을 구현해야 하는 경우가 적지 않다. 이러한 파일 전송을 위해 이 기능을 직접 구현하기도 하지만, MS 윈속 확장 API에서는 CopyFile 등의 파일 복사 함수와 비슷하게 파일 전송을 하나의 함수로 처리할 수 있도록 TransmitFile 함수를 제공한다. 또한 파일뿐만 아니라 파일 내의 블록이나 메모리의 특정 블록을 쉽게 전송할 수 있도록 TransmitPackets라는 함수 역시 추가적으로 제공하고 있다. 이번 절에서는 먼저 파일 전송의 예를 IOCP를 사용해 직접 구현해보고, 다음으로 TransmitFile과 TransmitPackets 함수의 사용 방법에 대해 설명하고자 한다.

1) 파일 전송의 구현

이제 파일 전송 기능을 직접 구현해보자. 먼저 동기적인 파일 전송에 대해 간단히 살펴보고, 4장에서 살펴봤던 〈프로젝트 4.1.1 FileCopySync〉 파일 복사 예제를 변경해보도록 하자. 클라이언트에서는 매개변수로 전달된 파일을 열고 한 블록을 읽어들여 서버로 전송하는 과정을 파일 끝까지 반복할 것이다. 서버에서는 접속을 수용하고 수신을 개시한 후 클라이언트가 접속을 끊을 때까지 전송된 블록을 파일에 쓰고 다시 수신 대기하는 과정을 반복하는 단순한 전송 방식을 사용할 것이다. 물론 매우 간단하지만, 실제로 파일 전송 시에 속도를 고려하여 송신 측에서 접속을 끊는 순간 수신 측에서는 파일 복사의 완료로 간주하는 처리로 많이 사용된다.

다음 프로젝트는 파일을 업로드하는 클라이언트 측의 예제다.

프로젝트 5.4.4 FTClient

```
void _tmain(int argc, _TCHAR* argv[])
{
         ⋮

   int lSockRet = connect(sock, (LPSOCKADDR)&sa, sizeof(sa));
```
소켓을 생성하여 서버에 접속한다.

```
         ⋮

   HANDLE hFile = CreateFile
   (
       argv[1], GENERIC_READ, 0, NULL, OPEN_EXISTING, 0, NULL
   );
```
전송할 파일을 연다.

```
         ⋮

   LONGLONG llSentSize = 0;
   BYTE arBuff[4096];
   while (true)
   {
       DWORD dwTrBytes = 0;
       BOOL bIsOK = ReadFile(hFile, arBuff, sizeof(arBuff), &dwTrBytes, NULL);
```

```
파일을 한 블록 읽어들인다. 블록 크기는 4KB로 한다.

    ⋮

    if (dwTrBytes == 0)
        break;
```

파일의 끝에 다다르면 전송을 중단하고 루프를 빠져나온다.

```
    lSockRet = send(sock, (PCSTR)arBuff, dwTrBytes, 0);
```

읽어들인 블록은 소켓을 통해 서버로 전송한다.

```
    ⋮

    llSentSize += dwTrBytes;
    printf(" <= Sent bytes : %I64d\n", llSentSize);
  }
  closesocket(sock);
```

소켓을 닫아 파일 전송 완료를 서버에게 알려준다.

```
  CloseHandle(hFile);
    ⋮
}
```

이번에는 서버 측의 파일 수신의 예제를 보자. 서버 코드는 파일 복사 예와 더불어 〈프로젝트 5.1.2 EchoSvrThread〉 소스를 조합해서 처리했다. 메인 함수의 정의는 그대로 사용하고 파일 수신을 담당하는 스레드 정의는 다음과 같이 수정했다.

프로젝트 5.4.4 FTSvrThread

```
DWORD WINAPI ChildSockProc(PVOID pParam)
{
  GUID guid; WCHAR szGuid[128];
  CoCreateGuid(&guid);
  StringFromGUID2(guid, szGuid, 128);
```

예제를 최대한 간단히 하기 위해 파일명은 클라이언트로부터 별도의 정보를 받지 않고 GUID를 생성하여 그것을 전송 타깃 파일의 파일명으로 간주한다.

```
  WCHAR szFilePath[MAX_PATH];
```

```
    wsprintf(szFilePath, L"D:\\temp\\%s", szGuid);
    HANDLE hFile = CreateFileW
    (
        szFilePath, GENERIC_WRITE, 0, NULL, CREATE_ALWAYS, 0, NULL
    );
```

수신받은 블록을 파일에 쓰기 위해 쓰기 전용으로 파일을 연다.

```
      ⋮
    SOCKET sock = (SOCKET)pParam;
    LONGLONG llWroteSize = 0;
    BYTE arBuff[4096];
    while (true)
    {
        int lSockRet = recv(sock, (PSTR)arBuff, sizeof(arBuff), 0);
```

파일 블록을 4KB 단위로 수신한다.

```
          ⋮
        if (lSockRet == 0)
        {
            cout ≪ " ==> Client " ≪ sock ≪ " disconnected..." ≪ endl;
            break;
```

수신 바이트 수가 0이면 클라이언트가 연결을 끊었음을 의미하는 것이므로, 파일 전송 종료로 간주하고 루프를 탈출한다.

```
        }


        DWORD dwTrBytes = 0;
        BOOL bIsOK = WriteFile(hFile, arBuff, lSockRet, &dwTrBytes, NULL);
```

수신한 파일 블록을 타깃 파일에 쓴다.

```
          ⋮
        llWroteSize += dwTrBytes;
        printf(" => Wrote bytes : %I64d\n", llWroteSize);
    }
    CloseHandle(hFile);
```

타깃 파일 핸들을 닫아주어 전송 후 쓴 파일이 완성되도록 한다.

```
    closesocket(sock);
      ⋮
    return 0;
}
```

지금까지의 코드는 동기적인 방식으로 파일 전송을 구현한 예다. 이번에는 IOCP를 이용해서 파일 핸들과 소켓 핸들을 IOCP에 공존시켜 파일을 비동기적으로 전송하는 예를 살펴보고자 한다. 〈프로젝트 4.4.2 MultiCopyIOCP〉의 다중 파일 복사의 예를 다중 파일 전송으로 변경해보자. 이번 코드에서는 파일 블록을 전송하거나 수신할 때 WSASend/WSARecv 함수 대신 ReadFile/WriteFile 함수를 사용했다. 다음 프로젝트는 IOCP를 이용해 파일을 읽어 서버로 전송하는 클라이언트 측 프로그램의 예제로, 다음과 같이 COPY_CHUNCK 구조체의 타깃 파일 핸들을 소켓 핸들로 대체했다.

프로젝트 5.4.4 FTClientIocp

```
#define BUFF_SIZE  4096
#define IOKEY_FILE 1
#define IOKEY_SOCK 2

struct COPY_CHUNCK : OVERLAPPED
{
   HANDLE  _file;
   SOCKET  _sock;
   BYTE    _arBuff[BUFF_SIZE];

   COPY_CHUNCK(HANDLE file, SOCKET sock)
   {
      memset(this, 0, sizeof(*this));
      _file = file, _sock = sock;
   }
};
typedef COPY_CHUNCK* PCOPY_CHUNCK;

struct COPY_ENV
{
   HANDLE  _hIocp;
   LONG    _nCpCnt;
   HANDLE  _hevEnd;
};
typedef COPY_ENV* PCOPY_ENV;
```

다음은 IOCP 스레드 엔트리 함수에 대한 정의다. 기존 코드는 소스 파일로부터 데이터 한 블록을 읽어들여 타깃 파일에 쓰는 작업을 했지만, 이번 코드는 읽어들인 데이터 블록을 서버로 전송하도록 수정했다.

```
DWORD WINAPI IOCPSendProc(PVOID pParam)
{
   PCOPY_ENV pEnv = (PCOPY_ENV)pParam;
   DWORD   dwThrId = GetCurrentThreadId();

   while (true)
   {
      DWORD        dwErrCode = 0;
      PCOPY_CHUNCK pcc = NULL;
      DWORD        dwTrBytes = 0;
      ULONG_PTR    ulKey;

      BOOL bIsOK = GetQueuedCompletionStatus
      (
         pEnv->_hIocp, &dwTrBytes, &ulKey, (LPOVERLAPPED*)&pcc, INFINITE
      );
      if (!bIsOK)
      {
         if (pcc == NULL)
            break;
         dwErrCode = GetLastError();
         goto $LABEL_CLOSE;
      }

      if (ulKey == IOKEY_SOCK)
      {
```
생성키가 IOKEY_SOCK인 경우는 전송 완료를 의미하므로, 파일로부터 다음 블록을 읽어들인다.
```
         if (dwTrBytes > 0)
         {
            LARGE_INTEGER ll;
            ll.LowPart = pcc->Offset, ll.HighPart = pcc->OffsetHigh;
            ll.QuadPart += dwTrBytes;
```

```
          pcc->Offset = ll.LowPart, pcc->OffsetHigh = ll.HighPart;
            printf(" <= Thr %d sent %I64d bytes...\n", dwThrId, ll.QuadPart);
```

파일 오프셋을 증가시키고 전송 결과를 출력한다.

```
      }


        bIsOK = ReadFile(pcc->_file, pcc->_arBuff, BUFF_SIZE, NULL, pcc);
```

파일의 다음 블록 읽기를 개시한다.

```
    }
    else
        bIsOK = WriteFile((HANDLE)pcc->_sock, pcc->_arBuff, dwTrBytes, NULL, pcc);
```

생성키가 IOKEY_FILE인 경우는 파일로부터 읽기가 완료되었음을 의미하므로, 읽은 블록을 서버로 전송한다.

```
  if (!bIsOK)
  {
      dwErrCode = GetLastError();
      if (dwErrCode != ERROR_IO_PENDING)
          goto $LABEL_CLOSE;
  }
  continue;


$LABEL_CLOSE:
  if (dwErrCode == ERROR_HANDLE_EOF)
      printf(" ****** Thr %d copy successfully completed...\n", dwThrId);
```

파일의 끝에 다다랐을 경우에는 전송을 종료한다.

```
  else
      printf(" ###### Thr %d copy failed, code : %d\n", dwThrId, dwErrCode);
  CloseHandle(pcc->_file);
  closesocket(pcc->_sock);
  if (InterlockedDecrement(&pEnv->_nCpCnt) == 0)
      SetEvent(pEnv->_hevEnd);
  }
  return 0;
}
```

메인 함수는 타깃 파일 대신 서버로 접속하는 소켓으로 대체된 것을 제외하고는 동일하다.

```
#define MAX_COPY_CNT  10
void _tmain(int argc, _TCHAR* argv[])
{
    ⋮
    COPY_ENV env;
    env._nCpCnt = 0;
    env._hIocp = CreateIoCompletionPort(INVALID_HANDLE_VALUE, NULL, 0, 2);
```

IOCP 커널 객체를 생성한다.

```
    env._hevEnd = CreateEvent(NULL, TRUE, FALSE, NULL);


    for (int i = 1; i < argc; i++)
    {
        HANDLE hFile = CreateFile(argv[i], ..., FILE_FLAG_OVERLAPPED,);
```

소스 파일을 연다.

```
        ⋮
        SOCKET sock = socket(AF_INET, SOCK_STREAM, IPPROTO_TCP);
        ⋮
        int lSockRet = connect(sock, (LPSOCKADDR)&sa, sizeof(sa));
        ⋮
```

소켓을 생성해 서버로 접속한다.

```
        cout << "==> Connection to server Success!!!" << endl;


        CreateIoCompletionPort(hFile, env._hIocp, IOKEY_FILE, 0);
        CreateIoCompletionPort((HANDLE)sock, env._hIocp, IOKEY_SOCK, 0);
```

소스 파일 핸들과 서버로 접속한 소켓 핸들을 각각 IOCP에 연결한다.

```
        PCOPY_CHUNCK pcc = new COPY_CHUNCK(hFile, sock);
        arChunk[i - 1] = pcc;
        env._nCpCnt++;
    }


    LONG lChnCnt = env._nCpCnt;
```

```
    DWORD dwThrID = 0;
    HANDLE harWorks[2];
    for (int i = 0; i < 2; i++)
        harWorks[i] = CreateThread(NULL, 0, IOCPSendProc, &env, 0, &dwThrID);

    for (int i = 0; i < lChnCnt; i++)
    {
        PCOPY_CHUNCK pcc = arChunk[i];
        PostQueuedCompletionStatus(env._hIocp, 0, IOKEY_SOCK, pcc);
```
각 파일에 소스 파일 최초 읽기를 개시하기 위해 IOCP로 통지를 보낸다.
```
    }
        ⋮
}
```

반대로, IOCP를 이용해 전송된 파일 블록을 수신해 파일로 쓰는 서버 측 예제 코드는 〈프로젝트 5.4.4 FTSvrIocp〉에 수록되어 있다. 클라이언트의 경우와는 반대 역할을 하며, 클라이언트가 접속을 끊었을 때 파일 전송이 완료된 것으로 판단하는 것만 제외하면 구조는 거의 동일하다. 따라서 별도의 설명 없이, 첨부된 예제 코드를 직접 참조하기 바란다.

2) TransmitFile의 사용

확장 API에서는 파일 전송을 쉽게 처리할 수 있도록 TransmitFile 함수를 제공한다. 이 함수는 운영체제의 캐시 매니저를 이용해 파일의 데이터를 획득하고 소켓을 통한 고성능의 파일 데이터 전송을 제공해준다. TransmitFile 함수는 전송 측에서 사용할 수 있으며, 수신 측은 파일 블록을 수신해서 디스크에 쓰는 과정을 직접 구현해야 한다. 수신 측은 앞서 예로 사용했던 FTSvrThread나 FTSvrIocp를 그대로 사용하면 된다.

```
BOOL PASCAL TransmitFile
(
  _In_ SOCKET                hSocket,
  _In_ HANDLE                hFile,
  _In_ DWORD                 nNumberOfBytesToWrite,
  _In_ DWORD                 nNumberOfBytesPerSend,
```

```
    _In_ LPOVERLAPPED                lpOverlapped,
    _In_ LPTRANSMIT_FILE_BUFFERS     lpTransmitBuffers,
    _In_ DWORD                       dwFlags
);
```

SOCKET hSocket

hSocket 소켓을 통해 파일을 전송하므로 연결된 소켓의 핸들이어야 한다. TCP 기반의 프로코
콜만을 지원한다.

HANDLE hFile

전송할 파일의 핸들이다. 지정된 파일을 순차적으로 읽기 때문에 FILE_FLAG_
SEQUENTIAL_SCAN 플래그를 지정하면 속도를 더 향상시킬 수 있다. hFile 매개변수는
NULL을 지정할 수 있는데, 이 경우는 lpTransmitBuffers 매개변수로 지정된 데이터만 전송한
다. lpTransmitBuffers 매개변수에서 더 자세히 설명한다.

DWORD nNumberOfBytesToWrite

전송할 파일의 바이트 수를 지정한다. 이 값을 구체적으로 지정해주면 해당 파일의 현재 오프셋
으로부터 지정된 바이트 수만큼만 전송한다. 만약 이 값을 0으로 지정하면 파일 전체를 전송한
다. 한 번에 전송할 수 있는 크기는 2,147,483,646바이트(대략 2GB), 즉 INT_MAX−1 값이
다. 따라서 이 매개변수를 0으로 지정했을 때 실제 파일의 크기가 2,147,483,646 바이트보다
크면 에러가 발생한다.

DWORD nNumberOfBytesPerSend

전송 단위를 지정하는 바이트 수를 의미한다. 이 매개변수로 지정된 값만큼 전송 단위로 나누어
전송한다. 이 매개변수를 통해 윈도우 소켓 레이어로 하여금 송신 작업의 블록 크기를 결정하도
록 한다. 0으로 지정하면 시스템이 전송 단위를 알아서 결정한다.

LPOVERLAPPED lpOverlapped

비동기 입출력을 사용해 전송하고자 한다면 OVERLAPPED 구조체의 포인터를 넘겨준
다. lpOverlapped가 NULL이 아니면 사용자가 직접 OVERLAPPED 구조체의 Offset과

OffsetHigh 필드를 관리해줘야 한다. 또한 전송 완료 통지는 hSocket 또는 OVERLAPPED 의 hEvent 필드를 통해서 이루어진다. 여기서 hFile은 통지의 대상이 아니라는 점에 유의하기 바란다. 비동기 파일 전송을 개시하게 되면 다른 비동기 입출력 함수와 마찬가지로, WSA_IO_ PENDING이나 ERROR_IO_PENDING 에러 체크를 해야 한다.

LPTRANSMIT_FILE_BUFFERS lpTransmitBuffers

이 매개변수가 지정되면 실제 파일 데이터를 전송하기 전과 전송 완료 후에 헤더 정보와 테일 정보를 전송해준다. 일반적으로 파일 전송 전에 전송할 파일에 대한 파일명, 파일 크기, 속성 등의 정보를 미리 전송하는 경우가 많은데, 이런 목적을 위해 이 매개변수를 사용할 수 있다. TRANSMIT_FILE_BUFFERS 구조체는 다음과 같다.

```
typedef struct _TRANSMIT_FILE_BUFFERS
{
    PVOID  Head;
    DWORD  HeadLength;
    PVOID  Tail;
    DWORD  TailLength;
} TRANSMIT_FILE_BUFFERS;
```

Head 필드는 파일 데이터 전송 개시 전에 보낼 데이터의 버퍼고, HeadLength는 그 크기를 가리킨다. Tail 필드는 파일 데이터 전송 완료 후에 추가적으로 보낼 데이터의 버퍼며, TailLength는 그 크기를 나타낸다. 만약 hFile 매개변수가 NULL이고 이 매개변수를 설정한다면 파일 데이터 전송 없이 이 구조체에 설정된 데이터만 전송하게 된다.

DWORD dwFlags

파일 전송 시 옵션을 지정하는 플래그다. 이 플래그의 종류는 크게 두 부분으로 나눌 수 있는데, 먼저 파일 전송이 완료된 후 연결 해제 처리에 관한 옵션이 있다.

- **TF_DISCONNECT**
  전송을 위한 파일의 모든 데이터가 큐잉된 후 TCP 계층의 연결을 끊기 시작한다. 이 옵션은 결국 TransmitFile 호출 후 전송이 완료되었을 때 명시적으로 closesocket 함수를 호출하지 않아도 TransmitFile 함수 내부적으로 연결을 종료하여 파일 전송을 위한 세션을 닫는다는 의미다.

- **TF_REUSE_SOCKET**

  소켓 핸들의 재사용을 가능하도록 만들며, TF_DISCONNECT 플래그와 함께 사용되어야 한다. TransmitFile 요청
  이 완료되면, 전속에 사용된 소켓 핸들을 AcceptFx 또는 ConnectEx 함수와 같은, 이전에 연결 성립에 사용되었던
  함수의 매개변수로 재사용이 가능하게 된다. 주의할 것은, 예를 들어 AcceptEx 함수의 매개변수로 연결된 소켓을 이용
  해 TransmitFile 함수를 호출했다면 재사용 핸들은 AcceptEx 함수 호출에는 재사용이 가능하지만, ConnectEx 함
  수에는 사용할 수 없다.

- **TF_WRITE_BEHIND**

  TCP 프로토콜은 접속 해제 시에 FIN을 주고 ACK를 받아야 종료가 된다. 이때 FIN 패킷을 전송한 측은 TIME-
  WAIT 상태가 됨과 동시에 ACK를 대기하며 타임아웃 처리를 위해 타이머를 기동한다. 이 상태에서 최종적으로 ACK
  가 도착했을 때 완전한 종료가 되었음을 의미한다. 그리고 이런 완전한 종료를 처리하는 것이 TF_DISCONNECT
  옵션인 것이다. TF_WRITE_BEHIND 옵션을 지정하면 종료 처리 시 FIN을 던지고 ACK를 기다리지 않고 바로
  TransmitFile 함수를 완료한다는 의미로, 즉 TIME-WAIT 상태에서 바로 빠져나옴으로써 아주 짧은 대기 시간이나마
  이득을 볼 수 있는 것이다. 하지만 이 플래그가 설정되고 TransmitFile 함수 호출이 성공했을 경우, 데이터는 시스템에
  의해 수용되지만 리모트의 응답은 무시하기 때문에 리모트에 의해 제대로 처리되었는지는 알 수 없는 상태가 된다. 또한
  완전한 종료 처리가 아니기 때문에 TF_DISCONNECT와 TF_REUSE_SOCKET 플래그와는 함께 사용할 수 없다.

다음은 파일 전송을 담당할 커널 스레드를 지정하는 옵션 플래그다. "긴 파일전송 요청(Long
TransmitFile Request)"이라는 용어를 별도로 정의하는데, 이는 "파일이나 캐시로부터 한 번 이
상의 읽기가 요구되는 요청"이라는 의미다. 따라서 이 요청은 파일의 크기와 전송 패킷의 지정된 길
이에 의존한다. 다음의 플래그들은 이 "긴 파일전송 요청"에 대한 처리 옵션을 지정하게 되는데, 이
옵션들은 간단한 테스트를 통해 체감할 수 있는 성질의 것들은 아니다.

- **TF_USE_DEFAULT_WORKER**

  윈도우 소켓 공급자로 하여금 "긴 파일전송 요청" 처리를 위해 시스템 기본 스레드를 사용하라고 지시한다.

- **TF_USE_SYSTEM_THREAD**

  윈도우 소켓 공급자로 하여금 "긴 파일전송 요청" 처리를 위해 시스템 스레드들을 사용하라고 지시한다.

- **TF_USE_KERNEL_APC**

  드라이버로 하여금 "긴 파일전송 요청" 처리를 위해 작업자 스레드 대신에 커널 APC를 사용하도록 지시한다.

그렇다면 바로 TransmitFile 함수의 사용 예를 살펴보자. 사용법은 매우 간단하며, 앞서도 언급했
지만 서버는 수신 및 파일 쓰기 처리를 직접 구현해야 한다. 다음 프로젝트를 실행하기 위해서는 전
송 파일 수신 프로그램이 필요하며, 앞서 구현했던 FTSvrThread나 FTSvrIocp를 미리 실행시켜
둔 다음 코드를 실행시켜 테스트하기 바란다.

```
void _tmain(int argc, _TCHAR* argv[])
{
    SOCKET sock = socket(AF_INET, SOCK_STREAM, IPPROTO_TCP);
          ⋮

    int lSockRet = connect(sock, (LPSOCKADDR)&sa, sizeof(sa));
```

connect를 호출해 서버에 접속한다.

```
          ⋮

    HANDLE hFile = CreateFile
    (
        argv[1], GENERIC_READ, 0, NULL,
        OPEN_EXISTING, FILE_FLAG_SEQUENTIAL_SCAN, NULL
    );
```

전송할 파일을 연다. FILE_FLAG_SEQUENTIAL_SCAN 플래그를 지정하여 캐시 매니저로 하여금 순차적 파일 접근에 대한 대비를 하도록 한다.

```
          ⋮

    LPFN_TRANSMITFILE pfnTransFile = (LPFN_TRANSMITFILE)
            GetSockExtAPI(sock, WSAID_TRANSMITFILE);
    BOOL bIsOK = pfnTransFile
    (
        sock, hFile,
        0,        // 파일 전체를 복사한다.
        65536,    // 전송 단위는 64KB 단위다.
        NULL,     // 동기 파일 전송을 수행한다.
        NULL,     // 파일 데이터만 전송한다.
        0
    );
```

연결된 소켓 sock을 통해서 파일 hFile을 전송한다.

```
    if (!bIsOK)
        cout << "TransmitFile failed : " << WSAGetLastError() << endl;
    closesocket(sock);
```

소켓을 닫아 서버로 하여금 파일 전송 완료를 알려준다.

```
    CloseHandle(hFile);
    printf(" <= Sent total %I64d bytes, program terminates...\n", llSize.QuadPart);
}
```

앞의 코드는 TransmitFile 함수를 동기적으로 사용한 예다. 이 코드를 비동기적으로 바꾸려면 다음과 같이 수정하기 바란다.

```
      ⋮
LPFN_TRANSMITFILE pfnTransFile = (LPFN_TRANSMITFILE)
    GetSockExtAPI(sock, WSAID_TRANSMITFILE);
OVERLAPPED ov;
memset(&ov, 0, sizeof(ov));
BOOL bIsOK = pfnTransFile
(
    sock, hFile, 0, 65536, &ov, NULL, 0
);
```

OVERLAPPED 구조체를 매개변수로 넘겨주어 비동기 TransmitFile 수행을 개시한다.

```
if (!bIsOK)
{
    int nErrCode = WSAGetLastError();
    if (nErrCode != WSA_IO_PENDING)
        cout << "TransmitFile failed : " << nErrCode << endl;
}
WaitForSingleObject((HANDLE)sock, INFINITE);
```

파일 전송이 완료될 때까지 대기한다. 대기 매개체는 파일 핸들이 아니라 소켓 핸들임에 주의하기 바란다.

```
      ⋮
```

이번에는 TransmitFile 함수의 dwFlags에 대해 몇 가지를 살펴보자. 위 코드에서 다음과 같이 TF_DISCONNECT 플래그를 지정하고 closesocket 호출을 막아보자.

```
BOOL bIsOK = pfnTransFile
(
    sock, hFile, 0, 65536, &ov, NULL, TF_DISCONNECT
);
if (!bIsOK)
    cout << "TransmitFile failed : " << WSAGetLastError() << endl;
// closesocket(sock);
CloseHandle(hFile);
```

TF_DISCONNECT 플래그를 지정하면 closesocket 함수 호출을 통해 명시적으로 연결을 종료하지 않더라도 TransmitFile 함수 내부에서 파일 전송이 완료되면 연결을 끊어주기 때문에, 연결 종료를 파일 전송의 완료로 판단하는 FTSvrThread나 FTSvrIocp의 경우에는 파일 전송 완료를 인지할 수 있게 된다.

마지막으로, lpTransmitBuffers 매개변수를 사용하는 예를 살펴보기로 하자. FTSvrThread나 FTSvrIocp 파일 수신 서버의 경우에는 파일에 대한 별도의 정보 수신 없이 바로 파일 데이터를 수신한다. 따라서 저장할 파일 이름을 GUID로 생성해 임의로 저장했다. 하지만 일반적인 파일 전송 프로그램이라면 먼저 파일 관련 정보를 리모트 측에 전달하고, 그 후에 파일 데이터에 대한 전송을 개시할 것이다. 만약 더 섬세한 프로그램이라면 파일 전송이 완료된 후 에러 체크를 위해 CRC 체크 값을 전송할 수도 있을 것이다. 이렇게 실제 파일 데이터 전송 이전과 이후에 헤더 정보나 테일 정보도 동시에 전송할 수 있는데, 이 경우 lpTransmitBuffers 매개변수를 사용하면 된다.

다음 프로젝트는 파일 전송 전에 WIN32_FIND_DATA 구조체에 파일 속성과 파일 관련 시간, 그리고 파일명을 담아서 미리 서버로 전송한 후, 실제 파일 데이터를 전송하도록 처리하고 있다.

프로젝트 5.4.4 FTClientFileBuff

```
     ⋮
HANDLE hFile = CreateFile
(
   argv[1], GENERIC_READ, 0, NULL,
   OPEN_EXISTING, FILE_FLAG_SEQUENTIAL_SCAN, NULL
);
if (hFile == INVALID_HANDLE_VALUE)
{
   cout << argv[1] << " open failed, code : " << GetLastError() << endl;
   return;
}
LARGE_INTEGER llSize;
GetFileSizeEx(hFile, &llSize);

BY_HANDLE_FILE_INFORMATION bhfi;
GetFileInformationByHandle(hFile, &bhfi);
```

읽을 파일에 대한 파일 정보를 획득한다.

```
WIN32_FIND_DATA fd;
memset(&fd, 0, sizeof(fd));
fd.dwFileAttributes     = bhfi.dwFileAttributes;
fd.ftCreationTime       = bhfi.ftCreationTime;
fd.ftLastAccessTime     = bhfi.ftLastAccessTime;
fd.ftLastWriteTime      = bhfi.ftLastWriteTime;
fd.nFileSizeHigh        = bhfi.nFileSizeHigh;
fd.nFileSizeLow         = bhfi.nFileSizeLow;
PCTSTR pszFileName      = PathFindFileName(argv[1]);
wcscpy(fd.cFileName, pszFileName);
```

헤더로 전송할 파일 정보를 WIN32_FIND_DATA 구조체에 설정한다.

```
TRANSMIT_FILE_BUFFERS tfb;
memset(&tfb, 0, sizeof(tfb));
tfb.Head = &fd;
tfb.HeadLength = sizeof(fd);
```

TRANSMIT_FILE_BUFFERS 구조체에 헤더 정보를 설정한다.

```
LPFN_TRANSMITFILE pfnTransFile = (LPFN_TRANSMITFILE)
    GetSockExtAPI(sock, WSAID_TRANSMITFILE);
BOOL bIsOK = pfnTransFile
(
    sock, hFile, 0, 65536, NULL, &tfb, 0
);
```

TRANSMIT_FILE_BUFFERS 구조체의 포인터와 함께 TransmitFile을 호출한다.

```
if (!bIsOK)
    cout << "TransmitFile failed : " << WSAGetLastError() << endl;
    ⋮
```

테스트 서버로 사용하는 FTSvrThread나 FTSvrIocp는 단순히 파일 데이터만 받아서 무조건 디스크에 저장한다. 따라서 클라이언트가 보내는 파일 정보 역시 파일 데이터로 간주하고 디스크에 쓸 것이다. 그러므로 헤더 정보를 별도로 수신하는 처리를 서버 측에 해줘야 한다.

다음 프로젝트는 헤더 정보을 수신하여 그 정보 내의 파일명을 추출해서 그 파일명으로 디스크에 파일을 쓰도록 수정한 코드다.

```
DWORD WINAPI ChildSockProc(PVOID pParam)
{
   SOCKET sock = (SOCKET)pParam;

   WIN32_FIND_DATA fd;
   int lSockRet = recv(sock, (PSTR)&fd, sizeof(fd), 0);
```

파일 데이터의 전송 전 파일 정보인 WIN32_FIND_DATA를 먼저 수신한다.

```
   if (lSockRet == SOCKET_ERROR)
   {
      cout << "recv failed : " << WSAGetLastError() << endl;
      return 0;
   }
   if (lSockRet != sizeof(fd))
   {
      printf("Size Mismatch, Recv=%d\n", lSockRet);
      return 0;
   }


   WCHAR szFilePath[MAX_PATH];
   wsprintf(szFilePath, L"D:\\temp\\%s", fd.cFileName);
```

수신한 WIN32_FIND_DATA의 cFileName 필드에서 파일명을 획득한다.

```
   HANDLE hFile = CreateFileW
   (
      szFilePath, GENERIC_WRITE, 0, NULL, CREATE_ALWAYS, 0, NULL
   );
```

클라이언트에서 전송한 파일명으로 파일을 생성한다.

```
   if (hFile == INVALID_HANDLE_VALUE)
   {
      cout << fd.cFileName << " create failed, code : " << GetLastError() << endl;
      return 0;
   }
   LARGE_INTEGER llSize;
   llSize.LowPart = fd.nFileSizeLow, llSize.HighPart = fd.nFileSizeHigh;
```

WIN32_FIND_DATA로부터 수신할 파일의 실제 크기를 획득한다.

```
    BYTE arBuff[4096];
    LONGLONG llWroteSize = 0;
    while (llWroteSize < llSize.QuadPart)
```
WIN32_FIND_DATA로부터 획득한 llSize와의 비교를 통해서 파일 수신 완료를 판단한다.
```
    {
        lSockRet = recv(sock, (PSTR)arBuff, sizeof(arBuff), 0);
        if (lSockRet == SOCKET_ERROR)
```
실제 파일 데이터를 수신해서 파일로 쓴다.
```
          :
```

3) TransmitPackets의 사용

TransmitPackets 함수는 연결된 소켓을 통해서 파일 데이터나 메모리 상에 존재하는 데이터를 전송할 수 있다. 이 함수는 운영체제의 캐시 매니저를 이용해 파일의 데이터를 획득하고 전송에 요구되는 최소 시간 동안의 메모리 잠금을 사용함으로써 효율적이고 고성능의 전송을 보장한다. TransmitPackets 함수의 선언은 다음과 같다.

```
BOOL PASCAL TransmitPackets
(
    _In_ SOCKET                     hSocket,
    _In_ LPTRANSMIT_PACKETS_ELEMENT lpPacketArray,
    _In_ DWORD                      nElementCount,
    _In_ DWORD                      nSendSize,
    _In_ LPOVERLAPPED               lpOverlapped,
    _In_ DWORD                      dwFlags
);
```

SOCKET hSocket

전송에 사용할 연결된 소켓의 핸들이다.

LPTRANSMIT_PACKETS_ELEMENT lpPacketArray

DWORD nElementCount

lpPacketArray 매개변수는 전송할 패킷을 담고 있는 TRANSMIT_PACKETS_ELEMENT 구조체의 배열을 지정하고, 그 배열의 크기는 nElementCount 매개변수로 지정한다.

DWORD nSendSize

TransmitFile 함수의 nNumberOfBytesPerSend 매개변수와 의미가 같다. 전송 단위의 크기를 지정하며, 만약 0을 지정하면 소켓 레이어의 디폴트 크기를 사용한다.

LPOVERLAPPED lpOverlapped

TransmitFile 함수의 lpOverlapped 매개변수와 의미가 같다.

DWORD dwFlags

TF_WRITE_BEHIND 플래그만 사용할 수 없는 것만 제외하면 TransmitFile 함수의 dwFlags의 값과 같다.

패킷을 전송하기 위한 TRANSMIT_PACKETS_ELEMENT 구조체는 다음과 같다.

```
typedef struct _TRANSMIT_PACKETS_ELEMENT
{
  ULONG dwElFlags;
  ULONG cLength;
  union
  {
    struct
    {
      LARGE_INTEGER nFileOffset;
      HANDLE        hFile;
    };
    PVOID pBuffer;
  };
} TRANSMIT_PACKETS_ELEMENT;
```

ULONG dwElFlags

패킷 배열 엔트리의 매체를 알려주고 패킷 전송 처리를 최적화하는 데 사용되는 플래그다.

- **TP_ELEMENT_FILE**

  데이터가 파일에 존재함을 지시하며, dwElFlags의 디폴트로 설정된다. TP_ELEMENT_MEMORY 플래그와 함께 사용할 수 없다.

- **TP_ELEMENT_MEMORY**

  데이터가 메모리에 존재함을 지시하며, dwElFlags의 디폴트로 설정된다. TP_ELEMENT_FILE 플래그와 함께 사용할 수 없다.

- **TP_ELEMENT_EOP**

  소켓 레이어에서 트랜스포트 레이어로의 단일 전송 요청 시, 현재 엘리먼트를 다음 엘리먼트와 묶어서 보내지 말 것을 지시한다. 이 플래그는 데이터그램이나 메시지 지향 소켓 상의 각 메시지의 내용에 대한 정규적인 제어를 위해 사용된다.

ULONG cLength

전송할 바이트 수를 지시하며, 만약 0이면 전체 파일이 전송된다. TransmitFile 함수의 nNumberOfBytesToWrite 매개변수와 마찬가지로, 한 번에 전송할 수 있는 최대 바이트 수는 2,147,483,646바이트다.

LARGE_INTEGER nFileOffset

HANDLE hFile

이 두 필드는 dwElFlags가 TP_ELEMENT_FILE일 때 유효하다. hFile은 전송할 파일 핸들을 지시하고, nFileOffset은 전송을 개시할 파일의 오프셋을 지시한다. nFileOffset이 −1이면 현재 위치의 바이트 오프셋을 의미한다.

PVOID pBuffer

이 필드는 dwElFlags가 TP_ELEMENT_MEMORY일 때 유효하며, 전송할 데이터가 저장된 버퍼를 가리킨다.

그러면 바로 TransmitPackets 함수를 사용하는 예를 살펴보기로 하자.

```
        ⋮
    LARGE_INTEGER llSize;
    GetFileSizeEx(hFile, &llSize);

    TRANSMIT_PACKETS_ELEMENT tp;
    tp.dwElFlags = TP_ELEMENT_FILE;
    tp.cLength   = 0;
    tp.hFile     = hFile;
    tp.nFileOffset.QuadPart = 0L;
```

파일 핸들을 설정해 파일 자체를 패킷으로 간주하고, 파일 전체를 전송하도록 TRANSMIT_PACKETS_ELEMENT 구조체를 설정한다.

```
    LPFN_TRANSMITPACKETS pfnTransPackets = (LPFN_TRANSMITPACKETS)
        GetSockExtAPI(sock, WSAID_TRANSMITPACKETS);
    BOOL bIsOK = pfnTransPackets
    (
        sock, &tp, 1, 0, NULL, 0
    );
```

파일을 패킷으로 취급하여 전송한다.

```
    if (!bIsOK)
        cout << "TransmitFile failed : " << WSAGetLastError() << endl;
    closesocket(sock);
    CloseHandle(hFile);
    printf(" <= Sent total %I64d bytes, program terminates...\n", llSize.QuadPart);
        ⋮
```

물론, TransmitFile 함수 사용에서 보여준 것처럼 OVERLAPPED 구조체의 포인터를 넘겨 비동기적으로 TransmitPackets 함수를 호출할 수 있다. TransmitPackets 함수는 TransmitFile 함수와 다르게 파일 뿐만 아니라 메모리 상에 있는 버퍼의 데이터도 전송이 가능하다.

다음은 메모리 상의 데이터를 전송하는 예제로, 7장에서 설명할 메모리 매핑 파일 커널 객체를 이용해 서버로 전송할 파일을 가상 주소 공간에 매핑한다. 이렇게 매핑된 파일은 마치 메모리 상에 로드된 데이터처럼 포인터를 통해 접근이 가능한데, 이 방법을 이용해 메모리 상에 매핑된 파일을 전송하는 경우를 보여준다. 메모리 매핑 파일은 IPC에서 흔히 사용하는 공유 메모리의 상위 개념이며, 7장에서 상세히 설명할 예정이다.

```cpp
HANDLE hFile = CreateFile
(
    argv[1], GENERIC_READ, FILE_SHARE_READ|FILE_SHARE_WRITE, NULL,
    OPEN_EXISTING, 0, NULL
);
if (hFile == INVALID_HANDLE_VALUE)
{
    cout << argv[1] << " open failed, code : " << GetLastError() << endl;
    return;
}
LARGE_INTEGER llSize;
GetFileSizeEx(hFile, &llSize);
```

파일을 열고 파일 크기를 획득한다.

```cpp
HANDLE hMmf = CreateFileMapping
(
    hFile, NULL, PAGE_READONLY, llSize.HighPart, llSize.LowPart, NULL
);
```

파일에 대한 메모리 매핑 파일 커널 객체를 생성하고 파일과 연결한다.

```cpp
if (hMmf == NULL)
{
    cout << argv[1] << "CreateFileMapping failed: " << GetLastError() << endl;
    return;
}
```

```cpp
#define COPY_UNIT 1048576
    LARGE_INTEGER llTrans = { 0, };
    while (llTrans.QuadPart < llSize.QuadPart)
```

메모리 상의 데이터를 전송하기 때문에 파일 실제 크기와 전송 누적 바이트 수를 비교해야 한다.

```cpp
    {
        DWORD dwCpySize = COPY_UNIT;
        if (llTrans.QuadPart + dwCpySize > llSize.QuadPart)
```

```
        dwCpySize = (llSize.QuadPart - llTrans.QuadPart);


    PVOID pData = MapViewOfFile
    (
        hMmf, FILE_MAP_READ, llTrans.HighPart, llTrans.LowPart, dwCpySize
    );
```

파일이 매핑된 메모리의 포인터를 오프셋을 통하여 획득한다.

```
    TRANSMIT_PACKETS_ELEMENT tp;
    tp.dwElFlags = TP_ELEMENT_MEMORY;
    tp.cLength   = dwCpySize;
    tp.pBuffer   = pData;
```

전송할 데이터는 메모리 상의 데이터임을 알려주기 위해 TP_ELEMENT_MEMORY 값을 설정한다. 그리고 메모리에 맵된 위치의 주소를 얻어서 pBuffer 필드에 설정한다.

```
    LPFN_TRANSMITPACKETS pfnTransPackets = (LPFN_TRANSMITPACKETS)
        GetSockExtAPI(sock, WSAID_TRANSMITPACKETS);
    BOOL bIsOK = pfnTransPackets
    (
        sock, &tp, 1, 0, NULL, 0
    );
```

메모리 상의 블록을 전송한다.

```
    if (!bIsOK)
    {
        cout << "TransmitFile failed : " << GetLastError() << endl;
        break;
    }
    UnmapViewOfFile(pData);
    llTrans.QuadPart += dwCpySize;
  }
  closesocket(sock);
```

06장

스레드 풀

6.1 쓰레드 풀의 의미와 구현

6.2 윈도우 2000의 쓰레드 풀

6.2.1 작업(QueueUserWorkItem)

6.2.2 대기(RegisterWaitForSingleObject)

6.2.3 타이머(CreateTimerQueueTimer)

6.2.4 입출력(BindIoCompletionCallback)

6.3 새로운 쓰레드 풀 I

6.3.1 작업 항목 객체와 쓰레드 풀

6.3.2 작업(TP_WORK) 객체

6.3.3 대기(TP_WAIT) 객체

6.3.4 타이머(TP_TIMER) 객체

6.3.5 입출력(TP_IO) 객체

6.3.6 콜백 인스턴스 사용하기

6.4 새로운 쓰레드 풀 II

6.4.1 쓰레드 풀 객체

6.4.2 콜백 환경 객체

6.4.3 정리그룹 객체

우리는 1부에서 스레드와 동기화란 주제로 멀티 스레딩 프로그래밍과 다양한 동기화 객체들에 대해 검토했다. 동기화를 검토하면서 이벤트나 스레드 메시지를 이용한 특정 사건에 대한 통지를 강조해서 설명했다. 그리고 4상에서는 동시 중에서도 입출력 완료 통지를 중심으로 비동기 입출력에 대한 논의를 했으며, IOCP의 이를 토대로 형성되는 스레드 풀에 대한 개념 역시 언급한 바 있다. 이 과정에서 "대기 풀"과 "IOCP를 이용한 단순 스레드 풀"도 직접 구현해보았다. 이 모든 과정은 어떤 목표를 향하고 있는데, 그것은 어떤 작업이 완료되거나 상태가 변경되었을 때 메시지 또는 시그널을 통해 통지를 받고, 그 통지에 대한 대응으로 유저가 정의한 콜백 함수를 호출해주는 그런 해결책을 추구하고 있다. 여기서 한발 더 나아가 기왕이면 그 콜백 함수의 호출을 윈도우 시스템이 해준다면 더 좋을 것이다. 이 말을 반대로 생각하면 그 통지를 처리하기 위해 유저가 별도로 스레드를 생성하는 수고를 피할 수도 있다는 것을 의미하는 것이기도 하다.

이러한 목표에 그나마 근접한 것이 APC였다. 경보가능 입출력에서의 통지라고 할 때 정확한 의미는 유저가 정의한 콜백 함수를 시스템이 호출해주는 것이다. 그러나 APC는 시스템으로 하여금 콜백 함수를 호출해주도록 경보가능 상태에서 대기하는 스레드를 필요로 한다. 다시 말해서 APC의 콜백 함수 역시 어떤 특정 스레드의 문맥 내에서 실행되어야 하며, 이 스레드는 유저가 제공해야 하는 것이다. 반면에 IOCP와 콜백 함수, 그리고 PostQueuedCompletionStatus 함수를 통해서 이러한 목표에 더욱더 가깝게 접근할 수 있었다. 하지만 IOCP 역시 콜백 함수 실행을 위해 대기하는 스레드가 필요하며, 스레드 생성뿐만 아니라 풀에 대기하는 스레드의 관리까지 직접 사용자가 제어해야만 했다. 이제 최종 목표는 더 명확해졌다. 콜백 함수의 호출 시 스레드를 생성하고 그 스레드의 문맥 내에서 실행시킨 후 스레드를 소멸시키는 작업을 시스템의 무언가가 이를 담당해야 하는 것이다. 이 스레드를 작업자 스레드(Worker Thread)라고 하자. 그리고 호출 시마다 매번 작업자 스레드를 생성하고 해제하는 것이 아니라, 시스템이 미리 생성해두고 필요에 따라 그 수를 조절하는 역할까지도 담당해야 한다. 이는 자연스럽게 풀(Pool)의 개념으로 이어진다. IOCP는 이미 풀의 개념과 함께, 작업 항목을 위한 IOCP 패킷을 그 엔트리로 갖는 큐도 제공한다. IOCP가 제공하지 않는 것은 작업자 스레드의 관리와 콜백 함수의 호출 기능이다. IOCP의 기존 기능에 제공되지 않는 이 두 기능을 결합하여 이를 시스템 차원에서 제공해준다면, 다시 말해 시스템이 관리하는 스레드 풀을 제공해준다면 아주 유용한 수단이 될 것이다. 이러한 바램은 마침내 윈도우 2000에서 이루어 졌고, 이것을 가능하게 해준 것이 IOCP다. 후에 비스타로 들어서면서 윈도우 2000의 경우 베일에 쌓여 있었던 그 구조를 대폭 개선하여 더 명시적이고 구체적이며 사용하기 편리하도록 스레드 풀을 제공하기에 이르렀다. 이번 장은 윈도우 2000과 비스타에서 제공되는 이러한 "스레드 풀(Thread Pool)"에 대한 내용을 심도 있게 다룰 것이다.

6.1 스레드 풀의 의미와 구현

스레드 풀은 큐와 스레드 집합, 그리고 콜백 함수의 결합이다. 스레드 풀은 애플리케이션을 대신해서 콜백 함수를 비동기적으로, 그리고 효과적으로 실행해주는 작업자 스레드의 집합이다. 스레드 풀은 응용 프로그램이 사용하는 스레드의 수를 줄여주고 작업자 스레드를 관리한다. 스레드 풀을 이용하는 애플리케이션은 대기가능 핸들과 연계된 작업 항목들이나 타이머에 기반한 작업 항목을 큐잉할 수 있고, 작업을 대기 핸들과 묶어서 처리할 수 있다. 다음의 응용 프로그램들은 스레드 풀을 이용함으로써 그 장점을 취할 수 있다.

- 분산 인덱스 검색이나 네트워크 입출력 등과 같이 높은 수준의 병렬 처리와 더불어 짧은 처리 시간을 요구하는 대량의 작업 항목들을 비동기적으로 디스패치할 수 있는 애플리케이션
- 짧은 시간 동안 많은 수의 스레드를 생성 및 종료하는 애플리케이션의 경우, 스레드 풀을 이용함으로써 스레드 관리의 복잡성과 스레드 생성 및 삭제로 인해 유발되는 오버헤드를 줄일 수 있다.
- 서로 독립적인 작업 항목들을 백그라운드에서 병렬적으로 처리하는 애플리케이션
- 특정 커널 객체에 대해 배타적 대기를 수행하거나 어떤 객체에 전달될 시그널에 대해 대기해야 하는 애플리케이션의 경우, 스레드 풀을 이용함으로써 스레드 관리의 복잡성과 스레드 문맥 전환의 횟수를 줄일 수 있다.
- 다양한 시그널들에 대해 대기하는 유저 정의 대기자 스레드들을 생성하는 애플리케이션

이번 절에서는 비스타에서 새롭게 제공되는 이러한 스레드 풀의 내부 구조를 윈도우 2000의 스레드 풀과 비교해 간단하게 설명할 것이다.

1) 스레드 풀 아키텍처

윈도우 2000에서 지원되는 스레드 풀은 전적으로 유저 모드 내에서 구현되었다. 즉 Ntdll. dll 라이브러리 내에는 스레드 풀 관련 루틴이 모두 탑재되어 수행 중인 작업의 양에 따라 스레드의 자동 생성과 삭제를 제공하는 다양한 루틴들을 담고 있으며, 대기가능 타이머들이나 콜백 호출을 지원하는 관련 함수인 QueueUserWorkItem, RegisterWaitForSingleObject, CreateTimerQueueTimer, BindIoCompletionCallback 등을 제공했다. 하지만 이러한 유저 모드에서의 구현은 몇 가지 문제점이 있다. 스레드 풀의 가장 중요한 역할은 풀 내의 작업자 스레드(Worker Thread)들에 대한 관리다. 즉, 작업의 양에 따라 적절하게 스레드를 증가시키거나 감소시켜 불필요한 자원의 낭비를 막고, 과도한 스레드 문맥 전환을 최소화하여 최적의 효율성을 제공해야 한다. 하지만 우리가 앞에서 대기 풀이나 비동기적인 루틴 실행을 위해 WaitPool과 IOCPThreadPool 클래스의 구현에서 보았듯이, 중요한 기능들은 모두 커널 전환을 요구하는 API

호출을 통해서 구현된다. 그리고 스레드 풀은 작업자 스레드를 관리해야 하므로 작업자 스레드의 수를 감시하면서 필요한 시점에서 동적으로 스레드의 수를 확장해야 한다. 하지만 이런 기능은 모두 커널 모드에서 제공되므로, 윈도우 2000의 스레드 풀 구현을 담고 있는 유저 모드의 NTDll.dll 내의 루틴들은 커널로의 요청을 통해 작업자 스레드 관리를 수행하게 된다. 스레드 수를 관리하기 위해 필요한 정보 쿼리뿐만 아니라 그 스레드들의 생성에 대한 요청은 유저 모드에서 발생하기 때문에, 애초에 커널 모드에서 수행되었더라면 필요 없었을 여러 가지 시스템 호출이 요구되었고, 이는 불필요한 커널 전환을 부단히 요구하게 되었다.

이에 비스타에서는 유저 모드에서의 스레드 풀 구현을 완전히 재설계했고, 효율성과 성능 향상의 증대와 복잡성을 최소화하기 위해 기능 관리의 중요 부분을 커널 모드로 이관했다. 새로운 스레드 풀 구조의 핵심은 유저 모드와 커널 모드의 분리에 있는데, 이러한 이관은 유저 모드와 커널 모드 사이의 전환을 줄이고, 실제 스레드 생성 및 관리는 커널 모드에서 담당함으로써 Ntdll.dll이 스레드 풀 자체의 인터페이스만 관리할 수 있도록 분리된 구조를 가져갈 수 있게 한다. 유저 모드에서의 스레드 풀은 "작업자 팩토리(Worker Factory)"라는 커널 객체를 통해 제공된다. 비스타에서는 TpWorkerFactory라고 불리는 새로운 커널 객체를 제공하며, 팩토리와 그 작업자들을 관리하고 풀 관련 정보를 질의 및 설정하며, 작업을 대기하는 새로운 시스템 함수들을 제공한다. "작업자 팩토리"는 유저 모드로부터 전달된 엔트리 함수를 호출하는 작업자 스레드를 할당하고, 영속 스레드 풀 또는 완전히 동적인 스레드 풀의 지정을 가능하게 하는 최소/최대 작업자 스레드의 수를 유지하며, 관련 통계 정보를 관리하는 역할을 수행한다. 이를 통해 유저 모드에서의 역할은 대폭 줄어들고 단순화되었다. 실제 스레드의 생성과 종료를 담당하는 것은 커널이기 때문에, 유저 모드에서 커널에 대한 하나의 시스템 호출만으로도 스레드 풀을 종료하는 등의 작업이 가능해졌다.

스레드 풀의 주요 기능이 새로운 작업자 팩토리에 의해 제공되는 것처럼 보이지만, 실제로 스레드 풀을 가능하게 하는 근거는 다른 곳에 있다. 물론 작업자 팩토리의 지원이 없었더라면 성능 저하를 감수하고 유저 모드에서 구현해야 했을 여러 지루한 작업들을 작업자 팩토리가 담당하지만, 사실 하나의 단순한 래퍼(Wrapper)로서의 작업자 팩토리일 뿐이다. 스레드 풀을 통해서 얻을 수 있는 확장성이나 효율의 증대는 작업자 팩토리 코드가 아니라 훨씬 오래된 윈도우의 컴포넌트, 즉 IOCP*가 제공한다. 4장에서 IOCP에 대해 상세한 설명을 한 이유도 여기에 있다. IOCP 자체가 스레드 풀을 전제한다는 사실은 이미 스레드 풀의 사용 근거를 밝혀준다. 사실, 작업자 팩토리 하나를 생성할 때, IOCP는 이미 유저 모드에 의해 생성되어 있어야만 하고, 그 핸들도 전달되어야만 한다. 유

---

* 더 정확하게 말해서 IOCP에 대한 커널 단의 근간이 되는 것은 커널 큐(K-QUEUE)다.

저 모드에서의 스레드 풀 관련 구현은 작업을 큐잉하고 대기하는 IOCP를 통해서 가능하다. 그러나 그것은 우리가 4장에서 배운 IOCP 관련 함수를 직접 호출하는 것이 아니라 작업자 팩토리 시스템 호출에 의해서 이루어진다. 작업을 큐에 추가하고 대기하여 커널 큐 구현부를 호출하는 작업들은 IOCP 기능을 감싸는 래퍼로서 팩토리에 제공된다. 결국 작업자 팩토리의 임무는 영속적이거나 정적인 또는 동적인 스레드 풀을 관리하는 것이다. 동적 스레드를 자동적으로 생성함으로써 오도 가도 못하는 작업자 큐의 발생을 방지하고, 팩토리 셧다운 요청 동안 전역적인 정리 작업과 제거 작용을 단순화하는 동시에, 새로운 요청을 차단하는 인터페이스로 IOCP 모델을 감싼다.

2장에서 설명했던 커널 객체들과 마찬가지로, 새로운 스레드 풀은 이름과 객체 속성, 접근 모드, 그리고 보안 기술자 등과 같은 정보를 포함하는 TpWorkerFactory 커널 객체에 대한 핸들을 유저 모드에 제공한다. 하지만 핸들을 통해 제어하도록 윈도우 API에 의해 래핑된 다른 시스템 호출과는 다르게 스레드 풀 관리는 Ntdll.dll의 네이티브 코드를 통해 이루어지며, Ntdll.dll에 소속된, 즉 팩토리에 대한 실제의 핸들을 갖고 있는 TP_XXX라는 형태의 이름을 갖는 문서화되지 않은 객체의 포인터를 대상으로 이루어진다. 이 TP_XXX 객체는 TP_WORK, TP_WAIT, TP_TIMER 그리고 TP_IO 구조체로 정의되는, 유저 모드에 제공되는 경량의 객체며, 이 문서화되지 않은 구조체 내부에 TpWorkerFactory 커널 객체에 대한 핸들을 담고 있다. 이 객체들은 6.3절에서 상세하게 다룰 예정이다.

2) 새로운 스레드 풀의 구성

앞에서 설명한 것처럼 윈도우 2000의 스레드 풀은 비스타에서 완전히 재구성되었다. 새로운 스레드 풀은 단일한 작업자 스레드(뒤에 설명하겠지만 윈도우 2000의 경우, 작업자 스레드를 I/O와 Non-I/O 작업자 스레드로 구분한다)를 제공하며 타이머 스레드를 사용하지 않고 단일 타이머 큐를 제공하며 전용 영속 스레드도 제공한다. 또한 프로세스 단위로 정리그룹과 독립적으로 스케줄 가능한 고성능의 다중 스레드 풀을 프로세스마다 가질 수 있도록 하는 새로운 스레드 풀 API도 제공한다. 새로운 스레드 풀의 구성요소는 다음과 같다.

- 콜백 함수를 실행하는 작업자 스레드
- 다중의 대기 핸들에 대해 기다리는 대기 스레드
- 작업 큐
- 각 프로세스별 디폴트 스레드 풀
- 작업 스레드를 관리하는 작업 팩토리

3) 스레드 풀 사용 시 주의사항

스레드 풀을 사용할 때에는 다음 원칙을 항상 염두에 두기 바란다. 콜백 함수를 실행하는 작업자 스레드는 임시 스레드다. 임시라는 의미는 사용자가 생성하는 전용 스레드와는 다르게 운영체제가 시스템 상황에 따라서 풀의 크기를 조절하기 때문에, 풀 내의 스레드는 언제라도 종료될 수 있다는 것을 의미한다. 따라서 콜백 함수 작성 시 그 콜백 함수를 수행할 스레드에 대한 스레드 친화성을 배제하고 콜백 함수의 실행 시간을 가능하면 짧게 가져가야 한다. 스레드 친화성 배제의 의미는 실행을 위탁할 콜백 함수를 포함하고 있는 작업 항목과 콜백 함수가 자신 내부에서 호출하는 함수들은 반드시 스레드에 안전해야(Thread-safe) 한다는 것이다. 안전한 함수라는 것은 그 함수를 실행하는 스레드가 전용적이거나 영속적인 스레드라는 것을 가정하지 않는다는 것을 의미한다. 예를 들어, 스레드 지역 저장소(TLS, Thread Local Storage)의 사용이나 영속적인 스레드를 요구하는 비동기 호출은 피해야 한다. 영속적인 스레드를 요구하는 대표적인 함수는 4장에서 예제를 통해 설명했던 RegNotifyChangeKeyValue 레지스트리 감시 함수인데, 이 함수를 스레드 풀에서 사용하려면, 윈도우 2000의 경우 WT_EXECUTEINPERSISTENTTHREAD 플래그와 함께 QueueUserWorkItem을 사용하거나, 새로운 스레드에서는 영속적인 스레드 풀을 별도로 생성해서 사용해야 한다. 다음은 스레드 풀을 사용할 때 유의해야 할 점을 정리해보았다.

- 프로세스 내의 스레드들은 스레드 풀을 공유한다. 하나의 작업 스레드는 다수의 콜백 함수들을 한 번에 하나씩 실행할 수 있으며, 이러한 작업자 스레드들은 스레드 풀에 의해 관리된다. 따라서 이 작업자 스레드 자체에 대해 어떤 처리(작업자 스레드의 종료나 상태 변경 등)를 수행하는 코드를 작성해서는 안 된다. 예를 들어, 여러분이 실행을 위임할 콜백 함수의 코드에서 TerminateThread나 ExitThread 등의 함수는 호출하지 말아야 한다.
- 콜백 함수 내에서 스레드의 상태에 영향을 미치는 작업을 했다면 반드시 초기 상태로 되돌려야 한다. 이러한 작업에 해당하는 것은 스레드 지역 저장소의 사용이나 보안 문맥 설정, 스레드 우선순위 변경, COM 등록 등이 있으며, 만약 이런 작업을 수행했다면 콜백 함수 리턴 전에 반드시 원래의 스레드 상태로 복원시켜야 한다.
- 비동기 입출력 관련 작업을 위해 스레드 풀을 사용한다면, 입출력 요청을 처리하는 스레드는 임의의 작업자 스레드들 중 어떠한 작업자 스레드에서도 실행될 수 있다. 따라서 풀 내의 스레드에 대한 입출력 취소는 동기화를 요구한다. 입출력 취소 함수의 호출은 입출력 요청을 수행 중인 그 스레드보다는 다른 스레드에 의해서 호출되는 경우가 더 많으며, 따라서 다른 작업에 대한 취소로 귀결될 수 있다. 그러므로 입출력 요청을 개시했을 때 전달했던 OVERLAPPED 구조체를 매개변수로 전달하여 CancelIoEx를 호출하거나, CancelSynchronousIo 또는 CancelIoEx 함수를 호출하기 전에 대상 스레드 상에서 다른 입출력 작업이 시작되지 않도록 자체의 동기화 수단을 사용해야 한다.
- 스레드 풀이 그 핸들과 함께 끝났다는 것을 통지해줄 때까지 대기 핸들과 그 관련된 객체들을 활성화 상태로 유지해야 한다.
- 입출력 플러쉬나 리소스 정리 등의 시간이 걸리는 작업들에 대해서는 장시간 실행 시간을 요구한다는 것을 스레드 풀에 미리 알려주고, 그렇게 함으로써 스레드 풀이 이 작업의 완료를 기다리는 대신에 새로운 스레드를 생성할 수 있도록 할 수 있다.

- 스레드 풀을 이용하던 DLL을 언로드하기 전에는 모든 작업 항목들, 입출력, 대기 작업들, 타이머, 입출력을 취소하고 콜백 함수의 실행이 완료될 때까지 대기해야 한다.

- 콜백 스스로가 완료되기를 기다리지 않도록 하고 스레드 우선순위를 보존함으로써 작업 항목들 사이 또는 콜백 함수들 사이의 의존성을 제거시켜 데드락(Deadlock)을 피하도록 한다.

- 하나의 프로세스 내에서 디폴트 스레드 풀을 다른 컴포넌트들과 함께 사용한다면, 디폴트 스레드 풀에 너무 많은 항목을 빠른 속도로 큐잉하지 않도록 해야 한다. 프로세스마다 하나의 디폴트 스레드 풀이 존재하며, 각 스레드 풀은 디폴트로 최대 500개의 작업자 스레드를 가진다. 스레드 풀은 준비/실행 상태에 있는 작업자 스레드의 수가 CPU 수보다 작을 때만 그 이상의 스레드를 생성하려고 시도한다.

- 스레드 우선순위 제어나 고립된 스레드를 위해서 가능하면 전용 스레드 풀을 별도로 생성하여 사용자 정의 특성들을 지정하고 응답성을 개선시켜야 한다. 그러나 추가적인 스레드 풀은 더 많은 시스템 리소스(스레드, 커널 메모리 등)를 요구하고, 그렇게 너무 많은 스레드 풀을 사용하게 되면 CPU 경쟁을 야기시킬 잠재성을 증가시키게 된다.

- 가능하다면 APC 메커니즘보다는 스레드 풀에 시그널링이 가능한 대기가능 객체들을 사용해야 한다. APC는 다른 시그널링 메커니즘보다 스레드 풀과 잘 작동하지 않는다. 왜냐하면 시스템은 풀 내의 작업자 스레드들의 라이프 타임을 제어하기 때문에, 통지가 전달되기 전에 스레드가 종료될 가능성이 있다.

- COM STA(Single Thread Apartment) 모델은 스레드 풀과 호환되지 않기 때문에 이 모델의 사용을 피하기 바란다. STA는 스레드에 대한 다음 작업 항목에 영향을 끼칠 수 있는 스레드 상태를 생성한다. STA는 일반적으로 스레드 풀의 요구사항과는 정반대로 오랫동안 존재하며 스레드 친화성을 갖는다.

다음 절부터 스레드 풀 관련 API를 자세히 검토할 것이다. 실제 필자로 하여금 많은 고민을 하게끔 만든 것은 윈도우 2000의 스레드 풀과 비스타에서 새롭게 탈바꿈한 스레드 풀의 설명 순서다. 처음 윈도우 스레드 풀을 접하는 독자라면 당연히 새로운 스레드 풀 함수들을 사용할 것을 권장해야 할 것이다. 그리고 새로운 메커니즘을 우선 알아야 할 사항으로 강조하기 위해서라도 새로운 메커니즘에 대한 설명을 먼저 하고, 부가적인 설명으로 윈도우 2000의 스레드 풀에 대한 설명이 뒤따라야 할 것이다. 하지만 윈도우 2000의 스레드 풀 기능을 먼저 알고 새로운 메커니즘을 보게되면 두 스레드 풀의 차이가 더 극명하게 드러나며, 따라서 새로운 스레드 풀의 우수성을 더 부각시킬 수 있고 이해하기도 더 쉬워진다. 또 다른 측면으로 볼 때, 새로운 스레드 풀은 더 직관적이고 더 체계적이며 사용하기도 편하지만, 반대로 앞서 설명했던 동기화 객체의 성격이나 IOCP에 대해 잘 알고 있는 독자라면 윈도우 2000의 스레드 풀이 사용하기에 더 편리한 측면도 있다. 이번 장을 읽어보면 알겠지만 윈도우 2000의 스레드 풀은 비스타 스레드 풀로 가기 위한 과도기적인 성격이 강하다. 윈도우 2000에서 스레드 풀이 처음 소개되었을 때 MS가 그 정보를 상세히 제공하기 꺼려했던 이유 역시 이러한 과도기적 특성 때문이었으리라. 비스타의 스레드 풀이 사용하기에 더 직관적이지만, 반대로 기존의 동기화와 IOCP를 포함한 비동기 입출력에 익숙한 개발자나 그런 전문적인 지식을 기반으로하는 개발자들에게는 윈도우 2000의 스레드 풀이 더 직관적일 수 있고, 또 어떤 측면에서는 윈도우 2000의 스레드 풀이 새로운 스레드 풀보다 더 사용하기 편한 경우도 있다. 비스타의 스레드 풀은 객체 중심의 체계적인 구조화를 통해 기존의 동기화와 비동기 입출력의 기능을 숨기는 데 반해, 윈도우 2000의 스레드 풀은 여전히 그 기능들을 노출한 채로 사용하도록 만들기 때문이다. 이런 문제 때문에 이 두 메커니즘의 실행 순서를 몇 번을 바꾸기를 반복했지만 결국 6.2절에서 윈도우 2000 스레드 풀을 먼저 설명하고 6.3절에서 비스타에서 제공되는 새로운 스레드 풀에 대한 설명을 이어가는 순서를 택했다. 따라서 만약 윈도우 2000의 스레드 풀보다는 비스타의 새로운 스레드 풀을 먼저 알고 싶다면 6.2절은 건너 뛰고 6.3절을 먼저 읽어도 무방하다.

6.2 윈도우 2000의 스레드 풀

먼저 윈도우 2000에서 제공되는 스레드 풀에 대해 알아보도록 하자. 앞서 언급했던 것처럼 윈도우 2000의 스레드 풀은 과도기적 성격이 강하다. 사실 윈도우 2000에서의 스레드 풀은 그 내부를 들여다 볼 수도 없고 스레드 풀 자체를 관리할 수도 없다. 오직 시스템이 알아서 관리한다. 그래서 그런지 윈도우 2000에서는 철저하게 함수 중심의 사용법에 대한 설명밖에 없으며, 스레드 풀 구조 자체에 대한 언급은 많지 않다. 스레드 풀이 요구되는 상황을 보자. 많은 애플리케이션들은 어떤 사건이 발생되기를 기다리며 대기 상태로 장시간 머물러 있는 스레드를 생성한다. 다른 스레드는 특정 상태를 체크하거나 변경하기 위한 단순 폴링을 목적으로 주기적으로 깨어나기 위해 대기 상태로 들어간다. 이 경우, 여러분의 애플리케이션에 시스템이 관리하는 작업자 스레드의 풀을 제공함으로써, 스레드 풀은 이러한 스레드들을 좀 더 효율적으로 사용할 수 있는 수단을 제공할 수 있을 것이다. 윈도우 2000에서는 이런 상황들을 네 가지의 시나리오로 나누어 스레드 풀을 구성한다. 그리고 철저하게 네 가지의 시나리오를 가정하고 제공되는 네 부류의 함수 군들을 이용해서 스레드 풀을 사용하도록 했으며, 시나리오와 대표하는 함수는 다음과 같다.

- **작업** : 어떤 특정 함수를 비동기적으로 호출하고자 할 경우
  → QueueUserWorkItem
- **대기** : 임의의 커널 객체가 시그널 되었을 때 반응하기 위해
  → RegisterWaitForSingleObject
- **타이머** : 여러 타이머 군들이 만기되었을 때 반응하기 위해
  → CreateTimerQueueTimer
- **입출력** : IOCP의 완료 콜백을 수행하고자 할 경우
  → BindIoCompletionCallback

윈도우 2000에서의 스레드 풀은 앞서 설명한 네 가지 함수들 중 하나가 호출될 때 생성되어 프로세스가 종료될 때까지 유지된다. 이 스레드 풀에는 큐잉되는 모든 대기 작업의 상태를 감시하는 적어도 하나의 스레드가 존재하며, 어떤 대기 작업이 완료되었을 때 스레드 풀 내의 임의의 작업자 스레드가 관련 콜백 함수를 실행해준다. 윈도우 2000의 스레드 풀은 프로세스당 하나만 제공되며, 사용자가 그 풀을 직접 참조할 수도 없고 별도의 스레드 풀을 생성할 수도 없다. 그렇기 때문에 스레드 풀 내의 작업자 스레드의 수를 사용자가 조절할 수단은 없으며, 철저하게 시스템이 알아서 그 수를 관리한다. 또한 풀 내의 스레드 수는 오로지 가용 메모리에 따라 제약을 받고, 작업자 스레드는 디폴트 스택 크기와 디폴트 우선순위를 갖게 된다.

윈도우 2000에서는 스레드 풀 내의 작업자 스레드를 크게 두 가지로 나누었다. 이 구분은 어떤 종류의 비동기 콜백 메커니즘을 사용하느냐에 따라 구분되는 용어다.

- **I/O 작업자 스레드**
  I/O 작업자 스레드는 경보가능 대기 상태에서 기다리는 스레드를 의미한다. 작업 항목은 APC로 I/O 작업자 스레드의 APC 큐에 등록된다. 만약 경보가능 상태에서 대기해야 할 스레드에서 수행될 작업 항목이 있다면 I/O 작업자 스레드에 등록해야만 한다.

- **Non-I/O 작업자 스레드**
  Non-I/O 작업자 스레드는 IOCP 커널 객체에 대해 대기하는 작업 스레드며, IOCP 콜백 메커니즘을 사용한다. 이는 I/O 작업자 스레드보다 더 효율적이며, 따라서 가능하면 Non-I/O 작업자 스레드를 사용할 것을 권장하고 있다.

사실 I/O와 Non-I/O란 용어 구분은 MS가 여전히 명확한 설명을 제공하지 않기 때문에 윈도우 2000의 스레드 풀을 사용할 때 꾸준히 혼란을 야기시키는 부분이자 개념이다. 사실 APC 자체를 사용하는 경우도 별로 없을뿐더러 사용한다 하더라도 APC 관련 작업 처리는 스레드 풀을 이용하기보다는 직접 전용 스레드를 사용하는 쪽을 MS도 권장하고 있다. 이런 상황이라면 I/O 작업자 스레드는 크게 의미 없는 요소가 된다. 결국 MS는 비스타에서 새롭게 스레드 풀 메커니즘을 재구성하면서 I/O 작업자 스레드는 없애버렸다. 따라서 새로운 스레드 풀 메커니즘에서 위 두 가지의 구분은 의미가 없고, 새로운 풀에서의 작업자 스레드는 IOCP 기반에서 작동하는 Non-I/O 작업자 스레드라고 보면 된다. MS는 APC를 이용하는 작업 항목에 대해 스레드 풀을 사용하는 대신 혹시라도 필요하다면 윈도우 2000 스레드 풀의 경우 영속 작업 스레드에게 그 처리를 맡기든지, 아니면 새로운 스레드 풀에서 별도의 스레드 풀을 개발자가 생성하여 그 스레드 풀에 일임하도록 권장하고 있다.

비스타에서는 의미 없는, 이 두 개의 작업자 스레드를 군이 언급한 이유는 이제부터 다루게 될 네 종류의 스레드 풀 함수에서 공통적으로 취급되는 ULONG 타입의 Flags라는 매개변수 때문이다. 위 네 종류의 함수들에 모두 존재하는 매개변수인 Flags는 WT_EXECUTE***의 형태로 제공되며,

매뉴얼 상에서의 설명만으로는 이해하기가 쉽지 않다. 이 플래그들은 윈도우 2000에서 관리하는 스레드 풀의 작업자 스레드의 종류를 지정한다. Flags로 지정할 수 있는 WT_EXECUTE*** 매크로로의 설명은 네 가지 시나리오에 해당하는 함수를 설명할 때 별도로 실명할 예정이니, 실명할 때 이해를 돕기 위해 우선 윈도우 2000의 스레드 풀을 구성하는 스레드의 종류들을 알아보고자 한다. 이 스레드들은 앞서 언급한 I/O, Non-I/O 작업자 스레드를 포함하여 크게 네 가지로 나눌 수가 있다.

① Non-I/O 작업자 스레드

앞서 언급했던 것처럼 IOCP에 대해 대기하는 작업자 스레드다. 콜백 함수의 호출은 기본적으로 이 스레드가 담당하며, 이는 해당 플래그가 WT_EXECUTEDEFAULT인 0 값이 되는 경우다.

② I/O 작업자 스레드

경보가능 대기 상태에서 대기하는 작업자 스레드다. 이 작업자 스레드를 사용하려면 WT_EXECUTEINIO-THREAD 매크로를 지정해야 한다. 앞서 언급한 것처럼 새로운 스레드 풀에서는 제거된다.

③ 대기 스레드

대기 스레드는 4개의 함수 중 RegisterWaitForSingleObject를 위해서 사용되며, 앞서 WaitPool 클래스를 구현했을 때 선택했던 방식에서와 마찬가지로, 대량의 시그널 대기 객체에 대해 63개 단위로 WaitForMultipleObjects(Ex)를 호출해 대기하는 스레드다. 이 스레드는 최초 RegisterWaitForSingleObject 함수가 호출될 때 생성되고 이후 63개의 대기 객체 단위로 하나씩 추가된다. 콜백 함수의 호출을 이 대기 스레드에게 맡기려면 WT_EXECUTEINWAITTHREAD를 지정해야 한다.

④ 타이머 스레드

타이머 스레드는 4개의 함수 중 CreateTimerQueueTimer를 위해서 사용되는 타이머 관련 스레드다. 대기 스레드의 경우와 마찬가지로, 이 스레드에 콜백 함수를 위임할 경우에는 WT_EXECUTEINTIMERTHREAD를 지정한다. 동시에 이 스레드는 언제나 하나만 생성되고 또한 프로세스 레벨의 스레드 풀이 할당될 때 디폴트로 생성된다. 그래서 기본 작업자 스레드라고 하기도 하고 또한 영속 스레드라고도 하는데, 그 이유는 타이머와 관련된 스레딩 작업뿐만 아니라 WT_EXECUTEINPERSISTENTTHREAD 플래그를 넘겨줄 때 이용되는 스레드기 때문이다. 하지만 역시 새로운 스레드 풀에서는 제거된다.

6.2.1 작업(QueueUserWorkItem)

우리는 앞서 세마포어와 IOCP을 이용해 스레드 풀을 구현해보았다. 그때 구현했던 SemaThreadPool과 IOCPThreadPool 클래스는 별도의 스레드 생성 없이 원하는 작업을 비동기적으로 수행할 수 있도록 해주는 기능을 제공했다. 이번에 소개할 함수는 우리가 구현했던 그 스레드 풀의 기능을 담당하는 QueueUserWorkItem 함수로서, 가장 쉽게 사용할 수 있는 스레드 풀 관련 함수다. 멀티스레딩 프로그래밍을 자주 해봤던 독자들은 많이 느끼겠지만, 스레드를 만드는 작업은 상당히 귀찮은 일이다. 특히나, 잠깐 실행하고 말, 그리고 실행의 결과는 크게 신경 쓸 필요가 없는 작업을 위해 스레드 생성 코드를 작성하는 일은 귀찮고 심지어 짜증나기도 한다. 이럴 경우에 QueueUserWorkItem 함수를 사용하면 간단히 해결할 수 있다.

```
BOOL WINAPI QueueUserWorkItem
(
    _In_        LPTHREAD_START_ROUTINE  Function,
    _In_opt_    PVOID                   Context,
    _In_        ULONG                   Flags
);
```

LPTHREAD_START_ROUTINE Function

PVOID Context

위의 두 매개변수는 CreateThread 함수 호출 시에 넘겨주는 스레드 엔트리 함수와 전달 매개변수에 해당하며, 그 정의는 다음과 같다.

```
DWORD WINAPI ThreadProc(_In_ LPVOID lpParameter);
```

Context 매개변수는 이 스레드 엔트리 함수의 매개변수인 lpParameter가 된다. CreateThread를 호출할 필요가 없다는 점을 눈여겨보기 바란다. 이 함수를 호출하면 프로세스를 위한 스레드 풀이 생성되고, 그 스레드 풀 내의 하나의 작업자 스레드가 이 콜백 함수를 호출하게 된다.

ULONG Flags

앞서 언급했던 4개의 스레드 풀 관련 함수 모두에 공통되는 스레드 실행 옵션 플래그 매개변수다.

- **WT_EXECUTEDEFAULT(0x00000000)**
  디폴트 값으로서, 콜백 함수의 실행을 IOCP를 이용하는 Non-I/O 작업자 스레드에 맡긴다. 이 플래그는 가장 일반적으로 사용되는 플래그며 그 값이 0이므로, 이 매개변수의 값을 전달할 시에는 0 값을 넘기면 된다.

- **WT_EXECUTEINIOTHREAD(0x00000001)**
  콜백 함수의 실행을 APC를 이용하는 I/O 작업 스레드에 맡긴다. 새로운 스레드 풀에서는 이 구분을 없애고 I/O 작업 스레드를 제거했기 때문에, 비스타부터 이 플래그는 무시된다.

- **WT_EXECUTEINPERSISTENTTHREAD(0x00000080)**

  콜백 함수의 실행을 영속 스레드에 맡긴다. 영속 스레드란 해당 스레드가 지정된 콜백 함수를 수행한 후에도 종료되지 않고 스레드 풀에서 계속 대기하는 스레드를 말한다. 스레드 풀을 논의할 때도 언급했지만, 시스템은 클라이언트의 요구에 따라 스레드의 수를 조절한다. 요구가 많이 늘어나면 알아서 스레드를 새롭게 생성시켜 풀에 대기시켜 두고, 요구가 미미해질 경우에는 풀에 있는 스레드를 종료시켜서 스레드의 과두한 생성을 제어한다. 하지만 이 플래그를 사용하면 종료되지 않는 스레드에게 해당 콜백 함수의 수행을 맡기게 된다. 이 플래그는 짧은 작업 수행을 위해서만 사용되어야 하며, 그렇지 않으면 타이머 작업에 영향을 미칠 수 있다. 왜냐하면 앞서 설명했던 대로 타이머 스레드가 영속 스레드의 역할을 하기 때문이다.

- **WT_EXECUTELONGFUNCTION(0x00000010)**

  만약 해당 콜백 함수가 상당한 수행 시간을 요할 경우에는 이 플래그를 사용한다. 이 플래그는 시스템으로 하여금 해당 콜백 함수가 장시간 실행 상태에 머무를 수 있기 때문에, 필요에 따라 새로운 스레드를 생성할 것인지를 결정할 수 있도록 도와준다.

다음 프로젝트는 QueueUserWorkItem을 사용하는 아주 간단한 코드다. 콜백 함수를 정의하고 이 콜백 함수를 비동기적으로 10회 실행하는 예를 보여준다.

프로젝트 6.2.1 TPoolWork2K

```
DWORD WINAPI ThreadPoolWorkProc(PVOID pParam)
{
    int nEvtIdx = (int)pParam;
    cout << " => Thread " << nEvtIdx <<
        "(" << GetCurrentThreadId() << ") Signaled..." << endl;
    Sleep((nEvtIdx + 1) * 1000);
    return 0;
}


void _tmain()
{
    for (int i = 0; i < 10; i++)
    {
        QueueUserWorkItem
        (
            ThreadPoolWorkProc, (PVOID)i, WT_EXECUTEDEFAULT
        );
    }
    getchar();
}
```

QueueUserWorkItem 함수의 사용은 매우 간편하다. 우리에게 익숙한 스레드 엔트리 함수를 정의하고, 그 엔트리 함수의 포인터를 CreateThread 함수의 매개변수가 아닌 QueueUserWorkItem 함수의 매개변수로 전달하면 된다. 앞의 소스를 보면 마지막 줄에 getchar 함수를 호출해 프로그램의 종료를 막고 있다. 이 함수가 없다면 스레드 풀에 등록된 콜백 함수가 제대로 수행되기도 전에 프로그램이 종료될 것이다. CreateThread 함수를 사용한다면 스레드 핸들을 획득할 수 있고 그핸들을 매개변수로 WaitForXXX 대기 함수를 호출해 스레드가 종료될 때까지 대기할 수 있지만, QueueUserWorkItem을 사용할 경우에는 그런 수단이 사라진다. 따라서 정확하게 처리하려면 큐잉된 모든 콜백 함수의 실행이 완료되었음을 확인할 수 있는 수단을 여러분이 직접 제공해야 한다. 그러나 새로운 스레드 풀에서는 이러한 단점에 대한 보완책을 제공해준다.

다음 프로젝트는 〈프로젝트 4.1.4 CopyFileExThr〉 코드를 QueueUserWorkItem을 사용해 변경한 예제다. 파일 복사 결과를 받기 위해 매개변수로 이벤트의 핸들을 넘겨주고 복사 처리가 끝날 때까지 대기하도록 하여 스레드 풀의 스레드 실행 결과를 획득하는 예를 추가 처리했다. 아래 코드에서는 CreateThread 호출 부분을 QueueUserWorkItem의 호출로 대체했다.

프로젝트 6.2.1 CopyFileExQUWI

```
void _tmain(int argc, _TCHAR* argv[])
{
        ⋮
   HANDLE hevWait = CreateEvent(NULL, TRUE, FALSE, NULL);
   DWORD dwNextOpt = PROGRESS_CONTINUE;
   DWORD hr = ERROR_SUCCESS;
   PCTSTR arpArgs[5] =
   {
      argv[1], argv[2], (PCTSTR)&dwNextOpt, (PCTSTR)hevWait, (PCTSTR)&hr
   };

   DWORD dwThrId = 0;
   HANDLE hThread = CreateThread(NULL, 0, ThreadProc, arpArgs, 0, &dwThrId);
```

↓

```
   QueueUserWorkItem(ThreadProc, arpArgs, WT_EXECUTELONGFUNCTION);


   int ch = getchar();
   switch (ch)
```

```
    {
        case 'c': dwNextOpt = PROGRESS_CANCEL; break;
        case 's': dwNextOpt = PROGRESS_STOP; break;
        case 'q': dwNextOpt = PROGRESS_QUIET; break;
    }
    WaitForSingleObject(hevWait, INFINITE);
        ⋮
}
```

원래 코드는 복사 결과를 스레드 엔트리 함수의 리턴값으로 처리했으나, 스레드의 풀을 사용했을 경우 스레드의 리턴값은 획득할 수 없다. 따라서, 매개변수를 통해서 결과를 받아오기 위한 변수와 메인 스레드가 대기하도록 이벤트 핸들을 넘겨주었다. 그리고 눈여겨볼 것은 호출 시 WT_EXECUTEDEFAULT 대신 WT_EXECUTELONGFUNCTION 플래그를 지정했다는 점이다. WT_EXECUTELONGFUNCTION 플래그는 시스템으로 하여금 지정된 콜백 함수가 긴 수행 시간을 요구한다는 것을 알리는 역할을 한다. 크기가 꽤 큰 파일을 인자로 넘겨 위의 코드를 실행한 후, 태스크 매니저를 띄워 프로세스의 "스레드 수"를 확인해보기 바란다. WT_EXECUTEDEFAULT 플래그가 지정된 경우에는 스레드 수가 2개가 되지만, WT_EXECUTELONGFUNCTION의 경우에는 그 수가 3이 되는 것을 확인할 수 있을 것이다.

다음은 완료 통지와 결과를 전달하기 위해 수정된 스레드 엔트리 함수에 대한 코드다.

```
DWORD WINAPI ThreadProc(PVOID pParam)
{
    PCTSTR* parFiles = (PCTSTR*)pParam;
    HANDLE  hevWait  = (HANDLE)parFiles[3];
    PDWORD  pResult  = (PDWORD)parFiles[4];

    BOOL bIsOK = CopyFileEx
    (
        parFiles[0], parFiles[1],
        CopyProgressRoutine, (PVOID)parFiles[2], NULL, 0
    );
    *pResult = ((!bIsOK) ? GetLastError() : ERROR_SUCCESS);
    매개변수를 통해 넘겨진 pResult 포인터 변수에 결과를 담는다.
```

```
    SetEvent(hevWait);
```

역시 매개변수를 통해 넘겨진 hevWait 이벤트를 시그널 상태로 만들어 완료를 통지한다.

```
    return 0;
}
```

다음 프로젝트는 스레드를 이용해 에코 서버를 구현한 예인 〈프로젝트 5.1.2 EchoSvrThread〉 코드를 QueueUserWorkItem 함수를 호출하는 방식으로 변경한 예제다. 콜백 함수는 스레드 엔트리 함수를 그대로 사용하면 된다. EchoSvrThread 소스의 메인 함수 처리에서 수정된 부분만 예시하도록 하겠다.

프로젝트 6.2.1 EchoSvrQUWI

```
typedef std::list<SOCKET> WORK_LIST;
void _tmain()
{
    WORK_LIST works;
    while (true)
    {
        SOCKET sock = accept(hsoListen, NULL, NULL);
        if (sock == INVALID_SOCKET)
        {
            cout << "accept failed, code : " << WSAGetLastError() << endl;
            break;
        }
        cout << " ==> New client " << sock << " connected..." << endl;


        DWORD dwThrId = 0;
        HANDLE hThread = CreateThread
                (NULL, 0, ChildSockProc, (PVOID)sock, 0, &dwThrId);

                            ↓

        QueueUserWorkItem(ChildSockProc, (PVOID)sock, WT_EXECUTEDEFAULT)

        works.push_back(sock);
    }
```

```
    for (WORK_LIST::iterator it = works.begin(); it != works.end(); it++)
       closesocket(*it);
}
```

6.2.2 대기(RegisterWaitForSingleObject)

아마 스레딩 관련 작업 중 가장 많은 것이 동기화 객체가 시그널 상태가 될 때까지 기다렸다가 시그널 상태가 되면 특정 작업을 수행하는 것이다. 어떤 목적이 되었든 동기화 객체를 사용했다면 결국 그 객체가 시그널 상태가 되기를 기다릴 것이다. 그리고 이 경우의 동기화는 IOCP를 사용할 수 있는 객체가 아니라, 흔히 동기화가 주요 목적인 이벤트나 뮤텍스, 세마포어 등의 객체를 대상으로 한다. 중요한 것은 시그널될 상황을 만날 때까지 대기하기 위해서는 스레드가 존재해야 한다는 것이다. 스레드를 만드는 것도 귀찮은 상황이지만, 예를 들어 수천 개의 클라이언트가 이벤트 객체를 이용해서 특정 정보를 주는 경우가 있다면 상황은 전혀 달라진다. 그리고 우리는 이런 상황을 타계하기 위해 2.4.2절에서 WaitPool이라는 클래스를 구현한 바 있다.

RegisterWaitForSingleObject 함수는 이러한 WaitPool 클래스의 기능을 그 이상으로 제공해주는 함수다. 이 함수가 시그널 상태를 요구하는 수많은 상황에 대해서 개별적으로 스레드를 만들 필요 없이 스레드 풀을 이용해서 그 문제를 해결해주는 기능을 제공한다.

RegisterWaitForSingleObject 함수를 사용해 대기를 목적으로 스레드 풀을 이용하고자 할 때는 등록과 해제 두 과정을 거쳐야 한다. 스레드 풀에 대기해야 할 동기화 객체의 핸들을 등록할 때는 RegisterWaitForSingleObject 함수를 사용하고, 등록된 핸들을 해제할 때는 UnregisterWait(Ex) 함수를 호출해야 한다. 그리고 콜백 함수가 호출되는 경우는 지정된 동기화 객체가 시그널 상태가 되었을 때나 타임아웃이 발생했을 때다.

1) 대기 항목의 등록과 해제

RegisterWaitForSingleObject 함수는 시그널받을 동기화 객체를 이 함수를 통해 등록시켜 두면, 나중에 그 객체가 시그널 상태가 되었을 때의 처리를 정의한 유저 정의 콜백 함수를 시스템이 실행함으로써 시그널 상태 이후의 작업을 수행할 수 있도록 해준다.

```
BOOL WINAPI RegisterWaitForSingleObject
(
    _Out_        PHANDLE               phNewWaitObject,
    _In_         HANDLE                hObject,
    _In_         WAITORTIMERCALLBACK   Callback,
    _In_opt_     PVOID                 Context,
    _In_         ULONG                 dwMilliseconds,
    _In_         ULONG                 dwFlags
);
```

PHANDLE phNewWaitObject

등록된 동기화 객체에 대한 관리 및 식별을 위한 HANDLE 값을 받기 위한 포인터다. 비록 그 타입이 HANDLE이지만, 호출 결과 획득되는 이 핸들에 대해 CloseHandle을 호출해서는 안 된다. 이 핸들을 뒤에서 다룰 UnregisterWait 함수의 매개변수로 넘겨주어 해당 등록 정보를 해제하게 된다.

HANDLE hObject

등록할 동기화 객체의 핸들이다. 파일 변경 통지, 콘솔 입력, 이벤트 뮤텍스, 세마포어, 대기가능 타이머, 프로세스, 스레드 등 동기화가 가능한 모든 객체의 핸들을 넘겨줄 수 있다.

WAITORTIMERCALLBACK Callback

PVOID Context

hObject 객체가 시그널 상태가 되었을 때 실행될 콜백 함수의 포인터와 콜백 함수 내에서 참조할 부가적 정보를 위한 매개변수다. 여러분이 정의한 콜백 함수의 포인터를 Callback 매개변수를 통해서 넘겨주며, 형식은 다음과 같다.

```
VOID CALLBACK WaitOrTimerCallback
(
    _In_ PVOID    lpParameter,
    _In_ BOOLEAN TimerOrWaitFired
);
```

이 콜백 함수는 RegisterWaitForSingleObject 함수뿐만 아니라 뒤에서 배우게 될 타이머 풀 함수인 CreateTimerQueueTimer 함수에서도 동일하게 사용된다. lpParameter는 스레드 엔트리 함수와 마찬가지로, 이 콜백 함수가 실행될 내 전달될 유저 징의 데이터 타입에 대헌 포인디다. 이 값은 RegisterWaitForSingleObject 함수의 Parameter 매개변수를 통해 지정된다. 그리고 TimerOrWaitFired 매개변수는 타임아웃 발생 여부를 의미하는데, dwMilliseconds 매개변수를 INFINITE이 아닌, 의미 있는 값을 전달했을 때 타임아웃에 의해 이 콜백 함수가 호출되었다면 TimerOrWaitFired는 TRUE가 되며, hObject 객체가 시그널 상태가 되어 호출되었다면 FALSE가 된다. 타이머-큐 타이머의 경우는 항상 TRUE가 되며, 이는 지정된 시간이 경과했음을 의미한다. FALSE가 될 경우는 RegisterWaitForSingleObject의 경우에만 가능하다.

ULONG dwMilliseconds

WaitForSingleObject나 WaitForMultipleObjects 함수에서처럼 타임아웃을 지정할 수 있다. 밀리초 단위로 시간을 지정했을 때, 그 시간이 경과했을 경우 콜백 함수 WaitOrTimerCallback 이 호출되며, bTimerOrWaitFired 매개변수는 TRUE로 전달된다.*

ULONG dwFlags

QueueUserWorkItem에서 설명했던 플래그를 포함하여 다음의 플래그들을 추가적으로 지정할 수 있다.

- **WT_EXECUTEINWAITTHREAD(0x00000004)**

  콜백 함수의 실행을 대기 스레드 자체에 맡긴다. 따라서, 콜백 함수의 수행 시간은 짧게 이루어져야 다른 대기 작업에 영향을 미치지 않게 될 것이다. 만약 콜백 함수가 배타적 잠금을 요구하며 대기 중인 상태에서 다른 스레드가 배타적 잠금을 걸고 UnregisterWait 또는 UnregisterWaitEx 함수를 호출하면 데드락이 발생할 수 있다는 점에 주의하기 바란다.

- **WT_EXECUTEONLYONCE(0x00000008)**

  콜백 함수는 단 한 번만 실행되고 더 이상 실행되지 않는다. 만약 대기가능 타이머를 주기적으로 깨어나게 해서 등록했다면 그 타이머는 단 한 번만 시그널 상태가 될 것이다. 또한, 수동 리셋 이벤트나 프로세스 등을 등록해야 할 상황이라면 별도의 처리를 하지 않는 한 시그널된 이후에도 계속 시그널 상태로 남기 때문에 이 플래그를 지정하는 것이 좋다.

RegisterWaitForSingleObject 함수를 통해 등록된 대기 작업 항목을 해제하고자 한다면 다음의

---

* 사실 RegisterWaitForSingleObject의 타임아웃 기능은 비스타까지는 제대로 작동되지 않았다. 실제로 필자가 프로젝트 개발 과정에서 발견한 사항이지만, 콜백 함수의 TimerOrWaitFired 매개변수는 타임아웃이든 아니든 항상 0보다 큰 값으로 넘어왔다. 윈도우 7에서는 이 문제가 해결되어 제대로 작동했다. 필자는 결국 비스타의 경우 다른 방안을 강구해야만 했다. 아마도 비스타에서 새로운 스레드 풀 기반으로 변경하면서 윈도우 2000의 기존 함수들 역시 새로운 스레드 풀 기반에서 작동되도록 하는 과정에서의 버그라는 생각이 든다.

함수를 호출해야 한다. QueueUserWorkItem 함수의 경우와는 다르게 대기 작업 항목을 사용할 때에는 이 함수를 통해서 현재 콜백 함수가 실행 중이라면 대기할 수 있는 수단으로 제공된다.

```
BOOL WINAPI UnregisterWait(_In_ HANDLE WaitHandle);

BOOL WINAPI UnregisterWaitEx
(
    _In_      HANDLE   WaitHandle,
    _In_opt_  HANDLE   CompletionEvent
);
```

HANDLE WaitHandle

WaitHandle은 RegisterWaitForSingleObject의 첫 번째 매개변수를 통해서 획득한 대기 핸들값이다.

HANDLE CompletionEvent

CompletionEvent 매개변수는 다음의 값을 전달할 수 있다.

- **이벤트 커널 객체의 핸들인 경우**

  대기 작업이 등록 해제가 되면 전달된 이벤트를 시그널 상태로 변경한다. 리턴값을 체크해야 한다.

- **INVALID_HANDLE_VALUE를 지정할 경우**

  콜백 함수의 실행이 완료될 때까지 계속 대기한다.

- **NULL로 넘겨줄 경우**

  대기 객체 삭제 타이머를 마크한 후 바로 리턴한다. 리턴값을 체크해야 한다.

[리턴값] BOOL

리턴값이 TRUE면 등록 해제에 성공했음을 의미한다. 실패할 경우 FALSE를 리턴하고, GetLastError 함수를 통하여 에러 코드를 획득할 수 있다. TRUE인 경우는 호출 시점에서 콜백 함수는 실행 중이 아니었음을 의미하며, 또한 무사히 등록 해제를 마쳤다는 의미도 포함한다. 하지만, FALSE가 리턴되는 대표적인 예가 콜백 함수가 실행 중인 상황에서 등록 해제를 시도하는 경우다. 이런 상황이라면 세심하게 처리할 필요가 있는데, 다음의 경우를 체크해야 한다.

- UnregisterWait 함수를 호출하거나 UnregisterWaitEx 함수 호출 시, CompletionEvent 매개변수를 NULL로 전달했다. 콜백 함수가 실행 중이라면 UnregisterWait(Ex)는 바로 FALSE를 리턴하고, GetLastError는 ERROR_IO_PENDING 에러 코드를 리턴한다. 따라서 호출 결과에 따라 현재 콜백 함수가 실행 중인지의 여부를 판단할 수 있다. UnregisterWait 함수는 UnregisterWaitEx(hRegObj, NULL)를 호출한 것과 동일한 기능을 수행한다.

- UnregisterWaitEx 호출 시, CompletionEvent를 유저가 생성한 이벤트 핸들로 전달했고, 콜백 함수 실행 중이라면 역시 ERROR_IO_PENDING 에러 코드를 얻는다. 따라서 이 경우 이벤트 핸들을 통해서 콜백 함수의 실행이 완료될 때까지 대기할 수 있다.

- UnregisterWaitEx 호출 시, CompletionEvent를 INVALID_HANDLE_VALUE로 전달했고, 콜백 함수가 실행 중이라면 그 콜백 함수의 실행이 완료되기 전까지 UnregisterWaitEx는 리턴되지 않는다.

RegisterWaitForSingleObject의 구현 원리는 우리가 구현했던 WaitPool 클래스와 비슷하다. 동기화 객체의 핸들을 63개 단위로 배열에 담아 WaitForMultipleObjects류의 함수를 통하여 대기한다. WaitPool 클래스와 마찬가지로, WaitForMultipleObjects로 전달 가능한 64개의 동기화 핸들 중 나머지 하나는 대기 엔트리 관리나 타임아웃 처리에 사용된다. 하지만 WaitPool 클래스가 제공하지 못하는 더 많은 기능들을 RegisterWaitForSingleObject는 제공하고 있다. WaitPool 클래스와의 차이는 다음과 같다.

- WaitPool 클래스는 WaitForMultipleObjects를 호출하고 대기 상태에 있던 스레드 대기 핸들 중 하나가 시그널 상태가 되면 그 핸들과 연결된 콜백 함수를 호출해주겠지만, RegisterWaitForSingleObject의 대기 스레드는 대기하는 역할 만을 수행한다. 그리고 대기 중 시그널 상태가 된 핸들의 콜백 함수의 실행은 작업자 스레드에게 위임한다. 이 위임은 PostQueuedCompletionStatus를 통하여 IOCP에 대해 대기 중인 작업자 스레드에게 전달될 것이라는 것을 짐작할 수 있다. 그리고 WT_EXECUTEINWAITTHREAD 플래그를 지정한다는 의미는 IOCP 스레드에 콜백 함수의 실행을 위임하는 것이 아니라, WaitPool 스레드의 구현처럼 바로 이 대기 스레드가 콜백 함수를 직접 실행하도록 한다는 것을 의미한다.

- WaitPool 클래스는 타임아웃을 지원하지 않지만, RegisterWaitForSingleObject는 내부적으로 타이머를 갖고 있어서 타이머를 통해서 타임아웃을 지원한다.

- WaitPool 클래스는 등록된 대기 핸들을 등록 해제할 때 그 핸들에 연결된 콜백 함수가 실행 중인지의 여부를 판단하지 않는다. 따라서 콜백 함수가 실행 중인 상태에서 Unregister 멤버 함수를 호출하면 그 내부에서 대기 핸들 관련된 메모리 객체를 해제하기 때문에, 문제가 발생될 소지가 다분히 있다. 반면, RegisterWaitForSingleObject는 UnregisterWaitEx를 통해서 콜백 함수가 실행 중일 때 그 실행이 완료될 때까지 대기할 수 있는 수단을 제공하기 때문에 안전한 등록 해제가 가능해진다.

- WaitPool 클래스는 등록된 동기화 객체의 핸들을 닫는 시점이 문제다. Unregister를 호출해 등록된 핸들을 등록 해제시키지 않은 상태에서 CloseHandle을 통해서 객체의 핸들을 닫게 되면 문제가 발생한다. 하지만 RegisterWaitForSingleObject는 UnregisterWait(Ex) 호출 여부와 상관없이 CloseHandle로 객체를 닫더라도 문제되지 않는다. 이는 CloseHandle을 통해서 등록된 객체의 시그널 상태 대기를 취소하는 하나의 방법이 될 수도 있다.

이제 RegisterWaitForSingleObject의 예를 살펴보자.

```
VOID CALLBACK ThreadPoolWaitProc(PVOID pParam, BOOLEAN bTW)
{
   int nEvtIdx = (int)pParam;
   cout ≪ " => Thread " ≪ nEvtIdx ≪ "("
      ≪ GetCurrentThreadId() ≪ ") Signaled..." ≪ endl;
   Sleep((nEvtIdx + 1) * 1000);
}


void _tmain()
{
   HANDLE arEvents[10];
   HANDLE arWaits[10];
   for (int i = 0; i < 10; i++)
   {
      arEvents[i] = CreateEvent(NULL, FALSE, FALSE, NULL);
```

자동 리셋 이벤트를 생성한다.

```
      RegisterWaitForSingleObject
      (
         &arWaits[i], arEvents[i],
         ThreadPoolWaitProc, (PVOID)i,
         INFINITE, WT_EXECUTEDEFAULT
      );
```

자동 리셋 이벤트의 핸들과 시그널을 받았을 때, 작업 수행을 담당하는 콜백 함수의 포인터를 매개변수로 전달하여 RegisterWait-ForSingleObject를 호출한다.

```
   }

   for (int i = 0; i < 10; i++)
   {
      int evtIdx = rand() % 10;
      SetEvent(arEvents[evtIdx]);
      Sleep(1000);
   }

   // getchar();
   for (int i = 0; i < 10; i++)
```

```
        {
            UnregisterWait(arWaits[i]);
            CloseHandle(arEvents[i]);
        }
    }
```

RegisterWaitForSingleObject 역시 일반 대기 함수가 제공하는 부가적 기능이 그대로 적용된다. 이벤트의 경우, 자동 리셋 이벤트라면 콜백 함수가 호출과 더불어 이벤트의 신호 상태를 다시 넌시그널 상태로 변경시켜주는 것도 마찬가지다. 위 코드에서 만약 자동 리셋 이벤트 대신 수동 리셋 이벤트를 생성해서 넘기면 어떻게 될까? 이벤트가 시그널 상태가 되어 콜백 함수가 호출될 것이다. 그리고 콜백 함수의 수행이 완료되고 난 후에도 수동 리셋 이벤트는 계속 시그널 상태로 남아있기 때문에 또 다시 콜백 함수가 호출될 것이고, 결국 무한히 반복되는 콜백 함수의 호출로 귀결된다. 이는 프로세스나 스레드의 핸들을 등록했을 경우도 마찬가지다. 프로세스나 스레드가 종료되면 그 객체는 시그널 상태로 변경되어 계속 그 상태로 남아있기 때문이다. 그러므로 수동 리셋 이벤트를 사용하고자 한다면 콜백 함수의 매개변수로 이벤트의 핸들을 넘겨서 이 핸들에 대해 ResetEvent를 호출해주든지, 아니면 RegisterWaitForSingleObject 호출 시에 WT_EXECUTEONLYONCE 플래그를 지정하여 콜백 함수가 단 한 번만 실행되도록 해야 한다.

2) 뮤텍스의 문제

RegisterWaitForSingleObject로 등록할 수 있는 동기화 객체 중에 뮤텍스도 포함되어 있다. 하지만 뮤텍스는 문제가 있다. 6.1절에서 스레드 풀을 사용할 때 주의해야 할 중요한 사항 중 하나가 스레드 친화성을 갖는 코드를 작성하지 말라는 것이다. 하지만 뮤텍스는 동기화 커널 객체 중 스레드 친화성을 갖는 대표적인 객체다. 뮤텍스는 소유권 문제와 관련이 있으며, 특정 스레드가 그것을 소유했는지의 여부에 따라서 신호 상태가 바뀐다. 그렇다면 예제 코드를 통해서 그 문제를 좀 더 검토해보자.

먼저 콜백 함수의 정의를 보자. 우선 뮤텍스를 소유한 스레드는 해당 뮤텍스를 사용한 후 반드시 ReleaseMutex를 호출해서 그 소유권을 해제해줘야 한다. 따라서 다음 프로젝트는 콜백 함수의 매개변수로 뮤텍스의 핸들을 전달하여 콜백 함수 정의 끝 부분에서 ReleaseMutex를 호출해주도록 처리했다.

```
VOID CALLBACK ThreadPoolWaitProc(PVOID pParam, BOOLEAN bTW)
{
   HANDLE hMutex = (HANDLE)pParam;
```

매개변수를 통해서 뮤텍스의 핸들을 획득한다.

```
   DWORD dwThrId = GetCurrentThreadId();

   printf(" => Thread %d enters into WAIT while 2 seconds...\n", dwThrId);
   Sleep(2000);
   printf(" => Callback %d terminated...\n", dwThrId);
   if (!ReleaseMutex(hMutex))
      cout << "ReleaseMutex error : " << GetLastError() << endl;
```

콜백 함수가 리턴되기 전에 뮤텍스의 소유권을 해제한다.

```
}
```

이제 메인 함수의 정의를 살펴보자. 메인 함수에서는 우선 메인 스레드가 뮤텍스의 소유권을 획득하도록 생성해서 스레드 풀에 그 핸들을 등록한다. 그리고 콜백 함수 호출을 위해 임의의 키를 입력받아 ReleaseMutex를 호출해 소유권을 해제하도록 한다.

```
void _tmain()
{
   HANDLE hMutex = CreateMutex(NULL, TRUE, NULL);
```

메인 스레드가 소유권을 획득하도록 뮤텍스를 생성한다.

```
   HANDLE hWait = NULL;
   BOOL bIsOK = RegisterWaitForSingleObject
   (
      &hWait, hMutex, ThreadPoolWaitProc, hMutex, INFINITE,
      WT_EXECUTEDEFAULT
   );
```

생성된 뮤텍스를 스레드 풀에 등록한다. 뮤텍스의 소유권 해제를 위해 이 핸들을 콜백 함수의 매개변수로 전달한다.

```
   cout << "Enter any key to signal event..." << endl;
   getchar();
```

```
    ReleaseMutex(hMutex);
```
뮤텍스의 소유권을 해제함으로써 뮤텍스를 시그널 상태로 만들어 콜백 함수가 호출되도록 한다.

```
    Sleep(1000);
    WaitForSingleObject(hMutex, INFINITE);

    UnregisterWaitEx(hWait, INVALID_HANDLE_VALUE);
    CloseHandle(hMutex);
  }
```

위 코드를 보면 메인 함수에서 ReleaseMutex를 호출한 후 다시 뮤텍스를 소유하기 위해 뮤텍스
핸들에 대해 WaitForSingleObject를 호출한다. 그리고 뮤텍스를 다시 소유하게 되면 프로그램이
종료되도록 처리하는데, 직접 실행해보면 WaitForSingleObject로부터 결코 리턴되지 않을 것이
다. 다음은 위 코드를 실행한 결과다.

```
Enter any key to signal event...

 => Thread 624 enters into WAIT while 2 seconds...
 => Thread 4048 enters into WAIT while 2 seconds...
 => Thread 1400 enters into WAIT while 2 seconds...
 => Callback 624 terminated...
Releas => Callback 4048 terminated...
eMutex error : ReleaseMutex error : 288
```

위 실행 결과에는 두 가지 문제점이 있다. 먼저, 콜백 함수에서 ReleaseMutex 호출 결과 에러가
발생했고 그 에러 코드는 288, 즉 "호출자가 가지고 있지 않은 뮤텍스를 해제하려고 했습니다."라
는 ERROR_NOT_OWNER다. 이러한 상황은 왜 발생하는 것일까? 우리가 WaitPool 클래스
의 구현에서 보았듯이, RegisterWaitForSingleObject는 내부적으로 다중의 동기화 객체에 대해
WaitForMultipleObjects(Ex)를 통해서 대기하게 된다. 그렇다면 뮤텍스가 시그널 상태가 되었
을 때 스레드 풀을 구성하는 스레드 중 "대기 스레드"가 그 뮤텍스의 소유권을 획득하게 된다. 그리
고 플래그가 WT_EXECUTEDEFAULT로 지정되었기 때문에, 콜백 함수를 대기 스레드 자신이
실행하는 것이 아니라 Non-I/O 작업자 스레드에게 그 실행을 맡긴다. 따라서 ReleaseMutex를

호출하는 스레드는 뮤텍스를 획득한 대기 스레드가 아니라 콜백 함수의 실행을 대행하는 Non-I/O 작업자 스레드이므로, 뮤텍스를 소유하지 않은 스레드가 ReleaseMutex를 호출하는 결과가 되어 결국 에러가 발생되는 것이다.

다음으로, 뮤텍스는 하나의 스레드에 의해 소유된다. 따라서 뮤텍스를 소유한 단 하나의 스레드 만 활성화될 것이다. 하지만 실행 결과를 보면, 동시에 여러 스레드가 활성화되어 콜백 함수가 여 러 번 실행된 것을 확인할 수 있다. 메인 스레드에서 뮤텍스를 해제하게 되면 대기 스레드가 해당 뮤텍스의 소유권을 획득한다. 그리고 대기 상태에서 깨어난 대기 스레드는 작업자 스레드에게 콜 백 함수의 실행을 맡기고 다시 WaitForMultipleObjects(Ex)의 대기 상태로 들어갈 것이다. 이 런 상황은 콜백 함수에서의 ReleaseMutex 호출 성공 여부와는 상관없이 대기 스레드 자신이 소 유한 뮤텍스에 대해 다시 대기 함수를 호출하게 되는 결과를 낳게 되고, 이는 자신이 소유한 뮤 텍스에 대해 중복 대기를 무한히 반복하는 악순환이 되는 것이다. 이러한 중복 대기를 막기 위해 RegisterWaitForSingleObject 호출 시 플래그를 WT_EXECUTEONLYONCE로 지정한다.

```
void _tmain()
{
        ⋮
    BOOL bIsOK = RegisterWaitForSingleObject
    (
        &hWait, hMutex, ThreadPoolWaitProc, hMutex, INFINITE,
        WT_EXECUTEONLYONCE
    );
        ⋮
```

위의 코드처럼 WT_EXECUTEONLYONCE를 지정해 콜백 함수가 단 한 번만 호출되도록 한다 면, 앞서 콜백 함수가 무한정 실행되는 상황을 막을 수 있다.

```
Enter any key to signal event...

  => Thread 3324 enters into WAIT while 2 seconds...
  => Callback 3324 terminated...
ReleaseMutex error : 288
```

하지만 여전히 메인 함수는 종료되지 않고 계속 대기 상태에 머무르고, ReleaseMutex 호출 에러는 여전히 남아 있다. 결국 문제는 뮤텍스에 대해서 대기하고 그 소유권을 갖게 될 대기 스레드가 ReleaseMutex를 호출해줘야만 위의 모든 상황을 해결할 수 있는 것이다. 그러기 위해서는 Flags를 WT_EXECUTEINWAITTHREAD로 지정해서 RegisterWaitForSingleObject를 호출해줘야 한다.

```
void _tmain()
{
    ⋮
    BOOL bIsOK = RegisterWaitForSingleObject
    (
        &hWait, hMutex, ThreadPoolWaitProc, hMutex, INFINITE,
        WT_EXECUTEINWAITTHREAD
    );
    ⋮
```

위와 같이 처리하면 뮤텍스를 획득한 대기 스레드 자신이 콜백 함수를 호출하기 때문에 콜백 함수에서의 ReleaseMutex 호출도 성공하며, 따라서 뮤텍스의 해제가 제대로 이루어져서 대기 스레드가 다시 대기 상태로 들어가더라도 이미 뮤텍스는 넌시그널 상태가 되었기 때문에 중복 대기 상황이 발생되지 않는다. 그리고 메인 함수 역시 뮤텍스에 대한 WaitForSingleObject 호출로부터 탈출하여 프로그램을 정상적으로 종료할 수 있게 된다.

하지만 위의 코드는 윈도우 XP에서 실행했을 때만 지금까지의 설명대로 움직인다. 앞서 언급했다시피 뮤텍스는 스레드 친화성을 가진다. 그 문제로 야기될 수 있는 다른 문제를 고려해서인지 MS는 새로운 스레드 풀에서 대기를 위한 목적으로 뮤텍스를 스레드 풀에 등록하는 것을 금지하고 있는 듯하다. "있는 듯하다"라고 표현한 이유는, MS가 제공하는 매뉴얼에서는 이러한 뮤텍스 사용의 문제에 대한 아무런 언급이 없고, 위의 코드를 윈도우 7 이상에서 실행하면 비록 플래그를 WT_EXECUTEINWAITTHREAD로 지정하더라도 ReleaseMutex 호출 시 역시 ERROR_NOT_OWNER 에러가 발생되며 제대로 동작하지 않기 때문이다. 이는 아마도 비스타 이후에는 호환성을 위해 윈도우 2000의 스레드 풀 함수를 그대로 사용할 수 있도록 해주지만, 이 윈도우 2000의 함수들 역시 새로운 스레드 풀 메커니즘 기반 위에서 돌아가기 때문에 그런 상황에서 발생하는 버그로 추정된다.

그리고 윈도우 8에서는 뮤텍스를 대상으로 RegisterWaitForSingleObject 함수를 호출하면 에러 리턴이 아니라, 아예 STATUS_THREADPOOL_HANDLE_EXCEPTION(0xC000070A) 예외를 발생시킨다. 또한 새로운 스레드 풀 역시 RegisterWaitForSingleObject 기능에 해당하는 새로운 함수를 제공하지만, 이 새로운 함수를 사용하더라도 뮤텍스의 경우에는 동일하게 예외를 발생시킨다. 이 역시 스레드 친화성을 가진 뮤텍스의 사용을 아예 차단하고자 하는 의도로 풀이된다.

결론은, 지금까지 MSDN에는 어떠한 언급도 없었지만, 새로운 스레드 풀 메커니즘에서 뮤텍스를 RegisterWaitForSingleObject의 매개변수로 전달하여 스레드 풀에 등록하지 말라는 것이다. 지금까지의 설명이 콜백 함수들 사이의 데이터 공유를 위해 콜백 함수 내에서 뮤텍스를 사용하는 것을 막는다는 의미가 아니라는 점만 유의하기 바란다. 단지 뮤텍스의 소유권 획득 시 그 처리를 담당할 콜백 함수 호출을 스레드 풀을 통해서 수행하도록 할 목적으로 RegisterWaitForSingleObject 함수 호출에 뮤텍스 핸들을 전달하면 이러한 문제가 발생된다는 점을 언급하기 위한 것이다. 그리고 사실 뮤텍스의 시그널 상태에 대해 콜백 함수를 호출하는 패턴의 코드를 작성할 일 자체가 별로 없을 것이다.

3) RegNotifyChangeKeyValue와 스레드 풀

이번에 다룰 내용은 4.1.3절에서 다룬 레지스트리 감시를 위한 RegNotifyChangeKeyValue 함수를 스레드 풀과 함께 사용할 때의 주의점에 관한 것이다. RegNotifyChangeKeyValue 호출은 영속 스레드에서 호출되어야 한다. 스레드 풀의 작업자 스레드는 기본적으로 동적으로 생성되고 해제되는 스레드다. 따라서 RegNotifyChangeKeyValue를 호출한 스레드가 해제되면 해딩 이벤트는 레지스트리 엔트리가 변경되지 않았음에도 시그널 상태가 된다. 이런 사실을 염두에 두고 레지스트리 감시를 위한 이벤트 커널 객체에 주목하여 논의를 좀 더 전개시켜 보자. RegNotifyChangeKeyValue 함수 호출을 통한 레지스트리 변경 통지는 이벤트 시그널을 통해서 받는다. 그렇다면 그 이벤트 핸들을 RegisterWaitForSingleObject를 통해서 스레드 풀에 등록하고, 스레드 풀로 하여금 콜백 함수를 호출하도록 하여 그 처리를 맡길 수도 있을 것이다. 이것을 확인하기 위해 RegisterWaitForSingleObject를 이용해서 레지스트리 감시를 수행하는 코드를 직접 작성해보자.

다음 프로젝트는 〈프로젝트 4.1.3 RegChgNoti〉 코드를 RegisterWaitForSingleObject 함수를 사용하도록 변경한 예제다.

```
void  tmain()
{
    HANDLE   hevNoti = NULL, hRWSO = NULL;
    HKEY     hKey = NULL;
    HANDLE   arMons[2] = { 0, };
    try
    {
        LONG lErrCode = RegOpenKeyEx(HKEY_CURRENT_USER, ..., KEY_NOTIFY, &hKey);
            ⋮
        hevNoti = CreateEvent(NULL, FALSE, FALSE, NULL);
            ⋮
        HANDLE arMons[2] = { (HANDLE)hKey, hevNoti };
        if (!RegisterWaitForSingleObject(&hRWSO, hevNoti,
            RegMonCallback, arMons, INFINITE, WT_EXECUTEDEFAULT))
            throw (LONG)GetLastError();
```

레지스트리 변경 시 통지를 받기 위해, 앞서 생성한 자동 리셋 이벤트를 넘겨주었다. 또한 마지막 매개변수를 TRUE로 넘겨줘야 통지를 받을 수 있다.

```
        lErrCode = RegNotifyChangeKeyValue(hKey, ..., hevNoti, TRUE);
```

감시 개시를 위해 최초 RegNotifyChangeKeyValue 함수를 호출한다.

```
            ⋮
        getchar();
    }
    catch (LONG ex)
    {
        cout << "Error occurred, code = " << ex << endl;
    }
        ⋮
}
```

다음은 RegisterWaitForSingleObject 함수를 통해 등록할 콜백 함수의 정의다.

```
#define REG_MON_FLTR REG_NOTIFY_CHANGE_NAME | \
                     REG_NOTIFY_CHANGE_ATTRIBUTES | \
```

```
                        REG_NOTIFY_CHANGE_LAST_SET | \
                        REG_NOTIFY_CHANGE_SECURITY
VOID WINAPI RegMonCallback(PVOID pParam, BOOLEAN bTW)
{
   PHANDLE parObjs   = (PHANDLE)pParam;
   HKEY    hKey      = (HKEY)parObjs[0];
   HANDLE  hevNoti   = parObjs[1];


   cout << "Change has occurred." << endl;


   LONG lErrCode = RegNotifyChangeKeyValue
   (
      hKey, TRUE, REG_MON_FLTR, hevNoti, TRUE
   );
```

계속 감시를 이어가기 위해서 콜백 함수 내에서 RegNotifyChangeKeyValue 함수를 호출한다.

```
   if (lErrCode != ERROR_SUCCESS)
      cout << "Error occurred, code = " << lErrCode << endl;
}
```

이제 위의 코드를 실행하면 제대로 작동하지 않는다는 것을 확인할 수 있다. RegNotifyChange-KeyValue 함수는 영속 스레드를 요구하며, 따라서 스레드 풀의 작업자 스레드에서는 작동되지 않는다. 이런 상황을 피하기 위해서는 WT_EXECUTEINPERSISTENTTHREAD 플래그를 지정하여 QueueUserWorkItem을 사용하거나, 아니면 다음 코드처럼 RegNotifyChangeKeyValue 호출 시 dwNotifyFilter 매개변수에 윈도우 8부터 새로 지원되는 REG_NOTIFY_THREAD_AGNOSTIC 플래그를 설정해줘야 한다. REG_NOTIFY_THREAD_AGNOSTIC 플래그는 등록 생존 기간이 RegNotifyChangeKeyValue를 호출한 스레드의 생존 기간에 의존하지 않음을 지시한다.

```
VOID WINAPI RegMonCallback(PVOID pParam, BOOLEAN bTW)
{
      ⋮
   LONG lErrCode = RegNotifyChangeKeyValue
   (
      hKey, TRUE, REG_MON_FLTR | REG_NOTIFY_THREAD_AGNOSTIC, hevNoti, TRUE
```

```
    );
    if (lErrCode != ERROR_SUCCESS)
        cout << "Error occurred, code = " << lErrCode << endl;
}
```

4) 해제 시의 주의점

앞서 예제를 통해서도 살펴봤듯이, QueueUserWorkItem 함수의 경우 콜백 함수의 실행이 완료되었는지의 여부를 판별하기 위해서는 유저가 별도의 처리를 해줘야 한다. 하지만 RegisterWaitForSingleObject는 UnregisterWaitEx 함수를 통한 등록된 대기 항목의 제거라는 수단이 제공되기 때문에, 콜백 함수 실행 완료 여부를 쉽게 판별할 수 있다. 프로그램 종료 시나 등록된 핸들을 해제할 때, 콜백 함수가 실행 중이라면 실행이 완료될 때까지 대기해야 안전한 코드가 될 것이다. RegisterWaitForSingleObject 호출 시 Context 매개변수로 사용자를 위한 참조 데이터의 포인터를 전달했을 경우, 콜백 함수가 실행 중이라는 것은 콜백 함수 내에서 여전히 그 참조 데이터를 사용하고 있다는 의미가 된다. 따라서 이 과정에서 등록 해제 후 관련 참조 데이터를 메모리 상에서 제거한다면 큰 문제가 발생된다. 이런 상황이라면 콜백 함수 실행 완료 대기는 중요한 요소가 될 것이다.

다음 프로젝트를 통해 등록된 대기 항목을 해제하는 UnregisterWaitEx 함수의 사용법을 알아보도록 하자. 콜백 함수는 매개변수로 전달되는 초 단위의 대기값을 이용해 Sleep을 통해 스스로 잠들도록 했다.

프로젝트 6.2.2 TPoolWait2K2

```
VOID CALLBACK ThreadPoolWaitProc(PVOID pParam, BOOLEAN bTW)
{
    DWORD dwDelay = (DWORD)pParam;
    DWORD dwThrId = GetCurrentThreadId();

    printf(" => Thread %d enters into WAIT while %d seconds...\n",
            dwThrId, dwDelay);
    Sleep(dwDelay * 1000);
    printf(" => Callback %d terminated...\n", dwThrId);
}
```

다음은 메인 함수의 정의다. 메인 함수에서는 자동 리셋 이벤트를 RegisterWaitForSingleObject를 통해 등록한 후, 키를 하나 입력받아 킷값에 따라 UnregisterWaitEx의 CompletionEvent 매개변수를 다르게 전달한다. '0'인 경우는 NULL로, '1'인 경우는 INVALID_HANDLE_VALUE로, 그리고 나머지 키에 대해서는 이벤트를 하나 생성해서 전달한다.

```
void _tmain()
{
   HANDLE hEvent = CreateEvent(NULL, FALSE, FALSE, NULL);
   HANDLE hWait = NULL;
   BOOL bIsOK = RegisterWaitForSingleObject
   (
      &hWait, hEvent, ThreadPoolWaitProc, (PVOID)50,
      INFINITE, WT_EXECUTEDEFAULT
   );
```

자동 리셋 이벤트를 하나 생성하여 RegisterWaitForSingleObject를 통해 대기 등록한다. 콜백 함수의 수행을 길게 가져가기 위해 50초를 대기하도록 매개변수를 지정했다.

```
   cout << "Enter any key to signal event..." << endl;
   getchar();
   SetEvent(hEvent);
```

이벤트를 시그널링한다.

```
   cout << "Enter a key to call UnregisterWaitEx..." << endl;
   int ch = getchar();
   if (ch == '1')
      UnregisterWaitEx(hWait, INVALID_HANDLE_VALUE);
```

CompletionEvent 매개변수를 INVALID_HANDLE_VALUE로 전달한다.

```
   else if (ch == '0')
   {
      if (!UnregisterWaitEx(hWait, NULL))
```

CompletionEvent 매개변수를 NULL로 전달한다.

```
      {
         DWORD dwErrCode = GetLastError();
         if (dwErrCode == ERROR_IO_PENDING)
```

```
            cout << "Pending callback exists..." << endl;
        else
            cout << "UnregisterWaitEx failed : " << dwErrCode << endl;
        }
    }
    else
    {
        HANDLE hevComp = CreateEvent(NULL, FALSE, FALSE, NULL);
        if (!UnregisterWaitEx(hWait, hevComp))
```

```
        {
            DWORD dwErrCode = GetLastError();
            if (dwErrCode != ERROR_IO_PENDING)
            {
                cout << "UnregisterWaitEx failed : " << dwErrCode << endl;
                return;
            }
        }
        cout << " ...Waits for UnregisterWaitEx completion..." << endl;
        WaitForSingleObject(hevComp, INFINITE);
```

```
    }
    cout << "Main thread : UnregisterWaitEx completed..." << endl;
    CloseHandle(hEvent);
}
```

위 코드를 실행하면 UnregisterWaitEx 호출 시 CompletionEvent 매개변수를 지정하는 방법에 따라 어떻게 작동하는지 확인할 수 있을 것이다. 안전한 코드를 위해서는 등록 해제 시에 콜백 함수의 수행이 완료되었음을 보장해주는 것이 좋다. 이는 종료 시 스레드 엔트리 함수의 실행 완료를 대기하는 것과 마찬가지 경우다. 만약 콜백 함수의 코드가 시간을 요하는 작업을 수행하는 경우라면 그 작업을 취소할 수 있는 코드를 추가해 UnregisterWaitEx 호출에 대한 대기를 완료토록 하는 것이 좋을 것이다.

UnregisterWaitEx 호출 시 주의할 점을 또 하나 살펴보자. INVALID_HANDLE_VALUE
와 더불어 UnregisterWaitEx 함수를 호출하는 처리를 콜백 함수 내에 위치시키면 어떻게 될까?
INVALID_HANDLE_VALUE의 지정은 콜백 함수의 호출이 완료될 때까지 대기하겠다는 의미
다. 그래서 콜백 함수 내에서의 이와 같은 호출은 이미 콜백 함수가 실행 중이므로 콜백 함수 내에서
이 함수의 실행이 종료되기를 기다리는 상황이 된다. 이러한 상황은 당연히 데드락으로 귀결되어 이
대기는 결코 끝나지 않을 것이다. 따라서 콜백 함수 내에서 INVALID_HANDLE_VALUE를 넘겨
주어 UnregisterWaitEx 함수를 호출하는 어리석은 실수는 범하지 말기 바란다.

마지막으로 등록된 객체 핸들을 닫는 시점에 대해서 알아보자. 앞서 말했듯이 UnregisterWait(Ex)
호출 여부와 상관없이 CloseHandle을 호출해 동기화 객체의 핸들을 닫을 수 있다. 더군다나 콜백
함수 내에서 이 핸들의 객체를 닫아도 상관없다. IOCP와 연결된 파일에 대해 CloseHandle을 호
출하면 시스템은 내부적으로 해당 객체와 IOCP의 연결을 해제하는 역할을 수행한다. 이와 비슷하
게 RegisterWaitForSingleObject를 통해 등록된 동기화 객체를 UnregisterWait(Ex)를 통해 등
록 해제하지 않은 상태에서 CloseHandle을 통해서 닫았을 때, 시스템은 그 객체에 대한 콜백 함수
의 호출이 실행되지 않도록 처리한다.

다음 프로젝트는 WSAEventSelect를 이용한 에코 서버 구현 시, WaitPool을 이용해 64의 한계를
뛰어 넘는 〈프로젝트 5.2.3 EchoSvrESWP〉 코드를 RegisterWaitForSingleObject를 이용해
변경한 예제다. 〈EchoSvrESWP〉 코드와 다른 점은 리슨 소켓도 대기 풀에 등록하여 콜백 함수를
통하여 처리하도록 했다는 점이다. RegisterWaitForSingleObject 호출 시 리슨 소켓의 이벤트
시그널 처리는 Handler_SockListen 콜백 함수가, 자식 소켓의 이벤트 시그널 처리는 Handler_
SockChild 콜백 함수가 담당하도록 처리했다.

프로젝트 6.2.2 EchoSvrRWSO

자식 소켓 이벤트 시그널 처리 콜백 함수

```
void WINAPI Handler_SockChild(PVOID pParam, BOOLEAN)
{
    PSOCK_ITEM psi = (PSOCK_ITEM)pParam;

    WSANETWORKEVENTS ne;
    WSAEnumNetworkEvents(psi->_sock, psi->_event, &ne);
    try
```

```
    {
        if (ne.lNetworkEvents & FD_READ)
        {
```
데이터를 수신했을 때 에코 처리를 한다. 처리는 이전 코드와 동일하다.
```
            ⋮
        }

        if (ne.lNetworkEvents & FD_CLOSE)
        {
```
클라이언트가 연결을 끊었을 때의 처리다. 이전 코드와 동일하다.
```
            ⋮
        }
    }
    catch (int hr)
    {
        if (hr != WSAECONNABORTED)
        {
            ⋮
        closesocket(psi->_sock);
        psi->_sock = INVALID_SOCKET;
        PostThreadMessage(psi->_thrId, TM_CLOSE_SOCK, (WPARAM)hr, (LPARAM)psi);
```
에러 발생 시, 메시지를 발송하여 메인 스레드에서 UnregisterWaitEx를 호출하도록 한다.
```
        }
    }
}
```

리슨 소켓 이벤트 시그널 처리 콜백 함수

```
void WINAPI Handler_SockListen(PVOID pParam, BOOLEAN)
{
    PSOCK_ITEM psi = (PSOCK_ITEM)pParam;

    WSANETWORKEVENTS ne;
    WSAEnumNetworkEvents(psi->_sock, psi->_event, &ne);
    if (!(ne.lNetworkEvents & FD_ACCEPT))
        return;
```

```
    try
    {
        int nErrCode = ne.iErrorCode[FD_ACCEPT_BIT];
        if (nErrCode != 0)
            throw nErrCode;

        SOCKET sock = accept(psi->_sock, NULL, NULL);
              ⋮
        HANDLE hEvent = WSACreateEvent();
        PSOCK_ITEM pci = new SOCK_ITEM(sock, hEvent, psi->_thrId);
        HANDLE hWait = NULL;
        BOOL bIsOK = RegisterWaitForSingleObject
        (
            &hWait, hEvent, Handler_SockChild, pci,
            INFINITE, WT_EXECUTEINWAITTHREAD
        );
```

접속된 자식 소켓과 연결된 이벤트 핸들을 대기 큐에 추가한다. 콜백 함수를 Handler_SockChild로 지정한다.
WT_EXECUTEINWAITTHREAD 플래그를 지정하여 리슨 이벤트는 스레드 풀의 스레드가 아닌 대기 스레드로 하여금 처리하도록 함
으로써 클라이언트와 연결된 세션 사이에서 데이터 전송이 빈번할 경우를 대비한 스레드 로드 밸런싱을 고려했다.

```
        if (!bIsOK)
        {
            delete pci;
            throw WSAGetLastError();
        }
        pci->_wait = hWait;
        WSAEventSelect(sock, hEvent, FD_READ | FD_CLOSE);

        cout << " ==> New client " << psi->_sock << " connected" << endl;
        PostThreadMessage(psi->_thrId, TM_CONNECTED, 0, (LPARAM)pci);
```

메시지를 발송하여 메인 스레드로 하여금 접속에 대한 소켓 관리를 처리하도록 지시한다.

```
    }
    catch (int hr)
    {
        cout << " ==> Listen failed, code = " << hr << endl;
        PostThreadMessage(psi->_thrId, TM_LISTEN_FAIL, hr, (LPARAM)psi);
    }
}
```

다음은 메인 함수에 대한 정의다. 스레드 메시지를 수신하며, 메시지를 통해 자식 소켓 세트를 관리한다. 종료 처리는 콘솔 컨트롤 핸들러에서 종료 메시지를 발송하도록 처리했다.

```
void _tmain()
{
   g_dwTheadId = GetCurrentThreadId();
   SOCKET hsoListen = GetListenSocket(9001);
   cout << " ==> Waiting for client's connection......" << endl;


   WSAEVENT hsoEvent = WSACreateEvent();
   SOCK_ITEM sim(hsoListen, hsoEvent, g_dwThreadId);
   HANDLE hWait = NULL;
   BOOL bIsOK = RegisterWaitForSingleObject
   (
      &hWait, hsoEvent, Handler_SockListen, &sim,
      INFINITE, WT_EXECUTEDEFAULT
   );
```
리슨 소켓과 연결된 이벤트 핸들을 대기 큐에 추가한다. 콜백 함수를 Handler_ SockListen으로 지정한다.
```
   sim._wait = hWait;
   WSAEventSelect(hsoListen, hsoEvent, FD_ACCEPT);

   SOCK_SET ss;
   MSG msg;
   while (GetMessage(&msg, 0, 0, 0))
   {
      if (msg.message == TM_PROG_EXIT)
         break;

      int nErrCode = (int)msg.wParam;
      PSOCK_ITEM psi = (PSOCK_ITEM)msg.lParam;
      switch (msg.message)
      {
         case TM_CONNECTED:
            ss.insert(psi);
         break;

         case TM_CLOSE_SOCK:
```

```
            ss.erase(psi);
            UnregisterWaitEx(psi->_wait, INVALID_HANDLE_VALUE);
```

INVALID_HANDLE_VALUE를 지정하여 등록된 자식 소켓용 이벤트 핸들을 대기 큐에서 제거한다. 콜백 함수가 수행 중이라면 이 실행이 완료될 때까지 대기한다.

```
            CloseHandle(psi->_event);
            delete psi;
        break;

        case TM_LISTEN_FAIL:
            nErrCode = E_UNEXPECTED;
        break;
        }
        if (nErrCode < 0)
            break;
    }
    closesocket(sim._sock);
    UnregisterWaitEx(sim._wait, INVALID_HANDLE_VALUE);
```

리슨 소켓용 이벤트 핸들을 대기 큐에서 제거한다.

```
    CloseHandle(sim._event);
        ⋮
}
```

6.2.3 타이머(CreateTimerQueueTimer)

스레드 풀 함수는 대기가능 타이머와 대응이 되는 함수다. 서버-사이드 측 애플리케이션을 개발하는 독자라면 접할 수 있는 다음 상황을 가정해보자. 소켓 통신을 하는 서버가 있고, 그 서버에 수많은 클라이언트가 연결을 유지한 상태로 접속되어 있다. 서버는 자신에게 접속한 클라이언트들이 다운되었는지를 체크하기 위해 주기적으로 약속된 데이터를 전송하고 그 응답을 받는다. 만약 응답이 다섯 번 이상 없다면 해당 클라이언트는 장애가 발생했다고 가정하고 관리 서버 측에 조치를 취하라는 전문을 송신한다고 하자. 이 시나리오는 접속된 클라이언트에 대해 주기적으로 폴링을 통한 Keep-Alive 체크를 하는 경우다. 이런 상황이라면 앞서 논하였던 대기가능 타이머를 사용하는 것을 먼저 떠올릴 수 있다. 즉 해당 클라이언트마다 대기가능 타이머를 생성해서 주기적으로 데이터를 클라이언트에 전송하고 받으면 될 것이다. 하지만 대기가능 타이머는 대기하기 위해 스레드를 필요로 한다. 해당 주기 동안 잠들어 있다가 그 시간이 되면 깨어나서 업무를 처리해주는 스레드가 필요하다. 접속된 클라이언트가 몇 개 되지 않는다면 모르겠지만, 그 수의 단위가 크게 증가하는 경우라면 클라이언트에 대한 주기적 폴링을 위해 그만큼의 대기가능 타이머와 스레드를 생성해야만 할 것이다. 이는 그리 좋은 해결책이 아니다. 이런 상황에 대한 훌륭한 해결책으로 바로 스레드 풀 기반의 타이머 큐를 사용하는 것이다.

타이머 큐를 사용하는 과정은 다음과 같다.

① CreateTimerQueue 함수를 호출해 타이머 큐를 생성한다.
② CreateTimerQueueTimer 함수를 호출해 타이머–큐 타이머를 생성 및 설정하고, 콜백 함수와 함께 타이머 큐에 등록한다.
③ 작업을 완료한 후 DeleteTimerQueueTimer 함수를 호출해 등록했던 타이머–큐 타이머를 삭제한다.
④ DeleteTimerQueue 함수를 호출해 생성한 타이머 큐를 삭제한다.

위 과정에서 ①과 ④의 과정은 생략이 가능하다. CreateTimerQueue를 통해 별도의 타이머 큐를 생성하지 않는다면 프로세스의 디폴트 타이머 큐를 사용하게 된다.

1) 타이머 큐의 생성과 해제

우선 다음 함수를 호출해 타이머 큐를 생성해보자. 타이머 큐는 "타이머–큐 타이머(Timer-Queue Timer)"라는 경량 객체를 보관하는 큐다.

```
HANDLE WINAPI CreateTimerQueue(void);
```

이 함수는 인자는 없으며, 그 반환값은 새롭게 생성된 타이머 큐에 대한 핸들이다. 디폴트 타이머 큐를 사용한다면 이 함수는 호출할 필요가 없다. 생성된 타이머 큐의 사용이 끝나면 다음 함수로 제거할 수 있다.

```
BOOL WINAPI DeleteTimerQueue(_In_ HANDLE TimerQueue);

BOOL WINAPI DeleteTimerQueueEx
(
   _In_       HANDLE TimerQueue,
   _In_opt_   HANDLE CompletionEvent
);
```

HANDLE TimerQueue

CreateTimerQueue 함수를 통해서 생성한 타이머 큐에 대한 핸들이다.

HANDLE CompletionEvent

이 매개변수는 UnregisterWaitEx의 CompletionEvent와 의미가 같다.

DeleteTimerQueue의 경우는 타이머 큐에 콜백 함수를 실행 중인 타이머-큐 타이머의 유무와 상관없이 바로 리턴된다. 하지만 DeleteTimerQueueEx의 경우는 UnregisterWaitEx의 작동 방식과 비슷한데, CompletionEvent의 전달 유무에 따라서 콜백 함수를 실행 중인 타이머-큐 타이머의 항목이 있다면 그 실행이 모두 완료될 때까지 대기한 후 타이머 항목을 제거하고 함수로부터 리턴된다. MSDN에서는 DeleteTimerQueue를 "obsolete"로 명기하고 DeleteTimerQueueEx만을 사용할 것을 권장하고 있다.

2) 타이머-큐 타이머의 등록과 해제

실제로 타이머 통지를 위해서는 다음의 함수를 호출한다. 이 함수는 타이머-큐 타이머를 생성하고 큐에 등록하는 역할을 한다. 타이머-큐 타이머는 지정된 시간에 여러분이 정의한 콜백 함수를 호출해주는 수단이 된다.

```
BOOL WINAPI CreateTimerQueueTimer
(
    _Out_       PHANDLE              phNewTimer,
    _In_opt_    HANDLE               TimerQueue,
    _In_        WAITORTIMERCALLBACK  Callback,
    _In_opt_    PVOID                Parameter,
    _In_        DWORD                DueTime,
    _In_        DWORD                Period,
    _In_        ULONG                Flags
);
```

PHANDLE phNewTimer

타이머 큐에 추가된 새로운 타이머-큐 타이머의 핸들은 이 인자를 통해서 획득한다.

HANDLE TimerQueue

CreateTimerQueue 함수를 통해서 생성한 타이머 큐에 대한 핸들이다. 이 매개변수에 NULL 을 넘겨주면 디폴트 타이머 큐를 사용하게 된다.

WAITORTIMERCALLBACK Callback
PVOID Parameter

지정된 시간에 또는 주기적으로 호출될 콜백 함수다. 여러분이 정의한 콜백 함수의 포인터를 이 매개변수를 통해 넘겨준다. 형식은 다음과 같이 RegisterWaitForSingleObject 함수의 콜백 함수와 동일하다.

```
VOID CALLBACK WaitOrTimerCallback
(
    _In_ PVOID    pParameter,
    _In_ BOOLEAN TimerOrWaitFired
);
```

RegisterWaitForSingleObject 함수의 경우 TimerOrWaitFired 매개변수는 타임아웃 발생 여부를 식별하는 수단이 되지만, 타이머-큐 타이머에 대해서는 항상 TRUE며, 이는 지정된 시간 이 경과했음을 의미한다.

DWORD DueTime
DWORD Period

콜백 함수가 최초로 호출될 시간과 그 이후에 호출될 시간 주기를 나타낸다. 대기가능 타이머에 서의 의미와 같다. 하지만 SetWaitableTimer에서의 시간 지정 타입은 LARGE_INTEGER 구 조체의 포인터였지만, 이 함수의 경우에는 DWORD 타입이다. 따라서 SetWaitableTimer에 서처럼 타이머 만기를 위한 절대 시간을 지정할 수 없고, 호출 후 일정 시간 후에 최초 만기가 될 시간 DueTime을 밀리초 단위로 지정할 수 있다.

ULONG Flags

CreateTimerQueueTimer에서의 Flags는 앞서 나온 플래그와 더불어 다음 옵션을 하나 더 지 정할 수 있다.

- **WT_EXECUTEINTIMERTHREAD(0x00000020)**

  콜백 함수의 실행을 타이머 스레드 자체에 맡긴다. 다른 타이머 작업에 영향을 주지 않기 위해서 콜백 함수의 수행은 짧은 시간 내에 완료되어야 한다.

타이머 큐로부터 타이머를 취소와 함께 제거하고자 할 때에는 다음의 함수를 사용한다.

```
BOOL WINAPI DeleteTimerQueueTimer
(
    _In_opt_   HANDLE TimerQueue,
    _In_       HANDLE Timer,
    _In_opt_   HANDLE CompletionEvent
);
```

HANDLE TimerQueue

CreateTimerQueue 함수를 통해 생성한 타이머 큐에 대한 핸들로, 만약 CreateTimerQueue 를 호출하지 않았다면 NULL로 설정해야 한다.

HANDLE Timer

CreateTimerQueueTimer 함수의 첫 번째 매개변수를 통해서 획득한 타이머-큐 타이머의 핸들값이다.

HANDLE CompletionEvent

이 매개변수는 UnregisterWaitEx의 CompletionEvent와 의미가 같다.

그러면, 타이머-큐 타이머의 간단한 사용 예를 살펴보도록 하자.

다음 프로젝트는 CreateTimerQueueTimer 함수를 이용하는 간단한 예제다.

프로젝트 6.2.3 TPoolTimer2K

```
VOID CALLBACK ThreadPoolTimerProc(PVOID pParam, BOOLEAN bTW)
{
    int nWorkId = (int)pParam;
    SYSTEMTIME st;
```

```
    GetLocalTime(&st);
    printf("=> WorkItem %d(ID : %d) started at : %02d:%02d:%02d.%03d\n",
        nWorkId, GetCurrentThreadId(),
        st.wHour, st.wMinute, st.wSecond, st.wMilliseconds);

    Sleep(nWorkId * 1000);

    GetLocalTime(&st);
    printf("...WorkItem %d(ID : %d) ended at : %02d:%02d:%02d.%03d\n",
        nWorkId, GetCurrentThreadId(),
        st.wHour, st.wMinute, st.wSecond, st.wMilliseconds);
}

void _tmain()
{
    HANDLE hTmrQue = CreateTimerQueue();
```
타이머 큐를 생성한다.
```
    HANDLE arTimers[5];
    for (int i = 0; i < 5; i++)
    {
        LARGE_INTEGER ll;
        ll.QuadPart = -((__int64)i * 10000000);
        CreateTimerQueueTimer
        (
            &arTimers[i], hTmrQue,
            ThreadPoolTimerProc, (PVOID)i,
            i * 1000, (10 - i) * 1000, WT_EXECUTEDEFAULT
        );
```
타이머를 생성하고 타이머 큐에 등록한다.
```
    }

    getchar();
    for (int i = 0; i < 5; i++)
        DeleteTimerQueueTimer(hTmrQue, arTimers[i], NULL);
    DeleteTimerQueueEx(hTmrQue, NULL);
}
```

최초의 타이머 스레드 풀은 등록된 타이머의 시간 설정을 변경할 수단이 제공되지 않았다. 대기가능 타이머의 경우 SetWaitableTimer를 다시 호출해 설정을 변경할 수 있지만, 타이머-큐 타이머의 경우는 우선 DeleteTimerQueueTimer 호출을 통해서 타이머를 제거한 다음 다시 타이머를 생성 해서 설정하는 방법밖에는 없었다. 이러한 불편함을 해소하기 위해 타이머를 제거하지 않고 타이머 의 만기 시간을 조정할 수 있는 함수가 윈도우 XP부터 제공되는데, 그 함수는 다음과 같다.

```
BOOL WINAPI ChangeTimerQueueTimer
(
    _In_opt_    HANDLE  TimerQueue,
    _Inout_     HANDLE  Timer,
    _In_        ULONG   DueTime,
    _In_        ULONG   Period
);
```

TimerQueue는 해당 타이머가 등록되어 있는 타이머 큐의 핸들이며, Timer는 변경할 타이머의 핸들이다. DueTime 외에 Period 매개변수를 이용해 타이머의 만기 시간을 변경할 수 있다. 이 함수를 적용할 수 있는 타이머는 당연히 TimerQueue에 등록되어 있는 타이머여야 한다. 따라서 DeleteTimerQueueTimer의 호출로 제거된 타이머에 대해 ChangeTimerQueueTimer를 호 출하는 것은 무의미하다. 또 ChangeTimerQueueTimer의 중요한 특징은 콜백 함수 내에서 호출 가능하다는 점이다. 따라서 콜백 함수가 호출될 때마다 만기 시간을 갱신해야만 하는 상황이라면 상 당히 유용한 함수가 된다.

6.2.4 입출력(BindIoCompletionCallback)

이번의 시나리오는 다음과 같다. 여러분은 IOCP를 사용해서 비동기 입출력을 행하고 있다. 그러면 여러분은 여러분이 생성한 IOCP에 대해 대기하는 스레드, 즉 GetQueuedCompletionStatus를 호출한 후 대기하는 스레드 루틴을 만들어줘야 한다. 그리고, 이 스레드를 몇 개를 만들 것인지부터 시작해서 동시 실행 가능한 스레드 수는 얼마를 지정할 것인지 등을 고려해야만 한다. 이제 지금부 터 설명할 함수는 이러한 고민을 없애준다. IOCP도 여러분이 직접 생성할 필요도 없을 뿐만 아니라 서두에 언급한 것처럼 사용자가 직접 CreateThread를 호출할 필요도 없다.

1) 입출력 완료 처리의 위탁

IOCP를 이용한 비동기 입출력을 스레드 생성 없이 사용하고자 한다면, 다음의 함수를 사용하면 된다.

```
BOOL WINAPI BindIoCompletionCallback
(
   _In_ HANDLE                          FileHandle,
   _In_ LPOVERLAPPED_COMPLETION_ROUTINE Function,
   _In_ ULONG                           Flags
);
```

HANDLE FileHandle

입출력과 관련된 장치의 핸들이다. 물론 FILE_FLAG_OVERLAPPED 플래그를 지정하여 CreateFile을 통해 생성되거나 열린 핸들이어야 한다. 소켓이라면 socket 함수나 accept 함수, 또는 WSA_FLAG_OVERLAPPED 플래그와 함께 WSASocket 함수 호출을 통해 생성된 소켓이어야 한다.

LPOVERLAPPED_COMPLETION_ROUTINE Function

입출력 완료 처리 콜백 함수의 포인터다. 이 콜백 함수의 형식은 APC 사용 시에 정의하는 입출력 완료 처리 콜백의 경우와 동일하며, 형식은 다음과 같다.

```
VOID CALLBACK FileIOCompletionRoutine
(
   _In_    DWORD       dwErrorCode,
   _In_    DWORD       dwNumberOfBytesTransfered,
   _Inout_ LPOVERLAPPED lpOverlapped
);
```

ULONG Flags

BindIoCompletionCallback의 경우엔 이 플래그를 사용하지 않고 0으로 지정하면 된다. IOCP를 위한 스레드 풀을 사용하기 때문에, 당연히 이 함수는 Non-I/O 작업 스레드를 사용할 것이다.

BindIoCompletionCallback의 불편한 점 두 가지를 먼저 언급해보고자 한다. 다음의 두 가지의 수단이 제공되지 않는 것은 상당한 불편함을 초래한다.

① UnregisterWaitEx나 DeleteTimerQueueTimer의 경우처럼 콜백 함수가 실행 중일 때 완료 대기를 할 수 있는 수단이 없다. 다음에 이어지는 예는 완료 대기를 위해서 별도의 이벤트를 생성하여 처리하고 있다.

② 나머지 세 개의 스레드 풀 함수와는 다르게 유일하게 유저 정의 참조 데이터를 전달할 수 있는 매개변수를 별도로 제공해주지 않는다. 결국 BindIoCompletionCallback의 경우는 이러한 참조 데이터를 OVERLAPPED 구조체를 상속하여 정의한 후 개별 입출력 요청 시마다, 즉 ReadFile/WriteFile 등의 비동기 입출력 함수 호출 시에 매개변수로 넘겨 사용하는 수밖에 없다. 따라서 이어지는 예제에서 콜백 함수 실행 완료 대기를 위한 이벤트를 전역 변수로 선언해서 사용하고 있다.

위의 두 가지 불편함은 새로운 스레드 풀에 가서는 완전히 개선될 것이다. 이러한 불편한 사항을 염두에 두고 바로 간단한 예제를 통해 BindIoCompletionCallback의 사용법을 알아보자.

다음 프로젝트는 파일을 한 블록씩 읽어들일 때마다 콜백 함수를 통하여 파일의 오프셋을 출력하도록 하는 예제다. BindIoCompletionCallback의 사용법에 대해 초점을 맞추었다.

프로젝트 6.2.4 TPoolIo2K

```
HANDLE g_hevWait;
```

콜백 함수 실행 완료를 메인 스레드에게 통지하기 위한 이벤트다.

입출력 완료 통지를 처리하는 콜백 함수

```
VOID WINAPI ThreadPoolIoProc(DWORD dwErrCode, DWORD dwTrBytes, LPOVERLAPPED pOL)
{
    DWORD dwThrId = GetCurrentThreadId();

    if (dwErrCode != 0)
    {
```

dwErrCode가 0이 아니면 에러가 발생했음을 의미하므로, 에러 처리를 한다.

```
        printf(" => Thread %d reads %d error occurred: %d\n", dwThrId, dwErrCode);
            return;
    }

    LARGE_INTEGER ll;
```

```
        ll.LowPart = pOL->Offset, ll.HighPart = pOL->OffsetHigh;
        printf(" => Thread %d reads %d bytes, offset=%I64d\n",
                                      dwThrId, dwIrBytes, ll.QuadPart);
    SetEvent(g_hevWait);
```

콜백 함수의 실행 완료를 메인 스레드에 통지한다.

```
}


void _tmain()
{
    HANDLE hFile = CreateFile(_T("c:\\temp\\music.mp3"),
        GENERIC_READ, 0, NULL, OPEN_EXISTING, FILE_FLAG_OVERLAPPED, NULL);
    LARGE_INTEGER llSize;
    GetFileSizeEx(hFile, &llSize);

    g_hevWait = CreateEvent(NULL, FALSE, FALSE, NULL);
    BindIoCompletionCallback(hFile, ThreadPoolIoProc, 0);
```

열린 파일 핸들을 콜백 함수와 함께 등록한다.

```
    OVERLAPPED ov;
    ov.Offset = ov.OffsetHigh = 0;
    ov.hEvent = NULL;
    while (llSize.QuadPart > 0)
    {
        BYTE arrBuff[4096];
        if (!ReadFile(hFile, arrBuff, sizeof(arrBuff), NULL, &ov))
```

비동기 파일 읽기를 개시한다.

```
        {
            int nErrCode = GetLastError();
            if (nErrCode != ERROR_IO_PENDING)
            {
                cout << "MainThread -> Error occurred : " << nErrCode << endl;
                break;
            }
        }
        WaitForSingleObject(g_hevWait, INFINITE);
```

```
    llSize.QuadPart -= ov.InternalHigh;

    LARGE_INTEGER ll;
    ll.LowPart = ov.Offset, ll.HighPart = ov.OffsetHigh;
    ll.QuadPart += ov.InternalHigh;
    ov.Offset = ll.LowPart, ov.OffsetHigh = ll.HighPart;
```

읽을 파일의 파일 오프셋을 증가시킨다.

```
  }
  CloseHandle(hFile);
  CloseHandle(g_hevWait);
}
```

다음 프로젝트는 IOCP를 이용해 디렉터리를 감시하는 〈프로젝트 4.4.2 DirChgNotiIOCP〉 코드를 BindIoCompletionCallback을 사용하는 예로 수정했다. DirChgNotiIOCP의 경우에는 생성키의 사용법 설명을 위해 디렉터리 핸들을 생성키로 넘겼지만, BindIoCompletionCallback의 경우에는 생성키라는 개념이 없기 때문에 DIR_BUFF 구조체에 디렉터리 핸들을 담기 위한 필드를 추가했다.

프로젝트 6.2.4 DirChgNotiIBICC

```
#define BUFF_SIZE  4096
struct DIR_BUFF : OVERLAPPED
{
    HANDLE  _dir;
    BYTE    _buff[BUFF_SIZE];

    DIR_BUFF(HANDLE dir)
    {
        memset(this, 0, sizeof(*this));
        _dir = dir;
    }
};
typedef DIR_BUFF* PDIR_BUFF;
```

BindIoCompletionCallback을 위한 콜백 함수 DirMonProc를 다음과 같이 정의했다. 콜백 함수의 정의는 APC를 이용한 디렉터리 감시 버전인 〈프로젝트 4.3.2 DirChgNotiAPC〉 코드의 APC 콜백 함수의 정의와 서의 유사하다.

```
VOID WINAPI DirMonProc(DWORD dwErrCode, DWORD dwTrBytes, LPOVERLAPPED pov)
{
    if (dwErrCode != NO_ERROR || dwTrBytes == 0)
    {
```
에러 처리 후 ReadDirectoryChangesW 호출을 건너뛰어 입출력 완료 통지를 받지 않도록 한다. ERROR_NOTIFY_CLEANUP인 경우는 취소를 위해 의도적으로 디렉터리 핸들을 닫은 경우이므로 에러로 취급하지 않는다.
```
        if (dwErrCode != ERROR_NOTIFY_CLEANUP)
            cout << "Error occurred: " << dwErrCode << endl;
        return;
    }

    PDIR_BUFF pdb = (PDIR_BUFF)pov;
    PrintDirModEntries(pdb->_buff);

    BOOL bIsOK = ReadDirectoryChangesW
    (
        pdb->_dir, pdb->_buff, BUFF_SIZE, FALSE,
        DIR_NOTI_FILTER, NULL, pov, NULL
    );
```
완료 통지에 대한 처리 후 계속 디렉터리 감시를 이어가기 위해 ReadDirectoryChangesW를 콜백 함수 내에서 다시 호출한다.
```
    if (!bIsOK)
        cout << "ReadDirectoryChangesW failed: " << GetLastError() << endl;
}
```

메인 함수에 대한 정의다. IOCP 생성을 삭제했으며, CreateIoCompletionPort를 이용해 핸들과 IOCP를 연결시키는 처리를 BindIoCompletionCallback 호출로 대체했다. 또한 IOCP에 대해 대기하는 스레드를 생성하는 코드도 제거되었다.

```
#define MAX_COPY_CNT  10
void _tmain(int argc, _TCHAR* argv[])
{
```

```
                 ⋮
    PDIR_BUFF arBuff[MAX_COPY_CNT];
    memset(arBuff, 0, sizeof(PDIR_BUFF) * MAX_COPY_CNT);


    int nMonCnt = 0;
    for (int i = 1; i < argc; i++)
    {
        HANDLE hDir = CreateFile(argv[i], ...);
            ⋮
        BindIoCompletionCallback(hDir, DirMonProc, 0);
```

디렉터리 핸들을 콜백 함수와 함께 등록한다.

```
        PDIR_BUFF pdb = new DIR_BUFF(hDir);
        BOOL bIsOK = ReadDirectoryChangesW(hDir, ...);
```

디렉터리 감시 개시를 위해 ReadDirectoryChangesW를 처음으로 호출한다.

```
            ⋮
        arBuff[i - 1] = pdb;
        nMonCnt++;
    }


    getchar();
    for (int i = 0; i < nMonCnt; i++)
    {
        PDIR_BUFF pdb = arBuff[i];
        CloseHandle(pdb->_dir);
        Sleep(1000);
```

디렉터리 핸들을 닫은 후, 콜백 함수의 실행 완료를 대기하기 위해 1초간 대기한다. 정확한 처리를 하려면 이벤트 통지 등을 통한 별도의
처리를 해야 하지만, 본 예에서는 간단히 대기하는 것으로 대체한다.

```
        delete pdb;
    }
}
```

이제 IOCP를 직접 이용해서 입출력을 수행했던 앞의 버전과 어떻게 달라졌는지 살펴보자. 우선, 여
러분이 직접 IOCP를 생성할 필요가 없다. 또한 장치를 연 후 이것을 IOCP와 연결시키기 위한 루틴
도 없다. 그리고 여러분이 스레드를 직접 생성하지도 않고, 모든 것이 BindIoCompletionCallback

함수를 호출해주는 것으로 끝난다. 시스템은 BindIoCompletionCallback 함수가 처음 호출되었을 때 스레드 풀을 생성하고 IOCP를 생성한 후 해당 장치와 연결시킨다. 그리고 BindIoCompletionCallback이 호출될 때마나 그 장치를 IOCP와 연결시킨다. 물론 GetQueuedCompletionStatus 함수를 호출해 대기하는 스레드도 시스템이 관리한다. 무엇보다도 스레드를 몇 개 생성할 것인지 또는 동시 실행 가능한 스레드는 몇 개로 지정할 것인지와 같은 것들을 신경 쓸 필요 없이 시스템이 알아서 다 해준다. 하지만 여전히 콜백 함수의 실행 완료 여부는 사용자가 직접 판단해야 한다. 앞의 예에서는 메인 함수에서 디렉터리 핸들을 닫은 후 1초간 대기하도록 하여 불완전하게 콜백 함수의 실행 완료를 기다리도록 처리했다. BindIoCompletionCallback 함수를 사용할 때 콜백 함수 완료 대기 기능이 지원되지 않는 점은 IOCP를 직접 사용하는 경우보다 더 불편한데, 비록 상황은 동일하더라도 IOCP의 경우 프로그램을 종료하는 경우라면 IOCP 핸들을 먼저 닫아주어 IOCP에 대해 대기하는 스레드를 먼저 종료시킬 수가 있기 때문에, BindIoCompletionCallback 함수를 사용할 때와 같은 불편함을 피해갈 수 있다. 이런 상황이라면 BindIoCompletionCallback을 사용할 경우에는 유저가 콜백 완료 대기를 직접 처리해야 하지만, 새로운 스레드 풀에서는 이런 불편함이 완전히 해소된다.

2) 생성키와 에러 처리

IOCP 객체와 장치 핸들을 연결하기 위해 CreateIoCompletionPort 함수를 호출하는 경우 해당 장치 식별을 위해 생성키를 전달할 수 있다. 하지만 BindIoCompletionCallback의 경우에는 생성키 자체가 사라진다. 그렇다면 BindIoCompletionCallback을 사용할 때 장치를 어떻게 식별할 수 있을까? 그러기 전에 BindIoCompletionCallback이 어떻게 구현되었는지를 한번 상상해보자. 다음은 BindIoCompletionCallback을 직접 구현해본 MyBindIoCompletionCallback 함수의 예다.

```
HANDLE s_hIocp;
DWORD WINAPI IOCPProc(LPVOID pParam)
{
   DWORD                          dwTrBytes = 0;
   LPOVERLAPPED_COMPLETION_ROUTINE pFunc = NULL;
   LPOVERLAPPED                   pov = NULL;

   while (true)
```

```
{
    BOOL bIsOK = GetQueuedCompletionStatus
    (
        s_hIocp, &dwTrBytes, (PULONG_PTR)&pFunc, &pov, INFINITE
    );

    if (bIsOK || (!bIsOK && pov->Internal != 0))
    ②  pFunc((DWORD)pov->Internal, dwTrBytes, pov);

    }
    return 0;
}


BOOL WINAPI MyBindIoCompletionCallback(HANDLE hFile,
    LPOVERLAPPED_COMPLETION_ROUTINE pFunc, ULONG dwFlags)
{
    if (s_hIocp == NULL)
    {
        s_hIocp = CreateIoCompletionPort(INVALID_HANDLE_VALUE, NULL, 0, 0);
        if (s_hIocp == NULL)
            return FALSE;

        SYSTEM_INFO si;
        GetSystemInfo(&si);
        for (DWORD i = 0; i < si.dwNumberOfProcessors * 2; i++)
        {
            DWORD dwThrId;
            CloseHandle(CreateThread(NULL, 0, IOCPProc, NULL, 0, &dwThrId));
        }
    }

    ① if (!CreateIoCompletionPort(hFile, s_hIocp, (ULONG_PTR)pFunc, 0))
        return FALSE;

    return TRUE;
}
```

위의 의사 코드에서 두 가지 사항을 확인해보자.

① 생성키와 콜백 함수

코드 ①에서 장치와 IOCP를 연결시킬 때, 여러분이 정의한 LPOVERLAPPED_COMPLETION_ROUTINE 콜백 함수의 포인터를 CreateIoCompletionPort의 생성키 매개변수로 전달하고 있다는 점이다. 4장의 〈프로젝트 4.4.3 IOCPThreadPool〉 코드에서 IOCPThreadPool 클래스를 구현 시, 유저가 정의한 콜백 함수를 IOCP에 전달할 때 PostQueuedCompletionStatus 함수를 호출하면서 생성키 매개변수로 콜백 함수의 포인터를 전달했었다. 그리고 IOCP 스레드 함수 정의 코드 ②에서 생성키를 콜백 함수 포인터로 받아 그 함수를 호출하는 것을 확인할 수 있다. 이러한 예에서 알 수 있듯이, 콜백 함수의 포인터 자체를 생성키로 이용할 수 있으며, 따라서 콜백 함수 자체가 IOCP와 연결될 장치를 식별하는 수단이 된다.

② 콜백 함수의 에러 코드

코드 ②에서 콜백 함수를 호출 시, 콜백 함수의 첫 번째 매개변수인 dwErrorCode로 에러 코드를 전달할 때 별도의 변환 없이 OVERLAPPED 구조체의 Internal 필드를 상태 코드 그대로 전달하고 있다는 점이다. GetOverlappedResult의 경우 상태 코드는 윈도우 에러 코드로 변경되어 전달되며, 동일한 타입의 콜백 함수를 사용하는 APC의 경우에도 dwErrorCode는 상태 코드가 아닌 윈도우 에러 코드로 전달되지만, BindIoCompletionCallback을 통한 콜백 함수의 dwErrorCode 매개변수는 윈도우 에러 코드가 아닌 상태 코드 그대로 전달된다.

위의 두 사항을 확인하기 위해 〈프로젝트 4.4.2 MultiCopyIOCP〉, 즉 다중의 파일을 IOCP를 통해서 복사하는 예제를 BindIoCompletionCallback 함수를 사용하는 예로 바꾼 코드를 살펴보자. 스레드 생성이 없으므로 기존에 스레드로 전달하던 매개변수 구조체인 COPY_ENV의 변경이 있다. 그리고 COPY_CHUNCK를 통해서 COPY_ENV 구조체를 참조하도록 필드를 추가했다.

프로젝트 6.2.4 MultiCopyBICC

```
#define BUFF_SIZE  65536
struct COPY_ENV;
struct COPY_CHUNCK : OVERLAPPED
{
   HANDLE    _hfSrc, _hfDst;
   COPY_ENV*  _pEnv;  // COPY_ENV 참조를 위한 필드
   BYTE      _arBuff[BUFF_SIZE];

   COPY_CHUNCK(HANDLE hfSrc, HANDLE hfDst, COPY_ENV* pEnv)
   {
      memset(this, 0, sizeof(*this));
      _hfSrc = hfSrc, _hfDst = hfDst, _pEnv = pEnv;
   }
};
```

```
typedef COPY_CHUNCK* PCOPY_CHUNCK;


struct COPY_ENV
{
   LONG     _nCpCnt;
   HANDLE   _hevEnd;
};
typedef COPY_ENV* PCOPY_ENV;
```

다음의 두 함수는 읽기 완료와 쓰기 완료 처리에 대한 콜백 함수를 정의했다.

```
VOID CALLBACK ReadCompleted(DWORD dwErrCode, DWORD dwTrBytes, LPOVERLAPPED pOL)
{
   PCOPY_CHUNCK pcc = (PCOPY_CHUNCK)pOL;
   DWORD        dwThrId = GetCurrentThreadId();


   if (dwErrCode != 0)
   {
      dwErrCode = LsaNtStatusToWinError(dwErrCode);
```
정확한 에러 코드를 획득하기 위해 LsaNtStatusToWinError를 호출해 상태 코드를 에러 코드로 변경한다.
```
      goto $LABEL_CLOSE;


   }


   printf(" => Thr %d Read bytes : %d\n", dwThrId, pcc->Offset);
   BOOL bIsOK = WriteFile(pcc->_hfDst, pcc->_arBuff, dwTrBytes, NULL, pcc);
```
읽기가 완료되었으므로 읽은 데이터를 파일에 쓴다.
```
   if (!bIsOK)
   {
      dwErrCode = GetLastError();
      if (dwErrCode != ERROR_IO_PENDING)
         goto $LABEL_CLOSE;
   }
   return;
```

```
$LABEL_CLOSE:
```

에러 발생에 대한 처리

```
    if (dwErrCode == ERROR_HANDLE_EOF)
        printf(" ****** Thr %d copy successfully completed...\n", dwThrId);
    else
        printf(" ##### Thr %d copy failed, code : %d\n", dwThrId, dwErrCode);
    CloseHandle(pcc->_hfSrc);
    CloseHandle(pcc->_hfDst);
    if (InterlockedDecrement(&pcc->_pEnv->_nCpCnt) == 0)
        SetEvent(pcc->_pEnv->_hevEnd);
}


VOID CALLBACK WriteCompleted(DWORD dwErrCode, DWORD dwTrBytes, LPOVERLAPPED pOL)
{
    PCOPY_CHUNCK pcc = (PCOPY_CHUNCK)pOL;
    DWORD      dwThrId = GetCurrentThreadId();

    if (dwErrCode != 0)
    {
        dwErrCode = LsaNtStatusToWinError(dwErrCode);
        goto $LABEL_CLOSE;
    }

    pcc->Offset += dwTrBytes;
```

쓰기가 완료되었으므로 파일의 오프셋을 증가시킨다.

```
    printf(" <= Thr %d Wrote bytes : %d\n", dwThrId, pcc->Offset);

    BOOL bIsOK = ReadFile(pcc->_hfSrc, pcc->_arBuff, BUFF_SIZE, NULL, pcc);
```

쓰기가 완료되었으므로 파일로부터 다시 데이터를 읽어들인다.

```
    if (!bIsOK)
    {
        dwErrCode = GetLastError();
        if (dwErrCode != ERROR_IO_PENDING)
            goto $LABEL_CLOSE;
    }
```

```
    return;

$LABEL_CLOSE:

    이하 동일한 에러 처리

        ⋮

}
```

다음은 메인 함수에 대한 정의다. 역시 IOCP와 스레드의 생성은 제거되었다. 그리고 IOCP와 파일 객체의 연결을 BindIoCompletionCallback 함수의 호출로 대체한다.

```
#define MAX_COPY_CNT  10
void _tmain(int argc, _TCHAR* argv[])
{
        ⋮
   PCOPY_CHUNCK arChunk[MAX_COPY_CNT];
   memset(arChunk, 0, sizeof(PCOPY_CHUNCK) * MAX_COPY_CNT);

   COPY_ENV env;
   env._nCpCnt = 0;
   env._hevEnd = CreateEvent(NULL, TRUE, FALSE, NULL);

   for (int i = 1; i < argc; i++)
   {
      TCHAR* pszSrcFile = argv[i];
      HANDLE hSrcFile = CreateFile(pszSrcFile, ..., FILE_FLAG_OVERLAPPED...);

   소스 파일을 FILE_FLAG_OVERLAPPED 플래그와 함께 연다.

        ⋮

      TCHAR szDstFile[MAX_PATH];
      _tcscpy(szDstFile, pszSrcFile);
      _tcscat(szDstFile, _T(".copied"));
      HANDLE hDstFile = CreateFile(szDstFile, ..., FILE_FLAG_OVERLAPPED...);

   타깃 파일을 FILE_FLAG_OVERLAPPED 플래그와 함께 생성한다.

        ⋮
```

```
BindIoCompletionCallback(hSrcFile, ReadCompleted , 0);
BindIoCompletionCallback(hDstFile, WriteCompleted, 0);
```

이전 코드에서는 CreateIoCompletionPort 호출 시에 각각 IOKEY_READ와 IOKEY_WROTE로 별도의 생성키를 정의하여 매개
변수로 넘겨줬지만, BindIoCompletionCallback에서는 각각의 콜백 함수를 매개변수로 전달한다.

```
    PCOPY_CHUNCK pcc = new COPY_CHUNCK(hSrcFile, hDstFile, &env);
    arChunk[i - 1] = pcc;
    env._nCpCnt++;
  }
    ⋮
}
```

이제 마지막으로 〈프로젝트 5.4.3 EchoSvrExIocp〉에코 서버 예제, 즉 AcceptEx를 IOCP와
결합하여 사용하는 예를 BindIoCompletionCallback 호출로 대체하는 경우를 확인하자. 먼저,
IOCP를 직접 사용할 경우에는 스레드 매개변수를 통해 IOCP_ENV 구조체의 포인터를 전달할 수
있지만, BindIoCompletionCallback을 사용할 경우에는 별도로 참조를 전달할 방법이 없다. 따
라서 SOCK_ITEM 구조체의 멤버 필드로 IOCP_ENV 구조체의 포인터를 전달하도록 수정했다.
또한, IOCP를 직접 사용하지 않기 때문에 기존의 IOCP_ENV 구조체의 IOCP 핸들 멤버 필드는
의미가 없으므로 삭제했다.

프로젝트 6.2.4 EchoSvrBICC

```
struct IOCP_ENV;
struct SOCK_ITEM : OVERLAPPED
{
  SOCKET      _sock;
  IOCP_ENV*   _env;        // IOCP_ENV 구조체 참조 필드
  char        _buff[512];


  SOCK_ITEM(SOCKET sock)
  {
    memset(this, 0, sizeof(*this));
    _sock = sock;
  }
};
```

```
typedef SOCK_ITEM* PSOCK_ITEM;
typedef std::set<PSOCK_ITEM> SOCK_SET;

struct IOCP_ENV
{
   CRITICAL_SECTION   _cs;
   SOCK_SET           _set;
   SOCKET             _listen;
};
typedef IOCP_ENV* PIOCP_ENV;
```

IOCP를 직접 사용하는 경우엔 IOCP 대기 스레드에서 접속 요청 처리와 데이터 수신 처리를 모두 담당했다. 하지만 BindIoCompletionCallback의 경우에는 두 처리를 분리해서 수행할 수 있다. 따라서, 접속 요청 처리는 Handler_SockListen 콜백 함수가, 데이터 수신 처리는 Handler_SockChild 콜백 함수가 담당하도록 정의했다. 그리고 콜백 함수로 리슨 소켓과 자식 소켓을 구분하므로 생성키의 정의는 필요 없다. 그러면 먼저 메인 함수의 정의를 살펴보자.

```
void _tmain()
{
   SOCKET hsoListen = GetListenSocket(9001);
   cout << " ==> Waiting for client's connection......" << endl;

   IOCP_ENV ie;
   InitializeCriticalSection(&ie._cs);
   ie._listen = hsoListen;
   BindIoCompletionCallback((HANDLE)hsoListen, Handler_SockListen, 0);
```

리슨 소켓을 입출력 완료 콜백과 바인드한다. 콜백 함수는 Handler_SockListen이다.

```
   Handler_SockListen(0, -1, (LPOVERLAPPED)&ie);
```

EchoSvrExlocp 코드에서는 PostQueuedCompletionStatus를 통해서 최초 접속 수용을 개시했지만, 콜백 함수를 사용하는 경우는 이러한 수단이 없기 때문에 대신 직접 콜백 함수를 호출한다. 직접 호출할 경우에는 LPOVERLAPPED 매개변수를 IOCP_ENV 구조체의 포인터로 전달한다. 구분을 위해서 전송 바이트 수를 −1로 설정한다.

```
   getchar();
```

프로그램 종료를 위해 키 입력을 대기한다.

```
    closesocket(hsoListen);
    for (SOCK_SET::iterator it = ie._set.begin(); it != ie._set.end(); it++)
    {
        PSOCK_ITEM psi = *it;
        closesocket(psi->_sock);
    }
    Sleep(1000);
    for (SOCK_SET::iterator it = ie._set.begin(); it != ie._set.end(); it++)
        delete *it;
```

BindloCompletionCallback을 사용하는 경우, 콜백 함수의 실행 완료에 대해 대기하기 위해서는 별도의 처리를 해줘야 한다. 만약 위의 루프에서 closesocket 호출 후 바로 delete를 처리하게 되면 closesocket에 의해 Handler_SockChild 콜백 함수가 실행되는 중에 PSOCK_ITEM 인스턴스를 해제하므로 문제가 발생된다. 따라서, 자식 소켓을 닫는 처리와 관련 리소스를 해제하는 처리를 위한 for 문을 따로 분리한다. 그리고 자식 소켓을 닫은 후 콜백 함수 실행 완료를 대기하기 위해 임시방편으로 Sleep 함수를 호출해 메인 스레드를 1초 동안 대기하도록 했다.

```
    DeleteCriticalSection(&ie._cs);
}
```

이번에는 접속 수용을 대기하는 리슨 소켓에 대한 콜백 함수인 Handler_SockListen의 정의를 살펴보도록 하자.

```
void WINAPI Handler_SockListen
        (DWORD dwErrCode, DWORD dwTranBytes, LPOVERLAPPED pov)
{
    if (dwErrCode != 0)
        goto $LABEL_CLOSE;

    PIOCP_ENV   pie = NULL;
    PSOCK_ITEM psi = NULL;
    if ((int)dwTranBytes >= 0)
    {
```

메인 함수에서 직접 콜백 함수를 호출한 경우에는 dwTranBytes를 −1로 전달하기 때문에, dwTranBytes 값이 0보다 크거나 같으면 실제 접속 요청이 들어온 경우며, pov는 PSOCK_ITEM이 전달된다.

```
    psi = (PSOCK_ITEM)pov;
    pie = psi->_env;


    BindIoCompletionCallback((HANDLE)psi->_sock, Handler_SockChild, 0);
```

접속된 자식 소켓에 대해 입출력 콜백 항목을 바인드한다.

```
    cout ≪ " ==> New client " ≪ psi->_sock ≪ " connected..." ≪ endl;


    EnterCriticalSection(&pie->_cs);
    psi->_env->_set.insert(psi);
    LeaveCriticalSection(&pie->_cs);


    Handler_SockChild(0, -1, psi);
```

접속된 자식 소켓에 대해 최초 비동기 수신을 개시하기 위해 Handler_SockChild 콜백 함수를 직접 호출한다. 구분을 위해서 dwTranBytes를 –1로 전달한다.

```
  }
  else
    pie = (PIOCP_ENV)pov;
```

dwTranBytes가 0보다 작은 경우는 메인 함수에서 직접 콜백 함수를 호출한 경우며, pov는 PIOCP_ENV가 된다.

```
  SOCKET sock = socket(AF_INET, SOCK_STREAM, IPPROTO_TCP);
  if (sock == INVALID_SOCKET)
    return;
  psi = new SOCK_ITEM(sock);
  psi->_env = pie;
  LPFN_ACCEPTEX pfnAcceptEx = (LPFN_ACCEPTEX)
    GetSockExtAPI(pie->_listen, WSAID_ACCEPTEX);
  BOOL bIsOK = pfnAcceptEx
  (
    pie->_listen, psi->_sock, psi->_buff, 0,
    sizeof(SOCKADDR_IN) + 16, sizeof(SOCKADDR_IN) + 16,
    NULL, (LPOVERLAPPED)psi
  );
```

접속을 수용할 자식 소켓을 미리 생성하고 비동기 접속 수용을 개시한다.

```
    ⋮
  return;
```

```
$LABEL_CLOSE:
  if (dwErrCode != STATUS_CANCELLED)
  {

    에러 처리를 수행한다.

        ⋮
  }
}
```

마지막으로 데이터 수신 처리를 수행하는 콜백 함수 Handler_SockChild를 살펴보자.

```
void WINAPI Handler_SockChild(DWORD dwErrCode, DWORD dwTranBytes, LPOVERLAPPED pov)
{
  PSOCK_ITEM psi = (PSOCK_ITEM)pov;

  if (dwTranBytes > 0 && dwErrCode == 0)
  {
    if ((int)dwTranBytes > 0)
    {

    dwTranBytes가 0보다 크면 실제 데이터가 수신된 경우며, 에코 처리를 수행한다.

      psi->_buff[dwTranBytes] = 0;
      cout << " *** Client(" << psi->_sock << ") sent : " << psi->_buff << endl;
          ⋮
    }

    DWORD dwFlags = 0;
    WSABUF wb;
    wb.buf = psi->_buff, wb.len = sizeof(psi->_buff);
    int nSockRet = WSARecv(psi->_sock, &wb, 1, NULL, &dwFlags, psi, NULL);

    비동기 수신을 위해 최초의 WSARecv를 호출한다.

        ⋮
    return;
  }

$LABEL_CLOSE:
  if (dwErrCode != STATUS_LOCAL_DISCONNECT)
```

```
    {
        에러 처리를 수행한다.
            ⋮
        delete psi;
    }
    else
        cout << " ==> Child socket closed." << endl;
}
```

6.3 새로운 스레드 풀 I

지금까지 윈도우 2000에서 도입되었던 스레드 풀 관련 함수들에 대해 알아보았다. 하지만 MS는 비스타로 넘어오면서 기존의 스레드 풀 메커니즘을 대대적으로 개선했다. 함수들을 더 세부적으로 나누었고 더 직관적으로 만들었다. 사용자를 혼란스럽게 만들었던 I/O 작업자 스레드니 Non-I/O 작업 스레드니 하는 개념도 완전히 없애버리고, IOCP를 통해서 활성화되는 Non-I/O 작업자 스레드의 개념만 남겨두었다. 무엇보다도 가장 큰 특징은 몇 개의 함수들로만 제공되었던 함수 중심의 구조에서 탈피하여 객체를 중심으로 하는 스레드 풀 구조를 제시했다는 점이다. 만약 여러분이 파일을 사용한다고 하면 파일에 대한 커널 객체를 생성한 후 그 핸들을 통해서 파일에 접근할 수 있다. IOCP 커널 객체를 포함하여 기타 여러 커널 객체들뿐만 아니라 유저 동기화 객체들 역시 우선 해당 객체를 생성한 후 그 객체의 포인터나 핸들을 통해서 원하는 행위를 수행했었다. 하지만 윈도우 2000의 경우 스레드 풀을 이용하는 함수는 제공되지만 스레드 풀로 직접 접근하는 수단은 제공되지 않았다. 스레드 풀이라는 객체가 존재하는지도 알 수 없는 상태에서 단순히 함수만을 사용해 접근을 했고, 관리는 순전히 그 함수 내부에서 이루어졌다. 반면에 비스타에서는 스레드 풀과 관련하여 모든 것을 객체 중심으로 바꾸었고, 우선 해당 객체를 생성해 그 객체의 포인터를 통해서 해당 객체에 접근하는 구조를 택했다. 그 결과 새로운 스레드 풀 메커니즘은 스레드 풀에 대한 공개되지 않은 경량 객체를 유저 영역에 제공하여 그것을 통하여 스레드 풀에 직접 접근할 수 있는 수단을 제공한다.

다음은 비스타의 스레드 풀에서 제공하는 객체들을 열거한 것이다.

객체 유형	설명
TP_WORK	콜백 함수를 비동기적으로 호출
TP_WAIT	커널 객체에 신호가 전달되게 나 대기 시간이 초과되면 콜백 함수 호출
TP_TIMER	예약 시간에 콜백 함수 호출
TP_IO	비동기 I/O가 완료되면 콜백 함수 호출
TP_POOL	콜백을 실행하는 데 사용되는 스레드의 풀
TP_CALLBACK_ENVIRON	스레드 풀을 해당 콜백 및 선택적으로 정리그룹에 바인딩
TP_CLEANUP_GROUP	한 개 이상의 스레드 풀 콜백 객체 추적

이제 우리는 6.3절과 6.4절을 통해서 위의 객체들에 대해 논의를 이어갈 것이다. 우선 윈도우 2000 스레드 풀에서 설명했었던 4가지 시나리오와 부합하는 객체인 TP_WORK, TP_WAIT, TP_TIMER 그리고 TP_IO 객체에 대해 6.3절에서 설명을 할 것이다. 이 4가지 객체를 윈도우 2000의 스레드 풀 관련 함수와 비교하면서 먼저 설명을 할 것이며, 이때 사용되는 스레드 풀은 디폴트 스레드 풀을 사용하는 것으로 가정한다. 그리고 6.4절에서 실제로 스레드 풀을 직접 관리할 수 있는 수단이 되는 객체인 TP_POOL, TP_CALLBACK_ENVIRON 그리고 TP_CLEANUP_GROUP 객체에 대한 설명을 이어갈 것이다.

마지막으로 새로운 스레드 풀에 대한 본격적인 설명으로 들어가기 전에 새로운 스레드 풀과 이전 스레드 풀의 중요한 차이를 한 번 더 정리하고 넘어가도록 하자.

- 기존 스레드 모델의 함수는 리소스 사용으로부터 리소스 할당을 분리하지 않았다. 이 의미는 이전 스레드 풀은 함수 중심이었음을 의미한다. 이러한 리소스 할당은 실패할 우려가 있고 실제로도 종종 실패하기 때문에 기존 함수로는 신뢰성을 보장하는 시스템을 개발하기가 어려웠다. 새로운 스레드 풀 함수는 객체 중심의 리소스 할당과 사용을 분리하여 일단 리소스를 성공적으로 할당한 다음, 이러한 리소스를 사용하도록 함으로써 오류 발생의 여지를 대폭 줄였다.

- 윈도우 2000 모델은 프로세스당 한 개의 스레드 풀(디폴트 스레드 풀)만을 사용할 수 있지만, 새로운 모델은 프로세스당 여러 개의 스레드 풀을 만들 수 있다. 이를 통해 구현해야 할 솔루션의 성격에 따라 응용 프로그램이 수행해야 할 작업들을 여러 스레드 풀로 분리할 수 있다.

- 기존 스레드 풀에서는 I/O 스레드와 Non-I/O 스레드의 두 가지 작업자 스레드 유형을 모두 사용했고, 이것은 혼란을 야기시키는 결과를 낳았다. 게다가 두 가지 다른 스레드 그룹이 있다는 것은 다른 유형의 콜백 함수 사이에서 스레드를 공유할 수 없음을 의미하기 때문에 스레드 풀 구현의 효율성이 저하되었다. 따라서 새로운 스레드 풀에서는 이러한 구분을 제거했으며, 모든 작업자 스레드는 동일하다.

- 기존 스레드 풀 함수 중 QueueUserWorkItem이나 BindIoCompletionCallback의 경우, 작업자 스레드가 언제 콜백 함수의 실행을 완료했는지에 대해 응용 프로그램에서 확인할 수 있는 방법은 제공하지 않았다. 또한 스레드 풀의 큐에서 실행되기를 기다리는 콜백 항목을 취소하는 방법이 없어 모든 요청이 소진될 때까지 기다릴 수밖에 없었기 때문에 이에 따라 상당한 지연 시간이 발생했으나, 새로운 스레드 풀에서는 이를 위한 수단이 제공된다.

6.3.1 작업 항목 객체와 스레드 풀

윈도우 2000에서의 스레드 풀을 4개의 큰 시나리오 하에서 설명했다. 그 4개의 시나리오는 비스타에서도 그대로 유지되지만, 비스타는 그 시나리오를 바탕으로 4개의 카테고리를 나누어 그 구분을 더 직관적으로 만들었다. 윈도우 2000에서 소개한 4개의 시나리오에 해당하는 카테고리 구분은 사실 새로운 스레드 풀로 들어오면서 정리되어 나뉘어진 개념이다. 그리고 이 4개의 카테고리마다 다음과 같이 개별 객체를 별도로 정의하여 제공한다.

- **작업(TP_WORK)** : 어떤 특정 함수를 비동기적으로 호출하고자 하는 경우
- **대기(TP_WAIT)** : 임의의 커널 객체가 시그널 되었을 때 반응하기 위해
- **타이머(TP_TIMER)** : 여러 타이머 군들이 만기되었을 때 반응하기 위해
- **입출력(TP_IO)** : IOCP의 완료 콜백을 수행하고자 하는 경우

윈도우 2000 스레드 풀 함수의 경우 각 시나리오별 작업 항목에 대한 어떠한 참조도 획득할 수 없었다. 그냥 윈도우에서 제공되는 함수들 내부적으로 관리될 뿐이었다. 하지만 비스타에서는 문서화되진 않았지만, 각각의 작업 항목에 대한 경량의 유저 모드 객체를 제공하여 그것을 중심으로 생성, 삭제 및 작업 개시를 지시한다. 입출력, 작업, 동기, 타이머 4개의 작업 항목 모두는 구조체로 표현된 다음의 형태로 제시된다.

```
typedef struct _TP_XXX TP_XXX, *PTP_XXX;
```

XXX는 바로 위에서 언급한 4개의 카테고리에 해당하며, 각각 WORK-작업, WAIT-대기, TIMER-타이머, IO-입출력이 된다. 작업 항목을 수행할 콜백 함수 역시 XxxCallback 형태로 제공된다.

```
typedef VOID (NTAPI *PTP_XXX_CALLBACK)( . . . );
```

또한 이 객체를 생성하고 삭제하며 완료 시 실행 중인 콜백 함수의 종료를 기다리기 위한 함수들을 다음의 형태로 제공한다. 여기에서의 Xxx는 각각 Work, Wait, Timer, Io를 의미한다.

- **CreateThreadpoolXxx** : TP_XXX 객체 생성
- **CloseThreadpoolXxx** : TP_XXX 객체 삭제
- **WaitForThreadpoolXxxCallback** : 콜백 함수 PTP_XXX_CALLBACK의 실행 완료 대기

공통되는 요소가 많기 때문에 세세한 사항은 각 카테고리별로 따로 설명하기로 하고, 공통적인 요소들을 중심으로 비스타에서 제공되는 스레드 풀 관련 함수들을 사용하는 전체 구조를 먼저 알아보기로 하자. 아래 그림은 전체적인 함수 사용 흐름을 나타낸 것이다.

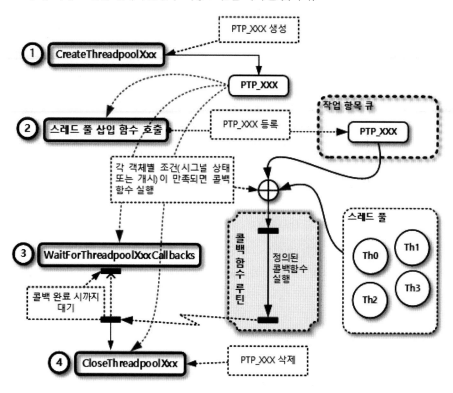

1) 작업 항목(Work Item) 객체의 생성

스레드 풀에 등록할 작업 항목 객체의 생성에는 다음의 함수를 이용한다.

```
PTP_XXX WINAPI CreateThreadpoolXxx
(
  _In_          PTP_XXX_CALLBACK      pfnwa,
  _Inout_opt_   PVOID                 pv,
  _In_opt_      PTP_CALLBACK_ENVIRON  pcbe
);
```

PTP_XXX_CALLBACK pfnwa

PVOID pv

매개변수 pfnwa는 여러분이 정의한 콜백 함수의 포인터며, 매개변수 pv는 pfnwa 콜백 함수로 넘겨줄 유저 정의 참조 데이터의 값을 지정한다. 윈도우 2000의 스레드 풀에서 IOCP 입출력을 처리하는 BindIoCompletionCallback 함수의 경우 pv와 같은 매개변수가 없어서 불편한 측면이 없지 않았다. 하지만 새로운 스레드 풀은 모든 카테고리에 대해 유저가 정의한 참조 데이터를 넘겨줄 수 있도록 매개변수를 제공하고 있다.

PTP_CALLBACK_ENVIRON pcbe

콜백 환경 TP_CALLBACK_ENVIRON 구조체 인스턴스의 포인터를 지정한다. "콜백 환경"은 6.4.2절에서 자세히 설명할 예정이며, 우선은 NULL로 지정하도록 하자. 이 매개변수가 NULL이 되면 디폴트 스레드 풀을 사용하겠다는 것을 의미한다.

[반환값] PTP_XXX

CreateThreadpoolXxx 함수는 작업 항목에 대한 정보를 담고 있는 TP_XXX의 객체를 생성해서 그 포인터를 리턴해준다. 작업 항목을 의미하는 이 객체 TP_XXX의 포인터를 중심으로 스레드 풀 관련된 작업 항목의 처리가 이루어진다. NULL이면 에러를 의미하고, GetLastError 함수를 통해서 에러 코드를 획득할 수 있다.

다음은 카테고리별 작업이 수행될 PTP_XXX_CALLBACK 타입의 콜백 함수 XxxCallback에 대한 정의다. XxxCallback 콜백 함수는 4개의 카테고리 모두 다음의 공통적인 매개변수를 가져야 한다. 입출력 작업과 대기 작업의 경우 추가적인 매개변수가 존재한다.

```
VOID CALLBACK XxxCallback
(
    _Inout_        PTP_CALLBACK_INSTANCE    Instance,
    _Inout_opt_    PVOID                    Context,
    _Inout_        PTP_XXX                  ptObj
);
```

PTP_CALLBACK_INSTANCE Instance

Instance 매개변수는 콜백 인스턴스 TP_CALLBACK_INSTANCE 구조체의 포인터가 전달된다. "콜백 인스턴스" 매개변수를 사용하는 예는 6.3.6절에서 설명할 것이다. 우선은 무시하기 바란다.

PVOID Context

Context 매개변수는 CreateThreadpoolXxx 호출 시 pv 매개변수로 전달된 값이 넘어온다.

PTP_XXX ptObj

ptOjb는 CreateThreadpoolXxx 함수를 통해 생성된 작업 항목의 객체 TP_XXX의 포인터값이다.

먼저 CreateThreadpoolXxx 함수 호출을 통하여 원하는 카테고리별 작업 항목의 객체 TP_XXX를 생성한 후, 이 객체의 포인터값을 스레드 풀에 전달하여 작업 처리를 스레드 풀에 맡길 수 있게 된다.

2) 객체를 스레드 풀에 추가

이 단계는 카테고리별로 다른 함수를 제공하고 있다. CreateThreadpoolXxx 자체는 작업 항목의 객체를 생성한다. 문서화되지 않은 TP_XXX 객체는 자신의 콜백 함수가 실행될 스레드 풀과 그 환경만을 알고 있는 상태며, 아직까진 실제 작업을 수행해줄 스레드 풀과는 아무런 연관이 없다. 스레드 풀이 콜백 함수를 실행할 수 있도록 하기 위해서는 콜백 함수가 수행될 수 있는 조건을 만들어줘야만 한다. 이런 기능을 하는 담당하는 카테고리별 함수는 다음과 같다.

- **작업** : SubmitThreadpoolWork
- **대기** : SetThreadpoolWait
- **타이머** : SetThreadpoolTimer
- **입출력** : StartThreadpoolIo

이는 윈도우 2000에서의 스레드 풀 기능과는 다르다. 윈도우 2000의 경우 관련 함수를 호출하면 내부적으로 작업 항목을 생성하여 바로 큐에 저장되어 조건이 만족되었을 때 계속 스레드 풀이 작업을 대행해주지만, 새로운 스레드 풀은 작업 항목과 스레드 풀을 분리시켰다. 따라서 생성된 작업 항목은 큐에 추가되기 전까지는 해당 작업을 수행할 수 없다. 바로 앞의 함수들을 통해서 각 객체로 하여금 스레드 풀의 작업 큐에 콜백 함수를 포함하는 작업 항목을 추가시킬 수 있는 조건을 만들어주게 된다. 그리고 그 조건이 만족되었을 때 TP_XXX 객체는 작업 항목을 스레드 풀의 큐에 추가하게 되고, 그 순간 스레드 풀은 큐로부터 작업 항목을 데큐하여 풀 내의 임의의 작업자 스레드에게 콜백 함수를 실행하도록 만든다.

윈도우 2000의 스레드 풀과 또 다른 중요한 차이는 이 함수들의 호출이 일회성이란 점이다. 위 함수들의 호출 결과 작업 조건과 콜백 함수 정보가 큐에 추가되고, 스레드 풀이 그 작업을 수행하면 큐에서 제거되기 때문에 더 이상 원하는 작업은 실행되지 않는다. 따라서 조건에 따라 콜백 함수가 매번 수행되기를 원한다면 그때마다 앞의 함수를 호출해줘야 한다.

3) 콜백 함수 실행 완료 대기

새로운 스레드 풀에서는 등록된 콜백 함수가 실행 중일 경우 실행 완료를 대기하거나 그 사실을 통지해주는 기능에 대해 매우 심혈을 기울인 흔적이 드러난다. 이번에 설명할 함수는 콜백 함수가 실행 중이면 그 실행이 완료될 때까지 기다릴 수 있게 해주는 기능을 제공하며, 더 나아가서 6.4.3 절에서 설명할 정리그룹이라는 객체를 통해서 콜백 함수의 실행이 완료될 때마다 또 다른 콜백 함수를 통해서 그 사실을 통지해주는 기능까지 제공한다. 사실, 윈도우 2000의 스레드 풀 함수, 즉 QueueUserWorkItem과 BindIoCompletionCallback 함수의 경우 콜백 함수의 실행 완료를 대기하도록 하는 기능이 제공되지 않아 상당히 불편한 측면이 있었다. 하지만 작업 항목과 스레드 풀의 분리로 인해, 비스타에서는 생성된 작업 항목 객체 PTP_XXX를 다음의 함수에 전달하여 현재 콜백 함수가 실행 중이라면 그 실행이 완료될 때까지 대기할 수 있는 수단을 제공해준다.

```
VOID WINAPI WaitForThreadpoolXxxCallbacks
(
    _Inout_ PTP_XXX pwa,
    _In_    BOOL    fCancelPendingCallbacks
);
```

PTP_XXX pwa

CreateThreadpoolXxx 함수를 통해서 생성된 작업 항목의 포인터를 넘겨준다.

BOOL fCancelPendingCallbacks

아직 실행되지 않고 큐에 대기 중인 콜백을 취소할지의 여부를 지정한다.

- FALSE인 경우, 현재 실행 중인 콜백의 완료뿐만 아니라, 아직 실행되지 않은 콜백 항목이 큐에 남아 있으면 그 콜백까지 실행한 후 리턴한다.
- TRUE인 경우, 현재 실행 중인 콜백이 완료되면 큐에 남아 있는 콜백 항목은 취소하고 즉시 리턴한다.

WaitForThreadpoolXxxCallbacks 함수는 RegisterWaitForSingleObject와 짝을 이루는 UnregisterWaitEx 함수와 비슷한 성격을 가지고 있지만 그 기능은 더 우수하다. WaitForThread-poolXxxCallbacks 함수는 두 가지 기능을 수행한다. 현재 실행 중인 콜백 함수의 실행 완료 대기 기능과 더불어 실행되기를 기다리며, 스레드 풀의 작업 큐에서 대기 중인 콜백 항목에 대한 취소 처리를 할 수 있다. 주의할 것은 이 "취소"라는 의미가 현재 실행 중인 콜백 함수의 실행 자체를 취소한다는 의미는 아니라는 점이다. 실행 중인 콜백 함수는 여러분이 별도의 취소 처리를 추가하지 않는다면 취소할 수 없으며, 단지 그 실행이 완료되기만을 기다릴 수 있다. 실제로 작업 항목을 스레드 풀 큐에 추가하는 역할은 앞서 '2)객체를 스레드 풀에 추가하기'에서 설명한 함수들이다. 이 함수들을 이용해 TP_XXX 객체에 대해 콜백 항목 A, B, C를 추가했다고 하자. 그리고 실행될 조건(시그널 상태 또는 입출력 완료 등)이 만족되어 스레드 풀이 큐에 존재하는 A는 실행 중이고 B, C는 여전히 큐에 남아 있는 상태라고 하자. 이 상태에서 여러분은 프로그램 종료를 위해서 WaitForThreadpoolXxxCallbacks을 호출했다고 하자. 그러면 WaitForThread-poolXxxCallbacks 호출 시 fCancelPendingCallbacks 매개변수를 TRUE로 넘겨주면 이 함수는 현재 실행 중인 콜백 함수 A의 실행이 완료되기를 기다리다 A가 완료되면 큐에 남아 있던 B, C를 실행하지 않고 그 항목을 제거한 후 리턴된다. 만약 fCancelPendingCallbacks 매개변수를 FALSE로 넘겨주면 현재 실행 중인 A의 실행 완료뿐만 아니라 큐에 존재하던 B와 C가 모두 실행될 때까지 대기하게 된다. 따라서, fCancelPendingCallbacks를 FALSE로 넘겨준 상태에서 A가 실행이 완료되고 이제 B가 호출되어 B의 완료를 기다리던 중에 조건이 만족되어 콜백 항목 D가 큐에 새롭게 추가되었다면 WaitForThreadpoolXxxCallbacks는 기존의 B와 C뿐만 아니라 D가 실행이 완료될 때까지 대기하게 된다. 따라서 fCancelPendingCallbacks 매개변수를 FALSE로 지정할 경우, 이러한 상황으로 인해 계속 대기하게 되는 사태가 발생될 수 있기 때문에 주의해야 한다.

주의를 요하는 점을 하나 더 설명하고자 한다. WaitForThreadpoolXxxCallbacks 함수는 만약 현재 실행 중인 콜백 함수가 있다면 대기하고 있기 때문에, 콜백 함수 내에서 이 함수를 호출할 경우에는 데드락 상황에 빠지게 된다. 따라서 콜백 함수 내에서의 WaitForThreadpoolXxxCallbacks 호출은 가능하면 피하기 바란다. 만약 이런 상황이 요구된다면 콜백 함수 내에서 이 함수를 호출할 수 있는 방법이 별도로 제공되며, 이는 6.3.6절에서 설명할 것이다.

4) 작업 항목 객체의 해제

CreateThreadpoolXxx를 통해서 생성된 작업 항목의 리소스를 제거하고자 할 때에는 다음의 함수를 사용한다.

```
VOID WINAPI CloseThreadpoolXxx(_Inout_ PTP_XXX pwa);
```

paw 매개변수는 당연히 CreateThreadpoolXxx의 리턴값인 TP_XXX 객체의 포인터다. CreateThreadpoolXxx를 호출했을 시점에 만약 현재 실행 중인 콜백 항목이 없다면 즉각적으로 해당 객체는 해제된다. 물론 풀의 큐에 대기 중인 항목이 남아있다면 그 항목은 모두 취소된다. 만약 현재 실행 중인 콜백 항목이 존재한다면 우선 CloseThreadpoolXxx 호출에서 리턴되고, 실제 객체는 그 콜백 항목이 완료된 후에 해제된다. 이런 경우라면 해당 객체의 정확한 해제 시점을 알 수 없기 때문에, CloseThreadpoolXxx 호출 전에 WaitForThreadpoolXxxCallbacks 함수를 호출해 현재 실행 중인 콜백 함수의 실행 완료를 기다리고 나서 CloseThreadpoolXxx 함수를 호출하는 것이 좋다.

실행 중인 콜백 함수가 존재하는 상황에서 CloseThreadpoolXxx 함수의 성격을 이용한다면 XxxCallback 콜백 함수 내에서 CloseThreadpoolXxx 함수를 호출할 수도 있다. 콜백 함수 내에서 CloseThreadpoolXxx를 호출하면 콜백 함수는 현재 실행 중이므로 CloseThreadpoolXxx 함수로부터 바로 리턴되고, 그 후 콜백 함수가 리턴되면 비로소 TP_XXX 객체가 해제된다. CloseThreadpoolXxx 호출 후 객체를 더 이상 사용할 수 없다는 점에 주의한다면 소켓 통신과 같이 동적으로 TP_XXX 객체를 생성 및 해제해야 하는 솔루션에 이 방법을 유용하게 사용할 수 있다. 구체적인 예는 6.3.5절의 TP_IO 객체에서 보여줄 것이다.

이상으로, 네 개의 카테고리의 전반적인 흐름을 기술했다. 이제부터 네 개의 카테고리의 상세 내용을 들여다 보자. CreateThreadpoolXxx에 의해 생성되는 작업 항목 인스턴스인 TP_XXX, 즉 TP_WORK, TP_WAIT, TP_TIMER 그리고 TP_IO 이 네 개의 객체를 중심으로 각 카테고리별로 사용법을 설명할 것이다.

6.3.2 작업(TP_WORK) 객체

이 카테고리의 스레드 풀 기능은 윈도우 2000에서의 QueueUserWorkItem 함수를 대체한 것이다. 어떤 특정 함수를 비동기적으로 호출하고자 할 경우에 사용하면 편리하다.

1) TP_WORK 객체의 생성과 삭제

생성과 삭제는 앞서 설명한 형태 그대로 다음의 함수를 통해 수행된다.

```
// TP_WORK 생성
PTP_WORK WINAPI CreateThreadpoolWork
(
    _In_         PTP_WORK_CALLBACK      pfnwk,
    _Inout_opt_  PVOID                  pv,
    _In_opt_     PTP_CALLBACK_ENVIRON   pcbe
);


// TP_WORK 해제
VOID WINAPI CloseThreadpoolWork(_Inout_ PTP_WORK pwk);
```

콜백 함수 역시 앞서 설명한 대로 아래의 형식으로 정의하면 된다.

```
VOID CALLBACK WorkCallback
(
    _Inout_      PTP_CALLBACK_INSTANCE Instance,
    _Inout_opt_  PVOID                 Context,
    _Inout_      PTP_WORK              Work
);
```

2) 작업의 등록

이제 실제 콜백 함수 수행을 위한 준비 작업을 살펴보도록 하자. 앞에서 예를 통해서 확인했던 바와 같이, 윈도우 2000의 QueueUserWorkItem의 경우는 호출과 더불어 여러분이 정의한 콜백 함수가 바로 스레드 풀에 의하여 실행된다. 하지만 새로운 스레드 풀의 경우는 바로 실행되지 않고 다음의 함수를 호출해줘야 실행이 된다.

```
VOID WINAPI SubmitThreadpoolWork(_Inout_ PTP_WORK pwk);
```

매개변수 pwk는 CreateThreadpoolWork 함수에 의해 생성된 TP_WORK 작업 항목 구조체의 포인터다.

다음 프로젝트는 작업 함수에 대한 간단한 예로, 앞서 보았던 QueueUserWorkItem의 예를 비스타 작업 함수들로 대체한 것이다.

프로젝트 6.3.2 TPoolWorkVista

콜백 함수 WorkCallback의 정의

```
VOID CALLBACK ThreadPoolWorkProc(PTP_CALLBACK_INSTANCE ptpCbInst,
                                 PVOID pParam, PTP_WORK ptpWait)
{
    int nWorkId = (int)pParam;
    SYSTEMTIME st;

    GetLocalTime(&st);
    printf("=> WorkItem %d(ID : %d) started at : %02d:%02d:%02d.%03d\n",
        nWorkId, GetCurrentThreadId(),
        st.wHour, st.wMinute, st.wSecond, st.wMilliseconds);

    Sleep(nWorkId * 1000);

    GetLocalTime(&st);
    printf("...WorkItem %d(ID : %d) ended at : %02d:%02d:%02d.%03d\n",
        nWorkId, GetCurrentThreadId(),
        st.wHour, st.wMinute, st.wSecond, st.wMilliseconds);
}
```

작업에 대한 콜백 함수를 정의한다. 매개변수 pParam을 통해 작업의 ID를 받아서 그 값만큼 초 단위로 대기한 후 종료한다. 시작과 종료 시의 시간과 스레드 ID를 출력하도록 했다.

메인 함수의 정의

```
void _tmain()
```

```
{
    printf("===== MainThread(ID : %d) started...\n\n", GetCurrentThreadId());

    PTP_WORK arptpWorks[10];
    for (int i = 0; i < 10; i++)
        arptpWorks[i] = CreateThreadpoolWork(ThreadPoolWorkProc, (PVOID)i, NULL);
```
10개의 TP_WORK 작업 항목을 생성한다.

```
    for (int i = 0; i < 10; i++)
        SubmitThreadpoolWork(arptpWorks[i]);
```
10개의 작업 항목을 개시하도록 SubmitThreadpoolWork 함수를 호출해 스레드 풀 큐에 항목을 추가한다.

```
    for (int i = 0; i < 10; i++)
        WaitForThreadpoolWorkCallbacks(arptpWorks[i], TRUE);
```
수행 중인 10개의 작업 항목의 콜백 함수가 종료될 때까지 대기한다.

```
    for (int i = 0; i < 10; i++)
        CloseThreadpoolWork(arptpWorks[i]);
```
큐에 등록된 작업 항목을 모두 제거한다.

```
    printf("\n===== MainThread(ID : %d) terminated...\n", GetCurrentThreadId());
}
```

위 코드의 실행 결과는 다음과 같다.

```
===== MainThread(ID : 8248) started...

=> WorkItem 0(ID : 7100) started at : 00:58:26.855
=> WorkItem 1(ID : 1836) started at : 00:58:26.855
...WorkItem 0(ID : 7100) ended at : 00:58:26.855
=> WorkItem 2(ID : 7100) started at : 00:58:26.856
     ⋮
...WorkItem 3(ID : 5800) ended at : 00:58:29.857
```

```
...WorkItem 4(ID : 4168) ended at : 00:58:30.859

===== MainThread(ID : 8248) terminated...
```

새로운 스레드 풀 메커니즘에서는 작업 항목을 큐에 등록해야만 콜백 함수가 실행된다. 큐에 작업 항목을 등록하기 위해서는 SubmitThreadpoolWork를 호출해줘야 한다.

```
PTP_WORK ptpWork = CreateThreadpoolWork(ThreadPoolWorkProc, NULL, NULL);
SubmitThreadpoolWork(ptpWork);
```

이 처리는 윈도우 2000의 QueueUserWorkItem 함수와는 또 다른데, QueueUserWorkItem 를 호출하면 정의한 콜백 함수는 바로 한 번 실행되고 그 실행이 끝나면 즉시 작업 항목 큐에 서 제거되어 더 이상 사용이 불가능하다. 하지만 새로운 스레드 풀에서는 작업 항목 객체와 큐 를 분리했기 때문에 동일한 작업 항목에 대해 콜백 함수를 반복해서 실행되도록 만들 수 있으며, SubmitThreadpoolWork를 호출할 때마다 콜백 함수가 실행된다.

다음은 TP_WORK 작업 항목을 하나만 생성하고 SubmitThreadpoolWork를 반복해서 호출한 예다.

```
PTP_WORK ptpWork = CreateThreadpoolWork(ThreadPoolWorkProc, (PVOID)3, NULL);
for (int i = 0; i < 3; i++)
    SubmitThreadpoolWork(ptpWork);

WaitForThreadpoolWorkCallbacks(ptpWork, FALSE);
CloseThreadpoolWork(ptpWork);
```

위 코드의 실행 결과는 다음과 같다.

```
===== MainThread(ID : 8712) started...

=> WorkItem 3(ID : 6528) started at : 00:23:33.284
=> WorkItem 3(ID : 8976) started at : 00:23:33.285
=> WorkItem 3(ID : 7608) started at : 00:23:33.286
... WorkItem 3(ID : 6528) ended at : 00:23:36.285
... WorkItem 3(ID : 8976) ended at : 00:23:36.287
```

```
...WorkItem 3(ID : 7608) ended at : 00:23:36.287

===== MainThread(ID : 8712) terminated...
```

실행 결과에서 보는 것처럼 앞서 실행된 콜백이 종료되지 않더라도 여러 번(MAXULONG 값의 횟수까지) 작업 객체에 대해 콜백 수행이 가능하다. 즉 위의 결과처럼 동시에 여러 개가 실행될 것이다. 이럴 경우 스레드 풀은 효율성의 증대를 위해 해당 스레드를 억제할 수도 있다.

3) 콜백 함수 실행 완료 대기

```
VOID WINAPI WaitForThreadpoolWorkCallbacks
(
    _Inout_    PTP_WORK    pwk,
    _In_       BOOL        fCancelPendingCallbacks
);
```

QueueUserWorkItem은 콜백 함수의 실행 완료를 기다릴 수 있는 수단이 제공되지 않았기 때문에 완료를 통지받고자 한다면 유저가 별도의 코드를 추가해야만 했다. 하지만 새로운 스레드 풀 메커니즘은 WaitForThreadpoolWorkCallbacks 함수를 통해서 콜백 수행이 완료될 때까지 대기할 수 있는 수단을 제공한다. 위의 코드에서 WaitForThreadpoolWorkCallbacks를 호출해 실행 완료를 대기하는 처리를 확인할 수 있다. 그렇다면 이 부분을 약간 수정한 후 결과를 다시 확인해 보라.

```
PTP_WORK ptpWork = CreateThreadpoolWork(ThreadPoolWorkProc, (PVOID)3, NULL);
for (int i = 0; i < 3; i++)
{
    SubmitThreadpoolWork(ptpWork);
    WaitForThreadpoolWorkCallbacks(ptpWork, FALSE);
}
CloseThreadpoolWork(ptpWork);
```

앞선 코드에서는 SubmitThreadpoolWork를 일괄적으로 호출해 3개의 작업을 동시에 큐에 추가하여 실행되도록 했다. 하지만 위 코드는 3개의 작업에 대해 순차적으로 큐에 추가한 후 하나의 콜백 수행이 완료되면 다시 다음 작업을 추가하도록 처리하여 동기적으로 작업이 처리되도록 한 예다.
실행 결과는 다음과 같다.

```
===== MainThread(ID : 1564) started...

=> WorkItem 3(ID : 7176) started at : 00:20:35.330
... WorkItem 3(ID : 7176) ended at : 00:20:38.331
=> WorkItem 3(ID : 7176) started at : 00:20:38.331
... WorkItem 3(ID : 7176) ended at : 00:20:41.332
=> WorkItem 3(ID : 7176) started at : 00:20:41.332
... WorkItem 3(ID : 7176) ended at : 00:20:44.333

===== MainThread(ID : 1564) terminated...
```

그러면 좀 더 실제적인 예를 확인해보도록 하자. 다음 프로젝트는 QueueUserWorkItem을 이용
하는 〈프로젝트 6.2.1 EchoSvrQUWI〉 코드를 새로운 스레드 풀의 TP_WORK 객체를 이용하는
처리로 변경한 것이다. 콜백 함수 정의는 형식만 바뀌었고 그 내용은 동일하다.

프로젝트 6.3.2 EchoSvrTPWork

```
VOID WINAPI ChildSockProc(PTP_CALLBACK_INSTANCE, PVOID pCtx, PTP_WORK)
{
    SOCKET sock = (SOCKET)pCtx;
```

이하로는 EchoSvrQUWI 코드의 콜백 함수 처리와 동일하다.

```
        :
}
```

메인 함수의 정의는 다음과 같다. 소켓과 TP_WORK 객체를 관리하기 위해 SOCK_ITEM 구조
체와 리스트를 추가로 정의했다.

```
struct SOCK_ITEM
{
    SOCKET  _sock;
    PTP_WORK _ptpWork;
};
```

```
typedef std::list<SOCK_ITEM> WORK_LIST;

void _tmain()
{
       ⋮
   while (true)
   {
      SOCKET sock = accept(hsoListen, NULL, NULL);
      if (sock == INVALID_SOCKET)
      {
         cout << "accept failed, code : " << WSAGetLastError() << endl;
         break;
      }
      cout << " ==> New client " << sock << " connected..." << endl;


      QueueUserWorkItem(ChildSockProc, (PVOID)sock, WT_EXECUTEDEFAULT)



                                    ↓


      PTP_WORK pWork = CreateThreadpoolWork(ChildSockProc, (PVOID)sock, NULL);
      SubmitThreadpoolWork(pWork);


      SOCK_ITEM si;
      si._sock = sock, si._ptpWork = ptpWork;
      works.push_back(si);
   }
   for (WORK_LIST::iterator it = works.begin(); it != works.end(); it++)
   {
      SOCK_ITEM si = *it;
      closesocket(si._sock);
      WaitForThreadpoolWorkCallbacks(si._ptpWork, TRUE);
```

자식 소켓을 닫아 콜백 함수 내의 대기 상태를 깨우고, 콜백 함수의 실행 완료를 대기한다.

```
      CloseThreadpoolWork(si._ptpWork);
```

TP_WORK 객체를 해제한다.

```
   }
}
```

제시된 코드를 통해서 QueueUserWorkItem 함수를 이용하는 경우와의 차이를 확인할 수 있다. QueueUserWorkItem을 통해 스레드 풀을 이용한 경우, 프로그램 종료를 위해 자식 소켓을 닫은 후 실행 중인 콜백 함수의 완료를 대기하는 코드는 존재하지 않았다. 하지만 새로운 스레드 풀에서는 WaitForThreadpoolWorkCallbacks 함수를 통해서 콜백 함수의 실행 완료를 대기한 후 더 안전하게 프로그램을 종료할 수 있다.

4) TrySubmitThreadpoolCallback

새로운 스레드 풀은 이전의 향수를 간직할 수 있는 수단까지 제공할 정도로 세심하게 배려했다. 윈도우 2000의 QueueUserWorkItem의 경우는 TP_WORK라는 객체의 명시적인 지정 없이 바로 유저가 정의한 콜백을 수행하는 구조였다. 그런 형식의 수행을 원한다면 CreateThreadpoolWork 호출 없이, 즉 명시적인 작업 항목의 생성 없이 TrySubmitThread-poolCallback 함수를 호출하면 된다.

```
BOOL WINAPI TrySubmitThreadpoolCallback
(
    _In_          PTP_SIMPLE_CALLBACK    pfns,
    _Inout_opt_   PVOID                  pv,
    _In_opt_      PTP_CALLBACK_ENVIRON   pcbe
);
```

PTP_CALLBACK_ENVIRON 타입의 pcbe 매개변수는 콜백 환경에 대한 포인터며, 우선 NULL로 설정하여 넘기도록 하자. PTP_SIMPLE_CALLBACK 타입의 pfns 매개변수는 다음 형태의 콜백 함수를 정의해 그 포인터를 전달해야 하며, pv 매개변수는 이 콜백 함수의 Context 매개변수로 전달될 유저 정의 참조 데이터를 지정한다.

```
VOID CALLBACK SimpleCallback
(
    _Inout_       PTP_CALLBACK_INSTANCE Instance,
    _Inout_opt_   PVOID                 Context
);
```

다음 프로젝트에서 TrySubmitThreadpoolCallback 함수를 사용하는 예를 바로 확인하도록 하자. QueueUserWorkItem 함수를 사용했던 〈프로젝트 6.2.1 EchoSvrQUWI〉 코드
를 TrySubmitThreadpoolCallback 함수로 대체한 것이다. 아래 코드에서는 메인 함수의
QueueUserWorkItem 호출 부분을 TrySubmitThreadpoolCallback 호출로 바꿔있다.

프로젝트 6.3.2 EchoSvrTPWorkSimple

```
while (true)
{
      ⋮

    if (!QueueUserWorkItem(ChildSockProc, (PVOID)sock, WT_EXECUTEDEFAULT))
    if (!TrySubmitThreadpoolCallback(ChildSockProc, (PVOID)sock, NULL))
    {
        closesocket(sock);
        cout << "TrySubmitThreadpoolCallback failed : " << GetLastError() << endl;
    }
}
```

SimpleCallback 타입의 콜백 함수 정의는 기존 코드에서 매개변수 부분만 변경되었다.

```
VOID WINAPI ChildSockProc(PTP_CALLBACK_INSTANCE pinst, PVOID pctx)
{
    SOCKET sock = (SOCKET)pctx;
    char szBuff[512];
        ⋮
}
```

TrySubmitThreadpoolCallback 함수는 특정 작업을 위해 계속 실행되어야 하는 전용 스레드를
대체할 목적으로 사용 가능하다. 이 함수는 비록 TP_WORK 객체 카테고리에서 설명되고 있지만,
사실은 어떤 카테고리에도 종속되지 않기 때문에 TP_XXX 객체 없이 단순히 지정된 특정 스레드
풀에서 콜백 함수가 실행되도록 만들 수 있는 유용성을 갖고 있다. 그 예는 6.4.2절에서 확인할 수
있을 것이다.

6.3.3 대기(TP_WAIT) 객체

이 카테고리는 윈도우 2000 스레드 풀 API 중 RegisterWaitForSingleObject를 대체한 것이다. 임의의 커널 객체가 시그널 상태가 되었을 때, 원하는 작업 수행을 담은 콜백 함수를 호출해준다. 역시 시그널 상태뿐만 아니라 타임아웃이 발생했을 경우에도 콜백 함수는 실행된다.

1) TP_WAIT 객체의 생성과 삭제

TP_WAIT 객체의 생성과 삭제를 담당하는 함수는 다음의 CreateThreadpoolWait 함수와 CloseThreadpoolWait 함수다.

```
// TP_WAIT 생성
PTP_WAIT WINAPI CreateThreadpoolWait
(
   _In_         PTP_WAIT_CALLBACK     pfnwa,
   _Inout_opt_  PVOID                 pv,
   _In_opt_     PTP_CALLBACK_ENVIRON  pcbe
);


// TP_WAIT 해제
VOID WINAPI CloseThreadpoolWait(_Inout_ PTP_WAIT pwa);
```

이번에는 콜백 함수의 정의를 살펴보자. 기존 XxxCallback 함수에 WaitResult 매개변수가 추가되었다.

```
VOID CALLBACK WaitCallback
(
   _Inout_      PTP_CALLBACK_INSTANCE Instance,
   _Inout_opt_  PVOID                 Context,
   _Inout_      PTP_WAIT              Wait,
   _In_         TP_WAIT_RESULT        WaitResult
);
```

TP_WAIT_RESULT WaitResult

대기 상태에서 풀렸을 경우의 결과를 의미하며, WaitForXXX 함수 리턴값인 WAIT_

OBJECT_0과 WAIT_TIMEOUT 중 하나를 넘겨준다. 이 매개변수가 왜 추가되었는지는 충분히 짐작할 것이다. RegisterWaitForSingleObject 함수와 마찬가지로 동기화 커널 객체를 기다리는 동안 다임이웃을 지정할 수 있으며, WaitResult 값이 WAIT_TIMEOUT이면 타임아웃에 의해 콜백 함수가 호출되었고, WAIT_OBJECT_0이면 지정된 동기화 객체가 시그널 상태가 되어 호출되었다는 것을 구분하는 역할을 한다.

2) 동기화 객체의 설정

CreateThreadpoolWait를 이용해서 대기 작업 항목을 생성했다면 이제 구체적으로 특정 대기 커널 객체와 작업 항목을 연결시켜줘야 해당 커널 객체가 시그널 상태가 되었을 때 콜백 함수가 호출될 것이다. 그것을 가능하게 해주는 함수가 다음의 SetThreadpoolWait 함수다.

```
VOID WINAPI SetThreadpoolWait
(
    _Inout_    PTP_WAIT     pwa,
    _In_opt_   HANDLE       h,
    _In_opt_   PFILETIME    pftTimeout
);
```

PTP_WAIT pwa

CreateThreadpoolWait 함수의 리턴값인 대기 작업 항목 구조체의 포인터다.

HANDLE h

시그널 상태가 되었을 때 콜백 함수를 실행할 수 있도록 하는 동기화 특성을 지닌 커널 객체의 핸들값을 지정한다. h를 NULL로 넘겨주면 더 이상 새로운 콜백 함수의 추가를 막겠다는 의미가 된다.

이 매개변수로 뮤텍스의 핸들을 넘겨주지 말아야 한다. 뮤텍스의 핸들을 매개변수로 SetThreadpoolWait 함수를 호출하면 STATUS_THREADPOOL_HANDLE_EXCEPTION(0xC000070A) 예외가 발생한다. 이는 6.2.2절에서 RegisterWaitForSingleObject 함수의 매개변수로 뮤텍스 핸들을 전달했을 경우에 발생하는 문제와 동일한 상황이 된다. 따라서 WaitCallback 함수의 WaitResult 매개변수의 값으로 WAIT_

ABANDONED_0이 전달될 일은 없다고 봐도 무관하다.*

PFILETIME pftTimeout

타임아웃 값을 지정한다. 기존의 WaitForXXX 군의 함수나 RegisterWaitForSingleObject 함수와는 다르게 DWORD가 아니라 FILETIME의 포인터를 넘겨준다. SetWaitableTimer의 LARGE_INTEGER 타입의 pDueTime 매개변수와 비슷하게 FILETIME 구조체를 이용해 상대 시간 및 절대 시간을 설정할 수 있다. 이 매개변수를 NULL이 아닌 값으로 넘기면 타임아웃 이 발생했을 때, 콜백 함수의 WaitResult 매개변수의 값은 WAIT_TIMEOUT으로 전달된다.

- **NULL**

  WaitForXXX 함수 호출 시 타임아웃 값을 INFINITE로 지정한 것과 동일하며, 무한대로 대기하겠다는 의미다.

  ```
  SetThreadpoolWait(ptpWait, hEvent, NULL);
  ```

- **FILETIME ← 0**

  WaitForXXX 함수 호출 시 타임아웃 값을 0으로 지정한 것과 동일하며, 호출 즉시 콜백 함수가 실행된다.

  ```
  FILETIME ft;
  ft.dwHighDateTime = ft.dwLowDateTime = 0;
  SetThreadpoolWait(ptpWait, hEvent, &ft);
  ```

- **FILETIME ← 음수**

  SetWaitableTimer 함수 호출 시 pDueTime 값을 음수로 설정한 것과 동일하며, 호출 후 지정된 시간이 경과하면 타임아웃이 발생하도록 하는 상대적 시간을 지정한다.

  ```
  ULARGE_INTEGER ll;
  ll.QuadPart = -30000000LL;
  FILETIME ft;
  ft.dwHighDateTime = ll.HighPart;
  ft.dwLowDateTime  = ll.LowPart;
  SetThreadpoolWait(ptpWait, hEvent, &ft);
  ```

- **FILETIME ← 양수**

  SetWaitableTimer 호출 시 pDueTime 값을 양수로 설정한 것과 동일하며, 지정된 구체적인 날짜와 시간이 지나면

---

* MSDN의 설명에서는 WaitCallback의 WaitResult 매개변수로 전달 가능한 값 중에서 버려진 뮤텍스를 의미하는 WAIT_ABANDONED_0까지를 포함하고 있다. 하지만 콜백 함수에서는 이 값을 받을 수 없는데, 이는 뮤텍스 객체를 SetThreadpoolWait 매개변수로는 전달할 수 없기 때문이다.

타임아웃이 발생하도록 하는 절대적 시간을 지정한다.

```
SYSTEMTIME st;
st.wYear = 년, st.wMonth = 월, st.wDay = 일;
st.wHour = 시, st.wMinute = 분, st.wSecont = 초;
st.wMilliseconds = 0;

FILETIME ftLocal, ftUTC;
SystemTimeToFileTime(&st, &ftLocal);
LocalFileTimeToFileTime(&ftLocal, &ftUTC);
SetThreadpoolWait(ptpWait, hEvent, &ft);
```

SetThreadpoolWait 함수의 역할은 스레드 풀의 구성요소인 대기 스레드로 하여금 지정된 동기화 객체에 대해 대기하도록 설정하는 것이다. 이렇게 SetThreadpoolWait를 통해 대기할 핸들을 설정해줘야 이 핸들이 시그널 상태가 되거나 타임아웃이 발생했을 때, 대기 스레드가 깨어나 TP_WAIT 객체에 설정된 콜백 항목을 스레드 풀의 작업 큐에 엔큐하여 작업자 스레드로 하여금 콜백 함수를 실행하도록 한다. 주의할 것은 RegisterWaitForSingleObject 함수와는 다르게 시그널 상태가 될 때마다 계속 콜백 함수가 실행되도록 하려면, 콜백 함수가 호출된 후 다시 SetThreadpoolWait 함수를 호출해서 해당 대기 핸들을 설정해주어야 한다는 점이다.

다음 프로젝트에서 TP_WAIT 객체를 사용하는 가장 간단한 예를 보여준다.

프로젝트 6.3.3 TPoolWaitVista

```
VOID CALLBACK ThreadPoolWaitProc(PTP_CALLBACK_INSTANCE, PVOID pCtx,
                                 PTP_WAIT ptpWait, TP_WAIT_RESULT)
{
   DWORD dwDelay = (DWORD)pCtx;
   DWORD dwThrId = GetCurrentThreadId();
   SYSTEMTIME st;

   GetLocalTime(&st);
   printf("=> Work(ThrId : %d) started at : %02d:%02d:%02d.%03d\n",
      dwThrId, st.wHour, st.wMinute, st.wSecond, st.wMilliseconds);

   Sleep(dwDelay * 1000);

   GetLocalTime(&st);
```

```
    printf("<= Work(ThrId : %d) ended at    : %02d:%02d:%02d.%03d\n",
        dwThrId, st.wHour, st.wMinute, st.wSecond, st.wMilliseconds);
}


void _tmain()
{
    HANDLE hEvent = CreateEvent(NULL, FALSE, FALSE, NULL);
    PTP_WAIT ptpWait = CreateThreadpoolWait(ThreadPoolWaitProc, (PVOID)3, NULL);
```
　　TP_WAIT 객체를 생성한다. 매개변수로 지연 시간을 초 단위로 넘겨준다.

```
    SetThreadpoolWait(ptpWait, hEvent, NULL);
```
　　TP_WAIT 객체를 스레드 풀 큐에 추가하고, 이벤트 핸들을 넘겨준다.

```
    getchar();
    SetEvent(hEvent);
```
　　키 입력이 들어오면 이벤트를 시그널 상태로 만든다. 그러면 콜백 함수가 호출된다.

```
    WaitForThreadpoolWaitCallbacks(ptpWait, TRUE);
    CloseThreadpoolWait(ptpWait);
}
```

앞서 언급한 것처럼 SetThreadpoolWait 함수는 시그널 상태를 통해서 콜백 함수를 실행시키고자
할 때마다 매번 호출해야 한다. 다음 코드와 같이 SetThreadpoolWait 함수를 한 번 호출한 상태
에서 SetEvent를 두 번 호출하도록 코드를 작성해보자.

```
        ⋮
    SetThreadpoolWait(ptpWait, hEvent, NULL);
    getchar();
    SetEvent(hEvent);   // 첫 번째 시그널링


    getchar();
    SetEvent(hEvent);   // 두 번째 시그널링
```

이와 같이 처리하게 되면 첫 번째 시그널링에 대해서는 콜백 함수가 호출되지만, 두 번째 시그널

링에 대해서는 반응을 하지 않는다. 이것이 RegisterWaitForSingleObject의 경우와 다른 점이다. RegisterWaitForSingleObject 함수를 사용하게 되면 자동 리셋 이벤트의 경우는 RegisterWaitForSingleObject의 한 번 호출로 SetEvent를 호출할 때마다 언제나 콜백 함수가 호출된다. 또한 수동 리셋 이벤트의 경우는 콜백 함수에서 ResetEvent를 호출하지 않는 한 계속 시그널 상태로 남아서 콜백 함수가 끊임없이 호출되는 현상도 이미 예제를 통해서 확인했다. 이는 내부적으로 계속 WaitForMultipleObjects를 통해서 계속 시그널 상태가 되기를 기다리고 있다는 의미가 된다. 새로운 스레드 풀 역시 대기 스레드가 존재하고, 이 스레드에서 동기화 객체가 시그널 상태가 되면 큐에 콜백 항목을 추가하는 것은 마찬가지다. 하지만 콜백 항목을 스레드 풀의 큐에 추가하고 난 후 대기 항목에서 이 이벤트 핸들을 제거하기 때문에, 두 번째 시그널링에 의해 비록 이벤트가 또다시 시그널 상태가 되더라도 콜백 함수는 호출되지 않는다. 따라서 앞의 코드에서 두 번째 SetEvent 호출 후 다시 SetThreadpoolWait를 호출하면 그제서야 콜백 함수가 호출될 것이다. 이는 이벤트의 성질을 잘 알고 있는 개발자라면 RegisterWaitForSingleObject 사용보다 덜 직관적이고 불편한 사항이 될 수 있겠지만, 그 반면에 수동 리셋 이벤트의 경우라면 보다 편리하게 사용할 수 있을 것이다. 따라서 계속 재사용하려면 반드시 다음과 같이 명시적으로 SetThreadpoolWait를 호출해 반복적으로 대기 핸들을 TP_WAIT 객체와 연결시켜줘야 한다.

```
        ⋮
getchar();
SetThreadpoolWait(ptpWait, hEvent, NULL);
SetEvent(hEvent);   // 첫 번째 시그널링

getchar();
SetThreadpoolWait(ptpWait, hEvent, NULL);
SetEvent(hEvent);   // 두 번째 시그널링
```

이는 대기가능 타이머에 대해서도 마찬가지로 작동한다. 대기가능 타이머를 사용하는 다음의 예를 보도록 하자.

```
PTP_WAIT ptpWait = CreateThreadpoolWait(ThreadPoolWaitProc, NULL, NULL);
HANDLE hTimer = CreateWaitableTimer(NULL, FALSE, NULL);

SetThreadpoolWait(ptpWait, hTimer, NULL);
```

```
    getchar();
    LARGE_INTEGER ll; ll.QuadPart = -40000000LL;
    SetWaitableTimer(hTimer, &ll, 2000, NULL, NULL, FALSE);
        ⋮
```

위의 코드에서는 대기가능 타이머를 SetWaitableTimer 함수를 통해 최초 4초 후에 시그널 상태가 되고, 그 이후에 2초 단위로 주기적으로 시그널 상태가 되도록 설정했다. 하지만 위의 코드를 실행하면 4초 후에 콜백 함수가 한 번 호출되고 다시는 콜백이 실행되지 않을 것이다. 이는 4초 후의 최초 호출은 미리 SetThreadpoolWait를 호출했기 때문이며, 비록 2초마다 주기적으로 시그널 상태로 변경되지만, 그 이후에는 SetThreadpoolWait 호출이 없기 때문에 계속 그 상태로 남아 있는 것이다. 따라서 시그널 상태를 잡으려면 아래 코드처럼 SetThreadpoolWait를 또 호출해줘야 한다.

```
        ⋮
    SetThreadpoolWait(ptpWait, hTimer, NULL);

    getchar();
    LARGE_INTEGER ll; ll.QuadPart = -(10 * 4000000LL);
    SetWaitableTimer(hTimer, &ll, 2000, NULL, NULL, FALSE);

    Sleep(7000);
    SetThreadpoolWait(ptpWait, hTimer, NULL);
        ⋮
```

위의 코드는 메인 스레드에서 7초 대기 후 다시 SetThreadpoolWait 함수를 호출하도록 처리했다. 이 상황은 최초 콜백 함수가 실행된 후 주기인 2초가 지나 이미 대기가능 타이머는 시그널 상태가 되었지만, SetThreadpoolWait을 통한 대기 핸들의 재설정이 없었기 때문에 주기적인 콜백 함수는 실행되고 있지 않은 상태다. 7초가 지나서 메인 스레드가 다시 SetThreadpoolWait를 호출하면 대기가능 타이머는 이미 시그널 상태이기 때문에 작업 항목이 대기 큐에 바로 추가되어 콜백 함수가 호출된다. 하지만 그 다음 주기가 지난 후에 콜백 함수가 실행되려면 또 동일한 처리가 필요하다. 이런 불편함을 없애고 지정된 주기마다 시그널 상태에 대해 매번 콜백 함수를 실행하고자 한다면, SetThreadpoolWait 함수를 콜백 함수 내에서 호출하면 된다.

다음 프로젝트에서는 콜백 함수 정의 내에서 마지막에 SetThreadpoolWait 함수를 호출하는 것을 볼 수 있다.

프로젝트 6.3.3 TPoolWaitVista2

```
VOID CALLBACK ThreadPoolWaitProc(PTP_CALLBACK_INSTANCE,
                PVOID pCtx, PTP_WAIT ptpWait, TP_WAIT_RESULT)
{
   HANDLE hSync = (HANDLE)pCtx;
```

SetThreadpoolWait 함수의 매개변수로 전달할 대기 객체의 핸들을 획득한다.

```
   SYSTEMTIME st;
      ⋮
   Sleep(1000);
   GetLocalTime(&st);
   printf("...WorkItem %d ended at : %02d:%02d:%02d.%03d\n",
      GetCurrentThreadId(),
      st.wHour, st.wMinute, st.wSecond, st.wMilliseconds);

   SetThreadpoolWait(ptpWait, hSync, NULL);
```

콜백 함수의 실행이 완료되기 전에 콜백 함수의 매개변수로 전달된 ptpWait과 pCtx 매개변수에 여러분이 전달한 대기 객체의 핸들을 지정하여 다시 SetThreadpoolWait를 호출한다.

```
}
```

다음은 메인 함수에 대한 정의다. 메인 함수에서 단 한 번의 SetThreadpoolWait 호출로 주기적으로 콜백 함수가 호출되도록 할 수 있다.

```
void _tmain()
{
   HANDLE hTimer = CreateWaitableTimer(NULL, FALSE, NULL);
   PTP_WAIT ptpWait = CreateThreadpoolWait(ThreadPoolWaitProc, hTimer, NULL);
```

CreateThreadpoolWait 호출 시 참조 매개변수로 타이머의 핸들을 전달한다.

```
   SetThreadpoolWait(ptpWait, hTimer, NULL);

   LARGE_INTEGER ll; ll.QuadPart = -40000000LL;
```

```
    SetWaitableTimer(hTimer, &ll, 2000, NULL, NULL, FALSE);

    getchar();
        ⋮
}
```

대기가능 타이머의 경우, TP_WAIT 객체에 설정하여 위와 같은 처리를 하는 것보다는 다음 절에 설명할 TP_TIMER 객체를 사용하는 것이 훨씬 간단하고 사용하기도 편하다. 대신 다른 동기화 객체들의 경우 콜백 함수 내에서 SetThreadpoolWait를 호출해 줌으로써 콜백 함수의 실행 조건을 간단히 만들 수 있다. 위와 같이 콜백 함수를 작성한다면 이벤트에 대해서도 마찬가지로 한 번의 SetThreadpoolWait 호출로 SetEvent를 호출할 때마다 콜백 함수가 호출되도록 할 수 있다.

다음 예는 대기가능 타이머에서 사용했던 위의 콜백 함수 사용을 그대로 이벤트에 적용한 경우의 메인 함수에 대한 정의다.

```
HANDLE hEvent = CreateEvent(NULL, FALSE, FALSE, NULL);
PTP_WAIT ptpWait = CreateThreadpoolWait(ThreadPoolWaitProc, hEvent, NULL);

SetThreadpoolWait(ptpWait, hEvent, NULL);
while (true)
{
    char ch = getchar();
    if (ch == 'q')
        break;

    SetEvent(hEvent);
}
```

SetThreadpoolWait 함수는 동일한 PTP_WAIT 객체에 대해 내부적으로 HANDLE 매개변수로 전달된 동기화 객체의 핸들을 덮어쓴다. 즉 최종적으로 설정된 핸들만을 대상으로 한다.

```
    ⋮
SetThreadpoolWait(ptpWait, hTimer, NULL);
LARGE_INTEGER ll; ll.QuadPart = -40000000LL;
SetWaitableTimer(hTimer, &ll, 2000, NULL, NULL, FALSE);
```

```
SetThreadpoolWait(ptpWait, hEvent, NULL);
SetEvent(hEvent);
```

코드를 살펴보면, 동일한 PTP_WAIT 객체에 대해 타이머와 이벤트 객체를 각각 생성하여 먼저 SetThreadpoolWait로 타이머를 설정해주었고, 바로 뒤이어 SetThreadpoolWait로 이벤트를 설정해주었다. 처음의 SetThreadpoolWait 호출에 의해 타이머는 4초 간의 대기 상태로 들어갈 것이다. 그리고 그 이후의 SetThreadpoolWait 호출은 앞서 설정된 타이머를 이벤트로 대체하기 때문에 비록 4초 후에 타이머가 시그널 상태가 되더라도 이 타이머에 대한 콜백 함수가 호출되는 것이 아니라, 두 번째 SetThreadpoolWait 호출 후의 SetEvent에 의한 이벤트의 시그널링에 반응하는 콜백 함수가 호출된다. 따라서, 하나의 PTP_WAIT 객체에 대해 여러 동기화 객체가 반응할 수 있도록 하기 위해서는, 다음 코드처럼 콜백 함수의 호출이 개시되기를 기다린 후 다시 SetThreadpoolWait를 호출해야 한다.

```
      ⋮
SetThreadpoolWait(ptpWait, hTimer, NULL);
LARGE_INTEGER ll; ll.QuadPart = -40000000LL;
SetWaitableTimer(hTimer, &ll, 2000, NULL, NULL, FALSE);
Sleep(7000);
```
타이머의 최초 만기가 4초이므로 그 시간을 벌기 위해 대기한다.

```
SetThreadpoolWait(ptpWait, hEvent, NULL);
SetEvent(hEvent);
```

이와 같은 성질을 이용해 만약에 더 이상 시그널을 받지 않으려면, 즉 더 이상의 콜백 함수 호출을 막으려면 SetThreadpoolWait 호출 시 대기 객체 매개변수를 NULL로 설정해서 넘겨주면 된다.

만약 각 동기화 객체마다 별도로 작업 처리를 수행하고자 한다면, 다음과 같이 각 객체마다 PT_WAIT 객체를 할당해 TP_WAIT 객체와 동기화 객체를 1대 1로 매칭시켜 처리하는 것이 좋다.

```
HANDLE hEvent = CreateEvent(NULL, FALSE, FALSE, NULL);
PTP_WAIT ptpEvWait = CreateThreadpoolWait(EventWaitProc, hEvent, NULL);
SetThreadpoolWait(ptpEvWait, hEvent, NULL);

HANDLE hTimer = CreateWaitableTimer(NULL, FALSE, NULL);
PTP_WAIT ptpTiWait = CreateThreadpoolWait(TimerWaitProc, hTimer, NULL);
```

```
    SetThreadpoolWait(ptpTiWait, hTimer, NULL);
        ⋮
```

3) 콜백 함수 실행 완료 대기

```
VOID WINAPI WaitForThreadpoolWaitCallbacks
(
    _Inout_ PTP_ WAIT pwk,
    _In_    BOOL      fCancelPendingCallbacks
);
```

윈도우 2000의 대기 스레드 풀은 UnregisterWaitEx 함수를 통해서 현재 실행 중인 콜백 함수가 완료될 때까지 대기할 수 있는 수단을 제공한다. TP_WAIT 역시 WaitForThreadpoolWaitCallbacks를 통해서 완료를 대기할 수 있다.

다음은 〈프로젝트 6.3.2 TPoolWaitVista〉 코드의 메인 함수 마지막 부분에서 WaitForThreadpoolWaitCallbacks 함수를 호출해 ThreadPoolWaitProc 콜백 함수의 실행이 완료될 때까지 대기하도록 처리했다.

```
void _tmain()
{
        ⋮
    getchar();
    SetEvent(hEvent);

    WaitForThreadpoolWaitCallbacks(ptpWait, TRUE);
    키 입력이 들어오면 이벤트를 시그널 상태로 만든다. 그러면 콜백 함수가 호출된다.

    CloseThreadpoolWait(ptpWait);
}
```

WaitForThreadpoolXxxCallbacks 함수의 특징은 콜백 완료 대기뿐만 아니라 실행을 기다리며 작업 큐에서 대기 중인 콜백 항목을 취소할 수 있는 기능도 제공한다. 그리고 TP_WAIT 객체의 경우 WaitForThreadpoolWaitCallbacks의 fCancelPendingCallbacks 매개변수를 TRUE로 지정했을 경우와 FALSE로 지정했을 경우의 차이를 확인할 수 있다.

다음 프로젝트는 SetThreadpoolWait와 SetEvent를 두 번 호출해 스레드 풀의 작업 풀에 콜백 항목이 두 개가 추가되도록 한 상태에서, 바로 fCancelPendingCallbacks 매개변수를 TRUE로 지정해 WaitForThreadpoolWaitCallbacks 함수를 호출한 것이다.

프로젝트 6.3.3 TPoolWaitVista3

```
void _tmain()
{
    printf("===== MainThread(ID : %d) started...\n", GetCurrentThreadId());

    HANDLE hEvent = CreateEvent(NULL, TRUE, FALSE, NULL);
    PTP_WAIT ptpWait = CreateThreadpoolWait(ThreadPoolWaitProc, (PVOID)4, NULL);

    SetThreadpoolWait(ptpWait, hEvent, NULL);
    SetEvent(hEvent);   // 첫 번째 시그널링
    SetThreadpoolWait(ptpWait, hEvent, NULL);
    SetEvent(hEvent);   // 두 번째 시그널링
```

SetThreadpoolWait와 SetEvent를 두 번 호출해 스레드 풀의 작업 풀에 콜백 항목 2개가 추가되도록 했다.

```
    WaitForThreadpoolWaitCallbacks(ptpWait, TRUE);
```

현재 실행 중인 콜백이 있다면 완료 시까지 대기하도록 처리했다.

```
    CloseThreadpoolWait(ptpWait);

    printf("===== MainThread(ID : %d) terminated...\n", GetCurrentThreadId());
}
```

위 코드의 결과는 다음과 같다.

```
===== MainThread(ID : 7536) started...
===== MainThread(ID : 7536) terminated...
```

결과에서 보는 것처럼 큐잉된 콜백 함수가 전혀 실행되지 않은 상태로 응용 프로그램이 종료되었다는 것을 확인할 수 있다. 첫 번째 시그널링을 통해 스레드 풀의 대기 스레드는 작업 큐에 콜백 항목을 엔큐하고 다시 대기 상태로 돌아갔을 때 또 시그널 상태가 되었기 때문에, 마찬가지로 작업 큐에 두 번째 콜백 항목을 엔큐할 것이다. 현재 상태는 큐에 작업 항목이 추가되었지만 아직 작업자 스레드에 의해서 디스패치되기 전 상태다. 그리고 바로 WaitForThreadpoolWaitCallbacks가 호

출되었으며, 이 시점에서는 콜백 항목이 큐에 대기 중인 상태고 아직 실행되지 않은 상태다. 따라서 fCancelPendingCallbacks 매개변수가 TRUE이므로 기존에 대기 중인 콜백 항목은 모두 취소되고, 바로 WaitForThreadpoolWaitCallbacks 함수로부터 리턴되어 응용 프로그램은 종료된다.

이번에는 fCancelPendingCallbacks 매개변수를 FALSE로 지정한 코드다.

```
        ⋮

WaitForThreadpoolWaitCallbacks(ptpWait, FALSE);
```

현재 실행 중인 콜백뿐만 아니라 작업 큐에 대기 중인 콜백 항목이 있을 경우. 그 콜백 함수의 실행까지 모두 완료될 때까지 대기하도록 처리한다.

```
CloseThreadpoolWait(ptpWait);
```

위 코드의 결과는 다음과 같다.

```
===== MainThread(ID : 1016) started...
=> WorkItem 4(ID : 7712) started at : 00:16:04.094
=> WorkItem 4(ID : 5436) started at : 00:16:04.105
... WorkItem 4(ID : 5436) ended at : 00:16:08.107
... WorkItem 4(ID : 7712) ended at : 00:16:08.107
===== MainThread(ID : 1016) terminated...
```

결과에서 보듯이 WaitForThreadpoolWaitCallbacks 호출 시점에 비록 실행 중인 콜백 함수가 없더라도 호출 이전에 작업 항목 2개가 이미 작업 큐에 큐잉된 상태이므로, 대기 중인 2개의 작업 항목이 모두 실행될 때까지 대기한 후에 응용 프로그램이 종료된 것을 확인할 수 있다.

이번 프로젝트는 64개 이상의 동기화 객체에 대해 새로운 스레드 풀을 사용해 처리하는 예제다. 이 벤트 핸들 50개와 타이머 핸들 50개를 각각 생성한 후 개별적인 PT_WAIT 객체에 각각 할당하여 각 객체가 시그널 상태가 되었을 때 콜백 함수가 호출되도록 처리한다.

먼저 다음 코드는 이벤트 핸들과 타이머 핸들에 대한 각각의 콜백 함수의 정의다.

프로젝트 6.3.3 TPoolWaitVista4

이벤트에 대한 콜백 함수의 정의

```
VOID CALLBACK TPWaitTimer(PTP_CALLBACK_INSTANCE,
                          PVOID pCtx, PTP_WAIT ptpWait, TP_WAIT_RESULT)
```

```
{
    HANDLE hTimer = (HANDLE)pCtx;
    DWORD dwThrId = GetCurrentThreadId();

    SYSTEMTIME st;
    GetLocalTime(&st);
    GetLocalTime(&st);
    printf(" => Timer(ThrId : %d) expired at : %02d:%02d:%02d.%03d\n ",
        dwThrId, st.wHour, st.wMinute, st.wSecond, st.wMilliseconds);
    SetThreadpoolWait(ptpWait, hTimer, NULL);
}
```

```
VOID CALLBACK TPWaitEvent(PTP_CALLBACK_INSTANCE,
                          PVOID pCtx, PTP_WAIT ptpWait, TP_WAIT_RESULT)
{
    DWORD dwDelay = (DWORD)pCtx;
    DWORD dwThrId = GetCurrentThreadId();

    SYSTEMTIME st;
    GetLocalTime(&st);
    GetLocalTime(&st);
    printf(" => Event(ThrId : %d) signaled at : %02d:%02d:%02d.%03d\n ",
        dwThrId, st.wHour, st.wMinute, st.wSecond, st.wMilliseconds);

    Sleep(dwDelay * 100);
}
```

위 콜백 함수 호출을 위한 메인 함수의 정의는 다음과 같다.

```
#define WAIT_UINT_CNT 50
void _tmain()
{
    printf("===== MainThread(ID : %d) started...\n\n", GetCurrentThreadId());

    HANDLE arSyncs[WAIT_UINT_CNT * 2];
    PTP_WAIT ptpWaits[WAIT_UINT_CNT * 2];
```

100개의 대기 객체 핸들 배열과 PTP_WAIT 포인터의 배열을 선언했다.

```
int i = 0;
for (; i < WAIT_UINT_CNT; i++)
{
    arSyncs[i] = CreateEvent(NULL, FALSE, FALSE, NULL);
    ptpWaits[i] = CreateThreadpoolWait(TPWaitEvent, (PVOID)i, NULL);
}
```

앞쪽 50개의 엘리먼트로 이벤트 핸들을 생성하여 할당하고, 각 이벤트에 대응할 TP_WAIT 객체를 할당한다.

```
for (; i < WAIT_UINT_CNT * 2; i++)
{
    arSyncs[i] = CreateWaitableTimer(NULL, FALSE, NULL);
    ptpWaits[i] = CreateThreadpoolWait(TPWaitTimer, arSyncs[i], NULL);
}
```

뒤쪽 50개의 엘리먼트로 타이머 핸들을 생성하여 할당하고, 각 타이머에 대응할 TP_WAIT 객체를 할당한다.

```
for (i = WAIT_UINT_CNT; i < WAIT_UINT_CNT * 2; i++)
{
    SetThreadpoolWait(ptpWaits[i], arSyncs[i], NULL);
    LARGE_INTEGER ll; ll.QuadPart = -30000000LL;
    SetWaitableTimer(arSyncs[i], &ll, 2000, NULL, NULL, FALSE);
}
```

개개의 타이머를 SetThreadpoolWait를 통해서 대응되는 TP_WAIT 객체에 설정하고 타이머를 개시한다.

```
for (int i = 0; i < 50; i++)
{
    int evtIdx = rand() % (WAIT_UINT_CNT / 2);

    SetThreadpoolWait(ptpWaits[evtIdx], arSyncs[evtIdx], NULL);
    SetEvent(arSyncs[evtIdx]);
    Sleep(2000);
}
```

랜덤하게 개개의 이벤트를 SetThreadpoolWait를 통해서 대응되는 TP_WAIT 객체에 설정하고 그 이벤트를 시그널 상태로 만든다.

```
Sleep(10);
for (int i = 0; i < WAIT_UINT_CNT * 2; i++)
{
```

```
            WaitForThreadpoolWaitCallbacks(ptpWaits[i], TRUE);
            CloseThreadpoolWait(ptpWaits[i]);
            CloseHandle(arSyncs[i]);
    }
```

100개의 TP_WAIT 객체에 대해 콜백 함수의 실행 완료를 대기한 후, TP_WAIT 객체를 삭제하고 대기 객체를 닫아준다.

```
    printf("\n====== MainThread(ID : %d) terminated...\n", GetCurrentThreadId());
}
```

다음 프로젝트에서는 윈도우 2000 스레드 풀에서 제시한 WSAEventSelect 사용 코드인 〈프로젝트 6.2.2 EchoSvrRWSO〉에서 RegisterWaitForSingleObject 함수를 TP_WAIT 객체로 변경한 예를 보여준다. 역시 리슨 소켓과 자식 소켓에 대한 콜백 함수는 각각 Handler_SockListen과 Handler_SockChild로 분리했다.

프로젝트 6.3.3 EchoSvrTPWait

자식 소켓 이벤트 시그널 처리 콜백 함수

```
void WINAPI Handler_SockChild
(PTP_CALLBACK_INSTANCE, PVOID pCtx, PTP_WAIT pWait, TP_WAIT_RESULT)
{
    PSOCK_ITEM psi = (PSOCK_ITEM)pCtx;

    WSANETWORKEVENTS ne;
    WSAEnumNetworkEvents(psi->_sock, psi->_event, &ne);
    try
    {
        if (ne.lNetworkEvents & FD_READ)
        {
```

데이터를 수신했을 때 에코 처리를 한다. 처리는 이전 코드와 동일하다.

```
            ⋮
        }

        if (ne.lNetworkEvents & FD_CLOSE)
        {
```

클라이언트가 연결을 끊었을 때의 처리다. 이전 코드와 동일하다.

```
            ⋮
    }

        SetThreadpoolWait(pWait, psi->_event, NULL);
```

```
    }
    catch (int hr)
    {
        if (hr != WSAECONNABORTED)
        {
                ⋮
            closesocket(psi->_sock);
            PostThreadMessage(psi->_thrId, TM_CLOSE_SOCK, (WPARAM)hr, (LPARAM)psi);
```

```
        }
    }
}
```

리슨 소켓 이벤트 시그널 처리 콜백 함수

```
VOID WINAPI Handler_SockListen
(PTP_CALLBACK_INSTANCE, PVOID pCtx, PTP_WAIT pWait, TP_WAIT_RESULT)
{
    PSOCK_ITEM psi = (PSOCK_ITEM)pCtx;

    WSANETWORKEVENTS ne;
    WSAEnumNetworkEvents(psi->_sock, psi->_event, &ne);
    if (!(ne.lNetworkEvents & FD_ACCEPT))
        return;

    try
    {
        int nErrCode = ne.iErrorCode[FD_ACCEPT_BIT];
        if (nErrCode != 0)
            throw nErrCode;
```

```
            SOCKET sock = accept(psi->_sock, NULL, NULL);
                  ⋮
         HANDLE hEvent = WSACreateEvent();
         WSAEventSelect(sock, hEvent, FD_READ | FD_CLOSE);
         PSOCK_ITEM pci = new SOCK_ITEM(sock, hEvent, psi->_thrId);
         PTP_WAIT psoWait = CreateThreadpoolWait(Handler_SockChild, pci, NULL);
```

접속된 자식 소켓과 연결된 이벤트 핸들 위해 TP_WAIT 구조체를 할당한다. 콜백 함수를 Handler_SockChild로 지정한다.

```
         SetThreadpoolWait(psoWait, hEvent, NULL);
```

자식 소켓에 대한 'FD_READ | FD_CLOSE' 통지를 받기 위해서는 SetThreadpoolWait를 호출해줘야 한다.

```
         cout << " ==> New client " << psi->_sock << " connected" << endl;
         PostThreadMessage(psi->_thrId, TM_CONNECTED, (WPARAM)pci, (LPARAM)psoWait);
```

메시지를 전송하여 메인 스레드로 하여금 접속에 대한 소켓 관리를 처리하도록 지시한다.

```
         SetThreadpoolWait(pWait, psi->_event, NULL);
```

클라이언트의 접속을 계속 처리하기 위해서는 SetThreadpoolWait를 호출해줘야 한다. 바로 위의 호출은 자식 소켓과 그 이벤트에 대한 호출이며, 지금의 호출은 리슨 소켓과 그 이벤트에 대한 호출임에 주의하기 바란다.

```
      }
      catch (int hr)
      {
         cout << " ==> Listen failed, code = " << hr << endl;
         PostThreadMessage(psi->_thrId, TM_LISTEN_FAIL, hr, (LPARAM)pWait);
      }
   }
```

다음은 메인 함수에 대한 정의다. EchoSvrRWSO 코드와 동일하게 스레드 메시지를 수신하며 메시지를 통해 자식 소켓을 관리한다.

```
void _tmain()
{
   SOCKET hsoListen = GetListenSocket(9001);
   cout << " ==> Waiting for client's connection......" << endl;
```

```
WSAEVENT hsoEvent = WSACreateEvent();
SOCK_ITEM sim(hsoListen, hsoEvent, g_dwTheadId);

PTP_WAIT psoWait = CreateThreadpoolWait(Handler_SockListen, &sim, NULL);
```

리슨 소켓과 연결된 이벤트 핸들을 위한 TP_WAIT 구조체를 할당한다. 콜백 함수를 Handler_ SockListen으로 지정한다.

```
WSAEventSelect(hsoListen, hsoEvent, FD_ACCEPT);
SetThreadpoolWait(psoWait, hsoEvent, NULL);
```

리슨 이벤트 시그널을 받기 위해 SetThreadpoolWait 함수를 호출한다.

```
SOCK_MAP sm;
MSG msg;
while (GetMessage(&msg, 0, 0, 0))
{
        ⋮

    int nErrCode = ERROR_SUCCESS;
    PTP_WAIT pWait = (PTP_WAIT)msg.lParam;
    switch (msg.message)
    {
        ⋮

        case TM_CLOSE_SOCK:
        {
            SOCK_MAP::iterator it = sm.find(pWait);
            if (it != sm.end())
            {
                WaitForThreadpoolWaitCallbacks(pWait, TRUE);
                CloseThreadpoolWait(pWait);
```

소켓 종료 메시지에 대해 콜백 실행 대기 후 TP_WAIT 객체를 해제한다.

```
                sm.erase(it);
                PSOCK_ITEM psi = it->second;
                CloseHandle(psi->_event);
                delete psi;
            }
        }
        break;
        ⋮
```

```
        }
        if (nErrCode != ERROR_SUCCESS)
            break;
    }
    closesocket(hsoListen);
    WaitForThreadpoolWaitCallbacks(psoWait, TRUE);
    CloseThreadpoolWait(psoWait);
```

리슨 이벤트와 바인드된 콜백 함수의 완료를 대기한 후 TP_WAIT 객체를 해제한다.

```
    CloseHandle(hsoEvent);


    for (SOCK_MAP::iterator it = sm.begin(); it != sm.end(); it++)
    {
        PSOCK_ITEM psi = it->second;
        closesocket(psi->_sock);
        WaitForThreadpoolWaitCallbacks(it->first, TRUE);
        CloseThreadpoolWait(it->first);
```

자식 소켓 이벤트와 바인드된 콜백 함수의 완료를 대기한 후 TP_WAIT 객체를 해제한다.

```
        CloseHandle(psi->_event);
        delete psi;
    }
}
```

6.3.4 타이머(TP_TIMER) 객체

이 카테고리는 윈도우 2000 스레드 풀 함수 중에서 CreateTimerQueue를 대체한 것이다. CreateTimerQueue 군과는 다르게 타이머 큐의 생성 함수를 없애버리고 그 내부로 집어넣었다. 타이머 객체의 예약 시간이 되면 콜백 호출을 위한 요청이 스레드 풀의 작업 큐에 추가된다. 작업자 스레드는 그 요청을 가져오고, CreateThreadpoolTimer 호출 시에 전달된 TimerCallback 함수를 호출한다.

1) TP_TIMER 객체의 생성과 삭제

작업 항목 생성과 삭제 함수는 앞서 설명한 것과 동일하다.

```
// TP_TIMER 생성
PTP_WORK WINAPI CreateThreadpoolTimer
(
    _In_          PTP_TIMER_CALLBACK    pfnti,
    _Inout_opt_   PVOID                 pv,
    _In_opt_      PTP_CALLBACK_ENVIRON  pcbe
);


// 콜백 함수
VOID CALLBACK TimerCallback
(
    _Inout_       PTP_CALLBACK_INSTANCE  Instance,
    _Inout_opt_   PVOID                  Context,
    _Inout_       PTP_TIMER              Timer
);


// TP_TIMER 해제
VOID WINAPI CloseThreadpoolTimer(_Inout_ PTP_TIMER pti);
```

2) 타이머의 설정

CreateThreadpoolTimer 함수를 통하여 타이머 객체를 생성하였다면 이제 타이머를 설정해야 한다. 타이머를 설정하게 되면 예약된 시간이 되었을 때 스레드 풀은 지정된 콜백 함수를 호출한다. 타이머를 설정할 때에는 다음의 함수를 이용한다.

```
VOID WINAPI SetThreadpoolTimer
(
    _Inout_    PTP_TIMER   pti,
    _In_opt_   PFILETIME   pftDueTime,
    _In_       DWORD       msPeriod,
    _In_opt_   DWORD       msWindowLength
);
```

PTP_TIMER pti

CreateThreadpoolTimer 함수를 통해 획득한 TP_TIMER 구조체의 포인터다.

PFILETIME pftDueTime

최초 콜백 함수가 호출될 시간을 지정한다. 시간을 지정하는 방법은 TP_WAIT 객체의 SetThreadpoolWait 함수의 pftTimeout 매개변수와 같다. 대기가능 타이머를 설정하는 SetWaitableTimer에서의 시간 지정 타입은 LARGE_INTEGER이지만, 여기서는 FILETIME 임을 주의하기 바란다. 그리고 SetThreadpoolWait의 pftTimeout 매개변수를 NULL로 설정하는 것은 타임아웃을 무한대로 설정하겠다는 것을 의미하지만, 이 함수의 경우 pftDueTime을 NULL로 설정하면 더 이상의 콜백 함수의 실행은 원하지 않는다는 것을 의미한다. 이는 SetThreadpoolWait 호출 시 대기 객체 매개변수를 NULL로 지정하는 것과 비슷한 의미다.

DWORD msPeriod

최초 시그널 후 주기적으로 콜백 함수가 호출될 시간 간격을 밀리초 단위로 지정한다.

DWORD msWindowLength

콜백을 호출하기 전에 시스템이 지연시킬 수 있는 최대 시간값을 지정한다. 이 매개변수가 지정되면 시스템은 전원 절약을 위해 비슷한 만기 시간대의 여러 콜백 함수들을 묶어서 호출할 수 있다. msWindowLength 매개변수는 스레드 풀이 타이머 만료를 지연시킬 시간 범위를 밀리초 단위로 지정한다. 이 매개변수는 많은 수의 타이머를 사용하면서 만료 시간이 정확할 필요가 없는 경우에는 효율성을 높여준다. 이 범위는 시스템이 범위 내에 해당되는 모든 타이머 만료를 결합하여 일괄 처리할 수 있도록 허용하는 일종의 오차 범위다. 이 방법은 하나의 타이머 완료에 의해 스레드가 개시되어 콜백 함수를 수행한 후 대기 상태로 들어갔을 때, 다른 타이머가 또 만기되어 다시 스레드를 시작하는 이런 과정들이 계속 반복되는 상황이라면, 이 범위 내의 타이머 만기 시 이미 시작된 하나의 스레드가 여러 콜백 함수를 일괄적으로 수행할 수 있게 해주기 때문에, 스레드를 효율적으로 사용할 수 있게 된다.

이어서 바로 TP_TIMER 객체를 이용하는 간단한 예를 살펴보기로 하자.

```
VOID CALLBACK ThreadPoolTimerProc(PTP_CALLBACK_INSTANCE,
                                  PVOID pCtx, PTP_TIMER ptpTimer)
{
   DWORD dwDelay = (DWORD)pCtx;
   DWORD dwThrId = GetCurrentThreadId();
   SYSTEMTIME st;

   GetLocalTime(&st);
   printf("=> Timer(ThrId : %d) started at : %02d:%02d:%02d.%03d\n",
       dwThrId, st.wHour, st.wMinute, st.wSecond, st.wMilliseconds);

   Sleep(dwDelay * 1000);

   GetLocalTime(&st);
   printf("...Timer(ThrId : %d) ended at   : %02d:%02d:%02d.%03d\n",
       dwThrId, st.wHour, st.wMinute, st.wSecond, st.wMilliseconds);
}


void _tmain()
{
   PTP_TIMER ptpTimer = CreateThreadpoolTimer
                               (ThreadPoolTimerProc, (PVOID)4, NULL);
```

TP_TIMER 객체를 생성한다. 매개변수를 통해서 콜백 함수에서 대기할 시간을 4초로 지정했다.

```
   ULARGE_INTEGER ll;
   ll.QuadPart = -30000000LL;
   FILETIME ft;
   ft.dwHighDateTime = ll.HighPart;
   ft.dwLowDateTime  = ll.LowPart;
   SetThreadpoolTimer(ptpTimer, &ft, 2000, 0);
```

최초 콜백 호출 시간을 3초로, 그리고 주기적 호출 간격을 2초로 지정해서 SetThreadpoolTimer를 호출한다.

```
   getchar();
```

```
    WaitForThreadpoolTimerCallbacks(ptpTimer, TRUE);
    CloseThreadpoolTimer(ptpTimer);
}
```

지정된 타이머의 설정을 바꾸고 싶다면 SetThreadpoolTimer를 다시 호출하면 된다. 2.3.2절
의 대기가능 타이머에서 설명했던 것처럼, 타이머 만기 시마다 설정을 바꿔야 한다면 콜백 함수
내에서 매번 다시 SetThreadpoolTimer를 호출해 설정을 바꿀 수도 있다. 이 상태에서 더 이
상 타이머에 의한 콜백 함수의 실행을 막기 위해서는 pftDueTime 매개변수를 NULL로 지정해
SetThreadpoolTimer를 호출하면 이전 설정이 무시되면서 더 이상 콜백 함수는 호출되지 않는다.
이 경우는 타이머를 닫지 않고도 타이머를 취소하고 다시 사용할 수 있게 된다.

마지막으로, 타이머 큐 관련 헬퍼 함수로서 지정된 TP_TIMER 객체가 설정되었는지의 여부,
즉 SetThreadpoolTimer로 타이머 설정이 이루어졌는지의 여부를 판단하고자 한다면, 다음의
IsThreadpoolTimerSet 함수를 호출하면 된다.

```
    BOOL WINAPI IsThreadpoolTimerSet(_Inout_ PTP_TIMER pti);
```

pti 매개변수로 TP_TIMER 객체의 포인터를 넘겨주었을 때 설정되어 있으면 TRUE, 설정되지 않
았으면 FALSE가 반환된다. FALSE가 반환되는 경우는 CreateThreadpoolTimer 호출 후, 그리
고 SetThreadpoolTimer 호출로 구체적인 만기 시간을 설정하기 전의 TP_TIMER 객체가 이에
해당된다. 또한 설정 후 pftDueTime에 NULL을 지정해서 SetThreadpoolTimer가 호출된 TP_
TIMER 객체도 역시 이에 해당된다.

3) 콜백 함수 실행 완료 대기

```
VOID WINAPI WaitForThreadpoolTimerCallbacks
(
    _Inout_ PTP_TIMER   pti,
    _In_    BOOL        fCancelPendingCallbacks
);
```

타이머 작업 객체의 경우는 fCancelPendingCallbacks 매개변수를 TRUE나 FALSE로 지정하여

WaitForThreadpoolTimerCallbacks 함수를 호출했을 경우에 대한 차이를 눈으로 확인할 수 있는 좋은 예가 된다. 앞의 코드 〈프로젝트 6.3.4 TPoolTimerVista〉의 예를 다시 보자. 메인 함수 종료 전에 WaitForThreadpoolTimerCallbacks 호출 시 fCancelPendingCallbacks 매개변수를 TRUE로 설정해서 호출하고 있다. 그러면 fCancelPendingCallbacks 매개변수를 FALSE로 설정했을 때는 어떻게 되는지 직접 실행해 확인해보기 바란다.

```
void _tmain()
{
    PTP_TIMER ptpTimer = CreateThreadpoolTimer(ThreadPoolTimerProc, (PVOID)4, NULL);


    ULARGE_INTEGER ll;
    ll.QuadPart = -30000000LL;
    FILETIME ft;
    ft.dwHighDateTime = ll.HighPart;
    ft.dwLowDateTime = ll.LowPart;
    SetThreadpoolTimer(ptpTimer, &ft, 2000, 0);


    getchar();
    WaitForThreadpoolTimerCallbacks(ptpTimer, FALSE);
    CloseThreadpoolTimer(ptpTimer);


    printf("\n===== MainThread(ID : %d) terminated...\n", GetCurrentThreadId());
}
```

FALSE로 지정했을 경우, 프로그램은 종료되지 않고 계속 콜백 함수가 호출되는 현상을 확인할 수 있다. 왜 이런 현상이 발생되는지 검토해보자. 코드 TPoolTimerVista에서 콜백 함수는 내부에서 Sleep을 호출해 대기한 후 종료한다. TP_TIMER 생성 시 4초를 대기하도록 지정했고, SetThreadpoolTimer 호출 시에는 최초 3초 후 콜백 함수 호출 뒤에 2초 주기로 계속 콜백 함수가 호출되도록 했다. 3초 후 최초 콜백 함수가 호출될 것이고, 그리고 2초 주기로 콜백 함수가 반복 호출되는 상태에서 키를 입력해서 종료 처리를 위해 WaitForThreadpoolTimerCallbacks를 호출하게 될 것이다. fCancelPendingCallbacks 매개변수가 FALSE이므로 스레드 풀의 큐에 등록된 모든 콜백 항목이 실행 완료가 될 때까지 대기할 것이다. 그렇다면 3초가 지나서 콜백 함수가 호출되었을 때 콜백 함수는 4초를 대기하게 된다. 하지만 주기를 2초로 설정했으므로, 타이머는 콜백 함수의 실행이 완료되기 전에 다시 시그널 상태가 되어 콜백 항목을 큐에 추가할 것이다. 따라서 콜백 함수의 실행이 완료되었을 때 이미 큐에 콜백 항목이 또 존재하므로, 콜백 함수 실행 중에 추가된 새로운 콜백 항목의 실행 완료를 대기하게 된다. 이런 과정이 계속 반복되므로, 앞의 코드는 WaitForThreadpoolTimerCallbacks 함수로부터 탈출하지 못하는 상황이 된다. 따라서 정상적인 처리를 위해서는 fCancelPendingCallbacks를 TRUE로 설정하든지, 아니면 다음 코드처럼 SetThreadpoolTimer 함수의 pftDueTime 매개변수를 NULL로 설정하든지 해서 더 이상의 콜백 항목의 추가는 취소한 후 FALSE로 WaitForThreadpoolTimerCallbacks를 호출할 수 있다.

```
    ⋮
getchar();


SetThreadpoolTimer(ptpTimer, NULL, 0, 0);
WaitForThreadpoolTimerCallbacks(ptpTimer, FALSE);
CloseThreadpoolTimer(ptpTimer);
```

다음 코드는 대량의 TP_TIMER 객체를 생성하여 만료 시점에서 콜백 함수가 호출되도록 처리한 예다. 〈프로젝트 6.2.3 TPoolTimer2K〉 코드에서 타이머-큐 타이머를 사용하는 예를 TP_TIMER를 사용하는 예로 변경한 코드다. 콜백 함수는 프로토 타입만 다르고 그 내용은 동일하다. 메인 함수의 변경된 부분의 처리만 확인하도록 하자.

```
VOID CALLBACK ThreadPoolTimerProc(PTP_CALLBACK_INSTANCE ptpCbInst,
                                  PVOID pParam, PTP_TIMER ptpWait)
{
    int nWorkId = (int)pParam;
    SYSTEMTIME st;
        ⋮
}

void _tmain()
{
    PTP_TIMER arptpTimers[5];
    for (int i = 0; i < 5; i++)
        arptpTimers[i] = CreateThreadpoolTimer(ThreadPoolTimerProc, (PVOID)i, NULL);
```
TP_TIMER 객체를 생성한다.

```
for (int i = 0; i < 5; i++)
{
    ULARGE_INTEGER ll;
    ll.QuadPart = -((__int64)i * 10000000);
    FILETIME ft;
    ft.dwHighDateTime = ll.HighPart;
    ft.dwLowDateTime  = ll.LowPart;

    SetThreadpoolTimer(arptpTimers[i], &ft, (5 - i) * 1000, 0);
```
초기 만기 시간과 주기를 지정하여 SetThreadpoolTimer를 호출한다.
```
}


Sleep(10000);

for (int i = 0; i < 5; i++)
    WaitForThreadpoolTimerCallbacks(arptpTimers[i], TRUE);
```
콜백 함수 호출이 완료될 때까지 대기한다.
```
for (int i = 0; i < 5; i++)
    CloseThreadpoolTimer(arptpTimers[i]);
```
할당된 TP_TIMER 객체를 해제한다.
```
}
```

6.3.5 입출력(TP_IO) 객체

이 카테고리는 윈도우 2000 스레드 풀 함수 중 BindIoCompletionCallback을 대체한 것이다. 비동기적으로 개시된 입출력이 완료되면 작업 큐에 콜백 항목이 추가되고, 작업자 스레드는 그 콜백 항목을 가져와서 실행해준다. 입출력 작업 항목의 생성과 콜백 함수의 형태는 다른 카테고리와 다소 다른데, 먼저 생성 함수부터 확인해보자.

1) TP_IO 객체의 생성과 삭제

다음의 함수를 통해 TP_IO 객체를 생성한다.

```
PTP_IO WINAPI CreateThreadpoolIo
(
    _In_            HANDLE              fl,
    _In_            PTP_WIN32_IO_CALLBACK  pfnio,
    _Inout_opt_     PVOID               pv,
    _In_opt_        PTP_CALLBACK_ENVIRON   pcbe
);
```

입출력 작업 항목 객체를 생성하며, 첫 번째 매개변수 fl로 FILE_FLAG_OVERLAPPED 플래그와 함께 열린 파일 또는 장치 핸들을 넘겨주는 것을 제외하고는 다른 카테고리와 동일하다. 두 번째 매개변수인 PTP_WIN32_IO_CALLBACK은 다음과 같은 형태로 정의하면 된다.

```
VOID CALLBACK IoCompletionCallback
(
    _Inout_         PTP_CALLBACK_INSTANCE  Instance,
    _Inout_opt_     PVOID               Context,
    _Inout_opt_     PVOID               Overlapped,
    _In_            ULONG               IoResult,
    _In_            ULONG_PTR           NumberOfBytesTransferred,
    _Inout_         PTP_IO              Io
);
```

XxxCallback 함수와 다른 부분이 있다면 OVERLAPPED 구조체의 포인터 Overlapped, 입출력 중의 에러 코드를 전달하는 IoResult, 그리고 전송 바이트 수를 알려주는 NumberOfBytesTransferred 매개변수가 있다는 점이다. 이 3개의 매개변수는 BindIoCompletionCallback 또는 APC를 위한 ReadFileEx/WriteFileEx 함수 호출 시 전달하는 콜백 함수인 FileIOCompletionRoutine과 동일하다.

IoCompletionCallback 콜백 함수 코드를 작성할 때 IoResult 매개변수는 BindIoCompletion Callback과 연결되는 FileIOCompletionRoutine 콜백 함수의 dwErrorCode 매개변수와 또 의미가 달라진다. BindIoCompletionCallback 설명 시에도 확인했던 것처럼, FileIOCompletionRoutine이 실행될 때 전달되는 dwErrorCode 매개변수의 값은 OVERLAPPED 구조체의 Internal 필드값이 그대로 전달되었다. 하지만 IoCompletionCallback 의 경우 전달되는 IoResult 매개변수의 값은 Internal 필드에 저장된 상태 코드가 아니라 대응되는

적절한 값으로 변환된 윈도우 시스템 에러 코드라는 점에 주의하기 바란다.

CreateThreadpoolIo 함수를 통해 생성된 TP_IO 객체를 생성할 때에는 CloseThreadpoolIo 함수를 사용해 해제한다.

```
VOID WINAPI CloseThreadpoolIo(_Inout_ PTP_TIMER pti);
```

CloseThreadpoolIo 호출 시 주의해야 할 사항이 있다. 다음 코드는 TP_IO 객체를 생성한 후 그 사용이 완료되었을 때 CloseThreadpoolIo 함수를 통해 TP_IO 객체를 해제시키고, 사용한 장치 핸들을 닫지 않은 상태로 다시 CreateThreadpoolIo 함수의 매개변수로 전달해 새로운 TP_IO 객체를 생성하고자 할 경우를 예로 든 것이다.

```
PTP_IO ptpIo = CreateThreadpoolIo(hFile, ThreadPoolIoProc, NULL, NULL);
      ⋮
CloseThreadpoolIo(ptpIo);

ptpIo = CreateThreadpoolIo(hFile, ThreadPoolIoProc, NULL, NULL);
if (ptpIo == NULL)
{
    에러 ERROR_INVALID_PARAMETER 발생!!
}
```

위와 같이 CloseThreadpoolIo만을 호출한다고 해서 내부 IOCP에 등록된 hFile의 핸들이 제거되는 것은 아니다. IOCP에서 설명했던 내용, IOCP와 장치 핸들의 연결을 끊는 작업은 해당 핸들을 CloseHandle 등으로 닫아줘야만 가능하다는 점을 상기하기 바란다. 위의 코드는 핸들을 닫지 않은 채로 CloseThreadpoolIo 함수만 호출해 TP_IO 객체를 해제했을 뿐 장치 핸들은 IOCP 장치 리스트에서 제거되지 않은 상태다. 이 상태에서 다시 동일 핸들에 대해 CreateThreadpoolIo를 호출하면 그 리턴값은 NULL이 되고, 에러 코드는 ERROR_INVALID_PARAMETER(87)가 된다. 따라서, 위 코드를 제대로 작동하게 하려면 CloseThreadpoolIo 호출 후 반드시 CloseHandle로 장치 핸들을 닫아준 후 다시 열거나, 다음 코드처럼 ReOpenFile 함수를 통해 다시 연 다음 CreateThreadpoolIo 함수를 호출해야 한다.

```
        ⋮
CloseThreadpoolIo(ptpIo);
hFile = ReOpenFile(hFile, GENERIC_READ,
        FILE_SHARE_READ | FILE_SHARE_WRITE, FILE_FLAG_OVERLAPPED);
ptpIo = CreateThreadpoolIo(hFile, ThreadPoolIoProc, NULL, NULL);
        ⋮
```

위 사항은 DisconnectEx 함수를 호출해 소켓을 재사용할 때 유의해야 한다. 재사용 목적으로 DisconnectEx 함수를 호출하면 closesocket을 사용할 수 없으므로, CreateThreadpoolIo 함수를 통해 해당 소켓 핸들과 연결된 TP_IO 객체를 재사용 시에도 계속 사용해야 한다. DisconnectEx를 통해서 소켓을 재사용할 경우에 TP_IO 객체를 이용하는 방법은 다음 절에서 살펴볼 예정이다.

2) 입출력 개시와 취소

CreateThreadpoolIo 함수에 의해 생성된 입출력 객체를 스레드 풀에서 처리할 수 있도록 하려면 StartThreadpoolIo 함수를 호출해야 한다. StartThreadpoolIo 함수의 선언은 다음과 같다.

```
VOID WINAPI StartThreadpoolIo (_Inout_ PTP_IO pio);
```

중요한 점은 다음의 코드처럼 장치 핸들에 대해 비동기 입출력을 요청하기 전에 반드시 StartThreadpoolIo를 호출해줘야 개시된 비동기 입출력에 대해 완료 통지를 받아서 스레드 풀이 IoCompletionCallback 콜백 함수를 호출할 수 있다. 이 함수의 호출 없이 비동기 입출력을 개시하면 스레드 풀이 입출력 완료 시 이를 무시하게 되면서 메모리 손상이 발생되므로 주의해야 한다.

```
StartThreadpoolIo(ptpIo);
BOOL bIsOK = ReadFile(hFile, arrBuff, sizeof(arrBuff), NULL, &ov);
        ⋮
```

입출력 작업을 개시한 후 콜백 함수가 호출되는 것을 취소하고자 할 경우에는 CancelThreadpoolIo 함수를 호출하면 된다.

```
VOID WINAPI CancelThreadpoolIo(_Inout_ PTP_IO pio);
```

CancelThreadpoolIo를 통한 취소는 CancelIoEx 함수 호출을 통해 대기 중인 비동기 입출력 자체의 취소를 의미하는 것은 아니다. CancelThreadpoolIo의 호출은 StartThreadpoolIo 호출에 대한 취소를 의미하며, 큐에 등록된 입출력 콜백 항목의 취소를 의미한다. 따라서 메모리 누수를 막기 위해서는, 다음의 두 경우에 반드시 CancelThreadpoolIo를 호출해 콜백 항목을 취소시켜줘야 한다.

  ① 비동기 입출력 함수 호출 후 FALSE가 리턴되고, 에러 코드가 ERROR_IO_PENDING 이외인 경우
  ② 4장에서 언급했던 완료 통지 모드 설정 시, FILE_SKIP_COMPLETION_PORT_ON_SUCCESS 플래그와 함께 SetFileCompletionNotificationModes 함수를 호출한 상태에서 비동기 입출력 함수의 호출 결과가 TRUE인 경우

①의 경우는 비동기 입출력을 요청했으나 다른 이유로 인해 요청 자체가 실패인 경우기 때문에, StartThreadpoolIo 호출을 통해 등록된 입출력 콜백 항목은 실행되지 않을 것이다. 이 경우 콜백 항목이 제거되지 않기 때문에 메모리 누수가 발생된다. 따라서, 다음과 같이 CancelThreadpoolIo 함수를 호출해줘야 한다.

```
StartThreadpoolIo(ptpIo);
if (!ReadFile(hFile, arrBuff, sizeof(arrBuff), NULL, &ov))
{
   int nErrCode = GetLastError();
   if (nErrCode != ERROR_IO_PENDING)
   {
      CancelThreadpoolIo(ptpIo);
         ⋮
   }
}
```

②의 경우는 완료 통지 모드를 비동기 입출력을 요청했을 때, 이미 입출력이 완료되어 성공했을 경우에는 입출력 완료 큐에 IOCP 패킷을 추가하지 말 것을 설정한 상태다. 따라서 ReadFile/WriteFile을 비동기로 호출했을 때 TRUE가 리턴되면 입출력이 이미 완료된 상태를 의미하므로 IOCP 큐에 완료 항목이 등록되지 않게 되며, 따라서 StartThreadpoolIo에 의해 등록된 콜백 항목은 실행되지 않는다. 그러므로 이 역시 콜백 항목이 제거되지 않기 때문에 메모리 누수가 발생하고, 이런 경우의 문제를 막기 위해 CancelThreadpoolIo 함수를 호출해 취소 통지를 함으로써 콜백 항목을 제거해야 한다. 코드 상에서 FILE_SKIP_COMPLETION_PORT_ON_SUCCESS 모드를 설정했다면

다음 코드처럼 성공과 실패 양쪽에 대해 CancelThreadpoolIo를 호출해줘야 한다.

```
SetFileCompletionNotificationModes(hFile, FILE_SKIP_COMPLETION_PORT_ON_SUCCESS);
       ⋮

StartThreadpoolIo(ptpIo);
if (!ReadFile(hFile, arrBuff, sizeof(arrBuff), NULL, &ov))
{
    int nErrCode = GetLastError();
    if (nErrCode != ERROR_IO_PENDING)
    {
        CancelThreadpoolIo(ptpIo);
           ⋮
    }
}
else
{
    CancelThreadpoolIo(ptpIo);
       ⋮
}
```

3) 콜백 함수 실행 완료 대기

```
VOID WINAPI WaitForThreadpoolIoCallbacks
(
    _Inout_ PTP_IO  pti,
    _In_    BOOL    fCancelPendingCallbacks
);
```

앞서 설명했던 WaitForThreadpoolXxxCallbacks 함수들처럼 입출력 객체 역시 현재 실행 중인 콜백 함수가 있다면 실행이 끝날 때까지 기다리거나, 실행 대기 중인 콜백 항목을 취소하기 위해 WaitForThreadpoolIoCallbacks 함수를 사용할 수 있다. 특히 비동기 입출력을 다룰 경우에는 중첩된 입출력이 가능하므로, 하나의 장치에 대해 비동기적으로 여러 입출력을 요청했을 경우에는 fCancelPendingCallbacks 매개변수를 TRUE로 지정해 실행 대기 중인 여러 입출력 항목을 모두 취소할 수 있는 장점이 있다. 윈도우 2000 스레드 풀과 비교했을 때 TP_IO 객체를 사용할 경우의 유용한 점은 바로 드러난다. BindIoCompletionCallback 함수를 사용할 때 매우 불편한 사항 두 가지가 있었다. 즉 콜백 함수로 별개의 참조 데이터를 전달할 방법이 없다는 점과 콜백 함수의 실행 완료 여부에 대한 판단을 개발자가 식섭 처리해줘야 한다는 점이다. 하지만 TP_IO 객체를 사용하게 되면 CreateThreadpoolIo 호출 시 pv 매개변수를 통해 콜백 함수로 부가적인 참조 정보를 전달할 수 있고, 또한 WaitForThreadpoolIoCallbacks 함수를 통해 현재 실행 중인 콜백 함수가 있다면 그 실행이 완료될 때까지 대기할 수 있다. 이러한 점을 염두에 두고 TP_IO 객체를 이용한 비동기 입출력의 간단한 사용 예를 검토해보기로 하자.

다음 프로젝트는 윈도우 2000 스레드 풀 함수인 BindIoCompletionCallback 함수의 사용 예를 보여준 〈프로젝트 6.2.4 TPoolIo2K〉 코드를 BindIoCompletionCallback 대신 TP_IO를 사용하도록 변경한 예제다.

프로젝트 6.3.5 TPoolIoVista

```
VOID CALLBACK ThreadPoolIoProc(PTP_CALLBACK_INSTANCE pnst,
    PVOID pctx, PVOID pol, ULONG ior, ULONG_PTR dwTrBytes, PTP_IO pio)
{
    LPOVERLAPPED pov = (LPOVERLAPPED)pol;
    DWORD dwThrId = GetCurrentThreadId();

    if (ior != 0)
```

BindIoCompletionCallback 사용 시, 콜백 함수의 dwErrCode 매개변수에 해당하는 ior 값을 체크하여 에러 발생 여부를 판별한다.

```
    {
        printf(" => Thread %d reads %d error occurred: %d\n", dwThrId, ior);
        return;
    }

    LARGE_INTEGER ll;
    ll.LowPart = pov->Offset, ll.HighPart = pov->OffsetHigh;
    printf(" => Thread %d reads %d bytes, offset=%I64d\n",
        dwThrId, dwTrBytes, ll.QuadPart);

    SetEvent(g_hevWait);
```

BindIoCompletionCallback 사용 예에서는 입출력이 완료되었음을 통지하기 위해 이벤트 커널 객체 SetEvent를 호출해 시그널 상태로 만들었지만, TP_IO 객체를 사용할 경우에는 그런 처리가 따로 필요 없다.

```
}
```

```
void _tmain()
{
    HANDLE hFile = CreateFile(_T("C:\\temp\\music.mp3"),
        GENERIC_READ, 0, NULL, OPEN_EXISTING, FILE_FLAG_OVERLAPPED, NULL);
    LARGE_INTEGER llSize;
    GetFileSizeEx(hFile, &llSize);


    PTP_IO ptpIo = CreateThreadpoolIo(hFile, ThreadPoolIoProc, NULL, NULL);
```
BindIoCompletionCallback 호출 대신 파일 핸들 hFile을 전달하여 TP_IO 객체를 생성한다.

```
    OVERLAPPED ov;
    ov.Offset = ov.OffsetHigh = 0;
    ov.hEvent = NULL;
    while (llSize.QuadPart > 0)
    {
        BYTE arrBuff[4096];
        StartThreadpoolIo(ptpIo);
```
비동기 입출력 개시 이전에 미리 StartThreadpoolIo를 호출한다.

```
        if (!ReadFile(hFile, arrBuff, sizeof(arrBuff), NULL, &ov))
        {
            int nErrCode = GetLastError();
            if (nErrCode != ERROR_IO_PENDING)
            {
                cout << "MainThread -> Error occurred : " << nErrCode << endl;
                CancelThreadpoolIo(ptpIo);
```
에러가 발생했을 경우 앞서 StartThreadpoolIo를 호출했으므로, 그에 대한 취소 처리를 위해 CancelThreadpoolIo 함수를 호출해야
한다.

```
                break;
            }
        }
        WaitForThreadpoolIoCallbacks(ptpIo, TRUE);
```
BindIoCompletionCallback 사용 예에서는 입출력 완료를 기다리기 위해 이벤트 커널 객체를 통해 WaitForXXX 함수를 호출했지만,
TP_IO 객체를 사용할 경우에는 WaitForThreadpoolIoCallbacks 함수를 이용하면 된다.

```
        llSize.QuadPart -= ov.InternalHigh;


        LARGE_INTEGER ll;
```

```
        ll.LowPart = ov.Offset, ll.HighPart = ov.OffsetHigh;
        ll.QuadPart += ov.InternalHigh;
        ov.Offset = ll.LowPart, ov.OffsetHigh = ll.HighPart;
    }
    CloseHandle(hFile);
    CloseThreadpoolIo(ptpIo);
```

생성한 TP_IO 객체를 삭제한다.

```
}
```

위의 코드는 WaitForThreadpoolIoCallbacks 함수를 사용해 기존 코드에서 이벤트를 통한 대기 처리를 제거했다. 이번 프로젝트에서는 다중의 파일을 IOCP를 직접 사용해 복사하는 예제 〈프로젝트 4.4.2 MultiCopyIOCP〉와 BindIoCompletionCallback 함수를 이용하는 예제 〈프로젝트 6.2.4 MultiCopyBICC〉를 TP_IO 구조체를 통하여 스레드 풀을 사용해 수정한 예를 검토해보기로 하자. BindIoCompletionCallback 함수를 사용하는 경우에는 콜백 함수로 OVERLAPPED 구조체 외에 유저 정의 데이터를 넘겨줄 수 없기 때문에 COPY_CHUNCK 구조체에 COPY_ENV 구조체를 참조하도록 필드를 추가했지만, TP_IO의 경우에는 별도의 정보를 넘겨줄 수 있으므로 이제 그 필드는 필요 없다. 대신 소스와 타깃 파일에 대한 PTP_IO 포인터값을 보관해야 하므로 관련 필드를 추가했다. COPY_ENV 구조체는 MultiCopyBICC의 경우와 동일하다.

프로젝트 6.3.5 MultiCopyTPIO

```
struct COPY_CHUNCK : OVERLAPPED
{
   HANDLE  _hfSrc, _hfDst;
   PTP_IO  _ioSrc, _ioDst;  // 소스와 타깃 핸들 각각에 대한 PTP_IO 필드
   BYTE    _arBuff[BUFF_SIZE];

   COPY_CHUNCK(HANDLE hfSrc, HANDLE hfDst)
   {
      memset(this, 0, sizeof(*this));
      _hfSrc = hfSrc, _hfDst = hfDst;
   }
};
typedef COPY_CHUNCK* PCOPY_CHUNCK;
```

먼저 메인 함수의 정의를 살펴보자. BindIoCompletionCallback 호출 대신 CreateThreadpoolIo 호출로 변경되었다.

```
void _tmain(int argc, _TCHAR* argv[])
{
      ⋮
  for (int i = 1; i < argc; i++)
  {
      TCHAR* pszSrcFile = argv[i];
      HANDLE hSrcFile = CreateFile(pszSrcFile, ..., FILE_FLAG_OVERLAPPED...);
```

소스 파일을 FILE_FLAG_OVERLAPPED 플래그와 함께 연다.

```
        ⋮

      TCHAR szDstFile[MAX_PATH];
      _tcscpy(szDstFile, pszSrcFile);
      _tcscat(szDstFile, _T(".copied"));
      HANDLE hDstFile = CreateFile(szDstFile, ..., FILE_FLAG_OVERLAPPED...);
```

타깃 파일을 FILE_FLAG_OVERLAPPED 플래그와 함께 생성한다.

```
        ⋮

      PCOPY_CHUNCK pcc = new COPY_CHUNCK(hSrcFile, hDstFile);
      pcc->_ioSrc = CreateThreadpoolIo(hSrcFile, ReadCompleted , &env, NULL);
      pcc->_ioDst = CreateThreadpoolIo(hDstFile, WriteCompleted, &env, NULL);
```

소스 파일과 타깃 파일에 대해 각각의 TP_IO 객체를 생성한다. 각각의 콜백 함수와 함께 COPY_ENV 구조체에 대한 참조 포인터를 별도로 전달한다.

```
      arChunk[i - 1] = pcc;
      env._nCpCnt++;
  }

  for (int i = 0; i < env._nCpCnt; i++)
  {
```

각 복사 항목에 대해 복사 개시를 위한 최초의 비동기 읽기를 수행한다.

```
      PCOPY_CHUNCK pcc = arChunk[i];
```

```
        StartThreadpoolIo(pcc->_ioSrc);
```

비동기 읽기 ReadFile 함수를 호출하기 전에 StartThreadpoolIo를 호출해줘야 한다.

```
        BOOL bIsOK = ReadFile
        (
            pcc->_hfSrc, pcc->_arBuff, BUFF_SIZE, NULL, pcc
        );
        if (!bIsOK)
        {
            DWORD dwErrCode = GetLastError();
            if (dwErrCode != ERROR_IO_PENDING)
            {
                CancelThreadpoolIo(pcc->_ioSrc);
```

에러 코드가 ERROR_IO_PENDING이 아닐 경우에는 CancelThreadpoolIo 함수를 호출해야 한다.

```
                break;
            }
        }
    }

    WaitForSingleObject(env._hevEnd, INFINITE);
    for (int i = 0; i < env._nCpCnt; i++)
    {
        PCOPY_CHUNCK pcc = arChunk[i];
        CloseThreadpoolIo(pcc->_ioSrc);
        CloseThreadpoolIo(pcc->_ioDst);
```

소스와 타깃 파일에 대해 생성한 각각의 TP_IO 객체를 해제한다. env._hevEnd 이벤트 객체를 통해 모든 파일의 복사가 완료될 때까지 직접 대기하기 때문에, 본 코드에서는 굳이 개별 복사 항목에 대해 WaitForThreadpoolIoCallbacks 함수를 호출할 필요는 없다.

```
        delete pcc;
    }
    CloseHandle(env._hevEnd);
}
```

다음은 콜백 함수에 대한 정의를 살펴보자. 구조가 거의 비슷하므로, 읽기 완료 처리를 담당하는 ReadCompleted 콜백 함수의 정의만 검토해보기로 한다.

```
VOID CALLBACK ReadCompleted(PTP_CALLBACK_INSTANCE pInst,
  PVOID pCtx, PVOID pOL, ULONG dwErrCode, ULONG_PTR dwTrBytes, PTP_IO pio)
{
  PCOPY_ENV    pce = (PCOPY_ENV)pCtx;
```

BindIoCompletionCallback 함수를 사용할 때와는 다르게 COPY_ENV 구조체의 포인터값은 pCtx 매개변수를 통해서 전달받을 수 있다.

```
  PCOPY_CHUNCK pcc = (PCOPY_CHUNCK)pOL;
  DWORD        dwThrId = GetCurrentThreadId();


  if (dwErrCode != 0)
    goto $LABEL_CLOSE;
```

BindIoCompletionCallback 함수를 사용할 때와는 다르게 LsaNtStatusToWinError 등의 호출을 통해 상태 코드를 에러 코드로 변경하는 작업이 필요 없다.

```
  printf(" => Thr %d Read bytes : %d\n", dwThrId, pcc->Offset);


  StartThreadpoolIo(pcc->_ioDst);
```

읽기 완료 처리 후에는 비동기 쓰기 WriteFile을 호출해야 하며, 호출하기 전에 StartThreadpoolIo 함수를 호출해야 한다. 주의할 것은 WriteFile이 타깃 파일을 대상으로 하기 때문에 StartThreadpoolIo 역시 타깃 파일과 연계된 _ioDst TP_IO 객체여야 한다는 점이다.

```
  BOOL bIsOK = WriteFile(pcc->_hfDst, pcc->_arBuff, dwTrBytes, NULL, pcc);
  if (!bIsOK)
  {
    dwErrCode = GetLastError();
    if (dwErrCode != ERROR_IO_PENDING)
    {
      CancelThreadpoolIo(pcc->_ioDst);
```

에러 코드가 ERROR_IO_PENDING이 아닐 경우에는 CancelThreadpoolIo 함수를 호출해야 한다.

```
      goto $LABEL_CLOSE;
    }
  }
  return;

$LABEL_CLOSE:
```

```
if (dwErrCode == ERROR_HANDLE_EOF)
    printf(" ****** Thr %d copy successfully completed...\n", dwThrId);
else
    printf(" ##### Thr %d copy failed, code : %d\n", dwThrId, dwErrCode);
CloseHandle(pcc->_hfSrc);
CloseHandle(pcc->_hfDst);
if (InterlockedDecrement(&pce->_nCpCnt) == 0)
    SetEvent(pce->_hevEnd);
}
```

4) 입출력 취소와 주의사항

앞서 살펴본 〈TPoolIoVista〉 예제를 통해서 WaitForThreadpoolIoCallbacks를 사용할 경우 BindIoCompletionCallback 예에서 완료 대기를 위해 사용했던 이벤트 커널 객체가 사라진다는 점을 확인할 수 있었다. 하지만 입출력의 경우에는 WaitForThreadpoolIoCallbacks 사용 시 주의해야 할 부분이 있다. 우리는 IOCP를 사용할 경우 입출력 개시 후 종료 처리를 목적으로 IOCP에 대해 대기 중인 스레드를 취소하기 위해 핸들을 닫거나 CancelIoEx를 호출했다. 그리고 IOCP 대기 스레드는 OVERLAPPED 구조체의 Internal 필드의 상태 코드나 그 코드를 윈도우 에러 코드로 변환하여 값을 체크한 후, 의도적인 취소 처리인지의 여부를 판단했다. CancelIoEx의 경우에는 ERROR_OPERATION_ABORTED 여부를 체크했으며, 핸들을 닫았을 경우 디렉터리 감시라면 에러 코드가 ERROR_NOTIFY_CLEANUP인 경우와 아닌 경우를 구분했다. 비동기 소켓의 경우도 마찬가지다. 더구나 소켓의 경우는 Internal 필드의 상태 코드와 윈도우 에러 코드가 일대 일로 매치가 되지 않아서 직접 상태 코드를 참조해서 의도적으로 소켓을 닫았는지의 여부를 체크해야 하는 불편함이 뒤따랐다. 이는 BindIoCompletionCallback 함수를 사용할 때도 마찬가지라는 것을 윈도우 2000 스레드 풀을 설명하면서 확인한 바 있다. 하지만 WaitForThreadpoolIoCallbacks를 사용한다면 이러한 불편함을 한꺼번에 제거할 수 있지 않을까?하는 기대감을 갖게 된다. 이전의 방식은 취소 처리를 위해 CancelIoEx를 호출하거나 핸들을 닫아서 일부러 대기 중인 스레드를 깨웠다. 즉 입출력의 취소나 의도적인 에러 발생이라는 수단을 취함으로써 입출력 완료를 통지한 것이다. 이는 취소 처리를 위해 의도적으로 작업 항목을 작업 큐에 추가하는 행위와 같은 결과가 된다. 하지만 WaitForThreadpoolIoCallbacks를 호출하면 CancelIoEx를 호출하거나 핸들을 닫는 의도적인 행위 없이도 취소 처리를 수행할 수 있지 않을까?하는 기대를 가질 수 있다. 그렇게만 된다면 의도적인 취소 처리에 따르는 복잡한 상태 코드나 에러 코드 체크 처리가 필요 없어지게 된다.

다음 프로젝트는 TP_IO 객체를 사용해 디렉터리 감시 예를 작성한 코드다. 〈프로젝트 6.2.4 DirChgNotiIBICC〉 코드와 비교해서 검토해보기 바란다.

프로젝트 6.3.5 DirChgNotiIO

```
VOID CALLBACK DirChangedCallback(PTP_CALLBACK_INSTANCE pinst,
   PVOID pctx, PVOID pov, ULONG ior, ULONG_PTR dwTrBytes, PTP_IO pio)
{
   if (ior != NO_ERROR)
   {
      if (dwErrCode != ERROR_NOTIFY_CLEANUP)
```

취소 처리를 위해 의도적으로 핸들을 닫을 필요가 없다는 가정이라면 ERROR_NOTIFY_CLEANUP 에러는 발생하지 않을 것이다. 에러가 발생할 경우는 무조건 디렉터리 객체 자체에서 발생하는 입출력 에러일 것이므로, ERROR_NOTIFY_CLEANUP 에러 여부를 체크할 필요가 없다.

```
      cout << "Error occurred: " << ior << endl;
      return;
   }

   PDIR_BUFF pdb = (PDIR_BUFF)pov;
   if (dwTrBytes >0)
      PrintDirModEntries(pdb->_buff);
```

dwTrBytes가 0이면 감시 함수 최초 개시를 위해서 메인 함수에서 콜백 함수를 직접 호출한 경우다.

```
   StartThreadpoolIo(pio);
```

비동기 입출력 개시 이전에 미리 StartThreadpoolIo를 호출한다.

```
   BOOL bIsOK = ReadDirectoryChangesW
   (
      pdb->_dir, pdb->_buff, BUFF_SIZE, FALSE,
      DIR_NOTI_FILTER, NULL, pdb, NULL
   );
   if (!bIsOK)
   {
```

```
        cout << "ReadDirectoryChangesW failed: " << GetLastError() << endl;
        CancelThreadpoolIo(pio);
```
> 에러가 발생했을 경우에는 CancelThreadpoolIo 함수를 호출해야 한다.

```
    }
}
```

이제 메인 함수의 정의를 살펴보자. IOCP를 사용할 경우 PostQueuedCompletionStatus 함수를 사용해 IOCP 대기 스레드로 하여금 바로 비동기 입출력 최초 개시를 수행하도록 할 수 있다. 하지만 콜백 함수를 사용할 경우에 최초 개시를 위해 콜백 함수가 실행되도록 만드는 방법은 동일한 입출력 함수를 처음으로 호출하는 수밖에 없다. 이럴 경우 코드의 중복을 피하기 위해 콜백 함수를 직접 호출해 비동기 입출력 개시를 수행하도록 할 수 있다.

다음 메인 함수는 메인 스레드에서 ReadDirectoryChangesW를 직접 호출하는 것이 아니라, 위의 콜백 함수 DirChangedCallback을 직접 호출해서 PostQueuedCompletionStatus를 호출하는 효과를 낸다.

```
#define MAX_COPY_CNT  10
void _tmain(int argc, _TCHAR* argv[])
{
      ⋮
  PTP_IO arIos[MAX_COPY_CNT];
  memset(arIos, 0, sizeof(PTP_IO) * MAX_COPY_CNT);

  int nMonCnt = 0;
  for (int i = 1; i < argc; i++)
  {
    HANDLE hDir = CreateFile(argv[i], ...);
      ⋮
    PTP_IO ptpIo = CreateThreadpoolIo(hDir, DirChangedCallback, NULL, NULL);
    PDIR_BUFF pdb = new DIR_BUFF(hDir);
    arBuff[i - 1] = pdb, arIos[i - 1] = ptpIo;

    DirChangedCallback(NULL, NULL, pdb, NO_ERROR, 0, ptpIo);
```
> 코드의 중복을 막기 위해 콜백 함수를 직접 호출한다.

```
        nMonCnt++;
    }


    getchar();
    for (int i = 0; i < nMonCnt; i++)
    {
        CancelThreadpoolIo(arIos[i]);
        WaitForThreadpoolIoCallbacks(arIos[i], TRUE);
```

BindIoCompletionCallback 함수를 사용할 때와는 다르게, 디렉터리 핸들을 닫기 전에 먼저 WaitForThreadpoolIoCallbacks 함수를 호출해 혹시나 실행 대기 중일 수 있는 콜백 항목을 모두 취소한다. 따라서 콜백 함수에서 ERROR_NOTIFY_CLEANUP 에러가 발생하는 경우는 없을 것이다.

```
        CloseThreadpoolIo(arIos[i]);


        PDIR_BUFF pdb = arBuff[i];
        CloseHandle(pdb->_dir);
        Sleep(1000);
        delete pdb;
```

모든 콜백 항목에 대한 처리가 이미 끝났기 때문에, 핸들을 닫은 후 별도의 대기 처리를 할 필요가 없다. 따라서 이 시점에서는 안심하고 관련 리소스를 해제할 수 있다.

```
    }
}
```

콜백 함수를 직접 호출함으로써 문제 없이 잘 작동하고 우리가 가졌던 기대감을 충족시키는 듯하다.

WaitForThreadpoolIoCallbacks 함수는 현재 실행 중인 콜백 함수가 있다면 그 실행이 완료될 때까지 대기한다. 따라서 앞서 언급했던 그 의도적인 행위를 취하지 않는다면 해당 장치는 여전히 입출력 완료 대기 중인 상태기 때문에, 따라서 작업 큐에 콜백 항목이 추가되지 않을 것이다. 그러므로 fCancelPendingCallbacks 매개변수를 TRUE로 전달해 WaitForThreadpoolIoCallbacks 를 호출한다면 호출 시점에는 콜백 함수가 실행 중이 아니며, 또 혹시나 큐에 대기 중인 콜백 항목이 존재한다면 취소 처리를 하기 때문에 굳이 핸들을 닫거나 하는 별도의 취소 처리 없이 간단하게 프로그램 종료 처리를 수행할 수 있을 것이다.

하지만 앞에서 제시한 예는 운이 좋은 상황이다. 앞의 코드에서 'delete pdb;' 부분은 문제의 소지가 다분하다. TP_IO 객체의 경우에는 입출력 완료를 대기하는 처리와 실제 콜백이 수행되는 처리가 분리되어 있다. 작업 큐에 콜백 항목이 추가되는 상황은 입출력이 완료되었을 때며,

WaitForThreadpoolIoCallbacks의 역할은 작업 큐에 존재하는 콜백 항목이 존재할 경우 작업 큐의 항목들에 대해 처리를 취소할 것인지 또는 실행 완료를 대기할 것인지를 결정한다. 그렇다면 입출력 완료 자체를 대기하는 IOCP 엔트리는 그대로 IOCP 큐에 남아 있는 상태가 된다. 즉 ReadFile이나 WSARecv 등의 함수를 통해 비동기적으로 수신 대기나 읽기 완료 대기 상태에 있는 Pending된 입출력은 여전히 수행 중이며, 따라서 IOCP 큐에서 입출력이 완료되기를 기다리며 계속 존재하는 상태인 것이다. 이런 상태에서 입출력 개시 때 넘겨줬던 OVERLAPPED 구조체 항목을 강제로 삭제한다면 문제가 발생되기 때문에, 따라서 어떻게든 대기 중인 입출력 항목을 취소시켜줘야 한다. 착각을 불러일으키는 요소이기 때문에 다시 한 번 정리하자.

fCancelPendingCallbacks를 TRUE로 설정한 WaitForThreadpoolIoCallbacks의 호출은 단지 스레드 풀의 작업 큐에 존재하는 콜백 항목들을 취소할 뿐이다. CancelThreadpoolIo 함수도 마찬가지다. 두 함수 모두 작업 큐의 콜백 항목만 취소할 뿐이며, 실제로 입출력 완료를 대기하는 Pending 입출력 자체를 취소하는 것은 아니다. 따라서 관련 OVERLAPPED 구조체를 삭제하고자 한다면 반드시 해당 OVERLAPPED 항목과 관련된, 완료 대기 중인 입출력이 완료되었다는 것을 먼저 보장해주어야 한다. 그러기 위해서는 결국 우리가 앞서 취했던 방식대로 CancelIoEx 함수를 호출하거나 핸들을 닫아 의도적으로 입출력 완료를 야기시켜 스레드 풀의 작업 큐에 콜백 항목을 추가시키도록 해야 한다. 그 후 WaitForThreadpoolIoCallbacks를 호출해 의도적인 입출력 완료에 대한 처리 수행이 끝나기를 기다려야 한다. 따라서 앞의 예에서 먼저 감시 작업 취소를 요청한 후 종료 처리를 하게 하는 것이 낫다.

다음 코드는 앞의 코드를 메인 함수에서 CancelIoEx를 호출해 취소를 요청하도록 처리한 예다.

```
void _tmain(int argc, _TCHAR* argv[])
{
        ⋮
    getchar();
    for (int i = 0; i < nMonCnt; i++)
    {
        CancelIoEx(arIos[i], NULL);
        WaitForThreadpoolIoCallbacks(arIos[i], TRUE);
        CloseThreadpoolIo(arIos[i]);
            ⋮
```

```
VOID CALLBACK DirChangedCallback(PTP_CALLBACK_INSTANCE pinst,
   PVOID pctx, PVOID pov, ULONG ior, ULONG_PTR dwTrBytes, PTP_IO pio)
{
   if (ior != NO_ERROR)
   {
      if (ior != ERROR_OPERATION_ABORTED)
         cout << "Error occurred: " << ior << endl;
      return;
   }
      ⋮
```

입출력 취소 처리 시 검토해야 할 사항은 콜백 항목의 삭제 처리다. BindIoCompletionCallback 함수를 사용했던 〈프로젝트 6.2.4 EchoSvrBICC〉 코드의 콜백 함수 정의 부분에서, 소켓의 연결이 끊어지거나 종료 처리를 수행할 경우의 처리 부분을 다시 한 번 더 보도록 하자.

```
void WINAPI Handler_SockChild(DWORD dwErrCode, DWORD dwTranBytes, LPOVERLAPPED pov)
{
      ⋮
$LABEL_CLOSE:
   if (dwErrCode != STATUS_LOCAL_DISCONNECT)
   {
         ⋮
      closesocket(psi->_sock);
      psi->_env->_set.erase(psi);
      delete psi;
```
자식 소켓 관련 에러가 발생하면 콜백 함수 내에서 소켓을 닫아주고, 관련 OVERLAPPED 인스턴스를 해제한다.
```
   }
   else
      cout << " ==> Child socket closed." << endl;
}
```

소켓 통신과 같이 자식 소켓이 런타임 상에서 접속 후 연결을 끊는 경우라면 연결 종료 시에 빠른 시간 내에 관련 리소스의 해제가 이뤄져야 리소스의 효율적인 관리가 가능해진다. 위의 코드에서도 알 수 있듯이, 클라이언트가 접속을 끊거나 에러가 발생하면 자식 소켓에 대해 콜백 함수 내에서

closesocket을 호출하고 delete를 통해 OVERLAPPED 상속 인스턴스 psi를 해제하는 것을 볼수 있다. 하지만 TP_IO 객체를 사용할 경우 소켓이나 OVERLAPPED 인스턴스를 콜백 함수 내에서 해제하는 것은 가능하지만, 콜백 항목과 관련된 TP_IO 객체 자체의 해제가 문제될 수 있다. 6.3.1절에서 CloseThreadpoolXxx의 호출은 콜백 함수 내에서 이루어질 수 있음을 언급했다. 따라서 BindIoCompletionCallback의 사용 예와 마찬가지로, 관련 소켓 핸들 및 OVERLAPPED 상속 인스턴스의 해제와 더불어 CloseThreadpoolIo를 통해서 소켓 핸들과 연결된 TP_IO 객체 역시 해제가 가능하다.

```
void WINAPI Handler_SockChild(PTP_CALLBACK_INSTANCE pInst,
    PVOID pCtx, PVOID pov, ULONG dwErrCode, ULONG_PTR dwTrBytes, PTP_IO ptpIo)
{
       ⋮
$LABEL_CLOSE:
   if (dwErrCode == ERROR_OPERATION_ABORTED)
      return;
       ⋮
   closesocket(psi->_sock);
   delete psi;

   CloseThreadpoolIo(ptpIo)

}
```

CloseThreadpoolXxx 함수는 앞서 설명한 것처럼, 현재 실행 중인 콜백 함수가 있을 경우 우선 해제를 표시하고 리턴된다. 그리고 그 콜백 함수의 실행이 완료되면 스레드 풀은 그 시점에서 TP_XXX 객체를 해제한다. 따라서 앞의 코드의 경우 콜백 함수 내에서 CloseThreadpoolIo를 호출했으므로 콜백 함수는 실행 중인 상태며, CloseThreadpoolIo에서 바로 리턴된 다음 곧이어 콜백 함수로부터 리턴되므로, 동적으로 관련 리소스를 해제해야 할 경우에 적절하게 사용될 수 있다. 주의할 것은 중첩 입출력이 가능하므로, 콜백 함수 내에서 CloseThreadpoolIo를 호출할 때, 동시 실행 중인 콜백 함수가 두 개 이상인 경우가 없어야 한다. 두 개 이상의 콜백이 실행 중이면, 하나의 콜백이 완료된 후 TP_IO 객체가 해제될 시점에 다른 하나의 콜백에서는 여전히 TP_IO를 사용 중이므로 문제가 발생한다.

다음 프로젝트는 위의 두 가지 주의사항을 모두 고려하여 〈프로젝트 6.2.4 EchoSvrBICC〉 코드에서 AcceptEx 호출 부분을 WSAEventSelect 처리로 변경하고, 리슨 소켓에 대한 접속은 TP_

WAIT 객체를 통해서 처리하며, 자식 소켓의 비동기 수신은 TP_IO 객체를 통해서 처리하도록 변경한 예제다.

프로젝트 6.3.5 EchoSvrTPIO

```
struct SOCK_ITEM : OVERLAPPED
{
   SOCKET   _sock;
   PTP_IO   _ptpIo; // 자식 소켓과 연결될 TP_IO 객체의 포인터 필드
   char     _buff[512];

   SOCK_ITEM(SOCKET sock)
   {
      memset(this, 0, sizeof(*this));
      _sock = sock;
   }
};
typedef SOCK_ITEM* PSOCK_ITEM;
typedef std::set<PSOCK_ITEM> SOCK_SET;

struct IOCP_ENV
{
   CRITICAL_SECTION _cs;
   SOCK_SET    _conn;
   SOCKET      _listen;   // 리슨 소켓 핸들
   WSAEVENT    _event;    // 접속 요청을 통지받을 리슨 소켓과 연결된 이벤트
};
typedef IOCP_ENV* PIOCP_ENV;
```

먼저, 메인 함수의 정의를 살펴보자. TP_WAIT 객체를 생성하고 리슨을 개시한다.

```
void _tmain()
{
   PTP_WAIT psoWait = NULL;
   IOCP_ENV ie;
   InitializeCriticalSection(&ie._cs);
   try
```

```cpp
{
    ie._listen = GetListenSocket(9001);
    if (ie._listen == INVALID_SOCKET)
        throw WSAGetLastError();
    cout << " ==> Waiting for client's connection......" << endl;

    psoWait = CreateThreadpoolWait(Handler_SockListen, &ie, NULL);
```

```cpp
    if (psoWait == NULL)
        throw (int)GetLastError();

    ie._event = WSACreateEvent();
    if (ie._event == NULL)
        throw WSAGetLastError();
    SetThreadpoolWait(psoWait, ie._event, NULL);
```

```cpp
    WSAEventSelect(ie._listen, ie._event, FD_ACCEPT);

    getchar();
```

```cpp
}
catch (int ex)
{
    cout << "Error occurred in main, " << ex << endl;
}

if (ie._listen != INVALID_SOCKET)
    closesocket(ie._listen);
if (psoWait != NULL)
{
    WaitForThreadpoolWaitCallbacks(psoWait, TRUE);
    CloseThreadpoolWait(psoWait);
```

```cpp
}
if (ie._event != NULL)
```

```
        CloseHandle(ie._event);

    for (SOCK_SET::iterator it = ie._conn.begin(); it != ie._conn.end(); it++)
    {
        PSOCK_ITEM psi = *it;

        CancelIoEx((HANDLE)psi->_sock, NULL);
        WaitForThreadpoolIoCallbacks(psi->_ptpIo, TRUE);
```

연결된 자식 소켓 해제를 위해 우선 대기 중인 입출력을 취소하고, 콜백 항목의 취소 및 완료를 기다린다.

```
        closesocket(psi->_sock);
        CloseThreadpoolIo(psi->_ptpIo);
        delete psi;
```

자식 소켓, TP_IO 객체 및 관련 리소스를 해제한다.

```
    }
    DeleteCriticalSection(&ie._cs);
}
```

다음은 접속 요청을 수용할, 이벤트 시그널에 대응하는 콜백 함수 Handler_SockListen에 대한 정의다.

```
VOID WINAPI Handler_SockListen(PTP_CALLBACK_INSTANCE pInst,
                     PVOID pCtx, PTP_WAIT ptpWait, TP_WAIT_RESULT)
{
    PIOCP_ENV pie = (PIOCP_ENV)pCtx;
```

IOCP_ENV 인스턴스를 획득한다.

```
    WSANETWORKEVENTS ne;
    WSAEnumNetworkEvents(pie->_listen, pie->_event, &ne);
        ⋮
    SOCKET sock = accept(pie->_listen, NULL, NULL);
    if (sock == INVALID_SOCKET)
    {
        ⋮
        return;
    }
```

```
    cout << " ==> New client " << sock << " connected..." << endl;


    PSOCK_ITEM psi = new SOCK_ITEM(sock);
    psi->_ptpIo = CreateThreadpoolIo
        ((HANDLE)psi->_sock, Handler_SockChild, pie, NULL);
```

TP_IO 객체를 생성하고 접속이 수용된 자식 소켓과 연결한다. 컨텍스트 매개변수로 IOCP_ENV 구조체의 포인터를 전달한다.

```
    EnterCriticalSection(&pie->_cs);
    pie->_conn.insert(psi);
    LeaveCriticalSection(&pie->_cs);

    Handler_SockChild(pInst, pie, psi, NO_ERROR, -1, psi->_ptpIo);
```

데이터 수신 개시를 위해 TP_IO용 콜백 함수를 직접 호출한다.

```
    SetThreadpoolWait(ptpWait, pie->_event, NULL);
```

리슨용 이벤트의 시그널을 계속 받기 위해 SetThreadpoolWait를 호출한다.

```
}
```

다음은 클라이언트로부터 전송된 데이터의 수신 처리를 위한 콜백 함수 Handler_SockChild에 대한 정의다.

```
void WINAPI Handler_SockChild(PTP_CALLBACK_INSTANCE pInst,
    PVOID pCtx, PVOID pov, ULONG dwErrCode, ULONG_PTR dwTrBytes, PTP_IO ptpIo)
{
    PIOCP_ENV  pie = (PIOCP_ENV)pCtx;
    PSOCK_ITEM psi = (PSOCK_ITEM)pov;

    if (dwTrBytes > 0 && dwErrCode == NO_ERROR)
    {
```

전송 바이트 수가 0보다 크고 에러가 없는 경우, 데이터 수신 처리를 한다.

```
        if ((int)dwTrBytes > 0)
        {
```

```
        psi->_buff[dwTrBytes] = 0;
          ⋮
    }


    StartThreadpoolIo(ptpIo);
    WSABUF wb; DWORD dwFlags = 0;
    wb.buf = psi->_buff, wb.len = sizeof(psi->_buff);
    int nSockRet = WSARecv(psi->_sock, &wb, 1, NULL, &dwFlags, psi, NULL);
```

```
    if (nSockRet == SOCKET_ERROR)
    {
        dwErrCode = WSAGetLastError();
        if (dwErrCode != WSA_IO_PENDING)
        {
            CancelThreadpoolIo(ptpIo);
```

```
            goto $LABEL_CLOSE;
        }
    }
    return;
}


$LABEL_CLOSE:
    if (dwErrCode == ERROR_OPERATION_ABORTED)
        return;
```

```
    if (dwErrCode == ERROR_SUCCESS || dwErrCode == ERROR_NETNAME_DELETED)
        cout << " ==> Client " << psi->_sock << " disconnected..." << endl;
    else
        cout << " ==> Error occurred, code = " << dwErrCode << endl;
    EnterCriticalSection(&pie->_cs);
```

```
    pie->_conn.erase(psi);
    LeaveCriticalSection(&pie->_cs);

    closesocket(psi->_sock);
    delete psi;
    CloseThreadpoolIo(ptpIo);
```

> 자식 소켓 관련 리소스를 해제하고 TP_IO 객체를 해제한다. 이 콜백 함수 내에서 CloseThreadpoolIo를 호출할 수 있는 근거는 코드
> 상에서 중첩 입출력을 발생시키지 않기에 현재 실행 중인 콜백은 본 콜백 함수밖에 없기 때문이다.

```
}
```

6.3.6 콜백 인스턴스 사용하기

지금까지 다뤘던 WORK, WAIT, TIMER, IO 4개의 작업 항목을 수행하는 콜백 함수의 정의 형식을 다시 한 번 더 보도록 하자.

```
VOID CALLBACK XxxCallback
(
    _Inout_      PTP_CALLBACK_INSTANCE    Instance,
    _Inout_opt_  PVOID                    Context,
    _Inout_      PTP_XXX                  ptObj
);
```

지금까지 다양한 예를 통해 위의 XxxCallback 콜백 함수를 구현해보았음에도 불구하고, 첫 번째 매개변수인 PTP_CALLBACK_INSTANCE에 대해서는 한 번도 언급하지 않았다. 이제 이 매개변수를 언급할 차례다. PTP_CALLBACK_INSTANCE는 콜백 함수가 호출되는 작업 객체의 문서화되지 않은 TP_CALLBACK_INSTANCE 구조체의 인스턴스, 즉 "콜백 인스턴스"를 의미한다. 비록 이 구조체 자체는 문서화되지 않았지만 콜백 함수 정의 시에 이 매개변수를 이용해서 추가적으로 유용한 처리를 코드화할 수 있는 함수들이 제공된다. 이 콜백 인스턴스를 사용하는 목적은 콜백 함수가 실행될 때의 옵션을 지정하는 데 사용되며 콜백 함수 실행 완료 통지, 콜백 함수 완료 시 리소스 해제나 콜백 함수 실행에 긴 시간을 필요로 한다는 사실 등을 알려주기 위함이다. 이러한 목적으로 제공되는 함수들 중 콜백 인스턴스 API가 있다. 이제부터 소개할 함수들은 콜백 인스턴스를 매개변수로 사용하기 때문에 콜백 함수 내에서 호출되어야만 하는 함수들이다.

1) 콜백 함수의 실행 완료 통지

다음의 함수들은 콜백 함수의 실행 완료를 통지하기 위해 다양한 동기화 객체를 시그널 상태로 만드는 역할을 한다. 이 함수들은 모두 첫 번째 매개변수로, 콜백 인스턴스의 포인터를 요구한다.

```
VOID WINAPI LeaveCriticalSectionWhenCallbackReturns
(
    _Inout_ PTP_CALLBACK_INSTANCE    pci,
    _Inout_ PCRITICAL_SECTION        pcs
);
VOID WINAPI ReleaseMutexWhenCallbackReturns
(
    _Inout_ PTP_CALLBACK_INSTANCE    pci,
    _In_    HANDLE                   mut
);
VOID WINAPI ReleaseSemaphoreWhenCallbackReturns
(
    _Inout_ PTP_CALLBACK_INSTANCE    pci,
    _In_    HANDLE                   sem,
    _In_    DWORD                    crel
);


VOID WINAPI SetEventWhenCallbackReturns
(
    _Inout_ PTP_CALLBACK_INSTANCE    pci,
    _In_    HANDLE                   evt
);
```

SetEventWhenCallbackReturns 함수는 현재 실행 중인 콜백이 완료되면 이벤트 객체를 시그널 상태로 설정하는 데 사용된다. 이와 비슷하지만 성격이 다소 다른 나머지 세 함수들은 잠금 해제를 위한 목적으로, 현재 콜백 함수가 완료되면 뮤텍스, 세마포어, 크리티컬 섹션에 대한 잠금을 해제한다. ReleaseSemaphoreWhenCallbackReturns 함수는 세마포어에 대해 ReleaseSemaphore를, ReleaseMutexWhenCallbackReturns 함수는 뮤텍스에 대해 ReleaseMutex를, 그리고 LeaveCriticalSectionWhenCallbackReturns 함수는 크리티컬 섹션에 대해 LeaveCriticalSection을 스레드 풀이 콜백 실행 완료 후 호출해줄 것을 지시한다. 이러한 함수는 콜백 함수의 반환 방법에 상관없이 지정한 잠금이 해제되도록 함으로써 프로그래밍 오류를 줄이는 데 도움을 준다. 윈도우의 향후 릴리스에서는 아마 SRW-락에 대한 새로운 함수도 추가될 것으로 예상된다.

먼저, LeaveCriticalSectionWhenCallbackReturns 함수를 사용하는 간단한 예를 통해서 직접 확인해보도록 하자.

프로젝트 6.3.6 TPCbInstTest

```
VOID CALLBACK ThreadPoolWaitProc(PTP_CALLBACK_INSTANCE pInst,
                                 PVOID pCtx, PTP_WORK pWork)
{
   PCRITICAL_SECTION pCS = (PCRITICAL_SECTION)pCtx;
```
메인 함수로부터 크리티컬 섹션에 대한 포인터를 매개변수를 통해 전달받는다.

```
   EnterCriticalSection(pCS);
   {
      SYSTEMTIME st;
      GetLocalTime(&st);
      cout << "..." << "SubThread " << GetCurrentThreadId() << " => ";
      cout << st.wYear << '/' << st.wMonth << '/' << st.wDay << ' ';
      cout << st.wHour << ':' << st.wMinute << ':' << st.wSecond << '+';
      cout << st.wMilliseconds << endl;
   }
   LeaveCriticalSectionWhenCallbackReturns(pInst, pCS);
```
LeaveCriticalSectionWhenCallbackReturns 함수를 호출해 콜백 함수 리턴 후 스레드 풀에게 크리티컬 섹션에 대한 LeaveCriticalSection 호출을 위임한다.

```
}

#define MAX_THR_CNT  10
void _tmain(void)
{
   cout << "======= Start Mutex Test ========" << endl;
   CRITICAL_SECTION cs;
   InitializeCriticalSection(&cs);
   PTP_WORK ptpWork = CreateThreadpoolWork(ThreadPoolWaitProc, &cs, NULL);
```

```
TP_WORK 객체를 생성하고 매개변수로 크리티컬 섹션에 대한 포인터를 콜백 함수에 전달한다.

   for (int i = 0; i < 5; i++)
      SubmitThreadpoolWork(ptpWork);

   Sleep(1000);
   WaitForThreadpoolWorkCallbacks(ptpWork, FALSE);

   DeleteCriticalSection(&cs);
   cout << "======= End Mutex Test ==========" << endl;
}
```

이번에는 SetEventWhenCallbackReturns 함수를 사용하는 간단한 예를 살펴보자.

다음 프로젝트는 〈프로젝트 6.3.5 MultiCopyTPIO〉에서 ReadCompleted와 WriteCompleted 콜백 함수의 마지막 부분, 즉 SetEvent 호출 부분을 SetEventWhenCallbackReturns의 호출로 대체한 것이다.

프로젝트 6.3.6 MultiCopyTPEnv

```
VOID CALLBACK ReadCompleted(PTP_CALLBACK_INSTANCE pInst,
   PVOID pCtx, PVOID pOL, ULONG dwErrCode, ULONG_PTR dwTrBytes, PTP_IO pio)
{
   PCOPY_ENV    pce = (PCOPY_ENV)pCtx;
   PCOPY_CHUNCK pcc = (PCOPY_CHUNCK)pOL;
   DWORD        dwThrId = GetCurrentThreadId();
        ⋮

$LABEL_CLOSE:
        ⋮
   CloseHandle(pcc->_hfDst);


   if (InterlockedDecrement(&pce->_nCpCnt) == 0)
      SetEvent(pce->_hevEnd);
```
                              ↓

```
    if (InterlockedDecrement(&pce->_nCpCnt) == 0)
        SetEventWhenCallbackReturns(pInst, pce->_hevEnd);
}
```

위의 코드처럼 LeaveCriticalSection 또는 SetEvent를 콜백 함수 내에서 직접 호출해주는 것과 LeaveCriticalSectionWhenCallbackReturns 또는 SetEventWhenCallbackReturns를 호출해 스레드 풀에게 동기화 객체를 시그널 상태로 만들도록 위임하는 것과는 무슨 차이가 있을까? 여기에는 중요한 차이가 있다. 직접 SetEvent를 호출하면 이 호출 역시 콜백 함수 내에서 이루어지고 여전히 콜백 함수로부터 리턴되기 전이다. 따라서 아직 콜백 함수의 완료를 보장하지 못한 상태며, SetEvent 호출 직후 리턴 처리 중에 이 이벤트에 대해 대기하던 스레드가 풀려 동기화를 해칠 수 있는 처리를 수행하게 됨에 따라 문제가 발생될 여지가 있다. 하지만 SetEventWhenCallbackReturns를 통해서 이벤트 핸들을 넘겨주면 스레드 풀은 콜백 함수의 호출로부터 리턴되었을 때, 즉 콜백 함수 바깥에서 SetEvent를 호출해 줌으로써 콜백 함수의 실행이 확실히 완료되었음을 보증해준다.

2) DLL 언로드

다음 함수를 사용하면 지정한 콜백 인스턴스가 실행을 마쳤을 때, 전달된 DLL의 모듈 핸들에 대해 스레드 풀이 FreeLibrary를 호출하도록 할 수 있다.

```
VOID WINAPI FreeLibraryWhenCallbackReturns
(
    _Inout_ PTP_CALLBACK_INSTANCE   pci,
    _In_    HMODULE                 mod
);
```

이 함수는 콜백 함수가 DLL에 정의되어 있고, 이 DLL을 동적으로 로드하여 콜백 함수를 호출한 후에 FreeLibrary를 통해서 언로드하고자 할 때 유용하다. FreeLibraryWhenCallbackReturns 함수가 제공되지 않는다면 FreeLibrary 호출 시점을 판단하기가 쉽지 않다. 그렇다고 콜백 함수 내에서 FreeLibrary를 호출할 수는 없다. 콜백 함수는 이 DLL에 정의되어 있다는 것을 전제로 하기 때문에 콜백 함수 내에서 FreeLibrary를 호출하면 함수가 리턴되기 전에 DLL이 메모리 상에서 해제되어 심각한 예외상황에 직면하게 될 것이다. 이 경우 FreeLibraryWhenCallbackReturns를 통해 언로드할 DLL의 모듈 핸들을 전달하면 콜백 함수 실행 완료 후 스레드 풀이 FreeLibrary를 호출해주기 때문에 깔끔한 DLL 언로드가 가능해진다. 하지만, 콜백 함수가 리턴되기 전에 모든 대기 중인 콜백이 실행을 완료하고, 스레드 풀의 큐에 있는 모든 보류 중인 콜백을 취소하는 것은 개발자의 몫이란 점을 유의하기 바란다.

3) 장기 실행 시간 콜백 지시

다음 함수는 콜백 함수의 실행 시간이 길어질 수 있음을 스레드 풀에 통지하는 역할을 한다. 이 함수의 호출은 윈도우 2000 스레드 풀 함수 사용 시 WT_EXECUTELONGFUNCTION 플래그를 지정하는 것과 비슷한 개념이며, 스레드 풀이 작업자 스레드의 수를 늘릴 것인지의 여부를 판별하는 데 도움을 줄 수 있다.

```
BOOL WINAPI CallbackMayRunLong(_Inout_ PTP_CALLBACK_INSTANCE pci);
```

스레드 풀은 장기 실행 콜백을 실행하는 작업자 스레드의 수를 추적한다. 작업자 스레드의 가용성에 대해 고려할 때, 스레드 풀은 함수가 호출될 시점에 존재하는 작업자 스레드의 현재 집합만을 고려한다. 따라서 현 시점의 CallbackMayRunLong에서 TRUE가 반환되면 스레드 풀에 장기 실행 콜백을 처리할 수 있는 작업자 스레드가 있음을 의미한다. 반대로 FALSE가 반환되면 이는 모든 작업자 스레드가 이미 장기 실행 콜백을 실행하는 데 사용되고 있음을 의미하며, 이 경우 단기 실행 콜백 실행을 요하는 다른 작업들을 위해서 콜백 함수는 최대한 빨리 반환하고, 장기 실행 작업은 나중으로 연기해야 한다.

4) 콜백 함수와 객체의 분리

다음의 DisassociateCurrentThreadFromCallback 함수는 현재 실행 중인 콜백 함수와 이 콜백을 실행한 객체 간의 연결을 끊는 기능을 제공한다.

```
VOID WINAPI DisassociateCurrentThreadFromCallback
                        (_Inout_ PTP_CALLBACK_INSTANCE pci);
```

콜백 함수에서 이 함수를 호출함으로써 WaitForThreadpoolXxxCallbacks를 호출해 이 콜백 함수의 실행 완료를 대기하던 스레드를 깨울 수 있다. DisassociateCurrentThreadFromCallback

은 스레드 풀에게 논리적으로 콜백 함수가 처리하는 작업이 종료되었음을 알려준다. 따라서 현재 스레드는 더 이상 객체를 대신해 콜백을 실행하는 것으로 간주되지 않는다.

앞서 설명했던 대로 WaitForThreadpoolXxxCallbacks 함수는 실행 중인 콜백 함수가 있다면 그 실행이 완료될 때까지 대기하는 함수이므로, 콜백 함수 내에서 이 함수를 호출하면 네드락 상태에 빠지게 된다. 하지만 우리가 소켓 통신의 예에서 보았던 것처럼, 자식 소켓의 연결이 끊어졌을 때 관련 리소스를 콜백 함수 내에서 해제하고자 한다면, 큐에 존재할 수 있는 콜백 항목을 취소하기 위해 콜백 함수 내에서 WaitForThreadpoolXxxCallbacks 함수를 호출할 필요가 있다.

이럴 경우 DisassociateCurrentThreadFromCallback 함수는 긴요하게 사용된다. 콜백 함수 내에서 DisassociateCurrentThreadFromCallback을 호출하면 호출한 콜백 함수의 스레드와 TP_XXX 객체 사이의 연결은 끊어지고, 따라서 콜백 함수 내에서 WaitForThreadpoolXxxCallbacks를 호출할 수 있게 된다. 다음의 코드를 통해서 DisassociateCurrentThreadFromCallback의 사용 예를 확인할 수 있다.

```
VOID CALLBACK TPIoCompleteCB(PTP_CALLBACK_INSTANCE pInst,
   PVOID pCtx, PVOID pov, ULONG ior, ULONG_PTR dwTrBytes, PTP_IO ptpIo)
{
      ⋮
   if (ior != NO_ERROR)
   {
      CancelIoEx(pce->_handle, NULL);
      DisassociateCurrentThreadFromCallback(pInst);
```

콜백 객체로부터 현재 스레드를 분리시킨다.

```
      WaitForThreadpoolIoCallbacks(pce->_handle, TRUE);
```

DisassociateCurrentThreadFromCallback 함수를 호출함으로써 콜백 객체와 현재 스레드가 분리되었으므로, 모든 펜딩 콜백을 취소하기 위해 콜백 함수 내에서 WaitForThreadpoolIoCallbacks 함수를 호출하더라도 데드락이 발생되지 않는다.

```
      ⋮
}
```

그러나 이 함수의 호출은 뒤에서 논의할 콜백 환경의 정리그룹에 대한 현재 실행 중인 콜백의 연결은 그대로 유지한다. 이 내용은 "6.4.3절 정리그룹 객체"에서 다시 언급하겠다.

콜백 인스턴스를 활용하여 대량의 클라이언트 접속 수용을 처리하는 예제를 직접 확인해보도록 하

자. 아래 프로젝트는 〈프로젝트 5.4.3 EchoSvrExtAll〉 예제, 즉 AcceptEx, DisconnectEx 그리고 WSAEventSelect 함수를 사용해 소켓 재사용과 소켓 풀을 직접 관리하는 예제를 새로운 스레드 풀을 이용해 수정한 것이다. 이 코드에서는 DisassociateCurrentThreadFromCallback과 SetEventWhenCallbackReturns 함수를 사용하는 경우 역시 확인할 수 있다. 이번 예제의 경우 다소 복잡하기 때문에 미리 추가 설명을 한 후 코드를 살펴보도록 하자. 코드는 우선 3개의 콜백 함수로 구성된다.

- **Handler_IncreaseSockets**

  소켓 풀 관리를 위해 리슨 소켓과 WSAEventSelect 함수를 통해 연결되는 이벤트의 TP_WAIT 객체에 대한 콜백 함수

- **Handler_SockListen**

  AcceptEx 호출을 통해 클라이언트 접속 요청이 들어왔을 경우 접속 수용 처리를 위해 호출될, 리슨 소켓과 바인드된 TP_IO 객체에 대한 콜백 함수

- **Handler_SockChild**

  클라이언트와 연결된 자식 소켓의 비동기 수신 처리를 위해 자식 소켓과 바인드된 TP_IO 객체에 대한 콜백 함수

그리고 소켓의 생성과 재사용, 해제 처리를 위해 별도의 ManageSockets라는 함수를 정의한다. SOCK_ITEM 구조체는 동일하며, 위의 세 콜백 함수 처리를 위해 IOCP_ENV 구조체는 다소 많이 변경되었다.

다음은 IOCP_ENV 구조체에 대한 정의다.

프로젝트 6.3.6 MultiCopyTPEnv

```
struct IOCP_ENV
{
   CRITICAL_SECTION   _cs;
   SOCK_SET           _pool, _conn; // 소켓 풀과 접속 세트를 위한 필드


   WSAEVENT    _evListen;      // 리슨용 이벤트 핸들
   PTP_WAIT    _ptpWait;       // 이벤트를 위한 TP_WAIT 객체
   SOCKET      _soListen;      // 리슨용 소켓
   PTP_IO      _ptpIoLsn;      // 리슨 소켓과 연결될 TP_IO 객체
   HANDLE      _evWait;        // 소켓 풀 잉여 소켓 제거 처리 대기용 이벤트
};
typedef IOCP_ENV* PIOCP_ENV;
```

다음의 ManageSockets 함수는 소켓 재사용, 새로운 소켓 생성, 소켓 종료 시의 처리를 담당하는 함수다. 여러 콜백 함수에서 사용하기 위해 별도의 함수로 정의했다.

```cpp
#define CMD_DELETE 0  // 소켓의 해제, closesocket을 통해 소켓을 닫는다.
#define CMD_NEW    1  // 소켓이 새로 생성되었으며, 관련 TP_IO 객체를 생성한다.
#define CMD_REUSE  2  // 소켓 재사용, DisconnectEx 호출 후 다시 AcceptEx를 호출한다.

bool ManageSockets(UINT uCmd, PIOCP_ENV pEnv, PSOCK_ITEM psi,
                   PTP_CALLBACK_INSTANCE pInst = NULL)
{
   bool bSuccess = true;
   if (uCmd == CMD_DELETE)
      goto $LABEL_CLOSE;
```

소켓을 닫을 필요가 있는 경우에는 에러 처리와 함께 일괄 소켓 리소스 해제 처리 루틴으로 점프한다.

```cpp
   if (uCmd == CMD_REUSE)
   {
      LPFN_DISCONNECTEX pfnDisconnectEx = (LPFN_DISCONNECTEX)
         GetSockExtAPI(psi->_sock, WSAID_DISCONNECTEX);
      if (!pfnDisconnectEx(psi->_sock, NULL, TF_REUSE_SOCKET, 0))
```

소켓 재사용을 위해 우선 DicconetEx를 호출해 연결을 끊는다.

```cpp
      {
         cout << "DisconnectEx failed : " << WSAGetLastError() << endl;
         bSuccess = false;
         goto $LABEL_CLOSE;
      }
   }

   if (uCmd == CMD_NEW)
   {
      psi->_ptpIo = CreateThreadpoolIo
         ((HANDLE)psi->_sock, Handler_SockChild, pEnv, NULL);
```

새로 생성된 소켓에 대해 TP_IO 객체를 생성하여 소켓 핸들과 바인드한다.

```cpp
      if (psi->_ptpIo == NULL)
         goto $LABEL_CLOSE;
```

```
}
```

```
StartThreadpoolIo(pEnv )_ptpIoLsn);
```

AcceptEx 호출을 위해 StartThreadpoolIo 함수를 호출한다. 주의할 점은 접속 수용을 위한 자식 소켓용 TP_IO가 아니 리슨 소켓용 TP_IO 객체에 대해 StartThreadpoolIo를 호출한다는 점이다.

```
LPFN_ACCEPTEX pfnAcceptEx = (LPFN_ACCEPTEX)
    GetSockExtAPI(pEnv->_soListen, WSAID_ACCEPTEX);
BOOL bIsOK = pfnAcceptEx
(
    pEnv->_soListen, psi->_sock, psi->_buff, 0,
    sizeof(SOCKADDR_IN) + 16, sizeof(SOCKADDR_IN) + 16,
    NULL, (LPOVERLAPPED)psi
);
```

새롭게 생성된 소켓이나 재사용 소켓에 대해 비동기 접속 수용을 개시한다.

```
if (bIsOK == FALSE && WSAGetLastError() != WSA_IO_PENDING)
{
    cout << "AcceptEx failed : " << WSAGetLastError() << endl;
    bSuccess = false;
    CancelThreadpoolIo(pEnv->_ptpIoLsn);
    goto $LABEL_CLOSE;
}
return bSuccess;

$LABEL_CLOSE:
PTP_IO ptpIo = psi->_ptpIo;
if (uCmd == CMD_REUSE)
{
    DisassociateCurrentThreadFromCallback(pInst);
```

혹시 있을 수 있는 콜백 항목의 완전한 제거를 위해 본 스레드의 연결을 끊는다.

```
    WaitForThreadpoolIoCallbacks(ptpIo, TRUE);
```

대기 중인 콜백 항목이 있다면 제거한다.

```
}
if (uCmd == CMD_DELETE)
    SetEventWhenCallbackReturns(pInst, pEnv->_evWait);
```

CMD_DELETE는 소켓 리소스 해제를 위해 메인 스레드에서 직접 접속 수용 대기 중인 소켓을 닫은 경우다. 따라서 콜백 함수 완료 대기를 위해 별도의 이벤트를 사용했으며, 이를 스레드 풀로 하여금 콜백 함수 실행 완료 후 시그널 상태로 만들 것을 요청한다.

```
  else
      closesocket(psi->_sock);
  delete psi;
  CloseThreadpoolIo(ptpIo);
```

소켓을 닫을 경우에는 관련 TP_IO 객체도 함께 해제한다.

```
  return bSuccess;
}
```

이제 메인 함수에 대한 정의부터 살펴보도록 하자.

```
void _tmain()
{
  IOCP_ENV ie;
  InitializeCriticalSection(&ie._cs);
  try
  {
     ie._soListen = GetListenSocket(9001);
     if (ie._soListen == INVALID_SOCKET)
        throw WSAGetLastError();
     cout << " ==> Waiting for client's connection......" << endl;
```

리슨 소켓을 획득한다.

```
     ie._evWait = CreateEvent(NULL, FALSE, FALSE, NULL);
     if (ie._evWait == NULL)
        throw WSAGetLastError();
```

소켓 풀의 잉여 소켓 제거 처리 작업의 완료를 대기하기 위한 이벤트를 생성한다.

```
     ie._evListen = WSACreateEvent();
     if (ie._evListen == NULL)
        throw WSAGetLastError();
     ie._ptpWait = CreateThreadpoolWait(Handler_IncreaseSockets, &ie, NULL);
```

소켓 풀의 모든 소켓이 소진된 상황에서 새로운 접속이 들어왔을 경우의 통지를 받기 위해, 리슨 소켓과 WSAEventSelect를 통해 연결될 이벤트를 생성하고 PTP_WAIT 객체를 생성한다.

```
    if (ie._ptpWait == NULL)
        throw (int)GetLastError();

    WSAEventSelect(ie._soListen, ie._evListen, FD_ACCEPT);
    LARGE_INTEGER ll; ll.QuadPart = -40000000LL;
    FILETIME ft; ft.dwHighDateTime = ll.HighPart;
    ft.dwLowDateTime = ll.LowPart;
    SetThreadpoolWait(ie._ptpWait, ie._evListen, &ft);
```

SetThreadpoolWait 함수를 통해 WSAEventSelect 이벤트의 통지를 대기하도록 만든다. 소켓 풀 잉여 소켓 제거를 위해 타임아웃을 4초로 지정했다.

```
    ie._ptpIoLsn = CreateThreadpoolIo
        ((HANDLE)ie._soListen, Handler_SockListen, &ie, NULL);
```

접속 요구 통지를 처리하기 위해 호출할 AcceptEx용 리슨 소켓과 연결되는 TP_IO 객체를 생성한다. 리슨 소켓을 바인딩하고, 콜백 함수는 Handler_SockListen으로 지정한다. 클라이언트로부터 접속 요청이 들어오면 스레드 풀은 Handler_SockListen 콜백 함수를 호출해준다.

```
    if (ie._ptpIoLsn == NULL)
        throw (int)GetLastError();

    Handler_IncreaseSockets(NULL, &ie, ie._ptpWait, -1);
```

소켓 풀을 생성하기 위해 Handler_SockListen 콜백 함수를 동기적으로 직접 호출한다.

```
    getchar();
```

프로그램 종료를 위해 키 입력을 대기한다.

```
    }
    catch (int ex)
    {
        cout << "Error occurred in main, " << ex << endl;
    }

    if (ie._ptpIoLsn != NULL)
    {
```

```
    WaitForThreadpoolIoCallbacks(ie._ptpIoLsn, TRUE);
    CloseThreadpoolIo(ie._ptpIoLsn);
```

리슨 소켓과 바인드된 TP_IO 객체를 해제한다.

```
  }
  if (ie._soListen != INVALID_SOCKET)
     closesocket(ie._soListen);
  if (ie._ptpWait != NULL)
  {
     WaitForThreadpoolWaitCallbacks(ie._ptpWait, TRUE);
     CloseThreadpoolWait(ie._ptpWait);
```

리슨 소켓에 대한 WSAEventSelect 이벤트 처리용 TP_WAIT 객체를 해제한다.

```
  }
  if (ie._evListen != NULL)
     CloseHandle(ie._evListen);

  for (SOCK_SET::iterator it = ie._conn.begin(); it != ie._conn.end(); it++)
```

클라이언트와 접속 중인 소켓 관련 리소스를 해제한다.

```
  {
     PSOCK_ITEM psi = *it;
     CancelIoEx((HANDLE)psi->_sock, psi);
     WaitForThreadpoolIoCallbacks(psi->_ptpIo, TRUE);
```

현재 클라이언트와 접속된 자식 소켓의 경우, CancelIoEx를 호출해 WSARecv에 대한 입출력 대기를 취소한 후 해당 콜백 함수가 완료되기를 기다린다.

```
     closesocket(psi->_sock);
     CloseThreadpoolIo(psi->_ptpIo);
     delete psi;
  }

  for (SOCK_SET::iterator it = ie._pool.begin(); it != ie._pool.end(); it++)
```

소켓 풀에 존재하는 접속 대기용 소켓 관련 리소스를 해제한다.

```
  {
     PSOCK_ITEM psi = *it;
     closesocket(psi->_sock);
```

```
      CloseThreadpoolIo(psi->_ptpIo);
      delete psi;
   }
   if (ie._evWait != NULL)
      CloseHandle(ie._evWait);
   DeleteCriticalSection(&ie._cs);
}
```

이번에는 소켓 풀을 관리하기 위한 이벤트와 연결된 TP_WAIT 객체 콜백 함수 Handler_IncreaseSockets에 대한 정의다.

```
VOID WINAPI Handler_IncreaseSockets(PTP_CALLBACK_INSTANCE,
   PVOID pCtx, PTP_WAIT pWait, TP_WAIT_RESULT tpRlt)
{
   PIOCP_ENV pie = (PIOCP_ENV)pCtx;

   if (tpRlt == WAIT_TIMEOUT)
   {
```

```
      if (pie->_pool.size() > POOL_MIN_SIZE)
      {
         EnterCriticalSection(&pie->_cs);
         SOCK_SET::iterator it = pie->_pool.begin();
         PSOCK_ITEM psi = *it;
         pie->_pool.erase(it);
         LeaveCriticalSection(&pie->_cs);

         closesocket(psi->_sock);
         WaitForSingleObject(pie->_evWait, INFINITE);
```

후의 대기 중인 소켓이다. 따라서 이 소켓에 대해 WSARecv가 호출된 상태가 아니므로 CancelIoEx를 호출하는 것은 의미가 없으며, 바로 closesocket을 호출하면 리슨 소켓이 그 통지를 받아 이와 연결된 리슨 소켓용 TP_IO 객체가 작동된다. 따라서 호출되는 콜백 함수는 데이터 수신 처리를 하는 콜백 함수가 아니라, 리슨 소켓과 관련된 Handler_SockListen이다. 이 함수가 호출될 때 콜백 함수를 통해 전달되는 dwErrCode 에러 코드는 ERROR_OPERATION_ABORTED다. Handler_SockListen이 호출되므로 이 콜백 함수의 실행 완료를 대기하기 위해 pie->_ptpIoLsn 콜백 객체에 대해 WaitForThreadpoolIoCallbacks 함수를 호출하면 접속 대기를 위해 AcceptEx를 호출한 후 접속 대기 중인 소켓 풀 내의 모든 StartThreadpoolIo 호출이 취소된다. 따라서 여기서는 Handler_SockListen 완료 대기를 위해 WaitForThreadpoolIoCallbacks를 호출할 수 없는 상태가 되며, 이 완료 대기를 위해 _evWait라는 별도의 이벤트를 사용해야 한다. Handler_SockListen에서는 이 경우 SetEventWhenCallbackReturns 함수를 통하여 _evWait 이벤트를 시그널 상태로 만들도록 ManageSockets 함수에서 처리한다.

```
        printf("...Timeout expired, pool=%d, conn=%d\n",
            pie->_pool.size(), pie->_conn.size());
    }
 }
 else
 {
```

WSAEventSelect에 의한 이벤트가 시그널 상태가 되었으며, 이는 소켓 풀에 새로운 AcceptEx용 소켓을 추가해야 한다는 것을 의미한다.

```
    if (tpRlt != WAIT_FAILED)
    {
```

tpRlt가 WAIT_FAILED인 경우는 소켓 풀의 최초 생성을 위해 메인 스레드에서 이 콜백 함수를 직접 호출하는 경우다. 따라서 WAIT_FAILED가 아닌 경우에 대해 리슨 소켓 상태의 변경사항을 체크하면 된다.

```
        WSANETWORKEVENTS ne;
        WSAEnumNetworkEvents(pie->_soListen, pie->_evListen, &ne);
        if (!(ne.lNetworkEvents & FD_ACCEPT))
            return;

        int nErrCode = ne.iErrorCode[FD_ACCEPT_BIT];
        if (nErrCode != 0)
        {
            cout << " ==> Listen failed, code = " << nErrCode << endl;
            return;
        }
    }

    if (pie->_pool.size() < POOL_MAX_SIZE)
    {
```

```
        for (int i = 0; i < PERMIT_INC_CNT; i++)
        {
            SOCKET sock = socket(AF_INET, SOCK_STREAM, IPPROTO_TCP);
            if (sock == INVALID_SOCKET)
                break;
            PSOCK_ITEM psi = new SOCK_ITEM(sock);
            if (!ManageSockets(CMD_NEW, pie, psi))
                break;
```

소켓을 생성하고 CMD_NEW로 ManageSockets 함수를 호출해 AcceptEx를 호출하게 한다.

```
            EnterCriticalSection(&pie->_cs);
            pie->_pool.insert(psi);
            LeaveCriticalSection(&pie->_cs);
        }
    }
    printf("...Listen event signaled, pool=%d, conn=%d\n",
        pie->_pool.size(), pie->_conn.size());
}


    LARGE_INTEGER ll; ll.QuadPart = -40000000LL;
    FILETIME ft; ft.dwHighDateTime = ll.HighPart;
    ft.dwLowDateTime = ll.LowPart;
    SetThreadpoolWait(pWait, pie->_evListen, &ft);
```

WSAEventSelect와 연결된 이벤트가 계속 시그널 통지를 받을 수 있도록 SetThreadpoolWait 함수를 호출한다.

```
}
```

이번에는 접속 요청을 처리하는, 리슨 소켓과 바인드된 TP_IO 객체 콜백 함수 Handler_ SockListen에 대한 정의다.

```
void WINAPI Handler_SockListen(PTP_CALLBACK_INSTANCE pInst,
    PVOID pCtx, PVOID pov, ULONG dwErrCode, ULONG_PTR dwTrBytes, PTP_IO ptpLsnIo)
{
    PIOCP_ENV  pie = (PIOCP_ENV)pCtx;
    PSOCK_ITEM psi = (PSOCK_ITEM)pov;
```

```
    if (dwErrCode != NO_ERROR)
      goto $LABEL_CLOSE;


  cout ≪ " ==> New client " ≪ psi->_sock ≪ " connected..." ≪ endl;
  EnterCriticalSection(&pie->_cs);
  pie->_pool.erase(psi);
  pie->_conn.insert(psi);
  LeaveCriticalSection(&pie->_cs);
  printf("...Client Connected, pool=%d, conn=%d\n",
      pie->_pool.size(), pie->_conn.size());


  Handler_SockChild(pInst, pie, psi, NO_ERROR, -1, psi->_ptpIo);
```

새로 접속이 수용된 자식 소켓으로 하여금 최초 WSARecv를 호출하도록 Handler_SockChild 콜백 함수를 직접 호출한다.

```
  StartThreadpoolIo(ptpLsnIo);
```

클라이언트로부터 접속이 들어왔을 경우 이 콜백 함수가 호출되도록 리슨 소켓용 TP_IO 객체에 대해 StartThreadpoolIo 함수를 호출한다.

```
  return;


$LABEL_CLOSE:
  if (dwErrCode != ERROR_OPERATION_ABORTED)
      cout ≪ " ==> Error occurred, code = " ≪ dwErrCode ≪ endl;
```

Handler_IncreaseSockets 콜백 함수에서 타임아웃 처리 중에 소켓 풀에 대기 중인 소켓을 닫았을 경우에는 ERROR_OPERATION_ABORTED 에러가 발생한다.

```
  EnterCriticalSection(&pie->_cs);
  pie->_conn.erase(psi);
  LeaveCriticalSection(&pie->_cs);
  ManageSockets(CMD_DELETE, pie, psi, pInst);
```

CMD_NEW로 ManageSockets 함수를 호출해 소켓을 닫도록 처리한다. CMD_NEW인 경우, ManageSockets에서는 소켓을 닫은 후 IOCP_ENV의 _evWait 이벤트 핸들을 전달하여 SetEventWhenCallbackReturns를 호출한다.

```
}
```

마지막으로, 클라이언트로부터 송신된 데이터를 처리하고 연결이 끊어졌을 경우 재사용 처리를 담당하는, 자식 소켓과 바인드된 TP_IO 객체 콜백 함수 Handler_SockChild에 대한 정의다.

```
void WINAPI Handler_SockChild(PTP_CALLBACK_INSTANCE pInst,
    PVOID pCtx, PVOID pov, ULONG dwErrCode, ULONG_PTR dwTrBytes, PTP_IO ptpIo)
{
    PIOCP_ENV   pie = (PIOCP_ENV )pCtx;
    PSOCK_ITEM psi = (PSOCK_ITEM)pov;

    if (dwErrCode != NO_ERROR || dwTrBytes == 0)
        goto $LABEL_CLOSE;
```

클라이언트가 접속을 끊었거나 에러가 발생했을 경우 재사용 처리 루틴으로 점프한다.

```
    if ((int)dwTrBytes > 0)
    {
```

dwTrBytes가 0보다 작은 경우는 Handler_SockListen 콜백 함수에서 직접 이 콜백 함수를 호출한 경우이므로, 에코 처리를 할 필요가 없다.

```
        psi->_buff[dwTrBytes] = 0;
        cout << " *** Client(" << psi->_sock << ") sent : " << psi->_buff << endl;

        int lSockRet = send(psi->_sock, psi->_buff, dwTrBytes, 0);
        if (lSockRet == SOCKET_ERROR)
        {
            dwErrCode = WSAGetLastError();
            goto $LABEL_CLOSE;
        }
    }

    StartThreadpoolIo(ptpIo);
    WSABUF wb; DWORD dwFlags = 0;
    wb.buf = psi->_buff, wb.len = sizeof(psi->_buff);
    int nSockRet = WSARecv(psi->_sock, &wb, 1, NULL, &dwFlags, psi, NULL);
```

접속된 자식 소켓에 대해 StartThreadpoolIo와 WSARecv를 호출한다.

```
    if (nSockRet == SOCKET_ERROR)
```

```
    {
        dwErrCode = WSAGetLastError();
        if (dwErrCode != WSA_IO_PENDING)
        {
            CancelThreadpoolIo(ptpIo);
            goto $LABEL_CLOSE;
        }
    }
    return;

$LABEL_CLOSE:
    if (dwErrCode == ERROR_OPERATION_ABORTED)
        return;
```

본 콜백 함수에서 ERROR_OPERATION_ABORTED 에러가 발생하는 경우는 메인 스레드에서 프로그램 종료를 위해서 CancelloEx를 호출한 경우이므로, 따라서 바로 리턴된다.

```
    if (dwErrCode == ERROR_SUCCESS || dwErrCode == ERROR_NETNAME_DELETED)
        cout << " ==> Client " << psi->_sock << " disconnected..." << endl;
    else
        cout << " ==> Error occurred, code = " << dwErrCode << endl;

    EnterCriticalSection(&pie->_cs);
    pie->_conn.erase(psi);
    LeaveCriticalSection(&pie->_cs);
    if (ManageSockets(CMD_REUSE, pie, psi, pInst))
```

소켓 재사용을 위해서 CMD_REUSE로 ManageSockets 함수를 호출함으로써 DisconnectEx와 AcceptEx를 통해 소켓 풀에서 접속 대기하도록 처리한다.

```
    {
        EnterCriticalSection(&pie->_cs);
        pie->_pool.insert(psi);
        LeaveCriticalSection(&pie->_cs);
    }
    printf("...Client Reused, pool=%d, conn=%d\n",
        pie->_pool.size(), pie->_conn.size());
}
```

6.4 새로운 스레드 풀 II

스레드 풀의 작업 항목 TP_XXX를 생성하는 CreateThreadpoolXxx 함수의 정의를 한 번 더 보자.

```
PTP_XXX WINAPI CreateThreadpoolXxx
(
    _In_        PTP_XXX_CALLBACK      pfnwa,
    _Inout_opt_ PVOID                 pv,
    _In_opt_    PTP_CALLBACK_ENVIRON pcbe
);
```

이 함수의 마지막 매개변수는 PTP_CALLBACK_ENVIRON 타입을 가진 pcbe이다. 지금까지는 CreateThreadpoolXxx 호출 시에 이 매개변수를 NULL로 넘겨주었다. 하지만 이 매개변수를 지정하면 TP_XXX 객체의 콜백 항목이 수행될 스레드 풀의 다양한 환경을 설정할 수 있다. 이러한 환경 설정을 위해 TP_CALLBACK_ENVIRON 객체가 제공된다. 이 구조체를 통해 콜백 항목이 실행될 별도의 스레드 풀을 제공할 수 있고, 작업자 스레드의 우선순위나 스택 크기를 설정하거나 스레드 풀에 대한 일괄 정리 작업을 제공할 수도 있다. 이번 절에서는 콜백 실행을 위한 스레드 풀의 다양한 환경을 제공하는 매개변수 PTP_CALLBACK_ENVIRON에 대해 알아보기로 한다.

6.4.1 스레드 풀 객체

CreateThreadpoolXxx 호출 시에 마지막 매개변수를 NULL로 넘겨주면 이는 시스템의 디폴트 스레드 풀을 사용하겠다는 의미다. 하지만 여러분은 솔루션의 특성에 맞게 최적화된 별도의 스레드 풀을 구성할 수 있다. 대표적으로 풀 내의 스레드 수의 최댓값, 최솟값을 필요에 맞게 설정할 수 있다. 이런 목적을 위해 CreateThreadpool 함수를 사용하면 별도의 스레드 풀을 생성할 수 있다.

```
PTP_POOL WINAPI CreateThreadpool(_Reserved_ PVOID reserved);

VOID WINAPI CloseThreadpool(_Inout_ PTP_POOL ptpp);
```

reserved 매개변수를 NULL로 지정하여 CreateThreadpool 함수를 호출하면 리턴값으로 새롭게 생성된 TP_POOL 객체의 포인터를 돌려준다. 생성된 별도의 스레드 풀을 제거하고자 할 때에는 CloseThreadpool을 호출한다.

이렇게 CreateThreadpool을 이용해 만들어진 스레드 풀은 기본적으로 최대 500개의 작업 스레드를 가질 수 있다. 이 스레드 풀에서 관리할 최대 및 최소 스레드의 수를 변경하고자 한다면 다음의 함수를 사용하면 된다.

```
VOID WINAPI SetThreadpoolThreadMaximum
(
    _Inout_ PTP_POOL    ptpp,
    _In_    DWORD       cthrdMost
);

BOOL WINAPI SetThreadpoolThreadMinimum
(
    _Inout_ PTP_POOL    ptpp,
    _In_    DWORD       cthrdMic
);
```

PTP_POOL ptpp

CreateThreadpool을 통해 생성된 스레드 풀 인스턴스의 포인터다.

DWORD cthrdMost/cthrdMic

스레드 풀 내 작업 스레드의 최대-cthrdMost, 최소-cthrdMic 수를 지정한다. 현재 스레드 풀의 최대치보다 큰 값을 SetThreadpoolThreadMinimum 함수를 통해 최솟값으로 실정하면 최댓값, 최솟값 모두 새롭게 지정된 최솟값으로 설정되며, 반대로 현재 최소치보다 작은 최댓값을 SetThreadpoolThreadMaximum 함수를 통해 설정하게 되면 최솟값이 새로운 최댓값으로 설정된다. 그리고 매개변수 cthrdMost와 cthrdMic의 타입은 DWORD이지만 내부적으로 LONG 타입으로 취급되며, 0보다 크거나 같은지를 체크한다.

위의 함수에서 주목해야 할 점이 있다. 최솟값 설정 함수(SetThreadpoolThreadMinimum)는 리턴값이 BOOL 타입이지만, 최댓값을 설정하는 함수(SetThreadpoolThreadMaximum)는 리턴값이 없다는 점이다. 왜 이런 차이가 생길까? 최댓값 설정은 작업 스레드의 상한만을 지정할 뿐이라서 내부적으로 상한값을 보관하는 필드만 갱신하면 된다. 하시만 최솟값의 경우 새로 지성될 최솟값이 이전 최소치보다 클 경우는 실제로 작업자 스레드 수를 새로운 최소치만큼 늘려야만 한다.

따라서 추가적인 작업자 스레드를 할당하는 과정에서 오류가 발생될 수 있기 때문에 BOOL 타입의 성공 또는 실패 여부를 반환하게 되는 것이다. 작업자 스레드 수는 풀의 실제 작업 부하에 따라서 최대치와 최소치 사이에서 증감을 반복될 것이다.

다음 코드는 SetThreadpoolThreadMaximum/Minimum 함수를 호출하는 예다.

```
PTP_POOL pPool = CreateThreadpool(NULL);

SetThreadpoolThreadMaximum(pPool, 1);
SetThreadpoolThreadMinimum(pPool, 1);
```

위의 코드처럼 최대, 최소치를 각각 1로 설정하면 해당 스레드 풀의 작업 스레드 수는 언제나 한 개가 되며, 이 스레드는 해당 스레드 풀이 제거되기 전까지 존재하게 되는 영속(Persistent) 스레드가 된다. 최대치와 최소치를 동일하게 설정하면 그 수만큼의 영속 스레드가 풀 내에 존재할 것이다. 이 영속 스레드의 의미는 WT_EXECUTEINPERSISTENTTHREAD 플래그와 함께 QueueUserWorkItem 함수를 호출하는 것과 비슷한 개념이 되며, CreateThread를 이용해 사용자 정의 스레드를 만드는 것과도 같은 개념이다. MSDN에서는 영속 스레드를 요구하는 함수, 예를 들어 우리가 4장에서 살펴봤던 RegNotifyChangeKeyValue 등의 함수를 콜백 함수 내에서 호출하는 것에 대해 상당한 주의를 요할 것을 당부하고 있다. 이런 지속적인 처리를 요구하는 함수를 콜백 함수 내에서 사용할 때는 CreateThread를 이용해 사용자 정의 스레드를 사용하든지, 아니면 위의 코드처럼 영속 스레드를 지정하고 TrySubmitThreadpoolCallback 함수를 호출해 RegNotifyChangeKeyValue를 사용하는 콜백 함수의 실행을 영속 스레드에 맡기든지 하면 된다. 레지스트리 감시를 위해 RegNotifyChangeKeyValue의 호출을 스레드 풀에 맡기는 예는 "콜백 환경"이라는 비스타의 새로운 객체에 대한 설명과 함께 곧 보여줄 것이다.

이외에, 스레드 풀 내의 작업자 스레드의 스택 크기를 지정할 수 있는 함수 역시 윈도우 7부터 제공된다.

```
BOOL SetThreadpoolStackInformation
(
  _Inout_ PTP_POOL                    ptpp,
  _In_    PTP_POOL_STACK_INFORMATION  ptpsi
);
```

```
BOOL QueryThreadpoolStackInformation
(
    _In_    PTP_POOL                     ptpp,
    _Out_   PTP_POOL_STACK_INFORMATION   ptpsi
);
```

SetThreadpoolStackInformation 함수는 스레드 풀의 작업자 스레드의 스택 예약 크기와 커밋 크기를 설정하며, QueryThreadpoolStackInformation 함수는 현재 스레드 풀에 설정된 작업자 스레드의 스택 예약 및 커밋 크기를 문의하는 데 사용된다. 스택의 예약 및 커밋 크기 설정은 TP_ POOL_STACK_INFORMATION 구조체로 표현되며, 이 구조체는 다음과 같다.

```
typedef struct _TP_POOL_STACK_INFORMATION
{
   SIZE_T  StackReserve;   // 스택 예약 크기
   SIZE_T  StackCommit;    // 스택 커밋 크기
} TP_POOL_STACK_INFORMATION, *PTP_POOL_STACK_INFORMATION;
```

6.4.2 콜백 환경 객체

CreateThreadpool을 사용해 여러분만의 스레드 풀을 생성했다면 TP_XXX로 표현되는 여러 작업 항목을 이 스레드 풀과 바인드해야 한다. 하지만 앞서 사용했던 CreateThreadpoolXxx 함수는 PTP_POOL 타입을 갖는, 즉 새로 생성된 스레드 풀 객체를 전달할 매개변수는 갖고 있지 않다. 그러면 어떻게 이 스레드 풀을 여러 작업 항목과 연결할까? 이에 대한 해답은 CreateThreadpoolXxx 함수의 마지막 매개변수, 지금까지 NULL을 넘겨서 사용해 왔던 PTP_ CALLBACK_ENVIRON 매개변수에 있다.

여러분이 새롭게 생성한 스레드 풀이 실제로 작업을 수행할 수 있도록 하기 위해서는 새로운 스레드 풀 콜백 객체 인스턴스와 스레드 풀 인스턴스를 바인딩해주어야 하며, 그 통로를 "콜백 환경"이 담당하게 된다. 콜백 환경은 TP_CALLBACK_ENVIRON 구조체로 표현되는 유저 영역의 객체며, 그 정의는 다음과 같이 "WinNT.h"에 나와 있다.

```
typedef struct _TP_CALLBACK_ENVIRON_V3
{
    TP_VERSION                              Version;
    PTP_POOL                                Pool;
    PTP_CLEANUP_GROUP                       CleanupGroup;
    PTP_CLEANUP_GROUP_CANCEL_CALLBACK       CleanupGroupCancelCallback;
    PVOID                                   RaceDll;
    struct _ACTIVATION_CONTEXT*             ActivationContext;
    PTP_SIMPLE_CALLBACK                     FinalizationCallback;
    union
    {
        DWORD                               Flags;
        struct
        {
            DWORD                           LongFunction  :  1;
            DWORD                           Persistent    :  1;
            DWORD                           Private       : 30;
        } s;
    } u;
    TP_CALLBACK_PRIORITY                    CallbackPriority;
    DWORD                                   Size;
} TP_CALLBACK_ENVIRON_V3;
typedef TP_CALLBACK_ENVIRON_V3 TP_CALLBACK_ENVIRON, *PTP_CALLBACK_ENVIRON;
```

TP_CALLBACK_ENVIRON 구조체는 문서화되지 않아서 각 필드에 대한 의미는 명확하지 않다. 하지만 각각의 필드를 설정하는 인라인 함수들이 다음과 같이 WinNT.h 헤더 파일에 정의되어 있다. 아래 정의는 WinNT.h에 정의된 인라인 함수들을 간단히 정리한 것이다.

```
inline VOID TpSetCallbackThreadpool(PTP_CALLBACK_ENVIRON pcb, PTP_POOL Pool)
{
    pcb->Pool = Pool;
}


inline VOID TpSetCallbackCleanupGroup(PTP_CALLBACK_ENVIRON pcb,
    PTP_CLEANUP_GROUP pcg, PTP_CLEANUP_GROUP_CANCEL_CALLBACK pnfcbCancel)
{
    pcb->CleanupGroup = pcg;
```

```
        pcb->CleanupGroupCancelCallback = pnfcbCancel;
}


inline VOID TpSetCallbackRaceWithDll(PTP_CALLBACK_ENVIRON pcb, PVOID DllHandle)
{
        pcb->RaceDll = DllHandle;
}


inline VOID TpSetCallbackLongFunction(PTP_CALLBACK_ENVIRON pcb)
{
        pcb->u.s.LongFunction = 1;
}


inline VOID TpSetCallbackPersistent(_Inout_ PTP_CALLBACK_ENVIRON CallbackEnviron)
{
        CallbackEnviron->u.s.Persistent = 1;
}


inline VOID TpSetCallbackPriority(PTP_CALLBACK_ENVIRON pcb,
        TP_CALLBACK_PRIORITY Priority)
{
        pcb->CallbackPriority = Priority;
}
```

물론 이 필드들을 직접 설정할 수도 있겠지만, MS가 문서화하지 않았기 때문에 직접 설정을 피하고 위의 인라인 함수들을 통해서 설정할 것을 권장하고 있다. 그리고 위 필드들 중 의미를 파악할 수 있는 필드들은 그 설정을 위해 SetThreadpoolCallbackXxx 함수 군을 별도로 제공하는데, 이 함수들 역시 대부분 인라인 함수며, 그 정의는 내부에서 위의 TpSetCallbackXxx 인라인 함수를 단순히 호출하고 있다. 여기서 Xxx는 TP_CALLBACK_ENVIRON 구조체의 필드명이 된다.

하지만 콜백 환경의 필드를 설정하기 전에 우선 콜백 환경을 초기화해야 한다. 콜백 환경을 초기화하고 해제하는 함수는 다음과 같다.

```
VOID InitializeThreadpoolEnvironment(_Out_ PTP_CALLBACK_ENVIRON pcbe);

VOID DestroyThreadpoolEnvironment(_Inout_ PTP_CALLBACK_ENVIRON pcbe);
```

InitializeThreadpoolEnvironment 함수는 TP_CALLBACK_ENVIRON 구조체를 초기화하고, DestroyThreadpoolEnvironment 함수는 TP_CALLBACK_ENVIRON 구조체를 해제한다. 두 함수는 각각 WinBase.h 헤더 파일에 다음과 같이 인라인 함수로 정의되어 있다.

```
FORCEINLINE VOID InitializeThreadpoolEnvironment(_Out_ PTP_CALLBACK_ENVIRON pcbe)
{
    TpInitializeCallbackEnviron(pcbe);
}

FORCEINLINE VOID DestroyThreadpoolEnvironment(_Inout_ PTP_CALLBACK_ENVIRON pcbe)
{
    TpDestroyCallbackEnviron(pcbe);
}
```

그리고 TpInitializeCallbackEnviron과 TpDestroyCallbackEnviron 함수는 WinNT.h 헤더 파일에 다음과 같이 정의되어 있다.

```
FORCEINLINE VOID
TpInitializeCallbackEnviron(_Out_ PTP_CALLBACK_ENVIRON CallbackEnviron)
{
#if (_WIN32_WINNT >= _WIN32_WINNT_WIN7)
    CallbackEnviron->Version = 3;
#else
    CallbackEnviron->Version = 1;
#endif
    CallbackEnviron->Pool = NULL;
    CallbackEnviron->CleanupGroup = NULL;
        ⋮
#if (_WIN32_WINNT >= _WIN32_WINNT_WIN7)
    CallbackEnviron->CallbackPriority = TP_CALLBACK_PRIORITY_NORMAL;
    CallbackEnviron->Size = sizeof(TP_CALLBACK_ENVIRON);
#endif
}

FORCEINLINE VOID
TpDestroyCallbackEnviron(_In_ PTP_CALLBACK_ENVIRON CallbackEnviron)
```

```
    {
        UNREFERENCED_PARAMETER(CallbackEnviron);
    }
```

TpInitializeCallbackEnviron 인라인 함수는 매개변수로 전달된 콜백 환경 구조체를 단순히 초기화하고, TpDestroyCallbackEnviron 인라인 함수는 단순히 함수만 정의되어 있다는 것을 확인할 수 있다. 그리고 콜백 환경의 초기화와 해제는 크리티컬 섹션의 InitializeCriticalSection, DeleteCriticalSection 함수를 사용하는 것과 비슷하며, 사용 방법은 다음과 같다.

```
    TP_CALLBACK_ENVIRON ce;
    InitializeThreadpoolEnvironment(&ce);
            ⋮
    DestroyThreadpoolEnvironment(&ce);
```

그러면 이제부터 콜백 환경 TP_CALLBACK_ENVIRON 구조체의 주요 필드들에 대해 그 필드의 설정 관련 함수와 사용법에 대해서 알아보도록 하자.

1) PTP_POOL Pool

여러분이 생성한 새로운 스레드 풀 인스턴스를 작업 항목과 바인딩하기 위한 필드며, 다음 함수를 통해 바인딩된다.

```
VOID SetThreadpoolCallbackPool
(
    _Inout_    PTP_CALLBACK_ENVIRON    pcbe,
    _In_       PTP_POOL                ptpp
);
```

이 함수 역시 인라인 함수며, InitializeThreadpoolEnvironment 함수처럼 내부적으로 TpSetCallbackThreadpool 인라인 함수를 호출한다. 즉 위의 함수는 단순히 TP_CALLBACK_ENVIRON 구조체의 Pool 필드를 설정하는 역할밖에 없다. 하지만 이 함수를 통하지 않으면 새롭게 생성된 스레드 풀을 작업 항목과 바인드할 수 없다. 이렇게 콜백 환경의 Pool 필드에 새로운 스레드 풀의 포인터가 설정되면, 이제 CreateThreadpoolXxx 호출 시 마지막 매개변수를 이 콜백 환경 인스턴스의 포인터를 넘겨주어 작업 항목을 새로운 스레드 풀에서 수행되도록 할 수 있다.

다음 코드는 새로운 스레드 풀을 생성해, 이 스레드 풀을 사용하는 과정을 보여준다.

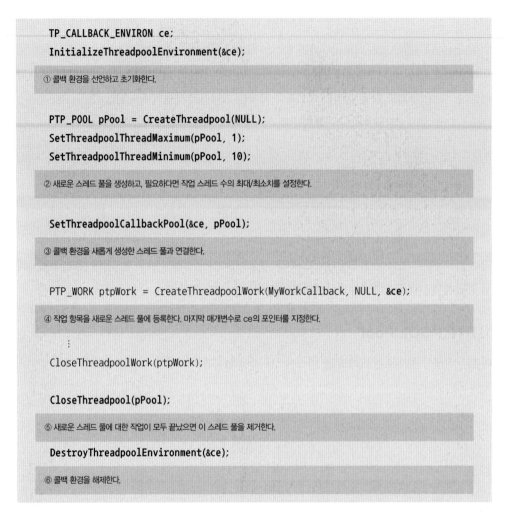

```
TP_CALLBACK_ENVIRON ce;
InitializeThreadpoolEnvironment(&ce);
```
① 콜백 환경을 선언하고 초기화한다.

```
PTP_POOL pPool = CreateThreadpool(NULL);
SetThreadpoolThreadMaximum(pPool, 1);
SetThreadpoolThreadMinimum(pPool, 10);
```
② 새로운 스레드 풀을 생성하고, 필요하다면 작업 스레드 수의 최대/최소치를 설정한다.

```
SetThreadpoolCallbackPool(&ce, pPool);
```
③ 콜백 환경을 새롭게 생성한 스레드 풀과 연결한다.

```
PTP_WORK ptpWork = CreateThreadpoolWork(MyWorkCallback, NULL, &ce);
```
④ 작업 항목을 새로운 스레드 풀에 등록한다. 마지막 매개변수로 ce의 포인터를 지정한다.

```
    ⋮
CloseThreadpoolWork(ptpWork);

CloseThreadpool(pPool);
```
⑤ 새로운 스레드 풀에 대한 작업이 모두 끝났으면 이 스레드 풀을 제거한다.

```
DestroyThreadpoolEnvironment(&ce);
```
⑥ 콜백 환경을 해제한다.

그러면 콜백 환경을 직접 사용하는 예를 확인해보도록 하자. 다음 프로젝트는 RegNotify−ChangeKeyValue 함수를 사용한 레지스트리 감시를 하나의 영속 작업자 스레드를 갖는 스레드 풀을 별도로 생성하여 처리하는 예를 보여준다.

먼저 메인 함수에 대한 정의다. 별도의 TP_WORK 객체를 사용하지 않고, TrySubmitThread−poolCallback 함수를 호출해 계속 실행해야 하는 전용 스레드를 대체하도록 처리한다.

```
void _tmain()
{
   TP_CALLBACK_ENVIRON ce;
   InitializeThreadpoolEnvironment(&ce);
```

콜백 환경을 선언하고 초기화한다.

```
   HANDLE    hevNoti = NULL, hevExit = NULL;
   HKEY      hKey = NULL;
   PTP_POOL pPool = NULL;
   try
   {
      pPool = CreateThreadpool(NULL);
```

영속 스레드를 위한 스레드 풀을 생성한다.

```
      if (!pPool)
         throw (LONG)GetLastError();


      SetThreadpoolThreadMaximum(pPool, 1);
      if (!SetThreadpoolThreadMinimum(pPool, 1))
         throw (LONG)GetLastError();
```

스레드 풀의 작업 스레드 최대/최소치를 1로 지정해 영속 스레드를 만든다.

```
      SetThreadpoolCallbackPool(&ce, pPool);
```

콜백 환경을 새롭게 생성한 스레드 풀과 연결한다.

```
      LONG lErrCode = RegOpenKeyEx(HKEY_CURRENT_USER,
         _T("Software\\00_Test"), 0, KEY_NOTIFY, &hKey);
      if (lErrCode != ERROR_SUCCESS)
         throw lErrCode;


      hevNoti = CreateEvent(NULL, FALSE, FALSE, NULL);
```

레지스트리 변경 통지를 받을 이벤트를 생성한다.

```
      if (hevNoti == NULL)
         throw (LONG)GetLastError();
```

```
    hevExit = CreateEvent(NULL, FALSE, FALSE, NULL);
```

```
    if (hevExit == NULL)
        throw (LONG)GetLastError();


    HANDLE arObjs[3] = { (HANDLE)hKey, hevExit , hevNoti};
    if (!TrySubmitThreadpoolCallback(RegMonCallback, arObjs, &ce))
        throw (LONG)GetLastError();
```

```
    getchar();
    SignalObjectAndWait(hevExit, hevExit, INFINITE, FALSE);
```

```
}
catch (LONG ex)
{
    cout ≪ "Error occurred, code = " ≪ ex ≪ endl;
}
if (hKey != NULL)
    RegCloseKey(hKey);
if (hevNoti != NULL)
    CloseHandle(hevNoti);
if (hevExit != NULL)
    CloseHandle(hevExit);
if (pPool != NULL)
    CloseThreadpool(pPool);
```

```
DestroyThreadpoolEnvironment(&ce);
```

```
}
```

다음은 TrySubmitThreadpoolCallback 함수용 콜백 함수 RegMonCallback에 대한 정의다.

```cpp
#define REG_MON_FLTR REG_NOTIFY_CHANGE_NAME | \
                     REG_NOTIFY_CHANGE_ATTRIBUTES | \
                     REG_NOTIFY_CHANGE_LAST_SET | \
                     REG_NOTIFY_CHANGE_SECURITY
VOID WINAPI RegMonCallback(PTP_CALLBACK_INSTANCE pInst, PVOID pCtx)
{
   PHANDLE parObjs = (PHANDLE)pCtx;
   HKEY    hKey    = (HKEY)parObjs[0];
   HANDLE  hevNoti = parObjs[2], hevExit = parObjs[1];

   cout << "Waiting for a change in the specified key..." << endl;
   while (true)
   {
      LONG lErrCode = RegNotifyChangeKeyValue
      (
         hKey, TRUE, REG_MON_FLTR, hevNoti, TRUE
      );
```

레지스트리 변경 감시를 위해 RegNotifyChangeKeyValue를 호출한다. 별도의 영속 스레드에서 감시를 수행하기 때문에, 굳이 REG_NOTIFY_THREAD_AGNOSTIC 플래그를 추가로 지정할 필요는 없다.

```cpp
      if (lErrCode != ERROR_SUCCESS)
      {
         cout << "Error occurred, code = " << lErrCode << endl;
         break;
      }

      DWORD dwWaitRet = WaitForMultipleObjects(2, parObjs + 1, FALSE, INFINITE);
      if (dwWaitRet == WAIT_FAILED || dwWaitRet == WAIT_OBJECT_0)
         break;

      cout << "Change has occurred." << endl;
   }
   SetEventWhenCallbackReturns(pInst, hevExit);
```

콜백 함수의 실행이 완료되었음을 통지하기 위해, SetEventWhenCallbackReturns를 통해 콜백 인스턴스에 hevExit 이벤트를 설정한다.

```cpp
}
```

이번에는 하나의 영속 작업자 스레드를 가진 스레드 풀을 통해서 WaitForThreadpoolXxx-Callbacks 함수의 fCancelPendingCallbacks 매개변수의 지정에 따라 실행 결과가 어떻게 달라지는지를 직접 확인해보자.

다음 프로젝트는 〈프로젝트 6.3.2 TPoolWorkVista〉 코드에서 영속 작업자 스레드를 하나만 갖도록 별도의 스레드 풀을 생성한 후, 그 스레드에 의해서 콜백 항목을 실행하도록 변경한 예제다. 콜백 함수의 정의는 동일하며, 메인 함수에서 스레드 풀을 별도로 사용하도록 변경했다.

프로젝트 6.4.2 TPWaitPersistTest

```
void _tmain()
{
    TP_CALLBACK_ENVIRON ce;
    InitializeThreadpoolEnvironment(&ce);

    PTP_POOL pPool = NULL;
    try
    {
        pPool = CreateThreadpool(NULL);
        if (!pPool)
            throw (LONG)GetLastError();

        SetThreadpoolThreadMaximum(pPool, 1);
        if (!SetThreadpoolThreadMinimum(pPool, 1))
            throw (LONG)GetLastError();
        SetThreadpoolCallbackPool(&ce, pPool);
```

영속 작업자 스레드를 하나 설정하고 스레드 풀을 콜백 환경에 설정한다.

```
        PTP_WORK ptpWork = CreateThreadpoolWork(ThreadPoolWorkProc, (PVOID)3, &ce);
        for (int i = 0; i < 5; i++)
            SubmitThreadpoolWork(ptpWork);
```

TP_WORK 객체를 콜백 환경과 연계하여 생성한다. 그리고 TP_WORK 객체를 통해 다섯 번 연속으로 콜백 함수가 호출되도록 한다. 스레드가 하나이므로 최초의 콜백 함수가 실행되며, 그동안 4개의 콜백 항목이 스레드 풀의 작업 큐에 추가된다.

```
        Sleep(10);
        WaitForThreadpoolWorkCallbacks(ptpWork, FALSE);
```

```
    CloseThreadpoolWork(ptpWork);
  }
  catch (LONG ex)
  {
    cout << "Error occurred, code = " << ex << endl;
  }
  if (pPool != NULL)
    CloseThreadpool(pPool);
  DestroyThreadpoolEnvironment(&ce);
  cout << "==== Program exits... =====================" << endl;
}
```

위의 코드를 살펴보면 ptpWork에 대해 콜백 함수가 다섯 번 비동기적으로 실행되도록 SubmitThreadpoolWork 함수를 호출했다. 그러면 스레드 풀 pPool의 작업 큐에는 5개의 콜백 항목이 큐잉된다. 그리고 WaitForThreadpoolWorkCallbacks 함수를 호출하는 시점이면 작업자 스레드는 하나밖에 없기 때문에, 이미 하나의 콜백 함수는 실행 중이고 나머지 4개의 콜백은 자신의 실행 순서를 기다리며 큐에서 대기 중인 상태가 된다. 따라서, fCancelPendingCallbacks 매개변수를 TRUE로 지정하면 다음의 실행 결과처럼 현재 실행 중인 콜백이 완료되자마자 나머지 4개의 콜백 항목은 무시되고 프로그램은 종료될 것이다.

```
 => WorkItem 3(ID : 10096) started at : 16:08:39.876
 ... WorkItem 3(ID : 10096) ended at : 16:08:42.877
 ==== Program exits... ====================
```

하지만 fCancelPendingCallbacks 매개변수를 FALSE로 지정하면 현재 실행 중인 콜백뿐만 아니라 작업 큐에 남아 있는 나머지 4개의 콜백이 모두 실행이 완료되어야 프로그램이 종료된다는 것을 알 수 있다. FALSE로 지정했을 경우의 실행 결과는 다음과 같다.

```
 => WorkItem 3(ID : 6944) started at : 16:07:02.196
 ... WorkItem 3(ID : 6944) ended at : 16:07:05.197
```

```
=> WorkItem 3(ID : 6944) started at : 16:07:05.197
... WorkItem 3(ID : 6944) ended at : 16:07:08.198
      :
=> WorkItem 3(ID : 6944) started at : 16:07:14.200
... WorkItem 3(ID : 6944) ended at : 16:07:17.201
==== Program exits... ====================
```

2) PVOID RaceDll

앞서 콜백 함수를 포함하는 DLL을 언로드할 수 있는 수단으로 FreeLibraryWhenCallback-Returns 함수를 설명했다. 이 함수는 콜백 함수의 실행이 완료되면 스레드 풀이 FreeLibrary를 호출해줄 것을 요구하며, 따라서 콜백 함수의 호출 완료와 더불어 시스템은 DLL의 언로드 여부를 판별하게 된다. 하지만 다른 콜백 함수에서 이 DLL을 사용 중이라면 FreeLibraryWhenCallbackReturns의 호출은 문제가 될 것이다. 이제 필요한 것은 지정된 스레드 풀 내의 여러 콜백 함수들이 실행 중인 동안에는 라이브러리를 로드한 상태로 유지할 수 있는 기능이다. 이를 위해 SetThreadpoolCallbackLibrary 함수가 제공된다.

```
VOID SetThreadpoolCallbackLibrary
(
    _Inout_  PTP_CALLBACK_ENVIRON   pcbe,
    _In_     PVOID                  mod
);
```

mod 매개변수는 로드된 DLL의 모듈 핸들이 된다. 이 함수를 사용했을 때 스레드 풀이 DLL을 관리하는 기본적인 원리는 콜백 함수가 호출되기 전에 운영체제의 로더 잠금(DLL이 로드 또는 언로드되는 동안에는 항상 유지)을 획득하고 DLL의 참조 횟수를 증가시킨 다음 로더 잠금을 해제하는 것이다. 콜백 실행이 완료되면 로더 잠금을 다시 획득하고 참조 횟수를 감소시킨다. 이 방법을 사용하면 콜백 함수가 실행 중인 동안에는 DLL을 언로드할 수 없게 된다. 실행 중인 콜백이 아니라, 스레드 풀의 큐에서 대기 중인 콜백 항목의 경우라면 DLL의 참조 횟수는 변경되지 않는다. 따라서 보류 중인 콜백이 있는 DLL은 언로드할 수 있다. 그러나 DLL_PROCESS_DETACH 이벤트를 처리하고 보류 중인 모든 콜백을 취소하는 일은 여러분이 작성할 DllMain 함수에서 수행해야 한다.

그러나 콜백 함수를 호출하기 전과 호출한 이후에 로더 잠금을 획득하고 해제하는 데 따르는 오버헤드 때문에, 이러한 보호 수단에 따르는 비용이 적지 않다. 또한 단일 로더 잠금이 프로세스마다 존재하기 때문에 이에 대한 심각한 경합이 발생될 수 있으므로, DLL이 성급하게 언로드되는 것을 방지하기 위해 스레드 풀의 메커니즘에 의존하는 경우, 응용 프로그램의 성능 저하를 불러일으킬 수 있다. 응용 프로그램의 시나리오에 따라, 여기서 설명한 함수와 윈도우의 동기화 기능을 조합하여 안전한 DLL 언로딩을 위한 응용 프로그램 전용 메커니즘을 작성하는 것이 효과적일 것이다.

3) DWORD LongFunction

이 필드는 콜백 환경과 연결된 콜백 함수가 신속하게 반환하지 않을 수 있다는 것, 즉 긴 실행 시간이 소요된다는 것을 스레드 풀에 알리는 데 사용된다. 다음은 이 필드를 설정하기 위한 함수다.

```
VOID SetThreadpoolCallbackRunsLong(_Inout_ PTP_CALLBACK_ENVIRON pcbe);
```

앞서 콜백 인스턴스를 통하여 해당 콜백 함수가 장기 실행 콜백임을 스레드 풀에 알려주는 CallbackMayRunLong 함수를 설명한 바 있다. CallbackMayRunLong 함수는 현재 실행 중인 콜백 함수가 긴 수행 시간을 요한다는 것을 콜백 함수 내에서 동적으로 스레드 풀에 알려주는 역할을 하지만, SetThreadpoolCallbackRunsLong 함수는 이 콜백 환경을 사용하는 작업 항목의 모든 콜백 함수가 긴 수행 시간을 요한다는 것을 미리 알려주어 스레드 풀로 하여금 대비할 수 있도록 해준다.

4) DWORD Persistent

이 필드는 윈도우 7에서 새롭게 추가되었으며, 영속 스레드로 하여금 콜백 함수를 실행하도록 지시한다. 다음의 함수를 통해 필드를 설정한다.

```
VOID SetThreadpoolCallbackPersistent(_Inout_ PTP_CALLBACK_ENVIRON pcbe);
```

영속 스레드는 앞서 설명한 것처럼 종료되지 않고 스레드 풀에 계속 존재하는 스레드다. 따라서 영속 스레드를 작업자 스레드로 사용할 때, 장기 실행 콜백의 실행을 영속 스레드에 맡길 경우, 다른 작업을 수행할 기회를 그만큼 잠식하기 때문에 주의해야 한다. 윈도우 2000 스레드 풀에서는 타이머 스레드를 통해 영속 스레드를 지원했지만, 새로운 스레드 풀은 앞서 설명한 대로 새로운 스레드 풀을 생성하여 최대/최소 스레드 수를 동일하게 지정하는 방식으로 영속 스레드를 사용하는 방식을 제공하기 때문에, 타이머 스레드의 제거와 함께 영속 스레드 사용 설정 역시 제거했다. 하지만 윈도우 7에 들어서면서 최대/최소치 설정을 통한 방식과는 별도로 영속 스레드를 만들 수 있는 수단이 제공된다. SetThreadpoolCallbackPersistent 함수를 사용하면 별도의 스레드 풀을 생성하여 최대/최소치를 1로 설정함으로써 단 하나의 영속 작업자 스레드를 갖도록 만드는 것과 동일한 효과를 낼 수 있다.

SetThreadpoolCallbackRunsLong 함수와 SetThreadpoolCallbackPersistent 함수의 사용에 있어서는 다소 주의를 요한다. 콜백 환경에 대한 MSDN의 설명은 사실 상당히 부족한 편이다. 그리고 콜백 환경 자체도 여전히 과도기에 있는듯하다. 콜백 환경 구조체의 필드 설정을 인라인 함수로 제공하고 있다는 것을 봐도 윈도우 버전이 새롭게 갱신될수록 콜백 환경 관련 기능 역시 갱신될 가능성이 있다는 것을 예상할 수 있다. MSDN 매뉴얼에 나와 있진 않지만, 실제로 사용해보면 서로 충돌하는 상황이 생긴다. 실제로 새로운 스레드 풀을 생성해, 그것을 콜백 환경에 지정한 상태에서 이 두 함수를 호출하면 프로그램은 예외가 발생하고 다운되어 버린다. 예상할 수 있는 것은 SetThreadpoolCallbackRunsLong과 SetThreadpoolCallbackPersistent는 새로 생성한 스레드 풀에 대해서는 호출할 수 없고, 디폴트 스레드 풀의 환경을 변경하는 데 사용되는 것으로 보인다.

다음 프로젝트를 통해서 SetThreadpoolCallbackRunsLong 함수와 SetThreadpool-CallbackPersistent 함수를 사용했을 때 어떤 변화가 있는지 확인해보기로 하자. 앞서 확인했던 예인 〈프로젝트 6.4.2 TPWaitPersistTest〉의 메인 함수 부분을 일부 변경했다.

프로젝트 6.4.2 TPWaitCETest

```
void _tmain()
{
   TP_CALLBACK_ENVIRON ce;
   InitializeThreadpoolEnvironment(&ce);

   try
   {
      //PTP_POOL pPool = CreateThreadpool(NULL);
               ⋮
      //SetThreadpoolCallbackPool(&ce, pPool);
```

SetThreadpoolCallbackPersistent와 SetThreadpoolCallbackRunsLong 함수를 사용할 경우에는 별도의 스레드 풀을 생성하여 콜백 환경에 설정하지 말라.

```
    SetThreadpoolCallbackPersistent(&ce);
    또는
    SetThreadpoolCallbackRunsLong(&ce);

    getchar();
    PTP_WORK ptpWork = CreateThreadpoolWork(ThreadPoolWorkProc, (PVOID)10, &ce);
    for (int i = 0; i < 10; i++)
    {
        SubmitThreadpoolWork(ptpWork);
        Sleep(1000);
    }
      ⋮
}
```

위의 코드에서 SetThreadpoolCallbackPersistent 또는 SetThreadpoolCallbackRunsLong 없이 실행했을 경우를 태스크 매니저를 통해 확인해보면 메인 스레드를 제외한 작업자 스레드 수 10개가 생성된다. 하지만 SetThreadpoolCallbackRunsLong 함수를 호출하고 실행해보면 한 개가 많은 11개의 작업자 스레드가 생성된다. 이는 장기 실행 함수를 설정했기 때문에 미리 하나 이상의 스레드를 만들어 두어 그 상황에 대비하기 위함일 거라는 추측이 가능하다. SetThreadpoolCallbackPersistent 함수를 사용하게 되면 작업자 스레드 수는 항상 하나가 된다. 그리고 열 번의 SubmitThreadpoolWork 호출에 의한 콜백 함수 실행은 그 스레드에 의해 순차적으로 실행된다. 이는 최대/최소치를 1로 설정한 스레드 풀을 지정했을 때의 결과와 동일하다.

5) TP_CALLBACK_PRIORITY CallbackPriority

콜백 함수가 호출될 때 스레드 풀의 작업자 스레드의 상대 우선순위를 다음의 함수를 통해 콜백 환경에 지정할 수 있다. 이 함수 역시 윈도우 7 이상에서 지원된다.

```
VOID SetThreadpoolCallbackPriority
(
    _Inout_   PTP_CALLBACK_ENVIRON pcbe,
    _In_      TP_CALLBACK_PRIORITY Priority
);
```

Priority 매개변수는 동일 스레드 풀 내의 다른 작업 항목에 대한 상대 우선순위를 의미하며, 다음과 같이 열거형으로 정의된다.

```
typedef enum _TP_CALLBACK_PRIORITY
{
    TP_CALLBACK_PRIORITY_HIGH,
    TP_CALLBACK_PRIORITY_NORMAL,
    TP_CALLBACK_PRIORITY_LOW,
    TP_CALLBACK_PRIORITY_INVALID,
    TP_CALLBACK_PRIORITY_COUNT = TP_CALLBACK_PRIORITY_INVALID
} TP_CALLBACK_PRIORITY;
```

6.4.3 정리그룹 객체

지금까지 "콜백 환경" TP_CALLBACK_ENVIRON 구조체의 주요 필드와 관련 함수들을 살펴보았다. 이번 절에서는 CleanupGroup, CleanupGroupCancelCallback 필드에 대해 설명할 예정이다. CleanupGroup 필드는 "정리그룹"이라는 TP_CLEANUP_GROUP 구조체의 인스턴스를 요구한다. 정리그룹은 스레드 풀 콜백 객체의 정리 과정을 간소화하는 방법을 제공한다. 정리그룹 객체를 스레드 풀 콜백 환경과 연결하면 콜백 환경을 사용해 만든 모든 스레드 풀 콜백 객체가 정리그룹에 의해 추적된다. 응용 프로그램에서 콜백 객체 사용을 완료한 다음 생성된 객체들을 해제하고자 할 때, 각 콜백 객체에 대해 CloseThreadpoolXxx 함수를 별도로 호출하는 것이 아니라, 단지 정리그룹과 관련된 하나의 함수만 호출하면 스레드 풀에 연결된 모든 TP_XXX 리소스를 해제할 수 있다. 정리그룹은 정리그룹에 등록된 다양한 TP_XXX 객체들에 대한 해제 처리를 일괄적으로 수행할 수 있는 수단을 제공한다. 반대로 말하자면, 콜백 객체가 정리그룹에 연결되어 있는 경우에는 각 객체에 대해 개별적인 CloseThreadpoolXxx 함수를 호출하면 안 된다는 것을 의미하기도 한다.

1) 정리그룹 생성 및 설정

정리그룹 객체의 생성과 소멸은 다음의 두 함수가 담당한다.

```
PTP_CLEANUP_GROUP WINAPI CreateThreadpoolCleanupGroup(void);

VOID WINAPI CloseThreadpoolCleanupGroup(_Inout_ PTP_CLEANUP_GROUP ptpcg);
```

CreateThreadpoolCleanupGroup 함수를 통하여 정리그룹을 표현하는 문서화되지 않은 TP_CLEANUP_GROUP 구조체의 인스턴스를 획득한다. 정리그룹을 모두 사용한 다음 해제하고자 할 때에는 CloseThreadpoolCleanupGroup 함수를 호출하면 된다.

CreateThreadpoolCleanupGroup 함수를 통해 획득한 정리그룹을 사용하려면 역시 콜백 환경과 바인딩해야 한다. 이 바인딩 작업은 TP_CALLBACK_ENVIRON 구조체의 나머지 두 필드를 설정하는 작업이다.

- PTP_CLEANUP_GROUP CleanupGroup
- PTP_CLEANUP_GROUP_CANCEL_CALLBACK CleanupGroupCancelCallback

위에서 언급한 CleanupGroup 필드는 TP_CLEANUP_GROUP 구조체의 인스턴스며, CleanupGroupCancelCallback 필드는 정리그룹에 관련된 콜백 함수의 포인터다. 그리고 이 필드를 설정하는 함수는 다음과 같다.

```
VOID SetThreadpoolCallbackCleanupGroup
(
    _Inout_    PTP_CALLBACK_ENVIRON                  pcbe,
    _In_       PTP_CLEANUP_GROUP                     ptpcg,
    _In_opt_   PTP_CLEANUP_GROUP_CANCEL_CALLBACK pfng
);
```

이 함수 역시 인라인 함수며, 그 내부에서는 TpSetCallbackCleanupGroup 인라인 함수를 호출한다. 앞 절에서 이미 보여준 정의의 내용으로 알 수 있듯이, 정리그룹의 인스턴스 포인터인 ptpcg 매개변수는 pcbe가 가리키는 TP_CALLBACK_ENVIRON 구조체의 CleanupGroup 필드에 설정되고, 뒤에서 언급할 CloseThreadpoolCleanupGroupMembers 함수를 호출하면 실행될 콜백 함수에 대한 포인터 매개변수 pfng는 CleanupGroupCancelCallback 필드에 설정된다. pfng 매개변수는 NULL로 지정해도 상관없으며, CleanupGroupCancelCallback 콜백 함수를 전달하고자 한다면 그 형식은 다음과 같다.

```
VOID CALLBACK CleanupGroupCancelCallback
(
    _Inout_opt_    PVOID ObjectContext,
    _Inout_opt_    PVOID CleanupContext
);
```

PVOID ObjectContext

ObjectContext는 정리되는 스레드 풀 콜백 객체에 대한 생성 함수에 제공되었던 선택적인 데이터, 즉 CreateThreadpoolXxx 호출 시 전달한 컨텍스트 정보 pv 매개변수의 값이다.

PVOID CleanupContext

CleanupContext는 CloseThreadpoolCleanupGroupMembers 함수 호출 시에 전달하는 유저 정의 참조 데이터 pvCleanupContext의 값이다.

2) 스레드 풀 관련 리소스 일괄 정리

응용 프로그램에서 정리그룹에 의해 추적되는 스레드 풀 콜백 객체의 사용을 완료한 후에 CloseThreadpoolGroupMembers를 호출하면 모든 처리가 완료된다.

```
VOID WINAPI CloseThreadpoolCleanupGroupMembers
(
    _Inout_        PTP_CLEANUP_GROUP ptpcg,
    _In_           BOOL              fCancelPendingCallbacks,
    _Inout_opt_    PVOID             pvCleanupContext
);
```

BOOL fCancelPendingCallbacks

fCancelPendingCallbacks가 TRUE인 경우에는 스레드 풀의 큐에는 보관 중이지만 아직 실행되지 않은 콜백은 취소되며, FALSE인 경우에는 보류 중인 모든 콜백 함수가 작업자 스레드에 발송되고 실행이 완료될 때까지 CloseThreadpoolCleanupGroupMembers로부터 리턴되지 않는다.

PVOID pvCleanupContext

pvCleanupContext 매개변수는 SetThreadpoolCallbackCleanupGroup 호출 시에 전달한 마지막 매개변수, 즉 지정된 선택적인 취소 정리 콜백 함수 CleanupGroupCancelCallback에 유저 정의 참조 데이터를 전달하는 데 사용된다.

이 함수는 WaitForThreadpoolXxxCallbacks 함수와 비슷한 기능을 한다. 이 함수가 호출되면 현재 실행 중인 모든 콜백 함수가 완료될 때까지 호출 스레드는 대기 상태가 된다. 그리고 취소 콜백 함수, 즉 SetThreadpoolCallbackCleanupGroup의 pfng 매개변수로 전달된 콜백 함수는 정리 중인 각 스레드 풀 콜백 객체에 대해 한 번씩 호출된다. 정리그룹에 연결되어 있는 각 콜백 항목에 대한 모든 삭제 처리는 이 함수에서 수행되기 때문에, 이 함수를 호출한 후 CreateThreadpoolXxx 함수 호출에 의해 생성된 콜백 객체에 대해 CloseThreadpoolXxx를 호출하면 이미 삭제된 객체를 또 삭제하는 상황이 되므로 예외가 발생한다. 따라서 정리그룹을 사용한다면 개별 작업 객체에 대한 CloseThreadpoolXxx를 절대로 호출하지 말기 바란다.

CloseThreadpoolCleanupGroupMembers 함수를 호출한 다음에는 CloseThreadpool-CleanupGroup 함수를 사용해 정리그룹을 해제하면 된다. 정리그룹에 멤버가 존재하는 동안에 CloseThreadpoolCleanupGroup을 호출하면 리소스 누수가 발생될 수 있으므로 호출 시에 유의하기 바란다.

DisassociateCurrentThreadFromCallback의 호출은 콜백 환경의 정리그룹에 대한 현재 실행 중인 콜백의 연결을 끊지 못한다. 이것은 다른 스레드가 CloseThreadpoolCleanupGroup-Members를 호출한 경우에 콜백 함수를 실행하는 스레드가 스레드 풀로 반환될 때까지 함수가 기다리도록 하기 위한 것이다. 또한 DisassociateCurrentThreadFromCallback을 호출하고 콜백 함수 내에서 SubmitThreadpoolWork 등의 함수를 통해 콜백 객체를 다시 사용하고자 할 때, CloseThreadPoolCleanupGroupMembers를 호출한 후에 객체를 다시 사용하려고 시도하면 콜백 함수 내에서 예외가 발생할 수 있으므로, CloseThreadPoolCleanupGroupMembers에 대한 호출과 함께 이를 동기화해야 한다.

다음 프로젝트는 정리그룹을 사용하는 예를 보여준다. TP_WORK 객체와 TP_TIMER 객체를 각각 하나씩 생성하여 정리그룹과 연결시킨 후, 최종적으로 각 객체에 대한 WaitForThreadpoolXxxCallbacks 함수나 CloseThreadpoolXxx 함수의 호출 없이 단 한 번의 CloseThreadpoolCleanupGroupMembers 함수 호출로 스레드 풀에 등록된 모든 콜백 객체를 해제하는 예제다. 먼저 각 콜백 함수들에 대한 정의는 다음과 같다.

TP_TIMER 객체에 대한 콜백 함수 정의

```
VOID CALLBACK MyTimerCallback(PTP_CALLBACK_INSTANCE, PVOID pCtx, PTP_TIMER)
{
   DWORD dwThrId = GetCurrentThreadId();
   int nVal = (int)pCtx;
   printf(" ###### TIMER Worker %d expired, value=%d\n", dwThrId, nVal);
}
```

TP_WORK 객체에 대한 콜백 함수 정의

```
VOID CALLBACK MyWorkCallback(PTP_CALLBACK_INSTANCE, PVOID pCtx, PTP_WORK)
{
   DWORD dwThrId = GetCurrentThreadId();
   int nVal = (int)pCtx;
   printf(" ******* WORK Worker %d called, value=%d\n", dwThrId, nVal);
   Sleep(2000);
}
```

CloseThreadPoolCleanupGroupMembers 호출 시의 콜백 함수 정의

```
VOID CALLBACK MyCGCancelCallback(PVOID pObjCtx, PVOID pCleanCtx)
{
   DWORD dwThrId = GetCurrentThreadId();
   int nObjVal   = (int)pObjCtx;
   int nCleanVal = (int)pCleanCtx;
   printf(" ===> Cancel Callback called, tid=%d, OjbVal=%d, CleanVal=%d\n",
        dwThrId, nObjVal, nCleanVal);
}
```

다음은 메인 함수를 정의한 코드다. 정리그룹을 생성하고 그것을 콜백 환경과 연결한 후 TP_WORK와 TP_TIMER 객체를 통한 스레드 풀을 사용하도록 처리했다.

```
void _tmain()
{
   TP_CALLBACK_ENVIRON ce;
```

```
    InitializeThreadpoolEnvironment(&ce);
```

콜백 환경을 선언하고 초기화한다.

```
    PTP_POOL pPool = NULL;
    PTP_WORK ptpWork = NULL;
    PTP_TIMER ptpTimer = NULL;
    PTP_CLEANUP_GROUP pCG = NULL;

    try
    {
        pPool = CreateThreadpool(NULL);
```

조정 가능한 새로운 스레드 풀을 생성한다.

```
        if (pPool == NULL)
            throw GetLastError();

        SetThreadpoolThreadMaximum(pPool, 2);
        if (!SetThreadpoolThreadMinimum(pPool, 1))
            throw GetLastError();
```

새로운 스레드 풀에서의 작업 스레드 수의 최대/최소치를 설정한다.

```
        pCG = CreateThreadpoolCleanupGroup();
```

생성한 스레드 풀을 위한 정리그룹을 생성한다.

```
        if (pCG == NULL)
            throw GetLastError();

        SetThreadpoolCallbackCleanupGroup(&ce, pCG, MyCGCancelCallback);
```

정리그룹을 콜백 환경에 설정하고, 정리그룹 취소 콜백 함수를 지정한다.

```
        SetThreadpoolCallbackPool(&ce, pPool);
```

콜백 환경을 새로 생성한 스레드 풀에 연계시킨다.

```
        ptpWork = CreateThreadpoolWork(MyWorkCallback, (PVOID)32, &ce);
```

콜백 환경과 함께 작업 항목을 생성한다. 식별을 위해 32를 매개변수로 넘겼다.

```
    if (ptpWork == NULL)
        throw GetLastError();
    SubmitThreadpoolWork(ptpWork);
```

```
    ptpTimer = CreateThreadpoolTimer(MyTimerCallback, (PVOID)64, acc);
```

```
    if (ptpTimer == NULL)
        throw GetLastError();
    ULARGE_INTEGER ll;
    ll.QuadPart = (ULONGLONG)-(1 * 10 * 1000 * 1000);
    FILETIME ft;
    ft.dwHighDateTime = ll.HighPart;
    ft.dwLowDateTime = ll.LowPart;
    SetThreadpoolTimer(ptpTimer, &ft, 0, 0);
```

```
    Sleep(1500);

    CloseThreadpoolCleanupGroupMembers(pCG, FALSE, (PVOID)128);
```

```
}
catch (DWORD dwErrcode)
{
    cout << "Error occurred, code = " << dwErrcode << endl;
}

if (pCG != NULL)
    CloseThreadpoolCleanupGroup(pCG);
```

```
if (pPool != NULL)
    CloseThreadpool(pPool);
```

```
생성한 스레드 풀 객체를 제거한다.

    DestroyThreadpoolEnvironment(&ce);

콜백 환경을 해제한다.

}
```

위 코드를 실행한 결과는 다음과 같다.

```
****** WORK Worker 3868 called, value=32
###### TIMER Worker 8392 expired, value=64
===> Cancel Callback called, tid=5516, OjbVal=32, CleanVal=128
===> Cancel Callback called, tid=5516, OjbVal=64, CleanVal=128
```

CloseThreadpoolCleanupGroupMembers 함수를 호출하면 정리객체에 등록된 모든 콜백 항목의 실행이 완료되었을 때 해당 항목을 해제해준다. 각 항목별 해제 시에 콜백 환경에 등록했던 MyCGCancelCallback 콜백 함수가 호출된다는 것을 확인할 수 있다.

다음 프로젝트는 커널 버퍼를 사용하지 않고 직접 파일을 복사하는 FileCopyNoBuff 예제를 스레드 풀을 사용하도록 변경했다. 이번 예는 단일 파일 복사에 대해 중첩된 입출력을 사용하도록 처리하며, 중첩 입출력에 대한 TP_IO 해제를 정리그룹을 사용하도록 코드를 추가했다. 중첩 입출력을 사용하기 위해 COPY_CHUNK 구조체를 정의했으며, 컨텍스트 매개변수로 복사 환경 정보를 전달하기 위해 COPY_ENV 구조체도 정의했다.

프로젝트 6.4.3 TPFileCopyNoBuff

```cpp
#define DEF_BUFF_SIZE 65536
static SIZE_T PAGE_SIZE;    // 운영체제에서 정의된 페이지 파일 크기
static SIZE_T BUFF_SIZE;    // 입출력 작업에 사용되는 버퍼 크기


struct COPY_CHUNK
{
   OVERLAPPED _ov;          // 비동기 입출력을 위한 OVERLAPPED 구조체
   PVOID      _buff;        // 파일 복사를 위한 버퍼
};
```

```
typedef COPY_CHUNK* PCOPY_CHUNK;

struct COPY_ENV
{
    PCOPY_CHUNK      _pcpBufs;        // COPY_CHUNK 배열에 대한 포인터
    SIZE_T           _cntBufs;        // COPY_CHUNK 배열 원소의 수
    HANDLE           _hfSrc, _hfDst;  // 소스와 타깃 파일 핸들
    HANDLE           _hevComp;        // 파일 복사 작업이 완료되었을 때 통지를 위한 이벤트
    PTP_IO           _prio, _pwio;    // 파일 읽기와 쓰기를 위한 스레드 풀 입출력 콜백 객체
    LARGE_INTEGER    _fsize, _offset; // 소스 파일 크기와 오프셋 관리를 위한 변수
    LONG             _rpend, _wpend;  // 읽기와 쓰기를 위한 대기 수
    DWORD            _status;         // 복사 작업 중의 결과를 담을 상태 변수
};
typedef COPY_ENV* PCOPY_ENV;
```

이제 메인 함수의 정의를 살펴보도록 하자. 프로그램 인자를 통해 소스와 타깃 파일명을 전달받고, 추가적으로 마지막 인자를 통해 중첩 입출력의 개수를 지정할 수 있다. 기본적인 중첩 입출력의 수는 DEF_CHUNK_CNT로 정의된 4로 하고, 에러 처리는 __try~__finally 구문을 통한 SEH를 이용하도록 했다.

```
#define DEF_CHUNK_CNT 4
void _tmain(int argc, TCHAR* argv[])
{
    SIZE_T nCopyCnt = DEF_CHUNK_CNT;
    g_hevExit = CreateEvent(NULL, TRUE, FALSE, NULL);
    SetConsoleCtrlHandler((PHANDLER_ROUTINE)CtrlHandler, TRUE);


    SYSTEM_INFO si = { 0 };
    GetSystemInfo(&si);
    PAGE_SIZE = si.dwPageSize;
```
페이지 크기를 획득한다.

```
    BUFF_SIZE = (DEF_BUFF_SIZE + PAGE_SIZE - 1) & ~(PAGE_SIZE - 1);
```
버퍼 크기는 페이지 크기의 배수가 되어야 하므로 페이지 크기에 맞게 조정한다.

```
HANDLE hSrcFile = INVALID_HANDLE_VALUE;
HANDLE hDstFile = INVALID_HANDLE_VALUE;
PCOPY_CHUNK pCopyBufs = NULL;
__try
{
   SIZE_T allocSize = sizeof(COPY_CHUNK) * nCopyCnt;
   pCopyBufs = PCOPY_CHUNK(new BYTE[allocSize]);
   if (!pCopyBufs)
      __leave;
   memset(pCopyBufs, 0, allocSize);
```

COPY_CHUNK 배열을 할당하고 초기화한다.

```
   COPY_CHUNK* pCurr = pCopyBufs;
   for (SIZE_T i = 0; i < nCopyCnt; ++i, ++pCurr)
   {
      pCurr->_buff = VirtualAlloc
         (NULL, BUFF_SIZE, MEM_COMMIT | MEM_RESERVE, PAGE_READWRITE);
      if (!pCurr->_buff)
      {
         cout << "VirtualAlloc failed with " << GetLastError() << endl;
         __leave;
      }
```

중첩 입출력 수만큼 COPY_CHUNK 구조체를 할당하고 초기화한다. 4장에서 설명한 것처럼, FILE_FLAG_NO_BUFFERING 플래그를 이용할 경우 메모리의 시작 번지는 페이지 단위의 배수가 되어야 하며, 따라서 VirtualAlloc 함수를 이용해 버퍼를 할당한다.

```
   }

   hSrcFile = CreateFile(argv[1], GENERIC_READ,
      FILE_SHARE_READ, NULL, OPEN_EXISTING,
      FILE_FLAG_NO_BUFFERING | FILE_FLAG_OVERLAPPED, NULL);
   if (hSrcFile == INVALID_HANDLE_VALUE)
   {
      cerr << "Failed to open source, error " << GetLastError() << endl;
      __leave;
   }
   LARGE_INTEGER llSrcSize;
   if (!GetFileSizeEx(hSrcFile, &llSrcSize))
```

```
    {
        cerr << "GetFileSizeEx failed with " << GetLastError() << endl;
        __leave;
    }
```

```
    hDstFile = CreateFile(argv[2], GENERIC_READ | GENERIC_WRITE,
        FILE_SHARE_READ | FILE_SHARE_WRITE, NULL, CREATE_ALWAYS,
        FILE_FLAG_NO_BUFFERING | FILE_FLAG_OVERLAPPED, hSrcFile);
    if (hDstFile == INVALID_HANDLE_VALUE)
    {
        cerr << L"Failed to create target file, error " << GetLastError() << endl;
        __leave;
    }
    LARGE_INTEGER llInitSize;
    llInitSize.QuadPart =
        (llSrcSize.QuadPart + PAGE_SIZE - 1) & ~((DWORD_PTR)(PAGE_SIZE - 1));
    if (!SetFilePointerEx(hDstFile, llInitSize, NULL, FILE_BEGIN))
    {
        cerr << "SetFilePointerEx failed with " << GetLastError() << endl;
        __leave;
    }
    if (!SetEndOfFile(hDstFile))
    {
        cerr << "SetEndOfFile failed with " << GetLastError() << endl;
        __leave;
    }
```

```
    if (CopyFileUsingTP
        (hSrcFile, hDstFile, llSrcSize, pCopyBufs, nCopyCnt) != ERROR_SUCCESS)
        __leave;
```

```
    hDstFile = ReOpenFile
       (hDstFile, GENERIC_WRITE, FILE_SHARE_READ | FILE_SHARE_WRITE, 0);
    if (hDstFile == INVALID_HANDLE_VALUE)
    {
       cerr << "ReOpenFile failed with " << GetLastError() << endl;
       __leave;
    }
    if (!SetFilePointerEx(hDstFile, llSrcSize, NULL, FILE_BEGIN))
    {
       cerr << "Final SetFilePointerEx failed with " << GetLastError() << endl;
       __leave;
    }
    if (!SetEndOfFile(hDstFile))
    {
       cerr << "Setting end of file faile with " << GetLastError() << endl;
       __leave;
    }
```

파일 복사 완료 후 복사된 타깃 파일을 소스의 실제 파일 크기로 조정한다.

```
    cout << "Copy operation completed...." << endl;
  }
  __finally
  {
    if (hSrcFile != INVALID_HANDLE_VALUE)
       CloseHandle(hSrcFile);
    if (hDstFile != INVALID_HANDLE_VALUE)
       CloseHandle(hDstFile);
    if (pCopyBufs != NULL)
    {
       COPY_CHUNK* pCurr = pCopyBufs;
       for (SIZE_T i = 0; i < nCopyCnt; ++i, ++pCurr)
       {
          if (pCurr->_buff != NULL)
             VirtualFree(pCurr->_buff, 0, MEM_RELEASE);
       }
       delete[] pCopyBufs;
    }
```

```
        if (g_hevExit != NULL)
            CloseHandle(g_hevExit);
    }
}
```

다음은 파일 복사 작업을 처리하는 CopyFileUsingTP 함수에 대한 정의다. 이 함수에서 스레드 풀, 콜백 환경, 정리그룹을 생성하고, 파일 복사를 개시한 후 복사 완료를 대기하는 처리를 수행한다. 에러 처리 역시 __try~ __finally를 사용했다.

```
DWORD CopyFileUsingTP(HANDLE hfSrc, HANDLE hfDst, LARGE_INTEGER fSize,
                      PCOPY_CHUNK parCpBufs, SIZE_T cntBufs)
{
   DWORD                 dwRlt = ERROR_SUCCESS;
   PTP_POOL              pPool = NULL;
   PTP_CLEANUP_GROUP     pcg = NULL;
   PTP_WORK              pWork = NULL;
   COPY_ENV              ce = { 0 };

   TP_CALLBACK_ENVIRON cbe;
   InitializeThreadpoolEnvironment(&cbe);
```
콜백 환경 객체를 선언하고 초기화한다.

```
   ce._hfSrc = hfSrc;
   ce._hfDst = hfDst;
   ce._fsize.QuadPart = fSize.QuadPart;
   ce._pcpBufs = parCpBufs;
   ce._cntBufs = cntBufs;
```
COPY_ENV 블록을 초기화한다.

```
   __try
   {
      ce._hevComp = CreateEvent(NULL, TRUE, FALSE, NULL);
      if (ce._hevComp == NULL)
      {
         dwRlt = GetLastError();
```

```
        cerr ≪ "CreateEvent failed with error " ≪ dwRlt ≪ endl;
        __leave;
    }
```

```
    pPool = CreateThreadpool(NULL);
    if (!pPool)
    {
        dwRlt = GetLastError();
        cerr ≪ "CreateThreadpool failed with error " ≪ dwRlt ≪ endl;
        __leave;
    }
    if (!SetThreadpoolThreadMinimum(pPool, 1))
    {
        dwRlt = GetLastError();
        cerr ≪ "SetThreadpoolThreadMinimum failed with error " ≪ dwRlt ≪ endl;
        __leave;
    }
    SetThreadpoolThreadMaximum(pPool, 1);
```

```
    SetThreadpoolCallbackPool(&cbe, pPool);
```

```
    pcg = CreateThreadpoolCleanupGroup();
    if (!pcg)
    {
        dwRlt = GetLastError();
        cerr ≪ "CreateThreadpoolCleanupGroup failed with error " ≪ dwRlt ≪ endl;
        __leave;
    }
    SetThreadpoolCallbackCleanupGroup(&cbe, pcg, NULL);
```

```
    ce._prio = CreateThreadpoolIo(hfSrc, ReadIoCompleteCB, &ce, &cbe);
```

```
    if (!ce._prio)
    {
        dwRlt - GetLastError();
        cerr ≪ "CreateThreadpoolIo failed with error " ≪ dwRlt ≪ endl;
        __leave;
    }
    ce._pwio = CreateThreadpoolIo(hfDst, WriteIoCompleteCB, &ce, &cbe);
    if (!ce._pwio)
    {
        dwRlt = GetLastError();
        cerr ≪ "CreateThreadpoolIo failed with error " ≪ dwRlt ≪ endl;
        __leave;
    }
```

소스 파일과 타깃 파일을 위한 TP_IO 객체를 각각 생성하고 연결시킨다. 콜백 함수는 각각 ReadIoCompleteCB와
WriteIoCompleteCB를 전달한다.

```
    pWork = CreateThreadpoolWork(KickoffCopyIo, &ce, &cbe);
    if (!pWork)
    {
        dwRlt = GetLastError();
        cerr ≪ "CreateThreadpoolWork failed with error " ≪ dwRlt ≪ endl;
        __leave;
    }
    SubmitThreadpoolWork(pWork);
```

복사 작업을 개시할 TP_WORK 객체를 생성하고 그 객체를 스레드 풀에 제출하여 복사를 개시한다.

```
    HANDLE arhSyncs[2] = { g_hevExit, ce._hevComp };
    DWORD dwWaitRlt = WaitForMultipleObjects(2, arhSyncs, FALSE, INFINITE);
```

복사 완료 통지 또는 복사 취소 통지를 받기 위해 이벤트에 대해 대기한다.

```
    if (dwWaitRlt == WAIT_OBJECT_0)
    {
```

Ctrl+C 키에 의한 복사 취소인 경우에는 직접 취소 처리를 한다.

```
        CancelIoEx(ce._hfSrc, NULL);
        CancelIoEx(ce._hfDst, NULL);
```

```
                WaitForThreadpoolIoCallbacks(ce._prio, TRUE);
                WaitForThreadpoolIoCallbacks(ce._pwio, TRUE);
                dwRlt = ERROR_OPERATION_ABORTED;
            }
        else
```

복사 완료 또는 다른 에러에 의해 복사가 완료되었다.

```
            dwRlt = ce._status;
    }
    __finally
    {
        if (pcg != NULL)
        {
            CloseThreadpoolCleanupGroupMembers(pcg, TRUE, NULL);
```

실행 중인 콜백 항목의 완료를 대기하고, 작업 큐에 추가된 콜백 항목을 취소하기 위해 CloseThreadpoolCleanupGroupMembers 함수를 호출한다. 그룹 내의 모든 TP_XXX 객체 역시 삭제된다.

```
            if (dwRlt == ERROR_OPERATION_ABORTED)
                cout ≪ "Copy operation canceled...." ≪ endl;
```

유저가 복사를 취소했을 경우에는 취소 메시지를 출력한다. CloseThreadpoolCleanupGroupMembers를 통해 현재 실행 중이거나 큐에 대기 중인 콜백 항목의 실행 또는 취소가 모두 완료된 후에는 메시지가 출력된다.

```
            CloseThreadpoolCleanupGroup(pcg);
```

정리작업 객체를 삭제한다.

```
        }

        if (ce._hevComp != NULL)
            CloseHandle(ce._hevComp);
        if (pPool != NULL)
            CloseThreadpool(pPool);
```

복사 완료 통지용 이벤트와 전용 스레드 풀을 해제한다.

```
        DestroyThreadpoolEnvironment(&cbe);
    }

    return dwRlt;
}
```

다음은 TP_WORK 객체를 통해 호출되는 콜백 함수 KickoffCopyIo에 대한 정의다. 지정된 중첩 입출력 개수만큼 최초의 읽기 작업을 개시한다.

```
VOID CALLBACK KickoffCopyIo(PTP_CALLBACK_INSTANCE pInst, PVOID pCtx, PTP_WORK)
{
    PCOPY_ENV pce = PCOPY_ENV(pCtx);

    PCOPY_CHUNK pCurr = pce->_pcpBufs;
    for (SIZE_T i = 0; i < pce->_cntBufs; i++, pCurr++)
```
할당된 복사 버퍼의 수만큼 최초 읽기를 개시한다.
```
    {
        pce->_wpend++;
        WriteIoCompleteCB(pInst, pCtx, &pCurr->_ov, NO_ERROR, 0, pce->_pwio);
```
펜딩 쓰기의 수를 증가시키고 쓰기 완료 콜백 함수를 직접 호출해 읽기 작업이 개시되도록 한다.
```
        if (pce->_status != ERROR_SUCCESS)
        {
```
문제가 발생됐다. 그러나 WriteIoCompleteCB 콜백 함수 내에서 복사 완료 이벤트를 시그널하기 때문에 여기서는 딱히 처리할 것이 없어 그냥 리턴한다.
```
            return;
        }
    }
}
```

KickoffCopyIo 함수에서 호출했던, 쓰기 완료에 대응하는 콜백 함수 WriteIoCompleteCB에 대한 정의다. 복사된 파일 크기를 체크하여 복사 완료 여부를 판단하며, 쓰기 완료에 대한 처리이므로 소스 파일의 다음 블록에 대한 비동기 읽기를 수행한다.

```
VOID CALLBACK WriteIoCompleteCB(PTP_CALLBACK_INSTANCE pInst,
    PVOID pCtx, PVOID pov, ULONG ior, ULONG_PTR dwTrBytes, PTP_IO ptpIo)
{
    PCOPY_ENV pce = PCOPY_ENV(pCtx);
    PCOPY_CHUNK pcc = PCOPY_CHUNK(pov);

    if (ior != NO_ERROR)
```

```
    {
```

쓰기 작업 도중 에러가 발생해 작업을 취소한다.

```
        cerr << "Write ptpIo error occurred, code " << ior << endl;
        goto $LABEL_ERROR;
    }


    if (pce->_status != ERROR_SUCCESS)
        return;
```

상태가 ERROR_SUCCESS 이외의 값으로 변경되었다면 에러가 발생해 다른 콜백 함수에 의해서 감지되었음을 의미한다. 따라서 단순히 콜백 함수를 탈출한다.

```
    printf(" <= Thr %d copy bytes : %I64d\n",
            GetCurrentThreadId(), pce->_offset.QuadPart);
    --pce->_wpend;
```

펜딩 쓰기의 수를 감소시킨다.

```
    if (pce->_offset.QuadPart < pce->_fsize.QuadPart)
    {
```

읽어들여야 할 데이터가 남아 있을 경우의 처리를 정의한다.

```
        pcc->_ov.Offset = pce->_offset.LowPart;
        pcc->_ov.OffsetHigh = pce->_offset.HighPart;
        pce->_offset.QuadPart += BUFF_SIZE;
        ++pce->_rpend;
```

OVERLAPPED 구조체의 오프셋 필드와 관련 정보를 갱신한다.

```
        StartThreadpoolIo(pce->_prio);
```

스레드 풀이 소스 파일에 대한 입출력 완료를 처리할 수 있도록 StartThreadpoolIo를 호출한다.

```
        BOOL bIsOK = ReadFile(pce->_hfSrc, pcc->_buff,
            DWORD(BUFF_SIZE), NULL, &pcc->_ov);
        if (!bIsOK && (GetLastError() != ERROR_IO_PENDING))
        {
```

읽기 에러가 발생했고 그 에러는 펜딩 에러가 아니다.

```cpp
        ior = GetLastError();
        cerr << " ReadFile at " << pcc->_ov.Offset
            << " failed, error " << ior << endl;


        CancelThreadpoolIo(pce->_prio);
```

입출력은 더 이상 스레드 풀 상에서 완료되지 않기 때문에 리소스의 누수를 막기 위해 스레드 풀 입출력 항목을 취소한다.

```cpp
        goto $LABEL_ERROR;
      }
    }
    else
    {
```

소스 파일의 모든 데이터를 복사했으므로 복사 작업을 종료한다.

```cpp
      if ((pce->_rpend <= 0) && (pce->_wpend <= 0))
        SetEventWhenCallbackReturns(pInst, pce->_hevComp);
```

본 콜백 함수가 종료되면 복사 완료 이벤트를 시그널 상태가 되도록 하여, 메인 스레드가 복사 완료와 정리 작업을 수행할 수 있도록 한다.

```cpp
    }
    return;

$LABEL_ERROR:
    if (ior != ERROR_OPERATION_ABORTED)
    {
      CancelIoEx(pce->_hfSrc, NULL);
      CancelIoEx(pce->_hfDst, NULL);
```

소스와 타깃에 대해 실행 대기 중인 입출력을 모두 취소한다.

```cpp
      DisassociateCurrentThreadFromCallback(pInst);
```

읽기 콜백 객체로부터 현재 스레드를 분리시킴으로써 모든 펜딩 쓰기를 취소하고자 할 때 데드락을 피한다.

```cpp
      pce->_status = (DWORD)ior;
      WaitForThreadpoolIoCallbacks(pce->_prio, TRUE);
      WaitForThreadpoolIoCallbacks(pce->_pwio, TRUE);
```

> 풀에는 단지 하나의 스레드만 있고 그 스레드는 읽기 및 쓰기 TP_IO 객체와 분리되었으므로, 큐잉된 콜백 항목을 취소하기 위해 WaitForThreadpoolIoCallbacks를 호출할 수 있다.

```
        pce->_rpend = pce->_wpend = 0;
        SetEventWhenCallbackReturns(pInst, pce->_hevComp);
```

> 본 콜백 함수가 종료되면 복사 완료 이벤트가 시그널 상태가 되므로, 메인 스레드가 복사 완료와 정리 작업을 수행할 수 있도록 한다.

```
    }
}
```

마지막으로 읽기 완료에 대응하는 콜백 함수 ReadIoCompleteCB에 대한 정의다. 읽기 완료에 대한 처리기 때문에 타깃 파일로의 비동기 쓰기를 수행한다.

```
VOID CALLBACK ReadIoCompleteCB(PTP_CALLBACK_INSTANCE pInst,
    PVOID pCtx, PVOID pov, ULONG ior, ULONG_PTR dwTrBytes, PTP_IO ptpIo)
{
    PCOPY_ENV pce = PCOPY_ENV(pCtx);
    PCOPY_CHUNK pcc = PCOPY_CHUNK(pov);

    if (ior != NO_ERROR)
    {
```

> 읽기 작업 도중 에러가 발생해 작업을 취소한다.

```
        cerr << "Read ptpIo error occurred, code " << ior << endl;
        goto $LABEL_ERROR;
    }

    --pce->_rpend;
```

> 블록 읽기가 완료되었으므로 펜딩 읽기의 수를 감소시킨다.

```
    dwTrBytes = (dwTrBytes + PAGE_SIZE - 1) & ~(PAGE_SIZE - 1);
```

> 쓸 바이트 수를 섹터 경계로 맞춘다.

```
    ++pce->_wpend;
```

쓰기 작업을 개시할 예정이므로 펜딩 쓰기의 수를 증가시킨다.

```
StartThreadpoolIo(pce->_pwio);
```

타깃 파일에 대한 입출력 완료를 스레드 풀이 처리할 수 있도록 StartThreadpoolIo를 호출한다.

```
BOOL bIsOK = WriteFile(pce->_hfDst, pcc->_buff,
    DWORD(dwTrBytes), NULL, &pcc->_ov);
if (!bIsOK && (GetLastError() != ERROR_IO_PENDING))
{
```

쓰기 에러가 발생했고, 그 에러는 펜딩 에러가 아니다.

```
    ior = GetLastError();
    cerr << " WriteFile at " << pcc->_ov.Offset
        << " failed, .error " << ior << endl;

    CancelThreadpoolIo(pce->_pwio);
```

입출력은 더 이상 스레드 풀 상에서 완료되지 않기 때문에, 리소스의 누수를 막기 위해 스레드 풀 입출력 항목을 취소한다.

```
    goto $LABEL_ERROR;
}
return;
```

```
$LABEL_ERROR:
```

WriteIoCompleteCB 콜백 함수에서의 에러 처리와 동일하다.

```
    ⋮
}
```

07장

IPC와 비동기 입출력

7.1 IPC를 위한 준비 작업

7.1.1 프로세스의 생성

7.1.2 커널 객체의 공유

7.1.3 프로세스 간 데이터 공유

7.2 서비스와 커널 객체 보안

7.2.1 윈도우 서비스의 기본

7.2.2 서비스와 접근 제어

7.2.3 서비스에서의 프로세스 생성

7.3 메모리 매핑 파일

7.3.1 MMF의 의미와 사용

7.3.2 공유 메모리

7.3.3 서비스에서의 MMF 사용

7.4 파이프

7.4.1 파이프 소개

7.4.2 파이프의 사용

7.4.3 서비스에서의 파이프 사용

우리는 스레드와 동기화에서 시작해서 비동기 입출력과 IOCP를 거쳐서 스레드 풀까지의 내용을 다루었다. 하지만 지금까지 논의한 내용은 5장에서 다룬 비동기 소켓을 제외한다면 모두 하나의 프로세스 내에서 작동하는 경우에 대한, 즉 프로세스 내의 스레드들 사이에서의 메모리 공유나 커널 또는 커널 장치와 스레드 간의 비동기 입출력 방식에 대한 내용이었으며, 프로세스와 프로세스 사이에서의 동기화나 데이터 공유와 전달에 관해서는 전혀 언급하지 않았다. 따라서 이번 장에서는 프로세스와 프로세스 사이에서 데이터 공유와 전달을 위한 수단이 되는 여러 방법들을 설명하고자 한다. 1장에서 언급한 것처럼, 프로세스는 서로 독립적인 개체다. 프로세스마다 별도의 가상 주소 공간을 갖고 있으며, 그 주소 공간에서의 특정 번지는 다른 프로세스에서는 전혀 무의미한 값이 된다. 또한 독립적이란 의미는 상호 불가침성도 동시에 내포한다고 언급했다. 원칙적으로 특정 프로세스에서 다른 프로세스의 내부를 넘볼 수 없기 때문에 일반적인 방식으로는 프로세스 사이에서 데이터를 공유하는 것은 불가능하다. 그러므로 프로세스 사이에서 데이터를 공유하고자 할 때는 별도의 수단을 필요로 하는데, 이러한 프로세스 사이의 데이터 통신을 위한 수단이 되는 메커니즘을 "프로세스 간 통신(Inter-Process Communication, 이하 IPC)"이라고 한다. 물론 소켓 역시 프로세스 간 통신의 수단이 된다. 그러나 소켓은 로컬 시스템 내의 프로세스 간 통신이 목적이 아니라 리모트의 프로세스와의 통신이 주 목적이다. 이번 장에서 소개할 내용은 소켓을 제외한, 로컬 시스템에 존재하는 프로세스 간 통신의 수단이 되는 다양한 방법들을 설명할 것이다.

IOCP에서 언급했던 것처럼, IOCP는 프로세스 사이에서 공유 가능한 커널 객체는 아니다. 또한 스레드 풀 역시 프로세스 사이에서는 공유가 가능하지 않다. 따라서 이번 장에서는 프로세스 사이에서 공유 가능한 커널 객체의 보안 측면을 설명하고, 공유된 커널 객체를 프로세스 각각에서 스레드 풀을 이용해 관리하는 방식을 설명할 것이다.

7.1 IPC를 위한 준비 작업

IPC를 위해서는 별도의 절차가 필요하다. 우선 프로세스 간 통신이므로 먼저 프로세스를 생성하고 관리하는 방법을 알아야 한다. 또한 프로세스 간 통신은 서로 다른 프로세스에 속한 스레드 사이의 데이터 공유나 전달을 의미하므로, 동기화의 문제는 여전히 고려해야 할 사항이다. 동기화가 문제가 된다면, 우리가 2장에서 배운 동기화 커널 객체를 먼저 프로세스 사이에서 공유해야 할 것이다. 프로세스의 독립성 역시 보안 문제를 제기한다. 따라서 커널 객체의 공유를 위해서는 해당 커널 객체에 접근이 허용된 사용자를 관리해야 하고 접근 범위 역시 관리해야 한다. 이는 1장에서 간단하게 언급했던 보안 문맥(Security Context와 Access Token)이 IPC에서는 중요한 요소가 된다는 것을 의미한다. 마지막으로, 하나 이상의 프로세스 간 통신을 하기 위해서는 프로세스 사이에 데이터 공유와 전달을 위한 어떤 매체가 필요하다. 그 매체가 될 수 있는 대표적인 커널 객체가 메모리 매핑 파일과 파이프다. 동기화 객체나 메모리 매핑 파일, 파이프 모두 커널 객체며, IPC를 위해서는 두 개 이상의 프로세스가 서로 공유해야 한다. 그러나 공유하는 과정에서 보안 문제가 대두된다. 이번 절에서는 IPC를 위한 커널 객체 공유를 위한 과정을 설명할 것이고, 다음 절에서는 공유를 위한 보안 측면을 다룰 예정이다.

7.1.1 프로세스의 생성

코드 상에서 응용 프로그램을 실행시키는 전통적인 함수로는 C 언어 시절부터 제공되는 system이나 exec* 함수가 있고, 16비트 윈도우 시절에는 WinExec라는 함수가 있었다. 현재의 윈도우에서는 셸(Shell)과 COM이 연동되어 응용 애플리케이션뿐만 아니라, 그것과 링크된 문서를 바로 실행시킬 수 있도록 해주는 ShellExecute(Ex) 함수가 더 많이 사용된다. 하지만 역시 프로그램을 기동하는 가장 대표적인 함수는 커널 객체인 프로세스를 직접 생성하는 CreateProcess 함수다.

```
BOOL WINAPI CreateProcess
(
    _In_opt_      LPCTSTR               lpApplicationName,
    _Inout_opt_   LPTSTR                lpCommandLine,
    _In_opt_      LPSECURITY_ATTRIBUTES lpProcessAttributes,
    _In_opt_      LPSECURITY_ATTRIBUTES lpThreadAttributes,
    _In_          BOOL                  bInheritHandles,
    _In_          DWORD                 dwCreationFlags,
    _In_opt_      LPVOID                lpEnvironment,
    _In_opt_      LPCTSTR               lpCurrentDirectory,
    _In_          LPSTARTUPINFO         lpStartupInfo,
    _Out_         LPPROCESS_INFORMATION lpProcessInformation
);
```

LPCTSTR lpApplicationName

LPTSTR lpCommandLine

원래대로는 lpApplicationName 매개변수는 실행할 exe 파일의 전체 경로를 포함하는 파일 이름을 지정해야 하고, lpCommandLine 매개변수는 그 프로그램의 실행 인자(Arguments)를 지정해야 한다. 하지만 두 매개변수를 다양하게 조합할 수 있으며, 일반적으로 lpApplicationName 매개변수는 NULL로 지정하고, lpCommandLine 매개변수에 실행할 exe 파일과 실행 인자를 하나의 문자열로 만들어 넘겨준다.

LPSECURITY_ATTRIBUTES lpProcessAttributes

LPSECURITY_ATTRIBUTES lpThreadAttributes

커널 객체 생성 시에 항상 전달해야 할 보안 속성을 지정한다. 1장에서도 언급한 것처럼, 프로세스의 생존 기간은 메인 스레드의 생존 기간과 함께 한다. 따라서 프로세스가 생성됨과 동시에 프로그램의 실행 주체인 메인 스레드가 자동으로 생성되어 그 프로세스에 할당된다. lpProcessAttributes 매개변수는 생성되는 프로세스 커널 객체의 보안 속성을 지정하기 위해, lpThreadAttributes 매개변수는 메인 스레드의 보안 속성을 지정하기 위해 사용된다. 둘 다 NULL로 지정할 수 있다.

BOOL bInheritHandles

CreateProcess 함수를 호출하는 프로세스가 생성한 커널 객체의 핸들을 자식 프로세스에 상속시킬지의 여부를 지정한다. TRUE면 상속을 허가하고, FALSE면 상속을 허용하지 않는다. bInheritHandles 매개변수를 TRUE로 설정하는 것은 프로세스 사이에 커널 객체를 공유하는 하나의 방법이 된다.

DWORD dwCreationFlags

프로세스 생성 시 다양한 옵션을 줄 수 있다. 대표적으로 프로세스 우선순위 클래스를 지정할 수 있는데, 0으로 설정할 경우에는 보통 디폴트로 프로세스 우선순위 클래스를 지니는 NORMAL_ PRIORITY_CLASS로 설정된다. 또한, 스레드 생성 시 스레드를 정지된 상태로 생성하는 CREATE_SUSPENDED 플래그를 프로세스의 메인 스레드에 설정하기 위해 지정할 수 있다. 그리고 호출하는 부모 프로세스가 콘솔 프로그램이고, 자식 프로세스 역시 콘솔 프로그램인 경우는 자식 프로세스가 부모 프로세스의 콘솔을 공유하게 된다. 이 경우 새로운 콘솔을 자식 프로세스에게 할당하고자 한다면 CREATE_NEW_CONSOLE 플래그를 지정할 수 있다. 이 외에도 다양한 플래그가 존재하지만, 자세한 내용은 MSDN을 참조하기 바란다. 우선은 0으로 설정하도록 하자.

LPVOID lpEnvironment

프로세스에 특정 환경 변수를 지정하는 데 사용된다. 환경 변수의 대표적인 경우는 "PATH" 환경 변수가 될 것이다. 여러분이 시스템에 설정된 환경 변수를 사용하고자 할 때 이 매개변수를 통해서 환경 변수를 넘겨줄 수 있다. 환경 변수가 유니코드를 사용한다면 dwCreationFlags 매개변수에 CREATE_UNICODE_ENVIRONMENT 플래그를 조합해서 넘겨줘야 한다. 로그인한 특정 유저의 프로파일 환경 변수를 사용하고자 할 때, LoadUserProfile 함수와 CreateEnvironmentBlock 함수를 사용해서 획득 가능한 환경 변수 설정을 lpEnvironment 매개변수로 지정할 수 있다. 이 함수를 호출하는 프로세스의 환경 변수를 사용하고자 한다면 NULL을 설정한다.

LPCTSTR lpCurrentDirectory

생성될 자식 프로세스의 현재 디렉터리를 설정해준다. NULL이면 이 함수를 호출한 프로세스의 현재 디렉터리가 지정된다.

LPSTARTUPINFO lpStartupInfo

프로그램의 시작 정보를 담고 있는 STARTUPINFO 또는 STARTUPINFOEX 구조체의 포인터를 넘겨준다.

```
typedef struct _STARTUPINFO
{
    DWORD    cb;
    LPTSTR   lpReserved;
    LPTSTR   lpDesktop;
    LPTSTR   lpTitle;
    DWORD    dwX;
    DWORD    dwY;
    DWORD    dwXSize;
```

```
    DWORD    dwYSize;
    DWORD    dwXCountChars;
    DWORD    dwYCountChars;
    DWORD    dwFillAttribute;
    DWORD    dwFlags;
    WORD     wShowWindow;
    WORD     cbReserved2;
    LPBYTE   lpReserved2;
    HANDLE   hStdInput;
    HANDLE   hStdOutput;
    HANDLE   hStdError;
} STARTUPINFO, *LPSTARTUPINFO;
```

다양한 필드가 있지만, 반드시 설정해야 할 필드는 cb 필드로서 STARTUPINFO 구조체의 크기를 설정해야 한다. 일반적으로 sizeof(STARTUPINFO)의 값을 cb 필드에 대입하면 된다. 비스타부터는 확장된 STARTUPINFO 구조체로서 STARTUPINFOEX를 지원한다. STARTUPINFOEX 구조체를 사용하기 위해서는 dwCreationFlags 매개변수에 EXTENDED_STARTUPINFO_PRESENT 플래그를 설정해줘야 한다.

```
typedef struct _STARTUPINFOEX
{
    STARTUPINFO                  StartupInfo;
    PPROC_THREAD_ATTRIBUTE_LIST  lpAttributeList;
} STARTUPINFOEX, *LPSTARTUPINFOEX;
```

LPPROCESS_INFORMATION lpProcessInformation

스레드를 생성하는 CreateThread 함수는 리턴값으로 스레드 커널 객체의 핸들을 마지막 매개변수를 통해 그 스레드의 ID를 돌려준다. 하지만 프로세스의 경우 프로세스 커널 객체뿐만 아니라 그 프로세스의 메인 스레드의 정보도 함께 반환해야 하므로, 이 둘의 정보를 모두 제공하기 위해 PROCESS_INFORMATION이라는 구조체의 포인터를 lpProcessInformation 매개변수로 넘겨주도록 했다. PROCESS_INFORMATION 구조체의 정의는 다음과 같으며, 각 필드는 그 이름만으로도 충분히 이해가 될 것이다.

```
typedef struct _PROCESS_INFORMATION
{
    HANDLE  hProcess;    // 새로운 프로세스의 핸들
    HANDLE  hThread;     // 새로운 프로세스의 메인 스레드 핸들
    DWORD   dwProcessId; // 새로운 프로세스의 ID
    DWORD   dwThreadId;  // 새로운 프로세스의 메인 스레드 ID
} PROCESS_INFORMATION, *LPPROCESS_INFORMATION;
```

다음은 CreateProcess 함수를 이용해 프로세스를 생성하는 전형적인 코드다.

```
STARTUPINFO si;
ZeroMemory(&si, sizeof(STARTUPINFO));
si.cb = sizeof(STARTUPINFO);
```

STARTUPINFO 구조체를 초기화한다. cb 필드를 그 크기로 초기화한다.

```
PROCESS_INFORMATION pi;
ZeroMemory(&pi, sizeof(pi));
```

생성된 프로세스 정보를 획득하기 위해 PROCESS_INFORMATION 구조체를 선언한다.

```
BOOL bIsOK = CreateProcess
(
    NULL,
    _T("d:\\temp\\LaunchApp.exe"), // 실행할 프로그램의 전체 경로를 전달한다.
    NULL, NULL,    // 프로세스와 메인 스레드의 보안 속성을 디폴트로 설정한다.
    FALSE,         // 상속을 허용하지 않는다.
    0,             // 생성 플래그를 디폴트로 설정한다.
    NULL,          // 부모 프로세스의 환경 변수를 사용한다.
    NULL,          // 현재 디렉터리를 호출 프로세스의 디렉터리로 설정한다.
    &si, &pi       // STARTUPINFO 구조체와 PROCESS_INFORMATION 구조체를 전달한다.
);
if (!bIsOK)
    cout << "CreateProcess failed : " << GetLastError() << endl;
```

실제로 CreateProcess 함수를 사용해 응용 프로그램을 실행하는 예를 살펴보자. 다음의 예는
CreateProcess 호출을 통해 로드된 프로그램의 초기화가 완료될 때까지, 2장에서 간단히 언급했

던 대기 함수 중 WaitForInputIdle 함수를 통해서 대기하는 방법을 보여준다. 먼저 자식 프로세스의 초기화 완료 대기를 위한 WaitForInputIdle 함수에 대해 알아보자. 자식 프로세스가 GUI로 구성된 경우라면, WaitForInputIdle 함수를 통해서 로드된 프로세스가 GUI 관련 초기화를 끝내고 유저 입력을 기다리는 상태가 될 때까지 해당 스레드를 정지시키는 기능을 제공한다.

```
DWORD WINAPI WaitForInputIdle
(
    _In_ HANDLE  hProcess,
    _In_ DWORD   dwMilliseconds
);
```

hProcess는 초기화가 완료되기를 기다리고자 하는 프로세스의 핸들값이다. 만약 hProcess가 가리키는 프로세스가 콘솔 프로그램이거나 메시지 큐를 갖고 있지 않는 프로세스라면 즉시 리턴한다. 따라서 이 함수를 사용하기 위해서 hProcess가 가리키는 프로그램은 반드시 메시지 큐를 갖고 있는 GUI 응용 프로그램이어야 한다.

다음 프로젝트는 MFC로 구현된 간단한 GUI 프로그램이다. 초기화 대기를 위해서 WM_INITDIALOG 메시지 핸들러에서 10초간 대기하도록 처리했다.

프로젝트 7.1.1 TestGUIApp

```
BOOL CTestGUIAppDlg::OnInitDialog()
{
    CDialogEx::OnInitDialog();
    ASSERT((IDM_ABOUTBOX & 0xFFF0) == IDM_ABOUTBOX);
    ASSERT(IDM_ABOUTBOX < 0xF000);
        ⋮
    // TODO:
    Sleep(10000);

    return TRUE;
}
```

다음 프로젝트는 TestGUIApp.exe를 CreateProcess 함수를 통해 로드하고, 초기화가 완료될 때까지 WaitForInputIdle 함수를 사용해 대기하도록 구현된 코드다.

```
void _tmain(void)
{
    TCHAR szRunCmdLine[MAX_PATH] = { 0, };
    DWORD dwPathLen = GetModuleFileName(NULL, szRunCmdLine, MAX_PATH);
    PathRemoveFileSpec(szRunCmdLine);
    _tcscat_s(szRunCmdLine, _T("\\TestGUIApp.exe"));
```

명령 실행 라인을 구성한다.

```
    STARTUPINFO si;
    ZeroMemory(&si, sizeof(STARTUPINFO));
    si.cb = sizeof(STARTUPINFO);
```

STARTUPINFO 구조체를 초기화한다. cb 필드를 그 크기로 초기화한다.

```
    PROCESS_INFORMATION pi;
    ZeroMemory(&pi, sizeof(pi));
```

생성된 프로세스 정보를 획득하기 위해 PROCESS_INFORMATION 구조체를 선언한다.

```
    BOOL bIsOK = CreateProcess
    (
        NULL, szRunCmdLine, NULL, NULL,
        FALSE, 0, NULL, NULL, &si, &pi
    );
```

프로세스를 생성하여 TestGUIApp.exe를 기동시킨다.

```
    if (!bIsOK)
    {
        cout << "CreateProcess failed : " << GetLastError() << endl;
        return;
    }
```

```
    DWORD dwWaitCode = WaitForInputIdle(pi.hProcess, INFINITE);
```

생성된 프로세스가 초기화된 후 입력 대기 상태가 될 때까지 대기한다.

```
    if (dwWaitCode == WAIT_FAILED)
        cout << "WaitForInputIdle failed : " << GetLastError() << endl;
```

```
    else
        cout << "TestGUIApp.exe initialization completed...." << endl;
    CloseHandle(pi.hThread);
    CloseHandle(pi.hProcess);
}
```

위의 코드를 직접 실행해보면, TestGUIApp.exe가 로드된 후 WM_INITDIALOG 메시지의 핸들러인 OnInitDialog 내의 Sleep 함수 때문에 10초가 지연된 다음 OnInitDialog 호출로부터 리턴되면, 부모 프로세스가 WaitForInputIdle 함수로부터 리턴되는 것을 확인할 수 있을 것이다.

7.1.2 커널 객체의 공유

앞서 누차 강조한 것처럼 커널 객체의 핸들값은 프로세스에 상대적이다. 상대적이란 의미를 다르게 해석하면, 프로세스 간에 커널 객체의 핸들값을 공유할 수 없음을 의미한다. 즉 A라는 프로세스에서 획득한 커널 객체의 핸들값을 B라는 프로세스에서는 같이 사용할 수 없다는 뜻이다. 따라서 프로세스 사이에서 커널 객체를 공유하기 위한 메커니즘이 필요하게 된다. 이 절에서는 프로세스 사이에서 커널 객체의 공유를 가능하게 만들어 주는 세 가지 방식에 대해서 설명할 예정이며, 그 방식은 다음과 같다.

- 객체 핸들의 상속
- 객체 핸들 복제
- 커널 객체의 이름 지정(Named Kernel Object)

커널 객체를 공유하는 방법에 대해 논의하기 전에, 먼저 1장에서 설명했던 커널 객체를 생성하는 함수의 일반적인 형태를 한 번 더 확인해보자.

```
HANDLE WINAPI CreateXXX
(
    _In_opt_    PSECURITY_ATTRIBUTES pSecAttrs,// 보안 속성 지정
    ...,                                        // 객체별 자체 매개변수들
    _In_opt_    PCTSTR pszObjectName            // 객체 이름 지정
);
```

1장에서뿐만 아니라 지금까지 다양한 커널 객체를 생성하는 예제를 제시했지만, pSecAttrs와

pszObjectName 매개변수에 대해서는 자세히 언급하지 않았다. 하지만 객체 핸들을 상속시킬 때에는 보안 속성을 의미하는 pSecAttrs 매개변수를 설정해줘야 하고, 객체의 이름 지정을 통해서 공유할 때에는 pszObjectName 매개변수를 설정해줘야 한다. 그럼 먼저 pSecAttrs 매개변수의 타입인 SECURITY_ATTRIBUTES 구조체에 대해서 간단히 알아보자.

```
typedef struct _SECURITY_ATTRIBUTES
{
    DWORD    nLength;
    LPVOID   lpSecurityDescriptor;
    BOOL     bInheritHandle;
} SECURITY_ATTRIBUTES, *PSECURITY_ATTRIBUTES, *LPSECURITY_ATTRIBUTES;
```

DWORD nLength

SECURITY_ATTRIBUTES 구조체의 크기를 지정한다. 보통 sizeof(SECURITY_ATTRIBUTES) 값을 설정해주면 된다.

LPVOID lpSecurityDescriptor

보안 기술자라고 불리는, 해당 커널 객체에 대한 사용을 허용하거나 거부할 유저나 그룹의 리스트를 담고 있는 필드다. 보안 기술자와 이 필드는 7.2절에서 좀 더 상세하게 다룰 예정이다.

BOOL bInheritHandle

CreateProcess 함수의 bInheritHandles 매개변수와 비슷하게 이 보안 설정을 갖게 될 커널 객체의 핸들을 자식 프로세스가 상속할 수 있는지의 여부를 설정한다. TRUE면 해당 커널 객체의 핸들을 자식 프로세스에게 상속시킬 수 있고, FALSE면 상속이 불가능하다.

1) 객체 핸들의 상속

부모 프로세스와 자식 프로세스 사이에서 객체의 핸들을 공유할 수 있는 방법 중의 하나로, 부모 프로세스의 핸들을 자식 프로세스에게 상속시키는 방법이다. 이 방법을 위해서는 보안 속성의 bInheritHandle 필드와 CreateProcess 함수 호출 시 bInheritHandles 매개변수를 TRUE로 설정해줘야 한다. 상속을 통한 커널 객체를 공유하는 과정은 다음과 같다.

| 커널 객체 생성 시 보안 속성을 설정 |

먼저 부모 프로세스에서 공유하고자 하는 커널 객체를 생성할 때, 해당 커널 객체의 핸들은 상속 가능하다는 것을 알려주기 위해 다음 코드처럼 SECURITY_ATTRIBUTES 구조체의 bInheritHandle 필드를 TRUE로 설정해준 다음, 객체 생성 시 이 구조체의 포인터를 넘겨줘야 한다.

```
SECURITY_ATTRIBUTES sa;
sa.nLength            = sizeof(sa);
sa.lpSecurityDescriptor = NULL;
sa.bInheritHandle      = TRUE;

HANDLE hEvent = CreateEvent(&sa, FALSE, FALSE, NULL);
```

| 자식 프로세스 생성 시 상속 지시 |

자식 프로세스를 생성할 때, CreateProcess 함수의 bInheritHandles 매개변수를 TRUE로 설정하여 부모 프로세스가 생성한 커널 객체의 핸들을 자식 프로세스에게 상속시켰음을 알려준다.

```
BOOL bIsOK = CreateProcess
(
   NULL, _T("d:\\temp\\LaunchApp.exe"), NULL, NULL,
   TRUE,   // TRUE로 설정하여 상속함을 지시
   0, NULL, NULL, &si, &pi
);
```

| 생성한 객체의 핸들값을 자식 프로세스에게 전달 |

부모 프로세스와 그에 의해 생성된 자식 프로세스는 서로 독립적인 프로세스며, 그 둘 사이에는 아무런 종속 관계도 없고 서로 무관하다. 그러므로 자식 프로세스는 부모 프로세스가 자신에게 커널 객체의 핸들을 상속시켜줬는지도 모르며, 당연히 그 객체의 핸들값도 알 수 없다. 따라서 어떻게든 자식 프로세스에게 그 핸들값을 알려줘야 한다. 자식 프로세스에게 핸들값을 알려주는 대표적인 방법으로는 CreateProcess 호출 시 프로그램의 인자로 핸들값을 전달하는 방법이 있다.

앞의 과정을 거쳐서 부모 프로세스가 생성한 커널 객체의 핸들을 자식 프로세스가 상속하게 되면 커널 객체는 다음 그림처럼 두 프로세스에서 서로 공유 가능한 상태가 된다. 아래 그림은 부모 (Parent) 프로세스 P가 자식(Child) 프로세스 C에게 커널 객체 Y를 상속한 결과를 나타낸 것이다.

그림 7-1 커널 객체의 상속

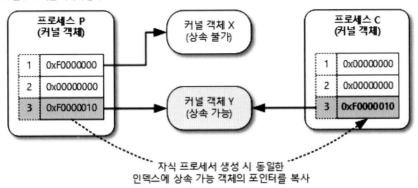

위의 그림처럼 커널 객체의 핸들을 상속하게 되면 부모 프로세스나 자식 프로세스 모두 동일한 핸들 값 '3'을 통해 공유된 커널 객체 Y에 접근할 수 있게 된다.

그러면 핸들 상속을 통해서 커널 객체를 공유하는 예를 직접 살펴보도록 하자. 〈프로젝트 7.1.1 WaitForInputIdle〉 코드에서 WaitForInputIdle 함수의 기능을 대체하는 예로 사용하기로 한다. GUI 프로그램의 경우에는 WaitForInputIdle을 통해서 자식 프로세스의 초기화를 확인할 수 있지만, 콘솔 프로그램이나 메시지 루프가 없는 프로그램의 경우에는 WaitForInputIdle를 통해 대기하지 못한다. 이런 상황이라면 커널 객체의 상속을 통해서 자식 프로세스의 초기화 완료 처리를 대신할 수 있다. 시나리오는 부모 프로세스에서 이벤트를 생성한 후 상속을 통하여 자식 프로세스에게 그 핸들값을 전달한다. 그리고 이벤트가 시그널 상태가 될 때까지 대기한다. 한편 자식 프로세스의 WM_INITDIALOG 메시지 처리 핸들러에서 Sleep한 후 전달된 이벤트 핸들을 SetEvent를 통해서 시그널 상태로 만들어준다.

다음 프로젝트는 이벤트 객체를 생성한 후 자식 프로세스에게 상속시키는 예를 보여준다.

```
void _tmain(void)
{
    SECURITY_ATTRIBUTES sa;
    sa.nLength               = sizeof(sa);
    sa.lpSecurityDescriptor  = NULL;
    sa.bInheritHandle        = TRUE;
```

객체 상속을 위해 SECURITY_ATTRIBUTES 구조체를 초기화하고, bInheritHandle 필드를 TRUE로 설정한다.

```
    HANDLE hEvent = CreateEvent(&sa, TRUE, FALSE, NULL);
```

보안 속성 구조체의 포인터를 매개변수로 지정하여 이벤트를 생성한다.

```
    if (hEvent == NULL)
    {
        cout << "CreateEvent failed : " << GetLastError() << endl;
        return;
    }

    TCHAR szRunCmdLine[MAX_PATH] = { 0, };
    DWORD dwPathLen = GetModuleFileName(NULL, szRunCmdLine, MAX_PATH);
    PathRemoveFileSpec(szRunCmdLine);
    int nLen = _tcslen(szRunCmdLine);
    wsprintf(szRunCmdLine + nLen, _T("%\\TestToolApp.exe %d"), hEvent);
```

명령 실행 라인을 구성한다. 상속할 이벤트의 핸들을 프로그램 인자로 설정한다.

```
      ⋮

    BOOL bIsOK = CreateProcess
    (
        NULL, szRunCmdLine, NULL, NULL,
        TRUE, 0, NULL, NULL, &si, &pi
    );
```

bInheritHandles 매개변수를 TRUE로 설정하여 CreateProcess를 통해 자식 프로세스를 생성한다.

```
      ⋮

    DWORD dwWaitCode = WaitForSingleObject(hEvent, INFINITE);
```

상속 가능하도록 지정한 이벤트 핸들에 대해 대기한다.

```
    if (dwWaitCode == WAIT_FAILED)
        cout << "WaitForInputIdle failed : " << GetLastError() << endl;
    else
        cout << "TestGUIApp.exe initialization completed...." << endl;
    CloseHandle(hEvent);
        ⋮
}
```

위의 코드에서 명령 실행 라인을 구성한 결과는 다음과 같다. 이벤트 핸들값을 프로그램 TestToolApp.exe의 명령 인자로 설정하여 프로그램을 실행한다.

```
D:\YHD\...\x86\Debug\TestToolApp.exe 208
```

이번에는 TestToolApp.exe가 주어진 명령 인자를 처리하는 코드를 확인해보자. TestToolApp 프로젝트는 앞서 예시한 TestGUIApp 프로젝트를 그대로 사용하되, 다음과 같이 InitInstance 멤버 함수 내에서 전달된 프로그램 인자를 처리하는 코드를 추가했다.

프로젝트 7.1.2 TestToolApp

```
BOOL CTestGUIAppApp::InitInstance()
{
        ⋮
    CWinApp::InitInstance();


    HANDLE hEvent = NULL;
    int nArgCount = 0;
    if (_tcsclen(m_lpCmdLine) > 0)
    {
        PWSTR* pszArgList = CommandLineToArgvW(m_lpCmdLine, &nArgCount);
```
프로그램 명령 인자를 획득한다.
```
        if (pszArgList == NULL)
            return FALSE;


        if (nArgCount > 0)
        {
```

```
            hEvent = (HANDLE)_tstoi(pszArgList[0]);
```

명령 인자는 이벤트 핸들값의 문자열이며, 이것을 정수 형으로 변환하여 저장한다.

```
        }
        LocalFree(pszArgList);
        if (hEvent == NULL)
        {
            AfxMessageBox(_T("Event acquire failed..."));
            return FALSE;
        }
    }


    CTestGUIAppDlg dlg(hEvent);
    m_pMainWnd = &dlg;
    dlg.DoModal();


    return FALSE;
}
```

다음은 WM_INITDIALOG 메시지의 핸들러인 OnInitDialog 함수에 코드가 추가되었다. 이 함수 내에서 Sleep을 호출한 후 인자로 넘어온 이벤트 핸들을 시그널 상태가 되도록 처리했다.

```
BOOL CTestGUIAppDlg::OnInitDialog()
{
    CDialogEx::OnInitDialog();
    ASSERT((IDM_ABOUTBOX & 0xFFF0) == IDM_ABOUTBOX);
    ASSERT(IDM_ABOUTBOX < 0xF000);
        ⋮
    // TODO:
    Sleep(10000);
    if (m_hEvent != NULL)
        SetEvent(m_hEvent);
```

인자로 넘겨진 이벤트의 핸들값을 시그널 상태로 만든다.

```
    return TRUE;
}
```

이와 같이 처리하면, 콘솔 프로그램이나 GUI의 초기화 완료 상태를 판단하기 어려운 프로그램일 경우에 WaitForInputHandle 대신 직접 커널 객체의 핸들을 상속시켜 초기화 완료 여부를 판별할 수 있게 된다.

2) 객체 핸들 복제

이번에는 상속이 아닌 커널 객체의 핸들을 복제하는 방법에 대해 알아보자. 주의할 것은 커널 객체 자체를 복제하는 것이 아니라, 커널 객체의 핸들을 복제한다는 점이다. 핸들의 복제를 통하여 다른 프로세스로 하여금 복제된 핸들값을 전달하여 동일한 커널 객체를 다른 프로세스와 공유할 수 있도록 한다. 이를 위해 DuplicateHandle 함수를 사용한다.

```
BOOL WINAPI DuplicateHandle
(
    _In_ HANDLE     hSourceProcessHandle,
    _In_ HANDLE     hSourceHandle,
    _In_ HANDLE     hTargetProcessHandle,
    _Out_LPHANDLE   lpTargetHandle,
    _In_ DWORD      dwDesiredAccess,
    _In_ BOOL       bInheritHandle,
    _In_ DWORD      dwOptions
);
```

HANDLE hSourceProcessHandle

HANDLE hSourceHandle

hSourceProcessHandle 매개변수는 복제할 커널 객체를 생성한 프로세스 핸들을 전달하고, hSourceHandle 매개변수는 복제할 커널 객체의 핸들을 전달한다.

HANDLE hTargetProcessHandle

LPHANDLE lpTargetHandle

hTargetProcessHandle 매개변수는 복제될 핸들을 전달받을 프로세스의 핸들을 전달하고, lpTargetHandle 매개변수는 복제될 커널 객체의 핸들값을 위한 버퍼를 전달한다.

DWORD dwDesiredAccess

커널 객체에 대한 접근 모드를 지정한다. 이 매개변수를 통하여 복제된 핸들을 사용하는 프로세스로 하여금 다른 접근 모드를 지정할 수 있다.

BOOL bInheritHandle

복제될 핸들의 상속 여부를 지정한다. TRUE를 설정하면 타깃 프로세스가 생성할 자식 프로세스로 하여금 복제된 핸들을 상속 가능하도록 해주고, FALSE를 설정하면 상속을 허용하지 않는다.

DWORD dwOptions

핸들 복제 시 지정하는 옵션 플래그의 값이다.

- **DUPLICATE_CLOSE_SOURCE(0x00000001)**
  이 함수의 호출 성공 여부와는 상관없이 소스의 핸들을 닫는다.
- **DUPLICATE_SAME_ACCESS(0x00000002)**
  dwDesiredAccess 매개변수를 무시하고 소스 핸들의 접근 권한과 동일한 권한을 부여한다.

DuplicateHandle 호출 결과 복제된 핸들에 대해서도 사용 후 반드시 CloseHandle을 통해서 닫아줘야 한다. 복제되었으므로 커널 객체의 사용계수가 증가하기 때문에, CloseHandle을 통해서 사용계수를 감소시켜주지 않으면 최종적으로 해당 객체를 해제할 수 없다.

DuplicateHandle을 호출했을 때 그 상태가 어떻게 되는지 그림으로 확인해보자. 3개의 프로세스 C(Caller), S(Source), T(Target)가 있고 이 중 S와 T는 프로세스 C가 생성한 자식 프로세스며, 프로세스 S와 T는 각각 커널 객체 X와 Y를 생성했다고 하자.

> **프로세스 C** : Caller Process, **프로세스 S** : Source Process, **프로세스 T** : Target Process

그림 7-2 커널 객체 복제 전 프로세스 상태

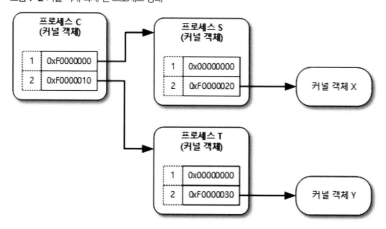

이제 프로세스 C(Caller)가 DuplicateHandle 함수를 호출해 프로세스 S(Source)가 소유한 커널 객체 X의 핸들을 프로세스 T(Target)에 복제해준다고 하자.

```
BOOL bIsOK = DuplicateHandle
(
    1,      // 프로세스 S의 핸들값
    2,      // 프로세스 S가 소유한 커널 객체 X의 핸들값
    2,      // 프로세스 T의 핸들값
    &hObj,  // 프로세스 T로 복제될 커널 객체 X의 핸들값, 이 예에서 hObj는 1
    FALSE, DUPLICATE_SAME_ACCESS
);
```

위 함수의 호출 결과가 성공했을 경우 hObj 매개변수는 커널 객체의 복제된 핸들을 담고 있으며, 그 결과는 다음과 같다.

그림 7-3 커널 객체 복제 후 프로세스 상태

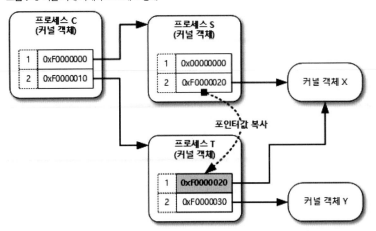

결국, 프로세스 S의 핸들 테이블 인덱스 2(커널 객체 X의 핸들값)에 보관되어 있는 커널 객체 X의 포인터가 프로세스 T의 핸들 테이블 중 비어있는 인덱스 1(hObj를 통해 반환된다)로 복사되어 프로세스 S와 T가 커널 객체 X를 공유하게 된다. 하지만 문제는 위의 과정을 거쳐서 프로세스 T에 새롭게 복제된 핸들의 존재를 정작 프로세스 T는 알 수가 없다는 것이다. 복제된 핸들값을 알고 있는 프로세스는 DuplicateHandle 함수를 호출한 C며, 결국 그 값을 프로세스 T에게 알려줘야 한다. 따라서 위와 같이 3개의 프로세스를 통해서 커널 객체를 공유하는 경우는 별로 없다. 그보다 더 현실적인 경우는 부모 프로세스가 생성한 커널 객체의 핸들을 복제해서 자식 프로세스에게 전달하는 목적으로 많이 사용된다. 실제로 복제를 이용해서 핸들을 전달하는 유용한 예는 7.3.2절에서 공유 메모리 사용 예를 보여주는 〈프로젝트 7.3.3 ShareMemDup〉 코드를 통해서 별도로 설명하기로 하고, 이번 프로젝트에서는 〈InheritTest〉 예제를 단순 상속이 아니라 핸들 복제를 통해 복제된 핸들을 상속시키는 방법으로 수정한 예를 살펴보기로 하자.

프로젝트 7.1.2 DuplicateHandle

```
void _tmain(void)
{
    HANDLE hEvent = CreateEvent(NULL, TRUE, FALSE, NULL);
```

상속과는 다르게 LPSECURITY_ATTRIBUTES 매개변수를 NULL로 설정하여 공유할 이벤트를 생성한다.

```
        ⋮
    HANDLE hDupEvent = NULL;
    BOOL bIsOK = DuplicateHandle
```

```
    (
        GetCurrentProcess(), hEvent,
        GetCurrentProcess(), &hDupEvent,
        0, TRUE, DUPLICATE_SAME_ACCESS
    );
```

생성한 이벤트 커널 객체의 핸들을 복제한다. 소스 프로세스와 타깃 프로세스가 호출 프로세스와 동일하므로, 위의 호출은 호출 프로세스 자신에게 이벤트 핸들을 복제해준다는 의미가 된다. 그리고 상속 여부를 TRUE로 지정했으므로, 호출 프로세스가 생성하는 자식 프로세스에게 핸들을 상속시킬 수 있다. 또한 옵션을 DUPLICATE_SAME_ACCESS로 지정했으므로, CreateEvent 생성 시에 지정된 접근 모드를 동일하게 사용할 수 있다.

```
    ⋮
    wsprintf(szRunCmdLine + nLen, _T("%\\TestGUIApp.exe %d"), hDupEvent);
```

상속의 경우와 마찬가지로, 상속할 이벤트의 핸들을 프로그램 인자로 설정한다.

```
    ⋮
    bIsOK = CreateProcess
    (
        NULL, szRunCmdLine, NULL, NULL,
        TRUE, NORMAL_PRIORITY_CLASS, NULL, NULL, &si, &pi
    );
```

bInheritHandles 매개변수를 TRUE로 설정해 복제한 핸들을 상속할 수 있도록 지정함으로써 자식 프로세스를 생성한다.

```
    ⋮
    DWORD dwWaitCode = WaitForSingleObject(hDupEvent, INFINITE);
```

상속 가능하도록 지정한 이벤트 핸들에 대해 대기한다.

```
    if (dwWaitCode == WAIT_FAILED)
        cout << "WaitForInputIdle failed : " << GetLastError() << endl;
    else
        cout << "TestGUIApp.exe initialization completed...." << endl;

    CloseHandle(hDupEvent);
    CloseHandle(hEvent);
}
```

위 코드는 호출 프로세스, 소스 프로세스, 타깃 프로세스가 모두 동일한 경우다. 따라서 상속의 경우와 비슷하다. 상속의 경우는 이벤트 생성 시 보안 속성을 커널 객체가 상속 가능하도록 지정하여 생성한 커널 객체의 핸들을 자식 프로세스에게 전달한 것이고, 복제의 경우는 핸들 복제 시에 상속 가능하도록 지정하여 복제된 핸들을 자식 프로세스에게 전달한 것이다. 핸들의 복제는 이렇게 객체 공유를 위해 사용되기도 하지만, GetCurrentProcess 함수나 GetCurrentThread 함수의 호출을 통해 얻게 되는 프로세스나 스레드 핸들의 실제값을 획득하는 데 사용되기도 한다. 이 두 함수를 통해 획득 가능한 핸들값은 실제 핸들값이 아니라 그 값이 −1인 의사(Pseudo) 핸들값이다. 스레드 자신이 속한 실제 프로세스의 핸들값이나 스레드 자신의 실제 핸들값을 획득하고자 할 때, 다음과 같이 DuplicateHandle을 사용할 수 있다.

```
HANDLE hMyProcess = NULL;
DuplicateHandle
(
    GetCurrentProcess(),
    GetCurrentProcess(),   // 복제할 소스의 핸들값
    GetCurrentProcess(),
    &hMyProcess,
    0, FALSE, DUPLICATE_SAME_ACCESS
);
```

위와 같이 호출하면 hMyProcess에 현재 프로세스의 실제 핸들값이 담기게 된다. 또한 두 번째 매개변수 값을 GetCurrentThread 함수 호출로 대체하면 DuplicateHandle을 호출한 스레드의 실제 핸들값을 얻을 수 있다. 이렇게 복제를 통해 획득한 hMyProcess 핸들 역시 CloseHandle을 통해 닫아줘야 한다.

3) 객체의 이름 지정

커널 객체의 이름 지정은 앞서 CreateXXX 함수의 마지막 매개변수로 전달되는 pszObjectName에 대한 것이다. 커널 객체 모두에 해당되는 것은 아닐지라도 대부분의 객체는 이름 지정이 가능하다. 객체에 이름을 지정하는 이유는 무얼까? 간단히 말해서 커널 객체를 공유하기 위해서다. 하나의 프로세스에서 특정 이름을 지정한 커널 객체를 생성(Create)하면 다른 프로세스에서 동일한 이름으로 공유하고자 하는 객체를 열(Open) 수 있다. 대표적이면서 가장 일반적으로, 하지만 우리가 의식하지 못하고 사용하는 객체 공유의 예가 바로 파일 객체의 핸들일 것이다. 객체의 이름을 통한 커널 객체의 공유는 앞서 설명했던 상속이나 복제를 통한 방법보다 훨씬 더 사용하기 쉽다. 상속이나 복제는 원하는 핸들값을 어떤 식으로든 다른 프로세스에게 알려줘야 하지만, 이름이 지정된 객체의 경우에는 미리 약속된 이름을 사용하므로 핸들값 전달을 위한 부수적인 메커니즘을 따로 고려할

필요가 없다. 또한 상속을 통해서 핸들을 전달할 때 리모트 데스크톱 세션에 프로세스를 생성할 경우에는 상속된 핸들의 전달은 거부된다. 이럴 때 결국 사용할 수 있는 방식은 객체의 이름을 이용하는 방법밖에 없다. 커널 객체 이름 지정 방식은 프로세스 간 객체의 공유에 있어서 자주 이용되는 가장 일반적인 방식이다.

다음 프로젝트에서 앞의 예제를 이름 지정 방식으로 사용하는 예로 수정해보자.

프로젝트 7.1.2 ShareWithName

```
#define SHARE_NAME _T("MySharedEvent")
```

공유할 커널 객체의 이름을 정의한다.

```
void _tmain(void)
{
    HANDLE hEvent = CreateEvent(NULL, TRUE, FALSE, SHARE_NAME);
```

상속이나 복제와는 달리 pszObjectName을 미리 정의된 이름으로 지정한다. 보안 속성을 별도로 설정할 필요가 없다.

```
    ⋮

    wsprintf(szRunCmdLine + nLen, _T("%s\\TestGUIApp.exe %s"), SHARE_NAME);
```

명령 실행 인자로 핸들값이 아닌 커널 객체 이름을 지정한다.

```
    ⋮

    BOOL bIsOK = CreateProcess
    (
        NULL, szRunCmdLine, NULL, NULL,
        FALSE, 0, NULL, NULL, &si, &pi
    );
```

상속을 통해서 커널 객체를 공유하는 것이 아니므로, bInheritHandles 매개변수를 TRUE로 설정할 필요가 없다.

```
    ⋮

    DWORD dwWaitCode = WaitForSingleObject(hEvent, INFINITE);
```

이름을 지정한 이벤트 핸들에 대해 대기한다.

```
    if (dwWaitCode == WAIT_FAILED)
        cout << "WaitForInputIdle failed : " << GetLastError() << endl;
    else
        cout << "TestGUIApp.exe initialization completed...." << endl;
    CloseHandle(hEvent);
}
```

앞 코드의 경우 TestToolApp.exe를 위한 szRunCmdLine 문자열의 구성은 다음과 같을 것이다.

```
D:₩YHD₩...₩x86₩Debug₩TestToolApp.exe MySharedEvent
```

이제 〈프로젝트 7.1.1 TestToolApp〉의 InitInstance 멤버 함수에 인자로 전달된 문자열을 통해서 OpenEvent를 호출하는 코드를 추가하도록 하자.

```
BOOL CTestGUIAppApp::InitInstance()
{
    ⋮
  HANDLE hEvent = NULL;
  int nArgCount = 0;
  if (_tcsclen(m_lpCmdLine) > 0)
  {
     PWSTR* pszArgList = CommandLineToArgvW(m_lpCmdLine, &nArgCount);
        ⋮
        hEvent = (HANDLE)_tstoi(pszArgList[0]);
        if (hEvent == NULL)
           hEvent = OpenEvent(EVENT_ALL_ACCESS, FALSE, pszArgList[0]);

    OpenEvent 함수를 사용해 인자로 전달된 이벤트의 객체 이름을 통해서 공유할 객체의 핸들을 획득한다.

     }
     LocalFree(pszArgList);
        ⋮
  }
```

위의 코드는 커널 객체 이름을 프로그램 인자로 지정했지만, 미리 이름을 서로 알고 있다고 가정한다면 굳이 인자로 이름을 전달할 필요는 없다. 마치 파일을 열 듯이 각각의 프로세스에서 커널 객체를 생성하면 된다. 위 예제에서는 콘솔 프로그램에서 CreateEvent를 통해 이름을 지정하여 먼저 객체를 생성한 후 GUI 프로그램에서 OpenEvent를 통해 객체를 열었지만, 필요하다면 굳이 이렇게 선, 후 관계를 요구하는 OpenEvent를 사용할 필요 없이 양쪽에서 모두 CreateEvent를 호출해 공유할 수도 있다. 1장에서 CreateXXX 함수 설명 시 언급했던 것처럼, CreateXXX 호출 결과 지정된 이름의 객체가 이미 존재한다면 생성하고자 하는 커널 객체를 생성하는 것이 아니라, 열어서(Open) 그 핸들을 돌려주고 GetLastError 값으로 ERROR_ALREADY_EXISTS를 설정한다. 따라서 두 프로세스에서 모두 동일한 이름으로 CreateEvent를 호출한다면 자연스럽게 하나의 이벤트 커널 객체만 생성되고 그 사용계수는 2가 되며, 이미 공유된 상태인 것이다. 그리고 GetLastError를 호출해 ERROR_ALREADY_EXISTS 값을 체크함으로써 객체를 생성한 것인지, 아니면 객체를 열었는지를 판단할 수 있다.

다음 프로젝트는 부모 프로세스와 자식 프로세스 모두 CreateEvent를 호출해 ERROR_ALREADY_EXISTS 에러 코드를 체크함으로써 호출 프로세스가 부모인지, 자식인지를 판별하는 예를 보여준다.

프로젝트 7.1.2 ShareWithName2

```
#define SHARE_NAME _T("MySharedEvent")
void _tmain(void)
{
   HANDLE hEvent = CreateEvent(NULL, TRUE, FALSE, SHARE_NAME);
```
이벤트 커널 객체를 SHARE_NAME이라는 이름으로 생성하거나 연다.

```
   if (hEvent == NULL)
   {
      cout << "CreateEvent failed : " << GetLastError() << endl;
      return;
   }

   DWORD dwErrCode = GetLastError();
```
성공일 경우 우선 에러 코드를 획득한다.

```
   if (dwErrCode == ERROR_ALREADY_EXISTS)
   {
```
dwErrCode가 ERROR_ALREADY_EXISTS인 경우는 동일한 이름의 이벤트가 이미 존재하는 경우이므로, 자식 프로세스임을 알 수 있다.

```
      cout << "======= Start Second ShareWithName2 ========" << endl;
      SetEvent(hEvent);
```
이벤트를 시그널 상태로 만들어 대기 중인 부모 프로세스를 풀어준다.

```
      cout << "  Press any key to exit..." << endl;
      getchar();
```
종료를 위해 키 입력을 대기한다.

```
        CloseHandle(hEvent);
        cout << "======= End Second ShareWithName2 ==========" << endl;
    }
    else
    {
```

```
        cout << "======= Start First ShareWithName2 ========" << endl;
        TCHAR szRunCmdLine[MAX_PATH] = { 0, };
        GetModuleFileName(NULL, szRunCmdLine, MAX_PATH);
```

```
        STARTUPINFO si;
        ZeroMemory(&si, sizeof(STARTUPINFO));
        si.cb = sizeof(STARTUPINFO);
        PROCESS_INFORMATION pi;
        ZeroMemory(&pi, sizeof(pi));
        BOOL bIsOK = CreateProcess
        (
            NULL, szRunCmdLine, NULL, NULL, FALSE,
            CREATE_NEW_CONSOLE, NULL, NULL, &si, &pi
        );
```

```
        if (!bIsOK)
        {
            cout << "CreateProcess failed : " << GetLastError() << endl;
            CloseHandle(hEvent);
            return;
        }
        CloseHandle(pi.hThread);

        DWORD dwWaitCode = WaitForSingleObject(hEvent, INFINITE);
```

```
        if (dwWaitCode == WAIT_FAILED)
            cout << "Second ShareWithName2 failed : " << GetLastError() << endl;
```

```
        else
        {
            cout << "Second ShareWithName2 launch OK!!!" << endl;
            WaitForSingleObject(pi.hProcess, INFINITE);
```
자식 프로세스의 종료를 대기한다.
```
        }
        CloseHandle(pi.hThread);
        CloseHandle(hEvent);
        cout << "======= End First ShareWithName2 ==========" << endl;
    }
}
```

이름을 지정할 경우에 유용한 예를 하나 더 확인해보자. 여러분이 작성한 프로그램은 특별한 처리를 하지 않는 한 여러 번 중복해서 실행이 가능하다. 노트패드를 여러 번 실행하면 동시에 여러 개의 노트패드가 실행되고, 그 수만큼 노트패드에 대한 프로세스가 생성될 것이다. 하지만 여러분이 작성한 프로그램이 오직 단 하나만 실행되기를 원할 수 있다. 이를 위해 이름을 지정한 커널 객체를 CreateXXX를 통해서 프로그램 맨 앞에 생성하고, GetLastError를 통한 에러 코드가 ERROR_ ALREADY_EXISTS라면 이미 동일한 프로그램이 생성되었음을 판단할 수 있다. 만약 그럴 경우 동일한 두 번째 프로그램을 바로 종료해 버린다면 여러 번 실행을 하더라도 단 하나의 프로그램만 실행되도록 처리할 수 있다. 다음 코드가 그 예를 보여주고 있다.

```
#define SHARE_NAME _T("MySharedMutex")
void _tmain(void)
{
    HANDLE hMutex = CreateMutex(NULL, FALSE, SHARE_NAME);
```
뮤텍스 커널 객체를 SHARE_NAME이라는 이름으로 생성하거나 연다.
```
    if (hMutex == NULL)
    {
        cout << "CreateEvent failed : " << GetLastError() << endl;
        return;
    }

    DWORD dwErrCode = GetLastError();
```

```
if (dwErrCode == ERROR_ALREADY_EXISTS)
{
    cout << "Program is already running..." << endl;
    CloseHandle(hMutex);
    return;
```

```
}
    :
```

커널 객체의 이름을 지정할 때에는 네임 스페이스 개념도 함께 염두에 두어야 한다. 네임 스페이스는 커널 객체의 이름 앞에 붙는 접두어로서 "Local"과 "Global"이 있다. 특별한 네임 스페이스의 지정이 없다면 "Local"로 간주된다. 네임 스페이스의 지정이 중요한 이유는 커널 객체 공유를 위해서 이름을 지정했을 때, "Global" 네임 스페이스가 지정되지 않으면 서로 다른 세션에 속한 프로세스는 지정된 이름의 객체를 찾을 수 없다는 점이다. 따라서 세션을 넘어서, 다른 세션에 존재하는 프로세스와 객체를 공유하고자 한다면 반드시 다음과 같이 Global 네임 스페이스를 지정해줘야 한다. 네임 스페이스 지정 문제는 7.2.2절에서 상세하게 다룰 예정이다.*

```
#define SHARE_NAME _T("Global\\MySharedMutex")
```

파일 커널 객체는 이름을 통해서 객체를 열거나 생성하는 대표적인 커널 객체지만, 자체의 네이밍 룰을 갖고 있다. 따라서 두 개의 동일한 파일명을 통해서 파일을 열었다면 이 역시 파일을 공유하는 것이 된다. 하지만 CreateFile을 통해 열린 파일은 단순한 객체의 공유와는 다소 차이가 있다. 디스크 상의 파일은 파일 오프셋을 갖고 있다. 그리고 이 파일 오프셋은 커널 객체 자체에 존재하는 것이 아니라 파일 핸들별로 관리된다. 따라서 두 개의 프로세스가 동일한 파일을 열었을 때, 비록 파일이라는 커널 상의 객체는 서로 공유하는 상태지만, 파일 오프셋은 별도로 관리되기 때문에 ReadFile/

---

* 본서에서는 자세히 다루지 않겠지만, 객체 이름 지정을 위한 네임 스페이스를 사용자가 직접 생성할 수도 있다. 이는 보안 측면을 위한 것인데, 바로 위에서 들었던 예처럼 뮤텍스에 이름을 지정하여 동일 프로세스의 중복 실행을 방지하는 방법이 있다. 하지만 중복 실행 방지를 목적으로 열린 뮤텍스를 해당 프로세스가 최초로 기동되기 전에 미리, 악의적으로 다른 프로그램이 생성해 버린다면 해당 프로세스는 이미 동일 이름의 뮤텍스가 존재하기 때문에 실행되지 못할 것이다. 이런 상황을 방지하기 위해 사용자가 직접 자신만의 네임 스페이스를 생성해서 그 네임 스페이스를 객체 이름에 지정할 수 있으며, 이를 위해 CreateBoundaryDescriptor와 CreatePrivateNamespace라는 함수가 제공된다.

WriteFile을 동기적으로 호출했을 경우, 파일 오프셋의 증가는 두 프로세스에서 서로 독립적으로 이루어진다. 만약 핸들별로 관리되는 이 파일 오프셋마저 공유하고자 한다면, 파일을 열거나 생성한 후 그 파일 핸들에 대해 DuplicateHandle을 통해 핸들을 복제하여 다른 프로세스에 그 값을 전달하면 된다.**

7.1.3 프로세스 간 데이터 공유

지금까지 알아본 커널 객체의 공유는 이벤트나 뮤텍스, 즉 동기화 전용 커널 객체를 대상으로 했다. 이는 프로세스 사이의 데이터 공유나 전달을 위한 것이 아니라, 프로세스 사이의 시그널 통지가 목적이다. 이러한 커널 객체의 공유가 실제 데이터를 공유하거나 전달하는 수단 자체는 될 수 없다. 실제 데이터를 전달하기 위해서는 그 전달을 위한 매체(Media)가 필요하다. 그 매체에 데이터를 읽거나 쓸 때, 배타적 접근을 위해 뮤텍스를 공유하거나 그 행위의 결과에 대한 통지를 위한 이벤트 등에 사용될 수 있다. 하지만 실제 데이터를 읽고 쓰는 행위를 위한 매체는 별도의 커널 객체를 이용해야 한다. 데이터 전달의 매체가 될 수 있는 것으로는 파일, 공유 메모리, 파이프가 있다. 아니면 WM_COPYDATA라는 특별한 윈도우 메시지를 이용할 수도 있다. 이번 절에서는 파일과 윈도우 메시지를 통한 데이터 전달에 대해 먼저 간단하게 설명하고자 한다.

1) 파일 공유

IPC를 통한 데이터 전달의 가장 원초적인 방식은 파일을 공유하는 것이다. 물론 이 방식은 일반적으로 권장되는 방식은 아니지만, 특별한 솔루션에서는 상당히 유용하다. DB는 파일을 통해서 프로세스 간 통신을 하는 대표적인 솔루션이 될 것이다. 대용량 DB 파일을 관리하는 여러 프로세스가 존재하고, 그 프로세스들 사이에서 DB 파일 접근에 대한 다양한 동기화가 이루어진다. 물론 웹 브라우저 등에서의 DB 쿼리는 대부분 소켓 통신을 통해서 이루어지겠지만, DB 파일의 경우 대표적인 공유자원이 된다. 그리고 파일을 통한 데이터 공유가 원초적인 이유는 파일 자체가 이름을 통해서 관리되기 때문이다. 다른 동기화 객체의 경우에는 공유를 위해 객체 이름을 지정하지만, 파일 객체는 그 자체가 하나의 식별자로서 이름을 요구한다. 따라서 동일한 파일을 파일명을 통해 프로세스 사이에서 데이터를 서로 공유할 수 있다.

〈프로젝트 2.3.1 EventNotify〉예제를 프로세스 사이에서 파일을 통해 데이터를 공유하도록 바

** 소켓 핸들도 복제가 가능하며, 소켓 복제는 DuplicateHandle이 아닌 WSADuplicateSocket 함수를 사용해야 한다.

꿔보자. 이제 예시할 〈프로젝트 7.1.3 EventShareFile〉 코드는 실행과 더불어 데이터 전달을 위해 hevSend, hevResp 이벤트를 생성한다. hevSend 이벤트는 파일에 데이터를 썼을 때 그 사실을 자식 프로세스에 통지하는 데 사용된다. 자식 프로세스는 hevSend 시그널에 따라 파일로부터 데이터를 읽은 후, hevResp 이벤트를 이용해서 읽기 완료를 부모 프로세스에 통지한다. EventShareFile 프로그램은 이벤트들을 생성한 후 데이터 공유를 위해 자식 프로세스를 생성하는데, 그 자식 프로세스 역시 EventShareFile 프로그램이 된다. 자식 EventShareFile 프로그램은 지정된 이름으로 이벤트들을 열고 hevSend 이벤트를 통해 부모 프로세스로부터의 데이터 전달을 대기하게 된다.

프로젝트 7.1.3 EventShareFile

```
#define SYNC_EVT_EXIT _T("SYNC_EVT_EXIT")    // 종료 통지
#define SYNC_EVT_SEND _T("SYNC_EVT_SEND")    // 데이터 쓰기 완료 통지
#define SYNC_EVT_RESP _T("SYNC_EVT_RESP")    // 데이터 읽기 완료 통지
```

데이터 전달을 위한 이벤트 커널 객체의 이름을 정의한다.

```
#define SHARE_FILE    _T("c:\\temp\\__$share.tmp")
```

데이터 전달을 위한 매개체로 사용되는 파일 경로와 이름이다.

```
void _tmain()
{
   bool bIsChild = false;
   HANDLE hevExit = NULL, hevSend = NULL, hevResp = NULL;

   try
   {
      hevExit = CreateEvent(NULL, FALSE, FALSE, SYNC_EVT_EXIT);
      if (hevExit == NULL)
         throw GetLastError();
      if (GetLastError() == ERROR_ALREADY_EXISTS)
         bIsChild = true;
```

프로세스가 실행되었을 때, 자신이 부모 프로세스인지 자식 프로세스인지의 여부를 ERROR_ALREADY_EXISTS 값을 통해 식별이 가능하다.

```
hevSend = CreateEvent(NULL, FALSE, FALSE, SYNC_EVT_SEND);
if (hevSend == NULL)
    throw GetLastError();
hevResp = CreateEvent(NULL, FALSE, FALSE, SYNC_EVT_RESP);
if (hevResp == NULL)
    throw GetLastError();
```

객체 이름을 통해서 공유할 객체들을 생성하거나 연다.

```
    if (!bIsChild)
    {
```

부모 프로세스의 코드며, 자식 프로세스를 생성한다.

```
        cout << "======= START Parent Process ========" << endl;
        TCHAR szRunCmdLine[MAX_PATH] = { 0, };
        GetModuleFileName(NULL, szRunCmdLine, MAX_PATH);

        STARTUPINFO si;
        ZeroMemory(&si, sizeof(STARTUPINFO));
        si.cb = sizeof(STARTUPINFO);
        PROCESS_INFORMATION pi;
        ZeroMemory(&pi, sizeof(pi));
        BOOL bIsOK = CreateProcess
        (
            NULL, szRunCmdLine, NULL, NULL, FALSE,
            CREATE_NEW_CONSOLE, NULL, NULL, &si, &pi
        );
```

자기 자신을 자식 프로세스로 생성한다.

```
        if (bIsOK)
        {
            CloseHandle(pi.hThread);

            ParentMainProc(hevSend, hevResp);
```

부모 프로세스의 처리를 담당하는 함수다.

```
            SignalObjectAndWait(hevExit, pi.hProcess, INFINITE, FALSE);
```

```
            CloseHandle(pi.hProcess);
        }
        cout << "-------- END Parent Process ========" << endl;
    }
    else
    {
```

자식 프로세스의 코드며, 스레드 풀을 통해 hevSend 이벤트에 대해 대기한다.

```
        cout << "======= START Child Process ========" << endl;
        HANDLE arSyncs[2] = { hevSend, hevResp };
        PTP_WAIT ptpWait = CreateThreadpoolWait(ChildTPollProc, arSyncs, NULL);
```

hevSend 이벤트를 위한 TP_WAIT 객체를 생성한다. 데이터 수신 처리를 담당하는 콜백 함수는 ChildTPollProc다.

```
        if (ptpWait != NULL)
        {
            SetThreadpoolWait(ptpWait, hevSend, NULL);
```

hevSend 이벤트를 대기 스레드 풀에 설정한다.

```
            WaitForSingleObject(hevExit, INFINITE);
            WaitForThreadpoolWaitCallbacks(ptpWait, TRUE);
            CloseThreadpoolWait(ptpWait);
        }
        cout << "======= END Child Process ========" << endl;
    }
}
catch (DWORD hr)
{
    cout << "======= Error occurred, code=" << hr << endl;
}
    ⋮
}
```

다음 코드는 부모 프로세스의 메인 코드를 담고 있는 ParentMainProc 함수에 대한 정의다. 콘솔로부터 일반 문자열이나 "time" 또는 "point" 문자열을 입력받아 해당하는 타입의 데이터를 전송하는 〈프로젝트 2.3.1 EventNotify〉의 처리와 동일하다.

```
void ParentMainProc(HANDLE hevSend, HANDLE hevResp)
{
   BYTE arBuff[256];
   char szIn[512];

   while (true)
   {
      cin >> szIn;
      if (_stricmp(szIn, "quit") == 0)
         break;

      LONG lCmd = CMD_NONE, lSize = 0;
      PBYTE pIter = arBuff + sizeof(LONG) * 2;
```

입력받은 문자열의 처리는 〈프로젝트 2.3.1 EventNotify〉와 동일하다.

```
         ⋮
      ((PLONG)arBuff)[0] = lCmd;
      ((PLONG)arBuff)[1] = lSize;

      HANDLE hFile = CreateFile
      (
         SHARE_FILE, GENERIC_WRITE, 0, CREATE_ALWAYS, 0, NULL
      );
      DWORD dwWrotes = 0;
      WriteFile(hFile, arBuff, lSize + sizeof(LONG) * 2, &dwWrotes, NULL);
      CloseHandle(hFile);
```

자식 프로세스로 데이터를 전달하기 위해 파일에 데이터를 쓴다.

```
      SignalObjectAndWait(hevSend, hevResp, INFINITE, FALSE);
```

파일에 데이터를 쓴 후 그 사실을 통지하고, 자식 프로세스가 데이터를 모두 읽을 때까지 대기한다.

```
   }
}
```

다음 코드는 자식 프로세스의 데이터 수신 처리를 담당하는 TP_WAIT 객체의 콜백 함수 ChildTPollProc에 대한 정의다.

```
VOID CALLBACK ChildTPollProc(PTP_CALLBACK_INSTANCE pInst,
                        PVOID pCtx, PTP_WAIT ptpWait, TP_WAIT_RESULT)
{
   HANDLE  hevSend = ((PHANDLE)pCtx)[0];
   HANDLE  hevResp = ((PHANDLE)pCtx)[1];
   BYTE    arBuff[256];

   HANDLE hFile = CreateFile
   (
      SHARE_FILE, GENERIC_READ, 0, NULL, OPEN_EXISTING, 0, NULL
   );
   DWORD dwSize = GetFileSize(hFile, NULL);
   DWORD dwReads = 0;
   ReadFile(hFile, arBuff, dwSize, &dwReads, NULL);
   CloseHandle(hFile);
```
부모 프로세스가 쓴 데이터를 파일로부터 읽어들인다.

```
   PBYTE pIter = arBuff;
   LONG  lCmd = *((PLONG)pIter); pIter += sizeof(LONG);
   LONG  lSize  = *((PLONG)pIter); pIter += sizeof(LONG);

   switch (lCmd)
   {
```
수신한 데이터를 콘솔에 출력하는 처리는 〈프로젝트 2.3.1 EventNotify〉와 동일하다.

```
      ⋮
   }

   SetThreadpoolWait(ptpWait, hevSend, NULL);
```
부모 프로세스로부터 데이터를 계속 전달받기 위해 hevSend 이벤트를 스레드 풀에 설정한다.

```
   SetEventWhenCallbackReturns(pInst, hevResp);
```
콜백 함수 호출 후 시스템으로 하여금 hevResp 이벤트를 시그널 상태로 만들게 한다.

```
}
```

2) 윈도우 메시지

2장에서 윈도우 또는 스레드 메시지를 통한 통지에 대해서 설명했다. 메시지 역시 통지를 위한 좋은 수단이며, 시스템에서 제공되는 메시지 큐라는 훌륭한 큐가 존재하기 때문에 사건의 통지와 더불어 스레드 간 데이터 전달에 훌륭한 수단이 될 수 있다는 점 역시 강조를 했었다. 그리고 이 메시지 방식은 IPC에서도 제한적이긴 하지만 좋은 수단이 될 수 있다. 윈도우 핸들 또는 스레드 ID는 로컬 시스템에서 유일한 값을 갖기 때문에, 이 값을 알 수 있다면 프로세스 사이에서 메시지 전송(Send) 또는 발송(Post)을 통해서 데이터를 전달할 수 있다. 그리고 실제로 메시지를 통한 IPC의 이용은 비스타 이전까지는 상당히 애용되던 방식이었다. 비스타부터는 메시지 방식에 있어서 크나큰 제약이 가해지는데, 그것은 바로 "메시지 송신은 동일한 세션(Session) 내에서만 가능"하기 때문이다. 세션은 "로그인한 계정마다 부여되는 보안 환경"이라고 보면 되는데, 세션과 세션을 넘어서는 메시지 통신은 비스타부터는 불가능해졌고, 따라서 메시지 방식을 통한 IPC는 커다란 제약에 직면하게 되었다. 이 부분에 대해서는 7.2절에서 상세하게 설명할 예정이며, 이 절에서는 동일한 세션 내에서 메시지 통신을 하는 경우에 대해서 설명할 것이다.

윈도우 메시지는 프로세스 사이에서 사건을 통지하는 데 매우 유용하다. 윈도우 핸들은 로컬 시스템 내에서 고유하고 그 윈도우 핸들을 검색하는 FindWindow(Ex) 함수도 제공되기 때문에, 윈도우 메시지를 이용한다면 이벤트 커널 객체를 공유하는 방식보다 그 구현이 훨씬 단순해진다. 이는 스레드 메시지를 사용할 때에도 마찬가지다. 물론 스레드 메시지 방식은 메시지를 수신할 스레드의 ID를 필요로 하며, 스레드 ID 역시 로컬 시스템 내에서는 고유하다. 그러나 윈도우가 되었든 스레드가 되었든 메시지 전달 방식은 실제 데이터 전달에 있어서는 상당한 제약이 뒤따르지만, 통지와 간단한 데이터 전달에는 매우 유용하다. 메시지는 그 자체의 식별 기능과 더불어 기본적으로 WPARAM과 LPARAM이라는 두 개의 매개변수를 통해서 32비트에서는 8바이트까지, 64비트에서는 16바이트까지 데이터 전달이 가능하다. 쉽게 말해서 프리미티브(Pritimive) 타입의 크기에 해당하는 데이터만 전송이 가능하다. 단일 프로세스 내에서 스레드 간 메시지를 전달한다면 WPARAM이나 LPARAM 매개변수에 할당된 메모리의 포인터값을 설정하여 데이터를 쉽게 전달할 수 있지만, 프로세스 사이라면 주소 공간 자체가 독립되어 있기 때문에 다음에 설명할 WM_COPYDATA라는 윈도우 메시지를 제외한다면, 일반적인 메모리 번지 전달 방식으로는 부적절하다. 이러한 제약을 염두에 두고 메시지 방식을 통해서 프로세스 사이에서 통신하는 방식을 예를 통해 검토해보고자 한다.

다음 프로젝트는 바로 앞 절에서 예로 들었던 〈프로젝트 7.1.3 EventShareFile〉 코드를 윈도우 메시지를 이용하는 방식으로 변경한 것이다. 메시지 방식을 사용할 경우, 〈프로젝트 7.1.3 EventShareFile〉 코드와 비교해보면 알 수 있겠지만 읽기와 쓰기, 그리고 종료 통지를 위한 이벤트가 필요 없다. 대신 파일에 데이터를 썼을 때 윈도우 메시지를 통해서 그 사실을 통지할 수 있다. 메시지를 전달하는 수단이 되는 대표적인 두 함수인 SendMessage와 PostMessage 사용 여부에 따라 이벤트의 사용 수를 더 줄일 수도 있다. 메시지를 전송하는 SendMessage 함수는 메시지를 수신한 윈도우 프로시저의 메시지 처리가 완료되었을 때까지 대기하며, 메시지를 발송하는 PostMessage 함수는 수신 윈도우의 메시지 처리 여부와 상관없이 메시지를 큐에 엔큐한 후 바로 리턴된다. 따라서 이번 예의 경우, SendMessage를 사용하면 수신 프로세스가 데이터 읽기를 완료했음을 통지하기 위해 사용되었던 hevResp 이벤트가 필요 없어진다. 대신 자식 프로세스가 메시지를 수신할 윈도우를 생성했음을 통지하기 위한 hevInit 이벤트를 생성할 것이다.

프로젝트 7.1.3 MsgShareFile

```
#define MSG_CLS_NAME  _T("MSG_CLS_NAME")
```
윈도우 핸들을 검색하기 위한 클래스 이름을 정의한다.

```
#define WM_NOTI_WRITE WM_USER + 100    // 데이터 쓰기 완료 통지 메시지
#define WM_PROG_EXIT WM_USER + 101     // 프로그램 종료 메시지
```
데이터 통신을 위한 메시지를 정의한다.

```
#define SHARE_FILE    _T("c:\\temp\\__$share.tmp")

void _tmain(int argc, TCHAR* argv[])
{
   bool bIsChild = false;
   HANDLE hevInit = NULL;

   try
   {
      hevInit = CreateEvent(NULL, FALSE, FALSE, MSG_CLS_NAME);
```
윈도우 생성 완료 통지를 받기 위한 이벤트를 생성하거나 연다.

```
      if (hevInit == NULL)
         throw GetLastError();
```

```
if (GetLastError() == ERROR_ALREADY_EXISTS)
   bIsChild = true;


if (!bIsChild)
{
   cout ≪ "======= START Parent Process ========" ≪ endl;


      ⋮

   BOOL bIsOK = CreateProcess
   (
      NULL, szRunCmdLine, NULL, NULL, FALSE,
      CREATE_NEW_CONSOLE, NULL, NULL, &si, &pi
   );
```

자식 프로세스를 생성한다.

```
   if (bIsOK)
   {
      CloseHandle(pi.hThread);
      WaitForSingleObject(hevInit, INFINITE);
```

자식 프로세스가 메시지를 수신할 윈도우를 생성할 때까지 대기한다.

```
      HWND hWnd = FindWindowEx(HWND_MESSAGE, NULL, MSG_CLS_NAME, NULL);
```

메시지를 수신할 윈도우 핸들을 윈도우 클래스 이름으로 검색한다.

```
      ParentMainProc(hWnd);
```

검색된 윈도우 핸들을 매개변수로 전달하여 콘솔 입력 처리를 수행한다.

```
      SendMessage(hWnd, WM_PROG_EXIT, 0, 0);
      CloseHandle(pi.hProcess);
   }
   cout ≪ "======= END Parent Process ========" ≪ endl;
}
else
{
   cout ≪ "======= START Child Process ========" ≪ endl;
```

```
            WNDCLASSEX wc;
            memset(&wc, 0, sizeof(wc));
            wc.cbSize       = sizeof(wc);
            wc.lpfnWndProc  = ChildWndProc;
            wc.hInstance    = GetModuleHandle(NULL);
            wc.lpszClassName = MSG_CLS_NAME;
            RegisterClassEx(&wc);
```

윈도우 클래스를 등록한다. 클래스 이름을 MSG_CLS_NAME으로 정의해 부모 윈도우가 자식 윈도우의 핸들을 찾을 수 있도록 한다.

```
            HWND hWnd = CreateWindowEx
            (
                0, wc.lpszClassName, NULL, 0, 0, 0, 0, 0,
                HWND_MESSAGE, NULL, wc.hInstance, hevInit
            );
```

윈도우를 생성한다. 메시지 전용 윈도우며, 마지막 매개변수로 hevInit 이벤트의 핸들을 전달하여 WM_CREATE 메시지 처리 완료 시에 시그널 상태로 만들어줌으로써 부모 프로세스가 윈도우 생성 완료를 알 수 있게 한다.

```
            MSG msg;
            while (GetMessage(&msg, NULL, 0, 0))
            {
                TranslateMessage(&msg);
                DispatchMessage(&msg);
            }
            cout << "======= END Child Process ========" << endl;
        }
    }
    catch (DWORD hr)
    {
        cout << "======= Error occurred, code=" << hr << endl;
    }
    if (hevInit != NULL)
        CloseHandle(hevInit);
}
```

다음은 부모 프로세스의 콘솔 입력을 담당하는 처리다. 〈프로젝트 7.1.3 EventShareFile〉의 처리와 동일하며, 차이가 있다면 이벤트 대신 윈도우 메시지를 통해서 파일에 데이터를 썼음을 통지한다는 점이다.

```
void ParentMainProc(HWND hWnd)
{
   BYTE arBuff[256];
   char szIn[512];

   while (true)
   {
      cin >> szIn;
      if (_stricmp(szIn, "quit") == 0)
         break;

      LONG lCmd = CMD_NONE, lSize = 0;
      PBYTE pIter = arBuff + sizeof(LONG) * 2;
         ⋮

      HANDLE hFile = CreateFile
      (
         SHARE_FILE, GENERIC_WRITE, 0, NULL, CREATE_ALWAYS, 0, NULL
      );
      DWORD dwWrotes = 0;
      WriteFile(hFile, arBuff, lSize, &dwWrotes, NULL);
      CloseHandle(hFile);

      SendMessage(hWnd, WM_NOTI_WRITE, lCmd, lSize);
```
이벤트를 통해 데이터를 전달하는 것과는 다르게 메시지를 통해서 쓰기 완료를 통지한다. 데이터의 종류와 데이터의 크기 정보를 파일에 쓰지 않고 각각 WPARAM과 LPARAM을 통해서 전달한다.
```
   }
}
```

다음은 윈도우 메시지를 처리하는 자식 프로세스의 윈도우 프로시저 콜백 함수에 대한 정의다. 사용자가 정의한 WM_NOTI_WRITE 메시지에 대해 데이터 수신 처리를 한다.

```
LRESULT CALLBACK ChildWndProc(HWND hWnd, UINT uMsg, WPARAM wParam, LPARAM lParam)
{
  if (uMsg != WM_NOTI_WRITE && uMsg != WM_PROG_EXIT)
  {
```

WM_NOTI_WRITE 또는 WM_PROG_EXIT 메시지가 아닌 경우에는 WM_CREATE나 WM_DESTROY 메시지 처리를 한다.

```
    if (uMsg == WM_CREATE)
    {
      LPCREATESTRUCT pCS = (LPCREATESTRUCT)lParam;
      HANDLE hevInit = (HANDLE*)pCS->lpCreateParams;
      SetEvent(hevInit);
```

생성된 윈도우의 초기화가 완료되었음을 부모 프로세스에 통지한다.

```
      return 0;
    }
    if (uMsg == WM_DESTROY)
    {
      PostQuitMessage(0);
      return 0;
    }
    return DefWindowProc(hWnd, uMsg, wParam, lParam);
  }

  if (uMsg == WM_PROG_EXIT)
  {
    DestroyWindow(hWnd);
    return 0;
  }
```

WM_PROG_EXIT 메시지인 경우에는 자식 프로세스의 종료 처리를 한다.

```
  LONG lCmd  = (LONG)wParam;
  LONG lSize = (LONG)lParam;
```

WM_NOTI_WRITE 메시지인 경우에는 wParam 매개변수에 데이터의 종류 정보가 전달되고, lParam 매개변수에 데이터의 길이 정보가 전달된다.

```
  PBYTE pIter = new BYTE[lSize];
  HANDLE  hFile = CreateFile
  (
```

```
    SHARE_FILE, GENERIC_READ, 0, NULL, OPEN_EXISTING, 0, NULL
);
DWORD dwReads = 0;
ReadFile(hFile, pIter, lSize, &dwReads, NULL);
CloseHandle(hFile);


switch (lCmd)
{
     ⋮
}
delete pIter;


return 0;
}
```

위의 코드를 스레드 메시지를 이용한 버전으로도 변경할 수 있다. 스레드 메시지를 전송하기 위해서는 스레드 ID가 필요한데, 부모 프로세스는 CreateProcess 함수를 통해서 자식 프로세스의 프로세스 ID뿐만 아니라 메인 스레드의 ID도 획득할 수 있다. 그러므로 FindWindow를 통해 자식 프로세스가 생성한 윈도우의 핸들을 검색할 필요가 없다. 그리고 공유 파일에 데이터를 쓰고, PostThreadMessage를 통해 그 사실을 자식 프로세스에게 통지할 수 있다. 하지만 SendMessage와는 다르게 PostThreadMessage는 메시지를 발송하고 난 다음 그 메시지의 처리 여부와는 상관없이 바로 리턴되기 때문에, 자식 프로세스가 메시지를 처리했는지의 여부를 확인하기 위해 대기해야 한다. 따리서 스레드 메시지를 사용한다면 자식 프로세스의 읽기 응답을 통지받기 위해 hevResp 이벤트를 살려야 한다. 이러한 변경사항을 토대로 구현한 예가 〈프로젝트 7.1.3 MsgThrShareFile〉 코드다. 이 예제는 첨부된 샘플 코드에서 직접 확인하기 바란다.

3) WM_COPYDATA

지금까지 예로 든 경우는 파일을 실제 데이터 전달을 위한 매체로 사용한 경우였다. 앞서도 언급했듯이 프로세스는 자신만의 독립된 가상 주소 공간을 가진다. 그러므로 어쩔 수 없이 파일을 매체로 사용해서 실제 데이터를 전달한 것이다. 그렇다면 이 매체를 다른 것으로 대체할 수 없을까? 물론 대체할 수 있다. 대표적인 수단으로는 이미 5장에서 설명했던 소켓이 있다. 또한 가장 일반적인 매체는 공유 메모리며, 파이프도 좋은 대체 수단이 된다. 이외에 COM(Component Object Model)이나 RPC(Remote Procedure Call)를 이용하는 방식도 있다.

예를 들어 COM을 이용할 경우, CoTaskMemAlloc 함수와 CoTaskMemFree 함수를 사용할 경우에는 상당히 편리하게 데이터를 전달할 수 있지만, 데이터 통신을 하는 두 프로세스 모두가 COM을 구현한 프로그램이어야 한다는 제약이 있다. RPC 방식은 너무 복잡하기 때문에 실세로 적용하기는 힘들며, 차라리 RPC를 기반으로 하는 COM을 이용하는 편이 더 나을 것이다. 공유 메모리와 파이프는 뒤에서 상세히 설명할 예정이며, 이 방식들을 설명하기 전에 비스타 이전까지 프로세스 사이에서 실제 데이터를 전달할 때 상당히 유용하게 사용되었던 WM_COPYDATA 메시지를 이용한 데이터 전달 방식에 대해 먼저 설명하고자 한다. 물론 WM_COPYDATA도 윈도우 메시지를 통한 데이터 전달 방식이다. 하지만 WM_COPYDATA 메시지는 좀 특이한데, MS는 이 메시지를 전달했을 때 실제로 여러분이 전송할 데이터를 자신의 내부 매체를 통해서 복사해준다. 사실 이 내부 매체가 바로 7.3절에서 설명할 공유 메모리인데, 사용자는 이 사실을 알 필요도 없이 시스템 차원에서 실제 데이터 전달을 위한 처리를 알아서 해준다. WM_COPYDATA 메시지를 이용한 데이터 전달 방식은 상당히 애용되던 방식이었으나, 비스타 보안 강화 정책에 따라 메시지 전송 자체가 세션 사이를 넘어서지 못하는 제약을 갖게 되었다. 하지만 동일한 세션 내에서 IPC를 구현한다면 상당히 쉽고 편하게 구현할 수 있다.

WM_COPYDATA 메시지는 SendMessage를 통해서 다른 프로세스에게 데이터를 전송한다. PostMessage나 PostThreadMessage를 사용한다면 WM_COPYDATA의 전달은 불가능하다. 이 메시지는 아래와 같이 정의되어 있으며, WPARAM과 LPARAM 매개변수는 다음의 정보를 담는다.

```
#define WM_COPYDATA        0x004A
```

- **WPARAM** : 데이터를 전송해준 윈도우 핸들(HWND)
- **LPARAM** : 전달된 데이터의 정보를 담고 있는 COPYDATASTRUCT 구조체의 포인터

COPYDATASTRUCT 구조체는 다음과 같이 정의된다. 수신 측에서는 이 구조체의 내용을 변경해서는 안 된다. 다시 말해, 수신 측에서의 이 구조체는 읽기 전용이 된다.

```
typedef struct tagCOPYDATASTRUCT
{
    ULONG_PTR  dwData;
    DWORD      cbData;
    PVOID      lpData;
} COPYDATASTRUCT, *PCOPYDATASTRUCT;
```

ULONG_PTR dwData

전달되는 데이트의 자체 식별값을 지정하며, 사용자가 정의하기 나름이다.

DWORD cbData

lpData 필드가 가리키는 실제 데이터의 크기를 나타낸다.

PVOID lpData

전달할 실제 데이터를 담고 있는 메모리 블록의 포인터다. 송신 측에서는 이 필드에 메모리를 할당했다면 사용 후 제거해야 하지만, 수신 측에서는 참조만 해야 한다.

다음 프로젝트에서 〈프로젝트 7.1.3 MsgShareFile〉 코드를 WM_COPYDATA 메시지를 사용하는 예제로 바꿔보자. 먼저 메인 함수에 대한 정의다.

프로젝트 7.1.3 MsgWmCopy

```
#define MSG_CLS_NAME  _T("MSG_CLS_NAME")

void _tmain(int argc, TCHAR* argv[])
{
   bool bIsChild = false;
   HANDLE hevInit = NULL;

   try
   {
      hevInit = CreateEvent(NULL, FALSE, FALSE, MSG_CLS_NAME);
      if (hevInit == NULL)
         throw GetLastError();
         ⋮
      if (!bIsChild)
      {
         cout << "======= START Parent Process ========" << endl;
            ⋮
         BOOL bIsOK = CreateProcess
         (
            NULL, szRunCmdLine, NULL, NULL, FALSE,
```

```
                CREATE_NEW_CONSOLE, NULL, NULL, &si, &pi
        );
        if (bIsOK)
        {
                ⋮

            HWND hWnd = FindWindowEx(HWND_MESSAGE, NULL, MSG_CLS_NAME, NULL);
            ParentMainProc(hWnd);
```

검색된 윈도우 핸들을 매개변수로 전달하여 콘솔 입력 처리를 수행한다.

```
            COPYDATASTRUCT cds = { CMD_EXIT, 0, NULL };
            SendMessage(hWnd, WM_COPYDATA, (WPARAM)hWnd, (LPARAM)&cds);
```

자식 프로세스 종료 처리 역시 WM_COPYDATA를 이용한다.

```
            CloseHandle(pi.hProcess);
        }
        cout << "======= END Parent Process ========" << endl;
    }
    else
    {
        cout << "======= START Child Process ========" << endl;
            ⋮
        MSG msg;
        while (GetMessage(&msg, NULL, 0, 0))
        {
            TranslateMessage(&msg);
            DispatchMessage(&msg);
        }
        cout << "======= END Child Process ========" << endl;
    }
}
catch (DWORD hr)
{
    cout << "======= Error occurred, code=" << hr << endl;
}
if (hevInit != NULL)
    CloseHandle(hevInit);
}
```

다음은 부모 프로세스의 콘솔 입력을 담당하는 처리다. 〈프로젝트 7.1.3 MsgShareFile〉의 처리와 동일하며, 다만 WM_COPYDATA 메시지를 이용한다는 점이 다르다.

```
void ParentMainProc(HWND hWnd)
{
   BYTE arBuff[256];
   char szIn[512];

   while (true)
   {
      ⋮

      COPYDATASTRUCT cds;
      cds.dwData = lCmd;
      cds.cbData = lSize;
      cds.lpData = arBuff;
      SendMessage(hWnd, WM_COPYDATA, (WPARAM)hWnd, (LPARAM)&cds);
```
전송할 데이터를 COPYDATASTRUCT 구조체에 설정하여 WM_COPYDATA 메시지를 통해 전송한다.
```
   }
}
```

다음은 자식 프로세스의 윈도우 프로시저 콜백 함수의 정의며, WM_COPYDATA 메시지를 처리한다.

```
LRESULT CALLBACK ChildWndProc(HWND hWnd, UINT uMsg, WPARAM wParam, LPARAM lParam)
{
   if (uMsg != WM_COPYDATA)
   {
```
WM_COPYDATA 메시지가 아닌 경우에는 WM_CREATE나 WM_DESTROY 메시지 처리를 한다.
```
      ⋮
      return DefWindowProc(hWnd, uMsg, wParam, lParam);
   }

   PCOPYDATASTRUCT pcds = (PCOPYDATASTRUCT)lParam;
   LONG  lCmd  = (LONG)pcds->dwData;
   LONG  lSize = (LONG)pcds->cbData;
```

```
PBYTE pIter    = (PBYTE)pcds->lpData;
```

```
switch (lCmd)
{
    case CMD_EXIT:
        DestroyWindow(hWnd);
    break;

        ⋮

}
return 0;
}
```

위 코드에서 확인할 수 있는 것처럼, 윈도우 메시지와 파일을 이용한 데이터 전달 방식보다 훨씬 간 단하고 사용하기도 편리하다는 것을 알 수 있다. 하지만 윈도우 메시지 방식은 세션 사이에서는 전 달이 불가능하기 때문에 제약이 따르며, 이는 WM_COPYDATA를 사용할 경우에도 동일하게 적 용된다.

7.2 서비스와 커널 객체 보안

이 책을 쓸 무렵에 윈도우 10의 "테크니컬 프리뷰(Technical Preview – 윈도우 기술 미리 보기)" 가 공개되었다는 소식을 들었다. 그리고 윈도우 9을 건너뛰고 바로 윈도우 10(Windows 10)으로 이름을 정했다는 것은 MS가 스스로 윈도우 8의 실패를 인정하는 것이라는 평가가 주를 이루었다. 터치 기반 환경과의 통합을 위해 과감히 "시작" 버튼을 버리고 메트로 기능을 전면에 내세웠지만 사 실 불편하기 그지 없었고, 결국 윈도우 10에서는 다시 "시작" 버튼을 지원한다고 한다. 윈도우 8처 럼 이렇게 MS가 야심차게 한 단계 비약을 시도했으나 혹평을 받고 짧은 주기로 대체되어 버린 대표 적인 윈도우 버전이 바로 비스타일 것이다. 사실 비스타는 커널의 혁신적인 변경을 시도했다. 우리 가 앞서 살펴봤던 여러 기능들이 비스타부터 제공되었다. 동기 입출력의 취소나 스레드 풀의 핵심 기능의 커널로의 이전 등 많은 변화를 시도했다. 그러한 변화 중의 하나가 바로 보안상의 이유로 도입된 "세션 0 고립화(Session 0 Isolation)" 정책이다. 이 정책과 더불어 커널 객체의 보안 레벨의 변경이 가해졌고 기존에 쉽게 사용하던 커널 객체의 공유는 한층 더 사용이 까다로워졌다.

7.2.1 윈도우 서비스의 기본

윈도우는 "서비스(Service)"라는 특별한 타입의 응용 애플리케이션 프로그래밍 모델을 제공한다. 특별한 타입이라고 하지만, 실제 여러분이 작성하는 일반 exe 타입의 애플리케이션과 별반 다를 바가 없다. 대신 서비스는 "서비스 컨트롤 관리자(Service Control Manger, 이하 SCM)"라 불리는 컴포넌트에 의해 제어되고 감시되기 때문에, SCM과의 통신을 위해 제공되는 인터페이스에 맞추어 프로그래밍해야 한다. SCM은 서비스를 시작하거나 종료 또는 일시 정지를 위해 제공되는 컴포넌트로서, 명령 창에서 "services.msc"를 입력해 실행하거나 작업 관리자의 "서비스" 탭 화면의 아래쪽에 있는 "서비스 열기" 버튼을 클릭하면 다음 그림과 같이 여러 서비스를 관리할 수 있도록 지원해준다.

그림 7-4 서비스 컨트롤 관리자(SCM)

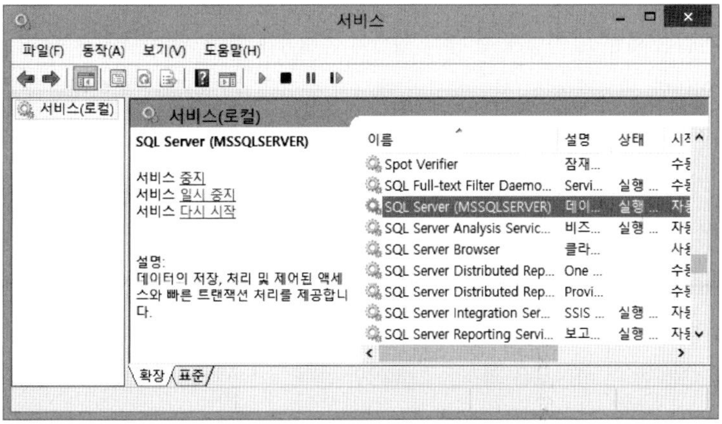

위 그림에서 MSSQL이 서비스로 실행 중임을 알 수 있다. 그러면 서비스를 왜 사용하는가? 여러분이 소켓을 이용한 서버 사이드 프로그램을 개발한다고 생각해보라. 이런 프로그램들은 기본적으로 UI가 필요 없고, 시스템 부팅과 동시에 자동으로 실행되어 기본적으로 백그라운드로 실행되기를 원할 것이다. 클라이언트의 경우에도 에이전트 성격의 프로그램이라면 백그라운드로 실행되면서 작업을 수행하기를 원할 것이다. 즉 서비스의 경우 별도의 UI를 갖지 않고 시스템 기동과 더불어 자동으로 백그라운드로 실행되는, 유닉스나 리눅스에서 데몬(Daemon)이라고 불리는 특별한 프로그램이다. 하지만 서비스를 사용하는 더 큰 이유는 보안 측면에서 보았을 때 서비스가 갖고 있는 높은 권한 때문이다. 서비스가 실행되는 계정(Account)을 흔히 "로컬 시스템(Local System) 계정"이라고 하는데, 이 계정은 시스템 대부분의 자원에 접근하고 그것을 제어할 수 있는 권한 및 특권을 가진다. 서비스가 실행되는 이러한 로컬 시스템 계정 환경을 "세션 0"이라고 한다. 그리고 여러분이 시스템에 로그인할 때마다 로그인한 계정과 연결되는 세션에 대해 식별 번호가 1부터 차례대로 할당되며, 그 식별 번호를 "세션 ID"라고 한다. 세션 ID는 작업 관리자를 통해 확인할 수 있으며, 세션은 실제로 리모트 데스크톱하고도 관련이 된다. 리모트 데스크톱을 이용해 리모트 시스템에 로그인할 때에도 그 계정에 대해 세션이 할당된다. 이러한 세션은 로그인 계정에 대한 시스템 환경과 보안 특성을 제공한다. 보안 측면에서 가장 대표적인 것이 액세스 토큰이다.

윈도우 XP부터는 "빠른 사용자 전환(Fast User Switching)"이 제공되며, 이로 인해 하나의 시스템에 여러 개의 유저 계정으로 로그인할 수 있게 되었고, 최초 로그인한 계정에 할당되는 세션은 0이었다. 이는 서비스가 실행되는 로컬 시스템 계정과 최초 로그인 계정은 그 ID가 0인 동일한 세션을 공유한다는 것을 의미한다. 하지만 비스타부터 도입된 "세션 0" 고립화 정책에 따라 세션 0은 로컬 시스템 계정에만 부여되며, 그 결과 시스템을 부팅한 후 여러분이 특정 계정으로 최초로 로그인하게 되면 시스템은 이미 서비스가 실행되는, 로컬 시스템 계정에 연결된, 보이지 않는 세션 0과 여러분이 로그인한 계정에 연결된 세션 1, 이렇게 두 개의 세션이 존재하게 된다. 앞서 메시지 방식의 문제점이라는 것이 바로 이러한 세션과 세션 사이에서의 메시지 송신을 비스타부터 막아버렸다는 것을 의미한다. 비스타 이전까지는 서비스 계정과 최초 로그인한 유저 계정 모두 세션 0에서 실행되었기 때문에, 서비스에서 기동한 프로그램을 유저 세션에서 볼 수도 있고 메시지 통신도 크게 문제가 없었으며, 특히나 서비스와 같은 로컬 시스템 계정이 갖는 높은 권한을 그대로 사용할 수 있으므로 보안상의 문제가 야기되었다. 이에 비스타 이후부터는 세션과 세션을 넘나드는 IPC에 있어서 여러 제약을 가했으며, 특히 로컬 시스템 계정을 세션 0에만 한정하여 고립시킴으로써 서비스와 일반 계정의 프로그램 사이의 IPC는 좀 더 까다로운 과정을 거쳐야만 한다.

앞서 언급한 것처럼, 서비스 프로그램은 main이나 WinMain으로 정의가 가능하다. 하지만 SCM을 통해서 서비스의 시작, 종료 및 서비스와 관련된 환경설정을 하기 때문에 SCM에서 제어 가능하도록 제공되는 인터페이스에 맞춰 정의되어야 한다. 이를 위해서 SCM의 핸들을 획득하는 OpenSCManager 함수가 제공되며 서비스 등록, 개시, 삭제를 위한 CreateService, OpenService, DeleteService 함수가 제공된다. SCM이 서비스를 시작하게 되면 여러분이 정의한 서비스 프로그램의 메인 함수가 호출되고, 메인 함수에서는 SERVICE_TABLE_ENTRY 구조체에 정보를 담아서 StartServiceCtrlDispatcher를 호출해 서비스가 실행되도록 해야 한다. 서비스의 실제 실행은 SERVICE_TABLE_ENTRY 구조체의 LPSERVICE_MAIN_FUNCTION 타입의 콜백 함수에 의해서 수행되기 때문에, 여러분은 LPSERVICE_MAIN_FUNCTION 콜백 함수를 정의해줘야 한다. 또한 SCM으로부터 서비스 종료나 일시 정지, 다시 시작 등의 명령을 처리하기 위해 LPHANDLER_FUNCTION 콜백 함수를 정의한 후 RegisterServiceCtrlHandler 함수를 통해서 이 콜백 함수를 등록해줘야 한다. 실제로 서비스 프로그램을 작성하는 것은 꽤나 복잡한 과정이지만 정형화된 패턴을 따르므로, 클래스 등을 이용해 서비스 프로그램의 프레임을 만들어 두고 그것을 이용해 실제 서비스를 정의하는 경우가 많다.

본서는 서비스에 관해서 상세하게 설명하는 책이 아니므로, 앞에서 언급한 서비스 프로그래밍의 내용을 상세하게 설명하지는 않을 것이다. 대신, 비주얼 C++는 서비스 프로그램의 프레임을 제공하고, 따라서 그것을 이용해 서비스를 정의하는 예를 보여주고자 한다. 비주얼 C++는 서비스 프로그램 프레임을 ATL/COM 프로젝트를 통해서 제공한다. ATL은 Active Template Library의 약자로서, COM(Component Object Model) 인터페이스 구현을 쉽게 할 수 있도록 제공되는 C++ 템플릿 라이브러리 집합이다. COM 프로그래밍 역시 복잡하지만, COM 서버를 exe로 정의하도록 제공되는 템플릿 중 서비스로 작동하도록 만들 수 있는 프로젝트가 제공되며, 이 서비스 프로젝트를 이용하면 비록 ATL/COM 기반이지만 COM과는 전혀 상관없이 서비스를 정의해 사용할 수 있다. 다음 예에서 ATL/COM 서비스 프로젝트를 이용해 서비스를 정의하는 과정을 간단히 설명할 것이다. 프로젝트는 〈AtlServiceTest〉란 이름으로 정의했고, 다음의 과정을 통해서 ATL 서비스를 작성할 수 있다.

1) 새 프로젝트 추가

비주얼 스튜디오에서 새 프로젝트 메뉴를 선택하면 아래 그림처럼 "새 프로젝트 추가" 대화상자가 나타난다. 여기서 "ATL" 카테고리 아래의 "ATL 프로젝트"를 선택하라.

2) ATL 프로젝트 마법사

이제 출력되는 대화상자는 "ATL 프로젝트 마법사"다. 이 대화상자에서 "응용 프로그램 설정" 카테고리를 클릭하면 응용 프로그램 종류를 설정하는 화면이 나온다. 여기에서 아래 그림처럼 "서비스(EXE)"라디오 버튼을 클릭하고 "마침" 버튼을 누르면 준비는 완료된다.

3) 필요한 멤버 함수 재정의

프로젝트 구성이 완료되면 비주얼 스튜디오는 여러 파일들을 자동으로 생성하는데, 생성된 파일 중 AtlServiceTest.cpp 파일을 열어보면 다음과 같은 코드가 자동으로 정의되어 있을 것이다. 코드에서 굵은 글씨체로 강조된 부분은 COM과는 상관없는 서비스 정의를 위해 필자가 추가한 코드다. 우선 여러분도 동일하게 코드를 추가하기 바란다.

프로젝트 7.2.1 AtlServiceTest

```
class CAtlServiceTestModule : public
   ATL::CAtlServiceModuleT< CAtlServiceTestModule, IDS_SERVICENAME >
{
   HANDLE m_hevExit;
```

서비스 종료를 위해 이벤트 핸들을 선언한다.

```
public:
   DECLARE_LIBID(LIBID_AtlServiceTestLib)
   DECLARE_REGISTRY_APPID_RESOURCEID
        (IDR_ATLSERVICETEST, "{0F939D52-D5DB-429E-9999-DAE40049D567}")
   HRESULT InitializeSecurity() throw()
   {
      return S_OK;
   }

   void OnStop();
```

```
    HRESULT PreMessageLoop(int nShowCmd);
    HRESULT PostMessageLoop() throw();
    void RunMessageLoop() throw();
```

COM과 상관없는 서비스를 구성하고, 리소스 관리의 일관성을 위해 CAtlServiceModuleT 클래스의 멤버 함수를 재정의(Override)하기 위한 위의 4개의 함수를 선언한다.

```
};
CAtlServiceTestModule _AtlModule;

extern "C" int WINAPI _tWinMain(HINSTANCE, HINSTANCE, LPTSTR, int nShowCmd)
{
    return _AtlModule.WinMain(nShowCmd);
}
```

ATL에서 제공하는 CAtlServiceModuleT 템플릿 클래스는 COM 서비스를 작성하는 데 필요한 기본적인 코드를 제공한다. 여러분이 정의할 서비스는 이 CAtlServiceModuleT 클래스를 상속하여 구현하는데, 원래 COM 객체 생성을 위한 코드이므로 COM과 상관없는 서비스를 정의하기 위해 몇 가지 추가적인 처리가 필요하다. 위의 코드에서 멤버로 선언한 PreMessageLoop, RunMessageLoop, PostMessageLoop, OnStop 이렇게 4개의 함수는 CAtlServiceModuleT 클래스에 이미 정의된 함수를 재정의할 것이다. 직접 구현하면서 각 함수의 기능을 설명하기로 한다.

| PreMessageLoop |

RunMessageLoop 실행 직전에 초기화를 목적으로 호출되는 함수다. 별도의 COM 객체를 생성하면 PreMessageLoop 함수를 재정의할 필요가 없지만, COM과 상관없는 서비스를 구현하기 위해서는 PreMessageLoop를 반드시 재정의해야 한다.

```
HRESULT CAtlServiceTestModule::PreMessageLoop(int nShowCmd)
{
    m_hevExit = CreateEvent(NULL, TRUE, FALSE, NULL);
    if (m_hevExit == NULL)
        return HRESULT_FROM_WIN32(GetLastError());
```

```
if (::InterlockedCompareExchange(&m_status.dwCurrentState,
    SERVICE_RUNNING, SERVICE_START_PENDING) == SERVICE_START_PENDING)
{
    LogEvent(_T("Service started/resumed"));
    ::SetServiceStatus(m_hServiceStatus, &m_status);
}
```

```
    return S_OK;
```

```
}
```

본 클래스의 상위 클래스인 CAtlServiceModuleT 클래스의 PreMessageLoop 함수에서는 여러분이 정의한 COM 객체를 등록하는 일을 담당하며, 등록할 COM 객체가 없다면 서비스를 바로 종료하도록 정의되어 있다. 본 예에서는 별도의 COM 객체를 정의하지 않았기 때문에, 이 함수를 재정의하지 않으면 RunMessageLoop를 호출하지 않고 PreMessageLoop를 호출한 후 바로 종료될 것이다. 따라서 PreMessageLoop 함수는 반드시 재정의해주어야 한다. 위 코드에서 Box 처리된 InterlockedCompareExchange 코드 부분은 서비스가 개시되었음을 알려주기 위해 SCM 상의 서비스의 상태를 "실행 중" 상태(SERVICE_RUNNING)로 표시되도록 만드는 역할을 한다. 따라서, 이 부분의 코드는 그대로 사용하기 바란다. 또한 PreMessageLoop 함수의 리턴값이 S_OK가 아니면 RunMessageLoop 함수 호출 없이 서비스가 종료되므로, 반드시 S_OK 값을 리턴해줘야 한다.

m_hevExit 이벤트는 서비스 종료 처리를 위해 필자가 추가한 것이며, 그 생성은 RunMessage-Loop 함수에서 정의해주어도 상관없지만, 사용할 리소스를 PreMessageLoop 함수에서 미리 생성하고 PostMessageLoop 함수에서 해제 처리를 담당하도록 하여 일관성을 부여하기 위해 PreMessageLoop 함수 내에 추가했다.

| RunMessageLoop |

RunMessageLoop는 실제 작업을 수행하는 함수로, 여러분이 원하는 기능을 이 함수에 정의하면
된다. 이 함수의 실행 기간이 본 서비스의 생존 기간이 된다.

```
void CAtlServiceTestModule::RunMessageLoop() throw()
{
    WaitForSingleObject(m_hevExit, INFINITE);
}
```

여러분은 RunMessageLoop 함수에 원하는 모든 작업의 코드를 위치시키면 된다. 위 코드
에서는 종료 처리를 위한 m_hevExit 이벤트에 대해 대기하도록 처리했다. SCM에서 본 서
비스에 대해 "정지" 명령을 클릭하면 OnStop 함수에서 m_hevExit 이벤트를 시그널링하
게 되고, RunMessageLoop 내에서 WaitForXXX 함수를 통해 대기하던 스레드는 깨어나
RunMessageLoop 함수를 빠져나가 서비스는 종료된다. 대기 방식은 메시지 루프를 사용해도 상
관없으며, 실행 후 저절로 종료되는 서비스를 원한다면 대기 없이 RunMessageLoop 함수를 빠져
나가면 된다.

| PostMessageLoop |

PostMessageLoop는 RunMessageLoop 함수가 종료된 후 사용한 리소스를 해제하기 위한 목
적으로 호출된다. 굳이 이 멤버 함수를 호출할 필요는 없으나, 리소스 해제의 일관성을 위해 이 함수
를 재정의하기로 한다. 또한, 종료 후 SCM의 서비스 상태를 제대로 반영하고자 한다면 상위 클래스
의 PostMessageLoop 함수를 호출해줘야 한다.

```
HRESULT CAtlServiceTestModule::PostMessageLoop()
{
    if (m_hevExit != NULL)
        CloseHandle(m_hevExit);
```
PreMessageLoop 함수에서 종료 이벤트를 생성했으므로, PostMessageLoop 함수에서 종료 이벤트를 해제한다.

```
    return __super::PostMessageLoop();
```
서비스 상태의 정확한 반영을 위해 상위 클래스의 PostMessageLoop 함수를 호출한다.

```
}
```

| OnStop |

OnStop SCM에서 서비스 정지 명령을 클릭했을 때 이 함수가 RunMessageLoop 실행 스레드와는 다른 스레드에서 호출된다. 따라서 여러분은 서비스 종료를 위해 RunMessageLoop 함수로부터 탈출할 수 있도록 종료 이벤트나 메시지 등을 이용해 종료 통지를 해줘야 한다.

```cpp
void CAtlServiceTestModule::OnStop() throw()
{
    SetEvent(m_hevExit);


    __super::OnStop();
}
```

본 예제에서는 CAtlServiceTestModule 클래스의 멤버 필드로 m_hevExit 이벤트 핸들을 정의하여 이 이벤트를 시그널 상태로 만든 다음 종료를 통지한다. SetEvent 호출 후, 상위 클래스의 OnStop을 호출하고 있음에 주의하기 바란다. CAtlServiceModuleT 클래스의 OnStop 함수에서는 종료 후에 서비스 상태를 변경하기 때문에, 상위 클래스의 OnStop을 호출해주지 않으면 종료 후에 SCM에 나타나는 본 서비스의 상태가 제대로 반영되지 않을 것이다. 그리고 SCM에서 "일시 정지" 또는 "다시 시작"을 클릭했을 경우에도 반응하고자 한다면 OnPause, OnContinue 함수를 재정의할 수도 있다. 시스템이 종료될 때 OnShutdown 함수가 호출되기 때문에, 시스템 종료 시 처리하고자 한다면 OnShutdown 함수 역시 재정의가 가능하다.

여러분이 SCM에서 위 코드의 서비스에 대해 "시작" 버튼을 클릭하게 되면 이 서비스의 프로세스가 생성되어 PreMessageLoop → RunMessageLoop → PostMessageLoop 순으로 함수를 호출함으로써 서비스의 생존 기간이 결정된다. 마지막으로 위와 같이 코드를 작성하고 〈AtlServiceTest〉 프로젝트를 빌드한 후 서비스를 사용하고자 한다면, 우선 이 서비스를 SCM에 등록시켜야 한다. 그러기 위해서는 명령 창에서 "AtlServiceTest /Service"를 관리자 권한으로 실행하기 바란다. 그런 다음 SCM을 열어보면 다음과 같이 우리가 정의한 "AtlServiceTest" 서비스가 등록된 것을 볼 수 있을 것이다.

그림 7-5 AtlServiceTest 서비스가 등록된 상태

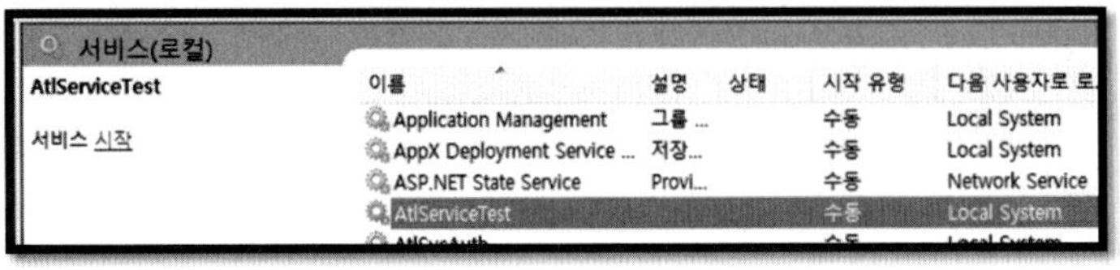

이제 SCM에서 "시작"을 클릭한 후 작업 관리자를 통해 확인해보면 "AtlServiceTest.exe"가 실행 중임을 알 수 있다. 물론, SCM의 AtlServiceTest에는 "시작" 대신에 "중지"와 "다시 시작" 메뉴가 보일 것이다. 여기서 "중지"를 클릭하면 AtlServiceTest 서비스는 종료되고, SCM으로부터 이 서비스를 삭제하고자 한다면 명령 창에서 "AtlServiceTest /UnregServer"를 실행하면 된다.

7.2.2 서비스와 접근 제어

7.2.1절에서 서비스를 작성하는 방법을 알아본 이유는 서비스로 실행되는 프로세스와 일반 유저 계정에서 실행되는 프로세스 사이의 통신에서 발생하는 문제와 그에 대한 대안을 살펴보기 위함이다. 앞서 언급했던 것처럼 서비스는 "세션 0"에서 실행된다. 그리고 서비스의 계정은 "Local System" 계정이며 높은 권한을 가지고 있다. 여러분이 로그인하여 작업 중인 계정은 UI를 가지는 "세션 1"이며, 관리자 권한으로 로그인했다 하더라도 로컬 시스템 계정보다 권한이 제한적이다. 비스타 이전까지는 서비스와 최초 로그인 계정이 동일하게 "세션 0"을 할당받기 때문에 보안과 관련된 문제는 크게 발생되지 않았다. 하지만 비스타에서 도입된 세션 0 고립화 정책에 따라서 세션 0은 무조건 로컬 시스템 계정에 할당되며, 여러분이 로그인한 계정은 차례대로 세션 1, 세션 2 등에 할당된다. 이러한 세션 분리로 인해 서로 다른 세션 사이에서의 커널 객체 공유에 제약이 발생한다. 세션 분리로 인하여 발생하는 IPC의 제약을 정리하면 다음과 같다.

- **UI 사용 불가능**

  세션 0에서는 UI 관련 작업을 할 수 없다. 비스타 이전까지는 MB_SERVICE_NOTIFICATION 플래그와 함께 MessageBox 함수를 호출해 메시지를 출력할 수 있었지만, 비스타에서는 세션 0에서 UI 관련 처리는 할 수 없도록 했다.

- **메시지 통신 불가능**

  비스타에서는 세션과 세션 사이에서의 메시지 통신을 막아버린다. 따라서 앞서 살펴봤던 IPC의 유용한 수단인 SendMessage나 PostMessage 또는 PostThreadMessage 함수를 통한 메시지 전달이나 WM_COPYDATA를 이용한 데이터 전달 등은 세션이 다를 경우에는 사용할 수 없다.

- **커널 객체 이름 지정 제약**

  7.1.2에서 설명했던, 객체 이름을 지정하여 커널 객체를 공유하던 방식에도 제약이 있다. 서로 다른 세션에 존재하는 프로세스 사이에서 객체 이름 지정을 네임 스페이스 지정 없이 사용할 경우에는 커널 객체를 공유할 수 없다. 앞에서 객체의 이름을 지정하는 방법을 설명하면서 "네임 스페이스"에 대한 개념을 간단하게 언급했다. 커널 객체에 이름을 부여할 때 단순히 이름을 지정할 경우 시스템은 그 이름 앞에 "Local"이라는 네임 스페이스를 첨부하는데, 이는 동일한 세션 내에서 해당 이름을 사용하겠다는 것을 의미한다. 하지만 세션과 세션 사이의 공유를 위해 객체 이름을 사용하고자 한다면 반드시 이름 앞에 "Global"이라는 네임 스페이스를 지정해주어야 한다. 예를 들어 "MyEventObject"라는 이름을 통해서 세션과 세션을 걸쳐서 커널 객체를 공유하려면 반드시 "Global"이라는 네임 스페이스와 함께, "Global\MyEventObject"라는 완전한 이름을 지정해줘야만 한다.

1) 네임 스페이스(Name Space)와 객체 이름

메시지 통신에 대해서는 다음 절에서 확인하기로 하고 우선 커널 객체 이름 지정을 통한 세션 제약을 확인해보자. 이를 위해 서비스 AtlSvcAuth와 일반 응용 프로그램인 AtlCliAuth를 정의했다. 두 프로세스는 AtlCliAuth에서 생성한 이벤트 커널 객체와 AtlSvcAuth에서 생성한 이벤트 커널 객체를 서로 공유한다. 먼저 서비스가 실행되어 종료 통지가 목적인 m_hevExit 이벤트를 EVENT_BY_SVC라는 이름으로 생성한다. 그리고 AtlCliAuth가 실행되어 EVENT_BY_APP라는 이름의 이벤트를 생성할 때까지 루프를 돌면서 이벤트에 대해 열기를 시도한다. 이벤트 열기가 성공하면 해당 이벤트를 시그널링한 후 m_hevExit 이벤트에 대해 종료 대기 상태로 들어간다. 한편 AtlCliAuth는 EVENT_BY_APP의 이벤트를 생성하고 그것에 대해 대기 상태로 들어간다. 서비스에서 그 이벤트를 시그널링하기 때문에 대기 상태에서 깨어난 후 이번에는 EVENT_BY_SVC 이름의 서비스가 생성한 이벤트를 열고, 그 이벤트를 시그널링 상태로 만든 후 종료하게 된다. AtlCliAuth 코드는 다음과 같다.

프로젝트 7.2.2 AtlCliAuth

```
#define EVENT_BY_APP  _T("EVENT_BY_APP")
#define EVENT_BY_SVC  _T("EVENT_BY_SVC")

void _tmain(void)
{
   HANDLE hEvent = CreateEvent(NULL, TRUE, FALSE, EVENT_BY_APP);
```

일반 계정에서 서비스와 공유할 이벤트를 생성한다. 이벤트 이름을 지정하고 보안 속성은 별도로 설정하지 않는다.

```
   if (hEvent == NULL)
   {
      cout << "EVENT_BY_APP Creation failed : " << GetLastError() << endl;
      return;
   }
   WaitForSingleObject(hEvent, INFINITE);
```

서비스에서 이벤트를 시그널 상태로 만들 때까지 대기한다.

```
   CloseHandle(hEvent);

   hEvent = OpenEvent(EVENT_MODIFY_STATE, FALSE, EVENT_BY_SVC);
```

```
if (hEvent == NULL)
{
    cout << "EVENT_BY_SVC Open failed : " << GetLastError() << endl;
    return;
}


getchar();
SetEvent(hEvent);
```

```
CloseHandle(hEvent);
}
```

다음 프로젝트에서는 PreMessageLoop 함수에서 서비스 종료를 위한 m_hevExit 이벤트를 이름을 지정해 생성하도록 정의하고, RunMessageLoop 함수에서는 〈프로젝트 7.2.2 AtlCliAuth〉 코드에서 생성한 이벤트를 열고 시그널 상태로 만든다.

프로젝트 7.2.2 AtlSvcAuth

```
#define EVENT_BY_APP  _T("EVENT_BY_APP")
#define EVENT_BY_SVC  _T("EVENT_BY_SVC")


HRESULT CAtlSvcAuth::PreMessageLoop(int nShowCmd)
{
    m_hevExit = CreateEvent(NULL, TRUE, FALSE, EVENT_BY_SVC);
```

```
    if (m_hevExit == NULL)
        return HRESULT_FROM_WIN32(GetLastError());

    ⋮
    return S_OK;
}
```

```
void CAtlSvcAuth::RunMessageLoop()
{
    HANDLE hevByApp = NULL;
    while (true)
    {
        hevByApp = OpenEvent(EVENT_ALL_ACCESS, FALSE, EVENT_BY_APP);
```
일반 프로그램에서 생성한 이벤트를 이름을 통해서 연다.
```
        Sleep(1000);
        if (hevByApp != NULL)
        {
            SetEvent(hevByApp);
```
열린 이벤트 핸들을 통하여 이벤트를 시그널 상태로 만든다.
```
            CloseHandle(hevByApp);
            break;
        }
    }

    WaitForSingleObject(m_hevExit, INFINITE);
```
AtlCliAuth가 m_hevExit 이벤트를 시그널할 때까지 대기한다.
```
}
```

AtlCliAuth.exe를 실행해보면 EVENT_BY_APP 이벤트를 생성한 후 그 이벤트에 대해 대기하는 WaitForXXX 함수에서 결코 빠져나오지 못하는 것을 확인할 수 있다. 서비스에서의 EVENT_BY_APP 이벤트에 대한 OpenEvent 함수 호출은 계속 실패하고, 그 에러 코드는 "지정된 파일을 찾을 수 없습니다"라는 메시지에 해당하는 ERROR_FILE_NOT_FOUND(2)가 된다. 이는 비록 동일한 이벤트 이름을 지정했지만 별도의 네임 스페이스를 지정하지 않았으므로, "Local" 네임 스페이스로 인식하고 서비스가 실행되는 세션 내에서만 "EVENT_BY_APP"라는 이름으로 지정된 커널 객체를 찾기 때문에 발생한 문제다. 따라서 서비스나 AtlCliAuth 양쪽 모두 다음과 같이 이름을 지정해야 한다.

```
#define EVENT_BY_APP  _T("Global\\EVENT_BY_APP")
#define EVENT_BY_SVC  _T("Global\\EVENT_BY_SVC")
```

위와 같이 두 개의 매크로를 수정한 후 서비스와 〈AtlCliAuth〉 프로젝트를 빌드하여 실행해 보면, 이번에는 AtlCliAuth 코드에서 서비스가 생성한 EVENT_BY_SVC 이벤트를 열기 위한 OpenEvent 호출이 실패하고, 에러 코드는 앞서와는 다른 접근이 거부되었음을 의미하는 ERROR_ACCESS_DENIED(5)가 되는 것을 확인할 수 있다. 이는 AtlCliAuth에서 EVENT_BY_APP 이벤트를 생성한 후 WaitForXXX 함수로부터 성공적으로 리턴했음을 의미하는 동시에 서비스 측에서 AtlCliAuth가 생성한 EVENT_BY_APP 이벤트를 연 후 SetEvent의 호출까지는 성공했음을 의미한다. 하지만 AtlCliAuth에서 EVENT_BY_SVC 이벤트 열기는 실패한다. 세션 1에서 동작하는 AtlCliAuth가 생성한 이벤트는 서비스에서 문제 없이 열고 그 상태를 변경할 수 있지만, 세션 0에서 동작하는 서비스가 생성한 이벤트는 AtlCliAuth에서 열 수 없음을 확인할 수 있다. 이 문제를 해결하기 위해서는 "SECURITY_ATTRIBUTES 구조체의 lpSecurityDescriptor 필드"와 "비스타에서 새롭게 도입된 무결성 레벨(Integrity Level)" 이 두 가지 측면을 검토해야 한다.

2) SECURITY_ATTRIBUTES 구조체의 lpSecurityDescriptor 필드

커널 객체를 생성할 때 사용했던 함수 CreateXXX의 첫 번째 매개변수인 SECURITY_ATTRIBUTES에 대해서는 7.1절 커널 객체 핸들의 상속 및 복제에서 간단히 다루었다. 상속이나 복제에서 SECURITY_ATTRIBUTES 구조체의 사용은 bInheritHandle 필드 설정만 간단히 언급했을 뿐 lpSecurityDescriptor 필드를 단순히 NULL로 설정했었다. 하지만 서비스에서 생성한 커널 객체를 일반 로그인 세션에서 열고자 한다면 lpSecurityDescriptor 필드까지 제대로 설정해주어야 한다. lpSecurityDescriptor 필드는 그 타입이 LPVOID로 되어 있지만, 사실은 SECURITY_DESCRIPTOR라고 하는, WinNT.h에는 정의되어 있지만 문서화되지 않은 보안 기술자 구조체에 대한 포인터로서 다음과 같은 기본적인 형태를 갖는다.

```
typedef struct _SEURITY_DESCRIPTOR
{
    BYTE                            Revision;
    BYTE                            Sbz1;
    SECURITY_DESCRIPTOR_CONTROL     Control;
    PSID                            Owner;
    PSID                            Group;
    PACL                            Sacl;
```

```
    PACL                        Dacl;
} SECURITY_DESCRIPTOR, *PISECURITY_DESCRIPTOR;

typedef PVOID PSECURITY_DESCRIPTOR;
```

그리고 PSECURITY_DESCRIPTOR라는 SECURITY_DESCRIPTOR 구조체의 포인터 타입은 실제 PVOID 형으로 정의되어 있다. 이는 SECURITY_DESCRIPTOR 구조체의 크기가 가변적이라는 것을 의미하며, 바로 위에서 보여준 SECURITY_DESCRIPTOR 구조체는 고정 보안 기술자 구조체에 한정되는 정의다. 아쉽게도 보안 기술자와 그 관련 내용(유저 계정, 액세스 토큰, 세션 등)을 자세히 설명하고자 한다면 이는 책 한 권 분량을 채울 수 있는 내용이기 때문에 상세하게 설명할 수는 없다. 따라서 서비스에서 생성한 커널 객체를 일반 계정에서 열 수 있는 팁을 제공하는 수준에서 설명하고자 한다.

SECURITY_DESCRIPTOR_CONTROL Control

각 필드의 존재 여부를 나타내는 플래그의 집합이며 WORD 타입이다. 우리가 목적하는 바를 위한 플래그는 SE_DACL_PRESENT(0x0010) 값인데, 이 플래그는 Dacl 필드의 값이 존재한다는 것을 의미한다. 이 플래그가 설정된 상태에서 Dacl 필드가 NULL인 경우는 해당 객체에 대해 모든 계정의 프로세스가 접근 가능함을 의미한다.

PSID Owner, Group

Owner와 Group 필드는 커널 객체를 소유한 계정과 프라이머리 그룹을 의미하며, 이 값은 CreateXXX를 호출한 프로세스가 소속된 계정과 그룹의 SID가 된다. SID는 로그인한 계정을 식별하는 바이너리 값이다.

PACL Dacl

실제로 생성된 커널 객체에 대해 접근을 허용하거나 거부하는 기준을 담고 있는 필드는 ACL 구조체의 포인터인 Dacl 필드다. Dacl 필드는 그 타입이 PACL이며, 이는 ACL 구조체의 포인터가 된다. ACL은 Access Control List의 약자로서 ACE(Access Control Entry)라는 구조체의 리스트다. ACE는 해당 객체에 대한 접근 가능한 계정의 SID와 접근 모드를 담고 있다. 접근 모드는 OpenXXX 함수의 첫 번째 매개변수인 dwDesiredAccess 매개변수에 해당하는 값이다. Dacl은 "Discretionary Access Control List(DACL)"의 약자며, 시스템은 특정 프로세스가 해당 객체에 접근할 때 커널 객체의 DACL을 검사해서 접근 허용 여부를 결정하게 된다. 이미 1장에서 보안 기술자와 프로세스의 액세스 토큰에 대해 간단하게 언급한 바가 있다. 생성된 커널 객체에 대한 접근 허용은 접근을 위해 관련 함수를 호출한 프로세스의 액세스 토큰의 소유 계정 SID가 커널 객체가 갖고 있는 이 보안 기술자의 DACL에 존재하고, 호출된 함수의 행위가 접근 모드와 배치되지 않을 때에만 가능해진다. 예를 들어 파일 객체를 하나 생성했고 다른 계정의 프로세스가 그 파일을 열 때 파일 객체 내의 DACL에 그 계정의 SID가 담긴 ACE가 존재해야 하고 접근 허용도 체크되어 있어야 한다. 열기에 성공한 후 그 프로세스가 파일에 대해 WriteFile을 호출했을 때 해당 SID의 ACE 구조체의 접근 모드 필드는 쓰기 허용 모드가 설정되어 있어야 비로소 WriteFile 호출에 성공하며, 그렇지 않을 경우에는 ERROR_ACCESS_DENIED(5) 에러 코드를 되돌려줄 것이다. 그리고 Control 필드에 SE_DACL_PRESENT가 설정되어 있으면서 Dacl 필드 자체가 NULL일 경우에는 모든 계정에 속한 프로세스에 대해 해당 객체에 대한 접근을 허용한다는 것을 의미한다.

7.2절에서 설명했던 객체 핸들 상속을 제외하고, 우리는 지금까지 CreateXXX 호출 시 PSECURITY_ATTRIBUTES 매개변수를 NULL로 설정했다. 또한 핸들 상속 시에도 lpSecurityDescriptor 필드는 NULL로 설정해서 CreateXXX 함수를 호출했다. 이렇게 PSECURITY_ATTRIBUTES 매개변수 자체를 NULL로 설정하거나 lpSecurityDescriptor 필드를 NULL로 설정하여 CreateXXX를 호출하면 이 생성되는 객체는 호출 프로세스의 디폴트 보안 기술자를 갖게 된다. 일반 계정에서 PSECURITY_ATTRIBUTES 매개변수를 NULL로 해서 CreateXXX 함수를 호출할 경우, 이 객체의 Control 필드는 SE_DACL_PRESENT 값이 설정되고 Dacl 필드는 NULL로 설정되기 때문에, 이는 앞서 언급했던 것처럼 모든 계정에서 이 객체에 접근 가능함을 의미한다. 하지만 서비스가 실행되는 로컬 시스템 계정이라면 생성되는 객체의 Dacl 필드는 〈로컬 시스템 계정 SID와 ACCESS_ALL 접근 모드를 담은 ACE〉와 〈관리자 계정 그룹(Administrators) SID와 읽기 전용 접근 모드를 담은 ACE〉가 존재하는 ACL을 갖게 된다. 그러므로 일반 계정에 소속된 AtlCliAuth가 생성한 이벤트 커널 객체를 로컬 시스템 계정에 소속된 AtlSvcAuth 서비스에서는 열 수 있지만, 반대로 AtlSvcAuth 서비스에서 생성한 이벤트 커널 객체를 AtlCliAuth에서는 열 수 없게 되는 것이다. 그렇다면 AtlCliAuth에서도 이벤트 커널 객체를 열 수 있도록 하기 위한 가장 간단한 방법은 서비스에서 이벤트 커널 객체를 생성할 때 Control 필드에 SE_DACL_PRESENT 플래그를 설정하고 NULL Dacl 필드를 갖도록 하면 될 것이다. 이렇게 하기 위해서는 다음의 추가적인 코드가 필요하다.

```
HRESULT CAtlSvcAuth::PreMessageLoop(int nShowCmd)
{
    SECURITY_ATTRIBUTES sa;
    try
    {

        sa.nLength = sizeof(SECURITY_ATTRIBUTES);
        sa.bInheritHandle = FALSE;
        sa.lpSecurityDescriptor = PSECURITY_DESCRIPTOR
                (new BYTE[SECURITY_DESCRIPTOR_MIN_LENGTH]);
```

SECURITY_ATTRIBUTES 구조체를 선언하고 초기화한다. 보안 기술자를 설정하기 위해 lpSecurityDescriptor 필드에 보안 기술자를 위한 최소 크기의 메모리를 할당한다.

```
        if (!InitializeSecurityDescriptor
            (sa.lpSecurityDescriptor, SECURITY_DESCRIPTOR_REVISION))
            throw HRESULT_FROM_WIN32(GetLastError());
```

InitializeSecurityDescriptor 함수를 통해 보안 기술자를 초기화한다.

```
        if (!SetSecurityDescriptorDacl(sa.lpSecurityDescriptor, TRUE, NULL, FALSE))
            throw HRESULT_FROM_WIN32(GetLastError());
```

SetSecurityDescriptorDacl를 호출해 보안 기술자에 NULL DACL을 설정한다.

```
    }
    catch (HRESULT hr)
    {
        if (sa.lpSecurityDescriptor != NULL)
            delete[] PBYTE(sa.lpSecurityDescriptor);
        return hr;
    }


    m_hevExit = CreateEvent(&sa, TRUE, FALSE, EVENT_BY_SVC);
```

이벤트를 생성할 때, 첫 번째 매개변수로 위에서 설정한 보안 속성을 전달한다.

```
    delete[] PBYTE(sa.lpSecurityDescriptor);
    if (m_hevExit == NULL)
        return HRESULT_FROM_WIN32(GetLastError());

        ⋮

}
```

앞의 코드는 NULL DACL을 만들기 위한 코드다. 보안 속성의 lpSecurityDescriptor 필드에 고정 크기의 보안 기술자를 위한 영역을 먼저 할당한다. new 연산자의 크기 지정을 위해 사용된 매크로는 SECURITY_DESCRIPTOR_MIN_LENGTH며, 이 매크로는 sizeof(SECURITY_DESCRIPTOR)로 정의되어 있다. 이렇게 설정된 보안 기술자 구조체에 필요한 필드를 설정하는 나머지 두 함수 InitializeSecurityDescriptor와 SetSecurityDescriptorDacl에 대해 간단히 설명하고자 한다.

```
BOOL WINAPI InitializeSecurityDescriptor
(
    _Out_  PSECURITY_DESCRIPTOR    pSecurityDescriptor,
    _In_   DWORD                   dwRevision
);
```

InitializeSecurityDescriptor 함수는 고정 보안 기술자 SECURITY_DESCRIPTOR 구조체를 초기화한다. dwRevision 매개변수는 SECURITY_DESCRIPTOR 구조체의 Revision를 설정하며, 그 값은 SECURITY_DESCRIPTOR_REVISION(1)을 넘겨줘야 한다.

```
BOOL WINAPI SetSecurityDescriptorDacl
(
    _Inout_      PSECURITY_DESCRIPTOR pSecurityDescriptor,
    _In_         BOOL                 bDaclPresent,
    _In_opt_     PACL                 pDacl,
    _In_         BOOL                 bDaclDefaulted
);
```

SetSecurityDescriptorDacl 함수는 보안 기술자 pSecurityDescriptor 내의 DACL 정보를 설정한다. 보안 기술자 내에 이미 DACL이 설정되어 있다면 pDacl 매개변수로 전달된 정보로 대체한다. bDaclPresent와 bDaclDefaulted 매개변수는 보안 기술자의 SECURITY_DESCRIPTOR_CONTROL 필드를 설정한다. bDaclPresent 매개변수가 TRUE면 보안 기술자의 Control 필드에 SE_DACL_PRESENT 플래그를 설정한다. 우리의 목적은 Control 필드를 SE_DACL_PRESENT인 NULL DACL을 만드는 것이기 때문에 bDaclPresent를 TRUE로 하여 DACL이 존재함을 알리며, pDacl 매개변수를 NULL로 넘겨서 NULL DACL을 설정한다. 이 경우 DACL이 아예 없는 것이 아니라 DACL은 존재하지만 NULL DACL임을 의미하는 것이므로, 모든 계정에서 해당 객체에 대한 접근을 허용함을 지시하게 된다.

위와 같이 수정된 서비스 코드를 실행시켜 AtlCliAuth에서 OpenEvent 함수를 호출하면 이번에 노 마찬가지로 ERROR_ACCESS_DENIED(5) 에러가 발생한다. 이번에 발생하는 에러는 바로 무결성 레벨이 달라서 발생하는 문제며, 이것을 해결하기 위해 무결성 레벨에 대해 알아보기로 하자.

3) 비스타에서 새롭게 도입된 무결성 레벨(Integrity Level)

비스타에서는 "무결성 레벨(Integrity Level)"이라는 개념이 추가되었다. 무결성 레벨은 커널 객체에 레벨을 지정하여 낮은 레벨을 갖는 특정 프로그램이나 컴포넌트가 높은 레벨의 커널 객체에 접근하는 것을 막는 수단을 제공한다. 이를 통해, 예를 들어 IE에 Plug-In 되는 컴포넌트(BHO, ActiveX 컨트롤 등)들이 시스템의 중요 디렉터리로 접근하는 것을 사전에 차단할 수 있다. 이는 서비스와 유저 애플리케이션 사이에서도 ACL 체크 이전에 여러 객체들에 대한 보안 레벨을 강화할 수 있는 수단이 된다. MS는 비스타에서 무결성 레벨을 다음과 같이 네 단계로 나누었는데, 낮은 무결성 레벨을 가진 프로세스는 높은 무결성 레벨을 가진 커널 객체에 접근할 수 없다.

무결성 레벨	SID	보안 기술자 문자열	예
시스템(System) 권한 레벨	S-1-16-16384	S:(ML;;NW;;;SI)	서비스
높은(High) 권한 레벨	S-1-16-12288	S:(ML;;NW;;;HI)	관리자 권한 실행 APP
중간(Medium) 권한 레벨	S-1-16-8192	S:(ML;;NW;;;ME)	일반 프로그램
낮은(Low) 권한 레벨	S-1-16-4096	S:(ML;;NW;;;LW)	IE 관련 컴포넌트

무결성 레벨 역시 자체의 고유한 SID를 가지며, 각 레벨에 해당하는 보안 기술자의 바이너리 값을 문자열로 표현한 보안 기술자 문자열이 정의되어 있다. 그리고 위의 레벨 중에서는 시스템 권한 레벨이 가장 높고 아래로 내려갈수록 레벨이 낮아진다. 시스템 권한 레벨을 갖는 대표적인 프로그램이 서비스며, 서비스에서 생성하는 모든 커널 객체는 기본적으로 시스템 레벨의 무결성 값을 갖게 된다. 가장 일반적인 레벨이 중간 권한 레벨이며, 여러분이 로그인한 계정이 관리자 계정이라 할지라도 기본적으로 중간 권한 레벨을 갖게 된다. 높은 권한 레벨은 여러분이 프로그램을 "관리자 권한으로 실행"했을 경우 갖게 되는 권한이다. 흔히 무결성 레벨 상승(Evaluation)이라고도 표현하는데, 프로그램을 관리자 권한으로 실행하게 되면 중간 레벨의 프로그램이 높은 권한 레벨을 갖도록 한다. 낮은 권한 레벨은 보통 IE에 부착되는 ActiveX 컨트롤이나 BHO 등이 이 권한을 갖게 되므로, 시스템 상에서 디스크 상의 파일에 접근하거나 쓰는 행위를 사전에 차단할 수 있게 된다.

이제 앞의 코드에서 보안 속성을 지정해주었음에도 불구하고 왜 문제가 발생하는지 알 수 있을 것이다. 로컬 시스템 계정으로 실행되는 서비스들은 시스템 프로세스로서 가장 높은 "시스템 권한 레벨"을 갖는다. 따라서 서비스에서 공유를 위해 생성한 커널 객체 역시 시스템 권한 레벨을 갖게 되고, 이 이벤트를 OpenEvent 함수를 통해서 열고자 하는 〈AtlCliAuth〉 프로젝트는 "중간 권한 레벨"의 무결성 레벨을 갖고 있으므로 호출에 실패하는 것이다. 따라서 서비스에서 생성한 커널 객체를 일반 프로세스가 공유할 수 있도록 하기 위해서는 이 커널 객체의 무결성 레벨을 적당히 낮춰주어야만 한다. 따라서 무결성 레벨을 조절하기 위한 절차가 필요하며, 이 절차를 위해서는 앞서 보안 기술자 설명 시 언급하지 않았던 Sacl 필드를 검토해야 한다.

| PACL Sacl |

Sacl은 "System Access Control List"의 약자며, 그 타입 역시 ACL 구조체의 포인터지만 그 목적은 해당 객체에 대한 접근 허용 체크가 아니라 시스템 감사(Audit)나 추적이 목적이므로 크게 신경 쓸 필드는 아니었다. 하지만 비스타에서 무결성 레벨이란 개념이 추가되면서 그 값을 Sacl 필드 내에 보관하기로 결정했기 때문에 이 필드 역시 처리를 해줘야 한다.

AtlSvcAuth 서비스가 생성한 이벤트는 무결성 레벨이 가장 높은 시스템 권한 레벨을 가진다. 하지만 여러분이 로그인한 세션에서 실행될 AtlCliAuth.exe는 중간 권한 레벨을 갖게 되며, 중간 레벨의 프로세스는 가장 높은 레벨인 시스템 레벨을 갖는 이벤트 커널 객체를 공유할 수는 없으므로 이를 위해 서비스에서 커널 객체 생성 시 그 레벨을 낮춰줘야 한다. 따라서 그 작업을 위해 다음과 같은 추가 코드가 요구된다. 다음에 예시하는 코드는 생성된 이벤트의 무결성 레벨을 "낮은 권한 레벨"을 갖는 Sacl 필드로 설정해주는 코드다.

```
#define EVENT_BY_APP  _T("Global\\EVENT_BY_APP")
#define EVENT_BY_SVC  _T("Global\\EVENT_BY_SVC")
PCTSTR LOW_INTEGRITY_SDDL_SACL = _T("S:(ML;;NW;;;LW)");
```

낮은 권한 레벨을 의미하는 문자열 표현식

```
void CAtlSvcAuth::RunMessageLoop()
{
    SECURITY_ATTRIBUTES sa;
        :
```

```
m_hevExit = CreateEvent(&sa, TRUE, FALSE, EVENT_BY_SVC);
delete[] PBYTE(sa.lpSecurityDescriptor);
if (m_hevExit == NULL)
    return;

PSECURITY_DESCRIPTOR pSD = NULL;
```

```
try
{
    BOOL bIsOK = ConvertStringSecurityDescriptorToSecurityDescriptor
    (
        LOW_INTEGRITY_SDDL_SACL, SDDL_REVISION_1, &pSD, NULL
    );
```

```
    if (!bIsOK)
        throw GetLastError();

    PACL pSacl = NULL;
    BOOL fSaclCur = FALSE, fSaclDef = FALSE;
    bIsOK = GetSecurityDescriptorSacl(pSD, &fSaclCur, &pSacl, &fSaclDef);
```

```
    if (!bIsOK)
        throw GetLastError();

    DWORD dwErrCode = SetSecurityInfo
    (
        m_hevExit, SE_KERNEL_OBJECT, LABEL_SECURITY_INFORMATION,
        NULL, NULL, NULL, pSacl
    );
```

```
    if (dwErrCode != ERROR_SUCCESS)
```

```
          throw GetLastError();

      LocalFree(pSD);
```

할당된 보안 기술자를 해제한다.

```
  }
  catch (DWORD)
  {
      if (pSD != NULL) LocalFree(pSD);
      CloseHandle(m_hevExit);
      return;
  }

      ⋮
}
```

낮은 무결성 레벨을 이벤트 커널 객체에 설정해주기 위해 위의 코드에서 사용된 주요 함수들에 대해 간단히 알아보도록 하자.

```
BOOL WINAPI ConvertStringSecurityDescriptorToSecurityDescriptor
(
  _In_   LPCTSTR                 StringSecurityDescriptor,
  _In_   DWORD                   StringSDRevision,
  _Out_  PSECURITY_DESCRIPTOR*   SecurityDescriptor,
  _Out_  PULONG                  SecurityDescriptorSize
);
```

ConvertStringSecurityDescriptorToSecurityDescriptor 함수는 문자열로 표현된 보안 기술자를 시스템이 인식할 수 있는 바이너리 형태의 보안 기술자로 변경하는 역할을 한다. StringSecurityDescriptor 매개변수는 앞서 언급한 대로 낮은 무결성 레벨을 의미하는 "S:(ML;; NW;;;LW)" 문자열을 전달하고, StringSDRevision 매개변수는 SDDL_REVISION_1 매크로를 지정하면 된다. 그리고 SecurityDescriptor 매개변수를 통해 바이너리로 변환된 보안 기술자의 포인터를 획득할 수 있다. 이 보안 기술자는 사용 후 LocalFree 함수를 통해 해제해주어야 한다.

```
BOOL WINAPI GetSecurityDescriptorSacl
(
    _In_  PSECURITY_DESCRIPTOR    pSecurityDescriptor,
    _Out_ LPBOOL                  lpbSaclPresent,
    _Out_ PACL*                   pSacl,
    _Out_ LPBOOL                  lpbSaclDefaulted
);
```

GetSecurityDescriptorSacl 함수는 매개변수 pSecurityDescriptor가 가리키는 보안 기술자로부터 SACL 정보를 획득해서 pSacl 매개변수에 담아준다. lpbSaclPresent와 lpbSaclDefaulted 매개변수는 보안 기술자의 SECURITY_DESCRIPTOR_CONTROL 타입의 Control 필드로부터 SACL 존재 플래그와 디폴트 SACL 플래그의 설정 여부를 돌려준다.

보안 기술자로부터 SACL 정보를 획득하는 함수가 있다면 DACL을 획득하는 함수 역시 존재할 것이다. 동일한 형태의 GetSecurityDescriptorDacl 함수가 DACL 획득을 위해 제공된다.

```
ERROR_ACCESS_DENIED BOOL WINAPI GetSecurityDescriptorDacl
(
    _In_ PSECURITY_DESCRIPTOR pSecurityDescriptor,
    _Out_LPBOOL               lpbDaclPresent,
    _Out_PACL*                pDacl,
    _Out_LPBOOL               lpbDaclDefaulted
);
```

GetSecurityDescriptorDacl 함수는 GetSecurityDescriptorSacl 함수와 동일한 기능을 하지만, 그 대상이 SACL이 아닌 보안 기술자 내의 DACL의 정보를 돌려준다.

```
DWORD WINAPI SetSecurityInfo
(
    _In_      HANDLE                handle,
    _In_      SE_OBJECT_TYPE        ObjectType,
    _In_      SECURITY_INFORMATION  SecurityInfo,
    _In_opt_  PSID                  psidOwner,
    _In_opt_  PSID                  psidGroup,
    _In_opt_  PACL                  pDacl,
```

```
    _In_opt_    PACL                    pSacl
);
```

SetSecurityInfo 함수는 handle 커널 객체가 갖고 있는 보안 기술자의 정보를 설정하고, ObjectType은 커널 객체의 종류를 지정한다. ObjectType 종류에 따라 handle 객체가 파일 (SE_FILE_OBJECT)인지, 서비스(SE_SERVICE)인지, 레지스트리 키(SE_REGISTRY_KEY)인지, 또는 동기화 커널 객체(SE_KERNEL_OBJECT)인지 등을 판단할 수 있다. 위 코드의 경우 이벤트 커널 객체를 대상으로 하기 때문에 SE_KERNEL_OBJECT 값을 지정한다. SecurityInfo 매개변수는 보안 기술자 내에 설정하고자 하는 정보의 종류를 지정한다. 우리의 목적은 무결성 레벨 값을 담고 있는 SACL을 설정하는 것이기 때문에 LABEL_SECURITY_INFORMATION 값을 넘겨준다. 물론 DACL을 설정하고자 한다면 DACL_SECURITY_INFORMATION 값을 넘겨줄 수 있다. psidOwner와 psidGroup 매개변수는 handle 커널 객체의 소유 SID와 소속 그룹 SID를 지정하며, pDacl과 pSacl 매개변수는 각각 DACL과 SACL을 지정한다. 무결성 레벨 설정이 목적이므로 pSacl 매개변수에 새로운 무결성 레벨 값을 담고 있는 SACL 정보를 넘겨주고, 나머지 매개변수는 모두 NULL로 넘겨주면 된다.

위와 같이 수정된 코드를 빌드하여 실행하면 서비스 계정에서 생성된 커널 객체를 일반 유저 계정의 프로그램에서도 공유가 가능하다는 것을 확인할 수 있다.

7.2.3 서비스에서의 프로세스 생성

서버 사이드 프로그램이나 클라이언트에서 주로 시스템 관련 처리를 담당하는 프로그램들은 대부분 서비스로 작성된다. 그 이유는 앞서도 언급했던 것처럼, 시스템 부팅 시 자동으로 개시되는 백그라운드의 성격과 더불어 시스템의 모든 부분을 제어할 수 있는 높은 권한에 있다. 하지만 이러한 서비스 프로그램과 통신을 담당할, 로그인한 사용자 세션에 표시되는 자식 프로세스를 생성할 필요가 있다. 보통 서비스가 백그라운드로 실행되면서 그것과 통신을 담당할 UI를 갖고 있는 프로그램이 트레이 아이콘으로 실행되는 경우가 많다. 이럴 경우 서비스가 그러한 자식 프로세스를 생성해야 한다면 우리는 앞서 논의했던 대로 CreateProcess 함수를 이용해 자식 프로세스를 생성할 때 원하지 않는 상황에 놓이게 된다. 〈프로젝트 7.1.1 WaitForInputIdle〉에서 검토했던 예를 서비스에 그대로 적용시켜 보자.

다음 프로젝트는 서비스에서 TestGUIApp.exe를 로드하고 그 초기화가 완료되기를 WaitForInputIdle 함수를 통해 대기하는 예를 보여준다.

```
void CAtlSvcRunModule::RunMessageLoop()
{
   TCHAR szCmdLine[MAX_PATH] = { 0, };
   GetModuleFileName(NULL, szCmdLine, MAX_PATH);
   PathRemoveFileSpec(szCmdLine);
   _tcscat_s(szCmdLine, _T("\\TestGuiApp.exe"));

   PROCESS_INFORMATION pi;
   ZeroMemory(&pi, sizeof(pi));
   try
   {

      STARTUPINFO si;
      ZeroMemory(&si, sizeof(STARTUPINFO));
      si.cb = sizeof(STARTUPINFO);

      BOOL bIsOK = CreateProcess
      (
         NULL, szCmdLine, NULL, NULL,
         FALSE, NORMAL_PRIORITY_CLASS, NULL, NULL, &si, &pi
      );

      if (!bIsOK)
         throw GetLastError();
      CloseHandle(pi.hThread);

      WaitForInputIdle(pi.hProcess, INFINITE);
      CloseHandle(pi.hProcess);
   }
   catch (DWORD hr)
   {
      ATLTRACE(_T("Error occurred, code=%d"), hr);
   }
   WaitForSingleObject(m_hevExit, INFINITE);
}
```

코드를 빌드하여 서비스를 개시하면 CreateProcess는 TRUE를 리턴했음에도 TestGUIApp. exe의 다이얼로그 박스는 보이지 않을 것이다. 하지만 다음 그림처럼 작업 관리자를 열어서 "TestGUIApp.exe"의 실행 여부를 확인해보면 실제로 "TestGUIApp.exe"가 로드된 것을 확인할 수 있다.

그림 7-6 TestGUIApp.exe가 로드된 상태

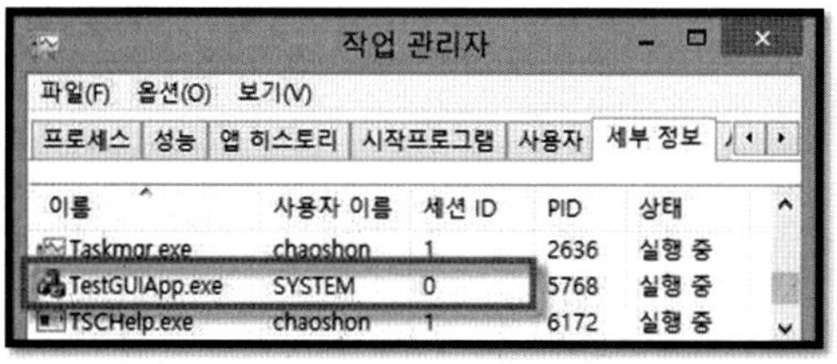

위의 그림을 자세히 들여다보면 로드된 TestGUIApp.exe의 "세션 ID"는 '0'이며 "사용자 이름"은 'SYSTEM'이란 것을 확인할 수 있다. 여기서 'SYSTEM'이란 로컬 시스템 계정을 의미한다. SCM을 통해 서비스를 개시한 "세션 ID"는 '1'이고 그 계정은 필자가 로그인한 계정 'chaoshon'이지만, 서비스가 로드한 TestGUIApp.exe의 세션은 '0'이다. 이는 서비스가 동작하는 세션 0에서 TestGUIApp.exe가 로드되었고 현재 필자가 로그인한 chaoshon이라는 계정은 세션 1이어서, 결국 세션이 서로 다르기 때문에 TestGUIApp의 다이얼로그 박스는 실제 로드되었지만 보이지 않는 것이다.

1) 특정 세션에 프로세스 생성

위에 제시된 문제를 해결하고자 한다면, 프로그램을 로드할 때 서비스 세션을 세션 0이 아니라 현재 로그인한 계정과 연결된 세션 1에 TestGUIApp.exe를 로드시켜줘야 하며, 이를 위해서는 CreateProcess 함수 대신 CreateProcessAsUser 함수를 사용해야만 한다.

```
BOOL WINAPI CreateProcessAsUser
(
    _In_opt_        HANDLE                  hToken,
    _In_opt_        LPCTSTR                 lpApplicationName,
    _Inout_opt_     LPTSTR                  lpCommandLine,
    _In_opt_        LPSECURITY_ATTRIBUTES   lpProcessAttributes,
    _In_opt_        LPSECURITY_ATTRIBUTES   lpThreadAttributes,
    _In_            BOOL                    bInheritHandles,
```

```
   _In_          DWORD                   dwCreationFlags,
   _In_opt_      LPVOID                  lpEnvironment,
   _In_opt_      LPCTSTR                 lpCurrentDirectory,
   _In_          LPSTARTUPINFO           lpStartupInfo,
   _Out_         LPPROCESS_INFORMATION   lpProcessInformation
);
```

CreateProcessAsUser 함수는 hToken이 첫 번째 매개변수로 추가되었다는 것을 제외하면 CreateProcess 함수와 동일하다. 먼저 CreateProcessAsUser 함수를 설명하기 전에 우리는 "액세스 토큰(Access Token)"이라는 개념을 알아야 한다. 액세스 토큰은 1장에서 프로세스를 다룰 때 보안 문맥(Security Context)을 언급하면서 간단히 설명한 바 있다. 액세스 토큰은 로그인한 유저 계정의 환경을 정의하는 세션에 할당되는 보안 문맥이며, 로그인 유저의 SID와 소속 그룹의 SID, 다양한 특권(Privilege)들을 그 속에 갖고 있는 보안 커널 객체다. 지금까지 말했던 다양한 커널 객체의 접근 허용 여부는 바로 액세스 토큰과 7.2.2절에서 설명했던, 해당 커널 객체가 가지고 있는 보안 기술자를 통해서 이루어진다. 프로세스가 생성되면 시스템은 프로세스에 해당 세션의 액세스 토큰을 할당한다. 그리고 프로세스의 스레드는 기본적으로 그 토큰을 상속받게 된다. 커널 객체는 자신에게 접근이 가능하거나 혹은 접근을 거부할 유저나 그룹의 SID 리스트(이를 DACL이라고 했다)를 갖고 있으며, 시스템은 특정 스레드가 커널 객체에 접근할 때 액세스 토큰의 유저 SID와 그룹 SID를 커널 객체의 보안 기술자에 정의된 DACL의 엔트리와 비교해, 최종적으로 그 스레드가 커널 객체에 접근을 허용하거나 또는 접근을 막도록 결정한다.

따라서, 특정 사용자 세션에 프로세스를 생성시킨다는 것은 그 세션에 할당된 액세스 토큰을 먼저 획득해야 한다는 것을 의미한다. 다음의 WTSQueryUserToken 함수는 특정 세션의 액세스 토큰을 획득 가능하게 해주며, 세션 ID가 가리키는 로그온 유저의 프라이머리 액세스 토큰을 돌려준다.

```
BOOL WINAPI WTSQueryUserToken
(
   _In_  ULONG     SessionId,
   _Out_ PHANDLE   phToken
);
```

SessionId 매개변수는 토큰을 획득하고자 하는 유저 계정의 세션 ID를 의미하고, 이 매개변수로 지정된 세션에 해당하는 토큰은 phToken 매개변수에 담겨 반환된다. WTSQueryUserToken 함수를 호출하기 위해서는 로컬 시스템의 권한을 갖고 있어야 한다.

우리는 로컬 시스템 계정에서 실행되는 서비스를 다루고 있다. 따라서 WTSQueryUserToken 함수를 호출하는 데 필요한 권한은 충분히 갖고 있다. 이제 문제는 SessionId 매개변수를 위해서 현재 로그인된 유저의 세션 ID를 어떻게 획득할 것인지가 문제가 된다. 다시 말해서 [그림 7-6]에서 볼 수 있는 'chaoshon'에 해당하는 "세션 ID", 즉 '1'이라는 값을 획득해야 한다. 문제는 윈도우는 XP부터 다중의 유저가 하나의 시스템에 로그인하는 것을 허용한다는 점이다. 이는 현재 시스템에 동시에 여러 유저가 로그인되어 있을 수 있으며, 심지어 리모트 데스크톱을 통하여 리모트의 세션이 현재 시스템에 존재할 수도 있음을 의미하기도 한다. 따라서 서비스가 실행되는 세션 0을 제외하고도 리모트 데스크톱 세션을 포함하여 여러 세션이 존재할 수 있으며, 이때 요구되는 것은 로그인된 유저 중에서 현재 활성화된 유저의 세션 ID를 획득하는 것이다. 현재 활성화된 세션이란 지금 여러분이 보고 있는 화면을 포함하여 키보드나 마우스 입력을 수신하는 물리적인 콘솔을 가진 세션을 의미한다. 이 활성화된 세션의 ID를 획득 가능하게 해주는 함수가 바로 WTSGetActiveConsoleSessionId다.

```
DWORD WINAPI WTSGetActiveConsoleSessionId(void);
```

WTSGetActiveConsoleSessionId 함수는 리모트 데스크톱 관련 함수며, 현재 콘솔에 부착된 리모트 데스크톱 세션의 ID를 돌려준다. 이 함수를 이용해서 로그인되어 있는 여러 유저의 세션 중 현재 활성화된 유저의 세션 ID를 획득할 수 있다.

이제 앞의 코드에서 CreateProcess를 호출하는 부분을 CreateProcessAsUser로 대체하여 프로세스를 특정 세션에서 기동되도록 하는 코드로 변경하면 다음과 같다. CreateProcess를 사용했던 〈프로젝트 7.2.3 AtlSvcRun〉 코드는 #if ~ #endif의 조건부 컴파일을 갖고 있으며, 다음의 예는 RM_USER_SESS1이라는 조건으로 컴파일되는 예다.

```
HANDLE hToken = NULL;
```
특정 유저의 토큰을 획득하기 위한 핸들 변수를 선언한다.

```
    ⋮
    try
    {
```

```
    DWORD dwSessionId = WTSGetActiveConsoleSessionId();
```

WTSGetActiveConsoleSessionId 함수를 통하여 활성화된 세션 ID를 획득한다.

```
    if (!WTSQueryUserToken(dwSessionId, &hToken))
        throw GetLastError();
```

WTSQueryUserToken 함수를 호출해 획득된 세션 ID에 해당하는 세션의 프라이머리 액세스 토큰을 획득한다.

```
    STARTUPINFO si;
    ZeroMemory(&si, sizeof(STARTUPINFO));
    si.cb = sizeof(STARTUPINFO);
    BOOL bIsOK = CreateProcessAsUser
    (
        hToken,
        NULL, szCmdLine, NULL, NULL,
        FALSE, NORMAL_PRIORITY_CLASS, NULL, NULL, &si, &pi
    );
```

획득한 액세스 토큰을 CreateProcessAsUser 함수의 첫 번째 매개변수로 전달하여 dwSessionId에 해당하는 세션에 프로세스를 기동시킨다.

```
    CloseHandle(hToken);
```

액세스 토큰 역시 커널 객체이므로 CloseHandle을 통해서 닫아줘야 한다.

  ⋮

위와 같이 코드를 변경한 후 실행하면 다음 그림과 같이 서비스에서 TestGUIApp.exe를 기동시켰음에도 불구하고 "사용자 이름"은 'chaoshon', "세션 ID"는 '1'을 가진 TestGUIApp.exe가 실행되어 다이얼로그 박스가 출력되는 것을 확인할 수 있다.

그림 7-7 TestGUIApp.exe가 세션 1에 로드된 상태

그러면 이번에는 〈프로젝트 7.1.1 InheritTest〉 코드에서 초기화 완료를 대기하기 위해 이벤트 핸

들을 상속을 통해서 전달했는데, 이 예를 서비스에서도 가능하도록 다음과 같이 코드를 수정해보자. 먼저 NULL DACL을 위한 보안 속성을 설정하는 코드와 무결성 레벨을 낮추는 코드는 다음과 같이 분리된 함수로 각각 정의했다.

다음 코드는 NULL DACL을 위한 보안 속성을 설정하는 InitSecuInfo 함수의 정의다.

```
void InitSecuInfo(PSECURITY_ATTRIBUTES pSA)
{
   pSA->lpSecurityDescriptor = NULL;

   PSECURITY_DESCRIPTOR pSD = PSECURITY_DESCRIPTOR
       (new BYTE[SECURITY_DESCRIPTOR_MIN_LENGTH]);
   if (!InitializeSecurityDescriptor(pSD, SECURITY_DESCRIPTOR_REVISION))
   {
      delete[] PBYTE(pSD);
      return;
   }
   if (!SetSecurityDescriptorDacl(pSD, TRUE, NULL, FALSE))
   {
      delete[] PBYTE(pSD);
      return;
   }
   pSA->nLength = sizeof(SECURITY_ATTRIBUTES);
   pSA->bInheritHandle = TRUE;
```
상속을 목적으로 하기 때문에 bInheritHandle 필드를 TRUE로 설정한다.
```
   pSA->lpSecurityDescriptor = pSD;
}
```

다음 코드는 무결성 레벨을 낮추는 역할을 하는 SetObjectToLowIntegrity 함수의 정의다. 앞에서 설명했으므로 별도의 설명은 생략한다.

```
void SetObjectToLowIntegrity(HANDLE hObject)
{
   PCTSTR LOW_INTEGRITY_SDDL_SACL = _T("S:(ML;;NW;;;LW)");
   PSECURITY_DESCRIPTOR pSD = NULL;
   try
```

```
    {
        BOOL bIsOK = ConvertStringSecurityDescriptorToSecurityDescriptor
        (
            LOW_INTEGRITY_SDDL_SACL, SDDL_REVISION_1, &pSD, NULL
        );
        if (!bIsOK)
            throw GetLastError();

        PACL pSacl = NULL;
        BOOL fSaclCur = FALSE, fSaclDef = FALSE;
        bIsOK = GetSecurityDescriptorSacl(pSD, &fSaclCur, &pSacl, &fSaclDef);
        if (!bIsOK)
            throw GetLastError();

        DWORD dwErrCode = SetSecurityInfo
        (
            hObject, SE_KERNEL_OBJECT, LABEL_SECURITY_INFORMATION,
            NULL, NULL, NULL, pSacl
        );
        if (dwErrCode != ERROR_SUCCESS)
            throw GetLastError();
        LocalFree(pSD);
    }
    catch (DWORD hr)
    {
        if (pSD != NULL) LocalFree(pSD);
        throw hr;
    }
}
```

다음 프로젝트는 서비스에서 TestToolApp.exe를 생성시키고 커널 객체를 상속시켜 초기화 완료
를 대기하는 RunMessageLoop 함수의 정의다.

```
void CAtlSvcShareModule::RunMessageLoop()
{
        ⋮
   HANDLE hEvent = NULL;
   SECURITY_ATTRIBUTES sa;
   try
   {
      InitSecuInfo(&sa);
```

이벤트 커널 객체의 공유를 위해 보안 속성을 설정한다.

```
      if (sa.lpSecurityDescriptor == NULL)
         throw GetLastError();


      hEvent = CreateEvent(&sa, TRUE, FALSE, NULL);
      delete[] PBYTE(sa.lpSecurityDescriptor);
      if (hEvent == NULL)
         throw GetLastError();
      SetObjectToLowIntegrity(hEvent);
```

이벤트 커널 객체의 무결성 레벨을 낮춰준다.

```
      int nLen = _tcslen(szCmdLine);
      wsprintf(szCmdLine + nLen, _T("\\TestToolApp.exe %d"), hEvent);
```

이벤트 핸들값을 프로그램 인자로 설정한다.

```
      DWORD dwSessionId = WTSGetActiveConsoleSessionId();
      if (!WTSQueryUserToken(dwSessionId, &hToken))
         throw GetLastError();
```

활성화된 세션의 ID를 획득하고 그 세션의 토큰을 획득한다.

```
      STARTUPINFO si;
      ZeroMemory(&si, sizeof(STARTUPINFO));
      si.cb = sizeof(STARTUPINFO);
```

```
        BOOL bIsOK = CreateProcessAsUser
        (
            hToken,
            NULL, szCmdLine, NULL, NULL,
            TRUE, NORMAL_PRIORITY_CLASS, NULL, NULL, &si, &pi
        );
```

획득된 액세스 토큰을 전달하여 그 세션에 프로그램을 기동시킨다.

```
        :

        WaitForSingleObject(hEvent, INFINITE);
    }
    catch (DWORD hr)
    {
        ATLTRACE(_T("Error occurred, code=%d"), hr);
        if (hToken != NULL) CloseHandle(hToken);
    }

    WaitForSingleObject(m_hevExit, INFINITE);
}
```

2) 로컬 시스템 권한으로 프로세스 생성

이번에는 다음의 상황을 한 번 생각해보자. CreateProcess를 사용했을 때 로드된 TestToolApp.exe의 "사용자 이름"은 'SYSTEM'이었고 "세션 ID"는 '0'이었다. 그리고 CreateProcessAsUser를 사용했을 때 "사용자 이름"은 현재 로그인한 계정 'chaoshon'이었고, "세션 ID" 역시 그 계정에 할당된 '1'이었다. 그렇다면 일반 사용자 계정의 세션 1에 로컬 시스템 계정을 갖도록 TestToolApp.exe를 기동시킬 수 없을까? 이 말은 사용자 세션에 로컬 시스템 권한을 가진 프로세스를 생성하겠다는 것을 의미한다. 그렇게만 된다면 그 프로그램 역시 로컬 시스템 계정이 가질 수 있는 높은 권한을 그대로 유지한 채 다른 세션에 로드될 것이다. 이 방식은 권한이 문제가 되는 상황에서 권한 문제를 간단하게 만들어 주는 중요한 방법이 된다. 이렇게 서비스와 동일한 권한을 가지는 프로그램을 사용자가 로그인한 세션에 로드하는 방법을 알아보자.

특정 유저 계정의 세션에 프로세스를 로드시키기 위해서 WTSQueryUserToken 함수를 이용해 그 세션에 할당된 액세스 토큰을 획득한 다음 CreateProcessAsUser 함수를 이용했다. 이렇게 기동된 프로그램은 그 유저의 권한을 그대로 갖고 있는 프로그램이다. 하지만 지금 알아보고자 하는 방법은 특정 세션에 그 세션에 할당된 토큰이 아닌, 서비스가 가질 수 있는 로컬 시스템 계정의 권한을 부여하는 것이다. 특정 계정의 권한을 정의하는 것이 액세스 토큰이다. 그렇다면 로컬 시스템 계정의 권한 정의는 로컬 시스템의 토큰에 정의되어 있을 것이다. 하지만 로컬 시스템의 액세스 토큰은 특정 유저의 세션과는 전혀 상관이 없다. 결국은 특정 세션과 결부되었지만, 그 권한은 로컬 시스템의 권한을 갖는 액세스 토큰을 획득하는 것이 가장 먼저 해야 할 일인 것이다. 따라서 WTSGetActiveConsoleSessionId 함수를 통해 활성화된 세션 ID를 획득한 후 WTSQueryUserToken 함수를 호출하는 것은 의미가 없고, 그 세션 ID를 통해 다른 특별한 토큰을 획득해야만 한다.

먼저 프로세스를 기동하는 다음의 코드를 보도록 하자. 〈프로젝트 7.2.3 AtlSvcRun〉 코드를 다음과 같이 수정했다. 조건부 컴파일의 조건은 RM_SYSTEM_SESS1이 된다.

```
HANDLE hToken = NULL;
    ⋮
try
{
    DWORD dwSessionId = WTSGetActiveConsoleSessionId();
```
WTSGetActiveConsoleSessionId 함수를 통하여 활성화된 세션 ID를 획득한다.

```
    hToken = AcquireTokenForLocalSystem(dwSessionId);
```
활성화된 세션 ID를 이용해 로컬 시스템 권한의 토큰을 획득한다.

```
    if (hToken == NULL)
        throw GetLastError();

    STARTUPINFO si;
    ZeroMemory(&si, sizeof(STARTUPINFO));
    si.cb = sizeof(STARTUPINFO);
    BOOL bIsOK = CreateProcessAsUser
    (
        hToken,
        NULL, szCmdLine, NULL, NULL,
        FALSE, NORMAL_PRIORITY_CLASS, NULL, NULL, &si, &pi
    );
    ⋮
```

앞의 코드에서 보았던 기존의 WTSQueryUserToken 함수를 대체하는 함수 Acquire-TokenForLocalSystem은 로컬 시스템 권한의 토큰 획득을 위해 직접 정의한 함수다. 먼저 그 원리를 신빈히게 설명히고 이이서 AcquireTokenForLocalSystem 힘수의 정의에 대해 설명하고자 한다. 서비스 계정에 연결된 세션 0이 아닌 특정 세션에 연결되어 있으면서 로컬 시스템 권한을 갖는 토큰이 있고, 또 그 토큰을 소유한 어떤 프로그램이 존재한다면 그 프로그램의 프로세스로부터 액세스 토큰을 얻어와 CreateProcessAsUser 호출 시 첫 번째 매개변수로 전달한다면 그 목적을 달성할 수 있을 것이다. 여기서 말하는 어떤 프로그램이란 작업 관리자에서의 "사용자 이름"은 'SYSTEM'이 될 것이며 "세션 ID"는 '0' 이외의 값이 될 것이다. 우리의 예에서는 chaoshon에 해당하는 '1' 값을 가진 경우일 것이다. 그렇다면 그런 프로그램이 존재하는가? 당장 작업 관리자를 띄워 "세션 ID"는 '1', "사용자 이름"은 'SYSTEM'인 프로세스를 한 번 찾아보기 바란다.

그림 7-8 실행 중인 WinLogon.exe

이름	사용자 이름	세션 ID	PID	
wininit.exe	SYSTEM	0	696	
winlogon.exe	SYSTEM	2	1728	
winlogon.exe	SYSTEM	1	6596	
WINWORD.EXE	chaoshon	1	7836	

위 그림은 작업 관리자에서 "사용자 이름"이 'SYSTEM'이고 "세션 ID"가 '1'인 프로세스다. 그리고 그 "프로세스 이름"은 'WinLogon.exe'며, 위의 그림에서는 WinLogon.exe가 두 개 존재한다. 현재 필자의 시스템에는 관리자 계정으로 로그인한 'chaoshon'이라는 계정과 일반 계정으로 로그인한 'test01'이라는 두 개의 계정이 존재한다. WinLogon.exe 프로그램은 특정 유저가 로그인 할 때 기동되는 특별한 프로세스로서 계정별 로그온과 로그오프를 담당하는 프로그램이다. 여러분이 시스템의 여러 계정으로 로그인할 때 해당 계정별로 그 세션의 ID를 갖지만, 권한은 로컬 시스템 권한을 갖는 WinLogon 프로그램이 항상 기동되어 로그인되어 있는 동안 실행되고 있다. 위 그림이 바로 chaoshon 계정 세션 1을 관리하는 WinLogon 프로세스와 test01 계정 세션 2를 관리하는 WinLogon 프로세스를 나타낸 것이다. 이제 WinLogon 프로세스의 토큰을 획득할 수 있다면 그 토큰을 할당하여 프로세스를 생성할 경우 우리가 원하는 상태, 즉 WinLogon의 상태와 동일한 유저 응용 프로그램을 실행시킬 수 있을 것이다. 이러한 시나리오를 기반으로 정의한 함수가 바로 다음의 AcquireTokenForLocalSystem 함수다. 이 함수는 크게 두 가지 과정, 즉 원하는 세션 ID를 갖는 'WinLogon.exe' 프로세스 검색 과정과 'WinLogon.exe'의 액세스 토큰을 획득하는 과정으로 나뉜다.

```
HANDLE AcquireTokenForLocalSystem(DWORD dwSessionId)
{
```

```
   HANDLE hSnap = CreateToolhelp32Snapshot(TH32CS_SNAPPROCESS, 0);
```

실행 중인 프로세스 리스트를 검색하기 위한 스냅샷을 생성한다.

```
   if (hSnap == INVALID_HANDLE_VALUE)
      return NULL;

   DWORD dwWinLogonId = 0;
   PROCESSENTRY32  pe;
   pe.dwSize = sizeof(PROCESSENTRY32);
   if (!Process32First(hSnap, &pe))
```

실행 중인 프로세스 검색을 시작한다.

```
   {
      CloseHandle(hSnap);
      return NULL;
   }

   do
   {
      if (_tcsicmp(pe.szExeFile, _T("winlogon.exe")) == 0)
```

프로세스 이름이 WinLogon.exe일 경우 :

```
      {
         DWORD dwWLSessId = 0;
         if (ProcessIdToSessionId(pe.th32ProcessID, &dwWLSessId))
```

프로세스 ID를 통해 해당 프로세스의 세션 ID를 획득한다.

```
         {
            if (dwWLSessId == dwSessionId)
```

프로세스의 세션 ID가 원하는 세션 ID일 경우 :

```
            {
               dwWinLogonId = pe.th32ProcessID;
```

"프로세스 이름"이 'WinLogon.exe'이고 그 "세션 ID"가 매개변수로 지정된 세션 ID와 같을 경우, 우리가 목적하는 WinLogon 프로세스의 ID를 얻을 수 있다.

```
            break;
          }
        }
      }
} while (Process32Next(hSnap, &pe));
```

실행 중인 다음 프로세스를 검색한다.

```
CloseHandle(hSnap);
if (dwWinLogonId == 0)
   return NULL;
```

② "WinLogon.exe"의 액세스 토큰 획득

```
HANDLE  hWLToken   = NULL; // WinLogon.exe의 토큰 핸들
HANDLE  hWLProc    = NULL; // WinLogon.exe의 프로세스 핸들
HANDLE  hNewToken  = NULL; // WinLogon.exe의 토큰 핸들의 복제된 토큰을 받을 변수

try
{
   hWLProc = OpenProcess(MAXIMUM_ALLOWED, FALSE, dwWinLogonId);
```

OpenProcess 함수를 호출해 WinLogon 프로세스 ID를 통해 WinLogon 프로세스를 연다.

```
   if (!hWLProc)
      throw GetLastError();


   BOOL bIsOK = OpenProcessToken
   (
      hWLProc,
      TOKEN_ADJUST_PRIVILEGES | TOKEN_QUERY | TOKEN_DUPLICATE |
      TOKEN_ASSIGN_PRIMARY | TOKEN_ADJUST_SESSIONID |
      TOKEN_READ | TOKEN_WRITE,
      &hWLToken
   );
```

OpenProcessToken 함수를 호출해 WinLogon 프로세스의 토큰을 획득한다.

```
   if (!bIsOK)
```

```
        throw GetLastError();

    bIsOK = DuplicateTokenEx
    (
        hWLToken, MAXIMUM_ALLOWED, NULL,
        SecurityIdentification, TokenPrimary, &hNewToken
    );
```

DuplicateTokenEx 함수를 호출해 WinLogon 프로세스의 토큰과 같은 토큰을 복제한다.

```
    if (!bIsOK)
        throw GetLastError();
    }
    catch (DWORD hr)
    {
        ATLTRACE(_T("Error occurred, code=%d"), hr);
    }
    if (hWLProc != NULL)
        CloseHandle(hWLProc);
    if (hWLToken != NULL)
        CloseHandle(hWLToken);

    return hNewToken;
}
```

위의 코드를 실행한 결과가 아래 그림에 있다. TestGUIApp.exe 실행 결과 윈도우가 출력되었으며, 작업 관리자를 통해 확인한 결과 로컬 시스템 계정으로 세션 1에 TestGUIApp.exe가 실행되었음을 확인할 수 있다.

그림 7-9 TestGUIApp.exe가 로컬 시스템 계정으로 세션 1에 로드된 상태

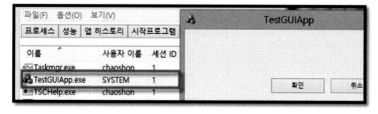

그렇다면 이제 다시 〈프로젝트 7.2.3 AtlSvcShare〉로 돌아가서 아예 로드할 TestToolApp.exe의 권한을 높여서 특정 세션에서 작동하도록 해보자. 이 코드 역시 조건부 컴파일을 갖고 있으며,

아래 코드에 해당하는 조건은 RM_SYSTEM_SESS1이다.

```
void CAtlSvcShareModule::RunMessageLoop()
{
         ⋮

   HANDLE hEvent = NULL;
   SECURITY_ATTRIBUTES sa;
   try
   {
       sa.nLength = sizeof(SECURITY_ATTRIBUTES);
       sa.bInheritHandle = TRUE;
       sa.lpSecurityDescriptor = NULL;
```
NULL DACL 설정을 위한 보안 기술자 생성 코드를 제거하고 단지 상속만 지정한다.

```
       hEvent = CreateEvent(&sa, TRUE, FALSE, NULL);
       if (hEvent == NULL)
          throw GetLastError();
```
이벤트 생성 후에는 무결성 레벨을 낮추는 코드가 필요 없다.

```
       int nLen = _tcslen(szCmdLine);
       wsprintf(szCmdLine + nLen, _T("\\TestToolApp.exe %d"), hEvent);

       DWORD dwSessionId = WTSGetActiveConsoleSessionId();
       hToken = AcquireTokenForLocalSystem(dwSessionId);
```
활성화된 세션 ID를 획득한 후, 그 ID에 해당하는 WinLogon의 토큰을 획득한다.

```
       if (hToken == NULL)
          throw GetLastError();

       STARTUPINFO si;
       ZeroMemory(&si, sizeof(STARTUPINFO));
       si.cb = sizeof(STARTUPINFO);
       BOOL bIsOK = CreateProcessAsUser
       (
          hToken,
             ⋮
}
```

앞의 코드에서는 이벤트 커널 객체에 대한 NULL DACL 설정 및 낮은 무결성 레벨 설정 관련 코드가 모두 제거되었다. 그럼에도 불구하고 코드를 직접 실행해보면 문제 없이 잘 작동된다. 이는 TestToolApp.exe를 아예 그 권한을 로컬 시스템 권한으로 높여서 기동했기 때문에 서비스와 동등한 권한을 갖고 실행되므로 보안 관련된 문제에서 자유로워진 상황을 보여주는 예에 해당된다.

3) 세션 간 APC 전달

지금까지 살펴본 것처럼, 서비스가 로그인된 사용자 세션에 프로그램을 로드시키고 생성한 커널 객체를 서로 공유하도록 하면 두 프로세스 사이에서 커널 객체를 통한 통지가 가능해진다. 하지만 서비스와 사용자 세션에 기동된 프로그램 사이에서 메시지를 이용한 통지는 불가능하다. 사용자 세션의 프로그램에서 윈도우를 하나 생성하고 서비스에서 FindWindow를 통해서 그 윈도우를 검색해보라. 메시지 통신을 시도하기도 전에 먼저, FindWindow 함수에서 윈도우 핸들 자체를 획득하지 못한다. 스레드 ID를 어떤 방식으로든 전달해서 PostThreadMessage를 호출하더라도 메시지는 전달되지 않는다. 왜냐하면 앞서 설명한 대로 세션 사이의 메시지 전송을 금지했기 때문이다. 특히나 서비스가 실행되는 로컬 시스템 계정이라면 더욱더 그렇다. 따라서 이번 절에서는 이에 대한 대안으로 비록 제약이 따르기는 하지만, APC를 이용해 서로 다른 세션에 존재하는 프로세스 사이에서 통지를 전달하는 방법을 모색해보기로 한다. 2장에서 QueueUserAPC 함수를 통해서 다른 프로세스에 속한 스레드의 APC 큐에 APC 패킷을 엔큐할 수 있다고 했다. 그리고 더 놀라운 것은 서로 다른 세션에 존재하는 프로세스라도 QueueUserAPC의 대상이 되는 스레드 커널 객체의 보안 수준만 만족시키면 APC 패킷 큐잉이 가능하다는 점이다. 따라서 이번에는 메시지 대신 QueueUserAPC 함수를 이용해 서비스와 사용자 세션 간에 통지를 주고받는 예를 살펴보기로 하자.

7.1.3절에서 공유 파일에 데이터를 쓰고 이벤트나 메시지를 통해서 통지하는 예를 APC를 이용하도록 변경해볼 것이다. 물론, APC를 이용하는 방법도 제약이 적지는 않다. 우선 WPARAM과 LPARAM을 갖는 메시지와는 달리 전달할 수 있는 매개변수는 하나로 제약된다. 또한 QueueUserAPC 함수의 대상이 되는 스레드의 핸들을 획득해야 하며, 더 힘든 것은 타깃 프로세스에서 정의된 APC 콜백 함수의 포인터를 획득하는 일이다. 하지만 이번 예는 세션과 세션 사이에서 APC 패킷 전달이 가능함을 보여주기 위한 것이 목적이므로, 단순화된 시나리오를 가정하기로 한다. 예시할 프로젝트는 다음의 처리를 수행할 것이다.

① 서비스 AtlSvcApc는 사용자 세션에 프로그램 AtlCliApc를 로드하면서 그 인자로 서비스의 스레드 ID와 자신이 정의한 APC 콜백 함수의 함수 포인터를 전달한다.

② AtlCliApc 프로세스는 콘솔로부터 뮤자열을 입력받아 공유 파일에 쓰고, QueueUserAPC를 통해서 서비스의 스레드 APC 큐에 APC를 엔큐하고 응답 통지를 대기한다.

③ 서비스의 콜백 함수가 호출되면, 콜백 함수는 공유 파일로부터 데이터를 읽어들여 그 데이터를 거꾸로 뒤집어서 공유 파일에 다시 쓴 후 응답 통지 이벤트를 시그널링한다.

④ AtlCliApc 프로세스는 응답을 받으면 공유 파일로부터 뒤집어진 데이터를 읽어들여 콘솔에 출력한다.

먼저 서비스 코드를 살펴보기로 하자. 다음은 서비스 CAtlSvcApc 클래스에 대한 정의다.

프로젝트 7.2.3 AtlSvcApc

```
#define SHARE_FILE _T("c:\\temp\\__$share.tmp")
#define EVENT_RESP _T("Global\\EVENT_RESP")


class CAtlSvcApc : public ATL::CAtlServiceModuleT< CAtlSvcApc, IDS_SERVICENAME >
{
    static VOID CALLBACK Handler_APCChildProc(ULONG_PTR dwParam);
```

AtlCliApc.exe에서 실행을 요청할 APC 콜백 함수의 선언이다.

```
    HANDLE m_hevResp;   // 응답을 시그널링할 이벤트 핸들
    HANDLE m_hChProc;   // 자식 프로세스 핸들


public:
    void APCChildProc(LONG lSize);
        ⋮
```

이번에는 서비스의 RunMessageLoop 함수의 정의를 살펴보자. 이 코드에서 주목할 점은 AtlCliApc 프로그램이 QueueUserAPC 함수를 호출할 수 있도록 서비스의 스레드에 대해서도 NULL DACL과 낮은 무결성 레벨을 설정해야 한다는 점이다.

```
void CAtlSvcApc::RunMessageLoop()
{
    TCHAR szCmdLine[512] = { 0, };
    GetModuleFileName(NULL, szCmdLine, MAX_PATH);
    PathRemoveFileSpec(szCmdLine);
```

```
int nLen = _tcslen(szCmdLine);
wsprintf(szCmdLine + nLen, _T("\\AtlCliApc.exe %d %d"),
     GetCurrentThreadId(), Handler_APCChildProc);
```

AtlCliApc.exe 기동 시의 실행 인자에 현재 서비스의 스레드 ID와 APC 콜백 함수의 함수 포인터를 설정한다.

```
PROCESS_INFORMATION pi;
memset(&pi, 0, sizeof(pi));
HANDLE hToken = NULL, hMyThr = NULL;
try
{
    BOOL bIsOK = DuplicateHandle
    (
        GetCurrentProcess(), GetCurrentThread(),
        GetCurrentProcess(), &hMyThr, 0, FALSE, DUPLICATE_SAME_ACCESS
    );
```

서비스의 스레드 역시 높은 권한을 가진다. 따라서 자식 스레드가 본 스레드에 대해 QueueUserAPC를 호출할 수 있도록 하기 위해서는 이 스레드 역시 NULL DACL을 설정해야 하고 무결성 레벨도 낮춰주어야 한다. 이 작업을 위해서 현재 실행 중인 스레드의 실제 핸들 값을 DuplicateHandle 함수를 통해서 획득한다.

```
    if (!bIsOK)
        throw GetLastError();
    SetACLToObject(hMyThr);
```

스레드의 NULL DACL을 설정하고 무결성 레벨을 낮추기 위해 SetACLToObject 함수를 호출한다. 앞서 보여준 예와는 달리, 이미 존재하는 커널 객체에 대해 보안 요소를 낮추는 작업이므로 SetACLToObject 함수를 별도로 정의했다. 차이는 NULL DACL 설정을 위해 단지 GetSecurityDescriptorDacl 함수를 사용하고, SetSecurityInfo 호출 시 LABEL_SECURITY_INFORMATION | DACL_SECURITY_INFORMATION 플래그 조합을 전달하여 DACL과 SACL을 동시에 설정한다는 점이다. SetACLToObject 함수 정의는 소스를 직접 참조하기 바란다.

```
    DWORD dwSessionId = WTSGetActiveConsoleSessionId();
    if (!WTSQueryUserToken(dwSessionId, &hToken))
        throw GetLastError();
    STARTUPINFO si;
    ZeroMemory(&si, sizeof(STARTUPINFO));
    si.cb = sizeof(STARTUPINFO);
    bIsOK = CreateProcessAsUser
    (
        hToken, NULL, szCmdLine, NULL, NULL,
```

```
        FALSE, NORMAL_PRIORITY_CLASS, NULL, NULL, &si, &pi
    );
```

사용자 세션에 AtlCliApc.exe 프로그램을 기동한다.

```
    if (!bIsOK)
        throw GetLastError();
    m_hChProc = pi.hProcess;

    while (true)
    {
        DWORD dwWaitCode = WaitForSingleObjectEx(m_hChProc, INFINITE, TRUE);
```

자식 프로세스 핸들에 대해 경보가능 대기 상태로 대기한다. APC가 실행되었을 때의 리턴 코드가 WAIT_IO_COMPLETION이 아닌 경우에는 서비스를 종료한다.

```
        if (dwWaitCode != WAIT_IO_COMPLETION)
            break;
    }
}
catch (DWORD hr)
{
    ATLTRACE(_T("Error occurred, code=%d"), hr);
}
if (hToken != NULL) CloseHandle(hToken);
if (hMyThr != NULL) CloseHandle(hMyThr);
}
```

이번에는 사용자 세션의 프로세스가 그 실행을 요청할 서비스의 APC 콜백 함수 Handler_
APCChildProc의 정의를 살펴보자. Handler_APCChildProc의 dwParam 매개변수는 공유 파
일에 쓰인 데이터 크기가 전달된다. 그리고 내부에서 이 콜백 함수를 대행할 APCChildProc 멤버
함수를 호출한다.

```
VOID CALLBACK CAtlSvcApc::Handler_APCChildProc(ULONG_PTR dwParam)
{
    _AtlModule.APCChildProc(LONG(dwParam));
}
```

```
void CAtlSvcApc::APCChildProc(LONG lSize)
{
    PSTR pIter = new char[lSize];
    HANDLE  hFile = CreateFile
    (
        SHARE_FILE, GENERIC_ALL, 0, NULL, OPEN_EXISTING, 0, NULL
    );
    DWORD dwReads = 0;
    ReadFile(hFile, pIter, lSize, &dwReads, NULL);
```

공유 파일로부터 데이터를 읽어들인다.

```
    LONG lLoops = lSize / 2;
    for (LONG i = 0; i < lLoops; i++)
    {
        char ch = pIter[i];
        pIter[i] = pIter[lSize - i - 1];
        pIter[lSize - i - 1] = ch;
    }
```

읽어들인 바이트 배열의 정보를 거꾸로 뒤집는다.

```
    SetFilePointer(hFile, 0, NULL, FILE_BEGIN);
    WriteFile(hFile, pIter, lSize, &dwReads, NULL);
    CloseHandle(hFile);
    SetEvent(m_hevResp);
```

가공한 데이터를 공유 파일에 쓰고 m_hevResp 이벤트를 통해 응답을 통지한다.

```
}
```

다음 프로젝트는 사용자 세션에 로드될 프로그램인 AtlCliApc.exe를 정의한 코드다. 서비스가
실행 인자로 전달해준 스레드 ID와 콜백 함수의 포인터를 획득한 후 데이터를 공유 파일에 쓰고
QueueUserAPC 함수를 통해서 통지한다.

```
#define SHARE_FILE _T("c:\\temp\\__$share.tmp")
#define EVENT_RESP _T("Global\\EVENT_RESP")
```

```
void _tmain(int argc, TCHAR* argv[])
{
   cout << "======= START Child Process ========" << endl;
   DWORD dwSvcThrId = (DWORD)_ttoi(argv[1]);
```

실행 인자로부터 서비스의 스레드 ID를 획득한다.

```
   PAPCFUNC pfnApcProc = (PAPCFUNC)_ttoi(argv[2]);
```

실행 인자로부터 서비스 프로세스가 실행할 콜백 함수의 함수 포인터를 획득한다.

```
   HANDLE hSvcThrd = NULL, hevResp = NULL;
   try
   {
      hevResp = OpenEvent(EVENT_ALL_ACCESS, FALSE, EVENT_RESP);
      if (hevResp == NULL)
         throw GetLastError();

      hSvcThrd = OpenThread(THREAD_SET_CONTEXT, FALSE, dwSvcThrId);
```

서비스의 스레드 ID를 통해서 스레드를 열고 QueueUserAPC 호출을 위해 스레드의 핸들을 획득한다. 서비스에서 dwSvcThrId
에 해당하는 스레드에 대해 NULL DACL이나 낮은 무결성 레벨 설정이 없었다면 OpenThread 함수에서 ERROR_ACCESS_
DENIED 에러가 발생할 것이다.

```
      if (hSvcThrd == NULL)
         throw GetLastError();

      char szIn[256];
      while (true)
      {
         cin >> szIn;
         if (stricmp(szIn, "quit") == 0)
            break;

         LONG lSize = strlen(szIn);
         HANDLE hFile = CreateFile
         (
            SHARE_FILE, GENERIC_WRITE, 0, NULL, CREATE_ALWAYS, 0, NULL
```

```
        );
        if (hFile != INVALID_HANDLE_VALUE)
        {
            DWORD dwTrans = 0;
            WriteFile(hFile, szIn, lSize, &dwTrans, NULL);
            CloseHandle(hFile);
```

입력받은 문자열을 공유 파일에 쓴다.

```
            if (!QueueUserAPC(pfnApcProc, hSvcThrd, (ULONG_PTR)lSize))
                throw GetLastError();
```

공유 파일에 데이터를 썼음을 통지하기 위해 인자를 통해 전달받은 콜백 함수의 주소와 서비스의 실행 스레드 핸들, 그리고 데이터 크기를
매개변수로 넘겨서 QueueUserAPC를 호출한다.

```
            WaitForSingleObject(hevResp, INFINITE);
```

서비스가 응답을 통지할 때까지 대기한다.

```
            hFile = CreateFile
            (
                SHARE_FILE, GENERIC_READ, 0, NULL, OPEN_EXISTING, 0, NULL
            );
            ReadFile(hFile, szIn, sizeof(szIn), &dwTrans, NULL);
            CloseHandle(hFile);
            szIn[dwTrans] = 0;
            cout << " ==> RESP : " << szIn << endl;
```

서비스가 처리해준 데이터를 공유 파일로부터 읽어들여 콘솔에 출력한다.

```
        }
    }
}
catch (DWORD hr)
{
    cout << "Error occurred, code=" << hr << endl;
}
if (hSvcThrd) CloseHandle(hSvcThrd);
if (hevResp)  CloseHandle(hevResp);
cout << "======= END Child Process ========" << endl;
}
```

7.3 메모리 매핑 파일

7.1절에서 설명됐던 내용은 커널 객체를 공유하는 방법에 대한 것이었다. 하지만 그것은 대부분 동기화 관련 커널 객체였고, 이 객체들은 프로세스 사이에서 통지를 위한 시그널 역할을 담당할 뿐 실제 데이터를 전달하거나 공유하지 못한다. 대신, 실제로 데이터 전달을 위해 파일이라는 커널 객체를 임시로 사용했다. 물론 WM_COPYDATA 메시지를 통해서 데이터 전달이 가능했지만, 7.2절에서 살펴본 것처럼 이 방식도 세션이 달라지면 의미가 없어진다. 그렇다면 파일 대신에 세션과 상관없이 데이터를 전달할 수 있는 방법은 없는가?에 대한 문제가 제기될 것이다. 이에 대한 답으로 7.3절에서는 메모리 매핑 파일(Memory Mapping File, 이하 MMF), 그리고 7.4절에서는 파이프(Pipe)라는 IPC 공유 수단에 대해 설명할 예정이다. 이번 절에서 설명할 MMF는 프로세스 간 데이터 공유나 전달 수단으로 가장 널리 쓰이는, 흔히 공유 메모리(Shared Memory)라고 불리는 커널 객체다. 우리가 IPC의 수단으로서만 알고 있는, 소위 말하는 공유 메모리의 근간이 되는 것이 바로 MMF다. 하지만 MMF는 프로세스 간 메모리 공유라는 목적 이상의 역할을 한다. 바로 특정 파일 자체를 메모리에 매핑시켜 페이지 파일의 역할을 대신 수행할 수 있도록 해준다. MMF는 메모리 공유의 수단만이 아니다. 공유 메모리는 MMF의 일부분일 뿐이고 MMF는 더 넓은 목적으로 제공되는 커널 객체다. 따라서 이번 절에서는 가상 주소 공간에 대한 영역 할당 및 관리의 방법이 되는 메모리 매핑 파일과 그 응용으로서의 공유 메모리에 대해서 자세히 알아보도록 한다.

7.3.1 MMF의 의미와 사용

MMF는 커널 객체다. 그렇다면 메모리에 매핑된 파일은 무엇을 의미하는 것일까? 1장에서 프로세스의 가상 주소 공간에 대해 간단히 언급한 바 있다. 가상 주소 공간은 가상 주소 관리자(VMM)의 통제하에, RAM과 하드 디스크 상의 페이지 파일을 스와핑을 통해 물리적 저장소로 존재하는 페이지 파일(PageFile.sys)과의 페이지 단위의 매핑을 통하여 구현된다. 다음 그림이 가상 주소 공간과 페이지 파일 사이의 매핑을 나타낸 것이다.

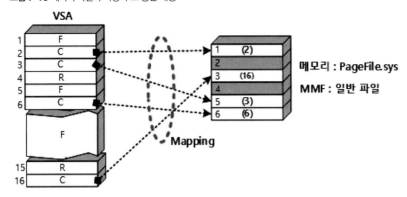

그림 7-10 페이지 파일과 가상 주소 공간 매핑

MMF 역시 가상 메모리의 일부분이다. 즉 VMM이 예약과 확정이라는 과정을 통해 가상 메모리를 관리하는 방식에 그대로 종속된다. 차이점은 위의 그림에서처럼 RAM과 함께 물리적 기억 저장소의 한 요소가 되는 하드 디스크 상의 파일, 즉 페이지 파일이 기존의 PageFile.sys가 아니라 일반 파일 자체가 된다는 것이다. 여기서 말하는 일반 파일이란 여러분이 작업을 위해서 직접 지정한 특정 파일이 될 수도 있고, 아니면 시스템이 특정한 목적을 위해 사용하는 PE 파일(EXE나 DLL)일 수도 있다. 그리고 파일이 이렇게 매핑되고 나면 마치 파일 전체가 메모리에 로드된 것처럼 액세스가 가능하게 된다. 이러한 MMF는 크게 다음과 같은 세 가지 목적을 위해 사용된다.

- EXE와 DLL 파일의 로드와 실행을 위해 사용
- 사용자가 직접 디스크 내의 데이터 파일에 액세스하기 위해 사용
- IPC의 수단으로 메모리 공유를 위해 사용 ⇒ 공유 메모리(Shared Memory)

1) MMF의 의미

일반적으로 여러분이 파일을 읽거나 복사하는 과정을 생각해보자. 우선 CreateFile을 통해서 디스크 상의 파일을 열거나 생성한 후 데이터를 읽고 쓰기 위해 가상 주소 공간에 버퍼를 할당할 것이다. 그리고 ReadFile 함수를 통해서 디스크 상의 파일로부터 버퍼로 데이터를 읽고 쓰거나 또는 WriteFile 함수를 통해서 버퍼에서 디스크 상의 파일로 데이터를 읽거나 쓸 것이다.

그림 **7-11** 가상 주소 공간 버퍼를 이용한 파일 작용

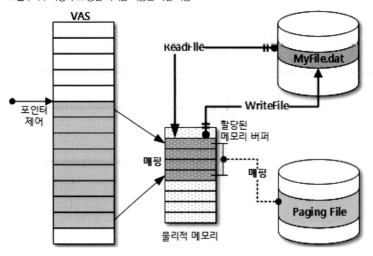

위 그림은 디스크 상의 파일을 읽거나 쓰는 과정을 나타낸 것이다. MyFile.dat 파일을 열거나 생성해서 가상 주소 공간 위에 할당된 메모리 버퍼를 경유해서 데이터를 읽거나 쓴다. 하지만 할당된 메모리 버퍼 자체는 VMM에 의해 관리되는, 디스크 상의 페이지 파일과 RAM을 통해 페이지 단위로 매핑되는 가상 주소 공간이다. 파일을 열거나 생성했지만, 그 파일의 데이터에 직접 접근하는 것이 아니라 가상 주소 공간상의 버퍼를 통해서 데이터에 접근하는 것이다. 하지만 MMF를 사용하면 다음 그림과 같이 사용자의 파일이 직접 매핑되기 때문에 파일의 데이터에 대한 직접적인 접근이 가능해진다.

그림 **7-12** MMF로 열린 파일에 대한 작용

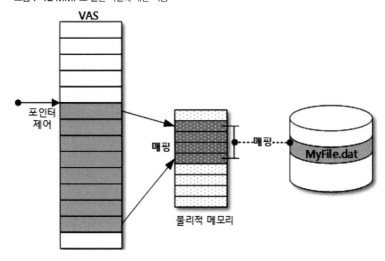

[그림 7-12]는 MyFile.dat 파일 자체를 MMF로 사용한 경우를 나타내며, 이럴 경우 가상 주소 공간에 파일의 데이터를 읽거나 쓰기 위한 별도의 버퍼를 설정할 필요가 없다. MyFile.dat 파일 자체가 페이지 파일 역할을 하며, 이 파일 자체가 가상 주소 공간과 직접 매핑되기 때문에 열린 파일 자체를 메모리 상에 할당된 버퍼처럼 사용할 수 있게 되는 것이다.

2) MMF의 사용

그러면 이제부터 MMF를 사용하는 방법을 검토해보기로 하자. MMF를 사용하기 위해서는 다음의 과정을 따라야 한다. 먼저 MMF를 생성하고 사용하는 과정은 다음과 같다.

① MMF로 사용하기를 원하는 디스크 상의 파일을 열거나 생성 : CreateFile
② 시스템에게 파일 크기와 파일을 어떻게 액세스할 것인지를 알리는 MMF 커널 객체를 생성 : CreateFileMapping
　또는 OpenFileMapping
③ 시스템에게 MMF의 전체나 부분을 사용자 프로세스의 가상 주소 공간에 매핑할 것을 지시 : MapViewOfFile(Ex)

최종적으로 MapViewOfFile 함수 호출의 결과 리턴되는 포인터값은 뷰(View)라고 불리는 가상 주소 공간상의 번지가 되고, 그 번지에 대해 데이터를 읽고 쓰는 행위의 대상은 바로 CreateFile을 통해 생성하거나 열었던 파일 자체가 되는 것이다. 위의 과정을 통하여 MMF를 생성하고 사용했다면 MMF를 해제해야 한다. 그 과정은 다음과 같다.

④ 시스템에게 프로세스의 가상 주소 공간으로부터 MMF의 매핑을 해제하라고 통지하기 : UnmapViewOfFile
⑤ MMF 커널 객체 닫기 : CloseHandle
⑥ 파일 커널 객체 닫기 : CloseHandle

이제 위의 과정에서 필요한 함수들에 대해 살펴보자. CreateFile을 통해 특정 파일을 열거나 생성했다면 이 파일을 위한 MMF 커널 객체의 생성은 CreateFileMapping 함수가 담당한다.

```
HANDLE WINAPI CreateFileMapping
(
  _In_       HANDLE                hFile,
  _In_opt_   LPSECURITY_ATTRIBUTES lpAttributes,
  _In_       DWORD                 flProtect,
  _In_       DWORD                 dwMaximumSizeHigh,
  _In_       DWORD                 dwMaximumSizeLow,
  _In_opt_   LPCTSTR               lpName
);
```

HANDLE hFile

CreateFile을 통해서 열거나 생성한 파일의 핸들이다. 이 매개변수를 INVALID_HANDLE_
VALUE로 넘겨주면 IPC의 데이터 전달 수단이 되는 공유 메모리를 설정할 수 있다. 7.3.2절에
서 상세하게 설명한다.

LPSECURITY_ATTRIBUTES lpAttributes

보안 속성을 설정한다. MMF 역시 커널 객체기 때문에 사용계수나 보안 속성 등 커널 객체의 기
본적인 필드를 갖게 된다. 7.2절에서 설명했던 것처럼, 이 매개변수는 핸들 상속이나 접근 제어
를 위한 보안 속성을 지정할 수 있다.

DWORD flProtect

MMF에 대한 접근 모드를 지정한다. MMF는 시스템이 PE 파일을 로드할 때 역시 사용되며, 이
경우 실행 가능 모드와 관련된 PAGE_EXECUTE* 플래그가 제공되지만 우리의 관심사는 아니
다. 따라서 접근 모드 지정에 있어서 설정 가능한 가장 일반적인 플래그는 PAGE_READONLY
와 PAGE_READWRITE 플래그다. MMF를 읽기 전용으로 생성할 때 PAGE_READONLY
플래그를 지정해야 하며, 이 경우 hFile 매개변수에 전달될 파일 핸들은 GENERIC_READ 접
근 권한을 갖고 생성된 파일의 핸들이어야 한다. PAGE_READWRITE 플래그는 읽기 및 쓰
기가 모두 가능한 모드로 MMF를 생성한다는 것이며, 이 경우 hFile은 GENERIC_READ |
GENERIC_WRITE 접근 권한으로 생성된 파일의 핸들이어야 한다.

DWORD dwMaximumSizeHigh

DWORD dwMaximumSizeLow

MMF의 최대 크기를 64비트 단위로 지정하고, 일반적으로 hFile로 지정된 파일의 크기를 설정
하면 된다. 만약 이 두 매개변수가 모두 0일 경우 시스템은 알아서 MMF의 크기를 파일 크기로
할당한다. hFile이 INVALID_HANDLE_VALUE일 경우에는 원하는 공유 메모리의 크기를
지정할 수 있는데, 여기에 0 값을 넘겨서는 안 된다.

LPCTSTR lpName

MMF 역시 커널 객체이므로 이름을 지정할 수 있다. 이름 지정은 7.1.2절에서 설명했던 커널 객
체의 네임 스페이스를 포함한 이름 지정 방식을 그대로 따른다. MMF를 이용해 공유 메모리를

생성할 경우 이 매개변수는 매우 중요한 요소가 된다.

lpName 매개변수가 존재한다는 것은 CreateXXX에 대응되는 OpenXXX가 존재했던 것과 마찬가지로 MMF를 열 수 있는 함수가 존재한다는 것을 의미한다. lpName 매개변수로 전달된 이름의 MMF를 열고자 할 때에는 다음의 OpenFileMapping을 이용하면 된다.

```
HANDLE WINAPI OpenFileMapping
(
    _In_ DWORD    dwDesiredAccess,
    _In_ BOOL     bInheritHandle,
    _In_ LPCTSTR  lpName
);
```

MMF의 사용이 모두 끝나면 MMF의 해제를 위해 닫아줘야 하며, MMF 역시 커널 객체이므로 CloseHandle을 사용하면 된다.

CreateFileMapping 또는 OpenFileMapping을 통해 MMF를 생성하거나 열었다면 MMF를 사용하기 위해서는 프로세스의 가상 주소 공간에 MMF의 일부 또는 전체를 먼저 매핑해야 한다. 이 역할을 담당하는 것이 바로 다음의 MapViewOfFile 함수다.

```
LPVOID WINAPI MapViewOfFile
(
    _In_ HANDLE  hFileMappingObject,
    _In_ DWORD   dwDesiredAccess,
    _In_ DWORD   dwFileOffsetHigh,
    _In_ DWORD   dwFileOffsetLow,
    _In_ SIZE_T  dwNumberOfBytesToMap
);
```

HANDLE hFileMappingObject

CreateFileMapping 또는 OpenFileMapping 함수를 통해 획득한 MMF의 핸들값이다.

DWORD dwDesiredAccess

접근 모드를 지정한다. 기본적으로 읽기와 쓰기 모드가 있으며, 각각 FILE_MAP_READ와

FILE_MAP_WRITE가 된다. 이 두 플래그를 조합하여 FILE_MAP_READ|FILE_MAP_WRITE 값을 넘겨주면 읽기 쓰기가 모두 가능하다. DwDesiredAccess 매개변수의 지정은 CreateFileMapping 호출 시 지정했던 flProtect 매개변수의 값과 서로 배치되지 않도록 설정해야 한다.

DWORD dwFileOffsetHigh

DWORD dwFileOffsetLow

매핑할 파일의 시작 오프셋을 64비트 단위로 설정한다. 이 값은 반드시 시스템의 메모리 할당 단위의 배수가 되어야 한다. 앞서도 언급했던 것처럼 매핑은 페이지 단위로 이루어진다. 따라서 일반 파일처럼 원하는 임의의 값을 설정할 수 없고 메모리 할당 단위에 맞추어 오프셋을 지정해야만 한다. 메모리 할당 단위는 GetSystemInfo 함수를 통해 얻을 수 있으며, 그 값은 SYSTEM_INFO 구조체의 dwAllocationGranularity 필드로부터 획득할 수 있다. 일반적으로 dwAllocationGranularity의 값은 65,536바이트, 즉 64KB다.

SIZE_T dwNumberOfBytesToMap

dwFileOffsetHigh와 dwFileOffsetLow 매개변수를 통해 지정된 시작 오프셋으로부터 매핑하고자 하는 크기를 지정한다. 이 매개변수를 0으로 설정하면 MMF 전체가 메모리에 매핑된다.

[반환값] LPVOID

MapViewOfFile의 호출 결과가 성공인 경우에는 호출 프로세스의 가상 주소 공간에 매핑된 시작 번지값이 리턴된다. 이 반환값을 기준으로 하여 일반적인 포인터 연산을 수행할 수 있다. 반환값이 NULL인 경우에는 에러가 발생했음을 의미하고 에러 코드는 GetLastError를 통해 확인할 수 있다.

MapViewOfFile 함수 호출 결과 리턴되는 번지값은 시스템이 임의로 그 위치를 결정해준다. 하지만 필요에 따라 여러분이 원하는 가상 주소 공간의 특정 위치에 MMF가 매핑되기를 원할 수 있다. 이런 경우에는 MapViewOfFileEx 함수를 사용하면 된다.

```
LPVOID WINAPI MapViewOfFileEx
(
    _In_        HANDLE hFileMappingObject,
```

```
    _In_        DWORD  dwDesiredAccess,
    _In_        DWORD  dwFileOffsetHigh,
    _In_        DWORD  dwFileOffsetLow,
    _In_        SIZE_T dwNumberOfBytesToMap,
    _In_opt_    LPVOID lpBaseAddress
);
```

MapViewOfFileEx 함수에서는 마지막에 lpBaseAddress 매개변수가 추가되었으며, 이 매개변수를 통해서 매핑되기를 원하는 메모리의 시작 번지를 전달하면 된다. 이 값 역시 메모리 할당 단위의 배수가 되어야 한다. 만약 이 값을 NULL로 전달하면 이는 MapViewOfFile 함수를 호출한 것과 같은 결과가 된다.

MapViewOfFile을 통해서 획득한 매핑 뷰를 모두 사용했을 경우에는 매핑을 해제해야 하며, 이를 위해서 다음의 함수를 호출한다.

```
BOOL WINAPI UnmapViewOfFile(_In_ LPCVOID lpBaseAddress);
```

lpBaseAddress 매개변수는 MapViewOfFile(Ex)의 리턴값을 통해 획득한 매핑의 시작 번지다. MapViewOfFile(Ex)과 UnmapViewOfFile 함수를 이용해 MMF 상의 임의의 오프셋과 영역을 반복해서 매핑하고 해제할 수 있다.

그러면 MMF의 사용 방법을 예제를 통해서 확인해보자. 다음 프로젝트는 일반 파일 복사 코드를 MMF를 사용하는 예로 바꾼 것이다.

프로젝트 7.3.1 MMFCopy

```
#define BLOCK_LEN  65536

void _tmain(int argc, _TCHAR* argv[])
{
    if (argc < 3)
    {
        cout << "MMFCopy SoruceFile TargetFile" << endl;
        return;
    }
```

```
HANDLE hSrcFile = INVALID_HANDLE_VALUE, hDstFile = INVALID_HANDLE_VALUE;
HANDLE hSrcMmf = NULL, hDstMmf = NULL;
try
{
    hSrcFile = CreateFile(argv[1], GENERIC_READ, 0, NULL,
                            OPEN_EXISTING, 0, NULL);
```

CreateFile 함수를 통하여 복사할 원본 파일을 연다.

```
    if (hSrcFile == INVALID_HANDLE_VALUE)
        throw MAKE_HRESULT(1, FACILITY_WIN32, GetLastError());


    LARGE_INTEGER llFileSize;
    GetFileSizeEx(hSrcFile, &llFileSize);
```

원본 파일의 파일 크기를 획득한다.

```
    hSrcMmf = CreateFileMapping(hSrcFile, NULL, PAGE_READONLY,
                        llFileSize.HighPart, llFileSize.LowPart, NULL);
```

원본 파일에 대한 MMF 커널 객체를 생성하고, 첫 번째 매개변수로 원본 파일의 핸들을 전달한다.

```
    if (hSrcMmf == NULL)
        throw MAKE_HRESULT(1, FACILITY_WIN32, GetLastError());


    hDstFile = CreateFile(argv[2], GENERIC_WRITE|GENERIC_READ,
                        0, NULL, CREATE_ALWAYS, 0, NULL);
```

CreateFile 함수를 통하여 복사 대상이 되는 타깃 파일을 생성한다.

```
    if (hDstFile == INVALID_HANDLE_VALUE)
        throw MAKE_HRESULT(1, FACILITY_WIN32, GetLastError());


    hDstMmf = CreateFileMapping(hDstFile, NULL, PAGE_READWRITE,
                        llFileSize.HighPart, llFileSize.LowPart, NULL);
```

타깃 파일에 대한 MMF를 생성하고, 타깃 파일의 핸들을 첫 번째 매개변수로 넘겨준다.

```
    if (hDstMmf == NULL)
        throw MAKE_HRESULT(1, FACILITY_WIN32, GetLastError());


    DWORD dwCopyLen = BLOCK_LEN;
    LARGE_INTEGER llCopySize;
```

```
        llCopySize.QuadPart = 0LL;
        while(llCopySize.QuadPart < llFileSize.QuadPart)
        {
            if (llCopySize.QuadPart + BLOCK_LEN >= llFileSize.QuadPart)
                dwCopyLen = DWORD(llFileSize.QuadPart - llCopySize.QuadPart);
            else
                dwCopyLen = BLOCK_LEN;


            PVOID pSrcMap = MapViewOfFile(hSrcMmf, FILE_MAP_READ,
                    llCopySize.HighPart, llCopySize.LowPart, dwCopyLen);
```

소스 MMF의 일부를 메모리로 매핑한다.

```
            if (!pSrcMap)
                throw MAKE_HRESULT(1, FACILITY_WIN32, GetLastError());


            PVOID pDstMap = MapViewOfFile(hDstMmf, FILE_MAP_WRITE,
                    llCopySize.HighPart, llCopySize.LowPart, dwCopyLen);
```

타깃 MMF의 일부를 메모리로 매핑한다.

```
            if (!pDstMap)
            {
                UnmapViewOfFile(pSrcMap);
                throw MAKE_HRESULT(1, FACILITY_WIN32, GetLastError());
            }


            CopyMemory(pDstMap, pSrcMap, dwCopyLen);
```

메모리 복사를 통해 소스로부터 타깃 포인터에 블록을 쓴다. ReadFile/WriteFile의 호출 없이 일반 포인터를 다루듯이 파일 블록의 복사를 수행하고 있다는 점에 주의하기 바란다.

```
            llCopySize.QuadPart += dwCopyLen;
```

메모리로 매핑할 시작 오프셋을 차례대로 증가시킨다.

```
            printf("Total : %I64d, %I64d bytes copied...\n",
                    llFileSize.QuadPart, llCopySize.QuadPart);


            UnmapViewOfFile(pSrcMap);
            UnmapViewOfFile(pDstMap);
```

```
매핑된 소스와 타깃 포인터를 매핑 해제한다.

    }

    SetFilePointer(hDstFile, llFileSize.LowPart,
                   &llFileSize.HighPart, FILE_BEGIN);
    SetEndOfFile(hDstFile);
}
catch(HRESULT hr)
{
    printf("File copy error occurred, code = 0x%08X\n", hr);
}
if (hDstMmf != NULL)
    CloseHandle(hDstMmf);
if (hDstFile != INVALID_HANDLE_VALUE)
    CloseHandle(hDstFile);

타깃 MMF와 파일을 닫는다.


if (hSrcMmf != NULL)
    CloseHandle(hSrcMmf);
if (hSrcFile != INVALID_HANDLE_VALUE)
    CloseHandle(hSrcFile);

소스 MMF와 파일을 닫는다.

}
```

7.3.2 공유 메모리

7.3.1절에서는 MMF 커널 객체의 생성 및 사용 방법에 대해 설명했다. 하지만 우리의 관심사는 프로세스 간 데이터 전달 매체로서의 MMF다. 따라서 이번 절에서는 MMF를 기반으로 한 공유 메모리를 생성하고 사용하는 방법을 설명할 것이다.

1) 공유 메모리의 구조

공유 메모리는 두 개 이상의 프로세스가 서로 공유한 MMF 상의 뷰를 매핑함으로써 수행이 가능해진다. 이것은 이들 프로세스가 동일한 페이지의 물리적 기억 장소를 공유함을 의미하며, 다수의 프로세스가 하나의 MMF 커널 객체를 공유하고자 한다면 그 프로세스들은 MMF 커널 객체에 대해 동일한 이름을 사용해야 한다. 앞서 데이터 파일을 위한 MMF 사용법을 설명했지만, 공유 메모리는 구체적인 파일이 아니라 PageFile.sys 페이지 파일 내에 구현되는 MMF며, 이것이 실제로 유저가 IPC를 위해 사용하는 공유 메모리 기법이다. 이는 데이터 공유를 위해 CreateFile을 통해 파일 객체를 생성하고 MMF 객체를 생성하는 과정의 번거로움을 줄이기 위해 공유 파일을 아예 페이지 파일 내에 만드는 기법이기도 하다. 특정 데이터 파일을 위한 MMF의 생성은 CreateFile을 통해 생성된 파일 핸들을 CreateFileMapping 함수의 첫 번째 매개변수로 넘겨줬지만, 공유 메모리를 위한 MMF의 경우는 INVALID_HANDLE_VALUE를 전달함으로써 가능하다. 두 개의 프로세스에서 공유 메모리를 형성하기 위해 MMF를 이용하는 전형적인 과정은 다음과 같다.

① 하나의 프로세스에서 CreateFile의 호출 없이 바로 CreateFileMapping을 호출하고, 이 함수의 hFile 인자에 INVALID_HANDLE_VALUE를 넘긴다. 이것은 시스템에게 물리적 기억장소가 디스크 내의 특정 파일이 아니라 시스템의 페이지 파일로부터 물리적 기억장소를 확정할 것을 요구하는 것이다. 그리고 CreateFileMapping 함수 호출 시에 매개변수 lpszMapName을 통해 이름을 전달하도록 한다.

② 다른 프로세스에서도 역시 CreateFileMapping이나 OpenFileMapping 호출 시 매개변수 lpszMapName에 앞서 생성한 MMF 커널 객체의 이름을 전달하여 호출한 후, MapViewOfFile 함수를 통해 공유 메모리를 액세스할 수 있다.

각 프로세스에서 위의 과정을 거쳐 생성된 공유 메모리는 다음의 구조로 페이지 파일 내에 공유 메모리 영역을 갖게 된다.

그림 7-13 MMF를 이용한 두 개의 프로세스 사이의 메모리 공유

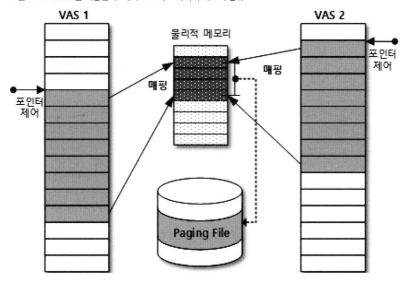

2) 공유 메모리의 사용

공유 메모리를 위한 MMF 생성의 핵심은 다음과 같이 CreateFileMapping 함수의 첫 번째 매개변수인 hFile 매개변수를 INVALID_HANDLE_VALUE로 넘기는 것이다.

```
    HANDLE hMMF = CreateFileMapping
    (
        INVALID_HANDLE_VALUE, NULL, PAGE_READWRITE, 0, 65536, SHARE_FILE
    );
```

이렇게 hFile 매개변수를 INVALID_HANDLE_VALUE로 전달함으로써 시스템으로 하여금 MMF의 매핑 파일 대상을 페이지 파일로 간주하도록 만든다. 다음으로 중요한 사항은 마지막 매개변수로 MMF 커널 객체의 이름을 전달하면 다른 프로세스에서 CreateFileMapping이나 OpenFileMapping 함수를 통해 동일한 이름으로 MMF 객체를 열 수 있다. 물론 상속이나 복제를 통해서도 MMF를 공유할 수 있다. 이럴 경우에는 굳이 이름을 지정할 필요는 없지만, 이름을 지정해 사용하는 것이 더 편리하고 일반적인 방법이 된다.

그러면 바로 MMF를 통한 공유 메모리 형성을 위한 예를 살펴보자. 다음 프로젝트는 〈프로젝트 7.1.3 EventShareFile〉 코드에서 데이터 전달의 매개체로 파일을 사용했던 처리를 MMF를 사용하는 예로 변경한 것이다.

프로젝트 7.3.2 EventShareMem

```
#define SYNC_EVT_EXIT _T("SYNC_EVT_EXIT")
#define SYNC_EVT_SEND _T("SYNC_EVT_SEND")
#define SYNC_EVT_RESP _T("SYNC_EVT_RESP")

#define SHARE_FILE    _T("MMF_SHARE_FILE")
```
MMF 공유를 위해 이름을 정의한다.

```
void _tmain()
{
    bool bIsChild = false;
    HANDLE hevExit = NULL, hevSend = NULL, hevResp = NULL;
    HANDLE hmfShared = NULL;
```

```
PBYTE   pData = NULL;


try
{

   hmfShared = CreateFileMapping
   (
       INVALID_HANDLE_VALUE, NULL, PAGE_READWRITE, 0, 65536, SHARE_FILE
   );
```

공유 메모리를 위한 MMF를 이름을 지정해 생성하거나 연다. 첫 번째 매개변수를 INVALID_HANDLE_VALUE로 전달한다.

```
   if (hmfShared == NULL)
       throw GetLastError();
   if (GetLastError() == ERROR_ALREADY_EXISTS)
       bIsChild = true;


   pData = (LPBYTE)MapViewOfFile
   (
       hmfShared, (bIsChild) ? FILE_MAP_READ : FILE_MAP_WRITE, 0, 0, 0
   );
```

생성하거나 연 MMF를 가상 주소 공간과 매핑하여 그 뷰를 획득한다.

```
   if (pData == NULL)
       throw GetLastError();


   hevExit = CreateEvent(NULL, FALSE, FALSE, SYNC_EVT_EXIT);
       ⋮


   if (!bIsChild)
   {
       cout ≪ "======= START Parent Process ========" ≪ endl;
           ⋮
       BOOL bIsOK = CreateProcess
       (
           NULL, szRunCmdLine, NULL, NULL, FALSE,
           CREATE_NEW_CONSOLE, NULL, NULL, &si, &pi
       );
```

MMF를 공유할 자식 프로세스를 생성한다.

```
            if (bIsOK)
            {
                CloseHandle(pi.hThread);
                ParentMainProc(hevSend, hevResp, pData);
```

획득한 뷰를 부모 프로세스 메인 처리 함수로 전달한다.

```
                SignalObjectAndWait(hevExit, pi.hProcess, INFINITE, FALSE);
                CloseHandle(pi.hProcess);
            }
            cout ≪ "======= END Parent Process ========" ≪ endl;
        }
        else
        {
            cout ≪ "======= START Child Process ========" ≪ endl;
            HANDLE arSyncs[3] = { hevSend, hevResp, pData };
```

획득한 뷰를 hevSend 이벤트를 위한 TP_WAIT 객체의 콜백 함수로 전달한다.

```
            PTP_WAIT ptpWait = CreateThreadpoolWait(ChildTPollProc, arSyncs, NULL);
                ⋮
            cout ≪ "======= END Child Process ========" ≪ endl;
        }
    }
    catch (DWORD hr)
    {
        cout ≪ "======= Error occurred, code=" ≪ hr ≪ endl;
    }
        ⋮
}
```

다음 코드는 부모 프로세스의 콘솔 입력 처리다. 파일 처리 코드는 제거되었고, 대신 MMF를 통해 매핑된 부모 프로세스의 가상 주소 공간상의 뷰에 대한 포인터값을 통해 직접 데이터를 복사한다.

```
void ParentMainProc(HANDLE hevSend, HANDLE hevResp, PBYTE pData)
{
    BYTE arBuff[256];
    char szIn[512];
```

```
    while (true)
    {
          ⋮

        ((PLONG)arBuff)[0] = lCmd;
        ((PLONG)arBuff)[1] = lSize;


        memcpy(pData, arBuff, lSize + sizeof(LONG) * 2);
```
전달할 데이터를 뷰에 직접 복사한다.
```

        SignalObjectAndWait(hevSend, hevResp, INFINITE, FALSE);
    }
}
```

다음은 자식 프로세스에서 처리하는 TP_WAIT 객체의 콜백 함수에 대한 정의다. 역시 MMF를 통해 매핑된 뷰의 포인터를 직접적인 포인터 연산을 통해 수신한 데이터를 처리하고 있다.

```
VOID CALLBACK ChildTPollProc(PTP_CALLBACK_INSTANCE pInst, PVOID pCtx,
                             PTP_WAIT ptpWait, TP_WAIT_RESULT)
{
    HANDLE hevSend  = ((PHANDLE)pCtx)[0];
    HANDLE hevResp  = ((PHANDLE)pCtx)[1];
    PBYTE  pData    = (PBYTE)((PHANDLE)pCtx)[2];
```
매개변수로 전달된 매핑 뷰를 획득한다.
```

    PBYTE pIter = pData;
    LONG  lCmd = *((PLONG)pIter); pIter += sizeof(LONG);
    LONG  lSize = *((PLONG)pIter); pIter += sizeof(LONG);
```
뷰로부터 데이터를 획득하고 처리한다.
```

    switch (lCmd)
    {
        ⋮

    }
    SetThreadpoolWait(ptpWait, hevSend, NULL);
    SetEventWhenCallbackReturns(pInst, hevResp);
}
```

지금까지 살펴본 공유 메모리의 사용 예는 한 방향으로만 데이터를 전달하는 단방향 통신이었다. 공유 메모리를 통해서 두 개의 프로세스가 서로 데이터를 주고받는 양방향 통신을 구현하고자 한다면 그 코드는 꽤나 복잡해진다. 부모 프로세스와 자식 프로세스가 양방향 통신을 한다고 생각해보자. 앞서 살펴본 것처럼 부모 → 자식 프로세스로 데이터를 전달할 때 읽기 및 쓰기 완료 통지를 하기 위해서는 hevSend와 hevResp라는 두 개의 이벤트를 생성해야 했다. 그 반대의 경우, 자식 → 부모 프로세스로의 데이터 전달 역시 두 개의 이벤트가 필요하다. 양방향 통신을 하려면 이렇게 최소 네 개의 이벤트가 요구된다. 이에 더하여 양쪽이 언제라도 데이터를 전달할 수 있는 구조라면 공유 메모리에 부모와 자식 프로세스가 동시에 데이터를 쓰고자 할 때의 배타적 접근을 위해 별도의 뮤텍스 처리도 요구된다. 이런 상황이라면 그 구현은 더 복잡해질 것이다. 따라서 복잡성을 경감시키기 위해 양방향 통신 매체를 두 개로 분리하는 것도 좋은 방법이다. 즉 부모 → 자식 데이터 전송을 위한 공유 메모리와 자식 → 부모 데이터 전송을 위한 공유 메모리를 별도로 가져가는 방법이다. 하지만 이 경우 두 개의 MMF 커널 객체를 관리해야 한다는 부담이 늘어난다. 이에 대한 대안으로, 하나의 MMF 커널 객체를 공유하고 MapViewOfFile(Ex) 함수를 사용해 두 개의 분리된 매핑 뷰를 갖도록 한다면 하나의 MMF 커널 객체로도 서로 분리된 채널을 형성할 수 있을 것이다. 부모와 자식 모두 송신 전용 뷰와 수신 전용 뷰를 갖되, 이 뷰의 대응은 서로 교차되도록 하면 될 것이다. 다음은 이러한 방식을 이용해 부모와 자식 프로세스 사이에서 양방향으로 서로 데이터를 주고받을 수 있도록 구현한 예제다.

다음의 〈프로젝트 7.3.2 ShareMemRW〉 코드는 부모 프로세스와 자식 프로세스로 구성되며, 콘솔로부터 데이터를 입력받기 위한 콘솔 입력 전용 스레드를 생성하여 이 스레드를 통해 콘솔 입력과 프로그램 종료 통지를 모두 처리한다. 부모 프로세스가 자식 프로세스를 생성하는 코드만 제외하면 송신 또는 수신 뷰를 통해 데이터를 읽고 쓰는 처리와 콘솔 입력 전용 스레드를 통해 송신할 데이터를 입력받는 등의 처리는 두 프로세스 모두 동일하며, 따라서 다음과 같이 SHARE_INFO 구조체를 정의하여 사용하기로 한다.

프로젝트 7.3.2 ShareMemRW

```
#define BUFF_SIZE  256
struct SHARE_INFO
{
    HANDLE  _hthStd;   // 콘솔 입력 전용 스레드 핸들

    PBYTE   _pvSend;
```

```
    HANDLE    _hevSnds[2];
```

```
    PBYTE     _pvRecv;
    HANDLE    _hevRcvs[2];
    PTP_WAIT  _ptpWait;
```

```
    SHARE_INFO()
    {
        memset(this, 0, sizeof(*this));
    }
};
typedef SHARE_INFO* PSHARE_INFO;

#define EVT_SEND_P2C  _T("EVT_SEND_P2C")
#define EVT_SEND_C2P  _T("EVT_SEND_C2P")
#define EVT_RECV_P2C  _T("EVT_RECV_P2C")
#define EVT_RECV_C2P  _T("EVT_RECV_C2P")
```

```
#define SHARE_FILE    _T("MMF_SHARE_FILE")
```

먼저 수신 처리에 대한 코드부터 살펴보자. 다음 코드는 수신 뷰에 데이터가 들어왔을 때의 처리를 위한 Handler_MMFRead 콜백 함수에 대한 정의다. Handler_MMFRead는 SHARE_INFO 구조체의 _hevRcvs[0] 이벤트에 대한 TP_WAIT 콜백 함수다.

```
VOID CALLBACK Handler_MMFRead(PTP_CALLBACK_INSTANCE pInst, PVOID pCtx, PTP_WAIT
ptpWait, TP_WAIT_RESULT)
{
    PSHARE_INFO psi = PSHARE_INFO(pCtx);
```

```
    PBYTE pIter = psi->_pvRecv;
    LONG  lSize = *((PLONG)pIter); pIter += sizeof(LONG);
    if (lSize < 0)
    {
        CancelSynchronousIo(psi->_hthStd);
```

lSize 값이 -1인 경우는 상대 측 프로그램의 종료가 통지된 경우며, 본 프로그램 역시 종료를 위해 콘솔 입력 전용 처리 스레드가 수행 중인 콘솔 입력 대기를 취소시킨다.

```
        return;
    }
    pIter[lSize] = 0;
    cout << (PSTR)pIter << endl;

    SetEventWhenCallbackReturns(pInst, psi->_hevRcvs[1]);
    SetThreadpoolWait(ptpWait, psi->_hevRcvs[0], NULL);
```

읽기 완료 통지 이벤트 _hevRcvs[1]를 시그널 상태로 만들고, SetThreadpoolWait를 호출해 _hevRcvs[0] 이벤트에 대한 통지 감시를 개시한다.

```
}
```

다음의 코드는 콘솔로부터의 입력을 담당하는 Handler_StdRead 스레드 엔트리 함수에 대한 정의다. CancelSynchronousIo를 통한 동기 입력 취소 처리가 가능하도록 하기 위해 콘솔의 표준 입력에 대한 핸들을 획득하여 ReadFile을 통해 동기적으로 입력을 대기한다. 콘솔로부터 데이터가 입력되면 그 데이터를 송신 뷰에 쓰고 _hevSnds[0] 이벤트를 시그널한다.

```
DWORD WINAPI Handler_StdRead(PVOID pParam)
{
    PSHARE_INFO psi = PSHARE_INFO(pParam);
    HANDLE hStdIn = GetStdHandle(STD_INPUT_HANDLE);
```

표준 입력의 핸들을 획득한다.

```
    char szIn[BUFF_SIZE];
    while (true)
    {
        int nReadCnt = 0;
        if (!ReadFile(hStdIn, szIn, BUFF_SIZE, (PDWORD)&nReadCnt, NULL))
```

콘솔로부터 동기적으로 입력을 읽어들인다.

```
    {
        DWORD dwErrCode = GetLastError();
        if (dwErrCode != ERROR_OPERATION_ABORTED)
```

ERROR_OPERATION_ABORTED 에러는 Handler_MMFRead 콜백 함수에서 CancelSynchronousIo를 호출해 발생하는 에러 코드다. 스레드를 종료하여 프로그램이 종료될 수 있도록 한다.

```
        cout << "ReadFile from STDIN error : " << dwErrCode << endl;
        break;
    }

    nReadCnt -= 2;
    if (nReadCnt <= 0)
        continue;
```

표준 입력 클래스 cin을 이용한 입력과는 달리 버퍼 끝에 개행 문자가 존재하므로 개행 문자를 삭제한다.

```
    PBYTE pIter = psi->_pvSend;
    szIn[nReadCnt] = 0;
    if (stricmp(szIn, "quit") == 0)
    {
        *((PLONG)pIter) = -1;
        SetEvent(psi->_hevSnds[0]);
```

종료 처리를 위해 뷰에 크기 정보를 -1로 설정하고 쓰기 통지를 한다.

```
        break;
    }

    *((PLONG)pIter) = nReadCnt; pIter += sizeof(LONG);
    memcpy(pIter, szIn, nReadCnt);
    SignalObjectAndWait(psi->_hevSnds[0], psi->_hevSnds[1], INFINITE, FALSE);
```

송신 뷰에 데이터를 쓰고, 통지 후 읽기 완료 이벤트에 대해 대기한다.

```
    }
    CloseHandle(hStdIn);

    return 0;
}
```

다음은 메인 함수에 대한 정의다. 앞서 언급한 대로 부모 프로세스가 자식 프로세스를 생성하는 코드만 제외하면 두 프로세스의 처리는 모두 동일한 코드를 공유한다. SHARE_INFO 구조체의 송수신 버퍼 각각을 부모 프로세스인 경우와 자식 프로세스인 경우에 있어서 서로 대응되도록 그로스 참조를 설정하는 것이 메인 함수의 핵심이다.

```
void _tmain()
{
    HANDLE hmfShared = NULL;
    SHARE_INFO si;

    SYSTEM_INFO s;
    GetSystemInfo(&s);
```

메모리 할당 단위를 획득하기 위해 GetSystemInfo 함수를 호출한다.

```
    try
    {
        hmfShared = CreateFileMapping
        (
            INVALID_HANDLE_VALUE, NULL, PAGE_READWRITE,
            0, s.dwAllocationGranularity * 2, SHARE_FILE
        );
```

뷰의 시작 번지는 메모리 할당 단위의 배수가 되어야 한다. 따라서 SYSTEM_INFO 구조체의 dwAllocationGranularity 필드값(64KB)의 두 배 크기의 MMF를 생성한다.

```
        if (hmfShared == NULL)
            throw GetLastError();
        bool bIsChild = (GetLastError() == ERROR_ALREADY_EXISTS);
```

다음의 for 문은 부모와 자식 사이의 뷰 설정을 위한 코드다. 뷰를 통해 송수신 버퍼를 분리할 경우, 부모 입장에서의 송신 버퍼는 자식 입장에서는 수신 버퍼가 되어야 한다. 따라서 송수신 버퍼와 이와 관련된 송수신 완료 통지 이벤트들 모두가 부모 프로세스와 자식 프로세스 사이에서 크로스되도록 연결되어야 한다.

```
        for (int i = 0; i < 2; i++)
        {
            PBYTE*  ppView = NULL;
            PHANDLE parEvs = NULL;
            PCTSTR pszNames[2];
```

```
        if (i == 0)
        {
```
```
            ppView = (!bIsChild) ? &si._pvSend : &si._pvRecv;
            parEvs = (!bIsChild) ? si._hevSnds : si._hevRcvs;
            pszNames[0] = EVT_SEND_P2C, pszNames[1] = EVT_SEND_C2P;
        }
        else
        {
```
```
            ppView = (!bIsChild) ? &si._pvRecv : &si._pvSend;
            parEvs = (!bIsChild) ? si._hevRcvs : si._hevSnds;
            pszNames[0] = EVT_RECV_C2P, pszNames[1] = EVT_RECV_P2C;
        }


        DWORD dwOffset = s.dwAllocationGranularity * i;
        *ppView = (PBYTE)MapViewOfFile
        (
            hmfShared, FILE_MAP_READ | FILE_MAP_WRITE,
            0, dwOffset, s.dwAllocationGranularity
        );
```
```
        if (*ppView == NULL)
            throw GetLastError();


        for (int j = 0; j < 2; j++)
        {
            parEvs[j] = CreateEvent(NULL, FALSE, FALSE, pszNames[j]);
```
```
            if (parEvs[j] == NULL)
                throw GetLastError();
        }
    }
```

```
    DWORD dwThrId = 0;
    si._hthStd = CreateThread(NULL, 0, Handler_StdRead, &si, 0, &dwThrId);
```

송신 버퍼에 데이터를 쓸, 콘솔 입력을 전담하는 스레드를 생성한다.

```
    if (si._hthStd == NULL)
        throw GetLastError();


    si._ptpWait = CreateThreadpoolWait(Handler_MMFRead, &si, NULL);
```

수신 버퍼에 데이터가 들어왔을 때 처리를 담당할 TP_WAIT 객체를 생성한다.

```
    if (si._ptpWait == NULL)
        throw GetLastError();


    BOOL bIsOK = FALSE;
    if (!bIsChild)
    {
        cout << "======= START Parent Process ========" << endl;
            ⋮
        bIsOK = CreateProcess
        (
            NULL, szRunCmdLine, NULL, NULL, FALSE,
            CREATE_NEW_CONSOLE, NULL, NULL, &si, &pi
        );
```

부모 프로세스일 경우에는 자식 프로세스를 생성한다.

```
            ⋮
    }
    else
        cout << "======= START Child Process ========" << endl;


    SetThreadpoolWait(si._ptpWait, si._hevRcvs[0], NULL);
```

수신 버퍼의 데이터 수신 감시를 개시한다.

```
    WaitForSingleObject(si._hthStd, INFINITE);
```

콘솔 입력 전담 스레드가 종료될 경우에는 프로그램 종료를 의미한다.

```
    WaitForThreadpoolWaitCallbacks(si._ptpWait, TRUE);
```

```
    if (!bIsChild)
        cout ≪ "======= END Parent Process ========" ≪ endl;
    else
        cout ≪ "======= END Child Process ========" ≪ endl;
}
catch (DWORD hr)
{
    cout ≪ "======= Error occurred, code=" ≪ hr ≪ endl;
}
```

프로그램 종료를 위해 관련된 리소스를 모두 해제한다.

```
if (si._ptpWait != NULL)
    CloseThreadpoolWait(si._ptpWait);
if (si._hthStd != NULL)
    CloseHandle(si._hthStd);
        ⋮
if (hmfShared != NULL)
    CloseHandle(hmfShared);
}
```

위의 코드는 상당히 복잡한 구조를 갖고 있다. 양방향 데이터 전달을 위해 4개의 이벤트를 사용하고 있으며, 양 측의 이벤트들과 송수신 뷰의 연결도 복잡하다. 서비스와 사용자 세션 사이에서의 양방향 통신이라면 이런 복잡한 구조를 가져갈 수밖에 없다. 하지만 동일 세션 내에서의 프로세스 간 통신을 가정한다면 스레드 메시지와 핸들 복제를 이용해 이 복잡한 구조를 단순하게 가져갈 수 있다. 지금까지 제시했던 예들은 MMF나 여러 객체들을 미리 생성한 후 그 이름을 통해서 공유했다. 하지만 실제 코드를 작성하다 보면 런타임 시에 바로 커널 객체를 생성하고 그 객체를 공유해야 할 상황이 발생한다. 이런 경우라면 미리 정의된 이름 지정을 통해서 커널 객체를 공유하기란 쉽지 않다. 따라서 그 대안으로 생각할 수 있는 것이 핸들 복제다. 하지만 앞서 언급했던 것처럼 핸들을 다른 프로세스에 상속 또는 복제했을 경우, 해당 프로세스는 그 사실을 모르기 때문에 어떻게든 복제된 핸들값을 알려주어야 한다. 이렇게 복제된 핸들값을 전달할 수 있는 가장 간편한 수단이 바로 메시지다. 이런 상황을 가정하여 런타임 시에 바로 MMF를 생성하고, 그 핸들을 복제하여 자식 프로세스에게 메시지를 통해 전달하는 방식을 통해 양방향 통신을 구현하는 예를, 위의 코드를 수정해서 보여주고자 한다. 예시할 코드는 다음의 과정을 통해서 두 프로세스가 양방향 통신을 한다.

① MMF와 상대 측 프로세스가 MMF의 데이터를 읽었음을 통지받기 위한 이벤트를 생성한다.

② MMF에 데이터를 쓴 후 DuplicateHandle 함수를 통해 상대 측 프로세스에 MMF와 이벤트 핸들을 복제한다.

③ WPARAM에 복제된 MMF 핸들을 설정하고, LPARAM에 복제된 이벤트 핸들을 설정하여 메시지를 발송 (PostThreadMessage)한다.

④ 수신 측 프로세스는 메시지로부터 MMF 핸들과 이벤트 핸들을 획득하여 데이터를 읽고 이벤트 핸들을 통해서 읽기 완료를 통지한다.

이 과정에서 다음 사항에 주의해야 한다. DuplicateHandle 함수를 호출한 프로세스는 복제된 MMF와 이벤트 핸들에 대해 MapViewOfFile 함수를 호출하거나 WaitForXXX 대기 함수를 호출하지 말아야 한다. 핸들 복제 시 타깃 프로세스를 수신 측 프로세스로 지정하기 때문에 복제된 핸들은 수신 측 프로세스에만 의미 있는 값이지, DuplicateHandle을 호출한 프로세스에게는 아무런 의미가 없는 값이다. 따라서 생성 측에서는 복제된 핸들에 대한 CloseHandle의 호출도 의미가 없다. 수신 측에서는 복제된 핸들을 닫기 위해 CloseHandle 함수를 호출해야 한다. 만약 에러가 발생해서 이미 수신 측에 복제된 핸들을 DuplicateHandle 함수를 호출한 프로세스 쪽에서 닫아야 한다면, DuplicateHandle 함수의 dwOptions 매개변수에 DUPLICATE_CLOSE_SOURCE를 지정해서 DuplicateHandle을 한 번 더 호출해줘야 한다. 이런 경우의 처리는 다음 프로젝트의 catch 예외 처리에서 확인할 수 있다. 이 점에 주의하면서 먼저 콘솔 입력을 담당하는 스레드의 엔트리 함수 코드부터 살펴보기로 하자.

프로젝트 7.3.2 ShareMemDup

```
#define WM_NOTI_WRITE WM_USER + 100
#define WM_PROG_EXIT  WM_USER + 101
```

이벤트와 MMF의 이름을 지정하기 위한 매크로는 모두 제거했다. 대신, 데이터 전달을 위한 메시지와 종료 메시지를 정의한다.

```
DWORD WINAPI Handler_StdRead(PVOID pParam)
{
    HANDLE hDstProc  = ((PHANDLE)pParam)[0];
    DWORD  dwDstThrId = (DWORD)((PHANDLE)pParam)[1];
```

스레드 함수의 매개변수를 통해 복제해줄 상대편 프로세스의 핸들과 ID를 획득한다.

```
    HANDLE hStdIn = GetStdHandle(STD_INPUT_HANDLE);

    char szIn[256];
```

```
while (true)
{
    int nReadCnt = 0;
        ⋮


    HANDLE hmfSend = NULL, hmfDup = NULL;
    HANDLE hevResp = NULL, hevDup = NULL;
    try
    {
        hmfSend = CreateFileMapping
        (
            INVALID_HANDLE_VALUE, NULL, PAGE_READWRITE, 0, 65536, NULL
        );
        if (hmfSend == NULL)
            throw GetLastError();
```

데이터를 쓰기 위해 MMF 커널 객체를 생성한다.

```
        BOOL bIsOK = DuplicateHandle
        (
            GetCurrentProcess(), hmfSend, hDstProc, &hmfDup,
            0, FALSE, DUPLICATE_SAME_ACCESS
        );
```

생성된 커널 객체의 핸들을 수신 측 프로세스의 주소 공간에 복제한다.

```
        if (!bIsOK)
            throw GetLastError();

        hevResp = CreateEvent(NULL, FALSE, FALSE, NULL);
        if (hevResp == NULL)
            throw GetLastError();
        bIsOK = DuplicateHandle
        (
            GetCurrentProcess(), hevResp, hDstProc, &hevDup,
            0, FALSE, DUPLICATE_SAME_ACCESS
        );
```

응답을 받기 위한 이벤트 핸들을 생성하고 그 핸들을 수신 측 프로세스로 복제한다.

```
            PBYTE pView = (LPBYTE)MapViewOfFile
            (
                hmfSend, FILE_MAP_READ | FILE_MAP_WRITE, 0, 0, 0
            );
            if (pView == NULL)
                throw GetLastError();

            PBYTE pIter = (PBYTE)pView;
            *((PLONG)pIter) = nReadCnt; pIter += sizeof(LONG);
            memcpy(pIter, szIn, nReadCnt);
            UnmapViewOfFile(pView);
```

복제된 핸들이 아니라 생성한 MMF의 핸들을 통해서 뷰를 획득하고 데이터를 뷰에 쓴다.

```
            PostThreadMessage(dwDstThrId,
                    WM_NOTI_WRITE, (WPARAM)hmfDup, (LPARAM)hevDup);
            WaitForSingleObject(hevResp, INFINITE);
```

수신 측 프로세스에 복제된 핸들값은 WPRAR과 LPARAM 매개변수를 통해 전달하고, 수신 측의 처리가 완료될 때까지 대기한다. 역시 복제된 이벤트 핸들이 아닌, 실제 생성된 이벤트 핸들을 통하여 대기한다는 점에 주의하기 바란다.

```
        }
        catch (DWORD hr)
        {
            cout << "======= Error occurred, code=" << hr << endl;
            if (hevDup != NULL)
                DuplicateHandle(hDstProc, hevDup, hDstProc, NULL,
                            0, FALSE, DUPLICATE_CLOSE_SOURCE);
            if (hmfDup  != NULL)
                DuplicateHandle(hDstProc, hmfDup, hDstProc, NULL,
                            0, FALSE, DUPLICATE_CLOSE_SOURCE);
```

작업 중 에러가 발생했을 경우 복제된 핸들은 수신 측 프로세스에 한정적인 값이므로 호출한 쪽에서 CloseHandle을 통해 닫는 것은 의미가 없다. 따라서, 소스 프로세스 핸들 매개변수를 수신 측 프로세스 핸들로, 소스 핸들 매개변수를 복제된 핸들로, 타깃 프로세스 핸들을 NULL로 설정하고, 마지막 dwOptions 매개변수는 DUPLICATE_CLOSE_SOURCE를 지정하여 복제된 핸들이 DuplicateHandle 함수를 통해서 닫히도록 처리한다.

```
        }
        if (hevResp != NULL) CloseHandle(hevResp);
        if (hmfSend != NULL) CloseHandle(hmfSend);
    }
```

```
        CloseHandle(hStdIn);
        PostThreadMessage(dwDstThrId, WM_PROG_EXIT, 0, 0);

        return 0;
}
```

이번에는 메인 함수의 정의를 살펴보자. 메인 함수는 메시지 루프를 갖고 있고, 이 루프 내에서 메시지를 수신하여 복제된 MMF와 이벤트 핸들에 대한 처리를 수행한다.

```
void _tmain(int argc, TCHAR* argv[])
{
    bool    bIsChild = (argc > 1);
```
프로그램 실행 인자의 유무에 따라 부모 또는 자식 프로세스의 여부를 식별한다.

```
    HANDLE  hthrStd = NULL;
    DWORD   dwMsgThrId = 0;
    HANDLE  hDstProc = NULL;
    try
    {

        BOOL bIsOK = FALSE;
        if (!bIsChild)
        {
            cout << "======= START Parent Process ========" << endl;
            TCHAR szRunCmdLine[MAX_PATH] = { 0, };
            GetModuleFileName(NULL, szRunCmdLine, MAX_PATH);
            int nLen = _tcslen(szRunCmdLine);
            wsprintf(szRunCmdLine + nLen, _T(" %d %d"),
                GetCurrentThreadId(), GetCurrentProcessId());
```
자식 프로세스 생성 시, 실행 인자로 부모 프로세스의 메인 스레드 ID와 프로세스 ID를 전달한다.

```
            STARTUPINFO si;
            ZeroMemory(&si, sizeof(STARTUPINFO));
            si.cb = sizeof(STARTUPINFO);
            PROCESS_INFORMATION pi;
```

```
        ZeroMemory(&pi, sizeof(pi));
        bIsOK = CreateProcess
        (
            NULL, szRunCmdLine, NULL, NULL, FALSE,
            CREATE_NEW_CONSOLE, NULL, NULL, &si, &pi
        );
        if (bIsOK)
        {
            hDstProc        = pi.hProcess;
            dwMsgThrId      = pi.dwThreadId;
```

자식 프로세스를 생성한다. 커널 객체 복제를 위해 자식 프로세스의 핸들을 보관하고, 메시지 발송을 위해 자식 프로세스의 메인 스레드 ID를 보관한다.

```
            CloseHandle(pi.hThread);
        }
    }
    else
    {
        cout << "======= START Child Process ========" << endl;
        SetConsoleTitle(_T("CHILD PROCESS"));
        dwMsgThrId = (DWORD)_ttoi(argv[1]);
```

메시지 발송을 위해 실행 인자로부터 부모 프로세스의 메인 스레드 ID를 획득한다.

```
        DWORD dwProcId = (DWORD)_ttoi(argv[2]);
        hDstProc = OpenProcess(PROCESS_DUP_HANDLE, FALSE, dwProcId);
```

커널 객체의 핸들 복제를 위해서 실행 인자로부터 획득한 부모 프로세스 ID를 통해 부모 프로세스 커널 객체를 열고 그 핸들값을 획득한다.

```
        if (hDstProc == NULL)
            throw GetLastError();
    }

    DWORD  dwThrId = 0;
    HANDLE arPrms[2] = { hDstProc, (HANDLE)dwMsgThrId };
    hthrStd = CreateThread(NULL, 0, Handler_StdRead, arPrms, 0, &dwThrId);
```

획득한 상대편 프로세스 핸들과 스레드 ID를 콘솔 입력 처리 스레드의 매개변수로 전달한다.

```
    if (hthrStd == NULL)
```

```
        throw GetLastError();

    MSG msg;
    while (GetMessage(&msg, NULL, 0, 0))
    {
        if (msg.message == WM_PROG_EXIT)
            break;

        if (msg.message == WM_NOTI_WRITE)
        {
            HANDLE hmfSent = (HANDLE)msg.wParam;
            HANDLE hevResp = (HANDLE)msg.lParam;
```

데이터 전달 메시지를 수신하면 WPARAM으로부터는 복제된 MMF의 핸들을 획득하고, LPARAM으로부터는 복제된 이벤트의 핸들을 획득한다.

```
            PBYTE pView = (LPBYTE)MapViewOfFile
            (
                hmfSent, FILE_MAP_READ | FILE_MAP_WRITE, 0, 0, 0
            );
            if (pView != NULL)
            {
                PBYTE pIter = pView;
                LONG  lSize = *((PLONG)pIter); pIter += sizeof(LONG);
                pIter[lSize] = 0;
                cout << " ==> RECV : " << (PCSTR)pIter << endl;
                UnmapViewOfFile(pView);
            }
            SetEvent(hevResp);
```

데이터를 읽어들인 후 hevResp 이벤트를 통해서 응답을 시그널링한다.

```
            CloseHandle(hmfSent);
            CloseHandle(hevResp);
        }
    }
    CancelSynchronousIo(hthrStd);
    WaitForSingleObject(hthrStd, INFINITE);
```

```
    if (!bIsChild)
        cout << "======= END Parent Process ========" << endl;
    else
        cout << "======= END Child Process ========" << endl;
    }
    catch (DWORD hr)
    {
        cout << "======= Error occurred, code=" << hr << endl;
    }
    if (hthrStd != NULL) CloseHandle(hthrStd);
    if (hDstProc != NULL) CloseHandle(hDstProc);
}
```

7.3.3 서비스에서의 MMF 사용

이번 절에서는 서비스에서 MMF를 생성하고 유저 콘솔 프로그램에서 MMF를 공유하는 경우의 예를 살펴볼 것이다. 그 전에 우선, MMF 기반의 공유 메모리를 생성할 때 주의할 점 한 가지를 지적하고자 한다. 서비스와 일반 프로그램 사이에서 공유 메모리를 설치할 경우는 서로 다른 두 세션 사이의 공유이므로, 7.2절에서 언급했던 것처럼 MMF 이름 지정 시에 반드시 "Global" 네임 스페이스와 함께 이름을 정의해야 한다. 하지만 MMF의 경우 "Global" 네임 스페이스와 함께 지정된 이름으로 CreateFileMapping 함수를 통해 MMF를 생성할 때, 호출 스레드는 SeCreateGlobalPrivilege 특권을 가져야 한다는 제약이 있다. 이 특권은 로컬 시스템 계정이나 권한이 상승된 관리자 계정 (또는 관리자 권한으로 실행된 프로세스)에는 기본적으로 주어지지만, 일반 계정에는 이런 특권이 없다. 여러분이 기본적으로 로그인하는 계정은 비록 Administators 그룹에 소속된 계정이지만 Administrator 계정으로 로그인하지 않는 한 그 권한은 상승된 권한이 아니다. 따라서 SeCreateGlobalPrivilege 특권이 부여되지 않았기 때문에 "Global" 네임 스페이스를 지정하여 CreateFileMapping 함수를 호출하면 ERROR_ACCESS_DENIED 에러가 발생한다. 하지만 MMF를 생성하는 것이 아니라 여는 것이라면 문제가 되지 않는다. 따라서 "Global" 네임 스페이스를 지정하여 MMF를 생성할 때에는 서비스에서 MMF를 생성하고, 일반 계정에서 그 MMF를 열도록 하는 구조로 가져가는 것이 좋다. 이렇게 서버에서 MMF를 생성할 경우, MMF 역시 커널 객체이므로 일반 계정에서 이 MMF를 사용할 수 있도록 당연히 NULL DACL을 설정하고 무결성 레벨도 낮춰주어야 한다. 이 점을 명심하고 서비스에서 MMF를 사용하는 예를 살펴보도록 하자.

소개할 프로젝트는 AtlSvcMmf 서비스와 서버 역할을 하는 SockMmfSvr 콘솔 프로그램, 그리고 서비스가 기동시키는 MmfConsole 콘솔 프로그램 이렇게 총 3개로 구성된다. AtlSvcMmf 서비스는 시작과 동시에 MMF를 이용해 공유 메모리를 만들고 4개의 MmfConsole을 기동한다. MmfConsole은 서비스가 만든 공유 메모리를 열어 데이터를 읽기 위해 대기한다. 다음의 상황에 빗대어 프로젝트 구성을 설명하자면, SockMmfSvr는 서버 역할을 한다. AtlSvcMmf 서비스는 SockMmfSvr에 소켓을 이용해 접속한 후 SockMmfSvr로부터 명령을 수신받는다. 명령은 SockMmfSvr 콘솔에서 문자열을 입력하여 전송하는 것으로 단순하게 대체한다. 문자열을 수신받은 서비스는 공유 메모리에 그것을 쓴다. 4개의 MmfConsole은 공유 메모리로부터 문자열을 읽어 콘솔에 출력한다. 다음은 이러한 과정의 전체적인 구조를 표현한 그림이다.

그림 7-14 공유 메모리를 이용한 데이터 전달 구성

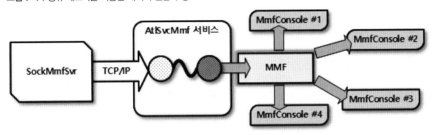

위 구조의 구현을 위해 검토해야 할 사항을 세 가지 정도 언급하고자 한다. 먼저, 프로세스 간 동기화의 복잡한 문제를 일으키는 상황은 2장과 3장에서 언급했던 상황과 동일하다. 즉 문자열을 수신한 서비스가 공유 메모리에 그 문자열을 썼다면 4개의 MmfConsole이 모두 공유 메모리로부터 문사열을 모두 읽을 때까지 서비스는 대기해야만 한다. 2징에시는 사용계수를 괸리하는 공유 변수와 이벤트, 그리고 상호잠금 함수를 이용해, 3장에서는 동기화 장벽을 이용해 이러한 상황을 해결했다. 하지만 이번 절에서의 문제는 2장이나 3장과는 다르게 프로세스 사이에서 그러한 관리가 수행되어야 한다는 점이다. 상호잠금 함수나 동기화 장벽은 하나의 프로세스 내에서만 사용 가능하며, 프로세스 사이에서는 사용할 수 없다는 한계가 있다. 그러므로 동기화 장벽을 이용하는 방법은 검토 대상에서 일단 제외시키자. 사용계수를 사용할 경우에는 이 계수를 위한 변수 역시 프로세스 사이에서 공유되어야 하며, 그 공간을 MMF에 위치시킨다 하더라도 상호잠금 함수를 사용할 수 없으므로 역시 사용계수에 대한 동기화를 위해 프로세스 사이에서 뮤텍스를 별도로 공유해야만 한다. 따라서 이런 복잡한 방법을 선택하는 대신, 프로세스 사이에서 사용계수를 관리하기 위한 또 다른 방법으로서, 이번 예에서는 세마포어를 사용하는 기법을 보여줄 것이다. 세마포어는 커널 객체이므로 역시 프로세스 사이에서 공유가 가능하며, 세마포어 자체가 사용계수를 내부적으로 담고 있다. 따라서 상호잠금 함수 대신에 세마포어를 프로세스 사이에서 공유하여 사용계수로 사용할 수 있을 것이다.

다음으로, 서비스는 클라이언트 역할을 하며 개시와 너불어 SockMmfSvr 프로그램에 소켓을 통해서 접속을 시도하지만, SockMmfSvr 콘솔 프로그램이 기동 중이 아니라면 접속에 실패할 것이다. 이를 위해 서비스에서는 SockMmfSvr로 주기적으로 접속을 시도하기 위해 TP_TIMER 객체를 통하여 타이머에게 그 처리를 맡길 것이다.

마지막으로 검토해야 할 요소는 서비스가 개시되었을 때 기동하는 4개의 MmfConsole 프로세스 관리다. 사실 세마포어를 이용해 사용계수를 관리하는 것은 다소 제약이 따른다. 4개의 MmfConsole 프로세스가 MMF로부터 데이터를 읽을 때마다 세마포어를 이용해 사용계수를 증가시키는데, MmfConsole 프로세스는 사용자 세션에서 작동하는 콘솔 프로그램이므로 사용자가 임의로 MmfConsole을 강제 종료시킬 수 있다. 유저가 MmfConsole 콘솔을 종료시켜 버린다면 세마포어를 통한 사용계수 관리가 어긋나게 되어 서비스가 교착 상태에 빠질 위험이 있다. 따라서 유저가 MmfConsole 콘솔을 종료시켰을 때 서비스는 이를 감지하여 다시 MmfConsole 콘솔을 실행시켜 항상 4개의 MmfConsole 프로세스가 유지되도록 해줘야 한다. 이를 위해 서비스에서는 4개의 MmfConsole 프로세스 핸들에 대해 별도의 스레드 풀을 생성시켜 풀을 통해서 프로세스를 관리하도록 코드를 구성할 것이다.

그러면 먼저 AtlSvcMmf 프로젝트의 서비스 코드를 살펴보기로 하자. 다음은 AtlSvcMmf 서비스에서 SockMmfSvr에 접속할 소켓 관리와 4개의 MmfConsole 프로세스 관리를 위한 구조체의 정의다.

프로젝트 7.3.3 AtlSvcMmf

```
#define TM_EXIT  WM_USER + 1
#define TM_DATA  WM_USER + 2
```

RunMessageLoop 함수는 메시지 루프를 통해서 대기한다. 종료 처리와 소켓을 통한 데이터 수신 처리를 위해 2개의 스레드 메시지를 정의한다.

```
#define SYNC_EVT_EXIT _T("Global\\SYNC_EVT_EXIT")
#define SYNC_EVT_SEND _T("Global\\SYNC_EVT_SEND")
#define SYNC_EVT_RESP _T("Global\\SYNC_EVT_RESP")

#define SYNC_SEM_REFS _T("Global\\SYNC_SEM_REFS")
```

```
#define SHARE_FILE    _T("Global\\MMF_SHARE_FILE")
```

세마포어와 MMF 공유를 위한 객체 이름을 정의한다.

```
#define MAX_PROC_CNT 4
```

MmfConsole 프로세스의 개수는 4개다.

```
#define BUFF_SIZE  256
```

소켓 통신을 위한 SOCK_ITEM 구조체의 정의 :

```cpp
struct SOCK_ITEM : OVERLAPPED
{
   SOCKET      _sock;        // 소켓 핸들
   PTP_IO      _ptpIo;       // TP_IO 객체 포인터
   PTP_TIMER _timer;         // TP_TIMER 객체 포인터
   BOOL        _connected;   // 접속 여부 판별 플래그
   char        _buff[BUFF_SIZE];

   SOCK_ITEM()
   {
      memset(this, 0, sizeof(*this));
      _sock = INVALID_SOCKET;
   }
};
typedef SOCK_ITEM* PSOCK ITEM;
```

프로세스 관리를 위한 PROC_INFO 구조체의 정의 :

```cpp
struct PROC_INFO
{
   HANDLE      _proc;  // 프로세스 핸들
   PTP_WAIT   _wait;  // TP_WAIT 객체 포인터

   PROC_INFO()
   {
      memset(this, 0, sizeof(*this));
   }
};
```

다음은 AtlSvcMmf 서비스의 메인 클래스인 CAtlSvcMmfModule 클래스의 정의다.

```cpp
class CAtlSvcMmfModule : public
    ATL::CAtlServiceModuleT< CAtlSvcMmfModule, IDS_SERVICENAME >
{
    static VOID CALLBACK Handler_SockRead(PTP_CALLBACK_INSTANCE,
        PVOID, PVOID, ULONG, ULONG_PTR, PTP_IO);
```
비동기 소켓 접속 및 수신 처리를 위한 TP_IO용 콜백 함수
```cpp
    static VOID CALLBACK Handler_ConnectTimer(PTP_CALLBACK_INSTANCE,
        PVOID pCtx, PTP_TIMER ptpTimer);
```
SockMmfSvr로의 접속 시도를 위한 TP_TIMER용 콜백 함수
```cpp
    static VOID CALLBACK Handler_ManageProcess(PTP_CALLBACK_INSTANCE,
        PVOID pCtx, PTP_WAIT ptpWait, TP_WAIT_RESULT);
```
4개의 MmfConsole 프로세스 관리를 위한 TP_WAIT용 콜백 함수
```cpp
    void SockRead(DWORD dwTrBytes, DWORD dwStatus, PSOCK_ITEM pov, PTP_IO ptpIo);
    void ConnectProc(PTP_TIMER ptpTimer);
    void ManageProcess(PTP_WAIT ptpWait);

    HANDLE SpawnProcess();// MmfConsole 프로세스 생성 멤버 함수

    DWORD     m_dwMsgId; // 스레드 메시지를 위한 스레드 ID
    SOCK_ITEM m_si;      // 비동기 소켓 접속 및 데이터 수신을 위한 SOCK_ITEM

    HANDLE m_hseRefs;    // 읽기 완료 프로세스 수를 참조하기 위한 세마포어
    HANDLE m_hevExit, m_hevSend, m_hevResp; // 종료, MMF 쓰기, 읽기 완료 이벤트
    HANDLE m_hMmf;       // 공유 메모리를 위한 MMF 핸들
    PBYTE  m_pView;      // MMF 뷰

    PROC_INFO m_arpis[MAX_PROC_CNT];        // 프로세스 관리를 위한 배열

public:
    DECLARE_LIBID(LIBID_AtlSvcMmfLib)
        ⋮
};
```

먼저 PreMessageLoop 함수의 정의를 살펴보자. PreMessageLoop에서는 MMF를 생성하여 m_hMmf 필드에 저장하고 그것을 매핑한 뷰를 m_pView 필드에 저장하며 이벤트 m_hevExit, m_hevSend, m_hevResp와 세마포어 m_hseRefs를 미리 생성한다. 그리고 비동기 소켓 처리를 위해 SOCK_ITEM 구조체에 대한 설정 작업 역시 수행한다.

```
HRESULT CAtlSvcMmfModule::PreMessageLoop(int nShowCmd)
{
   WSADATA wsd;
   int nInitCode = WSAStartup(MAKEWORD(2, 2), &wsd);
   if (nInitCode != ERROR_SUCCESS)
      return HRESULT_FROM_WIN32(nInitCode);
   m_dwMsgId = GetCurrentThreadId();
```

PostThreadMessage 함수의 사용을 위해 스레드 ID를 설정한다.

```
   SECURITY_ATTRIBUTES sa;
   try
   {
      InitSecuInfo(&sa);
      if (sa.lpSecurityDescriptor == NULL)
         throw HRESULT_FROM_WIN32(GetLastError());

      m_hMmf = CreateFileMapping
      (
         INVALID_HANDLE_VALUE, &sa, PAGE_READWRITE, 0, 65536, SHARE_FILE
      );
      if (m_hMmf == NULL)
         throw HRESULT_FROM_WIN32(GetLastError());
      SetObjectToLowIntegrity(m_hMmf);
```

MMF를 생성한다. MMF 역시 커널 객체며 MmfConsole 프로세스와 공유하기 때문에, NULL DACL 설정과 무결성 레벨 조정 처리를 해줘야 한다.

```
      m_pView = (LPBYTE)MapViewOfFileEx
      (
         m_hMmf, FILE_MAP_READ | FILE_MAP_WRITE, 0, 0, 0, NULL
      );
```

MMF의 뷰를 획득하여 멤버 변수에 저장한다.

```
    if (m_pView == NULL)
        throw HRESULT_FROM_WIN32(GetLastError());


    m_hseRefs = CreateSemaphore(&sa, 0, MAX_PROC_CNT, SYNC_SEM_REFS);
    if (m_hseRefs == NULL)
        throw HRESULT_FROM_WIN32(GetLastError());
    SetObjectToLowIntegrity(m_hseRefs);
```

초기 계수는 0, 최댓값은 4로 설정하여 세마포어를 생성하고, MmfConsole과의 공유를 위해 보안 속성을 설정한다. 이하 다른 이벤트들도 동일하게 보안 속성을 설정한다.

```
    m_hevExit = CreateEvent(&sa, TRUE, FALSE, SYNC_EVT_EXIT);
        ⋮

    m_hevSend = CreateEvent(&sa, TRUE, FALSE, SYNC_EVT_SEND);
        ⋮

    m_hevResp = CreateEvent(&sa, TRUE, FALSE, SYNC_EVT_RESP);
        ⋮
```

m_hevExit, m_hevSend, m_hevResp 이벤트 모두 수동 리셋 이벤트로 생성함에 주의해야 한다. 4개의 MmfConsole 프로세스 모두가 동시에 반응하도록 하기 위해서는 수동 리셋 이벤트가 되어야 한다.

```
    m_si._sock = socket(AF_INET, SOCK_STREAM, IPPROTO_TCP);
        ⋮
    LONG lSockRet = bind(m_si._sock, (PSOCKADDR)&sai, sizeof(SOCKADDR_IN));
    if (lSockRet == SOCKET_ERROR)
        throw HRESULT_FROM_WIN32(WSAGetLastError());
```

ConnectEx를 통한 비동기 접속을 위해 소켓을 미리 생성하고 바인드한다.

```
    m_si._ptpIo = CreateThreadpoolIo
            ((HANDLE)m_si._sock, Handler_SockRead, this, NULL);
```

소켓 핸들에 대한 TP_IO 객체를 생성한다. 소켓 접속 완료 및 수신 처리를 담당하는 콜백 함수는 Handler_SockRead다.

```
    if (m_si._ptpIo == NULL)
        throw HRESULT_FROM_WIN32(GetLastError());


    m_si._timer = CreateThreadpoolTimer(Handler_ConnectTimer, this, NULL);
```

```
    if (m_si._timer == NULL)
        throw HRESULT_FROM_WIN32(GetLastError());
  }
  catch (HRESULT hr)
  {
        ⋮
    return hr;
  }


    ⋮
  return S_OK;
}
```

PreMessageLoop를 통해 생성되고 설정된 리소스는 모두 PostMessageLoop를 통해 해제하도록 정의했다. PreMessageLoop의 정의는 별도로 설명하지 않겠다. 이제 서비스의 메인 함수인 RunMessageLoop 함수의 구현을 살펴보자. 이번의 RunMessageLoop는 메시지 루프를 통해 구현했으며, 메시지 루프는 종료 처리와 SockMmfSvr로부터 데이터가 전달되었을 때 그 데이터를 MMF에 쓰는 역할을 할 것이다.

```
void CAtlSvcMmfModule::RunMessageLoop()
{
    TP_CALLBACK_ENVIRON ce;
    InitializeThreadpoolEnvironment(&ce);
```

```
    PTP_POOL pPool = NULL;
    PTP_CLEANUP_GROUP pCG = NULL;
    try
    {
        pPool = CreateThreadpool(NULL);
        if (pPool == NULL)
            throw GetLastError();
        SetThreadpoolThreadMaximum(pPool, 1);
        if (!SetThreadpoolThreadMinimum(pPool, 1))
```

```
        throw GetLastError();
```

```
     pCG = CreateThreadpoolCleanupGroup();
     if (pCG == NULL)
         throw GetLastError();
     SetThreadpoolCallbackPool(&ce, pPool);
```

정리그룹을 생성하여 콜백 환경에 설정한다. 정리그룹은 MmfConsole 프로세스 관리와 관련된 콜백 항목 리소스들에 대한 일괄적인 정리를 담당할 것이다.

```
     for (int i = 0; i < MAX_PROC_CNT; i++)
     {
         m_arpis[i]._proc = SpawnProcess();
```

4개의 MmfConsole 프로세스를 생성한다. SpawnProcess 함수는 MmfConsole 프로그램을 기동하는, 별도로 정의된 멤버 함수다.

```
         m_arpis[i]._wait = CreateThreadpoolWait(Handler_ManageProcess, this, &ce);
         if (m_arpis[i]._wait == NULL)
             throw GetLastError();
         SetThreadpoolWait(m_arpis[i]._wait, m_arpis[i]._proc, NULL);
```

TP_WAIT 객체를 생성하고 MmfConsole 프로세스의 핸들을 이 객체에 설정한다. Handler_ManageProcess 함수는 프로세스가 종료되었을 때의 처리를 수행할 콜백 함수다.

```
     }

     FILETIME ft; ft.dwHighDateTime = ft.dwLowDateTime = 0;
     SetThreadpoolTimer(m_si._timer, &ft, 0, 0);
```

SockMmfSvr 서버로 주기적인 접속 처리를 수행할 타이머를 설정한다. 여기서는 서비스 기동과 더불어 바로 타이머 콜백 함수가 호출되도록 타이머를 설정했다.

```
     MSG msg;
     while (GetMessage(&msg, NULL, 0, 0))
```

메시지 루프를 통해 서비스는 대기 상태로 들어간다.

```
     {
```

```
        if (msg.message == TM_EXIT)
            break;


    while (WaitForSingleObject(m_hseRefs, 0) == WAIT_OBJECT_0);
```

세마포어에 대해 반복적으로 WaitForSingleObject 함수를 호출해 세마포어의 사용계수를 0으로 만든다.

```
        int nLen    = (int)msg.wParam;
        PBYTE pData = (PBYTE)msg.lParam;
        *((PINT)m_pView) = nLen;
        memcpy(m_pView + sizeof(int), pData, nLen);
```

SockMmfSvr로부터 전송된 데이터를 공유 메모리에 쓴다.

```
        delete[] pData;


        SignalObjectAndWait(m_hevSend, m_hevResp, INFINITE, FALSE);
        ResetEvent(m_hevResp);
```

m_hevSend 이벤트를 시그널링하여 공유 메모리에 데이터를 썼음을 MmfConsole 프로세스들에게 통지하고, m_hevResp 이벤트
가 시그널 상태가 되기를 기다린다.

```
    }
}
catch (DWORD e)
{
    ATLTRACE(_T("CreatePipeItem failed, code=%d"), e);
}


SetEvent(m_hevExit);
```

서비스가 종료될 경우, m_hevExit 이벤트를 시그널링하여 4개의 MmfConsole 프로세스 모두에게 종료를 통지한다.

```
if (pPool != NULL)
    CloseThreadpool(pPool);
if (pCG != NULL)
{
    CloseThreadpoolCleanupGroupMembers(pCG, FALSE, NULL);
```

4개의 MmfConsole 프로세스 처리를 위한 TP_WAIT 객체들에 대해 CloseThreadpoolCleanupGroupMembers 함수를 호출해
일괄적으로 리소스를 해제한다.

```
        CloseThreadpoolCleanupGroup(pCG);
    }
    for (int i = 0; i < MAX_PROC_CNT; i++)
    {
        if (m_arpis[i]._proc != NULL)
            CloseHandle(m_arpis[i]._proc);
    }

    DestroyThreadpoolEnvironment(&ce);
}
```

SpawnProcess 함수는 7.2.3에서 설명했던 대로 CreateProcessAsUser 함수를 통하여 사용자 세션에 MmfConsole.exe를 기동시키는 멤버 함수다. 직접 첨부된 소스를 참조하기 바란다. 다음은 MmfConsole 프로세스가 종료되었을 때, 다시 기동시키는 처리를 담당하는 콜백 함수 Handler_ManageProcess에 대한 정의다.

```
VOID CALLBACK CAtlSvcMmfModule::Handler_ManageProcess(PTP_CALLBACK_INSTANCE,
    PVOID pCtx, PTP_WAIT ptpWait, TP_WAIT_RESULT)
{
    CAtlSvcMmfModule* pThis = (CAtlSvcMmfModule*)pCtx;
    pThis->ManageProcess(ptpWait);
}
void CAtlSvcMmfModule::ManageProcess(PTP_WAIT ptpWait)
{
    int i = 0;
    for (; i < MAX_PROC_CNT; i++)
    {
        if (m_arpis[i]._wait == ptpWait)
            break;
    }
    if (i < MAX_PROC_CNT)
    {
        CloseHandle(m_arpis[i]._proc);
        m_arpis[i]._proc = SpawnProcess();
        SetThreadpoolWait(m_arpis[i]._wait, m_arpis[i]._proc, NULL);
```

```
      }
  }
```

다음은 SockMmfSvr 서버로의 접속을 시도하는, 타이머 콜백 함수 Handler_ConnectTimer의 정의다. 접속 재시도 주기는 1초로 지정했으며, 접속 처리 역시 ConnectEx를 통하여 TP_IO 객체와 함께 스레드 풀에 그 처리를 위임한다.

```
VOID CALLBACK CAtlSvcMmfModule::Handler_ConnectTimer(PTP_CALLBACK_INSTANCE,
    PVOID pCtx, PTP_TIMER ptpTimer)
{
  CAtlSvcMmfModule* pThis = (CAtlSvcMmfModule*)pCtx;
  pThis->ConnectProc(ptpTimer);
}
void CAtlSvcMmfModule::ConnectProc(PTP_TIMER ptpTimer)
{
  SOCKADDR_IN  sa;
  memset(&sa, 0, sizeof(SOCKADDR_IN));
  sa.sin_family     = AF_INET;
  sa.sin_port       = htons(9001);
  sa.sin_addr.s_addr = inet_addr("127.0.0.1");


  StartThreadpoolIo(m_si._ptpIo);
  LPFN_CONNECTEX pfnConnectEx = (LPFN_CONNECTEX)
          GetSockExtAPI(m_si._sock, WSAID_CONNECTEX);
  BOOL bIsOK = pfnConnectEx
  (
    m_si._sock, (PSOCKADDR)&sa, sizeof(sa), NULL, 0, NULL, &m_si
  );
```

SockMmfSvr 서버로의 비동기 접속을 개시한다.

```
  if (!bIsOK)
  {
    DWORD dwErrCode = WSAGetLastError();
    if (dwErrCode != WSA_IO_PENDING)
    {
```

```
        CancelThreadpoolIo(m_si._ptpIo);


        ULARGE_INTEGER ll; ll.QuadPart = -10000000LL;
        FILETIME ft;
        ft.dwHighDateTime = ll.HighPart, ft.dwLowDateTime = ll.LowPart;
        SetThreadpoolTimer(m_si._timer, &ft, 0, 0);
```

ConnectEx 호출에 실패했을 경우에는 1초 후에 다시 접속을 시도한다.

```
      }
    }
}
```

다음 코드는 SockMmfSvr 서버로의 접속이 완료되었을 때와 SockMmfSvr 서버로부터 데이터가
전달되었을 때 호출되는 TP_IO 객체에 등록된 콜백 함수 Handler_SockRead에 대한 정의다.
데이터가 수신되었을 경우 그 데이터를 스레드 메시지를 통해 RunMessageLoop에서 공유 메모
리에 데이터를 쓰도록 처리했다. 또, 소켓 접속이 끊어지거나 에러가 발생했을 때, 그 소켓을 닫지
않고 DisconnectEx 함수를 호출함으로써 소켓의 재사용이 가능하도록 처리했다.

```
VOID CALLBACK CAtlSvcMmfModule::Handler_SockRead(PTP_CALLBACK_INSTANCE pInst,
    PVOID pCtx, PVOID pov, ULONG ior, ULONG_PTR dwTrBytes, PTP_IO ptpIo)
{
  CAtlSvcMmfModule* pThis = (CAtlSvcMmfModule*)pCtx;
  pThis->SockRead(dwTrBytes, ior, (PSOCK_ITEM)pov, ptpIo);
}
void CAtlSvcMmfModule::SockRead(DWORD dwTrBytes, DWORD dwStatus,
                               PSOCK_ITEM psi, PTP_IO ptpIo)
{

  if (!psi->_connected)
  {
```

_connected 필드가 FALSE인 경우는 ConnectEx에 의한 콜백 함수가 호출된 경우다.

```
    if (dwStatus != NO_ERROR)
    {
      ULARGE_INTEGER ll; ll.QuadPart = -10000000LL;
      FILETIME ft;
      ft.dwHighDateTime = ll.HighPart, ft.dwLowDateTime = ll.LowPart;
      SetThreadpoolTimer(psi->_timer, &ft, 0, 0);
```

ConnectEx 호출 결과 실패했을 경우에는 1초 후에 다시 접속을 시도한다.

```
      return;
  }
  SetThreadpoolTimer(psi->_timer, NULL, 0, 0);
  psi->_connected = TRUE;
```

ConnectEx 호출 결과 접속이 완료된 경우에는 타이머를 취소하고 _connected 필드를 TRUE로 설정한다.

```
}
else
{
```

_connected 필드가 TRUE인 경우는 WSARecv에 의한 콜백 함수가 호출된 경우다.

```
  if (dwStatus != NO_ERROR || dwTrBytes == 0)
      goto $LABEL_CLOSE;


  PBYTE pData = new BYTE[dwTrBytes];
  memcpy(pData, psi->_buff, dwTrBytes);
  PostThreadMessage(m_dwMsgId, TM_DATA, (WPARAM)dwTrBytes, (LPARAM)pData);
```

SockMmfSvr로부터 전달된 데이터가 있으면 공유 메모리에 쓰기 위해 데이터를 메시지 큐에 추가하여 RunMessageLoop에서 처리하도록 한다. 공유 메모리는 하나의 섹션만 존재하므로 메시지 큐 처리를 통해 SockMmfSvr로부터의 연이은 데이터 전송을 순서화해서 처리할 수 있기 때문에, 공유 메모리에 데이터를 쓰기 위한 동기화 처리가 필요 없어진다.

```
}


StartThreadpoolIo(ptpIo);
WSABUF wb; DWORD dwFlags = 0;
wb.buf = psi->_buff, wb.len = BUFF_SIZE;
int nSockRet = WSARecv(psi->_sock, &wb, 1, NULL, &dwFlags, psi, NULL);
```

SockMmfSvr로부터 데이터를 수신하기 위해 비동기 수신을 개시한다.

```
if (nSockRet == SOCKET_ERROR)
{
   dwStatus = WSAGetLastError();
   if (dwStatus != WSA_IO_PENDING)
   {
      CancelThreadpoolIo(ptpIo);
      goto $LABEL_CLOSE;
   }
```

```
        }
        return;


$LABEL_CLOSE:
    if (dwStatus == ERROR_OPERATION_ABORTED)
        return;


    LPFN_DISCONNECTEX pfnDisconnectEx =
        (LPFN_DISCONNECTEX)GetSockExtAPI(psi->_sock, WSAID_DISCONNECTEX);
    pfnDisconnectEx(psi->_sock, NULL, TF_REUSE_SOCKET, 0);
    psi->_connected = FALSE;
```

SockConsole이 연결을 끊었거나 에러가 발생했을 경우에는 재사용을 위해 소켓의 연결을 끊고 _connected 필드를 FALSE로 설정한다.

```
    ULARGE_INTEGER ll; ll.QuadPart = -10000000LL;
    FILETIME ft; ft.dwHighDateTime = ll.HighPart, ft.dwLowDateTime = ll.LowPart;
    SetThreadpoolTimer(psi->_timer, &ft, 0, 0);
```

재접속 처리를 위해 다시 타이머를 재개한다.

```
}
```

SockMmfSvr 서버를 구현한 〈프로젝트 7.3.3 SockMmfSvr〉 코드는 리슨 소켓을 생성하여 하나의 접속만 받아들인 후 콘솔에서 입력된 문자열을 서비스로 전송하는 과정을 반복하는 간단한 코드다. 첨부된 소스를 직접 참조하기 바란다.

이번에는 공유 메모리로부터 데이터를 읽어들이는 MmfConsole의 구현을 살펴보도록 하자. 프로젝트 MmfConsole은 개시 후 MMF와 관련 이벤트를 OpenXXX를 통해서 모두 열고, TP_WAIT 객체를 통해 hevSend 이벤트를 콜백 항목으로 등록한다.

프로젝트 7.3.3 MmfConsole

```
#define SYNC_EVT_EXIT _T("Global\\SYNC_EVT_EXIT")
#define SYNC_EVT_SEND _T("Global\\SYNC_EVT_SEND")
#define SYNC_EVT_RESP _T("Global\\SYNC_EVT_RESP")

#define SYNC_SEM_REFS _T("Global\\SYNC_SEM_REFS")
#define SHARE_FILE    _T("Global\\MMF_SHARE_FILE")
```

```
void _tmain()
{
  HANDLE hevExit = NULL, hevSend = NULL, hevResp = NULL, hseRefs = NULL;
  HANDLE hmfShared = NULL;
  PBYTE  pView = NULL;

  try
  {
    hmfShared = OpenFileMapping(PAGE_READWRITE, FALSE, SHARE_FILE);
    if (hmfShared == NULL)
      throw GetLastError();
    pView = (LPBYTE)MapViewOfFile(hmfShared, FILE_MAP_READ, 0, 0, 0);
    if (pView == NULL)
      throw GetLastError();
```

MMF_SHARE_FILE MMF를 열고 뷰를 획득한다.

```
    hseRefs = OpenSemaphore(SEMAPHORE_ALL_ACCESS, FALSE, SYNC_SEM_REFS);
```

세마포어와 종료, 읽기 및 쓰기 통지 이벤트를 연다.

```
         ⋮

    cout << "======= START Child Process ========" << endl;
    HANDLE arSyncs[4] = { hevSend, hevResp, hseRefs, (HANDLE)pView };
    PTP_WAIT ptpWait = CreateThreadpoolWait(ChildTPollProc, arSyncs, NULL);
```

hevSend 이벤트를 위한 TP_WAIT 객체를 생성하고 hevSend, hevResp, hseRefs, pView를 매개변수로 전달한다.

```
    if (ptpWait != NULL)
    {

      SetThreadpoolWait(ptpWait, hevSend, NULL);
```

hevSend 이벤트를 TP_WAIT 객체에 설정함으로써, 서비스가 공유 메모리에 새로운 데이터를 기록했을 때 ChildTPollProc 콜백 함수가 호출되도록 설정한다.

```
      WaitForSingleObject(hevExit, INFINITE);
      WaitForThreadpoolWaitCallbacks(ptpWait, TRUE);
      CloseThreadpoolWait(ptpWait);
    }
    cout << "======= END Child Process ========" << endl;
```

```
    }
    catch (DWORD hr)
    {
        cout << "======= Error occurred, code=" << hr << endl;
    }
        ⋮
}
```

다음 코드는 hevSend 이벤트가 시그널 상태가 되었을 때, 스레드 풀이 호출해주는 콜백 함수 ChildTPollProc의 정의다.

```
#define MAX_PROC_CNT 4

VOID CALLBACK ChildTPollProc(PTP_CALLBACK_INSTANCE pInst,
        PVOID pCtx, PTP_WAIT ptpWait, TP_WAIT_RESULT)
{
    HANDLE hevSend  = ((PHANDLE)pCtx)[0];
    HANDLE hevResp  = ((PHANDLE)pCtx)[1];
    HANDLE hseRefs  = ((PHANDLE)pCtx)[2];
    PBYTE  pView    = (PBYTE)((PHANDLE)pCtx)[3];

    int nSize   = *((PINT)pView);
    PSTR pszOut = new char[nSize + 1];
    memcpy(pszOut, pView + sizeof(INT), nSize);
    pszOut[nSize] = 0;
    cout << pszOut << endl;
    delete[] pszOut;

    LONG lPreCnt = 0;
    ReleaseSemaphore(hseRefs, 1, &lPreCnt);
```

콜백 함수가 호출될 때마다 세마포어의 사용계수가 1씩 증가된다. 그리고 ReleaseSemaphore 호출 직전의 세마포어 사용계수 값을 획득한다.

```
    if (lPreCnt >= MAX_PROC_CNT - 1)
    {
```

> ReleaseSemaphore 호출 직전의 사용계수 값이 3인 경우는 네 번째의 MmfConsole 프로세스가 공유 메모리를 읽었음을 의미한다. 이는 모든 MmfConsole 프로세스에 대한 콜백 함수가 호출되었음을 의미하므로, hevResp 이벤트를 시그널링할 수 있는 상태다.

```
        SetEventWhenCallbackReturns(pInst, hevResp);
```

> 콜백 함수 실행 완료 후, hevResp 이벤트를 시그널 상태로 만들기 위해 SetEventWhenCallbackReturns 함수를 통해 hevResp 이벤트를 설정한다.

```
        ResetEvent(hevSend);
```

> hevSend 이벤트를 리셋시켜 공유 메모리 쓰기 통지를 받을 수 있도록 한다.

```
    }
   else
      WaitForSingleObject(hevResp, INFINITE);
```

> ReleaseSemaphore 호출 직전의 사용계수 값이 3보다 작은 경우에는 여전히 공유 메모리를 읽어야 할 MmfConsole 프로세스가 남아 있음을 의미하며, 이 경우 남은 프로세스가 공유 메모리를 모두 읽을 때까지 대기한다. 이 처리는 3장에서 설명했던 동기화 장벽에 대한 처리와 비슷하다.

```
   SetThreadpoolWait(ptpWait, hevSend, NULL);
}
```

위 코드의 마지막 부분을 좀 더 검토해보자. 원래는 다음과 같이 처리하는 것이 더 간단하며, 2장에서 상호잠금 함수를 사용한 경우도 다음 형태로 되어 있다.

```
      ⋮
   if (lPreCnt >= MAX_PROC_CNT - 1)
      SetEventWhenCallbackReturns(pInst, hevResp);

   ResetEvent(hevSend);
   SetThreadpoolWait(ptpWait, hevSend, NULL);
}
```

하지만 공유 메모리에 읽어야 할 데이터가 존재할 때, 예를 들어 MmfConsole 프로세스 두 개가 공유 메모리에서 데이터를 읽어들인 상황에서 아직 읽지 않은 나머지 프로세스 중 하나가 종료되어 다시 생성되었다면 상황은 꼬이게 된다. MmfConsole 프로세스가 공유 메모리를 읽을 때마다 hevSend 이벤트를 리셋시키기 때문에, 새롭게 생성된 MmfConsole 프로세스는 hevSend 이벤트의 시그널을 받지 못한 상태가 되어 이 프로세스에서는 ChildTPollProc 콜백 함수가 호출되지 않는다. 따라서 ReleaseSemaphore를 호출하지 못하게 되고 lPreCnt의 값은 결코 3이 되지 못하므로 서비스는 무한히 hcvResp 이벤트가 시그널되기를 대기하는 교착 상태에 빠질 것이다. 이런 상황을 타개하기 위해 동기화 장벽 처리와 비슷한 기능을 하도록 코드를 작성하여 공유 메모리를 읽은 프로세스가 4개가 될 때까지 코드의 진행을 막도록 한 것이다.

7.4 파이프

앞 절에서 설명했던 MMF 기반의 공유 메모리는 프로세스 사이의 데이터 공유나 전달을 위한 가장 일반적인 수단이다. 하지만 가장 아쉬운 것은 MMF 핸들 그 자체를 비동기 입출력의 수단으로는 사용할 수 없다는 점이다. 공유 메모리는 메모리 액세스를 통해서 데이터를 처리하기 때문에 사용하기는 쉽지만 그 자체로 IOCP나 스레드 풀에 적용할 수는 없다. 따라서 한 프로세스에서 공유 메모리에 데이터를 썼다면 그 사실을 이벤트나 메시지 등의 별도의 수단을 통해서 통지해주어야 한다. 이에 이번 절에서는 핸들 자체가 비동기 입출력 수단이 될 수 있고 TP_IO 객체와 연결될 수 있는 IPC 데이터 전달 매체인 파이프(Pipe)를 소개하고 그 사용법에 대해 설명하고자 한다.

7.4.1 파이프 소개

파이프는 스레드 개념이 없던 유닉스 시절에 부모 프로세스와 fork를 통해 생성된 자식 프로세스 (윈도우에서의 스레드 역할을 담당했다) 사이에서 서로 데이터를 주고받기 위해 사용되었던 고전적인 수단이다. 윈도우에서는 스레드가 지원되면서 이전의 fork를 통해 생성되었던 자식 프로세스의 역할을 스레드가 담당하게 됨으로써 부모와 자식 프로세스 사이의 통신을 위한 별도의 채널이 필요 없어졌고, 게다가 MMF 기반의 공유 메모리가 제공되기 때문에 사용자 측면에서 볼 때 IPC를 위한 파이프의 사용은 다소 의미가 퇴색되었지만, 실제로 윈도우 내부적으로는 IPC의 수단으로 파이프를 많이 사용한다. 대표적인 예로 서비스 관리를 위해 SCM과 통신하는 수단으로 파이프가 사용된다. 또한 MS는 파이프와 비동기 입출력 메커니즘을 통합시켜 파이프를 비동기 입출력에 사용할 수 있도록 했기 때문에, 비동기 입출력의 차원에서 파이프에 접근한다면 IPC의 매체로서의 파이프는 사용자 입장에서도 여전히 그 의미를 지닌다.

파이프란 용어는 우리가 흔히 알고 있는 수도관 등을 의미하는 "파이프" 단어 그 의미 그대로 차용된 것으로서, 데이터나 정보가 흘러다니는 도관을 의미한다. 개념적으로 파이프에는 양 끝단이 데이터가 한쪽 방향으로만 흘러가는, 즉 한쪽은 쓰고 다른 한쪽은 그 데이터를 읽기만 할 수 있는 단방향 파이프와 그 흐름이 양쪽 모두 가능한, 읽기/쓰기가 모두 가능한 양방향 파이프가 있다. 파이프는 프로세스 간 통신을 위해 사용되는 공유 메모리의 섹션이다. 파이프는 서버와 클라이언트 개념을 갖고 있으며, 파이프의 생성은 파이프 서버가 담당하고 생성된 파이프에 대한 접속은 클라이언트가 담당한다. 이렇게 파이프에 대한 서버와 클라이언트 사이의 연결이 성공적으로 맺어졌을 때 파이프를 통해서 데이터를 흘려보낼 수 있게 된다.

윈도우는 두 가지 종류의 파이프, 즉 익명(Anonymous) 파이프와 네임드(Named, 이름을 가진) 파이프를 지원한다. 익명 파이프는 이름이 없으며, 부모 프로세스와 자식 프로세스 사이에 단방향 통신을 지원하는 전형적인 파이프다. 따라서 네트워크를 통한 통신은 불가능하고 오직 로컬 시스템 내에서만 사용이 가능하다. 이에 반해 네임드 파이프는 서버와 클라이언트 프로세스 사이의 양방향 통신이 가능하며 네트워크를 통한 통신도 가능하다. 따라서 익명 파이프는 네임드 파이프보다 오버헤드는 적지만 제한된 서비스를 제공할 수밖에 없다. 익명 파이프를 사용하는 대표적인 예가 콘솔 리다이렉션(Redirection)이다. 콘솔 리다이렉션이란 콘솔에 대한 입출력 방향을 되돌린다는 의미로, 이는 콘솔 입출력을 가지는 프로그램의 그 입출력을 콘솔이 아닌 개발자가 제공하는 입출력 장치로 되돌릴 수 있도록 해주는 수단이 된다. 예를 들어 비주얼 스튜디오에서 여러분이 작성한 코드를 컴파일이나 빌드하게 되면 비주얼 스튜디오의 출력 창에 컴파일 및 빌드 과정이 출력되어, 마치 이 과정이 비주얼 스튜디오라는 프로그램 내에 내장되어 있는 듯한 착각을 불러일으킨다. 하지만 컴파일이나 빌드를 담당하는 프로그램은 cl.exe와 link.exe이고, 비주얼 스튜디오는 콘솔로 향하는 이 프로그램들의 출력을 되돌려 자신이 마련한 출력 윈도우 창으로 그 출력을 표시하도록 만드는 것이며, 이를 위해 익명 파이프가 사용된다. 하지만 익명 파이프는 비동기 입출력이 지원되지 않기 때문에 논의의 대상에서 제외하기로 하고, MMF 기반의 공유 메모리를 사용할 때 비동기 입출력과 직접 연동할 수 없었던 아쉬움을 달래줄 수 있는 네임드 파이프에 대해서 알아보기로 한다.

| 네임드 파이프(Named Pipe) |

네임드 파이프는 양방향 통신을 지원하는 커널 객체로서 하나의 서버와 다중의 클라이언트로 구성된다. 네임드 파이프에서 중요한 것이 바로 이름인데, 서버가 고유한 이름을 통해서 파이프를 생성하게 되면 클라이언트들은 그 이름을 통해서 생성된 파이프에 접속하게 된다. 여기서 말하는 이름이란 파이프를 식별하는 개념적인 값이며, 실제 접속을 통해 생성되는 파이프는 클라이언트마다 파이프의 인스턴스를 가지게 된다. 파이프의 인스턴스란 말 그대로 하나의 클라이언트와 연결된 파이프 커널 객체며, 자신만의 버퍼와 핸들을 갖고 서버와 클라이언트 사이의 통신을 위한 분리된 도관을 갖는 것이다. 따라서 파이프 이름 지체는 소켓 통신에서 접속을 위한 서비의 주소의 노드 역할을 한다. 하지만 소켓과 다른 것은, 소켓의 경우는 서버 측에서 클라이언트의 접속을 위해 리슨하는 별도의 리슨 소켓을 필요로 하지만, 네임드 파이프의 경우는 리슨 소켓에 해당하는 장치가 없고 접속 대기를 위한 파이프 인스턴스를 생성하여 대기 상태에 머물다 클라이언트가 파이프 이름을 통해서 접속했을 때 그 클라이언트와 일대 일 대응되는, 파이프의 양 끝단에 위치하는 하나의 독립된 빙으로 작동된다. 그리고 다음 클라이언트의 접속을 위해서는 서버 측에서 역시 동일한 이름의 파이프 인스턴스를 생성하여 클라이언트 접속을 기다려야 한다. 이때 네임드 파이프의 이름은 하나의 파이프 서버와 다중의 파이프 클라이언트를 그룹으로 묶기 위한 식별자 역할을 한다.

파이프의 이름 지정은 파일처럼 자체의 네이밍 룰을 가진다. 네임드 파이프는 로컬 시스템뿐만 아니라 리모트에 존재하는 파이프 서버에도 접속이 가능하므로 이름 지정에 주의를 기울여야 한다. 파이프의 이름 지정은 다음과 같은 형식을 가져야 한다.

```
\\ServerName\PIPE\PipeName
```

먼저 두 개의 '\' 문자로 시작하며 ServrName은 서버를 식별하는 서버의 컴퓨터명이나 주소가 될 수 있다. 만약 로컬 시스템 내에서만 작동하는 경우이거나 파이프를 생성하는 서버라면 자신의 주소를 지정해야 하므로 SeverName은 '.'로 대체 가능하다. 그리고 해당 이름 지정이 파이프임을 의미하기 위해 "PIPE"가 반드시 뒤따라와야 한다. 그 뒤를 이어 파이프를 식별하는 고유한 이름, 여러분이 정의한 PipeName이 와야 한다. 이들 사이의 구분은 '\'로 한다. 따라서 로컬 내에서만 사용한다면 이름 형식은 다음과 같이 지정하면 된다. 대소문자 구분은 없다.

```
#define MY_PIPE_NAME  _T("\\\\.\\PIPE\\MyTestPipe")
```

서버 측에서는 네임드 파이프를 CreateNamedPipe 함수를 통해 생성하고 ConnectNamedPipe 함수를 통해 클라이언트의 접속을 대기하게 된다. 이는 소켓 통신에서는 물론 불가능한 상황이지만, socket 함수를 통해 소켓을 생성한 후 listen 없이 바로 accept를 통해서 접속을 대기하는 그런 상황과 비슷하다. 클라이언트 측에서는 네임드 파이프 서버에 접속하기 위해 CreateFile이나 CallNamedPipe를 호출한다. 이렇게 양쪽의 연결이 성립되면 실제 데이터의 통신은 ReadFile과 WriteFile을 통해 이루어진다. ReadFile과 WriteFile을 사용하기 때문에 OVERLAPPED 구조체를 이용한 중첩 입출력이 가능해지며, 따라서 네임드 파이프를 이용할 경우 IOCP나 스레드 풀의 TP_IO 객체를 직접 사용할 수 있게 된다.

7.4.2 파이프의 사용

이제부터 네임드 파이프를 이용해 로컬 시스템 내에서 IPC를 구현하는 방법에 대해 자세히 살펴보자. 먼저, 서버 측에서 파이프를 생성하고 대기하는 방법에 대해 설명하고, 다음으로 클라이언트에서 서버가 생성한 파이프에 접속한 후 데이터를 주고받는 순으로 설명을 이어갈 것이다.

1) 서버에서의 네임드 파이프 생성

서버 측에서는 다음의 과정으로 파이프 연결을 위해 대기한다.

　① CreateNamedPipe 함수를 통해 네임드 파이프를 생성한다.
　② ConnectNamedPipe 함수를 통해서 클라이언트의 연결을 대기한다.

네임드 파이프를 사용하기 위해서는 파이프의 인스턴스를 생성해야 한다. 서버 측에서 파이프에 대한 이름을 정의하여 CreateNamedPipe 함수를 호출하면 접속 가능한 파이프의 인스턴스가 생성된다. CreateNamedPipe 함수의 리턴값으로 획득되는 파이프의 핸들은 파이프 인스턴스의 핸들이며, 이 인스턴스는 하나의 클라이언트 접속만 수용할 수 있다. 다중의 클라이언트 접속을 수용하기 위해서는 접속을 요구하는 클라이언트 수만큼 동일한 파이프 이름을 통해 CreateNamedPipe를 호출해 접속 가능한 인스턴스를 생성해줘야 한다.

CreateNamedPipe 함수의 선언은 다음과 같다.

```
HANDLE WINAPI CreateNamedPipe
(
  _In_        LPCTSTR                 lpName,
  _In_        DWORD                   dwOpenMode,
  _In_        DWORD                   dwPipeMode,
  _In_        DWORD                   nMaxInstances,
  _In_        DWORD                   nOutBufferSize,
  _In_        DWORD                   nInBufferSize,
  _In_        DWORD                   nDefaultTimeOut,
  _In_opt_    LPSECURITY_ATTRIBUTES   lpSecurityAttributes
);
```

LPCTSTR lpName

파이프에 대한 고유한 이름을 지정한다. 파이프는 이름을 기반으로 생성되며, 동일한 이름의 파이프에 대해 여러 개의 인스턴스를 생성할 수 있다

DWORD dwOpenMode

파이프의 오픈 모드를 설정하며 다음의 값들을 가질 수 있다. 먼저, 파이프에 대한 접근 모드를 설정하는 플래그를 살펴보자. 동일한 파이프에 대한 모든 인스턴스는 동일한 접근 모드를 가져야 한다.

- **PIPE_ACCESS_DUPLEX(0x00000003)**

  양방향 통신을 허용한다. 이는 해당 파이프를 통해 읽기와 쓰기를 모두 허용함을 의미한다. 이 파이프에 접속할 클라이언트는 CreateFile 호출 시 GENERIC_READ와 GENERIC_WRITE의 조합을 모두 사용할 수 있다.

- **PIPE_ACCESS_INBOUND(0x00000001)**

  데이터의 흐름을 클라이언트에서 서버로의 전송으로 제한한다. 이는 서버 측의 경우 파이프에 대해 읽기 작업만을 허용한다는 것을 의미한다. 접속할 클라이언트는 당연히 쓰기만 가능하므로 CreateFile 호출 시 GENERIC_WRITE 플래그를 지정해야만 한다.

- **PIPE_ACCESS_OUTBOUND(0x00000002)**

  PIPE_ACCESS_INBOUND 플래그와 반대로, 서버에서 클라이언트로의 데이터 흐름만 허용한다. 이는 서버 측에서는 쓰기 전용 파이프가 됨을 의미하고 클라이언트 측에서는 읽기 전용 파이프를 갖게 되므로, GENERIC_READ 플래그와 함께 CreateFile을 호출해 서버에 연결해야만 한다.

다음으로 파이프에 대해 추가적으로 다음의 모드를 지정할 수 있다. 이 플래그들은 동일한 파이프 이름에 대한 인스턴스 생성 시마다 다르게 지정할 수 있다.

- **FILE_FLAG_FIRST_PIPE_INSTANCE(0x00080000)**

  이 플래그를 설정하면 해당 파이프에 대해 다중의 인스턴스를 생성하고자 할 때 단지 최초의 인스턴스만 생성이 가능하도록 한다. 만약 그 다음의 인스턴스 생성을 위해 이 함수를 호출하면 에러가 발생하고 에러 코드는 ERROR_ACCESS_DENIED가 된다. 쉽게 말하자면 동일한 파이프 이름에 대해 단지 하나의 파이프 인스턴스 생성을 허용한다는 의미가 된다.

- **FILE_FLAG_WRITE_THROUGH(0x80000000)**

  이 모드는 로컬 시스템 내의 파이프에서는 의미가 없고 리모트 간 파이프를 사용할 때에야 의미가 있다. 이 모드를 설정하면 파이프에 데이터를 썼을 때 네트워크를 통해서 리모트 시스템의 파이프에 데이터가 실제로 쓰일 때까지 쓰기 함수(WriteFile)가 리턴되지 않도록 한다.

- **FILE_FLAG_OVERLAPPED(0x40000000)**

  본서의 주제가 되는 중첩 입출력을 허용한다. 이 플래그를 지정함으로써 비동기 입출력이나 스레드 풀을 이용한 입출력 모두를 사용할 수 있다.

DWORD dwPipeMode

아래와 같이 두 개가 하나의 쌍이 되어 디폴트 값인 0과 나머지 값으로 정의된 카테고리별 파이프 모드 설정 옵션이 존재한다.

다음 두 플래그는 파이프에 쓰인 데이터의 타입을 식별한다.

- **PIPE_TYPE_BYTE(0x00000000)**

  파이프에 쓰여진 데이터가 바이트 스트림임을 의미하며, 이 모드는 PIPE_READMODE_MESSAGE와 함께 사용될 수 없다. 파이프는 이미 쓰여진 데이터와 다음에 쓴 데이터를 구분할 수 없으며, 단순히 바이트의 연속으로 간주한다.

- **PIPE_TYPE_MESSAGE(0x00000004)**

  파이프에 쓴 데이터를 메시지 스트림으로 간주한다. 파이프는 데이터를 메시지 단위로 간주하기 때문에 바이너리 모드와는 달리 일련의 데이터에 대한 식별이 가능하다. 한번 쓴 데이터가 한 번에 수신되지 않았을 경우에는 GetLastError를 통해 ERROR_MORE_DATA 에러 코드를 획득하므로, 전송된 데이터가 모두 수신되었는지를 판별할 수 있다. 이 모드는 PIPE_READMODE_MESSAGE나 PIPE_READMODE_BYTE 어떤 쪽이라도 함께 사용이 가능하다.

다음 두 플래그는 파이프의 데이터 타입과 함께 파이프의 읽기 모드를 지정한다.

- **PIPE_READMODE_BYTE(0x00000000)**

  파이프의 데이터를 읽을 때 바이트 스트림으로 간주한다. 이 모드는 PIPE_TYPE_MESSAGE나 PIPE_TYPE_BYTE와 함께 사용이 가능하다.

- **PIPE_READMODE_MESSAGE(0x00000002)**

  파이프의 데이터를 읽을 때 메시지 스트림으로 간주한다. 이 모드는 PIPE_TYPE_MESSAGE 플래그가 설정되어야만 사용이 가능하다.

다음 두 플래그는 파이프 연결이나 입출력 관련 함수 호출 시 블로킹 모드 여부를 지정한다.

- **PIPE_WAIT(0x00000000)**

  파이프에 대한 블로킹 모드를 설정한다. 이 경우 ReadFile/WriteFile, 또는 ConnectNamedPipe 함수 호출은 요청된 입출력이 완료되기 전까지 블로킹된다.

- **PIPE_NOWAIT(0x00000001)**

  파이프에 대한 넌블로킹 모드를 설정한다. 이 플래그가 설정되면 ReadFile/WriteFile, 그리고 ConnectNamedPipe 함수 호출은 바로 리턴된다. 이 모드는 Microsoft LAN Manager 2.0 호환을 위해 존재하며, 만약 파이프를 비동기 입출력과 함께 사용한다면 의미 없는 플래그가 된다.

다음 두 플래그는 리모트로부터의 클라이언트 접속 수용 여부를 지정한다.

- **PIPE_ACCEPT_REMOTE_CLIENTS(0x00000000)**
  리모트로부터의 클라이언트 접속을 수용하고, 파이프의 보안 기술자를 체크할 수 있도록 한다.

- **PIPE_REJECT_REMOTE_CLIENTS(0x00000008)**
  리모트로부터의 클라이언트 연결을 거부한다.

DWORD nMaxInstances

동일한 이름을 가진 파이프에 대해 생성될 수 있는 최대 인스턴스 수를 지정한다. 이 파이프의 최초 인스턴스를 생성할 때 이 매개변수를 지정했다면 다음 인스턴스 생성 시에는 처음 생성 시에 지정된 매개변수와 동일한 값으로 지정해야 한다. 지정 가능한 값의 범위는 1~PIPE_UNLIMITED_INSTANCES(255) 사이의 값이다. 이 값이 PIPE_UNLIMITED_INSTANCES로 지정될 경우 파이프 인스턴스의 수는 시스템이 허용하는 범위 한도 내에서 생성되며, PIPE_UNLIMITED_INSTANCES보다 큰 경우는 ERROR_INVALID_PARAMETER(87) 에러가 발생한다.

DWORD nOutBufferSize

DWORD nInBufferSize

nOutBufferSize 매개변수는 쓰기 버퍼의 크기를, nInBuffSize 매개변수는 읽기 버퍼의 크기를 바이트 단위로 지정한다.

DWORD nDefaultTimeOut

NMPWAIT_USE_DEFAULT_WAIT와 함께 WaitNamedPipe 함수를 호출했을 때의 디폴트 타임아웃 값을 설정한다. 동일한 이름 지정 파이프의 각 인스턴스는 동일한 디폴트 타임아웃 값을 가져야 한다. 이 매개변수가 0인 경우 디폴트 타임아웃은 50밀리초가 된다. 타임아웃을 사용하지 못하게 하려면 INFINITE를 전달하면 된다.

LPSECURITY_ATTRIBUTES lpSecurityAttributes

파이프의 보안 속성을 지정한다. 7.2절에서 설명한 대로 설정하면 된다.

[반환값] HANDLE

지정된 이름의 파이프 인스턴스 핸들을 반환한다. 실패했을 경우에는 INVALID_HANDLE_ VALUE를 리턴하며 GetLastError를 통해 에러 코드를 확인할 수 있다. CreateNamedPipe 함수는 CreateFile 함수와 더불어 커널 객체 생성에 실패했을 경우, NULL이 아닌 INVALID_ HANDLE_VALUE를 리턴하는 몇 안 되는 함수임에 주의하기 바란다.

서버 측에서 CreateNamedPipe 함수를 통해 네임드 파이프를 생성했다면 이제 클라이언트의 접속을 기다려야 하며, 이를 위해 ConnectNamedPipe 함수가 제공된다. 사용자를 가장 혼란스럽게 만드는 함수가 ConnectNamedPipe 함수인데, 이 함수는 마치 클라이언트에서 서버가 생성한 파이프로 연결을 시도할 때 사용하는 함수처럼 보이지만 사실 그 반대다. 소켓으로 따지자면 connect에 해당하는 함수 같지만, 사실은 클라이언트 접속 대기를 위해 호출하는 accept 함수의 역할을 이 함수가 수행하게 된다. ConnectNamedPipe 함수는 서버 측의 네임드 파이프가 클라이언트의 연결을 기다리도록 만든다. 클라이언트는 CreateFile을 통해서 서버 측 파이프에 연결할 수 있다.

```
BOOL WINAPI ConnectNamedPipe
(
    _In_          HANDLE        hNamedPipe,
    _Inout_opt_   LPOVERLAPPED  lpOverlapped
);
```

HANDLE hNamedPipe

CreateNamedPipe에 의해 생성된 파이프 인스턴스의 핸들을 넘겨준다.

LPOVERLAPPED lpOverlapped

OVERLAPPED 구조체의 포인터가 된다. CreateNamedPipe 호출 시 dwOpenMode에 FILE_FLAG_OVERLAPPED 플래그를 지정하지 않으면 이 매개변수는 의미가 없으며, ConnectNamedPipe 함수는 클라이언트가 접속할 때까지 대기한다. 만약 FILE_FLAG_ OVERLAPPED 플래그를 지정하고 이 매개변수를 OVERLAPPED 구조체의 포인터로 넘겨주면, 파이프를 통해서 접속이 들어왔을 때 hNamedPipe 핸들은 시그널 상태가 되고 접속 대기를 위한 비동기 입출력 처리나 스레드 풀 처리가 가능해진다.

ConnectNamedPipe 호출 결과가 TRUE로 리턴되면 접속이 성립되었음을 의미한다. 만약 FALSE이고 에러 코드가 ERROR_PIPE_CONNECTED(535)면 이미 접속된 파이프 인스턴스에 대해 다시 접속 요청을 했음을 의미한다. 이 경우 새접속을 원한다면 DisconnectNamedPipe 함수를 호출해 접속을 끊은 후 다시 ConnectNamedPipe를 호출해야 한다. 이 에러를 다르게 해석하면, 생성된 파이프의 인스턴스가 이미 접속이 성립된 파이프인지 판별이 가능하다는 의미기도 하다.

ConnectNamedPipe 함수를 통해 클라이언트와의 접속이 이뤄졌다면 파이프를 통해서 데이터를 주고받아야 한다. 데이터 송수신은 ReadFile/WriteFile 함수를 이용하면 된다. FILE_FLAG_OVERLAPPED 플래그와 함께 CreateNamedPipe를 호출했다면 ReadFile/WriteFile을 비동기적으로 사용할 수 있게 된다.

접속 후 파이프의 사용을 모두 마쳤다면 접속을 끊기 위해 다음의 함수를 호출할 수 있다.

```
BOOL WINAPI DisconnectNamedPipe(_In_ HANDLE hNamedPipe);
```

DisconnectNamedPipe 함수는 접속을 끊고자 할 경우에는 서버나 클라이언트 양쪽 어디에서도 호출할 수 있다. 이 함수가 호출되면 파이프의 반대 편에서 데이터 수신을 위해 ReadFile 함수를 호출하고 대기 중인 경우, ReadFile 호출은 에러가 발생하고 에러 코드는 ERROR_BROKEN_PIPE(109)가 된다. 이 에러 코드를 통해 반대편에서 파이프의 접속을 끊었음을 판단할 수 있다. 파이프를 닫기 위해서는 CloseHandle 함수를 호출하면 되는데, 파이프의 반대편에서 읽기 대기 중인 파이프를 닫았을 경우에도 DisconnectNamedPipe와 마찬가지로 ERROR_BROKEN_PIPE(109) 에러가 발생된다.

그러면 먼저, CreateNamedPipe와 ConnectNamedPipe를 통해서 파이프를 생성하고 데이터를 주고받는 서버 측의 구현 예제를 살펴보도록 하자.

```
프로젝트 7.4.2 PipeServer

#define BUFF_SIZE  4096
#define PIPE_NAME  _T("\\\\.\\pipe\\PIPE_SYNC_TEST")

void _tmain()
{
    while (true)
    {
```

```
    HANDLE hPipe = CreateNamedPipe
    (
        PIPE_NAME,                    // 파이프 이름 지정
        PIPE_ACCESS_DUPLEX,           // 양방향 파이프 통신
        PIPE_TYPE_BYTE ¦              // 바이트 타입 파이프
          PIPE_READMODE_BYTE ¦        // 바이트 읽기 모드
          PIPE_WAIT,                  // 블로킹 모드
        PIPE_UNLIMITED_INSTANCES,     // 최대 인스턴스 허용
        BUFF_SIZE,                    // 쓰기 버퍼 크기
        BUFF_SIZE,                    // 읽기 버퍼 크기
        NMPWAIT_USE_DEFAULT_WAIT,     // 클라이언트 타임아웃
        NULL                          // 기본 보안 속성
    );
```

이름 지정 파이프를 생성한다. 양방향 통신을 가능하게 하고 다중 인스턴스를 허용함으로써 여러 클라이언트의 접속을 가능하게 한다.

```
    if (hPipe == INVALID_HANDLE_VALUE)
    {
        cout << "CreateNamedPipe failed, code = " << GetLastError() << endl;
        break;
    }


    BOOL bIsOK = ConnectNamedPipe(hPipe, NULL);
```

클라이언트가 생성된 인스턴스에 접속하기를 기다린다. 클라이언트 측에서 CreateFile을 통해 파이프를 열면 ConnectNamedPipe 함수로부터 리턴된다.

```
    if (!bIsOK)
    {
        DWORD dwErrCode = GetLastError();
        if (dwErrCode != ERROR_PIPE_CONNECTED)
        {
```

클라이언트 접속에 의해 ConnectNamedPipe로부터 리턴되었다면 그 리턴값이 TRUE거나 에러 코드가 ERROR_PIPE_CONNECTED인 경우다.

```
            cout << "ConnectNamedPipe failed, code = " << dwErrCode << endl;
            CloseHandle(hPipe);
            break;
        }
    }
```

```
      DWORD dwThrId = 0;
      HANDLE hThread = CreateThread(NULL, 0, PipeInstProc, hPipe, 0, &dwThrId);
```

접속된 클라이언트와의 통신 처리를 담당할 스레드를 생성한다.

```
      if (hThread == NULL)
      {
         cout << "CreateThread failed, code = " << GetLastError() << endl;
         CloseHandle(hPipe);
         break;
      }
      CloseHandle(hThread);
   }
```

다음 클라이언트 접속 처리를 위해 루프 맨 앞으로 이동한다.

```
}
```

다음 코드는 파이프에 대한 데이터 수신 대기를 담당하는 스레드 엔트리 함수 PipeInstProc에 대한 정의다. 파이프로부터 동기적으로 데이터를 읽고 다시 클라이언트로 에코 처리를 해준다.

```
DWORD WINAPI PipeInstProc(PVOID pParam)
{
   HANDLE hPipe = (HANDLE)pParam;
   char szBuff[BUFF_SIZE];

   while (true)
   {
      DWORD dwReads = 0;
      BOOL bIsOK = ReadFile(hPipe, szBuff, BUFF_SIZE, &dwReads, NULL);
```

파이프를 통해 클라이언트의 데이터 전송을 대기한다.

```
      if (!bIsOK || dwReads == 0)
      {
         DWORD dwErrCode = GetLastError();
         if (dwErrCode == ERROR_BROKEN_PIPE)
```

에러 코드가 ERROR_BROKEN_PIPE면 클라이언트가 DisconnetNamedPipe를 호출했거나 파이프를 닫은 경우다.

```
            cout << "Client disconnected...." << endl;
```

```
        else
            cout << "ReadFile failed, code = " << dwErrCode << endl;
        break;
    }

    szBuff[dwReads] = 0;
    cout << " ==> Client sent : " << szBuff << endl;

    DWORD dwWrotes = 0;
    bIsOK = WriteFile(hPipe, szBuff, dwReads, &dwWrotes, NULL);
```

> 파이프에 데이터를 써서 클라이언트로 전송하는 에코 처리를 수행한다.

```
    if (!bIsOK || dwReads != dwWrotes)
        break;
    }
    CloseHandle(hPipe);

    return 0;
}
```

2) 클라이언트에서의 연결

클라이언트 측에서 파이프를 통해 서버로 접속을 시도하고자 한다면 CreateFile을 사용하면 된다. CreateFile 호출 시 서버에서 지정한 이름과 동일한 이름을 파일 이름 매개변수로 전달한다. 이때 CreateFile 함수는 소켓의 connect 함수에 해당하는 역할을 담당하게 된다. 서버 측에서 지정한 이름의 파이프를 생성하지 않으면 CreateFile 호출 시 에러가 발생하고 에러 코드는 ERROR_FILE_NOT_FOUND(2)가 된다. 서버 측에서 지정한 이름으로 파이프를 생성하고 CreateFile 호출이 성공하면 서버 측에서 생성한 파이프의 인스턴스와 연결되었음을 의미한다. 서버 측에서 파이프를 생성했음에도 CreateFile 호출에 실패하고 GetLastError 에러 코드가 ERROR_PIPE_BUSY(231)인 경우는, 지정된 이름의 파이프는 존재하지만 접속 가능한 인스턴스가 존재하지 않는 경우다. 이런 상황은 예를 들어 CreateNamedPipe 호출 시 생성 가능한 최대 인스턴스 수를 지정하는 nMaxInstances 매개변수를 2로 설정한 상태에서 이미 두 개의 클라이언트가 접속해버린 경우에 발생한다. 이럴 경우 접속 가능한 인스턴스가 존재할 때까지 대기해야 하며, 이를 위해 WaitNamedPipe 함수가 제공된다.

지정된 이름의 파이프 최대 인스턴스 수가 2이고 이미 두 개가 접속된 상태라면 CreateFile 호출에 실패하고 에러 코드가 ERROR_PIPE_BUSY가 되는데, 이 상황에서 WaitNamedPipe를 호출하면 스레드는 대기 상태로 진입한다. 접속 중이던 클라이언트가 그 사용을 마치고 DisconnectPipe를 호출하거나 CloseHandle을 호출해 파이프의 접속을 해제하면 현재 접속 인스턴스 수는 1이 되고 이제 가용한 인스턴스가 하나 존재하게 되는 것이다. 이 시점이 되면 WaitNamedPipe 함수로부터 리턴되고 다시 CreateFile 함수를 호출해 파이프에 접속 시도를 할 수 있는 상태가 된다. WaitNamedPipe 함수의 선언은 다음과 같다.

```
BOOL WINAPI WaitNamedPipe
(
    _In_ LPCTSTR lpNamedPipeName,
    _In_ DWORD   nTimeOut
);
```

LPCTSTR lpNamedPipeName

접속하고자 하는 파이프의 이름을 지정한다.

DWORD nTimeOut

가용한 파이프 인스턴스가 존재할 때까지 대기할 타임아웃 값을 밀리초 단위로 지정한다. 타임아웃이 발생하면 WaitNamedPipe 함수는 FALSE를 리턴하고 에러 코드는 ERROR_SEM_TIMEOUT(121)이 된다. 구체적인 타임아웃 외에 다음의 값을 지정할 수 있다.

- **NMPWAIT_USE_DEFAULT_WAIT(0)**
  CreateNamedPipe 호출 시에 지정한 디폴트 타임아웃 시간만큼 대기한다.

- **NMPWAIT_WAIT_FOREVER(0xffffffff)**
  가용할 파이프의 인스턴스가 존재할 때까지 대기한다.

다음 프로젝트는 CreateFile을 통해 앞서 구현한 PipeServer가 생성한 네임드 파이프에 연결하고 데이터를 주고받는 클라이언트 측의 코드를 예시한 것이다. CreateFile 함수를 호출하고 실패 시 WaitNamedPipe 함수를 통해서 연결할 때까지 대기하는 코드다.

```
#define BUFSIZE 512
#define PIPE_NAME  _T("\\\\.\\pipe\\PIPE_SYNC_TEST")


void _tmain()
{
    HANDLE hPipe = INVALID_HANDLE_VALUE;
    while (true)
    {
        hPipe = CreateFile
        (
            PIPE_NAME, GENERIC_READ | GENERIC_WRITE, 0, NULL, OPEN_EXISTING, 0, NULL
        );
```

파이프를 통해 연결하기 위해 파이프를 연다.

```
        if (hPipe != INVALID_HANDLE_VALUE)
            break;
```

CreateFile 호출 결과가 성공이면 루프를 탈출한다.

```
        DWORD dwErrCode = GetLastError();
        if (dwErrCode != ERROR_PIPE_BUSY)
```

ERROR_PIPE_BUSY 에러 코드는 접속을 수용할 파이프의 인스턴스가 없음을 의미한다.

```
        {
            cout << "Could not open pipe, code = " << dwErrCode << endl;
            return;
        }
```

```
        if (!WaitNamedPipe(PIPE_NAME, 2000))
```

접속 가능한 인스턴스가 존재할 때까지 대기한다. 타임아웃을 2초로 설정했다.

```
        {
            dwErrCode = GetLastError();
            if (dwErrCode != ERROR_SEM_TIMEOUT)
```

ERROR_SEM_TIMEOUT 에러 코드는 타임아웃에 의해 WaitNamedPipe로부터 리턴했음을 의미한다.

```
            {
                cout << "WaitNamedPipe failed, code = " << GetLastError() << endl;
                return;
```

```
      }
    }
  }


  char szIn[BUFSIZE];
  while (true)
  {
    cin >> szIn;
    if (stricmp(szIn, "quit") == 0)
      break;


    DWORD dwWrotes = 0;
    BOOL bIsOK = WriteFile(hPipe, szIn, strlen(szIn), &dwWrotes, NULL);
```

연결된 파이프에 데이터를 쓴다.

```
    if (!bIsOK)
    {
      cout << "WriteFile failed, code = " << GetLastError() << endl;
      break;
    }


    DWORD dwReads = 0;
    bIsOK = ReadFile(hPipe, szIn, BUFSIZE, &dwReads, NULL);
```

전송한 데이터에 대해 에코 처리를 통해 되돌아올 데이터를 읽는다.

```
    if (!bIsOK)
    {
      cout << "ReadFile failed, code = " << GetLastError() << endl;
      break;
    }


    szIn[dwReads] = 0;
    cout << " ==> Server sent : " << szIn << endl;
  }
  DisconnectNamedPipe(hPipe);
```

연결된 파이프의 접속을 해제한다.

```
  CloseHandle(hPipe);
}
```

이번 프로젝트는 〈프로젝트 7.1.3 EventShareFile〉 코드에서 데이터 전달의 매개체로 파일을 사용했던 처리를 파이프로 대체하는 코드를 작성해보자. EventShareFile 코드 구조는 그대로 유지한 채 파일을 파이프로 변경한 예제다. 따라서 이벤트에 대한 TP_WAIT 스레드 풀 처리 역시 파이프에 대한 TP_IO스레드 풀 처리 코드로 대체된다.

프로젝트 7.4.2 PipeShareTest

```
#define SYNC_EVT_RESP _T("SYNC_EVT_RESP")

#define SHARE_PIPE      _T("\\\\.\\PIPE\\SHARE_FILE")
```
파이프를 위한 이름을 정의한다.

```
#define BUFF_SIZE  4096
struct PIPE_BUFF : OVERLAPPED
{
   BYTE _buff[BUFF_SIZE];
   PIPE_BUFF()
   {
      memset(this, 0, sizeof(*this));
   }
};
typedef PIPE_BUFF* PPIPE_BUFF;
```
파이프의 비동기 입출력 처리를 위한 OVERLAPPED 구조체를 상속한 PIPE_BUFF 구조체를 정의한다.

```
void _tmain()
{
   bool   bIsChild = false;
   HANDLE hevResp = NULL;
   HANDLE hpiShared = NULL;

   try
   {
      hevResp = CreateEvent(NULL, FALSE, FALSE, SYNC_EVT_RESP);
```
파이프에 쓴 데이터를 상대편에서 모두 읽었음을 통지하기 위한 이벤트를 생성한다.

```
      if (hevResp == NULL)
```

```
          throw GetLastError();
       if (GetLastError() == ERROR_ALREADY_EXISTS)
          bIsChild = true;


       if (!bIsChild)
       {
          cout << "======= START Parent Process =======" << endl;
          hpiShared = CreateNamedPipe
          (
             SHARE_PIPE, PIPE_ACCESS_OUTBOUND | FILE_FLAG_OVERLAPPED,
             PIPE_TYPE_BYTE, 1, BUFF_SIZE, 0, INFINITE, NULL
          );
```

부모 프로세스에서 네임드 파이프를 생성한다. 쓰기 전용이며, 비동기 연결 대기를 사용하고 인스턴스는 하나만 허용한다.

```
          if (hpiShared == INVALID_HANDLE_VALUE)
             throw GetLastError();


          OVERLAPPED ov;
          memset(&ov, 0, sizeof(ov));
          if (!ConnectNamedPipe(hpiShared, &ov))
```

생성된 파이프의 인스턴스에 대해 클라이언트 연결 대기를 비동기적으로 개시한다.

```
          {
             DWORD dwErrCode = GetLastError();
             if (dwErrCode != ERROR_IO_PENDING)
                throw GetLastError();
          }
             ⋮
          BOOL bIsOK = CreateProcess
          (
             NULL, szRunCmdLine, NULL, NULL, FALSE,
             CREATE_NEW_CONSOLE, NULL, NULL, &si, &pi
          );
          if (bIsOK)
          {
             CloseHandle(pi.hThread);
             CloseHandle(pi.hProcess);
```

```
                WaitForSingleObject(hpiShared, INFINITE);
```

자식 프로세스가 파이프 인스턴스에 접속하기를 대기한다. 파이프 핸들 자체를 동기화 객체로 사용해서 대기한다.

```
            ParentMainProc(hpiShared, hevResp);
            DisconnectNamedPipe(hpiShared);
```

프로그램 종료를 통지하기 위해 연결된 파이프를 끊는다.

```
        }
        cout << "======= END Parent Process ========" << endl;
    }
    else
    {
        cout << "======= START Child Process ========" << endl;
        hpiShared = CreateFile
        (
            SHARE_PIPE, GENERIC_READ, 0, NULL,
            OPEN_EXISTING, FILE_FLAG_OVERLAPPED, NULL
        );
```

부모 프로세스가 생성한 파이프 인스턴스에 접속한다. 생성된 파이프는 서버에서 클라이언트로의 단방향 통신 모드를 설정했으므로 읽기 모드로 지정해야 한다. 파이프에 대한 데이터 수신은 비동기적으로 수행할 예정이므로 FILE_FLAG_OVERLAPPED 플래그를 지정한다.

```
        if (hpiShared == INVALID_HANDLE_VALUE)
            throw GetLastError();

        HANDLE hevExit = CreateEvent(NULL, FALSE, FALSE, NULL);
```

서버 측에서 파이프의 연결을 끊었을 경우, 콜백 함수에서 메인 스레드로 프로그램 종료를 통지하기 위해 이벤트 커널 객체를 생성한다.

```
        HANDLE arSyncs[3] = { hpiShared, hevResp, hevExit };
        PTP_IO ptpPipe = CreateThreadpoolIo
                (hpiShared, ChildTPoolProc, arSyncs, NULL);
```

파이프 핸들에 대해 TP_IO 객체를 할당한다. 매개변수로 파이프 핸들, 읽기 완료 이벤트, 종료 이벤트의 핸들을 전달한다.

```
        if (ptpPipe != NULL)
        {
            PIPE_BUFF pb;
            ChildTPoolProc(NULL, arSyncs, &pb, 0, 0, ptpPipe);
```

```
        WaitForSingleObject(hevExit, INFINITE);
```

```
            CancelIoEx(hpiShared, NULL);
            WaitForThreadpoolIoCallbacks(ptpPipe, TRUE);
            CloseThreadpoolIo(ptpPipe);
            CloseHandle(hevExit);
        }
        cout << "======= END Child Process ========" << endl;
    }
    }
    catch (DWORD hr)
    {
        cout << "======= Error occurred, code=" << hr << endl;
    }
    if (hevResp != NULL)
        CloseHandle(hevResp);
    if (hpiShared != INVALID_HANDLE_VALUE)
        CloseHandle(hpiShared);
}
```

다음은 부모 프로세스의 메인 함수의 키 입력을 처리하는 ParentMainProc 함수에 대한 정의다. 콘솔로부터 입력받은 문자열을 파일이 아닌 파이프에 쓰도록 코드를 변경했다.

```
void ParentMainProc(HANDLE hpiShared, HANDLE hevResp)
{
    BYTE arBuff[256];
    char szIn[512];

    while (true)
    {
        cin >> szIn;
        if (_stricmp(szIn, "quit") == 0)
```

```
        break;

    LONG lCmd = CMD_NONE, lSize = 0;
    PBYTE pIter = arBuff + sizeof(LONG) * 2;

        ⋮

    ((PLONG)arBuff)[0] = lCmd;
    ((PLONG)arBuff)[1] = lSize;

    DWORD dwWrotes = 0;
    BOOL bIsOK = WriteFile(hpiShared, arBuff,
        lSize + sizeof(LONG) * 2, &dwWrotes, NULL);
```

파이프에 데이터를 쓰고 hevResp 이벤트에 대해 대기한다.

```
    if (bIsOK)
        WaitForSingleObject(hevResp, INFINITE);
    else
        cout << "PIPE : WriteFile failed: " << GetLastError() << endl;
    }
}
```

다음은 자식 프로세스에서 파이프 핸들과 연결된 TP_IO 객체의 콜백 함수 ChildTPoolProc에 대한 정의다. 파이프에 데이터가 들어왔을 경우 호출된다.

```
VOID CALLBACK ChildTPoolProc(PTP_CALLBACK_INSTANCE pInst,
    PVOID pCtx, PVOID pov, ULONG ior, ULONG_PTR dwTrBytes, PTP_IO ptpIo)
{
    HANDLE hpiShared    = ((PHANDLE)pCtx)[0];
    HANDLE hevResp      = ((PHANDLE)pCtx)[1];
    HANDLE hevExit      = ((PHANDLE)pCtx)[3];

    if (ior != NO_ERROR)
    {
        if (ior != ERROR_OPERATION_ABORTED && ior != ERROR_BROKEN_PIPE)
            cout << "Error occurred: " << ior << endl;
        SetEvent(hevExit);
```

```
      return;
   }


   PPIPE_BUFF pdb = (PPIPE_BUFF)pov;
   if (dwTrBytes > 0)
   {
      PBYTE pIter    = pdb->_buff;
      LONG  lCmd     = *((PLONG)pIter); pIter += sizeof(LONG);
      LONG  lSize    = *((PLONG)pIter); pIter += sizeof(LONG);
```

```
               ⋮

      SetEventWhenCallbackReturns(pInst, hevResp);
```

```
   }


   StartThreadpoolIo(ptpIo);
   BOOL bIsOK = ReadFile(hpiShared, pdb->_buff, BUFF_SIZE, NULL, pdb);
```

```
   if (!bIsOK)
   {
      DWORD dwErrCode = GetLastError();
      if (dwErrCode != ERROR_IO_PENDING)
      {
         cout << "PIPE : ReadFile failed: " << GetLastError() << endl;
         CancelThreadpoolIo(ptpIo);
         SetEvent(hevExit);
      }
   }
}
```

3) 메시지 타입 파이프의 사용

공유 메모리를 사용해 데이터를 전달하는 〈프로젝트 7.3.3 EventShareMem〉 코드와 파이프를 사용하는 〈프로젝트 7.4.2 PipeShareTest〉 코드를 비교해보면 파이프의 경우에는 데이터를 전달 매체에 썼을 때의 통지를 위한 이벤트가 필요 없다는 것을 알 수 있다. 파이프의 경우, 그 자체를 비동기 입출력의 대상으로 취급할 수 있기 때문에 별도의 다른 수단이 필요 없다. 특히 양방향 통신이 가능하도록 공유 메모리를 구성할 때에는 입출력 통지를 위해 여러 개의 이벤트를 생성하여 공유 메모리에 대한 양 끝단의 복잡한 교차 처리를 해줘야 하지만, 파이프의 경우는 양방향 통신을 지원하기 때문에 공유 메모리 사용 시에 요구되는 부가적인 복잡한 처리가 없다. 하지만 아쉬운 것은 앞의 코드에서 보았다시피 파이프에 데이터를 쓴 후 반대편에서 데이터를 읽었다는 것을 통지하기 위한 hevResp 이벤트는 여전히 남아 있음을 알 수 있다. 파이프를 이용할 때 hevResp 이벤트마저 없앨 수가 있다면 더욱 좋을 것이다. 이를 위해, 이번에는 파이프의 메시지 타입 전송 모드에 대해 검토해보고자 한다.

먼저, 바로 앞 절에서 예시했던 〈프로젝트 7.4.2 PipeShareTest〉 코드에서 다음과 같이 hevResp 이벤트에 대한 처리를 모두 제거해보자. 먼저, ParentMainProc 함수에서 파이프에 데이터를 쓰고 hevResp 이벤트에 대해 대기하는 코드를 주석 처리하자.

```
void ParentMainProc(HANDLE hpiShared, HANDLE hevResp)
{
    BYTE arBuff[256];
    char szIn[512];
    while (true)
    {
        ⋮
        DWORD dwWrotes = 0;
        BOOL bIsOK = WriteFile(hpiShared, arBuff,
            lSize + sizeof(LONG) * 2, &dwWrotes, NULL);
    //  if (bIsOK)
    //  WaitForSingleObject(hevResp, INFINITE);
    //  else
    //  cout << "PIPE : WriteFile failed: " << GetLastError() << endl;
    }
}
```

다음으로, 자식 프로세스의 콜백 함수 ChildTPoolProc에서 hevResp 이벤트에 대해 SetEvent-WhenCallbackReturns 함수를 호출하는 부분 역시 주석 처리를 해보자.

```
VOID CALLBACK ChildTPoolProc(PTP_CALLBACK_INSTANCE pInst,
    PVOID pCtx, PVOID pov, ULONG ior, ULONG_PTR dwTrBytes, PTP_IO ptpIo)
{
         ⋮
    PPIPE_BUFF pdb = (PPIPE_BUFF)pov;
    if (dwTrBytes > 0)
    {
         ⋮
    //  SetEventWhenCallbackReturns(pInst, hevResp);
    }
         ⋮
}
```

위와 같이 코드를 수정한 후 빌드하여 PipeShareTest를 실행한 후, 부모 프로세스의 콘솔 입력에서 다음과 같이 연속해서 데이터가 송신되도록 만들어 보라.

```
======= START Parent Process ========
12 345 time point abcd time 6789
```

위와 같이 입력한 후 엔터 키를 누르면 자식 프로세스는 다음과 같이 데이터의 일부만 수신하게 된다.

```
======= START Child Process ========
  <== R-TH read STR : 12
  <== R-TH read STR : 345
```

이런 현상은 바이트 단위의 송수신 모드를 가진 파이프를 사용하기 때문에 발생한다. 파이프의 데이터 송수신 모드를 메시지 타입으로 생성한다면 위의 문제는 해결되며, 처음에 목적했던 hevResp 이벤트도 안전하게 제거할 수 있다. 메시지 타입의 파이프는 데이터의 흐름을 메시지 단위로 취급하기 때문에 WriteFile 호출 시 넘겨준 데이터 길이만큼을 하나의 메시지로 간주하여 데이터가 온전하게 전송되는 것을 보장해준다. 메시지 타입의 파이프를 생성하고자 한다면 CreateNamedPipe 설명 시에 언급했던 것처럼, dwPipeMode 매개변수에 PIPE_TYPE_MESSAGE 플래그를 지정해줘야 한다. 또한 해당 파이프에서 데이터를 읽을 때에도 메시지 단위로 읽어야 함을 지시하는 PIPE_READMODE_MESSAGE 플래그도 함께 설정해줘야 한다. 네임드 파이프 생성 시, 다음의 코드와 같이 CreateNamedPipe를 호출하라.

```
hpiShared = CreateNamedPipe
(
    SHARE_PIPE, PIPE_ACCESS_OUTBOUND | FILE_FLAG_OVERLAPPED,
    PIPE_TYPE_MESSAGE | PIPE_READMODE_MESSAGE,
    1, BUFF_SIZE, 0, INFINITE, NULL
);
```

위의 코드는 서버 측에서 CreateNamedPipe 함수를 호출할 때의 처리다. 서버에서만 파이프 모드를 메시지 타입으로 설정한다고 해서 클라이언트 측까지 모두 그 설정이 반영되는 것은 아니다. 따라서 클라이언트에서도 파이프 연결 시에 메시지 모드를 설정해줘야 한다.

이제 클라이언트 측에서의 수정사항을 확인해보자. 파이프를 연결하기 위해 호출하는 CreateFile 함수의 경우, 파이프에 대한 모드를 설정하기 위한 매개변수는 존재하지 않는다. 따라서 CreateFile을 통해서 열린 파이프는 디폴트로 PIPE_READMODE_BYTE다. 서버에서 메시지 모드로 데이터를 전송하더라도 클라이언트는 바이트 수신 모드로 데이터를 수신하기 때문에 메시지 모드의 전송은 의미가 없어진다. 그러므로 클라이언트에서 연 파이프의 수신 모드를 메시지 수신 모드로 변경해줄 필요가 있다. 파이프의 속성 변경을 위해 제공되는 함수가 바로 다음의 SetNamedPipeHandleState 함수다.

```
BOOL WINAPI SetNamedPipeHandleState
(
    _In_        HANDLE      hNamedPipe,
    _In_opt_    LPDWORD     lpMode,
    _In_opt_    LPDWORD     lpMaxCollectionCount,
    _In_opt_    LPDWORD     lpCollectDataTimeout
);
```

HANDLE hNamedPipe

CreateNamedPipe 또는 CreateFile을 통해 획득한 파이프 인스턴스의 핸들이다. 이 함수는 파이프의 속성을 변경하므로 쓰기 권한이 필요하다. 따라서 CreateFile 호출 시 GENERIC_

WRITE 접근 모드가 지정되거나, 읽기 전용으로 파이프를 열었다면 속성 변경을 허용하는 FILE_WRITE_ATTRIBUTES 접근 모드가 함께 지정되어야 한다.

LPDWORD lpMode

설정할 파이프의 모드 값을 지정한다. 지정 가능한 플래그는 PIPE_READMODE_BYTE, PIPE_READMODE_MESSAGE, PIPE_WAIT나 PIPE_NOWAIT고, 메시지 수신 모드 설정을 위한 플래그는 PIPE_READMODE_MESSAGE다.

LPDWORD lpMaxCollectionCount

LPDWORD lpCollectDataTimeout

위의 두 매개변수는 리모트의 서버에 연결된 파이프의 설정 변경을 위한 매개변수이므로 무시하기로 한다. 두 매개변수 모두 NULL로 지정한다.

CreateFile 함수를 통해 서버와 연결된 파이프를 획득했다면 그 파이프의 속성을 메시지 수신 모드로 변경하고자 할 때에는 다음과 같이 PIPE_READMODE_MESSAGE 플래그를 지정하여 호출하면 된다.

```
DWORD dwMode = PIPE_READMODE_MESSAGE;
BOOL bIsOK = SetNamedPipeHandleState(hpiShared, &dwMode, NULL, NULL);
```

하지만 〈PipeShareTest〉 코드에서 CreateFile 호출 후 SetNamedPipeHandleState 함수를 호출하면 에러가 발생하고 그 에러는 ERROR_ACCESS_DENIED가 될 것이다. 즉, CreateFile 호출 시 접근 모드를 GENERIC_READ로 설정했으므로 파이프에 대한 속성 변경 권한이 없기 때문에 에러가 발생하는 것이다. 속성 변경 권한을 설정하기 위해 파이프를 열 때 GENERIC_READ와 함께 GENERIC_WRITE 권한도 함께 설정하든지, 아니면 다음 코드와 같이 속성 변경을 허용하는 플래그 FILE_WRITE_ATTRIBUTES를 함께 지정해줘야 한다.

```
hpiShared = CreateFile
(
    SHARE_PIPE, GENERIC_READ | FILE_WRITE_ATTRIBUTES, 0, NULL,
    OPEN_EXISTING, FILE_FLAG_OVERLAPPED, NULL
);
```

지금까지 메시지 타입의 파이프를 사용하기 위해 언급했던 사항을 모두 적용하여 〈프로젝트 7.4.2 PipeShareTest〉 코드에서 hevResp 이벤트를 제거해보기로 하자.

프로젝트 7.4.2 PipeShareTest2

```
#define SYNC_EVT_RESP _T("SYNC_EVT_RESP")
```

파이프에 대한 읽기 완료 통지용 이벤트 hevResp는 더 이상 사용되지 않는다.

```
#define SHARE_PIPE     _T("\\\\.\\PIPE\\SHARE_FILE")

void _tmain(int argc, TCHAR* argv[])
{
   bool   bIsChild = (argc > 1);
```

이벤트 hevResp를 제거했기 때문에 부모와 자식 프로세스를 구분하기 위해 프로그램 인자의 유무 여부를 사용한다. 인자가 존재하면 자식 프로세스임을 의미한다.

```
   HANDLE hpiShared = NULL;


   try
   {
      if (!bIsChild)
      {
         cout << "======= START Parent Process ========" << endl;
         hpiShared = CreateNamedPipe
         (
            SHARE_PIPE, PIPE_ACCESS_OUTBOUND | FILE_FLAG_OVERLAPPED,
            PIPE_TYPE_MESSAGE | PIPE_READMODE_MESSAGE,
            1, BUFF_SIZE, 0, INFINITE, NULL
         );
```

메시지 타입과 메시지 읽기 모드를 지정하여 네임드 파이프를 생성한다.

```
            ⋮

         TCHAR szRunCmdLine[MAX_PATH] = { 0, };
         GetModuleFileName(NULL, szRunCmdLine, MAX_PATH);
         _tcscat_s(szRunCmdLine, _T(" child"));
```

자식 프로세스 식별을 위해 의미 없는 인자를 하나 추가한다.

```
            ⋮
```

```
        BOOL bIsOK = CreateProcess
        (
            NULL, szRunCmdLine, NULL, NULL, FALSE,
            CREATE_NEW_CONSOLE, NULL, NULL, &si, &pi
        );
            ⋮
    }
    else
    {
        cout ≪ "======= START Child Process ========" ≪ endl;
        hpiShared = CreateFile
        (
            SHARE_PIPE, GENERIC_READ | FILE_WRITE_ATTRIBUTES, 0, NULL,
            OPEN_EXISTING, FILE_FLAG_OVERLAPPED, NULL
        );
```

SetNamedPipeHandleState 호출을 위해 FILE_WRITE_ATTRIBUTES 권한을 설정하여 네임드 파이프에 연결한다.

```
        if (hpiShared == INVALID_HANDLE_VALUE)
            throw GetLastError();

        DWORD dwMode = PIPE_READMODE_MESSAGE;
        BOOL bIsOK = SetNamedPipeHandleState(hpiShared, &dwMode, NULL, NULL);
```

연결된 네임드 파이프를 메시지 읽기 가능 모드로 설정한다.

```
        if (!bIsOK)
            throw GetLastError();

        HANDLE hevExit = CreateEvent(NULL, FALSE, FALSE, NULL);
        HANDLE arSyncs[2] = { hpiShared, hevExit };
```

hevResp 이벤트를 제거했으므로 TP_IO 객체 생성 시 참조 배열의 엔트리에서도 제거한다.

```
        PTP_IO ptpPipe = CreateThreadpoolIo
                (hpiShared, ChildTPoolProc, arSyncs, NULL);
            ⋮
    }
}
catch (DWORD hr)
{
```

```
        cout << "======= Error occurred, code=" << hr << endl;
    }
    if (hpiShared != INVALID_HANDLE_VALUE)
        CloseHandle(hpiShared);
}
```

부모 프로세스의 ParentMainProc 함수에서는 hevResp 이벤트에 대한 대기 처리를 삭제한다.

```
void ParentMainProc(HANDLE hpiShared)
{
    BYTE arBuff[256];
    char szIn[512];
    while (true)
    {
            ⋮
        ((PLONG)arBuff)[0] = lCmd;
        ((PLONG)arBuff)[1] = lSize;

        DWORD dwWrotes = 0;
        BOOL bIsOK = WriteFile
                (hpiShared, arBuff, lSize + sizeof(LONG) * 2, &dwWrotes, NULL);
        if (!bIsOK)
            cout << "PIPE : WriteFile failed: " << GetLastError() << endl;
        기존 코드에서 hevResp 이벤트에 대해 대기하는 코드를 제거했다.

    }
}
```

다음으로, 자식 프로세스의 ChildTPoolProc 함수에서는 hevResp 이벤트에 대한
SetEventWhenCallbackReturns 호출을 제거한다.

```
VOID CALLBACK ChildTPoolProc(PTP_CALLBACK_INSTANCE pInst,
    PVOID pCtx, PVOID pov, ULONG ior, ULONG_PTR dwTrBytes, PTP_IO ptpIo)
{
    HANDLE hpiShared  = ((PHANDLE)pCtx)[0];
    HANDLE hevExit    = ((PHANDLE)pCtx)[1];
```

```
        ⋮

    PPIPE_BUFF pdb = (PPIPE_BUFF)pov;
    if (dwTrBytes > 0)
    {
       PBYTE pIter   = pdb->_buff;
            ⋮

       SetEventWhenCallbackReturns(pInst, hevResp);
```

```
    }
        ⋮
}
```

위의 코드를 실행하여 부모 프로세스에서 앞서와 동일하게 문자열을 입력했을 때, 자식 프로세스는 전송된 연속된 문자열들에 대해 순차적으로 수신하여 콘솔에 모두 출력하는 것을 다음 결과를 통해 확인할 수 있다.

```
======= START Child Process ========
 <== R-TH read STR : 12
 <== R-TH read STR : 345
 <== R-TH read TIME : 2014-10-16 23:36:23+860
 <== R-TH read POINT : (41, 467)
 <== R-TH read STR : abcd
 <== R-TH read TIME : 2014-10-16 23:36:23+860
 <== R-TH read STR : 6789
```

윈도우는 메시지 타입의 파이프에 한정해서 송수신 처리를 더 간편하게 구현할 수 있도록 추가적인 함수를 제공한다. 〈PipeShareTest2〉 프로젝트의 클라이언트 코드를 살펴보면, 그 역할은 문자열을 입력받아 파이프 서버로 데이터를 전송한 후 바로 그 응답을 수신하는 구조로 되어 있다. 이렇게 데이터 전송 후 바로 응답을 수신하는 처리를 단 한 번의 호출로 처리할 수 있는 함수가 메시지 전송 모드에 한하여 제공되는데, 그 함수가 바로 TransactNamedPipe와 CallNamedPipe다.

먼저 TransactNamedPipe 함수에 대해 알아보자.

```
BOOL WINAPI TransactNamedPipe
(
  _In_             HANDLE       hNamedPipe,
  _In_             LPVOID       lpInBuffer,
  _In_             DWORD        nInBufferSize,
  _Out_            LPVOID       lpOutBuffer,
  _In_             DWORD        nOutBufferSize,
  _Out_            LPDWORD      lpBytesRead,
  _Inout_opt_      LPOVERLAPPED lpOverlapped
);
```

HANDLE hNamedPipe

CreateNamedPipe 또는 CreateFile 함수를 통해 획득된 파이프의 핸들이다. 이 함수는 CreatePipe 함수로 생성한 익명 파이프의 경우에도 사용 가능하다.

LPVOID lpInBuffer

DWORD nInBufferSize

lpInBuffer 매개변수는 전송할 데이터를 담은 버퍼의 포인터를 지정하고, nInBufferSize 매개변수는 데이터의 길이를 지정한다.

LPVOID lpOutBuffer

DWORD nOutBufferSize

LPDWORD lpBytesRead

lpOutBuffer 매개변수는 수신 받을 데이터를 위한 버퍼의 포인터를 지정하고, nOutBufferSize 매개변수는 버퍼의 크기를 지정한다. 그리고 lpBytesRead 매개변수는 데이터를 수신했을 때 받은 데이터의 실제 바이트 수를 담을 변수의 포인터를 지정한다.

LPOVERLAPPED lpOverlapped

TransactNamedPipe 호출에 대한 중첩 입출력을 위해 사용된다. CreateNamedPipe 또는 CreateFile 호출 시 FILE_FLAG_OVERLAPPED 플래그가 지정되어야 한다.

TransactNamedPipe의 경우, 서버에서 전송한 데이터의 바이트 수가 nOutBufferSize 매개변수로 지정한 수보다 크면 nOutBufferSize 수만큼의 데이터를 lpOutBuffer 버퍼에 담아주고 나머지 데이터는 파이프에 넘겨둔 채, TransactNamedPipe는 FALSE가 리턴되고 에러 코드는 ERROR_MORE_DATA가 된다. 이 경우 TransactNamedPipe 호출 측에서는 ReadFile 함수를 추가적으로 호출해 남아 있는 데이터를 수신할 수 있다.

TransactNamedPipe 함수를 사용하는 예를 직접 확인해보자. TransactNamedPipe 함수를 파이프 클라이언트에서 사용하도록 〈프로젝트 7.4.2 PipeServer〉와 〈프로젝트 7.4.2 PipeClient〉 프로젝트를 기반으로 수정할 것이다. 먼저 바이트 타입의 파이프를 동기 모델로 사용하는 〈PipeServer 〉 코드를 메시지 타입의 파이프를 비동기 모델로 이용하는 코드로 변경해보자.

프로젝트 7.4.2 PipeSvrMsg

```
#define PIPE_NAME   _T("\\\\.\\pipe\\PIPE_SYNC_TEST")

#define BUFF_SIZE  256
struct PIPE_ITEM : OVERLAPPED
{
   HANDLE   _pipe;           // 네임드 파이프 핸들
   PTP_IO   _ptpIo;          // 파이프와 연결될 TP_IO 객체의 포인터
   BOOL     _connected;      // 클라이언트 연결 여부 식별
   char     _buff[BUFF_SIZE]; // 수신을 위한 버퍼

   PIPE_ITEM()
   {
      memset(this, 0, sizeof(*this));
      _pipe = INVALID_HANDLE_VALUE;
   }
};
typedef PIPE_ITEM* PPIPE_ITEM;
typedef std::set<PPIPE_ITEM> PIPE_SET;

struct PIPE_ENV
{
   CRITICAL_SECTION _cs;     // PIPE_SET 관리를 위한 크리티컬 섹션
   PIPE_SET         _set;    // 연결된 파이프를 담는 PIPE_SET 필드
```

```
    PIPE_ENV()
    {
        InitializeCriticalSection(&_cs);
    }
    ~PIPE_ENV()
    {
        DeleteCriticalSection(&_cs);
    }
};
typedef PIPE_ENV* PPIPE_ENV;
```

다음은 CreateNamedPipe 호출 후 연결 대기를 위한 ConnectNamedPipe의 호출도 스레드 풀을 이용해 처리한다. 따라서 클라이언트 연결 통지와 데이터 수신 통지 모두 하나의 TP_ IO 객체에서 처리할 것이다. 네임드 파이프 생성과 비동기 ConnectNamedPipe 호출을 위해 BeginForConnection 함수를 별도로 정의했다.

```
bool BeginForConnection(PPIPE_ENV ppe)
{
    PPIPE_ITEM ppi = new PIPE_ITEM();
    try
    {
        ppi->_pipe = CreateNamedPipe
        (
            PIPE_NAME, PIPE_ACCESS_DUPLEX | FILE_FLAG_OVERLAPPED,
            PIPE_TYPE_MESSAGE | PIPE_READMODE_MESSAGE,
            PIPE_UNLIMITED_INSTANCES, BUFF_SIZE, BUFF_SIZE,
            NMPWAIT_USE_DEFAULT_WAIT, NULL
        );
```
네임드 파이프를 메시지 모드로 중첩 입출력이 가능하도록 생성한다.
```
        if (ppi->_pipe == INVALID_HANDLE_VALUE)
            throw GetLastError();

        ppi->_ptpIo = CreateThreadpoolIo(ppi->_pipe, Handler_PipeRead, ppe, NULL);
```
생성된 파이프에 대해 클라이언트 접속 통지와 데이터 수신 통지를 위한 TP_IO 객체를 생성한다.

```
        if (ppi->_ptpIo == NULL)
            throw GetLastError();

        StartThreadpoolIo(ppi->_ptpIo);
        BOOL bIsOK = ConnectNamedPipe(ppi->_pipe, ppi);
```

StartThreadpoolIo를 호출한 후, 클라이언트의 연결 요청 대기를 비동기적으로 개시한다.

```
        if (!bIsOK)
        {
            DWORD dwErrCode = GetLastError();
            if (dwErrCode != ERROR_IO_PENDING)
            {
                CancelThreadpoolIo(ppi->_ptpIo);
                throw GetLastError();
            }
        }
        EnterCriticalSection(&ppe->_cs);
        ppe->_set.insert(ppi);
        LeaveCriticalSection(&ppe->_cs);
```

생성된 PIPE_ITEM 인스턴스를 PIPE_SET에 보관한다.

```
    }
    catch (DWORD e)
    {
        cout << "BeginForConnection failed, code = " << e << endl;
        if (ppi->_ptpIo != NULL)
            CloseThreadpoolIo(ppi->_ptpIo);
        if (ppi->_pipe != INVALID_HANDLE_VALUE)
            CloseHandle(ppi->_pipe);
        delete ppi;
        return false;
    }
    return true;
}
```

다음은 클라이언트 접속 통지와 데이터 수신 통지를 위한 스레드 풀 콜백 함수 Handler_PipeRead 의 정의다.

```
VOID CALLBACK Handler_PipeRead(PTP_CALLBACK_INSTANCE pInst,
   PVOID pCtx, PVOID pov, ULONG ior, ULONG_PTR dwTrBytes, PTP_IO ptpIo)
{
   PPIPE_ENV  ppe = PPIPE_ENV (pCtx);
   PPIPE_ITEM ppi = PPIPE_ITEM(pov);

   if (ior != NO_ERROR || (ppi->_connected && dwTrBytes == 0))
      goto $LABEL_CLOSE;


   if (ppi->_connected == TRUE)
```

클라이언트가 이미 연결된 경우:

```
   {
      ppi->_buff[dwTrBytes] = 0;
      char szOut[128];
      sprintf(szOut, "SOCK >> %s", ppi->_buff);
      cout << szOut << endl;

      DWORD dwWrotes = 0;
      BOOL bIsOK = WriteFile(ppi->_pipe, ppi->_buff, dwTrBytes, &dwWrotes, NULL);
      if (!bIsOK)
      {
         ior = GetLastError();
         goto $LABEL_CLOSE;
      }
   }
   else
```

클라이언트 연결 요청이 들어온 경우:

```
   {
      ppi->_connected = TRUE;
```

연결되었음을 표시하기 위해 _connected 필드를 TRUE로 설정한다.

```
      cout << " ==> Client " << ppi->_pipe << " connected." << endl;

      if (!BeginForConnection(ppe))
         SetEvent(g_hevExit);
```

BeginForConnection 함수를 호출해 다음 클라이언트의 접속을 대기하도록 한다.

```
  }

    StartThreadpoolIo(ptpIo);
    BOOL bIsOK = ReadFile(ppi->_pipe, ppi->_buff, sizeof(ppi->_buff), NULL, ppi);
```

파이프에 대한 비동기 데이터 수신을 개시한다.

```
    if (!bIsOK)
    {
        ior = GetLastError();
        if (ior != ERROR_IO_PENDING)
        {
            CancelThreadpoolIo(ptpIo);
            goto $LABEL_CLOSE;
        }
    }
    return;


$LABEL_CLOSE:
    if (ior == ERROR_OPERATION_ABORTED)
        return;
```

프로그램 종료를 위해 CancelIoEx 함수를 호출한 경우다.

```
    if (ior == ERROR_BROKEN_PIPE)
        cout << " **> Client " << ppi->_pipe << " disconnected." << endl;
```

클라이언트 측에서 DisconnectNamedPipe를 통해 파이프의 연결을 끊었거나 CloseHandle을 통해 파이프를 닫은 경우다.

```
    EnterCriticalSection(&ppe->_cs);
    ppe->_set.erase(ppi);
    LeaveCriticalSection(&ppe->_cs);
```

연결이 끊긴 파이프의 PIPE_ITEM 인스턴스를 PIPE_SET으로부터 제거한다.

```
    CloseHandle(ppi->_pipe);
    delete ppi;
    CloseThreadpoolIo(ptpIo);
```

```
      연결이 끊긴 파이프의 관련 리소스를 해제한다.

   }
```

다음 코드는 PipeSvrMsg의 메인 함수에 대한 정의다. 아래 코드에서는 생략되었지만 프로그램 종료를 위해 g_hevExit 이벤트를 생성하고 콘솔 컨트롤 핸들러를 등록하여 종료 처리를 하도록 했다.

```
void _tmain()
{
   PIPE_ENV pe;
   if (!BeginForConnection(&pe))
      return;

   PIPE_ENV 구조체를 선언하고 최초의 연결 대기를 개시한다.


   WaitForSingleObject(g_hevExit, INFINITE);

   g_hevExit 이벤트를 통하여 프로그램 종료를 대기한다.


   for (PIPE_SET::iterator it = pe._set.begin(); it != pe._set.end(); it++)

   연결된 파이프들의 연결을 끊고 관련 리소스를 해제한다.

   {
      PPIPE_ITEM ppi = *it;
      CancelIoEx(ppi->_pipe, NULL);
      WaitForThreadpoolIoCallbacks(ppi->_ptpIo, TRUE);
      CloseThreadpoolIo(ppi->_ptpIo);

      DisconnectNamedPipe(ppi->_pipe);
      CloseHandle(ppi->_pipe);
   }
}
```

이제 TransactNamedPipe 함수를 사용하는 클라이언트 PipeCliMsg 코드를 검토하자. TransactNamedPipe 함수 호출 후 ERROR_MORE_DATA 에러가 발생한 경우 남아 있는 데이터를 마저 수신하는 코드를 포함하고 있다.

```
void _tmain()
{
    HANDLE hPipe = INVALID_HANDLE_VALUE;
    while (true)
    {
        hPipe = CreateFile
        (
            PIPE_NAME, GENERIC_READ | GENERIC_WRITE, 0, NULL,
            OPEN_EXISTING, FILE_FLAG_OVERLAPPED, NULL
        );
            ⋮
    }


    DWORD dwMode = PIPE_READMODE_MESSAGE;
    BOOL bIsOK = SetNamedPipeHandleState(hPipe, &dwMode, NULL, NULL);
```

CreateFile을 통해 네임드 파이프를 연결하고, 메시지 읽기 가능 모드로 설정한다.

```
            ⋮

    char szIn[BUFSIZE];
    while (true)
    {
        cin >> szIn;
        if (stricmp(szIn, "quit") == 0)
            break;

        char szRead[BUFSIZE];
        DWORD dwReads = 0;
        bIsOK = TransactNamedPipe
        (
            hPipe, szIn, strlen(szIn), szRead, BUFSIZE, &dwReads, NULL
        );
```

전송할 데이터와 응답을 수신할 버퍼를 전달하여 TransactNamedPipe 함수를 호출한다.

```
        if (!bIsOK)
        {
```

```
        DWORD dwErrCode = GetLastError();
        if (dwErrCode != ERROR_MORE_DATA)
```

```
        {
            cout << "CallNamedPipe failed, code = " << dwErrCode << endl;
            break;
        }
    }
```

```
    bool bError = false;
    while (!bIsOK)
    {
        DWORD dwMores = 0;
        bIsOK = ReadFile(hPipe, szRead + dwReads, BUFSIZE, &dwMores, NULL);
```

```
        if (!bIsOK)
        {
            DWORD dwErrCode = GetLastError();
            if (dwErrCode != ERROR_MORE_DATA)
            {
                cout << "ReadFile failed, code = " << dwErrCode << endl;
                bError = true;
                break;
            }
        }
        dwReads += dwMores;
```

```
    }
    if (bError)
        break;
    szIn[dwReads] = 0;
    cout << " ==> Server sent : " << szIn << endl;
```

```
    }
    CloseHandle(hPipe);
}
```

만약 ERROR_MORE_DATA 추가 처리를 직접 확인하고자 한다면 TransactNamedPipe
와 ReadFile 호출 시 수신 버퍼 크기를 지정하는 매개변수 BUFSIZE 대신에 BUFSIZE 매
크로 값보다 작은 값, 예를 들어 8 정도의 값을 주고 콘솔에서 아주 긴 문자열을 입력하여
TransactNamedPipe를 호출하도록 하면 된다.

메시지 타입 파이프 전용 함수로서 데이터 전송 후 응답 대기에 있어서 TransactNamedPipe 함
수보다 더 간편하게 사용할 수 있는 CallNamedPipe라는 함수도 있다. CallNamedPipe 함
수는 매개변수로 파이프 핸들이 아닌 파이프 이름을 전달해야 한다. 파이프 이름을 요구한다는
것은 CallNamedPipe 함수 내에서 파이프를 연결한다는 것을 의미하며, 따라서 CreateFile,
TransactNamedPipe, CloseHandle 함수를 차례대로 호출한 것과 같은 역할을 그 내부에서 수
행하는 것이다.

```
BOOL WINAPI CallNamedPipe
(
   _In_   LPCTSTR   lpNamedPipeName,
   _In_   LPVOID    lpInBuffer,
   _In_   DWORD     nInBufferSize,
   _Out_  LPVOID    lpOutBuffer,
   _In_   DWORD     nOutBufferSize,
   _Out_  LPDWORD   lpBytesRead,
   _In_   DWORD     nTimeOut
);
```

CallNamedPipe 함수는 첫 번째 매개변수와 마지막 매개변수를 제외하면 TransactNamedPipe
함수의 매개변수와 동일하다. 따라서 lpNamedPipeName, nTimeOut 두 매개변수에 대해서만
설명하기로 한다.

LPCTSTR lpNamedPipeName

연결된 파이프의 핸들이 아니라 연결하고자 하는 파이프 이름을 넘겨준다.

DWORD nTimeOut

타임아웃 값을 밀리초 단위로 지정한다. 미리 정의된 값으로 다음의 값들을 지정할 수 있다.

- **NMPWAIT_NOWAIT(0x00000001)**

  네임드 파이프가 사용 불가능할 경우에는 대기하지 않고 바로 리턴한다.

- **NMPWAIT_WAIT_FOREVER(0xffffffff)**

  연결하고 데이터를 전송한 후 응답을 수신할 때까지 무한히 대기한다. 이 값이 지정되면 서버가 파이프를 생성한 후 ConnectNamedPipe를 호출하지 않은 경우에는 내부적으로 WaitNamedPipe 함수를 호출해 대기한다.

- **NMPWAIT_USE_DEFAULT_WAIT(0x00000000)**

  CreateNamedPipe 함수에서 지정된 기본 타임아웃 값을 사용한다.

TransactNamedPipe 함수와 마찬가지로, nOutBufferSize 매개변수가 전송된 데이터의 바이트 수보다 작을 경우 역시 FALSE가 리턴되고 GetLastError는 ERROR_MORE_DATA를 돌려준다. 하지만 CallNamedPipe 함수로부터 리턴되었다는 것은 그 내부에서 이미 CloseHandle을 호출해 파이프를 닫았다는 것을 의미하기 때문에, TransactNamedPipe와 다르게 ERROR_MORE_DATA에 대한 추가적인 처리는 불가능하다. CallNamedPipe 호출 후 ERROR_MORE_DATA 에러가 발생하면 수신하지 못한 잔여 데이터는 폐기된다.

다음 프로젝트는 앞서 소개했던 TransactNamedPipe 함수의 사용 예를 CallNamedPipe 호출로 변경한 것이다. 파이프를 열거나 연결 실패 시 대기하는 등의 처리가 필요 없기 때문에 TransactNamedPipe 함수를 사용할 때보다 코드가 훨씬 간단하다.

프로젝트 7.4.2 PipeCliMsg2

```
void _tmain()
{
   char szIn[BUFSIZE];
   while (true)
   {
      cin >> szIn;
      if (stricmp(szIn, "quit") == 0)
         break;

      DWORD dwErrCode = NO_ERROR;
      char  szRead[256];
```

```
    DWORD dwReads = 0;
    BOOL bIsOK = CallNamedPipe
    (
        PIPE_NAME, szIn, strlen(szIn), szRead, sizeof(szRead), &dwReads, 2000
    );
```

파이프 이름을 통해서 전송할 데이터와 함께 CallNamedPipe 함수를 호출한다. 타임아웃은 2초로 지정했다.

```
    if (!bIsOK)
    {
        dwErrCode = GetLastError();
        if (dwErrCode != ERROR_MORE_DATA)
```

ERROR_MORE_DATA 에러 코드를 체크할 수는 있지만, 이미 파이프가 닫힌 상태이므로 남아 있는 데이터는 포기해야 한다.

```
        {
            cout << "CallNamedPipe failed, code = " << dwErrCode << endl;
            break;
        }
        cout << "...Extra data in message was lost." << endl;
    }
    szRead[dwReads] = 0;
    cout << " ==> Server sent : " << szIn << endl;
    }
}
```

7.4.3 서비스에서의 파이프 사용

이번 절에서는 서비스에서 네임드 파이프를 생성하고 사용자 프로그램에서 파이프를 통해 접속하여 서로 데이터를 교환하는 경우를 검토해보기로 하자. 프로젝트는 AtlSvcPipe는 서비스, SockConsole과 PipeConsole은 콘솔 응용 프로그램으로 모두 3개로 구성되어 있다. AtlSvcPipe 서비스는 리슨 소켓을 통해 접속을 대기한다. AtlSvcPipe 서비스가 기동된 상태에서 SockConsole을 기동하면 SockConsole은 소켓을 통해 AtlSvcPipe 서비스로 접속한다. SockConsole의 접속이 들어오면 AtlSvcPipe 서비스는 네임드 파이프를 생성하고 그 파이프를 매개체로 통신하는 PipeConsole을 유저 세션에 기동시킨다. 이 상태에서 SockConsole은 TCP를 통해서 서비스로 데이터를 전달하고, 그 데이터를 수신한 서비스는 파이프를 통해서 PipeConsole에 전달한다. 반대로 PipeConsole은 파이프를 통해서 서비스로 데이터를 전달하면 서비스는 그 데이터를

SockConsole로 소켓을 통해서 전달하게 된다. 즉 SockConsole 하나를 실행할 때마다 그에 대응되는 PipeConsole이 실행되며, 이 두 프로그램은 서비스를 거쳐서 서로 통신하는 구조가 된다. 여기서 서비스의 역할은 SockConsole과 PipeConsole 사이의 데이터를 단순히 포워딩하는 기능을 담당하게 된다. 또한 서비스에서 파이프를 생성하기 때문에, 이 파이프에 대한 NULL DACL 설정과 무결성 레벨 하강 역시 고려해야만 한다. 본 예제의 전체 구조는 다음 그림과 같다.

그림 7-15 네임드 파이프를 이용한 데이터 전달 구성

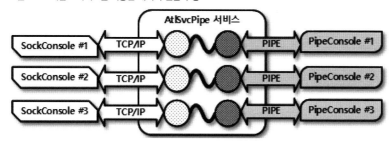

위 그림의 구조대로 프로젝트를 구성하기 위해 먼저 서비스 AtlSvcPipe 프로젝트를 검토해보자. AtlSvcPipe 서비스는 양방향으로 데이터를 주고 받으며, 한쪽은 소켓 기반이고 다른 한쪽은 파이프 기반이 된다. 두 가지 통신 모두 TP_IO 객체를 통한 스레드 풀을 이용해서 구현할 것이며, 이를 위해서 다음과 같이 소켓과 파이프 중첩 입출력을 위한 구조체를 정의했다.

프로젝트 7.4.3 AtlSvcPipe

```
#define BUFF_SIZE  256


소켓 통신을 위한 SOCK_ITEM 구조체의 정의
struct SOCK_ITEM : OVERLAPPED
{
   UINT    _id;
   SOCKET  _sock;
   PTP_IO  _ptpIo;
   char    _buff[BUFF_SIZE];

   SOCK_ITEM(UINT id, SOCKET sock)
   {
      memset(this, 0, sizeof(*this));
      _id = id;
```

```
        _sock = sock;
    }
};
typedef SOCK_ITEM* PSOCK_ITEM;
```

```
struct PIPE_ITEM : OVERLAPPED
{
    UINT    _id;
    HANDLE  _proc;
    HANDLE  _pipe;
    PTP_IO  _ptpIo;
    char    _buff[BUFF_SIZE];

    PIPE_ITEM(UINT id, HANDLE pipe, HANDLE proc)
    {
        memset(this, 0, sizeof(*this));
        _id = id;
        _pipe = pipe, _proc = proc;
    }
};
typedef PIPE_ITEM* PPIPE_ITEM;
```

```
struct SESSION
{
    PSOCK_ITEM _psi;
    PPIPE_ITEM _ppi;

    SESSION(PSOCK_ITEM psi, PPIPE_ITEM ppi) { _psi = psi, _ppi = ppi; }
};
typedef std::map<UINT, SESSION> SESS_MAP;
```

다음은 포워딩 처리를 담당하는 서비스의 메인 클래스인 CAtlSvcPipeModule에 대한 정의다.

```
class CAtlSvcPipeModule : public
    ATL::CAtlServiceModuleT< CAtlSvcPipeModule, IDS_SERVICENAME >
{
    static UINT s_incIds;

    static VOID CALLBACK Handler_SockRead(PTP_CALLBACK_INSTANCE,
        PVOID, PVOID, ULONG, ULONG_PTR, PTP_IO);
```

비동기 소켓 수신 처리를 위한 TP_IO용 콜백 함수

```
    static VOID CALLBACK Handler_PipeRead(PTP_CALLBACK_INSTANCE pInst,
        PVOID, PVOID, ULONG, ULONG_PTR, PTP_IO);
```

비동기 파이프 수신 처리를 위한 TP_IO용 콜백 함수

```
    void SockRead(bool bFirst, DWORD dwTrBytes,
        DWORD dwStatus, PSOCK_ITEM pov, PTP_IO ptpIo);
    void PipeRead(bool bFirst, DWORD dwTrBytes,
        DWORD dwStatus, PPIPE_ITEM pov, PTP_IO ptpIo);

    HANDLE CreatePipeItem(PSOCKADDR_IN psai, HANDLE&);
```

소켓 접속 요청이 들어왔을 때 대응되는 파이프와 프로세스를 생성하는 멤버 함수

```
    HANDLE          m_hevExit;        // 종료 통지 이벤트
    SOCKET          m_soListen;       // 리슨 소켓
    SESS_MAP        m_ssMap;          // 소켓과 파이프의 연결을 관리하는 세션 맵
    CRITICAL_SECTION m_cs;            // 세션 맵 동기화를 위한 크리티컬 섹션

public:
    DECLARE_LIBID(LIBID_AtlSvcPipeLib)
        ⋮
};
```

m_hevExit 이벤트의 생성과 m_cs 크리티컬 섹션의 초기화는 PreMessageLoop에서 담당한다. PreMessageLoop 함수의 정의는 별도로 설명하지 않겠다. 이제 서비스 처리를 담당하는 RunMessageLoop 함수의 코드를 살펴보기로 하자.

```
void CAtlSvcPipeModule::RunMessageLoop()
{
   m_soListen = GetListenSocket(9001);
   if (m_soListen == INVALID_SOCKET)
      return;
   WSAEVENT hevListen = WSACreateEvent();
   WSAEventSelect(m_soListen, hevListen, FD_ACCEPT);
```

리슨 소켓을 생성하고 접속 통지를 받기 위해 이벤트를 생성하고 리슨 소켓과 연결한다.

```
   HANDLE arhEvents[2] = { m_hevExit, hevListen };
   while (true)
   {
      DWORD dwWaitRet = WaitForMultipleObjects(2, arhEvents, FALSE, INFINITE);
      if (dwWaitRet == WAIT_FAILED)
      {
         ATLTRACE(_T("MsgWaitForMultipleObjects failed, code=%d"), GetLastError());
         break;
      }

      if (dwWaitRet == WAIT_OBJECT_0)
         break;
```

종료 이벤트인 경우 루프를 탈출하고 서비스를 종료한다.

HevListen 이벤트가 시그널된 경우 SockConsole로부터의 접속 처리를 수행한다.

```
      WSANETWORKEVENTS ne;
      WSAEnumNetworkEvents(m_soListen, hevListen, &ne);
      if ((ne.lNetworkEvents & FD_ACCEPT) != FD_ACCEPT)
         continue;
            ⋮
      SOCKADDR_IN sai;
      int saLen = sizeof(SOCKADDR_IN);
      SOCKET sock = accept(m_soListen, (PSOCKADDR)&sai, &saLen);
```

접속된 자식 소켓을 획득한다.

```
      if (sock == INVALID_SOCKET)
         break;
```

```
        HANDLE hPipe = INVALID_HANDLE_VALUE;
        HANDLE hProc = NULL;
        PTP_IO ptpSock = NULL, ptpPipe = NULL;
        try
        {
            hProc = CreatePipeItem(&sai, hPipe);
```

PipeConsole 프로그램을 위한 네임드 파이프를 생성하고 PipeConsole.exe를 기동한다. CreatePipeItem 함수는 별도로 정의한 함수다.

```
            if (hProc == NULL)
                throw GetLastError();

            ptpSock = CreateThreadpoolIo((HANDLE)sock, Handler_SockRead, this, NULL);
```

자식 소켓에 대한 TP_IO 객체를 생성한다. 콜백 함수는 Handler_SockRead다.

```
            if (ptpSock == NULL)
                throw GetLastError();

            ptpPipe = CreateThreadpoolIo(hPipe, Handler_PipeRead, this, NULL);
```

네임드 파이프에 대한 TP_IO 객체를 생성한다. 콜백 함수는 Handler_PipeRead다.

```
            if (ptpPipe == NULL)
                throw GetLastError();
        }
        catch (DWORD e)
        {
            ATLTRACE(_T("RunMessageLoop failed, code=%d"), e);
              ⋮
            continue;
        }

        PSOCK_ITEM psi = new SOCK_ITEM(s_incIds, sock);
        psi->_ptpIo = ptpSock;
```

SockConsole로부터의 소켓 비동기 수신을 위한 SOCK_ITEM 인스턴스를 생성한다.

```
        PPIPE_ITEM ppi = new PIPE_ITEM(s_incIds, hPipe, hProc);
        ppi->_ptpIo = ptpPipe;
```

PipeConsole로부터의 파이프 비동기 수신을 위한 PIPE_ITEM 인스턴스를 생성한다.

```
    SESSION ss(psi, ppi);
    EnterCriticalSection(&m_cs);
    m_ssMap.insert(std::make_pair(psi->_id, ss));
    LeaveCriticalSection(&m_cs);
```

SOCK_ITEM과 PIPE_ITEM을 하나의 쌍으로 관리하기 위해 SESSION 인스턴스를 정의하고 맵에 등록한다. 개별 세션 검색은
SOCK_ITEM 구조체와 PIPE_ITEM 구조체의 _id 필드를 통해 가능하다.

```
    s_incIds++;
```

맵의 키 역할을 하는 식별값을 증가시킨다.

```
    Handler_SockRead(NULL, this, psi, 0, 0, ptpSock);
    Handler_PipeRead(NULL, this, ppi, 0, 0, ptpPipe);
```

소켓과 파이프 양쪽의 비동기 수신 개시를 위해 콜백 함수를 직접 호출한다.

```
  }


  for (SESS_MAP::iterator it = m_ssMap.begin(); it != m_ssMap.end(); it++)
  {
    PSOCK_ITEM psi = it->second._psi;
    PPIPE_ITEM ppi = it->second._ppi;
    CancelIoEx((HANDLE)psi->_sock, NULL);
    CancelIoEx(ppi->_pipe, NULL);
```

세션 맵의 항목에 대해 소켓과 파이프 양쪽 모두를 해제해야 하므로 우선 펜딩 입출력의 취소를 요청한다.

```
    WaitForThreadpoolIoCallbacks(psi->_ptpIo, TRUE);
    closesocket(psi->_sock);
    CloseThreadpoolIo(psi->_ptpIo);
    delete psi;
```

자식 소켓 관련 해제 작업을 수행한다.

```
    WaitForThreadpoolIoCallbacks(ppi->_ptpIo, TRUE);
    CloseHandle(ppi->_pipe);
    CloseThreadpoolIo(ppi->_ptpIo);
```

```
        WaitForSingleObject(ppi->_proc, INFINITE);
        delete ppi;
```

파이프 관련 해제 작업을 수행한다.

```
    }
}
```

다음 함수는 네임드 파이프를 생성하고 PipeConsole.exe 응용 프로그램을 기동하는 CreatePipeItem 멤버 함수에 대한 정의다.

```
HANDLE CAtlSvcPipeModule::CreatePipeItem(PSOCKADDR_IN psai, HANDLE& hPipe)
{
    PROCESS_INFORMATION pi;
    ZeroMemory(&pi, sizeof(pi));
    HANDLE hToken = NULL;
    SECURITY_ATTRIBUTES sa;

    try
    {
        InitSecuInfo(&sa);
```

파이프도 커널 객체며 서비스에서 생성되었기 때문에, PipeConsole에서 이 파이프에 접속하려면 NULL DACL을 설정하고 무결성 레벨을 낮춰준다.

```
        if (sa.lpSecurityDescriptor == NULL)
            throw GetLastError();


        TCHAR szIDName[64];
        wsprintf(szIDName, _T("%08X_%04X"), psai->sin_addr.s_addr, psai->sin_port);
        TCHAR szPipeName[64];
        wsprintf(szPipeName, _T("\\\\.\\PIPE\\%s"), szIDName);
```

파이프 이름은 접속된 자식 소켓의 주소와 포트 번호로 구성한다.

```
        hPipe = CreateNamedPipe
        (
            szPipeName,
            FILE_FLAG_FIRST_PIPE_INSTANCE | PIPE_ACCESS_DUPLEX | FILE_FLAG_OVERLAPPED,
            PIPE_TYPE_MESSAGE | PIPE_READMODE_MESSAGE,
```

```
        1, BUFF_SIZE, BUFF_SIZE, 0, &sa
    );
```

메시지 타입의 네임드 파이프를 생성한다. 양방향 모드와 중첩 입출력 모드를 설정하고 보안 속성을 지정한다. SockConsole과 대응되는 고유한 파이프 이름을 갖도록 했기 때문에, 파이프 이름별로 하나의 인스턴스만 할당되도록 FILE_FLAG_FIRST_PIPE_INSTANCE 플래그를 지정해준다.

```
    delete[] PBYTE(sa.lpSecurityDescriptor);
    if (hPipe == INVALID_HANDLE_VALUE)
        throw GetLastError();

    SetObjectToLowIntegrity(hPipe);
```

공유할 파이프의 무결성 레벨을 낮춰준다.

```
    DWORD dwSessionId = WTSGetActiveConsoleSessionId();
    if (!WTSQueryUserToken(dwSessionId, &hToken))
        throw GetLastError();

    TCHAR szCmdLine[256];
    GetModuleFileName(NULL, szCmdLine, MAX_PATH);
    PathRemoveFileSpec(szCmdLine);
    int nLen = _tcslen(szCmdLine);
    wsprintf(szCmdLine + nLen, _T("\\PipeConsole.exe %s"), szIDName);
```

기동할 PipeConsole의 실행 인자로 파이프 이름을 전달한다.

```
    STARTUPINFO si;
    ZeroMemory(&si, sizeof(STARTUPINFO));
    si.cb = sizeof(STARTUPINFO);
    si.lpTitle = szPipeName + 4;
    BOOL bIsOK = CreateProcessAsUser
    (
        hToken, NULL, szCmdLine, NULL, NULL, TRUE,
        NORMAL_PRIORITY_CLASS | CREATE_NEW_CONSOLE,
        NULL, NULL, &si, &pi
    );
```

PipeConsole.exe를 기동한다.

```
    if (!bIsOK)
        throw GetLastError();

    bIsOK = ConnectNamedPipe(hPipe, NULL);
```

앞서 보았던 〈PipeShareTest〉 예제의 경우와는 다르게 자식 프로세스를 생성한 후에 ConnectNamedPipe 함수를 동기적으로 호출
했다. PipeConsole이 기동되면 바로 파이프에 대한 접속 처리를 한다. 만약 접속 시도 전에 ConnectNamedPipe를 호출하면 접속될
때까지 대기할 것이고, 이미 접속이 완료된 후에 ConnectNamedPipe가 호출되었다면 에러가 발생하지만 바로 아래의 에러 체크 코드
에서 ERROR_PIPE_CONNECTED를 체크함으로써 접속 완료의 여부를 판별할 수 있다. 이로써 코드를 간편하게 구성할 수 있다.

```
    if (!bIsOK)
    {
        DWORD dwErrCode = GetLastError();
        if (dwErrCode != ERROR_PIPE_CONNECTED)
            throw dwErrCode;
    }

    CloseHandle(pi.hThread);
    CloseHandle(hToken);
}
catch (DWORD e)
{
    ATLTRACE(_T("CreatePipeItem failed, code=%d"), e);
    if (hPipe != INVALID_HANDLE_VALUE) CloseHandle(hPipe);
    if (hToken != NULL) CloseHandle(hToken);
    return NULL;
}
return pi.hProcess;
}
```

다음은 SockConsole로부터 전달되는 데이터에 대한 수신 처리를 담당하는 콜백 함수 Handler_
SockRead에 대한 정의다.

```
VOID CALLBACK CAtlSvcPipeModule::Handler_SockRead(PTP_CALLBACK_INSTANCE pInst,
    PVOID pCtx, PVOID pov, ULONG ior, ULONG_PTR dwTrBytes, PTP_IO ptpIo)
{
    CAtlSvcPipeModule* pThis = (CAtlSvcPipeModule*)pCtx;
    pThis->SockRead((pInst == NULL), dwTrBytes, ior, (PSOCK_ITEM)pov, ptpIo);
```

```
}

void CAllSvcPipeModule::SockRead(bool bFirst,
    DWORD dwTrBytes, DWORD dwStatus, PSOCK_ITEM psi, PTP_IO ptpIo)
{
   PPIPE_ITEM ppi = NULL;
   EnterCriticalSection(&m_cs);
   SESS_MAP::iterator it = m_ssMap.find(psi->_id);
   if (it != m_ssMap.end())
      ppi = it->second._ppi;
   LeaveCriticalSection(&m_cs);
```

PSOCK_ITEM에 대응되는 파이프 항목 PPIPE_ITEM을 획득한다.

```
   if (dwStatus != NO_ERROR || (!bFirst && dwTrBytes == 0))
      goto $LABEL_CLOSE;

   if (!bFirst)
   {
      DWORD dwWrotes = 0;
      BOOL bIsOK = WriteFile(ppi->_pipe, psi->_buff, dwTrBytes, &dwWrotes, NULL);
```

SockConsole로부터 데이터가 전달된 경우 파이프를 통해서 PipeConsole로 수신한 데이터를 포워딩한다.

```
      if (!bIsOK)
      {
         dwStatus = GetLastError();
         goto $LABEL_CLOSE;
      }
   }


   StartThreadpoolIo(ptpIo);
   WSABUF wb; DWORD dwFlags = 0;
   wb.buf = psi->_buff, wb.len = BUFF_SIZE;
   int nSockRet = WSARecv(psi->_sock, &wb, 1, NULL, &dwFlags, psi, NULL);
```

SockConsole로부터의 비동기 수신을 개시한다.

```
   if (nSockRet == SOCKET_ERROR)
   {
```

```
        dwStatus = WSAGetLastError();
        if (dwStatus != WSA_IO_PENDING)
        {
            CancelThreadpoolIo(ptpIo);
            goto $LABEL_CLOSE;
        }
    }
    return;


$LABEL_CLOSE:
    if (dwStatus == ERROR_OPERATION_ABORTED)
        return;

    EnterCriticalSection(&m_cs);
    if (it != m_ssMap.end())
        m_ssMap.erase(it);
    LeaveCriticalSection(&m_cs);
```

SockConsole이 연결을 끊었거나 에러가 발생했을 경우에는 맵으로부터 해당 세션을 제거한다.

```
    closesocket(psi->_sock);
    delete psi;
    CloseThreadpoolIo(ptpIo);
```

연결이 끊긴 자식 소켓을 해제한다.

```
    if (ppi != NULL)
    {
```

소켓이 해제되었으므로 대응되는 파이프와 프로세스를 종료한다.

```
        CancelIoEx(ppi->_pipe, NULL);
        WaitForThreadpoolIoCallbacks(ppi->_ptpIo, TRUE);
        CloseThreadpoolIo(ppi->_ptpIo);

        DisconnectNamedPipe(ppi->_pipe);
```

프로세스 종료를 위해 파이프의 연결을 끊는다.

```
        CloseHandle(ppi->_pipe);
```

```
      delete ppi;
   }
}
```

다음은 PipeConsole로부터 전달되는 데이터에 대한 수신 처리를 담당하는 콜백 함수 Handler_
PipeRead에 대한 정의다.

```
VOID CALLBACK CAtlSvcPipeModule::Handler_PipeRead(PTP_CALLBACK_INSTANCE pInst,
    PVOID pCtx, PVOID pov, ULONG ior, ULONG_PTR dwTrBytes, PTP_IO ptpIo)
{
    CAtlSvcPipeModule* pThis = (CAtlSvcPipeModule*)pCtx;
    pThis->PipeRead((pInst == NULL), dwTrBytes, ior, (PPIPE_ITEM)pov, ptpIo);
}


void CAtlSvcPipeModule::PipeRead(bool bFirst,
    DWORD dwTrBytes, DWORD dwStatus, PPIPE_ITEM ppi, PTP_IO ptpIo)
{
    PSOCK_ITEM psi = NULL;
    EnterCriticalSection(&m_cs);
    SESS_MAP::iterator it = m_ssMap.find(ppi->_id);
    if (it != m_ssMap.end())
        psi = it->second._psi;
    LeaveCriticalSection(&m_cs);
```
　　PPIPE_ITEM에 대응되는 파이프 항목 PSOCK_ITEM을 획득한다.

```
    if (dwStatus != NO_ERROR || (!bFirst && dwTrBytes == 0))
        goto $LABEL_CLOSE;

    if (!bFirst)
    {
        int lSockRet = send(psi->_sock, ppi->_buff, dwTrBytes, 0);
```
　　PipeConsole로부터 데이터가 전달된 경우 자식 소켓을 통해서 SockConsole로 수신한 데이터를 포워딩한다.

```
        if (lSockRet == SOCKET_ERROR)
        {
            dwStatus = WSAGetLastError();
```

```
            goto $LABEL_CLOSE;
        }
    }


    StartThreadpoolIo(ptpIo);
    BOOL bIsOK = ReadFile(ppi->_pipe, ppi->_buff, BUFF_SIZE, NULL, ppi);
```

```
    if (!bIsOK)
    {
        dwStatus = GetLastError();
        if (dwStatus != ERROR_IO_PENDING)
        {
            CancelThreadpoolIo(ptpIo);
            goto $LABEL_CLOSE;
        }
    }
    return;


$LABEL_CLOSE:
    if (dwStatus == ERROR_OPERATION_ABORTED)
        return;

    EnterCriticalSection(&m_cs);
    if (it != m_ssMap.end())
        m_ssMap.erase(it);
    LeaveCriticalSection(&m_cs);
```

```
    CloseHandle(ppi->_pipe);
    delete ppi;
    CloseThreadpoolIo(ptpIo);
```

```
    if (psi != NULL)
    {
```

```
    CancelIoEx((HANDLE)psi->_sock, NULL);
    WaitForThreadpoolIoCallbacks(psi->_ptpIo, TRUE);
    closesocket(psi->_sock);
    CloseThreadpoolIo(psi->_ptpIo);
    delete psi;
  }
}
```

이번에는 서비스가 기동시키는 PipeConsole의 구현을 살펴보자. 파이프 통신을 위한 PIPE_ITEM의 구조는 다음과 같다.

프로젝트 7.4.3 PipeConsole

```
#define BUFF_SIZE  256
struct PIPE_ITEM : OVERLAPPED
{
   HANDLE   _pipe;
   PTP_IO   _ptpIo;
   BOOL     _connected;
   char     _buff[BUFF_SIZE];

   PIPE_ITEM()
   {
      memset(this, 0, sizeof(*this));
      _pipe = INVALID_HANDLE_VALUE;
   }
};
typedef PIPE_ITEM* PPIPE_ITEM;
```

다음은 PipeConsole의 메인 함수에 대한 정의다. 프로그램 인자로 전달된 파이프 이름을 통해서 파이프에 접속한다.

```
void _tmain(int argc, _TCHAR* argv[])
{
```

```
PIPE_ITEM pi;
HANDLE hThread = NULL;
try
{
    TCHAR szPipeName[MAX_PATH];
    _tcscpy(szPipeName, _T("\\\\.\\PIPE\\"));
    _tcscat(szPipeName, argv[1]);

    pi._pipe = CreateFile
    (
        szPipeName, GENERIC_READ | GENERIC_WRITE, 0, NULL,
        OPEN_EXISTING, FILE_FLAG_OVERLAPPED, NULL
    );
```

프로그램 인자로 전달된 파이프 이름을 전달하여 파이프에 접속한다.

```
    if (pi._pipe == INVALID_HANDLE_VALUE)
        throw GetLastError();

    DWORD dwMode = PIPE_READMODE_MESSAGE;
    BOOL bIsOK = SetNamedPipeHandleState(pi._pipe, &dwMode, NULL, NULL);
```

연결된 파이프를 메시지 전용 수신 모드로 설정한다.

```
    if (!bIsOK)
        throw GetLastError();

    DWORD dwThrId = 0;
    hThread = CreateThread
    (
        NULL, 0, Handler_StdRead, pi._pipe, CREATE_SUSPENDED, &dwThrId
    );
```

콘솔 입력을 담당하는 스레드를 생성한다.

```
    if (hThread == NULL)
        throw GetLastError();

    pi._ptpIo = CreateThreadpoolIo(pi._pipe, Handler_PipeRead, hThread, NULL);
```

파이프 수신을 담당하는 TP_IO 객체를 생성한다. 콜백 함수의 매개변수를 스레드 핸들로 전달해준다.

```
        if (pi._ptpIo == NULL)
            throw GetLastError();

        Handler_PipeRead(NULL, hThread, &pi, 0, 0, pi._ptpIo);
```

파이프에 대한 비동기 수신을 개시하기 위해 콜백 함수를 직접 호출한다.

```
        ResumeThread(hThread);
        WaitForSingleObject(hThread, INFINITE);
```

콘솔 입력을 담당하는 스레드의 종료를 대기한다. 파이프 연결이 종료되면 파이프 수신 콜백에서 스레드 종료를 지시한다.

```
        DisconnectNamedPipe(pi._pipe);
    }
    catch (DWORD e)
    {
        cout << "Main Thread error occurred : " << e << endl;
    }
    if (pi._ptpIo != NULL)
    {
        WaitForThreadpoolIoCallbacks(pi._ptpIo, TRUE);
        CloseThreadpoolIo(pi._ptpIo);
    }
    if (pi._pipe != INVALID_HANDLE_VALUE)
        CloseHandle(pi._pipe);
    if (hThread != NULL)
        CloseHandle(hThread);
}
```

이번에는 파이프로부터의 수신 처리를 담당하는 콜백 함수 Handler_PipeRead에 대한 정의다.

```
VOID CALLBACK Handler_PipeRead(PTP_CALLBACK_INSTANCE pInst,
    PVOID pCtx, PVOID pov, ULONG ior, ULONG_PTR dwTrBytes, PTP_IO ptpIo)
{
    HANDLE hThread = (HANDLE)pCtx;
    PPIPE_ITEM ppi = (PPIPE_ITEM)pov;
    if (ior != NO_ERROR || (ppi->_connected && dwTrBytes == 0))
    {
        if (ior != ERROR_OPERATION_ABORTED && ior != ERROR_PIPE_NOT_CONNECTED)
```

```
                cout << "Handler_PipeRead error : " << ior << endl;

            CancelSynchronousIo(hThread);
```

파이프가 끊어지거나 에러가 발생하면 CancelSynchronousIo를 통해서 표준 입력 담당 스레드의 동기적인 콘솔 입력 대기를 취소한다.

```
            return;
        }

        if (ppi->_connected == TRUE)
        {
            ppi->_buff[dwTrBytes] = 0;
            char szOut[128];
            sprintf(szOut, "SOCK >> %s", ppi->_buff);
            cout << szOut << endl;
        }
        else
            ppi->_connected = TRUE;

        StartThreadpoolIo(ptpIo);
        BOOL bIsOK = ReadFile(ppi->_pipe, ppi->_buff, sizeof(ppi->_buff), NULL, ppi);
```

파이프로부터 데이터를 읽기 위한 비동기 수신을 개시한다.

```
        if (!bIsOK)
        {
            ior = GetLastError();
            if (ior != ERROR_IO_PENDING)
            {
                cout << "ReadFile error : " << ior << endl;
                CancelThreadpoolIo(ptpIo);
                CancelSynchronousIo(hThread);
            }
        }
    }
```

다음은 〈프로젝트 7.3.2 ShareMemRW〉에서 사용되었던, 콘솔로부터의 입력을 담당하는 스레드 엔트리 함수에 대한 정의다. CancelSynchronousIo 처리를 위해 콘솔의 표준 입력에 대한 핸들을 획득하여 ReadFile을 통해 동기적으로 입력을 대기한다.

```
DWORD WINAPI Handler_StdRead(PVOID pParam)
{
   HANDLE hPipe = (HANDLE)pParam;
   HANDLE hStdIn = GetStdHandle(STD_INPUT_HANDLE);

   char szIn[BUFF_SIZE];
   while (true)
   {
      int nReadCnt = 0;
      if (!ReadFile(hStdIn, szIn, BUFF_SIZE, (PDWORD)&nReadCnt, NULL))
          ⋮

      DWORD dwWrotes = 0;
      BOOL bIsOK = WriteFile(hPipe, szIn, nReadCnt, &dwWrotes, NULL);
```

콘솔로부터 입력된 문자열을 파이프에 쓴다.

```
      if (!bIsOK)
      {
         cout << "WriteFile to SOCK error : " << GetLastError() << endl;
         break;
      }
   }
   CloseHandle(hStdIn);

   return 0;
}
```

소켓 클라이언트인 〈프로젝트 7.4.3 SockConsole〉 역시 〈프로젝트 7.4.3 PipeConsole〉 코드
와 같이 표준 입력 담당 스레드를 이용하는 동일한 구조로 구성되어 있으며, 비동기 수신을 담당하
는 소켓 처리만 다를 뿐이므로 〈SockConsole〉 코드는 여러분이 직접 첨부된 소스를 참조하기 바
란다.

INDEX

A

Abandoned Mutex 116
accept 415
AcceptEx 748, 767
Access Token 25, 1078
ACE Access Control Entry 1066
ACL, Access Control List 1066
AcquireSRWLockExclusive 313
AcquireSRWLockShared 313
AF_INET 636
Alertable I/O 512
Alertable Wait State 513
APC 233, 256, 450, 716, 864, 1091
APC, Asynchronous Procedure Call 512
APCProc 538
APC 콜백 함수 514, 517, 604
APC 큐 512, 545
Asynchronous I/O 402
ATL 서비스 1055
Atomicity 65
Auto Reset Event 155

B

BackgroundWorker 262
backlog 641
bind 640
BindIoCompletionCallback 863, 925
BkgrdWorker 278, 474

C

CALLBACK_CHUNK_FINISHED 468
CallbackMayRunLong 954
CALLBACK_STREAM_SWITCH 468
CallNamedPipe 1184
CancelIoEx 618, 709
CancelIPChangeNotify 488
CancelSynchronousIo 478, 615, 1116
CancelThreadpoolIo 928
CancelWaitableTimer 196
ChangeTimerQueueTimer 863
CloseHandle 31, 413, 555, 612
closesocket 639, 781
CloseThreadpool 968
CloseThreadpoolGroupMembers 988

CloseThreadpoolIo 927
CloseThreadpoolTimer 919
CloseThreadpoolWait 899
CloseThreadpoolWork 890
Communication Ports 406
Concurrency Value 602
CONDITION_VARIABLE 328
CONDITION_VARIABLE_LOCKMODE_
            SHARED 329
Condition Variables 322
connect 637
ConnectEx 762
ConnectNamedPipe 1153
Console 406, 436
CONTEXT 35
Context Switching 58
ConvertStringSecurityDescriptorToSecurity
            Descriptor 1073
COPYDATASTRUCT 1048
CopyFile 465
CopyFileEx 466
CopyProgressRoutine 467
CREATE_ALWAYS 409
CreateEvent 147
CreateEventEx 147
CREATE_EVENT_INITIAL_SET 148
CREATE_EVENT_MANUAL_RESET 148
CreateFile 404, 1109, 1157
CreateFileMapping 1101
CreateIoCompletionPort 551
CreateMutex 110
CreateMutexEx 110
CREATE_MUTEX_INITIAL_OWNER 111
CreateNamedPipe 1149
CREATE_NEW 408
CreateProcess 1017
CreateProcessAsUser 1077
CreateSemaphore 125
CreateSemaphoreEx 126
CREATE_SUSPENDED 38, 1010
CreateThread 36
CreateThreadpool 968
CreateThreadpoolCleanupGroup 987
CreateThreadpoolIo 926
CreateThreadpoolTimer 919

INDEX

CreateThreadpoolWait 899
CreateThreadpoolWork 800
CreateTimerQueue 858, 918
CreateTimerQueueTimer 857, 859
CREATE_UNICODE_ENVIRONMENT 1011
CreateWaitableTimer 189
CreateWaitableTimerEx 189
Critical Section 70, 81, 287
CRITICAL_SECTION 290, 300
CTRL_BREAK_EVENT 459
CTRL_C_EVENT 459
CTRL_CLOSE_EVENT 459
CTRL_LOGOFF_EVENT 459
CTRL_SHUTDOWN_EVENT 459

DACL, Discretionary Access Control List 1067
DACL_SECURITY_INFORMATION 1075
DeleteCriticalSection 292, 313
DeleteSynchronizationBarrier 355
DeleteTimerQueue 858
DeleteTimerQueueEx 858
DeleteTimerQueueTimer 861
DestroyThreadpoolEnvironment 973
Device 403
DeviceIoControl 438
Device List 586
Directory 405, 442
DisassociateCurrentThreadFromCallback 954, 989
DisconnectEx 781
DisconnectNamedPipe 1154
Disk 405, 438
DUPLICATE_CLOSE_SOURCE 1024, 1122
DuplicateHandle 1023, 1122
DUPLICATE_SAME_ACCESS 1024

EnterCriticalSection 290
EnterSynchronizationBarrier 354
ERROR_ABANDONED_WAIT_0 555, 557
ERROR_ACCESS_DENIED 407, 413, 1070
ERROR_ALREADY_EXISTS 413, 1030
ERROR_BROKEN_PIPE 1154
ERROR_FILE_NOT_FOUND 413, 1157
ERROR_HANDLE_EOF 484

ERROR_INVALID_PARAMETER 192, 927, 1152
ERROR_INVALID_THREAD_ID 216
ERROR_IO_INCOMPLETE 502
ERROR_IO_PENDING 485, 649
ERROR_LOCK_VIOLATION 431
ERROR_MORE_DATA 1176
ERROR_NETNAME_DELETED 705
ERROR_NOT_FOUND 478
ERROR_NOTIFY_CLEANUP 507
ERROR_NOT_OWNER 112, 310
ERROR_OPERATION_ABORTED 478, 616, 709
ERROR_PIPE_BUSY 1157
ERROR_REQUEST_ 467
ERROR_SEM_TIMEOUT 1158
ERROR_SHARING_VIOLATION 413
ERROR_TOO_MANY_POSTS 127
Event 147
exceptfds 659
EXCEPTION_CONTINUE_EXECUTION 43
EXCEPTION_CONTINUE_SEARCH 43
EXCEPTION_EXECUTE_HANDLER 43
ExitThread 40

FD_ACCEPT 669
fd_array 660
FD_CLOSE 669
FD_CLR 661
FD_CONNECT 669
FD_ISSET 661
FD_READ 669
fd_set 660
FD_SET 661
FD_SETSIZE 660
FD_WRITE 669
FD_ZERO 661
Fence 78
File 403, 405
FILE_ACTION_ADDED(0x00000001) 450
FILE_ACTION_MODIFIED(0x00000003) 450
FILE_ACTION_REMOVED(0x00000002) 450
FILE_ACTION_RENAMED_NEW_NAME
          (0x00000005) 450
FILE_ACTION_RENAMED_OLD_NAME
          (0x00000004) 450

FILE_ATTRIBUTE_TEMPORARY 410, 414
FILE_BEGIN 423
File Change Notification 443
FILE_CURRENT 423
FILE_END 423
FILE_FLAG_BACKUP_SEMANTICS 412, 443
FILE_FLAG_DELETE_ON_CLOSE 410, 411, 413
FILE_FLAG_FIRST_PIPE_INSTANCE 1150
FILE_FLAG_NO_BUFFERING 411, 424, 611
FILE_FLAG_OVERLAPPED 412, 438, 482, 694, 1151
FILE_FLAG_RANDOM_ACCESS 411, 421
FILE_FLAG_SEQUENTIAL_SCAN 411, 421
FILE_FLAG_WRITE_THROUGH 411, 1150
FILE_NOTIFY_CHANGE_ATTRIBUTES 444
FILE_NOTIFY_CHANGE_DIR_NAME 444
FILE_NOTIFY_CHANGE_FILE_NAME 444
FILE_NOTIFY_CHANGE_LAST_WRITE 445
FILE_NOTIFY_CHANGE_SECURITY 445
FILE_NOTIFY_CHANGE_SIZE 445
FILE_NOTIFY_INFORMATION 450
FILE_SHARE_READ 408
FILE_SHARE_WRITE 408
FILE_SKIP_COMPLETION_PORT_ON_
                    SUCCESS 610, 929
FILE_SKIP_SET_EVENT_ON_HANDLE(2)
                    HANDLE 610
FileSystemWatcher 448
FILETIME 901
FILE_TYPE_CHAR 407
FILE_TYPE_DISK(407
FILE_TYPE_PIPE 407
FILE_TYPE_REMOTE 407
FILE_TYPE_UNKNOWN 407
FILE_WRITE_ATTRIBUTES 1170
FindCloseChangeNotification 446
FindFirstChangeNotification 444
FindNextChangeNotification 445
FlushFileBuffers 420
FreeLibraryWhenCallbackReturns 953, 982

GENERIC_READ 407
GENERIC_WRITE 407
GetAcceptExSockaddrs 752
GetCurrentThreadId 300

GetExceptionCode 44
GetExceptionInformation 44
GetFileInformationByHandle 442
GetFileSize 420
GetFileSizeEx 420
GetFileType 407
GetLastError 635
GetMessage 212, 581
GetOverlappedResult 501
GetQueuedCompletionStatus 555, 770, 863
GetQueuedCompletionStatusEx 604
GetSecurityDescriptorDacl 1074
GetSecurityDescriptorSacl 1074
getsockopt 646
GetSystemInfo 137
Gracefully closure 639

HANDLE 32, 693
HandlerRoutine 458
HasOverlappedIoCompleted 485
Hibernation 202

INADDR_ANY 641
INFINITE 96
InitializeConditionVariable 328
InitializeCriticalSection 290
InitializeCriticalSectionAndSpinCount 304
InitializeSecurityDescriptor 1069
InitializeSRWLock 312
InitializeSynchronizationBarrier 353
InitializeThreadpoolEnvironment 973
INIT_ONCE 391
INIT_ONCE_ASYNC 395
InitOnceBeginInitialize 394
INIT_ONCE_CHECK_ONLY 395
InitOnceComplete 394
InitOnceExecuteOnce 387
INIT_ONCE_INIT_FAILED 395
InitOnceInitialize 399
INIT_ONCE_STATIC_INIT 399
Instruction Reordering 70
Integrity Level 1070
InterlockedAnd 342

INDEX

Interlocked API 338
InterlockedBitTestAndReset 343
InterlockedBitTestAndSet 343
InterlockedCompareExchange 341
InterlockedDecrement 340
InterlockedExchange 340
InterlockedExchangeAdd 339
InterlockedIncrement 176, 340, 364
InterlockedOr 342
InterlockedXor 342
INVALID_HANDLE_VALUE
                413, 445, 636, 1109, 1153
INVALID_SOCKET 635
I/O Completion Packet 557
I/O Completion Queue 557, 587
IOCP 725, 767, 824, 863
IOCP, I/O Completion Port 550
IOCTL_DISK_GET_DRIVE_GEOMETRY 439
IOCTL_DISK_GET_PARTITION_INFO 439
Ioctlsocket 649
I/O 작업자 스레드 829
IPC 286
IPC, Inter-Process Communication 1008
IPPROTO_TCP 636
IPv4 636
IP 주소 변경 통지 488
IRP, I/O Request Packet 484
IsThreadpoolTimerSet 922

K

Kernel Object 27

L

LABEL_SECURITY_INFORMATION 1075
LARGE_INTEGER 191, 421
LeaveCriticalSection 290
LeaveCriticalSectionWhenCallbackReturns 950
LIFO 587, 591
Linstening Mode 641
listen 641
Local System 1054
LockFile 430
LockFileEx 431
LOCKFILE_EXCLUSIVE_LOCK 432
LOCKFILE_FAIL_IMMEDIATELY 432

LPARAM 211
LPOVERLAPPED_COMPLETION_ROUTINE 516
LPPROGRESS_ROUTINE 468
LPTHREAD_START_ROUTINE 37
LPWSAOVERLAPPED_COMPLETION_
                ROUTINE 698
LsaNtStatusToWinError 506

M

Mailslot 400
MapViewOfFile 1103
MapViewOfFileEx 1104
MAXIMUM_WAIT_OBJECTS 101
Memory-Barrier 78
MemoryBarrier 79
Message Driven 209
MMF 1108
MMF, Memory Mapping File 1098
MoveFileWithProgress 466
MSG 211
MsgWaitForMultipleObjects 223, 684
MsgWaitForMultipleObjectsEx 232, 518
Mutex 109
Mutual Exclusive 64
MWMO_ALERTABLE 233
MWMO_INPUTAVAILABLE 233
MWMO_WAITALL 233

N

Named Pipe 1147
Name Space 1062
NMPWAIT_USE_DEFAULT_WAIT 1158
NMPWAIT_WAIT_FOREVER 1158
Non-I/O 작업자 스레드 829
NORMAL_PRIORITY_CLASS 55
NotifyAddrChange 488
NTSTATUS 484, 502, 506

O

One-Time Initialization 384
OPEN_ALWAYS 409
OPEN_EXISTING 409, 443
OpenFileMapping 1103
OVERLAPPED 416, 432, 440, 450, 483, 698,
                750, 762, 783, 806, 926, 1153

OVERLAPPED_ENTRY 605
Overlapped I/O 485

Paused Thread List 588
PeekMessage 226
Pipe 406, 1146
PIPE_ACCEPT_REMOTE_CLIENTS 1152
PIPE_ACCESS_DUPLEX 1150
PIPE_ACCESS_INBOUND 1150
PIPE_ACCESS_OUTBOUND 1150
PIPE_NOWAIT 1151
PIPE_READMODE_BYTE 1151, 1169
PIPE_READMODE_MESSAGE 1151
PIPE_REJECT_REMOTE_CLIENTS 1152
PIPE_TYPE_BYTE 1151
PIPE_TYPE_MESSAGE 1151, 1168
PIPE_UNLIMITED_INSTANCES 1152
PIPE_WAIT 1151
PostMessage 214, 1042
PostQueuedCompletionStatus 578, 772
PostThreadMessage 216, 1047
Preemption 58
Priority Boosting 62
Priority Levels 54
Process 23
PROCESS_INFORMATION 1012
PROGRESS_CANCEL 469
PROGRESS_CONTINUE 469
PROGRESS_QUIET 469
PROGRESS_STOP 469
PTP_SIMPLE_CALLBACK 897
PTP_TIMER_CALLBACK 919
PTP_WAIT_CALLBACK 899
PTP_WIN32_IO_CALLBACK 926
PTP_WORK_CALLBACK 890

QM_POSTMESSAGE 225
Quantum End 58
QueryThreadpoolStackInformation 971
QueueUserAPC 538
QueueUserWorkItem 830, 890, 970

ReadBarrier 78
ReadDirectoryChangesW 448
readfds 659
ReadFile 414, 495
ReadFileEx 515, 698, 715
ReadWriteBarrier 78
recv 638
RegisterWaitForSingleObject 836, 899
REG_NOTIFY_CHANGE_ATTRIBUTES 454
RegNotifyChangeKeyValue 454, 826, 847, 970
REG_NOTIFY_CHANGE_LAST_SET 454
REG_NOTIFY_CHANGE_NAME 454
REG_NOTIFY_CHANGE_SECURITY 454
REG_NOTIFY_THREAD_AGNOSTIC 454, 849
Released Thread List 588
ReleaseMutex 112
ReleaseMutexWhenCallbackReturns 950
ReleaseSemaphore 127
ReleaseSemaphoreWhenCallbackReturns 950
ReleaseSRWLockExclusive 313
ReleaseSRWLockShared 313
ReOpenFile 428
ResetEvent 148
ResumeThread 60
RtlNtStatusToDosError 506
RW Lock 177, 312

SACL, System Access Control List 1071
SCM, Service Control Manager 1053
SeCreateGlobalPrivilege 1128
SECURITY_ATTRIBUTES 1017
Security Descriptor 29
SECURITY_DESCRIPTOR 1065
SEH, Structured Exception Handling 41
SE_KERNEL_OBJECT 1075
select 659
Semaphore 124
send 638
SendMessage 214, 1042
Session 1041
Session 0 Isolation 1053
SetConsoleCtrlHandler 458

INDEX

SetCriticalSectionSpinCount 306

SetLndOfFile 424

SetEvent 148, 302

SetEventWhenCallbackReturns 950

SetFileCompletionNotificationModes 610

SetFileIoOverlappedRange 611

SetFilePointer 422

SetFilePointerEx 422

SetNamedPipeHandleState 1169

SetPriorityClass 62

SetSecurityDescriptorDacl 1069

SetSecurityInfo 1074

setsockopt 646

SetThreadpoolCallbackCleanupGroup 987

SetThreadpoolCallbackLibrary 982

SetThreadpoolCallbackPersistent 983

SetThreadpoolCallbackPool 975

SetThreadpoolCallbackPriority 985

SetThreadpoolCallbackRunsLong 983

SetThreadpoolStackInformation 970

SetThreadpoolThreadMaximum 969

SetThreadpoolThreadMinimum 969

SetThreadpoolTimer 919

SetThreadpoolWait 900

SetThreadPriority 62

SetWaitableTimer 190, 535

SetWaitableTimerEx 205

SetWindowLong 274

Shared Memory 1098

shutdown 639

SID 1066

Side Effect 99

SignalObjectAndWait 103, 154, 518

Sleep 60, 346

SleepConditionVariableCS 328

SleepConditionVariableSRW 329

SleepEx 517

Slim Reader-Writer Lock 312

SOCKADDR 637

SOCKADDR_IN 637

socket 415, 635

SOCKET 635

SOCKET_ERROR 635

SOCK_STREAM 636

SO_CONNECT_TIME 757

SOL_SOCKET 647

SOMAXCONN 642

SO_RCVTIMEO(0x1006) 647

SO_SNDTIMEO 647

SO_UPDATE_ACCEPT_CONTEXT 760

SO_UPDATE_CONNECT_CONTEXT 767

Spin Lock 89

SRWLOCK 312

SRW-락 312, 323, 361

StartThreadpoolIo 928

STARTUPINFO 1011

STARTUPINFOEX 1011

STATUS_CANCELLED 750, 775

STATUS_CONNECTION_RESET 784

STATUS_END_OF_FILE 484

STATUS_LOCAL_DISCONNECT 705, 750

STATUS_PENDING 484

STATUS_REMOTE_DISCONNECT 705

STATUS_THREADPOOL_HANDLE_
EXCEPTION 900

STILL_ACTIVE 37

SubmitThreadpoolWork 891

SuspendThread 59

SwitchToThread 60, 346

Synchronization 22, 64

Synchronization Barrier 337, 352

SYNCHRONIZATION_BARRIER 353

SYNCHRONIZATION_BARRIER_FLAGS_
BLOCK_ONLY 354

SYNCHRONIZATION_BARRIER_FLAGS_NO_
DELETE 354

SYNCHRONIZATION_BARRIER_FLAGS_SPIN_
ONLY 353, 354

T

TCP/IP 635

TerminateProcess 86

TerminateThread 40, 86

TF_DISCONNECT 807

TF_REUSE_SOCKET 782, 808

TF_WRITE_BEHIND 808

Thread 34

Thread Context 34

Thread Local Storage 36

Thread Message Queue 36

Thread Pool 134
Thread Scheduling 52
Thread Stack 35
Thread State 56
TimerAPCProc 535
Timer Coalescing 204
Timer-Queue Timer 858
timeval 660
TLS 36
TP_CALLBACK_ENVIRON 971
TP_CALLBACK_INSTANCE 949
TP_CALLBACK_PRIORITY 986
TP_CLEANUP_GROUP 986
TP_ELEMENT_EOP 816
TP_ELEMENT_FILE 816
TP_ELEMENT_MEMORY 816
TP_IO 925, 1139, 1161, 1187
TP_POOL 968
TP_POOL_STACK_INFORMATION 971
TP_TIMER 918
TP_WAIT 899, 1142, 1161
TP_WORK 890
TransactNamedPipe 1175
TransmitFile 805
TRANSMIT_FILE_BUFFERS 807
TransmitPackets 814
TRANSMIT_PACKETS_ELEMENT 815
TRUNCATE_EXISTING 409
TryAcquireSRWLockExclusive 313
TryAcquireSRWLockShared 313
TryEnterCriticalSection 299, 313
TrySubmitThreadpoolCallback 897, 970

UnlockFile 430
UnlockFileEx 431
UnmapViewOfFile 1105
UnregisterWait 839
UnregisterWaitEx 839

Virtual Address Space 25
volatile 77
Voluntary Switch 58

WAIT_ABANDONED 96, 117, 309
Waitable Queue 141
Waitable Timer 187
WAIT_FAILED 96
WaitForMultipleObjects 100, 286, 508, 681
WaitForMultipleObjectsEx 518, 681
WaitForSingleObject 95, 504
WaitForSingleObjectEx 518
WaitForThreadpoolIoCallbacks 930
WaitForThreadpoolTimerCallbacks 922
WaitForThreadpoolWaitCallbacks 909
WaitForThreadpoolWorkCallbacks 894
Wait Functions, APIs 83
Waiting Thread Queue 587
WAIT_IO_COMPLETION 104, 519
WaitNamedPipe 1158
WAIT_OBJECT_0 96, 900
WaitOnAddress 367
WAITORTIMERCALLBACK 837, 860
WAIT_TIMEOUT 96, 900
WakeAllConditionVariable 330
WakeByAddressAll 368
WakeByAddressSingle 368
WakeConditionVariable 330
WIN32_FIND_DATA 811
Windows Socket 633
WM_COPYDATA 1047
WM_QUIT 213
Worker Factory 824
Worker Thread 823
WPARAM 211
WriteBarrier 78
writefds 659
WriteFile 414, 495
WriteFileEx 516, 698, 715
WSAAccept 415, 644
WSAAsyncSelect 649
WSAASyncSelect 666
WSABUF 697
WSACleanup 633, 722
WSACloseEvent 680
WSAConnect 644
WSACreateEvent 680

INDEX

WSAECONNABORTED 705

WSAECONNREFUSED 642

WSAECONNRESET 705

WSAEINTR 709

WSAEINVAL 722, 780

WSAENOTSOCK 639

WSAEnumNetworkEvents 681

WSAETIMEDOUT 647

WSAEVENT 679

WSAEventSelect 649, 679, 709, 731, 786

WSAGetLastError 635

WSAGetOverlappedResult 680, 702

WSAGETSELECTERROR 668, 682

WSAGETSELECTEVENT 668, 682

WSAID_ACCEPTEX 746

WSAID_CONNECTEX 746

WSAID_DISCONNECTEX 746

WSAID_GETACCEPTEX SOCKADDRS 746

WSAID_TRANSMITFILE 746

WSAID_TRANSMITPACKETS 746

WSA_IO_PENDING 780

WSA_OPERATION_ABORETED 639

WSARecv 644, 696, 715

WSAResetEvent 680

WSASend 644, 696, 715

WSASetEvent 680

WSASocket 415, 644

WSAStartup 633

WSAWaitForMultipleEvents 680

WSA 함수 702

WT_EXECUTEDEFAULT 831

WT_EXECUTEINIOTHREAD 831

WT_EXECUTEINPERSISTENTTHREAD 832, 970

WT_EXECUTEINTIMERTHREAD 861

WT_EXECUTEINWAITTHREAD 838

WT_EXECUTELONGFUNCTION 832, 954

WT_EXECUTEONLYONCE 838

WTSGetActiveConsoleSessionId 1079

WTSQueryUserToken 1078

YieldProcessor 346

가상 주소 공간 25, 1098

가상 주소 관리자 1098

개체의 이름 지정 1028

객체 이름 29

객체 핸들 복제 1023

객체 핸들의 상속 1017

경보가능 대기 604

경보가능 대기 상태 513

경보가능 대기 함수 517

경보가능 입출력 512, 715

경보가능 입출력 함수 515

고전적 방식 659

공유 메모리 1098, 1108

공유 잠금 313

구조적 예외 처리 41

낮은 권한 레벨 1070

넌블로킹 소켓 649

넌시그널 상태 85, 445

네임드 파이프 1147

네임 스페이스 1034, 1062, 1128

높은 권한 레벨 1070

대기 836, 899

대기가능 큐 141, 168, 209

대기가능 타이머 187

대기 스레드 830

대기 스레드 큐 587

대기 풀 240

대기 함수 83, 88, 95, 492, 555

데이터 보호 90, 108

동기 입출력 416

동기 작업 취소 478

동기화 22, 64

동기화 객체 84

동기화 장벽 337, 352

동시 병렬 초기화 393

동시성 값 602

동시 실행 가능한 스레드 수 553, 561, 602

동시 실행 가능한 최대 스레드 수 594

디렉터리 405, 442

디렉터리 변경 통지 448

디스크 405, 438

레지스트리 감시   847
레지스트리 변경 통지   453
로컬 시스템   1054
리슨 소켓   641

메모리 매핑 파일   817, 1098
메모리 장벽   78
메시지 드리븐   209
메시지 큐   209
메시지 타입 파이프   1167
메일슬롯   406
명령어 재배치   70, 75
무결성 레벨   1070
문맥 전환   35, 58
뮤텍스   109, 842

바인드   640
배타적 잠금   313
버려진 뮤텍스   116
보안 기술자   29, 1065
보안 문맥   25
보안 속성   1010
부가적 효과   99
비동기 소켓   632, 658
비동기 입출력   402, 481, 693
비동기 프로시저 호출   512

ㅅ

상대적 우선순위   55
상태 변경 함수   84
상태 코드   484
상호 배제   64
상호잠금 함수   79, 176, 338
생성키   554, 870
서비스 컨트롤 관리자   1053
선점   58
세마포어   124, 375
세션   1041
세션 0 고립화   1053
소켓 디스크립터   636

소켓 미리 생성하기   777
소켓의 재사용   781
소켓 풀   786
소켓 확장 API   745
수동 리셋 이벤트   155
수동 리셋 타이머   189
스핀락   89, 304, 344
시간 설정   194
시그널 상태   85
시스템 권한 레벨   1070
신호 상태 정리   208
실행의 양도   60
싱글턴 방식   386
스레드   34, 81, 402, 653
스레드 ID   34
스레드 간 데이터 전달   162
스레드 메시지 큐   36
스레드 문맥   34
스레드 상태   56
스레드 스케줄링   52
스레드 스택   35
스레드 엔트리 함수   37
스레드 중지   59
스레드 지역 저장소   36, 826
스레드 풀   134, 555, 560, 823
스레드 풀 객체   968

액세스 토큰   25, 1078
에러 코드   501
에코 서버   639
연결 대기 상태   641
연결 요청 큐   641
우선순위   54
우선순위 부스팅   62
우선순위 클래스   54
원자성   65
원-타임 초기화   384
윈도우 메시지   666, 1041
윈도우 서비스   1053
유저 타이머   207
이벤트   147, 379
이벤트 시그널링   492, 679, 699
일괄 정리   988
임계구역   70, 81

INDEX

입출력 863, 925
입출력 완료 규 667, 697
입출력 완료 통지 484
입출력 완료 패킷 557
입출력 완료 포트 550

자동 리셋 이벤트 155
자동 리셋 타이머 189
사벌식 실행 중시 60
자발적인 대기 상태 596
자발적 전환 58, 88
자식 소켓 643
자원계수 125
작업 830, 890
작업자 스레드 823
작업자 팩토리 824
장치 403
장치 리스트 586
장치 시그널링 492
절전 모드 202
접근 모드 407
정리그룹 객체 986
정지 스레드 리스트 588
조건 변수 322
주솟값에 대한 대기 366
중간 권한 레벨 1070
중복 대기 122, 301
중첩된 입출력 485, 619
중첩 속성 636

취소 처리 462, 721
취소 함수 615

캐시 관련 플래그 410
캐시 효과 76
커널 객체 27
커널 객체 닫기 31
커널 객체 열기 30
커널 객체의 공유 1016
커널 객체의 생성 29
컴파일러에 의한 최적화 74
콘솔 406, 436

콘솔 종료 처리 457
콘솔 긴드롤 헨들러 459, 657
콜백 인스턴스 949
콜백 함수 234, 256, 466
콜백 함수를 이용한 초기화 387
콜백 환경 객체 971
퀀텀 종료 58
크리티컬 섹션 287, 323
클라이언트/서버 통신 634

타이머 857, 918
타이머 스레드 830
타이머-큐 타이머 858
타이머 통합 204
통신 포트 406
통지 149, 162, 209, 402, 658
통지에 의한 흐름 제어 90

파이프 406, 1146
파일 403, 405
파일 변경 통지 443
파일 속성 플래그 409
파일의 끝 424
파일 잠금 429
파일 전송 797
파일 크기 420
파일 포인터 421
페이지 파일 1098
프로그램 인스턴스 26
프로세스 23, 1009, 1075
프로세스 ID 25
프로세스 간 데이터 공유 1035
프로세스 간 통신 1008

해제 스레드 리스트 588
핸들 32
핸들 테이블 26, 32
흐름 제어 146, 402

__aligned 69

함수 INDEX

함수명	절(섹션)	페이지	지원 OS	헤더파일	라이브러리
accept	5.1.1	642	Vista	Winsock2.h	Ws2_32.lib
AcceptEx	5.4.2	749	Vista	Mswsock.h	동적 로드
AcquireSRWLockExclusive	3.1.2	313	Vista	WinBase.h	Kernel32.lib
AcquireSRWLockShared	3.1.2	313	Vista	WinBase.h	Kernel32.lib
bind	5.1.1	640	Vista	Winsock2.h	Ws2_32.lib
BindIoCompletionCallback	6.2.4	864	XP	WinBase.h	Kernel32.lib
CallbackMayRunLong	6.3.6	954	Vista	WinBase.h	Kernel32.lib
CallNamedPipe	7.4.2	1184	2000	WinBase.h	Kernel32.lib
CancelIo	4.5.2	615	XP	IoAPI.h	Kernel32.lib
CancelIoEx	4.5.2	618	Vista	IoAPI.h	Kernel32.lib
CancelIPChangeNotify	4.2.1	488	XP	Iphlpapi.h	Iphlpapi.lib
CancelSynchronousIo	4.1.4	478	Vista	IoAPI.h	Kernel32.lib
CancelThreadpoolIo	6.3.5	928	Vista	WinBase.h	Kernel32.lib
CancelWaitableTimer	2.3.2	196	XP	WinBase.h	Kernel32.lib
CloseHandle	1.1.2	31	2000	WinBase.h	Kernel32.lib
closesocket	5.1.1	639	Vista	Winsock2.h	Ws2_32.lib
CloseThreadpool	6.4.1	968	Vista	WinBase.h	Kernel32.lib
CloseThreadpoolCleanupGroup	6.4.3	987	Vista	WinBase.h	Kernel32.lib
CloseThreadpoolCleanupGroup Members	6.4.3	988	Vista	WinBase.h	Kernel32.lib
CloseThreadpoolIo	6.3.5	927	Vista	WinBase.h	Kernel32.lib
CloseThreadpoolTimer	6.3.4	919	Vista	WinBase.h	Kernel32.lib
CloseThreadpoolWait	6.3.3	899	Vista	WinBase.h	Kernel32.lib
CloseThreadpoolWork	6.3.2	890	Vista	WinBase.h	Kernel32.lib
connect	5.1.1	637	Vista	Winsock2.h	Ws2_32.lib
ConnectEx	5.4.2	762	Vista	Mswsock.h	동적 로드
ConnectNamedPipe	7.4.2	1153	2000	WinBase.h	Kernel32.lib
ConvertStringSecurityDescriptor ToSecurityDescriptor	7.2.2	1073	XP	Sddl.h	Advapi32.lib
CopyFile	4.1.4	466	XP	WinBase.h	Kernel32.lib
CopyFileEx	4.1.4	466	XP	WinBase.h	Kernel32.lib
CreateEvent	2.3.1	147	XP	WinBase.h	Kernel32.lib
CreateEventEx	2.3.1	147	Vista	WinBase.h	Kernel32.lib
CreateFile	4.1.1	405	XP	FileAPI.h	Kernel32.lib
CreateFileMapping	7.3.1	1101	XP	WinBase.h	Kernel32.lib
CreateIoCompletionPort	4.4.1	552	XP	IoAPI.h	Kernel32.lib
CreateMutex	2.2.1	110	XP	WinBase.h	Kernel32.lib

함수 INDEX

함수명	절(섹션)	페이지	지원 OS	헤더파일	라이브러리
CreateMutexEx	2.2.1	110	Vista	WinBase.h	Kernel32.lib
CreateNamedPipe	7.4.2	1149	2000	WinBase.h	Kernel32.lib
CreateProcess	7.1.1	1009	XP	WinBase.h	Kernel32.lib
CreateProcessAsUser	7.2.3	1077	XP	WinBase.h	Advapi32.lib
CreateSemaphore	2.2.2	125	XP	WinBase.h	Kernel32.lib
CreateSemaphoreEx	2.2.2	126	Vista	WinBase.h	Kernel32.lib
CreateThread	1.1.3	37	XP	WinBase.h	Kernel32.lib
CreateThreadpool	6.4.1	968	Vista	WinBase.h	Kernel32.lib
CreateThreadpoolIo	6.3.5	926	Vista	WinBase.h	Kernel32.lib
CreateThreadpoolTimer	6.3.4	919	Vista	WinBase.h	Kernel32.lib
CreateThreadpoolWait	6.3.3	899	Vista	WinBase.h	Kernel32.lib
CreateThreadpoolWork	6.3.2	890	Vista	WinBase.h	Kernel32.lib
CreateTimerQueue	6.2.3	858	XP	WinBase.h	Kernel32.lib
CreateTimerQueueTimer	6.2.3	859	XP	WinBase.h	Kernel32.lib
CreateWaitableTimer	2.3.2	189	XP	WinBase.h	Kernel32.lib
CreateWaitableTimerEx	2.3.2	189	Vista	WinBase.h	Kernel32.lib
DeleteCriticalSection	3.1.1	292	XP	WinBase.h	Kernel32.lib
DeleteSynchronizationBarrier	3.3.1	355	8	SynchAPI.h	Kernel32.lib
DeleteTimerQueue	6.2.3	858	XP	WinBase.h	Kernel32.lib
DeleteTimerQueueEx	6.2.3	858	XP	WinBase.h	Kernel32.lib
DeleteTimerQueueTimer	6.2.3	861	XP	WinBase.h	Kernel32.lib
DestroyThreadpoolEnvironment	6.4.2	973	Vista	WinBase.h	inline 함수
DeviceIoControl	4.1.3	439	XP	WinBase.h	Kernel32.lib
DisassociateCurrentThreadFrom Callback	6.3.6	954	Vista	WinBase.h	Kernel32.lib
DisconnectEx	5.4.3	782	Vista	Mswsock.h	동적 로드
DisconnectNamedPipe	7.4.2	1154	2000	WinBase.h	Kernel32.lib
DuplicateHandle	7.1.2	1023	2000	WinBase.h	Kernel32.lib
EnterCriticalSection	3.1.1	301	XP	WinBase.h	Kernel32.lib
EnterSynchronizationBarrier	3.3.1	354	8	SynchAPI.h	Kernel32.lib
ExitThread	1.1.3	40	XP	WinBase.h	Kernel32.lib
FindCloseChangeNotification	4.1.3	446	XP	FileAPI.h	Kernel32.lib
FindFirstChangeNotification	4.1.3	444	XP	FileAPI.h	Kernel32.lib
FindNextChangeNotification	4.1.3	445	XP	FileAPI.h	Kernel32.lib
FlushFileBuffers	4.1.1	419	XP	FileAPI.h	Kernel32.lib
FreeLibraryWhenCallbackReturns	6.3.6	953	Vista	WinBase.h	Kernel32.lib
GetAcceptExSockaddrs	5.4.2	752	Vista	Mswsock.h	동적 로드
GetFileSize	4.1.2	420	XP	FileAPI.h	Kernel32.lib
GetFileSizeEx	4.1.2	420	XP	FileAPI.h	Kernel32.lib
GetFileType	4.1.1	407	XP	FileAPI.h	Kernel32.lib

함수명	절(섹션)	페이지	지원 OS	헤더파일	라이브러리
GetMessage	2.4.1	212	2000	Winuser.h	User32.lib
GetOverlappedResult	4.2.2	501	XP	Ioapiset.h	Kernel32.lib
GetPriorityClass	1.1.4	62	XP	WinBase.h	Kernel32.lib
GetQueuedCompletionStatus	4.4.2	556	XP	WinBase.h	Kernel32.lib
GetQueuedCompletionStatusEx	4.4.5	604	Vista	IoAPI.h	Kernel32.lib
GetSecurityDescriptorDacl	7.2.2	1074	XP	WinBase.h	Advapi32.lib
GetSecurityDescriptorSacl	7.2.2	1074	XP	WinBase.h	Advapi32.lib
getsockopt	5.1.2	646	Vista	Winsock2.h	Ws2_32.lib
GetThreadPriority	1.1.4	62	XP	WinBase.h	Kernel32.lib
GetThreadPriorityBoost	1.1.4	63	XP	WinBase.h	Kernel32.lib
InitializeConditionVariable	3.1.3	328	Vista	WinBase.h	Kernel32.lib
InitializeCriticalSection	3.1.1	290	XP	WinBase.h	Kernel32.lib
InitializeCriticalSectionAndSpinCount	3.1.1	304	XP	WinBase.h	Kernel32.lib
InitializeSecurityDescriptor	7.2.2	1069	XP	WinBase.h	Advapi32.lib
InitializeSRWLock	3.1.2	312	Vista	WinBase.h	Kernel32.lib
InitializeSynchronizationBarrier	3.3.1	353	8	SynchAPI.h	Kernel32.lib
InitializeThreadpoolEnvironment	6.4.2	973	Vista	WinBase.h	inline 함수
InitOnceBeginInitialize	3.3.3	394	Vista	WinBase.h	Kernel32.lib
InitOnceComplete	3.3.3	395	Vista	WinBase.h	Kernel32.lib
InitOnceExecuteOnce	3.3.3	387	Vista	WinBase.h	Kernel32.lib
InitOnceCallback	3.3.3	388	Vista	WinBase.h	Kernel32.lib
InterlockedAnd	3.2.1	342	XP	WinBase.h	컴파일러 내장
InterlockedBitTestAndReset	3.2.1	343	XP	WinBase.h	컴파일러 내장
InterlockedBitTestAndSet	3.2.1	343	XP	WinBase.h	컴파일러 내장
InterlockedCompareExchange	3.2.1	340	XP	WinBase.h	컴파일러 내장
InterlockedDecrement	3.2.1	340	XP	WinBase.h	컴파일러 내장
InterlockedExchange	3.2.1	340	XP	WinBase.h	컴파일러 내장
InterlockedExchangeAdd	3.2.1	339	XP	WinBase.h	컴파일러 내장
InterlockedIncrement	3.2.1	340	XP	WinBase.h	컴파일러 내장
InterlockedOr	3.2.1	342	XP	WinBase.h	컴파일러 내장
InterlockedXor	3.2.1	342	XP	WinBase.h	컴파일러 내장
Ioctlsocket	5.1.2	649	Vista	Winsock2.h	Ws2_32.lib
IsThreadpoolTimerSet	6.3.4	922	Vista	WinBase.h	Kernel32.lib
LeaveCriticalSection	3.1.1	301	XP	WinBase.h	Kernel32.lib
LeaveCriticalSectionWhenCallback Returns	6.3.6	950	Vista	WinBase.h	Kernel32.lib
listen	5.1.1	641	Vista	Winsock2.h	Ws2_32.lib
LockFile	4.1.2	430	XP	FileAPI.h	Kernel32.lib
LockFileEx	4.1.2	431	XP	FileAPI.h	Kernel32.lib
LsaNtStatusToWinError	4.2.2	506	XP	Ntsecapi.h	Advapi32.lib

함수 INDEX

함수명	절(섹션)	페이지	지원 OS	헤더파일	라이브러리
MapViewOfFile	7.3.1	1103	XP	WinBase.h	Kernel32.lib
MapViewOfFileEx	7.3.1	1104	XP	WinBase.h	Kernel32.lib
MsgWaitForMultipleObjects	2.4.2	223	XP	Winuser.h	User32.lib
MsgWaitForMultipleObjectsEx	2.4.2, 4.3.2	233, 518	XP	Winuser.h	User32.lib
NotifyAddrChange	4.2.1	488	XP	Iphlpapi.h	Iphlpapi.lib
OpenFileMapping	7.3.1	1103	XP	WinBase.h	Kernel32.lib
PeekMessage	2.4.2	226	2000	Winuser.h	User32.lib
PostMessage	2.4.1	214	2000	Winuser.h	User32.lib
PostQueuedCompletionStatus	4.4.3	578	XP	IoAPI.h	Kernel32.lib
PostThreadMessage	2.4.1	216	2000	Winuser.h	User32.lib
QueryThreadpoolStackInformation	6.4.1	971	7	WinBase.h	Kernel32.lib
QueueUserAPC	4.3.3	538	XP	WinBase.h	Kernel32.lib
QueueUserWorkItem	6.2.1	831	XP	WinBase.h	Kernel32.lib
ReadDirectoryChangesW	4.1.3	449	XP	WinBase.h	Kernel32.lib
ReadFile	4.1.1	414	XP	FileAPI.h	Kernel32.lib
ReadFileEx	4.3.2	515	XP	FileAPI.h	Kernel32.lib
recv	5.1.1	638	Vista	Winsock2.h	Ws2_32.lib
RegisterWaitForSingleObject	6.2.2	837	XP	WinBase.h	Kernel32.lib
RegNotifyChangeKeyValue	4.1.3	454	XP	Winreg.h	Advapi32.lib
ReleaseMutex	2.2.1	112	XP	WinBase.h	Kernel32.lib
ReleaseMutexWhenCallbackReturns	6.3.6	950	Vista	WinBase.h	Kernel32.lib
ReleaseSemaphore	2.2.2	127	XP	WinBase.h	Kernel32.lib
ReleaseSemaphoreWhenCallbackReturns	6.3.6	950	Vista	WinBase.h	Kernel32.lib
ReleaseSRWLockExclusive	3.1.2	313	Vista	WinBase.h	Kernel32.lib
ReleaseSRWLockShared	3.1.2	313	Vista	WinBase.h	Kernel32.lib
ReOpenFile	4.1.2	428	Vista	WinBase.h	Kernel32.lib
ResetEvent	2.3.1	148	XP	WinBase.h	Kernel32.lib
ResumeThread	1.1.4	59	XP	WinBase.h	Kernel32.lib
RtlNtStatusToDosError	4.2.2	506	XP	Winternl.h	동적 로드
select	5.2.1	659	Vista	Winsock2.h	Ws2_32.lib
send	5.1.1	637	Vista	Winsock2.h	Ws2_32.lib
SendMessage	2.4.1	214	2000	Winuser.h	User32.lib
SetConsoleCtrlHandler	4.1.4	458	2000	Wincon.h	Kernel32.lib
SetCriticalSectionSpinCount	3.1.1	306	XP	WinBase.h	Kernel32.lib
SetEndOfFile	4.1.2	424	XP	FileAPI.h	Kernel32.lib
SetEvent	2.3.1	148	XP	WinBase.h	Kernel32.lib
SetEventWhenCallbackReturns	6.3.6	950	Vista	WinBase.h	Kernel32.lib
SetFileCompletionNotificationModes	4.4.5	610	Vista	WinBase.h	Kernel32.lib

함수명	절(섹션)	페이지	지원 OS	헤더파일	라이브러리
SetFileIoOverlappedRange	4.4.5	611	Vista	WinBase.h	Kernel32.lib
SetFilePointer	4.1.2	422	XP	FileAPI.h	Kernel32.lib
SetFilePointerEx	4.1.2	422	XP	FileAPI.h	Kernel32.lib
SetNamedPipeHandleState	7.4.2	1169	2000	WinBase.h	Kernel32.lib
SetPriorityClass	1.1.4	61	XP	WinBase.h	Kernel32.lib
SetSecurityDescriptorDacl	7.2.2	1069	XP	WinBase.h	Advapi32.lib
SetSecurityInfo	7.2.2	1074	XP	Aclapi.h	Advapi32.lib
setsockopt	5.1.2	646	Vista	Winsock2.h	Ws2_32.lib
SetThreadpoolCallbackCleanupGroup	6.4.3	987	Vista	WinBase.h	inline 함수
SetThreadpoolCallbackLibrary	6.4.2	982	Vista	WinBase.h	inline 함수
SetThreadpoolCallbackPersistent	6.4.2	983	7	WinBase.h	inline 함수
SetThreadpoolCallbackPool	6.4.2	975	Vista	WinBase.h	inline 함수
SetThreadpoolCallbackPriority	6.4.2	985	7	WinBase.h	inline 함수
SetThreadpoolCallbackRunsLong	6.4.2	983	Vista	WinBase.h	inline 함수
SetThreadpoolStackInformation	6.4.1	970	7	WinBase.h	Kernel32.lib
SetThreadpoolTimer	6.3.4	919	Vista	WinBase.h	Kernel32.lib
SetThreadpoolWait	6.3.3	900	Vista	WinBase.h	Kernel32.lib
SetThreadPriority	1.1.4	62	XP	WinBase.h	Kernel32.lib
SetThreadPriorityBoost	1.1.4	63	XP	Windows.h	Kernel32.lib
SetWaitableTimer	2.3.2, 4.3.2	190, 535	XP	WinBase.h	Kernel32.lib
SetWaitableTimerEx	2.3.2	205	7	WinBase.h	Kernel32.lib
SignalObjectAndWait	2.1.1	104	XP	WinBase.h	Kernel32.lib
Sleep	1.1.4	60	XP	WinBase.h	Kernel32.lib
SleepConditionVariableCS	3.1.3	329	Vista	WinBase.h	Kernel32.lib
SleepConditionVariableSRW	3.1.3	329	Vista	WinBase.h	Kernel32.lib
SleepEx	4.3.2	517	XP	WinBase.h	Kernel32.lib
socket	5.1.1	635	Vista	Winsock2.h	Ws2_32.lib
StartThreadpoolIo	6.3.5	928	Vista	WinBase.h	Kernel32.lib
SubmitThreadpoolWork	6.3.2	891	Vista	WinBase.h	Kernel32.lib
SuspendThread	1.1.4	59	XP	WinBase.h	Kernel32.lib
SwitchToThread	1.1.4	61	XP	WinBase.h	Kernel32.lib
TerminateThread	1.1.3	41	XP	WinBase.h	Kernel32.lib
TransactNamedPipe	7.4.2	1175	2000	WinBase.h	Kernel32.lib
TransmitFile	5.4.4	805	Vista	Mswsock.h	동적 로드
TransmitPackets	5.4.4	814	Vista	Mswsock.h	동적 로드
TryAcquireSRWLockExclusive	3.1.2	313	7	WinBase.h	Kernel32.lib
TryAcquireSRWLockShared	3.1.2	313	7	WinBase.h	Kernel32.lib
TryEnterCriticalSection	3.1.1	299	XP	WinBase.h	Kernel32.lib
TrySubmitThreadpoolCallback	6.3.2	897	Vista	WinBase.h	Kernel32.lib

함수 INDEX

함수명	절(섹션)	페이지	지원 OS	헤더파일	라이브러리
UnlockFile	4.1.2	430	XP	FileAPI.h	Kernel32.lib
UnlockFileEx	4.1.2	431	XP	FileAPI.h	Kernel32.lib
UnmapViewOfFile	7.3.1	1105	XP	WinBase.h	Kernel32.lib
UnregisterWait	6.2.2	839	XP	LibLoaderAPI.h	Kernel32.lib
UnregisterWaitEx	6.2.2	839	XP	LibLoaderAPI.h	Kernel32.lib
WaitForInputIdle	7.1.1	1014	XP	Winuser.h	User32.lib
WaitForMultipleObjects	2.1.1	100	XP	WinBase.h	Kernel32.lib
WaitForMultipleObjectsEx	4.3.2	518	XP	WinBase.h	Kernel32.lib
WaitForSingleObject	2.1.1	95	XP	WinBase.h	Kernel32.lib
WaitForSingleObjectEx	4.3.2	518	XP	WinBase.h	Kernel32.lib
WaitForThreadpoolIoCallbacks	6.3.5	930	Vista	WinBase.h	Kernel32.lib
WaitForThreadpoolTimerCallbacks	6.3.4	922	Vista	WinBase.h	Kernel32.lib
WaitForThreadpoolWaitCallbacks	6.3.3	909	Vista	WinBase.h	Kernel32.lib
WaitNamedPipe	7.4.2	1158	2000	WinBase.h	Kernel32.lib
WaitOnAddress	3.3.2	367	8	SynchAPI.h	Synchronization.lib
WakeAllConditionVariable	3.1.3	330	Vista	WinBase.h	Kernel32.lib
WakeByAddressAll	3.3.2	368	8	SynchAPI.h	Synchronization.lib
WakeByAddressSingle	3.3.2	368	8	SynchAPI.h	Synchronization.lib
WakeConditionVariable	3.1.3	330	Vista	WinBase.h	Kernel32.lib
WriteFile	4.1.1	415	XP	FileAPI.h	Kernel32.lib
WriteFileEx	4.3.2	516	XP	FileAPI.h	Kernel32.lib
WSAASyncSelect	5.2.2	667	Vista	Winsock2.h	Ws2_32.lib
WSACloseEvent	5.2.3	680	Vista	Winsock2.h	Ws2_32.lib
WSACreateEvent	5.2.3	680	Vista	Winsock2.h	Ws2_32.lib
WSAEnumNetworkEvents	5.2.3	681	Vista	Winsock2.h	Ws2_32.lib
WSAEventSelect	5.2.3	679	Vista	Winsock2.h	Ws2_32.lib
WSAGetOverlappedResult	5.3.1	702	Vista	Winsock2.h	Ws2_32.lib
WSAIoctl	5.4.1	745	Vista	Winsock2.h	Ws2_32.lib
WSARecv	5.3	696	Vista	Winsock2.h	Ws2_32.lib
WSAResetEvent	5.2.3	680	Vista	Winsock2.h	Ws2_32.lib
WSASend	5.3	696	Vista	Winsock2.h	Ws2_32.lib
WSASetEvent	5.2.3	680	Vista	Winsock2.h	Ws2_32.lib
WSASocket	5.3	694	Vista	Winsock2.h	Ws2_32.lib
WSAWaitForMultipleEvents	5.2.3	680	Vista	Winsock2.h	Ws2_32.lib
WTSGetActiveConsoleSessionId	7.2.3	1079	Vista	WinBase.h	Kernel32.lib
WTSQueryUserToken	7.2.3	1078	Vista	Wtsapi32.h	Wtsapi32.lib